WissensWelten

*Holger Hettwer, Markus Lehmkuhl,
Holger Wormer, Franco Zotta (Hrsg.)*

WissensWelten

Wissenschaftsjournalismus in Theorie und Praxis

| Verlag BertelsmannStiftung

Ausschließlich aus Gründen der besseren Lesbarkeit
wird in diesem Buch vorwiegend die männliche Sprachform verwandt.

Bibliografische Information der Deutschen Nationalbibliothek

Die Deutsche Nationalbibliothek verzeichnet diese Publikation in der
Deutschen Nationalbibliografie; detaillierte bibliografische Daten
sind im Internet unter http://dnb.d-nb.de abrufbar.

© 2008 Verlag Bertelsmann Stiftung, Gütersloh
Verantwortlich: Holger Hettwer, Dr. Franco Zotta
Lektorat: Dr. Arno Kappler, Soest
Herstellung: Christiane Raffel
Umschlaggestaltung: Nadine Humann
Umschlagabbildung: Thomas Kunsch, Bielefeld
Satz und Druck: Hans Kock Buch- und Offsetdruck GmbH, Bielefeld
ISBN 978-3-89204-914-2

www.bertelsmann-stiftung.de/verlag

Inhalt

Vorwort 11

Was ist Wissenschaftsjournalismus? Eine Einleitung 13
Markus Lehmkuhl, Holger Hettwer, Holger Wormer, Franco Zotta

**I   Von der Wissenschaft und den Wissenschaftlern –
      Das Berichterstattungsfeld** 25

Wissen ist Macht? – Facetten der Wissensgesellschaft 27
Peter Weingart

Wer forscht hier eigentlich?
Die Organisation der Wissenschaft in Deutschland 45
Stefan Hornbostel, Meike Olbrecht

Wissenschaftskommunikation und ihre Dysfunktionen:
Wissenschaftsjournale, Peer Review, Impactfaktoren 64
Gerhard Fröhlich

Der Transfer von Wissen in die Industrie 81
Andrea Frank, Volker Meyer-Guckel

Die Qualität wissenschaftlicher Arbeiten – eine Bewertungshilfe für Journalisten 89
Gerd Antes

Erfolgreich trotz Konfliktpotenzial –
Wissenschaftler als Informationsquellen des Journalismus 108
Hans Peter Peters

Inhalt

Mit dem Darstellungstyp verändern sich die Gegenstände.
Bildskepsis als Element des Wissenschaftsjournalismus? 131
Uwe Pörksen

II Geschichte, Formen und Aufgaben des Wissenschaftsjournalismus 153

Geschichte des Wissenschaftsjournalismus 155
Andreas W. Daum

Typologie des Wissenschaftsjournalismus 176
Markus Lehmkuhl

Von Transmissionsriemen und Transportvehikeln –
Der schwierige Weg des Wissenschaftsjournalisten zu sich selbst 197
Holger Hettwer, Franco Zotta

Reviewer oder nur Reporter?
Kritik und Kontrolle als künftige Aufgaben des Wissenschaftsjournalismus
in der wissenschaftlichen Qualitätssicherung 219
Holger Wormer

»Die Fälle sind schwieriger« –
Interview mit Hans Leyendecker zum
investigativen Wissenschaftsjournalismus 239
Jens Radü

III Akteure und ihr Selbstverständnis 243

Wissenschaftsjournalisten in Deutschland:
Profil, Tätigkeiten und Rollenverständnis 245
Bernd Blöbaum

Das Ende der Langsamkeit!
Veränderungen im Arbeitsalltag freier Wissenschaftsjournalisten 257
Wiebke Rögener

Nur bunt und schön war gestern!
Veränderungen des Wissenschaftsjournalismus
beim Hamburger Abendblatt 261
Berndt Röttger

IV Der Markt und die Organisation von Wissenschaftsredaktionen 265

Für und Wider des Lebens im Getto:
Wissenschaftsjournalisten in den Strukturen einer Redaktion 267
Klaus Meier

dpa und *WDR* – Redaktionsalltag und Redaktionsforschung 279
Jan Lublinksi

Wie man einen Redakteur ärgert 297
Alexander Mäder

Marktplatz Wissenschaftsjournalismus 303
*Felix Berthold, Anna-Lena Gehrmann,
Sonja Hunscha, Annika Keysers*

Die Stunde der ›Brand extensions‹ –
Zur Entwicklung des Markts der populären Wissenszeitschriften 323
Frank Lobigs

Chancen der Wissenschaft im Regionalen 339
Ulrich Reitz

V Berichterstattung, Umsetzung und Wirkung 343

V.1 Recherche – Basis der Berichterstattung 343

»Wie seriös ist Dr. Boisselier?« –
Quellen und Recherchestrategien für Themen aus Wissenschaft und Medizin 345
Holger Wormer

Google ist Silber, Zuhören ist Gold!
Wer seinen Gesprächsstil an verschiedene Typen von Wissenschaftlern anpassen kann,
erfährt (und versteht) mehr als andere 363
Holger Wormer

V.2 Public Relations und Wissenschaftsjournalismus 377

Der Einfluss von Wissenschafts-PR auf den Wissenschaftsournalismus 379
Juliana Raupp

Inhalt

Wissenschafts-PR poliert Images, Bürgern und Journalisten dient sie nicht –
eine Polemik 393
Christoph Koch

Journalisten, Bürger und Wissenschaftler:
Wissenschafts-PR bringt sie an einen Tisch – eine Gegenpolemik 396
Jürgen Mlynek

PR-Arbeiter und Journalist: Geht beides? 399
Klaus Koch, Volker Stollorz

V.3 Sprache und Verständlichkeit 409

Chancen und Risiken von Metaphern am Beispiel der Naturwissenschaften 411
Wolf-Andreas Liebert

Kommune des Vergessens oder: Recherche mit Rücksicht 423
Katja Thimm

Was sind gute Bilder im TV? 436
Thomas Hallet

Wissenschaft im Hörfunk: Auf gute O-Töne kommt es an! 438
Grit Kienzlen

»Verstorbene Patienten sind eine Goldgrube.«
Wider den schlechten Stil freier Wissenschaftsjournalisten 440
Lilo Berg

V.4 Wirkung und Rückwirkung 449

Risiken in den Medien und ihre Effekte auf Wissenserwerb und Risikobewertungen 451
Markus Lehmkuhl

Hoffen auf Heilung – Der Krebsinformationsdienst und die Medien 470
Birgit Hiller

V.5 Mediennutzung und Medienbewertung 481

Zwischen Lust und Lernen – Wissens- und Wissenschaftssendungen:
Ergebnisse, Möglichkeiten und Grenzen von Medienforschung 483
Ursula Dehm

Die systematische Überforderung des Rezipienten und
das Wissenschaftsfernsehen der Zukunft – Interview mit Ranga Yogeshwar 501
Holger Hettwer, Franco Zotta

VI Wissenschaftsjournalismus international 509

Science Journalists Face Different Situations but Cooperate Worldwide 511
Jean-Marc Fleury

Wissenschaftsjournalismus in Europa 518
István Palugyai

Wissenschaftsjournalismus in den USA: Eindrücke eines Korrespondenten 524
Jörg Blech

VII Zukunft und Ausblick 529

Wie viel Wissenschaft braucht der Wissenschaftsjournalismus?
Wandlungen und Perspektiven eines Berufszweigs 531
Michael Haller

Narrative Style in Science Journalism 550
Deborah Blum

»Ich schau das mal eben im Netz nach!«
Wie das Internet den Wissenschaftsjournalismus verändert 555
Annette Leßmöllmann

Ist der Platz zwischen allen Stühlen der richtige Ort?
Essay über die Frage, was Wissenschaftsjournalismus heute soll 566
Volker Stollorz

Die Autorinnen und Autoren 583

Vorwort

Dieses Buch ist als Teil des »Qualifizierungsprogramms Wissenschaftsjournalismus« entstanden. Mit diesem gemeinsamen Projekt (www.bertelsmann-stiftung.de/wissenschaftsjournalismus) haben sich die Bertelsmann Stiftung, die BASF Aktiengesellschaft und die VolkswagenStiftung zum Ziel gesetzt, die Qualität der journalistischen Berichterstattung über Wissenschaft in Deutschland nachhaltig zu fördern. Das Programm (Laufzeit: 2002–2007) umfasste ein differenziertes Paket an neuen Aus- und Weiterbildungsangeboten für Journalisten und Wissenschaftler.

Herzstück waren die fünftägigen Weiterbildungsseminare für Redakteure und freie Journalisten (vor allem aus Regional- und Publikumsmedien), bei denen das Erlernen von Recherchestrategien und das Stärken der Beurteilungsfähigkeit im Mittelpunkt standen. Hinzu kamen kleinere (dreitägige) formatspezifische Seminare für TV und Radio, bei denen dramaturgische und technische Fragen aufgegriffen wurden.

Mit zwei jeweils neunmonatigen Mentoringprogrammen 2004 und 2006 wollten wir Naturwissenschaftlern u. a. durch mehrmonatige Praktika bei führenden Medien den Einstieg in den Journalismus erleichtern. Die Sommerakademien 2005 und 2007 sollten jungen Journalisten aus Leitmedien Einblicke in die Forschungsszene in den USA (New York, Boston) und Asien (Indien, China, Singapur) und deren journalistische Strukturen bieten.

Mit einem jährlichen Dialogforum namens »Wissenswerte« wollten wir Wissenschaftsjournalisten, Wissenschaftskommunikatoren und medieninteressierte Forscher zusammenbringen. Seit der Premiere im November 2004 stößt diese Konferenz auf große Nachfrage. Schließlich haben wir den Start neuer Studiengänge unterstützt: Im Rahmen einer Ausschreibung wurden der Bachelor-Studiengang der FH Darmstadt und neue Module des bereits zuvor existierenden Bachelor-Studiengangs an der Universität Dortmund gefördert.

Warum nun dieses Buch? Zum einen soll es eine Art Bilanz der Projektarbeit sein; zum anderen sind wir bei unseren Veranstaltungen immer wieder auf den Bedarf nach einem Buch gestoßen, das Theorie und Praxis des Wissenschaftsjournalismus umfassend abbildet. Dieser Bedarf von Journalisten nach Reflexion jenseits des hektischen Berufsalltags, nach Diskussionen über Rollenbild, Fragen der Qualitätssicherung, ethische und ökonomische Rahmenbedingungen offenbarte sich beispielsweise bei den über 30 abendlichen »Kamin-

Vorwort

gesprächen« mit renommierten Wissenschaftsjournalisten, die wir im Rahmen der Seminare durchgeführt haben und die vor allem die Frage nach dem beruflichen Selbstverständnis zum Thema hatten.

So haben wir viele der Autoren dieses Buches im Kontext der Seminare kennengelernt, und aus diesem Kreis konnten wir schließlich auch zwei Experten als (Mit-)Herausgeber für das Buchprojekt gewinnen: Dr. Markus Lehmkuhl von der FU Berlin als ausgewiesenen Kenner des kommunikationswissenschaftlichen Forschungsstands und Prof. Holger Wormer vom Lehrstuhl Wissenschaftsjournalismus der Universität Dortmund, der überdies lange Jahre in der journalistischen Praxis – im Ressort Wissenschaft der *Süddeutschen Zeitung* – tätig war.

Der Versuch, Theorie und Praxis in diesem Buch zu verbinden – etwas, was wir liebevoll »Hybrid-Charakter« genannt haben –, spiegelt sich also auch im Herausgeber-Kreis. Diese Besetzung führte zunächst zu einer intensiven Konzeptionsphase, und auch bei der Textarbeit haben wir uns das Leben nicht leicht gemacht: Alle Herausgeber haben alle Texte redigiert, und in einem regelrechten Review-Verfahren haben wir unser Feedback an die Autoren zurückgespielt. Wir möchten uns an dieser Stelle ausdrücklich bei den Autoren bedanken – nicht nur für ihre Kreativität und Kompetenz, sondern auch für ihre Geduld, die angesichts der aufwendigen Review-Methode zuweilen vonnöten war. Wir hoffen, dass nicht zuletzt dieses Verfahren qualitativ so hochwertige Texte zustande gebracht hat, dass sie das »Hybrid«-Experiment aufgehen lassen und den Aufwand rechtfertigen.

Gleichwohl gäbe es diesen Sammelband nicht ohne die Unterstützung vieler, die an unterschiedlichen Stellen mit großem Engagement dazu beigetragen haben, dass er entstehen konnte. Unser Dank gilt hier vor allem Anna-Lena Gehrmann, Annika Keysers, Sonja Hunscha und besonders Felix Berthold für die Recherche- und Textarbeiten und Christiane Raffel für die Verlagsarbeiten. Ebenso sind wir unserer Kollegin Sonja Pagenkemper, die uns während des gesamten Projekts perfekt unterstützt hat, zu tiefem Dank verpflichtet.

Darüber hinaus möchten wir uns bei Lilo Berg, Irene Meichsner, Barbara Ritzert, Jan Lublinski und Volker Stollorz für das erste Brainstorming zu diesem Buch in Köln bedanken – ebenso bei vielen weiteren Journalisten, Wissenschaftlern, Referenten und Mentoring-Betreuern, die uns im Laufe des Projekts mit Anregungen, Rat und Tat zur Seite gestanden haben, hier aber nicht alle aufgeführt werden können.

Schließlich bedanken wir uns ganz besonders bei unseren Projektpartnern BASF AG und VolkswagenStiftung – namentlich bei Christian Böhme, Dr. Heinrich Reitz, Christian Schubert und Prof. Dr. Hagen Hof – für die vertrauensvolle Zusammenarbeit und die engagierte Unterstützung in den vergangenen fünf Jahren.

Im März 2008
Holger Hettwer und Franco Zotta

Was ist Wissenschaftsjournalismus? Eine Einleitung

Markus Lehmkuhl, Holger Hettwer, Holger Wormer, Franco Zotta

Science matters!? Science frightens!? Science sells!? Wir starten fremdsprachig, wir starten in der Lingua franca einer – glaubt man einschlägigen Befunden (Weingart 2001) – zwar einflussreicher werdenden, doch eigenen Welt: der ›Welt der Wissenschaft‹. Die Metapher einer speziellen ›Welt‹ ist Ausdruck der Alltagserfahrung, dass sich Sprache und Gebräuche unterscheiden, je nachdem, in welcher Welt man sich gerade befindet.

Wissenschaftsjournalisten – oder wie wir uns bei *ProSieben* bezeichnen: WISSENSjournalisten – haben meiner Ansicht nach die Aufgabe, Bindeglied zu sein zwischen der komplexen Welt der Wissenschaftler und ihren Themen und dem Zuschauer oder Leser. Wir haben also die Aufgabe, relevante wissenschaftliche Ergebnisse für unsere Zuschauer zu ›übersetzen‹, sie nachvollziehbar zu machen. Verantwortung, Neugier, Unvoreingenommenheit und Kreativität – das sind Schlüsselkriterien, die sowohl ein gutes wissenschaftliches, aber auch ein journalistisches Vorgehen beschreiben. Wir Journalisten sollten dabei nie dozieren – sondern faszinieren und unterhalten. Denn nur wer das Herz gewinnt – kann den Geist berühren!
Aiman Abdallah (Foto: © ProSieben/Holger Rauner)
Moderator von *Galileo* (*ProSieben*)

Man denke nur an die ›Welt des Sports‹. Dort werden Menschen wie Franz Beckenbauer zu neuzeitlichen Heroen gemacht. Derselbe Mensch (kann man sich da sicher sein?) wird in der ›Welt der Hochkultur‹ zum »Firlefranz« (Gertz 2002) gestutzt, der in aristokratischem Gestus dummes Zeug erzählt. Akademisch gesprochen ist Franz Beckenbauer in der ›Welt der Hochkultur‹ nur als ›Firlefranz‹ anschlussfähig; nur als ›Firlefranz‹ kann er Gegenstand hochkulturellen Räsonierens werden. Aber: Wer ist Franz Beckenbauer wirklich? Er ist Heros, er ist ›Firlefranz‹, er ist ... ganz nett, wahrscheinlich. Franz Beckenbauer hat jedenfalls nicht nur eine Seite. Was er für die meisten ist, hat seinen Grund überwiegend in der medialen Inszenierung seiner Person.

Was ist Wissenschaftsjournalismus? Eine Einleitung

Was Wissenschaftsjournalismus ist, kann man womöglich nicht besser beantworten als die Frage, wer Franz Beckenbauer ist. Eines kann man allerdings mit Sicherheit sagen, nämlich was Wissenschaftsjournalismus ›nicht‹ ist. Wissenschaftsjournalismus ist nicht ein Spiegel, der eins zu eins zurückwirft, was sich in der ›Welt der Wissenschaft‹ ereignet. Journalismus über Wissenschaft ist ›nicht‹ Medium im Sinne eines überkommenen Schamanentums. Journalismus kann sich ebenso wenig wie ein Schamane zu einem Medium dematerialisieren, durch das ein anderer spricht, selbst wenn dieser Glaube in Theorie und Praxis bis heute mitunter anzutreffen ist (z. B. Kua et al. 2004).

Dass Medien die Wirklichkeit nicht eins zu eins abbilden können, sich nicht dematerialisieren können, lässt sich an einem weiteren Beispiel aus der ›Welt des Sports‹ gut veranschaulichen. Wer einerseits noch niemals selbst in einem großen Fußballstadion war, aber regelmäßig live dabei ist, wenn die Nachfahren des großen Franz im Fernsehen auf Torjagd gehen, und wer andererseits regelmäßig die Spiele seines Kreisligaklubs am Rand des Spielfelds verfolgt, dem wird ein Unterschied zwischen der Bundesliga und der Kreisliga unmittelbar ins Auge fallen: Das gegnerische Tor ist viel weiter weg; das Spielfeld der Kicker hat in der Kreisliga eine ganz andere Dimension.

Tatsächlich stimmt das – abgesehen von den vom DFB erlaubten Toleranzen – natürlich nicht, denn das mediale Wirklichkeitsbild entsteht durch die Kameraoptik. Sie sorgt dafür, dass eine bestimmte Vorstellung über die Größenverhältnisse in einem Stadion entsteht: Wirklichkeit wird mithin nicht bloß abgebildet, sondern in der Darstellung als etwas Neues konstruiert. Medienwissenschaftler nennen das eine mediale Konstruktion von Wirklichkeit.

Wenn mediale Konstruktionen nicht mit persönlichen Eindrücken abgleichbar sind, dann bleibt die mediale Konstruktion von ›Welt‹ in der Regel verdeckt. Die Wirklichkeitsbilder, die bei der Bevölkerung entstehen, sind häufig weniger an eigenen Erfahrungen orientiert als an Eindrücken, die die Medien präsentieren. Auch für die ›Welt der Wissenschaft‹ gilt das: Zu ihr haben die meisten Menschen keinen direkten Zugang. Mediale Rekonstruktionen dominieren ihre Vorstellungen über diese Welt (Merten und Westerbarkey 1994).

Nur wenige reale Menschen tragen beispielsweise zu dem Bild bei, das sich die Bevölkerung über Wissenschaftler macht: Isaac Newton, Marie Curie und besonders Albert Einstein gehören zu diesen wenigen Menschen. Wissenschaftlern, die lange nicht mehr leben, wird eine einflussreiche Bedeutung auf die Stereotype zugemessen, die über Wissenschaftler existieren (Görke und Ruhrmann 2003). Und ältere amerikanische Umfragen unter High-School-Schülern ergaben folgenden ›typischen‹ Wissenschaftler: männlich, mittelalt, entweder glatzköpfig oder mit Wuschelkopf (wie Einstein), der in Labors einsam vor sich hin werkelt. Er arbeitet an Dingen, die den Befragten verdächtig scheinen, an geheimen und gefährlichen Dingen (Haynes 1994).

Eine Umfrage unter Lesern des *New Scientist* ergab gleichfalls kein sonderlich ermunterndes Resultat. Eine Mehrheit der Leser, die selbst vorwiegend keine Wissenschaftler sind, belegte den typischen Wissenschaftler mit Attributen wie ›unsozial‹, ›verschlossen‹ und ›spleenig‹. Roslynn Haynes konstatiert daher: »Dr. Faustus, Dr. Frankenstein, Dr. Moreau, Dr. Jekyll, Dr. Caligari, and Dr. Strangelove have been extremely influential in the evolution of the unattractive stereotypes that continue in uneasy coexistence with the manifest dependence of Western society on its scientists« (Haynes 1994: 1).

Dem stehen auf der anderen Seite fraglos einige Helden der Forschung und Retter der Menschheit gegenüber, die nicht weniger stereotypisiert sind: Da gibt es die klügsten Köpfe der Menschheit, die (übrigens meist tatsächlich männlich, mittelalt bis alt und weißhaarig!) alljährlich in Stockholm mit dem Nobelpreis geehrt werden. Da gibt es die Romanfiguren, die so verwegen wie Westernhelden (aber natürlich viel schlauer!) in Bestsellern wie *Der Schwarm* (2004) die Menschheit retten wollen. Und da gibt es allen voran Albert Einstein als Pop-Ikone der Wissenschaft, dessen Gesicht man in der Werbebranche als »Logo für Genie« bezeichnet hat (Iglhaut 2006).

Wir leben in einem High-Tech-Zeitalter, Innovationen bestimmen unseren Alltag. Dennoch zeigen viele Menschen Vorbehalte gegenüber neuen Technologien. Kompetenter Wissenschaftsjournalismus kann helfen, das Verständnis für Forschung und Technologie in unserer Gesellschaft zu verbessern. Mehr Begeisterung für Forschung und mehr Offenheit gegenüber Innovationen wären gerade am Standort Deutschland von großer Bedeutung. Wenn die Berichterstattung darüber hinaus zeigt, dass Forschung in aller Regel von verantwortungsbewussten Menschen gemacht wird, die selbst Verbraucher und Bürger sind und die offen mit Ängsten und Kritik umgehen, schafft das Vertrauen in die Zukunft.
Dr. Stefan Marcinowski
Vorstandsmitglied der *BASF Aktiengesellschaft* und Sprecher der Forschung

Wissenschaftsjournalismus soll den Menschen helfen, einen Teil der Welt besser zu verstehen. Wo liegen die Ursachen und Gefahren des Klimawandels? Welche Vor- und Nachteile hat ein neues Medikament? Natürlich kann er auch eine interessante Lesegeschichte bieten wie z.B. einen Beitrag über die Zukunftsplanung von Vögeln.
Simone Humml
Leiterin der Wissenschaftsredaktion der *Deutschen Presse-Agentur* (*dpa*)

Wie alle Menschen werden auch Journalisten von gängigen – positiven wie negativen – Stereotypen über Wissenschaft und Wissenschaftler beeinflusst. Und so verwundert es nicht, dass sich solche Repräsentationen auch im Journalismus niederschlagen und sich dadurch womöglich weiter verfestigen.

Beispiel Klon-Schaf Dolly: Der Kommentator des *Hellweger Anzeigers*, einer Lokalzeitung, lässt sich offenbar genau von solchen Stereotypen leiten, wenn er schreibt, dass im Angesicht von Dolly so »manchem angst und bange wird. Vor allem weiß man ja nicht, was sich sonst noch alles in den Labors abspielt, welche Versuche sonst noch durchgeführt werden, um der Schöpfung nicht nur ins Handwerk zu pfuschen, sondern sie geradezu ad absurdum zu führen« (Kracht 1997: 2). Wer will daran zweifeln, dass genau dieses Bild in der ›Welt von Unna‹, wo der *Hellweger Anzeiger* erscheint, anschlussfähig ist? Genauso wie knapp acht Monate nach dem Bekanntwerden von Dollys Geburt die neu verkündeten Nobelpreishelden von Stockholm anschlussfähig gewesen sein dürften.

Wissenschaftsjournalismus ist – wie jede Art von Journalismus – Produktion von Konstruktionen, die durch etwas ausgelöst werden, das der sich ständig wandelnden ›Welt der Wissenschaft‹ zuzurechnen ist. Entsprechend facettenreich ist das Bild, das der Journalismus von der Wissenschaft zeichnet. Sie ist Heros, sie ist Angstmacher, sie ist – zwischen *Radio eins* und Wigald Boning – sogar ›Firlefanz‹ zuweilen, sie ist ... ganz interessant, wahrscheinlich. Wissenschaftsjournalismus hat eben nicht nur eine Seite. Und es hat Gründe, warum er ist, was er ist.

Was als Wissenschaftsjournalismus tagtäglich in Medien erkennbar wird, ergibt sich aber nicht nur aus Stereotypen über Wissenschaft und Wissenschaftler, die Redakteure mit sich herumtragen. Es gibt ein ganzes Bündel an Faktoren, die Einfluss auf die Identität des Wissenschaftsjournalismus nehmen. Wegen der ansonsten überbordenden Komplexität bietet es sich an, diese ineinandergreifenden Faktoren zu trennen und sie einzelnen Kontexten zuzuordnen.

Dieses Buch folgt daher über weite Strecken dem Vorschlag von Siegfried Weischenberg, der in seinem Lehrbuch der Journalistik in einer Art Zwiebelmodell Normenkontext, Strukturkontext, Funktionskontext und Rollenkontext des Journalismus unterscheidet (Weischenberg 1992 und 1995). Die Anlehnung an Weischenberg macht deutlich, was eigentlich nicht der Erwähnung bedürfte: Wissenschaftsjournalismus ist Journalismus! Seine Identität wird deshalb von denselben Faktoren beeinflusst wie der Journalismus insgesamt. Politisch motivierte Aufgabenzuweisungen an den Journalismus (Normenkontext), Werthaltungen und Ausbildungsstandards der einzelnen Journalisten (Rollenkontext), ökonomische und organisatorische Bedingungen (Strukturkontext), Publikumserwartungen und Zugänglichkeit von Quellen (Funktionskontext) ergeben zusammen das, was wir die Identität(en) des Journalismus nennen können.

Wenn es allerdings nicht auch spezielle Aspekte innerhalb dieses Rahmens der ›Welt des Journalismus‹ gäbe, wenn es keine spezifischen Probleme gäbe, die in dieser Form nur der Wissenschaftsjournalismus hat, dann wäre das Buch an dieser Stelle zu Ende. Dem Wissenschaftsjournalismus eigene Probleme zeigen sich aber beispielsweise bei der Themenselektion, der Arbeitsorganisation, dem Umgang mit seinem Berichterstattungsfeld etc. Schon früh wurde darauf hingewiesen, dass eine Beschäftigung mit diesem Thema nur sinnvoll ist, wenn auch solche speziellen Aspekte existieren (Ruß-Mohl 1985). Wir sind überzeugt: Sie existieren!

Was Wissenschaftsjournalismus als eine Form von Journalismus von anderen Formen des Journalismus unterscheidet, ist das Berichterstattungsfeld, auf das sich diese Faktoren beziehen: die ›Welt der Wissenschaft‹. Die Identität dieses Journalismus hängt natürlich ebenfalls davon ab, ob er einer Zensur unterworfen ist oder ob er subventioniert wird. Was Wissenschaftsjournalismus ist, ergibt sich insofern immer auch daraus, was Journalismus ist. Das muss immer mitbedacht werden, weil diese allgemeinen Aspekte in diesem Buch nur am Rande erwähnt werden können.

Seine Identität, das also, was ihn als Wissenschaftsjournalismus auszeichnet und besondere Probleme mit sich bringt, ergibt sich also zusätzlich zu den für den Journalismus allgemein gültigen Faktoren zum Beispiel aus verschiedenen Überzeugungen, was Wissenschaft für die Gesellschaft eigentlich bedeutet. Sie ergibt sich ›zusätzlich‹ aus den Einschätzungen und Erwartungen seines Publikums bezogen auf die Wissenschaft, sie ergibt sich ›zusätzlich‹ daraus, wie die Wissenschaft ihre Beziehungen zum Journalismus gestaltet, sie ergibt sich ›zusätzlich‹ aus den Einstellungen der Journalisten gegenüber der Wissenschaft etc.

Ein Beispiel mag das veranschaulichen: Warum sich der Wissenschaftsjournalismus in Osteuropa zu Vorwendezeiten von dem in Westeuropa unterschied, lässt sich nicht zuletzt aus dem Umstand erklären, dass Journalismus Teil der staatlichen Gewalt war. Fortschritt war Staatsdoktrin, Wissenschaft eine Maschinerie, die dem Fortschritt zu dienen hatte. Entsprechend war die Identität des Wissenschaftsjournalismus dadurch gekennzeichnet, Wissenschaft als Heros zu stilisieren.

In Artikeln der überregionalen bulgarischen Zeitung *Rabotnichesko Delo* dominierte im Zeitraum zwischen 1946 und 1994 eine positive Haltung gegenüber Wissenschaft: Nach Angaben von Kristina Petkova et al. kamen in einer Stichprobe lediglich in rund 12 Prozent der Artikel auch schädliche Auswirkungen zur Sprache. Die im gleichen Zeitraum untersuchte britische Presse thematisierte hingegen in gut 41 Prozent der Artikel schädliche Auswirkungen wissenschaftlicher Forschung (Petkova 2000).[1]

Dennoch kann Wissenschaft eben auch in der ›freien Welt‹ vorrangig Heros sein, sie kann verklärt werden zu einer fast übernatürlichen Kraft, die die Grenzen unseres Wissens ständig erweitert (Christidou et al. 2004: 358). Wissenschaft kann in einer bestimmten Gesellschaft als alternativlose Triebkraft eines technischen Fortschritts hin zum Besseren gelten. Die Feststellung des bloßen Fortschreitens kann in einer Gesellschaft – abhängig von deren Entwicklungsstand – normativ aufgeladen sein (Rapp 1992: 26 ff.). Und solche gesellschaftlichen Gemengelagen nehmen Einfluss auf das, was Wissenschaftsjournalismus ist.

Wenn Wissenschaft in alltägliche, manchmal uralte Lebenszusammenhänge eingreift, dann ist sie selbstverständlich von herausgehobenem Interesse für den Journalismus, der in der Welt der Wissenschaft nach solchen Aspekten sucht, die für andere Welten ›anschlussfähig‹ sind und dort Relevanz besitzen (Kohring 2005). Es gibt Indizien dafür, dass sich diese Bezogenheit der Wissenschaft mehr und mehr verändert, dass die gesellschaftlichen Bezüge zwischen der Welt der Wissenschaft und anderen Welten zahlreicher werden (Weingart 2001).[2] Diese Veränderungen werden als die ›Verwissenschaftlichung der Gesellschaft‹ etikettiert – bis hin zur ›Wissensgesellschaft‹, ›Informationsgesellschaft‹ oder ›Risikogesellschaft‹. Der erste Teil dieses Buches widmet sich diesen Zusammenhängen. Sie bilden die Basis für die Beschäftigung mit strukturellen Prozessen innerhalb der Wissenschaft, die für den Journalismus relevant sind.

Dass Entwicklungen in der Wissenschaft selbst und in den Beziehungen der Wissenschaft zur Politik oder zur Wirtschaft am Anfang eines solchen Buches stehen, ist an sich nicht

---

1 Allerdings ist auch in vielen westlichen Ländern eine überwiegend positive Berichterstattung über Wissenschaft belegt, z. B. Bucchi und Mazzolini (2003: 7) über die italienische Zeitung *Corriere della Sera* oder über deutsche Leitmedien (Wormer, noch unveröffentlichte Ergebnisse). Zudem soll hier nicht behauptet werden, dass sich die Unterschiede der britischen Presse allein aus deren Haltung zur Wissenschaft ableiten lassen. Es gibt zahlreiche Faktoren, die für die Unterschiede verantwortlich sind; an erster Stelle ist sicher der ungeheure Konkurrenzkampf im britischen Pressemarkt zu nennen, der für eine größere Recherchebereitschaft mitverantwortlich ist (Esser 1999).
2 Wenngleich das nicht unwidersprochen geblieben ist (Kübler 2005).

neu. In der Vergangenheit wurden Entwicklungen der Wissenschaft häufig als Grundlage gewählt, um den auf sie bezogenen Journalismus zu erörtern. Die vermeintlich zunehmende Bedeutung der Wissenschaft für die Gesellschaft schuf den Resonanzboden, auf dem die Zuweisungen bestimmter Aufgaben widerhallten (Ruß-Mohl 1987: 9 ff.). Diese Rolle hat die Darstellung der Entwicklungen in der Wissenschaft in diesem Buch nicht. Im ersten Teil versammeln wir vielmehr Aspekte aus der ›Welt der Wissenschaft‹, die für ein aufgeklärtes journalistisches Handeln besonders wichtig sind.

Was aber gilt überhaupt als ›aufgeklärtes journalistisches Handeln‹, wenn es um die Betrachtung der ›Welt der Wissenschaft‹ geht? Niemand wird daran deuteln, dass die Information der Bürger zu den Kernaufgaben des Journalismus in einer Demokratie zählt. Allerdings ist die konkrete Bedeutung dieser Kernaufgabe bezogen auf die Wissenschaft einem Wandel unterworfen, der besonders durch zwei Dinge beeinflusst ist: erstens von der Einschätzung, wie segensreich die Wissenschaft nun wirklich für die Gesellschaft ist und wie abhängig die Gesellschaft von der Wissenschaft ist. Und zweitens von der Einschätzung, was Journalismus generell für die Gesellschaft leisten soll, und womöglich auch, wie abhängig die Gesellschaft vom Journalismus ist.

Zu Zeiten des Sputnik-Schocks sah sich die Wissenschaft auch in der westlichen Welt in den Dienst des Kalten Krieges gestellt. Die gesellschaftliche Stellung der Wissenschaft zu stärken wurde auch zur Aufgabe des Journalismus erklärt. Seinerzeit forderte man angesichts der Bedrohung wissenschaftlicher Potenz durch vermeintlich kollektives Desinteresse in der westlichen Welt mehr und vor allem populärere Darstellungen über Naturwissenschaft (Lewenstein 1995).

Journalismus sollte helfen, die Akzeptanz von Wissenschaft als der entscheidenden gesellschaftlichen Innovationskraft zu steigern. Journalismus sah sich in den Dienst der guten wissenschaftlichen Sache gestellt. So forderte beispielsweise der Wissenschaftler Heinz Maier-Leibnitz, dass der Laie »der Wissenschaft vertrauen [muss], weil er ihre Sprache nicht versteht, aber er will Begründungen dafür sehen, daß dieses Vertrauen berechtigt ist. Dies [...] sind sozusagen klassische Aufgaben der Popularisierung« (Maier-Leibnitz 1987: 27).

Heute fordert man häufig ebenfalls mehr, vor allem aber kritischere Berichterstattung über Wissenschaft: »The goal of science journalism is not to promote science, but rather to create an informed public who are: Aware of the social, political and economic implications of scientific activities, the nature of evidence underlying decisions, and the limits as well as the power of science as applied to human affairs« (Metcalfe und Gascoigne 1995: 411 f.).

Aus dieser Perspektive heraus wird nicht bestritten, dass die Gesellschaft insgesamt großes Vertrauen in die Leistungsfähigkeit der Wissenschaft setzt. Sehr wohl bestritten wird jedoch die Ansicht, dass sich daraus eine Verpflichtung des Journalismus ergäbe, Gründe für dieses Vertrauen zu verbreiten und so zu tun, als sei die Vertrauenswürdigkeit ein generelles Wesensmerkmal von Wissenschaft. Gerade weil die Gesellschaft auf die Wissenschaft vertraut, besteht die Aufgabe des Journalismus ganz im Gegenteil darin, auch solche Ereignisse zu veröffentlichen, die geeignet sind, dieses Vertrauen zu erschüttern.

Diese Sicht wiederum ist dadurch motiviert, dass sich wissenschaftliche Betätigung schon lange nicht mehr nur als eine wertfreie, rationale Suche nach Wahrheit verstehen lässt. Wissenschaftliche Betätigung in den Naturwissenschaften ist vielmehr immer auch auf die gesteigerte Verfügungsgewalt über die Natur gerichtet, sie ist, in der Sprache des Philosophen Max Scheler (1874–1928) gesprochen, nachgerade ›triebhaft‹ durch den Willen zur Macht oder zum Profit gesteuert (Knoblauch 2005: 90 ff.).

Diese ›Triebhaftigkeit‹ erschließt sich selbstverständlich nicht nebenbei aus der Lektüre von Aufsätzen in wissenschaftlichen Zeitschriften. Sie muss gesondert recherchiert und den Bürgern zur Kenntnis gebracht werden. Denn, so argumentiert Ralf Kleindiek, Entscheidungen über den Zugriff auf die Natur seien durchaus nicht Sache der Wissenschaft allein – auch die grundgesetzlich garantierte Forschungsfreiheit deckt ein solches Begehren eher nicht (Kleindiek 1998: 113, 129) – sie sei Sache der gesamten Bürgerschaft. Oder im Sinne von Friedrich Dürrenmatts Komödie *Die Physiker* (Uraufführung 1962) formuliert: »Der Inhalt der Physik geht die Physiker an, die Auswirkung alle Menschen. Was alle angeht, können nur alle lösen« (Dürrenmatt 1980).

Die skizzierten unterschiedlichen Aufgabenzuweisungen an den Wissenschaftsjournalismus haben im Laufe der Zeit durchaus nebeneinander bestanden. Wenngleich heute vielleicht die letztgenannte Sichtweise dominiert, ist Akzeptanzbeschaffung für die Wissenschaft aus dem Aufgabenkatalog des Journalismus nicht gänzlich verschwunden. Die Vorstellungen vieler Naturwissenschaftler sind auch heute vielfach noch davon geprägt, Journalismus zu einem Akzeptanzbeschaffer zu degradieren oder zumindest als Partner zu vereinnahmen.

Gemeinsam ist den Aufgabenzuweisungen an den Wissenschaftsjournalismus, dass sie geleitet sind von der Frage, was Wissenschaft eigentlich ist. Aus dem Verständnis heraus, was Wissenschaft für die Gesellschaft leistet, ergeben sich Anforderungen, die an den Journalismus zu stellen sind. Solche normativ geprägten Erwägungen strahlen auf das aus, was im Verlauf der Geschichte jeweils die Identität des Wissenschaftsjournalismus ausmacht. Sie konstituieren das, was wir hier in Anlehnung an Weischenberg den Normenkontext des Wissenschaftsjournalismus nennen. Darum geht es im zweiten Teil.

Damit ist erst wenig über das Selbstverständnis der Wissenschaftsjournalisten gesagt. Dabei ging man in der Frühzeit der wissenschaftlichen Beschäftigung mit dem Journalismus davon aus, dass die Identität des Journalismus vorrangig durch die Journalisten bestimmt werde. Journalismus wurde vornehmlich als eine Art von Autorenkino verstanden. Was Journalismus ist, hing von den Persönlichkeiten ab. Später hatte sich die Journalistik von dieser Haltung zeitweise weit entfernt, das Individuum spielte kaum noch eine Rolle, es wurde zu einem vernachlässigten Rädchen im Getriebe, sodass es sogar nötig erschien, das Individuum später wieder in den Journalismus ›zurückzuholen‹ und zu rehabilitieren (Weischenberg 2003).

Trotz der vielen Zwänge, denen ein Journalist tagtäglich ausgesetzt ist, halten auch wir es für sinnvoll, ihn in den Blick zu nehmen. Besonders deutlich wird die Bedeutung des Einzelnen gerade in einem häufig vom Alleinredakteur oder Klein-Ressort bestimmten Wissenschaftsjournalismus etwa an jenen Tagen, an denen ein neuer ›Durchbruch‹ aus der Stammzellforschung oder der Grünen Gentechnik verkündet wird: Wenn der damit üblicherweise befasste Wissenschaftsjournalist zufällig erkrankt ist, dreht sich die Kommentierung durch einen Ersatzmann selbst bei Leitmedien schnell um 180 Grad.

Es bleiben im Wissenschaftsjournalismus immer Freiräume, die der Einzelne je nach seinem Selbstverständnis, seiner Wertorientierung, seinem Ausbildungshintergrund unterschiedlich ausfüllt. Aus diesem Grund wollen wir im dritten Teil einiges zusammentragen, was über die Wissenschaftsjournalisten in Deutschland und deren Selbstverständnis in Erfahrung zu bringen ist.

In eine Organisation der Aussagenproduktion sind Journalisten bei all ihrer Individualität dennoch eingebunden. Und sie arbeiten in der Regel für Institutionen, die den Gesetzen der Marktwirtschaft gehorchen; »Science sells!« ist fast schon zu einem abgedroschenen Slogan geworden. Wie Redaktionen ihre Wahrnehmungen organisieren und die Anpassung an die jeweiligen Markterfordernisse hat einen erheblichen Einfluss darauf, wie Wissenschaftsjournalismus erscheint. Trotz des schnellen Wandels ist es sinnvoll, den Markt in verschiedenen Medien und Formaten einmal einer Momentaufnahme zu unterziehen. Diesen Zusammenhängen ist der vierte Teil vorbehalten.

Der deutsche Wissenschaftsjournalismus ist, das liegt am wirtschaftlichen Zustand der Publizistik, hoffnungslos unterfinanziert. Gespart wird an den Kosten der Recherche. Die Folge: Er hängt am Tropf der großen Forschungsjournale, ist überwiegend unkritisch und ergebnisfixiert. Guter Wissenschaftsjournalismus nimmt sich die Wissenschaft zum Gegenstand: also nicht deren Resultate allein, sondern ihren Entstehungsprozess, und der ist ein sozialer Vorgang. Und die Loyalität des guten Wissenschaftsjournalisten gilt dem Publikum, nicht dem Wissenschaftsbetrieb.
Gero von Randow
Chefredakteur von *Zeit online* und Mitherausgeber des Magazins *Zeit Wissen*

Damit Wissenschaftsjournalismus unabhängig von normativen Aufgabenzuweisungen und Rollenverständnissen funktioniert, sind Wissenschaftsjournalisten wie alle Journalisten in der täglichen redaktionellen Realität auf Quellen angewiesen. Ihre Vertrauenswürdigkeit abzuschätzen gehört zu den größten Schwierigkeiten, denen sich der Journalismus im Allgemeinen und der Wissenschaftsjournalismus (vielleicht?) im Besonderen gegenübersieht.

Entgegen der einschlägigen Auffassung, Wissenschaft sei ein schwieriges Recherchefeld, gibt es einen ganzen Strauß von Möglichkeiten, die es einem Journalisten ermöglichen, die Vertrauenswürdigkeit und Expertise einer Quelle abzuschätzen. Ja, er kann sie sogar einfachen formalen Prüfungen unterziehen, wie sie in anderen Ressorts oft nicht zur Verfügung stehen – etwa bei der Berichterstattung aus der Welt der Politik. Solchen praktischen Hilfsmitteln für das Finden und Abschätzen wissenschaftlicher Expertise wendet sich das Buch im fünften Teil zu, der nach dem Funktionskontext des Wissenschaftsjournalismus fragt. Darüber hinaus ist hier Wissen darüber versammelt, welche Probleme bei der Informationsbeschaffung auftreten können, welche Effekte Wissenschaftsjournalismus zeigt und wer ihn nutzt (soweit sich besonders Letzteres beantworten lässt).

Im sechsten und siebten Teil werfen wir schließlich einen Blick auf den internationalen Wissenschaftsjournalismus, dessen Vernetzung gemessen am hohen Internationalisierungsgrad der ›Welt der Wissenschaft‹ selbst noch am Anfang zu stehen scheint. Dabei könnten gerade hier Märkte und Herausforderungen der Zukunft liegen: Etwa wenn es darum geht, sich stärker von der Themenhoheit einiger weniger amerikanisch dominierter Fachzeitschriften zu befreien oder in boomenden Schwellenländern das Bewusstsein für eine kompetent-kritische Berichterstattung über Forschung und Technologie zu schärfen. Auch aktuelle Trends werden hier diskutiert.

Dieses Buch ist ein ambitioniertes Vorhaben. Erstmals wird versucht, den Wissensstand über eine spezielle Form des Journalismus aus vielen unterschiedlichen Disziplinen zusammenzutragen und damit Interessengebiete einer deutschen Wissenschaftsjournalistik, die bisher allenfalls in groben Umrissen existiert, zu skizzieren. Dem Anspruch entsprechend haben in der Regel alle vier Herausgeber alle Beiträge begutachtet. Das wiederum bedeutet jedoch nicht, dass die jeweils von den Autoren überarbeiteten Beiträge immer der Meinung aller Herausgeber entsprechen müssen – erschien es doch gerade angesichts eines so umfassenden interdisziplinären Themas angemessen, jenseits der grundsätzlichen Ausrichtung im Einzelfall auch abweichenden Theorien und Perspektiven Raum zu geben.

Dabei ist das Vorhaben zudem noch aus einem anderen Grund ambitioniert: Das Buch ist ein Hybrid-Modell, denn es soll eine Brücke zwischen wissenschaftsjournalistischer Praxis und wissenschaftlicher Reflexion schlagen. Deshalb versammelt es Beiträge von Praktikern und Wissenschaftlern.

Stephan Ruß-Mohl hat einmal gemutmaßt, dass der Wissenschaftsjournalismus wegen seiner Nähe zur Wissenschaft für eine Annäherung zwischen Wissenschaft und Praxis besser geeignet wäre als andere Formen des Journalismus. Er hat gehofft, dass Wissenschaftsjournalisten wissenschaftlichen Reflexionen aufgeschlossener gegenüberstehen als andere Journalisten. Wir hoffen, dass er recht hat. Und wir hoffen umgekehrt auch, dass die Welt der Journalistik und der Kommunikationswissenschaften in ihren Forschungen und ihren theoretischen Konstrukten über den Wissenschaftsjournalismus künftig stärker jenes Wissen und jene Erfahrungen aus den vielfältigen Realitäten in den Redaktionen berücksichtigt.

Kurzum: Mit diesem Buch wollen wir einen Beitrag dazu leisten, dass die Kluft zwischen praktischem Journalismus und den sich mit ihm beschäftigenden Wissenschaftsdisziplinen kleiner wird – im Sinne eines aufgeklärteren Umgangs mit der ›Welt der Wissenschaft‹ im Journalismus.

Literatur

Beck, Ulrich. *Risikogesellschaft. Auf dem Weg in eine andere Moderne.* Frankfurt am Main 1986.
Bucchi, Massiamo, und Renato G. Mazzolini. »Big science, little news: science coverage in the Italian daily press, 1946–1997«. *Public Understanding of Science* (12) 1 2003. 7–24.
Christidou, Vasilia, Kostas Dimopoulos und Vasilis Koulaidis. »Constructing social representations of science and technology: the role of metaphors in the press and the popular scientific magazines«. *Public Understanding of Science* (13) 4 2004. 347–362.
Dürrenmatt, Friedrich. »21 Punkte zu den Physikern«. *Die Physiker.* Zürich 1980.
Esser, Frank. »Ursachen größerer Recherchebereitschaft im britischen Pressejournalismus«. *Rundfunk und Fernsehen* (47) 1999. 200–219.
Gertz, Holger. »Vater Unser«. *Süddeutsche Zeitung Magazin* 2 2002.

Görke, Alexander, und Georg Ruhrmann. »Public communication between Facts and Fictions: On the Construction of Genetic Risk«. *Public Understanding of Science* (12) 3 2003. 229–241.

Haynes, Roslynn D. *From Faustus to Strangelove. Representations of the Scientist in Western Literature.* Baltimore 1994.

Iglhaut, Stefan. »Wissenschaft ausgestellt: Von der Science Fiction bis zum Dialog mit Einstein«. *Die Wissensmacher. Profile und Arbeitsfelder von Wissenschaftsredaktionen in Deutschland.* Hrsg. Holger Wormer. Wiesbaden 2006. 254–269.

Jörg, Daniele. »The good, the bad and the ugly – Dr. Moreau goes to Hollywood«. *Public Understanding of Science* (12) 3 2003. 297–305.

Kleindiek, Ralf. *Wissenschaft und Freiheit in der Risikogesellschaft. Eine grundrechtsdogmatische Untersuchung zum Normbereich von Art. 5, Abs. 3, Satz 1 des Grundgesetzes.* Berlin 1998.

Knoblauch, Hubert. *Wissenssoziologie.* Konstanz 2005.

Kohring, Mathias. *Wissenschaftsjournalismus. Forschungsüberblick und Theorieentwurf.* Konstanz 2005.

Kracht, Peter. »Geklonter Mensch?« *Hellweger Anzeiger* 3.3.1997. 2.

Kua, Eunice, Michael Reder und Martha J. Grossel. »Science in the News: A Study of Reporting Genomics«. *Public Understanding of Science* (13) 3 2004. 309–322.

Kübler, Hans-Dieter. *Mythos Wissensgesellschaft. Gesellschaftlicher Wandel zwischen Information, Medien und Wissen. Eine Einführung.* Wiesbaden 2005.

Lewenstein, Bruce V. »Science and the Media«. *Handbook of Science and Technology Studies.* Hrsg. Sheila Jasanoff et al. London und New Delhi 1995. 343–360.

Luhmann, Niklas. »Die Welt als Wille ohne Vorstellung«. *Die politische Meinung* (31) 229 1986. 18–21.

Maier-Leibnitz, Heinz. »Die Sicht des Wissenschaftlers: Forschung popularisieren«. *Wissenschaftsjournalismus. Ein Handbuch für Ausbildung und Praxis.* Hrsg. Stephan Ruß-Mohl. München und Leipzig 1987. 26–34.

Merten, Klaus, und Joachim Westerbarkey. »Public Opinion und Public Relations«. *Die Wirklichkeit der Medien. Eine Einführung in die Kommunikationswissenschaft.* Hrsg. Klaus Merten, Siegfried J. Schmidt und Siegfried Weischenberg. Opladen 1994. 188–211.

Metcalfe, Jenny, und Toss Gascoigne. »Science Journalism in Australia«. *Public Understanding of Science* (4) 4 1995. 411–428.

O'Mahony, Patrick, und Mike Steffen Schäfer. »The ›Book of Life‹ in the Press: Comparing German and Irish Media Discourse on Human Genome Research«. *Social Science Studies* (35) 1 2005. 99–130.

Petkova, Kristina, et al. *Modernisation and Images of Science. Comparing Britain and Bulgaria 1946–1994. Research Report Central European University.* Budapest 2000.

Rapp, Friedrich. *Fortschritt. Entwicklung und Sinngehalt einer philosophischen Idee.* Darmstadt 1992.

Ruß-Mohl, Stephan. »Journalistik-›Wissenschaft‹ und Wissenschafts-Journalistik. Anmerkungen zu Theorie und Praxis des Wissenschaftsjournalismus«. *Publizistik* (30) 2–3 1985. 265–279.

Ruß-Mohl, Stephan. »Wissenschaftsvermittlung – eine Notwendigkeit«. *Moral und Verantwortung in der Wissenschaftsvermittlung. Die Aufgabe von Wissenschaft und Journalismus.* Hrsg. Rainer Flöhl und Jürgen Fricke. Mainz 1987. 9–18.

Weingart, Peter. *Die Stunde der Wahrheit? Zum Verhältnis der Wissenschaft zu Politik, Wirtschaft und Medien in der Wissenschaftsgesellschaft.* Weilerswist 2001.

Weischenberg, Siegfried. *Medienkommunikation. Theorie und Praxis. Journalistik Band I.* Opladen 1992.

Weischenberg, Siegfried. *Medienkommunikation. Theorie und Praxis. Journalistik Band II.* Opladen 1995.

Weischenberg, Siegfried. »Leistung und journalistisches Bewusstsein: Zur ›subjektiven Dimension‹ der Qualitätsdebatte«. *Qualität im Journalismus. Grundlagen – Dimensionen – Praxismodelle.* Hrsg. Hans-Jürgen Bucher und Klaus-Dieter Altmeppen. Wiesbaden 2003. 163–178.

I Von der Wissenschaft und den Wissenschaftlern – Das Berichterstattungsfeld

Wissen ist Macht? – Facetten der Wissensgesellschaft

Peter Weingart

1. Wissens-, Informations- oder Risikogesellschaft?

Wer heute seinen Müll penibel auf ein System farblich differenzierter Abfalltonnen verteilt – schon in der Einbauküche helfen ihm dabei unterschiedliche Behälter –, der wird sich nicht mehr bewusst sein, dass er an einem groß angelegten Erziehungsprogramm teilnimmt. Die Zeiten sind bei uns vorüber, da sich die Menschen unüberlegt ihres Unrats entledigten, wie dies in vielen Ländern Afrikas, Asiens und Lateinamerikas noch heute zu beobachten ist. Die moderne Müllentsorgung reicht von den chemischen Analysen der Abfälle und ihrer Reaktionen untereinander bei der Einlagerung in Deponien, der Brennbarkeit verschiedener Bestandteile, der Wärme- und Abgasentwicklung bei der Verbrennung bis zu den Wirtschaftlichkeitsberechnungen des Recyclings einzelner Stoffe u.a.m. (Krohn et al. 2002).

Damit diese moderne Entsorgungstechnik realisiert werden kann, sind Verhaltensänderungen in der Bevölkerung eine wesentliche Voraussetzung. Deshalb ist auch die psychologische Bereitschaft zur Mülltrennung Gegenstand von Analysen. Die Umweltpsychologie erforscht die Verhaltensmuster hinsichtlich des Umgangs mit der Umwelt und legt damit die Grundlage zu ihrer Veränderung.

Planung, Bau und Betrieb der neuen Mülldeponien sind ein Paradebeispiel für ein Realexperiment (Krohn et al. 2005). Das heißt: Das gesellschaftliche Handeln – hier die Abfallentsorgung – vollzieht sich als fortwährende wissenschaftliche Reflexion der technischen Möglichkeiten und Risiken sowie der Umsetzung der neu gewonnenen Erkenntnisse. Dies geschieht nicht mehr in der Abgeschiedenheit des Labors, aus der die Wissenschaftler nach Jahren einsamer Forschung an die Öffentlichkeit kommen, sondern in der Gesellschaft, unter den Augen der Öffentlichkeit und ihren Protesten ausgesetzt, die sie zwingen, sich bei der Suche nach technischen Lösungen auch auf die sozialen Einwände einzustellen.

Dies ist nur ein Beispiel dafür, was mit ›Wissensgesellschaft‹ gemeint ist. Der Begriff, obgleich schon vor 40 Jahren geprägt (Bell 1973; Lane 1966; Stehr 1994), rückt seit einigen Jahren in den Vordergrund medialer und öffentlicher Aufmerksamkeit und hat inzwischen den Begriff der ›Risikogesellschaft‹ (Beck 1986) verdrängt.

Der scheinbar verwandte Begriff der Informationsgesellschaft ist älter. Unter dem Eindruck der Auswirkungen der neuen Informationstechnologien auf die Geschwindigkeit und den Umfang der übermittelten Informationen schien sie die große Verheißung zu sein. Mit ihm verbindet sich die Vorstellung, dass es in der zukünftigen Gesellschaft in erster Linie um die technisch bedingte Verfügbarkeit umfassender Information und um deren Verarbeitung geht. Inhalte der Informationen werden nicht problematisiert. Der Begriff ist noch mit im Rennen und hat ungeachtet vielfältiger Kritik – er gilt als zu technokratisch – neuen Auftrieb durch die Zielsetzung der EU zur Bildung einer Informationsgesellschaft erhalten (http://europa.eu.int/information_society/index_de.htm). Was hat es mit dieser Konjunktur plakativer Begriffe auf sich? Was steht an gesellschaftlicher Realität hinter ihnen?

Die Begriffe werden von Wissenschaftlern (in der Regel Soziologen oder Ökonomen) geprägt, um markante gesellschaftliche Entwicklungen zu fokussieren. Sie sind jedoch sehr selektiv in ihrer Beschreibung und oft nicht einmal wechselseitig ausschließend. Das gilt auch für die drei Genannten. Für Daniel Bell z. B. sind die Begriffe ›post-industrielle‹, ›professionelle‹, ›Informations-‹ und ›Wissensgesellschaft‹ weitgehend gleichbedeutend. Wichtigste Merkmale der Wissensgesellschaft (›knowledge society‹) waren für ihn der Vorrang von theoretischem gegenüber praktischem Wissen, die Bedeutung von Wissenschaft und Technologie als Innovationsquellen, die Priorität des Ausbildungs- und Forschungssektors im Hinblick auf die gesellschaftlichen Aufwendungen und die Zahl der in ihm beschäftigten Personen (Bell 1973: 37, 213 f.).

Als weiterer Aspekt der Wissensgesellschaft gilt die Durchdringung aller Lebens- und Handlungsbereiche mit wissenschaftlichem Wissen (Verwissenschaftlichung). Wissensproduktion wird ein neuer Produktionssektor, und Wissenschafts- und Bildungspolitik werden als eigenständiger Politikbereich etabliert. Herrschaft wird stärker als zuvor durch wissenschaftlich fundiertes Spezialwissen legitimiert, und schließlich wird die Entwicklung des Wissens zu einem Kriterium sozialer Strukturbildung, d.h. der Bestimmung sozialer Ungleichheit und der daraus resultierenden Konflikte (Stehr 1994: 36 f.; siehe auch Willke 1998: 162).

Alle diese Begriffsbildungen beruhen auf empirischen Beobachtungen, Zahlen und anderen Indikatoren. Dennoch ist nicht selbstverständlich, dass mit ihnen tatsächlich auch eine nachhaltige Veränderung der Gesellschaft beschrieben ist und nicht nur eine zeitlich begrenzte. Das zeigt sich u.a. daran, dass sich unterschiedliche, zum Teil gegensätzliche Erwartungen mit den Begriffen verbinden.

Vor allem die früheren Bestimmungen der Wissens- oder der Informationsgesellschaft waren durch einen optimistischen Glauben an Wissenschaft und Technik geprägt. Im weiteren Verlauf, nicht zuletzt bedingt durch die intensivere Diskussion über Umweltschäden und besonders die Kernkraftunfälle, wurden die Sichtweisen kritischer. Ulrich Becks Buch *Die Risikogesellschaft* brachte den neuen Zeitgeist auf den Begriff (1986).

Die bis dahin bestehenden Erwartungen an die Wissenschaft, dass sie verlässliches Wissen und somit größere Gewissheit und eine höhere Rationalität politischer Entscheidungen gewährleisten würde, waren enttäuscht worden. Die in allen Diagnosen gleichermaßen postulierte Zentralität gesicherten Wissens stand, scheinbar widersprüchlich, der zugleich festgestellten Ohnmacht wissenschaftlicher Rationalität gegenüber.

Die Wissensgesellschaft ist also nicht ausreichend durch die größere Bedeutung wissenschaftlichen Wissens gekennzeichnet. Das wichtigere Kriterium, das sowohl die optimistischen als auch die kritischen Beschreibungen der Gesellschaft trifft, besteht vielmehr in der Generalisierung des Handlungstypus wissenschaftlicher Forschung. Das heißt: Systematische und kontrollierte Reflexion wird zum verbreiteten Handlungsprinzip in der Gesellschaft. Dies wird als »Verwissenschaftlichung« der Gesellschaft (Weingart 1983) oder als »reflexive Modernisierung« (Beck, Giddens und Lash 1994) bezeichnet.

Die Wissensgesellschaft definiert sich demgemäß durch die Institutionalisierung von Reflexion in allen funktional spezifischen Teilbereichen, also auch solcher Handlungsbereiche, die zuvor gar nicht Gegenstand wissenschaftlicher Analyse waren, wie das eingangs beschriebene Beispiel der Müllentsorgung illustriert.

Ähnlich gelagerte Beispiele für die Verwissenschaftlichung finden sich in der Politik (u. a. die wissenschaftlichen Analysen zur Unterstützung der Sozial- und Arbeitsmarktpolitik), in der Wirtschaft (u. a. die wissenschaftliche Fundierung der neoliberalen Wirtschaftspolitik), im Rechtswesen (u. a. die kriminologische und sozialwissenschaftliche Begründung von Strafrechtsreformen), aber auch in der alltäglichen Lebensführung (u. a. in der wissenschaftlichen Analyse von Kindererziehung, Ernährung und Sexualität und ihrer popularisierten Verbreitung in den Medien).

Reflexivität bedeutet, dass Erfahrungen nicht mehr nur passiv ›gemacht‹, sondern aktiv durch ›forschendes‹ Verhalten gesucht und reflektiert werden. Moderne Gesellschaften lernen, indem sie durch hypothetische Entwürfe, Simulationen und Modelle Erfahrungen vorwegnehmen, die Ursachen unerwarteter Ereignisse erforschen, Daten speichern und in den Prozess zurückführen. Geschwindigkeit und Volumen der Informationsverarbeitung wachsen aufgrund dessen um Größenordnungen. Derartige Erfahrungen zweiter Ordnung zwingen zu fortwährenden internen Anpassungsprozessen.

Diese Entwicklung hat Auswirkungen auf den Begriff und auf die Institutionen der Wissenschaft. Wissenschaftliches Wissen bedeutet nicht mehr nur Wissen über Naturgesetze, und Forschung ist nicht mehr vorrangig die Suche nach ihnen. Sie ist auch nicht mehr nur an den Universitäten zu finden, sondern eine Vielzahl von Instituten, Firmen und Nichtregierungsorganisationen betreiben ebenfalls Forschung. Die herkömmlichen Organisationsformen der Forschung an den Universitäten, die Disziplinen, verlieren ihre scharfen Konturen. Neben den traditionellen Disziplinen entstehen eine Fülle von Forschungsgebieten, die diesen nicht mehr eindeutig zugeordnet werden können. Interdisziplinarität ist deshalb zu einem wissenschaftspolitischen Schlagwort geworden.

Diese Diffusion der Wissenschaft in die Gesellschaft hat schließlich zur Folge, dass sie ihre relative institutionelle Abgeschiedenheit verliert. Zum Beispiel gilt Forschung als Quelle wirtschaftlichen Wohlstands und wird deshalb von den modernen Wissensgesellschaften finanziell gefördert (mit zwei bis drei Prozent des Bruttoinlandsproduktes). Damit wird Wissenschaft zum Gegenstand politischer Verteilungskonflikte.

Wissenschaft gilt zugleich als Legitimationsressource für die Politik und wird deshalb in vielen Beratungsgremien in politische Entscheidungsprozesse involviert und für politische Auseinandersetzungen mobilisiert. Viele Wirtschaftszweige bedürfen der Forschung, um mit neuen Produkten am Markt bestehen zu können. Aufgrund dieser Funktion für die Innovationsfähigkeit der Wirtschaft ist wissenschaftliches Wissen begehrtes Objekt privatwirtschaftlicher Interessen, besonders in Gestalt der Sicherung von Eigentumsrechten. Die Wissenschaft wird also politisiert, sie wird wirtschaftlichen Kalkülen unterworfen, d.h. ökonomisiert (bzw. kommerzialisiert), und sie wird Gegenstand öffentlicher Diskurse in den Medien, d.h. sie wird medialisiert. Alle diese Zugriffe auf die Wissenschaft lassen sich als ›Vergesellschaftung der Wissenschaft‹ bezeichnen, die spiegelbildlich zur ›Verwissenschaftlichung der Gesellschaft‹ stattfindet.

In all diesen Kontexten ist die Wissenschaft zum einen (als kommuniziertes Wissen) Gegenstand von Verhandlungen und Entscheidungen vieler Akteure, zum anderen (in Gestalt einzelner Forscher oder ihrer Organisationen) ist sie selbst Akteur. Die enge Verflechtung der Wissenschaft mit den übrigen gesellschaftlichen Teilbereichen ist also Merkmal der Wissensgesellschaften, nicht etwa die Dominanz der Wissenschaft und schon gar nicht das Vorherrschen einer eindimensionalen Rationalität, das Ende der Politik oder aller Ideologien, wie es die szientistischen Interpretationen des Begriffs nahelegen.

Der wechselseitige Bezug von Verwissenschaftlichung der Gesellschaft und Vergesellschaftung der Wissenschaft kommt darin zum Ausdruck, dass zwar viele Probleme mittels wissenschaftlichen Wissens gelöst werden, dass aber zugleich eine Vielzahl neuer Probleme in Gestalt von Risikowahrnehmungen und Wissen über Nichtwissen entstehen.

Einige der genannten Aspekte, die die Rolle der Wissenschaft bei der Entwicklung von der Industrie- zur Wissensgesellschaft kennzeichnen, sollen nun etwas eingehender betrachtet werden.

2. Wachstum des Wissens? – Zur Dynamik der Disziplinen und zur Spezialisierung der Wissenschaft

Unter allen Bereichen der Gesellschaft wächst die Wissenschaft am schnellsten. Sie verdoppelt sich, ganz grob gerechnet, alle 15 Jahre. Jeder Verdoppelung der Bevölkerung entsprechen mindestens drei Verdoppelungen der Zahl der Wissenschaftler. Der amerikanische Wissenschaftshistoriker Derek de Solla Price sah in den 60er Jahren die absurde Konsequenz voraus: Zur Jahrtausendwende kämen auf jeden Mann, Frau und Hund in der Bevölkerung zwei Wissenschaftler (Price 1971: 19). Er prognostizierte deshalb eine Verlangsamung (»dynamic steady state«) der Wachstumsrate (Price 1971: 23; Ziman 1994), die auch eingetreten ist.

Gleich, wie das Wachstum der Wissenschaft gemessen wird, ob man die Zahl der Wissenschaftler, die Ausgaben für die Forschung oder die Zahl der publizierten Artikel zugrunde legt: Von geringfügigen Abweichungen abgesehen, ist das Ergebnis immer ungefähr dasselbe.

- 80–90 Prozent der modernen Wissenschaft sind zeitgenössisch, d.h. 80–90 Prozent aller Wissenschaftler, die jemals gelebt haben, leben im Augenblick. Dies ist die Wahrnehmung der zeitlichen Unmittelbarkeit der Wissenschaft, die es spätestens seit dem 18. Jahrhundert gibt (Price 1971: 16).
- Bei einer Verdoppelungsrate von etwa 15 Jahren ist die Wissenschaft seit ihren Anfängen im 17. Jahrhundert um rund fünf Größenordnungen gewachsen. Aufgrund des erheblich langsameren Wachstums der Bevölkerung bedeutet dies auch eine Steigerung der Zahl

der Forscher im Verhältnis zur Zahl aller Beschäftigten in einem Land. In Japan ist diese Zahl zwischen 1986 und 2004 von 8 auf 11 Prozent, in den OECD-Ländern insgesamt von 6 auf 7 gestiegen (OECD 2006: 2 f.). Auf der Ebene von EU-25 erreichte der Anteil des FuE-Personals im Jahr 2003 1,44 Prozent der Gesamtbeschäftigung bei einer durchschnittlichen jährlichen Wachstumsrate (DJWR) in Vollzeitäquivalenten von 1,92 Prozent zwischen 1999 und 2003. Die japanische Rate für diesen Indikator liegt bei 1,66 Prozent, ihre DJWR ist allerdings negativ (−1,01 Prozent; Frank 2006: 2).

- Der Anteil der Ausgaben für Forschung und Entwicklung am Bruttoinlandsprodukt lag z. B. in den USA 1929 bei 0,2 Prozent, 2004 bei etwa 2,8 Prozent. Schweden und Finnland führen mit 4 bzw. 3,5 Prozent vom BIP bei F & E-Ausgaben (OECD 2006: 2 f.).
- Die verschiedenen Disziplinen bzw. Bereiche der Wissenschaft wachsen unterschiedlich schnell: Die Geowissenschaften verdoppeln sich etwa alle acht Jahre, die Astronomie nur alle 18 Jahre, die Mathematik zwischen 1870 und 1994 alle 20 Jahre, in der Zeit nach dem Zweiten Weltkrieg alle 10 Jahre, inzwischen wieder alle 20 Jahre (Odlyzko 1995: 2).
- Die Geisteswissenschaften (ohne Sozialwissenschaften: Soziologie, Psychologie, Ökonomie) sind in der Bundesrepublik (ohne ehemalige DDR) zwischen 1954 und 1984/87 etwa um das Siebenfache gewachsen. Allerdings schwächt sich hier die Wachstumsrate in den 80er Jahren deutlich ab (Weingart et al. 1991: 77 f.). Dabei geht der Anteil der Geisteswissenschaften am gesamten Wissenschaftssystem in dem betrachteten Zeitraum um etwa 6 Prozent von 14,8 auf 8,9 zurück. Das Wachstum der Geisteswissenschaften bleibt also hinter dem der übrigen Wissenschaften zurück (Weingart et al. 1991: 94 f.).

Eine Institution, die sich ungefähr alle 15 Jahre verdoppelt, muss sowohl ihre eigene Identität verändern als auch einen erheblichen Einfluss auf ihre Umwelt haben. Die Betrachtung des Wachstums der Wissenschaft liefert infolgedessen einen Schlüssel für das Verständnis der sich verändernden Rolle der Wissenschaft in der Gesellschaft und ihrer eigenen Veränderungen. Alle Analysen der Wissenschaft und ihres Verhältnisses zu den anderen gesellschaftlichen Teilsystemen, wie der Wirtschaft, der Politik, dem Recht und den Medien, müssen die Ursachen und Folgen des Wachstums berücksichtigen.

Um zu verstehen, wie die Wissenschaft intern auf Wachstum reagiert und gleichzeitig ihre Identität ändert bzw. ändern muss, sei folgendes Beispiel zitiert: 1954 publizierten 24 Anglistik-Professoren in Deutschland zwölf Bücher und eine kleinere Zahl von Artikeln. Diese Literatur konnte von allen Professoren und wissenschaftlichen Mitarbeitern im Fach gelesen werden. Dreißig Jahre später veröffentlichten die nunmehr tätigen 300 Professoren der Anglistik ca. 60 Bücher und 600 Artikel. Diese Menge der Literatur war für den einzelnen Anglisten eine längst nicht mehr realistisch zu bewältigende Menge an Lesestoff. Die interne Spezialisierung des Fachs ist die unausweichliche Folge (Weingart et al. 1991: 288).

Auch die Identität des Fachs selbst muss sich aber dabei ändern. Konnten Mitte der 50er Jahre noch alle Anglistik-Professoren ihr Fach als ein einheitliches wahrnehmen, war es 30 Jahre später zu einem unüberschaubaren Großfach geworden. Innendifferenzierung bzw. Spezialisierung ist also eine unausweichliche Reaktion auf exponentielles Wachstum.

Die Differenzierung der großen Disziplinen nimmt viele unterschiedliche Formen an, sei es in Gestalt von Spezialgebieten der Forschung, sei es in einer großen Vielfalt der Denomi-

Abbildung 1: Wissenschaftliche Fachgesellschaften in Deutschland. Anzahl der Fachgesellschaften 1900–1999

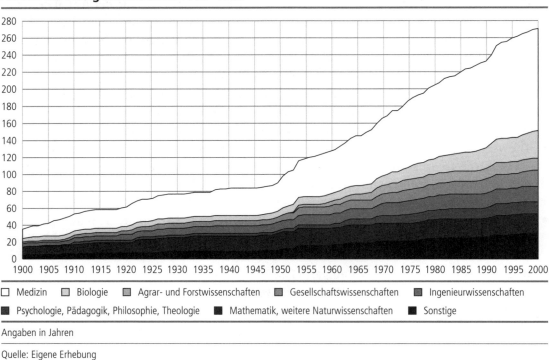

☐ Medizin ☐ Biologie ■ Agrar- und Forstwissenschaften ■ Gesellschaftswissenschaften ■ Ingenieurwissenschaften
■ Psychologie, Pädagogik, Philosophie, Theologie ■ Mathematik, weitere Naturwissenschaften ■ Sonstige

Angaben in Jahren

Quelle: Eigene Erhebung

nation von Professuren (als Forschungs- und Lehrgebiete). Es gibt keine einheitliche Definition von Disziplinen oder wissenschaftlichen Spezialgebieten, und je nach Zweck werden unterschiedliche Abgrenzungen zugrunde gelegt und somit unterschiedliche Zahlen genannt.

Die *Deutsche Forschungsgemeinschaft (DFG)* etwa unterscheidet derzeit 201 Fächer. Die führende wissenschaftliche Datenbank, der *Science Citation Index (SCI)* einschließlich seiner sozial- und geisteswissenschaftlichen Teile – *Social Science Citation Index (SSCI)* und *Arts and Humanities Citation Index (A&HCI)* –, erfasst ungefähr 7.500 Zeitschriften. Diese werden ca. 250 sogenannten ›subject categories‹ zugeordnet, die trennschärfer sind als die Zeitschriften.

Eine Ausdrucksform der Differenzierung alter und der Entstehung neuer Forschungsgebiete besteht in der Zahl der Fachgesellschaften, in denen Wissenschaftler organisiert sind. Die Anzahl der Fachgesellschaften in Deutschland ist im Verlauf des 20. Jahrhunderts von etwa 35 auf 275 im Jahr 1999 angestiegen.

Erst seit 1991 schwächt sich das bis dahin stetige Wachstum etwas ab. Dabei ist ein interessanter Sachverhalt zu beachten: In den Ingenieurwissenschaften, den Naturwissenschaften und der Mathematik gibt es wenige große Gesellschaften, die in ihrer Binnenstruktur die Differenzierung in Teildisziplinen abbilden. Der Ausdifferenzierungsprozess findet in diesen Disziplinen (Physik, Chemie, Mathematik) also innerhalb ihrer großen Fachgesellschaften statt. Von den insgesamt 29 Untereinheiten der *Deutschen Physikalischen Gesellschaft* wurden sieben nach 1974 gegründet, und in der *Gesellschaft Deutscher Chemiker* waren es sieben von 21 Fachgruppen.

Medizin und Biologie differenzieren sich dagegen vor allem durch die Gründung neuer Fachgesellschaften. Im letzten Viertel des 20. Jahrhunderts wurden in der Medizin allein 42 neue Fachgesellschaften gegründet (ein Wachstum von 48 Prozent), in der Biologie ist ebenfalls etwa die Hälfte ihrer 35 Fachgesellschaften in diesem Zeitraum entstanden (Weingart, Carrier und Krohn 2007: Kap. III.5).

Die Spezialisierung qua Innendifferenzierung ist zu unterscheiden von der Entstehung neuer Subdisziplinen, die sich aus der Ausweitung wissenschaftlicher Erkenntnisweisen auf immer neue Gegenstandsbereiche ergibt. In diesem Prozess der Spezialisierung spiegelt sich die allgemeine Verwissenschaftlichung wider. Sie vollzieht sich unter anderem über die Professionalisierung. Berufe werden professionalisiert, wenn das ihnen zugrunde liegende Wissen kodifiziert und damit auch gelehrt werden kann. Ein Beispiel sind die Pflegewissenschaften, die die Grundlage für Krankenpflegeberufe bilden und inzwischen an Universitäten als Fach etabliert sind. Bis dahin war die Krankenpflege eine Tätigkeit, die als Lehrberuf erlernt wurde. Die Spezialisierung der Wissensproduktion und die gleichzeitige Verwissenschaftlichung führen also zu der Verschiebung der institutionellen Grenzen der Wissenschaft in Bereiche, die zuvor außerhalb wissenschaftlicher Beobachtung und Reflexion lagen.

Das Wachstum der Wissenschaft, das sich strukturell sowohl in der Spezialisierung qua Innendifferenzierung als auch in der Spezialisierung qua Entstehung neuer Wissenschaftsbereiche niederschlägt, hat Folgen für die Wissenschaft intern und für ihr Verhältnis zu ihrer gesellschaftlichen Umwelt. Intern hat die Differenzierung der Disziplinen, die in den Naturwissenschaften noch ausgeprägter ist als in den Geistes- und Sozialwissenschaften, den Zerfall der Einheit der Disziplinen zur Folge. Niemand kann die Fächer mehr in ihrer Gesamtheit überblicken, die Kommunikation unter den Wissenschaftlern wird selektiv, und es ist dann nur eine Frage der Zeit, wann die Sprache und die Methoden sich so weit differenzieren, dass sie nicht mehr von allen Mitgliedern der Disziplin beherrscht werden.

Gegenüber ihrer gesellschaftlichen Umwelt ergibt sich eine Folge aus dem Umstand, dass die Innendifferenzierung der Wissenschaft durch größere Abstraktion erreicht wird, in den Naturwissenschaften vor allem durch Mathematisierung. Die Wissenschaft gewinnt immer weniger unmittelbares Erfahrungswissen aus ihrer Umwelt. Als Erfahrungs- und Lernform setzt die Wissenschaft an die Stelle unmittelbarer alltagsweltlicher Erfahrung Begriffe, Instrumente und Theorien, sodass sie ihre Empirie in zunehmendem Maße selbst konstruiert.

Auf der einen Seite bedeutet die immer weiter gehende Spezialisierung und die immer größere Abstraktion der Wissenschaft, dass auch die Distanz der Laienöffentlichkeit zur Wissenschaft immer größer wird. Selbst die Wissenschaftler verschiedener Forschungsgebiete sind füreinander Laien. Sie arbeiten über verschiedene Gegenstände, sprechen unterschiedliche Fachsprachen und verwenden unterschiedliche Methoden. Damit ist auch die Einheit der Wissenschaft verloren gegangen, die etwa bis zum Ende des 18. Jahrhunderts noch gegolten hat.

Auf der anderen Seite werden immer weitere Bereiche der Gesellschaft der wissenschaftlichen Analyse unterworfen, mit dem Ergebnis, dass die Distanz der Wissenschaft zur Gesellschaft geringer wird. Nunmehr findet sie sich in vielfältigen Anwendungskontexten (Weingart, Carrier und Krohn 2007: Kap. I). Ein untrügliches Zeichen dieser stärkeren Anwendungsbezogenheit ist die Vielzahl von hybriden Forschungsgebieten, die sich aufgrund praktischer Problemstellungen und/oder aus der Kombination bereits bestehender Spezialgebiete ergeben (Klein 2000: 8 ff.).

Forschungsgebiete wie die Umweltwissenschaften, die Klimaforschung, die Gewaltforschung oder die Risikoforschung, um nur diese Beispiele zu nennen, sind zum einen eng an praktischen Handlungsbereichen orientiert und zum anderen aus verschiedenen Spezialgebieten zusammengesetzt. Sie erfüllen die Bedingung der Interdisziplinarität, sind aber zugleich Spezialisierungen. Sie repräsentieren einen neuen Typus von Wissenschaft. Eine Rückkehr zu den Disziplinen des 19. und frühen 20. Jahrhunderts kann es deshalb ebenso wenig geben wie eine Rückkehr zu der viel beschworenen Einheit der Wissenschaft des 17. und 18. Jahrhunderts.

3. Wissenschaftliches Wissen als Ressource – Experten in der Politikberatung

Ein markanter Aspekt der Verwissenschaftlichung und der Expansion der Wissenschaft ist die Instrumentalität wissenschaftlichen Wissens für die Politik. Politische Macht wird in den demokratischen Wissensgesellschaften auf zweierlei Weise legitimiert: durch Delegation qua Wahl und durch den Bezug auf verlässliches Wissen. Politische Entscheidungen können nur unter dem Risiko des Legitimationsentzugs in Widerspruch zum konsentierten Stand des Wissens getroffen werden.

Der südafrikanische Präsident Tabor Mbeki musste erfahren, dass sein Versuch, den Einsatz von Medikamenten gegen AIDS unter Berufung auf einige abweichende Experten zu verhindern, nicht nur von der großen Mehrheit der Wissenschaftler, sondern auch von den Medien abgelehnt wurde. Er hatte sich mit der These, dass AIDS nicht durch das HIV-Virus verursacht werde, gegen den akzeptierten Stand des Wissens gestellt (Weingart 2005).

Seit dem Ende des Zweiten Weltkriegs ist eine rasante Zunahme wissenschaftlicher Beratungsgremien, Kommissionen und einzelner Berater in der Politik zu beobachten, obgleich die genaue Zahl der Gremien und ihrer Mitglieder nicht bekannt und wegen ihrer Abgrenzung umstritten ist (Murswieck 1994; Peters und Barker 1993: 7; Mayntz 2006: 118). Für die USA werden 5.000 Beratungsgremien in der Bundesverwaltung geschätzt (Jasanoff 1990: 46).

Die seit dem späten 19. Jahrhundert andauernde Ausweitung der Staatsfunktionen zwingt die Politik zu Regulierungen, die technisch komplex sind und für die entsprechendes Wissen abgerufen werden kann und muss. Kernkraft, anthropogener Klimawandel, demographische Entwicklung und die Sicherung der Renten, Reproduktionsmedizin, Umweltschutz, biotechnologische Landwirtschaft, Luftreinhaltung und Terrorismus sind beispielhaft Themen, die politische Intervention und Regulierung verlangen. Die Fachministerien, deren kumulierter Sachverstand einst ausreichte, um Gesetze und Verordnungen in operative Regulierungen umzusetzen, rekrutieren jetzt zusätzliche wissenschaftliche Expertisen von den Ressortforschungseinrichtungen, von den Universitäten und Forschungsinstituten.

Selbst wo Regierungen nicht von sich aus wissenschaftliche Expertise nachfragen, ist die Wissenschaft an der Gestaltung der politischen Agenda beteiligt. Akademische Forscher oder aber außerakademische Thinktanks kommunizieren laufend Forschungsergebnisse, die die Politik unter Umständen zum Handeln zwingen. Die Entdeckung der Zerstörung der Ozonschicht durch FCKW, die ersten Berechnungen der Auswirkungen des CO_2-Ausstoßes auf das Klima oder die Prognosen hinsichtlich der Dimensionen des demographischen Wandels und dessen Effekte auf die Zukunft der Städte und die notwendigen Anpassungen der Rentensysteme sind alles Fälle, in denen einzelne Wissenschaftler bzw. Forschungsinstitute mit ihren Ergebnissen an die Öffentlichkeit gegangen sind und aufgrund der tatsächlichen oder vermeintlichen Dringlichkeit des Problems Einfluss auf die politische Agenda genommen haben (siehe zum Ozonloch Grundmann 1999; zum Klimawandel Weingart, Engels und Pansegrau 2002).

In früheren Diskussionen zur Rolle der Experten wurde deren illegitimer, weil nicht durch demokratische Wahl gestützter Einfluss in der Politik kritisiert. Der Widerspruch zwischen demokratischer Legitimation und der Rationalität politischer Entscheidungen durch den Bezug auf gesichertes und in der Wissenschaft konsentiertes Wissen ist unaufhebbar. In den Konflikten um neue Technologien, zuerst die Kernkraft, sodann die Biotechnologie, haben die mit ihnen entstandenen Bürgerbewegungen ihrerseits wissenschaftliche Experten mobilisiert. So wurden in den Medien die Auseinandersetzungen zwischen den Experten der Regierung und den Gegenexperten der Bürgerinitiativen geführt.

Die Diskussionen zwischen Experten und Gegenexperten, die seither zum politischen Alltag gehören, demonstrieren zweierlei. Zum einen sind sie Indiz dafür, dass wissenschaftliches Wissen eine Legitimationsressource in politischen Konflikten ist (van den Daele 1996). Zum anderen illustrieren sie eine Demokratisierung der Expertise, die die ursprünglichen Bedenken gegenüber dem illegitimen Einfluss der Experten zumindest abschwächt. Zur Verwissenschaftlichung gehört eben auch, dass alle politischen Gruppierungen Zugang zu wissenschaftlicher Expertise haben und sich ihrer in den argumentativen politischen Konflikten bedienen.

Die Konkurrenz um die Expertise und ihre Funktion als Ressource in der politischen Diskussion hat allerdings auch dazu geführt, dass nunmehr die Unsicherheiten innerhalb der Wissenschaft, die ganz normal für die innerwissenschaftliche Diskussion bis zu deren jeweiliger Schließung sind, in die Öffentlichkeit gebracht und zum Gegenstand der politischen Auseinandersetzung gemacht werden. Der Gewinn an Legitimation, der durch die Einbeziehung von Experten von allen Seiten für die politische Diskussion erzielt wird, droht durch die Politisierung der Expertise wieder verloren zu gehen.

Als Angela Merkel den anerkannten Steuerexperten Paul Kirchhof in ihr Wahlkampfteam berief, galt dies zugleich als steuerpolitisches Programm. Gerade das umstrittene Konzept zur Vereinfachung des Steuerrechts führte jedoch in kurzer Zeit zu seiner Demontage. Die Überschreitung der Linie zwischen Wissenschaft und Politik hatte Kirchhof politisch angreifbar gemacht. Frau Merkels Hoffnung, die Wahl Kirchhofs werde ihre Position in der Partei stärken und ihre Wahlchancen verbessern, die zunächst auch durch die Medienkommentare bestärkt wurde, hatte sich als verfrüht erwiesen.

4. Unsicherheit, Risiko, Nicht-Wissen – Grenzen des Expertenwissens

Öffentliche Diskussionen sind geeignet, die Unsicherheiten wissenschaftlichen Wissens offenzulegen. Außerdem werden an wissenschaftliches Wissen aber Erwartungen herangetragen, die nicht zu erfüllen sind. Das paradigmatische Beispiel ist die Wahrnehmung von Risiken und ihre Analyse. Die Zeit zwischen Mitte der 60er und Mitte der 80er Jahre stellt insofern eine wichtige Übergangsphase für moderne Gesellschaften und ihre Wissenschaft dar, als mit der Kernkraft erstmals eine Großtechnologie eingeführt wurde, deren potenzielle Gefahren so dramatisch sein würden, dass sie von der Gesellschaft insgesamt getragen werden müssten.

Schon der Kernkraftunfall von Harrisburg (1979) hatte die bis dahin in der Öffentlichkeit weitgehend fraglos akzeptierte Autorität der Atomphysiker und Ingenieure erschüttert, weil sich deren rein technische Risikoanalysen als falsch erwiesen hatten. Das Unglück von Tschernobyl (1986) mit seinen bis heute ungezählten Todesfällen und Langzeitfolgeschäden konfrontierte die Experten schließlich mit ganz neuartigen Forderungen an die Sicherheit der Kernkrafttechnologie. Nun wurde deutlich, dass sich die wahrscheinlichkeitstheoretischen Risikoabschätzungen der Ingenieure nicht mit den subjektiven Risikowahrnehmungen der Menschen deckten. Von außerparlamentarischen Bürgerinitiativen vorgetragen und zum Teil von Verwaltungsgerichten bestätigt, machten die darauf sich gründenden Sicherheitsansprüche die Kernenergie alsbald ökonomisch unprofitabel und politisch nicht durchsetzbar.

Risiko wurde zu einem Gegenstand des öffentlichen Diskurses und des politischen Prozesses und konnte nicht mehr allein durch den Bezug auf vermeintlich rationales und objektives Wissen entschieden werden. Das Neue war: Risiken mussten jetzt als soziale Konstruktionen verstanden werden, d.h. als das Resultat von Aushandlungsprozessen zwischen Bürgerinitiativen sowie den Regierungen und Experten, die die neuen Technologien implementieren wollten. Seither ist es auch nicht mehr ohne Weiteres möglich, zwischen wissenschaftlich bestimmten ›objektiven‹ Risiken und den Risikowahrnehmungen verschiedener Beobachter zu unterscheiden.

Die Ansprüche gegenüber der Wissensproduktion und der Entwicklung neuer Technologien sind im Verlauf der vergangenen vier Jahrzehnte dramatisch ausgeweitet worden. Die Technikfolgenabschätzung ist mit Erwartungen der Nachhaltigkeit ergänzt worden (die in den USA Rechtsstatus erhalten hat im ›environmental impact assessment‹, in Deutschland in Form der Umweltverträglichkeitsprüfung [UVP]). Im Unterschied zur traditionellen Technikfolgenabschätzung implizieren die neuen ›impact assessments‹ weitreichende Forderungen nach neuem Wissen. Diesen Erwartungen kann aber nicht mit verlässlichen Sicherheitsvoraussagen entsprochen werden. Stattdessen sollen die neuen Technologien durch Metakriterien wie Vorsicht oder Umkehrbarkeit kontrolliert werden, was als ›precautionary principle‹ bezeichnet wird.

Es ist nicht klar, ob die Erwartungen der Einschätzung von Umweltverträglichkeit überhaupt operationalisiert werden können, um konkrete administrative Entscheidungen zu informieren. Bislang war es z.B. nicht möglich, die Stabilitätsbedingungen ökologischer Systeme zufriedenstellend aufzuklären, um daraus herleiten zu können, ob bestimmte Interventionen in die Umwelt zulässig sind oder nicht. Das trifft noch verschärft für Forderungen nach sozialer Folgenabschätzung zu.

Dasselbe lässt sich zum Wissen über Risiken allgemein sagen: Wissen über Risiken ist grundsätzlich unterschieden von dem Wissen, das durch Grundlagenforschung generiert wird. Aufgrund der Problemorientierung der Umweltverträglichkeit und der Risikoanalysen kann das jeweilige Untersuchungsobjekt nicht in einem Labor konstruiert werden. Zwar lassen sich im Labor ideale eindeutige Bedingungen schaffen, die gleichförmige, replizierbare Befunde erzeugen. Doch solche idealen Konstruktionen können gerade jene Aspekte ausschließen, die sich am Ende in einem lokalen Kontext als entscheidend herausstellen.

Da die Isolierung von Phänomenen ebenso wie von Experimenten unmöglich ist, werden Modelle, Szenarien und Simulationen zu den vorherrschenden Methoden der empirischen Forschung, um die Wahrscheinlichkeit und das potenzielle Ausmaß von Schäden zu bestimmen. Diese Methoden enthalten aber ihrerseits Unsicherheiten, da sie auf Vereinfachungen beruhen, die sich letztlich als unberechtigt erweisen können (Bechmann und Grunwald 2002: 120 f.).

Im Fall der Technikfolgenabschätzung wird diese Verbindung von abstrakten Forderungen der ›Abschätzung der Folgen‹ einer Technologie mit der entsprechenden Produktion systematischen Wissens noch ausgeprägter. Das Spektrum von Folgen, die zu identifizieren, zu analysieren und zu bewerten sind, ist prinzipiell grenzenlos (Bechmann und Jörissen 1992: 149). Neben ökologischen Folgen kommen alle möglichen anderen in Betracht: wirtschaftliche, kulturelle, gesellschaftliche, politische usw. Außerdem ist Technikfolgenabschätzung an einem unbegrenzten Zeithorizont orientiert. Da es um unbeabsichtigte Konsequenzen geht, die in der Gegenwart nicht abgeschätzt werden können, ist die Unsicherheit von Voraussagen noch größer als im Fall der Umweltverträglichkeitsprüfungen. Immer finden sich Gegenexperten, die, gegebenenfalls unter Bezug auf die Interessen von Betroffenen, auf Risiken verweisen, die bislang nicht bedacht worden sind.

An diesen Beispielen zeigt sich, dass die Kriterien, die die Technologien jetzt erfüllen müssen, systematisch in der Erwartung überzogen werden, dass die Wissenschaft die Lösungen für die gerade erhobenen Forderungen bereitstellen wird. Das Wissen über die Folgen neuer Technologien ist inhärent unvollständig. Dahinter steht die inzwischen erkannte Dynamik, wonach die Ausweitung der Risikokriterien den Bereich des Nichtwissens ebenfalls erweitert.

Die Ausdehnung der Produktion systematischen Wissens auf das Wissen selbst, um die es sich ja handelt, erzeugt nicht nur mehr Wissen, sondern auch mehr Nichtwissen, d.h. Wissen darüber, was noch unbekannt ist, was nicht gewusst werden kann und welche Unsicherheiten bezüglich dieses Wissens bestehen (Luhmann 1990; 1992; Japp 1997). Dieser Sachverhalt ist auch als ›reflexive Modernisierung‹ bezeichnet worden (Luhmann 1992; Beck, Giddens und Lash 1996).

5. Vertrauen, Skepsis, Ambivalenz – Die Öffentlichkeiten der Wissenschaft

Die andauernden öffentlichen Diskussionen um die Risiken neuer Technologien haben die Aufmerksamkeit auf das Verhältnis zwischen Wissenschaft und Öffentlichkeit gelenkt. Beginnend mit den Protesten gegen die Kernkraft sind seither eine ganze Reihe neuer Technologien, maßgeblich die Biotechnologie der genetischen Veränderung von Pflanzen, von den Protesten der Ökobewegung begleitet worden. Wissenschaft und Politik haben darauf, in der Sorge um die Akzeptanz, mit Werbekampagnen reagiert. Die entscheidende Frage ist, ob die richtige Öffentlichkeit und wie sie angesprochen wird.

Ganz offensichtlich hat sich die Öffentlichkeit, die die Wissenschaft um Aufmerksamkeit und Unterstützung adressiert, seit dem 18. Jahrhundert grundlegend verändert. An die Stelle der aristokratischen Mäzene des 18. und des aufgeklärten, wissbegierigen Bürgertums des 19. und frühen 20. Jahrhunderts ist die über die Massenmedien vermittelte demokratische Wähleröffentlichkeit getreten (Biagioli 1999; Hochadel 2003; Daum 1998). In den sehr unterschiedlichen historischen Epochen mit ihren ebenso unterschiedlichen politischen Kulturen hat sich die Einstellung dieser ›Öffentlichkeiten‹ zur Wissenschaft ebenso verändert wie diese sich selbst.

Die Neugier auf die Kuriositäten der Wissenschaftler, die die höfische Gesellschaft des 18. Jahrhunderts ebenso kennzeichnete wie die szientistische Wissenschaftsbegeisterung die bürgerliche Öffentlichkeit des 19. Jahrhunderts, ist einer kritischen Ambivalenz gewichen. Allerdings muss diese Aussage eingeschränkt werden. Umfragen zeigen nämlich übereinstimmend, dass die Öffentlichkeit der Wissenschaft bzw. den ihr zugeschriebenen technischen Neuerungen umso kritischer gegenübersteht, je höher der Lebensstandard und das Bildungsniveau sind. Die Öffentlichkeiten der ehemaligen sozialistischen Staaten sowie die Mittelmeeranrainer sehen die Wissenschaft insgesamt unvoreingenommen positiver als die Öffentlichkeiten der skandinavischen und mitteleuropäischen Industrienationen (Durant 2000: 137 ff.; siehe Abbildung 2 und 3).

Genauere Analysen zeigen, dass die Einstellungen der Öffentlichkeit gegenüber Wissenschaft und Technik vom Grad der Modernisierung abhängen. In Gesellschaften, die sich noch im Prozess der Modernisierung befinden, wird technologischer Fortschritt als Mittel der Emanzipation gesehen. In den postmodernen Gesellschaften hingegen werden die Risiken der Technik als potenzielle Bedrohungen der Emanzipation betrachtet (Inglehart und Welzel 2005).

Selbst dieser Befund lässt sich aber nicht verallgemeinern. Die dänische Bevölkerung sieht z. B. die Gefahren genmanipulierter Nahrungsmittel weniger kritisch als die deutsche (41 zu 51 Prozent), zugleich würden aber weniger Dänen als Deutsche der Wissenschaft vertrauen (22 gegenüber 28 Prozent. EU Commission 2005: 57, 95).

Die überraschende Beobachtung ist: Die Gesellschaften, die am ehesten als Wissensgesellschaften gelten können, sind nicht etwa unkritisch positiv gegenüber der Wissenschaft eingestellt. Vielmehr haben sie ein aufgeklärt kritisches Verhältnis zu ihr entwickelt. Die Öffentlichkeit ist von den Risiken neuen Wissens und neuer Technologien betroffen. In den modernen Massendemokratien kann es jedoch nicht angehen, dass eine kleine Elite von Wissenschaftlern darüber entscheidet, welche Risiken dieser Öffentlichkeit auferlegt werden. Sie will selbst an diesen Entscheidungen beteiligt sein.

Vertrauen, Skepsis, Ambivalenz – Die Öffentlichkeiten der Wissenschaft

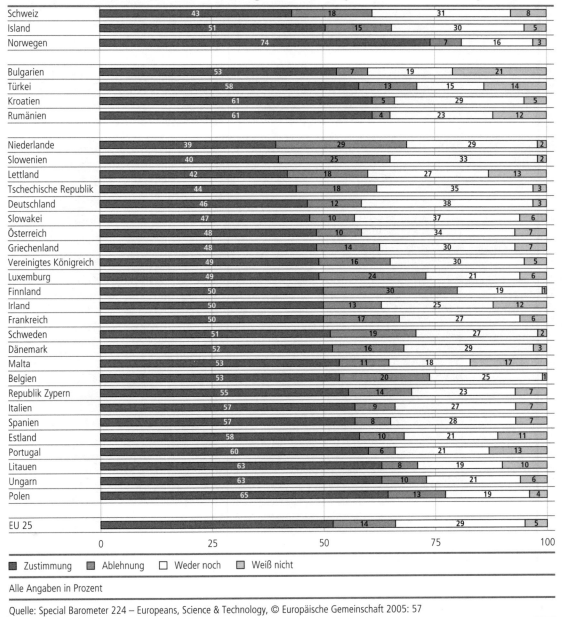

Abbildung 2: Der Nutzen der Wissenschaft ist größer als die schädlichen Wirkungen, die sie haben könnte (The benefits of science are greater than any harmful effects it may have)

Alle Angaben in Prozent

Quelle: Special Barometer 224 – Europeans, Science & Technology, © Europäische Gemeinschaft 2005: 57

Das zentrale Problem für Wirtschafts-, Wissenschafts- und Innovationspolitik ist infolgedessen, das Vertrauen und die Zustimmung der relevanten Öffentlichkeit für neue Forschungslinien und neue Technologien zu gewinnen. Die dazu unternommenen Bemühungen haben selbst eine Entwicklung durchgemacht. Zunächst waren es die englischen und amerikani-

Wissen ist Macht? – Facetten der Wissensgesellschaft

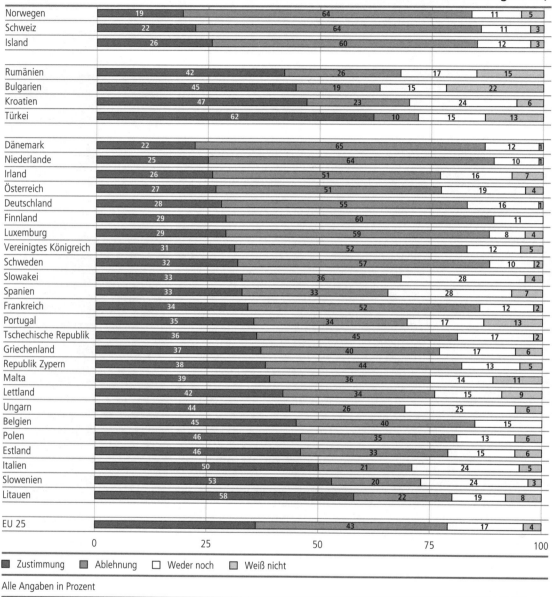

Abbildung 3: Es sollte keine Beschränkungen hinsichtlich dessen geben, was der Wissenschaft erlaubt ist zu erforschen (There should be no limit to what science is allowed to investigate on)

Alle Angaben in Prozent

Quelle: Special Barometer 224 – Europeans, Science & Technology, © Europäische Gemeinschaft 2005: 95

schen Kampagnen des *Public Understanding of Science (PUS)*, die auf der Annahme beruhten, dass die Zustimmung der Öffentlichkeit allein durch ihre Aufklärung (und damit das Verstehen) über wissenschaftliche Sachverhalte zu erreichen sei. Das Konzept des *PUS* erwies sich jedoch als wirkungslos und gilt als paternalistisch. Demokratischere Varianten wurden unter dem Titel *Public Engagement With Science and Technology (PEST)* in den USA und *Wissenschaft im Dialog (WiD)* in Deutschland ins Spiel gebracht. Das klingt, als ob die Öffentlichkeit an der Konzipierung von Forschungs- und Technologieprogrammen beteiligt wird.

Der BSE-Skandal in England hat der Regierung tatsächlich eindringlich vor Augen geführt, dass Geheimhaltung zu dramatischem Vertrauensverlust führen kann (siehe *Lord Phillips Report 2001*). Die damaligen Ereignisse veranlassten den britischen Chief Science Adviser, erst Robert May, dann David King, dazu, spezielle Richtlinien für die Politikberatung zu erlassen, in denen absolute Öffentlichkeit des Beratungsprozesses oberstes Prinzip ist. Aber auch das *US National Research Council* hat in seiner Studie *Understanding Risk* (1996) eine ›gemeinsame Analyse‹ als Methode vorgeschlagen, bei der die öffentliche Deliberation zu der Risikoanalyse und der Risikobewertung hinzugefügt und der Beratungsprozess für eine breitere Partizipation geöffnet wird. Desgleichen hat die EU in ihrem *White Paper on Democratic Governance* (2001) Richtlinien für die Verwendung von Expertenberatung formuliert, die die Offenheit, Pluralität und Integrität der verwendeten Expertise gewährleisten sollen. Das sind Maßnahmen der Vertrauensbildung.

Eine Reihe neuer Formen der öffentlichen Deliberation von wissenschafts- bzw. technikbezogenen Problemen ist entwickelt worden, um diesen Forderungen zu entsprechen oder noch darüber hinauszugehen. Das gilt besonders für die ›runden Tische‹ und Konsensuskonferenzen. Dabei handelt es sich um Foren, auf denen Laien und Experten zusammentreffen. Das Expertenwissen soll mit dem Wissen der Laien abgeglichen, die Laien dem Expertenwissen ausgesetzt und ihr Urteil geschärft werden. Die sogenannte ›partizipative TA‹ ist ein prominenter Testfall für diese sozialen und politischen Experimente (Abels und Bora 2004). Letztlich geht es in diesen Kontexten darum, den Laien gegenüber den Experten eine Stimme bei der Gestaltung der Technik zu geben und nicht erst abzuwarten, bis sich die negativen Folgen eingestellt haben und die öffentlichen Proteste weitere Folgekosten erzeugen.

Die Probleme dieser Experimente sind ebenfalls nicht zu übersehen. Es ist unklar, was mit ›der‹ Öffentlichkeit gemeint ist oder wie deren Meinungen und Forderungen an die Politiker vermittelt werden können, um auf deren Entscheidungen einen Einfluss zu haben (Bechmann und Jörissen 1992: 160). Die Konsensuskonferenzen sind auch viel zu kostspielig, als dass sie auf breitere Bevölkerungsschichten ausgedehnt werden könnten. Außerdem haben sie ein Legitimationsproblem, weil die zumeist nach dem Zufallsprinzip ausgewählten Mitglieder dieser Foren kein demokratisches Mandat besitzen. Infolgedessen handelt es sich in erster Linie um öffentliche Inszenierungen eines Dialogs zwischen Experten und Laien, der zwar nicht verallgemeinerbar, aber exemplarisch für das neue Verhältnis zwischen Gesellschaft und Wissenschaft bzw. Technik ist.

Eine letzte Beobachtung betrifft in diesem Zusammenhang die Rolle der Medien. Ihr Bedeutungszuwachs für die Prägung des öffentlichen Bewusstseins hat auch die Wissenschaft in die Konkurrenz um öffentliche Aufmerksamkeit gezwungen. Die Medien haben die Funktion der Formulierung und Vermittlung von Themen, die für Wissenschaft ›und‹ Politik legitimatorisch relevant sind. Gelingt ihnen eine ausreichende Mobilisierung der öffentlichen Meinung, lassen sich aus den medienträchtigen Themenkomplexen langfristige Forschungsprogramme ableiten und gegebenenfalls auch Zustimmung für unbequeme politische Entscheidungen gewinnen. Umgekehrt können sie die öffentliche Meinung auch gegen bestimmte Forschungslinien oder Techniken mobilisieren.

Der Zwang zur Gewinnung öffentlicher Aufmerksamkeit hat einzelne Forschungsfelder in die Versuchung geführt, durch die öffentlichkeitswirksame Prognose von Katastrophenszenarien und die gleichzeitige Positionierung als Experten mit Bedarf an Forschungsmitteln Vorteile zu erringen. Die Möglichkeit der Unterstellung bösen Willens und der Fälschung aufgrund von Eigeninteresse ist nicht einmal das größte Problem. Die Gefahr besteht vielmehr darin, dass im Kampf um Aufmerksamkeit alle Akteure versuchen, die Definitionsmacht zu gewinnen, aber keiner das Spiel kontrolliert. Das Resultat sind ›Überbietungsdiskurse‹: Die von der Wissenschaft behaupteten Katastrophen (Waldsterben, Klimawandel) werden immer globaler, die Versprechungen neuer technischer (Nanoforschung) und medizinischer (Stammzellforschung) Fortschritte werden immer fantastischer. Die damit verbundenen medialen Diskurse sind abgehoben von den innerwissenschaftlichen Diskussionen und dienen dazu, über die geschürten Ängste oder geweckten Erwartungen die Öffentlichkeit zu mobilisieren, sei es für politische Maßnahmen zur Reduktion des CO_2, sei es für die Erlaubnis der verbrauchenden Forschung mit Embryonen u.a.m. Als Reaktion darauf werden die politischen Selbstverpflichtungen, für den Legitimationsgewinn im Augenblick getroffen, immer riskanter und müssen mit der Vergesslichkeit rechnen.

Die Medien spielen die zentrale Rolle in der Inszenierung der Diskurse, in der Vermittlung der Szenarien, ihrer Vereinfachung, Überhöhung und wirksamen Verbreitung. Einerseits haben sie damit die wichtige Funktion, durch öffentliche Deliberation die allgemeine Sensibilität für wichtige wissenschaftspolitische Themen zu erhöhen. Auf der anderen Seite sind oft schon die Form der Präsentation und sodann die erzwungenen Korrekturen zuvor propagierter Positionen geeignet, die Glaubwürdigkeit der Wissenschaft zu gefährden, unabhängig vom Wahrheitsgehalt der Warnungen und Versprechungen.

Das darin zum Ausdruck kommende ›Risiko der Kommunikation‹ entspricht im Prinzip jenem der Kassandra-Sage aus der griechischen Mythologie: An sich gerechtfertigte Warnungen drohen einer allgemeinen Skepsis zum Opfer zu fallen. Es gibt keine Möglichkeit mehr, ihren Wahrheitsgehalt einer unabhängigen Prüfung zu unterziehen. Die für die Legitimierung unbequemer politischer Entscheidungen notwendige Mobilisierung der öffentlichen Meinung über einen längeren Zeitraum (z.B. im Fall des Klimawandels) geht in der täglichen Abfolge neuer Themen verloren.

Auch dies gehört zur Wissensgesellschaft: Die Wissenschaft ist selbst zu einem Akteur in der politischen Arena geworden, sei es als interessierte Partei oder sei es als von anderen Akteuren rekrutierter Gehilfe, deren spezifische Interessen sie unterstützen soll. Ihre Verallgemeinerung beraubt sie ihres Sonderstatus.

Literatur

Abels, Gabriele, und Alfons Bora. *Demokratische Technikbewertung*. Bielefeld 2004.

Bechmann, Gotthard, und Armin Grunwald. »Experimentelle Politik und die Rolle der Wissenschaften in der Umsetzung von Nachhaltigkeit«. *Politik der Nachhaltigkeit. Voraussetzungen, Probleme, Chancen – eine kritische Diskussion*. Hrsg. Karl-Werner Brand. Berlin 2002. 113–130.

Bechmann, Gotthard, und Juliane Jörissen. »Technikfolgenabschätzung und Umweltverträglichkeitsprüfung: Konzepte und Entscheidungsbezug. Vergleich zweier Instrumente der Technik- und Umweltpolitik«. *Kritische Vierteljahresschrift für Gesetzgebung und Rechtswissenschaft* (75) 2 1992. 140–171.

Beck, Ulrich. *Die Risikogesellschaft*. Frankfurt am Main 1986.

Beck, Ulrich, Anthony Giddens und Scott Lash. *Reflexive Modernization. Politics, Tradition and Aesthetics in the Modern Social Order*. Cambridge und Oxford 1994.

Beck, Ulrich, Anthony Giddens und Scott Lash. *Reflexive Modernisierung. Eine Kontroverse*. Frankfurt am Main 1996.

Bell, Daniel. *The Coming of Post-Industrial Society*. New York 1973.

Biagioli, Mario. *Galilei, der Höfling. Entdeckung und Etikette: Vom Aufstieg der neuen Wissenschaft*. Frankfurt am Main 1999.

Brown, Mark, Justus Lentsch und Peter Weingart. *Politikberatung und Parlament*. Opladen 2006.

Daele, Wolfgang van den. »Objektives Wissen als politische Ressource: Experten und Gegenexperten im Diskurs«. *Kommunikation und Entscheidung. Politische Funktionen öffentlicher Meinungsbildung und diskursiver Verfahren*. Hrsg. Wolfgang van den Daele und Friedhelm Neidhardt. WZB-Jahrbuch 1996. Berlin 1996. 297–326.

Daum, Andreas. *Wissenschaftspopularisierung im 19. Jahrhundert*. München 1998.

Durant, John, et al. »Two Cultures of Public Understanding of Science and Technology in Europe«. *Between Understanding and Trust. The Public, Science and Technology*. Hrsg. Meinolf Dierkes und Claudia von Grote. Amsterdam 2000. 131–154.

EU Commission. *Europeans, Science and Technology. Special Eurobarometer 2005 224/Wave 63.1*. Luxembourg 2005. (Auch online unter http://ec.europa.eu/public_opinion/archives/ebs/ebs_224_report_en.pdf, Download 6.2.2007.)

Frank, Simona. »Statistik kurz gefasst, Wissenschaft und Technologie«. *Eurostat* 7 2006. 27.1.2006. (Auch online unter www.eubuero.de/arbeitsbereiche/fraueneuforschung/dtmlInhalt1/wed/Download/dat_/fil_1925, Download 5.2.2007.)

Gibbons, Michael, et al. *The New Production of Knowledge. The Dynamics of Science and Research in Contemporary Sciences*. London 1994.

Grundmann, Rainer. *Transnationale Umweltpolitik zum Schutz der Ozonschicht. USA und Deutschland im Vergleich*. Frankfurt am Main 1999.

Hochadel, Oliver. *Öffentliche Wissenschaft. Elektrizität in der deutschen Aufklärung*. Göttingen 2003.

Inglehart, Ron, und Christian Welzel. *Modernization, Cultural Change and Democracy*. New York und Cambridge 2005.

Japp, Klaus Peter. »Die Beobachtung von Nichtwissen«. *Soziale Systeme* (3) 2 1997. 289–312.

Jasanoff, Sheila. *The Fifth Branch*. Cambridge 1990.

Klein, Julie Thompson. »A Conceptual Vocabulary of Interdisciplinary Science«. *Practising Interdisciplinarity*. Hrsg. Peter Weingart und Nico Stehr. Toronto 2000. 3–24.

Krohn, Wolfgang, et al. *Entsorgungsnetze*. Baden-Baden 2002.

Krohn, Wolfgang, et al. *Realexperimente. Ökologische Gestaltungsprozesse in der Wissensgesellschaft*. Bielefeld 2005.

Lane, Robert E. »The decline of politics and ideology in a knowledgeable society«. *American Sociological Review* (31) 1966. 649–662.

Lord Phillips. *The BSE Inquiry*. 2001. www.bseinquiry.gov.uk/pdf/ (Download 3.2.2007).

Luhmann, Niklas. »Risiko und Gefahr«. *Soziologische Aufklärung*. Bd. 5. Hrsg. Niklas Luhmann. Opladen 1990. 131–169.

Luhmann, Niklas. »Ökologie des Nichtwissens«. *Beobachtungen der Moderne*. Hrsg. Niklas Luhmann. Opladen 1992. 149–220.

Mayntz, Renate. »Die Organisation wissenschaftlicher Politikberatung in Deutschland«. *Politikberatung in Deutschland*. Hrsg. Heidelberger Akademie der Wissenschaften. Wiesbaden 2006. 115–122.

Murswieck, Axel. »Wissenschaftliche Beratung im Regierungsprozeß«. *Regieren und Politikberatung*. Hrsg. Axel Murswieck. Opladen 1994. 103–119.

US National Research Council. *Understanding Risk: Informing Decisions in a Democratic Society*. Washington 1996.

Odlyzko, Andrew M. »Tragic loss or good riddance? The impending demise of traditional scholarly journals«. *International Journal of Human-Computer Studies* (42) 1995. 71–122 (zit. aus der condensed version).

OECD. *Main Science and Technology Indicators*. Paris Juni 2006. www.oecd.org/dataoecd/49/45/24236156.pdf (Download 8.2.2007).

Peters, Guy B., und Anthony Barker (Hrsg.). *Advising West European Governments*. Edinburgh 1993.

Price, Derek J. de Solla. *Little Science, Big Science*. New York und London 1963. 3. Paperback-Ausgabe. New York und London 1971.

Stehr, Nico. *Arbeit, Eigentum und Wissen. Zur Theorie von Wissensgesellschaften*. Frankfurt am Main 1994.

Weingart, Peter. »Verwissenschaftlichung der Gesellschaft – Politisierung der Wissenschaft«. *Zeitschrift für Soziologie* (12) 3 1983. 225–241.

Weingart, Peter. »Afrikanische Lösungen für afrikanische Probleme. Die Beziehung zwischen wissenschaftlichem Wissen und politischer Legitimität in Südafrikas AIDS-Debatte«. *Die Wissenschaft der Öffentlichkeit. Essays zum Verhältnis von Wissenschaft, Medien und Öffentlichkeit*. Hrsg. Peter Weingart. 2005. 73–101.

Weingart, Peter, Anita Engels und Petra Pansegrau. *Von der Hypothese zur Katastrophe. Der anthropogene Klimawandel im Diskurs zwischen Wissenschaft, Politik und Massenmedien*. Opladen 2002.

Weingart, Peter, Wolfgang Prinz, Mary Kastner, Sabine Maasen und Wolfgang Walter. *Die sog. Geisteswissenschaften: Außenansichten*. Frankfurt am Main 1991.

Weingart, Peter, Martin Carrier und Wolfgang Krohn. *Nachrichten aus der Wissensgesellschaft – Analysen zur Veränderung der Wissenschaft*. Weilerswist 2007.

Willke, Helmut. *Ironie des Staates. Grundlinien einer Staatstheorie polyzentrischer Gesellschaft*. Frankfurt am Main 1998.

Ziman, John. *Prometheus Bound. Science in a Dynamic Steady State*. Cambridge 1994.

Wer forscht hier eigentlich?
Die Organisation der Wissenschaft in Deutschland

Stefan Hornbostel, Meike Olbrecht

In einer Wissensgesellschaft – so lautet eine der recht unscharfen Charakterisierungen unserer Gesellschaft – ist die Erzeugung von und der Umgang mit Wissen eigentlich nichts Besonderes, sondern eher etwas Alltägliches. Mehr als ein Drittel eines Altersjahrgangs lernt Wissenschaft durch ein Studium von innen kennen. Und die Wertschätzung der Wissenschaft in der Bevölkerung ist hoch: 87 Prozent der Europäer gaben im Jahr 2005 an, dass Wissenschaft und Technik die »Lebensqualität unserer Generation« erhöht haben (Europäische Union 2005: 12). Auch bei der Abwägung von Nutzen und Risiken wissenschaftlicher Forschung wird den Wissenschaftlern viel Vertrauen entgegengebracht; zwei Drittel der europäischen Bevölkerung halten es für besser, auf die Meinung von Experten zu hören als auf die der Bevölkerung (European Commission 2005a: 42).

Auf den zweiten Blick wird dieses Bild aber von starker Skepsis getrübt, denn danach gefragt, ob die Vorteile der Wissenschaft denn größer seien als ihre potenziell negativen Effekte, kann sich nur noch gut die Hälfte der Befragten für ein positives Votum entscheiden, und in Deutschland sind es gar nur noch 47 Prozent (Europäische Union 2005: 9 f.). Wenn es schließlich um den Schutz der Natur geht, hört die Bewunderung der Wissenschaft auf; 89 Prozent der Befragten sehen diesen Schutz als Verpflichtung an, auch wenn dadurch der Fortschritt gebremst wird (European Commission 2005a: 20).

Jeder dritte Europäer ist folgerichtig der Ansicht, dass Entscheidungen über Wissenschaft und Technik auf der Basis moralischer und ethischer Erwägungen getroffen werden sollten (Europäische Union 2005: 21). Für kompetent, die Auswirkungen wissenschaftlicher Forschung zu erklären, hält die Bevölkerung allerdings weder die Kirchen noch die Politik, selbst Umwelt- und Verbraucherverbände rangieren weit abgeschlagen hinter den Wissenschaftlern an öffentlichen Einrichtungen (52 Prozent), während Wissenschaftler aus Industrielaboren misstrauischer betrachtet, gleichwohl noch von 28 Prozent der Befragten als qualifiziert für derartige Erläuterungen eingestuft werden (Europäische Union 2005: 9, 11; European Commission 2005b: 49).

In Einsamkeit und Freiheit

Das ist eine recht widersprüchliche Außenwahrnehmung von Wissenschaft, die stolz ist auf ihre in jahrhundertelangen Auseinandersetzungen mit Kirche und Staat errungene, inzwischen grundgesetzlich geschützte Autonomie. Kurz und bündig heißt es im Art. 5 Abs. 3 des Grundgesetzes: »Kunst und Wissenschaft, Forschung und Lehre sind frei.« Das Bundesverfassungsgericht hat jeder Tätigkeit, die »nach Inhalt und Form als ernsthafter und planmäßiger Versuch zur Ermittlung der Wahrheit anzusehen ist«, diesen grundgesetzlichen Schutz zugesprochen (BVerfGE 35, 79, 113; BVerfGE 47, 327, 367).

Diese Freiheit ist negativ formuliert ein Abwehrrecht gegen staatliche Eingriffe. Die positive Bestimmung (Freiheit wozu?) zu formulieren fällt hingegen – abgesehen von einer gewissen Alimentierungspflicht des Staates – viel schwerer. Denn wie unterscheidet man den gewissenhaften Wahrheitssucher vom Scharlatan? Was ist gewonnen, wenn die Wahrheit gefunden ist? Und wer garantiert, dass die Wahrheit nicht nach ihrer Umsetzung in Technik desaströse Folgen zeitigt?

Die Wissenschaft selbst antwortet auf solche Fragen nur zögerlich mit Verweisen auf die großen Erfolge in Medizin, Technik und Kultur, mit Warnungen vor den schädlichen Folgen staatlicher Eingriffe und mit dem Hinweis, dass nur die Wissenschaft selbst über den weiteren Gang wissenschaftlichen Fortschritts entscheiden könne und dürfe, wenn ihre Leistungsfähigkeit nicht zerstört werden soll.

Prägnant formuliert findet sich diese Vorstellung im Bild des sich selbst steuernden sozialen Systems, das es mittels eines spezifischen Leitmediums ermöglicht, die Kommunikationen unterschiedlicher Systeme auseinanderzuhalten. Wo in anderen Systemen Macht (Politik) oder Geld (Wirtschaft) die Kommunikation reguliert, ist es in der Wissenschaft ›Wahrheit‹, die darüber entscheidet, mit welchen Methoden an welchen Themen geforscht wird. Nicht politische, wirtschaftliche oder moralische Überlegungen leiten den Wissensfortschritt, sondern nur das selbstbezügliche, immer neue Generieren von wissenschaftlichen Fragen und Problemlösungen. Wahr ist danach das, was im Wissenschaftssystem als wahr gilt.

So wie das Wirtschaftssystem die Um- und Mitwelt nur durch die Brille des binären Codes von Zahlungen zu sehen vermag, nimmt die Wissenschaft ihre Umwelt nur insoweit wahr, als sich das Bild in die Dualität von wahr und nicht wahr bringen lässt. Und dies tut sie ohne Ansehen von Religion, Geschlecht und Rasse, mit strikter Verpflichtung auf Uneigennutz, Öffentlichkeit und gegenseitige Kritik (Luhmann 1974, 1990).

So weit die Theorie. Versucht man jedoch ein wenig konkreter zu werden, offenbaren sich die Mühen der Ebene: Was genau es mit der Wahrheit auf sich hat, konnte auch die Wissenschaftsphilosophie nicht überzeugend klären. Die Epistemologie beschränkte sich denn auch bald darauf, Theorien auf ihren Beitrag zur Erfüllung »intendierter Anwendungen« zu prüfen (Stegmüller 1979: 755) und nicht so sehr auf ihren Wahrheitsgehalt. Das war eine durchaus realistische Wende, denn an die Stelle des alles entscheidenden ›experimentum crucis‹ traten zunehmend ›Entscheidungskonferenzen‹, Koexistenz unvereinbarer Paradigmen und die Erkenntnis, dass Theorien meist einen empirisch nicht prüfbaren Kern enthalten.

Die Wissenschaftssoziologie ersetzte den sperrigen Wahrheitscode durch die Zweitcodierung Reputation, die als kollegiale Anerkennung nun für die Auswahl Erfolg versprechender

Theorien, Methoden und Personen steht. Voraussetzung dafür, dass die Währung Anerkennung als ›Zahlungsmittel‹ funktioniert, ist allerdings die Befolgung eines wissenschaftlichen Ethos, wie es von Robert Merton in den 50er Jahren mit den Begriffen Uneigennützigkeit, Universalismus, organisierter Skeptizismus und Kommunismus (gemeint ist die grundsätzliche Öffentlichkeit von Wissenschaft) umschrieben wurde (Merton 1972).

Damit sind der Wissenschaftsfreiheit, die ja ein wahrheitsorientiertes Handeln sicherstellen soll, zwei Fragezeichen zur Seite gestellt: Das eine bezieht sich auf die kognitive Seite, also auf die Frage nach dem Status wissenschaftlicher Erkenntnisansprüche, das andere auf die soziale Seite, also die Frage, ob in dem hoch kompetitiven System Wissenschaft tatsächlich Entscheidungs- und Auswahlprozesse wirken, die größtmögliche Erkenntnisfortschritte sicherstellen (Toulmin 1983).

Zweifel daran sind nicht neu, und sie wurden in den letzten Jahren angesichts mehrerer Fälschungsskandale, gewaltiger ökonomischer Gewinnerwartungen und eines hektischen, hoch kompetitiven Forschungsbetriebs immer wieder in einer breiten Öffentlichkeit verhandelt: »In vielen Bereichen der Forschung ist es eine Schimäre, ungebrochen von der Wissenschaftsfreiheit zu reden. Und die meisten Wissenschaftler wissen – nicht erst seit der Spaltung des Atomkerns –, dass sie ihre Unschuld längst verloren haben« (Müller 2001: 7).

Nun ist das Wissen der meisten Wissenschaftler darum, dass man nicht mehr im Elfenbeinturm sitzt, sicherlich kein Grund, aus der Unschuldsvermutung eine Schuldvermutung zu konstruieren, aber es wirft die Frage danach auf, wie Wissenschaft eigentlich Neutralität und Qualität sicherstellt, wo Wissen produziert wird, wie diese Produktion finanziert wird und wie Wissenschaft die eigene Währung ›Anerkennung‹ herstellt.

Wer bezahlt, bestellt? Oder: Woher kommt das Geld, und wo geht es hin?

Was im Wirtshaus üblich ist, gilt in der Wissenschaft als gravierender Verstoß gegen die gute wissenschaftliche Praxis. Das kulturstaatliche Modell, nach dem der Staat zwar die Mittel für die Forschung bereitstellt, sich aber zugleich mit der Anerkennung der ›Freiheit von Forschung und Lehre‹ einer inhaltlichen Steuerung enthält, lässt eine Steuerung nur durch zusätzliche finanzielle Anreize für die Untersuchung bestimmter Themen zu, nicht aber durch Eingriffe in die Forschung selbst.

Die Empörung, mit der z.B. die Einflussversuche der Tabakindustrie durch Finanzierung von Forschungsprojekten und großzügige Honorare auf den Inhalt von Forschung und die Funktionalisierung von Wissenschaftlern als Lobbyisten aufgenommen wurde (Grüning, Gilmore und McKee 2006; Rögener 2006; Wüsthof 2005), zeigt gleichermaßen die Fragilität dieses Prinzips wie dessen tiefe Verankerung.

Wer forscht hier eigentlich? Die Organisation der Wissenschaft in Deutschland

Tabelle 1: Bruttoinlandsausgaben für Forschung und Entwicklung (BAFE) der Bundesrepublik Deutschland nach durchführenden Sektoren in Millionen Euro

Durchführende Sektoren	2004
Wirtschaft, finanziert durch	
Wirtschaft	35.449
Staat	2.251
Private Institutionen ohne Erwerbszweck	23
Ausland	888
zusammen	38.611
Staat und private Institutionen ohne Erwerbszweck, finanziert durch	
Wirtschaft	207
Staat	6.953
Private Institutionen ohne Erwerbszweck	180
Ausland	174
zusammen	7.514
Hochschulen, finanziert durch	
Wirtschaft	1.198
Staat	7.616
Private Institutionen ohne Erwerbszweck	–
Ausland	289
zusammen	9.103

Quelle: BMBF 2006: 602

Nach der Herkunft der Ressourcen zu fragen ist also auch in der Wissenschaft sinnvoll. Tut man dies, zeigt sich, dass in Deutschland der größte Teil der Mittel, die für Forschung und Entwicklung aufgebracht werden, aus der Wirtschaft stammen und auch in die Wirtschaft wieder zurückfließen (siehe Tabelle 1). Im Jahr 2003 waren in Deutschland pro 10.000 Erwerbstätige (Vollzeitäquivalente) 84 Personen im Wirtschaftssektor im Bereich von Forschung und Entwicklung (FuE) eingesetzt; dabei schwankt diese Kennziffer zwischen 154 Personen in Baden-Württemberg und 17 in Brandenburg (Winkelmann 2006: 25).

Es mag erstaunen, dass ein so hoher Anteil der FuE-Aufwendungen in der Wirtschaft aufgebracht und verwandt wird, denn in der wissenschaftlichen Literatur spiegeln sich diese hohen Aufwendungen weder in Deutschland noch im Ausland wider. Autoren aus der Wirtschaft produzieren gerade einmal ein Viertel der wissenschaftlichen Artikel in Fachzeitschriften, den Rest steuern Forscher aus dem akademischen Bereich bei.[1] Anstelle von öffentlich

---

[1] In den USA wurden im Jahr 2003 im SCI aus dem akademischen Bereich 1.566.000 wissenschaftliche Publikationen (auf Basis anteiliger Zählung) und 546.000 Publikationen aus dem nicht akademischen Bereich nachgewiesen (National Science Foundation 2006: 48).

Abbildung 1: Struktur finanzieller deutscher Forschungsförderung (vereinfachtes System)

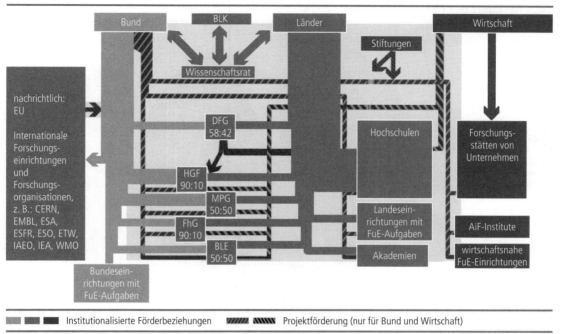

Quelle: BMBF 2004: 8

zugänglichem Wissen investiert die Wirtschaft eher in Produktinnovationen und gegebenenfalls Patentierungen.

Eine wichtige Rolle bei der Förderung angewandter Forschung und Entwicklung bei kleinen und mittleren Unternehmen spielt die *Arbeitsgemeinschaft industrieller Forschungsvereinigungen (AiF)*, die seit 1954 an der Schnittstelle zwischen Wirtschaft, Wissenschaft und Staat agiert und jährlich ca. 250 Millionen Euro (überwiegend staatliche Mittel) vergibt.

Die weitgehend zweckfreie Grundlagenforschung ist hingegen auf staatliche Alimentierung angewiesen. In Deutschland fließen diese Mittel in zwei Säulen des Forschungssystems: auf der einen Seite in die Hochschulen, auf der anderen Seite in die außeruniversitäre Forschung. In beiden Säulen muss zwischen einer institutionellen Grundfinanzierung und einer projektbezogenen Drittmittelfinanzierung unterschieden werden.

Die Hochschulen fallen nach der föderalen Kompetenzverteilung in die Gestaltungsmacht der Länder. Für die Lehre ist diese Zuständigkeit in der jüngsten Föderalismusreform noch verschärft worden, für die Forschung ist allerdings nach wie vor ein Engagement des Bundes möglich. Neben die institutionelle Förderung der Hochschulen (im Wesentlichen die Grundausstattung mit Gebäuden, Infrastruktur und Personal) durch die Länder tritt für die Forschung die Einwerbung von Drittmitteln. Faktisch ist Forschung ohne derartige antragsgebundene Mittel kaum möglich, auch wenn die Drittmittelintensität je nach Disziplin sehr unterschiedlich ausfällt. Ihre Bedeutung hat sich in den letzten 30 Jahren sogar erheblich erhöht, da trotz regelmäßiger Mahnungen des *Wissenschaftsrats* über unzureichende Finan-

Abbildung 2: Drittmitteleinnahmen der Universitäten (ohne medizinische Einrichtungen) nach Herkunft der Mittel (in Prozent), 2003

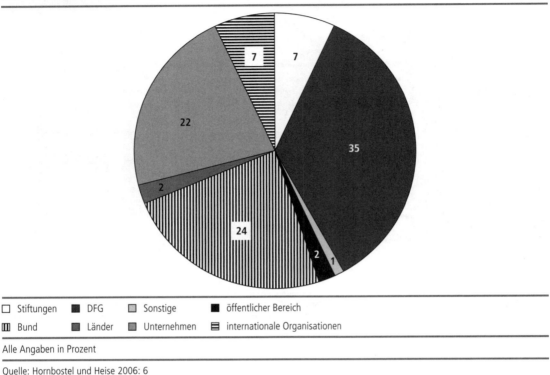

- ☐ Stiftungen ■ DFG ☐ Sonstige ■ öffentlicher Bereich
- ▥ Bund ■ Länder ☐ Unternehmen ☰ internationale Organisationen

Alle Angaben in Prozent

Quelle: Hornbostel und Heise 2006: 6

zierung von Forschung und Lehre (siehe z. B. Wissenschaftsrat 1982, 1985, 2000a) die Grundausstattung kaum verbessert und die Finanzierungslücke durch eine wettbewerbsorientierte Verlagerung der Forschungsfinanzierung auf die Drittmittelförderung gestopft wurde.

Die Differenzierung des Hochschulsystems wurde so in hohem Maße den ›Marktmechanismen‹ einer verstärkten Konkurrenz um Drittmittel überantwortet (Hornbostel 2001: 141). Drittmittel sind daher nicht einfach nur finanzielle Ressourcen, sondern auch ein Reputationskapital. Sie spielen in Berufungsverhandlungen eine Rolle, sie werden in Rankings einer breiten Öffentlichkeit präsentiert, sie werden als Proxi für Forschungsqualität gehandelt und steuern in Mittelverteilungssystemen auf der Ebene von Hochschulen und Ländern durch einen Matthäus-Effekt (wer hat, dem wird gegeben) die Allokation von Ressourcen.

Die wichtigsten Drittmittelquellen der Hochschulen sind die *Deutsche Forschungsgemeinschaft (DFG)*, die ihrerseits die Mittel von Bund und Ländern erhält, der Bund (darunter besonders das *Bundesministerium für Bildung und Forschung – BMBF*) und schließlich die Wirtschaft. Hier leisten also die Länder im Wesentlichen eine institutionelle Förderung, während der Bund über Projektförderung aktiv wird.

Die drei großen Drittmittelgeber (*DFG, BMBF* und Wirtschaft) stehen nicht nur für unterschiedliche Finanzierungsquellen, sondern markieren auch eine unterschiedliche programmatische Ausrichtung. Die *DFG* – als Mitgliedseinrichtung der Hochschulen – ist überwiegend der Grundlagenforschung verpflichtet und folgt inhaltlich in hohem Maße den Anträgen aus der Wissenschaft, wenngleich auch die *DFG* besonders mit ihren Schwerpunktprogrammen inhaltliche Fokussierungen vornimmt. Sie ist der für die Hochschulen wichtigste Drittmittelgeber. 35 Prozent der Drittmitteleinnahmen an Universitäten stammen im Durchschnitt von ihr, wobei diese Zahl je nach Fach stark variieren kann.

Die *DFG* wurde 1920 als *Notgemeinschaft der Deutschen Wissenschaft* gegründet, nach dem Zweiten Weltkrieg 1949 wiederbegründet und 1951, nach der Verschmelzung mit dem *Forschungsrat*, in die *Deutsche Forschungsgemeinschaft* umbenannt. Ihre Mitglieder sind wissenschaftliche Hochschulen, größere Forschungseinrichtungen von allgemeiner Bedeutung, die Akademien der Wissenschaft sowie eine Reihe von wissenschaftlichen Verbänden. Sie versteht sich als zentrale Selbstverwaltungsorganisation der Wissenschaft in Deutschland und verfügte 2005 über ein Gesamtbudget von etwas mehr als 1,3 Milliarden Euro (DFG 2006a: 139), das sie zu über 99 Prozent von Bund (58 Prozent) und Ländern (41,6 Prozent) ohne durchgreifende Zweckbindung erhält.

Das bis in die 60er Jahre dominierende Verfahren der Einzelförderung (Normalverfahren) zur Vergabe dieser Gelder wurde nach und nach immer stärker von sogenannten ›koordinierten Programmen‹, in denen Wissenschaftler oder sogar Institute und Hochschulen zusammenarbeiten, abgelöst. Zu diesen koordinierten Verfahren zählen Forschergruppen/Klinische Forschergruppen, Schwerpunktprogramme, Graduiertenkollegs, Sonderforschungsbereiche, *DFG*-Forschungszentren, geisteswissenschaftliche Zentren und die Exzellenzinitiative (nähere Informationen unter www.dfg.de). In der Folge ist – durchaus disziplinspezifisch – die Bedeutung der Einzelförderung stark zurückgegangen und macht heute weniger als die Hälfte des gesamten Bewilligungsvolumens aus.

Das *BMBF* setzt hingegen programmatische Schwerpunkte in den Vordergrund und verfolgt weitaus stärker eine Anwendungsorientierung. Die Wirtschaft schließlich hat den Transfer von Forschungsergebnissen in ökonomisch und technisch umsetzbare Produkte im Auge, was durchaus auch Forschungen beinhaltet, die nicht zu einer unmittelbaren Umsetzung führen.

Weitere Drittmittelgeber sind Stiftungen, die ergänzend zur staatlichen Forschungsförderung mitwirken. Weiterhin gewinnt zunehmend auch die Forschungsförderung durch die *Europäische Union (EU)* an Bedeutung. Im Gegensatz zur nationalen Forschungsförderung erfolgt die Mittelvergabe aus dem Budget der *EU* im sogenannten Forschungsrahmenprogramm in einem thematisch und zeitlich fest umrissenen Rahmen. Die von der *EU* zur Verfügung gestellten Mittel sind seit dem ersten Rahmenprogramm (1984–1987) kontinuierlich gestiegen. Umfasste das RP-Budget damals noch 3,3 Milliarden, so sind es heute (2002–2006) 17,5 Milliarden. Im Jahr 2007 tritt mit dem *European Research Council (ERC)* auch auf EU-Ebene eine Fördereinrichtung auf den Plan, die eher dem *DFG*-Modell ähnelt und die Mittel weniger nach Programmschwerpunkten als nach antragsgebundenen Verfahren vergibt.

Bund und Länder tragen auch die zweite Säule des Forschungssystems, nämlich die außeruniversitäre Forschung. Unter diesem Sammelbegriff verbergen sich so unterschiedliche Einrichtungen wie die *Max-Planck-Gesellschaft*, die *Leibniz-Gemeinschaft* oder die *Fraunhofer-Gesellschaft*. Gemeinsam ist diesen Einrichtungen eine Finanzierung (in unterschiedlichen

Mischungsverhältnissen) durch Bund und Länder, die durch zusätzliche Drittmittel (ebenfalls sehr unterschiedlich im Volumen) ergänzt wird.

Außeruniversitäre Forschungsinstitute und das Harnack-Prinzip der *MPG*

Die mehr oder weniger kooperative Koexistenz von universitärer und außeruniversitärer Forschung wird immer wieder kontrovers diskutiert. Einerseits wird die Stärke des deutschen Systems gerade in seiner Zweiteilung mit der teilweise sehr leistungsstarken außeruniversitären Forschung gesehen. Andererseits wird diese Zweiteilung aber als leistungsmindernd eingestuft, weil sie zu einer Schwächung der Hochschulforschung führe.

Die Entstehung der außeruniversitären Forschungseinrichtung geht auf eine Debatte zurück, die durch Adolf von Harnack angestoßen wurde, der in einer Denkschrift Befürchtungen äußerte, gegenüber dem Ausland, vor allem den Vereinigten Staaten und England, wissenschaftlich in Rückstand zu geraten. Das Ergebnis war die Gründung der *Kaiser-Wilhelm-Gesellschaft zur Förderung von Wissenschaft und Forschung (KWG)* im Jahre 1911 unter dem Vorsitz des preußischen Kultusministers August von Trott zu Solz (Meusel 1996: 1293 f.). Auch damals wurde bereits um das noch frische Humboldt'sche Ideal der viel beschworenen ›Einheit von Forschung und Lehre‹ gestritten, denn das Ideal drohte bereits um 1900 zur Ideologie zu erstarren, während sich die Realität vom Ideal entfernte (vom Bruch 1997).

Von Harnack beschwerte sich in seinem Memorandum darüber, dass die Hochschullehrer an den Universitäten nicht genug forschen könnten, weil sie ihren Lehraufgaben nachkommen müssten. Zudem seien die Universitäten weder technisch noch personell ausreichend ausgestattet, um anspruchsvolle Forschungsaufgaben durchzuführen. Sein Ziel war es, Kaiser Wilhelm II. mit seiner Denkschrift von der Notwendigkeit freier Forschungsinstitute für Naturforschung zu überzeugen.

Die *Kaiser-Wilhelm-Institute* hatten die Aufgabe, Grundlagenforschung zu betreiben. Dafür wurden die Wissenschaftler von jeglicher Lehrverpflichtung freigestellt, erhielten Mitarbeiter und modernste Apparaturen. Der Preis für diese bevorzugten Forschungsbedingungen war allerdings ein Handikap bei der Nachwuchsausbildung: Im Unterschied zu den Universitäten erhielten die Institute kein Promotionsrecht. Daran hat sich bis heute nichts geändert. Für die Nachwuchsausbildung kooperieren sie deshalb eng mit den Hochschulen.

Nach dem Zweiten Weltkrieg wurde die *Kaiser-Wilhelm-Gesellschaft* als *Max-Planck-Gesellschaft (MPG)* neu konstituiert. Für die *MPG* ist nach wie vor das Harnack-Prinzip wichtig, wonach für einen wichtigen Forschungsgegenstand um eine herausragende Forscherpersönlichkeit ein Institut gebildet wird. In der *MPG*, die zu gleichen Teilen von Bund und Ländern finanziert wird, wird mit heute 77 eigenen Instituten, Forschungsstellen, Laboratorien sowie Arbeitsgruppen und insgesamt 12.153 Mitarbeitern Grundlagenforschung betrieben (Max-Planck-Gesellschaft 2005: 68).

In der Nachkriegszeit wurden unter dem erkennbaren Wandel von ›little science‹ zu ›big science‹ (Price 1963) eine Reihe neuer Großforschungsinstitute gegründet, die sich ebenfalls der Grundlagenforschung, aber auch gesellschaftlichen Aufgaben verpflichtet sahen. 1970 schlossen sich einige dieser verschiedenen Institute zur *Arbeitsgemeinschaft der Großforschungs-*

einrichtungen (AGF) zusammen, 1995 wurden sie in die *Helmholtz-Gemeinschaft (HGF)* umgewandelt. Sie stellt heute mit rund 24.000 Beschäftigten und einem Jahresbudget von über zwei Milliarden Euro die größte Wissenschaftsorganisation in Deutschland dar. In der *HGF* sind 15 Einrichtungen zusammengeschlossen, darunter die ehemaligen Kernforschungszentren in Jülich und Karlsruhe, das *Deutsche Elektronen-Synchrotron (DESY)* in Hamburg, das *Deutsche Krebsforschungszentrum (DKFZ)* in Heidelberg und das *Deutsche Zentrum für Luft- und Raumfahrttechnik (DLR)*.

Zwei Drittel des Jahresbudgets der *Helmholtz-Gemeinschaft* stammen aus Mitteln der öffentlichen Hand. Den Rest werben die einzelnen Helmholtz-Zentren selbst aus dem öffentlichen und privatwirtschaftlichen Bereich ein. Das Verhältnis der Finanzierung durch Bund und Länder beträgt 90 : 10.

Unter dem eigentümlichen Namen ›Blaue Liste‹ (nach der Farbe des Papiers, auf dem die zugehörigen Institute aufgeführt wurden) versammelten sich 1977 eine Reihe von länderfinanzierten Forschungs- und Dienstleistungseinrichtungen. Damals einigte man sich auf die gemeinsame Förderung von 46 Einrichtungen durch Bund und Länder, deren Zahl sich durch die deutsche Wiedervereinigung fast verdoppelte. 1997 schlossen sich die Blaue-Liste-Einrichtungen zur *Wissenschaftsgemeinschaft Gottfried Wilhelm Leibniz-Gesellschaft (WGL)* mit Sitz in Bonn zusammen. Finanziert werden die *Leibniz-Institute* zur Hälfte von Bund und Ländern. Sie verfügten 2005 über einen Gesamtetat von 1.102,68 Millionen Euro und beschäftigen inzwischen rund 13.600 Mitarbeiter, davon 5.560 Wissenschaftler (Leibniz-Gemeinschaft 2006: 6).

Die Profile der heute 84 Einrichtungen sind sehr unterschiedlich und reichen von wissenschaftlichen Serviceeinrichtungen und Museen (z.B. *Deutsches Museum*, München) bis zu grundlagenorientierten Instituten, von den Raum- und Wirtschaftswissenschaften über Sozialwissenschaften bis zu den Natur-, Ingenieur- und Umweltwissenschaften. Mit der Erweiterung durch die Wiedervereinigung verschob sich der wissenschaftliche Schwerpunkt hin zu einer natur-, technik-, agrar-, lebens- und raumwissenschaftlichen Forschung.

Im Gegensatz zur *MPG* und *HGF* hat sich die *Fraunhofer-Gesellschaft (FhG)* die Förderung der angewandten Forschung auf die Fahnen geschrieben. Gegründet wurde sie 1949 mit dem Ziel, anwendungsorientierte Forschung zum unmittelbaren Nutzen für Unternehmen zu betreiben.

Sie umfasst zurzeit 58 Forschungseinrichtungen an Standorten in ganz Deutschland und beschäftigt rund 12.500 Mitarbeiter. Die *Fraunhofer-Gesellschaft* verfügte im Jahr 2005 über ein jährliches Forschungsvolumen von über einer Milliarde Euro, Grundfinanzierung, öffentliche Projektfinanzierung und Industrieaufträge trugen zu annähernd gleichen Teilen zu diesem Ergebnis bei (Fraunhofer-Gesellschaft 2006: 11).

Das Besondere an der Finanzierung der *FhG* ist das sogenannte ›Fraunhofer Modell‹: Seit 1973 bemisst sich die Höhe der Grundfinanzierung erfolgsabhängig nach der Höhe der Wirtschaftserträge. Die *FhG* erhält dementsprechend keine bedarfsunabhängige Grundfinanzierung, sondern es besteht ein leistungsabhängiges Anreizsystem. So soll sichergestellt werden, dass die Arbeit der *Fraunhofer-Institute* sich an den Marktbedürfnissen orientiert und der Nachfrage gerecht wird (Polter 1996). Vertragspartner und Auftraggeber der *FhG* sind Industrie- und Dienstleistungsunternehmen sowie die öffentliche Hand.

Wer forscht hier eigentlich? Die Organisation der Wissenschaft in Deutschland

Zu den außeruniversitären Forschungseinrichtungen werden auch die sieben wissenschaftlichen Akademien[2] gezählt. Sie stellen die früheste Form außeruniversitärer Forschungseinrichtungen dar, verstehen sich als Gelehrtengesellschaften und außeruniversitäre Forschungseinrichtungen in einem und sehen ihre Aufgabe vor allem darin, »Forschungsvorhaben zu übernehmen, für die ein langer Atem erforderlich ist« (Union der deutschen Akademien der Wissenschaft 2006), damit sind vor allem Aufgaben der Gedächtnispflege, des Sammelns, Ausgrabens und Katalogisierens oder die Erstellung wissenschaftlicher Wörterbücher und Lexika gemeint. Finanziert werden sie von dem Land, dem sie angehören; zusätzlich haben sie auch die Möglichkeit, Drittmittel einzuwerben. Anders als in den ehemaligen osteuropäischen Forschungssystemen spielen die Akademien im deutschen Forschungssystem aber keine zentrale Rolle.

Schließlich spielt innerhalb der außeruniversitären Forschung die Ressortforschung eine Rolle. Sie wurde Ende des 19. Jahrhunderts gegründet, um sehr anwendungsnahe Forschung zu betreiben, die für die Erfüllung der Staatsaufgaben erforderlich war und die traditionelle wissenschaftliche Einrichtungen nicht wahrnehmen konnten oder wollten. Heute gibt es 53 sogenannte ›Bundeseinrichtungen mit FuE-Aufgaben‹, die thematisch ein breites Spektrum von Sport über Straßenbau und Jugendschutz bis hin zu Gesundheit und Umweltschutz abdecken.

Die Bundesressortforschungseinrichtungen sind in der Regel einem Fachministerium zugeordnet, sodass abgesehen vom Finanz- und Justizministerium alle Bundesministerien über mindestens eine Ressortforschungseinrichtung verfügen. Sie verausgaben jährlich insgesamt rund 1,7 Milliarden Euro (Wissenschaftsrat 2007: 18). Dort arbeiten rund 19.900 Beschäftigte, davon 5.064 wissenschaftliche Mitarbeiter (Vollzeitäquivalente) (Wissenschaftsrat 2007: 21). In der Regel erhalten sie eine 100-prozentige Finanzierung unabhängig von der Qualität der Forschung, die sie betreiben.

Bund und Länder haben nicht nur Geld zusammengeworfen, um die Forschung zu finanzieren, sie haben auch gemeinsame Organe zur Beratung und Koordination geschaffen, nämlich den *Wissenschaftsrat (WR)* und die *Bund-Länder-Kommission für Bildungsplanung und Forschungsförderung (BLK)*. Sie sind für die Organisation der Förderungs- und Finanzierungsprozesse zuständig.

Nach der Föderalismusreform und dem Rückzug des Bundes aus der Bildungspolitik ist der Einflussbereich der *BLK* stark eingeschränkt. In der Bildungspolitik werden Bund und Länder künftig nur noch auf Sparflamme zusammenarbeiten. Für überregionale Fragen der Forschungspolitik wird eine *Gemeinsame Wissenschaftskonferenz (GWK)* eingerichtet (BLK 2006). Der *BLK* gehören Mitglieder des Bundes und der Länder an. Damit unterscheidet sie sich deutlich vom *WR*, in dem neben der staatlichen Seite auch unabhängige Persönlichkeiten der Wissenschaft und der Gesellschaft stimmberechtigt sind (Schlegel 1996: 1690).

---

2 *Berlin-Brandenburgische Akademie der Wissenschaften* (1700/1992), Sitz: Berlin; *Akademie der Wissenschaften zu Göttingen* (1751); *Bayerische Akademie der Wissenschaften* (1759), Sitz: München; *Sächsische Akademie der Wissenschaften zu Leipzig* (1846); *Heidelberger Akademie der Wissenschaften* (1909); *Akademie der Wissenschaften und der Literatur*, Mainz (1949), *Nordrhein-Westfälische Akademie der Wissenschaften* (1970), Sitz: Düsseldorf.

Der *Wissenschaftsrat*, der Bund und Länder in Fragen der inhaltlichen und strukturellen Entwicklung von Hochschulen sowie der staatlichen Förderung von Forschungseinrichtungen berät, ist das wichtigste wissenschaftspolitische Beratungsgremium in Deutschland. Es setzt sich aus zwei gleichberechtigten Kommissionen zusammen: Hier treffen sich zu gleichen Teilen Wissenschaftler und Repräsentanten des öffentlichen Lebens (wissenschaftliche Kommission) und Vertreter von Bund und Ländern (Verwaltungskommission). Hauptaufgaben sind die Erarbeitung von Empfehlungen zur inhaltlichen und strukturellen Förderung von Hochschulen, zum Hochschulbau, zu Wissenschaft und Forschung. Der *Wissenschaftsrat* lässt seine wissenschaftliche und wissenschaftspolitische Expertise über Evaluation und Empfehlungen in den politischen Prozess einfließen. Träger des *Wissenschaftsrates* sind die Regierungen des Bundes und der 16 Länder.

Das Aufgabenspektrum des *Wissenschaftsrats* hat sich in seiner inzwischen 43-jährigen Geschichte verändert. So hat sich der Wissenschaftsrat zum Beispiel seit der Wende verstärkt im Bereich der Evaluation engagiert (siehe z.B. Wissenschaftsrat 2000a, Wissenschaftsrat 2001), seit Juli 2005 auch mit einer Pilotstudie für ein Forschungsrating.

Wer urteilt über gute und schlechte Forschung?

Dieser Wandel ist nicht ganz zufällig. Nachdem in den 80er Jahren in den europäischen Nachbarländern (besonders in den Niederlanden und Großbritannien) Reformen des Wissenschaftssystems begonnen hatten, die zunehmend die Leistungen des Systems bei der Mittelvergabe berücksichtigten, folgte der *Wissenschaftsrat* diesen Entwicklungen mit Empfehlungen für mehr Wettbewerb und Transparenz auch für das deutsche Wissenschaftssystem. Grundlegende forschungspolitische Konsequenzen hatten diese Empfehlungen jedoch nicht, vielmehr wurden die bewährten kompetitiven Elemente (die Einwerbung von Drittmitteln) verstärkt, ohne jedoch die dazugehörige Leistungstransparenz herzustellen.

Auch die Steuerungsfähigkeit der Hochschule wurde erst in jüngster Vergangenheit – in den einzelnen Bundesländern sehr unterschiedlich – ausgebaut und ist nach wie vor von umfassender Autonomie weit entfernt. In den 90er Jahren begannen sich dann nach und nach Evaluationsverfahren besonders für die Lehre in Form von Hochschulverbünden, Landesagenturen oder hochschulinternen Verfahren zu etablieren. Inzwischen gehören derartige Evaluationen, die in den letzten Jahren auch verstärkt die Forschung betreffen, zum Standard und sind in den meisten außeruniversitären Forschungseinrichtungen als eigenständiges Verfahren verankert (Hornbostel 2006a: 27)

Die zunehmende Wettbewerbsorientierung in der deutschen Forschungslandschaft ist unter anderem an einer beständigen Auseinanderentwicklung von Grundausstattung und Drittmitteleinwerbungen zu erkennen. Allein in der Zeit zwischen 1993 und 1998 wuchsen nach Angaben des *Wissenschaftsrates* die Grundmittel real um 1,3 Prozent jährlich, die Drittmittel jedoch real um 4,2 Prozent jährlich. Berücksichtigt man, dass die Grundmittel überwiegend in Lehre und Studium eingesetzt werden und dort allein die Zahl der Prüfungen im Zeitraum um 2,4 Prozent pro Jahr gestiegen ist, wird schnell deutlich, dass seit den 80er Jahren eine dramatische Umgestaltung der Forschungsfinanzierung stattgefunden hat (Wissenschaftsrat 2000b: 11).

Die konditionslose und ohne Qualitätskontrolle vergebene Grundfinanzierung ist für die Forschung immer bedeutungsloser geworden. Die Folge ist, dass etwa die Hälfte des FuE-Personals über Drittmittel finanziert wird. Dieser Durchschnittswert bedeutet für forschungsintensive Fächer, dass mehr als zwei Drittel des Forschungspersonals aus hochschulexternen Mitteln finanziert werden.

Steigender Wettbewerb, wachsende Aufmerksamkeit von Politik und Öffentlichkeit für die Leistungen des Wissenschaftssystems und eine deutliche Veränderung der finanziellen Steuerungsmechanismen in Richtung ›Output-Belohnung‹ haben nicht nur zu einem ›Evaluationsboom‹ an den Hochschulen und einer intensiven Debatte darüber, wie sich Forschungsleistungen messen lassen, geführt, sondern haben auch die Drittmittelgeber unter Druck gesetzt, denn eine verstärkte Inanspruchnahme der Qualitätskontrolle im Forschungssystem in Gestalt des Begutachtungssystems der Drittmittelgeber berührt natürlich deren Funktionsweise und Arbeitsfähigkeit, aber auch die Legitimation ihrer Entscheidungen und die Bedeutung ihrer strategischen Ausrichtung.

Ganz besonders betrifft das die *DFG* als bedeutendsten Forschungsfinancier der Hochschule. Dort sind in den frühen 80er Jahren jährlich relativ stabil zwischen 6.000 und 6.500 Anträge auf Sachbeihilfe eingegangen, bis 1998 ist der Wert auf knapp 13.000 Anträge angestiegen. In weniger als 20 Jahren hatte sich damit der Antragsdruck verdoppelt. Derartige Steigerungen des Antragsvolumens haben Folgen für den Bewilligungsprozess, denn die verfügbaren Mittel erhöhen sich deutlich langsamer als die Antragszahlen.

Mitte der 60er Jahre war die Bewilligung eines Antrages bei der *DFG* noch so gut wie sicher. Um die 90 Prozent aller Anträge wurden positiv beschieden, und noch 1995 konnten gut 68 Prozent der Anträge im Normalverfahren bewilligt werden. Im Jahr 2005 bewegt sich diese Quote je nach Wissenschaftsbereich zwischen 46 und 55 Prozent, was etwa 35 bis 40 Prozent der beantragten Mittel entspricht (DFG 2006b).

Diese veränderten Bedingungen fordern von der *DFG*, wie von anderen Drittmittelgebern auch, nicht mehr nur die Anträge auf Forschungsförderung auf ihren Gehalt zu prüfen, sondern auch nach den Ergebnissen, den Wirkungen der Förderung zu fragen. Nachdem 1999 festgestellt wurde, dass es »an einem kontinuierlichen Monitoring des Systems, das Fehlentwicklungen aufzeigen« könnte, mangelt und es eines »kontinuierlichen Organisations- und Qualitätsmanagements« bedürfe, wurde im Oktober 2005 das *Institut für Forschungsinformation und Qualitätssicherung (iFQ)* auf Initiative der *DFG* gegründet (Internationale Kommission zur Systemevaluation der Deutschen Forschungsgemeinschaft und der Max-Planck-Gesellschaft 1999: 8 ff.).

Das *iFQ* geht z. B. folgenden Fragen nach: Ob Förderprogramme die gesetzten Ziele erreichen, die Programme auf den tatsächlichen Bedarf zugeschnitten sind, ob Defizite oder Desiderata erkennbar sind, wie gut das Begutachtungsverfahren funktioniert, inwieweit die Ziele der Nachwuchsförderung erreicht werden, wie sich die Information über Forschungsleistungen ohne noch mehr Evaluationsaufwand verbessern und wie sich ein kontinuierliches Monitoring von Forschungsleistungen etablieren lässt. Dazu gehört auch die Entwicklung geeigneter Methoden (siehe www.forschungsinfo.de).

Wichtig sind diese Fragen nicht nur im Hinblick auf die Förderaktivitäten, sondern auch im Hinblick darauf, ob die Drittmitteleinwerbungen der Hochschulen, die in Rankings als

Indikator für Forschungsqualität gehandelt werden, tatsächlich eine qualitative Dimension von Forschungsleistungen abbilden.

Informationen in Gestalt von Ratings und Rankings bieten eine ganze Reihe von Akteuren an. Forschungsrankings verarbeiten regelmäßig (wenn auch nach recht unterschiedlichen Methoden und in ebenso unterschiedlichen Kombinationen) neben Informationen über die eingeworbenen Drittmittel Daten zu Publikationen und zur Häufigkeit, mit der diese zitiert werden, zur Reputation von Einrichtungen, zu erhaltenen wissenschaftlichen Preisen oder auch die Ergebnisse von Expertenevaluationen. Sie bieten auf sehr unterschiedlichem Aggregationsniveau und mit ebenso unterschiedlicher Qualität Angaben über Quantität und Qualität der Forschungsergebnisse.

Während Rankings immer eine Art Siegertreppchen produzieren – auch wenn die Unterschiede zwischen erstem und drittem Platz minimal sind –, werden in den Ratings Noten verteilt – meist durch Fachexperten. Allerdings beschränken sich inzwischen auch die meisten Rankings auf eine Einteilung in Spitzen-, Mittel- und Schlussgruppe, sodass die genaue Platzierung an Bedeutung verliert. Die Aussagekraft solcher Rankings zu beurteilen setzt sowohl Fachwissen wie methodisches Know-how voraus (Hornbostel 1997, 2001, 2006b; Wissenschaftsrat 2004).

Gemeinsam ist den seriösen Rankings allerdings, dass sie Indikatoren nutzen, die mittel- oder unmittelbar auf Qualitätsinformationen zurückgreifen, die innerhalb des Wissenschaftssystems selbst generiert wurden. Im Kern sind das die Urteile kompetenter Wissenschaftler (›Peer review‹). Zeitschriften nutzen das ›Peer review‹ für die Manuskriptbeurteilung, und nur Zeitschriften mit einem ›Peer review‹-Verfahren werden in die großen Zitationsdatenbanken aufgenommen (z. B. *Web of Knowledge, Scopus*). Drittmittelgeber nutzen das Verfahren zur Beurteilung der Anträge, usw.

Auch gut gemachte Rankings sind allerdings extrem abhängig davon, welche Indikatoren, Berechnungs-, Bereinigungsverfahren und Aggregationsebenen die Entwickler jeweils gewählt haben. Ihre kritische Würdigung verlangt einigen Sachverstand, da die Folgen methodischer Entscheidungen meist weder dokumentiert noch auf den ersten Blick zu erkennen sind.

Die Anforderungen an ein Begutachtungs- und Auswahlprozedere sind immer dann besonders hoch, wenn öffentliche Gelder nach strikt wissenschaftlichen Kriterien verteilt werden sollen. In diesen Fällen – und ebenso bei der Manuskriptbegutachtung – steht auch das Ansehen der mittelgebenden Institution auf dem Spiel. Ob ›Peer review‹-Verfahren wirklich sicherstellen, dass innovative Forschung erkannt wird, keine partikularen Interessen das Urteil färben oder die Zugehörigkeit der zu Begutachtenden zu sozialen Netzwerken, Schulen oder angesehenen Institutionen, ihr Alter sowie Geschlecht Einfluss auf die Beurteilung haben, ist immer wieder debattiert worden.

Untersuchungen darüber, inwieweit solche ›strikt wissenschaftlichen‹ Beurteilungen möglich sind, wurden vor allen Dingen für die ›Peer review‹-Prozesse in Zeitschriften durchgeführt, seltener für die Begutachtung der Nachwuchs- und Forschungsförderung von Stiftungen und öffentlichen Drittmittelgebern (Neidhardt 1986; Weller 2001; Bornmann 2004). Kritiker werfen dem System inhärenten Konservatismus, Anfälligkeit für Vorurteile, Ideenklau und Vetternwirtschaft vor und bescheinigen ihm ein hohes Maß an Unzuverlässigkeit.

Die Forschungsergebnisse können hier nicht im Detail präsentiert werden. Sie entkräften allerdings weder die Vorwürfe, noch bestätigen sie sie. Vielmehr zeichnen sie ein ambivalentes Bild. So entspricht die Zahl der Studien, in denen sich kein Geschlechterbias zeigt, in etwa denen, die einen nachweisen konnten (Daniel 2006: 188). Untersuchungen zum Vorwurf der Vetternwirtschaft zeichnen ebenfalls kein einheitliches Bild (Bornmann 2004: 21).

Die Forschungsergebnisse lassen jedoch einerseits durchaus Zweifel an der Reliabilität von ›Peer review‹-Verfahren aufkommen, bestätigen aber andererseits eine erhebliche prognostische Validität des gesamten Entscheidungsverfahrens. Cum grano salis lässt sich sagen, dass ›Peer review‹-gestützte Auswahlverfahren relativ zuverlässig zwischen Spitze und Schluss zu differenzieren vermögen, während in einem mittleren Qualitätsbereich immer wieder Anhaltspunkte für zufallsähnliche Entscheidungsausgänge oder auch Anfälligkeiten für sachfremde Entscheidungskriterien auftauchen (Hornbostel und Heise 2006: 22). Ein wenig ist es wie mit der Demokratie: nicht perfekt, aber etwas Besseres ist nicht in Sicht.

Auf drei Wegen versucht man die Urteile der Peers zu verbessern: Beim sogenannten ›informed Peer review‹ erhalten die Experten möglichst viele zusätzliche Informationen, wie z. B. Publikations- und Zitationsanalysen, die Informationen enthalten, die ein einzelner Experte gar nicht überblicken kann, die aber fachkundiger Interpretation bedürfen. Ein anderer Weg setzt auf mehr Öffentlichkeit.

Vor allen Dingen ›open access‹-Journale veröffentlichen zum Teil die Gutachten und geben Gelegenheit zur kritischen Stellungnahme. Da ein solches Verfahren aber unter Umständen die kollegiale Rücksichtnahme über die Maßen fördert, geht ein dritter Weg in Richtung einer Kontrolle durch gewählte Fachvertreter (siehe hierzu den Beitrag von Gerhard Fröhlich in diesem Band).

Letzteren Weg hat die *DFG* 2004 mit der Neugestaltung ihres Begutachtungsverfahrens eingeschlagen. Dort wird der Beurteilungsprozess der Einzelförderung in drei Stufen organisiert.

Fachkollegien, Gutachter und *DFG*-Hauptausschuss – das sind die drei entscheidenden Akteure, wenn es bei der *Deutschen Forschungsgemeinschaft* um die Frage geht: Fördern oder nicht fördern? Es ist noch gar nicht so lange her, da waren diese drei Akteure noch etwas anders zusammengesetzt. Vor dem Jahr 2004 gab es noch gewählte Fachgutachter, von der *DFG* bestellte Sondergutachter und den *DFG*-Hauptausschuss. Die Fachgutachter wurden für den Zeitraum von vier Jahren gewählt und begutachteten die eingehenden Anträge. Durch die fortschreitende Spezialisierung der Wissenschaft und die steigende Anzahl von Anträgen wuchs die Zahl der Sondergutachter allerdings kontinuierlich an. Eine Qualitätskontrolle der Gutachten wurde damit immer schwieriger.

Das hat sich im Jahr 2004 geändert, als das bestehende System reformiert wurde. Zentrales Anliegen war es, »die Leistungsfähigkeit und die Durchführung des Verfahrens in einer inzwischen stark veränderten Forschungslandschaft zu sichern« (Koch 2006: 25). Ein Ziel des neuen Systems besteht darin, die fachliche Begutachtung der Anträge, ihre vergleichende Bewertung für eine Förderempfehlung und die Entscheidung darüber, ob gefördert wird, funktional voneinander zu trennen. Es soll also eine klare Trennung zwischen der Begutachtung und der Bewertung dieser Begutachtung erreicht werden.

Heute gibt es einen ganz neuen Gremientypus: das Fachkollegium. Es tritt an die Stelle der bisherigen Fachausschüsse. Die Fachkollegiaten werden von der wissenschaftlichen Community für die Dauer von vier Jahren gewählt. Die zentrale Aufgabe der insgesamt 577 Kollegiaten besteht in der Qualitätssicherung der Begutachtung bei der Vorbereitung von Förderentscheidungen. Sie sollen also sicherstellen, dass die von der *DFG* bestellten Gutachten fair, gehaltvoll und unvoreingenommen sind (Hornbostel und Olbrecht 2007).

Berichte über Berichte? Oder: Wem kann man trauen?

Die kursorische Skizze der Finanzierungs- und Bewertungsprozesse in der Wissenschaft sollte deutlich gemacht haben, dass ein kritischer Blick auf die Wissenschaft zwar notwendig, aber nicht einfach zu haben ist. Weitaus stärker als andere journalistische Arbeitsfelder ist Wissenschaftsberichterstattung durch eine Wissensasymmetrie gekennzeichnet. Auch Forschern im gleichen Gebiet fällt es häufig schwer, neue Erkenntnisse angemessen zu würdigen, zwischen Fake und Fakt zu unterscheiden, das Potenzial einer Entdeckung richtig einzuschätzen oder zwischen Substanz und Marketing zu differenzieren.

Aus diesem Dilemma kommt auch ein sehr gut ausgebildeter und informierter Wissenschaftsjournalist nicht heraus. Für eine Berichterstattung ist es daher in der Regel nicht möglich, die Fakten zu prüfen, vielmehr muss eine journalistische Qualitätssicherung zunächst an einer Rekonstruktion der wissenschaftsinternen Qualitätsprüfung ansetzen. Anhaltspunkte dafür liefern die Reputation des Wissenschaftlers und der Forschungseinrichtung, die Finanzierung des Forschungsprojekts und die Strenge der Begutachtung, die Zeitschrift, in der veröffentlicht wurde, und die Resonanz der Fachkollegen.

Allerdings ist es damit nicht getan, denn in den letzten Jahrzehnten hat sich das Verhältnis zwischen Wissenschaft und Öffentlichkeit massiv verändert. Fand man noch in den 70er Jahren viele väterliche Ratschläge etablierter Forscher an den Nachwuchs, sich tunlichst von Journalisten fernzuhalten, um das eigene wissenschaftliche Ansehen nicht zu gefährden und sich stattdessen am Ideal von ›Einsamkeit und Freiheit‹ zu orientieren, gilt heute die entgegengesetzte Maxime: Forscher, Institute, Universitäten müssen die Aufmerksamkeit der Öffentlichkeit erreichen, um ihre Wettbewerbsposition zu verbessern.

Ausgelöst wurde diese Wende durch Mittelknappheit, der mit der Parole ›value for money‹ begegnet wurde. Seitdem sind nicht nur die Anforderungen an öffentliche Rechenschaftslegung gestiegen, die Leistungsdifferenzen durch Evaluationen und Rankings sichtbarer und der internationale Wettbewerb härter geworden, vielmehr ist die massenmediale Aufmerksamkeit auch zu einem Kapital im verschärften Wettbewerb um Ansehen und Forschungsmittel geworden.

Da Responsivität, Geschwindigkeit und Reichweite der Medien oft größer sind als im wissenschaftsinternen Kommunikationssystem, kommt es gelegentlich zu regelrechten Übersteuerungen: Die Pressekonferenz ersetzt dann den Artikel im Fachjournal und seine kritische Diskussion (Weingart 2001: 244 ff.). Der GAU entsteht, wenn unter solchen Bedingungen der Druck zu hoch wird und die präsentierten Ergebnisse vorläufig, beschönigt, von Wirtschaftsinteressen gefärbt oder gar gefälscht sind.

Nicht unbedingt Fälschungen, aber kleine ›Unsauberkeiten‹ gehören durchaus zum Alltag der Wissenschaft. Ein Drittel von in der biomedizinischen Forschung tätigen US-Wissenschaftlern gab in einer Befragung an, in den vergangenen drei Jahren mindestens einmal vorsätzlich gegen die Maxime der ›guten wissenschaftlichen Praxis‹ verstoßen zu haben (Martinson, Anderson und de Vries 2005). Gleichwohl ist im Normalfall der Kontakt zwischen Medien und Wissenschaft nicht durch investigativen Journalismus bzw. beschönigende Inszenierungen gekennzeichnet, sondern eher durch eine offene und vertrauensvolle Beziehung. Wissenschaftler zeigen sich in Umfragen überwiegend zufrieden mit ihren Medienkontakten, und Journalisten tun dies umgekehrt auch im Hinblick auf ihre Gesprächspartner (Peters und Heinrichs 2005: IV).

Dem Wissenschaftsjournalismus wächst unter diesen veränderten Bedingungen dennoch eine neue Rolle zu: Es geht nicht mehr nur um die Aufbereitung und Verbreitung geprüften und konsolidierten Wissens, um die Wiedergabe wissenschaftlicher Kontroversen oder das Aufspüren publikumsscheuer Wissenschaftler, sondern es geht zunehmend auch darum, das Informationsangebot seitens der Wissenschaft auf die Einhaltung guter wissenschaftlicher Praxis zu prüfen, kritische Fragen zum Prozess der Wissenserzeugung und der involvierten Akteure zu stellen und potenzielle Interessenverflechtungen im Auge zu behalten.

Damit kann und darf der Wissenschaftsjournalismus natürlich nicht zum Qualitätskontrolleur der Wissenschaft mutieren, aber er muss sicherlich – an den exponierten Grenzflächen von Wissenschaft und Öffentlichkeit – eigene Qualitätsstandards im Interesse der Wissenschaft und der Öffentlichkeit entwickeln.

Literatur

Bornmann, Lutz. *Stiftungspropheten in der Wissenschaft. Zuverlässigkeit, Fairness und Erfolge des Peer review*. Münster 2004.
Bruch, Rüdiger vom. »A slow farewell to Humboldt? Stages in history of German universities, 1810–1945«. *Past and Future. Crisis or Renewal?* Hrsg. Mitschell G. Ash. Oxford 1997. 3–27.
Bund-Länder-Kommission (BLK). »BLK zieht Folgerungen aus der Föderalismusreform. Neuordnung der Bund-Länder-Beziehungen in Bildung und Forschung auf den Weg gebracht«. Pressemitteilung. 23.10.2006. www.blk-bonn.de/pressemitteilungen/pm2006-14.pdf (Download 6.2.2007).
Bundesministerium für Bildung und Forschung (BMBF). *Bundesbericht Forschung 2004*. Bonn und Berlin 2004. (Auch online unter www.bmbf.de/pub/bufo2004.pdf, Download 4.2.2007.)
Bundesministerium für Bildung und Forschung (BMBF). *Bundesbericht Forschung 2006*. Bonn und Berlin 2006. (Auch online unter www.bmbf.de/pub/bufo2006.pdf, Download 5.2.2007.)
Daniel, Hans-Dieter. »Pro und Contra: Peer review«. *Von der Qualitätssicherung der Lehre zur Qualitätsentwicklung als Prinzip der Hochschulsteuerung. Projekt Qualitätssicherung*. Bd. 1. Hrsg. Hochschulrektorenkonferenz (HRK). Beiträge zur Hochschulpolitik 1. Bonn 2006. 185–204.
Deutsche Forschungsgemeinschaft (DFG). *Jahresbericht 2005. Aufgaben und Ergebnisse*. Bonn 2006a. (Auch online unter www.DFG.de/jahresbericht/, Download 9.2.2007.)
Deutsche Forschungsgemeinschaft (DFG). »DFG im Profil: Antragsbearbeitung«. Bonn 2006b. www.DFG.de/DFG_im_profil/zahlen_und_fakten/statistische_diagramme/diagramme_antragsbearbeitung.html (Download 20.2.2007).

Europäische Union (EU) (Hrsg.). *Wissenschaftsdialoge. FTE info – Magazin über europäische Forschung.* Sonderausgabe. November 2005. (Auch online unter http://ec.europa.eu/research/rtdinfo/pdf/rtdspecial_comm_de.pdf, Download 5.2.2007.)

European Commission (Hrsg.). *Social values, Science and Technology.* Special Eurobarometer 225 / Wave 63.1 2005a. (Auch online unter http://ec.europa.eu/public_opinion/archives/ebs/ebs_225_report_en.pdf, Download 5.2.2007.)

European Commission (Hrsg.). *Social values, Science and Technology.* Special Eurobarometer 224 / Wave 63.1 2005b. (Auch online unter http://ec.europa.eu/public_opinion/archives/ebs/ebs_224_report_en.pdf, Download 5.2.2007.)

Fraunhofer-Gesellschaft. *Jahresbericht 2005.* München 2006. (Auch online unter www.fraunhofer.de/fhg/Images/FhG-JB-komplett_tcm5-63602.pdf, Download 9.2.2007.)

Grüning, Thilo, Anna B. Gilmore und Martin McKee. »Tobacco Industry Influence on Science and Scientists in Germany«. *American Journal of Public Health* (96) 1 2006. 20–32.

Hornbostel, Stefan. *Wissenschaftsindikatoren. Bewertungen in der Wissenschaft.* Opladen 1997.

Hornbostel, Stefan. »Hochschulranking: Beliebigkeit oder konsistente Beurteilungen? Rankings, Expertengruppen und Indikatoren im Vergleich«. *Hochschulranking – Aussagefähigkeit, Methoden, Probleme.* Hrsg. Detlef Müller-Böling, Stefan Hornbostel und Sonja Berghoff. Gütersloh 2001.

Hornbostel, Stefan. »Forschung im Fokus der Evaluation. Das Institut für Forschungsinformation und Qualitätssicherung – IFQ«. *humboldt spektrum* (13) 2 2006a. 24–29.

Hornbostel, Stefan. »Forschungsrankings. Artefakte oder Sichtbarkeit der Forschungsarbeit?« *In die Zukunft publizieren. Herausforderungen an das Publizieren und die Informationsversorgung in den Wissenschaften.* 11. Kongress der IuK-Initiative. Hrsg. Maximilian Stempfhuber. Bonn 2006b. 263–278.

Hornbostel, Stefan, und Saskia Heise. »Die Rolle von Drittmitteln in der Steuerung von Hochschulen«. *Handbuch Wissenschaftsfinanzierung.* B1.1. Hrsg. Christian Berthold et al. Berlin 2006. 1–33.

Hornbostel, Stefan, und Meike Olbrecht. *Peer Review in der DFG: die Fachkollegiaten.* iFQ-Working Paper No. 2. Bonn 2007. (Auch online unter www.forschungsinfo.de, Download 20.12.2007.)

Internationale Kommission zur Systemevaluation der Deutschen Forschungsgemeinschaft und der Max-Planck-Gesellschaft. *Forschungsförderung in Deutschland. Bericht der internationalen Kommission zur Systemevaluation der Deutschen Forschungsgemeinschaft und der Max-Planck-Gesellschaft.* Hannover 1999. (Auch online unter: www.blk-bonn.de/papers/forschungsfoerderung.pdf, Download 20.2.2007.)

Koch, Stefan. »Die Deutsche Forschungsgemeinschaft und die Reform ihres Begutachtungssystems: Zur Einführung der Fachkollegien«. *Wissenschaftsrecht* (39) 1 2006. 25–47.

Leibniz-Gemeinschaft. *Jahresbericht 2005 der Leibniz-Gemeinschaft.* Bonn 2006. (Auch online unter www.wgl.de/extern/presse/index_5.html, Download 9.2.2007.)

Luhmann, Niklas. *Soziologische Aufklärung. Aufsätze zur Theorie sozialer Systeme.* Bd. 1. Opladen 1974.

Luhmann, Niklas. *Die Wissenschaft der Gesellschaft.* Frankfurt am Main 1990.

Martinson, Brian C., Melissasiehe Anderson und Raymond de Vries. »Scientists behaving badly«. *Nature* 435 9. Juni 2005. 737–738.

Max-Planck-Gesellschaft. *Jahresbericht 2004*. München 2005. (Auch online unter www.mpg.de/pdf/jahresbericht2004/jahresbericht2004.pdf, Download 5.1.2007.)

Merton, Robert K. »Wissenschaft und demokratische Sozialstruktur«. *Wissenschaftssoziologie I. Wissenschaftliche Entwicklung als sozialer Prozess*. Hrsg. Peter Weingart. Frankfurt am Main 1972. 45–59.

Meusel, Joachim. »Max-Planck-Gesellschaft«. *Handbuch des Wissenschaftsrechts*. Bd 2. Hrsg. Christian Flämig et al. 2. Auflage. Berlin 1996. 1293–1305.

Müller, Michael. »Wissenschaftsfreiheit? Eine Schimäre – Unter Forschern herrscht Goldgräberstimmung. Bei embryonalen Stammzellen geht es um einen Milliardenmarkt«. *Die Zeit* 16.8.2001. (Auch online unter www.zeit.de/archiv/2001/34/200134_essay.biopolitik.xml, Download 5.2.2007.)

National Science Foundation (NSF). »Division of Science Resources Statistics«. *Science and Engineering Indicators 2006*. Arlington, Va. 2006. (Auch online unter www.nsf.gov/statistics/seind06/, Download 9.11.2006.)

Neidhardt, Friedhelm. »Kollegialität und Kontrolle – am Beispiel der Deutschen Forschungsgemeinschaft«. *Kölner Zeitschrift für Soziologie und Sozialpsychologie* (38) 1 1986. 3–12.

Peters, Hans-Peter, und Harald Heinrichs. *Öffentliche Kommunikation über Klimawandel und Sturmflutrisiken. Bedeutungskonstruktion durch Experten, Journalisten und Bürger*. Jülich 2005.

Polter, Dirk-Meints. »Die Fraunhofer-Gesellschaft«. *Handbuch des Wissenschaftsrechts*. Bd. 2. Hrsg. Christain Flämig et al. 2. Auflage. Berlin 1996. 1301–1305.

Price, Derek J. de Solla. *Little Science, Big Science*. New York und London 1963.

Rögener, Wiebke. »Wissenschaft im Dunst«. *Süddeutsche Zeitung* 24.3.2006.

Schlegel, Jürgen. »Bund-Länder-Kommission für Bildungsplanung und Forschungsförderung (BLK)«. *Handbuch des Wissenschaftsrechts*. Bd. 2. Hrsg. Christian Flämig et al. 2. Auflage. Berlin 1996. 1689–1698.

Stegmüller, Wolfgang. *Hauptströmungen der Gegenwartsphilosophie*. Bd. 2. 6. Auflage. Stuttgart 1979.

Toulmin, Stephen E. *Kritik der kollektiven Vernunft*. Frankfurt am Main 1983.

Union der deutschen Akademien der Wissenschaft. »Akademieforschung«. Mainz 2006. www.akademienunion.de/forschung/ (Download 8.11.2006).

Weingart, Peter. *Die Stunde der Wahrheit. Zum Verhältnis der Wissenschaft zu Politik, Wirtschaft und Medien in der Wissensgesellschaft*. Weilerswist 2001.

Weller, Anne C. *Editorial Peer review. It's Strengths and Weaknesses*. New Jersey 2001.

Winkelmann, Ulrike. »FuE-Personal im Wirtschaftssektor. Baden-Württemberg im nationalen und internationalen Vergleich«. *Statistisches Monatsheft Baden-Württemberg* 6 2006. 23–26. (Auch online unter www.statistik.baden-wuerttemberg.de/Veroeffentl/Monatshefte/PDF/Beitrag06_06_05.pdf, Download 8.11.2006.)

Wissenschaftsrat. *Zur Forschung mit Mitteln Dritter an Hochschulen*. Köln 1982.

Wissenschaftsrat. *Empfehlungen zum Wettbewerb im deutschen Hochschulsystem*. Köln 1985.

Wissenschaftsrat. *Systemevaluation der Blauen Liste – Stellungnahme des Wissenschaftsrates zum Abschluss der Bewertung der Einrichtungen der Blauen Liste*. Köln 2000a.

Wissenschaftsrat. *Drittmittel und Grundmittel der Hochschulen 1993–1998*. Köln 2000b.

Wissenschaftsrat. *Systemevaluation der HGF – Stellungnahme des Wissenschaftsrates zur Hermann von Helmholtz-Gemeinschaft Deutscher Forschungszentren.* Köln 2001.

Wissenschaftsrat. *Empfehlungen zu Rankings im Wissenschaftssystem.* Teil 1: Forschung. Köln 2004.

Wissenschaftsrat. *Empfehlungen zur Rolle und künftigen Entwicklung der Bundeseinrichtungen mit FuE-Aufgaben.* Köln 2007.

Wüsthof, Achim R. »Wie der Vater«. *Die Zeit* 3.11.2005. (Auch online unter www.zeit.de/2005/45/Rauchen_2fWissen_45, Download 8.11.2006.)

Wissenschaftskommunikation und ihre Dysfunktionen: Wissenschaftsjournale, Peer Review, Impactfaktoren[1]

Gerhard Fröhlich

1. Der soziale und öffentliche Charakter wissenschaftlicher Methoden

Aus wissenschaftstheoretischer Perspektive (Popper 1969, 1970; Fröhlich 1999a) ist wissenschaftliche Kommunikation keine bloße Zutat zu ›Forschung im engeren Sinne‹: Forschung ohne Kommunikation und ohne Kritik Dritter sei der Hellseherei ähnlich, so Sir Karl R. Popper. Hätte Robinson Crusoe alles richtig gemacht nach dem Stand seiner Zeit, hätte er trotzdem keine Wissenschaft betrieben. Denn Wissenschaft zeichne sich nicht durch die Ergebnisse, sondern durch die verwendete Methode aus.

Die wissenschaftliche Methode sei sozial und öffentlich: ohne öffentliche Darstellung, Kontrolle, Kritik keine Wissenschaft. »Objektivität« – auch bei Karl Popper in Anführungszeichen – sei keine des einzelnen Wissenschaftlers, sondern eine der wissenschaftlichen Methode. Der einzelne Wissenschaftler sei unvermeidlich von Vorurteilen gegenüber seiner eigenen Theorie behaftet. Erst durch Kritik, durch öffentliche Kontrolle konstituiere sich langfristig ›Objektivität‹ im Sinne von Intersubjektivität. Ähnliche Positionen vertreten Robert K. Merton (1972, »organisierter Skeptizismus«) und Pierre Bourdieu (Fröhlich 2003a). Zu den zur Gewährleistung wissenschaftlicher Intersubjektivität ›ersonnenen‹ Institutionen zählt Popper das wissenschaftliche Journal.

---

[1] Dieser Beitrag fußt auf Fröhlich 1998; 1999a,b; 2002a; 2006a. Die Texte sind auch online zugänglich. Für die Mitwirkung an der Endredaktion (Formatanpassungen) Dank an Caroline Priller, für kritische Kommentare Dank an die Herausgeber und Wolfgang Theis. Auf Wunsch der (männlichen) Herausgeber wird in diesem Beitrag die männliche Form verwendet, um damit Frauen und Männer der Wissenschaft zu bezeichnen. Allerdings sind geschlechtsneutrale Formulierungen beim vorliegenden Thema teilweise irreführend, da sich etwa die Herausgeberschaften von Journalen vielfach noch immer in männlicher Hand befinden (siehe z. B. Addis und Villa 2003; Green 1998).

2. Anno 1665: *Journal des Sçavans, Philosophical Transactions*

›Ersonnen‹ wurden Journale wohl kaum. Sie entwickelten sich – wie fast alle Institutionen in der Menschheitsgeschichte – über längere Zeiträume (des 17. und 18. Jahrhunderts) aus etlichen Vorläufern (Briefen, Kalendern, Almanachen, Sitzungsakten wissenschaftlicher Gesellschaften) aufgrund des Zusammentreffens mehrerer Faktoren (starke Zunahme gelehrter Briefe und Bücher, Einrichtung regelmäßigen öffentlichen Postverkehrs zwischen größeren Städten).

Neben mündlichen Vorträgen, Diskussionen und Büchern waren Briefe schon lange wichtigstes Medium der Gelehrtenkommunikation (Assmann 2005; Ammermann 1983; Friedrich 1991; Hermann 1979). Diese halböffentlichen Briefe lasen die Empfänger Freunden oder Studenten vor und leiteten Abschriften an Dritte weiter.

Das Verlesen eingetroffener Briefe war unverzichtbarer Tagesordnungspunkt von Akademiesitzungen (der Titel ›korrespondierendes Akademiemitglied‹ hat sich bis heute gehalten). Die Weiterverbreitung wichtiger Briefe mit kühnen Thesen, kritischen Bemerkungen oder Berichten über angestellte Experimente besorgten Multiplikatoren wie Henry Oldenburg, Sekretär der Londoner *Royal Society*. 1665 gründete er die *Philosophical Transactions* und druckte Auszüge aus eingegangenen Briefen, die so arbeitssparender als vordem vielen Interessenten kundgemacht werden konnten. Das einige Monate früher gegründete Pariser *Journal des Sçavans* widmete sich Buchbesprechungen und Nachrufen (Dann 1983).

Die wöchentliche Rhythmik der Postdienste führte zu analogen Herausgaberhythmen bei Zeitschriften (Kronick 1962). Doch regelmäßiges Erscheinen war mehr Wunsch als Realität. Wir dürfen uns das frühe gelehrte Journalwesen nicht allzu professionell vorstellen. Weder bei Inhalten noch Leserschaften gab es im 17./18. Jahrhundert eine scharfe Grenze zwischen allgemeinen und gelehrten Journalen. Nicht gekennzeichnete Übernahmen aus anderen Journalen waren verbreitet. Die meisten gelehrten Journale kamen über einige Hefte oder Jahrgänge kaum hinaus. Am stabilsten erwiesen sich weniger die von einzelnen Verlegern als die von wissenschaftlichen Gesellschaften herausgegebenen Zeitschriften.

Kritik aus der allgemeinen Presse an abstrusen Artikeln soll dazu geführt haben, dass sich 100 Jahre nach der Gründung der *Philosophical Transactions* die Londoner *Royal Society* entschloss, für die bis dahin bloß indirekt über ihre Sekretäre herausgegebene Zeitschrift offiziell die Verantwortung zu übernehmen. Wie bereits Edinburgher Kollegen zuvor richteten die Londoner Gelehrten ein Gremium zur Publikationskontrolle ein (Kronick 1990). Dies gilt als ein Beginn des ›peer review‹, der Begutachtung von Manuskripten (ein zweiter ist die Delegierung feudaler und kirchlicher Zensur, Biagioli 2002).

Unter ›Peers‹ verstand man ursprünglich ›Gleichrangige‹, hohe Adlige – Peer ist noch heute der Titel für die Mitglieder des britischen Oberhauses. Erst im Laufe der Professionalisierung wissenschaftlicher Praxis (und damit der Zurückdrängung adliger Amateure) wurden aus den Ebenbürtigen Fachkollegen. Bloß sporadisch eingesetzt, wurde ›Peer review‹ und im strengen Sinne – als Überprüfung von Einreichungen durch externe Gutachter – erst nach dem Zweiten Weltkrieg zu einem Qualitätsmaßstab wissenschaftlicher Journale, ein Anzeichen für immer stärkere Spezialisierungen.

3. Das Journalwesen als zentrale Institution formaler Wissenschaftskommunikation

Wissenschaftsjournale gelten heute bei vielen Vertretern von Forschungsbürokratie und Evaluationsbranche als »harter Kern der Wissenschaftskommunikation« (Bonitz und Scharnhorst 2001). Zur Vermeidung von Missverständnissen: Im Englischen unterscheidet man klar zwischen ›scientific communication‹ (interner Kommunikation in den [Natur-]Wissenschaften) und ›science communication‹ (externer Kommunikation). Im Deutschen hat sich teils eingebürgert, mit ›Wissenschaftskommunikation‹ die externe Kommunikation zu bezeichnen. Hier wird ›Wissenschaftskommunikation‹ wissenschaftsintern verstanden.

In der Wissenschaftstheorie unterscheiden wir zwischen Entdeckungs- und Begründungszusammenhang (context of discovery/of justification). Dementsprechend schlage ich vor, bei Untersuchungen kommunikativer Prozesse in den Wissenschaften zwischen Forschungs- und Wissenschaftskommunikation zu unterscheiden.

Unter ›Forschungskommunikation‹ fasse ich alle kommunikativen Prozesse, welche zum ›eigentlichen‹ wissenschaftlichen Produkt führen, zu ausgearbeiteten Hypothesen, neuen Theorien, Modellen, Befunden, idealtypisch zum umfangreichen Abschlussbericht eines Forschungsprojekts (inkl. verwendeter Fragebögen, Tabellenmaterial bzw. Daten). Ich möchte auch alle Aktivitäten, die im Vorfeld nötig sind, damit es überhaupt zu einem Projekt kommt (vor allem die Finanzierungsbemühungen), ausdrücklich zur Forschungskommunikation zählen.

Unter ›Wissenschaftskommunikation‹ fasse ich alle kommunikativen Prozesse, die ab Erstellung der Endberichts-›Substanz‹ stattfinden: ihre Zerteilung in Artikel und Einreichung bei möglichst angesehenen Zeitschriften, die Autor-Herausgeber-Gutachter-Kommunikation im Journal- und gehobenen Verlagswesen, also die Prozesse optimaler Ergebnisvermarktung und -verwertung.

Wissenschaftliche Kommunikationsprozesse unterscheiden sich auch nach dem Formalitätsgrad: Prototyp formaler Kommunikation wäre die Einreichung eines Manuskripts in bestimmten, von den Herausgebern festgelegten Formen sowie deren Bewertung nach einem bestimmten formalen Verfahren. Nur nach positivem Abschluss erfolgt die Publikation. Typisch für informelle Kommunikation wäre die ungezwungene Diskussion im wissenschaftlichen Freundeskreis, in der – wie von Popper gefordert – mutige Hypothesen und schonungslose Kritik geäußert werden, unter Verzicht auf vorsichtiges Taktieren.

Auch der Öffentlichkeits- bzw. Informationsvorenthaltungsgrad wissenschaftlich-kommunikativer Prozesse ist unterschiedlich. Inhaltlich interessante und brisante Forschungskommunikation (vorbereitender Ideenaustausch, Kritik von Gegenlesern) findet kaum öffentlich, sondern in Kleinstgruppen statt. Bei der Beantragung von Geldern herrscht oft Einweg-Kommunikation: So werden die Gutachten zu Projektanträgen den Antragstellern vielfach nicht zur Kenntnis gebracht oder nur auszugsweise bzw. mit schwarzen Balken versehen.

Ähnlich sind in der Wissenschaftskommunikation die Beziehungen zwischen Autoren und Herausgebern bzw. Gutachtern nach dem Modell konspirativer Organisation gestaltet: Autoren und Gutachter (und Gutachter untereinander) wissen so wenig wie möglich voneinander, die Herausgeber alles. Referees würden nur unter dem Schutz der Anonymität schonungslose Kritik wagen, so das Argument der Befürworter dieser Arkanpraxen. Nur in manchen Disziplinen (z. B. in der Ökonomie, versichern Ökonomen) werden Einreichenden Gutachten vollständig ausgehändigt.

Wir sehen: Die öffentlich zugänglichen Inhalte der Wissenschaftsjournale sind nur die Spitze des Eisbergs forschungsrelevanter Kommunikationen, besonders konstruktiver Kritik (Fröhlich 1998). Wertvolle Anregung und Kritik geht verloren, Fehler werden von anderen wiederholt. Die wesentlichen Funktionen wissenschaftlicher Journale können daher nicht, wie stets behauptet, im ›Austausch von Ideen und Kritik‹ bestehen, sondern müssen andere sein.

4. Funktionen der Journale heute: Zwischen ›peer review‹ und ›Impactfaktor‹

Des Rätsels Lösung: Ähnlich wie Kirchen nicht der Förderung, sondern der Kontrolle der Religiosität dienen (Bekämpfung von Häretikern und Volksaberglauben), sind die wichtigsten Journalfunktionen nicht mit der Kommunikation, sondern mit der Kontrolle der Kommunikation verbunden.

Dem Journalwesen wird vielfach die Funktion der Archivierung wissenschaftlicher Leistungen zugeschrieben. Über dieses behauptete Funktionsmonopol ließe sich trefflich streiten, denn auch Patente, Briefe und die Artefakte (wissenschaftliche Geräte, Produkte) selbst – und sogar das in den Körpern der Wissenschaftler gespeicherte ›implizite Wissen‹ (Michael Polanyi) sind unverzichtbar, wenn wir wissenschaftliche Leistungen nachvollziehen oder gar nutzen wollen. Bücher basieren meist auf dem Zusammentragen verstreut publizierter Beiträge eines Autors oder zu einem Thema und deren Integration – in Verbindung mit Registererschließung die klassischen Wissensarchive schlechthin.

Qualitätskontrolle dürfte die wichtigste Funktionszuschreibung sein. Hardliner behaupten, referierte Journalaufsätze seien die einzige für die Bewertung wissenschaftlicher Leistungen relevante Literatursorte und die einzig legitime Quelle bei Erstellung von Lehrbüchern. Dabei übersehen sie geflissentlich, dass Verlage von Welt auch Buchprojekte begutachten lassen und zahlreiche wissenschaftliche Gesellschaften die Einreichungen zu ihren Kongressen bzw. Kongressakten.

Die Garantie für die Qualitätskontrolle sei, so versichern sie, das ›peer review‹-System. Doch ein einheitliches Prüfsystem gibt es nicht. Zu unterschiedlich sind die Prozeduren beim Referieren bzw. Editieren: Variieren kann die Zahl eingesetzter Referees und der Zeitpunkt ihres Einsatzes. Bei seriellen Verfahren ziehen die Herausgeber zu Beginn einen einzigen Gutachter bei. Stimmt dieser zu, wird das Manuskript gedruckt. Lehnt er ab, wird ein weiterer Gutachter beauftragt. Bei parallelen Verfahren konsultieren die Herausgeber von Beginn an zwei bis vier Gutachter zugleich. Diskrepante Voten führen meist zur Abweisung des Manuskripts, ansonsten zur Rücksendung zwecks Überarbeitung – Faustregel: je mehr Gutachter, desto eher Diskrepanzen und Ablehnungen.

Variieren kann der Grad bewusster Informationsvorenthaltung zwischen den Beteiligten. Beim Standardverfahren (einfachblind) wissen die Einreicher nicht, wer sie begutachtet. Bei Doppelblindverfahren wird auch den Gutachtern die Identität der Autoren vorzuenthalten versucht. Bei Dreifachblindverfahren sollte auch den Herausgebern die Identität der Autoren verborgen bleiben. Die *Zeitschrift für Soziologie* soll so auch Manuskripte von Starautoren abgelehnt haben – als zu unverständlich und inhaltsleer.

Weitere wichtige Journalfunktionen werden in der Literatur oft übersehen:

- Journale rationalisierten die oft erbitterten Prioritätsstreitigkeiten. Dem Erstentdecker kommt Ruhm und sonstige Belohnung zu (genauer: dem ersten bekannten Entdecker, bei parallelen Entdeckungen gehen unbekanntere Forscher eher leer aus, Merton 1968). Berief man sich vordem auf persönliche Zeugen oder deponierte bei Akademien versiegelte Kuverts (um Konkurrenten nicht auf die richtige Spur zu führen), erwies sich das Datum der Erstveröffentlichung als sinnvolleres Kriterium für Priorität. Es verpflichtete zur Veröffentlichung der Ergebnisse und förderte so die weitere wissenschaftliche Entwicklung.
- Journalgründungen unterstützten die Herausbildung und Durchsetzung neuer Fächer, Spezialdisziplinen und Paradigmen (wissenschaftlicher Schulen). In Universitäten konnten neue Fächer und Theorien, meist von Privatdozenten und Extraordinarien vertreten, oft erst nach langer Verzögerung Fuß fassen. Nicht selten sind etablierte Wissenschaftler Gegner grundlegender Innovationen – denn diese entwerten ihre eigenen Investitionen, d.h. Theorien, Modelle, Methoden. In ihren eigenen Journalen und Organen ließen sie konkurrierende Ansätze oft nicht zu Wort kommen. Die Gründung eigener Gesellschaften und Zeitschriften brachte den Innovateuren den Erfolg (Barber 1972; Fröhlich 2002b und dort zitierte Literatur).
- Das Journalwesen schafft Hierarchien und schreibt sie fort. Experten vermuten die aktuelle weltweite Zahl wissenschaftlicher Journale irgendwo zwischen 50.000 und 500.000. Letztere Schätzung dürfte wohl auch Jahrbücher, Newsletters wissenschaftlicher Vereinigungen, Nebenreihen und elektronische Journale enthalten. Ein auserwählter Kreis von etwa 8.000 Journalen rühmt sich, von den Zitationsdatenbanken der Firma *Thomson Scientific* erfasst zu werden. Für ihre natur- und sozialwissenschaftlichen Vertreter werden jährlich ›impact factors‹ berechnet, welche die durchschnittliche Zitation je Artikel in den beiden Jahren zuvor repräsentieren sollen.

Kritiker befürchten, dass dieser Fokus auf Evaluation die kognitiv-kommunikativen Funktionen der Journale in den Hintergrund drängt. ›Peer review‹ und ›Impact factor‹ sind zu Handlungsdeterminanten von Autoren, Herausgebern und Verlegern geworden. Pointiert formuliert: Ob ein Journal tatsächlich gelesen wird, ist zunehmend unwichtig. Ob es in den ersten zwei Jahren nach Erscheinen häufig zitiert wird, kann hingegen überlebensrelevant sein – für Autoren, Herausgeber wie Verleger. Ob ein Einzelbeitrag gelesen oder auch bloß zitiert wird, ist von geringer Bedeutung, er sollte aber in einem referierten und stark zitierten Journal erschienen sein. Denn statt tatsächlich den ›article impact‹ zu eruieren (aufwendig und teuer), multiplizieren Evaluatoren lieber die Zahl der Aufsätze eines Wissenschaftlers mit den ›impact factor‹-Werten ihrer Publikationsorte (Journale).

Im Folgenden möchte ich daher Dysfunktionen qualitativer und quantitativer Journalevaluation und Verbesserungsvorschläge thematisieren.

5. ›Peer review‹-Praktiken auf dem Prüfstand

5.1 Abweisungsraten als Prestigeschmuck wissenschaftlicher Journale

Ein verbreiteter Mythos besagt: Je höher die Abweisungsrate, desto strenger sei das Journal, desto höhere wissenschaftliche Qualität hätten Journal wie Einzelbeitrag. Viele Journale der Psychologie oder Ökonomie verweisen stolz auf Abweisungsraten um 80 Prozent – Prestigeschmuck in der Konkurrenz um Inserenten, Abonnenten, Zitierende, Autoren. Doch Abweisungsraten unterscheiden sich nach Disziplinen: Die Physik hat niedrige (um 25 Prozent), die Philosophie die höchsten (um 90 Prozent). Beweist dies allen Ernstes die niedrige wissenschaftliche Qualität physikalischer Aufsätze?

Des Rätsels Lösung: In Disziplinen mit niedrigen Abweisungsraten ist das Verhältnis von Angebot (Zahl der Manuskripte) und Nachfrage (Seitenzahl je Jahrgang) je Journal günstig. Ein alleinig beauftragter Gutachter soll daher Aufsätze zum Druck vorschlagen. In Disziplinen mit hohen Abweisungsraten (mit vielen Einreichungen, aber wenig Platz je Journal) sollen mehrere zugleich eingesetzte Gutachter Argumente für die Ablehnung von Manuskripten liefern. Die Folge: Diskrepanzen und Beitragszurückweisung.

Abweisungsraten hängen also von banalen Faktoren ab. Physikjournale haben Jahrgänge bis zu 10.000 Seiten, philosophische bescheidene von 200. Darum werden in Fächern mit hohen Abweisungsraten nachweislich Aufsätze so lange eingereicht, bis sie akzeptiert werden. Oder sie werden zu Buchkapiteln verarbeitet, die oft beste Resonanz finden (Shepherd 1995). Würden wir philosophische oder psychologische Journale jeweils zu virtuellen Gesamtjournalen zusammenfassen, wären ihre Abweisungsraten niedriger als in der Physik.

Auch bei Top-Journalen kam es öfters zu krassen Fehlentscheidungen, wie Ablehnungen von hinterher mit dem Nobelpreis ausgezeichneten Arbeiten (Campanario 1995, 1996; Fischer 2002; Gans und Shepherd 1994; Shepherd 1995). Etliche Journale setzten nach solchen Fehlurteilen das ›peer review‹ über viele Jahre aus.

5.2 Dysfunktionen des Gutachterwesens im Konnex wissenschaftlichen Fehlverhaltens

Von einer Ausnahme abgesehen, deckten Gutachter keine Fälle schweren wissenschaftlichen Fehlverhaltens auf. Aufmerksame Leser oder (meist anonyme) Insider wiesen auf plumpe Manipulationen hin. Auch bei den neueren Betrugsaffären aus Physik, Biologie und Medizin passierten gefälschte Publikationen die Kontrollprozeduren renommiertester Wissenschaftsjournale. Als hilfreich erwies sich hingegen investigativer Journalismus, der Insidertipps nachging (Fröhlich 2003b, 2003c).

Ein anderer Vorwurf wiegt noch schwerer. Gutachter würden gar nicht so selten ihre privilegierte Position missbrauchen: Sie könnten Manuskripte ablehnen oder ihre Veröffentlichung durch umfangreiche Änderungsauflagen verzögern, die Grundideen inzwischen selbst nutzen oder befreundeten Wissenschaftlern überlassen (zu einschlägigen Skandalen siehe Fröhlich 2006b). Zudem können es Gutachter selbst bei besten Vorsätzen kaum vermeiden, sich vom Ideenfundus der Einreichenden anregen zu lassen. Kryptamnesien (unbewusste Plagiate) sind bei gefragten Multifunktionären gang und gäbe: Nach Vergessen der Quelle erfahren sie Erinnertes als eigene neue Idee.

5.3 Peer-Review-Forschung nach Forschungsdesigns

Auch zahlreiche empirische Befunde nähren kritische Zweifel an den Peer-Review-Praktiken:
 1. In ›experimentellen‹ ›peer review‹-Studien werden in Manuskripte Fehler eingebaut (Baxt et al. 1998), bei Konstanthaltung sonstiger Manuskriptteile die Forschungsresultate variiert oder Verfassernamen verändert, um Referee-Vorurteile herauszufiltern.

Douglas P. Peters und Stephen J. Ceci (1982) hatten zwölf psychologischen Top-Journalen je einen Aufsatz entnommen. Nach Änderung der Verfassernamen und ihrer Institutionen und kosmetischen Änderungen bei Titeln, Abstracts, Einleitungen reichten sie die Manuskripte bei jeweils denselben Zeitschriften erneut ein. Nur drei von zwölf Wiedereinreichungen wurden enttarnt. Nur drei von 38 (!) Herausgebern bzw. Referees erkannten die in ihren Journalen vor durchschnittlich etwas über zwei Jahren bereits publizierten Aufsätze wieder.

Die übrigen erneut eingereichten Aufsätze wurden der üblichen Prozedur ausgesetzt. Nur ein einziger Beitrag wurde angenommen, acht der neun bereits publizierten Beiträge wurden aufgrund negativer Gutachten abgelehnt (›schwerwiegende methodologische Mängel‹). Dies könnte mit dem niedrigen Status der unbekannten Schein-Autoren und ihrer Schein-Institutionen zusammenhängen (weitere Beispiele in Fröhlich 2002a).

2. ›Rekonstruktionen bzw. Replikationen von Begutachtungen‹ zeigen: Persönliche Einstellungen wie Eigenschaften der Gutachter, Geschlecht der Antragsteller oder Sprache der Einreichungen scheinen bei der Beurteilung oft so ausschlaggebend zu sein wie die inhaltlichen Eigenschaften der eingereichten Manuskripte selbst. Je jünger die Gutachter, desto strenger ihr Urteil (Nylenna 1994); Autoren mit englischer Muttersprache werden bevorzugt (Batty 2003; Herrera 1999).

Gutachterurteilen mangelt es vielfach an Übereinstimmung. Cicchetti (1997) attestiert ›peer review‹-Prozessen geringe Reliabilität: Oft müssten Herausgeber Entscheidungen auf Basis widersprechender Voten treffen. Verteidiger des ›peer review‹ deuten hingegen Korrelationen von 0,2 bis 0,3 (Lindsey 1991) als hoch und als Beleg für paradigmatische Vielfalt des jeweiligen Refereepools. Sie implizieren allerdings damit das Fehlen paradigmenübergreifender wissenschaftlicher Qualitätskriterien.

Verteidiger des Status quo verweisen auf etliche Übereinstimmungen von Gutachterbewertungen mit Zitationshäufigkeiten. Doch diese sind, so behaupte ich, für denselben Bias anfällig: ›Gängige‹ Theorien, Methoden, Wissenschaftler, Institutionen werden durch ›Impact‹-Werte nachweislich belohnt, ihre Resonanz weiter verstärkt. Innovative, statusniedrige Außenseiter werden hingegen erst nach langer Anlaufzeit häufiger zitiert.

3. Wissenschaftler bezweifeln in Befragungen Rationalität, Effizienz, Objektivität und Innovationsfreudigkeit erfahrener Gutachter- und Herausgeberentscheidungen (Armstrong 1997; Bradley 1981; Campanario 1995, 1996; Fischer 2002). ›Peer review‹ würde eingereichte Manuskripte nicht unbedingt verbessern: So seien die von Top-Journalen der Ökonomie,

nach fünf bis sieben (!) Jahren mehrfacher Überarbeitung und Wartezeit veröffentlichen Papiere steril, von jeder innovativen Idee gereinigt (Azar 2003, 2005; Frey 2004).

Die Kritik Betroffener können wir auf die Kurzformel bringen: Das (den Gutachtern) Bekannte werde gefördert, das weniger Bekannte behindert. Eingefahrene Themen, Modelle und Theorien hätten gute Chancen, da den Gutachtern in der Regel zumindest bekannt. Bei innovativen Ansätzen steige das Risiko von Abwertung und Ablehnung aufgrund der Unkenntnis der Gutachter. Einreichenden werde vielfach der Text der Gutachten vorenthalten, sie könnten daher nicht einmal Fehler und Irrtümer der Gutachter richtigstellen.

6. Output- und ›impact‹-Indikatoren als Artefakte?

Die Szientometrie untersucht die Wissenschaften quantitativ. Sie kommt in Eugenik und sowjetischer Planwirtschaft zum Tragen, ihre Anfänge waren mühselig, händisches Auszählen üblich. Heute können wir über konventionelle Datenbanken wissenschaftlichen Output (Publikationen, Patente), wenn auch unterschiedlich repräsentativ, auflisten und zählen. Über Zitationsdatenbanken können wir Zitationen zählen, genannt ›impact‹ (eine militärische Metapher, = engl. Stoß, [Geschoss-]Einschlag, aufrüttelnde Wirkung).

Produktivität – als schiere Quantität – sehen viele Evaluatoren als ›Maß‹ für wissenschaftliche Leistung, ja für Kreativität und Innovation an. Resonanz – Zitationshäufigkeit – fassen sie immer öfter als ›Maß‹ für wissenschaftliche Qualität auf (vor allem in der Medizin). Beide Gleichsetzungen sind recht fragwürdig.

6.1 Quantitativer Output (›Produktivität‹) – Indikator für institutionelle Macht?

Die Debatte um Ehrenautorenschaften zeigt: Institutsleiter, Vermittler von Geldern oder Untersuchungsmaterialien werden oft bei allen Artikeln aus einem Projekt als Koautoren angeführt – auch wenn sie diese nicht einmal zu Gesicht bekommen haben. Etliche Studien (z. B. Gupta und Karisiddappa 1998) zeigen die Effekte der Forschungsfinanzierung und der Zusammenarbeit mit Kollegen auf die Produktivität. Viele Gelder erbringen viele Papers, auf denen man als Koautor genannt werden kann. Alle freuen sich: Die Output-Statistiken der Einzelpersonen, der involvierten Institutionen, Disziplinen und Länder steigen auf diese Weise. Denn die Zahl der Publikationen wird meist nicht gewichtet, das heißt durch die Zahl der Koautoren dividiert. Macht man das, so sinkt die Produktivität durch Kooperation. Doch möglichst viele Koautoren, Kooperationen und Reisen gelten längst als Leistungskriterien.

Mario Biagioli und Peter Galison (2003) zufolge wird Autorenschaft im Zeitalter von ›big science‹ zur zugeteilten Belohnung. Meine These: Produktivitätskennziffern sind eher Indikatoren für Macht, soziales und ökonomisches Kapital als für ›reine‹ wissenschaftliche Leistung.

Die quantitativen Evaluationen haben die Wissenschaftswelt verändert. Sie bringen das hervor, was sie zu ›messen‹ vorgeben, sie produzieren Artefakte, d. h. Kunstprodukte und Ergebnisverzerrungen. In der sowjetischen Planwirtschaft führte die Messung des Plansolls von Weihnachtsbaumständern nach Tonnen Gewicht zur Produktion möglichst klobiger Exemplare (um so bequem Planüberschreitungsprämien einzustreichen). Evaluation nach Zahl der Publikationen verführt zur Absonderung möglichst vieler, möglichst kurzer Journalbeiträge, der Zerteilung des Forschungsertrags in möglichst viele, hauchdünne Scheiben (›Salami-Publikationstaktik‹).

6.2 Resonanz (›impact‹) als Indikator für soziales Kapital

Auch bei der Resonanz sind vielfältige kumulative Prozesse kumulativer Bevorteilung im Spiel. Robert K. Merton (1968, 1988) prägte dafür die Metapher des ›Matthäus-Effekts‹, nach dem Gleichnis vom anvertrauten Geld im Evangelium nach Matthäus 25, 29: »Denn jenen, die haben, denen wird gegeben werden, und jenen, die nicht haben, wird sogar das noch genommen werden.« Bekannte bzw. angesehene Autoren sowie Institutionen mit Finanzkraft und Beziehungsnetzen sind – unabhängig von der wissenschaftlichen Leistung – anderen Akteuren überlegen (Haiqi 1997; Lewison und Dawson 1998; Van Raan 1998).

Fast alle Zitationsanalysen beruhen auf drei Datenbanken von *Thomson Scientific* (wie erwähnt: vormals *Institute for Scientific Information*, daher hier als *ISI/TS* abgekürzt): dem *Science Citation Index* für die Naturwissenschaften (*SCI*), dem *Social Sciences Citation Index* für Sozialwissenschaften (*SSCI*) und dem *Arts and Humanities Citation Index* für Kulturwissenschaften und Künste (*AHCI*). Die Zitationsbanken gelten zwar als international und multidisziplinär, doch US-dominierte und biomedizinische Journale sind stark überrepräsentiert.

Doch die *ISI/TS*-Datenbanken bergen zahlreiche Probleme: Sie übernehmen die Zitatenlisten erfasster Aufsätze mit deren recht häufigen, keineswegs zufällig verteilten Fehlern. Wie Merton betonte, sind ›Matthäus-Effekte‹ auch gedächtnisökonomisch vermittelt: Wir merken uns bereits Bekanntes besser als Neues. Ich behaupte: Namen bekannter Autoren oder Journale werden eher richtig wiedergegeben bzw. ihre Falschschreibung von Lektoren oder Indexierern häufiger erfolgreich korrigiert als unbekannte; in englischsprachigen Datenbanken werden englischsprachige Autoren oder Journaltitel eher richtig geschrieben als fremdsprachige. Nachweislich benachteiligt: Autoren mit Umlauten im Namen (oder anderen Buchstaben jenseits des ASCII-Codes).

6.3 Der ›Journal Impact Factor‹ im Kreuzfeuer der Kritik

Der unter Eugene Garfield entwickelte ›Journal Impact Factor‹ (in der Folge: JIF) des *ISI/TS* ist die bekannteste, wirkmächtigste und umstrittenste szientometrische ›Kennziffer‹. In einschlägigen Publikationen wird der JIF meist falsch definiert. Selbst bei Garfield selbst findet sich die irreführende Formel: »Calculation for journal Impact factor. A = total cites in 1992; B = 1992 cites to articles published in 1990–91 (this is a subset of A); C = number of articles published in 1990–91; D = B / C = 1992 Impact factor« (Garfield 1994).

Tatsächlich berechnet *ISI/TS* den JIF eines Kalenderjahrs, indem es alle Zitationen eines Journals in den zwei Jahren zuvor (gleichgültig, worauf bezogen) dividiert durch die Zahl bloß sogenannter ›citable‹ Artikel der beiden Jahre zuvor. Als ›zitierfähig‹ gelten Forschungsreports und Übersichtsartikel. Die Formel des JIFs 1992 lautet daher: Alle Zitationen eines Journals in 1990 und 1991, dividiert durch die Zahl ›zitierfähiger‹ Artikel in 1990 und 1991. *ISI/TS* berechnet also die Summe aller Zitationen aller Beiträge eines Zeitschriftenjahrgangs innerhalb von nur zwei Jahren (und eines zweiten innerhalb von nur einem Jahr) nach Erscheinen in den von *ISI/TS* ausgewerteten Journalen (und nur in diesen), dividiert nicht durch die Zahl aller, sondern nur ›zitierfähiger‹ Beiträge in diesen Zeiträumen.

Effekt dieser vielfach unverstandenen Gummibestimmung: Ein Journal ist im Vorteil, wenn viele der Beiträge von den *ISI/TS*-Auswertern als nicht ›zitierfähig‹ eingestuft werden – am stärksten allgemeine Journale wie *Science* mit vielen brisanten Editorials, Briefen, journalistischen Beiträgen. Diese erwirtschaften viele (von *ISI/TS* mitgezählte!) Zitationen, die nur im Divisor, aber nicht im Dividenden aufscheinen, insofern nichts ›kosten‹. Der JIF verringert sich hingegen, je mehr Beiträge *ISI/TS* als ›zitierfähig‹ einstuft. Bei Leserbriefen lässt sich streiten, ob sie Forschungsberichte in Kurzform oder bloß Kommentare darstellen. So erklären sich manche jähen JIF-Schwankungen einzelner Journale: ›Zitierfähigkeit‹ wird von wechselnden Indexierern unterschiedlich bestimmt. Proteste gegen Fehleinstufungen können manchmal helfen.

In der Literatur finden sich weitere Einwände: So kommt es zu Verwechslungen von Journalen aufgrund ähnlicher Titelabkürzungen (in einem Fall führte das zu einem zehnfach überhöhten JIF, Lange 2001). Der Wechsel des Journaltitels lässt den ›impact factor‹ schlagartig absinken, denn die *ISI/TS*-Software berechnet für alte und neue Titel getrennt ›impact factors‹. Der JIF kann durch parallele massenmediale Berichterstattung stark und nachhaltig gepusht werden (Phillips et al. 1991). Warum? Ich behaupte: Informationen werden oft in Zeitungen oder im Internet gefunden – zitiert werden dann die dort erwähnten (nicht rezipierten) statushöheren Originale.

Auch Journal-Selbstzitate tragen zum JIF bei: Etliche Herausgeber fordern daher ihre Autoren dezidiert auf, journaleigene Artikel zu zitieren (Smith 1997). Der Eigenzitationsanteil beträgt nachweislich vielfach bis zu 60 Prozent aller Zitate, in Einzelfällen sogar 80 bis 100 Prozent. Der ›impact factor‹ ist insofern auch Inzuchtfaktor. Zudem enthält der Datenpool des *ISI* bloß einen (wie erwähnt US-dominierten) Bruchteil des Welt-Outputs an wissenschaftlichen Publikationen (bestenfalls einige Prozente): Ein von mir untersuchtes elektronisches Journal mit monatlich ca. 100.000 Zugriffen erwirtschaftete in den *ISI*-Datenbanken kein einziges Zitat. Die Begrenzung auf die Resonanz in den ersten zwei Jahren begünstigt rasante Disziplinen (Gentechnologie) und bestraft nachhaltigere Disziplinen (Sozial- und Geisteswissenschaften).

Fazit: Der JIF ist eine willkürlich definierte (und teilweise fehlerhafte und inkonsistent erstellte) ›Kennziffer‹. Sein Reiz liegt in scheinbarer Einfachheit und Bequemlichkeit: Der JIF liegt für die vom *ISI/TS* Auserwählten fertig vor, und viele Nutzer meinen, ihn zu verstehen. Anspruchsvollere Indikatoren und Auswertungen haben es schwer, sich dagegen durchzusetzen (erfolgreich waren bislang die Mathematiker). Quantitative Evaluationen werden aus Kostengründen meist ›quick and dirty‹ vorgenommen, statt szientometrische Experten hinzuzuziehen und die meist lückenhaften Daten durch eigene Erhebungen und Auswertungen zu ergänzen.

7. Ausgewählte Vorschläge zur Reform der Evaluationspraktiken

Einige Reformvorschläge:
- Transparenz der Herausgeberpraxis. Vielfach werden angebliche Gutachterurteile bloß als Ausrede vorgeschoben, die überwiegende Mehrheit der Ablehnungen erfolgt ohne Begutachtung.
- Beschleunigung der Kommunikation zwischen Autoren, Redaktionen, Referees via Internet.
- Zufällige Zuteilung der Gutachter, d.h. systematische Ausschöpfung des gesamten Gutachterpools.
- Dreifachblindbegutachtung: Auch Herausgebern sollte die Identität der Autoren vorenthalten werden.
- Mitteilung sämtlicher Gutachten und Stellungnahmen in voller Länge und Berufungsrecht der Einreicher. Richtigstellung eindeutiger Fehler und Missverständnisse der Gutachter als Standard.
- Nach erfolgreich absolviertem Verfahren Offenlegung aller Äußerungen, Dokumente und Prozesse auf einem Server, damit die gesamte ›scientific community‹ davon profitieren kann.
- Anrechnung der Gutachtertexte als Publikationen, ein Motivationsschub für die bislang im Verborgenen Wirkenden.
- Systematische Förderung von Herausgeber- und Gutachterkompetenzen. Die kritischen Befunde der Wissenschaftsforschung zu ›peer review‹ und Szientometrie sollten zur Kenntnis gebracht und zum Anlass von Reformen genommen werden.
- Die Modernisierung der altertümlich-handwerklichen Praxis der meisten Editoren und Referees: Schulungen in professioneller Datenbanknutzung und informationswissenschaftlichen Methoden sowie die Beistellung qualifizierter Unterstützung. Identische Visualisierungen in Artikeln zu vorgeblich unterschiedlichen Untersuchungen (wie im Fall Schön/Batlogg) hätten nicht von Lesern entdeckt werden müssen. Bildfälschungs- und Plagiatsüberprüfungsprogramme sowie ›related documents‹-Funktionen könnten schon lange eingesetzt werden. Letztere vergleichen nicht Texte, sondern deren Zitationsstrukturen: Sie stöbern Plagiatoren auf, die mit Übersetzungen oder ›Schütteltechniken‹ (›shake and paste‹) arbeiten, um konventionelle Prüfprogramme zu überlisten.
- Unverzichtbare Voraussetzung für nachhaltige Effizienzsteigerung: die Abkehr von der veralteten Papierform der Publikationen und deren völlige Umstellung auf digitalisierte Kommunikation. Freier Zugriff für Datenbanken, Suchmaschinen und Prüfprogramme.
- Eine Minimalforderung zur Verbesserung quantitativer Evaluation wäre die Verwendung vieler und intelligenterer szientometrischer Parameter statt einer einzigen, offenbar simplen Kennzahl. Ein Beispiel: Ein möglichst hoher ›impact factor‹ soll nicht zuletzt Inserenten beeindrucken. Diesen wäre mit der Gesamtzitationszahl des Journals als Richtwert eher gedient (von *ISI/TS* offeriert, aber kaum genutzt). Denn Journale mit geringen Auflagen und geringen absoluten Zitationsaufkommen können hohe ›impact factors‹ aufweisen und umgekehrt (Unterschiede zwischen vordersten Rängen und Plätzen um 500 bei eigenen Auswertungen). Warum? Je weniger Artikel, je längere Artikel, desto höher JIF. Ideal: Jahrbücher.

- Doch wozu einen ›Journal Impact Factor‹ von der manipulierbaren Zahl der Artikel (und damit ihrer manipulierbaren Länge) abhängig machen? Die Zahl der Zitate pro Standardseite à 10.000 Zeichen wäre gerechter. Auch Journalpreise (für Autoren wie ›Leser‹ = Bibliotheken) könnten wir nach Dollar je Autorenzitat angemessener vergleichen.
- Bei der Produktivitäts-›Messung‹ wäre eine Gewichtung der Beiträge nach Seitenzahl, Zahl der Koautoren eine unverzichtbare Minimalforderung. Wesentlich schwieriger dürfte eine gerechtere Verteilung bei der Anerkennung arbeitsteilig erbrachter Leistungen durchzusetzen sein (Rennie 2001; Fröhlich 2006b).
- Einzelberechnungen der Zitate je Publikation statt üblicher Milchmädchenrechnungen (Artikelzahl mal ›impact factor‹). Denn von ›impact factors‹ kann nicht auf ›article impacts‹ geschlossen werden (Seglen 1997).

Allerdings wäre weiterhin fraglich, was wir denn eigentlich ›messen‹, wenn wir die Zahl der Publikationen und ihrer Zitierungen erheben.

8. Und die Zukunft? Hybridjournale und ›open access‹

Manche Autoren prognostizieren den ›Tod der medizinischen Journale‹ (siehe LaPorte et al. 1995 und Folgediskussion). Selbst die Herausgeber des bestzitierten *New England Journal of Medicine and Science* sollen um das Überleben des *NEJM* in den nächsten zehn Jahren bangen.

Zurzeit erscheinen Journale in folgenden Formen: auf Papier, online, für Rezipienten kostenpflichtig, für Rezipienten kostenfrei (›open access‹), für Autoren kostenpflichtig, für Autoren kostenfrei und in beliebigen Mischformen.

Der Niedergang konventioneller Papierjournale – Kinder der Postkutschenära – scheint unvermeidbar: Wozu in digitalen Zeiten Papiere, die nur wenig miteinander zu tun haben, zu Bündeln schnüren und im Zweimonatstakt energie- und abgasintensiv versenden?

Fraglich sind die Zukunftschancen konventioneller Journale mit strikt parallelen Papier- und Digitalausgaben. Als bloße PDF-Faksimiles nutzen sie digitale Möglichkeiten nicht konsequent, können z. B. keine Animationen, Videos, Datenreihen einbinden. Onlineausgaben sollten die Beschränkungen der Papierversion transzendieren.

Kostenfrei zugängliche ›open access‹-Publikationen erhalten nachweislich weitaus höhere ›article impacts‹ (Zitationen des einzelnen Artikels) als kostenpflichtige. So stellen immer häufiger Autoren ihre Papiere mehr oder minder legal kostenlos ins Netz, entweder über die Homepages ihrer Institution (›self-archiving‹) oder in ›open access‹-Archive.

Selbst große Wissenschaftsverlage lassen sich von Google- bzw. ›open access‹-Logiken anstecken. Kostenpflichtige Journale offerieren kostenfreie Schlupflöcher: Digitale ›sample copies‹ führen oft in alle übrigen Ausgaben. Immer mehr Journale bieten ihren Autoren an, ihre Artikel gegen Entgelt (bei Springer zurzeit: 3.000 US-Dollar) für den direkten kostenlosen Zugriff (kein Passwort, keine Kreditkarte!) freizuschalten. Diese ›Hybridjournale‹ offerieren also zweierlei Artikel: Die einen sind für ›Leser‹ (= Bibliotheken) kostenpflichtig – und für Autoren, wenn sie Extras wünschen, z. B. farbige Illustrationen. Die anderen Artikel (›open access‹) sind nur für die Autoren kostenpflichtig, bereits ohne Extras.

Wissenschaftskommunikation und ihre Dysfunktionen

Die Bedeutung einzelner Zeitschriften sinkt: Die Verlage stellen Datenbanken aller edierten Artikel und Buchkapitel mit Suchfunktionen ins Netz. Zitationshinweise versuchen die Aufmerksamkeit auf andere Publikationen im eigenen Pool zu lenken. Akzeptierte Papers werden als Preprints ins Netz gestellt, Monate vor der Papierausgabe.

›Knappheit des zur Verfügung stehenden Platzes‹ als Hauptargument für restriktive Maßnahmen verliert in der digitalen Ära an Plausibilität. Doch werden die ›open access‹-Initiativen tatsächlich, wie angestrebt, globale kritische Wissenschaftsöffentlichkeiten durchsetzen? Oder wird es mehrere Sektoren (Gratis-, Discounter-, Top-Edel-Teuer-Sektoren) geben? Oder werden sich erfolgstrunkene ›open access‹-Projekte in konventionelle Formen rückentwickeln?

Ob kostenpflichtig oder kostenfrei, konsequent digitalisierte Wissenschaftskommunikation hat Vorteile:

- Links zu den zitierten Publikationen (die dann ebenfalls digital vorliegen);
- statt vormals unhandlicher Tabellenbände Links zu den Originaldaten (in der Biologie bereits Standard);
- Links zu Korrekturen und ›retractions‹ (die in Papierversion etlichen Zitationsstudien zufolge großteils unbekannt bleiben bzw. ignoriert werden);
- Links zu den Zitaten, die daher sofort und komfortabel überprüft werden können;
- Anwendbarkeit von Prüfprogrammen (Bildfälschungen, Textähnlichkeiten), die jedoch das abwägende Gesamturteil kritischer Köpfe nur unterstützen, aber nicht ersetzen können;
- Schaffung neuer webometrischer Kennzahlen (z. B. Downloads je Artikel) und Analysemöglichkeiten.

Fazit: Digitale Medienkompetenz vorausgesetzt, steigt die intersubjektive Überprüfbarkeit – ein wichtiges wissenschaftstheoretisches Kriterium – eindeutig.

Wie jede Technologie hat auch die digitale Nachteile. So nehmen ›copy and paste‹-Mentalität und Bereitschaft zur Schönung oder Erfindung von Bildern und Messkurven zu, weil dies digital so spielerisch-bequem zu bewerkstelligen ist. Zitierte Dokumente können aus dem aktuellen Web verschwinden, lassen sich aber in Web-Archiven aufspüren. Korrekte Zitation von Autoren und Titeln statt nur von URLs ermöglicht per Suchmaschine meist ihre Wiederauffindung unter oft nur geringfügig geänderter URL. Auch webometrische Kennzahlen können manipuliert werden. Gefordert ist Nutzerkompetenz ähnlich klassischer Quellenkritik.

Ob das Organisationsprinzip von Journalen (= periodisches Zurückhalten bzw. Preisgeben von Information statt kontinuierlicher Informationsflüsse) Bestand hat, hängt davon ab, ob sich die oben dargestellten Funktionen wissenschaftlicher Journale durch andere digital unterstützte Kommunikationsformen ersetzen lassen: Die Funktionen der Archivierung und Qualitätskontrolle bzw. Kanonisierung können ohne Weiteres von Datenbanken bzw. Webservern übernommen werden. Digitale wissenschaftliche Kommunikation, selbst kostenfreier ›open access‹ und ›peer review‹ (oder erweiterte Verfahren wie ›peer monitoring‹) schließen einander keineswegs aus (Harnad 1996; Peters 1996). Archivierung auf Papier sei sicherer, denn künftige Generationen könnten die Dateien nicht mehr lesen, heißt es. Doch auch Bibliotheken können zu Asche werden. Der Nutzen von Archiven hängt vom Zugriffskomfort ab. Hier sind digitale Dokumente und Datensätze den Papierformen haushoch überlegen (sofern Manipulationsmöglichkeiten eingedämmt werden).

Für die Regelung von Prioritätsstreitigkeiten scheinen Journale in der hektischen Aufmerksamkeitsökonomie der ›Wissenschaft per Pressekonferenz‹ und einflussreicher Mailinglisten als zu langsam. Dies führt auch zu Peinlichkeiten (man denke an die ›cold fusion‹-Affäre). Doch die Strategie des forschen Vorpreschens verbreitet sich unaufhaltsam in einer Wissenschaftswelt, die immer mehr nach dem Paradigma des Leistungssports (schneller, höher, stärker) bewertet wird und immer stärker auch von massenmedialer Aufmerksamkeit abhängt, aufgrund der Interessen von Institutionen, Sponsoren, Förderern, Politikern.

Die Repräsentierung neuer Fächer bzw. Spezialdisziplinen kann sicherlich von Webservern übernommen werden.

Ob die Sogwirkung der ›open access‹-Initiativen und Geschäftsmodelle à la Google so reüssieren, dass sich etablierte Verlage und behäbige wissenschaftliche Gesellschaften intelligent an die neue Situation anpassen (oder massiv an Terrain verlieren), hängt von den Entscheidungen der großen Förderfonds ab. Viele von ihnen haben einschlägige Resolutionen, etwa die *Berliner Erklärung über offenen Zugang zu wissenschaftlichem Wissen* (Berliner Erklärung 2003), unterzeichnet. Manche fordern bereits von ihren Förderungsnehmern, ihre Forschungsberichte über fachspezifische Server oder über Webseiten ihrer Institutionen öffentlich und kostenlos anzubieten. Sollte sich dieser Trend fortsetzen, sind Umbrüche im Verlagswesen unvermeidbar.

Für die Wissenschaftstheorie ist eine Frage vorrangig: Werden in Zukunft wissenschaftliche Leistungen nur mehr buchhalterisch verrechnet oder werden die kognitiven Funktionen wissenschaftlicher Kommunikation wieder gestärkt: Theorienkonkurrenz, Bereitschaft zu ›kühnen Vermutungen‹ und ›rücksichtsloser Kritik‹ (Popper)? Welche Tendenz sich durchsetzt, hängt von uns allen ab: von Wissenschaftlern, Verlegern, Sponsoren, Politikern, Netz-Aktivisten und kritischen Wissenschaftsjournalisten.

Literatur

Addis, Elisabetta, und Paola Villa. »The Editorial Boards of Italian Economics Journals: Women, Gender, and Social Networking«. *Feminist Economics* (9) 1 2003. 75–91.

Ammermann, Monika. »Gelehrten-Briefe des 17. und frühen 18. Jahrhunderts«. *Gelehrte Bücher vom Humanismus bis zur Gegenwart*. Hrsg. Bernhard Fabian und Paul Raabe. Wiesbaden 1983. 81–96.

Armstrong, J. Scott. »Peer review for Journals: Evidence on Quality Control, Fairness, and Innovation«. *Science and Engineering Ethics* (3) 1 1997. 63–84.

Assmann, Aleida. »Vom Briefwechsel zum E-Mail-Exerzitium«. 2005. www.gegenworte.org/heft-16/assmann16.html (Download 3.5.2007).

Azar, Ofer H. »Rejections and the Importance of First Response Times«. 2003. http://ideas.repec.org/p/wpa/wuwpgt/0309002.html (Download 8.3.2007).

Azar, Ofer H. »The Academic Review Process: How Can We Make it More Efficient?« 2005. http://ideas.repec.org/p/wpa/wuwpgt/0502069.html (Download 8.3.2007).

Barber, Bernard. »Der Widerstand von Wissenschaftlern gegen wissenschaftliche Entdeckungen«. *Wissenschaftliche Entwicklung als sozialer Prozeß*. Wissenschaftssoziologie. Bd. 1. Hrsg. Peter Weingart. Frankfurt am Main 1972. 205–221.

Batty, Michael. »The geography of scientific citation«. *Environment and Planning* (A 35) 2003. 761–764.

Baxt, William G., et al. »Who reviews the reviewers? Feasibility of using a fictitious manuscript to evaluate Peer reviewer performance«. *Annals of Emergency Medicine* (32) 3 1 1998. 310–317.

»Berliner Erklärung über offenen Zugang zu wissenschaftlichem Wissen«. 22.10.2003. www.mpg.de/pdf/openaccess/BerlinDeclaration_dt.pdf (Download 8.3.2007).

Biagioli, Mario. »From Book Censorship to Academic Peer review«. *Emergences* (12) 1 2002. 11–45.

Biagioli, Mario, und Peter Galison (Hrsg.). *Scientific Authorship. Credit and Intellectual Property in Science*. New York und London 2003.

Bonitz, Manfred, und Andrea Scharnhorst. »Der harte Kern der Wissenschaftskommunikation«. *Jahrbuch für Wissenschaftsforschung 2000*. 2001. 133–166.

Bradley, James V. »Pernicious publication practices«. *Bulletin of the Psychonomic Society* (18) 1 1981. 31–34.

Campanario, Juan Miguel. »Commentary on influential books and journal articles initially rejected because of negative referees' evaluations«. *Science Communication* (16) 1995. 304–325.

Campanario, Juan Miguel. »Have referees rejected some of the most-cited articles of all times?«. *Journal of the American Society for Information Science* (47) 1996. 302–310.

Cicchetti, Domenic V. »Referees, Editors, and Publication Practices: Improving the Reliability – and Usefulness of the Peer review System«. *Science and Engineering Ethics* (3) 1 1997. 51–62.

Dann, Otto. »Vom Journal des Sçavans zur wissenschaftlichen Zeitschrift«. *Gelehrte Bücher vom Humanismus bis zur Gegenwart*. Hrsg. Bernhard Fabian und Paul Raabe. Wiesbaden 1983. 63–80.

Fischer, Klaus. »Ist Wissenschaftsevaluation unvermeidlich innovationshemmend?«. *Drehscheibe E-Mitteleuropa*. Hrsg. Eveline Pipp. Wien 2002. 109–128.

Frey, Bruno »Publizieren als Prostitution?«. *Perspektiven der Wirtschaftspolitik* (5) 3 2004. 333–336.

Friedrich, Christoph. »Briefe im 19. Jahrhundert als wissenschaftshistorische Quelle«. *Berichte zur Wissenschaftsgeschichte* (14) 1991. 181–195.

Fröhlich, Gerhard. »Optimale Informationsvorenthaltung als Strategem wissenschaftlicher Kommunikation«. *Knowledge Management und Kommunikationssysteme*. Hrsg. Harald H. Zimmermann und Volker Schramm. Konstanz 1998. 535–549.

Fröhlich, Gerhard. »Kontrolle durch Konkurrenz und Kritik? Der öffentliche und soziale Charakter der wissenschaftlichen Methoden«. *Vielfalt und Konvergenz der Philosophie*. Vorträge des V. Kongresses der Österreichischen Gesellschaft für Philosophie. Teil 1. Hrsg. Winfried L. Löffler und E. Runggaldier. Wien 1999a. 166–170.

Fröhlich, Gerhard. »Das Messen des leicht Meßbaren. Output-Indikatoren, Impact-Maße: Artefakte der Szientometrie?«. *Gesellschaft für Mathematik und Datenverarbeitung* (Report 61) 1999b. 27–38.

Fröhlich, Gerhard. »Anonyme Kritik. Peer review auf dem Prüfstand der empirisch-theoretischen Wissenschaftsforschung«. *Drehscheibe E-Mitteleuropa*. Hrsg. Eveline Pipp. Wien 2002a. 129–146.

Fröhlich, Gerhard. »verein.wissenschaft: Entstehung und Funktionen wissenschaftlicher Gesellschaften«. *Ehrenamt und Leidenschaft. Vereine als gesellschaftliche Faktoren.* Hrsg. U. Kammerhofer-Aggermann. Salzburg 2002b.

Fröhlich, Gerhard. »Kontrolle durch Konkurrenz und Kritik? Das ›wissenschaftliche Feld‹ bei Pierre Bourdieu«. *Pierre Bourdieus Theorie des Sozialen.* Hrsg. Boike Rehbein, Gernot Saalmann und Hermann Schwengel. Konstanz 2003a. 117–129.

Fröhlich, Gerhard. »Wie rein ist die Wissenschaft? Fälschung und Betrug im rauen Wissenschaftsalltag«. *echt_falsch. Will die Welt betrogen sein?* Hrsg. Hannes Etzlsdorfer, Willibald Katzinger und Wolfgang Winkler. Wien 2003b. 72–93.

Fröhlich, Gerhard. »Visuelles in der wissenschaftlichen Kommunikation – z. B. Betrug und Fälschung«. *S-European Journal for Semiotic Studies* (15) 2–4 2003c. 627–655.

Fröhlich, Gerhard. »›Informed Peer review‹ – Ausgleich der Fehler und Verzerrungen?«. *Von der Qualitätssicherung der Lehre zur Qualitätsentwicklung als Prinzip der Hochschulsteuerung.* Hrsg. Hochschulrektorenkonferenz. Bonn 2006a. 193–204.

Fröhlich, Gerhard. »Plagiate und unethische Autorenschaften«. *Information: Wissenschaft & Praxis* (57) 2 2006b. 81–89.

Gans, Joshua, und George B. Shepherd. »How are the Mighty Fallen: Rejected Classic Articles by Leading Economists«. *Journal of Economic Perspectives* (8) 1 1994. 165–180.

Garfield, Eugene. »The Impact factor«. 1994. http://copernic.udg.es/QuimFort/ impact_factor.html (Download 8.3.2007).

Green, Katherine. »The Gender Composition of Editorial Boards in Economics«. Royal Economic Society's Committee on Women in Economics. 1998. www.res.org.uk/society/pdfs/editoria.pdf (Download 8.3.2007).

Gupta, B. M., und C. R. Karisiddappa. »Collaboration in theoretical population genetics speciality«. *Scientometrics* (42) 3 1998. 349–376.

Haiqi, Zhang. »More authors, more institutions, and more funding sources: Hot papers in biology from 1991 to 1993«. *Journal of the American Society for Information Science* (48) 7 1997. 662–666.

Harnad, Stevan. »Implementing Peer review on the Net: Scientific Quality Control in Scholarly Electronic Journals«. *Scholarly Publishing. The Electronic Frontier.* Hrsg. Robin P. Peek und Gregory B. Newby. Cambridge, Massachusetts, 1996. 103–118.

Hermann, Armin. »Die Funktion und Bedeutung von Briefen«. *Wolfgang Pauli. Wissenschaftlicher Briefwechsel mit Bohr, Einstein, Heisenberg u. a.* Bd. 1. Hrsg. Armin Hermann, Karl von Meyenn und Victor F. Weißkopf. New York 1979. XI–XLVII.

Herrera, Antonio J. »Language bias discredits the peer-review system«. *Nature* (397) 6719 1999. 467.

Kronick, David A. *A History of Scientific and Technical Periodicals.* New York 1962.

Kronick, David A. »Peer review in 18th-Century Scientific Journalism«. *Journal of the American Medical Association* (263) 10 1990. 1321–1322.

Lange, Lydia L. »The Impact factor as a phantom«. *Journal of Documentation* (58) 2 2001. 175–184.

LaPorte, Ronald E., et al. »The death of biomedical journals«. *British Medical Journal* 310 1995. 1387–1390.

Lewison, G., und G. Dawson. »The effect of funding on the outputs of biomedical research«. *Scientometrics* (41) 1–2 1998. 17–27.

Lindsey, D. »Precision in the Manuscript Review Process: Hargens and Herting Revisited«. *Scientometrics* (22) 2 1991. 313–325.

Merton, Robert K. »The Matthew Effect in Science«. *Science* (159) 3810 1968. 56–83.

Merton, Robert K. »Wissenschaft und demokratische Sozialstruktur«. *Wissenschaftliche Entwicklung als sozialer Prozeß*. Wissenschaftssoziologie Bd. 1. Hrsg. Peter Weingart. Frankfurt am Main 1972. 45–81.

Merton, Robert K. »The Matthew Effect in Science, II. Cumulative Advantage and the Symbolism of Scientific Property«. *ISIS* (79) 1988. 606–623.

Nylenna, Magne. »Multiple Blinded Reviews of the Same Two Manuscripts: Effects of Referee Characteristics and Publication Language«. *Journal of the American Medical Association* (272) 2 1994. 149–151.

Peters, Douglas P., und Stephen J. Ceci. »Peer review practices of psychological journals: The fate of published articles, submitted again«. *Behavioral and Brain Science* (5) 1982. 187–195.

Peters, John. »The Hundred Years War started today: an exploration of electronic Peer review«. *Management Decision* (34) 1 1996. 54–59.

Phillips, David P., Elliot J. Kanter, Bridget Bednarczyck und Patricia L. Tastad. »Importance of the lay press in the transmission of medical knowledge to the scientific community«. *New England Journal of Medicine* (325) 1991. 1180–1183.

Popper, Karl R. *Das Elend des Historizismus*. Tübingen 1969.

Popper, Karl R. »Die Wissenssoziologie«. *Falsche Propheten. Hegel, Marx und die Folgen*. Die offene Gesellschaft und ihre Feinde Bd. 2. Hrsg. Karl Popper. Bern und München 1970. 260–274.

Rennie, Drummond. »Who did what? Authorship and contribution in 2001«. *Muscle and Nerve* (24) 2001. 1274–1277.

Seglen, Per O. »Why the Impact factor of journals should not be used for evaluating research«. *British Medical Journal* (314) 1997. 497.

Shepherd, George B. (Hrsg.). *Rejected. Leading Economists Ponder the Publication Process*. Sun Lakes, Arizona, 1995.

Smith, Richard. »Journal accused of manipulating Impact factor«. *BMJ* (314) 1997. 461.

Van Raan, A. F. J. »The influence of international collaboration on the impact of research results«. *Scientometrics* (42) 3 1998. 423–428.

Der Transfer von Wissen in die Industrie

Andrea Frank, Volker Meyer-Guckel

Die Verbesserung der Innovationsfähigkeit steht in Deutschland und Europa auf der politischen Agenda weit oben. Dabei spielt die Zusammenarbeit zwischen Wirtschaft und Wissenschaft eine bedeutende Rolle. Politik, Wissenschaft und Wirtschaft versuchen kontinuierlich, Strukturen und Anforderungen in Einklang zu bringen, um die Zusammenarbeit möglichst effizient zu gestalten.

Die Kernfrage lautet: Wie kann ein wertschöpfender Austausch zwischen öffentlichen Forschungseinrichtungen und privaten Unternehmen sichergestellt bzw. befördert werden? Damit beschäftigen sich Deutschland und andere führende Industrienationen seit mehr als 20 Jahren (Schmoch, Licht und Reinhard 2000: 1 ff.). In jüngster Zeit ist die Debatte wieder aufgelebt. Was hat sich in den letzten Jahren verändert? Wie tragen die Strukturen und Rahmenbedingungen diesem Wandel Rechnung? Welche Perspektiven ergeben sich daraus?

Klar ist: Universitäten, Fachhochschulen und außeruniversitäre Forschungseinrichtungen organisieren aufgrund ihrer unterschiedlichen Stärken auch den Wissens- und Technologietransfer jeweils anders. An dieser Stelle sollen die Hochschulen im Mittelpunkt stehen. »Innerhalb des deutschen Wissenschaftssektors sind die Universitäten jene Institution, die von Unternehmen am häufigsten als Innovationsquelle herangezogen wird. Aber auch die Fachhochschulen haben eine große Bedeutung als Ausgangspunkt von Innovationen in der Wirtschaft, besonders im Dienstleistungssektor« (ebd.: 282).

Was hat sich verändert?

Die Innovationsforschung hat in den 80er Jahren ihr Innovationsmodell angepasst. Während bis dahin von einem linearen Innovationsprozess ausgegangen wurde, wird seit dieser Zeit in der Innovationsforschung von Austausch- und Interaktionsprozessen gesprochen. In dem linearen Modell bildete die Grundlagenforschung, durchgeführt von Hochschulen und Forschungseinrichtungen und öffentlich finanziert, den Ausgangspunkt für die Innovation. Darauf folgten die angewandte Forschung, die prototypische Entwicklung, die Produktion und schließlich die Vermarktung in der Verantwortung der Industrie.

Grundlagen- und Anwendungsforschung wurden als voneinander getrennt und getragen von unterschiedlichen Akteuren gesehen. Hochschulen und Forschungseinrichtungen spielten nach diesem Modell nur zu Beginn eines Innovationsprozesses eine Rolle, den Rest übernahm die Industrie (Schmoch et al. 1996: 90).

Dies bildete den Prozess jedoch nur ungenügend ab, wurde es doch der Dynamik des Innovationsprozesses nicht gerecht. In einer komplexen Forschungs- und Entwicklungswelt mit kurzen Produktzyklen und global tätigen Akteuren wird mittlerweile davon ausgegangen, dass durch einen fortlaufenden Austausch zwischen Unternehmen und Hochschulen in den relevanten Bereichen Forschungsfragen formuliert und weiterentwickelt, Produkte und Verfahren im Dialog erfolgreich und bedarfsorientiert vorangetrieben werden.

Strategische Partnerschaften als neue Formen des Austausches

Wenn Innovationen in einem ständigen Austausch entstehen, dann hat das Auswirkungen auf die Formen der Zusammenarbeit und die Organisation der Schnittstellen zwischen Wissenschaft und Wirtschaft. Technologietransferstellen, Patentverwerter, die Verwaltung und die Hochschulleitung sind neben dem einzelnen Hochschullehrer wichtige Akteure in diesem Interaktionsprozess. Die Organisation des Wissens- und Technologietransfers wird dadurch komplexer.

Ein Großteil der Zusammenarbeit – informeller und formeller Art – findet nach wie vor in Forschung und Entwicklung statt. Die Erhebungen der Forschungs- und Entwicklungsausgaben der Unternehmen zeigen, dass sich deren externe FuE-Aufwendungen (Kooperationen mit anderen Unternehmen, Hochschulen und Forschungseinrichtungen) im In- und Ausland in den letzten 20 Jahren verdreifacht haben. Das bedeutet: Unternehmen lagern Forschung und Entwicklung zunehmend aus, und zwar – gemessen an den Aufwendungen – zumeist in andere Wirtschaftsunternehmen, im Jahre 2003 61,7 Prozent, oder ins Ausland 22,2 Prozent im Jahr 2003 (Grenzmann, Kreuels und Wudtke 2006: 36).

Die Hochschulen in Deutschland profitieren finanziell, aber auch mit Blick auf interessante Forschungsfragestellungen nur begrenzt davon. Der Anteil externer Aufwendungen von Unternehmen, der an die Forschungseinrichtungen fließt, ist seit 1991 gesunken. Hier ist für Hochschulen und Forschungseinrichtungen also noch Potenzial vorhanden (Legler und Grenzmann 2006: 40).

Alle Forderungen nach Steigerung der Innovationsfähigkeit und Zusammenarbeit in der Forschung verlieren manchmal aus dem Blick, dass eine zentrale Aufgabe der Hochschulen die Bereitstellung des wissenschaftlich gut ausgebildeten Nachwuchses ist. Auch wenn sich mittlerweile vielfältige andere Formen der Zusammenarbeit entwickelt haben, ist die Sicherung des Nachwuchses aus der Sicht der Unternehmen nach wie vor eine Hauptmotivation für die Kooperation mit Hochschulen. In einer Umfrage des Instituts der deutschen Wirtschaft nennen 85 Prozent der Unternehmen dies als Grund für ihre Hochschulkooperation (IW 2006a: 7).

Der Grund ist bekannt: Immer offensichtlicher ist ein dramatischer Fachkräftemangel, vor allem in den Natur- und Ingenieurwissenschaften. In einer Unternehmensbefragung der

Europäischen Kommission vor einigen Jahren nannte fast die Hälfte der befragten Unternehmen den Fachkräftemangel als eine Ursache für den Abbruch von Innovationsprojekten. In Deutschland kamen 2003 auf 100.000 Erwerbspersonen von 25–34 Jahren nur 721 Absolventen naturwissenschaftlicher und technischer Fächer – in Finnland waren es 1.785, also mehr als doppelt so viele (IW 2006b: 5).

Vor diesem Hintergrund lässt sich eine erfreuliche Vielfalt in der Zusammenarbeit zwischen Hochschulen und Unternehmen im Bereich der Lehre und in der Aus- und Weiterbildung beobachten. Nicht nur große, sondern auch mittlere Unternehmen engagieren sich inzwischen auf allen Ebenen. Dies umfasst die Bereitstellung von Plätzen für Praktika, die Betreuung von Abschluss- und Diplomarbeiten, Dissertationen und Postdoc-Aufenthalten, die Vergabe von Stipendien, die Förderung ausländischer Studierender, die Verleihung von Preisen an Studierende, die Ausrichtung von Workshops, Exkursionen, Werksbesichtigungen, Bewerbertrainings und die finanzielle Unterstützung von Hochschul-Events. Auch die Mitwirkung in Beiräten von Studiengängen, vor allem im Zuge der Einführung von Bachelor- und Masterstudiengängen, ist als Form des strategischen und langfristigen Engagements von Unternehmen an vielen Orten zu beobachten.[1]

Darüber hinaus entstehen vermehrt strategische Partnerschaften zwischen Unternehmen und Hochschulen bzw. Forschungseinrichtungen, die einen Rahmen für den Austausch in Forschung und Lehre bieten und sich an gemeinsamen Zielen orientieren. Die Organisationsformen dieser Partnerschaften müssen einen angemessenen Interessenausgleich der beteiligten Partner ermöglichen (paritätische Leitungsstrukturen, klare Vertragsregelungen).

Diese Partnerschaften gehen weit über den einfachen Leistungsaustausch hinaus. Sie bieten einen Rahmen, in dem eine systematische Zusammenarbeit auf bestimmten Forschungsfeldern über einen längeren Zeitraum verfolgt werden kann. Mit solchen strategischen Partnerschaften kann es Hochschulen gelingen, ihren Wettbewerbsvorteil gegenüber privaten Forschungsinstitutionen, nämlich die mittel- und langfristige Forschung, optimal zu nutzen.

Ein Beispiel hierfür ist das *European Center for Information and Communication Technologies (EICT) at TUB*, ein Innovationszentrum für Informations- und Kommunikations-Technologien (ICT) als ›public private partnership‹ (PPP). Ziel ist die innovationsgerichtete Kooperation zwischen den beteiligten öffentlichen und privaten Partnern im vorwettbewerblichen Bereich. Im Zentrum der Organisation steht eine eigens zu diesem Zweck gegründete *EICT GmbH*, mit der die Gründer – die *Deutsche Telekom AG*, die *Siemens AG*, die *Daimler-Chrysler AG*, die *Fraunhofer-Gesellschaft zur Förderung der angewandten Forschung* und die *Technische Universität Berlin* – die Verbindlichkeit dieser auf Dauer angelegten, programmgestützten Kooperation unterstreichen.

Die University-Industry Research Centers in den USA können hier ebenso als Beispiel dienen. Dort betreiben Industrieunternehmen einen Teil ihrer Forschung auf dem Campus – in unmittelbarer Nachbarschaft zu den Grundlagenforschern. So können Ergebnisse der Grundlagenforschung zeitnah auf ihre Anwendbarkeit hin überprüft werden. Die gemein-

---

1   Siehe Rückmeldung zur Befragung des Stifterverbandes *Innovationsfaktor Kooperation*. www.austauschprozesse.de (Publikation des Berichts Mai 2007).

samen Labors bedeuten mehr als bloßen Technologietransfer: Es geht um breitflächige Interaktionen zwischen Forschung und Anwendung.

Es wird oft die Befürchtung geäußert, dass die Freiheit der Forschung durch intensive Kooperation mit Unternehmen gefährdet sein könnte. Dem kann entgegengehalten werden, dass die privat zur Verfügung gestellten Forschungsmittel nur einen geringen Teil der gesamten Forschungsausgaben ausmachen und eine umfassende Einflussnahme auf das Gesamtsystem nicht möglich ist. Gerade in einer strategischen Partnerschaft besteht darüber hinaus durch paritätisch besetzte Leitungsstrukturen und die gemeinsame Definition von Zielen die Möglichkeit, die eigenen Interessen angemessen einzubringen. Diese Möglichkeit besteht bei klar umrissenen und kurzfristigen Forschungsaufträgen nicht.

Neue politische Initiativen treiben das Feld voran

Die Politik erwartet von der öffentlichen Forschung, sich stärker im Bereich des Transfers zu engagieren und finanzielle Rückflüsse zu generieren. Dies zeigt sich an den Veränderungen der Rahmenbedingungen im letzten Jahrzehnt. Die Reform des Arbeitnehmererfindungsgesetzes (2001), die das Hochschullehrerprivileg abschaffte und eine Meldepflicht für alle zur Veröffentlichung vorgesehenen Erfindungen von Hochschulangehörigen an den Dienstherren einführte, war ein erster Schritt zur Stärkung der Institution Hochschule im Wissens- und Technologietransfer (§ 42 ArbnErfG, http://bundesrecht.juris.de/arbnerfg/). Darüber hinaus wurde der Wissens- und Technologietransfer als Aufgabe der Hochschule in einigen Hochschulgesetzen bereits gesetzlich verankert. Er wird damit neben Lehre, Forschung und Weiterbildung zu einer weiteren wichtigen Aufgabe der Hochschule.

Bereits Mitte der 70er Jahre etablierten sich Technologietransfereinrichtungen in Deutschland. Darunter fallen Transferstellen und -agenturen, Informations-, Technologie- und Gründerzentren. Ihnen allen kommt eine Vermittlerrolle zu. Sie sind bei Hochschulen und Forschungseinrichtungen, aber auch bei wirtschaftsnahen Organisationen wie beispielsweise Kammern oder Verbänden angesiedelt. Die Vielfalt der Angebote spiegelt auch die Vielfalt der Funktionen wider und lässt die Landschaft unübersichtlich erscheinen.

Über den Wert von solchen Stellen streiten sich Hochschulen und Unternehmen. Viele Unternehmen halten sie für unproduktiv und deshalb entbehrlich, manchmal geradezu für hinderlich. Der Grund: Die Mehrzahl der Transferstellen weise eine mangelnde Kundenorientierung und eine unklare Positionierung auf. Zudem bestehe ein Missverhältnis zwischen Ressourcen/Kompetenzen und dem angestrebten Leistungsspektrum (Schmoch 2000: XXV).

Die oben dargestellte Prioritätensetzung der Politik fand in jüngster Zeit ihre Fortsetzung in dem Versuch, eine geeignete Verwertungsstruktur aufzubauen, die den Transfer und die Verwertung von Forschungsergebnissen aus Einrichtungen öffentlicher Forschung verbessern soll. Die sogenannte ›Verwertungsoffensive‹ wurde im Rahmen der Zukunftsinitiative Hochschulen 2001 vom *Bundesministerium für Bildung und Forschung* gestartet und wird seit 2006 vom *Bundesministerium für Wirtschaft* fortgesetzt.

Zentrale Aktionslinien der Verwertungsoffensive sind:
- die Schaffung einer professionellen Patent- und Verwertungsinfrastruktur in Deutschland,

- die Förderung der schutzrechtlichen Sicherung von Forschungsergebnissen,
- Maßnahmen der Weiterbildung zu Patentierung und Verwertung und
- die Vernetzung der Verwertungslandschaft (BMBF 2001).

Einundzwanzig Patent- und Verwertungsagenturen (PVA) sind mit öffentlicher Förderung gegründet worden, die laut offiziellen Angaben einen Zugang zu potenziell patentierbaren Forschungsergebnissen von mehr als 100.000 Wissenschaftlerinnen und Wissenschaftlern eröffnen. Die Unternehmensberatung *Kienbaum GmbH*, die die PVA hinsichtlich ihrer Leistungsfähigkeit am Ende der ersten Förderphase evaluierte, kam zu dem Ergebnis, dass es den PVA gelungen ist, »Akzeptanz und Vertrauen in den Hochschulen aufzubauen« (Forschungszentrum Jülich).

Dieser positiven Bewertung steht deutliche Kritik einiger Hochschulen und vieler Unternehmen gegenüber. Jüngstes Beispiel sind die niedersächsischen Hochschulen, die zum Ende des Jahres 2007 fast alle ihren Vertrag mit ihrer PVA gekündigt haben. Sie »wollen selbst oder mit anderen Partnern ihre Forschungsergebnisse in der Industrie unterbringen. Dabei nehmen sie in Kauf, dass sie mit diesem Schritt künftig jährlich auf mehrere Hunderttausend Euro Fördergelder aus der ›Verwertungsoffensive‹ der Bundesregierung verzichten müssen – Mittel, mit denen die teuren Patentierungs- und Verwertungskosten finanziert werden« (Szentpetery 2006).

Die Erwartung der Bundesregierung, eine sich in überschaubarer Zeit selbst tragende Verwertungsstruktur auf den Weg zu bringen, hat sich jedenfalls in den ersten sechs Jahren der Förderung nicht erfüllt. Immer mehr zeichnet sich ab, dass eine sektorielle Spezialisierung und die sich daraus ergebende Möglichkeit, ganz gezielt hohe Kompetenz und Kenntnis in diesem Sektor aufzubauen, ein vielversprechenderer Weg ist (Beispiel: *Ascenion for Life Sciences*, www.ascenion.de). Eine Zwangsbindung an die landeseigenen PVA dürfte also in Zukunft einer vielfältigeren und sektoriell orientierten Struktur Platz machen.

Transferbeauftragte gehören mittlerweile als Ansprechpartner zum Angebot fast jeder Hochschule und nehmen ihre Aufgabe unterschiedlich gut wahr. Als Fazit seiner differenzierten Analyse der Transferstellen stellt Ulrich Schmoch fest, dass sich durch die Aufstockung der finanziellen Unterstützung nicht automatisch die Effektivität des Wissens- und Technologietransfers steigern werde. Vielmehr sei ein stärkeres Engagement der direkt Beteiligten, der Wissenschaftler und Unternehmer erforderlich, genauso wie eine bessere Akzeptanz der Transferstellen (Schmoch, Licht und Reinhard 2000: 381). Auch die öffentlich geförderten vielfältigen Netzwerke zur Unterstützung von Ausgründungen aus den Hochschulen sind Teil des Versuches, Wissens- und Technologietransfer voranzubringen.

Die Veränderungen hinsichtlich der Formen und Inhalte der Kooperation schlagen sich auch in anderen institutionellen Strukturen der Hochschulen nieder. Die Anforderungen, eigenständig, flexibel und auf Augenhöhe mit Unternehmen Kooperationen anzubahnen sowie verlässlich gemeinsame Projekte durchzuführen und strategische Allianzen aufzubauen, stehen nicht selten im Konflikt mit den Rahmenbedingungen und Handlungsspielräumen, innerhalb derer Hochschulen agieren. Hierzu zählen die fehlende Möglichkeit, Rücklagen zu bilden und damit Risiken minimieren zu können, das unflexible Dienstrecht oder auch die Regelungen zu Nebentätigkeiten, um nur einige Beispiele zu nennen.

Die mittlerweile erweiterte Autonomie der Hochschulen hat in einigen Punkten bereits Abhilfe geschaffen. Die Einführung von Globalhaushalten zum Beispiel ermöglicht eine flexiblere Finanzplanung und aktive Schwerpunktsetzung. Die höhere Bedeutung der Hochschulleitung im Austausch mit der Wirtschaft hat an einigen Standorten bereits dazu geführt, dass Stabsstellen oder für das Thema verantwortliche Prorektorate entstanden sind, die flankierend zum einzelnen Wissenschaftler für das Thema verantwortlich zeichnen. Unternehmerisches Handeln verlangt insgesamt innovative Organisationsentwicklung und gleichermaßen flexible wie kreative Lösungswege.

Um über das Liefern von Forschungsergebnissen hinaus Aufgaben im umsetzungsorientierten Austausch wahrnehmen zu können, wurden an vielen Hochschulen ausgelagerte Einrichtungen gegründet, wie beispielsweise An-Institute, GmbHs oder auch Stiftungen (Schmoch 2000: XVIII).

Aufgrund der erfolgsabhängigen Existenzgrundlage ist ein An-Institut in viel größerem Maße als öffentliche Forschungseinrichtungen auf hohe Qualität angewiesen, um langfristig bestehen zu können. Ein positives Beispiel ist das *Deutsche Forschungszentrum für Künstliche Intelligenz* in Saarbrücken (www2.dfki.de), das exzellente wissenschaftliche Leistung und verwertbare Ergebnisse erbringt, aber durch viele Ausgründungen auch wirtschaftliche Impulse gibt. Für Fachhochschulen bieten An-Institute die Möglichkeit, bestehende Lücken im wissenschaftlichen Mittelbau zu überwinden und fehlende Forschungsförderung durch private Forschungsgelder auszugleichen.

Eine weitere Form der Zusammenarbeit, die sich seit Anfang der 90er Jahre etabliert hat und sowohl von Hochschulen als auch von Unternehmen aktiv gestaltet wird, sind die Technoparks. Unter dem Dach eines Technoparks kooperieren und konkurrieren etablierte Unternehmen, Forschungsinstitute und Start-ups. Diese räumliche Zusammenführung konzentriert Ressourcen und Infrastruktur, erlaubt den schnellen Aufbau von Netzwerken, führt zu gemeinsamen technologischen Entwicklungen und verteilt Kosten und Risiken. Ein erfolgreiches Beispiel ist der *Technologiepark Bremen* (www.technologiepark-bremen.de), der von der Nähe der Universität, von *Max-Planck-* und *Fraunhofer-Instituten* wie auch der Beteiligung großer Unternehmen wie *Siemens* profitiert.

Das niederländische Unternehmen *Philips* macht sich die Idee des Technologieparks in besonderer Weise für seine zukünftige Strategie im Bereich der Forschung zu eigen. Die klassische Zusammenarbeit zwischen Philips und einzelnen Forschungsinstituten wird ergänzt durch ›Offene Innovationsmodelle‹. Diese sind in Struktur und Idee den Technologieparks vergleichbar (Busse 2006).

Ausblick: Gesteigerter Erwartungsdruck – mehr Transparenz

Keine Frage: Forschungseinrichtungen und Unternehmen sind in Zukunft verstärkt auf Zusammenarbeit angewiesen. Die Wirtschaft braucht zur (Weiter-)Entwicklung von Produkten die Forschungsergebnisse der öffentlich finanzierten Forschung; Hochschulen und Forschungseinrichtungen brauchen die Forschungsgelder und Problemstellungen der Industrie.

Hinzu kommen gesteigerte Erwartungen der Politik und der Gesellschaft an diese Zusammenarbeit. Erwartet wird die bessere Ausschöpfung von Innovationspotenzialen, die eine optimierte Wertschöpfungskette, neue Produkte und die Lösung drängender gesellschaftlicher Probleme nach sich ziehen sollen. Nicht zuletzt die Medien beteiligen sich an diesem Erwartungsdruck, der dazu führen wird, dass die Berichterstattung über Forschungsergebnisse allmählich von den Wissenschaftsseiten großer Zeitungen in die Wirtschaftsspalten wandern wird.

Nicht zuletzt die Hochschulen selbst erwarten von einer verbesserten und verstärkten Kooperation mit der Wirtschaft neue Einnahmequellen. Doch hier ist Vorsicht geboten: Alle Erhebungen zeigen, dass Lizenzen und Patente nur in begrenztem Maße als Quelle geeignet sind, Mehreinnahmen zu generieren. Eine Befragung der *Association of University Technology Managers* in den USA zeigt dies deutlich. An dem ›survey‹ beteiligten sich 2004 198 amerikanische Universitäten, darunter 98 Prozent der ›Top-100-Research-Universities‹. Das Ergebnis ist eher ernüchternd: Mit 11.414 Lizenzen wurden insgesamt 1,39 Milliarden Dollar eingenommen, das sind im Durchschnitt weniger als fünf Prozent der Einnahmen aus Drittmittelforschung (AUTM 2005).

Das zeigt: Reichtum werden die Hochschulen aus dem Technologie- und Wissenstransfer nicht erzielen. Gleichwohl wird dieser Bereich im Aufgabenspektrum der Hochschulen weiter an Bedeutung gewinnen. Um ihn voranzutreiben, sind freilich professionellere Strukturen an den Hochschulen erforderlich. Sowohl das Hochschulmanagement als auch die -kommunikation muss an diesen Aufgaben und den damit verbundenen neuen ›stakeholdern‹ grundlegend neu ausgerichtet werden. Die Wirtschaft muss als neue Zielgruppe des Forschungsmarketings und der Wissenschaftskommunikation neu entdeckt werden. Neue Kommunikationsnetzwerke müssen geschaffen und gepflegt werden. Dies setzt neue Qualifikationen der PR-Verantwortlichen und der Leitungen in den Hochschulen voraus.

Umgekehrt muss auch in den Wissenschaftsredaktionen der Zeitungen und Magazine ökonomisches und innovationspolitisches Know-how aufgebaut werden. So wie den Hochschulen bisweilen disziplinäre Abschottung und Säulendenken vorgeworfen wird, so ist eine solche Versäulung auch in den Medienredaktionen noch immer stark ausgeprägt. Der Wissenschaftsredakteur hat die Forschungslabore im Visier, der Wirtschaftsredakteur die Unternehmen und ihre Bilanzen. In Zukunft werden auch die Wissensbilanzen von Hochschulen und Forschungseinrichtungen in den Blickpunkt geraten.

Die Gesellschaft wird zunehmend fragen, wie und in welchem Maße aus Forschung Wertschöpfung generiert wird. Noch gibt es dazu kaum ein geeignetes Analyseinstrumentarium. Dies aufzubauen wird eine große und bedeutende Aufgabe in der Zukunft werden. Eine Aufgabe, der sich Hochschulen, Politik und Wirtschaftsanalysten gleichermaßen zuwenden müssen.

Literatur

Association of University Technology Managers (AUTM). *AUTM U.S. Licensing Survey: FY 2004*. Hrsg. Ashley J. Stevens, Frances Toneguzzo und Dana Bostrom. Northbrook, USA 2005. (Zusammenfassung online unter www.autm.net/surveys/, Download 9.3.2007.)

Bundesministerium für Bildung und Forschung (BMBF). »2. Förderrichtlinie des Bundesministeriums für Bildung und Forschung zur BMBF-Verwertungsoffensive – Initiative Innovation durch Patentierung und Verwertung (IPV)«. 27.9.2001. (Auch online unter www.bmbf.bund.de/foerderungen/677_3539.php, Download 7.3.2007.)

Busse, Falko. »Management offener Innovationsmodelle«. Vortrag auf der Veranstaltung: Partner für Innovation, Berlin, BMBF, Februar 2006.

Forschungszentrum Jülich. »Verwertungsoffensive«. www.fz-juelich.de/ptj/verwertungsoffensive/ (Download 26.10.2006).

Grenzmann, Christoph, Bernd Kreuels und Joachim Wudtke. *Forschung und Entwicklung in der Wirtschaft*. Bericht über die FuE-Erhebung 2003 und 2004. Essen 2006.

Institut der deutschen Wirtschaft (IW). »Ausbildung plus Studium. Eine sinnvolle Kombination«. *Informationsdienst des Instituts der deutschen Wirtschaft (iwd)* (32) 6 2006a. 6 f. (Auch online unter www.iwkoeln.de, Download 20.3.2007.)

Institut der deutschen Wirtschaft (IW). »Innovationen. Den Erfolg belohnen«. *Informationsdienst des Instituts der deutschen Wirtschaft (iwd)* (32) 22 2006b. 4 f. (Auch online unter www.iwkoeln.de, Download 8.3.2007.)

Krull, Wilhelm. »Potenziale, Probleme und Perspektiven«. *Public Private Partnership, Neue Formen der Zusammenarbeit von öffentlicher Wissenschaft und privater Wirtschaft*. Villa Hügel Gespräch, Essen, 1998. Hrsg. Stifterverband für die Deutsche Wissenschaft. Essen 1999. 6–10.

Legler, Harald, und Christoph Grenzmann (Hrsg.). *FuE-Aktivitäten der deutschen Wirtschaft, Analysen auf der Basis von FuE-Erhebungen*. Stifterverband für die Deutsche Wissenschaft. Materialien-Heft 15. Essen 2006.

Schmoch, Ulrich, et al. »The Role of the Scientific Community in the Generation of Technology«. *Organisation of Science and Technology at the Wazershed. The Academic and Industrial Perspective, Physica*. Hrsg. Guido Reger und Ulrich Schmoch. Heidelberg 1996. 1–138.

Schmoch, Ulrich. »Konzepte des Technologietransfers«. *Wissens- und Technologietransfer in Deutschland*. Hrsg. Ulrich Schmoch, Georg Licht und Michael Reinhard. Fraunhofer IRB. Stuttgart 2000. 3–14.

Schmoch, Ulrich, Georg Licht und Michael Reinhard (Hrsg.). *Wissens- und Technologietransfer in Deutschland*. Fraunhofer-Informationszentrum Raum und Bau IRB. Stuttgart 2000.

Szentpetery, Veronika. »Kritik an Patent-Verwertungsoffensive nimmt zu«. *Heise online* 1.9.2006. www.heise.de/newsticker/meldung/77560 (Download 26.10.2006).

Die Qualität wissenschaftlicher Arbeiten – eine Bewertungshilfe für Journalisten

Gerd Antes

Für den Wissenschaftsjournalismus ist das Erkennen von fragwürdigen Forschungsergebnissen in der stetig steigenden Flut wissenschaftlicher Arbeiten eine große Herausforderung. Das Qualitätsspektrum erstreckt sich – neben den hochwertigen Arbeiten – von grundsätzlich ungeeignetem Vorgehen über kleine Schlampereien bis hin zur Fehlinterpretation von Ergebnissen und schlimmstenfalls massiven vorsätzlichen Fälschungen.

Neben den üblichen Regeln der journalistischen Recherche ist ein Grundverständnis des Wissenschaftsprozesses und der häufigsten Fehlerquellen hilfreich, wenn nicht unverzichtbar. Einen sicheren Schutz vor Fehlern kann es für den Journalisten nicht geben. Die Kenntnis häufiger Fehlerquellen und die kritische Prüfung des Quellenmaterials sind jedoch Grundlage für eine zumindest einigermaßen zuverlässige Trennung von Spreu und Weizen. Dieses Kapitel bietet dafür Unterstützung.

›Gute wissenschaftliche Praxis‹ umfasst für mich drei wesentliche Bereiche: Die ›Qualitätssicherung‹ – eigentlich eine Selbstverständlichkeit – ist real ein Problem, da der Leistungs- und Publikationsdruck in der Wissenschaft heute so hoch ist, dass die Zeit für konsequente Qualitätskontrolle fehlt. Die in der Denkschrift der *DFG* geforderte ›Ehrlichkeit und Redlichkeit‹ in der Wissenschaft kann nur erfolgreich umgesetzt werden, wenn die Inhalte aktiv dem wissenschaftlichen Nachwuchs vermittelt werden. Die ›Verantwortung des/der Wissenschaftlers/in‹ für mögliche soziale Konsequenzen und potenzielle negative Nutzung seiner Forschungsergebnisse ist durch den schnellen Transfer der Ergebnisse gestiegen, und der/die Wissenschaftler/in muss, wo nötig, auch zum ›whistleblower‹ werden.
Prof. Dr. Ulrike Beisiegel
Direktorin des *Instituts für Molekulare Zellbiologie* im *Zentrum für Experimentelle Medizin*
am Fachbereich Medizin des *Universitätsklinikums Hamburg-Eppendorf*,
Sprecherin des Ombudsman der *Deutschen Forschungsgemeinschaft* und
Mitglied des *Wissenschaftsrates*

Die Qualität wissenschaftlicher Arbeiten – eine Bewertungshilfe für Journalisten

Was ist eigentlich Wissenschaft?

Sucht man nach der Definition von Wissenschaft, so findet man zahlreiche unterschiedliche Formulierungen. Verzichtet man auf die Diskussion verschiedener Wissenschaftsansätze und ihrer philosophischen Grundlagen, gelangt man zu einer pragmatischen, für dieses Kapitel ausreichenden Charakterisierung.

Hauptziel der Wissenschaft ist die rationale, nachvollziehbare Erkenntnis der Strukturen, Zusammenhänge, Abläufe und Gesetzmäßigkeiten der natürlichen wie der historischen und kulturell geschaffenen Wirklichkeit. Wissenschaft beruht besonders auf dem Prozess methodisch betriebener Forschung und der Darstellung der Ergebnisse sowie der angewendeten Methoden. Daraus resultiert »ein System des durch Forschung und Lehre und überlieferte Literatur gebildeten, geordneten und begründeten, für sicher erachteten Wissens einer Zeit« (Brockhaus 2003: 2193). Der Bezug auf eine bestimmte Zeit ist Ausdruck der Vergänglichkeit des Wissens, das in immer kürzeren Zyklen durch wissenschaftliche Aktivitäten umgewälzt und erneuert wird.

Wesentliches Element wissenschaftlicher Arbeit ist daher der Diskurs. Ziel muss es immer sein, bestehendes Wissen (inhaltlicher wie methodischer Art) zu bestätigen (Verifikation) oder zu widerlegen (Falsifikation) und durch neues Wissen zu ersetzen. Wissenschaft ist also ein kumulativer Prozess. Ein Prüfstein für die Beurteilung neuen Wissens ist deswegen der Bezug zum bereits vorhandenen Wissen. Systematische Übersichtsarbeiten, die den kumulierten Wissensstand aus verschiedenen Arbeiten zusammenfassen und gewichten sollen, werden seit über 20 Jahren als methodisches Werkzeug entwickelt und angewendet (Chalmers et al. 2002; Egger et al. 2001; Khan et al. 2004).

Wissenschaft wird oft als objektiv und wertfrei bezeichnet. Diesem Anspruch mögen auch heute noch einige wenige Forscher nahekommen, die mit ausreichend privatem finanziellem Polster in weitestmöglicher Unabhängigkeit und mit hohem Ethos offene Fragen wissenschaftlich zu beantworten suchen. Die Realität sieht jedoch für die überwiegende Mehrheit – vor allem in den Natur- und Ingenieurwissenschaften und speziell auch in der Medizin – völlig anders aus.

Infrastrukturelle Voraussetzungen (und damit Finanzmittel) wie Laborfläche oder Rechnerleistung, die als Steuerungsinstrument bewusst eingesetzte leistungsorientierte Mittelvergabe sowie der globale Wettbewerb sind Faktoren, denen der Wissenschaftsbetrieb heute fast überall ausgesetzt ist. Forschungsfinanzierung, soziale Strukturen der Forscherlandschaft und weitere Faktoren üben massiven Einfluss auf die Auswahl und die Durchführung von wissenschaftlichen Arbeiten aus.

Objektivität ist somit für sich genommen kein geeigneter Begriff für die Bewertung von wissenschaftlicher Arbeit, da er unmittelbar in eine komplexe Diskussion führt, was darunter überhaupt zu verstehen ist. Stattdessen hat die Forderung nach Transparenz in den letzten Jahren eine zentrale Rolle eingenommen, um die Integrität von Forschungsarbeiten sicherzustellen.

Die Betrachtung der Rahmenbedingungen für eine Forschungsarbeit sollte Bestandteil jeder journalistischen Recherche sein, da damit ein Indikator für die erste vorsichtige Einschätzung der Glaubwürdigkeit von Forschungsergebnissen gegeben ist.

Allgemeine Qualitätsmerkmale wissenschaftlicher Publikationen: ›Peer review‹ und ›Impact factors‹

Das ›Peer review‹-Verfahren, also die Begutachtung einer wissenschaftlichen Arbeit durch Gleichgestellte (Peers) vor der Entscheidung über eine Veröffentlichung, gilt allgemein als das Qualitätsmerkmal wissenschaftlicher Zeitschriften. Dabei wird meistens übersehen, dass ›Peer review‹ ein äußerst heterogener Vorgang ist und keineswegs automatisch ein fehlerfreies Produkt liefert.

Empirische Untersuchungen des ›Peer review‹ werden alle drei Jahre auf einer internationalen Konferenz mit fast allen Herausgebern namhafter Zeitschriften präsentiert (*Fifth International Congress on Peer review and Biomedical Publications 2005*). Die Fachwelt ist sich über die Defizite im Klaren (siehe die Beiträge von Gerhard Fröhlich und Holger Wormer in diesem Buch), da es aber bisher keine Erfolg versprechenden Alternativen des ›Peer review‹ gibt, kann man es als das am wenigsten schlechte Verfahren für die Bewertung im Wissenschafts- und Publikationsprozess ansehen. Es ist auch notwendig als pragmatisches Steuerungsinstrument für die Auswahl jener nur sieben bis acht Prozent aus den eingesandten Manuskripten, die in einer Zeitschrift wie beispielsweise dem *British Medical Journal (BMJ)* schon aus Platzgründen nur publiziert werden können. Die Kenntnis der Mängel bedeutet für den Leser (und somit auch für den Journalisten), dass die Verantwortung nicht abgegeben werden kann und die Qualität einer Publikation auch in hochrangigen Zeitschriften immer wieder aus eigener Perspektive bewertet werden muss.

Voraussetzung dafür ist weitgehende Transparenz, sodass in diesem Bereich die Transparenzforderung eine enorme Bedeutung erlangt hat. Als einen Schritt zu größerer Transparenz sehen viele Forschungsorganisationen und Wissenschaftler das System des ›open access‹ an, da damit der vollständige freie Zugang zur publizierten Wissenschaft ermöglicht wird (Berliner Erklärung 2003). Ob das die geeignete Antwort auf die Krise der wissenschaftlichen Literatur sein wird, ist offen; bemerkenswert ist jedoch, dass auch bei ›open access‹-Zeitschriften meist ein klassischer ›Peer review‹ durchgeführt und als Qualitätsmerkmal angesehen wird, wie z. B. bei *PloS* (www.plos.org), *BiomedCentral* (www.biomedcentral.com).

Der zweite, die Wissenschaftswelt dominierende allgemeine Qualitätsmaßstab ist der *Science Citation Index (SCI)* der privaten Firma *Thomson Scientific* (www.thomson.com/solutions/ scientific/), dem Nachfolger des *Institute for Scientific Information (ISI)*. Dieses Maß für die durchschnittliche Zitierhäufigkeit von Artikeln in einer Fachzeitschrift (in den folgenden zwei Jahren nach ihrer Veröffentlichung) hat einen ungeheuren Einfluss bekommen, da es als Steuerungsinstrument für einen zunehmend höheren Anteil der Ressourcenverteilung in Fakultäten und Forschungsinstitutionen dient – und das, obwohl man auch miserable Artikel in einer Zeitschrift mit hohem ›Impact factor‹ finden kann. Somit ist man hier ebenfalls nicht sicher vor ernsthaften Fehlern in Artikeln dieser Zeitschriften und sollte wiederum seiner eigenen Urteilskraft trauen.

›Peer review‹, ›Impact factors‹ und des Weiteren die Aufnahme in Literaturdatenbanken wie die *Medline* in den *Life Sciences* (www.pubmed.gov) sind heute dominante Faktoren für die Bewertung von wissenschaftlichen Artikeln. Doch obwohl sie als Qualitätsmerkmale gelten, bieten sie nur wenig Schutz, selbst gegen schwerste Fehler in Artikeln aus hoch bewerteten Zeit-

Die Qualität wissenschaftlicher Arbeiten – eine Bewertungshilfe für Journalisten

Für mich besteht die Aufgabe der Wissenschaft in erster Linie darin, Neues zu entdecken. Wissenschaftliche Forschung soll Zusammenhänge aufdecken, die bisher unverstanden waren, und Werkzeuge schaffen, mit denen wir bewältigen können, was zuvor unmöglich war. Naturwissenschaftliche Grundlagenforschung schafft das ›Saatgut‹ für die angewandte Forschung und Ingenieurskunst von morgen. Wir müssen die Wissenschaft fördern, um unsere Lebensqualität und Wettbewerbsfähigkeit in der Zukunft zu sichern. Wissenschaft braucht den Dialog mit der Öffentlichkeit, um junge Menschen für diese schöne Aufgabe zu begeistern und um die notwendigen Geldmittel zu mobilisieren.
Prof. Theodor W. Hänsch
Physiker am *Max-Planck-Institut für Quantenoptik* in Garching bei München und der *Ludwig-Maximilians-Universität*, Physiknobelpreisträger 2005

schriften. Es lohnt sich daher, auch über diese eher formalen Faktoren hinaus ein gewisses Rüstzeug für die Bewertung wissenschaftlicher Arbeiten zu erwerben. Für einzelne Fachgebiete müssen jeweils spezielle Datenbanken (wie z. B. *Chemical Abstracts* für die Chemie) beachtet werden, während andere Datenbanken (wie z. B. Biosis) naturwissenschaftliche Grundlagenartikel enthalten oder wie der *Science Citation Index* allgemein interdisziplinär ausgerichtet sind.

Unvermeidlich: systematische Fehler und Variabilität in empirischen Forschungsarbeiten

Jede journalistische Recherche sollte – im Idealfall – eine möglichst fehlerfreie Erkundung und entsprechend eindeutige Darstellung eines Themas anstreben. Dieser journalistische Wunsch nach Klarheit und Schutz vor Fehlern bedeutet aber ein Dilemma, denn er stößt in der Wissenschaft auf eine Welt, die sich gerade gegensätzlich verhält: Wissenschaft fordert geradezu zu Fehlern auf, indem bestehendes Wissen infrage gestellt sowie neues Wissen gesucht wird und dabei vorsätzlich Unsicherheit und Irrwege in Kauf genommen werden.

Tabelle 1: Vermutete Wirkungen

Wirksam – oder was?	
• Klinisch getestet	Hilft gegen …
• Bewährt/akzeptiert/etabliert	Hat positiven Einfluss auf …
• Lange Tradition	Dermatologisch bestätigt
• Anerkannte Behandlungsmethode (traditionelle chinesische Medizin)	Wirkt auf Nieren und Leber
• Liefert vielversprechende Ergebnisse	Regeneriert die Zellen
• Macht stressfest; gibt uns Kraft	… sind Heilmittel gegen Stress
• Geben dem Körper die Kraft, sich zu reinigen	baut die Schleimhäute auf (Magen)
• Entgiftet den Körper	Viel Vitamin C, E, Kalium, Eisen
	Können Krebs hemmen
	Hält Blutgefäße geschmeidig
	Stärkt das Immunsystem

Zusätzlich erschwerend kommt hinzu, dass vermeintliches Wissen sich vielfach nur auf allenfalls pseudowissenschaftliche Begründungen stützt, die allerdings oft umso vehementer wiederholt werden, je vager sie sind. Selbst purer Glaube wird regelmäßig durch Aussagen wie »lange bewährt« oder »durch wissenschaftliche Studien belegt« mit der Aura von Wissenschaftlichkeit umhüllt (siehe Tabelle 1 mit einer Sammlung solcher Begriffe).

Die Überprüfung solcher Aussagen kann schwierig sein und erheblichen Aufwand bedeuten, schon weil die ›Studien‹ selten konkret benannt sind. Oft wird dieser Aufwand jedoch nicht betrieben, sondern die vermeintlich belegten Aussagen werden kritiklos weitergegeben. Wie weit verbreitet das ist, zeigt schon das folgende (harmlose) Beispiel:

Beispiel 1: Konservierung einer halb geleerten Flasche Sekt

Möchte man eine halb geleerte Flasche Sekt am nächsten Abend in gleicher Qualität, also mit gleichem Kohlensäuregehalt bzw. gleicher Perligkeit, weitertrinken, so besteht ein weit verbreitetes Hilfsmittel darin, die Flasche mit einem umgekehrt in den Flaschenhals gesteckten Teelöffel (nach Möglichkeit aus Silber!) offen in den Kühlschrank zu stellen. Dieses Verfahren ist schätzungsweise 80 bis 90 Prozent der deutschen Bevölkerung bekannt und von einem hohen Anteil (vermutlich über 70 Prozent) schon einmal angewendet worden, wie der Autor jedenfalls in einer Vielzahl von spielerisch angelegten Befragungen völlig unterschiedlicher Auditorien in den letzten Jahren ohne Ausnahme feststellen konnte.

Die Überprüfung des Nutzens dieser Maßnahme ist einfach und verkörpert die Prinzipien moderner empirischer Forschung: Eine gewisse Anzahl Sektflaschen wird halb geleert, die Hälfte davon mit einem Löffel ›verschlossen‹, und alle werden unter gleichen Bedingungen im Kühlschrank aufbewahrt, bis nach einem Tag ein möglicher Unterschied geprüft wird. Für diesen Test wird der Sekt mit neutralem Etikett abgefüllt und verkostet und seine Perligkeit auf einer geeigneten Skala bewertet. Dieses Experiment wurde vor einigen Jahren durchgeführt und erbrachte das eigentlich nicht verblüffende Ergebnis, dass die Anwendung des Löffels keinerlei messbaren Effekt hat, sondern die Abnahme der Kohlensäure mit oder ohne Löffel gleich schnell erfolgt (Abbildung 1).

Dieses scheinbar triviale Beispiel ist ein weitreichendes Modell dafür, wie unter viel ernsthafteren Bedingungen die kritiklose Anwendung von tradiertem Wissen – im günstigsten Fall – nicht den erhofften Nutzen bringt, darüber hinaus aber Schaden verursachen kann. Doch auch ohne direkten Schaden besteht immer ein (gerne übersehener) negativer Effekt darin, dass nutzlos verbrauchte Ressourcen andere nützliche Maßnahmen verhindern.

Gerade in der medizinischen Versorgung wird das zunehmend erkannt und hat zu rigorosen Forderungen nach Wirksamkeitsnachweisen durch klinische Studien geführt. Solche Wirksamkeitsstudien wie auch viele andere Untersuchungen sind in ihrer Struktur der Prüfung des ›Löffel-Effekts‹ sehr ähnlich, sodass dieses Beispiel immer parat sein sollte, wenn man Zweifel an einem behaupteten Effekt hat.

Die Qualität wissenschaftlicher Arbeiten – eine Bewertungshilfe für Journalisten

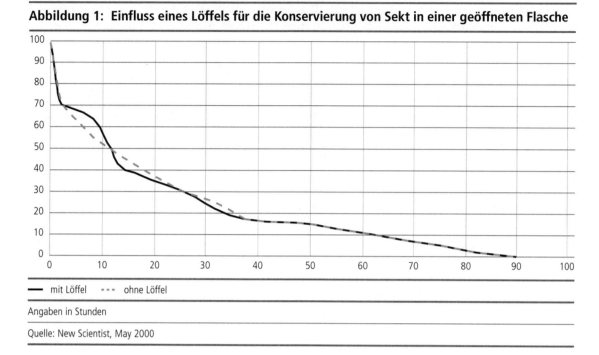

Abbildung 1: Einfluss eines Löffels für die Konservierung von Sekt in einer geöffneten Flasche

— mit Löffel   --- ohne Löffel

Angaben in Stunden

Quelle: New Scientist, May 2000

Bias und Zufall

Das Leben in der wissenschaftlichen Welt der Unsicherheit fordert einen sorgfältigen Umgang mit ihr. In der empirischen Forschung sind dafür zwei Begriffe von zentraler Bedeutung:
Der ›Bias‹ ist ein Sammelbegriff für systematische Fehler oder Verzerrungen, der aus der englischen Sprache stammt und heute in vielen Diskussionen benutzt wird, allerdings oft fehlerhaft. Eine weitere, in ihrer Natur grundsätzliche andere Fehlerursache rührt daher, dass jedes Experiment und jede Beobachtung zufälligen Schwankungen (›play of chance‹) unterliegt und damit auch unter gleichen Bedingungen bei Wiederholung nicht zu gleichen Ergebnissen führt (›zufälliger Fehler‹/›Streuung‹). Das Zusammenspiel dieser beiden Fehlerquellen lässt sich an einem einfachen Beispiel verdeutlichen.

Beispiel 2: Schießen auf eine Zielscheibe

In Abbildung 2 ist das Ergebnis von vier Serien aus jeweils fünf Schüssen auf eine Zielscheibe in schematisierter Form dargestellt. Schütze 1 zeigt weder einen systematischen noch einen großen zufälligen Fehler. Schütze 2 unterliegt starken Zufallsfehlern, ist jedoch auch im Mittel treffsicher. Schütze 3 verfehlt das Ziel mit hoher Präzision, während Schütze 4 den gleichen systematischen Fehler mit dazu noch starken Zufallsschwankungen zeigt.

Abbildung 2: Schematische Darstellung des Einflusses von Bias und Streuung

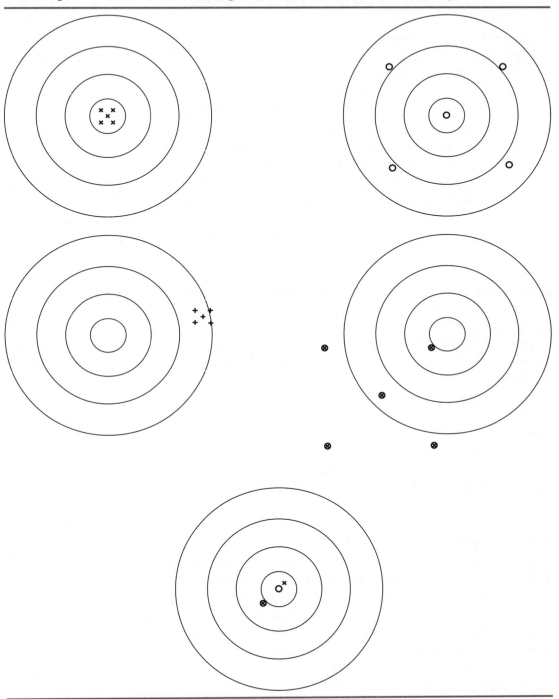

Quelle: Eigene Darstellung

Dieses Beispiel kann als Modell für Experimente oder Erkenntnisprozesse dienen und zeigt die Schwierigkeiten bei der Identifikation von Fehlerursachen. Besonders folgenreich kann die Situation mit Schütze 3 sein, da die hohe Präzision dazu verleiten kann, den systematischen Fehler, also einen Bias, nicht zu erkennen. In dem Beispiel könnte das ein Fehler des Schießgeräts wie auch ein systematischer, reproduzierbarer Fehler des Schützen sein.

In der Realität sind Unterschiede nicht so leicht zu erkennen wie in dieser idealisierten Darstellung, da die ›Wahrheit‹ (oft auch als Goldstandard bezeichnet), die in dem Beispiel durch die konzentrischen Ringe der Zielscheibe beschrieben wird, nicht bekannt ist. Die Beobachtung der fünften Scheibe veranschaulicht, wie irreführend einzelne Beobachtungen sein können. Nur durch die Markierungen der Treffer ist erkennbar, dass die Treffer unter völlig unterschiedlichen Bedingungen erzielt wurden. Ohne diese Markierungen könnte man von einer homogenen Situation ausgehen und daraus sehr fehlerhafte Schlüsse ziehen. Zur Abgrenzung der vier Situationen gegeneinander ist eine ausreichend große Anzahl Wiederholungen notwendig. Dadurch werden Punktwolken produziert, durch deren Lage und Ausdehnung systematische und zufällige Einflüsse besser erkannt und unterschieden werden können.

Bias – und was Schutzmaßnahmen wie ›Verblindung‹ dagegen bewirken können

Bias kann in vielfältiger Form auftreten. Seine Kontrolle und weitestmögliche Reduzierung ist eine der zentralen Herausforderungen bei der Planung, Durchführung und Auswertung wissenschaftlicher Studien. Für das Verständnis dieses erst einmal abstrakt erscheinenden Konzepts ist ein Blick auf die wissenschaftliche Untersuchung der Wirksamkeit eines Arzneimittels hilfreich.

In einer klinischen Studie zum Vergleich zweier Medikamente werden die Probanden in zwei Gruppen eingeteilt und jeweils entweder mit Präparat A (neu) oder B (alt) behandelt. Wählt der Arzt nun jeweils die schwerer erkrankten Patienten für die Behandlung mit A aus, da er das neue Medikament für wirksamer hält, würde ein solcher Vergleich mit einem schweren Bias behaftet sein und Medikament A benachteiligen, da es den Heilungserfolg unter erschwerten Bedingungen erzielen muss. Ein solcher Selektionsbias ist eine häufige und oft sehr schädliche Fehlerursache, die Ergebnisse wertlos machen kann. Diese Studie hätte bereits in ihrer Anlage einen schweren Bias.

Bias muss also bereits im Design vermieden werden. In diesem Fall ist der geeignete Schutzmechanismus die zufällige Zuweisung der einzelnen Patienten zu einer Behandlung (Randomisierung). Nicht der Arzt, sondern ein Zufallsmechanismus wählt die Behandlung aus. In diesem Fall spricht man von einer ›randomisierten kontrollierten Studie‹, die heute aufgrund ihrer hohen Immunität gegenüber dem Selektionsbias eine der am häufigsten angewendeten Studienformen ist. Ob die Behandlungsgruppen ausbalanciert sind bezüglich Einflussfaktoren, wie z. B. dem Alter, wird in der modernen Literatur in der sogenannten ›Table 1‹ dargestellt. Damit wird auf einen Blick ersichtlich, ob z. B. die Altersverteilung in den Gruppen nahe beieinanderliegende Mittelwerte hat und damit eine häufige Verzerrungsquelle ausgeschaltet ist. Das Vorhandensein dieser Tafel sollte als Teil des Qualitätschecks immer geprüft werden.

Eine weitere, nicht nur in klinischen Studien lauernde Bias-Ursache stammt von den oft starken Erwartungen der Beteiligten, und zwar sowohl bei den Ärzten wie auch den Patienten. Die geeignete Schutzmaßnahme dagegen ist die möglichst weitgehende ›Verblindung‹ der Beteiligten, die im einfachsten Fall der Arzneimittelstudien dadurch erreicht wird, dass die Medikamente beider Gruppen neutral verpackt werden und nur anhand einer Nummer identifiziert werden können, deren Dekodierung bis Studien-Ende in einem Safe ruht. Ärzte wie Patienten sind in Unkenntnis der tatsächlichen Therapie; deswegen wird die Studie als ›doppelblind‹ bezeichnet.

Diese Form der Bias-Abwehr ist für die Untersuchung anderer Therapieformen (z. B. für Operationstechniken) nur teilweise möglich. Oft werden in solchen Fällen nur die Patienten unwissend gehalten (›einfachblind‹), während auf der ärztlichen Seite Behandlung und Beurteilung getrennt von zwei Ärzten erfolgen, damit der Arzt nicht seinen eigenen Behandlungserfolg beurteilt.

Auch die Methode der Verblindung kann man sich in Analogie zum Eingangsbeispiel mit dem Silberlöffel klarmachen: Wer an die Methode glaubt, wird beim Verkosten der Flaschen, die mit Löffel ›konserviert‹ wurden, womöglich dazu neigen, bei ihnen eine höhere Perligkeit zu schmecken, ohne dass dies tatsächlich der Fall ist. Auch hier müsste man den Verkoster deswegen für den Test ›verblinden‹.

Eine der folgenträchtigsten Bias-Ursachen ist die fehlerhafte Analyse des vorzeitigen Ausscheidens aus einer Studie. Patienten brechen aus diversen Gründen ihre Studienteilnahme ab, sodass mit bis zu 30 Prozent Verlust gerechnet werden muss. Der Umgang mit diesen Abbrechern bietet die Möglichkeit, die Ergebnisse einer Studie zu verzerren und – falls es vorsätzlich geschieht – nach Belieben zu manipulieren. Aus diesem Grund muss ein Diagramm mit lückenloser Beschreibung des Studienverlaufs aller eingeschlossenen Patienten unverzichtbarer Bestandteil eines jeden Studienreports sein. Dieses Diagramm (in jüngeren Publikationen oft die Figure 1) ist ein zentraler Qualitätsparameter, der in jeder Veröffentlichung einer Studie gesucht werden sollte (siehe Abbildung 3).

Die Kontrolle solcher Bias-Ursachen hat eine so extreme Bedeutung, dass sie in jeder wissenschaftlichen Arbeit im Methodenteil explizit behandelt werden sollte. Für die journalistische Arbeit bedeutet das, den Blick auf jeden Fall auf die Methodenbeschreibung zu werfen. Auch wenn die technischen Details nicht voll verstanden werden, erlaubt der Eindruck von diesem Abschnitt eine Einschätzung, ob die Arbeit grundsätzlich vertrauenswürdig erscheint. Eine Hilfe bei der Überprüfung ist das sogenannte ›consort statement‹ (siehe unten).

Streuung – und wie man dem Einfluss des Zufalls gerecht wird

Eine sich grundsätzlich vom Bias unterscheidende Fehlerursache rührt von vielfältigen zufälligen Einflüssen her. Experimente, Beobachtungen oder Studienergebnisse erhalten dadurch eine Komponente, die bei einer möglichen Wiederholung zwangsläufig anders ausfällt. Stellt man sich vor, die Studie würde mehrfach wiederholt, so würden die Studienergebnisse um das wahre Ergebnis streuen. Numerisch wird die Streuung durch den sogenannten Standardfehler oder die Varianz beschrieben. Die Streuung fällt umso größer aus, je kleiner die Studie

Die Qualität wissenschaftlicher Arbeiten – eine Bewertungshilfe für Journalisten

Abbildung 3: Flussdiagramm des Studienverlaufs für die Gesamtheit der zu Beginn aufgenommenen Patienten in einer Studie zur Wirksamkeit von Akupunktur bei Migräne: drei Behandlungsgruppen mit ungleicher Besetzung (doppelte Stärke in der Akupunktur-Gruppe)

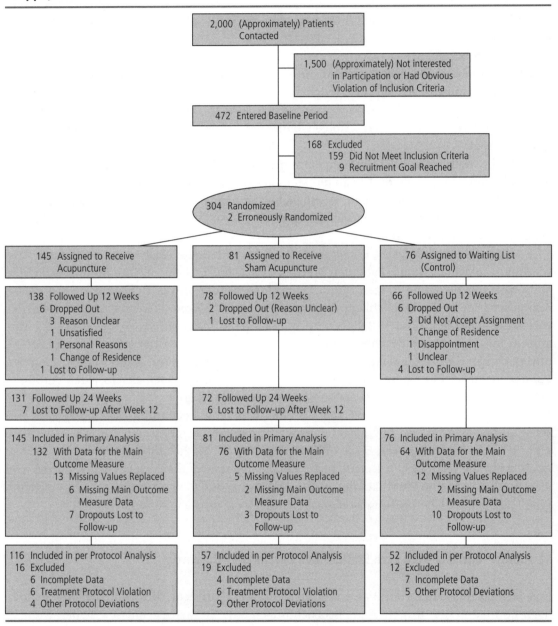

* Although two patients assigned to the acupuncture group came only to the initial examination but did not return at the end of the baseline phase, one of the large study centers erroneously registered them for randomization. According to the analysis plan the intent-to-treat population comprised only patients with baseline data.

Quelle: Linde 2005

ist. Eine große Streuung bedeutet eine geringe Präzision der Studienergebnisse. Deswegen müssen Studien ausreichend groß sein, damit die Studienergebnisse eine genügend präzise Schätzung der (unbekannten) Wahrheit erlauben.

Die erreichte Präzision wird dargestellt, indem die aus der Studie ermittelten Zahlenwerte mit Grenzen versehen werden, die sich mit statistischen Methoden errechnen lassen. Das dadurch definierte Intervall heißt Konfidenzintervall (C.I.), da es ein Intervall angibt, in dem man den wahren Wert mit einem bestimmten Vertrauen erwarten kann. Das Vertrauen wird üblicherweise so bestimmt, dass der wahre Wert in dem zwischen den Grenzen liegenden Intervall mit 95-prozentiger Wahrscheinlichkeit erwartet werden kann.

Ein Ergebnis von 3,8 (C.I. 3,2–4,4) bedeutet also, dass der geschätzte Wert von 3,8 einigermaßen sicher (nämlich nur mit fünf Prozent Wahrscheinlichkeit) nicht außerhalb des Intervalls 3,2–4,4 liegt (Fletcher 2007). Die 95-prozentige Wahrscheinlichkeit ist eine reine Konvention, mit der das Vertrauen in Aussagen quantifiziert wird. Diese Zahl ist die Kehrseite der ebenfalls konventionellen Festlegung von fünf Prozent für die Fehlerrate von Signifikanztests. Das heißt, ein Signifikanztest auf dem Niveau von fünf Prozent lässt bei 100 Wiederholungen im Mittel in fünf Fällen auf die Überlegenheit eines Medikaments schließen, auch wenn dies nicht der Wahrheit entspricht.

Konfidenzintervalle sind Signifikanztests (p-Werte) in ihrer Berechnung äquivalent, aber vorzuziehen, da Tests nur Ja-Nein-Entscheidungen erlauben, während die Konfidenzintervalle quantitative Aussagen z.B. zu einem Therapieeffekt liefern. Ein Konfidenzintervall kann prinzipiell für jede (!) Schätzung aus einer Studie bestimmt werden. Die Berechnung erfolgt meistens mit Standardprogrammen und ist in einfachen Fällen problemlos mit einem Taschenrechner möglich.

Konfidenzintervalle und die vor Beginn einer Studie notwendige Berechnung der Studiengröße sind essenzielle Qualitätsparameter, die bei Betrachten einer Publikation zur ersten Einschätzung sofort gesucht werden sollten. Als Faustregel sei an dieser Stelle bezüglich der Studiengröße nur erwähnt: Je kleiner beispielsweise der zu erwartende Wirkungsunterschied zwischen zwei Medikamenten ist, desto größer muss eine Studie sein, um den Unterschied mit ausreichender Sicherheit zu finden. Diese Sicherheit bezieht sich auf die statistische Aussagesicherheit, die jedoch sorgfältig von der klinischen Relevanz zu unterscheiden ist.

Durch eine sehr große Studie kann selbst ein äußerst kleiner Unterschied, wie z.B. wenige mm Hg bei der Blutdruckmessung, statistisch belegt werden. Das als Überlegenheit eines Medikaments zu interpretieren wäre jedoch völlig unangemessen, wenn der Unterschied klinisch völlig unbedeutend ist. Inhaltliche medizinische Aspekte sollten über den oben beschriebenen methodischen Anforderungen auf keinen Fall vergessen werden!

Wie sich bereits anhand der Darstellung von Aspekten wie ›Bias‹ und ›Streuung‹ zeigt, enthalten klinische Studien also viele methodische Einzelheiten, die vom recherchierenden Journalisten nicht schnell durchschaut werden können. Das Abprüfen der Existenz bestimmter Schritte in Planung und Durchführung und die Beschreibung davon in der Publikation ist dennoch ein wirksames Mittel der Einschätzung. Leitlinien für die Autoren von Studienreports, wie z.B. dem *CONSORT Statement for Reporting Randomized Trials* (www.consort-statement.org), bieten dem Leser eine hervorragende Hilfe für die Überprüfung, ob der Report die wesentlichen Punkte enthält.

Die Qualität wissenschaftlicher Arbeiten – eine Bewertungshilfe für Journalisten

Ähnliche standardisierte Instrumente entstehen gegenwärtig für andere Studientypen wie diagnostische Studien, durch die die Treffsicherheit sowie die Fehlerraten von diagnostischen Verfahren bestimmt werden, oder auch für Beobachtungsstudien, die Daten nur durch Beobachtung erheben und nicht durch aktive Intervention in Abläufe eingreifen. Auch sie werden als Checklisten für die schnelle Überprüfung von Studienberichten dienen und damit ein wesentliches Instrument für die Qualitätsbewertung sein. Inzwischen gibt es auch für andere Studientypen, wie z. B. Beobachtungsstudien, Qualitätsvorgaben für die Studienberichte, die in jeweils ähnlicher Weise durch speziell angepasste Checklisten als Hilfe für eine schnelle Qualitätsprüfung von Artikeln dienen können. Als Einstiegsseite zu diesen verschiedenen Berichtsleitlinien wird www.equator-network.org empfohlen.

Signifikanztests, p-Werte, Fall-Kontrollstudien, Metaanalysen und viele weitere Begriffe aus dem Methodenarsenal wirken sicherlich entmutigend auf den, der sich um eine Qualitätsbewertung einer Arbeit bemüht. Für eine Einschätzung der komplexen Darstellung im Methodikteil einer Publikation ist die Beratung durch einen mit dem Forschungsgegenstand nicht direkt verbundenen Methodiker zu empfehlen. Hilfreich für die Begriffserläuterungen sind Glossare wie das internationale Standardwerk von John M. Last (2001) oder frei zugänglich und deutschsprachig das Glossar des *Deutschen Netzwerks Evidenzbasierte Medizin* (EbM-Glossar des *EbM-Netzwerks*). Als nicht technische, mit vielen Beispielen arbeitende Bücher können für allgemeine epidemiologische Zusammenhänge Robert H. Fletcher et al. (2007) und für klinische Studien Martin Schumacher und Gabi Schulgen (2007) empfohlen werden.

Vom Ergebnis her betrachtet, sind es vor allem drei Dinge, die gute Wissenschaft auszeichnen: fundamental neue Erkenntnisse, lesenswerte Veröffentlichungen und nicht zuletzt hervorragend qualifizierter wissenschaftlicher Nachwuchs. Die Grenzen gesicherten Wissens zu überschreiten, neue Methoden zu entwickeln und ein bislang unbekanntes Forschungsterritorium zu erkunden erfordert Fantasie, Risikobereitschaft und Standvermögen. Für eine Förderinstitution sind zudem durch Expertenrat unterstützte Auswahlverfahren, großzügige und verlässliche Finanzierung des Besten sowie Vertrauen in die Geförderten und schließlich Geduld mit Blick auf das Erzielen bahnbrechender Ergebnisse unerlässlich.
Dr. Wilhelm Krull
Generalsekretär der *Volkswagen Stiftung* in Hannover

Häufige Fehler in der Präsentation und Interpretation wissenschaftlicher Ergebnisse

In der wissenschaftlichen Welt wie auch in deren Darstellung in den Medien tauchen einige typische Fehler besonders häufig auf und können Ursache für schwerwiegende Irreführungen sein, obwohl sie eigentlich als leicht durchschaubar erscheinen. Im Folgenden werden eine Reihe der häufigsten Fehler sowohl von wissenschaftlicher wie auch von journalistischer Seite besprochen und – soweit es sie gibt – Schutzmaßnahmen dagegen empfohlen.

Vorsicht vor logischen Kopfständen:
Aussagen und Empfehlungen sollten den Grundregeln der Aussagenlogik folgen

Wissenschaftliche Aussagen sollten immer den Grundsätzen der formalen Aussagenlogik folgen, die eigentlich leicht einsehbar sind, jedoch oft missachtet werden. So kann man Allaussagen nicht beweisen, sondern nur widerlegen. Um etwa eine Aussage wie »Jeder Kupferdraht leitet Strom« zu beweisen, müsste man alle Kupferdrähte auf der Welt prüfen. Ein einziger nicht leitender Draht genügt jedoch bereits, um die Aussage als falsch zu erkennen. Andererseits kann man Existenzaussagen nur beweisen bzw. bestätigen, jedoch nicht widerlegen. Für den Beweis der Aussage »Es gibt das Ungeheuer von Loch Ness« genügt das Vorzeigen des Ungeheuers. Für die Widerlegung seiner Existenz müsste man den See leer pumpen, was nur theoretisch möglich ist. Aussagen über die Nichtexistenz kann man nicht beweisen. Eine kurzweilige Lektüre zu dieser Thematik bietet Christoph Bördlein (2002).

Dieses Regelwerk wird strikt in den theoretischen Wissenschaften, vor allem natürlich in der Mathematik, angewendet, bildet jedoch auch die Grundlagen für die Methodik der empirischen Forschung. Bei der Arbeit mit Daten wird die Situation sehr viel komplizierter, da dann statistische Aussagen nach diesen Regeln verknüpft werden müssen.

Einige medizinische Beispiele mögen dies verdeutlichen:

Eine Tollwutinfektion gilt als sicher tödlich, wenn nicht innerhalb kurzer Zeit nach der Infektion eine Impfung erfolgt. Diese Allaussage müsste demnach durch eine einzige Heilung widerlegt werden können. In der realen Welt sind hier jedoch sofort Einschränkungen zu machen. Ist »gilt als sicher tödlich« wirklich eine Allaussage oder doch vielleicht nur mit 99-prozentiger Sicherheit wahr? Damit wäre die Bedrohung für einen Infizierten zwar fast genauso groß, eine beobachtete Heilung wäre jedoch keinesfalls eine Sensation, die die These von der Unheilbarkeit zu Fall bringt, sondern nur etwas, was es auch vorher schon gab (wenn auch selten). Die zweite Fehlerquelle ist, dass die Diagnose nicht richtig war, also gar keine Tollwutinfektion vorkam.

Ähnlich liegt der Fall bei den immer wieder behaupteten Wunderheilungen. Hier ist es weit verbreitet, durch Einzelfallbeschreibungen von Heilungen (also Existenzaussagen) den Eindruck zu erwecken, dass der Heilungsmechanismus allgemein wirkt und nicht nur in dem speziellen Fall. Die einzig richtige Beschreibung kann daher nur über die Heilungswahrscheinlichkeit erfolgen, die nur durch ausreichend große klinische Studien ermittelt werden kann. Wie im vorherigen Beispiel wird man der vermeintlichen ›all-or-nothing‹-Situation mit deterministischen Aussagen nicht gerecht, sondern muss die Fehler bzw. Unterschiede durch eine geeignete statistische Betrachtung mitberücksichtigen.

Das aber gilt auch für den umgekehrten Fall, denn besonders häufig sind Fehlinterpretationen, wenn es ›keinen‹ Nachweis für den Nutzen eines Therapieverfahrens gibt. Denn damit ist keinesfalls der fehlende Nutzen nachgewiesen, sondern es ist nur der misslungene Versuch des Nutzennachweises festzuhalten. Im modernen Fachjargon heißt das: »Die fehlende Evidenz für einen Therapieeffekt ist nicht gleich der Evidenz für einen fehlenden Therapieeffekt!«

Also: Vorsicht vor scheinbar plausiblen Aussagen! Die Prüfung auf den logischen Gehalt erlaubt meistens schnell Aufschlüsse über die grundsätzliche Zuverlässigkeit einer Aussage.

Die Qualität wissenschaftlicher Arbeiten – eine Bewertungshilfe für Journalisten

Die Welt ist nicht monokausal: Vorsicht ›confounder‹!

Einfache Erklärungen sind besser zu verkaufen als komplexe. Fehlerhafte Vereinfachungen sind deswegen eine permanente Bedrohung. Sehr häufig werden Phänomene in einen monokausalen Zusammenhang hineingezwängt, der der Realität nicht entspricht. Scheinbare Zusammenhänge beruhen darauf, dass dahinterliegende bekannte oder unbekannte Ursachen – sogenannte ›confounder‹ (Störfaktoren) – die wahre Ursache sind: Apfelproduzenten können ihr Produkt mit gesundheitsfördernden Leistungen schmücken, wenn man nicht berücksichtigt, dass Personen, die viele Äpfel essen, womöglich auch sonst gesünder leben und mehr Sport treiben; die Schuhgröße kann fälschlicherweise das Einkommen bestimmen, wenn man übersieht, dass das Geschlecht meist die Schuhgröße und das Einkommen bestimmt; der kürzlich berichtete protektive Effekt von Hausarbeit auf Brustkrebs ist vermutlich eher die Folge von unbekannten sozioökonomischen Hintergrundvariablen als ein direkter Zusammenhang (Fux 2006).

Mit statistischen Verfahren lassen sich diese Zusammenhänge ausgleichen, allerdings nur, wenn sie bekannt sind. Der große Aufwand für randomisierte kontrollierte Studien hat seinen Grund genau darin, den Einfluss von ›confoundern‹ zu minimieren. Einfache Beobachtungsstudien sind durch den verzerrenden Einfluss von ›confoundern‹ erheblich mehr gefährdet.

Also: Vorsicht vor dem Tunnelblick auf nur eine Einflussgröße, da die Welt hochdimensional und komplex ist. Abfragen, ob ›confounder‹-Einflüsse bei der Wahl des Studiendesigns und in der Analyse berücksichtigt wurden!

Störche et al.: Gleichzeitiges Auftreten bedeutet nicht kausale Ursache

Die Suche nach kausalen Begründungen ist eine der zentralen Triebfedern der Forschung. Entsprechend groß ist die Versuchung, das beobachtete (zufällig) zeitgleiche Auftreten zweier Phänomene in eine Ursache-Wirkung-Beziehung umzudeuten. Ein viel zitiertes Beispiel beweist, dass kleine Kinder vom Klapperstorch gebracht werden: Die Geburtenrate ist gesunken, und die Anzahl Störche hat deutlich abgenommen, also, so die Folgerung, werden die Kinder vom Storch gebracht.

Obwohl scheinbar banal und damit leicht vermeidbar, wird diese Schlussweise in offener oder verkappter Form an unzähligen Stellen benutzt, um beim Leser eines Artikels (sowohl in Fachzeitschriften wie in Publikumsmedien) den Eindruck eines kausalen Zusammenhangs zu hinterlassen. Dieses Beispiel lässt sich auch im vorigen Abschnitt als ›confounder‹-Problem formulieren. Zivilisatorische Einflüsse sind Ursache für beide Entwicklungen (bei den Störchen wie bei den Kindern) – und damit ist letztlich die Zeit der ›confounder‹.

Also: Korrelationen (oft auch als Scheinkorrelationen bezeichnet) nicht als Kausalzusammenhang interpretieren!

Abbildung 4: Unterschiedliche Modelle für die Extrapolation in Bereichen ohne gemessene Daten

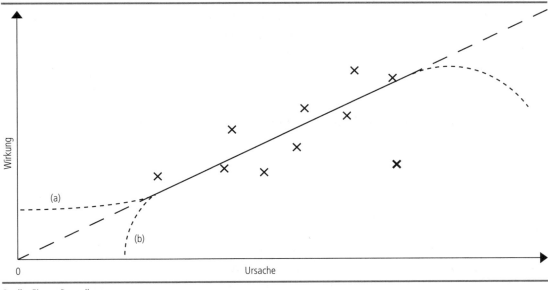

Quelle: Eigene Darstellung

Kühne Schlüsse durch Extrapolation in Regionen ohne Daten

Experimente und Beobachtungsstudien liefern Daten in bestimmten Bereichen, für die dann ein Zusammenhang zwischen verschiedenen Größen durch eine Kurve dargestellt wird (Abbildung 4). Oft betrifft die relevante Fragestellung jedoch nicht die gemessene Region, sondern Randbereiche, für die keine Daten vorhanden sind. Ein typisches Beispiel ist der Einfluss von Partikeln in der Luft auf Erkrankungen der Atemwege, wofür der Niedrigdosisbereich entscheidend ist.

 Gute Wissenschaft soll aus Neugierde und zum Wohle der Menschheit und der Natur ausgeführt werden. Das ist aber nicht so einfach, denn die Kenntnisse, die die Grundlagenforschung liefert, können sowohl zum Positiven als auch zum Negativen benutzt werden, und das wird wohl immer so bleiben. So gesehen gibt es keine nur ›gute Wissenschaft‹, aber wir sollten alles daransetzen, uns dem Ideal einer nur ›guten Wissenschaft‹ zu nähern.

Paul Crutzen
Nobelpreisträger für Chemie (1995) und Professor emeritus am *Max-Planck-Institut für Chemie*, Mainz

Die Kurve wie (a) beginnen zu lassen setzt die Annahme voraus, dass auch bei einer Nulldosis bereits eine Wirkung vorhanden ist. Im Gegensatz dazu wird mit (b) vorausgesetzt, dass erst ab einer Dosis überhaupt eine Schädigung eintritt. Die Frage nach der Existenz einer Schwellendosis, unterhalb der keine Gefährdung mehr gegeben ist, wird mangels Daten oft zu einer weltanschaulichen Diskussion, die eher von ökonomischen Interessen als von Wissenschaftlichkeit bestimmt wird.

Entsprechend sieht es in der anderen Richtung aus. Aus dem schnurgeraden Anstieg des Dax kann nicht geschlossen werden, dass sich diese Entwicklung ein weiteres halbes Jahr so fortsetzt.

Solche Analysen bauen zwangsläufig auf Annahmen, die oft willkürlich sind und damit die Extrapolation spekulativ machen. Der Verzicht auf Extrapolation ist allerdings keine Option, da die Bereiche ohne gemessene Daten oft gerade enorme praktische Relevanz haben. Entscheidend ist, die zugrunde liegenden Annahmen deutlich zu machen.

Also: Vorsicht bei der Extrapolation von auf Datenbasis ermittelten Trends in Bereiche, für die keine Daten vorliegen!

Hinterher ist man immer schlauer

Für die Anlage, Durchführung und Diskussion von Studien sind die zeitlichen Zusammenhänge von großer Bedeutung. Prospektive und retrospektive Studien unterscheiden sich darin, welche Position vom Beobachter jeweils eingenommen wird. Vor allem in Konflikten werden die zeitlichen Zusammenhänge bei der Wissensgenerierung oft nicht ausreichend berücksichtigt (»Das hätte man doch schon früher berücksichtigen müssen«).

Wissenschaft ist ein kumulativer Prozess, der von einem sich weiterentwickelnden Stand der Kenntnis geprägt wird. Vollmundige Erklärungen, dass man etwas immer schon gewusst habe, entbehren oft jeder wissenschaftlichen Grundlage. Eher ist der Fall, dass ein vormals vorhandener Glaube heute durch Daten belegt ist. Ein Beleg für die prognostische Fähigkeit des Glaubenden ist es jedoch keinesfalls.

Also: Immer den zeitlichen Standpunkt prüfen und die jeweilige Perspektive betonen.

Zufallsbefunde haben nur selten Bedeutung: die Versuchung von Untergruppen

Auch große, gut angelegte Studien zeigen oft nicht die gewünschten Ergebnisse. Der Druck, aufregende Ergebnisse zu produzieren und diese dann in einer hochrangigen Zeitschrift zu publizieren, führt Forscher in die Versuchung, nach Untergruppen zu suchen, sodass zumindest dort bei einer Teilpopulation das gewünschte Ergebnis nachgewiesen werden kann. In ausreichend großen Studien mit vielen gemessenen Variablen ist es nur eine Frage der Ausdauer, bis eine signifikante Aussage in einer Untergruppe gefunden wird.

Subgruppenanalysen sind legitim, wenn sie a priori geplant und im Studienprotokoll festgehalten sind. Sie sind akzeptabel, wenn sie nach Studienende ungeplant durchgeführt werden, dieses nur zur Hypothesengenerierung und nicht konfirmativ interpretiert wird und dies vor allem in der Publikation so dargestellt wird. Es ist jedoch unredlich, nur die Subgruppenanalyse darzustellen und Umfeld und Gesamtstudie zu unterschlagen.

Also: Vorsicht vor Ergebnissen, die aus Teilen der Studienpopulation gewonnen wurden! Falls solche Ergebnisse präsentiert werden, müssen sie entsprechend gekennzeichnet werden.

Zwischenauswertung: Der Sieger wird an der Ziellinie ermittelt

In gleicher Weise gefährlich wie die Subgruppenanalysen ist die wiederholte, vielleicht sogar regelmäßige Betrachtung der Ergebnisse einer Studie während ihrer Durchführung. Die während des Verlaufs zufällige Entwicklung der Ergebnisse erlaubt bei regelmäßiger Betrachtung, gewünschte Ergebnisse zu einem geeigneten Zeitpunkt auszuwählen – so als würde man ein Zielfoto nicht erst nach einer festgelegten Distanz schießen, sondern dann, wenn der gewünschte Kandidat vorne liegt. Durch eine solche Zwischenauswertung oder Interimsanalyse werden alle in die Planung eingeflossenen wahrscheinlichkeitstheoretischen Überlegungen wertlos gemacht.

Auch hier gilt, dass eine a priori geplante Interimsanalyse mit entsprechend angepassten statistischen Eigenschaften legitim und oft sogar wünschenswert ist.

Also: Vorsicht vor ungeplanten Zwischenauswertungen! Entscheidend für die Auswertungszeitpunkte ist die Planung, wie sie im Studienprotokoll festgelegt ist.

»Garantiert nebenwirkungsfrei« bedeutet »garantiert wirkungsfrei«

Die Entwicklung eines Medikaments bedeutet eine Gratwanderung, um einerseits den Nutzen zu maximieren und andererseits das potenzielle Risiko von Nebenwirkungen so klein wie möglich zu halten. Bei wirksamen Arzneimitteln und anderen Therapien können unerwünschte Nebenwirkungen nie (!) ausgeschlossen werden. Deswegen ist es umso erstaunlicher, wie häufig Verfahren als »garantiert nebenwirkungsfrei« beschrieben werden. Träfe das zu, würde es auch »garantiert wirkungsfrei« bedeuten, da erwünschte und unerwünschte Wirkungen nicht prinzipiell zu trennen sind, sondern nur in oft jahrelangen Prozessen in ein günstiges Verhältnis gesetzt werden können.

Der einseitige Blick auf positive Wirkungen ist ein Phänomen, das bei Medikamenten, Diagnoseverfahren und Screeningmaßnahmen regelmäßig beobachtet werden kann, jedoch mit dem Anspruch an die qualifizierte Bestimmung einer Nutzen-Schaden-Relation nicht vereinbar ist.

Also: Vorsicht vor ausschließlich positiver Beschreibung von Verfahren! Die Frage nach Nebenwirkungen ist kein Suchen nach dem Haar in der Suppe, sondern die notwendige Berücksichtigung der Realität.

Prozent- oder Absolutzahlen – was auch immer eindrucksvoller ist

Auch bei völlig identischer Situation lässt sich durch die unterschiedliche Darstellung der zahlenmäßigen Zusammenhänge und Ergebnisse beim Betrachter eine sehr unterschiedliche Wahrnehmung erzeugen. Marginale absolute Unterschiede werden in prozentualer Darstellung eindrucksvoll aufgebläht: Wenn jemand beispielsweise von einer »Halbierung des Risikos« spricht, diese Änderung jedoch von 2 : 100.000 zu 1 : 100.000 erfolgt, so weist die Prozentangabe allein auf eine Bedeutung hin, die nicht gegeben ist. Da 2 : 10 und 1 : 10 die gleiche Risikorelation bedeutet, aber wesentlich relevanter wäre, ist die Angabe von absoluten Zahlen unverzichtbar, um die tatsächlichen Risikoverhältnisse zu verstehen.

Andererseits werden oft nur Absolutzahlen angeben, um Gefahren zu betonen. 8.000 an einer Krebsart Neuerkrankte in Deutschland sehen bedrohlich aus, sind jedoch nur ein Zehntausendstel der deutschen Bevölkerung, sodass hier die Bezugsgröße wesentlich ist. Ebenso sinnlos sind alleinstehende Absolutzahlen bei der Angabe der Verkehrstoten in einem Bundesland, der durch Haie getöteten Badenden oder der im Haushalt Verunglückten, wenn keine Bezugsgrößen für einen Vergleich vorhanden sind.

Also: Bei der alleinigen Angabe von Prozentzahlen oder Absolutzahlen jeweils die fehlenden Angaben beschaffen, um die vollständige Beschreibung der Situation zu ermöglichen.

Fazit

Für die wissenschaftsjournalistische Recherche gibt es kein Patentrezept, mit dem man die Qualität des Recherchegegenstands zuverlässig einschätzen kann. Checklisten für die Abfrage einzelner Qualitätsparameter können eine wertvolle Hilfe sein, verlangen jedoch ein Grundverständnis der Rationale hinter den einzelnen zu prüfenden Begriffen.

Das einzige durchgängige Konzept für die Qualitätsbewertung ist die Fähigkeit, die vielfältigen Möglichkeiten eines Bias zu erkennen. Selbst in Wissenschaftskreisen wird diese Perspektive jedoch oft nicht voll verstanden und deswegen nicht angemessen berücksichtigt. Erkenntnisverfälschende Bias-Ursachen, die noch durch zufällige Fehler überlagert werden, stellen deswegen eine besondere Herausforderung für den recherchierenden Journalisten dar. Mit einem Grundverständnis von wissenschaftlichen Studien und deren Schwachstellen ist es möglich, sich in diesem Gebiet zurechtzufinden und die lauernden Fußangeln zu vermeiden.

Literatur

»Berliner Erklärung über offenen Zugang zu wissenschaftlichem Wissen«. Conference on Open Access to Knowledge in the Sciences and Humanities. 20.–22.10.2003, Berlin. 22.10. 2003. www.zim.mpg.de/openaccess-berlin/BerlinDeclaration_dt.pdf (Download 10.4.2007).

Bördlein, Christoph. *Das sockenfressende Monster in der Waschmaschine. Eine Einführung ins skeptische Denken*. Aschaffenburg 2002.

Brockhaus. »Wissenschaft«. *Der Brockhaus Naturwissenschaft und Technik*. Bd. 3. Leipzig 2003. 2193.

Chalmers, Iain, Larry V. Hedges und Harris Cooper. »A brief history of research synthesis«. *Evaluation & The Health Professions* (25) 1 2002. 12–37.

»EbM-Glossar des EbM-Netzwerks«. www.ebm-netzwerk.de/grundlagen/glossar#glossar_html (Download 19.4.2007).

Egger, Matthias, George Davey-Smith und Douglas G. Altman. *Systematic Reviews in Health Care: Meta-Analysis in Context*. 2. Auflage. London 2001.

»Fifth International Congress on Peer review and Biomedical Publications«. Chicago, USA 2005. www.ama-assn.org/public/peer/peerhome.htm (Download 10.4.2007).

Fletcher, Robert H., Suzanne W. Fletcher und Edward H. Wagner. *Klinische Epidemiologie. Grundlage und Anwendungen.* Bern 2007.

Fux, Christiane. »Hausarbeit beugt Brustkrebs vor«. *Focus online* 29.12.2006. www.focus.de/gesundheit/ratgeber/krebs/news/studie_nid_41756.html (Download 19.4.2007).

Heilmann, Klaus. *Das Risiko der Sicherheit.* Stuttgart und Leipzig 2002.

Khan, Khalid, Regina Kunz, Jos Kleijnen und Gerd Antes. *Systematische Übersichtsarbeiten und Meta-Analysen. Ein Handbuch für Ärzte in Klinik und Praxis sowie Experten im Gesundheitswesen.* Berlin 2004.

Last, John M. *A Dictionary of Epidemiology.* New York 2001.

Linde, Klaus, et al. »Acupuncture for Patients With Migraine. A Randomized Controlled Trial«. *JAMA* (293) 17 2005. 2118–2125.

Schumacher, Martin, und Gabi Schulgen. *Methodik klinischer Studien.* Berlin 2007.

Erfolgreich trotz Konfliktpotenzial – Wissenschaftler als Informationsquellen des Journalismus

Hans Peter Peters

1. Einleitung

Öffentliche Kommunikation – vor allem geprägt durch Journalismus und Public Relations in verschiedenen Spielarten – konstruiert eine gesellschaftliche Wirklichkeit. Diese ist für die Teilsysteme der Gesellschaft sowie für die Individuen, die zur Gesellschaft gehören, insofern verbindlich, als niemand sie ignorieren kann, ohne sich zum gesellschaftlichen Außenseiter zu machen. Die Welt und als Teil davon die Wissenschaft, die uns in den Medien begegnet, ist also eine durch öffentliche Kommunikation konstruierte (Luhmann 1996).

Auch öffentliche Äußerungen von Wissenschaftlern, die sie etwa in Medieninterviews machen, sind keine authentischen wissenschaftlichen Äußerungen, sondern werden speziell zum Zweck öffentlicher Darstellung der Wissenschaft konstruiert. Diese öffentlichen Aussagen als ›Übersetzung‹ wissenschaftlicher Aussagen zu verstehen und anzunehmen, durch Wissenschaftsjournalismus würde Nichtwissenschaftlern ein Blick von außen auf die authentische Wissenschaft ermöglicht, würde den Charakter der öffentlichen Rekonstruktion von Wissenschaft durch Wissenschaftler, PR und Journalismus völlig missverstehen.

Nach der systemtheoretisch-konstruktivistischen Sichtweise (Luhmann 1996; Kohring 2005; Görke 1999; Sutter 2003), die diesem Beitrag zugrunde liegt, kann es wissenschaftliches Wissen nur innerhalb der Wissenschaft geben, weil ein ›Transfer‹ über die Systemgrenze hinweg nicht möglich ist. Der bei Weitem umfangreichste Teil dieses Materials – gesprochen, gedruckt oder online –, das vom Journalismus verwendet wird, ist sogar mit Blick auf seine Verwendung in der öffentlichen Kommunikation hergestellt – von den interviewten Wissenschaftlern selbst, von Pressestellen wissenschaftlicher Einrichtungen, von wissenschaftlichen Zeitschriften, Fachverbänden oder anderen wissenschaftlichen Institutionen.

Die authentische Wissenschaft, also der innerwissenschaftliche Diskurs, ist für Nichtwissenschaftler – inklusive der Wissenschaftsjournalisten – weitgehend unzugänglich, weil schlicht unverständlich. Diese Aussage ist nur für die Ausnahmefälle zu relativieren, in denen Wissenschaftsjournalisten in dem Gebiet, über das sie aktuell berichten, selbst kompetente Wissenschaftler sind.

Öffentliche Wissenschaft ist weitgehend inszeniert – und zwar vom Anfang bis zum Ende des Prozesses, in dem journalistische Produkte entstehen. Soweit es um die öffentliche Rekonstruktion wissenschaftlichen Wissens geht, sind notwendig die Wissenschaftler daran beteiligt. Sowohl Wissenschafts-PR wie Journalismus bauen auf ihren Aussagen auf.

Wissenschaftler haben also im Prozess öffentlicher Kommunikation eine zentrale Stellung. Das gilt selbst dann, wenn sie im endgültigen Medienprodukt als Quellen nicht sichtbar werden, sondern als Informanten oder Berater im Hintergrund bleiben. Natürlich werden die Aussagen der Wissenschaftler durch PR und Journalismus selektiert, interpretiert und rekontextualisiert. Insofern sind diese Systeme an der ›Konstruktion‹ des öffentlich-wissenschaftlichen Wissens maßgeblich beteiligt.

Die entscheidende Koppelung von wissenschaftlicher und öffentlicher Kommunikation erfolgt allerdings durch Wissenschaftler als Personen, die in drei soziale Systeme eingebunden sind: Wissenschaft, Wissenschaftsorganisation und Öffentlichkeit. Wissenschaftler müssen sich in allen drei Systemen für ihre öffentlichen Kommunikationsakte verantworten und deshalb einen Weg finden, diese teilweise divergierenden Erwartungen miteinander zu vereinbaren.

Wissenschaft nimmt hinsichtlich ihrer Distanz zur Alltagswelt einen Sonderstatus im Vergleich zu beispielsweise Politik, Wirtschaft, Religion und Sport ein. In allen gesellschaftlichen Teilsystemen, außer Wissenschaft, ist der Normalbürger zumindest potenziell in bestimmten Rollen involviert – im politischen System als Wähler, im Wirtschaftssystem als Arbeitnehmer, Konsument oder Aktienbesitzer, in der Religion als Gläubiger und im Sport als Hobbyathlet und Publikum. Nur in der Wissenschaft hat der Normalbürger keine Rolle. Das erklärt die Alltagsferne gerade der Wissenschaft und die Schwierigkeiten der Inklusion des Medienpublikums (Sutter 2003: 20–30) in die öffentliche Kommunikation von und über Wissenschaft.

Nun werden Wissenschaftsjournalisten einwenden, sie würden wissenschaftliche Konferenzen besuchen und wissenschaftliche Zeitschriften lesen, also wissenschaftliche Kommunikation direkt beobachten. Sicher geschieht das. Aber ist es nicht so, dass das, was auf diesen Konferenzen abläuft oder in den wissenschaftlichen Zeitschriften publiziert wird, im Regelfall nur durch erläuternde Kommentare von Wissenschaftlern in informellen Gesprächen, durch begleitendes PR-Material, durch Pressekonferenzen oder mehr oder weniger subtile PR-Betreuung kontextualisiert und nachvollziehbar wird?

Einige wissenschaftliche Kongresse, z.B. die ›Annual Meetings‹ der *American Association for the Advancement of Science* und die ›Open Forums‹ von *Euroscience*, verfolgen sogar explizit das Ziel, Wissenschaft gegenüber der Öffentlichkeit darzustellen. Für andere Konferenzen, beispielsweise die Symposien des *Deutschen Klimaforschungsprogramms*, ist die öffentliche Selbstdarstellung der Forschung zumindest ein Nebenaspekt, der sich allerdings nicht nur in der begleitenden Pressearbeit, sondern auch in der Programmgestaltung niederschlägt. Ähnliches gilt auch für die Flaggschiffe des wissenschaftlichen Publikationswesens, die Zeitschriften *Science* und *Nature*, die ihre wissenschaftlichen Artikel durch begleitende Public Relations öffentlich vermarkten.

Wissenschaftsjournalismus ist von kommunizierter Selbstbeobachtung der Wissenschaft durch Wissenschaftler und PR-Stellen abhängig. Letztere selektieren und bündeln die öffentlichen Äußerungen der Wissenschaftler, bereiten sie unter Antizipation journalistischer Relevanzkriterien mediengerecht auf, aber rahmen sie entsprechend ihren Organisationsinteressen.

Bei der Analyse der Beziehungen von Wissenschaftlern zu den Medien ist daher der Einfluss der Wissenschaftsorganisationen auf das öffentliche Kommunikationsverhalten der Wissenschaftler zu berücksichtigen. An der Abhängigkeit des Wissenschaftsjournalismus von Wissenschaftlern kann noch so qualifizierte journalistische Recherche im Kern nichts ändern; sie kann lediglich problematische Konsequenzen für die journalistische Autonomie kompensieren.

Die Abhängigkeit des Wissenschaftsjournalismus von den Wissenschaftlern ist prinzipiell und unaufhebbar. Die Abhängigkeit des Journalismus von der Wissenschafts-PR (Peters 1984; Baerns 1990; Göpfert 2004; Peters und Heinrichs 2005) ist hingegen – jedenfalls zu dem Grad, zu dem die Wissenschaftsorganisationen den Zugang von Journalisten zu ihren Wissenschaftlern nicht effektiv durch die Pressestellen kontrollieren – abhängig von Engagement, Kompetenz und Berufsethik (siehe z. B. Koch und Stollorz 2006) der Journalisten sowie von den redaktionellen Ressourcen, die dem Wissenschaftsjournalismus zur Verfügung stehen.

2. Wissenschaftler als öffentliche Kommunikatoren

2.1 Motive

Peter Weingart nennt aus wissenschaftssoziologischer Sicht als zentrale Funktion der Beteiligung der Wissenschaft an öffentlicher Kommunikation »die Legitimitätsbeschaffung nach außen und innen« (Weingart 2001: 244). Es geht der Wissenschaft also darum, ein öffentliches Konstrukt der Wissenschaft zu schaffen, das die eigene Existenz und die eigenen Ziele als gesellschaftlich gerechtfertigt erscheinen lässt.

Die Erzeugung von Legitimität, d.h. von gesellschaftlicher Zustimmung und Unterstützung, ist zweifellos die dominante Zielsetzung der Public Relations von Wissenschaftsorganisationen, die das allgemeine Legitimationsziel allerdings in Bezug auf die eigene Organisation spezifizieren und damit über ihre PR auch die Konkurrenz zwischen verschiedenen Wissenschaftsorganisationen und wissenschaftspolitischen Vorstellungen austragen. Die Legitimierung der eigenen Forschung und der dazu notwendigen materiellen und immateriellen Voraussetzungen dürfte aber auch für die Wissenschaftler ein zentrales Motiv darstellen.

Manchmal zum Leidwesen der Wissenschaftsorganisationen, aber zum Vorteil des (kritischen) Wissenschaftsjournalismus gilt die Loyalität des wissenschaftlichen Personals nicht exklusiv den sie beschäftigenden Organisationen. Als Angehörige von ›wissenschaftlichen Produktionsgemeinschaften‹ (Gläser 2006) mit starker Orientierung an den Fachkollegen und einem hohen Stellenwert professioneller Normen haben Wissenschaftler manchmal Motive, die quer oder sogar in Konkurrenz zu den PR-Zielen der eigenen Organisation stehen.

Sie denken weniger strategisch im Hinblick auf Legitimierung der eigenen Organisation als die professionelle Wissenschafts-PR. Die Motive von Wissenschaftlern, sich auf Kontakte zu Öffentlichkeit und Journalismus einzulassen, sind vielschichtig und abhängig vom jeweiligen Forschungsgebiet, dem Wissenschaftsbild und ihrer Beziehung zu außerwissenschaftlichen Bereichen, wie z. B. zum Gesundheitswesen, zur Industrie, zu einem Technologiefeld oder zur Politikberatung.

In verschiedenen Befragungen von Wissenschaftlern in Deutschland zeigt sich eine sehr hohe Zustimmung zu Aussagen, die eine Verpflichtung zu öffentlicher Kommunikation ausdrücken (Peters und Krüger 1985; Krüger 1987; Peters 1995; Strömer 1999; Peters und Heinrichs 2005). Das bedeutet zunächst jedoch nur, dass es im Gegensatz zu den Ergebnissen einer frühen französischen Studie (Boltanski und Maldidier 1970) bei den befragten deutschen Wissenschaftlern kaum grundsätzliche Vorbehalte gegen eine Beteiligung an der öffentlichen Kommunikation gibt und ihnen öffentliche Kommunikation als ›sozial wünschenswert‹ gilt. Daraus erschließt sich natürlich noch nicht, ob und welche konkreten Motive Wissenschaftler veranlassen, für den Kontakt mit Journalisten Ressourcen (z. B. Zeit) einzusetzen und Risiken einzugehen, wie z. B. die einer fehlerhaften oder kritischen Berichterstattung oder einer Irritation von Fachkollegen, Organisationsleitung und Geldgebern.

Die PR-Stellen von Forschungseinrichtungen sowie die derzeitigen deutschen und europäischen Initiativen zur Förderung der Wissenschaftskommunikation wie *Public Understanding of Science and Humanities (PUSH)*, *Wissenschaft im Dialog (WiD)*, die *Euroscience Open Forum*-Konferenzen sowie die *Communicating European Science*-Konferenzen der *Europäischen Kommission* (Claessens 2007) dürften die Meinung unter Wissenschaftlern verstärken, dass öffentliche Sichtbarkeit etwas Wünschenswertes ist.

Auch aus der deutschen Politik kamen und kommen Signale, dass die öffentliche Sichtbarkeit von Forschern gewünscht ist. Bekannt ist der bereits vor Jahrzehnten von Ex-Bundeskanzler Helmut Schmidt geprägte Begriff von der »Bringschuld der Wissenschaft« (Schmidt 2005: 12). 1986 forderte der damalige Bundesforschungsminister Heinz Riesenhuber die Wissenschaftler auf, »das Maul aufzumachen« (*dpa* – Aktuelle Nachrichten aus Forschung, Wissenschaft und Technologie, 24. November 1986), und kürzlich erneuerte Bundesforschungsministerin Annette Schavan in einem Zeitungsinterview den Aufruf der Politik an die Wissenschaftler, sich »stärker in den Mittelpunkt der Gesellschaft zu stellen« und »auch in der Öffentlichkeit eine größere Rolle zu spielen« (Schavan 2006).

Mit der Forderung nach einer stärkeren öffentlichen Präsenz der Wissenschaft verfolgt die Politik vor allem drei Ziele: Dazu gehören (a) die Förderung der gesellschaftlichen Innovationsfähigkeit und -bereitschaft (z. B. Technikakzeptanz) und (b) die Rationalisierung bzw. Legitimierung der Politik durch wissenschaftliche Beratung, die – um wirksam zu sein – in einer Demokratie auch öffentlich erfolgen muss. Soweit die Appelle von Forschungspolitikern ausgehen, spielt (c) ferner eine Rolle, dass öffentliche Präsenz der Wissenschaft die Relevanz der Forschungspolitik unterstreicht und damit die Position des Forschungsministeriums und -etats in der Konkurrenz zu anderen Ministerien stärkt. D. h. die Funktion öffentlicher Wissenschaftskommunikation für die Legitimierung staatlicher Forschungsaufwendungen wird auch von der Forschungspolitik gesehen und unterstützt.

Neben einer diffusen Grundüberzeugung von Wissenschaftlern, dass sie damit ihrer Verantwortung nachkommen, es vermutlich nützlich ist und es auch dem eigenen gesellschaftlichen und organisationsinternen Status dient, wenn man öffentlich in Erscheinung tritt, dürften in vielen Fällen auch sehr konkrete Interessen und Zielsetzungen im Spiel sein. Dazu zählen beispielsweise Demonstration von ›Relevanz‹ gegenüber potenziellen Geldgebern und forschungspolitischen Entscheidern (inklusive der eigenen Organisationsleitung!), Eröffnen von Verwertungsmöglichkeiten des durch Forschung erzeugten Wissens, Akzeptanz für innovative Technologien sowie Akzeptanz für umstrittene Forschungsmethoden und -felder, z. B. für die Forschung mit humanen embryonalen Stammzellen.

Auch beim Versuch, innerwissenschaftliche Ziele zu erreichen, also z. B. die Geltung bestimmter Hypothesen und Theorien durchzusetzen, wird nach Weingart (2001: 243–244) gelegentlich der Weg über die Öffentlichkeit gewählt. Schließlich wollen Wissenschaftler als Experten über die Öffentlichkeit in vielen Fällen Einfluss auf Entscheidungen und Handeln der Bevölkerung (z. B. Gesundheitsaufklärung) oder auf die Politik nehmen (z. B. Klimaschutz).

Es gibt also neben einer allgemeinen Motivation zu Kontakten mit Journalisten eine ganze Reihe von möglichen konkreten Gründen. Die entscheidende Frage ist daher nicht, ob Wissenschaftler zu Kontakten mit Medien bereit sind, sondern unter welchen Bedingungen sie dazu bereit sind bzw. welche Erwartungen sie an die Medien haben und wie die jeweiligen Motive ihr Kommunikationsverhalten beeinflussen.

2.2 Selbstverständnis als Kommunikatoren

In den oben erwähnten fünf deutschen Wissenschaftler-Befragungen wurden zwischen 1983 und 2003 insgesamt 1.731 Wissenschaftler befragt. Diese Befragungen, auf deren Ergebnisse ich mich im Folgenden beziehe, sind im Anhang kurz beschrieben. Ich verweise auf sie jeweils mit den entsprechenden Nummern in eckigen Klammern.

Peters und Krüger (1985) schlossen seinerzeit aus der Analyse ihrer Befragungen, dass viele Wissenschaftler im Verhältnis zum Journalismus nach ihrem impliziten Kommunikationsmodell unausgesprochen die Autorenrolle mit den damit verbundenen Rechten beanspruchen. 1983/84 plädierten beispielsweise fast 60 Prozent der befragten Wissenschaftler dafür, sich bei den damaligen Kabelfernsehversuchen mit eigenen Programmen zu beteiligen [1, 2]. Dieses Bild wird durch die seitdem durchgeführten weiteren Befragungen bestätigt.

Mit nur marginalen Unterschieden zwischen den Befragungsterminen 1983/84 und 1997 befürworteten 40 Prozent der Befragten, dass Wissenschaftler selbst in Massenmedien veröffentlichen sollten, und 57 Prozent waren dafür, dass Wissenschaftler bei der Wissenschaftsberichterstattung als Koautoren mitarbeiten sollten. Sich »auf die Informationsweitergabe beschränken und die Berichterstattung ganz den Journalisten überlassen« wollten dagegen nur drei Prozent der befragten Wissenschaftler [1, 2, 3].

Es verwundert daher nicht, dass Wissenschaftler im Sinne der Wahrnehmung von Autorenrechten die sie betreffende Berichterstattung kontrollieren wollen. Bei den genannten Befragungen sprachen sich 84 Prozent der Wissenschaftler für ein Gegenlesen von Artikeln vor der Veröffentlichung aus [1, 2, 3]. Auch die 1993/94 befragten wissenschaftlichen Risikoexperten stimmten der Forderung nach Gegenlesen stark zu [4]. Die meisten der von Peters und Heinrichs (2005) befragten Experten in der Berichterstattung über den Klimawandel befürworteten sogar die weitergehende Forderung, dass sie »ein Mitspracherecht bei der journalistischen Gestaltung der Beiträge [haben], für die sie interviewt worden sind« [5].

Die implizite Beanspruchung der Autorenrolle geht übrigens mit der Überzeugung einher, dafür auch genügend kommunikative Kompetenz zu besitzen. Über 90 Prozent der Wissenschaftler gaben an, dass sie »sich zutrauen, einen Artikel über ein interessantes Thema ihres Fachgebietes für eine Tageszeitung zu schreiben« [1, 2, 3]. Außerdem befürworten die 1993 und 2002/03 befragten Experten die direkte journalistische Verwertbarkeit ihrer Aussagen. Sie stimmten mehrheitlich den Aussagen stark zu, dass Journalisten erwarten können, dass sich die Experten ›allgemeinverständlich‹ bzw. mit journalistisch direkt verwendbaren ›griffigen Formulierungen‹ ausdrücken. Sie stimmten dieser Forderung sogar stärker zu als ihre parallel befragten journalistischen Gesprächspartner [4, 5].

Die genannten Befunde lassen zwei Interpretationen zu: (a) Wissenschaftler differenzieren nicht zwischen binnenwissenschaftlicher und öffentlicher Kommunikation. Sie betrachten öffentliche Kommunikation als bloße Ausweitung der binnenwissenschaftlichen Kommunikation und übertragen die vertrauten Muster binnenwissenschaftlicher Kommunikation auf ihre Beziehung zum Journalismus. (b) Wissenschaftler differenzieren zwar zwischen innerwissenschaftlicher und öffentlicher Kommunikation, betrachten den Journalismus jedoch als Instrument zur Durchsetzung ihrer eigenen Interessen oder – aus einer paternalistischen Motivation heraus – von antizipierten Interessen der Gesellschaft oder des Publikums.

Für die ›These von der fehlenden Differenzierung‹ zwischen wissenschaftlicher und öffentlicher Kommunikation spricht, dass zahlreiche Wissenschaftler die Belehrung der Öffentlichkeit als Bestandteil des universitären ›Lehrauftrags‹ und damit als genuin wissenschaftliche Aufgabe rahmen. Über 75 Prozent der von Krüger (1985), Peters und Krüger (1985) und Strömer (1999) befragten Wissenschaftler stimmten dem Statement zu: »Wissenschaftsberichterstattung ist Lehre im weiteren Sinne« [1, 2, 3]. Auch dass 1983/84 immerhin ein Viertel der Befragten Wissenschaftsjournalisten nicht als auf Wissenschaftler spezialisierte Journalisten, sondern als »Kollegen, die nicht forschen, dafür aber Wissenschaft vermitteln« betrachteten und eine starke Präferenz für die Platzierung der Wissenschaftsberichterstattung in einem eigenen Ressort hatten, deutet in diese Richtung [1, 2]. Schließlich ist die hohe Zustimmung zur Aussage, dass Medien über wissenschaftliche Kontroversen informieren [1, 2, 3, 4] und auf Unsicherheiten in wissenschaftlichen Risikostudien hinweisen sollten [4], weniger mit den Legitimierungsinteressen der Wissenschaft als mit wissenschaftlichen Kommunikationsnormen zu erklären.

Weingarts (2001: 244–253) These von der ›Medialisierung‹ der Wissenschaft bringt einen weiteren Gesichtspunkt ins Spiel. Danach übertragen Wissenschaftler nicht nur das Modell der innerwissenschaftlichen Kommunikation auf die Öffentlichkeit, sondern umgekehrt erlangen auch Kriterien öffentlicher Kommunikation innerhalb der Wissenschaft Geltung.

Die ›These einer versuchten Instrumentalisierung des Journalismus‹ wird dadurch gestützt, dass die befragten Risiko- und Klimaexperten in Bezug auf öffentliche Kommunikation Positionen einnehmen, die nicht ohne Weiteres mit klassischen wissenschaftlichen Normen kompatibel sind. Sie befürworten zum Beispiel, die Bevölkerung vor Risiken zu warnen, auch wenn nur ein Verdacht vorliegt [5]. Diese Haltung mag gesellschaftlich durchaus wünschenswert sein, aber sie widerspricht der wissenschaftlichen Fehlerpräferenz. Danach ist es zu bevorzugen, eine möglicherweise wahre, aber unbewiesene Aussage zu unterlassen, statt eine falsche Aussage zu machen.

Ferner fanden die Experten es richtig, sich nicht nur zu Sachfragen zu äußern, sondern zu kritisieren und Handlungsvorschläge zu machen [5] – auch dies ein Verstoß gegen die Norm der Werturteilsfreiheit positiver Wissenschaft. Schließlich stimmten die befragten Wissenschaftler Aussagen zu, in denen von den Medien erwartet wird, dass sie Experten »bei der Popularisierung ihrer Erkenntnisse unterstützen«, »den Nutzen der wissenschaftlichen Forschung herausstellen«, »Interesse für Wissenschaft und Technik wecken« [4] und »den politischen Stellenwert der Umweltforschung [...] erhöhen« [5]. Dass den Durchschnittslesern nur eine geringe wissenschaftliche Qualifikation zugeschrieben wird, sie also nicht sinnvoll als Beteiligte an einer ausgeweiteten wissenschaftlichen Kommunikation gedacht werden können, unterstützt ebenfalls diese zweite Lesart [1, 2].

Die genannten Befragungsergebnisse deuten darauf hin, dass die Wissenschaftler den Journalismus nicht als unabhängigen, kritischen Fremdbeobachter ansehen. Entweder betrachten sie ihn bei der öffentlichen Kommunikation über Wissenschaft überhaupt nicht als Akteur, sondern als eine Art Infrastruktur, oder aber sie konzeptualisieren ihn als Public-Relations-Agentur für die Wissenschaft und ihre Ziele. In den Vorstellungen von Wissenschaftlern gibt es vermutlich beide Konzepte.

Trotzdem – und inkompatibel mit beiden genannten Modellen – befürworten die Wissenschaftler einen kritischen Journalismus. So stimmten sie mehrheitlich der Aussage zu, die Medien sollten »politische, ökonomische und wissenschaftliche Eliten kontrollieren« [4] und »stets kritisch gegenüber Experten sein und deren Interessenlage durchleuchten« [4, 5]. Noch stärker befürworteten sie die Aussage »Journalisten haben das Recht, Experten in Interviews durch harte und kritische Fragen herauszufordern« [5]. Selbst von den 1983/84 befragten Wissenschaftlern bejahten gut die Hälfte, dass es eine der Hauptfunktionen der Wissenschaftsberichterstattung ist, »wissenschaftliche Institutionen und Projekte kritisch [zu] analysieren und [zu] bewerten« [1, 2].

Die doch überraschend hohe verbale Akzeptanz der journalistischen Kritikfunktion mag sowohl mit dem öffentlich positiv besetzten Image eines investigativen Journalismus als auch mit der grundsätzlichen Wertschätzung von Kritik innerhalb der Wissenschaft zusammenhängen, die sich aus der Norm des »organized skepticism« (Merton 1973: 277 f.) ergibt und beispielsweise im ›Peer review‹ institutionalisiert ist. Natürlich impliziert die grundsätzliche Befürwortung eines kritischen Journalismus nicht die Akzeptanz journalistischer Kritik im Einzelfall, zumal wenn sich diese Kritik gegen sie selbst richtet.

Insgesamt zeigt sich, dass Wissenschaftler kein geschlossenes, kohärentes und stabiles Modell der Wissenschaft-Journalismus-Beziehung besitzen. Vielmehr kommen Versatzstücke verschiedener Modelle zusammen, die der innerwissenschaftlichen Kommunikation, der strategischen öffentlichen Kommunikation und dem normativen Konzept eines gemeinwohlverpflichteten Journalismus als ›vierte Gewalt‹ entlehnt sind. Der fragmentierte Charakter der Vorstellungen über öffentliche Wissenschaftskommunikation deutet einerseits auf Unsicherheit bei der Bestimmung des Verhältnisses zum Journalismus, ermöglicht andererseits aber auch eine fallbezogene, flexible Anwendung dieser Konzepte.

2.3 Rekrutierung und Selbstrekrutierung als journalistische Informationsquellen

Wissenschaftler zeigen eine hohe verbale Bereitschaft zu Kontakten mit Medien, haben aber tatsächlich auch solche Kontakte. Von den befragten Professoren der Universität Mainz und der drei Berliner Universitäten antworteten jeweils rund 75 Prozent, dass sie Kontakt zu Journalisten hatten und dass über ihre Arbeit berichtet worden sei. Überwiegend wird ›gelegentlicher‹ Kontakt genannt; rund zehn Prozent geben ›dauernden Kontakt‹ an. Da im Forschungszentrum Jülich Wissenschaftler aller Karrierestufen befragt wurden, ist der Anteil der Jülicher Wissenschaftler mit Kontakt zu Journalisten geringer (knapp 45 Prozent) [1, 3]. Erfahrungen mit den Medien sind unter Wissenschaftlern also durchaus verbreitet, aber für die meisten keine Routine.

Welche Wissenschaftler öffentlich in Erscheinung treten, ist das Ergebnis eines komplexen Prozesses, in dem die Art journalistischer Recherche sowie das Angebot seitens der Wissenschaftler bzw. Wissenschaftsorganisationen eine Rolle spielen. Wissenschaftliche Reputation und organisatorischer Status (Leitungsfunktion) erhöhen die Wahrscheinlichkeit von Medienkontakten, sind aber nur zwei von einer ganzen Reihe von Faktoren, deren Bedeutung kontextspezifisch variiert. Einige Studien haben die Auswahl von Wissenschaftlern bzw. Experten für die Medienberichterstattung untersucht und eine Reihe von dabei wichtigen Faktoren ermittelt (z. B. Goodell 1977; Shepherd 1981; Rothman 1990; Kepplinger, Brosius und Staab 1991; Peters und Heinrichs 2005). Diese lassen sich in folgende drei allgemeine Kriterien zusammenfassen:

- ›Relevanz‹: Ob etwas innerwissenschaftlich bedeutsam ist oder nicht, ist für den Journalismus zunächst irrelevant (Kohring 2005: 285). Um für Journalisten als Informationsquelle interessant zu sein, müssen Wissenschaftler in einen für die Öffentlichkeit relevanten Sachverhalt involviert sein bzw. einen solchen kommentieren können: als Forscher mit praktisch bedeutsamen oder aus Alltagssicht erstaunlichen Ergebnissen, Beteiligte in einem Fälschungsskandal, Experten für politische oder individuelle Probleme, Nobelpreisträger, Mitglieder von Beratungskommissionen, Leiter von Forschungsexpeditionen oder forschungspolitische Repräsentanten der Wissenschaft zum Beispiel. Journalistisch ›relevant‹ in diesem Sinne sind Wissenschaftler also dann, wenn sie dazu beitragen, eine gute Story zu realisieren.
- ›Sichtbarkeit‹: Voraussetzung dafür, dass Wissenschaftler in die Medien kommen, ist ihre Sichtbarkeit für Journalisten – und das bedeutet vor allem: ihre Sichtbarkeit außerhalb der Wissenschaft. Diese wird beispielsweise erhöht durch vorangegangene Medienpräsenz (Goodell 1977), populäre Bücher, Publikationen in Zeitschriften, die von Journalisten regelmäßig genutzt werden (z. B. *Science* und *Nature*), und Vorträge auf Kongressen und sonstigen Veranstaltungen, die von vielen Journalisten besucht werden. Ein ganz wesentlicher Faktor für Sichtbarkeit sind Public-Relations-Aktivitäten der Forschungsorganisationen und Forschungsförderorganisationen (Peters und Heinrichs 2005: 114–118).
- ›Erreichbarkeit und Medieneignung‹: Schließlich spielt der journalistische Aufwand eine Rolle, der für die ›Nutzung‹ der wissenschaftlichen Primärquelle zu betreiben ist. Wissenschaftler, die telefonisch kaum erreichbar sind, nicht zurückrufen und nicht umgehend auf E-Mails antworten, bedingen einen höheren Rechercheaufwand. Das Gleiche gilt für

Wissenschaftler, die umständlich sind oder sich nicht kurz, eindeutig, verständlich und lebendig ausdrücken können.

Wie die drei genannten allgemeinen Kriterien im konkreten Fall spezifiziert werden, hängt stark von Thema, Rolle des Wissenschaftlers, Medium und ›Format‹ ab. Die rhetorischen Anforderungen an einen Wissenschaftler, mit dem ein Recherchegespräch für einen Zeitungsartikel geführt werden soll, unterscheiden sich selbstverständlich von denen, die von einem Wissenschaftler als Gast einer Talkshow erwartet werden.

Die Einschätzung der wissenschaftlichen Seriosität und persönlichen Glaubwürdigkeit mag bei der Auswahl eines Gesundheitsexperten, der den Lesern medizinische Ratschläge geben soll, entscheidend sein; sie spielt dagegen – ähnlich wie bei Politikern – kaum eine Rolle bei Wissenschaftlern, deren journalistische Relevanz sich aus ihrer ›Position‹ z. B. als Vorsitzende von Beratungsgremien oder Leiter von Forschungseinrichtungen ergibt.

3. Kommunikationsprobleme

3.1 Mögliche Gründe von Kommunikationsproblemen

Seit Jahrzehnten werden Probleme des Verhältnisses von Wissenschaft und Journalismus thematisiert (z. B. Willems 1976; Friedman, Dunwoody und Rogers 1986; Haller 1987; McCall 1988; Markl 1992; Peters 1995; Lempart 2005), werden Programme und Maßnahmen zur Verbesserung des Verhältnisses durchgeführt (z. B. Jerome 1986; Göpfert und Peters 1992, Peters und Göpfert 1995; Meier 1997; Schanne und Göpfert 1998; Schröter 2000) und wird eine ›Zusammenarbeit‹ oder gar ›Partnerschaft‹ von Wissenschaft und Journalismus gefordert (Reus 1988; Haller 1992).

Mögliche Kommunikationsprobleme zwischen Wissenschaftlern und Journalisten lassen sich aus drei komplementären Perspektiven analysieren: als Probleme interkultureller Kommunikation, als Interessenkonflikte und als Auswirkung der Sinngrenze zwischen den beiden gesellschaftlichen Teilsystemen Wissenschaft und Öffentlichkeit.

Wissenschaftler und Journalisten gehören jeweils unterschiedlichen professionellen Kulturen an, in denen unterschiedliche Interaktionsnormen und Qualitätskriterien gelten und die unterschiedliche Situationsdefinitionen, Rollen und ›Skripts‹ zur Gestaltung von Interaktionen bereitstellen (Peters 1995). Verstanden als eine Form ›interkultureller Kommunikation‹, sind bei Kontakten zwischen Wissenschaftlern und Journalisten Missverständnisse und Wertkonflikte zu erwarten, z. B. zwischen dem wissenschaftlichen Ideal möglichst großer Allgemeinheit und Genauigkeit von Aussagen und der journalistischen Wertschätzung kontextspezifischer, konkreter, verständlicher und entschiedener Aussagen.

Ein direkter Interessenantagonismus dürfte nur in relativ seltenen Fällen zwischen Wissenschaftlern und Journalisten existieren; allerdings sind die Interessen beider Seiten oft auch nicht identisch. Wissenschaftler verfolgen – wie oben beschrieben – eine Reihe von Zielen, die mit dem primären journalistischen Ziel einer ›guten Story‹ partiell inkongruent sind.

Interaktionen zwischen Wissenschaftlern und Journalisten sind spieltheoretisch betrachtet daher Verhandlungen, in denen beide Seiten versuchen, ihre Interessen möglichst weit durchzusetzen. Es ist evident, dass hier der Aspekt ›Macht‹ ins Spiel kommt, etwa als Reputation der beteiligten Personen und Organisationen oder als Sanktionspotenzial, d. h. in der Verfügung über für die jeweils andere Seite wichtige Ressourcen (Zugang zu wissenschaftlichen Primärinformationen bzw. Publizität).

Schließlich sind Wissenschaft und Öffentlichkeit zwei Teilsysteme moderner Gesellschaften, deren ›Kopplung‹ aufgrund inkompatibler Systemlogiken systemtheoretisch betrachtet immer prekär ist und in Interaktionskontexten Spannungen erwarten lässt. Wegen der oben begründeten besonderen Alltagsferne der Wissenschaft lässt sich vermuten, dass die sich aus der Sinngrenze ergebenden Kommunikations- und Interaktionsprobleme zwischen Wissenschaftlern und Journalisten besonders groß sind.

Es gibt also gute Gründe, davon auszugehen, dass das Verhältnis von Wissenschaft und Medien gespannt ist. Ob die Interaktionsprobleme zwischen Wissenschaftlern und Journalisten tatsächlich gravierender sind als beispielsweise zwischen Politikern und Journalisten oder Repräsentanten der Wirtschaft und Journalisten, ist aber offen. Tatsächlich zeigen Befragungen, dass Wissenschaftler ihre Kontakte zu Journalisten und Journalisten ihre Kontakte zu Wissenschaftlern erstaunlich positiv bewerten (siehe unten). Angesichts der hohen Zufriedenheit der Interaktionspartner ist daher anzunehmen, dass das Verhältnis zwischen Wissenschaft und Medien – gemessen an der Zufriedenheit der Interaktionspartner – nicht problematischer ist als z. B. zwischen Politik und Medien oder zwischen Wirtschaft und Medien.

Ein Teil der ›Probleme‹ des Verhältnisses von Wissenschaft und Journalismus entpuppt sich bei genauerem Hinsehen als Interessenkonflikt zwischen gesellschaftlichen Akteuren, die den Journalismus für egoistische oder auch altruistische Ziele instrumentalisieren wollen, und einem autonomen Journalismus, der seiner eigenen Logik folgt und seinerseits die Primärquellen für seine Berichterstattung instrumentalisieren will.

Solche Konflikte sind aus Politik und Wirtschaft ebenfalls bekannt. Spannungen zwischen Politikern und Journalisten werden eher als Indikatoren für einen funktionierenden kritischen Journalismus gesehen, der sich seiner politischen Instrumentalisierung widersetzt. Entsprechend sind auch Spannungen im Verhältnis von Wissenschaftlern und Journalisten per se kein Grund zur Besorgnis.

Neben den Interessenkonflikten sind aber die klassisch als Verständlichkeitsprobleme (z. B. Hansen 1981), Genauigkeitsprobleme (z. B. Haller 1987) oder Realitätsverzerrung (z. B. Kepplinger 1989: 164–169) konzeptualisierten Unterschiede zwischen wissenschaftlichen und journalistischen Konstruktionsregeln ernst zu nehmen, die sich aus der ›Sinngrenze‹ zwischen Teilsystemen ergeben. Die systemtheoretisch-konstruktivistische Sicht impliziert allerdings nicht, dass mediale Konstruktionen der Wirklichkeit als ›beliebig‹ angesehen werden müssen und nicht kritisiert werden können. Nur ergeben sich die Bewertungskriterien nicht quasi automatisch aus dem Kommunikationsmodell (wie z. B. das Kriterium ›Kommunikationsgenauigkeit‹ aus einem Informationstransfer- oder Übersetzungsmodell), sondern müssen theorieextern bestimmt und explizit normativ begründet werden.

Die Systemtheorie des Journalismus erklärt, dass die Realisierung bestimmter normativer Erwartungen an der Eigenlogik der Systeme scheitern muss. So ist beispielsweise die Erwartung, dass öffentliche Konstrukte ›vereinfachte‹ Abbilder wissenschaftlicher Konstrukte sein sollen, in doppelter Weise unrealistisch: (a) Wissenschaftsjournalistische Konstrukte sind wegen der Eigenlogik des Journalismus faktisch keine Abbilder wissenschaftlicher Konstrukte, und (b) wenn sie es wären, würden sie außerhalb der Wissenschaft niemanden interessieren, d.h. würde der Journalismus – wie Matthias Kohring (2005: 279) zu Recht schreibt – seine Funktion nicht erfüllen.

3.2 Empirische Ergebnisse zum Verhältnis von Wissenschaftlern und Journalisten

Die impliziten Modelle öffentlicher Kommunikation und des Verhältnisses von Wissenschaft und Journalismus, die Wissenschaftler besitzen, widersprechen fundamental den Modellen, von denen sich Journalisten leiten lassen. Die Projektgruppe Risikokommunikation (1994) sowie Peters und Heinrichs (2005) haben mit ähnlichen methodischen Designs 1993 und 2003 jeweils Wissenschaftler und Journalisten befragt, die miteinander Kontakt gehabt haben (siehe Anhang).

Thematischer Kontext waren Risikothemen allgemein (1993) bzw. der Klimawandel (2003), d.h. die befragten Wissenschaftler traten in der Berichterstattung überwiegend in einer ›Expertenrolle‹ auf und hatten eine weit überdurchschnittliche Medienerfahrung. Sie kamen aus einer Vielzahl von Fachdisziplinen, schwerpunktmäßig aber aus dem Bereich der Naturwissenschaften und Medizin. Die befragten Journalisten waren zu je etwa einem Drittel Wissenschaftsjournalisten, nicht auf Wissenschaft spezialisierte Journalisten und Journalisten, die sowohl für Wissenschaftsredaktionen als auch andere Redaktionen arbeiten.

Der Fragebogen präsentierte Wissenschaftlern und Journalisten jeweils Aussagen über die Aufgaben von Wissenschaft und Medien in der öffentlichen Kommunikation sowie über die Gestaltung des Verhältnisses zwischen Journalisten und Wissenschaftlern. Auf 7-stufigen Skalen äußerten die Befragten ihre Zustimmung bzw. Ablehnung zu diesen Aussagen. Aus den Unterschieden in der mittleren Zustimmung/Ablehnung zu diesen Aussagen zwischen den Wissenschaftlern und Journalisten kann man auf die (In-)Kompatibilität der Vorstellungen von Wissenschaftlern und Journalisten über das Verhältnis von Wissenschaft und Journalismus und die Art der Berichterstattung schließen, wobei es sowohl innerhalb der Journalisten als auch innerhalb der Wissenschaftler jeweils eine ganze Bandbreite von Vorstellungen gibt.

Zur Analyse der Unterschiede in den Ansichten von Wissenschaftlern und Journalisten habe ich aus den insgesamt 61 Aussagen (einige davon identisch bzw. ähnlich in den beiden Befragungen) diejenigen ausgewählt, bei denen die Mittelwertdifferenzen zwischen den Befragungsgruppen statistisch signifikant und größer als 0,5 Einheiten der Skala von –3 bis +3 sind. Die so ausgewählten 30 Aussagen habe ich dann thematisch gruppiert.

Zunächst möchte ich darauf hinweisen, dass Wissenschaftler und Journalisten in vielen Aspekten sehr ähnliche Ansichten haben, z.B. hinsichtlich der Notwendigkeit einer Beteiligung von Wissenschaftlern an der öffentlichen Kommunikation. Und bei den meisten Aussagen, bei denen es signifikante Unterschiede gibt, handelt es sich nicht um diametral entgegengesetzte Vorstellungen, sondern um unterschiedliche Grade der Zustimmung bzw. Ablehnung. Es zeigen sich jedoch einige systematische Differenzen in den Auffassungen von Wissenschaftlern und Journalisten – und zwar konsistent in verschiedenen Items und in bei-

Tabelle 1: Vergleich der Erwartungen von Wissenschaftlern und Journalisten

		Journalisten	Wissenschaftler	Differenz (absolut)
Kontrolle der Berichterstattung				
I-01	Journalisten sollten ihren Gesprächspartnern vor der Veröffentlichung den Artikel zum Gegenlesen vorlegen [1993]	–1,2	**2,1**	3,4
I-02	Experten haben ein Mitspracherecht bei der journalistischen Gestaltung der Beiträge, für die sie interviewt worden sind [2003]	–1,9	**1,2**	3,2
I-03	Es ist Aufgabe des Journalisten, die Äußerungen des Experten aus der Wissenschaftssprache in die Alltagssprache zu übersetzen [1993]	**2,5**	0,9	1,6
I-04	Journalisten können von Experten erwarten, dass diese sich allgemein verständlich ausdrücken [2003]	1,3	**2,1**	0,8
I-05	Experten sollten beim Interview griffige Formulierungen verwenden, die der Journalist direkt verwenden kann [1993]	0,8	**1,5**	0,6
Geltung wissenschaftlicher Normen für die öffentliche Kommunikation				
I-06	Experten sollten sich auf ihr enges Fachgebiet beschränken und Aussagen über andere Bereiche ablehnen [1993]	–0,7	**1,0**	1,7
I-07	Experten sollten sich bei einem Interview auf Sachaussagen beschränken und jegliche Wertungen unterlassen [1993]	–1,9	**–0,6**	1,2
I-08	Medien sollten vor allem über wissenschaftliche Risikoabschätzungen berichten [1993]	0,1	**1,2**	1,0
I-09	Die Berichterstattung über Risiken sollte nüchtern und sachlich erfolgen [1993]	1,3	**2,0**	0,7
I-10	Umweltexperten sollten sich öffentlich nicht nur zu Sachfragen äußern, sondern auch Entscheidungen kritisieren und Handlungsvorschläge machen [2003]	**2,0**	1,3	0,7
I-11	Umweltexperten sollten sich bei Kontakten mit der Öffentlichkeit um strikte Neutralität und Objektivität bemühen [2003]	1,0	**1,7**	0,6
I-12	Umweltexperten sollten sich auf ihr Fachgebiet beschränken und Aussagen über andere Bereiche ablehnen [2003]	0,4	**1,0**	0,5
I-13	Aufgabe des Journalismus: das Publikum unterhalten [1993]	**1,7**	0,8	0,9
I-14	Medien sollten Emotionalisierungen bei der Risikoberichterstattung vermeiden [1993]	0,8	**1,3**	0,5
Journalismus im Dienste der Wissenschaft				
I-15	Medien sollten die Autorität der Experten anerkennen und diese bei der Popularisierung ihrer Erkenntnisse unterstützen [1993]	–0,7	**0,9**	1,6
I-16	Medien sollten den Nutzen der wissenschaftlichen Forschung herausstellen [1993]	0,2	**1,4**	1,2
I-17	Medien sollten zur Risikoakzeptanz in der Bevölkerung beitragen [1993]	–1,0	**0,0**	0,9
I-18	Aufgabe des Journalismus: Interesse für Wissenschaft und Technik wecken [1993]	1,6	**2,0**	0,5

Erfolgreich trotz Konfliktpotenzial

		Journalisten	Wissenschaftler	Differenz (absolut)
Akzeptanz einer journalistischen Kritik- und Kontrollfunktion				
I-19	Journalisten sollten die Aussagen von Experten akzeptieren und darauf verzichten, sie infrage zu stellen [1993]	–2,5	**–1,1**	1,5
I-20	Aufgabe des Journalismus: politische, ökonomische und wissenschaftliche Eliten kontrollieren [1993]	**2,3**	1,2	1,1
I-21	Medien sollten stets kritisch gegenüber Umweltexperten sein und deren Interessenlage durchleuchten [2003]	**2,3**	1,4	0,9
I-22	Aufgabe des Journalismus: auf der Seite der Schwachen stehen [1993]	**1,3**	0,6	0,7
I-23	Medien sollten stets kritisch gegenüber Experten sein und deren Interessenlage durchleuchten [1993]	**2,3**	1,8	0,5
Paternalismus gegenüber dem Medienpublikum				
I-24	Medien sollten die Bevölkerung zu risikoärmerem Verhalten erziehen [1993]	–0,1	**1,1**	1,1
I-25	Medien sollten ohne pädagogische Zielsetzung über Umweltprobleme berichten [2003]	**1,0**	0,2	0,8
I-26	Aufgabe des Journalismus: die Bevölkerung zu richtigem Verhalten erziehen [1993]	–0,4	**0,4**	0,7
I-27	Aufgabe des Journalismus: meinungsbildend wirken [1993]	**1,7**	1,0	0,7
I-28	Um die Bevölkerung nachdrücklich zu warnen, sollten die Medien die Umweltsituation ruhig etwas dramatisieren [2003]	–1,7	**–1,1**	0,6
I-29	Medien sollten grundsätzlich von einem mündigen Publikum ausgehen und ohne pädagogische Zielsetzung berichten [1993]	**1,1**	0,6	0,6
Initiative zu Kontakten				
I-30	Umweltexperten sollten von sich aus Journalisten kontaktieren und ihnen Informationen anbieten [2003]	**1,9**	0,9	1,0

Quelle: Projektgruppe Risikokommunikation 1994; Peters und Heinrichs 2005

den Befragungen. Diese Differenzen lassen sich in fünf Hauptpunkten zusammenfassen (siehe Tabelle 1):

- Kontrolle der Berichterstattung: Die von den Wissenschaftlern implizit beanspruchte ›Autorenrolle‹ (siehe Abschnitt »Selbstverständnis als Kommunikatoren«) stößt auf ein damit inkompatibles Selbstverständnis der Journalisten. Diese reklamieren die Autorenrolle für sich und betrachten die Wissenschaftler als ihre Informationsquellen, denen sie außer einer fairen Behandlung (z. B. korrekter Zitierung) nichts schulden. Die von den Wissenschaftlern geforderte Kontrolle der sie betreffenden Berichterstattung wird von den Journalisten eindeutig abgelehnt. In beiden Befragungen gab es bei keiner Aussage eine so große Diskrepanz zwischen Wissenschaftlern und Journalisten wie bei den Forderungen nach Gegenlesen und Mitspracherecht (Tabelle 1: I-01 und I-02). Bemerkenswert ist die Richtung des Unterschieds bei den drei übrigen Items (I-03–I-05): Journalisten reklamieren für sich eindeutig eine ›Übersetzerrolle‹, die von den Wissenschaftlern zwar nicht direkt zurückgewiesen, aber doch deutlich schwächer gesehen wird als von den Journalisten. Warum ist das so? Die überraschend höhere Zustimmung der Wissenschaftler zu den Aussagen, dass sie journalistisch direkt verwertbare, also bereits ›übersetzte‹ Formulierungen verwenden sollen, verweist auf eine plausible Interpretation: Kompatibel mit der beanspruchten Autorenrolle sehen sich die Wissenschaftler tendenziell selbst als Kommunikatoren, die die Öffentlichkeit unter Umgehung des (verzerrenden) Einflusses journalistischer Übersetzung direkt informieren wollen.

- Geltung wissenschaftlicher Normen für die öffentliche Kommunikation: Die zahlreichen Aussagen in diesem Bereich zeigen die unterschiedlichen Auffassungen von Wissenschaftlern und Journalisten, inwieweit Normen innerwissenschaftlicher Kommunikation auch für die öffentliche Kommunikation gelten sollen. Das betrifft erstens das öffentliche Kommunikationsverhalten der Wissenschaftler selbst, wie z. B. ihre Bereitschaft, über den Tellerrand der eigenen Spezialisierung zu blicken (I-06, I-12), Wertungen vorzunehmen (I-07, I-11) und zu politischen Entscheidungsfragen Stellung zu nehmen (I-10). Zweitens geht es darum, wie weit die journalistische Darstellung vom wissenschaftlichen Ideal sachlicher (I-09), unemotionaler (I-14) und wissenschaftsnaher (I-08) Kommunikation abweichen und etwa unterhaltend (I-13) sein darf. In den genannten Studien nicht abgefragt, aber auf der Hand liegend und in anderen Studien nachgewiesen sind die unterschiedlichen Qualitätskriterien von Wissenschaftlern und Journalisten hinsichtlich der ›wissenschaftlichen‹ Genauigkeit (Salomone et al. 1990).

- Journalismus im Dienste der Wissenschaft: Die hier zusammengefassten Diskrepanzen zeigen die unterschiedlichen Auffassungen hinsichtlich einer Instrumentalisierung der Medien für mögliche Ziele der Wissenschaftler. So erwarten die Wissenschaftler beispielsweise Unterstützung bei der Popularisierung ihrer Erkenntnisse (I-15) und bei der Verdeutlichung des Nutzens der Forschung (I-16), während die Journalisten die Verwirklichung dieser Ziele nicht als ihre Aufgabe ansehen. Geringere Differenzen existieren in Bezug auf das Wecken von Interesse für Wissenschaft und Technik (I-18). Interesse für Wissenschaft und Technik zu wecken liegt nicht nur im Interesse der Wissenschaftler, sondern auch im Eigeninteresse der Wissenschaftsjournalisten, die damit Nachfrage beim Publikum für ihre Themen schaffen. Im Feld der Risikoberichterstattung treten Wissenschaftler häufig als Experten auf, die entweder vor Risiken warnen oder die Akzeptanz bestimmter Risiken (z. B. Technologien) fördern wollen. Journalisten distanzieren sich offenbar besonders von der letztgenannten Zielsetzung (I-17).

- Akzeptanz einer journalistischen Kritik- und Kontrollfunktion: Die überraschende Akzeptanz der journalistischen Kritik- und Kontrollfunktion wurde bereits oben erwähnt. Beim Vergleich mit den Journalisten zeigt sich allerdings, dass es noch einen deutlichen Unterschied zu der Intensität gibt, mit der die Journalisten diese Funktion reklamieren (I-19 bis I-23). Es ist gerade bei diesen Items anzunehmen, dass die Antworten ein normatives Journalismus-Idealbild widerspiegeln. Journalisten nehmen die reklamierte Kritikfunktion gegenüber der Wissenschaft in der Praxis vermutlich weniger stark wahr, als nach den Antworten zu erwarten wäre, und Wissenschaftler akzeptieren die (auf sie selbst angewandte) Kritikfunktion vermutlich weniger stark, als dies ihre Antworten nahelegen.

- Paternalismus gegenüber dem Medienpublikum: Im Vergleich zu Journalisten zeigen Wissenschaftler eine moderate Neigung zum Paternalismus. Sie stimmen im Gegensatz zu den Journalisten Items zu, in denen das Wort ›erziehen‹ vorkommt (I-24, I-26), und sie sprechen sich weniger stark als Journalisten gegen eine ›pädagogische Zielsetzung‹ aus (I-25, I-29). Beide Gruppen lehnen es ab, die Wahrheit in der öffentlichen Kommunikation zugunsten eines guten Zwecks (Warnung der Bevölkerung) zu opfern – die Wissenschaftler aber weniger entschieden als die Journalisten (I-28). Dass der Journalismus ›meinungsbildend‹ sein soll, finden Journalisten mehr als Wissenschaftler. Im Gegensatz zu den Begriffen ›erziehen‹ und ›pädagogisch‹ besitzt der Begriff ›meinungsbildend‹ offenbar eine emanzipatorische Konnotation, die zu einer höheren Zustimmung der Journalisten als der Wissenschaftler führt (I-27).

Hinweise auf die Art der Kommunikationsprobleme ergeben sich aus der Beschreibung von Wissenschaftlern und Journalisten über die Erfahrungen bei Kontakten sowie aus der Bewertung der Berichterstattung durch die Wissenschaftler. Daraus ergibt sich, dass Wissenschaftler – in Übereinstimmung mit zahlreichen Genauigkeitsstudien sowie der vergleichenden Analyse von Qualitätskriterien durch Kandice L. Salomone et al. (1990) – vor allem die Genauigkeit der Darstellung durch die Medien bemängeln.

Vor allem nannten die von der Projektgruppe Risikokommunikation (1994) befragten Wissenschaftler aus dem Kontext gerissene (37 Prozent), fehlerhaft wiedergegebene (28 Prozent) und sinnentstellend gekürzte (28 Prozent) Äußerungen [4]. 44 Prozent der von Peters und Heinrichs (2005) befragten wissenschaftlichen Experten sagten, dass in den sie betreffenden Teilen des journalistischen Beitrags sachliche Fehler und Ungenauigkeiten enthalten seien. 32 Prozent der wissenschaftlichen Experten stimmten zu, dass sich durch die journalistische Auswahl und Bearbeitung ganz oder teilweise der Sinn der von ihnen stammenden Informationen verändert habe [5].

Daneben gibt es in den beiden Befragungen Hinweise auf versuchte gegenseitige Instrumentalisierung. So stimmten 61 Prozent der Journalisten ganz oder teilweise der Aussage zu, dass sich die Experten einen Nutzen von der Veröffentlichung versprochen hätten. 44 Prozent der Wissenschaftler hingegen hatten ganz oder teilweise den Eindruck, dass der Journalist »Bestätigung für vorgefasste Ansichten« suchte [4]. Von den Klimaexperten stimmten 36 Prozent ganz oder teilweise der Aussage zu, »dass man bei dem Gespräch etwas ganz Bestimmtes von ihnen hören wollte« [5]. Ein Interessenantagonismus bei Kontakten zwischen Wissenschaftlern und Journalisten scheint allerdings nur in Ausnahmefällen vorzuliegen: Nur einer von 135 Wissenschaftlern gab an, dass der Journalist ihm gegenüber »ablehnend eingestellt« war; vier weitere meinten, dies sei teilweise der Fall gewesen [4].

Die Analyse der unterschiedlichen Auffassungen zur öffentlichen Wissenschaftskommunikation sowie die zumindest teilweise kritischen Urteile der Wissenschaftler über die journalistische Wiedergabe ihrer Informationen lassen eine Menge Konfliktpotenzial erwarten. In den fünf im Anhang beschriebenen Erhebungen wurde den Wissenschaftlern, die eigene Kontakte mit Journalisten gehabt hatten, jeweils eine mehr oder weniger gleichlautende Frage gestellt: »Wie waren Ihre Erfahrungen mit den Journalisten? Waren sie eher gut oder eher schlecht?« In zwei der Befragungen wurde zudem den Journalisten, mit denen die

Abbildung 1: Interaktionszufriedenheit von Wissenschaftlern und Journalisten

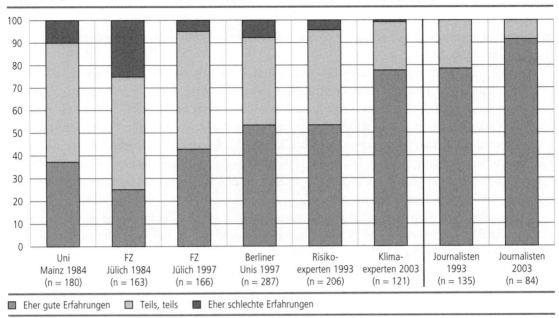

■ Eher gute Erfahrungen   □ Teils, teils   ■ Eher schlechte Erfahrungen

Alle Angaben in Prozent

Quellen: Krüger 1985; Peters und Krüger 1985; Projektgruppe Risikokommunikation 1994; Strömer 1999; Peters und Heinrichs 2005

Wissenschaftler Kontakt gehabt hatten, eine entsprechende Frage zu ihren Erfahrungen mit Wissenschaftlern gestellt. Abbildung 1 zeigt die Verteilung der Antworten auf diese Frage in den sechs Wissenschaftler-Stichproben und zwei Journalisten-Stichproben.

Wissenschaftler bewerten ihre Erfahrungen mit Journalisten nur sehr selten als ›eher schlecht‹, dagegen sehr häufig als ›eher gut‹. Allerdings gibt es auch eine große Gruppe von Wissenschaftlern, die gemischte Erfahrungen gemacht hat. Die parallelen Befragungen von Journalisten zeigten außerdem, dass sich diese sogar noch zufriedener über ihre Beziehungen zu den Wissenschaftlern äußern als umgekehrt.

Die Abbildung verdeutlicht, dass es Gruppen von Wissenschaftlern und Journalisten gibt, die relativ problemlos miteinander interagieren, und dass die praktischen Erfahrungen von Wissenschaftlern mit dem Journalismus ihre Motivation zu weiteren Medienkontakten vermutlich eher stärken als schwächen.[1]

Interessant ist der relativ hohe Anteil negativer Erfahrungen bei den Wissenschaftlern des Forschungszentrums Jülich im Jahr 1984 sowie der Unterschied zur erneuten Befragung im Jahr 1997 (siehe Abbildung 1). Hieraus lassen sich Hinweise auf die Ursachen ernsthafter Konflikte zwischen Wissenschaft und Journalismus ableiten. 1984 war einer der Forschungs-

---

1   Die Abbildung soll hingegen nicht suggerieren, dass Zufriedenheit der Interaktionspartner ein relevantes Kriterium für journalistische Qualität ist. Man darf die hohe Zufriedenheit beider Seiten daher keinesfalls als positive Evaluation des Wissenschaftsjournalismus oder der Leistung von Wissenschaftlern als journalistische Informationsquellen missverstehen.

schwerpunkte der damaligen Kernforschungsanlage Jülich die Forschung im Bereich der Kernenergie, und das Forschungszentrum wurde öffentlich als Protagonist dieser Technologie wahrgenommen. Kerntechnik und Kernforschung wurden in der ersten Hälfte der 80er Jahre in den Medien zunehmend infrage gestellt und verloren an Zustimmung in der Bevölkerung (Kepplinger 1989: 187–195).

Insofern dürfte das Forschungszentrum Jülich 1984 mit einem für Wissenschaft ungewöhnlich kritischen Journalismus konfrontiert gewesen sein. Mit dem Rückgang der Kernforschung im Forschungszentrum Jülich, der sich 1990 auch in einem Wechsel des Namens öffentlich manifestierte, entfielen viele Anlässe für journalistische Kritik. Der Interessenkonflikt zwischen dem journalistischen Ziel, die Kerntechnik kritisch zu hinterfragen, und dem Ziel der Wissenschaftler, diese Technologie öffentlich positiv darzustellen, verlor an Bedeutung. Entsprechend beurteilten die Wissenschaftler des Forschungszentrums ihre Medienkontakte 1997 deutlich seltener negativ.

Umgekehrt lässt sich aus der geringen Häufigkeit negativer Erfahrungen in den anderen Wissenschaftler-Stichproben der Schluss ziehen, dass Wissenschaft vom Journalismus nur in Ausnahmefällen kritisch thematisiert wird und dass die verbale Zustimmung der Wissenschaftler zur Kritik- und Kontrollfunktion des Journalismus nur selten auf die Probe gestellt wird.

3.3 Zufriedenheit der Interaktionspartner trotz der Kommunikationsprobleme

Angesichts der theoretisch zu erwartenden wie empirisch nachweisbaren Kommunikationsprobleme zwischen Wissenschaft und Journalismus überrascht die sich in der hohen Zufriedenheit der Wissenschaftler und Journalisten ausdrückende geringe Konfliktrate. Zur Erklärung verweise ich auf drei Hauptgründe: (a) die ›Selbstselektion von Wissenschaftlern‹, die die Regeln der öffentlichen Kommunikation akzeptieren, (b) die Ausbildung einer ›Ko-Orientierung‹ zwischen interagierenden Wissenschaftlern und Journalisten und (c) die geringe ›Legitimität journalistischer Kritik an der Wissenschaft‹ angesichts ihres hohen öffentlichen Ansehens.

Politiker müssen den Weg in die Öffentlichkeit suchen, weil ihre Wiederwahl direkt von ihrer öffentlichen Bekanntheit, ihrem Image und ihrer wahrgenommenen Leistung abhängt; Wissenschaftler kommen dagegen meist sehr gut ohne öffentliche Präsenz aus. Wissenschaftler haben daher häufig die Wahl, ob sie Kontakte zu Journalisten suchen bzw. in diese einwilligen oder nicht. Und einer der Faktoren, die dabei eine Rolle spielen, dürfte die empfundene kulturelle Nähe bzw. Distanz zum Journalismus sowie das antizipierte Potenzial von Interessenkonflikten sein.

Die organisatorischen PR-Stellen dürften zudem vor allem solche Wissenschaftler als potenzielle journalistische Gesprächspartner annoncieren, von denen sie annehmen, dass sie mit Journalisten zurechtkommen. Insofern können Wissenschaftler und PR-Stellen über die beiden oben genannten Kriterien ›Sichtbarkeit‹ und ›Erreichbarkeit‹ in Grenzen steuern, welche Wissenschaftler Kontakt zu den Medien haben, also eine ›Selbstselektion‹ vornehmen. Dies gelingt vor allem dann, wenn die Informationsquellen aus journalistischer Sicht austauschbar sind, sich das journalistische Interesse also nicht auf die Person richtet (z. B. Nobelpreisträger) oder aus der Rolle ergibt (z. B. Leiter eines großen Projektes).

Die in den Interaktionen von Wissenschaftlern und Journalisten auftretenden Kommunikationsprobleme – subkulturelle Unterschiede, Systemgrenzen und Interessenkonflikte – treten in unserer funktional differenzierten Gesellschaft an vielen Stellen auf. Insofern haben sich auch Strategien entwickelt, um die aus der sozialen Differenzierung folgenden Probleme zu bewältigen. Diese Strategien – Entwickeln eines Verständnisses für die andere Kultur, Aushandeln von Kompromissen, zynische oder resignierende Toleranz gegenüber fremden Perspektiven und Werten – sind auch im Interface von Wissenschaft und Journalismus wirksam.

Trotz der beschriebenen Gegensätze auf konzeptioneller Ebene in Bezug auf Kommunikationsmodelle und Erwartungen kommt es durch ›Ko-Orientierung‹ der Interaktionspartner zur Ausbildung eines pragmatischen Modus Vivendi: Wissenschaftler akzeptieren letztlich eine ›Richtlinienkompetenz‹ der Journalisten für die öffentliche Kommunikation und antizipieren journalistische Kriterien in ihren eigenen Äußerungen. Journalisten machen Zugeständnisse, indem sie beispielsweise entgegen ihrem professionellen Selbstverständnis ihren Gesprächspartnern häufig doch Gelegenheit geben, die Beiträge vor der Veröffentlichung zu lesen und sachliche Korrekturen vorzuschlagen.

Schließlich ist ein wichtiger Grund für die relative Spannungsfreiheit in den Interaktionen von Wissenschaftlern und Journalisten, dass dem Journalismus die notwendige Legitimation für eine kritische Thematisierung der Wissenschaft fehlt. Wie zum Beispiel aus der *Allgemeinen Bevölkerungsumfrage der Sozialwissenschaften*[2] aus dem Jahr 2000 hervorgeht, genießen wissenschaftliche Institutionen in der Öffentlichkeit erheblich höheres Vertrauen als etwa politische Institutionen, Wirtschaftsinstitutionen und auch Institutionen im Medienbereich.

Das hohe öffentliche Ansehen der Wissenschaft delegitimiert Kritik – vor allem Kritik von Institutionen wie dem Journalismus, der öffentlich weit weniger Vertrauen genießt als die Wissenschaft. Außer in Fällen eindeutiger Normverletzungen (z. B. Datenfälschung) und unterstellbarer Interessenverflechtung (z. B. in umstrittenen Technikfeldern wie Gentechnik, Kernenergie) ist Kritik an der Wissenschaft eher selten und muss sich in der Regel selbst wieder auf (konkurrierende) wissenschaftliche Autorität stützen.

Eine Folge der hohen öffentlichen Reputation der Wissenschaft ist auch der weitgehend unkritische Rückgriff auf Wissenschafts-PR und die parallele Tätigkeit von ›Journalisten‹ im Wissenschaftsjournalismus und in der Wissenschafts-PR (Göpfert 2004: 188–192; Koch und Stollorz 2006). Beides trägt zu einem an der öffentlichen Selbstdarstellung der Wissenschaft orientierten Wissenschaftsjournalismus bei und reduziert das Konfliktpotenzial in den konkreten Interaktionen von Wissenschaftlern und Journalisten. Die überwiegend positiven Erfahrungen der Wissenschaftler bei ihren Medienkontakten dürften daher auch mit der über-

---

2 Die *Allgemeine Bevölkerungsumfrage der Sozialwissenschaften (ALLBUS)* wird regelmäßig vom *Zentrum für Umfragen, Methoden und Analysen*, Mannheim, und dem *Zentralarchiv für Empirische Sozialforschung*, Köln, in Zusammenarbeit mit dem *ALLBUS*-Ausschuss durchgeführt. Die Daten sind beim *Zentralarchiv für empirische Sozialforschung* erhältlich. Die Frage zum allgemeinen Vertrauen in verschiedene Institutionen, auf die hier Bezug genommen wird, wurde im Rahmen des *ALLBUS 2000* gestellt.

wiegend affirmativen Thematisierung von Forschung in deutschen Medien und der damit verbundenen Vermeidung antagonistischer Interessenkonflikte zu erklären sein.

3.4 Differenzierungen des Verhältnisses von Wissenschaft und Medien

Abschließend bleibt zu diskutieren, wie allgemeingültig das auf der Basis der verfügbaren Wissenschaftler-Befragungen gezeichnete Bild von den Beziehungen zwischen Wissenschaft und Medien ist. Die befragten Wissenschaftlergruppen umfassen zwar ein breites Spektrum an wissenschaftlichen Disziplinen (unter Einschluss von Sozial- und Geisteswissenschaftlern), die Stichproben sind jedoch nicht repräsentativ für die Wissenschaftler in Deutschland.

Der Schwerpunkt der Befragungen liegt eindeutig auf den Natur-/Ingenieurwissenschaften. Zudem sind die Fallzahlen nicht groß genug, um eine aussagekräftige Differenzierung nach z.B. Wissenschaftsdisziplinen vorzunehmen. Trotzdem lassen sich eine ganze Reihe plausibler Hypothesen formulieren, welche Faktoren die Art der Beziehungen zwischen Wissenschaftlern und Medien systematisch beeinflussen und positive bzw. negative Bewertungen von Wissenschaftlern evozieren. Zu erwarten ist, dass vor allem folgende Faktoren und die Interaktion zwischen ihnen die Beziehung zwischen Wissenschaftlern und Journalisten modifizieren:

1. Charakteristika der Disziplinen, Forschungsfelder und Forschungsthemen
2. Charakteristika der Medien, Redaktionen und Medienformate, in denen berichtet wird
3. Organisatorische, ökonomische, politische und öffentliche Kontexte der Forschung bzw. des wissenschaftlichen Wissens
4. Beziehung zwischen wissenschaftlichem Wissen und Alltagswissen, wie z.B. konkurrierende Geltungsansprüche, die vor allem im Bereich der Sozial- und Geisteswissenschaften eine Rolle spielen.

Die bisher vorliegenden Wissenschaftler-Befragungen erlauben die Rekonstruktion des Verhältnisses von Wissenschaft und Medien auf einer aggregierten Ebene, d.h. unter weitgehendem Verlust an Differenzierungen. Sie waren zudem bemüht, die Gründe für Spannungen zwischen Wissenschaft und Journalismus zu identifizieren.

Das Resümee dieser Forschung ist jedoch letztlich, dass die Beziehungen von Wissenschaft und Medien entgegen theoretischen Erwartungen und anekdotischer Evidenz insgesamt gesehen überraschend spannungsfrei sind. Die Herausforderung für die weitere Forschung ist nun, die Gründe und Strategien zu analysieren, die zu diesem Beziehungsmuster führen. Außerdem sollte es zukünftig darum gehen, die Bedingungen für Abweichungen von diesem allgemeinen Muster zu identifizieren und relevante Differenzierungen zu analysieren.

Literatur

Baerns, Barbara. »Wissenschaftsjournalismus und Öffentlichkeitsarbeit: Zur Informationsleistung der Pressedienste und Agenturen«. *Wissenschaftsjournalismus und Öffentlichkeitsarbeit*. Tagungsbericht zum 3. Colloquium Wissenschaftsjournalismus vom 4./5. November 1988 in Berlin. Hrsg. Stephan Ruß-Mohl. Gerlingen 1990. 37–53.

Boltanski, Luc, und Pascale Maldidier. »Carrière scientifique, morale scientifique et vulgarisation«. *Informations sur les sciences sociales* (9) 3 1970. 99–118.

Claessens, Michel (Hrsg.). *Communicating European Research 2005*. Dordrecht 2007.

Friedman, Sharon M., Sharon Dunwoody und Carol L. Rogers (Hrsg.). *Scientists and Journalists: Reporting Science As News*. New York 1986.

Gläser, Jochen. *Wissenschaftliche Produktionsgemeinschaften. Die soziale Ordnung der Forschung*. Frankfurt am Main 2006.

Goodell, Rae. *The visible scientists*. Boston 1977.

Göpfert, Winfried, und Hans Peter Peters. »Konzept einer ›Sommerschule Wissenschaftsjournalismus‹ und Erfahrungen bei der Realisierung«. *Publizistik* (37) 1 1992. 118–120.

Göpfert, Winfried. »Starke Wissenschafts-PR – armer Wissenschaftsjournalismus«. *Science-Pop. Wissenschaftsjournalismus zwischen PR und Forschungskritik*. Hrsg. Christian Müller. Graz 2004.

Görke, Alexander. *Risikojournalismus und Risikogesellschaft. Sondierung und Theorieentwurf*. Opladen 1999.

Haller, Michael. »Wie wissenschaftlich ist der Wissenschaftsjournalismus?«. *Publizistik* (32) 3 1987. 305–319.

Haller, Michael. »Mit großer Pose die tumbe Welt erwecken? Wissenschaft und Journalismus – vom Gegensatz zur Partnerschaft. Die Mittlerrolle des Journalisten«. *Die Medien zwischen Wissenschaft und Öffentlichkeit*. Hrsg. Robert Gerwin. Stuttgart 1992. 39–48.

Hansen, Klaus (Hrsg.). *Verständliche Wissenschaft. Probleme der journalistischen Popularisierung wissenschaftlicher Aussagen*. Dokumentation. Bd. 5 der Theodor-Heuss-Akademie der Friedrich-Naumann-Stiftung. Gummersbach 1981.

Jerome, Fred. »Media Resource Services: getting scientists and the media together«. *Impact of Science on Society* (36) 4 1986. 373–378.

Kepplinger, Hans Mathias. *Künstliche Horizonte. Folge, Darstellung und Akzeptanz von Technik in der Bundesrepublik*. Frankfurt am Main 1989.

Kepplinger, Hans Mathias, Hans-Bernd Brosius und Joachim Friedrich Staab. »Instrumental actualization: a theory of mediated conflicts«. *European Journal of Communication* (6) 3 1991. 263–290.

Koch, Klaus, und Volker Stollorz. »PR-Arbeiter und Journalist: Geht beides?« *Wissenschaftsjournalismus heute. Ein Blick auf 20 Jahre WPK*. Hrsg. Christiane Götz-Sobel und Wolfgang Mock. Düsseldorf 2006. 103–110.

Kohring, Matthias. *Wissenschaftsjournalismus: Forschungsüberblick und Theorieentwurf*. Konstanz 2005.

Krüger, Jens. »Wissenschaftsberichterstattung in aktuellen Massenmedien aus der Sicht der Wissenschaftler. Ergebnisse einer Befragung der Professoren der Johannes Gutenberg-

Universität«. Unveröffentlichte Magisterarbeit, Fachbereich Sozialwissenschaften, Johannes Gutenberg-Universität. Mainz 1985.

Krüger, Jens. »Wissenschaftsberichterstattung in aktuellen Massenmedien aus der Sicht der Wissenschaftler«. *Moral und Verantwortung in der Wissenschaftsvermittlung. Die Aufgaben von Wissenschaftler und Journalist.* Hrsg. Rainer Flöhl und Jürgen Fricke. Mainz 1987. 39–51.

Lempart, Ryszard. »Über das schwierige Verhältnis von Forschung und Öffentlichkeit«. *Wissenschaft erfolgreich kommunizieren.* Hrsg. Kerstin von Aretin und Günther Wess. Weinheim 2005. 111–124.

Luhmann, Niklas. *Die Realität der Massenmedien.* Opladen 1996.

Markl, Hubert. »Das verständliche Mißverständnis. Der Rollenkonflikt zwischen Wissenschaft und Journalismus«. *Frankfurter Allgemeine Zeitung* 30.12.1992.

McCall, Robert B. »Science and the press. Like oil and water?«. *American Psychologist* (43) 2 1988. 87–94.

Meier, Klaus. *Experten im Netz. Maklersysteme als Recherchehilfe für Journalisten im Wissenschaftsbereich.* Konstanz 1997.

Merton, Robert K. »The normative structure of science«. *The sociology of science.* Hrsg. Robert K. Merton. Chicago 1973. 267–278.

Peters, Hans Peter. *Entstehung, Verarbeitung und Verbreitung von Wissenschaftsnachrichten am Beispiel von 20 Forschungseinrichtungen.* Jülich 1984.

Peters, Hans Peter. »The interaction of journalists and scientific experts: co-operation and conflict between two professional cultures«. *Media, Culture & Society* (17) 1 1995. 31–48.

Peters, Hans Peter, und Harald Heinrichs. *Öffentliche Kommunikation über Klimawandel und Sturmflutrisiken. Bedeutungskonstruktion durch Experten, Journalisten und Bürger.* Jülich 2005. (Auch online unter http://nbn-resolving.de/urn/resolver.pl?urn=urn:nbn:de:0001-00303, Download 8.2.2007.)

Peters, Hans Peter, und Jens Krüger. »Der Transfer wissenschaftlichen Wissens in die Öffentlichkeit aus der Sicht von Wissenschaftlern. Ergebnisse einer Befragung der wissenschaftlichen Mitarbeiter der Kernforschungsanlage Jülich«. *Jül-Spez 323.* Jülich 1985.

Peters, Hans Peter, und Winfried Göpfert. »Medientraining für Wissenschaftler. Zu einem im Forschungszentrum Jülich erprobten Konzept«. *Publizistik* (40) 2 1995. 208–211.

Projektgruppe Risikokommunikation. »Kontakte zwischen Experten und Journalisten bei der Risikoberichterstattung. Ergebnisse einer empirischen Studie«. Unveröffentlichter Bericht. Institut für Publizistik, Westfälische Wilhelms-Universität. Münster 1994.

Reus, Gunter. »Distanz mit Zusammenarbeit. Journalisten und Forscher brauchen einander. Populäre Wissenschaft als gesellschaftspolitisches Erfordernis«. *Futura* 2 1988. 21–25.

Rothman, Stanley. »Journalists, broadcasters, scientific experts and public opinion«. *Minerva* (28) 2 1990. 117–133.

Salomone, Kandice L., Micheal R. Greenberg, Peter M. Sandman und David B. Sachsman. »A question of quality. How journalists and news sources evaluate coverage of environmental risk«. *Journal of Communication* (40) 4 1990. 117–133.

Schanne, Michael, und Winfried Göpfert. *Förderprogramm Wissenschaftsjournalismus: Evaluation.* Robert Bosch Stiftung. Bern 1998.

Schavan, Annette. »›Forscher müssen sich stärker in den Mittelpunkt der Gesellschaft stellen‹«. Interview mit Margarete Heckel und Joachim Peter. *Die Welt* 2.10.2006.

Schmidt, Helmut. »Das vornehme Schweigen. Die Niederungen der Politik und die Wissenschaft«. *WZB-Mitteilungen* 107 2005. 11–12. (Auch online unter www.wz-berlin.de/publikation/pdf/wm107/wm-107.pdf, Download 8.2.2007.)

Schröter, Jens. *Journalisten im Labor. Evaluation der European Initiative for Communicators of Science (Eicos)*. Konstanz 2000.

Shepherd, R. Gordon. »Selectivity of sources: Reporting the marijuana controversy«. *Journal of Communication* (31) 2 1981. 129–137.

Strömer, Arnold. »Wissenschaft und Journalismus 1984–1997. Ergebnisse einer Befragung von Berliner Professoren sowie wissenschaftlichen Mitarbeitern des Forschungszentrums Jülich und Vergleiche mit einer früheren Studie aus Mainz und Jülich«. Unveröffentlichte Magisterarbeit, Fachbereich Politik- und Sozialwissenschaften, Freie Universität Berlin 1999.

Sutter, Tilmann. »Sozialisation und Inklusion durch Medien. Zur Ausdifferenzierung sozialwissenschaftlicher Medienforschung«. *Forschungsberichte des Psychologischen Instituts der Albert-Ludwigs-Universität Freiburg* 161 2003. (Auch online unter http://psydok.sulb.uni-saarland.de/volltexte/2004/429/pdf/161.pdf, Download 8.2.2007.)

Weingart, Peter. *Die Stunde der Wahrheit? Zum Verhältnis der Wissenschaft zu Politik, Wirtschaft und Medien in der Wissensgesellschaft*. Weilerswist 2001.

Willems, Jaap T. *Wetenschapsjournalistiek: Klachten en Communicatiebarrieres*. Nijmegen 1976.

Anhang

	Forscher	Befragungs-jahr	Stichprobenbeschreibung	Rücklaufqoute in Prozent	Netto-stichprobe	Publikation
[1]	Jens Krüger	1983/84	Alle Professoren aller Fachbereiche der Universität Mainz	52	255	Krüger 1985; Krüger 1987
[2]	Hans Peter Peters (unter Verwendung des Fragebogens von Jens Krüger)	1984	Alle wissenschaftlichen Mitarbeiter des Forschungszentrums Jülich (damals: Kernforschungsanlage Jülich)	53	416	Peters 1984; Peters und Krüger 1985
[3]	Arnold Strömer (in Zusammenarbeit mit Hans Peter Peters für die Jülicher Teilbefragung und unter Verwendung großer Teile des Fragebogens von Jens Krüger)	1997	30-Prozent-Stichprobe der Professoren aller Fachbereiche der drei Berliner Universitäten (FU Berlin, TU Berlin, Humboldt Universität)	63	356	Strömer 1999
			Alle wissenschaftlichen Mitarbeiter des Forschungszentrums Jülich	45	357	
[4]	Hans Peter Peters (unter Mitarbeit der Teilnehmer eines viersemestrigen Projektseminars am Institut für Publizistik der Universität Münster)	1993	Wissenschaftliche Experten, die in einer Stichprobe von Printmedien zu Risikothemen zitiert wurden; außerdem die Journalisten, die die Artikel verfasst hatten	50 (Experten); 58 (Journalisten)	255 Experten; 136 Journalisten	Projektgruppe Risikokommunikation 1994; Peters 1995
[5]	Hans Peter Peters und Harald Heinrichs	2002/03	Experten, die in einer Stichprobe von Medien (überwiegend Printmedien) zu den Themen Klimawandel und/oder Küstenschutz zitiert wurden; außerdem die Journalisten, die die Beiträge verfasst hatten	58 (Experten); 35 (Journalisten)	169 Experten, davon 122 Wissenschaftler; 85 Journalisten	Peters und Heinrichs 2005

Mit dem Darstellungstyp verändern sich die Gegenstände. Bildskepsis als Element des Wissenschaftsjournalismus?

Uwe Pörksen

Wenn ich mitteilen will, dass die menschliche Erdbevölkerung in den vergangenen 10.000 Jahren lange konstant war, in den vergangenen 500 Jahren aber rapide zugenommen hat und im 19. und 20. Jahrhundert so gewachsen ist, dass von einer ›exponentiellen Weltbevölkerungskurve‹ gesprochen werden muss, so kann ich das visuell auf die unterschiedlichste Weise darstellen: einmal durch eine mathematische Kurve von 15 cm Höhe, die den Sachverhalt abstrakt und nüchtern festhält und eine mögliche Fortsetzung der Kurve ins 21. Jahrhundert gestrichelt wiedergibt, und ein anderes Mal durch eine schwarze Männchenreihe, die auf der unteren Seite einer Wochenzeitung wie *Die Zeit* von links nach rechts verlaufend lange konstant niedrig bleibt und auf der rechten freien Spalte, im 20./21. Jahrhundert, derartig in die Höhe schnellt, dass die Figur als drohender schwarzer Riese kaum noch auf die Seite der *Zeit* passt.

Das Objekt, die Weltbevölkerungsentwicklung, ist dasselbe und nicht mehr dasselbe. Im Fall eins haben wir eine mathematische Grafik mit einer Wahrscheinlichkeitsandeutung, im Fall zwei eine massive Tatsache und Warnung vor Augen.

Ob Wort oder Bild: Wir sehen die Welt durch ein Medium, das den Gegenstand ›bricht‹. Wir nehmen sie durch dies, wörtlich übersetzt, ›Mittlere‹, dieses Mittel, nicht ungetrübt wahr. Wie ein Stock abgeknickt erscheint, den wir in ein Wasserbassin stecken, so verändert das Medium den Gegenstand.

Das ist im Fall der Bilder noch sehr viel auffälliger als in der Sprache. Das Bild will ja abbilden, das Dargestellte wiedergeben – es lässt die Veränderung des wissenschaftlichen Gegenstandes daher in signifikanter Weise erkennen. Das Wort ›Energie‹ bleibt als Laut und Schriftbild konstant, ob mit ihm Albert Einsteins Weltformel oder das strahlkräftige Kennwort der Atomwirtschaft gemeint ist. Das visuelle Zeichen für ›Energie‹ dagegen hat eine enorme Spannweite: Es reicht von Einsteins $\varepsilon = mc^2$ bis zum auf einem Zementsockel angebrachten stählernen Atommodell.

Der antike Mensch erklärte sich die Welt durch bildhafte Erzählungen, er lebte in einem »Wald der Mythologie«, wie Johann Gottfried Herder gemeint hat. Auch der moderne Mensch lebt in einem Bilderwald, und zwar gerade auch im Bereich der sogenannten exakten Wissenschaften. Die neuzeitliche Naturwissenschaft ist, ob als Astrophysik oder Neurophysiologie, in jedem Makro- oder Mikrobereich immer weiter in von der menschlichen Sinnesausstattung nicht wahrnehmbare Gebiete vorgedrungen und legt in diese Bezirke die Leitern ihrer vertrauten Vorstellungen, ihrer versuchten vergleichsweisen Annäherungen, ihrer Übertragungen: der sogenannten Metaphern.

In diesem Beitrag wird nicht versucht zu zeigen, dass die Visualisierung die Gegenstandswelt verändert bzw. konstruiert, was keinen Sachkundigen überrascht, sondern in welchem Maße, in welchen Modifikationen und Funktionen das vor sich geht. – Bedenkt man es genau, dann wächst dem Wissenschaftsjournalisten dadurch eine enorme Verantwortung zu. Je näher er an der Forschungsavantgarde dran ist, mit ihr befasst ist, umso fragmentarischer, vorläufiger, unsicherer erscheinen zumeist die wissenschaftlichen Entdeckungen. Erst dann beginnt der Stufenweg zur herrschenden wissenschaftlichen Lehre oder zur allgemeinen, ›sicheren‹, öffentlichen Tatsache.

Niemand hat das sorgfältiger und weitsichtiger dargestellt als der Bakteriologe und Wissenschaftsanalytiker Ludwik Fleck. Ob sein klassischer Stufenweg heute noch so funktioniert, in einer Epoche der Fabrikation wissenschaftlicher Resultate, sei zunächst dahingestellt. Die Stationen des Stufenweges sind beobachtbar. Bleiben wir zunächst noch bei den Metaphern.

Wer ins Unbekannte vordringt, ins noch nie Gesehene, hilft sich versuchsweise mit bekannten Vorstellungen, erschließt Unbekanntes durch Bekanntes, legt eine Versuchsleiter ins unbegangene, wankende Gelände. Eine junge Wissenschaft wie Sigmund Freuds Psychoanalyse oder die Verhaltensforschung des 20. Jahrhunderts arbeitet zunächst unbefangen mit groben Metaphern. Freud sprach z. B. vom »psychischen Apparat«, in dem Energien zirkulieren, Konrad Lorenz vom »Triumphgeschrei« der Graugänse. Sie übertrugen Vorstellungen unserer Alltagswelt ins fremde Gebiet. Die Metapher ist dem Wortsinn nach und tatsächlich eine ›Übertragung‹.

Vorsichtig und skeptisch behandelt, ist sie eine ›Ordnungshypothese‹ (Köller 1975). Denn es ist leicht erkennbar: Sie erschließt den Gegenstand, sie macht, wenn sie halbwegs zutrifft, Aspekte des Wahrgenommenen erkennbar, aber sie bricht auch den Gegenstand, ist immer nur eine vorläufige Annahme. Sie unterschlägt etwas. Sie beschneidet, blendet aus, grenzt unser Blickfeld ein, bahnt es, stellt den Gegenstand her. Die Psyche ist mehr und etwas anderes als ein Energieverteilungsmechanismus, und ob Gänse menschenartig triumphieren, ist nicht zu erfahren. Wenn ein Löwe sprechen könnte, würden wir ihn nicht verstehen, meinte Ludwig Wittgenstein.

Die Herstellung des Gegenstandes durch eine Metapher kann eine lange Laufzeit haben. In der Gentechnik hat das Bild des Pfeils lange vorgeherrscht. Vom ›Gen‹ als dem Verursacher führt demnach ein ›→‹, ein pfeilartiger Weg, zum Erscheinungsbild eines Wesens, zum ›Phänotyp‹; also auch der Pfeil kann eine Metapher sein. Diese Vorstellung hat lange vorgeherrscht, sich fast vier Jahrzehnte lang gehalten, bis der Pfeil ins Wackeln geriet bzw. eine Kreisform anzunehmen begann oder einer visuell nicht fassbaren Vorstellung Platz machte. Das Verhältnis von Ursache und Wirkung scheint hier sehr rätselvoll.

Jedes Medium, nicht nur die sprachliche oder visuelle Metapher, alle sprachlichen und visuellen Zeichen brechen den Gegenstand – so wie der Dunst über der Erde den Mond manchmal rot erscheinen lässt. Es gibt für jeden Inhalt, je nachdem, welches Medium er durchläuft, welche Textgattung oder Bildgattung für ihn gewählt wird, eine Reihe typischer Abknickungsformen. Was er selbst ist, der Inhalt, ist nicht leicht zu bestimmen. »Der Mensch begreift niemals, wie anthropomorphisch er ist«, bemerkt Johann Wolfgang von Goethe, wörtlich: ›wie menschenförmig er ist‹, wie menschenhaft er denkt (Goethe [1907]: Nr. 203).

Der wissenschaftliche Gedanke, die wissenschaftliche Vorstellung von irgendeinem Objekt durchläuft, idealtypisch betrachtet und oft auch tatsächlich, einen Stufenweg vom ersten vorsichtigen und fruchtbaren Einfall über die Darstellung für eine Fachwelt bis zum öffentlich wirksam angewandten und anerkannten Faktum. Das geschieht vielfach als Transformation vom reinen Erkenntnisinstrument zum die Gesellschaft gestaltenden Sozialwerkzeug. Auf diesem Weg verändert sich von Stufe zu Stufe, der jeweils neuen Funktion entsprechend, die Form der Darstellung.

Ludwik Fleck hat in seinem genialen Werk *Entstehung und Entwicklung einer wissenschaftlichen Tatsache* mit der Unterscheidung und Beschreibung der Stufen ›Esoterische (= Pionier-) Wissenschaft‹, ›Handbuchwissenschaft‹ und ›Populärwissenschaft‹ ein tragfähiges Fundament gelegt. Was mich daran bisher beschäftigt hat und was hier weiterverfolgt und zusammengefasst werden soll, ist zweierlei: Mir scheint,

- der Stufenweg ist noch differenzierter zu gliedern und zu fassen und hat sich seit Jahrzehnten häufig umgekehrt; man beginnt bei der großen, öffentlichen Tatsache;
- dem Weg entspricht nicht nur, von Stufe zu Stufe, ein bestimmter Sprachtyp, sondern diesem vollständig analog auch ein sich auffällig verändernder Bildtyp.

Die Karriere einer wissenschaftlichen Idee kann sich im Einzelfall darstellen als Wandlung einer vorsichtigen Hypothese bis zum den öffentlichen Blick prägenden Bildstereotyp, das ich ›Visiotyp‹ nenne. Aus einer feinen Tagebuchskizze Charles Darwins wurde Ernst Haeckels weltweit verbreiteter Stammbaum der Evolution, aus den Ärmchen der Atome das massive metallene Atommodell, aus James Watsons Skizze am Rand eines Briefes an Max Delbrück die Doppel-Helix als globales Emblem gentechnischer Forschung und Industrie. Ich frage im Folgenden: Was geschieht bei dieser Transformation vom Erkenntnisinstrument zum weltweit wirksamen Sozialwerkzeug auf der Ebene der Darstellung und des Wirkungspotenzials? Worin besteht die Sonderstellung globaler Schlüsselbilder bzw. ›Visiotype‹? Lässt sich auf der Grundlage der Beschreibung dieses Stufenwegs eine Bildkritik entwickeln? Zunächst aber diskutiere ich an zwei Beispielen einen grundlegenden Fragenkomplex.

1. Gibt es überhaupt eine ›Richtigkeit‹ der Bilder? – Ferdinand de Saussure und Charles Darwin

Beide Beispiele haben nach meinem Eindruck etwas Gemeinsames – beim Übergang in die lehrhafte, didaktische Darstellung oder in die Präsentation für die Öffentlichkeit geschieht eine Bildverführung des Denkens. Aus einem Gedanken wird eine dinghafte Wirklichkeit, und diese wirkt selbstständig weiter, aus einer Annahme, einer Blickrichtung, wird eine scheinbar objektive Realität.

Ferdinand de Saussures Versuch, der Sprachwissenschaft durchdachte Grundbegriffe zu erfinden, wurde zum handfesten System und Raster, zeitweise zum absolut gültigen Muster einer neuen Sprachwissenschaft, und Darwins beweglicher Strauch als Modell der Evolution zum definitiven Baumstamm der Evolution, zur deutschen Wintereiche, in deren Wipfel die weiße Rasse dominierte. Es lohnt sich, ins Detail zu gehen.

Auf Saussure geht das wohl wichtigste Grundlagenwerk der Sprachwissenschaft und allgemeinen Semiologie des 20. Jahrhunderts zurück, der berühmte *Cours de linguistique générale*. Dieses Werk, das mehrere Schulen und eine ganze Bibliothek angeregt hat, ist nicht von ihm selbst verfasst worden, es beruht auf einer Vorlesung über allgemeine Sprachwissenschaft, die Saussure zwischen 1906 und 1911 dreimal gehalten hat mit dem Ziel, eine Anzahl Grundbegriffe zu finden, die es erlaubt, das bewegliche Phänomen Sprache in allgemeinen, brauchbaren Begriffen systematisch zu fassen.

Der ›Cours‹ wurde drei Jahre nach seinem Tod (1913), im Jahr 1916, von seinen Schülern Charles Bally und Albert Sechehaye veröffentlicht. Der Text beruht auf Nachschriften einiger Hörer dieser drei Kurse. Das vorgelegte Resultat ist eine didaktische Synthese, die sich in einem wesentlichen Punkt von Saussures Absichten unterscheidet. Der Urheber verstand seine Kategorien als begriffliche Größen, die ihm ungewiss blieben, seine Ausleger präsentierten sie wie die sicheren Abbilder einer dinglichen, faktischen Wirklichkeit. Der Gegensatz wurde erkennbar, nachdem die vorbereitenden Notizen und Materialien aus Saussures Nachlass mehr als ein halbes Jahrhundert danach publiziert worden waren. Er ist bemerkenswerterweise ebenso an der abweichenden Visualisierung ablesbar, die einige Grundkonzepte Saussures erfahren:

Seit Mitte der 60er Jahre lernten deutsche Studierende, es gebe eine diachrone und eine synchrone Sprachwissenschaft, Sprachwissenschaft als Sprachgeschichte und – als neues elektrisierendes Paradigma – die Beschreibung der Sprache als synchrones Funktionsgefüge. Diese Systemwissenschaft sei die eigentlich ernst zu nehmende harte Wissenschaft. Das synchrone Gefüge und die geschichtliche Dimension erschienen als zwei unabhängige Wirklichkeiten.

Saussure hatte das Bild des Baumstamms verwendet, den man im Längsschnitt und im Querschnitt betrachten kann. Dieser Vergleich wurde möglichst naturnah wiedergegeben, sodass der Eindruck entstand, Saussure habe nicht zwei Beobachterhaltungen, sondern zwei Seiten der Sprache, zwei unabhängige Realitäten gemeint, jene zwei, von denen die neue, die synchrone, die eigentliche sei und die andere abzulösen habe.

Abbildung 1: Das realistische Bild

Quelle: Saussure 1967a: 104

Saussures visuelle Zeichen sagen, wie auch seine Notizen, etwas anderes:

Abbildung 2: Das logische Zeichen im ursprünglichen Cours

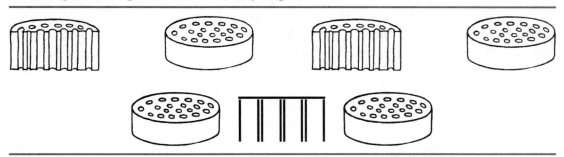

Quelle: Saussure 1967b: 194

Er verwendet Zeichen, die auf das Schema, auf den nackten Begriff reduziert sind. Er meint, es gebe u.a. diese beiden Zugänge, Blickrichtungen, Untersuchungshaltungen gegenüber der Sprache – diese seine Visualisierungen sind Gedankenzeichen, das Handwerkszeug eines Logikers, eines Grundlagenforschers. Bei ihm weht eine andere geistige Luft als bei seinen didaktischen Schülern. Die machen aus einem skeptisch betrachteten Begriffsnetz das für adäquat gehaltene folgenreiche Raster einer Realitätsfixierung.

Von Saussure, also dem Autor her gesehen, sind seine Zeichen die ›richtigen‹; er betont, dass er keine Entitäten beschreibe, keine existierenden Sachen, und signalisiert durch ihren Stil: Wir sind ›Metasprache‹, erdachte Sprache über Sprache, gehauchte ›Zeichen‹ für Zeichen. Das Bild des aufgeschnittenen Baumstamms ist abstrakt begrifflich gemeint, seine naturalistische Wiedergabe eine Irreführung. Für dieses subtile Erkenntnisproblem lassen sich auch plumpe Parallelen finden.

Man erinnert sich an das Titelbild des *Spiegel*, auf dem Marcel Reich-Ranicki den Günter-Grass-Roman *Ein weites Feld* auf einem Montagebild theatralisch zerreißt: Die Metapher ›verreißen‹, ein geistiges Tun, wird hier in die Wirklichkeit des Zerreißens transformiert. Jedes zweite Titelbild des *Spiegel*, ungezählte Magazinbilder und Fernsehbilder sind mittlerweile vergleichbare Visualisierungen von Metaphern.

In der sprachlichen Metapher wird das Bewusstsein aufrechterhalten, dass sie nicht buchstäblich, nicht ›eigentlich‹ gemeint sei. Sie ist eine Abstraktionsleistung. Man weiß, dass ein Seebär kein Bär ist. – Die Visualisierung macht den Metaphernwald zu einer Einfaltspinselbibel.

Darwin verhält sich in der Frage sprachlicher und visueller Metaphorik so vorsichtig und keusch wie Saussure. Seine frühen Tagebuchskizzen erlauben es, an dem erregenden Augenblick teilzunehmen, in dem sich sein Evolutionsgedanke kristallisiert. Die Zeichnung ist mehr als eine Gedächtnisstütze, sie ist eine Erkenntniskrücke, vielleicht noch mehr, mit den Worten von Josef Beuys eine »Verlängerung des Gedankens«. Sie könnte die primäre Fassung und Kristallisation seines Evolutionsgedankens gewesen sein.

Die Ursprungspflanze erzeugt nach Darwin ein Kontinuum von Varianten, zwischen diesen Varianten entstehen im Lauf der Zeit durch umweltbedingtes Absterben Lücken. Er

Mit dem Darstellungstyp verändern sich die Gegenstände

Abbildung 3: Der visualisierte Zerriss

Quelle: *Der Spiegel* 21. August 1995

Abbildung 4: Hypothetische Skizze der Evolution

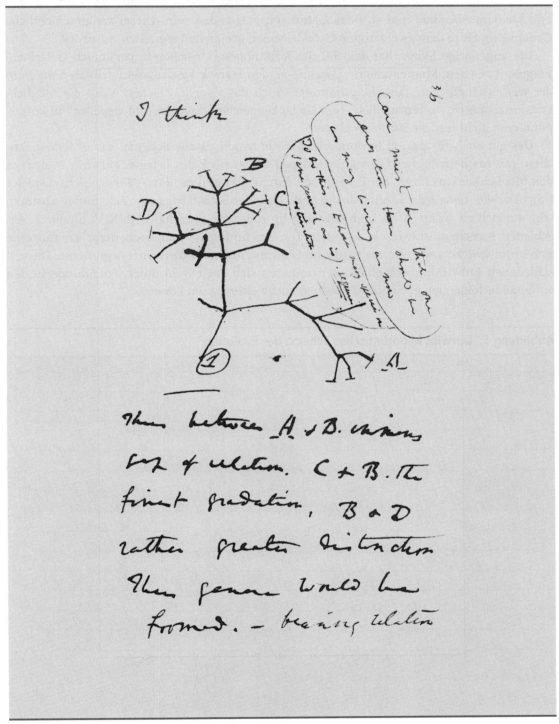

Quelle: Charles Darwin, 3. Evolutionsdiagramm aus Notebook B, 1837, nach Robin 1992: 160

Mit dem Darstellungstyp verändern sich die Gegenstände

wählt nun die Sprache des Konjunktivs, der Hypothese: »I think.« »Thus general would be formed.« Zwischen dem Kontinuum der Varianten ABCD ›könnten‹ durch Lücken größere und kleinere Abstände und so neue Gattungen entstanden sein. Dieser weltgeschichtliche Gedanke findet in dem zweigartigen Gebilde seinen geeigneten logischen Ausdruck.

Die zugehörige Skizze hat den Stil des Vorläufigen, Unsicheren, persönlich Gefärbten, Fragmentarischen, Momentanen, Vorsichtigen, den Ludwik Fleck diesem primären Stadium der wissenschaftlichen Tatsache zuschreibt: Auch das visuelle Zeichen wählt die Möglichkeitsform und ist – offensichtlich – ein Gedankenzeichen. Sprache und visueller Stil korrespondieren nicht nur, sie stimmen überein.

Das gilt auch für das oft bewunderte, geniale hypothetische Schema, das in feinen Strichen, mit mathematischer Genauigkeit, den ›Korallenstock des Lebens‹ entwirft, in dem er den Möglichkeitsspielraum der Evolutionen durchdenkt und variiert. – Wie ein Schachspieler führt Darwin, ohne jede Spezifizierung und konkreten Realitätsbezug, vollkommen abstrakt, vor, wie sich elf Arten [A bis L] durch vierzehn mögliche Erdzeitalter [I–XIV] hindurch verschieden verhalten, entwickeln könnten. Die Zeichnung ist hier noch mehr als nur eine Erkenntniskrücke und -hilfe, sie wird zum Suchinstrument und entwirft Argumente. Die verschiedenen Entwicklungsmöglichkeiten müssten sich doch wohl durch Fossilfunde in den aufeinanderfolgenden geologialen Epochen nachweisen lassen können?

Abbildung 5: Darwins hypothetisches Schema der Evolution

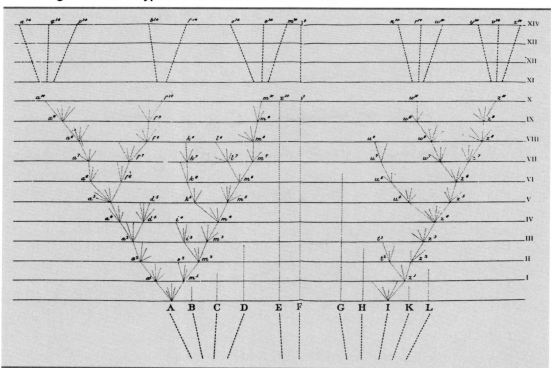

Quelle: Darwin 1899: Beilage

Am Schluss des vierten Kapitels seines Hauptwerks *On the Origin of Species* (1859) allerdings, in dem Darwin dieses Schema erläutert, führt er dann das später berühmte Bild des Baumes der Evolution ein. Er tut es aber nicht visuell, nur sprachlich, und dies auf eine Weise, die sich nicht in eine zweidimensionale Zeichnung oder in ein dreidimensionales Modell umsetzen ließe. Er beschreibt eine interessante ›unmögliche Figur‹:

»Die Verwandtschaften aller Wesen einer Classe zu einander sind manchmal in Form eines grossen Baumes dargestellt worden. Ich glaube, dieses Bild entspricht sehr der Wahrheit. Die grünen und knospenden Zweige stellen die jetzigen Arten, und die in vorangehenden Jahren entstandenen die lange Aufeinanderfolge erloschener Arten vor. In jeder Wachstumsperiode haben alle wachsenden Zweige nach allen Seiten hinaus zu treiben und die umgebenden Zweige und Äste zu überwachsen und zu unterdrücken gestrebt, ganz so wie Arten und Artengruppen andere Arten in dem grossen Kampfe um's Dasein überwältigt haben. Die grossen in Zweige getheilten und in immer kleinere und kleinere Verzweigungen abgetheilten Äste sind zur Zeit, wo der Stamm noch jung war, selbst knospende Zweige gewesen; und diese Verbindung der früheren mit den jetzigen Knospen durch sich verästelnde Zweige mag ganz wohl die Classification aller erloschenen und lebenden Arten, in anderen Gruppen subordinierte Gruppen darstellen. Von den vielen Zweigen, welche munter gediehen, als der Baum noch ein blosser Busch war, leben nur noch zwei oder drei, die jetzt als mächtige Äste alle anderen Verzweigungen abgeben; und so haben von den Arten, welche in längst vergangenen geologischen Zeiten lebten, nur sehr wenige noch lebende und abgeänderte Nachkommen. Von der ersten Entwicklung eines Baumes an ist mancher Ast und mancher Zweig verdorrt und verschwunden, und diese verlorenen Äste von verschiedener Grösse mögen jene ganzen Ordnungen, Familien und Gattungen vorstellen, welche, uns nur im fossilen Zustande bekannt, keine lebenden Vertreter mehr haben. [...] Wie Knospen durch Wachsthum neue Knospen hervorbringen und, wie auch diese wieder, wenn sie kräftig sind, sich nach allen Seiten ausbreiten und viele schwächere Zweige überwachsen, so ist es, wie ich glaube, durch Zeugung mit dem grossen Baume des Lebens ergangen, der mit seinen todten und abgebrochenen Ästen die Erdrinde erfüllt, und mit seinen herrlichen und sich noch immer weiter theilenden Verzweigungen ihre Oberfläche bekleidet.« (Darwin 1899: 152 f.; siehe Darwin 1859: 129 f.)

Das ist kein ›Bild‹ eines Baums, sondern eine hoch komplizierte Metapher, fast schon ein personifiziertes Abstraktum, eine Allegorie, in der sich die Vorstellung jährlichen zyklischen Wachstums mit der Vorstellung eines in Jahrtausenden und Jahrmillionen stattfindenden linearen Wachstumsprozesses verbindet – eines Prozesses aus Neugestaltung und Absterben, Verschwinden und Entwicklung. Auf ganz sicheren Füßen steht diese Kombination von herrlicher Gegenwart und dramatischer Geschichte nicht. Mit Recht hat Darwin die Metapher ›Baum des Lebens‹ nicht visualisiert. Sie lässt sich nicht in eine Zeichnung umsetzen, vielleicht nicht einmal in einen langatmig herzustellenden Zeichentrickfilm.

Ernst Haeckels zunächst didaktischer und dann populärer kanonischer Stammbaum der Evolution, diese einprägsame aquarellierte Zeichnung einer mit Schrifttafeln behängten deutschen Wintereiche, die zum weltweiten Emblem der Darwin'schen Evolutionstheorie geworden ist, verfälscht den von Darwin beschriebenen Sachverhalt.

Aus dem zarten, theoretisch inspirierten Zweiglein in Darwins Tagebuch, dieser vorsichtigen Hypothese, ist bei seinem deutschen Popularisator ein Baumstamm geworden, eine Tat-

Mit dem Darstellungstyp verändern sich die Gegenstände

Abbildung 6: Stammbaum des Menschen

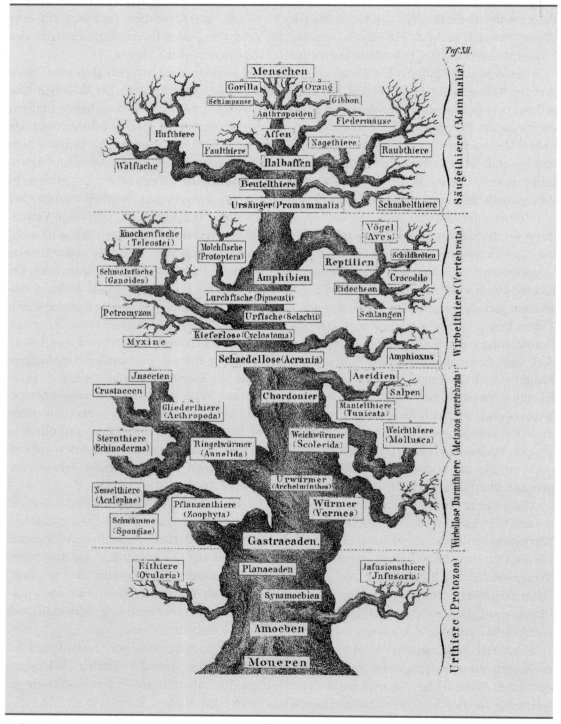

Quelle: Haeckel 1874: 497

sache von solider Wucht, die in dieser Gestalt Weltwirkung gehabt hat. Mag die Metapher oder die Allegorie ›Baum der Evolution‹ immerhin noch brauchbar sein, als uneigentliches Wort – das von Haeckel ausgeführte Bild ist nicht mehr Darwin und gilt heutigen Biologen als irreführend.

Die wissenschaftliche Substanz tritt zurück vor dem sozial und ideologisch wirksamen Gehalt. Das Bild suggeriert eine lineare Aufwärtsentwicklung von dem breiten Fuß der von Haeckel unterstellten ›Moneren‹ zum ›Menschen‹, es identifiziert Veränderung in der Zeit mit Fortschritt und funktioniert als Adelsnachweis der oben angekommenen Sieger. Stephen Jay Gould hat das Bild in seiner Arbeit über *Leitern und Kegel* eingehend kommentiert: »Besonders schwerwiegend und tief verwurzelt ist die falsche Vorstellung, Evolution sei gleichbedeutend mit einem inhärenten und vorhersagbaren Fortschritt, einem stetigen Aufstieg zum Höhe- und Endpunkt Mensch« (Gould 1996: 48, siehe 50, 57, 67 ff.).

In meinem Buch *Plastikwörter. Die Sprache einer internationalen Diktatur* (1988) habe ich zu zeigen versucht, dass man mit 15 Schlüsselwörtern, die einen weiten Radius und einen unbestimmten positiven Inhalt haben, einen Kontinent roden und umorganisieren kann. Die folgende Arbeit *Weltmarkt der Bilder. Eine Philosophie der Visiotype* (1997) nennt Beispiele dafür, dass von globalen Visiotypen, visuellen Schlüsselreizen des Bewusstseins, eine vergleichbare, den öffentlichen Blick prägende Wirkung ausgehen kann. Man gestatte zwei Beispiele.

2. Weltweite Schlüsselbilder als Sozialwerkzeuge

Die bekannte Feststellung »Ein Bild sagt mehr als tausend Worte« lässt sich leicht beweisen. Über Michelangelos Bild der *Erschaffung des Menschen* in der Sixtinischen Kapelle sind zigtausend Worte geschrieben worden, ohne es zu erschöpfen. Es sagt aber vor allem deshalb mehr als tausend Worte, weil es gar nichts ›sagt‹, sondern darstellt. Was sagt denn der Gesichtsausdruck des erwachenden Adam oder die Geste, dass der ausgestreckte Zeigefinger des im Weltenmantel heranschwebenden Gottvaters den herabhängenden Finger des erwachenden Adam nahezu berührt? So ganz ist das in Worte nicht zu fassen. Die unendlich andersartige Qualität des Mediums ist schuld.

Der Satz gilt deshalb auch in der Umkehrung: »Ein Wort sagt mehr als tausend Bilder.« Die Wörter ›Abend‹ zum Beispiel oder ›Jagd‹ oder ›nevermore‹ wären nicht nur auf mehr als tausend Weisen darstellbar, auch das Medium Wort hat seinerseits eine das Visuelle in vieler Hinsicht überragende Qualität. »Ein Wort öffnet seine Schwingen, und Jahrtausende entfallen seinem Flug«, meinte Gottfried Benn. ›Abend‹, ›nevermore‹ wecken 1.000 Assoziationen.

Man kann ein Bild wie Michelangelos *Creazione dell' Uomo* andererseits durch einen Kunstgriff so verändern, so umfunktionieren, dass es weniger sagt als ein Wort. Vor Jahrzehnten war das berühmte Bild in ganz Dänemark auf ungezählten Plakaten zu sehen, allerdings in der Variante, dass Gottvater dem nackten Adam eine Jeans überreichte, ich vermute, eine echte ›Lee‹. Man lachte. Es wurde blitzartig verstanden. Kinder, kauft eine Lee! Das Bild hatte einen engen Zweckrahmen erhalten. Die Prestigeanleihe bei einem Bildwunder, das Schlepptau-Prinzip der Werbung funktionierte automatisch, schuf Aufmerksamkeit. Ein

Mit dem Darstellungstyp verändern sich die Gegenstände

Abbildung 7: Die erste Publikation der DNS-Struktur

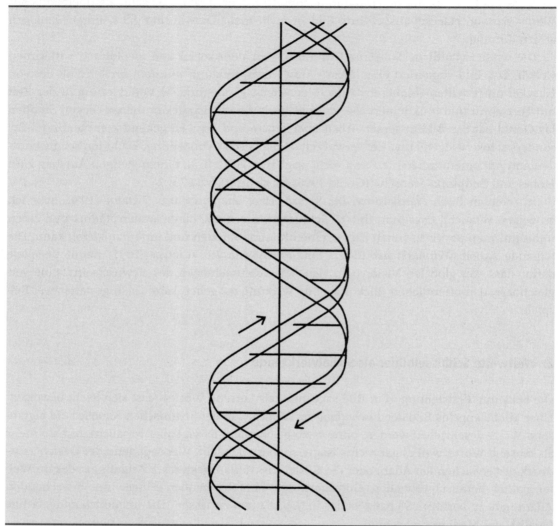

Quelle: Watson und Crick 1953: 737

Reflex wurde abgerufen, der tausendfach eintrainiert, irgendwo im Hirn mit einer Heftzwecke angebracht ist.

Eine solche Entwicklung zum Visiotyp, das blitzartig aufgefasst weniger sagt als ein Wort, können auch wissenschaftliche Inhalte nehmen. Zunächst gilt auch hier, dass eine Zeichnung oder Figur, irgendeine Form der Abbildung mehr als tausend Worte sagt und in der jeweiligen Leistung oft kaum ersetzbar ist. Als Beispiel diene das Strukturmodell des Erbgutfadens, die sogenannte Doppel-Helix, der zunächst ganz vorläufige, skizzenhafte Annahmen vorausgingen.

Interessant ist, dass schon die erste Publikation in der Zeitschrift *Nature* vom April 1953 jenes Modell enthält, das später in den Lehrbüchern und auch in der Öffentlichkeit Platz finden konnte. Dieses Modell, das heute, ästhetisch und elegant, durchsichtig im doppelten Sinn, stabil und beinahe handlich als doppelt gebänderte Wendeltreppe dem öffentlichen Bewusstsein eingeprägt ist, ist zugleich Hypothese und definitives Modell. Die Urheber Crick und Watson bestehen anfangs auf seinem hypothetischen Charakter: »This figure is purely diagrammatic«, heißt es in der Legende, und der Aufsatz beginnt: »We wish to suggest a structure [...]« (Watson und Crick 1953: 737).

Wenn man zeigen wollte, in welchem Grade die Figur den Daten und Eigenschaften des die Erbeigenschaften tragenden Fadenmoleküls entsprach, die 1953 bekannt waren, welche Ideen und Forschungsprojekte von diesem Strukturmodell ausgegangen sind, würde das Bücher füllen. Ähnliches gilt von der Gestalt, in der die Doppel-Helix ins Lehrbuch und in die Handbücher einzieht.

Die Grundstruktur ist geblieben, ihre Form wird im didaktischen Rahmen sicherer, stabil, sie macht als herrschende Lehre nicht nur die chemische Verbindung erkennbar, die vorliegt, sondern auch die Replikation, die reißverschlussartig vorgestellte Auftrennung und Wiederverbindung beim Vererbungsvorgang. Auch als Handbuchwissen ersetzt die Zusammenschau, der synchrone Blick auf die Bauelemente und ihre räumliche Komposition, nicht nur eine langwierige Erklärung, die in der akustisch linearen Sprache schwer vorstellbar zu machen wäre, die visuelle Gestalt bleibt außerdem ein eigenständig zu Weiterdenken, Weiterfragen anregendes und zugleich, wie jede Metapher, behinderndes Erkenntnisinstrument.

Es gibt nicht nur Präideen, die Jahrtausende wirken können, wie Ludwik Fleck annahm, es gibt auch Präidole, durch die Zeiten wirkende Bildtypen. Dazu gehört die Spirale. Sie ist eine Idee, ein Idol. Aber die tausendfache Visualisierung des Erbgutfadens als aufsteigende Wendeltreppe lässt mit der Zeit das Bewusstsein verschwinden, dass eine Metapher vorliegt, dass hier ein uraltes, elegantes und ästhetisches Präidol in den Erbgutfaden hineinprojiziert worden ist. Sie erscheint als Abbild der Wirklichkeit. Das ist nicht selten der Fall in der Didaktik (siehe Saussure) und charakteristisch beim Übergang in die Populärwissenschaft.

Diese ist die vielleicht notwendigste und vielseitigste, auch die erfolgreichste Literaturgattung der Gegenwart. Sie verbindet zwei Leistungen: Sie übersetzt wissenschaftliche Inhalte für den Nachbarwissenschaftler, für die gesamte wissenschaftliche Welt, für die Politik, für jedermann, ist also eine Form der Aufklärung, sie ist aber auch die Transformation der Wissenschaft in einen anderen Zusammenhang, in den der Alltagsdeutung und Alltagsbedeutung, das heißt in einen anderen Texttyp.

Ludwik Fleck erkannte und betonte ihre Bedeutung, charakterisierte sie aber äußerst skeptisch als ›anschauliche, vereinfachte, apodiktische Wissenschaft‹. An die Stelle des mühsamen Beweises, der Argumentation, trete durch Vereinfachung und Wertung ein anschauliches Bild. Die Hypothese verliere gänzlich den Charakter einer Annahme: »Im Stadium des alltäglichen, populären Wissens ist sie schon zu Fleisch geworden: sie wird zum unmittelbar wahrnehmbaren Dinge, zur Wirklichkeit« (Fleck 1980: 164).

Die sprachliche und visuelle Zeichenwelt wird, der neuen Funktion entsprechend, zu einer farbigen Inszenierung und Erzählung, vielseitig im Register, breit in der Wirkung. Die Information tritt zurück vorm Design. Die Standardisierung des visuellen Typus nimmt zu. Manche wissenschaftlichen Ideen durchlaufen eine Karriere, in der sie am Ende als universelles Schlüsselbild für ein umfangreiches Gebiet, als globales Visiotyp dastehen. Von einigen

Mit dem Darstellungstyp verändern sich die Gegenstände

Abbildung 8: Lehrbuchdarstellung der DNS-Struktur und der Replikation

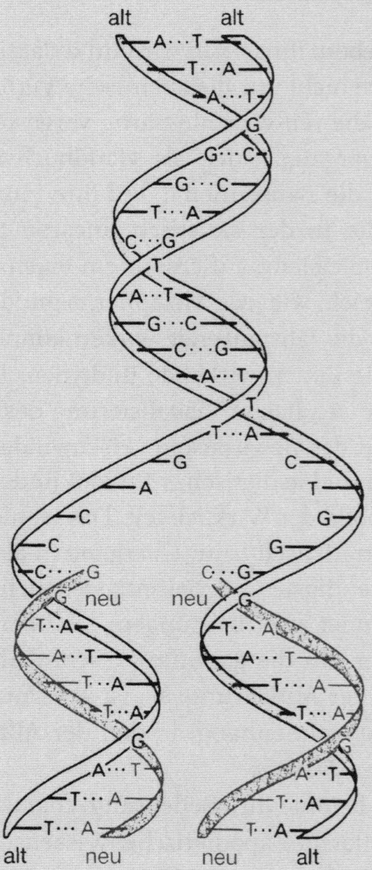

dieser Bildstereotype, dieser Schlüsselreize des allgemeinen Bewusstseins, war bereits die Rede. Sie prägen den öffentlichen Blick. Die folgende Bildsequenz verdanke ich einem reisenden Gesprächspartner (Manfred Behr):

Abbildung 9: Ein Visiotypensatz: Zahlenbild – Instrumentenbild – Figurenbild

Quelle: Manfred Behr, Universität Oldenburg, Bilderarchiv

Das Erkennen der ›message‹ dieses Bildsatzes ist vermutlich ein sekundenschnelles Wiedererkennen: Bevölkerungsexplosion. Hunger. Gentechnik. – Links haben wir eine erzählende Visualisierung der exponentiellen Weltbevölkerungskurve, sie ist dargestellt in einer von links nach rechts langsam und gelinde anwachsenden Menschenreihe, die dann im 20. Jahrhundert sprunghaft ins Riesenhafte anwächst. Es handelt sich um ein ›animiertes‹ Zahlenbild, eine zur Identifikation einladende Menschenkurve, die von einer im Jahr 8000 vor unserer Zeitrechnung noch bescheidenen Größe sich schon im 19. Jahrhundert rapide erhöht und sich von etwa fünf Milliarden in der zweiten Hälfte des 20. Jahrhunderts auf zehn Milliarden im Jahr 2050 verdoppelt. Es ist eine Drohkurve, ein eklatantes Ausrufezeichen.

Kurvendiagramme sind eine geniale Erfindung, ihre Entstehungsgeschichte wäre aufschlussreich. Statt langer Zahlenkolonnen, Tabellen, unabsehbarer Datenhaufen sehen wir ein Muster, das sofort entzifferbar ist, erkennen wir das Anwachsen der Erdbevölkerung in Zeit und Raum. Ein solches Diagramm spart Platz, ist übersichtlich und informationsdicht und erlaubt einen raschen, merkfähigen Zugriff auf signifikante Daten. Es ermöglicht Zusammenschau, den ›Totaleindruck‹ – das animierte Bild dagegen ist eine Keule.

In der Mitte der Sequenz folgt ein Bild der Armut und des Hungers. Die dunkelhäutige Mutter mit Kind, ausgemergelt, in exotischer Tracht, hat beide Hände bittend ausgestreckt. Es ist ein Instrumentenbild, das fotografische Abbild, die Lichtschrift einer konkreten Person in ihrer konkreten historischen Situation; das Bild vermittelt ein Gefühl von Nähe und Authentizität. Zugleich ist es nicht weniger abstrakt als die Menschenkurve. Es hat einen umfassenden Radius, steht für eine Menschengruppe, ein ganzes Land, vielleicht für einen

Mit dem Darstellungstyp verändern sich die Gegenstände

Kontinent oder sogar die gesamte ›Dritte Welt‹. Auch hier vermittelt das konkrete Bild etwas den Sinnen Entzogenes, nicht anders als die ›Fotografie‹ der Befruchtung des Eis im weiblichen Uterus, die, nach einer sehr interessanten Studie von Barbara Duden (1991), zum Sinnbild des ›Lebens‹ wurde. Auch das Instrumentenbild schafft den Totaleindruck.

Rechts ist die bekannteste Wissenschaftsikone unserer Zeit dargestellt als stabil und bunt aufsteigende Wendeltreppe; auf ihren Stufen lesen Laborantinnen und Laboranten Genkarten. Die Tätigkeit der weißen Kittel mag uns fremd sein, die Bauform des Erbgutfadens erkennen wir. Auch diese Figur, die räumliche Vorstellungen erweckt und Lagebeziehungen verdeutlicht und in der Wissenschaft als Struktur, als Konstruktionsplan Erklärungswert hat, ist hier das Bildkürzel einer Verheißung, der Lichtblick möglicher Welternährung: ›Spirale des Lebens entschlüsselt‹, lautet die Legende.

Ungezählte Darstellungen in Verbindung mit der Verheißung Gentechnik zeigen, dass der Umbau des Erbgutfadens ein technisches Kinderspiel ist; man kann ihn zerschneiden wie eine Wurst, in die man von anderswo ein Scheibchen einsetzt, kann an ihm montieren wie an einem aus Legoteilen zusammengesetzten Gerüst. Derartige Bilder gehören zum Umfeld der von Bayer gezeigten Wendeltreppe des Fortschritts. Den Umbau der Lebewesen, der Welternährung, haben wir im Griff.

Nichts von dem, was die drei Bilder behaupten, haben wir gesehen oder können wir überschauen, dennoch ›sehen‹ wir, nehmen wir wahr, überschauen wir das in ihnen Mitgeteilte durch die Visiotype. Der Unterschied zur sprachlichen Mitteilung besteht vor allem darin, dass wir der visuellen Gestalt im wörtlichen und im übertragenen Sinn abnehmen, was sie zeigt. Wir entnehmen und glauben es ihr, sie erregt viel weniger Widerstand als das Wort. Ein Wort provoziert eine Antwort, sehr oft den Widerspruch. Aber wer verfügt schon über ein ›Widerbild‹, ein ›Antibild‹; schon der Begriff fehlt uns.

Das Bild ist ein autoritäres einbahniges Kommunikationsmittel. Hier stehen drei abstrakte öffentlich akzeptierte Tatsachen konkret und handlich vor Augen. Abstraktion und Anschauung erscheinen nicht mehr als Gegensätze. Wir sind eingebettet in eine Welt der Zweiten Anschauung, die nahezu vollständig abstrakt ist. Ihre Bilderwelt ist vergleichsweise jung, seit der Mitte des 20. Jahrhunderts prägt sie den öffentlichen Blick.

Die visuell standardisierten Zusammengriffe umfangreicher Weltausschnitte, die wir hier vor uns haben, diese drei globalen Visiotype haben gemeinsam, dass sie anschaulich sind, apodiktische Aussagen über die Wirklichkeit, mit einem Hof von Wertungen umgeben – Furcht, Mitleid und Hoffnungen erregend –, Stimmungsträger, und dabei Bewegungsbegriffe mit einem vorherrschenden Zukunftsaspekt und Bewegungsimperativ: Mobilmacher. Die Weltbevölkerungsentwicklung, der Zustand der Dritten Welt, die Möglichkeiten der gentechnischen Entwicklung der ›Lebensmittel‹ auf der Erde sind als Visiotyp zur gefühlsbesetzten, überschaubaren, handlichen Größe geworden und zur weithin angenommenen Selbstverständlichkeit.

In der vorgestellten Reihe bilden sie einen Satz, machen sie eine Rechnung auf, die etwa lautet: Die exponentielle Weltbevölkerungsentwicklung hat Hunger zur Folge und erzwingt Gentechnik; nur die gentechnisch gesteigerte Nahrungsmittelproduktion ist der Bevölkerungszunahme gewachsen. Der Satz ist vielfach gebildet worden, so häufig, dass die Gleichung reflexartig auftritt. Die Visiotype sind im großen Maßstab zum die Welt umgestaltenden Sozialwerkzeug geworden.

Dabei gibt es eine zweifache leicht zu übersehende Schwierigkeit: 1. Die Größen, mit denen hier gerechnet wird, sind grenzenlose Variable auf einem Rechenbrett. Alle sozialen und politischen Zusammenhänge sind ausgeklammert, den Sozialwerkzeugen fehlt der soziale Index, ein soziales Eigenmaß. Sie jonglieren frei. 2. Die optische Schlusskette lässt sich umkehren:

Abbildung 10: Umkehrung des Visiotypensatzes: Figurenbild – Instrumentenbild – Zahlenbild

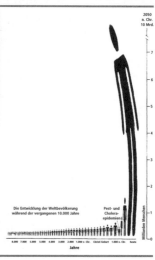

Quellen: Manfred Behr, Universität Oldenburg, Bilderarchiv

Die Gentechnik erzeugt Armut und lässt die Weltbevölkerungskurve steigen. Auch das hat seine Plausibilität. Die Gentechnik, die resistente Hochleistungssorte z. B. kommt den Armen nicht zugute, sondern nimmt ihnen den Lebensunterhalt, zerstört die noch bestehende Subsistenzwirtschaft. Sie enteignet Zahllose und verstärkt den Zug in die Megastädte. Bei Verarmung nimmt die Zahl der Neugeburten zu. Es gibt Studien, die zeigen, »dass Fruchtbarkeit im größten Teil der Welt für die meisten der eben erst Verstädterten positiv mit Unsicherheit korreliert« (Duden 1993: 83).

Wenn die Gleichung so leicht umkehrbar ist, fragt es sich, was überhaupt von einer Algebra mit globalen Größen zu halten ist. Führen die Bewegungsbegriffe mit vorherrschendem Zukunftsaspekt den Zustand herbei, den sie zu beschreiben vorgeben?

3. Der Stufenweg wissenschaftlicher Inhalte und ihrer Visualisierung

Der Stufenweg wissenschaftlicher Inhalte lässt sich differenzierter darstellen, als es in Flecks Dreischritt geschehen ist. Ich deute das hier nur noch durch ein Schema an und füge hinzu, welcher Typ visueller Darstellung auf der jeweiligen Stufe naheliegt bzw. häufiger auftritt.

Das Schema ist von unten nach oben zu lesen. Der Weg führt von der hypothetischen Annahme zur stabilen Lehrmeinung und sicheren öffentlichen Tatsache, von einem kleins-

Mit dem Darstellungstyp verändern sich die Gegenstände

ten oder kleineren Fachpublikum zur Weltöffentlichkeit, von der dominanten Sachorientierung zur Publikumsorientierung, vom Erkenntnisinstrument über die Lehrtafel zum großräumigen Sozialwerkzeug, von der Sache zum Design und zur Form.

Der wissenschaftliche Stufenweg beginnt gegenwärtig, wie schon angedeutet, nicht selten oben, bei Ziffer zehn.

Abbildung 11: Der Stufenweg einer wissenschaftlichen Tatsache oder: Vom Erkenntnisinstrument zum Sozialwerkzeug

		Form	
Pop Science	11.	Ästhetik (pur)	
↓	10.	Globale Visiotype	
↓	9.	Pointierung/Propaganda	Sozialwerkzeuge (Öffentlichkeit)
↓	8.	Unterhaltung	
↓	7.	Populärwissenschaft	
	6.	Einführende Lehrbuchdarstellung, Didaktik	Stabilisierungsschritte (wissenschaftliches Publikum)
	5.	Darstellung herrschender Lehre (Dogmatik)	
	4.	Primäre Darstellung	
↑	3.	Disposition/Argumentation	Erkenntnisinstrumente (Avantgarde)
↑	2.	Frage und Hypothese	
Science	1.	Metasprache	
		Stoff	

Quelle: Eigene Darstellung

Ich charakterisiere knapp und skizzenhaft die Stufen; nicht nur die Kollegen vom Fach werden das zugehörige Bildmaterial leicht imaginieren können:
- Zur Metasprache, der Sprache über Begriffe, gehören abstrakte Zeichen, logische Symbole (siehe Saussures logische Symbole, Abbildung 2).
- Zur Urfassung einer wissenschaftlichen Idee, einer Hypothese, gehört oft die Skizze als Kristallisationspunkt der Idee, als Denkkrücke oder Gedächtnisstütze, vielleicht auch ein vorläufiges Modell oder Szenario, ein Spiel im virtuellen Raum (siehe Darwins frühe Skizzen).
- Die Ordnung der eine Hypothese stützenden Beweisführung geschieht z.B. in einem hypothetischen Schema oder Modell, in einer Figur oder einem Szenario, die systematisch durchgeführte Variationen zulassen (siehe Darwins Schema).
- Die primäre Darstellung, die das Wesentliche einer neuen Entdeckung, am Resultat orientiert, konturiert festhält, spiegelt sich oft in einer bereits klar konturierten visuellen Wiedergabe (siehe das erste, perfekte Modell der Doppel-Helix, Abbildung 7).
- Die Darstellung herrschender Lehre im Lehr- oder Handbuch verwendet Abbildungen, die bei festem Strich stabil schematisierte, typisierte Konturen angenommen hat (siehe die lehrhafte Weiterentwicklung der Doppel-Helix, Abbildung 8).

- In Einführungen, in der Didaktik setzt sich die Stabilisierung des Lehrinhalts, seine sprachliche und visuelle Standardisierung fort, wird der Übergang zur Populärwissenschaft fließend: Die wissenschaftliche Metapher wird u.U. zur scheinbaren Realität, ihre Abbildung farbig usf. (siehe farbige Darstellungen der Doppel-Helix, z. B. als Kalottenmodell).
- In der Populärwissenschaft hat sich der Zweck der Darstellung gewandelt und mit dem Texttyp der Bildtyp. Der wissenschaftliche Gehalt ist, auch visuell, auf den wichtigsten Inhalt und dessen Alltagsbedeutung reduziert, mit der Lebenswelt verbunden, farbig, ›animiert‹, personalisiert und vermenschlicht. Anschaulich. Sicher (siehe das menschliche Gehirn als farbige Topografie der Zuständigkeiten).
- In der ›Unterhaltung‹ werden diese Elemente redundant, erzählend, entlang einer Entdeckungsgeschichte oder Personenstory entwickelt, dramatisiert – Abwechslung, Seitenwege, unterschwellige Information, Unterrichtung über Zweifelsfälle korrespondieren mit vielseitigem Bildmaterial (siehe die Befruchtung der weiblichen Eizelle als ›Foto‹ bei Duden).
- Zur tendenziösen Darstellung wie zur Werbung gehört die zweckgebundene pointierende Auswahl, ›Wissenschaft‹ als Autoritätssignal, Prestigeanleihe beim schon Gängigen, eine Aufmerksamkeit erzwingende Ästhetik, Übertreibung, Übergewicht des Designs, Drohung und Verheißung (siehe Abbildung 9 und 10).
- Globale Visiotype haben Eleganz und Schlüssigkeit gemeinsam, Informationsdichte, den erkennbar weiten Geltungsradius, (scheinbare) Durchsichtigkeit, Verständlichkeit und Pointierung – die ansprechende Farbigkeit (der Blaue Planet).
- Die Ästhetik pur entdeckt den Bildwert wissenschaftlicher Inhalte.

4. Ansatzpunkte zu einer Bildkritik

Auf dem skizzierten Stufenweg lassen sich, Stufe für Stufe und aus dem Gesamtüberblick, bildkritische Fragen formulieren. Einige seien abschließend aufgegriffen und weitergeführt:
- Wir sahen, es gibt eine Richtigkeit der Bilder; sie besteht z. B. darin, dass man einen Zeichentyp wählt, der den skeptischen Hinweis gibt, hier handele es sich um eine Hypothese, einen Gedanken oder Aspekt. Wenn die Visualisierung der Wissenschaft allzu leicht den Eindruck erweckt, sie bilde Realität ab, dann sollte es richtig sein, demgegenüber am abstrakten, skeptischen Darstellungstyp festzuhalten.
- Aus wissenschaftlichen Erkenntnissen und Entdeckungen werden, nicht zuletzt auf dem Weg ihrer Popularisierung, Sozialwerkzeuge, obwohl sie von Haus aus keine sozialen Gestaltungsinstrumente sind. Sie binden aber und gestalten die Gesellschaft, erzeugen neue soziale Strukturen und Normen. Auch das spricht für eine Form der Darstellung, in der die Kluft zwischen der wissenschaftlichen Annahme und der Lebenswelt erkennbar bleibt.
Edward Tufte hat m. E. starke Gründe, wenn er von der statistischen Grafik Klarheit, Präzision und Effizienz verlangt, wenn er meint, sie solle dem Betrachter, wenn sie gelungen ist, die meisten Einsichten in der kürzesten Zeit mit der wenigsten Tinte auf kleinstem

Raum geben, wenn er sie deshalb wie abstrakt logische Zeichen behandelt und die ›big ducks‹, die animierte Lebenswelt, ihre Enten und Riesen, Drachen, Schlangen verabscheut (Tufte 1989: 13, 51, 116 f.).

- Der klassische Stufenweg von der Zeitschriftenwissenschaft über die herrschende Lehre, das Lehrbuch, zur Populärwissenschaft, zu denen jeweils von Stufe zu Stufe ein erkennbarer Sprachstil und ein ihm entsprechender Bildstil gehören, ist auch weiterhin existent. Dieser klassische Stufenweg wird aber durch den Übergang der Naturwissenschaften zum Englischen einem von vornherein der ›ordinary language‹ näheren Wissenschaftsstil angeglichen, und er wird noch mehr dadurch verändert, dass Sprache und Bildstil der Populärwissenschaft in die didaktischen und wissenschaftlichen Gewässer vordringen. Das Letztere bedeutet vermutlich eine Behinderung hypothetischen, d.h. wissenschaftlichen Denkens.

- Bildkritik müsste sich auf der einen Seite an der jeweiligen Darstellungsebene orientieren und fragen: Wie weit erfüllt das gewählte visuelle Zeichen, der Stil, die auf dieser Ebene zu leistende Funktion? Auf der anderen Seite gilt aber prinzipiell das Kriterium der sachlichen Richtigkeit, der Genauigkeit des dargestellten Gedankens, und gelten von Stufe zu Stufe Kriterien des jeweiligen Formen- und Kulturzusammenhangs, die hier unmöglich auszuführen oder auch nur anzudeuten sind.

- ›Science is fundable Research‹ formulierte vor Jahren Rustum Roy, Kristallograf in Penn State University, USA. Wissenschaft ist, was als finanzierungswürdige Forschung angesehen wird. Wo diese Definition durchgesetzt ist, ist es wahrscheinlich, dass das vorweggenommene ›fundable result‹, das finanzierungswürdige Resultat und seine Visualisierung einen dominanten Einfluss auf die Wissenschaftsentwicklung gewinnen.
Was bewirken die zeitgeistträchtig aufgebauschten Anträge, ihr Konzept und ihre bildgestützten Prognosen, wenn sie angenommen sind? Binden sie, legen sie die Bahn der Forschung fest? Die Sprache der Anträge und ihre Folgen wären eine gründliche Untersuchung wert.
Es gibt eine allgemeine Tendenz, den hier skizzierten idealtypischen Stufenweg umzukehren und mit dem globalen Visiotyp einzusetzen. Man erinnere sich an die lächerliche Weltente der von Bill Clinton und Tony Blair verkündeten Entschlüsselung der Doppel-Helix, an die selbstähnlichen ›Fraktalen‹ Benoît Mandelbrots als eine Art Logo der Chaostheorie, Noam Chomskys Satzanalyse-Bäumchen als Symbol für einen ›Paradigmenwechsel‹ in der Sprachwissenschaft, einen schwebenden Magneten über einer Stromleitung als Symbol für die ›Hochtemperatur-Supraleitung‹, d.h. die erhoffte neue Technik einer Stromleitung ohne Widerstand.

- Globale Visiotype sind oftmals Alltagsmythen wissenschaftlicher Herkunft und archaischer Bildprägung, als solche Bewegungsbegriffe mit vorherrschendem Zukunftsaspekt, die eine halbe Welt umspannen: der Stammbaum der Evolution und das entschlüsselte Gehirn, die exponentielle Weltbevölkerungskurve und der Welthunger durch Unterentwicklung, der erkrankte Blaue Planet ... – die lange Liste der umfassenden Bewegungsbegriffe bzw. globalen Variablen wäre einmal aufzustellen.
Die mit derartigen Größen angestellten weltumspannenden Rechnungen, jene Weltalgebra oder universelle Visiotypenlogik wäre von Fall zu Fall daraufhin zu überprüfen, ›durch-

zurechnen‹, wie weit sie in der sozialen Welt, der sie zu nützen scheint, das Gegenteil ihrer Verheißung, nämlich Zerstörung hervorbringt.
- Kritik als Unterscheidung der beiden Medien muss der Ausgangspunkt sein: Was leistet das Wort, was die Visualisierung? Was ermöglicht ihre Kooperation?

Nach meiner Vermutung würde die durchdachte Kooperation nicht nur die Leistungsfähigkeit beider Medien steigern, sie könnte auch den Spielraum der Sprachskepsis und Bildskepsis erweitern.

Literatur

Darwin, Charles. *On the origin of species by means of natural selection, or the preservation of favoured races in the struggle for life.* London 1859. (Auch online unter http://darwin-online.org.uk/contents.html, Download 24.2.2007.)

Darwin, Charles. *Über die Entstehung der Arten durch natürliche Zuchtwahl: oder die Erhaltung der begünstigten Rassen im Kampfe um's Dasein.* 8. Auflage. Nach der letzten engl. Ausg. wiederholt durchges. von Julius Victor Carus. Stuttgart 1899.

Duden, Barbara. *Der Frauenleib als öffentlicher Ort. Vom Missbrauch des Begriffs Leben.* Hamburg und Zürich 1991.

Duden, Barbara. »Bevölkerung«. *Wie im Westen so auf Erden. Ein polemisches Handbuch zur Entwicklungspolitik.* Hrsg. Wolfgang Sachs. Hamburg 1993. 71–88.

Fehr, Johannes. »Saussure: Zwischen Linguistik und Semiologie. Ein einleitender Kommentar«. *Linguistik und Semiologie. Notizen aus dem Nachlaß.* Ferdinand de Saussure. Hrsg. Johannes Fehr. Frankfurt am Main 1997. 17–226.

Fleck, Ludwik. *Entstehung und Entwicklung einer wissenschaftlichen Tatsache. Einführung in die Lehre vom Denkstil und Denkkollektiv.* Mit einer Einleitung hrsg. von Lothar Schäfer und Thomas Schnelle. Frankfurt am Main 1980.

Fleck, Ludwik. *Erfahrung und Tatsache. Gesammelte Aufsätze.* Mit einer Einleitung hrsg. von Lothar Schäfer und Thomas Schnelle. Frankfurt am Main 1983.

Goethe, Johann Wolfgang von. *Maximen und Reflexionen.* Hrsg. Max Hecker. Weimar 1907.

Gould, Stephen Jay. »Leitern und Kegel: Einschränkungen der Evolutionstheorie durch Kanonische Bilder«. *Verborgene Geschichte der Wissenschaft.* Hrsg. Robert B. Silvers. München 1996. 47–77.

Haeckel, Ernst. *Anthropogenie oder Entwickelungsgeschichte des Menschen: gemeinverständliche wissenschaftliche Vorträge über die Grundzüge der menschlichen Keimes- und Stammes-Geschichte.* 2. Auflage. Leipzig 1874.

Jäger, Ludwig: *Zu einer historischen Rekonstruktion der authentischen Sprach-Idee F. de Saussures.* Phil. Diss. Düsseldorf. Bübingen 1975.

Klein, Josef. »Saussures Konzeption des sprachlichen Zeichens – diskutiert unter dem Aspekt der Bedeutungskonstitution und ihrer ontogenetischen Voraussetzungen«. *Zeichen und Verstehen. Akten des Aachener Saussure-Kolloquiums 1983.* Hrsg. Ludwig Jäger und Christian Stetter. Aachen 1986. 53–61.

Köller, Wilhelm. *Semiotik und Metapher. Untersuchungen zur grammatischen Struktur und kommunikativen Funktion von Metaphern.* Stuttgart 1975.

Pörksen, Uwe. *Weltmarkt der Bilder. Eine Philosophie der Visiotype.* Stuttgart 1997.

Pörksen, Uwe. *Logos, Kurven, Visiotype. Vortrag an der Hochschule für Grafik und Buchkunst.* Allaphbed 6. Leipzig 1998a.

Pörksen, Uwe. »Blickprägung und Tatsache. Veranschaulichungsstufen der Naturwissenschaften – von der hypothetischen Skizze bis zum öffentlichen Idol«. *Darstellungsformen der Wissenschaften im Kontrast.* Hrsg. Lutz Danneberg und Jörg Niederhauser. Tübingen 1998b. 321–347.

Pörksen, Uwe. »Visiotype. Die Welt der Zweiten Anschauung«. *Bild im Text – Text im Bild.* Hrsg. Ulla Fix und Hans Wellmann. Heidelberg 2000. 191–206.

Pörksen, Uwe. *Plastikwörter. Die Sprache einer internationalen Diktatur.* 6. Auflage. Stuttgart 2005.

Robin, Harry. *The Scientific Image. From Cave to Computer.* Historical Foreword by Daniel J. Kelves. New York 1992.

Saussure, Ferdinand de. *Grundfragen der allgemeinen Sprachwissenschaft.* Hrsg. Charles Bally. 2. Auflage. Berlin 1967a.

Saussure, Ferdinand de. *Cours de linguistique générale.* Édition critique. Hrsg. Rudolf Engler. Wiesbaden 1967b.

Saussure, Ferdinand de. *Linguistik und Semiologie. Notizen aus dem Nachlass. Texte, Briefe und Dokumente.* Gesammelt, übersetzt und eingeleitet von Johannes Fehr. Frankfurt am Main 1997.

Tufte, Edward R. *The Visual Display of Quantitative Information.* Cheshire/CT 1989.

Watson, James D., und Francis H. C. Crick. »Molecular Structure of Nucleic Acid. A structure for Deoxyribose Nucleic Acid«. *Nature* (171) 4356 1953. 737–738. (Auch online unter www.nature.com/nature/dna50/watsoncrick.pdf, Download 23.2.2007.)

II Geschichte, Formen und Aufgaben des Wissenschaftsjournalismus

Geschichte des Wissenschaftsjournalismus

Andreas W. Daum

Seit wann gibt es einen Wissenschaftsjournalismus? Wie hat sich der Typus des Wissenschaftsjournalisten im Laufe der Zeit gewandelt? Warum ist der Wissenschaftsjournalismus zum Beruf geworden und wurde doch bis in die jüngste Zeit als »verspätetes Ressort« (Hömberg 1990) angesehen?

Solche grundlegenden Fragen drängen sich bei jedem Versuch einer historischen Betrachtung auf, sei sie auch noch so kursorisch. Und sie können doch kaum zufriedenstellend beantwortet werden. Die Geschichte des Wissenschaftsjournalismus ist bislang nicht systematisch aufgearbeitet und in Langzeitperspektive behandelt worden – ein erstaunlicher Befund.

Im Folgenden wird ein erster Überblick gegeben. Er soll verdeutlichen, dass es in Deutschland lange und reichhaltige, indes weitgehend vergessene Entwicklungsstränge des Wissenschaftsjournalismus gibt. Sie bilden nicht nur eine Geschichte von Versuchen, Wissenschaft und Forschung in der Öffentlichkeit zu vermitteln. Der Wissenschaftsjournalismus entwickelte sich vielmehr schon früh als eigenständige, multimediale Thematisierung von Wissen in öffentlichen Räumen.

Journalisten wirkten dabei als Akteure, die Wissen und Gesellschaft in oft neuartiger Weise zueinander in Beziehung setzten. In diesem Prozess hat sich der Wissenschaftsjournalismus stets zwischen Professionalisierung und Stigmatisierung, zwischen beruflichen Unsicherheiten auf der einen Seite und Selbstkritik und Dilettantismusvorwürfen auf der anderen bewegt.

1. Anfänge: 1700–1848

Ob man auf der Suche nach Anfängen bis zur Höhlenmalerei der Steinzeitmenschen zurückgehen muss, wie einst eine Doktorarbeit vorschlug (Matthes 1987)? Oder zählen die Illustratoren von Flugschriften aus der Renaissance, in denen zoologische und botanische Zeichnungen verbreitet wurden, bereits zu Wissenschaftsjournalisten? Hat ihnen gar schon Martin Luther mit seiner deutschen Bibelübersetzung eine entscheidende Bresche geschlagen (Goede 2004: 234)?

Drei Kriterien dürften helfen, eine pragmatische Eingrenzung vorzunehmen, auch wenn dabei versprengte Vorläufer nicht berücksichtigt werden. Man kann historisch von Formen des Wissenschaftsjournalismus im weitesten Sinne dann sprechen, wenn

- Wissenschaft sich als eine selbstständige Form der Wissensproduktion profiliert, die beansprucht, auf Forschung begründet zu sein und sich an objektivierbaren Regeln zu orientieren, womit sie sich als gesellschaftliches Subsystem definiert;
- Journalismus sich als eigenständige und tendenziell berufsmäßige Form der Darstellung von wissensorientierten Themen – einschließlich, aber nicht exklusiv jenen, die von wissenschaftlicher Forschung hervorgebracht werden – entwickelt, die sich in periodisch erscheinenden Publikationen und anderen Medien äußert; und
- Öffentlichkeit sich als Möglichkeit konkretisiert, Wissen in journalistischer Darstellung an ein Publikum zu vermitteln.

Die Jahrzehnte vom Ende des 16. bis zum Beginn des 17. Jahrhunderts – vereinfacht gesagt die Zeit um 1700 – können als eine erste entscheidende Phase gelten, in der diese drei Kriterien gegeben waren. Wissenschaft wurde seit 1700 als intellektuell disziplinierte Form empirischer Forschung definiert. Es erschienen Zeitschriften, die ein noch kleines, aber eben doch ein Publikum zum Zweck der Belehrung und Unterhaltung ansprachen. Immer mehr Öffentlichkeiten – der Plural ist hier angemessen – nahmen Gestalt an: in Salons und Kaffeehäusern, an Universitäten und in gelehrten Zirkeln der Aufklärungszeit, in calvinistischen Gemeinden und auf den Marktplätzen der sich bereits globalisierenden Weltökonomie, von Istanbul bis Macao.

Zu den ersten wissenschaftlichen Zeitschriften gehörten das französische *Journal des Sçavans* und die englischen *Philosophical Transactions*, beide erstmals 1665 publiziert, wobei sich die *Transactions* ganz auf die Naturwissenschaften konzentrierten. In Deutschland erschienen seit 1670 die *Miscellanea curiosa* zu diversen Themen der Medizin, Naturwissenschaften und Mathematik und später die *Acta Eruditorum* in Leipzig.

Mit den *Göttingenschen Zeitungen von gelehrten Sachen* wurde 1739 eine wissenschaftliche Rezensionszeitschrift etabliert. Das war ein wichtiges Signal. Wissenschaft vergewisserte sich der Kommentierung, und sie schuf sich eine Öffentlichkeit im kritischen Diskurs der Aufklärung. Indem sie die deutsche Sprache statt des Lateinischen nutzte, stellte sie sich in den Zusammenhang regionaler und, wie man bald sagen sollte, nationaler Kulturen (Troitsch 1999; Siegert 1999).

Stark vereinfacht formuliert, setzte Mitte des 18. Jahrhunderts eine zweite Phase ein. Nicht nur stieg die Zahl der Zeitschriften und Zeitungen an, sondern viele orientierten sich nunmehr auf die Wechselwirkungen zwischen Wissen und praktischen Anwendungen, zwischen moralischer Erbauung und pädagogisch ambitionierter Belehrung. Die moralischen Wochenzeitschriften und der neue Typus der Magazine, verkörpert zum Beispiel durch das *Hamburgische Magazin [...] aus der Naturforschung und den angenehmen Wissenschaften überhaupt* (1747–66), fingen diese Wechselwirkungen ein.

Die sogenannte Volksaufklärung war auch Frühphase einer Wissenspopularisierung, deren Zielgruppe sich rhetorisch von den Gelehrten auf das breite Publikum verschob. Davon waren keineswegs allein medizinische und naturwissenschaftliche Themen betroffen. Die sozialen Aufgaben des Staates, die rechte ökonomische Ordnung, die Jurisprudenz und die Technik rückten nun in den Mittelpunkt aufklärerischer Medienarbeit. Das späte 18. Jahrhundert erlebte auch einen bedeutsamen Aufschwung der Fachzeitschriften. Botanik und Zoologie, Kameralwissenschaften und Bergbau wurden zu Wissensgebieten, die sich durch eigenständige und spezialisierte Medien artikulierten.

Es blieb nicht den Printmedien vorbehalten, Öffentlichkeiten zu schaffen, zumal die Bevölkerung erst langsam zur Alphabetisierung und Lesefähigkeit in allen sozialen Schichten fand. Am Ende des 18. Jahrhunderts verkörperten Jahrmarktsvorführungen, öffentliche Experimente, Wanderredner und Schaustellungen den Wunsch, Wissen unterhaltsam und belehrend, hörbar und sehbar darzustellen und es greifbar zu machen. Volkskultur und auch Aberglaube, Sensationslust und Bauernschläue verwoben sich hier.

Mit dem modernen Verständnis des Wissenschaftsjournalismus mag dies auf den ersten Blick wenig zu tun haben. Trotzdem gehören solche Praktiken in die Geschichte der Wissensdarstellung als eines zunehmend autonomen gesellschaftlichen Bereiches, aus dem später Wissenschaftsjournalisten als professionelle Vermittler hervorgingen.

Gängige europäische Epocheneinteilungen lassen die moderne Welt gerne mit der Französischen Revolution von 1789 und dem Napoleonischen Zeitalter 1800 beginnen. Für eine Geschichte des Wissenschaftsjournalismus taugen solche Zäsuren wenig. Bis weit in die 1840er Jahre hinein dominierten in Deutschland die medialen Formen und Praktiken der Aufklärung. Allerdings verdichteten sich zu Beginn des 19. Jahrhunderts Überlegungen, der emphatischen Verwendung des Begriffes ›Volk‹, der die Adressaten der Belehrung meinte, nunmehr Taten folgen zu lassen. Verleger, Autoren und Vortragende auf Bildungsveranstaltungen begannen, Öffentlichkeit als konzeptionelle und auch kommerzielle Herausforderung anzunehmen.

Nicht zufällig erschienen nun neue Konversationslexika (der Brockhaus seit 1809, Meyers nach 1840). Das *Pfennig-Magazin*, ein Massenblatt mit zehntausenden gedruckten Exemplaren, kommentierte ausgiebig Naturerscheinungen, Tiere und die Sternenwelt. Diese Auflagenhöhe blieb allerdings eine Ausnahme. Selbst die 1798 gegründete *Cotta'sche Allgemeine Zeitung*, ein respektables und fest etabliertes Organ, erreichte in der ersten Hälfte des 19. Jahrhunderts nur bis zu 8.000 Abonnenten (Schildt 2000: 489). Zu gleicher Zeit wurden besonders astronomische Werke zu Rennern auf dem Buchmarkt, darunter Heinrich Mädlers *Wunderbau des Weltalls oder Populäre Astronomie* (1841, 8. Auflage 1884) und Adolph Diesterwegs *Populäre Himmelskunde* (1840, 21. Auflage 1909).

Häufig wird auch Alexander von Humboldt mit seinen sogenannten *Kosmos*-Vorlesungen in Berlin 1827/28 als Vorläufer des Wissenschaftsjournalismus in dieser Epoche zitiert (Humboldt 2004). Humboldt entwarf in seinen Vorlesungen ein Panorama der Naturerscheinungen, das von der Astronomie zum Magnetismus reichte; ob er tatsächlich alle sozialen Schichten erreichte oder gar schlicht den Wissenschaftsjournalismus einläutete, ist indes fraglich.

Humboldts epochale Bedeutung gerade auch für eine Geschichte des Wissenschaftsjournalismus liegt darin begründet, dass der letzte Universalgelehrte Deutschlands das Prinzip Öffentlichkeit mit seinen Vorlesungen grundsätzlich aufwertete, seine Gedanken in eine ganzheitliche Weltvorstellung einband, die von dieser Öffentlichkeit angesichts einer zuneh-

Abbildung 1: Titelbild der Zeitschrift *Das Weltall* von 1854. Natur, Technik und die menschliche Naturerforschung finden hier harmonisch zusammen. Die Illustration vereinigt diverse Naturerscheinungen, einschließlich eines sprühenden Vulkans im Hintergrund, und Funde aus der Naturwelt, Beobachtungs- und Messinstrumente sowie nicht zuletzt den respektvollen Hinweis auf den Universalgelehrten Alexander von Humboldt.

menden Spezialisierung von Wissen als ein besonders attraktives Deutungsangebot begierig aufgenommen wurde, und für jene Nachfolger, die tatsächlich den Wissenschaftsjournalismus zu legitimieren suchten, eine ideale Galionsfigur darstellte. Nicht zufällig zierten Hinweise auf Humboldt und sein *Kosmos*-Werk die Titelillustrationen vieler populärwissenschaftlicher Zeitschriften (siehe Abbildung 1 und 2).

Abbildung 2: Titelbild der Zeitschrift *Gaea* von 1871. *Gaea* lud hier die Leser ein, das Buch der Natur – verkörpert durch Humboldts *Kosmos* – zu studieren, Hilfsmittel zu nutzen und die vielfältigen kulturellen, technischen und Naturphänomene der modernen Welt zu betrachten.

2. Die Pionierphase: 1848–1890

Das Jahr 1848, in dem sich erstmals in Deutschland eine revolutionäre und demokratische Bewegung durchzusetzen schien, kann als symbolisches Datum für die Geschichte des Wissenschaftsjournalismus dienen; wie jeder Periodisierungsvorschlag ist es als solches kein scharfer Schnitt.

Mit der Revolution vom Frühjahr 1848 und der Einberufung einer Nationalversammlung setzte sich das Prinzip Öffentlichkeit auf breiter Front durch. Parlamentsberichterstattung und politische Flugblätter, öffentliche Versammlungen und eintreffende Nachrichten von anderen revolutionären Aufständen in Europa werteten den Journalismus als mediale Plattform enorm auf.

Das Datum 1848 steht für den Höhepunkt einer massiven kommunikativen Mobilisierung der deutschen Gesellschaft (Siemann 1985: 114–124). Sie ergriff und veränderte auch das Verständnis von Wissenschaft, und sie stellte den Typus des Journalisten in den Mittelpunkt einer sich nun intensivierenden Diskussion über die legitimen Ansprüche der Gesellschaft, Wissenschaft zu verstehen und zu deuten.

Nicht zufällig war es ein Mitglied der Frankfurter Nationalversammlung, Wilhelm Jordan, ein linker Hegelianer und Demokrat des Vormärz, der 1849 mit Unterstützung des liberalen Verlegers Otto Wigand (1795–1870) die erste Zeitschrift in Deutschland herausgab, die sich ausdrücklich der naturwissenschaftlichen Popularisierung widmete. Ihr Titel war Programm: *Die Begriffene Welt*. Sie propagierte das analytische Begreifen als Wirklichkeitsaneignung, und in dieser Zeitschrift findet sich 1849 auch erstmals der Begriff »populärwissenschaftlich« in der deutschen Sprache.

Zu gleicher Zeit überlegte kein Geringerer als Alexander von Humboldt im Verbund mit seinem Verleger Cotta, einen *Micro-Cosmos* zur Popularisierung seines gerade erscheinenden ersten Bandes des Monumentalwerkes *Kosmos* herauszubringen, nicht zuletzt um einen Verkaufserfolg einzufahren (Daum 2002: 36, 280–286, 347).

Beide Episoden signalisieren einen Aufbruch. Seit 1848 und mit großem Enthusiasmus begannen Philosophen und Naturwissenschaftler, Politiker und freischaffende Schriftsteller, Wissenschaft in allen ihren Varianten als zentralen Gegenstand journalistischer Tätigkeit und als kommerzielle Unternehmung auf dem Medienmarkt zu begreifen. Sie trugen damit bewusst zu dem in der zweiten Hälfte des 19. Jahrhunderts massiv expandierenden Medienmarkt bei und bereicherten ihn mit zahlreichen neuen Initiativen. Thematisch reicht die Spanne von naturwissenschaftlichen zu sozialwissenschaftlichen Themen und der in der Industrialisierungsepoche immer wichtiger werdenden Technik.

Für die Geschichte des Wissenschaftsjournalismus ist der naturkundliche Bereich besonders aufschlussreich. Die Naturwissenschaften wurden aufgrund ihres empirischen Rationalismus als gesamtgesellschaftlicher Leitsektor begriffen. Sie spezialisierten sich zudem nach 1850 in einem dramatischen Ausmaß, sodass dem Journalismus eine zentrale Vermittlungsfunktion zufiel.

Außerdem erlaubten es naturwissenschaftliche Themen, vielfältige öffentliche Darstellungsformen zu schaffen. Der Elan der Nach-48-Pioniergeneration und ihr Erfindungsreichtum waren eindrucksvoll. Sie schlossen Gründungen von Zeitschriften, Museen und Aquarien ebenso ein wie Vortragsveranstaltungen und Führungen in botanischen Gärten.

Abbildung 3: Titelbild der Zeitschrift *Unsere Welt* von 1909. *Unsere Welt* wurde vom 1907 gegründeten, protestantischen Keplerbund zur Förderung der Naturerkenntnis herausgegeben und von dem populärwissenschaftlichen Autor Eberhard Dennert redigiert. Unsere Welt war damit auch ein Ausdruck der weltanschaulichen Debatten des Fin de Siècle und wandte sich besonders gegen den darwinistischen Monismus des Jenaer Zoologen Ernst Haeckel.

Keineswegs dominierten also allein die Printmedien den kommunikativen Aufbruch nach 1848. Das wissenschaftliche Vereins- und Musealwesen erlebten einen Boom, zoologische Gärten und später ethnologische Schaustellungen wurden zu Attraktionen der bürgerlichen Welt, und die Arbeitergesellschaft entwickelte ihre eigenen Formen der Populärwissenschaft. Aus mehreren Gründen bildete der Wissenschaftsjournalismus allerdings den Kernbereich dieser vielfältigen Aktivitäten.

Zeitschriften und Zeitungen waren die primären Medien, mit denen ein breites Publikum angesprochen werden konnte. 1856 fasste ein Beobachter die Entwicklung der vorangegangenen Jahre so zusammen: »Politische Zeitungen, belletristische Blätter, Modejournale, selbst religiöse und technische Zeitschriften öffneten bereitwillig ihre Spalten der Naturwissenschaft, um der neuen Concurrenz auf dem literarischen Markte Stich zu halten« (*Die Natur* (5) 1856: 31).

Politische und kulturelle Zeitschriften wie die *Deutsche Rundschau* seit 1874 sowie vor allem unterhaltende Familienzeitschriften wie die *Gartenlaube* seit 1853, *Westermann's Monatshefte* seit 1856 und *Über Land und Meer* seit 1858 boten nun (natur-)wissenschaftlichen Beiträgen einen festen Platz in ihren Spalten. Und die *Gartenlaube* erreichte mit einer Auflage von schließlich 382.000 ein breites Publikum (Barth 1974: 437).

Seit 1849 erschienen in schneller Folge populärwissenschaftliche Zeitschriften. Ihre häufig reichhaltigen Illustrationen und kunstvoll gestalteten Cover zielten darauf, Leser aller Schichten und Generationen anzusprechen (siehe Abbildungen 1–3). Auch wenn die Auflagen dieser Zeitschriften lange gering blieben und zumeist zwischen mehreren hundert und wenigen tausend Exemplaren schwankten, ist dies eine beeindruckende Bilanz. Ihre zuweilen pathetischen Titel machten bereits den Lesern klar, dass es hier nicht um bloße Liebhaberei für Spezialisten ging – von dem langlebigen Klassiker *Die Natur* (1852–1902) über das heute vergessene katholische Magazin *Natur und Offenbarung* (1855–1910) zu *Kosmos* (1877–1888) und *Prometheus* (1890–1921) (siehe Tabelle 1).

Die Printmedien fungierten überdies als ein Scharnier, um andere Popularisierungsaktivitäten vorzustellen und das Verhältnis zwischen Wissenschaft und Öffentlichkeit zu kommentieren. Seit der Mitte des 19. Jahrhunderts und bis heute haben Wissenschaftsjournalisten – und Nicht-Journalisten, z.B. Universitätsprofessoren, die sich gelegentlich journalistisch äußerten – nicht nur schlicht Wissen vermittelt, das an anderer Stelle hervorgebracht wurde. Sie haben vielmehr als publizistische Protagonisten vielfältige Öffentlichkeiten geschaffen und damit aktiv die Wechselwirkungen von Wissen, Wissenschaft und Gesellschaft mitbestimmt. Sie haben direkt und indirekt wissenschaftspolitisch gewirkt.

Man braucht nur an herausragende Wissenschaftler wie Justus von Liebig, Rudolf Virchow, Hermann Helmholtz oder Wilhelm Förster zu erinnern. Späten Nachfolgern wie Hubert Markl oder Wolfgang Frühwald vergleichbar, haben sie Zeitungen und Zeitschriften genutzt, um Ressourcen für Forschung einzufordern und die gesamtgesellschaftliche Bedeutung von moderner Wissenschaft zu betonen.

Nicht zuletzt war der Typus des Wissenschaftsjournalisten seit 1848 dadurch charakterisiert, dass das Schreiben in periodischen Veröffentlichungen nur einen, wenn auch zentralen Bestandteil von vielfältigen und miteinander verknüpften Aktivitäten darstellte. Letztere dienten nicht allein dem Zweck, wissenschaftliche Erkenntnisse an ein breites Publikum zu ver-

Tabelle 1: Populärwissenschaftliche Zeitschriften im Bereich der Naturkunde in Deutschland, 1848–1914[1]

Erscheinungs-dauer	Titel	Geschätzte Auflagenhöhe (Jahr)
1849	Die begriffene Welt	
1852–1902	Die Natur (1902 aufgegangen in Naturwissenschaftliche Wochenschrift)	2.000–3.000
1854	Das Weltall	
1854–1855	Natur und Kunst	
1855–1857	Die Welt	
1855–1910	Natur und Offenbarung	1.000 (1895)
1857–1860	Kosmos. Zeitschrift für angewandte Naturwissenschaften	2.000–3.000 (1895)
1858–1859	Mittheilungen aus der Werkstätte der Natur, im 2. Jg. als: Aus allen Reichen der Natur	
1859–1866	Aus der Heimath	2.000–3.000
1865–1909	Gaea (1910 aufgegangen in Naturwissenschaftliche Rundschau)	1.500 (1895)
1868 ff.	Sirius	530 (1895)
1868–1888	Der Naturforscher (1886/87 aufgegangen in Naturwissenschaftliche Rundschau)	
1876–1889	Isis. Zeitschrift für alle naturwissenschaftlichen Liebhabereien	
1877–1886	Kosmos. Zeitschrift für einheitliche Weltanschauung auf Grund der Entwicklungslehre (1887 aufgegangen in Humboldt)	ca. 1.000
1879–1886	Der Naturhistoriker	
1882–1890	Humboldt (1891 aufgegangen in Naturwissenschaftliche Rundschau)	
1885–1914	Jahrbuch der Naturwissenschaften	
1886–1912	Naturwissenschaftliche Rundschau	2.500 (1895)
1887–1888	Der Naturwissenschaftler (1888 aufgegangen in Naturwissenschaftliche Wochenschrift)	
1887–1922	Naturwissenschaftliche Wochenschrift	
1889–1915	Himmel und Erde	3.000 (1895)
1889–1910	Stein der Weisen	
1890–1892	Der Naturfreund	
1890–1921	Prometheus	5.000 (1914)
1892–1909	Natur und Haus (1909 aufgegangen in Blätter für Aquarien- und Terrarienkunde)	3.000 (1914)
1897–1906	Natur und Glaube (1907 aufgegangen in Natur und Kultur)	3.500 (1914)
1899–1905	Nerthus (1905 aufgegangen in Natur und Haus)	
1900–1944	Das Weltall	
1901 ff.	Das Wissen für Alle. Populärwissenschaftliche Wochenschrift	9.000 (1914)
1903 ff.	Natur und Kultur	
1904 ff.	Kosmos. Naturwissenschaftliches Literaturblatt, Untertitel seit 1905: Handweiser für Naturfreunde	100.000 (1914)
1905–1909	Die Wissenschaft für alle	7.000 (1908)
1905–1922	Aus der Natur	4.500 (1914)
1907–1943	Mikrokosmos	
1908–1914	Neue Weltanschauung	
1909–1941	Unsere Welt	10.000 (1914)
1910 ff.	Natur	

1 Umfassend kann eine solche Tabelle nicht sein. Vor allem ist es schwierig, exakte Angaben zu den Auflagenhöhen zu ermitteln. Die Zahlen in dieser Tabelle stützen sich auf Angaben in *Sperlings Zeitschriften-Adressbuch* sowie Daum 2002.

mitteln. Sie zielten in einem weiteren Sinne darauf, ein populäres Wissen zu schaffen, diesem eine institutionelle Infrastruktur zu geben und die Öffentlichkeit zu mobilisieren. Letzteres erfolgte oftmals unter zeittypischen Leitbegriffen wie ›Fortschritt‹, ›Realismus‹ und ›Eroberung der Welt‹.

Die erfolgreichen Wissenschaftsjournalisten in der zweiten Hälfte des 19. Jahrhunderts waren vieles zugleich: Vereinsgründer, wie der ehemalige Politiker Emil Adolf Roßmäßler (1806–1867), der in den populärwissenschaftlichen Blättern *Die Natur* und *Aus der Heimath* hervortrat und 1859 Humboldt-Vereine als naturwissenschaftliche Volksbildungsstätten ins Leben rief; Herausgeber von Zeitschriften, wie Hermann Josef Klein (1844–1914), der zugleich für die *Kölnische Zeitung* schrieb, eine private Sternwarte gründete und dessen *Allgemeine Witterungskunde* eine Auflage von 50.000 Exemplaren erreichte; oder Lehrer wie Eberhard Dennert (1861–1942), der 1907 den protestantischen Keplerbund zur Förderung der Naturerkenntnis initiierte, ein dreibändiges *Volks-Universal-Lexikon* herausgab und insgesamt über 90 Bücher mit einer Gesamtauflage von über 300.000 sowie mehr als 3.000 Zeitschriftenaufsätze und Flugschriften verfasste (Daum 2002).

Während sich in Frankreich bereits im Jahr 1857 Publizisten zu einem *Circle de la presse scientifique* zusammenschlossen, kam es in Deutschland lange nicht zu einem institutionellen Verbund der Wissenschaftsjournalisten. Immerhin wurde 1894 eine *Vereinigung der Medizinischen Fach- und Standespresse* gegründet, um die medizinische Fachpublizistik zu stärken. Die Wissenschaftsjournalisten waren ohnehin vielfach vernetzt und kommunizierten miteinander (Kockerbeck 1999). Sie gruppierten sich um liberale Verleger wie Otto Wigand und den Leipziger Ernst Keil (1816–1878), der auch die *Gartenlaube* druckte (siehe Abbildung 4). Und sie fanden ihre Namen vereint in den Programmen von Bildungsveranstaltungen wie der *Gesellschaft zur Verbreitung von Volksbildung* (gegründet 1871), der *Urania* (1888) und der *Deutschen Gesellschaft für volkstümliche Naturkunde* (1894), um einige prominente Institutionen in Berlin zu nennen.

Allerdings konkurrierten die Wissenschaftsjournalisten auch miteinander. Sie rivalisierten nicht nur um die wenigen festen Redakteursstellen, die das Verlags- und Pressewesen bot, und um Beiträge für anerkannte Presseorgane wie die *Leipziger Illustrierte Zeitung* und die *Augsburger Allgemeine Zeitung*. Sie positionierten sich auch in einer zunehmend ideologisch polarisierten deutschen Öffentlichkeit, in der Wissenschaftsvermittlung sowohl zum Vehikel als auch zum Argument von Weltanschauungskämpfen wurde. Diese trugen dazu bei, eine neue Phase des Wissenschaftsjournalismus einzuläuten.

3. Zwischen Ideologisierung und Kommerzialisierung: 1890–1960

Einen unpolitischen Wissenschaftsjournalismus, wenn man diesen Begriff verallgemeinern will, hat es nie gegeben. Viele Gründe trugen allerdings dazu bei, dass sich nach 1890 der Trend zur Politisierung, Ideologisierung und weltanschaulichen Lagerbildung verstärkte. Wissenschaft in allen ihren Varianten, von der Psychologie zur physikalischen Chemie, war inzwischen hochgradig spezialisiert und professionalisiert. Die Kluft zum breiten Publikum wurde größer. Sie wurde zunehmend von Vermittlern und Weltdeutern ausgefüllt, die ideo-

Abbildung 4: Porträt von Ernst Keil (1816–1878) aus der *Gartenlaube*. Keil sammelte zahlreiche Autoren aus dem demokratischen und liberalen Lager um sich. Bei der Konzeption der seit 1853 erscheinenden *Gartenlaube* spielte der Gedanke, naturwissenschaftliche Bildung allgemein verständlich darzustellen, eine zentrale Rolle. Alfred Brehm, Emil Adolf Roßmäßler und andere Wissenschaftsjournalisten schrieben für Keil.

Quelle: *Die Gartenlaube* 1878: 573

logisch scheinbar schlüssige Antworten auf die umfassendere Krise der Moderne versprachen, in der sich die deutsche Gesellschaft – wie andere der westlichen Welt – sah (Schwarz 1999).

Der klassische Wissenschafts- und Fortschrittsglaube wurde nun vielerorts angezweifelt. Rationalismus und Empirismus gerieten in die Kritik. Das öffnete die Tore für neue Sinnvermittler. Manche propagierten den Weg zurück in ein natürliches Leben als Alternative zu den komplizierten Differenzierungsprozessen des industriellen Massenzeitalters. Andere aber nutzten nun gerade den Bezug auf Wissenschaft im öffentlichen Raum, um neue und oftmals auf rassistischen und biologistischen Annahmen beruhende Weltbilder zu propagieren.

Parallel dazu trugen Wissenschaftsjournalisten auch dazu bei, romantische Bilder von Wissenschaft als heroischem Unternehmen des männlichen Genius (Frauen fielen zumeist durch dieses Raster) zu entwerfen oder aber den teuflischen, verblendeten Forscher – später von Stanley Kubrik als Dr. Strangelove in dem gleichnamigen Film von 1964 karikiert – als Quelle einer falschen Wissenschaftsgläubigkeit zu entlarven (LaFolette 1990).

Gerade am sogenannten Fin de Siècle, der Zeit um 1900, war die Situation des deutschen Wissenschaftsjournalismus ambivalent. Einerseits kämpfte er weiterhin um seine gesellschaftliche Anerkennung. Akademische Beobachter, die von außen auf diesen Bereich blickten, blieben gespalten. Neben der Einschätzung, dass das »Aschenbrödel« Wissenschaft in den redaktionellen Spalten der deutschen Zeitungen nur wenig beachtet sei, finden sich allerdings auch positivere Stimmen (Groth 1928: 753–761).

Andererseits waren Selbstbewusstsein und Optimismus führender Wissenschaftsjournalisten kaum zu überbieten. Zwei der erfolgreichsten, Wilhelm Bölsche (1861–1939) und Raoul Francé (1874–1943), gehörten zu den meistgelesenen Autoren der Jahrhundertwende. Sie zögerten nicht, die journalistische Popularisierung von Wissenschaft als gesellschaftliches Heilmittel zu beschwören, das den »Riß zwischen den geistigen und den naturwissenschaftlichen Disziplinen« überwinden würde (Moderne Bildung 1904: 2).

Solche Einschätzungen basierten auch auf einem strukturellen Wandel. Noch vor dem Ersten Weltkrieg differenzierte sich der Medienmarkt in bis dahin unbekannter Weise und kommerzialisierte sich. Neue Vertriebsstrukturen, ein offensives Einwerben von Lesern und der Aufstieg des Fotojournalismus gaben dem Wissenschaftsjournalismus neue Perspektiven. Sie wurden mustergültig von der Zeitschrift *Kosmos* verkörpert, seit 1904 von der Franckh'schen Verlagshandlung in Stuttgart publiziert. *Kosmos* war als modernes Magazin mit plakativer Grafik und vielen Illustrationen und Fotos gestaltet. Die Zeitschrift schloss Beilagen, Leserwerbung und Angebote zu Reisen ein. Sie sprach gezielt Käufer mit unterschiedlichen Wissensinteressen an. Der Erfolg ließ nicht auf sich warten. Noch vor 1914 lag die Auflagenzahl bei über 100.000.

Hinzu kamen nun massenhaft vertriebene, billige Buchreihen und kommerzielle Angebote der Wissenschaftsunterhaltung. Die Berliner *Urania*, als Aktiengesellschaft gegründet, wirkte als Vorreiter. Sie bot unter der Regie ihres ersten Direktors, Max Wilhelm Meyer (1853–1910), gegen Entgelt an, eine Sternwarte und Experimentierräume zu nutzen, Schaustellungen zu bewundern sowie – besonders spektakulär – Aufführungen des sogenannten Wissenschaftlichen Theaters zu besuchen. Das Theater präsentierte naturwissenschaftliche und erdkundliche Themen in einem dreidimensionalen Bühnenraum, dramatisch in Szenenfolgen choreografiert.

In der ersten Hälfte des 20. Jahrhunderts trugen Persönlichkeiten wie Bölsche, Francé und Dennert dazu bei, dass sich der Wissenschaftsjournalismus zu einem literarischen und spannend zu lesenden Textgenre entwickelte, dessen Eigenart in der thematischen und literarischen Grenzüberschreitung lag. Begriffe wie Fachjournalismus oder ›nicht fiktionale‹ Literatur sind ungenügend, um diese schillernde Textgattung zu beschreiben. Max Wilhelm Meyer und andere machten es durch ihre vielfältigen Aktivitäten zudem möglich, Wissenschaftsjournalismus im weitesten Sinne als multimediale Inszenierung und Unterhaltungsangebot zu verstehen.

Solche Trends setzten sich in den 20er Jahren durch. Die öffentliche Gesundheitserziehung ist ein Beispiel. 1926 fand erstmals eine Reichsgesundheitswoche statt. Sie wurde an der Berliner Universität offiziell eröffnet, bot Film- und Theatervorführungen, Vorlesungen und Radiosendungen zu Fragen der Hygiene, einem Bereich, den das *Deutsche Hygiene-Museum* in Dresden besonders erfolgreich thematisierte. Ein reisendes ›Volksmuseum‹ bot 1925 Informationen zur Embryologie, Sozialhygiene und Homosexualität; in Stuttgart allein zog es 15.000 Besucher an (Weindling 1989: 409–415).

Unternehmungen dieser Art nährten nicht nur den Wissenschaftsjournalismus. Sie boten Journalisten auch die Möglichkeit, sich in den Dienst von Weltanschauungen und faschistoiden politischen Ideen zu stellen, die sich wissenschaftlich gerierten. Rassismus, Sozialdarwinismus und Eugenik, die Lehre von der Bewahrung und aktiven Schaffung eines scheinbar ›gesunden‹ Erbgutes, wurden nach 1890 und verstärkt – auch international – in den 20er Jahren zu Ideologien, die sich auf ›Forschungen‹ beriefen und wissenschaftlich zu legitimieren suchten. Auch suchten sie gezielt den Weg in die Öffentlichkeit, sei es durch Zeitschriften oder Vortragsveranstaltungen.

Insofern konnte die nationalsozialistische Diktatur nach 1933 eine doppelte Strategie verfolgen. Zum einen unterwarf sie die bestehenden Medien dem Prozess der Gleichschaltung; selbst populärwissenschaftliche Organe aus dem konservativen Lager wurden zur Aufgabe gezwungen. Zum anderen griff das nationalsozialistische Regime auf inzwischen bewährte Mittel eines publikumsbezogenen, appellativen Wissenschaftsjournalismus zurück und rekrutierte etablierte Journalisten, um eine rassistisch, antisemitisch und sozialdarwinistisch motivierte Wissenschafts- und Gesundheitsaufklärung zu betreiben (Proctor 1999).

Über die Wandlungen des Wissenschaftsjournalismus im Dritten Reich wissen wir noch viel zu wenig. Es hat ihn natürlich gegeben, in der Fachpublizistik und in den Spalten der verbliebenen Presse. So gehörten wissenschaftliche Themen zum Bestandteil des umfangreichen Feuilletons in der offiziösen Wochenzeitschrift *Das Reich*, die 1940 in Nachahmung des englischen *Observer* gegründet wurde. *Das Reich* war um Seriosität jenseits geifernder Propaganda bemüht und bot selbst liberalen Intellektuellen aus dem früheren bürgerlichen Lager publizistische Nischen (Frei und Schmitz 1989: 108–120).

4. Etablierung und neue Medialisierung seit 1960

Trotz des offenkundigen Regimewechsels in Deutschland ist das Jahr 1945 ebenso wenig für den deutschen Journalismus generell wie für den Wissenschaftsjournalismus im Besonderen schlicht eine Zäsur der Erneuerung. Beide standen nach dem Zweiten Weltkrieg in einer beträchtlichen personellen Kontinuität zu den vorangegangenen Jahrzehnten, einschließlich des Dritten Reiches. Mehr noch als das Ende des Zweiten Weltkrieges markieren die 60er Jahre einen qualitativen Wandel.

Zunächst einmal nahm die Zahl der erwerbstätigen Publizisten seit 1950 fast kontinuierlich zu. In der Bundesrepublik wurden bereits in der Anfangsphase mit dem *Deutschen Journalisten-Verband* (1949) und der *Deutschen Journalistenunion* (1951) zwei Berufsverbände ins Leben gerufen. In der DDR dominierte der *Verband der Journalisten* (1972), mit Vorgängern, die auf den 1946 gegründeten *Verband der Deutschen Presse* zurückgehen.

In der sozialistischen Gesellschaftstheorie und politischen Praxis kam der ›Produktivkraft Wissenschaft‹ eine zentrale Rolle zu. Diese Wertschätzung entsprach sowohl dem Selbstverständnis des Marxismus-Leninismus als eines wissenschaftlichen Kommunismus als auch der Betonung des technologischen Fortschritts. Doch wurde später beklagt, dass der Wissenschaftsjournalismus auch in der DDR nur eine Nischenexistenz gespielt habe, sieht man von propagandistischen Zwecken ab. In der Bundesrepublik florierte in den 50er Jahren besonders die Medizinberichterstattung (Donsbach 1999; Kohring 2005: 28–30, 126–127).

Der Übergang der deutschen Gesellschaft in eine konsum- und wissensorientierte Mittelstandsgesellschaft rückte die Frage der journalistischen Präsentation von Wissenschaft und der Vermittlung von Wissen generell seit den ausgehenden 50er Jahren in mehrfacher Hinsicht in den Vordergrund. Seit etwa 1960 wurde intensiv ein ›Bildungsdefizit‹, ja gar eine »Bildungskatastrophe« (Georg Picht 1964) in Deutschland beklagt. Die Diskussion paarte sich mit neuer Planungs- und Akademisierungseuphorie.

Seit den 60er Jahren und als Teil eines gesamtgesellschaftlichen Politisierungsprozesses wurde zudem von Wissenschaft und Universitäten verstärkt erwartet, sich gegenüber Steuerzahlern und der breiten Öffentlichkeit demokratisch zu legitimieren; Universitäten bedurften nun der Pressestellen und einer gezielten Öffentlichkeitsarbeit.

Zentral für die Etablierung und Ausdifferenzierung des Wissenschaftsjournalismus war nicht zuletzt der Beginn des Fernsehzeitalters, das mit dem Start des *ZDF* 1963 voll einsetzte. Wissenschaftsdarstellung hatte seit dem 18. Jahrhundert stets eine starke visuelle Komponente besessen. Nunmehr aber konnte sie über die elektronischen Medien ein Massenpublikum erreichen, tendenziell unbegrenzt reproduziert und in die Wohnzimmer einer Nation gestreut werden. *Querschnitt* und *Bilder aus der Wissenschaft* sind nur zwei Beispiele für Wissenschaftsmagazine, die sich im Fernsehen etablierten. Darüber hinaus erlebten die wissensorientierte Fachpublizistik für ein größeres Publikum und mit ihr der Printjournalismus seit den 70er Jahren einen Aufschwung.

Mitte der 90er Jahre war ein Höhepunkt in der langen Geschichte des Wissenschaftsjournalismus erreicht. Ein Großteil der deutschen Tages- und Wochenpresse besaß zu diesem Zeitpunkt bereits gesonderte Rubriken und redaktionelle Teile für die Wissens- und Wissenschaftsberichterstattung. Technik, Geistes- und Naturwissenschaften sowie Wissen in einem weiteren, universitäre Disziplinen überschreitenden Sinne waren als feste Bestandteile des journalistischen Repertoires etabliert.

Im Vergleich zu 1980 war 1995 der Anteil der Wissenschaftsberichterstattung an der gesamten redaktionellen Berichterstattung deutscher Tageszeitungen angestiegen. Der Zeitschriftenmarkt war offen für Innovationen. Das populäre Geschichtsmagazin *Damals* wurde 1992 von der *Deutschen Verlags-Anstalt* neu und erfolgreich aufgelegt. Mitte der 90er Jahre wurde *P.M.*, ein Wissenschaftsmagazin im *Gruner + Jahr Verlag*, in rund 440.000 Exemplaren verkauft und erreichte mit einer Ausgabe über 1,5 Millionen Leser. Andere populärwissenschaftliche Zeitschriften wie *Bild der Wissenschaft* und *Spektrum der Wissenschaft* verkauften über 100.000 Exemplare. *Psychologie Heute* lag immerhin bei über 80.000 (Göpfert 2004: 212; Pressedossier 1994: 17).

Zwischen 1992 und 1997 stieg auch die Wissenschaftsberichterstattung im öffentlich-rechtlichen und privaten Fernsehen an, mit Schwerpunkten in den Bereichen Gesundheit und Naturwissenschaften. *Globus*, das Wissenschafts- und Technikmagazin des *Bayerischen Rundfunks*, erreichte gar ein Stammpublikum von zwei bis drei Millionen Zuschauern (Scholz und Göpfert 1998; Interview 1995: 4). Herausragende Wissenschaftsjournalisten wie Ranga Yogeshwar (geb. 1959), seit 1987 Redakteur beim *Westdeutschen Rundfunk*, erhielten eigene Sendungen.

5. Wissenschaftsjournalismus zwischen Berufung und Beruf

Allerdings gilt der Wissenschaftsjournalismus selbst zu Beginn des 21. Jahrhunderts noch immer als »verspätetes Ressort«. Zahlreich sind die Klagen, ja sie haben angesichts von Konzentrationsprozessen und finanziellen Kürzungen in den Medien noch zugenommen, wonach der Wissenschaftsjournalismus kaum abgesichert bleibt, innerredaktionell oft zu einer Nischenexistenz verdammt ist und Nachwuchskräfte keine rosigen Aussichten haben (Hömberg 1990; Göpfert 2004).

Solche Bestandsaufnahmen haben eine auffällig lange, bis weit in das 19. Jahrhundert zurückgehende Tradition. Diese Kontinuität spiegelt die realen institutionellen Herausforderungen, denen der Wissenschaftsjournalismus seit jeher ausgesetzt gewesen ist. Aber sie hat auch unfreiwillig eine Defizitgeschichte gefördert und dazu beigetragen, dass der Wissenschaftsjournalismus in Deutschland eine doppelte Unterlegenheitswahrnehmung ausgebildet hat – sowohl was die Position innerhalb der Medienlandschaft betrifft als auch hinsichtlich der Situation in anderen Ländern. Diese Defizitsicht wird indes der wichtigen Rolle, die der Wissenschaftsjournalismus seit 200 Jahren gespielt hat, kaum gerecht.

Der Wissenschaftsjournalismus hat sich historisch immer zwischen der labilen Verfestigung als Beruf und einer prekären Selbsteinschätzung als Berufung, die stets dem Vorwurf des Dilettantismus ausgesetzt gewesen ist, bewegt. Tatsächlich erlebte der deutsche Journalismus insgesamt bereits im 19. Jahrhundert einen informellen Professionalisierungsprozess.

Zweifellos blieb der journalistische Beruf in seinen Konturen unscharf, und es gab keine festen Ausbildungswege. Trotzdem bildete sich seit der Einrichtung von festen Redakteursstellen in den Printmedien noch vor 1848 ein zunehmend attraktives Berufsfeld aus. Es konnte durchaus hohe Einkünfte bieten, war weder von mangelnden Bildungsqualifikationen noch generell von quasi proletarischen Lebensbedingungen geprägt und wies – und weist bis heute – einen hohen Akademisierungsgrad auf (Requate 1995).

Zwar lässt sich die zweite Hälfte des 19. Jahrhunderts als erster Höhepunkt eines professionellen »redaktionellen Journalismus« bezeichnen, aber fest angestellte Wissenschaftsredakteure waren kaum zu finden. Es blieb üblich, dass im Feuilleton und über »gelehrte [...] Sachen« nicht professionelle Journalisten, sondern Schullehrer, Universitätsprofessoren und Beamte schrieben (Baumert 1928: 17, 60).

Die institutionelle Unsicherheit war keineswegs eine deutsche Eigenheit. Auch für den englischen Wissenschaftsjournalismus vor dem Ersten Weltkrieg ist die Vielfalt der Karrieren und Brüche betont worden. Interessanterweise finden sich dabei in England mehr Frauen – etwa zwölf Prozent – unter den Wissenschaftsjournalisten (Broks 1996: 30–32).

Die Karriere des Publizisten Ernst Krause (1839–1903), der meist unter dem Pseudonym Carus Sterne schrieb, ist bezeichnend. Sie bietet eine der wenigen aufgearbeiteten Fallstudien zur Geschichte des Wissenschaftsjournalismus (Daum 1995, darin auch die folgenden Zitate). Krause war als Apotheker ausgebildet, besuchte später Universitätsvorlesungen und promovierte (siehe Abbildung 5). Er widmete sich bald ganz dem Anliegen, den Darwinismus zu popularisieren. Sein Hauptwerk *Werden und Vergehen. Eine Entwicklungsgeschichte des Naturganzen in gemeinverständlicher Fassung* erschien 1876 und erlebte bis 1905 sechs Auflagen.

Krause warf sich mit Vehemenz und literarischem Talent in das publizistische Getümmel. Auf Bitte des führenden deutschen Darwinisten, des Jenaer Zoologen Ernst Haeckel, übernahm er 1877 die Redaktionsleitung der Zeitschrift *Kosmos ... für einheitliche Weltanschauung auf Grund der Entwicklungslehre*. Krause versuchte dabei den Spagat, wissenschaftlichen Ansprüchen zu genügen und ein breites Publikum anzusprechen. Das war ein schwieriges Unterfangen, das intern ebenso kontrovers diskutiert wurde wie die finanzielle Strategie. *Kosmos* kam nie über 1.000 gedruckte Exemplare hinaus, und die Konkurrenz auf dem Zeitschriftenmarkt nahm stetig zu (siehe Tabelle 1).

Krause schlug sich später mit diversen populären Arbeiten zur Biologie, zu Mythologien und Glaubensfragen durch. Ohne feste Anstellung entwickelte Krause zunehmend einen regelrechten Hass auf die etablierte Wissenschaft, die »hoch-wohlweisen Perückenträger der Universitäten und Akademien«. Er verfiel in eine resignative Stimmung, zumal die Printmedien sich allmählich von dem klassischen Darwinismus abwandten, während er selbst aber auf ›Zeitungssklaverei‹ zum Gelderwerb angewiesen blieb. Wie viele andere Wissenschaftsjournalisten pendelte Krause zwischen unsicheren beruflichen Engagements.

Schon bald nach seinem Tod war Krause vergessen. Er reihte sich in die lange, nach ihm noch anwachsende Reihe von ›verlorenen Autoren‹ ein, die mitsamt den Genres von Sachbuchliteratur und Wissenschaftsjournalismus von nachfolgenden Historikern und Medienforschern links liegen gelassen wurden (Daum 2006).

Und doch ist das Wirken Krauses, dem Wilhelm Bölsche, das journalistische Multitalent des Fin de Siècle, 1905 »Weltruf« zubilligte, in vielerlei Hinsicht eine bemerkenswerte Leistung, die über den Einzelfall hinausweist. Man muss von den persönlichen Enttäuschungen des Protagonisten abstrahieren. Wie viele Wissenschaftsjournalisten vor und nach ihm war

Abbildung 5: Porträt von Ernst Krause (1839–1903) aus der 6. Auflage seines Werkes *Werden und Vergehen*. **Krause alias Carus Sterne gehörte zu den meistgelesenen Wissenschaftsjournalisten im letzten Drittel des 19. Jahrhunderts, wurde aber von den nachfolgenden Generationen vergessen. Krauses publizistische Ausstrahlung war von fortwährenden Sorgen um die eigene berufliche Sicherheit begleitet.**

Quelle: Krause 1905: Frontispiz

Krause tatsächlich einer der meistgelesenen Autoren seiner Zeit. Seine Werke gehörten zu den Rennern in den Arbeiter-Leihbibliotheken des Kaiserreichs. Krauses Wissenschaftsjournalismus, im Besonderen zum Darwinismus, trug dazu bei, intellektuelle Trends in der Bevölkerung zu setzen und ein Verständnis von Welt zu schaffen, das Forscher in Laboratorien kaum mit solcher Breitenwirkung beeinflussen konnten.

Heute blickt der deutsche Wissenschaftsjournalismus gerne nach Amerika. Zu Krauses Zeit wurden seine Arbeiten und viele andere aus der Feder deutscher Wissenschaftsjournalisten ins Englische übersetzt und in den USA als Beispiele gelungener Wissenschaftsprosa für ein breites Publikum gelesen. Im Winter 1892/93 erlebte gar das Wissenschaftliche Theater, das Max Wilhelm Meyer an der Berliner *Urania* begründet hatte, über 100 Aufführungen in New York, Philadelphia und Boston (Daum 2001).

Grundsätzlich ist der deutsche Wissenschaftsjournalismus seit den 1890er Jahren und bis heute in der Spannung zwischen Berufung und Beruf, zwischen breiter öffentlicher Wirkung und institutioneller Unsicherheit geblieben. Anders als in den USA wurden erst spät Berufsvereinigungen gegründet. Dazu gehörte 1929 die *Technisch-Literarische Gesellschaft* in Berlin, die Technikjournalisten und die Leiter von Pressestellen privater, kommunaler und staatlicher Organisationen zusammenbrachte, um die technische Berichterstattung zu fördern (siehe Tabelle 2).

Tabelle 2: Ausgewählte Vereinigungen von Wissenschafts-, Technik- und Medizinjournalisten

1857	Circle de la presse scientifique (Frankreich)
1894	Vereinigung der Deutschen Medizinischen Fach- und Standespresse
1920	Science Service (USA)
1929	Technisch-Literarische Gesellschaft
1934	National Association of Science Writers (USA)
1960	Council for the Advancement of Science Writing (USA)
1965	Kollegium für Medizinjournalisten
1974	Arbeitskreis Medizinjournalisten – Klub der Wissenschaftsjournalisten e.V.
1986	Wissenschafts-Pressekonferenz e.V.
1997	Deutscher Fachjournalisten-Verband

Seit 1960 hat sich aber die Selbstreflexion des Wissenschaftsjournalismus verdichtet und stärker auf Berufsqualifikationen hin orientiert. Mit der Diskussion um eine »Professionalisierung durch Wissenschaft« (Koszyk 1974) rückte die Fachkompetenz in das Zentrum der Erwartungen an den Wissenschaftsjournalisten, entweder durch ein Studium der Sozialwissenschaften, Politologie oder der Naturwissenschaften oder durch Journalistik-Studiengänge und Journalistenschulen.

1979 initiierte die *Robert Bosch Stiftung* ein groß angelegtes »Förderprogramm Wissenschaftsjournalismus« und regte elf Jahre später die Einrichtung eines Stiftungslehrstuhls an der FU Berlin an, deren Inhaber sich bis 2006 besonders der Ausbildung von Wissenschaftsjournalisten widmeten. 2002 legte die *Bertelsmann Stiftung* das ›Qualifizierungsprogramm Wissenschaftsjournalismus‹ auf, das, ähnlich wie die Initiative der *Bosch Stiftung*, die Reflexion über den Wissenschaftsjournalismus intensivierte und Aus- und Weiterbildungsangebote förderte oder schuf. Inzwischen ist der Wissenschaftsjournalismus als Ausbildungsweg an einigen Hochschulen wie der FU Berlin und, gefördert durch die *Bertelsmann Stiftung*, in Dortmund und Darmstadt etabliert.

Der Wissenschaftsjournalismus ist in Deutschland historisch und bis heute ohne Zweifel zahlreichen Beeinträchtigungen ausgesetzt gewesen und, anders als im Angelsächsischen (Gates und Shteir 1997), lange eine Domäne von Männern geblieben. Aber er wird zu einer gelasseneren und insgesamt positiveren Einschätzung seiner selbst kommen können, wenn er bereit ist, sich selbst zu historisieren, d. h. sich in der komplexen Geschichte des öffentlichen Umgangs mit Wissen – auch während der braunen Vergangenheit – zu verorten. Dieser Versuch hat noch gar nicht begonnen. Die Geschichts- und Medienforschung sind in besonderem Maße aufgerufen, sich daran zu beteiligen.

Erst der Blick auf die reichen Traditionen des Wissenschaftsjournalismus wird es erlauben, von der Wahrnehmung eines Defizits zu der Würdigung der eigenen Leistungen zu finden. Sie haben den deutschen Wissenschaftsjournalismus spätestens seit 1848 als ein erfindungsreiches und originelles Ensemble von Darstellungsformen von Wissen in der modernen Welt ausgezeichnet, das weit in die Öffentlichkeit – selbst anderer Länder – ausgestrahlt hat.

Literatur

Barth, Dieter. *Zeitschrift für alle. Das Familienblatt im 19. Jahrhundert*. Münster 1974.
Baumert, Paul. *Die Entstehung des deutschen Journalismus in sozialgeschichtlicher Betrachtung*. Dissertation. Berlin 1928.
Broks, Peter. *Media Science Before the Great War*. London 1996.
Daum, Andreas W. »Naturwissenschaftlicher Journalismus im Dienst der darwinistischen Weltanschauung: Ernst Krause alias Carus Sterne, Ernst Haeckel und die Zeitschrift Kosmos«. *Mauritiana* (15) 1995. 227–245.
Daum, Andreas W. »›The Next Great Task of Civilization‹. International Exchange in Popular Science: The German-American Case, 1850–1900«. *The Mechanics of Internationalism. Culture, Society, and Politics 1850–1914*. Hrsg. Martin H. Geyer und Johannes Paulmann. Oxford 2001. 280–314.
Daum, Andreas W. *Wissenschaftspopularisierung im 19. Jahrhundert: Bürgerliche Kultur, naturwissenschaftliche Bildung und die deutsche Öffentlichkeit, 1848–1914*. 2., ergänzte Auflage. München 2002.
Daum, Andreas W. »Auf der Suche nach dem verlorenen Autor: Das Sachbuch und seine Verfasser im 19. Jahrhundert«. *Non Fiktion. Arsenal der anderen Gattungen* (1) 1 2006. 11–21.
Die Gartenlaube. 1878.
Die Natur. Zeitung zur Verbreitung naturwissenschaftlicher Kenntniss und Naturanschauung für Leser aller Stände. (5) 1856.

Donsbach, Wolfgang. »Journalismus und journalistisches Berufsverständnis«. *Mediengeschichte der Bundesrepublik Deutschland*. Hrsg. Jürgen Wilke. Köln, Weimar und Wien 1999. 489–517.

Frei, Norbert, und Johannes Schmitz. *Journalismus im Dritten Reich*. München 1989.

Gates, Barbara T., und Ann B. Shteir. *Natural Eloquence. Women Reinscribe Science*. Madison, Wisc. 1997.

Goede, Wolfgang C. »Geschichte des Wissenschaftsjournalismus«. *Fachjournalismus. Expertenwissen professionell vermitteln*. Hrsg. Deutscher Fachjournalisten-Verband. Konstanz 2004. 233–249.

Göpfert, Winfried. »Wissenschaftsjournalismus innerhalb des Fachjournalismus«. *Fachjournalismus. Expertenwissen professionell vermitteln*. Hrsg. Deutscher Fachjournalisten-Verband. Konstanz 2004. 207–232.

Groth, Otto. *Die Zeitung. Ein System der Zeitungskunde (Journalistik)*. Bd. 1. Mannheim 1928.

Hömberg, Walter. *Das verspätete Ressort. Die Situation des Wissenschaftsjournalismus*. Konstanz 1990.

Humboldt, Alexander von. *Die Kosmos-Vorträge 1827/28 in der Berliner Singakademie*. Hrsg. Jürgen Hamel und Klaus-Harro Tiemann in Zusammenarbeit mit Martin Pape. Frankfurt am Main 2004.

»Interview Ulrike Emrich.« *Münchner Uni Magazin* (6) 1995. 4–5.

Kockerbeck, Christoph (Hrsg.). *Carl Vogt, Jacob Moleschott, Ludwig Büchner, Ernst Haeckel: Briefwechsel*. Marburg 1999.

Kohring, Matthias. *Wissenschaftsjournalismus. Forschungsüberblick und Theorieentwurf*. Konstanz 2005.

Koszyk, Kurt. »Professionalisierung durch Wissenschaft«. *Aus Politik und Zeitgeschichte* (B24) 1974. 27–37.

Krause, Ernst. *Werden und Vergehen*. Band 1. 6. Auflage. Berlin 1905.

LaFolette, Marcel C. *Making Science Our Own. Public Images of Science, 1910–1955*. Chicago 1990.

Matthes, Uwe. *Popularisierung und Vulgarisierung wissenschaftlicher Darlegungen. Eine Untersuchung an Hand von ausgewählten geschichtlichen Erfahrungen besonders bei der Popularisierung der weltanschaulichen Theorie des Marxismus*. Diss. A. Leipzig 1987.

»Moderne Bildung«. *Kosmos. Naturwissenschaftliches Literaturblatt und Zentralblatt für das naturwissenschaftliche Sammelwesen* (1) 1904. 1 f.

Picht, Georg. *Die deutsche Bildungskatastrophe. Analyse und Dokumentation*. Olten 1964.

»Pressedossier: Spannender als Schule«. *Sussmann's Presse & Buch News* (3) 1994. 17–19.

Proctor, Robert N. *The Nazi War on Cancer*. Princeton 1999.

Requate, Jörg. *Journalismus als Beruf. Entstehung und Entwicklung des Journalistenberufs im 19. Jahrhundert. Deutschland im internationalen Vergleich*. Göttingen 1995.

Schildt, Axel. »Von der Aufklärung zum Fernsehzeitalter. Neue Literatur zu Öffentlichkeit und Medien«. *Archiv für Sozialgeschichte* (40) 2000. 487–509.

Scholz, Esther, und Winfried Göpfert. *Forschungsbericht: Wissenschaft im Fernsehen. Eine Vergleichsstudie 1992–1997*. Berlin 1998.

Schwarz, Angela. *Der Schlüssel zur modernen Welt: Wissenschaftspopularisierung in Großbritannien und Deutschland im Übergang zur Moderne (ca. 1870–1914)*. Stuttgart 1999.

Siegert, Reinhart. »Medien der Volksaufklärung«. *Von Almanach bis Zeitung. Ein Handbuch der Medien in Deutschland 1700–1800.* Hrsg. Ernst Fischer, Wilhelm Haefs und York-Gothart Mix. München 1999. 374–387.

Siemann, Wolfram. *Die deutsche Revolution von 1848/49.* Frankfurt am Main 1985.

Troitsch, Ulrich. »Naturwissenschaft und Technik in Journalen«. *Von Almanach bis Zeitung. Ein Handbuch der Medien in Deutschland 1700–1800.* Hrsg. Ernst Fischer, Wilhelm Haefs und York-Gothart Mix. München 1999. 248–265.

Weindling, Paul. *Health, Race and German Politics Between National Unification and Nazism, 1870–1945.* Cambridge 1989.

Typologie des Wissenschaftsjournalismus

Markus Lehmkuhl

Einleitung

Alle bestehenden Tierarten sollen sich – gemäß einer chinesischen Enzyklopädie – wie folgt gruppieren lassen: »a) Tiere, die dem Kaiser gehören, b) einbalsamierte Tiere, c) gezähmte, d) Milchschweine, e) Sirenen, f) Fabeltiere, g) herrenlose Hunde, h) in diese Gruppierung gehörige, i) die sich wie Tolle gebärden, k) die mit einem ganz feinen Pinsel aus Kamelhaar gezeichnet sind, l) und so weiter, m) die den Wasserkrug zerbrochen haben, n) die von weitem wie Fliegen aussehen« (Knoblauch 2005: 209).

Diese Ordnung der Dinge wirkt grotesk, weil wir kein rationales Prinzip hinter dieser Ordnung erkennen können. Diese Ordnung der Tierarten klärt deshalb für uns nichts auf, macht nichts sichtbar, und wir empfinden sie deshalb gar nicht als eine Ordnung. Bevor eine Ordnung des Wissenschaftsjournalismus vorgeschlagen wird, sollen deshalb zunächst einzelne Möglichkeiten erörtert werden, wie dies sinnvollerweise zu geschehen habe.

Es ist bemerkenswert, dass Ordnungsversuche bezogen auf den Wissenschaftsjournalismus, wenn sie überhaupt unternommen werden, etwa in der Klassifizierung bestehen, welches Bild von der Wissenschaft gezeichnet wird oder welcher Typ Wissenschaft vorherrscht. Haller (1999 und in diesem Buch) und Peters (1994; 1998) haben entsprechende Typisierungen vorgelegt. Danach lassen sich Berichte über Wissenschaft unterscheiden in jene,

- in denen Wissenschaft der eigentliche Gegenstand ist und in denen wissenschaftliche Erkenntnisse popularisiert werden,
- die mithilfe wissenschaftlicher Erkenntnisse aufklären über Alltagsphänomene oder gesellschaftliche Probleme bzw. Orientierung bieten in unübersichtlicher Lage (wie groß ist ein Infektionsrisiko, wie soll man sich ernähren etc.), in denen also Wissenschaft als Dienstleister auftritt,
- die wissenschaftliche Erkenntnisse oder wissenschaftliches Erkenntnisstreben problematisieren, wobei wissenschaftliche Methoden in den Blickpunkt geraten.

Charakteristisch für diese Ordnungsvorschläge ist, dass sie wissenschaftszentriert sind in dem Sinne, dass ein Bild von der Wissenschaft oder ein ›Typ‹ von Wissenschaft die Ordnungen leitet. Diese Ordnungen spiegeln deshalb die Wertschätzung der Wissenschaft wider. Denn eine wissenschaftliche Beschäftigung mit dem Wissenschaftsjournalismus legitimiert sich zu großen Teilen durch die Bedeutung, die der Wissenschaft zugemessen wird. Weil diese Bedeutung mutmaßlich sehr groß ist, ist das Bild, das der Journalismus von ihr zeichnet, überhaupt relevant.

Das erklärt, warum die wissenschaftliche Beschäftigung mit dem Journalismus über Wissenschaft in wesentlichen Teilen bis heute wissenschaftszentriert ist. Dies ist durchaus nicht als Kritik an diesen Ordnungen zu verstehen; beide sind gut geeignet, um bestimmte Aspekte des Wissenschaftsjournalismus zu beschreiben oder analytisch zu durchdringen.

Sie sind aber nicht geeignet, um die Formenvielfalt journalistischer Wahrnehmung von Wissenschaft zu strukturieren, weil Journalismus seine Wahrnehmungen eben gerade nicht organisiert mit Bezug auf das Bild von Wissenschaft, das entsteht, oder mit Bezug auf den vorherrschenden Typus von Wissenschaft.

Journalismus ist von der Notwendigkeit geleitet, Aufmerksamkeit für seine Produkte zu gewinnen (Luhmann 1981: 318). Aufmerksamkeit für Aussagen über ein Ereignis hängt von ihrem Informationswert und ihrer Relevanz für den Rezipienten ab, wobei relevant hier verkürzt im Sinne von nützlich für den Rezipienten verstanden werden soll. Nur das, was informativ *und* relevant ist, kann Aufmerksamkeit gewinnen (Merten 1973).

Sowohl der Informationswert von Ereignissen als auch ihre Relevanz haben einen Zeitaspekt. So wird ein Ereignis unter anderem dadurch informativ, dass es erst vor Kurzem eingetreten ist, d.h. die Neuheit ist Teil von dem, was ein Ereignis überhaupt informativ macht. Die Relevanz ist ebenfalls eng verwoben mit der Gegenwart. Denn was überhaupt als nützlich wahrgenommen werden kann, bedarf der Verbindung zu einem gegenwärtigen Problem oder einer gerade offenen Frage.

Der Neuigkeitswert eines Ereignisses ist keine absolute, sondern eine relative Größe. Journalismus nutzt nicht ausschließlich zeitlich hochaktuelle Anlässe. Wenn ein Ereignis keinen Bezug zur unmittelbaren Gegenwart aufweist und aufgrund dessen nicht besonders informativ sein kann, sieht sich Journalismus beim Versuch, Aufmerksamkeit zu binden, genötigt, andere Aspekte zu betonen, die den Informations- oder Nutzwert eines Ereignisses begründen, zum Beispiel eine besonders aufwendige Form der Präsentation oder eine besonders enge Verknüpfung mit vermuteten »alltäglichen« Bedürfnissen der Rezipienten (Weischenberg 1992: 45).

Diese hier nur skizzierten Überlegungen werden im Folgenden für die Entwicklung einer Typologie genutzt, die eine Ordnung ermöglicht von dem, was derzeit im Wissenschaftsjournalismus vorzufinden ist. Es wird vorgeschlagen, Wissenschaftsjournalismus bezogen auf den für die Thematisierung genutzten Anlass zu ordnen (Wersig 1998: 218), wobei zwei Kriterien ausschlaggebend sind: das der zeitlichen Aktualität des Anlasses und das des Ausgangssystems, das den Anlass schafft; ein Anlass kann wissenschaftsgeneriert sein oder nicht.

Wenn man so typisiert, lassen sich vier Typen unterscheiden, die – das ist einer der Vorteile dieser Typisierung – unter anderem unterscheidbare Formen von Journalismus hervorbringen und besondere organisatorische Probleme nach sich ziehen:
1. zeitlich aktuell und wissenschaftsgeneriert (ein spezielles Resultat, ein Forschungspreis, eine Tagung, aktuelle wissenschaftliche Kontroversen etc.);

Typologie des Wissenschaftsjournalismus

2. zeitlich aktuell, nicht wissenschaftsgeneriert (ein Giftunfall auf der Autobahn, giftige Rückstände in Lebensmitteln werden gefunden, eine Naturkatastrophe, eine Gesetzesinitiative von Bund oder Land);
3. zeitlich nicht aktuell, aber wissenschaftsgeneriert (Relativitätstheorie, Evolutionstheorie, Ursprung schwarzer Löcher etc.);
4. zeitlich nicht aktuell, nicht wissenschaftsgeneriert (Warum geht die Sonne unter? Wozu brauchen wir Stahl? Was sind Allergien? etc.).

Abhängig vom Typ des Anlasses, sieht sich der Journalismus unterschiedlichen organisatorischen Haupt-Herausforderungen gegenüber:

1. Journalismus sieht sich vor das Hauptproblem gestellt, hinreichend viele informative *und* nützliche Neuigkeiten aus der Welt der Wissenschaft zu finden, wobei hier eindeutig die Schwierigkeit darin besteht, nicht nur neue, sondern eben auch relevante Ereignisse zu finden. Bei Typ 1 von Anlässen besteht also vorrangig ein Thematisierungs- und Auswahlproblem, dem der Journalismus durch möglichst effiziente Sichtung möglichst vieler wissenschaftlicher Quellen begegnen muss und durch die Ausbildung geeigneter Auswahlroutinen.
2. Die Hauptschwierigkeit bei Typ 2 besteht darin, möglichst schnell relevante Expertise aus der Wissenschaft zu finden, möglichst ideale wissenschaftliche Experten (Peters 1994) zu identifizieren und zu kontaktieren.
3. Die Hauptschwierigkeit beim Typ 3 besteht darin, Wissenschaftliches informativ zu machen, d.h. geeignete Vermittlungsformen zu entwickeln, um die oft unsinnlichen oder gar hermetischen Inhalte populär aufzubereiten.
4. Die Hauptschwierigkeit beim Typ 4 besteht darin, wissenschaftliche Expertise relevant zu machen, d.h. immer wieder aufs Neue eine nützliche Beziehung zwischen der Alltagswelt des Publikums und der Wissenschaft herzustellen.

Um Missverständnissen vorzubeugen: Es wird hier nicht behauptet, dass beim Typ 4 nicht auch Vermittlungsprobleme auftreten oder dass bei Typ 3 keine Thematisierungsschwierigkeiten bestehen. Damit ist lediglich gesagt, dass es sich bei den genannten um die wichtigsten Herausforderungen handelt, mit denen sich der Journalismus beim Versuch, Aufmerksamkeit zu binden, konfrontiert sieht.

Einem weiteren Missverständnis soll bereits hier vorgebeugt werden: Die vorgeschlagene Typologie ist nicht mit Formaten in Einklang zu bringen. Es gibt zwar fraglos Koinzidenzen zwischen den Typen von Wissenschaftsjournalismus und den Formaten; so werden besonders in Tageszeitungen vornehmlich zeitlich aktuelle, wissenschaftsgenerierte und nichtwissenschaftsgenerierte Anlässe genutzt, aber durchaus nicht ausschließlich. In manchen Tageszeitungen finden sich durchaus auch die Typen 3 und besonders Typ 4, zum Beispiel in der Form von Leserfragen, die in einem Kasten beantwortet werden. Ein Format, bei dem ganz überwiegend – wenn nicht ausschließlich – zeitlich aktuelle Anlässe genutzt werden, ist die Sendung ›forschung aktuell‹ im Deutschlandfunk.

Ein besonders prägnantes Beispiel für die Mischung unterschiedlicher Typen von Wissenschaftsjournalismus in einem einzigen Format ist in scharfem Kontrast zur Sendung *for-*

schung aktuell die Sendung *Leonardo*, die täglich auf *WDR5* läuft. Hier finden sich praktisch sämtliche Typen von Wissenschaftsjournalismus, was eine ungeheure organisatorische Herausforderung darstellt. Einschränkend muss allerdings gesagt werden, dass diese Redaktion dem Typ 3 von Wissenschaftsjournalismus durchaus größere Bedeutung zuzumessen scheint als etwa Typ 1, was durch den Verzicht auf aktuelle Wissenschaftsnachrichten zum Ausdruck kommt (siehe den Beitrag von Jan Lublinski in diesem Buch).

Im Folgenden möchte ich, ausgehend von der vorgestellten Typologie, ausschnitthaft zusammentragen, was wir über den Wissenschaftsjournalismus wissen. Das Hauptaugenmerk liegt dabei auf Typ 1, der wohl am häufigsten Gegenstand sozialwissenschaftlicher Analysen geworden ist. Einschränkend muss gesagt werden, dass aus den nachfolgend zusammengefassten quantitativen Analysen nicht immer eindeutig hervorgeht, dass sie ausschließlich Wissenschaftsjournalismus untersuchen, der zeitlich aktuelle, wissenschaftsgenerierte Anlässe nutzt. Man kann allerdings aus den untersuchten Massenmedien (vornehmlich tagesaktuell erscheinende) und/oder durch die jeweils zugrunde gelegte Definition von Wissenschaftsjournalismus davon ausgehen, dass sich die Untersuchungen vornehmlich Typ 1 von Wissenschaftsjournalismus zugewandt haben.

Dominierende Wissenschaftsdisziplinen im zeitlich aktuellen Wissenschaftsjournalismus

Wer glaubt, dieser Typ von Wissenschaftsjournalismus sei Berichterstattung über Neuigkeiten aus der Wissenschaft in ihrer gesamten Breite, der irrt. Er ist zuallererst Berichterstattung über bestimmte, nicht über alle wissenschaftlichen Disziplinen. Der größte Anteil der Berichterstattung über Wissenschaft entfällt auf die Medizin, und zwar unabhängig davon, was betrachtet wird. Fernsehen, Hörfunk und Zeitungen, Boulevardzeitungen ebenso wie Qualitätszeitungen, favorisieren relativ übereinstimmend die Medizin (Hansen und Dickinson 1992). Es ist auch relativ unerheblich, welches Land betrachtet wird. Überall in der westlichen Welt einschließlich Australien favorisieren Publikumsmedien Medizinthemen.

Diese Feststellung muss allerdings mit einigen Erläuterungen versehen werden, die ein erstes Schlaglicht auf die Schwierigkeiten werfen, die bereits die Identifizierung dominierender Themenfelder bereitet. Die Feststellung, welche Themenbereiche im Wissenschaftsjournalismus dominieren, ist an die Voraussetzung geknüpft, dass entschieden werden muss, was denn überhaupt als Wissenschaftsjournalismus gelten soll. Hier gibt es durchaus bemerkenswerte Unterschiede in den einzelnen Untersuchungen, was eine Zusammenschau der Ergebnisse sehr erschwert.

Unterscheiden kann man sehr strikte Eingrenzungen von mehr oder weniger ausgedehnten. Ein typisches Beispiel für eher strikte Eingrenzungen dessen, was unter Wissenschaftsjournalismus zu verstehen ist, liefert Marianne Pellechia. Sie bezieht in ihre Analyse Artikel ein, deren Hauptaspekt naturwissenschaftliche Resultate sind. Bei dieser Definition steht klar die aktuelle Thematisierung von Naturwissenschaft im Vordergrund; Artikel, in denen Wissenschaft nur ein Aspekt unter anderen ist, Wissenschaft mithin Hintergrundinformationen für nichtwissenschaftliche Probleme liefert (Typ 2), fallen hier unter den Tisch, das macht diese Definitionen eng. Ebenfalls begrenzend wirkt die Beschränkung auf die Naturwissenschaften. Pellechia kommt auf einen Medizinanteil in der amerikanischen Qualitätspresse (einschließlich *public health*) von fast 75 Prozent (Pellechia 1997: 54 f.).

Von engeren Definitionen zu unterscheiden sind solche, die ebenfalls ausgerichtet sind auf die Berichterstattung über wissenschaftliche Neuigkeiten, die allerdings die Sozialwissenschaften miteinbeziehen (Einsiedel 1992; Evans 1995; Evans et al. 1990). Auch wenn die Sozialwissenschaften einbezogen werden, bleiben Medizinthemen deutlich überrepräsentiert.

Eine dritte Gruppe von Arbeiten, die sich mit den Themenbereichen der Berichterstattung über Wissenschaft auseinandersetzen, wählt eine eher breite Definition, wobei Sozialwissenschaften meistens einbezogen werden (Hansen und Dickinson 1992; Göpfert 1996; Hijmans et al. 2003), aber nicht immer (Bucchi und Mazzolini 2003). Im Unterschied zu den eher enger gefassten Definitionen werden hierbei auch solche Berichte oder Sendungen betrachtet, in denen nicht nur über wissenschaftliche Resultate im engeren Sinne berichtet wird, sondern wissenschaftliche Experten etwa zur Aufklärung eines Sachverhaltes beitragen oder wissenschaftliche Erklärungen einen Teil der Berichterstattung ausmachen.

Ebenfalls einbezogen in diesen weiteren Rahmen werden zuweilen Berichte über wissenschaftliche Institutionen, auch Hochschulpolitik gehört in diesen weiter gefassten Rahmen, wenngleich nicht in jedem Fall. Auch gestützt auf diese Arbeiten lässt sich schließen, dass Medizin überall das favorisierte Themenfeld des zeitlich aktuellen Wissenschaftsjournalismus ist, wenngleich die konkreten Anteile nicht aussagekräftig sind, weil abhängig von der zugrunde gelegten Definition.

Trotzdem darf man davon ausgehen, dass die Medizin als der dominierende wissenschaftliche Bereich zu gelten hat, über den berichtet wird, jedenfalls dann, wenn man Wissenschafts-News in den Blick nimmt. Ebenfalls von herausragender Bedeutung sind die Sozialwissenschaften. Fast überall dort, wo diese Kategorie Teil der Definition von dem ist, was als Wissenschaftsjournalismus gelten soll, kommen die Sozialwissenschaften auf einen bedeutenden Anteil zwischen einem Fünftel und fast der Hälfte der gesamten Berichterstattung über Wissenschaft.[1] Die Sozialwissenschaften rangieren weit vor anderen naturwissenschaftlichen Bereichen, wie etwa der Biologie (wobei hier entscheidend ist, dass in der Regel mit Biologie solche Aspekte gemeint sind, die keinen medizinischen Bezug aufweisen, also etwa Verhaltensbiologie, Zoologie etc.), der Physik oder der Astronomie.

Resultate aus den Sozialwissenschaften finden sich allerdings in der Regel nicht auf den Wissenschaftsseiten der Zeitungen oder auf den mit Wissenschaft überschriebenen Sendeplätzen von Hörfunk und Fernsehen. Sozialwissenschaftliches ist Sache anderer Ressorts, es findet sich vorwiegend auf den Mantelseiten. Die Wissenschaftsseiten werden dominiert von den Naturwissenschaften.

Auch die Behandlung der Sozialwissenschaften seitens der Journalisten unterscheidet sich von den Naturwissenschaften. Letzteren wird größere Autorität zugemessen, was sich zum Beispiel darin äußert, dass Naturwissenschaftler von Journalisten in der Regel als ›Forscher‹ bezeichnet werden. Wenn Sozialwissenschaftler mit Studien aufwarten, ist stattdessen häufiger von ›Autoren‹ die Rede (Evans 1995; siehe auch Fenton et al. 1998). Im Übrigen

---

[1] Ausnahme ist Edna Einsiedel 1992. Hier machen die Sozialwissenschaften nur 7,7 Prozent aus.

unterscheidet sich der Umgang mit den Sozialwissenschaften abhängig von der eingesetzten Methode. Die quantitativen Verfahren sind den qualitativen in der Medienwahrnehmung überlegen. Sie gelten als akkurater, ihr Neuigkeitswert wird als höher eingeschätzt (Schmierbach 2005). Für die Medien zeichnet sich die quantitative Sozialforschung gegenüber der qualitativen aber besonders dadurch aus, dass statistische Daten sich mithilfe medialer Konstruktionsroutinen leichter in Nachrichten oder Berichte gießen lassen als qualitative (ebd.).

Ebenfalls unterschiedlich ist die Bedeutung, die einzelnen wissenschaftlichen Zeitschriften für die Themenwahl zukommt. Während bei naturwissenschaftlichen Themen zum Beispiel *Nature, Science* oder das *New England Journal of Medicine* wichtige Orientierungshilfen für die Auswahl von Nachrichten bieten (Pahl 1998; Evans 1995), gilt das für die Sozialwissenschaften nicht. Auf diesem Feld liefern der Ruf einer Zeitschrift, ihr thematischer Zuschnitt und/oder ihr ›Impact factor‹ keine Orientierungshilfen für den Journalismus.

Den Analysen zufolge scheint die typische Wissenschaftsgeschichte »to be one on medicine and health, [...] reliant almost exclusively on scientific expertise, and generally about some positive event: an innovation, a medical advance, a cure. Although risks or negative consequences are covered, these are generally not highlighted in the way positive consequences are. These findings confirm the image of science as remote, elitist, consentient, and a collection of ›success‹ stories« (Einsiedel 1992: 98; siehe auch Bucchi und Mazzolini 2003 mit ähnlichem Befund für die italienische Presse).

Derlei Typisierungen wie die von Edna Einsiedel stützen sich auf die Analyse tausender Artikel, wobei dann auf der quantitativen Verteilung von Merkmalen wie Themenbereich oder Anteil des Methodischen zusammenfassende Charakterisierungen gegründet werden. Das bleibt relativ unanschaulich.

Wir wollen uns deshalb nicht mit diesen quantitativen Befunden begnügen, sondern versuchen, einige typische Formen dieses Typs von Wissenschaftsjournalismus qualitativ zu beschreiben.

Formen von zeitlich aktuellem, wissenschaftsgeneriertem Journalismus

Die rein quantitativen Analysen legen die Vermutung nahe, die journalistische Vermittlung von Forschungsergebnissen sei prinzipiell gleichbedeutend mit einer Rekonstruktion dessen, was die Produzenten dieser Ergebnisse an Bedeutungen oder Bewertungen vorgeben, wobei eine solche Rekonstruktion aus Sicht der Wissenschaftler im schlimmsten Falle einer Trivialisierung gleichkommt, aus Sicht der Journalismuskritiker im schlimmsten Falle einer unkritischen Promotion. Eine solche Rekonstruktion von Wissenschaft repräsentiert nur eine von mehreren Formen, die sich identifizieren lassen, wenngleich eine quantitativ vielleicht bedeutsame.

Zur Veranschaulichung dessen, was ein ›typischer‹ Wissenschaftsbericht den Analysen zufolge ist, mag hier ein Beispiel aus der *Welt* dienen:

Typologie des Wissenschaftsjournalismus

Beispiel 1: Forscher transplantieren erstmals Kinderstammzellen (*Die Welt*)

Forscher transplantieren erstmals Kinderstammzellen

Deutscher Junge von Bonner Medizinern erfolgreich behandelt

Bonn – Während bundesweit eine Debatte über Verbot oder Zulassung der Forschung an embryonalen Stammzellen und Präimplantationsdiagnostik tobt, haben Mediziner in Bonn einen lebenden Erfolg der Stammzellentherapie vorgestellt: Julian, ein inzwischen zweijähriger Junge, wurde als einziges Kind weltweit noch im Mutterleib mit fetalen Stammzellen behandelt.

Professor Manfred Hansmann präsentierte das Kind und seine Eltern auf dem Kongress der Deutschen Gesellschaft für Pränatal- und Geburtsmedizin in Bonn. Ohne die Therapie müsste Julian an einer schweren Immunschwäche leiden, bei der jeder Infekt lebensbedrohlich wäre. Die übliche Therapie wäre eine Knochenmarktransplantation direkt nach Geburt. Die Bonner Pränatalmediziner leiten aus diesem wissenschaftlichen Erfolg neue Therapieformen für die Zukunft ab. „Wir hoffen damit, in Zukunft in einem noch früheren Stadium der Schwangerschaft und bei anderen Erbkrankheiten eine effektive Behandlung durchführen zu können, die Kindern gute Überlebenschancen bietet", so Hansmann. Der Mediziner hebt die Chancen der pränatalen Diagnostik gegenüber den Risiken hervor und spricht sich auch für eine Änderung des Embryonenschutzgesetzes und einer kontrollierten Zulassung der umstrittenen Präimplantationsdiagnostik (PID) aus.

Eine Änderung wäre auch im Sinne der Bonner Neuropathologen Otmar Wiestler und Oliver Brüstle. Sie hatten am Donnerstag in Haifa über die Zusammenarbeit mit israelischen Stammzellenforschern verhandelt. Geplant ist auch, menschliche Stammzellen zu Forschungszwecken nach Deutschland zu importieren.

Begleitet wurden die Wissenschaftler von Nordrhein-Westfalens Ministerpräsident Wolfgang Clement (SPD), der bereits Landesgelder für die Förderung der Stammzellprojekte zusagte. Clement sprach sich auf seiner Israel-Reise für das umstrittene Projekt aus, dessen Genehmigung bei der Deutschen Forschungsgemeinschaft (DFG) derzeit auf Eis liegt. Politiker der CDU und der Grünen kritisierten das Vorgehen Clements. *Sk*
Seiten 4 und 33: Weitere Beiträge

Quelle: *Die Welt* vom 2.6.2001: 1

Es ist eine Erfolgsstory über eine neue Therapie, die bezogen auf die Zukunft als aussichtsreich erscheint. Die Kernbotschaft gründet sich auf wissenschaftliche Expertise zweier Quellen. Dass es Risiken gibt, wird zwar erwähnt, sie geraten aber gegenüber den Chancen in den Hintergrund. In diesen Aspekten ist dieser Artikel typisch.

Nicht unbedingt typisch ist, dass der wissenschaftliche Bereich – die Stammzellforschung – hochgradig politisiert ist. Der Artikel ist aber genau deshalb gut geeignet, um zu illustrieren, was viele Medienwissenschaftler und Wissenssoziologen an derartigen Erfolgsmeldungen stört: Sie seien unkritisch, nähmen zu wenig die Interessenlagen bestimmter Forschungsrichtungen selbst in den Blick. Methodische Details blieben unberücksichtigt, sodass die Grenzen der Aussagekraft von Resultaten nicht klar würden, unabhängige Quellen würden nicht hinreichend konsultiert, um das Ereignis einzuordnen (Nelkin 1987; Dunwoody und Peters 1992). Relativ prägnant tritt Wissenschaftsjournalismus in diesem Beispiel in der Rolle des Promoters auf. Und das gilt als typisch. Wissenschaft wird zelebriert, nicht validiert.

Verallgemeinernd lässt sich sagen, dass dieses Muster der Berichterstattung an die positive Bewertung des erstrebten Nutzens gekoppelt ist. Sollte dieser in der gesellschaftlichen Wahrnehmung vorrangig als Chance wahrgenommen werden, dann ist es sehr wahrscheinlich, dass der Journalismus den angestrebten Nutzen als Aufmerksamkeitsanker benutzt und nicht etwa die Risiken. Die Wissenschaft erscheint als eine Quelle des Fortschritts, von dem die Beseitigung oder Linderung gesellschaftlicher Probleme erwartet werden darf.

Die Eigenschaft, dass wissenschaftliche Ergebnisse mit möglichen Anwendungen in Zusammenhang gebracht werden, darf als ein typisches Kennzeichen einer Unzahl von zeitlich aktuellen Berichten gelten. Man kann diese Eigenschaft als ein typisches Konstruktionsmerkmal der Massenmedien bezogen auf Wissenschaft bezeichnen und gleichzeitig als Erklärung, warum Medizin und Gesundheit die Themenwahl dominieren. Ein Bezug zu konkreten, nützlichen Anwendungen, die Heilung von Krankheiten, fällt hier offenbar besonders leicht.

Wenn eine Beziehung zu einem konkreten Nutzen nicht herstellbar ist – wie vage dieser Bezug auch sein mag – wird es unwahrscheinlicher, dass eine wissenschaftliche Neuigkeit überhaupt für die Vermittlung ausgewählt wird. Der praktische Nutzen ist gewissermaßen der Anker, an dem ein vermutetes Publikumsinteresse festgemacht wird.

Eine gänzlich andere Form der Aufbereitung von Forschungsergebnissen repräsentiert das nächste Beispiel. Es entstammt der *New York Times* vom 6. Juli 2006. Anlass ist auch hier ein aktuelles Forschungsresultat (Tzukerman et al. 2006). Allerdings wird dieses Ergebnis eingebettet in die Krankengeschichte eines Kindes. Das darf man interpretieren als das bewusste Experimentieren mit neuen, von (auch in der *New York Times*) gängigen Formen des Umgangs mit Forschungsergebnissen grundlegend verschiedenen Formen der Aufbereitung wissenschaftsgenerierter Neuigkeiten. Es handelt sich um ein Beispiel für das, was als ›story-telling‹ oder ›narrative journalism‹ diskutiert wird (siehe den Beitrag von Deborah Blum in diesem Buch).

Beispiel 2: Monster Tumors Show Scientific Potenzial in War Against Cancer (Auszug aus einem Artikel von Elisabeth Svoboda in der *New York Times*)

> **Monster Tumors Show Scientific Potenzial in War Against Cancer**
>
> Doctors had diagnosed an ear infection in Robyn Miller's 5-week-old daughter Megan, but Ms. Miller had only to gaze into Megan's blank face to know that something more was going on.
> "Her eyes dipped down so low that most of what you could see was white," she recalled.
> M.R.I. scans revealed a teratoma in Megan's skull—a noncancerous mass of rapidly dividing cells, the result of natural developmental processes gone awry.
> "I always thought a benign tumor meant you were going to be O.K.," said Ms. Miller, who lives in Melbourne, Australia. "But this tumor was the size of a clenched fist, and it was expanding inside her brain."

Typologie des Wissenschaftsjournalismus

> A tumor's encroachment is always terrifying, but teratomas, literally "monster tumors," exert a macabre hold on the imagination because they contain human elements remixed with Frankensteinian logic. It is not unusual for a teratoma to contain patches of hair, errant wedges of cartilage and even fully formed teeth.
> In the movie "My Big Fat Greek Wedding," Toula's Aunt Voula describes her teratoma as a mutant version of herself: "I had a lump at the back of my neck," she says. "So I go to the doctor, and inside the lump he found teeth and a spinal cord. Inside the lump was my twin."
> Yet new research suggests that the very property that makes these tumors sinister—their ability to spawn human tissues—makes them valuable scientifically.
> As clusters of human cells that are not independent organisms, teratomas may prove better test subjects for drugs than lab animals, and they are inspiring ways to grow stem cells without harvesting embryos.
> Karl Skorecki, a biologist at Technion University in Haifa, Israel, is among a handful of researchers hoping to turn this rare affliction into biological gold. Dr. Skorecki's teratoma studies arose out of his frustration with animal models that were ineffective for testing cancer medicines [...]

Quelle: *New York Times* vom 6.7.2006

In der Regel ist der Journalismus bestrebt, dem Publikum die eigentliche wissenschaftliche Neuigkeit zu vermitteln. Der Anlass ist gleichzeitig das Thema der Berichterstattung. Hier ist das anders: Eine sehr spezielle wissenschaftliche Neuigkeit ist lediglich Aufhänger, nicht mehr das Thema. Die wissenschaftliche Neuigkeit bleibt unterbelichtet zugunsten viel allgemeinerer Informationen über das, was man mit Teratomen so alles anstellen könnte. Die Berichterstattung tendiert ins Allgemeine, man erfährt viel über Teratome und deren vermutetes Potenzial, relativ wenig darüber, was denn die Forschergruppe um Karl Skorecki genau mit welchem Erfolg gemacht hat.

So unterschiedlich die Berichte in *Welt* und *New York Times* sein mögen, eines ist ihnen gemeinsam: Die Forschungsresultate erscheinen nicht als mit Unsicherheiten behaftet, ihre Reichweite oder ihre Gültigkeit werden nicht problematisiert, der prognostizierte Nutzen nicht hinterfragt, die Bedingungen ihrer Entstehung spielen keine Rolle.

Dies ändert sich, wenn der mit wissenschaftlicher Forschung angestrebte Nutzen mit als groß wahrgenommenen Risiken einhergeht, wie das etwa beim Klonen und/oder der Stammzellforschung der Fall war und ist. Oder wenn auf wissenschaftlichen Prognosen politische Veränderungen gegründet wurden, diese wissenschaftlichen Befunde plötzlich aber als unsicher erscheinen, sodass die Basis eines Politikwechsels und damit seine Legitimation bröckelt, wie es etwa beim Thema Klimawandel Mitte der 90er Jahre in Deutschland festzustellen war.

Ebenfalls eine Abkehr von gängigen Selektionsmustern des Wissenschaftsjournalismus ist in Fällen zu beobachten, in denen die Vermutung eines ›conflict of interest‹ besteht. Wer in einer durch die Handyindustrie finanzierten Studie zum Ergebnis kommt, eine negative Wirkung der Strahlung sei nicht festzustellen, der sieht sich unter Umständen einem Glaubwürdigkeitsproblem gegenüber.

Beispiel 3: Von Bruder zu Bruder
(Norbert Lossaus in *Die Welt*)

ANDi wurde bereits am 2. Oktober 2000 geboren und ist äußerlich nicht von anderen Rhesusaffenbabys zu unterscheiden. „Er ist gesund und spielt ganz normal mit seinen beiden Stubenkameraden", versichert Projektleiter Professor Gerald Schatten. Und ANDi fluoresziert in der Nacht auch nicht grün, obwohl man dies vielleicht erwarten könnte: Das Gen GFP, das ihm eingepflanzt wurde, ist für die Produktion eines grün fluoreszierenden Proteins verantwortlich. Der Unterschied zwischen ANDi und einem gewöhnlichen Rhesusaffen besteht lediglich darin, dass sein Gewebe dann grünlich leuchtet, wenn man es mit ultraviolettem Licht anstrahlt. Und dieses Leuchten wiederum ist schlicht der Beweis dafür, dass ANDi tatsächlich transgen ist. Der Einbau des Extra-Gens in sein Erbgut ist also geglückt – zweifelsohne ein weiterer wichtiger Meilenstein in der Geschichte der Genforschung, die schließlich auch die gezielte Veränderung des menschlichen Erbguts ermöglichen könnte.

„Mit Hilfe von Affen wie ANDi werden wir künftig schnell und trotzdem sicher beurteilen können, ob innovative Therapieformen tatsächlich sicher und effektiv funktionieren", fasst Schatten den Sinn seiner Forschungsarbeiten zusammen und ist überzeugt: „Das wird die Entwicklung neuer Heilmethoden auf der Basis der molekularen Medizin deutlich beschleunigen."

Quelle: *Die Welt* vom 12.1.2001: 10

Beispiel 5: Affen-Flop. Transgene Primaten
(Hans Schuh in *Die Zeit*)

Affen-Flop
Transgene Primaten

Mit großen Kulleraugen lugte das Rhesusäffchen Andi hilflos in die Welt. Derweil feierten die Kommentatoren das Tierchen aus dem Labor des Genforschers Gerald Schatten als Sensation: der erste genmanipulierte Affe, Vorläufer künftiger, gentechnisch maßgeschneiderter Menschen.

Die Forscher hatten ein Quallengen in Andis Erbgut geschmuggelt – nur als Testlauf: Das fremde Gen stellt ein Eiweiß her, das unter UV-Licht leuchtet. Genforscher müssen dann ihre Geschöpfe nur unter eine Lampe halten, und wenn diese grün erstrahlen, können sie stolz melden: „Gen eingeschleust." An Fröschen oder Mäusen ist das längst gelungen. Jetzt kommt Andi – nur, er leuchtet nicht. Sein Quallengen bleibt stumm.

Solches Erbgut ist funktionsloser, potenziell gefährlicher Müll: Da sich die fremde DNA rein zufällig in die Wirts-DNA einklinkt, können dadurch wichtige Gene zerstört werden. Zwei Brüder von Andi waren Totgeburten, sie leuchteten. Niemand weiß, ob die Genübertragung tödlich war. Gesund macht sie jedenfalls nicht: 224 manipulierte Eier hatten die Forscher produziert, mit dem Quallengen kam nur Andi durch. Sein Erzeuger *hofft*, dass er später zu leuchten beginnt.

Wissenschaftlich war der Gentransfer mehr Flop als top. Keiner weiß, wo das Gen im Erbgut sitzt oder ob es je aktiv wird. Von Maßschneidern keine Spur. Dennoch wird Andi gefeiert. Immerhin erfüllt er zwei von drei Erfolgskriterien der Boulevardpresse: Busen, Babys, Biester garantieren hohe Einschaltquoten. Und Äffchen Andi ist gewiss ein hübsches Biesterbaby. HANS SCHUH

Quelle: *Die Zeit* vom 18.1.2001: 29

Typologie des Wissenschaftsjournalismus

Beispiel 4: Der Affe aus dem Reagenzglas (Holger Wormer in der *Süddeutschen Zeitung*)

Quelle: *Süddeutsche Zeitung* vom 12.1.2001: 2. (Der Artikel war Teil einer Themenseite.) Abdruck mit freundlicher Genehmigung von Süddeutsche Zeitung Content.

Wissenschaftliche Resultate erscheinen dann nicht mehr als Gewissheiten oder als Bauteile des Fortschrittsmotors. Stattdessen werden Charakteristiken wissenschaftlicher Forschung im Allgemeinen – wie der Irrtumsvorbehalt, die begrenzte, von bestimmten Voraussetzungen abhängige Geltung des Wissens oder die soziale Determiniertheit der Wissenschaftsgenese – zum zentralen Bezugspunkt journalistischer Selektionen.

Ein gutes Beispiel, um das zu veranschaulichen, liefert der Rhesusaffe Andi, der im Januar 2001 Schlagzeilen machte. Es handelte sich um den ersten Primaten, in dessen Genom ein artfremdes Gen erfolgreich eingeschleust wurde. Diese Manipulation erzeugte erhebliche wissenschaftliche und öffentliche Resonanz, weil dieser Erfolg als ein Schritt wahrgenommen werden konnte, der hinführt zur gezielten Herstellung von menschenähnlichen Tiermodellen mit bestimmten Gendefekten, an denen besser als an Mäusen Ursachen und Therapien genetisch bedingter oder beeinflusster Erkrankungen studiert werden können (Nutzen). Gleichzeitig konnte der Affe medial als ein weiterer Schritt hin zur technischen Realisierung von genetischen Manipulationen am Menschen selbst rekonstruiert werden (Risiko).

Die Welt folgt im Wesentlichen dem Vermittlungsmuster, das bereits beschrieben worden ist. Der angestrebte Nutzen gilt durch das geglückte Experiment als realistisch, was den Rhesusaffen zu einem wissenschaftlichen ›Meilenstein‹ werden lässt. Die Bedeutung des Experimentes bezogen auf einen konkreten Nutzen wird anders als in der *Süddeutschen Zeitung* nicht weiter durch unabhängige wissenschaftliche Quellen validiert. Dieser Unterschied führt in der *Süddeutschen Zeitung* zu einer anderen Bewertung des Ereignisses. Hier ist der Affe lediglich ein teilweise geglücktes Experiment, dessen wissenschaftlicher Wert als unsicher erscheint. In der Wochenzeitung *Die Zeit* schließlich wird der Meilenstein zu einem Flop entmaterialisiert, weil das fremde Gen nicht aktiv ist.

Andi aktiviert jedenfalls in der *Süddeutschen Zeitung* und der *Zeit* eine andere Form der Vermittlung, weil dem angestrebten Nutzen, mit dem das Experiment in Zusammenhang gebracht werden kann, in der gesellschaftlichen Wahrnehmung auch konkrete Risiken gegenüberstehen, nämlich die Möglichkeit, genetische Manipulationen am Menschen vorzunehmen. Dieses Merkmal motiviert Rechercheanstrengungen, die auf eine kritische Einordnung des Ergebnisses zielen. Während in der *Welt* die Fehlversuche beim Experiment wie ein Beleg für die große wissenschaftliche Leistung der Wissenschaftler erscheinen, stellen sie sich in der *Süddeutschen Zeitung* als eine Relativierung der wissenschaftlichen Leistung dar. Bei der *Welt* leitet ein erstrebenswerter Nutzen die Selektionen und die Darstellung, bei der *Süddeutschen Zeitung* ist es nicht der Nutzen, sondern sind es die Risiken.

Kennzeichen der Berichterstattung von *Welt*, *Süddeutscher Zeitung* und *Zeit* ist das Bestreben, vor allem die eigentliche wissenschaftliche Bedeutung des Ereignisses auszuleuchten. Das ist durchaus nicht alternativlos. Die *Welt am Sonntag* selektiert nicht Aspekte im Zusammenhang mit dem Rhesusaffen Andi, die auf eine Validierung seiner wissenschaftlichen Bedeutung zielen. Die wissenschaftliche Bedeutung des Ereignisses befindet sich gewissermaßen außer Sichtweite. Stattdessen wird das Ereignis rekonstruiert als ein Beispiel für die große wissenschaftliche Potenz, auf die der Affe deutet (Beispiel 6).

Konsequent wird der Affe in Zusammenhang mit ähnlichen Ereignissen gebracht, die ebenfalls eine große Gestaltungsmacht der Wissenschaft bezogen auf die Manipulation von Lebewesen demonstrieren, ohne dass der eigentliche wissenschaftliche Zusammenhang mit dem Affen deutlich wird. Die Selektionen werden erkennbar eher motiviert durch ein gewisses Unbehagen bezogen auf die Gestaltungskraft der Biowissenschaft, bei der davon ausgegangen werden kann, dass sie sehr verbreitet ist.

Deshalb ist es auch nicht verwunderlich, dass sich der Rhesusaffe in eine Kette historischer Ereignisse einreiht, die zwar wissenschaftlich nicht direkt mit Andi zu tun haben, allerdings mit diesem eines gemein haben: Es handelt sich um Ikonen der biowissenschaftlichen Potenz, die selbst außer Frage steht. Beim Beispiel der *Welt am Sonntag* gilt das besonders für die Maus, auf deren Rücken ein menschliches Ohr wächst.

Ein knappes Jahr nach seiner erstmaligen Präsentation findet sich auch Andi wieder in einer solchen Reihung. Die *Bunte* macht ihn im Dezember 2001 zu einem Vorläufer des vermeintlich ersten geklonten menschlichen Embryos durch ›advanced cell technology‹, wobei Andi kurzerhand zu einem Klon ›mutiert‹.

Die Verlagerung der Selektionen weg vom Nutzen, weg vom Fortschritt kann dazu führen, dass Wissenschaft plötzlich wie ein millionenschwerer Nepp erscheint, als konzertiertes Zusammenspiel gelehrter Bauernfänger, die doofen Politikern mithilfe hübsch zurechtgemachter Informationen und eingängiger Interpretationen das knappe Steuergeld aus den Taschen

Typologie des Wissenschaftsjournalismus

Beispiel 6: Nach dem erfolgreichen Experiment mit dem Gen-Affen gibt es nur noch eine Steigerung. Als Nächstes der Mensch? (Textauszug aus der *Welt am Sonntag*)

[…] Der Rhesusaffe ANDi – in Spiegelschrift zu lesende Abkürzung für »inserted DNA« – ist die vorerst letzte Station (einer) Erfolgsgeschichte. Die Durchführung des Experiments gestaltete sich jedoch außerordentlich schwierig. 224 Eizellen wurden manipuliert, und mit dem Einpflanzen der Eier mussten die Forscher ihren Zeitplan nach dem Menstruationszyklus der Weibchen richten, weil über die Fortpflanzungsbiologie der Rhesusaffen erst wenig bekannt ist. »Dasselbe Experiment am Menschen wäre einfacher gewesen, weil man schon viel Erfahrung mit der Reagenzglas-Befruchtung hat«, so eine Wissenschaftlerin. In Russland locken bereits Institute mit dem Angebot: »Bei uns forscht es sich leichter …«

Der Beginn: 1973 gelingt die erste Gentransplantation eines Bakteriums. 1978 produzieren Bakterien bereits Insulin

1995 züchten Genetiker für Schönheits-OPs eine Maus mit einem menschlichen Ohr am Rücken

Oktober 2000 wird mit dem Rhesus-Affen ANDi erstmals ein Primat mit einem leuchtenden Gen einer Qualle geboren

Forscher glauben, was beim Affen funktioniert, geht beim Menschen vermutlich noch wesentlich leichter.

Quelle: *Welt am Sonntag* vom 14.1.2001

Beispiel 7: Kommt der Klonmensch? (Frank Schwebke in *Bunte*)

Kommt der Klonmensch?

Der US-Präsident reagierte prompt. Kaum hatte die amerikanische Genfirma Advanced Cell Technology (ACT) bekannt gegeben, dass sie den ersten Menschenklon geschaffen habe, kündigte George W. Bush an: Klonexperimente beim Menschen, in den USA im Gegensatz zu Deutschland bisher erlaubt, sollen verboten werden. ACT-Forscher Dr. Robert Lanza aus Worcester/USA beruhigte zwar die Öffentlichkeit: »Wir wollen keinen Klonmenschen schaffen. Das Ziel unserer Experimente ist es, im Labor Zellen zu züchten, aus denen man künstliche Organe herstellen kann.« Doch die Horrorvision bleibt: Kommt bald der erste Klonmensch aus dem Labor?

»Das wäre heute technisch kein großes Problem mehr«, erläutert Professor Johannes Huber, Direktor der Endokrinologie der Universitätsklinik Wien. »Aus einer menschlichen Eizelle wird der Zellkern, der die Erbinformation (DNA) enthält, herausgesaugt. Stattdessen spritzt man fremde DNA in das Ei.« Diese DNA kann aus allen Zellen stammen. Beispielsweise aus der Haut, wie beim ACT-Experiment. »Wenn die Eizelle sich dann teilt, entsteht ein Zellklumpen, der Klon. Er besteht zunächst aus unausgereiften Stammzellen. Sie können zu allem Möglichen heranreifen, etwa zu neuen Herz-, Blut- oder Leberzellen.« Das ist eine große Chance für die Medizin: Mithilfe von Stammzellen könnte man Krankheiten wie Leukämie, Parkinson, Alzheimer heilen. Die Kehrseite der Medaille: »Wenn man diesen Zell-klon in eine Gebärmutter pflanzt, kann daraus tatsächlich ein menschlicher Embryo

> werden.« Klonschaf Dolly und Äffchen ANDi, benannt nach dem Wortdreher für DNA, sind bereits nach diesem Prinzip erzeugt worden. Ein weiterer Horror: »Diese Klon-zellen enthalten alle die gleiche Erbinformation«, so Huber. Man könnte durch Klonen also unzählige identische Kopien eines Menschen herstellen. Allerdings: »Beim heutigen Forschungsstand würde die Gebärmutter den Zellklon mit höchster Wahrscheinlichkeit vorzeitig abstoßen«, so Huber.

Quelle: *Bunte* vom 6.12.2001: 86–87

ziehen. Ein Beispiel für einen solchen Fall ist ein glossierender Bericht in der *Zeit* vom 25. Juli 1997, in dem die Klimaforscher sich statt in der Rolle der am Wohlergehen der gesamten Menschheit orientierten Mahner auf Augenhöhe mit finsteren Lobbyisten wiederfinden.

Beispiel 8: Die Launen der Sonne (Dirk Maxeiner in *Die Zeit*)

> [...] Die deutlichste Treibhausfolge ist ein warmer Regen: Geld ergießt sich über wissenschaftliche Eliteeinheiten in Deutschland, Großbritannien und den USA. [...] In den USA bekommt das Lawrence Livermore National Laboratory schöne Großrechner. Die sind gleichsam die Jäger 90 des Klimafeldzuges: teuer und absturzbedroht. [...] Mittlerweile arbeiten 2.500 Wissenschaftler aus 100 Ländern dem IPCC zu. Allein für das deutsche Klimarechenzentrum hat der Forschungsminister 540 Millionen Mark lockergemacht. Doch während die Zahl der Mitarbeiter steigt, werden bei den Vorhersagen kleinere Brötchen gebacken: Bis zum Ende des 21. Jahrhunderts soll es jetzt nur noch etwa 1 bis 3 Grad wärmer werden. Hoppala. Die Trendvorhersage von 1 Grad [...] korrespondiert mit der natürlichen Variabilität des Klimas. Die Aussagekraft über den Einfluß des Menschen auf das Klima tendiert gegen Null. Zum Glück merkt das keiner.

Quelle: *Die Zeit* vom 25.7.2007

Besonders eindrücklich ist dieses Beispiel, weil die Klimaberichterstattung in nationalen Qualitätszeitungen hauptsächlich einem anderen Muster folgte (Weingart et al. 2002: 127–139). Die wissenschaftlichen Unsicherheiten, die im *Zeit*-Bericht zum Ausgangspunkt werden, um quasi die gesamte Klimaforschung zu diskreditieren, sind keine Erscheinung, die Mitte der 90er Jahre erstmals offensichtlich geworden wäre. Ebenfalls sind damals nicht zum ersten Mal vermeintliche Irrtümer und Übertreibungen der Klimaforschung zutage getreten. Allerdings wurden wissenschaftliche Unklarheiten in der Regel eben nicht zum Ausgangspunkt, um das Forschungsfeld anzugreifen, sondern sie wurden zum Ausgangspunkt, um weitere Forschungen anzuregen, die zur Klärung beitragen könnten.

Mutmaßliche Übertreibungen seitens der Wissenschaftler wurden nicht zum Ausgangspunkt, um diese zu hinterfragen, sondern wurden im Gegenteil, ähnlich wie beim Waldsterben (Holzberger 1995), begierig aufgegriffen und popularisiert. Es stellt sich also die Frage, warum ausgerechnet ab etwa Mitte der 90er Jahre problematisierende Berichterstattungsmuster in die öffentliche Erörterung des Klimawandels Einzug halten.

Typologie des Wissenschaftsjournalismus

Erklärbar ist dieses Phänomen wie angedeutet nicht mit dem Verweis auf Unsicherheiten, die zu diesem Zeitpunkt zum ersten Mal zu Bewusstsein gekommen wären. Vielmehr ist es eher zu erklären durch einen partiellen und temporären Bruch mit vormals gängigen Konstruktionsroutinen, die sich überlebt hatten. Konnte man zu Beginn und im Verlauf der Klimadebatte noch Aufmerksamkeit erhoffen von den Voraussagen katastrophaler Veränderungen, die, ausgelöst durch politische Initiativen, Wetteranomalien oder neue verbesserte Modellrechnungen, in grellen Farben ausgemalt wurden, um auf ihrer Grundlage politische Handlungen einzufordern (Förderung regenerativer Energien, Verringerung des CO_2-Ausstoßes, Energieeinsparungen etc.), so konnte man im Verlauf der Zeit durch die ständige Reproduktion dieses immer gleichen Musters mediale Aufmerksamkeitsschwellen immer schwerer überwinden. Das Konstruktionsprinzip erlitt zwischenzeitlich einen Ermüdungsbruch und erhöhte die Attraktivität von differierenden und provozierenden Deutungen.

Man kann mit Weingart et al. davon ausgehen, dass die Aktivierung der Skepsis darin begründet ist, dass die Kommunikationsstrategie der Wissenschaftler zu Beginn so erfolgreich war. »Wenn Wissenschaftler mit Warnungen vor kommenden Katastrophen an die Öffentlichkeit treten, wird ihnen häufig geglaubt, obgleich ihre Prognosen sich manchmal als falsch erweisen. Das besondere Problem der wissenschaftlichen Warnkommunikation besteht offenbar in diesem Fall darin, dass sie sehr erfolgreich ist. Abgesehen davon, dass die Warnungen geglaubt werden, erzeugen sie auch noch ein so hohes Maß an Resonanz, dass sie im Weiteren in der öffentlichen Debatte ein von den ursprünglichen wissenschaftlichen Konzepten und Aussagen weitgehend abgekoppeltes Eigenleben entwickeln. [...] Während es den Medien gelingt, ihren eigenen Anteil an der Thematisierung und Schematisierung [...] auszublenden, steht die Wissenschaft nun, wenn sich die Katastrophenszenarien als unangemessen und übertrieben erweisen, im Zentrum der Kritik« (Weingart et al. 2002: 138).

Im Folgenden kommen wir zum sogenannten Typ 2 von Wissenschaftsjournalismus, also jenen Formen, in denen aktuelle Anlässe aufgegriffen werden, die jedoch nicht von der Wissenschaft selbst generiert werden.

Formen von zeitlich aktuellem, nicht wissenschaftsgeneriertem Journalismus

Am 24. Mai 2002 informierte unter anderem das *Bundesministerium für Verbraucherschutz, Ernährung und Landwirtschaft (BMVEL)* die Presse darüber, dass nitrofenbelastete Bio-Lebensmittel auf den Markt gelangt seien (BMVEL 2002b). Zunächst war unklar, wie dieser herbizide Wirkstoff in die Lebensmittel gekommen war. Recherchen der Behörden ergaben am 1. Juni 2002, dass ein Getreidelager in Malchin bei Neubrandenburg verantwortlich für die Nitrofenbelastung in Futtergetreide war. Die Halle diente zu DDR-Zeiten als Lager für Pflanzenschutzmittel und erwies sich als hochgradig kontaminiert. Der Nutzer der Halle, die Norddeutsche Saat- und Pflanzgut AG, hatte Bio-Getreide aus der Halle unter anderen an den Futtermittelproduzenten ›GS agri‹ in Niedersachsen geliefert. Von dort aus wurde das Futter bundesweit an Bio-Landwirte ausgeliefert, hauptsächlich an Geflügelhersteller. Über die Fütterung gelangte der Wirkstoff schließlich in Geflügelfleisch und Eier (BMVEL 2002a).

Dieser Anlass ist ein typisches Beispiel: Er ist nicht wissenschaftsgeneriert, d.h. in diesem Fall, er verdankt sich nicht dem planvollen Suchen nach Antworten auf bisher ungelöste Fragen, er tritt völlig überraschend auf und erzeugt das journalistische Erfordernis, ergänzend zu den Stimmen aus Politik oder Wirtschaft schnell relevante Informationen aus dem Wissenschaftssystem zu beschaffen, die zur Klärung oder zur Definition des Problems beitragen können und auf diese Weise zurückwirken auf die gesellschaftliche Auseinandersetzung. In diesem Fall ist vorrangig die Frage von Interesse, wie gefährlich Nitrofen für den Menschen ist. Weitere typische Ereignisse sind zum Beispiel Unfälle, die Auswirkungen haben können auf die Umwelt (Tankerunglücke, Chemieunglücke), Wetteranomalien oder Naturkatastrophen.

Offenkundig wird der Unterschied zum Typ 1 von Wissenschaftsjournalismus dadurch, dass Wissenschaft hier in der Rolle der Dienstleisterin auftritt, die Wissen zur Lösung oder Definition eines gesellschaftlichen Problems bereithält. Da es nicht um Fragen geht, die von der Wissenschaft selbst gestellt worden sind, liegt die benötigte Expertise häufig verstreut vor, die Physik kann beitragen, auch die Psychologie, die Chemie oder auch die Biologie oder die Sozialwissenschaften. Oder aber, genau passende Expertise, d.h. entsprechende Studien, die exakt das gerade interessierende Problem mithilfe wissenschaftlicher Methoden bearbeitet haben, liegen überhaupt nicht vor, sondern allenfalls solche, deren Ergebnisse auf das aufgeworfene Problem übertragen und möglichst sachkundig interpretiert werden müssen.

Genau diese Eigenschaft macht einen entscheidenden Unterschied verglichen mit der Berichterstattung über einzelne Studien aus, die wissenschaftlich definierte und eingegrenzte Fragestellungen mit bestimmten Methoden beantwortet haben und deshalb hinsichtlich ihrer Aussagekraft und ihrer Reichweite prinzipiell leichter prüfbar sind.

Der Zugang zur eigentlichen Wissenschaft ist angesichts der Verstreutheit der Befunde und/oder der Notwendigkeit der Übertragung auf das gerade interessierende Problem und/oder der Zeitknappheit in der Regel lediglich mittelbar möglich durch Persönlichkeiten, die den wissenschaftlichen Erkenntnisstand bezogen auf den jeweils interessierenden Anlass einordnen und bewerten. Darum sind derlei Expertisen praktisch immer durchsetzt mit persönlichen Einschätzungen des jeweils befragten Experten, denen keine dezidiert wissenschaftliche Expertise zugrunde liegt (Peters 1994).

Ein gutes Beispiel, das dies veranschaulicht, ist die Einschätzung des Krebsrisikos, das von den mit Nitrofen belasteten Lebensmitteln ausging. Gestützt auf wissenschaftliche Befunde ist eine solche wissenschaftliche Abschätzung nicht möglich. Diese Frage ist wissenschaftlich nicht beantwortet worden. Es existieren lediglich Studien, bei denen Versuchstieren hohe Dosen Nitrofen verabreicht wurden, woraufhin diese Tiere an Krebs erkrankten. Es existieren aber keine Studien, bei denen die Dosen sukzessive reduziert wurden, um herauszufinden, ab welcher Menge Nitrofen keinen Krebs mehr verursacht. Deshalb ist es auf wissenschaftlicher Basis unmöglich, eine konkrete Risikoabschätzung bezogen auf das Krebsrisiko dieses Stoffes abzugeben (BGVV 2002).

Trotzdem liefert die *dpa* genau eine solche konkrete Risikoabschätzung unter Berufung auf den Toxikologen Helmut Greim. Er bezieht sich dabei auf die erwähnten Tierversuche, bei denen hohe Dosen Nitrofen verabreicht wurden. Er rechnet diese Dosen auf die in den Lebensmitteln gefundenen Werte um und kommt zu dem Resultat, dass das Krebsrisiko von Nitrofen sehr gering sei.

Typologie des Wissenschaftsjournalismus

Beispiel 9: Daten nur für Tierversuche (*Nordkurier*)

> Der Toxikologe Prof. Helmut Greim von der Technischen Universität München hält das Krebsrisiko im aktuellen Fall für sehr gering. Im Tierversuch seien Mengen eingesetzt worden, die etwa der täglichen Aufnahme von 7.000 mg Nitrofen für einen Erwachsenen entsprechen. Vorausgesetzt, dass ein belastetes Ei rund 0,03 mg Nitrofen enthalte, sei der Unterschied sehr groß. Dies zeige, dass das Krebsrisiko durch den Verzehr solcher Eier doch sehr gering sei.

Quelle: *Nordkurier* vom 27.8.2002

Durch Studien abgestützt ist diese Expertise nicht. Ob sie tatsächlich zutreffend ist, weiß niemand. In diesem konkreten Beispiel bleibt diese Unsicherheit verdeckt. Das äußerst geringe Krebsrisiko erscheint als relative Gewissheit, die Orientierungsleistung des Experten muss von diesem nicht durch den expliziten Bezug auf entsprechende Studien plausibilisiert werden. Ausreichend ist in diesem Fall die Autorität des Experten. Ein solcher Umgang mit wissenschaftlicher Expertise ist zwar verbreitet, besonders bei regionalen Medien (Lehmkuhl 2004), allerdings bleibt er nicht auf diese begrenzt.

Bei kontrovers diskutierten Themen, wie etwa einer Gesetzesinitiative des deutschen Bundestages zur Gentechnik, bleibt der Journalismus zum Beispiel bei der Abschätzung von gesundheitlichen Risiken auf an Personen gebundene Expertise angewiesen. Allerdings zeigt er sich teilweise bestrebt, unterschiedliche Expertenurteile gegeneinanderzustellen und Wissenslücken zu thematisieren oder zu problematisieren. Auch die eigentliche wissenschaftliche Basis der Expertenurteile kann dann in den Fokus medialer Selektivität geraten, besonders dann, wenn Experteneinschätzungen mit Eigeninteressen der jeweiligen Experten in Beziehung stehen, wie aus Anlass einer politischen Debatte über das Potenzial der Stammzellforschung (Peters 1994: 170 ff.). In solchen Fällen erscheinen Experten nicht mehr in der Rolle wissender Autoritäten; stattdessen werden ihre Argumente und Interessen ähnlich denen von Politikern einer kritischen Prüfung unterzogen.

Formen von zeitlich nicht aktuellem Wissenschaftsjournalismus (Typ 3 und Typ 4)

Jene Typen von Wissenschaftsjournalismus, die ihre Wahrnehmungen jedenfalls nicht erkennbar mithilfe der zeitlichen Aktualität organisieren, kennzeichnet zunächst eine wesentlich geringere Standardisierung der Formen. Dies kann nicht weiter verwundern, weil es ja gerade die Form der Darbietung wissenschaftlicher Inhalte ist, die Publikumsinteresse wecken soll und muss. Es gibt ja kein zeitlich aktuelles gesellschaftliches Problem, das Aufmerksamkeit zu binden vermag, im Vordergrund steht auch nicht die Nützlichkeit wissenschaftlicher Erkenntnisse.

Man wird sagen dürfen, dass den in dieser Typologie aufgezeigten Differenzen der journalistischen Thematisierung, die sich unmittelbar auf die Organisation und Ausformung medialer Rekonstruktion von Wissenschaft auswirken, bisher keine sozialwissenschaftliche Beachtung zuteil geworden ist. Entsprechend fehlen Befunde, die Vermittlungsformen systematisch beschreiben oder aber die wissenschaftlichen Themenfelder aufschlüsseln, die zum Beispiel vom Typ 3 von Wissenschaftsjournalismus aufgegriffen werden. Vermutlich sind diese Themenfelder mit denen des Typs 1 nicht identisch, weil hier der Zwang zum Bezug auf einen konkreten Nutzen entfällt. Ebenfalls wenig bekannt ist, wie Redaktionen, die solche Typen von Wissenschaftsjournalismus betreiben, ihre Wahrnehmung der Wissenschaft überhaupt organisieren. Zu vermuten ist, dass zeitliche Aktualität für die Organisation der Wahrnehmung noch eine gewisse Rolle spielt, diese aber verglichen mit der Originalität und Kreativität der Vermittlungsidee von eher untergeordneter Bedeutung ist. Angesichts des Mangels an Befunden, die die hier gewählte Differenzierung nachvollziehen, stehen die nachfolgenden Ausführungen unter einem besonderen Vorbehalt.

Die Vermittlungsformen von Journalismus, der zeitlich nicht aktuelle, aber wissenschaftsgenerierte Anlässe nutzt, zeigen sich darum bemüht, Wissenschaft wie eine faszinierende Reise zu den Grenzen der Erkenntnis darzustellen oder wie ein Abenteuer, was zuweilen schon im Titel einschlägiger Formate deutlich wird: *Faszination Forschung, Abenteuer Wissen.*

Eines der gängigen Mittel, um diese Faszination zu wecken oder das Abenteuerliche herauszustellen, besteht darin, den eigentlichen Erkenntnisprozess zu rekonstruieren, Irrwege nachzuzeichnen, Wissenschaftler als Personen sichtbar zu machen.

Am deutlichsten wird das in Fernsehdokumentationen, bei denen dem Zuschauer suggeriert wird, dass er am wissenschaftlichen Erkenntnisprozess unmittelbar teilhat. Es wird hier ein Spannungsbogen dadurch erzeugt, dass Fragen gestellt werden, die vermeintlich noch gar nicht beantwortet sind. Erst im Verlauf der Sendung werden die aufgeworfenen Fragen dann bearbeitet oder beantwortet, wobei der Eindruck erweckt wird, man sei Zeuge der Entschlüsselung von Rätseln. Faszination kann dabei entstehen entweder durch das Spektakuläre der Frage oder durch das Spektakuläre des Weges, wie Antworten gefunden werden, oder durch beides.

Dadurch ergeben sich Anklänge an das Abenteuer, die – wie oben erwähnt – ebenfalls charakteristisch scheinen für solche Formen, die sich der Rekonstruktion wissenschaftlichen Erkenntnisstrebens zuwenden. Wissen zu schaffen erscheint als eine faszinierende Reise zu den Grenzen des menschlichen Genius.

Solche Rekonstruktionen sind nicht auf das Fernsehen beschränkt. Selbst Tageszeitungen bedienen sich zuweilen solcher Formen. Das mag ein Beispiel aus dem *Berliner Kurier* veranschaulichen, einer in Berlin und Brandenburg verbreiteten Boulevardzeitung.

Das Beispiel veranschaulicht typische Popularisierungsmittel dieser Formen von Wissenschaftsberichterstattung, das Bemühen, Rezipienten am Erkenntnisprozess teilhaben zu lassen, die Anklänge an das Abenteuer. Gleichzeitig veranschaulicht der Auszug die große publizistische Herausforderung dieser Formen: den Zwang, immer wieder Aufmerksamkeit zu erzeugen, ohne dabei die Darstellung eines Zusammenhangs zu vernachlässigen. In diesem Beispiel scheitert der Autor. Er benutzt für sich genommen fesselnde Details, die Aufmerksamkeit wecken. Sie bleiben allerdings wegen des fehlenden Zusammenhangs informationsleer. Man kann das vielleicht am ehesten ›Wow-Journalismus‹ nennen. Jede der genannten Fakten und Zahlen scheint auf diesen staunenden Ausruf zu zielen. Die Erklärungskraft des Beitrags bleibt dagegen sehr gering.

Typologie des Wissenschaftsjournalismus

Beispiel 10: Das weiße Rätsel. Welt-Klima-Maschine Antarktis
(Michael Brettin im *Berliner Kurier*)

> Als gesichert gilt, dass die Antarktis [...] als weiße Lunge die Weltmeere mit kaltem, sauerstoffreichem Wasser versorgt. Aber wie stark ist diese Pumpe? Modellrechnungen sprechen von zwölf Millionen Kubikmeter pro Sekunde.
> Auch eine andere Frage kann nicht zweifelsfrei beantwortet werden: Wie stabil ist der Eispanzer der Antarktis? Das Eis bindet rund 30 Kubikkilometer Wasser, mehr als 80 Prozent der Süßwasserreserve der Welt. Wird sie freigesetzt, steigt der Meeresspiegel um 60 Meter.
> Antwort(en) suchen Wissenschaftler am Punkt DML05. Dort, bei 77 Grad südlicher Breite und 0 Grad östlicher Länge, soll eine Tiefseebohrung Licht ins Dunkel der Klimaforschung bringen.

Quelle: *Berliner Kurier* vom 24.2.2002: 12 (Wissen)

Während bei den zeitlich inaktuellen, wissenschaftsgenerierten Formen fraglos die Faszination der zentrale Aufmerksamkeitsanker ist, die durch geeignete Vermittlungswege geweckt werden muss, ist es bei den nichtwissenschaftsgenerierten Formen die Alltagsnähe der Fragen oder Themen, die mit Bezug zur Wissenschaft beantwortet oder bearbeitet werden. Damit ist nicht gesagt, dass sich dieser Typ von Wissenschaftsjournalismus weniger aufwendiger Vermittlungsformen bedient oder gänzlich anderer. Der Ausgangspunkt für ein vermutetes Publikumsinteresse ist aber nicht die Faszination, sondern eher die Neugier, interessante Antworten auf sehr naheliegende Alltagsfragen zu bekommen, was durchaus in einem weiten Sinne ausgelegt werden sollte.

So gehört zu diesem Typ auch die Frage, wie viel Physik im Supermann steckt. Ein Format, das ausschließlich diesen Typ von Wissenschaftsjournalismus betreibt, ist zum Beispiel die *WDR*-Sendung *Kopfball*, deren Erfolgsrezept vorrangig in der Alltagsnähe der aufgeworfenen Fragen besteht, die die Zuschauer der Sendung selbst stellen, und in der kreativen medialen Aufbereitung der Antworten auf diese Fragen.

Literatur

BGVV. »Nitrofen in Lebensmitteln – Quantitative Bewertung des gesundheitlichen Risikos«. Stellungnahme. 3.7.2002. www.bfr.bund.de/cm/218/nitrofen_in_lebensmitteln_quantitative_bewertung_des_gesundheitlichen_risikos.pdf (Download 14.6.2007).

Bucchi, Massiamo, und Renato G. Mazzolini. »Big science, little news: science coverage in the Italian daily press, 1946–1997«. *Public Understanding of Science* (12) 2003. 7–24.

Bundesministerium für Verbraucherschutz, Ernährung und Landwirtschaft (BMVEL). »Bilanzbericht zum ›Nitrofen-Geschehen‹«. Mai/Juni 2002a.

Bundesministerium für Verbraucherschutz, Ernährung und Landwirtschaft (BMVEL). »Getreidebelastung schnellstmöglich aufklären«. Pressemitteilung 159. 24.5.2002b.

Dunwoody, Sharon, und Hans Peter Peters. »Mass media coverage of technological and environmental risks: a survey of research in the United States and Germany«. *Public Understanding of Science* (1) 1992. 199–230.

Einsiedel, Edna F. »Framing science and technology in the Canadian press«. *Public Understanding of Science* (1) 1992. 89–101.

Evans, William A., et al. »Science in the Prestige and National Tabloid Presses«. *Social Science Quarterly* (71) 1 1990. 105–117.

Evans, William. »The Mundane and the Arcane: Prestige Media Coverage of Social and Natural Science«. *Journalism and Mass Communication Quarterly* (72) 1 1995. 168–177.

Fenton, Natalie, Alan Bryman und David Deacon. *Mediating Social Science.* London 1998.

Göpfert, Winfried. »Scheduled Science: TV coverage of science, technology, medicine and social science and programming policies in Britain and Germany«. *Public Understanding of Science* (5) 1996. 361–374.

Haller, Michael. »Wie wissenschaftlich ist Wissenschaftsjournalismus? Zum Problem wissenschaftsbezogener Arbeitsmethoden im tagesaktuellen Journalismus.« *Publizistik- und Kommunikationswissenschaft. Ein Textbuch zur Einführung.* Hrsg. Maximilian Gottschlich und Wolfgang Langenbucher. Wien 1999. 202–217.

Hansen, Anders, und Roger Dickinson. »Science Coverage in the British Mass Media. Media Output and Source Input«. *Communications* (17) 3 1992. 365–377.

Hijmans, Ellen, Alexander Pleijter und Fred Wester. »Covering Scientific Research in Dutch Newspapers«. *Science Communication* (25) 2 2003. 153–176.

Holzberger, Rudi. *Das sogenannte Waldsterben. Zur Karriere eines Klischees: Das Thema Wald im journalistischen Diskurs.* Bergatreute 1995.

Knoblauch, Hubert. *Wissenssoziologie.* Konstanz 2005.

Lehmkuhl, Markus. »Science Reporting in the Local Press in Germany. The quality of reporting in 11 newspapers on four issues: cloning, nitrofen, BSE and climate change«. Paper Presented to the 8th International Conference on Public Communication of Science and Technology, Barcelona 2004. www.bertelsmann-stiftung.de/bst/de/media/science%20 reporting%20edited%20english%20version.pdf (Download 14.6.2007).

Luhmann, Niklas. *Soziologische Aufklärung.* Bd. 3: Soziales System, Gesellschaft, Organisation. Opladen 1981.

Merten, Klaus. »Aktualität und Publizität. Zur Kritik der Publizistikwissenschaft«. *Publizistik* (3) 1973. 216–235.

Nelkin, Dorothy. *Selling Science. How the press covers science and technology.* New York 1987.

Pahl, Carola. »Die Bedeutung von Wissenschaftsjournalen für die Themenauswahl in den Wissenschaftsressorts deutscher Zeitungen am Beispiel medizinischer Themen«. *Rundfunk und Fernsehen* (46) 2–3 1998. 243–253.

Pellechia, Marianne G. »Trends in science coverage: a content analysis of three US newspapers«. *Public Understanding of Science* (6) 1997. 49–68.

Peters, Hans Peter. »Wissenschaftliche Experten in der öffentlichen Kommunikation über Technik, Umwelt und Risiken«. *Öffentlichkeit, Öffentliche Meinung, Soziale Bewegungen.* Hrsg. Friedhelm Neidhardt. Opladen 1994. 162–190.

Peters, Hans Peter. *Science and the Public. Scientists as Public Experts.* Studieneinheit der Fernuniversität Milton Keynes. Milton Keynes 1998.

Schmierbach, Mike. »Method Matters. The Influence of Methodology on Journalists' Assessments of Social Science Research«. *Science Communication* (26) 3 2005. 269–287.

Tzukerman, Maty, Tzur Rosenberg, Irena Reiter, Shoshana Ben-Eliezer, Galit Denkberg, Raymond Coleman, Yoram Reiter und Karl Skorecki. »The Influence of a Human Embryonic Stem Cell-Derived Microenvironment on Targeting of Human Solid Tumor Xenografts«. *Cancer Research* (66) 7 2006. 3792–3801.

Weingart, Peter, Anita Engel und Anita Pansegrau. *Von der Hypothese zur Katastrophe. Der anthropogene Klimawandel im Diskurs zwischen Wissenschaft, Politik und Massenmedien.* Opladen 2002.

Weischenberg, Siegfried. *Journalistik. Medienkommunikation. Theorie und Praxis.* Bd. 1. Opladen 1992.

Wersig, Gernot. »Probleme postmoderner Wissenskommunikation«. *Rundfunk und Fernsehen* (46) 2–3 1998. 209–236.

Quellenverzeichnis der Beispiele

Brettin, Michael. »Das weiße Rätsel. Welt-Klima-Maschine Antarktis«. *Berliner Kurier* 24.2. 2002. 12 (Wissen).

»Daten nur für Tierversuche«. *Nordkurier* 28.5.2002. 3.

»Forscher transplantieren erstmals Kinderstammzellen«. *Die Welt* 2.6.2001. 1.

Lossau, Norbert. »Von Bruder zu Bruder«. *Die Welt* 12.1.2001. 10. (Auch online unter www.welt.de/print-welt/article427696/Von_Bruder_zu_Bruder.html, Download 14.6.2007)

Maxeiner, Dirk. »Die Launen der Sonne«. *Die Zeit* 25.7.2007. (Auch online unter www.zeit.de/1997/31/klima97.txt.19970725.xml, Download 15.6.2007)

»Nach dem erfolgreichen Experiment mit dem Gen-Affen gibt es nur noch eine Steigerung. Als nächstes der Mensch?« *Welt am Sonntag* 14.1.2001. (Auch online unter www.welt.de/print-wams/article608437/Als_Naechstes_der_Mensch.html, Download 14.6.2007)

Schuh, Hans. »Affen-Flop. Transgene Primaten«. *Die Zeit* 18.1.2001. 29. (Auch online unter www.zeit.de/2001/04/Affen-Flop_Transgene_Primaten, Download 14.6.2007)

Schwebke, Frank. »Kommt der Klonmensch?« *Bunte* 6.12.2001. 86–87.

Svoboda, Elisabeth. »Monster tumors show scientific potenzial in war against cancer«. *The New York Times* 6.6.2006. 5.

Wormer, Holger. »Der Affe aus dem Reagenzglas«. *Süddeutsche Zeitung* 12.1.2001. 2.

Von Transmissionsriemen und Transportvehikeln – Der schwierige Weg des Wissenschaftsjournalisten zu sich selbst

Holger Hettwer, Franco Zotta

Sie sollen Übersetzer, Akzeptanzbeschaffer oder Alleinunterhalter sein, Transmissionsriemen, Transportarbeiter, Lückenbüßer und Volkspädagogen – Wissenschaftsjournalisten sind einer Vielzahl von Rollenerwartungen von außen ausgesetzt. Genauso vielfältig sind die Selbstbeschreibungen und -definitionen von Journalisten. Wer will bei so vielen verschiedenen Rollenbildern noch beantworten, welche Rolle nun tatsächlich zu spielen ist?

Dabei ist die Diskussion des Rollenbilds – wie der Kommunikationswissenschaftler Stephan Ruß-Mohl im Rahmen des Wiener Forums Wissenschaftsjournalismus im Juni 2007 konstatiert – »zentral für die Definition von Qualitätsansprüchen – und für den Umgang mit Hindernissen, die im journalistischen Alltag diesen Ansprüchen im Weg stehen« (Ruß-Mohl 2007).

Die These, die diesem Beitrag zugrunde liegt, lautet: Die Rolle und Funktion von Wissenschaftsjournalisten sind nach wie vor diffus, was wir sowohl anhand der verschiedenen externen Rollenzuweisungen als auch der Selbstverständnisse von Journalisten nachzeichnen wollen. Im letzten Teil versuchen wir eine tragfähige Antwort auf die Frage zu entwickeln, was genau einen guten Wissenschaftsjournalisten ausmacht. Hierzu scheint uns vor allem eine Rückbesinnung auf eine professionelle journalistische ›Haltung‹ sinnvoll.

1. Aufgabenzuweisungen der Wissenschaft an den Journalismus

Ein großer Teil der Rollenbilder, die sich noch heute im Selbstverständnis vieler Wissenschaftsjournalisten wiederfinden, basiert historisch auf Anforderungs- und Aufgabenzuweisungen vonseiten der Wissenschaft an den Journalismus. Im Folgenden sollen diese Anforderungs- und Aufgabenzuweisungen in Form von Typen kenntlich und bewusst gemacht werden[1] – durchaus pointiert und polemisch.

Denn es ist schon einigermaßen erstaunlich, mit welcher Chuzpe die Wissenschaft versucht hat, den Journalismus zu instrumentalisieren und seine Autonomie zu missachten. Der Kommunikationswissenschaftler Matthias Kohring – zu dessen Verdiensten[2] es zählt, diese »Zweckprogrammierung« (Kohring 2004: 171) historisch aufgearbeitet zu haben, und

---

[1] Dabei erhebt die Aufzählung nicht den Anspruch auf Vollständigkeit; wir konzentrieren uns auf prototypische Rollenzuweisungen und Erwartungshaltungen, die von der Wissenschaft selbst an den Journalismus herangetragen wurden.

[2] Aus kommunikationswissenschaftlicher Perspektive besteht Kohrings Leistung vor allem darin, dass er sich kritisch mit dem vorherrschenden Paradigma der Wissenschaftspopularisierung auseinandersetzt, nach dem Wissenschaftsberichterstattung überwiegend als Berichterstattung aus der Wissenschaft in die Gesellschaft verstanden wird. Dagegen setzt Kohring eine systemtheoretische Sicht: Wissenschaftsjournalismus als ›autonom‹ durchgeführte Beobachtung des wechselseitigen Verhältnisses von Wissenschaft und Gesellschaft – ein Entwurf, der die aktuellere Forschung zum Wissenschaftsjournalismus stark beeinflusst.

Von Transmissionsriemen und Transportvehikeln

an dessen Darstellung sich wesentliche Teile dieses Kapitels orientieren – spricht hier von der »Vermittlungs-, Aufklärungs- oder Akzeptanzfunktion« (Kohring 1997: 54), die dem Journalismus vonseiten der Wissenschaft zugewiesen werde.

1.1 Vermittlung

Wissenschaft ist schwierig: Sie scheint dermaßen kompliziert und komplex, dass sie dem Rest der Bevölkerung kaum zu vermitteln ist. Nach Vorstellung vieler Wissenschaftler klafft eine Kluft zwischen ihnen und der Öffentlichkeit – das »kaum ermessene Niemandsland«, wie es Walter Hömberg in den 70er Jahren nannte (Hömberg 1974: 583). Es besteht also Vermittlungsbedarf, und zwar vonseiten der Wissenschaft. Die erklärt sich allerdings mit der Lösung ihres Informationsvermittlungsproblems überfordert – »weil die Wissenschaftler allein den nötigen Transfer ihrer Arbeiten in die Öffentlichkeit nicht leisten können« (Depenbrock 1976: 18 f.).

Gut, dass es den Journalismus gibt: Bereits in den 20er Jahren wird die Presse als »unentbehrliches Hilfsmittel zur Verbreitung der Ergebnisse der Wissenschaft« reklamiert (Dyroff 1926: 30).

In der NS-Ideologie erhält der Topos ›Vermittlung‹ eine weitere Dimension – die Presse als Mittlerin zwischen Wissenschaft und Volksgemeinschaft: »Die Frage lautet also für Deutschland […], wie und wo die Wissenschaft ihre Stellung im völkischen Leben hat und […] wie die Presse als eine der stärksten – nun im neuen Sinne – ›öffentlichen‹ Mächte mitwirken kann, dass die Wissenschaft ihre Sendung für die Volksgemeinschaft und innerhalb ihrer wirklich erfüllt« (Hartmann 1937: 79).

Wissenschaftsjournalismus unterm Hakenkreuz am Beispiel der Technisch-Literarischen Gesellschaft (TELI)

Wie arbeiteten deutsche Wissenschafts- und Technikjournalisten unter dem Hakenkreuz? Das hat erstmals der Historiker Hans Christian Förster (TELI Berlin) am Beispiel des weltweit ältesten wissenschaftsjournalistischen Berufsverbandes TELI mit Hilfe von Originalunterlagen aus dem TELI-Archiv recherchiert. Mit drastischen Maßnahmen schalteten die braunen Machthaber Presse und Vereine gleich: Alle Journalisten wurden dem Propagandaministerium unterstellt, das die Übernahme der Nazi-Sprachregelungen überwachte (»Deutsche Technik«, Deutsche Physik«) und das einen Ariernachweis verlangte (was automatisch die Juden mit einem Berufsverbot belegte und zu ihrem Ausschluss aus den Verbänden führte). Die TELI-Spitze musste in einen »Führerrat« umgewandelt werden, in dem zwei loyale Parteimitglieder den Vorstand überwachten.

Die TELI war 1929 in der Zeitungsstadt Berlin von prominenten Journalisten der Weimarer Republik aus der Taufe gehoben worden, darunter Kurt Joel, leitender Redakteur bei der »Vossischen Zeitung« (wo er 1906 den naturwissenschaftlich-technischen Teil eingeführt hatte), der den neuen demokratischen Bürger- und Gemeinsinn auch in Fragen der Forschung stärken wollte. TELI-Vorsitzender wurde Siegfried Hartmann, Chefredakteur der »Deutschen Allgemeinen Zeitung«, der für die technischen Berufe mehr politische Mitsprache verlangte. Das beherrschende Thema vor 80 Jahren: Wie lässt sich die Qualität der Berichterstattung verbessern, reine Information von »Reklame« trennen, »Grubenhunde« (Enten) ausmerzen, das Publikum leichtverständlich aufklären? Der junge Verein, die erste Gründung dieser Art in der Welt, lud Forscher wie Otto Hahn zu Vorträgen ein, besuchte die Berliner Kaiser-Wilhelm-Institute, unternahm Exkursionen zu den Forschungszentren der Republik – da kam Hitler 1933 an die Macht.

Förster beschreibt, wie die TELI-Mitglieder im Dritten Reich zwischen »Anpassung und Aufmüpfigkeit«, »Ablehnung und Faszination« schwankten. Einige widersetzten sich erfolgreich dem Zugriff der Partei und veröffentlichten weiter ihre Texte ohne die allfälligen Lobhudeleien auf den »Führer«, andere spielten mit und machten große Karriere, ein paar wenige gingen ins Exil – das Gros aber richtete es sich in der NS-Diktatur ein (wie ja auch die meisten Wissenschaftler): Die Unpolitischen steckten den Kopf in den Sand und trösteten sich damit, dass Politik immer schmutzig sei und Forschung mit ihr nichts zu schaffen habe; die Technik-Affinen dagegen waren beeindruckt, wie energisch das Regime auf neue Technologien setzte – und verdrängten, dass sie der Vorbereitung des Krieges dienten. 1944 beschäftigten sich die monatlichen Zusammenkünfte der TELI nur noch mit einem: Rüstungs- und Waffenthemen.

So warnte Hartmann in der NS-Publikation »Die Sendung des Ingenieurs im neuen Staat« unverblümt vor Missbrauch von Technik und verlangte, in solchen Fällen nicht die Technik, sondern den Menschen auf die Anklagebank zu setzen. Hingegen versuchte TELI-Mitbegründer Hans Dominik, der mit seinen Science-Fiction-Romanen den Ruf eines deutschen Jules Verne genoss, sich Propagandaminister Goebbels anzudienen und seine Werke nationalsozialistisch aufzurüsten. Willy Möbus, Sozialdemokrat und einst Redakteur des »Vorwärts«, verstieg sich 1939 in der »Deutschen Allgemeinen Zeitung« bei der Grundsteinlegung des Volkswagenwerkes durch Hitler zu Sätzen wie: Die Ingenieure sind an der Front, jeder Deutsche ist ein Soldat.

Damals wie heute hängen Technik und Wissenschaft nie im luftleeren Raum, sie finden immer auch in der gesellschaftlich-politischen Arena statt, sind mit Geld und Macht verstrickt. Wissenschaftsjournalisten müssen kritisch und unabhängig sein, die Interessen hinter der Forschung aufdecken, sonst werden sie trotz bester Absichten leicht zu opportunistischen Mitläufern.

Wolfgang C. Goede (Vorstandsmitglied der TELI)

Försters Untersuchung mit dem Titel »Am Anfang war die TELI – Wissenschaftsjournalismus 1929 bis 1945« lässt sich über die TELI beziehen (www.teli.de). Für das 80. Jubiläum der Journalistenvereinigung im Jahr 2009 ist ein umfassendes Geschichtswerk in Arbeit, von den Anfängen des deutschen Wissenschaftsjournalismus im 19. Jahrhundert bis 1990. Darin wird auch die Entwicklung in der DDR aufgearbeitet.

Aber die Sendung bleibt unerfüllt, und noch 1965 ist »die entscheidende Bedeutung der Wissenschaft [...] von dem ganz überwiegenden Teil der Staatsbürger noch nicht erfasst worden«. Daher bedürfe es einer forcierten Öffentlichkeitsarbeit von Wissenschaft, Wirtschaft und

Politik, bei der den Massenmedien eine »Mittlerfunktion Wissenschaft – Öffentlichkeitsarbeit« zugewiesen wird (Oeckl 1965: 295 ff.).

In den 70er Jahren wird die Vermittlungsfunktion dann auf einen neuen Begriff gebracht. Der Wissenschaftsjournalismus mutiert zum Dolmetscher zwischen Forschung und Öffentlichkeit« (Roloff und Hömberg 1975: 56 ff.). Elisabeth Noelle-Neumann konstatiert kurzerhand »Wissenschaft bedarf der Dolmetscher« und fordert im Namen der Wissenschaft: »Der Öffentlichkeit ein Bild von Wissenschaft zu vermitteln heißt, Isolation der Wissenschaftler aufheben, Misstrauen zerstreuen, Resonanz verstärken, [...] Bereitschaft zur öffentlichen Unterstützung der Wissenschaft wecken, Wissenschaft zu einem Bestandteil von Bildung und gemeinsamem Interesse einer Bevölkerung machen« (Noelle-Neumann 1978: 32).

Die Inanspruchnahme des Wissenschaftsjournalismus, die Instrumentalisierung für die Zwecke und Ziele der Wissenschaft fällt bei den Journalisten auf fruchtbaren Boden: In den 70er Jahren wird die Berichterstattung über Wissenschaft von den Journalisten selbst primär als Wissensvermittlung verstanden: Da die Wissenschaft »hinter verschlossenen Türen« lebe, hält etwa die *Frankfurter Allgemeine Zeitung* es für »unerlässlich, Wissen über ihre Erkenntnisse, Wirkungen und Fortschritte zu verbreiten« (FAZ 1971: 44).[3]

1.2 Aufklärung

Man könnte fast Mitleid mit der Wissenschaft haben: Gesamtgesellschaftlich grausig isoliert, vor sich nichts als Niemandsland und Klüfte – und auch noch angewiesen auf Dolmetscher, die aus einer fremden Welt für ein Publikum von Laien übersetzen ... Andererseits: Ganz weit oben am Gipfel ist es eben einsam – das Dilemma der Elite. Die Selbststilisierung steht klar in Kontrast zur gefühlten gesellschaftlichen Spitzenposition. Bereits 1874 konstatiert der ›Reichskanzler der Physik‹, Hermann von Helmholtz: »Die Naturwissenschaften sind von dem allererheblichsten Einfluss auf die Gestaltung des gesellschaftlichen, industriellen und politischen Lebens der civilisierten Nationen geworden« (Helmholtz 1874: VI, zitiert nach Kohring 2005: 13).

Dieser ›allererheblichste Einfluss‹ bildet die Basis für die Auffassung, dass die journalistische Berichterstattung ›im Dienste des technischen Fortschritts‹ zu stehen habe: Wissenschaftsjournalismus als Mittel, um den Prozess der technischen und wissenschaftlichen Entwicklung aktiv voranzutreiben – eine Meinung, die zu Anfang des 20. Jahrhunderts weit verbreitet ist: Die Presse wird als »Bundesgenosse der Technik« gesehen; schließlich sei die Technik die »Fortentwicklung des Schöpferwerks« (Joel 1926: 66 f.) – und der Journalismus habe eine Dankesschuld abzutragen: »Erinnert euch, daß die Technik die Mutter der modernen Presse ist, ehrt Eure Gebärerin!« (Fürst 1926: 65).

Aus der von der Wissenschaft vorgenommenen Standortbestimmung »im Dienst des Fortschritts« ergibt sich systemimmanent eine weitere normative Funktionszuweisung an den Journalismus: ›die Rolle des Aufklärers‹. Allerdings unterscheidet sich die damals vorherr-

---

3 Die Selbstbeschreibungen von Journalisten werden ausführlicher in Abschnitt 2 dieses Textes diskutiert.

schende Auffassung von Aufklärung fundamental von unserem heutigen Verständnis dieses Begriffs: »durch positive Kritik der Industrie [...] dienen und [...] aufklärend und belehrend der Allgemeinheit gegenüber [...] wirken« (Sinner 1925: 3). Die Richtung dieser Aufklärung wird klar vorgegeben: Die »machtvolle Kulturerscheinung Technik« stelle an die Presse die »unbedingte Forderung zu bejahen, schnell und ohne Einschränkungen zu bejahen«. Kritik vonseiten der Presse sei zwar legitim – aber »nur dann, wenn ihre Kritik positiv ist in Meinung und Zielbewusstsein. Hüten freilich muss sich die Presse vor jeder grundsätzlichen Ablehnung und Verneinung« (Starke 1927: 457). Selten ist Aufklärung abstruser definiert worden ...

Objekt des absoluten Bejahens ist der wissenschaftlich ungebildete Laie – der Journalismus müsse ihn »zum Verständnis technischer und technisch-wirtschaftlicher Vorgänge erziehen, das allein geeignet ist, Entwicklungen zu fördern, von denen Wohl und Wehe der nationalen Produktion abhängig ist« (Freund 1929: 15).[4] Die Wissenschaft, von der Wohl und Wehe abhängen – mit dieser elitären Selbsteinschätzung reklamiert das Wissenschaftssystem immer wieder und nachdrücklich eine Orientierungsfunktion innerhalb der Gesellschaft: »Wissenschaft soll Licht, sie soll Aufklärung bringen« (Geretschlaeger 1979: 229).

Wissenschaftsgeneriertes Wissen wird a priori als höherwertig innerhalb einer unzureichend informierten, mit Vorurteilen behafteten und rückständigen Öffentlichkeit bewertet. In einem solchen Umfeld genügt der Akt der Aufklärung an sich als Legitimation für Wissenschaftsvermittlung – im Gestus eines »emanzipatorischen Impulses, der der Tradition der europäischen Aufklärung folgt« (Hömberg 1990: 16). De facto handelt es sich dabei allerdings um eine höchstens halbherzige Aufklärung, die sich vor allem aus der Vorstellung eines einseitigen Wissenstransfers von der Wissenschaft in die Gesellschaft speist – dem Journalismus kommt dabei lediglich die Rolle eines Mediums zu, das Wissen an die Ungebildeten diffundiert. Das Licht der Aufklärung flackert durch eine Einbahnstraße.

Ebenso halbherzig geht es zu, wenn dem Journalismus gelegentlich eine ›Kritik- und Kontrollfunktion‹ zugebilligt wird: Generell gerne – wenn die Kritik aber auf die Wissenschaft selbst zielt, sind dann doch gewisse Vorbehalte zu spüren. So lehnen es Mitte der 80er Jahre etwa 52 Prozent der befragten Wissenschaftler bei einer Umfrage der Universität Mainz rundweg ab, dass der Journalismus »wissenschaftliche Institutionen und Projekte kritisch analysieren und bewerten« soll. Das Fazit des Autors: »Wissenschaftsberichterstattung ja, aber zu unseren Bedingungen – nach den Kriterien der scientific community. [...] Die Wissenschaftler sehen die Journalisten lediglich als ›Transportarbeiter‹, als Vermittler von Wissenschaft. Sie verkennen die Aufgaben und die Funktionen des Journalismus, die über die Vermittlerrolle hinausgehen« (Krüger 1987: 51).

---

4 Eine Spielart dieses Verständnisses von Aufklärung (im Sinne von ›Volksaufklärung‹) schlägt sich nach dem Zweiten Weltkrieg im Medizinjournalismus nieder – als medizinische Aufklärung des Patienten. Der Arzt und Journalist Friedrich Weeren (alias Dr. med. Friedrich Deich) sieht die Aufgabe des Wissenschaftsjournalisten in der »Kontrolle der wissenschaftlichen Nachrichten« (Deich 1959: 1655), der durch Korrektur oder Kommentierung medizinischer Falschmeldungen den Leser vor Verwirrung retten soll.

1.3 Akzeptanz

Das Rollenbild des Aufklärers impliziert die Auffassung, dass der Wissenschaftsjournalismus auch für die ›Akzeptanz‹ des wissenschaftlich-technischen Fortschritts in der angeblich wissenschaftlich ungebildeten Bevölkerung zu sorgen habe. Schon in den 20er Jahren weiß man um die »Bedeutung, die die Tagespresse für die Anerkennung und Unterstützung wissenschaftlicher Forschungen« gewonnen hat, und der Journalismus wird für die Wissenschaft zu einem zwar »nicht leicht zu handhabenden, aber wundervollen Instrument der Publikation« (Groth 1929: 547).

Das vorrangige Ziel ist es, »die Öffentlichkeit ›wissenschaftsbewusst‹ zu machen«, erklärt der Nobelpreisträger und Max-Planck-Präsident Adolf Butenandt Mitte der 60er Jahre (Butenandt 1966: 225). Bei dieser »Wissenschaftsbewusstmachung« müsse man allerdings schonend vorgehen – Wissenschaftsjournalismus als Gleitmittel, um »mehr und mehr Leserschichten systematisch an Themen und Probleme zu gewöhnen, die für ihre geistige und kulturelle – und vielleicht auch staatsbürgerliche – Bewusstseinsbildung wesentlich sind«, fordert der Mediziner und damalige Geschäftsführer des Stifterverbands für die deutsche Wissenschaft Ferdinand E. Nord. Vom Bewusstsein zur Begeisterung ist es dann nur noch ein kurzer Sprung: »Wie können wir erreichen, dass in unserem Volke ein Wissenschaftsbewusstsein, eine Wissenschaftsfreude, eine Wissenschaftsbegeisterung entsteht?« (Nord 1961: 9 ff.)

Aber offenbar ist das Volk nicht in der Lage, die wohlverdiente Begeisterung für die Wissenschaft von sich aus aufzubringen, geschweige denn die Bereitstellung von öffentlichen Mitteln. Also appelliert Nord mit Nachdruck an die Journalisten: »Sie müssen uns helfen, den Trägern des Staates klarzumachen, dass der Wissenschaftsfinanzierung ein Prioritätsanspruch zusteht, und schließlich müssen Sie uns helfen, in Ihren eigenen Reihen der Wissenschaft nicht nur den Raum, sondern auch die Behandlung zu geben, die ihrer Würde und Stellung in der Gemeinschaft entspricht« (Nord 1963: 6).[5]

1.4 Gegenstimmen

Zwar hat es immer wieder auch Gegenentwürfe gegeben, die auf die journalistische Aufgabe einer unabhängigen Beobachtung des Wissenschaftssystems hinweisen. Schließlich habe man es – so eine Kritik aus den 30er Jahren – mit einem »wasserdichten und grenzenlosen akademischen Hochmut vieler wissenschaftlicher Köpfe« zu tun, und die Wissenschaft sei im Grunde nur »ein Beispiel für die Geschichte und Größe der Welt des Irrtums«; daher sei die Aufgabe des Journalismus »darin zu sehen, Abstand zu halten von ihr« (von Kries 1936: 66). Ebenso gibt es vereinzelt die Forderung nach gesellschaftlicher Relevanz als Kriterium für die journalistische Berichterstattung (Flemming 1927: Sp. 1991; Schulz 1931: 70). Doch solche Gegenstimmen sind rar: Meinungen einer Minderheit.

---

5 Im gleichen Tenor auch der Chemiker Siegfried Balke, Post- und Atomminister unter Adenauer und Vorsitzender des Deutschen Verbandes Technisch-Wissenschaftlicher Vereine (Balke 1967: 4 f.).

Ähnlich verhält es sich, wenn dem Wissenschaftsjournalismus eine politische Aufklärungsfunktion zugewiesen wird – beispielsweise im Kontext der Diskussion um eine ›öffentliche Wissenschaft‹, die Ende der 60er Jahre entsteht. Dabei geht es vor allem um ›accountability‹, um die Pflicht zur finanziellen Rechenschaft: Die Wissenschaft solle die Öffentlichkeit informieren, um Herz und Hingabe des Steuerzahlers zu gewinnen. Auch wenn hierbei ein ›Demokratie-Argument‹ – die breite Öffentlichkeit müsse qua Wissenschaftsvermittlung befähigt werden, am Diskurs über wissenschaftspolitische Entscheidungen zu partizipieren – ins Feld geführt wird, stehen in erster Linie wissenschaftsspezifische Interessen im Mittelpunkt: »Die Allgemeinheit muss erkennen, dass wissenschaftliche Forschung für das öffentliche Wohl unerlässlich ist«, daher müsse man mehr »Verständnis für die gesellschaftspolitische und volkswirtschaftliche Bedeutung einer breiten Forschungsförderung« gewinnen (Burger 1973: 74). Es bleibt also bei der Rolle des bloßen Wissenschaftsvermittlers – Journalismus als purer Multiplikator.

Dabei gibt es durchaus (wenn auch wenige) wissenschafts-›kritische‹ Entwürfe[6], die – in der Tradition der kritischen Theorie – das Konzept einer kritischen Öffentlichkeit fokussieren. Konsens ist hierbei, dass der gesellschaftliche Prozess der Verwissenschaftlichung von einer unabhängig-kritischen Beobachtung begleitet werden müsse, die sich dezidiert nicht an den Interessen der Wissenschaft orientieren soll. Allerdings gestehen auch diese Gegenentwürfe dem Journalismus keine echte Eigenständigkeit zu und können sich letztlich nicht aus der Logik befreien, nach der Wissenschaftsjournalismus nur als Spielart der Wissenschaft verstanden wird.[7]

Insgesamt wird das Denken über den Wissenschaftsjournalismus bis Mitte der 90er Jahre dominiert vom »Paradigma Wissenschaftspopularisierung«: In der gesamten Diskussion, konstatiert Kohring, wird eine eigenständige Funktion des Wissenschaftsjournalismus »konsequent ausgeblendet«. Stattdessen müsse sich dieses journalistische Segment mit einem ganzen Katalog an Aufgabenzuweisungen auseinandersetzen, »die an den spezifischen Eigeninteressen von Wissenschaft, Technik, Medizin und Wissenschaftspolitik ausgerichtet sind« (Kohring 2005: 61).

Ab 1995 (und in Einzelfällen auch schon vorher) werden diese Schemata überlagert von einer deutlich wissenschaftskritischen Perspektive. Schließlich dominiert heute der von Niklas

---

6   So etwa der kritisch-materialistische Ansatz von Hans Heinz Fabris, der dem Journalismus (»unpolitisch, nichtkontrovers und punktuell«) die »Tabuisierung des Wissenschaftsprozesses« vorwirft und ihn für eine »wissenschaftlich unmündig gehaltene, entpolitisierte Öffentlichkeit« verantwortlich macht (Fabris 1974: 491 ff.). Auch Dröge und Wilkens knüpfen Anfang der 90er Jahre an das Konzept der kritischen Öffentlichkeit an und fordern die »sozialwissenschaftliche Durchdringung und Durchleuchtung des Berichteten« (Dröge und Wilkens 1991: 140). Ein weiterer »Sonderauftrag« ereilt den Journalismus von Helmut F. Spinner: In seiner »Findigkeitstheorie« beruft der Soziologe den Journalisten zum »Agent der Gelegenheitsvernunft«, der »verstreute oder versteckte Wissensstücke schnell aufzuspüren und aktuell dort einzubringen« habe, »wo sie zur Einleitung oder Fortführung von Problemlösungsprozessen beitragen können«. Dies allerdings auch nur in Arbeitsteilung mit der Wissenschaft – sprich: im Dienste Ihrer Majestät –, um deren »Allgemein- und Erfahrungswissen [...] zu ergänzen und gegebenenfalls zu korrigieren« (Spinner 1985: 89 ff.).
7   Zudem zeichnet manche dieser Entwürfe eine ziemliche Kuriosität aus: Fabris etwa fordert Journalismus in Form eines »kommunikativen Rohrpostsystems« zwischen allen Beteiligten des Wissenschaftsprozesses (Fabris 1974: 502), und Dröge und Wilkens wollen journalistische Prinzipien außer Kraft setzen: Aktualisierung und Akzentuierung seien (als »Einstiegsluken für den Zeitgeist«) »Mechanismen, die eine kritisch-analytische Technikberichterstattung eher behindern« – daher möge man sie doch bitte »suspendieren« (Dröge und Wilkens 1991: 146).

Luhmann inspirierte und von Kohring weiterentwickelte systemtheoretische Blick: Kohring betont – als klare Abgrenzung zur ›Zweckprogrammierung‹ und Wissenschaftspopularisierung – die Autonomie des Journalismus und seiner spezifischen Selektionskriterien. Sein Entwurf versteht Wissenschaftsjournalismus als autonom durchgeführte Beobachtung des wechselseitigen Verhältnisses von Wissenschaft und Gesellschaft – eine Perspektive, die die aktuelle kommunikationswissenschaftliche Forschung bis heute nachhaltig prägt.

Gleichwohl bleibt festzuhalten, dass viele der diffusen und journalismustheoretisch eher unreflektierten Aufgabenzuweisungen an die Adresse des Journalismus bis heute in den Köpfen einiger Journalisten spuken.

2. Das Selbstbild von Wissenschaftsjournalisten

Die auf den ersten Blick naheliegende Vermutung, dass die Vielstimmigkeit der Rollenzuweisungen ›von außen‹ im Kontrast zu einer Eindeutigkeit steht, mit dem Wissenschaftsjournalisten selbst ihr Metier und ihre Aufgaben beschrieben haben, erweist sich bei näherer Betrachtung als Irrtum. Auch für das Selbstverständnis von Wissenschaftsjournalisten ist charakteristisch, dass sich darin nur wenig Selbstverständliches findet, dass vielmehr diese Selbstbeschreibungen wechselnden, u. a. zeithistorischen Einflüssen unterliegen und dabei viele Motive aufgreifen, die sich auch schon in den anfangs zitierten Außenzuschreibungen finden.

»Gestatten? Ich bin Dolmetscher. Meine Sprachen? Ich übersetze vom Fachchinesischen ins Deutsche. Die offizielle Bezeichnung des Berufs, den ich ausübe, lautet: Wissenschaftsjournalist« (Kast 2006: 1225).[8] So beginnt der Text eines jungen, preisgekrönten Wissenschaftsjournalisten, der der Frage nachgeht, was denn ein Wissenschaftsjournalist sei. Hochwertiger Wissenschaftsjournalismus, schreibt Bas Kast weiter, sei in der Konsequenz der Dolmetscherfunktion dann gegeben, wenn der Journalist jene Menschen erreiche, die ansonsten keine Berührungspunkte zur Welt der Wissenschaft haben. »Der Wissenschaftsjournalist ist in erster Linie für den Laien da«, was Kast so versteht, dass der ahnungslose Leser durch dramaturgisch spannendes Erzählen in den Bann gezogen wird, um »ihn dann weiter[zu]führen, dorthin, wo er noch nie war. Das ist guter Wissenschaftsjournalismus« (ebd.: 1230).

Kast variiert hier das bekannte Motiv ›Faszinosum Wissenschaft‹: Der Journalist mutiert zum verlängerten Arm einer ebenso komplexen wie geheimnisvollen Forscherwelt, die aufgrund der ihr eigenen Sperrigkeit nicht unmittelbar mit dem Laienpublikum kommunizieren kann und somit der professionellen Mittler, der Journalisten, bedarf.[9] Diese Vermittlung verläuft dabei trotz erklärter Orientierung am Leser weitgehend gemäß der Rationalität der

---

[8] Ähnlich formuliert auch der langjährige Leiter der *FAZ*-Wissenschaftsredaktion apodiktisch: »Der Wissenschaftsjournalismus ist zuerst Vermittler« (Flöhl 1983: 82), wobei Flöhl gerade in dieser vermittelnden und dolmetschenden Tätigkeit die differentia specifica des Wissenschaftsjournalisten im Vergleich zum übrigen Journalismus sieht (ebd.: 80).

[9] Studien haben wiederholt belegt, dass insbesondere der Topos des Mittlers zur Grundausstattung des Selbstbildes von Wissenschaftsjournalisten gehört (vgl. z. B. Peters 1994: 28 ff.).

Wissenschaft selbst. Der Journalist erklärt dem Unwissenden, was die Wissenschaft weiß, sodass jener am Ende zum Beispiel nicht mehr den Fehler begeht, eine Tomate für genfrei zu halten (ebd.: 1226). Der Wissenschaftler wiederum wird in dieser journalistischen Perspektive als Held stilisiert, dessen beruflicher Alltag voller Abenteuer und unerklärlicher Phänomene steckt, deren Geheimnisse er zu lüften sucht und an denen der Journalist den Laien durch das Erzählen einer spannenden Geschichte teilhaben lässt (ebd.: 1228 f.).[10]

Bereits knapp 40 Jahre früher bemüht Heinz Haber, in den 60er und 70er Jahren Moderator sehr populärer TV-Wissenschaftssendungen sowie Autor populärwissenschaftlicher Bücher und Herausgeber wissenschaftsjournalistischer Zeitschriften, ähnliche Bilder bei der Beschreibung seiner journalistischen Praxis (Haber 1968).[11] Was ein Wissenschaftsjournalist tun muss, erklärt sich für Haber aus den Notwendigkeiten, die dem Wissenschaftssystem entspringen. Haber konstatiert eine breite Ignoranz in der Bevölkerung mit Blick auf die Errungenschaften der Natur- und Technikwissenschaften, die er auf einen verkürzten, geisteswissenschaftlich dominierten Bildungsbegriff zurückführt. Dieser einseitige Bildungsbegriff habe zur Folge, dass die Menschen zu wenig von diesen Wissenschaften verstehen, sie gar missachten, gleichwohl deren Erkenntnisse und Produkte den Alltag der modernen Welt in zuvor nie gekannter Weise prägten und ihren Wohlstand bedingten.

Die Wissenschaft selbst, insofern sie mit ihrer esoterischen Fachsprache die Entfremdung zwischen der Öffentlichkeit und den Wissenschaften maßgeblich befördert habe, müsse also dafür Sorge tragen, diese misslichen Zustände zu verändern. Das könne sie nur, wenn sie sich journalistischer Prinzipien bediene: Geschichten erzählen, Faszination vermitteln, Emotionen hervorrufen. All das arbeitet einem Zweck zu: die Öffentlichkeit in jeder erdenklichen Hinsicht zur Parteigängerin der Anliegen der Wissenschaft zu machen, mithin die gesellschaftliche Repräsentation der Wissenschaft durch journalistische Methoden zu verbessern. Als Vorbild dient Haber die Reaktion der USA auf den sogenannten Sputnik-Schock, der die US-amerikanische Öffentlichkeit zwar erschüttert habe, aber zugleich dank einer gelungenen öffentlichen Debatte die Bedeutung der Wissenschaft vor Augen geführt und »sich damit der sowjetischen Konkurrenz als gewachsen erwiesen« habe (ebd.: 753).[12]

---

10 In diesem Vermittlungsmotiv, in dem der Journalist einem Lehrer gleich die Wissenschaftswelt für den Laien erschließt, drückt sich das aus, was Kohring als problematische, subtile Parteiergreifung des Journalismus für die Wissenschaft bezeichnet, insofern der Journalismus damit »in seiner Berichterstattung unwillkürlich die Perspektive der Wissenschaft einnimmt und ihre Rationalität anderen für überlegen hält« (Kohring 2004a: 4).

11 Für Haber wie auch einige seiner ebenfalls populär gewordenen Kollegen im Wissenschafts-TV, wie Bernhard Grzimek oder Hoimar von Ditfurth, gilt aber einschränkend, dass diese sich primär als Wissenschaftler verstanden haben, die dann zum Journalismus gekommen sind und insofern als Seiteneinsteiger keine journalistische Sozialisation durchlaufen haben. Es wäre interessant zu untersuchen, warum gerade das Fernsehen als populärstes Massenmedium in den Anfängen seiner Wissenschaftsberichterstattung so auffällig oft Wissenschaftler, also journalistische Laien, mit der Wissenschaftsberichterstattung betraut hat. Die Vermutung liegt nahe, dass diese Sendungen als medial vermittelte Vorlesungen konzipiert waren und ihnen insofern kein journalistisches Konzept zugrunde lag.

12 Schon 1929, bei der Gründung der *Journalistenvereinigung für technisch-literarische Publizistik TELI*, in der Technikjournalisten und Leiter wissenschaftlicher Pressestellen zusammenkommen, findet sich ein analoges Selbstverständnis: Journalismus ist Dienst an der Wissenschaft. Das gemeinsame Ziel lautet: die »planmäßige Förderung der technischen Berichterstattung«. *TELI*-Gründer Siegfried Hartmann formuliert den planmäßigen Arbeitsauftrag: Der »Techniker [sic!] in der Zeitung« müsse »positiv arbeiten, [...] vor allem über den Einfluss der Technik auf die richtige Lösung von öffentlichen Problemen« (Hartmann 1925: 26).

Auch wenn Habers Programm zur Rückgewinnung einer kulturell-strategischen Hegemonie für die Wissenschaften mit den Mitteln des Journalismus in ein demokratisches Spiel um Mehrheiten und Einfluss eingebettet ist, bewegt sich seine Argumentation doch in einer gewissen Nähe zu vordemokratischen kulturellen Traditionen, in denen der Staat und die Journalisten einmütig die Indienstnahme des Journalismus für gesellschaftspolitische Ziele postulieren. Das wissenschaftsjournalistische Credo der »Popularisierung, Propagierung der Erfolge der Wissenschaft« im Sinne einer »unmittelbare[n] Funktion« (Golovanov 1970: 154), quasi ›der‹ zentralen Rolle des Wissenschaftsjournalismus, findet sich in sozialistischen Gesellschaften (Bobach 1983; Ronneburger 1989) ebenso wie in Diktaturen (Hartmann 1937).

In der Wahrnehmung ihrer Wortführer rechtfertigt sich dieser funktional eingebundene, vorbehaltlos für die Wissenschaft Partei ergreifende Journalismus durch den höheren Zweck, dem dieses Tun dient. Ein solcher Journalismus erwirbt sich Verdienste für das Gemeinwohl, indem es an der Aura partizipiert, die ihrem Berichterstattungsgegenstand[13] von Beginn an beiwohnt. Wissenschaft mehrt das Wissen und den Wohlstand der Menschheit, also ist ein Journalismus, der die Öffentlichkeit über diese Qualitäten der Wissenschaft informiert und so ein wissenschaftsfreundliches Klima befördert, selbst wiederum Dienst am Gemeinwohl.

Selbst in der Variante des ›engagierten‹, oft wissenschaftskritischen Wissenschaftsjournalismus, wie er z. B. in der Bundesrepublik Deutschland im Zuge der Debatten um Atomkraft und Umweltzerstörung in den 70er und 80er Jahren eine Konjunktur erlebte, schimmert dieses Funktionalisierungsmotiv durch.[14] Auch hier betrachten Wissenschaftsjournalisten ihre Tätigkeit als Beitrag zu einem höheren, für wert- und sinnvoll betrachteten Gut, indem sie die Öffentlichkeit durch Verweis auf ökologische Missstände zu moralisch besseren Menschen machen möchte (Jungk 1990; siehe auch Lewenstein 1998; Guha 1989: 53).

Dieser Erziehungsauftrag findet sich schließlich auch bei jenen Journalisten, die ihren Beruf als breit angelegtes Alphabetisierungsprojekt begreifen, um derart »das Rüstzeug für das Verstehen von Wissenschaft [zu] vermitteln« (von Randow 1992: 12; siehe auch Fischer 1984: 28). Mittelbar, so die Hoffnung, trage ihre Berichterstattung dazu bei, die Öffentlichkeit wissenschaftlich zu bilden, sodass diese gegenüber der wissenschaftlichen ›community‹ aufgeschlossener ist und zugleich dem Treiben demagogischer Scharlatane mit wissenschaftlich fundierter Skepsis gegenübertreten kann. Wissenschaftsjournalismus will hier »den Mitmenschen wieder Vertrauen in die Logik zurück[...]geben und Sympathie für die Denkweise der Wissenschaft [...] wecken« (von Randow 1992: 9).

Dass diese selbstverständliche Parteilichkeit für die Wissenschaft keineswegs ein überholtes Selbstverständnis widerspiegelt, zeigt z. B. der Blick auf die ›regulären‹ Wissenschaftsseiten aktueller österreichischer Tageszeitungen und Wissensmagazine. Dort findet sich regelmäßig der Hinweis, dass die Berichterstattung mit Mitteln des österreichischen Bundesministeriums für Bildung, Wissenschaft und Kultur und des Wissenschaftsfonds, in dem auch die for-

---

13 Dass die Wissenschaft selbst einziger Gegenstand des Wissenschaftsjournalismus ist, ist allerdings für heutige Wissenschaftsjournalisten weitaus weniger selbstverständlich, als es etwa noch für Rainer Flöhl der Fall war (Flöhl 1977: 201; vgl. dazu Wormer 2006).
14 Allerdings war dieser Journalismus nicht nur Ausdruck eines ›engagierten‹ Selbstverständnisses, sondern hatte einen Widerhall in einer ›engagierten‹ Wissenschaft selbst, für die Namen wie Carl Friedrich von Weizsäcker, Klaus Traube oder Rachel Louise Carson stehen.

schende Industrie des Landes organisiert ist, möglich geworden ist.[15] Von der Wissenschaft finanziert, um über und für die Wissenschaft zu berichten: Was im Wirtschafts- oder Politikjournalismus zum Verlust jeder redaktionellen Glaubwürdigkeit führen würde, ist im Wissenschaftsjournalismus offenbar ohne Weiteres noch möglich, was nicht zuletzt auch mit der beschriebenen, schillernden Genese des wissenschaftsjournalistischen Selbstverständnisses zu erklären ist, in der sich die Journalisten selbst immer wieder in einer symbiotischen Beziehung zur Wissenschaft gesehen haben.[16]

Der Historiker Jörg Requate führt diese inkonsistente berufliche Identität, die keineswegs nur auf Wissenschaftsjournalisten beschränkt ist, darauf zurück, dass dem Beruf des Journalisten ein klares Verständnis seiner Aufgaben »keinesfalls inhärent« sei, »sondern erst historisch gewachsen ist« und dabei generell »erheblichen Wandlungsprozessen unterliegt« (Requate 2004: 158). So zeigt Requate, dass besonders in Deutschland – und anders etwa als im angloamerikanischen Raum – das journalistische Selbstbild bis weit ins 20. Jahrhundert vom Kampf um Meinungsfreiheit und der Propagierung politischer Ideen geprägt war, die ihrerseits wiederum eng mit der politischen Parteienpresse verknüpft war.

Die gegen massiven staatlichen Widerstand erfochtene Freiheit, für eine bestimmte Sache offen Partei ergreifen zu können, beförderte aufseiten der Publizisten ein Rollenbild, in dem der angesehene Journalist als Träger von Meinungen, weit weniger aber als unabhängiger Rechercheur von Fakten und unbeteiligter Beobachter eines Berichterstattungsfeldes, reussierte.[17] Mehr noch: »In kaum einem anderen Land wurde der Anspruch auf »Unparteilichkeit« [...] so sehr mit ›Gesinnungslosigkeit‹ gleichgesetzt wie in Deutschland« (ebd.: 143), sodass die kulturellen Rahmenbedingungen in Deutschland »wenig Raum [ließen, F. Z.] für den Ausbau einer Konzeption journalistischer Unabhängigkeit nach anglo-amerikanischem Vorbild« (ebd.: 145 f.).

Infolgedessen attestiert die kommunikationswissenschaftliche Forschung den deutschen Wissenschaftsjournalisten, diese seien etwa im Vergleich zu US-amerikanischen Kollegen »much more willing to be partisan or to be advocates« (Lewenstein 1998: 188), ebenso wie sie stärker als ihre angloamerikanischen Kollegen daran interessiert sind, ihre eigene Meinung und ihre persönliche Analyse zu präsentieren. »They are less willing to accept the role of merely reporting what other people say« (ebd.: 189).

---

15 Dass deutsche Zeitungsverlage z. B. Beilagen produzieren, die in Kooperation mit Universitäten, Unternehmen oder Forschungsinstitutionen entstehen, scheint uns im Vergleich zu der österreichischen Praxis unproblematischer, wenn diese Beilagen optisch erkennbar als Frucht dieser Kooperation gestaltet sind und insofern die Leser davon ausgehen können, dass diese Kooperation sich auch auf die Themenauswahl und den Tenor der Berichterstattung ausgewirkt hat. Das Sponsoring der regulären Wissenschaftsseite gleicht hingegen dem Sponsoring der Redaktion selbst und untergräbt somit ganz grundsätzlich die Vorstellung, dass diese Redaktion tatsächlich unabhängig von Partikularinteressen ihre Seite gestaltet.

16 Ebenso definiert sich die Wissenschaftsjournalistenvereinigung *TELI* selbst als »gemeinnützige Arbeitsgemeinschaft von ›Dolmetschern der Technik« (TELI 1973: 83), und auch die Mitglieder des 1965 gegründeten *Kollegiums der Medizinjournalisten* begreifen sich als »Mittler zwischen der medizinischen Wissenschaft und dem Mann auf der Straße« (Reinbacher 1988: 32). Ein weiteres – sehr plastisches – Rollenbild zeichnet 1980 Rainer Flöhl: Für ihn ist Wissenschaftsjournalismus »gewissermaßen der Transmissionsriemen zwischen Wissenschaft und Öffentlichkeit« (Flöhl 1980: 166). Heinz-Dietrich Fischer betrachtet die Massenmedien als »Transportvehikel der Wissenschaft« (Fischer 1984: 25).

17 Ein weiteres Indiz dafür ist der hohe Stellenwert, den hierzulande der Kommentar im Vergleich zu anderen journalistischen Ausdrucksformen genießt.

Betrachtet man die zitierten Selbstbeschreibungen der Wissenschaftsjournalisten vor diesem allgemeineren historischen Befund, ahnt man, weshalb die Rollenfindung für Wissenschaftsjournalisten hierzulande unter sehr spezifischen Bedingungen erfolgte. Als »verspätetes Ressort« (Walter Hömberg) mit zudem zahlenmäßig dürftiger Ausstattung setzte diese Rollensuche zu einem Zeitpunkt ein, als der Journalismus bereits stark von der Tradition des Meinungsjournalismus geprägt war und als journalistische Vorbilder in den anderen Ressorts durch eben diese Tradition geformt wurden.

Im Gegensatz dazu findet der Wissenschaftsjournalismus im angloamerikanischen Raum früher als jener in Deutschland zu einer Auseinandersetzung mit dem beruflichen Selbstverständnis, die zwischen den diversen Ausformungen einer journalistischen Identität klarer differenziert[18] und in der die Frage nach der Beziehung zwischen Wissenschaft und Wissenschaftsjournalismus zum umstrittenen Thema wird.[19] Die stärker entwickelte Rollendebatte in den USA und die dank größerer personeller Infrastruktur weiter differenzierten Redaktions- und Ausbildungskonzepte haben auf Deutschland aber lange Zeit quasi keinen Einfluss gehabt (Haaf 1985).

Die Situation stellt sich heute anders dar. In der Hochschullandschaft haben sich inzwischen mehrere Ausbildungsstudiengänge für Wissenschaftsjournalisten etablieren können. Wissenschaftsthemen sind in den Redaktionen keineswegs mehr Nischenprodukte und stoßen nicht nur bei traditionell spezialisierten Zeitschriften, sondern auch bei auflagenstarken Nachrichtenmagazinen oder im TV nachweislich auf ein bemerkenswert großes Publikumsinteresse. Und wenn der Eindruck nicht trügt, hat der Wissenschaftsjournalismus in Deutschland in den letzten Jahren ein neues Selbst-Bewusstsein entwickelt, d. h. als journalistische Entität Konturen ausgebildet und Foren gesucht, wo der fachliche Austausch untereinander möglich ist.

3. Haltung, oder: Vom schwierigen Versuch, mit der Kompassnadel die Wahrheit zu finden

Journalismus entsteht dort, wo Interessen, Erwartungen, Selbstbilder, Traditionen, ökonomische Strukturen und manches mehr aufeinanderstoßen. Journalistische Identität entfaltet sich in der Auseinandersetzung mit eben diesen Kräfteverhältnissen. Die in diesem Text vorgestellten Fremd- und Selbstbeschreibungen sind folglich nur zwei Einflussfaktoren, aus denen der Wissenschaftsjournalismus ein professionelles Selbstbild konstituiert.

---

18 Bruce V. Lewenstein verweist in diesem Zusammenhang für Großbritannien auf J. G. Crowther, den zwischen 1920 und 1970 aktiven »founding father« des britischen Wissenschaftsjournalismus. Dieser unterscheidet zwischen »science writing« und »scientific journalism«. Unter letzterem versteht er die Erklärung der Wissenschaft durch einen wissenschaftlich geschulten Journalisten für den Laien. ›Science writing‹ hingegen »was done by journalists who used their ›natural shrewdness‹ to develop stories« (Lewenstein 1998: 183).

19 So entwickeln sich in den USA in den späteren 50er Jahren laut Lewenstein (1998) zwei wesentliche wissenschaftsjournalistische ›Traditionen‹, die Lewenstein gemäß den Kategorien »advocacy« und »obejectivity« im Detail erörtert. Auch Victor Cohn, Wissenschaftsjournalist bei der *New York Times*, sieht drei parallele journalistische ›Schulen‹, die sich in den USA seit den 20er Jahren beobachten lassen und die er mit den Schlagworten »old-style-newsmen«, »awareness of science by the atomic bomb« und »Sputnik« verknüpft (Cohn 1965).

Wir möchten einen weiteren Faktor ins Spiel bringen und im Folgenden dafür plädieren, der journalistischen ›Haltung‹ einen zentralen Stellenwert innerhalb dieses Selbstbildes einzuräumen. Die damit verknüpfte Hoffnung lautet, dass ›Haltung‹ ein Ordnungsprinzip ist, das angesichts der Fülle an dokumentierten Fremd- und Selbstbeschreibungen helfen kann, eine professionelle, d.i. nicht willkürlich fundierte Identität zu entwickeln.[20] Jörg Requates zitierte Befunde verstehen wir so, dass diese Identität nicht statisch und klar umrissen sein kann. Im Umkehrschluss bedeutet das aber nicht, die Diffusität der Bilder achselzuckend zur Kenntnis zu nehmen. Wir glauben, dass bestimmte Aufgaben einem professionellen Wissenschaftsjournalismus näher sind als andere. Haltung ist ein möglicher Fixpunkt, von dem aus sich Nähe und Distanz zu den erwähnten Rollenbeschreibungen bestimmen lassen.

Die Journalismusforschung begegnet Definitionsversuchen, die am Subjekt ansetzen, nicht selten mit Misstrauen. Und in der Tat erscheint es grob vereinfachend und beliebig, wenn man eine Profession, die wie erwähnt einem komplexen Netz struktureller Einflussfaktoren ausgesetzt ist, ausgerechnet vom Individuum und seinen inneren Dispositionen her mit der Absicht in den Blick nimmt, aus dieser scheinbar willkürlich gewählten Perspektive zu benennen, was ein (Wissenschafts-)Journalist denn sein soll.

Gegen dieses Misstrauen lassen sich jedoch mindestens zwei Beobachtungen ins Feld führen. Es ist zum einen ebenso banal wie richtig, wenn man konstatiert, dass der Journalist wie jeder andere soziale Akteur durch systemische Einflüsse, das Unbewusste und ein Bündel weiterer Faktoren bestimmt wird, dass er mithin nur in Beziehung zu diesen Bedingungsfaktoren fassbar ist. Gleichwohl, auch das nicht minder banal wie richtig, geht das Subjekt ›Journalist‹ nicht in diesen Bedingungsfaktoren auf. Es bleiben Refugien des Indeterminierten und eine Varianz an Handlungsoptionen bestehen, die in praktischer Hinsicht eine nicht zu unterschätzende Wirkmacht entfalten können (siehe Boventer 1987).

Zum anderen scheint im Journalismus – so zumindest unsere Erfahrung aus fünfjähriger Projektarbeit und zahlreichen Gesprächen mit Wissenschaftsjournalisten über ihr berufliches Selbstverständnis – ›Haltung‹ etwas zu sein, was auch systemischen Zwängen und automatisierend verlaufenden strukturellen Ausdifferenzierungsprozessen zum Trotz Irritationen erzeugen kann, die ihrerseits wiederum systemverändernd im Sinne einer Beeinflussung der zuvor beschriebenen Kräfteverhältnisse wirken können.

Eine Haltung entsteht nicht aus dem Nichts. Auch sie speist sich aus vielen Quellen, verarbeitet berufspraktische Erfahrungen von Kollegen, tradierte Vorstellungen über ›guten‹ Journalismus, idealistische Sehnsüchte, Abgrenzungsbestrebungen zu anderen Professionen und einiges mehr. Eine Haltung setzt jemanden voraus, der dieser Haltung entsprechend agiert und seine Praxis den Widrigkeiten zum Trotz an dieser Überzeugung zu orientieren sucht. Mit anderen Worten: Wenn man über Haltung redet, gibt man dem »Verlangen nach einem Zentrum« (Derrida 1992: 424) Raum, macht man sich auf die zuweilen romantisch-antiquiert anmutende Suche nach dem »Mittelpunkt der Kräfte« (Foucault 1994: 396),

---

20 Ohne ein solches Ordnungsprinzip gelangt man, wie der Text von Bader (1993) prototypisch vor Augen führt, bei der Suche nach Qualität im Wissenschaftsjournalismus nur zu einer puren Aufzählung unterschiedlichster Kriterien und Erwartungen, denen man am Ende nur bescheinigen kann, dass sie ein eher diffuses Bild abgeben (ebd.: 38 f.).

vertraut man letztlich darauf, dass Qualität im Journalismus nicht allein, aber doch im gewichtigen Umfang vom Subjekt, d.h. dem Journalisten selbst abhängt. Wissenschaftsjournalismus, der sich bestimmten Überzeugungen verdankt, führt im Resultat zu sinnfällig anderen journalistischen Produkten unter ansonsten vergleichbaren systemischen Rahmenbedingungen.[21]

In einem Interview mit Horst Stern, der sich in den 70er Jahren dank aufsehenerregender Filme und TV-Sendungen einen ausgezeichneten Ruf als kritischer Wissenschaftsjournalist erworben hatte, bezieht dieser Stellung zu der Frage, ob seine journalistische Praxis am Ideal der Aufklärung orientiert sei. Stern antwortet: »Der Effekt meiner Arbeit mag über weite Strecken hinweg so gewesen sein, aber die Absicht, ein Aufklärer zu sein, hatte ich nie. [...] Ich war zeit meines Lebens immer der Meinung, daß ein Journalist die Dinge, die er sorgfältig recherchiert hat und die er bei sich für wahr befunden hat, auch aussprechen soll.« Und er ergänzt: Ich »habe immer nach diesen altehrwürdigen Gesetzen des Journalismus gearbeitet. Recherchieren, darüber nachdenken, nachprüfen, nachprüfen, und wenn du keinen wirklich begründbaren Zweifel mehr hast, dann sag es auch. [...] Das war immer mein Bestreben: bei mir zu bleiben« (Stern 1997: 57 f.).

Diese Passage ist in mehrfacher Hinsicht aufschlussreich. Sie verdeutlicht zunächst eindrucksvoll, dass das journalistische Werk – also das, was das Publikum am Ende allein zu Gesicht bekommt – nicht zu trennen ist von der Person, die es hervorbringt, entscheidend abhängt von dem Menschen, der bestrebt ist, »bei sich zu bleiben«. Die Art und Weise, wie sich der Journalist Horst Stern seinem Gegenstand nähert – welche Fragen ihn umtreiben, welche Methoden er verwendet und wie er die Ergebnisse seiner Recherche durchdringt und ordnet –, schlägt sich von Beginn an und unmittelbar nieder in dem Ergebnis dieses Produktionsprozesses. Sorgfalt, Transparenz und Wahrheitsliebe sind für Stern dabei unverzichtbare Referenzpunkte, an denen er die Professionalität des eigenen Tuns misst. Er nennt sie die altehrwürdigen Gesetze des Journalismus, die er wie ein Exeget unter den Bedingungen seines Mediums auszulegen sucht. Diese Gesetze verweisen auf einen unverzichtbaren handwerklichen Kern guter journalistischer Praxis, aber sie gehen im handwerklichen Geschick nicht auf. Ohne eine entsprechende Haltung, die dem Handwerk erst Sinn und Orientierung verleiht, ist Journalismus belanglos.

Sorgfalt, Transparenz, Wahrheitsliebe – das klingt womöglich trivial, weil es als Richtschnur für guten Journalismus zu selbstverständlich erscheint, als dass es noch einer besonderen Erwähnung bedarf. In der Konsequenz jedoch ergeben sich für die gute wissenschaftsjournalistische Praxis durchaus weitreichende Konsequenzen. So genügt es nicht, die Wahrheit nur zu lieben. Denn wer die Wahrheit liebt, muss sich ihr gewachsen zeigen und geht damit die Verpflichtung zur ge-wissen-haften Ausübung seines Berufes ein.

Für Stern bedeutet dies: »Wenn Sie dem Wort Gewissen die erste Silbe abhacken, dann haben Sie den Richter. Für mich war der Richter immer mein eigenes Wissen, und da ich

---

21 Dieser Überzeugung ist geschuldet, dass das Qualifizierungsprogramm Wissenschaftsjournalismus im Wesentlichen mit Aus- und Weiterbildungsaktivitäten, mithin Angeboten an die wissenschaftsjournalistischen Akteure, versucht hat, die Qualität in der Wissenschaftsberichterstattung zu verbessern.

meistens das Zehnfache von dem wußte, was ich zeigen oder sagen konnte, war mein Wissen immer der Richter über das, was ich schrieb oder was ich zeigte. [...] Ich kann im Journalismus nicht von gewissen Zwängen weg, wenn ich mich nicht meiner eigenen Wirkung berauben will. Ich muß um Verständnis werben, und das heißt: Ich muß so schreiben, daß das Publikum, an das ich mich wende, es auch versteht. [Aber, F. Z.] [i]ch wollte sicher sein, daß das, was ich schrieb, auch mit dem Wissen übereinstimmte, das ich von einer Sache hatte. Das war mein Gewissen. Mein Wissen war immer mein Gewissen« (ebd.: 60 ff.).

Wer journalistisch so handelt, dem wird es unmöglich sein, sich zum Sprachrohr der Wissenschaft zu machen. Wer so agiert, dem kann es kein Anliegen sein, nur zu spiegeln, was andere ihm an Meinungen, Behauptungen und vermeintlichem Tatsachenwissen zutragen. Wer so arbeitet, dem kann es in letzter Konsequenz auch nicht darum gehen, nur verstehen zu wollen, was die Wissenschaft will, sondern der muss nach weiteren Dimensionen, zusätzlichen Rationalitäten außerhalb der Wissenschaft suchen, deren Berücksichtigung erst ein vollständiges Bild der Wahrheit über einen Gegenstand erzeugt.

Journalismus im Geiste dieser Haltung schließt die Rolle des Mittlers nicht aus, aber nur ein Mittler zu sein schon.[22] Diese Haltung schließt Begeisterung für die Wissenschaft nicht aus, aber betrachtet distanzlose Begeisterung als Bruch mit Sorgfaltspflichten und Wahrheitsansprüchen.[23] Diese Haltung kann zu journalistischen Produkten führen, die Menschen aufklären, wachrütteln, Lern- und Umdenkungsprozesse bei ihnen auslösen.[24] Aber diese Produkte entstehen nicht zwangsläufig mit dem Ziel, diese Effekte zu erzeugen. Sie entstehen vielmehr durch die Kraft der Sorgfalt und Wahrheitstreue, die dem Produkt innewohnt, wenn der Journalist zudem sein Handwerk versteht und verständlich erzählen kann. Denn dieser Journalismus vergisst nicht, dass Aufklärung ein durchaus ambivalenter, dialektischer Prozess ist.

Diese Haltung schließlich ist auch nicht kompatibel mit einem erzieherischen oder engagierten Wissenschaftsjournalismus, in dem sich Journalisten als ›partisan or advocates‹ im Dienste der vermeintlich guten Sache begreifen. Denn das gelingt nur allzu oft unter Ausblendung jener Wissensbestände, die dem Agitationsziel zuwiderlaufen.[25] Etwas nach bestem Wissen und Gewissen zu erzählen bedeutet ja, wenn man auch hier Horst Stern folgen

---

22 Michael Haller schlägt in diesem Zusammenhang den Begriff »transformierende Vermittler« (Haller 1987: 315) vor.
23 Das meint Stern, wenn er schreibt: »Da die Wissenschaft aber im Weihrauch der Verehrung nicht atmen kann, vielmehr die reine Luft einer kritischen Denkwelt braucht, da sie nicht Gläubige sucht, sondern Mitwisser, muß sie sich auf allen Ebenen durchschaubar machen. Zu dieser Dienstleistung an ihr und an der Gesellschaft [...] steht beiden nur der seriöse Journalismus zur Verfügung« (Stern 1997: 131).
24 Insofern können wir Lutz Hachmeister zustimmen, wenn er schreibt: »Journalismus ist, von einer möglichst wahrhaftigen Nachrichtengebung einmal abgesehen, ein säkularer, liberaler, skeptisch-ironischer Beruf. Die Wortführer werden diese historische Identität als Agenten der Aufklärung weiterhin annehmen müssen, wenn sie ihrem Publikum nicht als schwankende Gestalten, suspekt und aufdringlich, erscheinen wollen« (Hachmeister 2007). Die Gewichtung ist unseres Erachtens nur andersherum zu sehen: Die wahrhaftige Nachrichtengebung ist der Grund dafür, dass der Journalist mittelbar als Agent der Aufklärung fungiert.
25 Lewenstein berichtet in diesem Zusammenhang von einem CNN-Reporter, der seine Kritik an den Umweltschutzmaßnahmen der US-Regierung verknüpfte mit einem engagierten Plädoyer für den Einsatz alternativer Energien. Sein Bericht warb dabei für Solarenergie, Windkraft – und kalte Fusion, was Lewenstein zu dem Urteil führt: »He had simply accepted a piece of folklore and built it into his report« (Lewenstein 1998: 190).

Von Transmissionsriemen und Transportvehikeln

Abbildung 1: Der Wissenschaftsjournalismus sieht sich zahlreichen Erwartungen ausgesetzt. Wissenschaft, Öffentlichkeit und Wirtschaft formulieren ebenso Ansprüche wie die Journalisten selbst, insofern diese ihr Selbstverständnis u. a. auch in der Auseinandersetzung mit den historisch tradierten Bildern guter journalistischer Praxis ausbilden. Dieser komplexe Prozess der Selbstfindung benötigt unseres Erachtens ein Ordnungsprinzip, wenn die professionelle Identität nicht das willkürliche Resultat systemischer Effekte sein will. »Haltung« wäre ein solcher Fixpunkt, der helfen kann, innerhalb der Vielzahl der Fremd- und Selbstzuschreibungen eben jene Ansprüche ins Licht zu rücken, die sich organisch mit einer professionellen journalistischen Haltung verbinden.

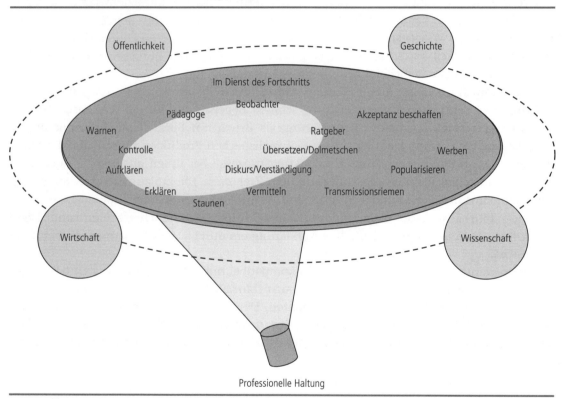

Quelle: Eigene Darstellung

mag, zehnfach mehr zu wissen, als man letzten Endes behauptet, während ein vom puren Engagement getriebener Journalismus anfällig ist dafür, zehnfach mehr zu behaupten, als er weiß.

Den Zusammenhang zwischen Wahrheitssuche und eben jener inneren Haltung, die diese Suche leitet, ihr Kontur verleiht und ›natürliche‹ Grenzen auferlegt, hat Stern 1974 anschaulich in einer Rede anlässlich der Verleihung der Ehrendoktorwürde durch die Universität Hohenheim beschrieben: »Objektivität und Wahrheit sind nur Richtpunkte auf der Kompaßrose des Journalisten, deren Nadel er selber ist. Je reicher einer nun an inhaltlicher und formaler Substanz, desto sensibler wird er als Kompaßnadel die weiten Spielräume bestreichen, die die Fixpunkte Wahrheit und Objektivität umgeben. Gedämpft und in den Schwingungen begrenzt, wird er allein durch sein Gewissen, dessen starke moralische Ausprägung freilich die Voraussetzung für jede seriöse journalistische Wegweisung zur Wahrheit ist« (Stern 1997: 134).[26]

Es geht Stern hier also nicht um eine vermeintlich korrekte Gesinnung, die sich in Journalismus niederschlägt. Wenn wir ihn richtig deuten, geht es ihm im Gegenteil um eine sensible Suche nach Erkenntnis, nach wahrer, objektiver, substanziell reicher Erkenntnis mit den professionellen Mitteln, die der Journalist zur Verfügung hat. Sterns Wahrheitsbegriff löst sich aus der totalen Umklammerung der wissenschaftlichen Rationalität, ebenso wie er sich dem simplen Kurzschluss verweigert, Wissenschaftsjournalismus berichte ausschließlich aus der Welt der Wissenschaft für die Öffentlichkeit. Stattdessen wird die spezielle Form der wissenschaftlichen Rationalität zu ›einer‹ Quelle der Wahrheit, ohne dass Stern sie mit der Wahrheit in eins setzt. Den Reichtum an inhaltlicher und formaler Substanz erzeugt der Journalist erst dadurch, dass er sein Wissen mehrt, d.h. mit kritischem Blick aus vielen Erkenntnisquellen schöpft.

Im Resultat führt das zu einem Wissenschaftsjournalismus, der sich mit Verve der wissenschaftlich fundierten Recherche verpflichtet weiß. Ein solcher Journalismus ist, wenn man so will, dennoch eigentümlich unengagiert, streitet nicht für die gute Sache, sondern für einen Journalismus »nach bestem Wissen und Gewissen«. Er tut dies mit professionellen Mitteln,[27] Detailgenauigkeit und Fragen, die die wissenschaftliche Rationalität in spannungsvolle Beziehung zu anderen Rationalitäten und Lebenswelten setzen.

Der üblichen Perspektive der systemtheoretisch ausgerichteten Journalismusforschung, die die Herstellung journalistischer Produkte durch das dem Journalismus immanente Prinzip erklärt, Aufmerksamkeit beim Rezipienten erzeugen zu müssen, setzt Stern eine Haltung entgegen, die sich gerade *nicht* mit den Gesetzmäßigkeiten dieser Aufmerksamkeitsökonomie erklären lässt. Der Stimulus dieser Form journalistischer Praxis liegt vielmehr in einem Anspruch auf Wahrheit, wie er z.B. auch der Wissenschaft selbst zugrunde liegt. Allerdings erfolgt diese Wahrheitssuche ganz entschieden mit den Mitteln des Journalismus und sieht sich, anders als die Wissenschaft, konfrontiert mit vielfältigen Wirklichkeitszugängen, die sich gerade nicht auf die Relevanzkriterien reduzieren lassen, wie sie für die Welt der Wissenschaft charakteristisch sind. Das ist nicht das bedauerliche Schicksal, sondern im Gegenteil der Reiz dieser journalistischen Form der Auseinandersetzung mit der Welt.

Diese Haltung bedingt letzten Endes einen Wissenschaftsjournalismus, der nicht aufgeht im Selbstbild des Vertrauensinformanten oder Vertrauensvermittlers, wie es Kohring dem von zahllosen Fremdzuschreibungen identitätsunsicheren Wissenschaftsjournalismus vorgeschlagen hat (Kohring 2007). Denn Kohrings Vertrauensbegriff ist eine relative Größe, der Qualität im Journalismus primär als systemischen Aushandlungsprozess zwischen unter-

---

26 Im Übrigen ist Horst Stern für dieses Verständnis von Haltung im Wissenschaftsjournalismus keineswegs die einzige Referenz. Siehe dazu etwa Beste 1989; von Randow 2003; siehe auch Spinner 1987: 85–89 sowie in diesem Buch die Einleitung sowie die Beiträge von Holger Wormer und Volker Stollorz. Letzterem danken wir für viele Anregungen, die in diesen Text eingeflossen sind.
27 Diese Prinzipien lassen sich für den Wissenschaftsjournalismus durchaus detaillierter aufschlüsseln (siehe Haller 1987).

schiedlichen Öffentlichkeiten und Erwartungshaltungen begreift. Der Journalist selbst aber bleibt in dieser Perspektive in bezeichnender Weise ein sekundäres Phänomen, ist weitaus mehr Produkt der Verhältnisse als seine Umgebung gestaltendes Subjekt.

Der *Zeit*-Journalist Christoph Drösser wendet zu Recht gegen Kohring ein, dass wissenschaftsjournalistische Qualität aber nicht allein als relativ-dynamisches Phänomen verstanden werden kann, das sich im Kontext vager, konturschwacher Qualitätskriterien und unpräziser Ansprüche ausbildet. Qualität ist dagegen ein vergleichsweise statisches Prinzip, setzt es laut Drösser doch jemanden voraus, der sein Tun anhand der von Kohring »etwas abfällig abgehandelten ›inneren Werte‹ wie Relevanz, Richtigkeit, Transparenz, Sachlichkeit, Ausgewogenheit, Vielfalt und Verständlichkeit« orientiert. Diese Werte sind ihrerseits nicht relativ zu verstehen, sondern entspringen einer festen Disposition, in diesem Sinne journalistisch zu praktizieren. In augenfälliger Weise benutzt Drösser dafür die gleiche Formulierung, wie sie Jahrzehnte vor ihm auch Horst Stern verwendet hat: Es bedarf auch im Qualitätsjournalismus eines Menschen, der »nach bestem Wissen und Gewissen handelt« (Drösser 2007: 43).

Natürlich ist diese Haltung fortwährend bedroht. Die Bedrohungen von außen durch Zeit- und Geldmangel und sich verschlechternde Arbeitsbedingungen in Verlagen und Sendern werden oft und zu Recht beklagt. Die Bedrohung von innen wird jedoch selten thematisiert. Ein haltungsloser Wissenschaftsjournalismus aber, so viel scheint uns klar zu sein, muss sich um schlechte Strukturen keine Sorgen mehr machen. Er ist dann schon längst obsolet, gleicht dem »hölzerne[n] Kopf in Phädrus' Fabel [...]: ein Kopf, der schön sein mag, nur schade! daß er kein Gehirn hat« (Kant [1785] 1977: 336).

Horst Sterns Biografie ist auch hier aufschlussreich. Nach seiner Zeit beim öffentlich-rechtlichen Rundfunk gründete er 1980 die Zeitschrift *Natur*, erklärtermaßen in der Absicht, eine Zeitschrift ins Leben zu rufen, die gemäß dieser Haltung als Redaktion und somit nicht als Individuum allein wissenschaftsjournalistisch arbeiten sollte. Der Erfolg der Zeitschrift beim Publikum war immens – zumindest solange sie im Geiste Horst Sterns geführt wurde (Schoepe 1997: 18 ff.).

Dieses Plädoyer für Haltung als Ordnungsprinzip wäre missverstanden, würde man es als Aufruf zu einem heroischen Wissenschaftsjournalismus interpretieren. Natürlich entsteht Wissenschaftsjournalismus nicht als voraussetzungslose Tat eines einzelnen Menschen, der jene professionellen Überzeugungen teilt, die wir am Beispiel Horst Sterns beschrieben haben. Aber Journalismus ist auch nicht nur, was systemische Zwänge und sonstige strukturellen Faktoren an Ausdrucksformen noch übrig lassen. Journalismus ist vielmehr das, was unter den Bedingungen systemischer Zwänge Journalisten (oder Redaktionen) daraus machen.

Wie schwer es anspruchsvoller Journalismus unter den derzeitigen strukturellen Rahmenbedingungen hat, hat kürzlich der freie Journalist Tom Schimmeck in seiner Eröffnungsrede des Jahrestreffens des ›Netzwerks Recherche‹ illusionslos beschrieben. Doch mehr noch als vor den Folterwerkzeugen der sparwütigen Verlage grauste es Schimmeck vor Journalisten, die mit dem Wort Haltung »rein gar nichts mehr anfangen können. Dass es ihnen fremder klingt als Desoxyribonukleinsäure« (Schimmeck 2007). Guten Wissenschaftsjournalisten sollten beide Wörter vertraut sein.

Literatur

Bader, Renate. »Was ist publizistische Qualität? Ein Annäherungsversuch am Beispiel Wissenschaftsjournalismus«. *Unverständliche Wissenschaft. Probleme und Perspektiven der Wissenschaftspublizistik.* Hrsg. Anton Bammé, Ernst Kotzmann und Hasso Reschenberg. München 1993. 17–39.

Balke, Siegfried. »Begrüßung und Eröffnung«. Jahresversammlung des Deutschen Verbandes technisch-wissenschaftlicher Vereine. *Wissenschaft und Technik in der deutschen Publizistik.* Hrsg. DVT und TELI. Düsseldorf 1967. 3–5.

Beste, Dieter. »Wissenschafts- oder Technikjournalismus. Übersetzen oder werten?«. *Unverständliche Wissenschaft. Probleme und Perspektiven der Wissenschaftspublizistik.* Hrsg. Anton Bammé, Ernst Kotzmann und Hasso Reschenberg. München 1989. 59–73.

Bobach, Günther. »Wissenschaft und Technik in unserer Wirtschaftsstrategie und unsere journalistischen Aufgaben«. *Neue Deutsche Presse* (37) 4 1983. 1–3.

Boventer, Hermann. »Zur Legitimation des Journalisten. Die Anstrengung des ethischen Begriffs«. *Moral und Verantwortung in der Wissenschaftsvermittlung.* Hrsg. Rainer Flöhl und Jürgen Fricke. Mainz 1987. 119–130.

Burger, Hans-Georg. »Wissenschaftsberichterstattung – ärgerlich oder erforderlich?« *Gießener Universitätsblätter* (6) 2 1973. 68–94.

Butenandt, Adolf. »Die Wissenschaft in der Industriegesellschaft«. *Kosmos* (62) 1966. 224–229.

Cohn, Victor. »Are We Really Telling the People about Science? Science reporters are not doing well enough – scientists and science agencies often fail to help«. *Science* (148) 3671 1965. 750–753.

Deich, Friedrich. »Die Aufgabe des wissenschaftlichen Fachjournalisten im Dienste der Gesundheitsaufklärung«. *Ärztliche Mitteilungen* (45) 1959. 1655.

Depenbrock, Gerd. *Journalismus, Wissenschaft und Hochschule. Eine aussagenanalytische Studie über die Berichterstattung in Tageszeitungen.* Bochum 1976.

Derrida, Jacques. »Die Struktur, das Zeichen und das Spiel im Diskurs der Wissenschaften vom Menschen«. *Die Schrift und die Differenz.* Jacques Derrida. Frankfurt am Main 1992. 422–442.

Dröge, Franz, und Andreas Wilkens. *Populärer Fortschritt. 150 Jahre Technikberichterstattung in deutschen illustrierten Zeitschriften.* Münster 1991.

Drösser, Christoph. »Anspruch und Wirklichkeit – Der Wissenschaftsjournalist als Anwalt des Lesers«. *Fakt, Fiktion, Fälschung. Trends im Wissenschaftsjournalismus.* Hrsg. Grit Kienzlen, Jan Lublinski und Volker Stollorz. Konstanz 2007. 39–44.

Dyroff, Adolf. »Das Verhältnis zwischen Wissenschaft und Presse«. *Deutsche Presse* (16) 21 1926.

Fabris, Hans Heinz. »Wissenschaft und Öffentlichkeit. Plädoyer für eine öffentliche Wissenschaft«. *Österreichische Zeitschrift für Politikwissenschaft* (3) 1974. 487–510.

Fischer, Heinz-Dietrich. »Massenmedien als Transportvehikel der Wissenschaft. Skizzen eines Spannungsverhältnisses«. *Bertelsmann Briefe* 115 1984. 25–32.

Flemming, Walter. »Tageszeitung und technische Fachzeitschrift«. *Zeitungs-Verlag* (28) 1927. 1989–1992.

Flöhl, Rainer. »Die wissenschaftliche Information und die Öffentlichkeit oder ›die meisten Nachrichten sind falsch‹«. *Information und Gesellschaft. Bedingungen wissenschaftlicher Publikation.* Hrsg. Franz-Heinrich Philipp. Frankfurt am Main und Stuttgart 1977. 197–206.

Flöhl, Rainer. »Experten und Öffentlichkeit«. *Pluralität in der Medizin, der geistige und methodische Hintergrund.* Hrsg. Günter A. Neuhaus et al. Frankfurt am Main 1980. 162–166.

Flöhl, Rainer. »›Draußen vor der Tür‹: Der Wissenschaftsjournalist und die Welt der Wissenschaften. Anmerkungen zur Berufsforschung über den Wissenschaftsjournalismus«. *Wissenschaftsjournalismus und Journalistenausbildung. Eine Bestandsaufnahme.* Hrsg. Robert Bosch Stiftung. Stuttgart 1983. 79–84.

Flöhl, Rainer. »Künstliche Horizonte? Zum konfliktreichen Verhältnis zwischen Wissenschaft und Medien«. *medium* 1 1990. 22–28.

Foucault, Michel. *Überwachen und Strafen. Die Geburt des Gefängnisses.* Frankfurt am Main 1994.

Frankfurter allgemeine Zeitung (FAZ). »Natur und Wissenschaft«. *Information.* Hrsg. Frankfurter Allgemeine Zeitung. Frankfurt am Main 1971. 44 (Zitiert nach Kohring 1997: 51).

Freund, Alfred. »Die Technik und technisch-wirtschaftliche Fragen in der Tagespresse«. *Deutsche Presse* (19) 1929. 15–16 (Zitiert nach Kohring 1997: 26).

Fürst, Artur. »Mütterchen Technik und Töchterchen Presse«. *Deutsche Presse* (16) 21 1926. 64–65.

Geretschlaeger, Erich. »Wissenschaftsjournalismus in Österreich«. *Österreichisches Jahrbuch für Kommunikationswissenschaft* 1979. 227–237.

Golovanov, L. »Die soziale Rolle des wissenschaftlichen Journalismus«. *Ausgewählte Probleme der Wissenschaftsentwicklung. Wissenschafts- und bildungspolitischer Journalismus. Lesematerial.* Teil I. Leipzig 1970. 153–160.

Groth, Otto. *Die Zeitung. Ein System der Zeitungskunde (Journalistik).* 2. Bd. Mannheim, Berlin und Leipzig 1929.

Guha, Anton-Andreas. »Die öffentliche Verantwortung von Wissenschaft und Journalismus«. *Unverständliche Wissenschaft. Probleme und Perspektiven der Wissenschaftspublizistik.* Hrsg. Anton Bammé, Ernst Kotzmann und Hasso Reschenberg. München 1989. 47–58.

Haaf, Günter. »Auf dem Weg zum kritischen Wissenschaftsjournalismus. Wissenschaftsjournalismus in den USA«. *Infrastrukturen, Ausbildungsangebote, Erfolgsgeheimnisse.* Hrsg. Robert Bosch Stiftung. Stuttgart 1985. 121–131.

Haber, Heinz. »Öffentliche Wissenschaft«. *Bild der Wissenschaft* (5) 1968. 745–753.

Hachmeister, Lutz. »Arbeit, Familie, Gott und Vaterland. Über einige Tendenzen im deutschen Journalismus«. NZZ Online 3.8.2007. www.nzz.ch/nachrichten/medien/arbeit_familie_gott_und_vaterland_1.535812.html (Download 7.8.2007).

Haller, Michael. »Wie wissenschaftlich ist Wissenschaftsjournalismus? Zum Problem wissenschaftsbezogener Arbeitsmethoden im tagesaktuellen Journalismus«. *Publizistik* (32) 3 1987. 305–319.

Hartmann, Hans. »Wissenschaft und Volksgemeinschaft – die Presse als Mittlerin«. *Deutsche Presse* (27) 7 1937. 79–82.

Hartmann, Siegfried. »Technik und Presse«. *Deutsche Presse* (15) 20 1925. 24–28.

Helmholtz, Hermann Ludwig Ferdinand von. »Vorrede«. *Fragmente aus den Naturwissenschaften. Vorlesungen und Aufsätze.* John Tyndall. Braunschweig 1874. V–XXV (Zitiert nach Kohring 2005: 13).

Hömberg, Walter. »Wissenschaft und Journalismus. Forschungsprojekt an der Universität Bielefeld«. Deutsche Universitäts-Zeitung (30) 14 1974. 583.

Hömberg, Walter. *Das verspätete Ressort. Die Situation des Wissenschaftsjournalismus.* Konstanz 1990.

Joel, Kurt. »Was verdankt die Technik der Presse«. Deutsche Presse (16) 21 1926. 65–67.

Jungk, Robert. »Wider den Götzendienst am Altar der Forschung. Kritische Wissenschaftsberichterstattung – Erfahrungen aus vier Jahrzehnten«. medium (20) 1 1990. 41–43.

Kant, Immanuel. *Die Metaphysik der Sitten.* Werke. 8. Bd. Hrsg. Wilhelm Weischedel. Frankfurt am Main 1977.

Kast, Bas. »Über die Kunst, Wissenschaft zu vermitteln«. Universitas 12 2006. 1224–1231.

Kohring, Matthias: *Die Funktion des Wissenschaftsjournalismus. Ein systemtheoretischer Entwurf.* Opladen 1997.

Kohring, Matthias. »Die Wissenschaft des Wissenschaftsjournalismus. Eine Forschungskritik und ein Alternativvorschlag«. *SciencePop. Wissenschaftsjournalismus zwischen PR und Forschungskritik.* Hrsg. Christian Müller. Graz 2004. 161–183.

Kohring, Matthias. »Was bin ich? Zum Selbstverständnis des Wissenschaftsjournalisten«. WPK Quarterly 1 2004a. 3–5. (Auch online unter www.wissenschafts-pressekonferenz.de/cgi-bin/WebObjects/WPKCMS.woa/wa/berichtPDF?documentId=M9KJ10947, download 15.7.2007.)

Kohring, Matthias: *Die Funktion des Wissenschaftsjournalismus. Forschungsüberblick und Theorieentwurf.* Konstanz 2005.

Kohring, Matthias. »Vertrauen statt Wissen – Qualität im Wissenschaftsjournalismus«. *Fakt, Fiktion, Fälschung. Trends im Wissenschaftsjournalismus.* Hrsg. Grit Kienzlen, Jan Lublinski und Volker Stollorz. Konstanz 2007. 25–38.

Kries, Wilhelm von. »Mehr Achtung vor dem Leben!« Deutsche Presse (26) 1936. 66–67.

Krüger, Jens: »Wissenschaftsberichterstattung in aktuellen Massenmedien aus der Sicht der Wissenschaftler«. *Moral und Verantwortung in der Wissenschaftsvermittlung. Die Aufgaben von Wissenschaftler und Journalist.* Hrsg. Rainer Flöhl und Jürgen Fricke. Mainz 1987. 39–51.

Lewenstein, Bruce V. »Advocacy versus Objectivity in Environmental Journalism: A Historical Perspective«. *Risikoberichterstattung und Wissenschaftsjournalismus/Risk communication and science reporting.* Tagungsbericht zum 4. Kolloquium Wissenschaftsjournalismus. Hrsg. Winfried Göpfert, Renate Bader. Stuttgart 1998. 179–190.

Noelle-Neumann, Elisabeth. »Wissenschaft bedarf der Dolmetscher«. Bild der Wissenschaft (15) 6 1978. 32.

Nord, Ferdinand Ernst. »Die Unterrichtung über die Belange der Wissenschaft durch die Presse«. Mitteilungen des Hochschulverbandes (9) 1961. 8–18.

Nord, Ferdinand Ernst. »Die Aufgabe der Berichterstattung über Wissenschaft und Forschung«. Hochschul-Dienst (16) 12 1963. 6–7.

Oeckl, Albert. »Wissenschaft und Öffentlichkeitsarbeit«. Bild der Wissenschaft (2) 1965. 294–301.

Peters, Hans Peter. Projektgruppe Risikokommunikation: Kontakte zwischen Experten und Journalisten bei der Risikoberichterstattung. Ergebnis einer empirischen Studie. Münster 1994. (Auch online unter www.fz-juelich.de/inb/inb-mut//medien/pdfdatei/proj-grup.pdf%20, Download 15.5.2006.)

Randow, Gero von. »Wissenschaftsjournalismus – ein Beruf mit Risiken und Nebenwirkungen«. Preisrede anlässlich der Verleihung des European Science Writers Award. 2003. www.euroscience.net/article2d.html (Download 8.8.2007).

Randow, Thomas von. »Albert Einsteins Vision blieb unerfüllt. Was haben wir nur falsch gemacht? Selbstkritische Einführung in eine vielschichtige Thematik«. *Die Medien zwischen Wissenschaft und Öffentlichkeit*. Symposium der Karl-Heinz-Beckurts-Stiftung. Hrsg. Robert Gerwin. Stuttgart 1992. 9–13.

Reinbacher, Lothar: »Das Kollegium der Medizinjournalisten«. *Handbuch der Medizinkommunikation. Informationstransfer und Publizistik im Gesundheitswesen*. Hrsg. Heinz-Dietrich Fischer. Köln 1988. 32–36 (Zitiert nach Kohring 1997: 31).

Requate, Jörg. »Der Journalist«. *Der Mensch des 20. Jahrhunderts*. Hrsg. Ute Frevert und Heinz-Gerhard Haupt. Essen 2004. 138–162.

Roloff, Eckart Klaus, und Walter Hömberg. »Wissenschaftsjournalisten. Dolmetscher zwischen Forschung und Öffentlichkeit«. *Bild der Wissenschaft* (12) 9 1975. 56–60.

Ronneburger, Hans. »Wer sind wir eigentlich? Anmerkungen zu Schaffensfragen des Wissenschaftsjournalismus«. *Unverständliche Wissenschaft. Probleme und Perspektiven der Wissenschaftspublizistik*. Hrsg. Anton Bammé et al. München 1989. 85–96.

Ruß-Mohl, Stephan. »Journalismus über die Wissenschaft – Journalismus für die Öffentlichkeit«. Forum Wissenschaftsjournalismus 2007. Programm. Wien 14.–15.6.2007. www.science-public.at/programm/tag1.php (Download 24.8.2007).

Schimmeck, Tom. »Haltungen, Popper und Moneten«. Rede zur Jahreskonferenz des Netzwerks Recherche 15.–16. Juni 2007. www.netzwerkrecherche.de/newsletter/44/nr-jahrestagung-2007-rede-schimmeck.pdf (Download 1.8.2007).

Schoepe, Klaus Erhard. »Der Wissenschaftsjournalist Horst Stern«. Diplomarbeit. Hochschule für Musik und Theater Hannover. Institut für Journalistik und Kommunikationsforschung. Hannover 1997.

Schulz, Kurt. *Um die Zukunft der technischen Fachpresse. Entwicklung und Gegenwartprobleme der technischen Berichterstattung in Deutschland*. Berlin 1931.

Sinner, Georg: »Technik und Presse«. *Deutsche Presse* (15) 27 1925. 3 f.

Spinner, Helmut F. *Das »wissenschaftliche Ethos« als Sonderethik des Wissens. Über das Zusammenwirken von Wissenschaft und Journalismus im gesellschaftlichen Problemlösungsprozess.* Tübingen 1985.

Spinner, Helmut F. »Die alte Ethik der Wissenschaft und die neue Aufgabe des Journalismus«. *Moral und Verantwortung in der Wissenschaftsvermittlung*. Hrsg. Rainer Flöhl und Jürgen Fricke. Mainz 1987. 73–89.

Starke. »Der technische Teil der Zeitung. Welche Aufgaben sind hier für die deutsche Presse gegeben?« *Zeitungs-Verlag* (28) 1927. 455–460.

Stern, Horst. *Das Gewicht einer Feder. Reden, Polemiken, Essays, Filme*. Hrsg. Ludwig Fischer. München 1997.

»TELI-Vorstand wiedergewählt«. *Informationen Bildung Wissenschaft* 6 1973. 83 (Zitiert nach Kohring 2005: 47).

Wormer, Holger (Hrsg.). *Die Wissensmacher. Profile und Arbeitsfelder von Wissenschaftsredaktionen in Deutschland*. Wiesbaden 2006.

Reviewer oder nur Reporter?
Kritik und Kontrolle als künftige Aufgaben des Wissenschaftsjournalismus in der wissenschaftlichen Qualitätssicherung[1]

Holger Wormer

1. Die gut funktionierende Selbstkontrolle der Wissenschaft – oder das unsanfte Erwachen aus einem schönen Traum

»In Südkorea haben Wissenschaftler erstmals zweifelsfrei menschliche Embryonen durch Klonen hergestellt.« Schon zwei Jahre später hat dieser Satz, zu lesen auf der Titelseite der *Süddeutschen Zeitung* vom 13. Februar 2004, eine ganz eigene Bedeutung: Die Arbeit der Wissenschaftler aus Südkorea hat sich in der Zwischenzeit zweifelsfrei als Fälschung erwiesen (siehe z. B. Bogner und Menz 2006; Schwägerl 2006).

Was man in dem Artikel auf der Titelseite sagen wollte, ist indes klar: Erstmals ›zweifelsfrei‹ sollte andeuten, dass die Klone aus Südkorea – im Unterschied zu früheren, ähnlichen Klon-Nachrichten – erstmals den Stempel der wissenschaftlichen Seriosität erhalten und das wissenschaftliche Begutachtungsverfahren einer Fachzeitschrift wie *Science* passiert hatten. Damit hatte die Nachricht nach gängiger wissenschaftsjournalistischer Praxis tatsächlich eine ausreichend hohe Evidenz, um einen Platz auf der Titelseite zu rechtfertigen. Dass das, was in Fachzeitschriften publiziert wird, allerdings keineswegs als ›zweifelsfrei‹ angesehen werden darf, ist ein anhaltender wissenschaftsjournalistischer Lernprozess.

Bedenklich ist im Fall des Klon-Forschers Hwang Woo-Suk aus Südkorea indes, dass es hier schon bei der Präsentation seiner *Science*-Veröffentlichung auf der Auftaktpressekonferenz zur Tagung der *American Association for the Advancement of Science* (AAAS) des Jahres 2004 in Seattle gute Gründe gab, mehr Zweifel als sonst an den Ergebnissen zu hegen; Zweifel übrigens, die in den Redaktionen in der Heimat nicht unbedingt geteilt wurden, wollten vehemente Befürworter des Forschungsklonens den schönen ›Durchbruch‹ doch sehr gerne glauben. Die besonderen Zweifel sind in diesem Falle einerseits in der Tatsache begründet, dass gerade umstrittene Themen wie Klonen, Stammzellforschung oder Gentechnik von Wissenschaftlern neben streng wissenschaftlichen Aussagen häufig um politische Statements in eigener Sache erweitert werden (Wormer 2000a). Diese politische Dimension

---

1 Bei diesem Kapitel handelt es sich um eine ergänzte und leicht überarbeitete Fassung eines Beitrags für den Verhandlungsband der Jahrestagung 2006 der *Deutschen Gesellschaft für Soziologie*.

Abbildung 1: Zwei der Notiz-Zettel, die nach der Pressekonferenz der koreanischen Klonforscher auf der AAAS-Tagung im Februar 2004 in Seattle an einige Journalisten verteilt wurden: Der mit »Slide 1« überschriebene Zettel enthält den Text, mit dem Hwang seinen Vortrag ursprünglich beginnen wollte. Kurzfristig war der Vortragstext jedoch um den zweiten Zettel mit den handschriftlichen Notizen ergänzt worden, um die versammelte Weltpresse zu beruhigen. Dass den Wissenschaftlern offenbar diktiert werden musste, diese ethischen Fragen überhaupt erst anzusprechen, erhöhte zumindest nicht deren Glaubwürdigkeit.

Slide 1	
~~Mr. Chairman,/ thank you for your kind introduction.~~ / I would like to talk about /the derivation of human embryonic stem cell line/ from cloned blastocysts.	Our goal is not to clone humans but to ~~advance~~ understanding of causes ~~and to treat~~ diseases. Our inspiration is to ~~treat~~ incurable diseases As scientists, we believe ~~that this~~ study is our and moral obligations ~~and~~ (responsibilities). now we ~~stop and~~ think about next ~~step~~ movement before taking next step We will ~~discuss~~ the safety and ethical and social concerns when we have social consensus, we will step forward.

Quelle: AAAS/persönliche Kommunikation

wurde bei der Vorstellung der *Science*-Arbeit auf der Pressekonferenz in Seattle mehr als deutlich.

Die erheblichen Zweifel nach der Vorstellung der Resultate begründeten sich aber auch in einem weiteren Detail: einer für mehrere Journalisten kopierten Zettelsammlung des Vortrags der Koreaner, deren ursprünglicher Text offenbar in aller Eile von den Betreuern der Pressekonferenz um handschriftliche Beteuerungen zu ethischen Fragen erweitert worden war (siehe Abbildung 1). Auf dieser Basis konnte natürlich niemand vorhersagen, dass die *Science*-Arbeit manipuliert war. Wohl aber erhöhten die dem Koreaner erst in den Mund gelegten Beteuerungen nicht gerade dessen Glaubwürdigkeit (Wormer 2004).

Ein gesunder grundsätzlicher Zweifel auch an dem, was in wissenschaftlichen Fachzeitschriften publiziert wird, ist allerdings keineswegs erst seit Hwang et al. angebracht. Gerade in Deutschland war man besonders seit Ende der 90er Jahre mit einigen bemerkenswerten Fällen von gefälschten Fachpublikationen konfrontiert, allen voran dem Fall der Krebsforscher Friedhelm Herrmann, Roland Mertelsmann, Marion Brach (siehe z. B. Rapp et al. 2000; Finetti und Himmelrath 1999) und dem Fall des Physikers Jan-Hendrik Schön (siehe z. B. Rauchhaupt 2002; Beasley et al. 2002). Neben diesen spektakulären Vorkommnissen sind auch einige weniger populär gewordene Fälle zu nennen, etwa eine klinische Studie aus Göttingen und Tübingen zur Behandlung von Nierenzellkarzinomen (Kugler et al. 2000; 2003; siehe Wormer 2001; 2002; Koch 2003) oder Arbeiten aus der Grundlagenforschung zum Geruchssinn an der Universität Stuttgart-Hohenheim (Schreiber et al. 2000; siehe Wormer 2003a).

Wenngleich Studien zur Häufigkeit von Fehlverhalten in der Forschung (Ranstam et al. 2000; Martinson et al. 2005) sich ebenso ernüchternd lesen wie kritische Analysen des ›Peer review‹-Prozesses (z. B. Fröhlich 2006 und in diesem Buch), lässt sich aus der gehäuften Berichterstattung in den Medien natürlich nicht zwangsläufig eine Zunahme des wissenschaftlichen Fehlverhaltens ableiten.

Unabhängig von der tatsächlichen Zahl solcher Vorkommnisse mag in den hier skizzierten Fällen aus Deutschland jedoch vor allem ein qualitativer Faktor beunruhigen: Immerhin handelte es sich bei den Autoren der fragwürdigen Publikationen nicht nur um wissenschaftliches Fußvolk, sondern oft um Spitzenforscher; darunter um mehrere gewählte Fachgutachter der *DFG*, einen Leibniz-Preisträger, einen designierten Max-Planck-Direktor und – wie aussagekräftig das auch sein mag – um den einen oder anderen vorsichtig als Nobelpreiskandidaten gehandelten Wissenschaftler.

Und ebenso wie bei vielen der involvierten Autoren würde man auch bei vielen der betroffenen Fachzeitschriften (darunter *Science, Nature, Nature Medicine, New England Journal of Medicine*) eher hohe wissenschaftliche Qualitätsmaßstäbe erwarten. Insofern reichen bereits die bekannt gewordenen größeren und kleineren Fälle aus, um jenseits von Südkorea auch in Deutschland verstärkte Zweifel an dem lange geträumten Traum einer stets gut funktionierenden Selbstkontrolle der Wissenschaft zu hegen.[2]

2. Geschmeichelte Journalisten

Selten ist das Ansehen von Berichterstattern und dem Gegenstand ihrer Berichterstattung so unterschiedlich wie dort, wo Wissenschaft und Journalismus aufeinandertreffen: ›Journalist‹ gehört nur für zehn Prozent der deutschen Bevölkerung zu jenen Berufen, die sie am meisten schätzen; Hochschulprofessoren kommen auf 36 Prozent, Ärzte sogar auf 71 Prozent (IfD 2005). Umso mehr fühlt sich die journalistische Zunft geschmeichelt, wenn ein anerkannter Professor der Soziologie die Arbeit von Journalisten lobt, ja diesen sogar eine Funktion zuerkennt, die sich die meisten Professoren gerne selbst vorbehalten: »Wir werden uns an Betrugsfälle in der Wissenschaft gewöhnen müssen. Und auch daran, dass wir von ihnen durch die Medien erfahren. Sie haben die Funktion der öffentlichen Kontrolle betrügerischen Verhaltens in der Wissenschaft schon längst übernommen« (Weingart 2003).

Die Möglichkeit einer solchen ›öffentlichen Kontrolle‹ – von Weingart geäußert unter dem Eindruck der erwähnten Fälle der Krebsforscher Herrmann, Mertelsmann, Brach sowie des Physikers Schön – soll hier aus Sicht der Journalistik und einer wissenschaftsjournalistischen Praxis diskutiert werden. Dabei geht es besonders um die Frage, inwieweit eine Funktion von Kritik und Kontrolle des Wissenschaftsbetriebes durch Journalisten in der Wissenschaft im genannten Sinne Anerkennung findet, inwieweit besonders Wissenschaftsjournalisten diesem Anspruch in der redaktionellen Realität gerecht werden können und was getan werden kann, um den Wissenschaftsjournalismus als Teil der wissenschaftlichen Qualitätssicherung zu stärken.

---

2 Wie Stefanie Stegemann-Boehl (1994; 1997) schildert, wurde das Thema ›Fehlverhalten in der Forschung‹ gerade von der deutschen Wissenschaft – etwa im Unterschied zu den USA – lange Zeit weitgehend ignoriert.

3. Kritik, Kontrolle und die Stufen wissenschaftsjournalistischer Evidenz als Beitrag zur wissenschaftlichen Qualitätssicherung

Die klassische Aufgabenzuweisung an Wissenschaftsjournalisten als bloße Dolmetscher (z.B. Hömberg 1980), Vermittler oder gar Akzeptanzbeschaffer für Wissenschaft ist in den 90er Jahren vermehrt auf Kritik in der journalistischen Praxis gestoßen. Bis heute ist eine Emanzipation von Wissenschaftsjournalisten zu beobachten, die sich in den Redaktionen mittlerweile weitgehend akzeptiert fühlen (Wormer 2006c: 11). In der theoretischen Forschung bemängelt bereits Helmut F. Spinner (1985) in den Ausführungen zu seiner »Findigkeitstheorie« ein »allenfalls vermittelndes, verdünnendes, vereinfachendes Dolmetschen aus der Wissenschafts- in die Alltagssprache« eines zu braven Wissenschaftsjournalismus: »Eine [...] über das Vermitteln zwischen Wissenschaft und Öffentlichkeit [...] hinausgehende Ermittlungs- und Kritikfunktion im Sinne eines forscherischen (›investigativen‹) Journalismus scheint es für den Wissenschaftsjournalisten nicht zu geben« (Spinner 1985: 82 f.).

Matthias Kohring (1997) liefert dann erstmals in Deutschland eine umfangreichere Kritik der zugewiesenen Popularisierungsfunktion des Wissenschaftsjournalismus. Besonders kritisiert wird die Neigung der Wissenschaft, dem Journalismus – etwa in puncto Auswahlkriterien und Genauigkeit – die Gesetze der Wissenschaft vorzuschreiben. Nur relativ selten werde eine Kritik- und Kontrollfunktion des Wissenschaftsjournalismus angesprochen (Kohring 1997: 81). Auch kritisiert Kohring die Neigung der kommunikationswissenschaftlichen Forschung, bei der Analyse der Wissenschaftsberichterstattung die ›accuracy‹ (gemessen an den Kriterien der Wissenschaft) in den Vordergrund zu stellen (ebd.: 171).

Entwickelt man die Frage nach Kritik und Kontrolle als Aufgabe des klassischen Wissenschaftsjournalismus[3] mit Blick auf die redaktionelle Praxis weiter, so stellen sich unter anderem zwei Fragen:

- Inwieweit kann und muss der (Wissenschafts-)Journalismus eine zusätzliche Kontrollfunktion in jenen Fällen übernehmen, in denen der Journalist zumindest hoffen kann, dass eine Nachricht aus der Wissenschaft glaubwürdig ist und beispielsweise die Qualitätskontrollmechanismen (›Peer review‹ etc.) der Wissenschaft angemessen funktioniert haben?
- Inwieweit kann und muss der Wissenschaftsjournalismus eine Kontrollfunktion in jenen Fällen wahrnehmen, in denen ein besonderer Grund zur Annahme besteht, dass die Qualitäts- oder Selbstkontrollmechanismen der Wissenschaft nicht angemessen funktionieren – etwa im Falle eines Verdachts auf wissenschaftliches Fehlverhalten und einer nicht angemessenen Reaktion der Wissenschaft darauf?

---

[3] Aus Platzgründen beschränken sich die Ausführungen auf die hier als ›klassisch‹ bezeichnete Berichterstattung über neue Erkenntnisse aus der Wissenschaft selbst. Formen wie die eines Erklär- oder Wissensjournalismus, in denen die Wissenschaft zur Erklärung von Alltagsphänomenen oder Hintergründen aktueller Nachrichtenereignisse (Tsunami o. Ä.) herangezogen wird, bleiben zunächst unberücksichtigt – wenngleich diese an Bedeutung gewonnen haben (Wormer 2006c: 20).

3.1 Evidenz-basierter Wissenschaftsjournalismus im Normalbetrieb

Zur ersten Frage wurde schon an anderer Stelle ein »Zwei-Stufen-Modell wissenschaftsjournalistischer Evidenz« (Wormer 2006b) als Orientierungshilfe für Redaktionen vorgeschlagen, in dem mithilfe von Checklisten (z. B. Moynihan 2000; 2004) schnell und auch von nicht-spezialisierten Journalisten eine erste Stufe wissenschaftsjournalistischer Evidenz erreicht werden kann. Hierzu gehören besonders formale Fragen wie »Ist ein Forschungsergebnis in einer anerkannten Fachzeitschrift veröffentlicht? Wer hat die Forschung finanziert?« etc. (siehe auch das Kapitel zu den Quellen des Wissenschaftsjournalismus in diesem Buch). Solche Plausibilitätsüberlegungen setzen kaum Detailkenntnis über ein spezielles Fachgebiet voraus, sondern eher Kenntnisse über die Grundprinzipien und Strukturen der Wissenschaft im Allgemeinen und bieten dennoch bereits eine recht hohe Sicherheit, um simple wissenschaftliche Scharlatane und allzu einfache PR-Kampagnen zu identifizieren.

Für das Erreichen einer zweiten Evidenz-Stufe erscheint es hingegen notwendig, hinter den wissenschaftlichen Review-Prozess eines Fachzeitschriftenartikels vor der Berichterstattung in den Massenmedien einen wissenschafts*journalistischen* Review-Prozess zu schalten. Dieser Prozess kann meist nicht vom Journalisten allein geleistet werden. Vielmehr muss er auf der Basis seiner eigenen (in der Regel ebenfalls auf einem wissenschaftlichen Studium aufbauenden) Fachkompetenz nach dem Vorbild eines Fachzeitschriften-Editors wiederum wissenschaftliche Experten seines Vertrauens zu einem zusätzlichen Review heranziehen. Ein vorbildliches Beispiel für einen solchen wissenschaftsjournalistischen Review-Prozess in der Praxis liefert Volker Stollorz (2006).[4]

In der Praxis kleiner Redaktionen unter hohem Zeitdruck stellt sich indes die Frage, inwieweit ein solcher journalistischer ›Recherche-Review‹ geleistet werden kann und ob eine angesehene Fachzeitschrift mit strengem Review-Prozess nicht als ausreichend sichere Quelle für eine Berichterstattung angesehen werden muss – jedenfalls im Vergleich zu sonst (etwa im Politikjournalismus) akzeptierten Quellen wie Politikerstatements. Andererseits wird die Zuverlässigkeit anerkannter Fachzeitschriften als Quelle besonders nach Fällen wissenschaftlichen Fehlverhaltens infrage gestellt: »Reporters Find Science Journals Harder to Trust, but Not Easy to Verify« (Bosman 2006), titelte etwa die *New York Times* unter dem Eindruck der Fälschungen des Koreaners Hwang.

Hinzu kommt die nicht nur von Wissenschaftsjournalisten oft übersehene Tatsache, dass Veröffentlichungen in Fachzeitschriften, der ursprünglichen Idee des Publikationswesens folgend, ohnehin erst der eigentlichen Diskussion und Prüfung durch die entsprechende ›scientific community‹ dienen. So kann es im Sinne des wissenschaftlichen Fortschritts sogar durchaus sinnvoll sein, eine hochspekulative Theorie oder hochinteressante, aber erst wenig abgesicherte experimentelle Daten zu publizieren. Vor diesem Hintergrund ist eine Fachpublikation nicht nur aus erkenntnistheoretischen oder statistischen Gründen grundsätzlich

---

[4] In diesem Fall ist der Wissenschaftsjournalist Volker Stollorz auf der Basis eigener Fachkompetenz auf einen Fehler in einer zunächst online veröffentlichten Arbeit in der Fachzeitschrift *Nature* gestoßen (Klimanskaya et al. 2006a). Die wissenschaftliche Community wurde auf diesen Fehler erst durch den Hinweis des Journalisten aufmerksam. Später wurde die Publikation dann mit einem Addendum/Corrigendum versehen (Klimanskaya et al. 2006b).

immer als ›zweifelhaft‹ anzusehen, sondern es kann sogar ihr hauptsächlicher Zweck sein, wissenschaftlich spekulativ zu sein und widerlegt zu werden.

Trotz der genannten Einschränkungen aber sollte die (berechtigte) Kritik Kohrings und anderer an der Neigung der Wissenschaft, den Medien ihre Auswahlkriterien vorzuschreiben, keinesfalls so interpretiert werden, dass Qualitätskriterien und Auswahlmechanismen der Wissenschaft (Originalität, Validität, Reliabilität, Review, hochrangige Publikation etc.) nicht auch Journalisten wertvolle Orientierungspunkte zur Bewertung eines Forschungsresultates geben können.

3.2 Investigativer Wissenschaftsjournalismus in konkreten Verdachtsfällen

Auch (oder gerade) in jenen Fällen, in denen bereits konkrete Hinweise auf das Versagen wissenschaftlicher Qualitäts- und Selbstkontrollmechanismen vorliegen, stellt sich die Frage nach einem investigativen, aufdeckenden Journalismus als Korrektiv. Diese wird im Folgenden aus Sicht der Journalistik sowie aus Sicht von Wissenschaftlern diskutiert, die mit Fragen wissenschaftlicher Qualitätssicherung besonders befasst sind. Einen allgemeinen Überblick über den investigativen Journalismus liefert Ingmar Cario (2006).

3.2.1 Das Vorbild des politischen Journalismus

Die Freiheit der Presse und die Freiheit der Wissenschaft genießen im Grundgesetz einen fast gleichrangigen Schutz (Artikel 5 Absatz 1 und Absatz 3 GG). Mehr noch: Das Bundesverfassungsgericht hat die Kontrollfunktion der Medien als vierte Säule des Staates (Rousseau) im *Spiegel*-Urteil bekräftigt (BVerfG 1966). Gegenüber Politik und Staat wird dem Journalismus eine klare Kontrollfunktion zugewiesen.

Wer aber kontrolliert wiederum die Medien und wer die Wissenschaft, deren Unabhängigkeit im Grundgesetz so herausgestellt wird? In beiden Bereichen existiert hierzu der Begriff der Selbstkontrolle: Die Medien kontrollieren sich dieser Idealvorstellung zufolge gegenseitig, ebenso kontrolliert sich die Wissenschaft intern selbst. Genau hierin liegt aber ein entscheidender Unterschied: Während die gegenseitige Kontrolle der Medien untereinander naturgemäß öffentlich (und somit im Prinzip für alle Bürger transparent) erfolgt, ist die Selbstkontrolle der Wissenschaft für die Öffentlichkeit eher intransparent – zum einen aufgrund der hohen Komplexität der Forschung, zum anderen aber auch durch die geltenden Regeln innerhalb der Wissenschaft (etwa einer Vertraulichkeit bei vielen Begutachtungen oder Ombudsverfahren).

Warum also sollten die Medien nicht auch hier – analog zu ihrem Auftrag in der Politik – eine zusätzliche Kontrollfunktion der Wissenschaft übernehmen? Oder sind die Selbstkontrollmechanismen der Wissenschaft im Unterschied zu den internen Kontrollmechanismen der Politik so wirksam, dass eine externe Kontrolle durch den Journalismus überflüssig erscheint?[5]

---

5 In einer Diplomarbeit am Dortmunder Lehrstuhl für Wissenschaftsjournalismus wurde auf der Basis dieser Fragestellung der Versuch eines Vergleichs der jeweiligen Selbstkontrollmechanismen in der Politik und in der Wissenschaft unternommen (Radü 2006: 19–85).

3.2.2 Sonderfall Wissenschaft?

Die Idee einer ›Kontrolle‹ der Wissenschaft durch den Journalismus erweist sich in persönlichen Gesprächen für viele Wissenschaftler als befremdliche Vorstellung. Zum einen wird angezweifelt, dass Journalisten überhaupt in der Lage sein könnten, wissenschaftliche Ergebnisse angemessen zu bewerten. Zum anderen wird reklamiert, dass die Kritik wissenschaftlicher Resultate a priori allein Aufgabe der Wissenschaft sei. Auch wird betont, dass der gute Ruf eines Wissenschaftlers ein besonders hohes Gut sei und nicht durch die Medien beschädigt werden dürfe. Der Begriff einer zulässigen Verdachtsberichterstattung findet in einer häufig anzutreffenden kollektiven Verteidigungshaltung schwer Gehör.

Andererseits aber mehren sich zumindest unter jenen Wissenschaftlern, die sich in besonderem Maße mit Fragen wissenschaftlicher Qualität befassen, Zweifel, »ob die Sicherung guter Praxis in der Wissenschaft tatsächlich wissenschaftsimmanent, allein durch Selbstkontrolle möglich ist« (Großmann 2004: 57). Diese Zweifel rühren zum einen aus Erfahrungen mit der schwierigen Aufklärung und Sanktion selbst gravierender Fälle von Fehlverhalten her, zum anderen aber auch aus den sich ändernden Rahmenbedingungen der Forschung – unter denen wachsender Konkurrenzdruck und wirtschaftliche Interessen dazu führen könnten, dass die Zahl der Wissenschaftler, die mit unerlaubten ›Abkürzungen‹ zum Forschungsziel und zu Fördermitteln gelangen wollen, in Zukunft noch steigt (Grunwald 2005).

Und welchem Präsidium einer Universität sollte in Zeiten von sogenannten Hochschulfreiheitsgesetzen und zunehmend den Grundsätzen der Ökonomie verpflichteten Hochschulen daran gelegen sein, Fälle von wissenschaftlichem Fehlverhalten an ihren Einrichtungen konsequent aufzuklären und transparent zu machen? Zu groß sind oft die Befürchtungen, dem Ruf des Unternehmens Universität zu schaden (siehe Wormer 2006a), was umgekehrt allerdings nicht zwangsläufig zu einer konsequenten Vorsorge zur Vermeidung solcher Fälle führt.[6]

Aber selbst jene Wissenschaftler, die sich einer Aufklärung und Selbstkontrolle ehrlich verpflichtet fühlen, stoßen schnell an Grenzen. Häufig werden hierfür juristische Gründe genannt, da die in Artikel 5 Grundgesetz garantierte Forschungsfreiheit umgekehrt auch die Aufklärung von Fehlverhalten erschwert: »Die Anzeichen sind unübersehbar, dass die innerwissenschaftliche Kontrolle guter wissenschaftlicher Praxis ihre Wirksamkeit wegen der rechtlichen Gegebenheiten nicht entfalten kann« (Großmann 2004: 57).

Im Vergleich der Aufklärungsmöglichkeiten von innerwissenschaftlichen Kommissionen und von Journalisten weist beispielsweise Helmuth Schulze-Fielitz (2004) darauf hin, dass für Informanten die Presseöffentlichkeit wegen ihres weitreichenden Zeugnisverweigerungsrechtes ›sicherer‹ sei. Innerwissenschaftliche Kommissionen oder Ombudsleute besitzen ein Zeugnisverweigerungsrecht nicht oder nur auf der Basis besonderer Vereinbarungen.

Auch was öffentliche Kritik betrifft, scheinen die Medien juristisch im Vorteil zu sein: »Nach informierter Expertenmeinung [darf der Präsident der *DFG*] die Vorwürfe der Univer-

---

6 Aus Platzgründen beschränkt sich dieser Beitrag auf Aspekte des innerwissenschaftlichen Fehlverhaltens im engeren Sinne. Vor dem Hintergrund wachsender wirtschaftlicher Einflüsse auf die Forschung oder für die Industrieforschung selbst müssten auch Aspekte aus dem Bereich der Wirtschaft und der Wirtschaftsberichterstattung betrachtet werden.

sität gegen ihren ehemaligen Doktoranden [...] nicht so erwähnen, daß anwesendes Publikum erraten könnte, um wen es geht, wenn er zugleich erkennen läßt, daß er die stärkeren Argumente bei der Universität sieht. [...] Dagegen darf [...] die auflagenstarke Tageszeitung die Vorwürfe gegen den Professor öffentlich machen und sich zu ihrer Berechtigung klar äußern, ehe die unabhängige Prüfung, ob etwas daran sei, überhaupt richtig begonnen hat« (Schneider 2004: 238).

Zumindest in juristischer Hinsicht sind Journalisten also keineswegs immer die »schlechteren Aufklärer als eine gut arbeitende Untersuchungskommission«, wie es Ulrich Schnabel (2004) postuliert hat. Die von Christoph Schneider angesprochene Frage, zu welchem Zeitpunkt Journalisten in die Aufklärung wissenschaftlichen Fehlverhaltens eingreifen dürfen, lässt jedoch Spielraum für Interpretationen: Sollen Journalisten dies erst tun, wenn die Aufklärung von Fehlverhalten innerhalb der Wissenschaft offensichtlich versagt hat? Oder sollen Journalisten bereits im Falle eines Verdachts, parallel zur Arbeit einer Untersuchungskommission, aktiv werden und gegebenenfalls auch interne Unterlagen an die Öffentlichkeit bringen – ein Vorgehen, das bei laufenden staatsanwaltlichen Ermittlungsverfahren in der Regel nicht zulässig oder zumindest hoch umstritten wäre?

Friedhelm Neidhardt (2006: 11) formuliert die Bedingungen so: »Außenkontrollen und darunter auch die Korrekturfunktionen von Öffentlichkeit lassen sich nur in dem Maße begrenzen, in dem die Selbstkontrollmechanismen der Wissenschaft zuverlässig funktionieren. Wo diese versagen – zum Beispiel in skandalisierbaren Fällen von Betrug in der Wissenschaft –, gehen Kontrollfunktionen mit Recht zusätzlich auf externe Instanzen über, zu denen auch Massenmedien und öffentliche Meinung gehören.«

Peter Weingart (2004: 49) sieht die Medien eher generell »als Verbündete in der Stärkung des wissenschaftlichen Ethos«, zumal da in der Mediengesellschaft »die nachhaltigste Strafe für Fehlverhalten eine schlechte Presse« sei. Siegfried Großmann (2004: 58) fordert das Bekenntnis »zur wichtigen Rolle der Medienöffentlichkeit« ein – allerdings »unter sorgfältiger Beachtung des Vertraulichkeitsgebots während des Verfahrens«. Trotz dieser Einschränkung betont er: »Es gibt eben auch gute journalistische Praxis. Diese erweist sich als hilfreicher Beitrag zur Stärkung guter wissenschaftlicher Praxis« (ebd.).

4. Die Rahmenbedingungen für einen kritischen und investigativen Wissenschaftsjournalismus in der Praxis

Während unter Punkt 2 eher normative Fragen und die Akzeptanz einer Kritik- und Kontrollfunktion des (Wissenschafts-)Journalismus diskutiert wurden, stellt sich auf der Ebene der redaktionellen Realitäten in den Medien die Frage, inwieweit diese in der Lage sind, eine solche externe Kontrolle der Wissenschaft wahrzunehmen. Dabei soll hier als Maßstab dienen, inwieweit sich die Form eines kritischen Wissenschaftsjournalismus mit Enthüllungscharakter im relativen Vergleich zum gängigen Wissenschaftsjournalismus entfalten kann.

Analysiert man die Rahmenbedingungen einer Berichterstattung über wissenschaftliches Fehlverhalten im Vergleich zu den Rahmenbedingungen für die gängige Wissenschafts-

berichterstattung über neue Forschungsresultate, so sind unter anderem folgende Punkte zu berücksichtigen:
- mögliche Unterschiede im Gegenstand der Berichterstattung sowie in dessen Recherche- und Darstellungsmöglichkeiten;
- persönliche Motivationsmuster des Journalisten für die jeweilige Art der Recherche und Berichterstattung im Sozialsystem einer Redaktion;
- der Markt für die jeweilige Art der Berichterstattung.

4.1 Besondere Anforderungen von Artikeln über Forschungsfälschungen

Folgt man den Kriterien der klassischen Nachrichtenwerttheorie (z. B. Galtung und Ruge 1965), so kann ein Fälschungsskandal in der Forschung durchaus die Voraussetzungen für ein gutes journalistisches Thema erfüllen – jedenfalls dürfte er dies sicher nicht weniger tun als etwa ein Aufsatz in einer Fachzeitschrift, in dem Forscher über die Entdeckung einer neuen Tierart in Afrika berichten.[7] Immerhin erfüllt ein Forschungsskandal oft Nachrichtenwertfaktoren wie ›Konflikt‹, ›Dramatik‹ und ›Folgenschwere‹, mitunter auch von ›Prominenz‹ oder gar von ›Kuriosität‹.

In der Praxis ist der Journalist, der Forschungsskandale recherchieren und darstellen möchte, jedoch mit zahlreichen Problemen konfrontiert. Zunächst stellt sich die Frage, wie er überhaupt auf solche Fälle aufmerksam wird. In der Vergangenheit waren es meist Hinweise aus der Wissenschaft selbst, die die Aufmerksamkeit von Journalisten auf einen solchen Fall lenkten. Allerdings herrscht in der Wissenschaft generell eine größere Scheu, den Kontakt mit den Medien zu suchen, als in der Politik, wo dies zum Tagesgeschäft gehört (Radü 2006: 92–95). Dies dürfte für heikle Informationen kaum anders sein.[8]

Doch selbst wenn in der Redaktion ein konkreter Verdachtsfall vorliegt, bleiben wesentliche Hindernisse für die konkrete Darstellung zu überwinden: Ist der Journalist sonst beispielsweise dazu angehalten, eine genaue Beschreibung des Methodenteils einer naturwissenschaftlichen Veröffentlichung zu vermeiden und eher die Ergebnisse und ihre spezielle Relevanz für den Rezipienten darzustellen, so wird dies nun oft unvermeidbar. Um eine Manipulation im Labor zu beschreiben, kommt der Journalist meist nicht umhin, weitaus detaillierter zu beschreiben, worin die konkrete Arbeit im Labor überhaupt bestand. Oft bewegt man sich dabei an der Grenze dessen, was selbst für die Wissenschaftsseite einer Qualitätszeitung an Komplexität transportierbar ist (siehe Abbildung 2 sowie als weiteres Beispiel Wormer 2003a).

---

[7] Allerdings weist Weingart zu Recht darauf hin, dass zumindest das – nach seiner Beobachtung – gestiegene Interesse der Medien an diesen Fällen nicht allein mit der typischen Orientierung an Nachrichtenwerten erklärt werden könne. Er sieht vielmehr eine »allgemeine Demokratisierung als Ursache, die schließlich auch die Wissenschaft erreicht hat« (Weingart 2004: 45).

[8] Die Rolle der ›whistleblower‹ bei der Aufklärung ist sowohl für die Wissenschaft selbst als auch für die Medien zentral, sind doch nur wenige Journalisten in der Lage, ohne initialen Hinweis selbst auf einen Fälschungsverdacht aufmerksam zu werden. Juristische Unterschiede im Schutz solcher Informanten in den Medien und in der Wissenschaft wurden unter 3.2.2 angedeutet.

Abbildung 2: Wer über Fehlverhalten im Labor berichten möchte, gerät als Journalist schnell an die Grenzen der Verständlichkeit: Hier wurde versucht, den fragwürdigen Umgang mit Patientendaten in einer Studie aus dem *New England Journal of Medicine* (Brugger et al. 1995: 283 ff.) für den Zeitungsleser nachvollziehbar zu machen.

Statistikspiel mit Krebspatienten

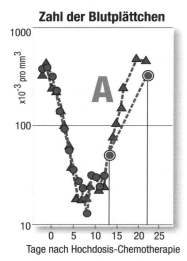
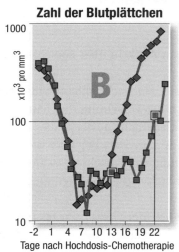
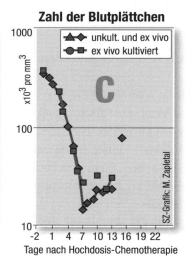

Wissenschaft „Made in Freiburg": Die Abbildung A *entspricht der Graphik aus einer fragwürdigen Veröffentlichung von Brugger, Mertelsmann und Kanz im* New England Journal of Medicine *(Bd. 333, S. 283, 1995). Nach einer Hochdosis-Chemotherapie und der Transplantation verschiedener Zellen sinkt die Zahl der Blutplättchen bei so behandelten Patienten zunächst und steigt dann wieder steil an. Zudem erholen sich die Patienten offenbar ähnlich gut, egal welches von zwei Verfahren angewandt wurde: Beide Kurven (rot und blau) sind fast gleich steil.*

Wie Abbildung B *zeigt, sah die Realität anders aus. Anhand von Messprotokollen der Patienten rekonstruierten Gutachter im Auftrag der DFG die Graphik. Statt als steile Gerade würde die rote Kurve im rechten Teil der Abbildung in Wahrheit flacher verlaufen. Messdaten zwischen Tag 13 und Tag 22, die dies belegen, hatten die Freiburger unter den Tisch fallen lassen. Zudem lässt sich der markierte Wert für den 22. Tag aus den Originaldaten in seiner Höhe nicht rekonstruieren.*

Doch selbst die korrigierte Abbildung B *würde wissenschaftlichen Ansprüchen nicht genügen. Denn für den rechten Teil der Kurven gibt es kaum solide Daten – zumindest nicht solche, die dem Mittel von vier oder fünf Patienten entsprechen, wie es die Freiburger in der Legende ihrer Graphik angeben. Berücksichtigt man nur solide Daten, die diesen Vorgaben entsprechen, bleibt vom erhofften Anstieg der Kurven nicht viel übrig – wie die Gutachter in* Abbildung C *dokumentieren.*

how / Vorlage: Internes Gutachten / NEJM
Die Originalgraphik wurde zum besseren Verständnis verkleinert, übersetzt und mit Markierungen versehen. Beschriftungen und Messpunkte blieben unverändert.

Quelle: Wormer, Holger: »Wer kontrolliert die Klinikprofessoren?«. *Süddeutsche Zeitung* vom 14.11.2000: V2/9.
Abdruck mit freundlicher Genehmigung von Süddeutsche Zeitung Content.

Abbildung 3: Schematischer Vergleich der Berichterstattung über wissenschaftliches Fehlverhalten (jeweils Zu- oder Abnahme gegenüber einer gewöhnlichen wissenschaftsjournalistischen Berichterstattung)

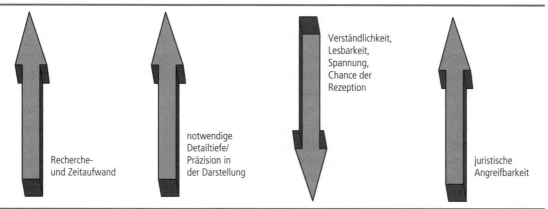

Quelle: Eigene Darstellung

Aber auch bei einer gelungenen Beschreibung bleibt es für viele Rezipienten, die mit den Usancen der Forschung kaum vertraut sind, schwer nachzuvollziehen, worin denn das Vergehen eines Forschers besteht, »was denn daran nun so schlimm« sein soll. Lediglich besonders krasse Fälle wie das Erfinden von Patienten für eine Studie oder finanzielle Vergehen im Umfeld der Forschung, die nicht spezifisch für die Wissenschaft, sondern auch im Erfahrungshorizont des Normalbürgers als Fehlverhalten bekannt sind, bedürfen keiner großen Erläuterung.

Die bei der Berichterstattung über wissenschaftliches Fehlverhalten aus den genannten Gründen oft notwendige Detailtiefe in Recherche und Darstellung wissenschaftlicher Methoden wirkt sich aus journalistischer Sicht gleich mehrfach negativ aus: Die Verständlichkeit, die Spannung und somit die Chance einer vollständigen Rezeption des journalistischen Produkts nehmen mit der zunehmenden Detailtiefe tendenziell ab, die juristische Angreifbarkeit mit der Detailtiefe hingegen tendenziell zu, ebenso wie der gesamte Recherche- und Zeitaufwand.

4.2 Einstellung von Journalisten zum investigativen Wissenschaftsjournalismus und mögliche Motivationsmuster

Mit Recht lässt sich demnach feststellen, dass der Bereich des investigativen Wissenschaftsjournalismus eine besondere Herausforderung darstellt, was nicht ohne Konsequenzen für die praktische Umsetzung bleibt. So räumt beispielsweise Jörg Albrecht (2006: 50) ein: »In diesem Feld liegt der wohl höchste Anspruch, deswegen wird er in der Praxis auch seltener erfüllt.« Jedenfalls bedarf es dazu schon einer entsprechenden Motivation und entsprechender Arbeitsbedingungen.

Aufschluss über die generellen Arbeitsbedingungen und das Selbstverständnis von Journalisten in Deutschland geben Siegfried Weischenberg et al. (2006). Kritik an Missständen zu üben gehört demnach für 58 Prozent der Journalisten zum Rollenselbstverständnis, wobei die Autoren gegenüber einer früheren Untersuchung einen signifikanten Wandel konstatieren, »der die gesellschaftlich aktive Rolle von Journalisten zunehmend in den Hintergrund rückt«. Auch die Möglichkeit, dieses Rollenselbstverständnis umzusetzen, gelingt »offenbar in wesentlich geringerem Maß als früher« (ebd.: 106 ff.). Nun lassen sich diese Durchschnittswerte zwar nicht unmittelbar auf Wissenschaftsjournalisten übertragen (diese machen in Weischenbergs Studie zusammen mit den im Ressort Gesundheit/Medizin Befragten nur sechs Prozent aus). Andererseits spricht wenig dafür, dass sich bei ihnen ein grundsätzlich gesellschaftskritischeres Rollenselbstverständnis zeigen sollte. Im Gegenteil: Die gesonderte Auswertung von Weischenbergs Untersuchung ergab für Wissenschaftsjournalisten sogar eine geringere Ausprägung des Rollenselbstverständnisses »Kritik an Missständen üben« (54 Prozent; siehe den Beitrag von Blöbaum in diesem Buch).

Jens Radü (2006: 113) findet in einer kleinen qualitativen Befragung von Wissenschaftlern, Wissenschaftsjournalisten und investigativ arbeitenden Politikjournalisten Indizien dafür, dass »der investigative Ansatz im Wissenschaftsjournalismus weder ein verbreitetes Ziel« ist, noch es als Defizit wahrgenommen wird, »dass in der Berichterstattung bisher andere Prioritäten gesetzt werden, als ›Wächterin über die gute wissenschaftliche Praxis‹ zu sein«. Als mögliche Erklärungsansätze werden »zum einen die Arbeitsbedingungen« diskutiert, die demnach in dünn besetzten Wissenschaftsressorts von »Ressourcenmangel« und »Zeitdruck« geprägt sind, zum anderen die »spezifischen Voraussetzungen des Wissenschaftsbetriebs«, in dem investigative Recherchen aufgrund ihrer Komplexität kaum ohne die Kooperation mit Wissenschaftlern möglich seien.

Insofern stellt sich auch für einen ambitionierten Wissenschaftsjournalisten die Frage, ob sich die aufwendige Recherche eines Fälschungsskandals in der Forschung lohnt – bei der (anders als bei den meisten anderen wissenschaftsjournalistischen Themen) noch dazu völlig offen ist, ob sie zum Erfolg führt.[9] Folgt man hier ein Stück weit dem Theoriemodell der Ökonomik, das Susanne Fengler und Stephan Ruß-Mohl (2005) exemplarisch auf den Fall eines stark ins Alltagsgeschäft eingebundenen Journalisten anwenden, der gleichzeitig eine aufwendige Reportage über Korruption recherchieren möchte, so stehen auch dem Wissenschaftsjournalisten im Grundsatz zwei Optionen offen, die begrenzten Ressourcen zu nutzen: »Option A: Er verzichtet auf die Recherche und erfüllt seine Pflichtaufgaben gut. Option B: Er wagt sich als Kür an die Reportage und vernachlässigt seine Hauptaufgaben« (ebd.).

Beobachtungen in der Praxis legen die These nahe, dass der soziale Belohnungsanreiz in der Redaktion[10] (etwa durch das Lob einer Chefredaktion) für einen Wissenschaftsjournalisten, der einen Forschungsskandal aufdecken möchte, in einer solchen Situation womöglich geringer ist als für einen Politikjournalisten, der einen politischen Skandal aufdeckt: Chef-

---

9 Für fest angestellte Redakteure geht es dabei eher um eine Belohnung im Sinne von mehr Ansehen, für freie Journalisten stellt sich indes sogar die Frage, ob sie sich eine Recherche mit offenem Ausgang überhaupt finanziell leisten können.
10 Auch aus der Wissenschaft ist der zu erwartende Belohnungsanreiz für den Journalisten aus den unter 3.2.2 genannten Gründen äußerst begrenzt.

redakteure sind in der Regel eher politisch sozialisiert und weniger an Wissenschaft im Detail interessiert (Wormer 2005: 20). Zudem kritisiert der Politikjournalist im Falle einer Skandalberichterstattung eine (noch dazu stark in politische Lager aufgeteilte) Berufsgruppe, deren Wertschätzung in der Gesellschaft gering ist (IfD 2005).

Der Wissenschaftsjournalist hingegen kritisiert mit Hochschulprofessoren oder Ärzten eine Berufsgruppe, deren Wertschätzung in der Gesellschaft deutlich höher ist als die eigene. Entsprechend schwieriger ist es für den Wissenschaftsjournalisten, seine Glaubwürdigkeit zu verteidigen, wenn er in einem Beitrag Mitgliedern dieser Berufsgruppe Fehlverhalten vorwirft.

4.3 Der Medienmarkt für investigativen Wissenschaftsjournalismus

Angesichts der Neugründung zahlreicher Wissensmagazine im Printbereich (z. B. *Geo-Kompakt, Zeit-Wissen, SZ-Wissen*) sowie neuer Wissensformate im Fernsehen ist der gewachsene Markt für Wissenschaftsthemen unübersehbar. Auch innerhalb etablierter Medien belegen Copytests das Interesse der Rezipienten; bei der *Zeit* etwa gehört das Ressort Wissen neben der Politik zu den meistgelesenen Teilen des Blattes (Sentker 2006).

Bei genauerer Betrachtung dominiert auf dem Markt jedoch zunehmend ein eher der Unterhaltung und dem Nutzwert verpflichteter Wissensjournalismus. Zwar gibt es sogar bei Privatsendern mit erfolgreichen Wissensformaten gelegentlich Überlegungen, »kritische und investigative Geschichten […] ins Format zu heben« (Bernhard Albrecht 2006). Andererseits aber achtet man gerade dort darauf, den Wunsch des Rezipienten nach guten und schönen Nachrichten zu erfüllen: »Wir vermeiden kritische Themen dann, wenn sie zu negativ sind – über Pharma-Skandale, Ärztepfusch oder Gifte in Nahrungsmitteln berichten wir seltener als früher. Ein Mensch, der gerade von der Arbeit kommt, möchte sich vielleicht nicht gleich wieder mit den Problemen der Welt herumschlagen« (ebd.).

Heribert Seifert (2005) kommt in einer kurzen Analyse der Medienlandschaft nach den zahlreichen Neugründungen zu dem zusammenfassenden Schluss: »So sehr sich der Journalismus beim Umgang mit den Wissenschaften und ihren Ergebnissen in den letzten Jahren von einem simplen ›Popularisierungs-Paradigma‹ befreit hat, so wenig hat er bisher publizistische Orte geschaffen, an denen Wissenschaft den Fragen einer kritischen Öffentlichkeit ausgesetzt wird.« Ein kritischer Wissenschaftsjournalismus werde »durch die derzeitigen Verhältnisse im Medienbetrieb kaum gefördert«. Auf dieser Basis spricht wenig dafür, dass das Marktinteresse an einem investigativen Wissenschaftsjournalismus in absehbarer Zeit zunehmen wird.

5. Ausblick und mögliche Auswege für einen investigativen Wissenschaftsjournalismus

Die Frage, inwieweit die von Weingart im Jahr 2003 eingeforderte »Funktion der öffentlichen Kontrolle betrügerischen Verhaltens in der Wissenschaft« tatsächlich in größerem Umfang von den Medien übernommen werden kann, ist im Jahr 2007 mit Skepsis zu betrachten.

Zwar setzt sich – nicht zuletzt angesichts regelmäßig bekannt werdender wie oft spektakulärer Fälle wissenschaftlichen Fehlverhaltens – auch innerhalb der Wissenschaft zum Teil langsam die Erkenntnis durch, dass in der wissenschaftlichen Qualitätssicherung Handlungsbedarf besteht. Ebenso scheint die Skepsis – jedenfalls innerhalb der Qualitätsmedien – gegenüber der generellen Validität und Zuverlässigkeit von Forschungsresultaten zuzunehmen. Andererseits sind die Rahmenbedingungen für eine effiziente öffentliche Kontrolle betrügerischen Verhaltens in der Wissenschaft seit dem Jahr 2003 eher ungünstiger geworden, wie die folgende Übersicht nochmals zusammenfasst:

- Die Bereitschaft der Wissenschaft, die Medien als weiteres Kontrollsystem zu akzeptieren, ist insgesamt immer noch sehr begrenzt.
- Das Interesse von Politik und Ökonomie an einer verstärkten Kontrolle der Wissenschaft durch die Medien erscheint ebenfalls begrenzt und tendenziell eher abnehmend – nicht zuletzt wegen ihrer eigenen engeren Verflechtungen mit der Wissenschaft und eines eher steigenden Innovations- und Drittmitteldrucks.
- Die Personalsituation und das Rollenselbstverständnis von Wissenschaftsjournalisten sind in vielen Redaktionen weiterhin ungünstig.
- Der Medienmarkt für Formen wie ›investigativen Wissenschaftsjournalismus‹ ist – im Vergleich zu Staun-TV und Nutzwert-News – eher schwieriger geworden.

Unbestritten ist aus Sicht des Autors indes, dass der von Weingart formulierte Ansatz einer stärkeren öffentlichen Kontrolle im Sinne einer funktionierenden und von Wissenschaft durchdrungenen Demokratie wünschenswert wäre – ebenso, wie dies in der Theorie des politischen Journalismus als selbstverständlich gilt. Wie aber könnte sich der hohe Anspruch einer solchen Funktion von Kritik und Kontrolle besser erfüllen lassen, ohne andererseits das hohe Gut einer Freiheit von Wissenschaft und Wissenschaftlern zu verletzen?

5.1 Weg I: Mehr Kooperationen mit den Ressorts Politik und Wirtschaft

Die mehrfache Referenz auf den politischen Journalismus lässt die Hypothese zu, dass die Aufgabe einer auch investigativen Betrachtung der Wissenschaft womöglich im Politik-Ressort besser angesiedelt sein könnte als im – oft wissenschaftsnahen – klassischen Wissenschaftsjournalismus. Dies legen auch Prognosen wie die des politischen Journalisten und *WDR*-Chefredakteurs Jörg Schönenborn (2006) nahe: »Die wirklich relevanten Enthüllungsgeschichten der Zukunft werden in der Wirtschaft, in den Entwicklungslabors von Forschung und Industrie [...]« liegen.

Andererseits gibt etwa Hans Leyendecker zu bedenken, »der gewöhnliche Journalist schreckt vor solchen Themen zurück, weil sie sperrig, ein bisschen kompliziert und auch heikel sind«. Umgekehrt sieht Leyendecker im Wissenschaftsjournalismus »sehr viele Leute, die nicht unbedingt diesen kämpferischen Ansatz haben, sondern die eher wissenschaftlich ausgerichtet sind« (siehe Interview mit Hans Leyendecker).

Die offensichtliche Qualifikationslücke zwischen Politikjournalisten und Wissenschaftsjournalisten zu schließen könnte eine generelle Strategie sein, um eine kritische Begleitung der Wissenschaft durch Journalisten zu verbessern: Investigativ arbeitende Journalisten anderer Ressorts müssten mehr über Strukturen, Methoden und Denkweisen der Wissenschaft lernen; Wissenschaftsjournalisten wiederum müssten stärker in einer systematischen Recherche und in politischen und wirtschaftlichen Zusammenhängen geschult werden.

Dies könnte ein Stück weit schon durch eine stärkere Kooperation bei einzelnen Recherchen erreicht werden. Für eine solche Kooperation zwischen den Ressorts (zu denen neben dem Politik-Ressort wegen der großen ökonomischen Dimension von Forschung und Technologie besonders auch das Wirtschaftsressort gehört) spricht zudem, dass in der Regel nur die großen, klassischen Ressorts auf Dauer über die notwendige Personalstärke und das notwendige Gewicht innerhalb der Redaktionen verfügen.[11]

5.2 Weg II: ›Computer Assisted Reporting‹ für die Suche nach Autorschaften und anderen bibliometrische Spuren

Ganz unabhängig von Fragen der Ressortzuständigkeit liegt ein zweiter Weg zu einem investigativen (oder zumindest stärker recherche- und kritikorientierten) Wissenschaftsjournalismus womöglich in der Konzentration und Verfeinerung von Arbeitsmethoden, die eine erste Berurteilung der Wissenschaft nach formalen Verfahren ermöglichen.

Versucht man etwa Wissenschaftsjournalisten von Regionalzeitungen die Idee eines investigativen Ansatzes nahezubringen, beklagen diese nicht selten ihre Nachteile beim Zugang zu Quellen und Akteuren aus der Wissenschaft: Welcher Doktorand trägt schon den Aktenordner mit den jüngsten Fälschungen eines DFG-Gutachters zum Wissenschaftsreporter der Lokalzeitung? Ein Beispiel zeigt jedoch, dass die Generierung exklusiver Enthüllungsgeschichten im Grundsatz mit jedermann zugänglichen Quellen möglich ist. Ausgangspunkt für dieses Beispiel ist eine Agenturmeldung aus dem Januar 2006:

»Ein norwegischer Krebsforscher hat Fälschungen in einem wissenschaftlichen Artikel eingeräumt. In einem Beitrag für die britische Fachzeitschrift *The Lancet* habe der Mediziner Daten von angeblichen Patienten mit Mundkrebs frei erfunden, erklärte einer der Leiter des Krebsforschungszentrums in Oslo. Den Namen des Wissenschaftlers gab das Krebsforschungszentrum nicht bekannt. In dessen Publikation vom Oktober 2005 hiess [sic!] es unter anderem, ein bestimmtes Medikament könne das Risiko einer Mundkrebs-Erkrankung verringern [...]« (AP 2006).

In diesem Fall reicht es zunächst aus, einige Prinzipien des Publikationswesens sowie einige einfache Recherchewerkzeuge zu kennen, um den Namen des Fälschers mithilfe der Datenbank Medline (via www.pubmed.org) zu rekonstruieren. Auf der Basis einer aus der Erfahrung früherer Fälle abgeleiteten Recherchehypothese, dass gerade besonders dreiste und somit vergleichsweise leicht erkennbare Fälschungen von Wissenschaftlern womöglich

---

11 Einen zusätzlichen Anreiz für solche Kooperationen können auch Recherchepreise wie der im Jahr 2007 erstmals ausgeschriebene Peter-Hans-Hofschneider-Preis für Wissenschafts- und Medizinjournalismus (www.recherchepreis-wissenschaftsjournalismus.ch) geben, der sich nicht nur an Einzelpersonen richtet, sondern aus den genannten Gründen auch an Rechercheteams.

nicht auf eine einzige Fachveröffentlichung beschränkt sind, hätte man nun mithilfe der gleichen Datenbank weitere Publikationen des fälschenden Forschers auffinden können. Zu diesen hätte ein Journalist im nächsten Schritt dann entweder die entsprechenden Koautoren befragen oder er hätte eine Stichprobe dieser Publikationen (eventuell unter Zuhilfenahme eines Wissenschaftlers) einer ersten Prüfung unterziehen können.

In diesem Falle jedenfalls hätte eine solche Recherche mit der Arbeitshypothese »Wer einmal fälscht ...« mit hoher Wahrscheinlichkeit und überschaubarem Aufwand zum Erfolg und zu einer Exklusivgeschichte geführt: Gut eine Woche nach Bekanntwerden der Fälschungen in der Fachzeitschrift *Lancet* räumte auch das *New England Journal of Medicine* in einer Mitteilung Manipulationen des Autors in dort veröffentlichten Arbeiten ein, auf deren Basis dann in den Medien (nun natürlich aber nicht mehr exklusiv) erneut berichtet wurde (z. B. Bartens 2006).[12]

Generell liefern Fragen auf der Basis bibliometrischer Daten, wie auch in diesem Beispiel, immer wieder Ansätze für Recherchen, an deren Anfang zunächst keinerlei wissenschaftliches Detailwissen, wohl aber Strukturwissen über die Wissenschaft notwendig ist. Besonders geeignet erscheinen hier (neben dem naheliegenden Ansatz auf der Basis der Forschungsfinanzierung) die verschiedensten Autorschaftsfragen. Diese gehören unter allen Fällen von Fehlverhalten zu den häufigsten Konflikten innerhalb der Wissenschaft, die zur Anrufung von Ombudsgremien führen (Ombudsman der *DFG* 2005). Zudem werden bei Autorschaftsfragen Unstimmigkeiten besonders leicht offenkundig (Wormer 2006a), und sie erlauben schnelle Einblicke in soziale Netzwerke, die bis zum Aufspüren von Zitierkartellen führen können.

Trotz der skizzierten Möglichkeiten solcher Recherche-Ansätze mag der dafür notwendige Aufwand für viele Redaktionen immer noch als zu groß angesehen werden. Etwas Abhilfe könnten Recherchewerkzeuge schaffen, mit deren Hilfe sich statistische Daten (etwa aus der Bibliometrie oder Forschungsfinanzierung) effizienter analysieren lassen. Hier bieten sich Methoden des ›Computer Assisted Reporting‹ (CAR) an, die im Wissenschaftsjournalismus bisher allerdings erstaunlich wenig verbreitet sind. Dabei dürfte eine Aneignung von CAR-Methoden gerade Wissenschaftsjournalisten vergleichsweise leichtfallen, sollte ihnen in ihrer (häufig naturwissenschaftlich geprägten) Ausbildung doch der Umgang mit Zahlen und Statistiken näher sein als dem Durchschnitts-Feuilletonisten oder dem Politikredakteur (siehe auch Wormer 2007).

Zwar ändern die unter 5.1 und 5.2 gemachten Vorschläge nicht prinzipiell etwas an den dargestellten hohen Anforderungen an einen kritischen oder gar investigativen Wissenschaftsjournalismus, sie erhöhen jedoch die Chancen ihrer Bewältigung. Besonders eine bessere Zusammenarbeit von Vertretern guter wissenschaftlicher Praxis und guter journalistischer Praxis, wie schon an anderer Stelle gefordert (Wormer 2005: 25), wäre dabei nicht nur ein

---

12 Insofern ließe sich hier auch argumentieren, die Selbstkontrolle der wissenschaftlichen Fachzeitschriften habe funktioniert. Andererseits sind dem Autor dieses Beitrags auch Fälle bekannt, in denen das Wissenschaftssystem nach dem mehrfachen Auftreten von Fälschungen des gleichen Autors darauf verzichtet hat, aus eigenem Antrieb weitere Arbeiten dieses Autors zu überprüfen.

Weg zu der von Weingart beschriebenen »öffentlichen Kontrolle betrügerischen Verhaltens«, sondern auch zu einer besseren Qualitätssicherung in der Wissenschaft insgesamt. Ein qualitativ anspruchsvoller Wissenschaftsjournalismus wäre hierzu im Sinne des Grundgesetzes auch ein unabhängiger Partner, der – anders als bei kontrollierenden Eingriffen durch die Politik – nicht gleich die Freiheit der Wissenschaft gefährden würde.

In Zeiten eines wachsenden Konkurrenzdrucks durch Exzellenz- und andere Initiativen, in Zeiten, in denen die Wissenschaft zunehmend den Gesetzen der Ökonomie unterworfen ist, in Zeiten, in denen klinische Studien und Patente den Aktienmarkt erschüttern können, in solchen Zeiten sollte sich der Wissenschaftsjournalismus daher auf neue Aufgaben einstellen, wie sie der generellen Rolle des Journalismus in einer funktionierenden Demokratie entsprechen.

Literatur

Albrecht, Bernhard. »Happy Hour des Wissens – Zutaten zum Galileo-Cocktail«. *Die Wissensmacher.* Hrsg. Holger Wormer. Wiesbaden 2006. 146.

Albrecht, Jörg. »Von Sonntagsforschern und anderen Lesern«. *Die Wissensmacher.* Hrsg. Holger Wormer. Wiesbaden 2006. 49–50.

AP (2006). Zitiert nach: »Krebsforscher gesteht Fälschungen. Forschungsbetrug nun auch in Norwegen«. *Neue Zürcher Zeitung online* 14.1.2006. www.nzz.ch/2006/01/14/vm/newzzei-geg3o3-12_1.3521.html (Download 11.8.2007).

Bartens, Werner. »Optische Enttäuschung. Norwegischer Krebsforscher hat weitere Studien dreist gefälscht«. *Süddeutsche Zeitung* 24.1.2006. 9.

Beasley, Malcom R., et al. »Report of the investigation committee on the possibility of scientific misconduct in the work of Hendrik Schön and coauthors«. Murray Hill 2002. (Auch online unter http://publish.aps.org/reports/lucentrep.pdf, Download 12.8.2007.)

Bogner, Alexander, und Wolfgang Menz. »Science Crime. The Korean cloning scandal and the role of ethics«. *Science and Public Policy* (33) 8 2006. 601–612.

Bosman, Julie. »Reporters Find Science Journals Harder to Trust, but Not Easy to Verify«. *New York Times* 13.2.2006.

Brugger, Wolfram, et al. »Reconstitution of Hematopoiesis after High-Dose Chemotherapy by Autologous Progenitor Cells Generated ex Vivo«. *New England Journal of Medicine* (333) 5 1995. 283–287.

Bundesverfassungsgericht (BVerfG). »Spiegel-Urteil des Bundesverfassungsgerichts vom 5.8. 1966«. *Amtliche Sammlung der Entscheidungen des Bundesverfassungsgerichts* 20 1966. 162–230. (Auch online unter www.servat.unibe.ch/law/dfr/bv020162.html#Rn018, Download 11.8. 2007.)

Cario, Ingmar. *Die Deutschland-Ermittler. Investigativer Journalismus und die Methoden der Macher.* Berlin und Münster 2006.

Fengler, Susanne, und Stephan Ruß-Mohl. *Der Journalist als »Homo oeconomicus«.* Konstanz 2005.

Finetti, Marco, und Armin Himmelrath. *Der Sündenfall. Betrug und Fälschung in der deutschen Wissenschaft.* Stuttgart u.a. 1999. 33–61.

Fröhlich, Gerhard. »Informed Peer review – Ausgleich der Fehler und Verzerrungen?« *Von der Qualitätssicherung der Lehre zur Qualitätsentwicklung als Prinzip der Hochschulsteuerung.* Hrsg. HRK. Bonn 2006. 193–204.

Galtung, Johan, und Mari Holmboe Ruge. »The structure of foreign news. The Presentation of the Congo, Cuba and Cyprus Crises in Four Norwegian Newspapers«. *Journal of Peace Research* (2) 1 1965. 64–91.

Großmann, Siegfried. »Schlusswort«. *Wissenschaftliches Fehlverhalten – Erfahrungen von Ombudsgremien.* Hrsg. DFG. Weinheim 2004. 55–59.

Grunwald, Reinhard (2005). In: Radü, Jens. »Wachhund im Elfenbeinturm. Investigativer Wissenschaftsjournalismus als mögliche Kontrollinstanz des Wissenschaftssystems«. Diplomarbeit. Universität Dortmund 2006. Anhang. 62.

Hömberg, Walter. »Glashaus oder Elfenbeinturm? Zur Entwicklung und zur Lage der Wissenschaftskommunikation«. *Aus Politik und Zeitgeschichte* B 28 1980. 37 ff.

Institut für Demoskopie Allensbach (IfD). »Ärzte vorn. Allensbacher Berufsprestige-Skala 2005«. *IfD-Berichte* 12 2005. www.ifd-allensbach.de/pdf/prd_0512.pdf (Download 11.8.2007). [IfD-Umfrage 7071]

Klimanskaya, Irina, et al. »Human embryonic stem cell lines derived from single blastomeres«. Nature doi:10.1038/nature05142. Später erschienen in *Nature* (444) 7118 2006a. 481–485.

Klimanskaya, Irina, et al. »Addendum zu ›Human embryonic stem cell lines derived from single blastomeres‹«. *Nature* (444) 7118 2006b. 512.

Koch, Klaus. »Liste von Fehlern und Schlampereien«. *Deutsches Ärzteblatt* (100) 5 31.1.2003. A-238–A-240. (Auch online unter www.aerzteblatt.de/v4/archiv/artikel.asp?src=heft&id=35363, Download 11.8.2007.)

Kohring, Matthias. *Die Funktion des Wissenschaftsjournalismus. Ein systemtheoretischer Entwurf.* Opladen 1997.

Kugler, Alexander, et al. »Regression of human metastatic renal cell carcinoma after vaccination with tumor cell-dendritic cell hybrids«. *Nature Medicine* (6) 3 2000. 332–336. [Retraction in: *Nature Medicine* (9) 9 2003. 1221.]

Martinson, Brian, et al. »Scientists behaving badly«. *Nature* (435) 7043 2005. 737–738.

Moynihan, Ray. »Coverage by the News Media of the Benefits and Risks of Medications«. *New England Journal of Medicine* (342) 22 2000. 1645–1650.

Moynihan, Ray. »Tipsheet for reporting on drugs, devices and medical technologies«. The Commonwealth Fund. 15.9.2004. www.commonwealthfund.org/usr_doc/moynihan_tip sheet.pdf?section=4039 (Download 11.8.2007).

Neidhardt, Friedhelm. »Fehlerquellen und Fehlerkontrollen in den Begutachtungssystemen der Wissenschaft«. *Wie viel (In-)Transparenz ist notwendig? Peer review revisited.* Hrsg. Stefan Hornbostel und Dagmar Simon. ifQ-Working paper 1. Bonn 2006. 7–13. (Auch online unter www.forschungsinfo.de/Publikationen/Download/working_paper_1_2006.pdf, Download 11.8.2007.)

Ombudsman der DFG. *Zum Umgang mit wissenschaftlichen Fehlverhalten. Abschlussbericht. Ergebnisse der ersten sechs Jahre Ombudsarbeit Mai 1999–Mai 2005.* 2005. (Auch online unter www1.uni-hamburg.de/dfg_ombud//publ_abbericht.pdf, Download 12.8.2007.)

Radü, Jens. *Wachhund im Elfenbeinturm. Investigativer Wissenschaftsjournalismus als mögliche Kontrollinstanz des Wissenschaftssystems.* VDM, Saarbrücken 2007. (Zugleich Diplomarbeit am Lehrstuhl Wissenschaftsjournalismus der TU Dortmund, 2006, nach der zitiert ist.)

Ranstam, Jonas, et al. »Fraud in medical research: an international survey of biostatisticians. ISCB Subcommittee on Fraud«. *Controlled Clinical Trials* (21) 5 2000. 415–427.

Rapp, Ulf R., et al. »Abschlussbericht der Task Force F. H.«. Vorgelegt am 6.6.2000.

Rauchhaupt, Ulf von. »Auf der Nano-Welle in den Untergang. Der deutsche Physiker Jan-Hendrik Schön hat jahrelang systematisch gefälscht. Wieso flog der Skandal erst so spät auf?«. *Frankfurter Allgemeine Sonntagszeitung* 29.9.2002. 59.

Schnabel, Ulrich. »Wachhund oder Störenfried – Zur Rolle der Presse im Umgang mit wissenschaftlichem Fehlverhalten«. *Wissenschaftliches Fehlverhalten – Erfahrungen von Ombudsgremien.* Hrsg. DFG. Weinheim 2004. 54.

Schneider, Christoph. »Der Scharlatan auf dem Rechtsweg – und was vielleicht zu seiner Umlenkung getan werden könnte«. *Berichte zur Wissenschaftsgeschichte* (27) 3 2004. 237–251.

Schönenborn, Jörg. »Vorwort«. *Die Deutschland-Ermittler. Investigativer Journalismus und die Methoden der Macher.* Ingmar Cario. Berlin und Münster 2006.

Schreiber, Sylvia, et al. »A possible role for caveolin as a signaling organizer in olfactory sensory membranes«. *Journal of Biological Chemistry* (275) 31 2000. 24115–24123. [Erratum in: *Journal of Biological Chemistry* (279) 2 2004. 1575 f.]

Schulze-Fielitz, Helmuth. »Rechtliche Rahmenbedingungen von Ombuds- und Untersuchungsverfahren zur Aufklärung wissenschaftlichen Fehlverhaltens«. *Wissenschaftliches Fehlverhalten – Erfahrungen von Ombudsgremien.* Hrsg. DFG. Weinheim 2004. 33–34.

Schwägerl, Christian. »Auch Stichproben sind plötzlich nicht mehr tabu. Nach dem Fälschungsskandal: Diskussion über Wissenschaftsjournale und Begutachtungen«. *Frankfurter Allgemeine Zeitung* 18.1.2006. N1.

Seifert, Heribert. »Wissen kann kaum schaden. Mediale Konjunktur der Naturwissenschaft«. *Neue Zürcher Zeitung* 28.1.2005. 61.

Sentker, Andreas. »Zu wenig Zeit für die Die ZEIT?« *Die Wissensmacher.* Hrsg. Holger Wormer. Wiesbaden 2006. 63.

Spinner, Helmut F. *Das »wissenschaftliche Ethos« als Sonderethik des Wissens. Über das Zusammenwirken von Wissenschaft und Journalismus im gesellschaftlichen Problemlösungsprozeß.* Tübingen 1985.

Stegemann-Boehl, Stefanie. *Fehlverhalten von Forschern. Eine Untersuchung am Beispiel der biomedizinischen Forschung im Rechtsvergleich USA–Deutschland.* Stuttgart 1994.

Stegemann-Boehl, Stefanie. »Forschungsbetrug – Rechtliche Sanktionsmöglichkeiten: Nur eklatante Fälle können geahndet werden«. *Deutsches Ärzteblatt* (94) 41 1997. A-2624–A-2627. (Auch online unter www.aerzteblatt.de/v4/archiv/artikel.asp?id=7983, Download 11.8.2007.)

Stollorz, Volker. »Sie wollen doch nur kuscheln«. *Frankfurter Allgemeine Sonntagszeitung* 27.8.2006. 57.

Weingart, Peter. »Der alltägliche Betrug«. Interview mit Ulrich Schnabel und Andreas Sentker. *Die Zeit* 15.5.2003. 39. (Auch online unter www.zeit.de/2003/21/N-F_8alschungen_Interview, Download 12.8.2007.)

Weingart, Peter. »Öffentlichkeit der Wissenschaft – Betrug in der Wissenschaft«. *Wissenschaftliches Fehlverhalten – Erfahrungen von Ombudsgremien.* Hrsg. DFG. Weinheim 2004. 41–49.

Weischenberg, Siegfried, Maja Malik und Armin Scholl. *Die Souffleure der Mediengesellschaft. Report über die Journalisten in Deutschland.* Konstanz 2006.

Wormer, Holger. »Die politische Dimension naturwissenschaftlicher Berichterstattung«. *Nova Acta Leopoldina* (NF 82) 315 2000a. 209–217.

Wormer, Holger. »Wer kontrolliert die Klinikprofessoren?«. *Süddeutsche Zeitung* 14.11.2000b. V2/9.

Wormer, Holger. »Krebsstudie in der Grauzone. In Göttingen wurden weit mehr Patienten mit einer umstrittenen Tumorimpfung behandelt als bisher bekannt – ganz ›individuell‹«. *Süddeutsche Zeitung* 24.7.2001. V2/7.

Wormer, Holger. »Das Verfahren läuft, und läuft, und läuft. 16 Monate nach ersten Zweifeln an einer Krebstherapie der Universität Göttingen ist noch nicht viel aufgeklärt – stattdessen gibt es dort einen neuen Verdachtsfall«. *Süddeutsche Zeitung* 21.5.2002. V2/9.

Wormer, Holger. »Studien mit seltsamem Geruch. Die DFG untersucht Manipulationsvorwürfe zu Arbeiten aus den Labors eines Stuttgarter Leibniz-Preisträgers«. *Süddeutsche Zeitung* 22.4.2003a. 20.

Wormer, Holger. »Die verlorene Ehre der Professor Blum? – Wie recherchiert der Journalist, wenn im Elfenbeinturm ein Fälschungsverdacht keimt?« *wpk-Quarterly. Magazin der Wissenschafts-Pressekonferenz* 4 2003b. 2–4.

Wormer, Holger. »Unser Ziel ist es nicht, Babys zu klonen«. *Süddeutsche Zeitung* 14.2.2004. 5.

Wormer, Holger. »Was Wissenschaftsjournalismus leisten sollte«. *epd-Medien* 96 7.12.2005. 16–25.

Wormer, Holger. »Mitgeschrieben, mitgefangen? – Erfahrungen und Fortschritte im Umgang mit ›Phantom-Autoren‹ in Naturwissenschaft und Medizin in Deutschland«. *Information Wissenschaft & Praxis* (57) 2 2006a. 99–102.

Wormer, Holger. »Selling science in a soap selling style?«. *Journal of Science Communication* (5) 3 2006b. 1 f.

Wormer, Holger (Hrsg.). *Die Wissensmacher. Profile und Arbeitsfelder von Wissenschaftsredaktionen in Deutschland.* Wiesbaden 2006c.

Wormer, Holger. »Figures, statistics and the journalist: an affair between love and fear – some perspectives of statistical consulting in journalism«. *AStA – Advances in Statistical Analysis* (91) 4 2007. 391–397.

»Die Fälle sind schwieriger«

Interview mit Hans Leyendecker zum investigativen Wissenschaftsjournalismus
Jens Radü

Jens Radü: *Was würden Sie als den Klassiker des investigativen Journalismus bezeichnen?*
Hans Leyendecker: Die Neue-Heimat-Affäre war eine der großen Geschichten, weil diese Affäre auch große gesellschaftliche Auswirkungen hatte. Nicht nur, dass der größte europäische Immobilienkonzern zusammenbrach, sondern es begann ein ganz neues Verständnis von Gewerkschaften. Hier hatte sich herausgestellt, dass Gewerkschafter in die eigene Tasche gewirtschaftet hatten. Das war, auch weil der Fall vom *Spiegel* über viele Monate mit großer Akribie betrieben wurde, eine der ganz großen Affären.

Und Flick und Kohl?
In meinem Leben war Flick der größte Skandal. Und an der Kohl-Affäre ist eigentlich ganz interessant, dass es die einzige Affäre ist, die ich kenne, bei der auch die Betroffenen mitgearbeitet haben an der Aufklärung – Schäuble und die jetzige Kanzlerin sehr intensiv.

In der Wissenschaft gab es ähnliche Skandale: Herrmann/Brach oder die Fälschungen von Jan Hendrik Schön. Dabei spielte der Journalismus zunächst keine zentrale Rolle bei der Aufklärung. Ist Wissenschaft ein Sonderfall für den investigativen Journalismus?
Das hängt wohl mit der bisherigen Bedeutung des Wissenschaftsjournalismus zusammen. Zwar machen inzwischen viele Blätter viele Wissensseiten und geben Sonderhefte heraus, aber es hat schon eine Weile gebraucht, um zu sehen, wie bedeutend Wissenschaftsjournalismus ist. Und so gibt es in diesem Bereich erstens sehr wenige Redakteure, und zum Zweiten gibt es in diesem Bereich sehr viele Leute, die nicht unbedingt diesen kämpferischen Ansatz haben, sondern die eher wissenschaftlich ausgerichtet sind – ich glaube, daran liegt es vor allem, dass der Bereich unbeackert blieb.

Sie meinen also, das Rollenverständnis als Übersetzer oder Sprachrohr der Wissenschaft herrscht noch immer vor. Ändert sich das denn?
Ja. Je mehr Platz da ist, desto mehr. Damit sich Journalisten unterscheiden können, müssen sie Leute finden, die in solchen Themenbereichen spannende Geschichten machen können.

»Die Fälle sind schwieriger«

Im Politikbereich gilt der Journalismus noch immer als vierte Gewalt.
Ist so etwas auch im Wissenschaftsbereich möglich?
Ich gebrauche lieber den Begriff vierte Macht, wie ihn Augstein immer gebraucht hat: Wir sind nicht gewählt, sondern wir treten immer dann ein, wenn Kontrolle versagt – in allen Sparten der Gesellschaft, Wirtschaftsberichterstattung, Sportberichterstattung, im Feuilleton. Frank Schirrmacher ist ein großer Anhänger der Theorie, dass man das Feuilleton recherchiersicherer macht, dass dort mehr im Recherche-Bereich gearbeitet wird. Ich glaube, wir haben schwierige Zeiten für Blätter. Um sich mehr von den anderen zu unterscheiden, wird man bessere Ergebnisse haben müssen. Es wird nicht viel helfen, Wunderkerzen aufzustellen, sondern man braucht bessere, sicherere, verlässlichere Ergebnisse. Und das geht nur durch Recherche.

Sie haben einmal gesagt, für einige sei es schon eine investigative Leistung,
wenn sie eine Telefonnummer ohne die Hilfe der Sekretärin herausfinden ...
... für Chefredakteure ...

... Kommen wir zur Recherche: Gibt es spezifische Probleme, die bei investigativen Recherchen im Wissenschaftsbereich auftreten?
Für den gewöhnlichen Journalisten treten im Wissenschaftsbereich Problemzonen auf, weil er wenig davon versteht. Es gibt nicht viele, die da lange Erfahrung haben. Denken Sie an den Kollegen Egmont Koch, der seit 25 Jahren in jedem Bereich einen großen Skandal macht, Molekularbiologe, der aber auch über den Vatikan, Scientology und so weiter arbeitet. Dem kommt bei der Arbeit sein wissenschaftliches Grundverständnis ein Stück entgegen. Aber das braucht seine Zeit, der gewöhnliche Journalist schreckt vor solchen Themen zurück, weil sie sperrig, ein bisschen kompliziert und auch heikel sind. Und ich glaube nicht, dass das Publikum diese Art von Wissenschaftsberichterstattung gleich befeuern wird. Sie brauchen ja den Informanten, und das könnte schwierig werden – es ist eine andere Klientel.

Im Politikbereich gibt es oft Informanten, die aus Neid, Missgunst oder sonstigen niederen Beweggründen handeln.
Die gibt es in der Wissenschaft sicher auch, weil solche Fälle immer viel mit menschlichen Dingen zu tun haben, mit Enttäuschung, mit Neid. Aber ich habe so etwas nie gemacht.

Der Wissenschaftsbetrieb ist also kein Sonderfall?
Die Fälle sind schwieriger, ein schwierigeres Sujet.

Für recherchierenden Journalismus, wie sie ihn betreiben, braucht man sehr viel Zeit.
Ich mache im Jahr – Meldungen inklusive – 240 Geschichten. Das Argument gilt also nicht ganz so. Aber Zeit ist wichtig für meine Arbeit. Deshalb sage ich über mich selbst, dass ich kein investigativer Journalist bin. Recherchierender Journalist, manchmal gut, manchmal mittelmäßig.

Haben Sie für die Zukunft die Hoffnung, dass diese Einstellung sich auf alle Ressorts ausweitet und sich nicht so sehr auf den politischen Bereich beschränkt?
Ich denke ja. Das Sport-Netzwerk ist unlängst gegründet worden, ein ganz wichtiger Bereich, es wird im Wirtschaftsbereich darüber geredet – das weist in die richtige Richtung. In jedem Medium muss es zumindest Nischen der Recherche geben.

Was wäre für Sie das Selbstverständnis eines investigativen Journalisten, das sich vielleicht auch die Wissenschaftsjournalisten etwas mehr zu Herzen nehmen könnten?
Das Selbstverständnis des Journalisten muss immer sein, dass er Medium ist. Dass er Chronist ist, dass er sich den Leuten und den Menschen, aber auch dem Stoff verbunden fühlt. Und dass er eben nicht alles nach den Regeln macht, die die anderen erwarten, er darf sich also nicht instrumentalisieren lassen. Gleichzeitig darf er sich aber nicht allmächtig vorkommen oder zu wichtig nehmen. Und er muss seinen Beruf als einen der schönsten Berufe sehen.

Redigierte und gekürzte Fassung aus:
Radü, Jens. *Wachhund im Elfenbeinturm. Investigativer Wissenschaftsjournalismus als mögliche Kontrollinstanz des Wissenschaftssystems.*
VDM, Saarbrücken 2007. (Zugleich Diplomarbeit am Lehrstuhl Wissenschaftsjournalismus der TU Dortmund, 2006.)

# III Akteure und ihr Selbstverständnis

Wissenschaftsjournalisten in Deutschland: Profil, Tätigkeiten und Rollenverständnis

Bernd Blöbaum

1. Wissenschaftsjournalisten – eine problemorientierte systematische Einordnung

In der modernen Gesellschaft hat sich der Journalismus als ein eigenständiges Funktionssystem ausdifferenziert, das einem Publikum aktuell Informationen zur öffentlichen Kommunikation bereitstellt. Das journalistische System beobachtet mit Politik, Wirtschaft, Kultur und Sport traditionell jene Bereiche in seiner Umwelt besonders intensiv, die nachhaltige Publikumskontakte zu Wählern, Kunden/Konsumenten, Kulturrezipienten und Sportzuschauern unterhalten (Blöbaum 1994).

Der Journalismus greift Ereignisse in seiner Umwelt – den gesellschaftlichen Funktionssystemen – auf, selektiert sie, bündelt sie zu Themen und stellt die Themen nach diversen redaktionellen Bearbeitungsprozessen in journalistischen Darstellungsformen via Massenmedien den Rezipienten zur öffentlichen Kommunikation zur Verfügung.

In diesem journalistischen Prozess haben sich im Laufe der Zeit durch Differenzierungsvorgänge Spezialisierungen gebildet: Auf der Ebene der redaktionellen Organisation entwickelten sich in jüngerer Zeit neue Ressorts oder mindestens regelmäßige thematische Bündelungen, z.B. Medienressorts, Serviceredaktionen, Wissenschaftsressorts. Im Bereich der journalistischen Rollen lassen sich solche Differenzierungsvorgänge ebenfalls identifizieren: Medienjournalisten, Serviceredakteure, Wissenschaftsjournalisten (Blöbaum 2004).

Wissenschaftsberichterstattung hat eine lange Tradition (Kohring 2005). In den vergangenen Jahren ist eine Vermehrung und Verdichtung journalistischer Kommunikationen in Bezug auf Wissenschaft zu beobachten. Die Ausdifferenzierung von speziellen Rollenträgern (Wissenschaftsjournalisten) und redaktionellen Organisationsstrukturen (Wissenschaftsressorts, Wissenschaftsredaktionen) kann ebenso wie die Markteinführung von Wissenschaftsmagazinen im Rundfunk- und Printbereich als Indiz für die gestiegene Aufmerksamkeit gewertet werden, die das journalistische System der Wissenschaft entgegenbringt. Darin spiegelt sich möglicherweise eine gewachsene gesellschaftliche Relevanz von Wissenschaft.

Wissenschaftsjournalismus ist der Teil des Journalismus, der das Wissenschaftssystem und die diversen Umweltbezüge der Wissenschaft beobachtet (Kohring 2005). Damit geraten nicht nur wissenschaftliche Erkenntnisse (z.B. Forschungsleistungen) in den Fokus journalistischer Aufmerksamkeit, sondern auch Interaktionen zwischen Wissenschaft und Politik (z. B. Forschungspolitik), zwischen Wissenschaft und Wirtschaft (z. B. Finanzierung und Förderung von Wissenschaft) oder zwischen Wissenschaft und Kultur (z. B. Wissenschaft und Ethik).

Die Zunahme wissenschaftsjournalistischer Kommunikationen hat mit Wissenschaftsjournalisten spezialisierte Rollenträger im Journalismus hervorgebracht, die ›in‹ Medienorganisationen oder – oft als freie Mitarbeiter – ›für‹ Medien über Wissenschaft berichten. Wissenschaftsjournalisten sind damit die Teilgruppe der Journalisten, die sich durch die Bearbeitung des Ereignisfeldes Wissenschaft konstituiert.

Zu den Erkenntnissen der Journalismusforschung gehört, dass die Journalisten mit ihren Handlungen und Kommunikationen eingebettet sind in vielfältige Kontexte, die beispielsweise in Form von ökonomischen oder organisatorischen Rahmenbedingungen Einfluss auf die journalistischen Tätigkeiten haben. Die Journalisten sind aber keine Marionetten im Geflecht struktureller Vorgaben und Zwänge, sondern entwickeln im Laufe ihrer journalistischen Sozialisation neben beruflichen Arbeitsroutinen auch Haltungen und Überzeugungen, die ihre Tätigkeiten mitprägen.

Zu einem umfassenden Bild des Wissenschaftsjournalismus gehört deshalb ein Ausschnitt, der Wissenschaftsjournalisten als Akteure porträtiert. Ihr soziales Profil, ihre Ausbildung und vor allem ihr berufliches Selbstverständnis geben Aufschluss darüber, wie sie ihre Rolle in der Wissenschaftsberichterstattung interpretieren.

Aktuelle wissenschaftliche Erkenntnisse über Wissenschaftsjournalisten in Deutschland liegen kaum vor. Im Bereich der Wissenschaftsberichterstattung überwiegen Inhaltsanalysen. Die wenigen Kommunikatorstudien basieren auf der Befragung kleiner Gruppen von Wissenschaftsjournalisten. Die jüngste repräsentative Journalistenstudie in Deutschland (Weischenberg, Malik und Scholl 2006a und b) wertet die Ergebnisse für Wissenschaftsjournalisten zwar nicht gesondert aus, liefert aber einige aufschlussreiche Erkenntnisse zum Berufsverständnis von Wissenschaftsjournalisten.

Eine für diese Veröffentlichung vorgenommene Sonderauswertung dieser repräsentativen Journalistenbefragung vermittelt einen Eindruck vom sozialen Profil und den beruflichen Orientierungen von Wissenschaftsjournalisten in Deutschland.[1] Ergänzt werden diese neueren Befunde um einzelne Erkenntnisse aus anderen Kommunikatorstudien.

Dass Journalisten im Berichterstattungsfeld Wissenschaft im Vergleich zu ihren Kollegen in den Ressorts Politik, Wirtschaft, Sport und Medien eher selten Objekt systematischer Erhebungen werden, hat mit der heterogenen Struktur des Feldes Wissenschaftsjournalismus zu tun. Die Schwierigkeit, Wissenschaftsberichterstattung eindeutig zu identifizieren (und damit abzugrenzen), führt geradewegs zu dem Problem, die Gruppe der Wissenschaftsjournalisten eindeutig zu bestimmen.

Eine Möglichkeit zur Bestimmung dieser Berufsgruppe besteht darin, Medien und Medienangebote (z. B. *SZ Wissen, Galileo, Nano, Forschung aktuell* sowie Wissenschaftsressorts von

---

1 Der Verfasser dankt Armin Scholl (Universität Münster) für die Sonderauswertung der *Journalismus in Deutschland-Studie* für die Gruppe der Wissenschaftsjournalisten. Die für diesen Beitrag angefertigte Auswertung wird im Folgenden zitiert als Scholl 2006.

Tageszeitungen und Magazinen) als Grundlage zu nehmen und die in diesen und für diese Organisationen arbeitenden Journalisten als Wissenschaftsjournalisten anzusehen. Dies wäre ein sehr enges Verständnis von Wissenschaftsberichterstattung.

Wie Inhaltsanalysen belegen, findet sich wissenschaftsbezogene Berichterstattung vielfach in anderen Redaktionen und Ressorts unter unterschiedlichen Bezeichnungen wie Hochschule, Computer, Bildung etc. (Blöbaum, Görke und Wied 2004). Der funktionalen Beschreibung von Kohring (2005) folgend, der unter Wissenschaftsberichterstattung nicht nur die journalistische Vermittlung von Ereignissen aus der Wissenschaft versteht, sondern auch die Thematisierung der vielfältigen gesellschaftlichen Bezüge von Wissenschaft, gehören etwa Berichte über die (wissenschaftliche) Prognose wichtiger Konjunkturdaten durch einen Sachverständigenrat im Wirtschaftsteil, die Berichterstattung über Doping im Sportressort oder der literaturwissenschaftliche Streit über eine Kafka-Edition in einem Fernseh-Kulturmagazin zur Wissenschaftsberichterstattung.

Eine Verständigung auf einen Kernbereich von Wissenschaftsjournalismus mag noch einfach sein, an der Peripherie franst jedoch der journalistische Teilbereich Wissenschaftsjournalismus aus. Diese Schwierigkeit schlägt sich bei der Bestimmung der Akteure nieder. Wissenschaftsjournalisten arbeiten nicht nur in Wissenschaftsressorts, sondern sind oft in anderen redaktionellen Organisationsbereichen tätig.

Daraus ergibt sich ein Dilemma: Ein enges Verständnis von Wissenschaftsjournalismus erfasst zwar den Kern der über Wissenschaft berichtenden Journalisten – allerdings um den Preis, dass weite Teile der Berichterstattung über Wissenschaft nicht berücksichtigt werden. Ein weites Verständnis von Wissenschaftsjournalismus erfasst dagegen einen größeren Teil der Wissenschaftsberichterstattung, bezieht aber auch jene Journalisten mit ein, die sich mit einem meist nicht genau zu quantifizierenden Teil ihrer Arbeit dem Ereignisfeld Wissenschaft widmen.

Die Studie *Journalismus in Deutschland II* (Weischenberg, Malik und Scholl 2006a und b), deren Sonderauswertung zu Wissenschaftsjournalisten im Folgenden vorgestellt wird, umfasst hauptberufliche, fest angestellt oder frei arbeitende Journalisten. »Hauptberuflichkeit wird dann konstatiert, wenn ein Journalist mehr als die Hälfte seiner Einkünfte aus journalistischer Arbeit bezieht oder mehr als die Hälfte seiner Arbeitszeit für journalistische Medien tätig ist« (Weischenberg, Malik und Scholl 2006a: 347).

Von den 1.536 befragten Journalisten der repräsentativen Journalisten-Studie bezeichnen sich 14 (das entspricht knapp einem Prozent) als Wissenschaftsjournalisten. Sie nennen bei der Ressortzugehörigkeit nur Wissenschaft. 35 Journalisten (2,3 Prozent) geben entweder das Ressort Wissenschaft an erster Stelle an oder nennen es als eines von weiteren Ressorts, für die sie tätig sind (siehe Tabelle 1). Erweitert man diese Bestimmung von Wissenschaftsjournalisten um die Befragten, die neben Wissenschaft zusätzlich die Ressorts Forschung, Medizin, Umwelt oder Wissen angeben, erhöht sich die Zahl jener auf 68 von 1.536 (4,5 Prozent).

Ein noch weiteres Verständnis von Wissenschaft, das die Selbsteinordnung der befragten Journalisten in die Ressorts Bildung, Gesundheit oder Natur umfasst, ergibt mit 98 Nennungen (von 1.536) einen Anteil von 6,4 Prozent hauptberuflich tätigen Wissenschaftsjournalisten. Bei dieser weitgefassten Definition ist zu bedenken, dass hier Überschneidungen mit Lifestyle-Rubriken (z. B. Wellness, Beauty) vorkommen könnten.

Wissenschaftsjournalisten in Deutschland: Profil, Tätigkeiten und Rollenverständnis

Die in diesem Beitrag vorgenommene Einordnung geht also in zweierlei Hinsicht von einem eher konservativen, engen Verständnis von Wissenschaftsjournalisten aus: Sie müssen hauptberuflich, d.h. mit mehr als 50 Prozent ihres Einkommens oder ihrer Arbeitszeit in der Wissenschaftsberichterstattung aktiv sein; damit ist die unbekannte, aber vermutlich große Zahl der freien Wissenschaftsjournalisten nicht erfasst, die weniger als die Hälfte ihres Einkommens aus wissenschaftsjournalistischer Tätigkeit beziehen.

Und es sind nur solche Wissenschaftsjournalisten berücksichtigt, die explizit einem Wissenschafts- oder einem naheliegenden Ressort (wie Forschung, Medizin, Umwelt, Wissen) zuzuordnen sind; damit sind jene Teile der Journalisten nicht berücksichtigt, die in Ressorts wie Politik, Wirtschaft, Kultur oder Lokales über das Ereignisfeld Wissenschaft berichten.

Tabelle 1: Definition Wissenschaftsjournalisten

Ressortzugehörigkeit	N	Anteil in Prozent	hochgerechnete Gesamtzahl (Basis: 48.000 Journalisten)
nur explizite Nennung Wissenschaftsressort	35	2,3	1.104
Wissenschaft und Forschung, Medizin, Umwelt, Wissen	68	4,5	2.160
Wissenschaft und Forschung, Medizin, Umwelt, Wissen sowie Bildung, Gesundheit, Natur	98	6,4	3.072

Quelle: Scholl 2006

Solche Definitionsprobleme sind nicht nur typisch für den Wissenschaftsjournalismus, sie gelten ebenso für andere Bereiche des Journalismus. 17,6 Prozent der befragten Journalisten in Deutschland sind ohne feste Ressortbindung im Journalismus tätig (Weischenberg, Malik und Scholl 2006a: 351).

Wenn bei der folgenden Beschreibung des sozialen Profils und der Berufsrollen auf die Daten der Studie *Journalismus in Deutschland II* zurückgegriffen wird, beziehen sich die Angaben immer auf eine weite Bestimmung von Wissenschaftsjournalisten, weil damit vermutlich der Kern der Wissenschaftsberichterstattung in wissenschaftsbezogenen Ressorts – und damit die Gruppe der Wissenschaftsjournalisten in Deutschland – weitgehend erfasst ist.[2] Ungelöst bleibt das Problem, dass Wissenschaftsberichterstattung auch in anderen Ressorts stattfindet. Während also die Wissenschaftsjournalisten damit vergleichsweise gut abgebildet werden, kann daraus nicht auf das Angebot – die Wissenschaftsberichterstattung – geschlossen werden.

Zum Zeitpunkt der Journalistenbefragung 2005 arbeiteten in Deutschland rund 48.000 Journalisten, 36.000 in Festanstellung und 12.000 als hauptberufliche Freie (Weischenberg, Malik und Scholl 2006a: 349 f.). Ausgehend von diesen Daten, ergäbe sich für Deutschland – bezogen auf die oben angeführte weite Definition von Wissenschaftsressorts – eine Zahl von rund 3.000 Wissenschaftsjournalisten.

---

2 Es zeigt sich, dass hinsichtlich der verschiedenen Ausprägungen keine Unterschiede bestehen zwischen den Daten für die Journalisten, die nur das Wissenschaftsressort als Tätigkeitsfeld angeben (2,3 Prozent), und denen, die andere Ressorts wie Medizin, Wissen, Bildung, Gesundheit etc. (insgesamt 6,4 Prozent) benennen. Dieses stabile Bild ist ein starkes Indiz dafür, dass die hier dargestellten Forschungsergebnisse die Gruppe der Wissenschaftsjournalisten angemessen beschreiben.

Zwei Drittel der Wissenschaftsjournalisten (66 Prozent) arbeiten in Festanstellungen, ein Drittel (34 Prozent) ist hauptberuflich frei tätig. Damit weist der Wissenschaftsjournalismus deutlich mehr freie Journalisten auf als der Journalismus insgesamt (hier sind 75 Prozent fest angestellte Redakteure und 25 Prozent hauptberuflich frei tätig).

2. Soziales Profil und Ausbildung von Wissenschaftsjournalisten

Im Wissenschaftsjournalismus ist die Geschlechterverteilung mit 54 Prozent Männer- und 46 Prozent Frauenanteil annähernd ausgeglichen. Damit sind unter Wissenschaftsjournalisten überdurchschnittlich viele Frauen. Der Frauenanteil unter allen deutschen Journalisten beträgt 37 Prozent. Bei einer Befragung von 22 fest angestellten und 22 freien Wissenschaftsjournalisten 2002, die bei deutschen Regional- und Boulevardzeitungen über Life-Science-Themen berichten, waren 24 Frauen in der Stichprobe (Blöbaum und Görke 2003: 16).

Das durchschnittliche Alter der Wissenschaftsjournalisten liegt mit 41 Jahren knapp über dem Durchschnittsalter aller Journalisten (40,5 Jahre; Scholl 2006). Die Befragung von Wissenschaftsjournalisten, die bei und für Regional- und Boulevardzeitungen arbeiteten, ergab 2002 ein Durchschnittsalter von 40,7 Jahren (Blöbaum und Görke 2003: 16).

Wissenschaftsjournalisten in Deutschland verfügen über eine hohe formale Bildung (siehe Tabelle 2). Drei Viertel haben ein Studium an einer Universität oder einer anderen Hochschule abgeschlossen. Mit elf Prozent promovierter Wissenschaftsjournalisten bewegt sich diese Gruppe ebenfalls weit über dem Durchschnitt aller Journalisten. Von den 2002 befragten 44 Journalisten im Bereich Wissenschaft bei Boulevard- und Regionalzeitungen hatten 40 ein Studium abgeschlossen, davon 12 mit Promotion.

Tabelle 2: Höchster Bildungsabschluss von Wissenschaftsjournalisten

Bildungsabschluss	alle Journalisten (n = 1.536)	Wissenschaftsjournalisten (n = 98)
Fachabitur, Abitur	13	5
Studium ohne Abschluss	15	6
Studium mit Abschluss an Universität, Hochschule	63	76
Studium mit Promotion	3	11
sonstige Abschlüsse	6	2

Alle Angaben in Prozent

Quelle: Scholl 2006

Die Studienfächer der Wissenschaftsjournalisten verteilen sich zu jeweils rund einem Drittel auf die Geistes-, Sozial- und Naturwissenschaften. Im Vergleich zu allen Journalisten ergibt sich ein hoher Anteil Wissenschaftsjournalisten, die naturwissenschaftliche Fächer studiert haben, während geisteswissenschaftliche Studienfächer eher etwas unterrepräsentiert sind (siehe Tabelle 3).

Tabelle 3: Studienfächer von Wissenschaftsjournalisten

Studienfächer	alle Journalisten (n = 1.288)	Wissenschaftsjournalisten (n = 92)
Geisteswissenschaften	42	36
davon Medienwissenschaft, Medienstudiengänge	*3*	*5*
Sozialwissenschaften	31	30
davon Publizistik-/ Kommunikationswissenschaft	*6*	*2*
davon Journalistik	*8*	*10*
Naturwissenschaften	12	28
Jura, Wirtschaftswissenschaften	12	6
Andere (Haupt-)Fächer	3	0

Alle Angaben in Prozent

Quelle: Scholl 2006

Die starke Bedeutung naturwissenschaftlicher Fächer in der Bildungsbiografie von Wissenschaftsjournalisten ergab auch die Befragung von festen und freien Journalisten bei Regional- und Boulevardzeitungen. Die Hälfte der freien Journalisten hatte Biologie studiert, 14 von 22 Freien hatten naturwissenschaftliche Fächer belegt, sieben gaben als Hauptfächer geistes- und sozialwissenschaftliche Fächer an. Bei den fest angestellten Journalisten verschiebt sich das Studienprofil zugunsten der Sozial- und Geisteswissenschaften (elf Nennungen). Sechs der 22 befragten Wissenschaftsredakteure in Festanstellung hatten naturwissenschaftliche Fächer studiert (Blöbaum und Görke 2003: 16).

Wie wird man Wissenschaftsjournalist? Zwei Drittel (67 Prozent) der in und für Wissenschaftsressorts arbeitenden Journalisten haben während der Ausbildung ein Praktikum oder eine Hospitanz absolviert. Über die Hälfte (54 Prozent) hat ein Volontariat abgeschlossen (siehe Tabelle 4).

Während der Anteil der Volontariate unter Wissenschaftsjournalisten geringer ist als in der Gesamtgruppe der Journalisten in Deutschland, sind Journalistenschulen ein überdurchschnittlich häufig eingeschlagener Ausbildungsweg unter Wissenschaftsjournalisten. Insgesamt über ein Viertel der befragten Wissenschaftsjournalisten hat ein Studium der Journalistik (13 Prozent) oder der Publizistik-/Kommunikations-/Medienwissenschaft (14 Prozent) absolviert.

Die Studie zu den Wissenschaftsjournalisten bei den Regional- und Boulevardzeitungen (Blöbaum und Görke 2003) bestätigt das journalistische Ausbildungsprofil. Dabei haben die Redakteure eher eine klassische vorberufliche journalistische Sozialisation mit Volontariat und sozial- bzw. geisteswissenschaftlichem Studium durchlaufen, während freie Wissenschaftsjournalisten als Naturwissenschaftler sich dem Journalismus eher über Praktika genähert haben.

Als Tendenz zeichnet sich bei einer Gegenüberstellung der Festen und Freien ab: Die Redakteure haben sich auf der Basis einer journalistischen Ausbildung das Themenfeld Wis-

Tabelle 4: Ausbildungswege von Wissenschaftsjournalisten

Ausbildungswege	Alle Journalisten (n = 1.536)	Wissenschaftsjournalisten (n = 98)
Hospitanz/Praktikum	69	67
Volontariat	62	54
Journalistenschule	14	20
sonstige Aus- und Weiterbildung	14	11

Alle Angaben in Prozent

Mehrfachnennungen möglich, daher liegt die Gesamtprozentzahl bei über 100.

Quelle: Scholl 2006

senschaft erschlossen. Viele freie Wissenschaftsjournalisten haben sich auf der Basis eines naturwissenschaftlichen Studiums den Journalismus erschlossen (Blöbaum und Görke 2003: 18).

Diese Unterschiede in der beruflichen Sozialisation zeigen sich ebenfalls in den beruflichen Selbstbeschreibungen der 44 Redakteure, die in oder für Regional- und Boulevardzeitungen arbeiten. Die freien Journalisten sehen sich in erster Linie als Wissenschaftsjournalisten, die das Themenfeld Wissenschaft oder einen spezifischen Ausschnitt daraus journalistisch behandeln. Die befragten Redakteure der Printmedien sehen sich in erster Linie als Journalisten, die (auch) über Wissenschaftsthemen berichten, so wie sie über andere Ereignisfelder schreiben könnten.

3. Tätigkeitsprofile von Wissenschaftsjournalisten

Wissenschaftsjournalisten in Deutschland recherchieren täglich im Durchschnitt 20 Minuten länger als andere Journalisten. Laut der repräsentativen Befragung (Weischenberg, Malik und Scholl 2006b) liegt ihre Recherchezeit bei durchschnittlich 117 Minuten (Wissenschaftsjournalisten: 137 Minuten, Quelle: Scholl 2006). Auf das Verfassen und Redigieren eigener Texte entfällt bei Wissenschaftsjournalisten mit 145 Minuten täglich 25 Minuten mehr Zeit als bei anderen Journalisten in Deutschland. Eine Erklärung für die Unterschiede beim Tätigkeitsprofil (siehe Tabelle 5) liefert der etwas höhere Anteil freier Journalisten unter den Wissenschaftsjournalisten. Das Angebot freier Journalisten umfasst in der Regel einen kompletten Beitrag, der recherchiert, verfasst und redigiert ist, während fest angestellte Redakteure stärker mit Planungs- und Koordinierungsaufgaben sowie Selektionen in Redaktionen beschäftigt sind.

Wissenschaftsjournalisten verwenden halb so viel Zeit auf das Redigieren von Agentur- und Pressematerial wie andere Journalisten, sie verbringen ebenfalls weniger Zeit mit der Auswahl von Texten und mit technischen Aufgaben. Der Zeitanteil für Organisations- und Verwaltungsaufgaben liegt bei den Wissenschaftsjournalisten höher als bei ihren Journalistenkollegen, was ebenfalls mit dem höheren Anteil freier Journalisten korrespondiert, die mehr Zeit in Organisation/Verwaltung (Beitragsangebote, Honorarverwaltung etc.) aufbringen müssen als fest angestellte Redakteure. Die freie Tätigkeit erfordert weniger häufig die Selektion von Texten, das Redigieren von Beiträgen von Nachrichtenagenturen und Mitarbeitern sowie die Moderation (bei Rundfunkjournalisten).

Tabelle 5: Journalistische Tätigkeiten von Wissenschaftsjournalisten in Minuten pro Tag (Durchschnitt)

Journalistische Tätigkeiten	Alle Journalisten (n = 1.536)	Wissenschaftsjournalisten (n = 98)
Recherche	117	137
Verfassen/Redigieren eigener Texte	120	145
Auswahl von Texten	33	25
Redigieren von Agentur- und Pressematerial	33	17
Redigieren der Texte von Kollegen/Mitarbeitern	55	46
Moderation (nur Rundfunkjournalisten)	28	4
Organisation und Verwaltung	78	93
Technik	84	72
Kontakt mit dem Publikum	26	22
PR, Werbung, Marketing, kaufmännische Tätigkeiten	9	7

Quelle: Scholl 2006

4. Rollenverständnis von Wissenschaftsjournalisten

Massenmedien sollen informieren, kritisieren und kontrollieren, sie sollen zur Meinungs- und Willensbildung beitragen, sie haben einen Bildungsauftrag, und sie sollen unterhalten. Aus dieser komplexen öffentlichen Aufgabe ergeben sich Rollenerwartungen an die journalistischen Akteure.

Ob die Journalisten diese gesellschaftlichen Normvorgaben erfüllen oder nicht, hängt auch davon ab, inwieweit sie selbst eine Vorstellung von ihrer Rolle als Journalisten haben, die mit den genannten Erwartungen kompatibel ist. Das Selbstverständnis von Journalisten gibt nicht nur Aufschluss über die eigene Wahrnehmung der Akteure, sondern liefert ebenfalls Hinweise darauf, wie die Journalisten ihren Beruf interpretieren. Um herauszufinden, ob Wissenschaftsjournalisten in Deutschland ein spezifisches Rollenverständnis haben, können die Angaben dieser Berufsgruppe mit den Daten für alle Journalisten verglichen werden.

Wie bereits bei den umfangreichen Journalistenbefragungen in den 90er Jahren ergibt sich ein sehr eindeutiges Bild: Journalisten in Deutschland sehen sich in erster Linie als Informationsvermittler. Dies gilt ebenfalls für Wissenschaftsjournalisten, von denen 88 Prozent es als ihre Aufgabe ansehen, das Publikum möglichst neutral und präzise zu informieren (siehe Tabelle 6).

Tabelle 6: Rollenverständnis von Wissenschaftsjournalisten

Rollenverständnis	alle Journalisten (n = 1.536)	Wissenschaftsjournalisten (n = 98)
	»trifft voll und ganz zu« und »trifft überwiegend zu«	
möglichst neutral und präzise informieren	89	88
komplexe Sachverhalte erklären und vermitteln	79	86
möglichst schnell Informationen vermitteln	74	67
Realität so abbilden, wie sie ist	74	74
mich auf Nachrichten konzentrieren, die für ein möglichst breites Publikum interessant sind	60	49
Kritik an Missständen üben	58	54
normalen Leuten eine Chance geben, ihre Meinung über Themen von öffentlichem Interesse zum Ausdruck zu bringen	34	33
mich für Benachteiligte in der Bevölkerung einsetzen	29	30
Politik, Wirtschaft und Gesellschaft kontrollieren	24	18
politische Tagesordnung beeinflussen und Themen auf die politische Tagesordnung setzen	14	9
neue Trends aufzeigen und neue Ideen vermitteln	44	59
Lebenshilfe für das Publikum bieten, als Ratgeber dienen	44	55
positive Ideale vermitteln	40	41
Unterhaltung und Entspannung bieten	37	30
eigene Ansichten präsentieren	20	11

Angaben in Prozent

Quelle: Scholl 2006

Wissenschaftsjournalisten definieren ihre Berufsrolle stärker über die Vermittlung und Erklärung komplexer Sachverhalte (86 Prozent Zustimmung) als andere Journalisten (79 Prozent Zustimmung). Darin spiegelt sich vermutlich eine angenommene Besonderheit des Ereignisfeldes Wissenschaft, das als eher kompliziert wahrgenommen wird. Die Wissenschaftsjournalisten sehen es als eine ihrer Aufgaben an, diese Komplexität zu reduzieren und mit ihrer Berichterstattung etwas zu erklären.

Anders als bei der Gesamtheit der Journalisten steht bei den Wissenschaftsjournalisten die Aktualität weniger stark im Vordergrund. Dies kann einerseits dem Feld Wissenschaft zugeschrieben werden, in dem relevante Ereignisse vielleicht in geringerer Frequenz auftreten als etwa in Politik, Wirtschaft oder Sport. Andererseits ist dies möglicherweise ein Hinweis auf den geringeren Institutionalisierungsgrad von Wissenschaftsredaktionen und Wissenschaftsseiten und -sendungen, weil Wissenschaftsberichterstattung bei vielen Medien nicht täglich, sondern häufig im wöchentlichen Rhythmus (gelegentlich auch mit noch längeren Abständen; siehe Blöbaum und Görke 2003; Blöbaum, Görke und Wied 2004) praktiziert wird.

Wissenschaftsjournalisten sehen ihre Rolle stärker als andere Journalisten darin, solche Themen zu vermitteln, die nicht für ein breites Publikum interessant sind. Lediglich knapp die Hälfte (49 Prozent) der in und für Wissenschaftsressorts oder wissenschaftsnahe Ressorts tätigen Journalisten will sich auf Nachrichten konzentrieren, die für ein breites Publikum interessant sind. Bei allen Journalisten stimmen dieser Aussage 60 Prozent zu.

Dass sich die über Wissenschaft berichtenden Journalisten weniger als Kontrolleure von Politik, Wirtschaft und Gesellschaft sowie als Beeinflussende der politischen Tagesordnung sehen als andere Journalisten, hängt wohl mit der Antwortvorgabe zusammen, die Wissenschaft als zu kontrollierendes und zu beeinflussendes Gebiet nicht nennt.

Zu den spezifischen Merkmalen des wissenschaftsjournalistischen Rollenverständnisses gehört, dass diese Gruppe es stärker als andere Journalisten als ihre Aufgabe ansieht, neue Trends und Ideen zu vermitteln und als Ratgeber zu agieren. Die Wissenschaftsberichterstattung wird von ihren Protagonisten unter dem Gesichtspunkt einer Serviceleistung für das Publikum interpretiert, bei der neue Erkenntnisse aus der Wissenschaft vermittelt werden. Deutlich seltener als die Gesamtheit der Journalisten verstehen sich Wissenschaftsjournalisten als Unterhalter.

Auch die Befragung jener freien und fest angestellten Journalisten, die für Regional- und Boulevardmedien über Life-Science-Themen berichten, zeigt die Dominanz der Informationsvermittlung als Rollenverständnis von Wissenschaftsjournalisten. Die Differenzen hinsichtlich der Arbeitsverhältnisse und der beruflichen Sozialisation führen nicht zu einem auseinanderklaffenden Verständnis journalistischer Aufgaben. Die Rolle als Informationsvermittler steht auch bei dieser Gruppe im Vordergrund (Blöbaum und Görke 2003: 20).

Die Befragung englischer Wissenschaftsjournalisten bei national verbreiteten Tages- und Sonntagszeitungen dokumentiert ebenfalls ein berufliches Selbstverständnis, bei dem die neutrale Vermittlung von Informationen – anstelle der Rolle des Kritikers – im Mittelpunkt steht. »The journalists see their job as one of providing interesting, informative, and entertaining coverage of science, not as one of educating the public or proselytizing on behalf of science« (Hansen 1994: 130).

5. Fazit

Wissenschaftsberichterstattung bearbeitet Ereignisse des Wissenschaftssystems ebenso wie die Schnittstellen und Bezüge, die Wissenschaft zu anderen gesellschaftlichen Bereichen wie Politik und Wirtschaft hat. Im Zuge einer Verdichtung und Vermehrung wissenschaftsbezogener Kommunikation haben sich in den vergangenen Jahren in Deutschland Wissenschaftsredaktionen und -journalisten als Spezialisten für die aktuelle Vermittlung von Wissenschaftsthemen herausgebildet.

Auf der Basis der jüngsten repräsentativen Journalistenstudie ist von rund 3.000 Wissenschaftsjournalisten in Deutschland auszugehen, von denen zwei Drittel in fester Anstellung und ein Drittel als hauptberuflich freie Journalisten arbeiten. Der Frauenanteil liegt mit 46 Prozent deutlich über dem Durchschnitt der deutschen Journalisten. Wissenschaftsjournalisten verfügen über eine hohe formale Bildung; viele haben promoviert und vergleichsweise häufig naturwissenschaftliche Fächer studiert. Während Redakteure im Wissenschaftsressort in der Regel eine klassische journalistische Sozialisation haben und sich aus dem Journalismus heraus das Feld der Wissenschaftsberichterstattung erschlossen haben, haben sich viele freie Wissenschaftsjournalisten den Journalismus vor dem Hintergrund einer wissenschaftlichen Sozialisation erschlossen.

Wissenschaftsjournalisten verbringen mehr Zeit mit Recherche sowie mit dem Verfassen und Redigieren eigener Texte als andere Journalisten; sie übernehmen weniger häufig Selektions- und Redigiertätigkeiten bei fremden Texten. Wer über Wissenschaftsthemen berichtet, sieht sich in erster Linie als neutraler Vermittler von Informationen und möchte komplexe Sachverhalte erklären. Dabei ist den Wissenschaftsjournalisten klar, dass sie eher ein interessiertes als ein breites Publikum ansprechen.

Die Ergebnisse der deutschen Journalistenstudien im Feld der Wissenschaftsberichterstattung bestätigen ein Ergebnis, das Hansen (1994: 131) für die englischen Wissenschaftsredakteure bereits festgehalten hat: »The specialists regard themselves first and foremost as journalists, and consequently employ the same criteria of newsworthiness, the same selection practices, and the same source strategies.«

Das soziale Profil, die Tätigkeiten und das Rollenverständnis von Wissenschaftsjournalisten in Deutschland dokumentieren, dass es sich bei dieser Gruppe in erster Linie um ganz normale Journalisten handelt, die sich von anderen journalistischen Akteuren durch die Bearbeitung eines speziellen Ereignisfeldes, der Wissenschaft, unterscheiden.

Literatur

Blöbaum, Bernd. *Journalismus als soziales System. Geschichte, Ausdifferenzierung und Verselbstständigung.* Opladen 1994.

Blöbaum, Bernd. »Organisationen, Programme und Rollen. Die Struktur des Journalismus in systemtheoretischer Perspektive«. *Theorien des Journalismus. Ein diskursives Handbuch.* Hrsg. Martin Löffelholz. Wiesbaden 2004. 201–215.

Blöbaum, Bernd, und Alexander Görke. *Wissenschaftsjournalismus bei Regional- und Boulevardzeitungen. Ergebnisse einer Befragung und Inhaltsanalyse.* Endbericht einer Studie für das ›Qualifizierungsprogramm Wissenschaftsjournalismus‹. Unveröffentlichtes Manuskript. Münster 2003. (Auch online unter www.bertelsmann-stiftung.de/bst/de/media/Endfassung_RegionalStudie_pag_04-09-13.pdf, Download 5.2.2007.)

Blöbaum, Bernd, Alexander Görke und Kristina Wied. *Quellen der Wissenschaftsberichterstattung. Inhaltsanalyse und Befragung.* Endbericht einer Studie für das ›Qualifizierungsprogramm Wissenschaftsjournalismus‹. Unveröffentlichtes Manuskript. Münster 2004. (Auch online unter www.bertelsmann-stiftung.de/bst/de/media/Studie_Quellen_des_Wijo_2004.pdf, Download 5.2.2007.)

Hansen, Anders. »Journalistic practices and science reporting in the British press«. *Public Understanding of Science* (3) 2 1994. 111–134.

Kohring, Matthias. *Wissenschaftsjournalismus. Forschungsüberblick und Theorieentwurf.* Konstanz 2005.

Scholl, Armin. Sonderauswertung der Studie »Journalisten in Deutschland 2005«. Unveröffentlichtes Manuskript. Münster 2006.

Weischenberg, Siegfried, Maja Malik und Armin Scholl. »Journalismus in Deutschland 2005. Zentrale Befunde der aktuellen Repräsentativbefragung deutscher Journalisten«. *Media Perspektiven* (7) 2006a. 346–361. (Auch online unter www.ard-werbung.de/showfile.phtml/weischenberg.pdf?foid=17614, Download 10.1.2006.)

Weischenberg, Siegfried, Maja Malik und Armin Scholl. *Die Souffleure der Mediengesellschaft. Report über die Journalisten in Deutschland.* Konstanz 2006b.

Das Ende der Langsamkeit!
Veränderungen im Arbeitsalltag
freier Wissenschaftsjournalisten

Wiebke Rögener

Nicht wenig stolz war ich, als Mitte der 90er Jahre die ersten meiner Texte in der Zeitung standen. Der Zeitaufwand für diese Ehre war indes beträchtlich. Am Anfang stand der Besuch der Universitätsbibliothek. Druckfrische Fachzeitschriften, kaum mehr als zwei Wochen alt, wurden gewälzt und nach Themen durchforstet, die für Leser und Wissenschaftsredakteure attraktiv sein mochten. Bitter war's, wenn das neueste *Nature*- oder *Science*-Heft gerade ausgeliehen war. Allerdings begann ich bald, den Stoff für meine Geschichten bevorzugt in weniger gängigen Fachblättern zu suchen. War hier doch die Gefahr geringer, dass Exposés nach einigen Wochen mit dem Vermerk zurückkamen, ein entsprechender Artikel sei leider schon anderweitig in Auftrag gegeben oder werde vom Redakteur gerade selbst verfasst. Also stand ich geduldig mit einem Stapel eher entlegener Journale am Kopierer an und fütterte ihn dann mit vielen Groschen, von denen ich hoffte, dass sie eine gute Investition in meine Zukunft als Wissenschaftsjournalistin sein möchten.

Spannend wurde es, wenn die Exposés – brieflich oder per Fax – an diverse Redaktionen verschickt waren. Am Anfang verschwanden sie nicht selten in dem schwarzen Loch, das wohl den Großteil der Angebote von Neulingen verschlingt. Gelegentlich rief ein Redakteur an, um wortreich darzulegen, dass mein Vorschlag wirklich toll sei. Nur nicht hier, nicht jetzt, und überhaupt seien die nächsten vier Wissenschaftsseiten – und damit der ganze nächste Monat – schon verplant. Man werde die Idee aber mal im Hinterkopf behalten. Doch lernte ich bald, dass das selbst in diesen beschaulichen Zeiten als definitive Absage zu werten war.

Immerhin, auch Aufträge kamen, mal Tage, mal Wochen, nachdem ich meine Themen angeboten hatte. Eilig waren sie selten, die Redaktionen meist zufrieden, wenn ihr »Schaffen Sie's bis übernächste Woche?« positiv beschieden wurde. So blieb genügend Zeit, erneut in der Bibliothek zu recherchieren, Experten ausfindig zu machen und zum Gespräch aufzusuchen. Telefoninterviews waren seltener; das Frage-Antwort-Spiel durch einen Katalog elektronisch zugesandter Fragen zu ersetzen kam mir nicht in den Sinn. Kein Wunder also, dass ich beim Durchblättern meiner frühen Werke feststelle: Die Forscher, die ich im ersten Jahr meiner journalistischen Tätigkeit befragt habe, waren entweder an Universitäten im 100-km-Umkreis meines Wohnortes tätig oder begegneten mir auf wissenschaftlichen Tagungen in eben diesem Nahbereich.

Das Ende der Langsamkeit!

Das Internet spielte für Recherchen noch eine untergeordnete Rolle. Erst Ende der 90er Jahre begann ich, Dienste wie Eurekalert oder den Informationsdienst Wissenschaft intensiver zu nutzen. Nur die Resultate meiner Mühen verschickte ich schon bald per E-Mail, sofern die betreffende Redaktion nicht ausdrücklich ein papiernes Manuskript verlangte. Doch ob Papier oder elektronische Post – bis zum Druck konnten Wochen vergehen. Gelegentlich wanderte ein Text auch mehrmals zwischen Redaktion und Autorin hin und her, mit Nachfragen, Anmerkungen, Änderungswünschen. Als Quereinsteigerin aus der Wissenschaft, die abgesehen von ein paar Wochenendseminaren keinerlei journalistische Ausbildung hatte, habe ich viel aus der Evolutionsgeschichte mancher Artikel gelernt.

Dieser – zumindest aus Sicht der freien Autorin – gemächliche Rhythmus eines randständigen Ressorts war komfortabel, indes auch ein fragwürdiger Vorteil. Einerseits ließ er Raum für das Aufspüren entlegener Themen, umfassende Recherchen, die Befragung schwer erreichbarer Fachleute. Andererseits verführte er aber auch dazu, für jeden Text so umfassend Material zu sammeln, als solle eine Doktorarbeit in Angriff genommen werden – ein Verfahren, mit dem Freie nie auf einen grünen Zweig kommen können. Viele Kollegen sahen sich eher als populärwissenschaftlich schreibende Experten für ihr Spezialgebiet denn als hauptberufliche Journalisten, die von diesem Job auch leben wollten.

Nur hin und wieder einmal erreichte die gewöhnliche Hektik beim Produzieren einer Tageszeitung die freien Wissenschaftsautoren: Wenn ein Thema das Ressort sprengte und schon am nächsten Tag im Blatt stehen sollte. Neues zum Rinderwahnsinn oder ein Chemieunfall – nicht jeder aktuelle Beitrag kann auf die Wissenschaftsseite der nächsten Woche warten. Dazu ein sachkundiger Text nebst einiger O-Töne von Experten, und das noch am selben Tag, bitte rechtzeitig vor Redaktionsschluss – derartige Anfragen der Nachrichtenredaktion, so normal sie Kollegen aus anderen Ressorts erscheinen mögen, ließen den Panik-Pegel freier Wissenschaftsautoren schlagartig steigen. Meist wurden solche Eilaktionen aber wohl redaktionsintern bewältigt.

Die Ausnahmesituation verhilft aber auch zu erstaunlichen Einsichten: Es ist tatsächlich möglich, auch innerhalb von ein paar Stunden das Wesentliche herauszufinden und zu formulieren. Ein hoher Adrenalinspiegel macht offenbar erfinderisch und setzt investigative Energien frei. Ist der gewünschte Interviewpartner nicht umgehend zu sprechen, wird eben außerhalb des üblichen Expertenkreises herumtelefoniert – es muss ja nicht immer die wissenschaftliche Koryphäe befragt werden. Der Stadtbrandmeister, Mitglieder einer Bürgerinitiative, Hebammen oder Landwirte können interessante Gesprächspartner sein, wenn es um einen Brand im Chemiewerk, Fluglärm, Fortpflanzungsmedizin oder Gentech-Mais geht. Wer den Zeitdruck des Redaktionsschlusses im Nacken hat, lässt sich auch nicht von der Sekretärin auf »lieber morgen, wenn der Herr Professor keine Vorlesungen hat, oder vielleicht noch besser in den Semesterferien« vertrösten. Die Hemmschwelle, Experten nötigenfalls auch am Wochenende oder im Urlaub anzurufen, schwindet, einem unkooperativen Pressesprecher wird härter zugesetzt, wenn die Zeit drängt. Kurzum, auch der Wissenschaftsjournalist kann zum rasenden Reporter werden.

Inzwischen ist diese Fähigkeit nicht nur im Ausnahmefall gefragt. Sind doch immer mehr Blätter dazu übergegangen, täglich eine Wissenschaftsseite zu produzieren, so etwa die *Süddeutsche Zeitung*, die *Berliner Zeitung*, die *Welt* oder die *Financial Times Deutschland*. Ein

Trend, der nicht nur hierzulande zu beobachten ist: Auch *Le Monde* und *The Guardian* berichten mittlerweile täglich über Wissenschaft und Forschung. Damit ist das Wissenschaftsressort, gelegentlich als ›verspätetes Ressort‹ bezeichnet, endgültig kein Refugium für bedächtige Eigenbrötler mehr, sondern im normalen Zeitungsalltag angekommen.

Selbstverständlich tragen die rasant gewachsenen Möglichkeiten der Online-Recherche ihren Teil zur Beschleunigung bei. Wissenschaftliche Informationen sind heute weit schneller zu beschaffen als noch vor zehn Jahren: Viele Fachjournale stellen ihre Artikel für Journalisten vorab zur Verfügung, auch die ›open access‹-Bewegung erleichtert den Zugang zu aktuellen Forschungsergebnissen. Per Google-Recherche ist für jedes noch so abseitige Fachgebiet schnell irgendwo auf der Welt ein Spezialist samt E-Mail-Adresse gefunden. Längst kann niemand mehr aus meiner Auswahl der Interviewpartner auf meinen Wohnort schließen. Die Fülle von Internet-Informationen zu bewerten und die Quellen zu prüfen, die irgendwo aus dem virtuellen Raum sprudeln, kann allerdings einen Teil des Zeitgewinns wieder verschlingen.

Wo es eine tägliche Wissenschaftsseite gibt, werden auch eher aktuelle Themen aufgegriffen, die sich nicht aus dem Rhythmus des Wissenschaftsbetriebs selbst – etwa den Erscheinungsdaten wichtiger Fachzeitschriften oder den Terminen wissenschaftlicher Kongresse – ergeben. Eine Ausschusssitzung des Europäischen Parlaments oder die Pressekonferenz einer Umweltorganisation können ebenso Anlass der Berichterstattung sein. Damit ist das Themenspektrum im Wissenschaftsressort auch politischer geworden.

Erhöht haben sich mit der Aktualität die Ansprüche der Redaktionen an die Freien. Die Fähigkeit, kryptische Fachaufsätze zu verstehen und in verständliches Deutsch zu übersetzen, ist eine notwendige, aber längst keine hinreichende Voraussetzung mehr. Erwartet werden vor allem schnell und pünktlich gelieferte Texte, möglichst exakt in der vereinbarten Länge. Waren Redakteure früher auch mal bereit, aus 300 weitschweifigen Zeilen die interessanten Aspekte herauszudestillieren und auf 70 Zeilen einzudampfen, bleibt bei täglicher Produktion dafür keine Zeit. Stilistisch orientieren sich die Texte heute eher am durchschnittlichen Zeitungsabonnenten als an jenen Fans, die früher etwa die *Süddeutsche Zeitung* nur dienstags wegen der Wissenschaftsseiten kauften. Die Konkurrenz unprofessioneller Hobbyautoren schwindet damit.

Dagegen haben es geschickte Pressestellen und PR-Abteilungen leichter, ihre Texte und Themen zu platzieren – wenn die Zeit knapp ist, wächst in manchen Redaktionen die Versuchung, eine hübsche Geschichte nicht allzu gründlich zu überprüfen, noch dazu, wenn sie samt Bildern ganz kostenlos geliefert wird. Wo dergleichen nicht so unkritisch übernommen wird, sind wiederum die Anforderungen an die Freien gewachsen. Mit der Bemerkung »Check das doch mal kurz, ob da was dran ist« reichen Redakteure so manche PR-Geschichte weiter und erwarten in kurzer Zeit eine Einschätzung.

Mehr als früher benötigen Wissenschaftsjournalisten eine gewisse Stressresistenz und die Fähigkeit, auch unter Zeitdruck genau zu arbeiten. Und hin und wieder auch die Standhaftigkeit, dem Redakteur zu erklären: Nein, dieses Thema lässt sich nicht innerhalb von ein oder zwei Tagen sauber recherchieren, dafür brauche ich Zeit. Unter dieser Voraussetzung muss Schnelligkeit nicht zu mehr Schnitzern führen. Persönlich habe ich nicht den Eindruck, dass meine schnell und aktuell geschriebenen Texte fehlerhafter sind als tage- oder gar wochenlang recherchierte Stücke.

Das Ende der Langsamkeit!

Das Resultat von digitaler Beschleunigung und kürzerem Produktionsrhythmus: Der Arbeitsalltag freier Wissenschaftsjournalisten ist hektischer geworden, die Ansprüche an die Fähigkeiten außerhalb fachlichen Spezialwissens gestiegen. Ihre Tätigkeit gleicht immer mehr der anderer Journalisten, immer weniger der Recherche für eine wissenschaftliche Arbeit.

Zugleich hat sich das Verhältnis von Wissenschaftlern und Wissenschaftsjournalisten gewandelt. Was der Experte verkündet, ist eine Quelle neben anderen, nicht einfach die wissenschaftliche Wahrheit, die es nur geschickt zu übersetzen und dem Leser verständlich zu machen gilt. Die Ehrfurcht vor der Eminenz schwindet, wie beispielsweise an der in letzter Zeit häufiger geführten Diskussion um die sogenannte Autorisierung von Texten deutlich wird. War es doch lange gängig, nicht nur Interviews, sondern ganze Textpassagen oder gar komplette Artikel, in denen der Herr Professor nur kurz zitiert wurde, demselben zur Korrektur vorzulegen. Gegen diese Ansinnen wehren sich immer mehr Kollegen. Bei Beiträgen für die *Süddeutsche Zeitung* etwa versende ich allenfalls das wörtliche Zitat zum Gegenlesen, und auch das nur, wenn es um wirklich kritische Formulierungen geht. Andere Redaktionen, wie die *Financial Times Deutschland*, lehnen die Praxis der Autorisierung von Zitaten vollständig ab.

Experten, die nur zu Auskünften bereit sind, wenn ihnen die Kontrolle über Tenor und Tendenz des ganzen Textes zugestanden wird, müssen heute damit rechnen, dass der Journalist sich lieber einen anderen Gesprächspartner sucht. Und der Professor, der mir nach Erscheinen eines Artikels, in dem er ausführlich zu Wort kam, wütend schrieb: »Nie hätte ich mit Ihnen gesprochen, wenn ich gewusst hätte, dass Sie auch noch den Kollegen xy befragen«, wurde aus meiner persönlichen Expertenkartei gestrichen.

Zwar gedeiht er nach wie vor prächtig, der Wissenschaftsjournalismus, der dem beeindruckten Publikum vorführt, was die Wissenschaft so festgestellt hat. Vor allem in einschlägigen Fernsehmagazinen wird der Zuschauer eher mit vielen bunten Bildern und Animationen zum Staunen über wunderbare Erkenntnisse der Forschung angeregt als zum Nachdenken über deren Entstehungsweise und Stichhaltigkeit.

Aber eine Vielzahl von Themen geht heute über die Faszination durch Forschung hinaus. Ob Embryonen für wissenschaftlichen Erkenntnisgewinn verbraucht werden dürfen, welchen Einfluss Geldgeber auf Arzneimittelstudien haben oder wie die Nanotechnologie künftig militärisch genutzt wird – solche Fragen sind nicht mit naturwissenschaftlicher Neugier allein zu bewältigen. Um dem Leser zu vermitteln, was in Berlin und Brüssel zu Gentechnologie, Chemikalienrecht oder Stammzellforschung diskutiert wird, genügt ein rein fachlicher Blickwinkel nicht. Viele Wissenschaftsthemen sind eben nicht nur Wissenschaftsthemen. Sie verlangen neben Fachkompetenz auch Kenntnisse des Wissenschaftsbetriebes als System und Verständnis politischer Entscheidungsprozesse.

Insgesamt ist der Wissenschaftsjournalismus, so mein Eindruck, zumindest im Bereich der Qualitätszeitungen schneller, professioneller und politischer geworden. Der freie Wissenschaftsautor unterwirft sich heute weniger den Maßstäben der Wissenschaft und ist stärker an Kriterien journalistischer Qualität orientiert.

Nur bunt und schön war gestern!
Veränderungen des Wissenschaftsjournalismus beim *Hamburger Abendblatt*

Berndt Röttger

Zwölf Uhr mittags, mitten in Hamburg: Im Produktionsraum des *Hamburger Abendblattes* treffen sich die Redakteurinnen und Redakteure zur täglichen Hauptkonferenz. Neuigkeiten vom Chefredakteur, Blattkritik ... das Hamburg-Ressort beginnt die Reihe der Themenvorträge für die morgige Ausgabe, ›Aus aller Welt‹ folgt, dann kommt das ›Wissen‹ an die Reihe. Es folgen Wirtschaft, Kultur, Sport und schließlich die Politik.

Die Wissenschaft gehört zum *Hamburger Abendblatt*. Wissen ist eines der aktuellen Kernressorts der Zeitung. Wenn es um Anrisse auf der Titelseite geht, um Aufmacher, um die große Geschichte auf Seite drei oder um Kommentare, dann ist das Ressort ebenso gefragt wie Politik, Wirtschaft oder die Hamburg-Redaktion.

Das war nicht immer so.

Als wir vor zwölf Jahren mit dem Aufbau eines Wissenschafts-Ressorts beim *Hamburger Abendblatt* begannen, spielte das Thema in den Konferenzen keine Rolle. Wenn sich ein Thema aus dem weiten Feld der Wissenschaft hierhin verirrte, dann nur, weil sich vielleicht der Chefredakteur oder ein Kollege aus dem ›Vermischten‹ dafür interessierte. Der Weltraum hatte in der Regel gute Chancen, Krebserkrankungen ebenso und dann vielleicht noch die kuriosesten Gen-Geschichten.

Damals – im Jahr 1995 – gab es beim Abendblatt lediglich eine Wissen-Seite im Wochenend-Journal, eine wöchentliche Medizin-Seite und eine Hochschul-Ecke im Lokalen. Mit der Gründung eines eigenen Wissen-Ressorts wurde die Berichterstattung über Wissenschaft nach und nach ausgebaut. Der eher auf Reportagen ausgerichteten ›Wissen‹-Seite im Wochenend-Journal folgte eine Forschungs-Seite im aktuellen Blatt am Montag und eine Seite Computer/ Technik am Freitag. Jeden Tag gab es ein anderes kleines spezielles Stück aus der Wissenschaft. Und: Um einmal richtige Schwerpunkte zu setzen, haben wir immer wieder Wissens-Serien vorbereitet und veröffentlicht: zehn oder sogar zwölf Tage lang, jeden Tag eine Seite voll zusätzlichem Wissen – über medizinische Entwicklungen, Hamburger Großforschungsinstitute, technische Fortschritte oder auch die Entdeckungen und Entwicklungen im Weltraum.

Das war ein deutlicher Schritt nach vorn – aber letztlich nicht der entscheidende. Die Seiten waren kleine wöchentliche Magazin-Stücke – kein Stück der tagesaktuellen Zeitung und auch kein richtiges wöchentliches Magazin.

Nur bunt und schön war gestern!

Das kam endlich – nach vielen Anläufen – im Jahr 2000: Da wechselte das *Hamburger Abendblatt* von den täglich erscheinenden – aber doch wöchentlich orientierten – Themen-Seiten zu einem richtigen achtseitigen wöchentlichen Wissen-Journal.

Das war eine tolle Sache – als Blattmacher konnte man sich da richtig austoben und entfalten. Das Wissen-Journal war ein wöchentliches Fachmagazin in der Tageszeitung. Thema in der Redaktionskonferenz war ›Wissen‹ genau einmal pro Woche. Immer dann, wenn die neue Ausgabe am Dienstag erschien, stimmte der Chefredakteur eine Lobeshymne an. Den Rest der Woche spielte das große Redaktionsorchester die Musik ohne die Wissenschaftsredaktion.

2003 kam dann der Wechsel – von der wöchentlichen (zweifellos schönen und mehrfach ausgezeichneten) Insel zum täglichen aktuellen Bestandteil der Zeitung. Wissen sang zwar nicht mehr ganz so schön – aber dafür in der ersten Reihe mit. 2003 war die Wissen-Redaktion wirklich angekommen in der Tageszeitung. Was bedeutete das für unsere Arbeit? Sie wurde schneller. Neben den großen ausführlichen Hintergrund-Berichten, mit umfangreicherer Recherche, den vorbereiteten Geschichten, reagierte das Ressort nun mehr und mehr aktuell auf die tägliche Nachrichtenentwicklung. Und: Die Wissen-Redaktion produzierte fortan auch Nachrichten, die auch immer häufiger für die Titelseite abgefordert werden. Eine absolut positive Entwicklung – heraus aus der Nische, direkt ins Zentrum des Geschehens.

Bei der Entwicklung der am 29. Oktober 2006 erstmals erschienenen neuen Sonntagsausgabe des *Hamburger Abendblattes* gab es denn auch keine Diskussion mehr: Selbstverständlich gehört der Wissenschaftsjournalismus ins *Hamburger Abendblatt Sonntags*. An einer Seite ›Wissen‹ hatte von der ersten Konzeptionsrunde an niemand Zweifel. Am Ende wurde es sogar eine Doppelseite.

In den vergangenen zehn Jahren hat sich aber auch die Art des Wissenschaftsjournalismus geändert: 1995 war es in den meisten Zeitungen – wenn sie überhaupt eine Wissenschaftsseite hatten – noch eher der ›Ich-erklär-dir-die-Welt-der-Wissenschaft‹-Journalismus. Das war Aufklärung und viel Übersetzung. Da wurde einmal die Arbeit des Biologen an der Uni, einmal die Arbeit des Teilchenphysikers am *Deutschen Elektronen-Synchrotron* und ein anderes Mal der Alltag bei den Klimaforschern beschrieben. Reportagen und Erklärstücke waren die journalistische Form dieser Tage.

Das gibt es heute zwar auch noch, denn die Welt der Wissenschaft ist viel zu speziell, um in ein paar Jahren und ein paar hundert Artikeln erklärt zu werden. Doch dazu ist viel Hintergrund-Berichterstattung zu aktuellen politischen Diskussionen – die vielfach auch in die Wissenschaft ragen – hinzugekommen. Der Wissenschaftsjournalismus ist journalistischer geworden. Das bedeutet vor allem: Er ist kritischer und nachrichtenorientierter geworden. Die Orientierung zum Journalismus ist vor allem eine Orientierung zum Leser. Der Wissenschaftsjournalismus ist kein Journalismus für die Wissenschaft, so wie der Politikredakteur auch nicht für die Politiker schreibt (oder schreiben sollte). Der Wissenschaftsjournalismus erlebt eine neue Stufe. Es gilt nicht nur zu übersetzen, sondern auch zu hinterfragen. Es gilt nicht nur vorzustellen, sondern auch aufzudecken. Da sind wir zugegebenermaßen noch ganz am Anfang – aber immerhin, der Anfang ist gemacht.

Zur sich verstärkenden Nachrichten-Orientierung tragen auch die Presseabteilungen der Institute und Hochschulen bei. In den professionelleren Pressestellen werden zunehmend

Ergebnisse aus den Forschungsinstituten aufbereitet – nicht mehr nur Forschungsporträts. Früher wurde die Pressearbeit vielfach von Wissenschaftlern selbst übernommen. Jetzt gibt es ausgebildete PR-Mitarbeiter. Früher arbeiteten in den Redaktionen entweder ›übergelaufene‹ Wissenschaftler oder interessierte Journalisten, bei denen die Wissenschaft eher Hobby war. Quereinsteiger gab es viele. Die Wissenschaftler haben den Journalismus erlernt, die Journalisten in den Redaktionen die Wissenschaft.

Heute sieht es anders aus: Für Quereinsteiger gibt es sicherlich kaum noch Chancen. Die junge Generation wird mehr und mehr gezielt für den Wissenschaftsjournalismus ausgebildet.

1996–2008: ein Dutzend Jahre Wissenschaftsjournalismus – es hat sich eine Menge verändert.

IV Der Markt und die Organisation von Wissenschaftsredaktionen

Für und Wider des Lebens im Getto: Wissenschaftsjournalisten in den Strukturen einer Redaktion

Klaus Meier

»Missglückter Medikamententest – sechs Männer auf Intensivstation« – die Meldung aus dem Nachrichten-Ticker elektrisiert die Redakteure am Newsdesk einer regionalen Tageszeitung. Vor ein paar Tagen haben sie noch eine Erfolgsstory über das Biotechnologie-Unternehmen in ihrer Stadt veröffentlicht. Nun ist ein neues Medikament dieses Unternehmens für das multiple Organversagen von Probanden verantwortlich. Am Newsdesk wird entschieden, das Thema groß und breit zu recherchieren: Ein Reporter wird zum Unternehmen geschickt und der Wissenschaftsredakteur mit einem Hintergrundstück zum Testverfahren für neue Medikamente beauftragt. Ein Wirtschaftsredakteur soll recherchieren, wie sich das Thema auf die Biotechnologie-Branche auswirken wird, denn das Unternehmen ist mit Risikokapital finanziert.

Am Newsdesk laufen die Fäden zusammen – und das nach und nach eingehende Material wird auf die medialen Plattformen verteilt. Das Interview mit dem Geschäftsführer kommt sofort als Audio-Datei ins Internet und ergänzt dort die Eilmeldungen, die aus Agenturtexten zusammengefasst worden sind. Ein Ausschnitt wird als O-Ton der Kollegin zur Verfügung gestellt, die die Nachrichten für den hauseigenen Radiosender produziert. Als man am Newsdesk merkt, dass das Thema von Internet-Nutzern stark geklickt wird und zum Quotenhit der Online-Ausgabe geworden ist, wird die Seite eins der Tageszeitung freigeräumt: Der Wissenschaftsjournalist fasst alle recherchierten Quellen zu einem Aufmacher zusammen. Ein Kollege am Newsdesk baut alle einlaufenden Beiträge zu einem Themen-Package auf der Seite drei zusammen.

Dieses Szenario für einen vernetzten Ablauf in einer crossmedialen Redaktion wäre mit den traditionellen Strukturen einer Redaktion nicht möglich. Jedes Ressort bearbeitete seine Seiten, jede Abteilung hatte ihre Sendung(en), jedes Medium seine Redaktion. Neue Modelle der Redaktionsorganisation durchbrechen diese Autonomie: Ressort-, programm- und medienübergreifendes Arbeiten wird zum Beispiel an einem Newsdesk oder in einem Newsroom zum Prinzip. Komplexe, aber aktuell wichtige Themen werden identifizierbar und können flexibel bearbeitet werden.

Dieser Beitrag stellt alte und neue Modelle der Redaktionsorganisation vor und diskutiert Vor- und Nachteile. Wie sind die Wissenschaftsjournalisten traditionell in den Strukturen

Wissenschaftsjournalisten in den Strukturen einer Redaktion

einer Redaktion verankert? Wie wirkt sich der Strukturwandel auf den Wissenschaftsjournalismus aus? Ist der Trend zu vernetztem Arbeiten nur ein ›Hype‹, oder bestimmt er die Zukunft der Redaktion?

1. Ressorts als Wahrnehmungsstruktur des Journalismus

Journalisten lieben Routinen und feste Arbeitsstrukturen. Das gibt Sicherheit in einem ansonsten höchst unsicheren Geschäft, denn Themen-, Ereignis- und Quellenlage können sich schnell ändern. Der Journalismus hat sich deshalb frühzeitig ein strenges organisatorisches Korsett gegeben: Die Kernressorts der Nachrichtenmedien sind mehr als 100 Jahre alt (Meier 2002a: 110–134). Die Welt der Nachrichten besteht schon lange aus Politik, Wirtschaft, Kultur, Sport und Lokalem.

Aber sind die Redaktionen mit diesen Strukturen innovationsfähig? Kann man entsprechend reagieren, wenn sich gesellschaftlich relevante Themenfelder wandeln, wenn sich die Anforderungen an die Herangehensweise an Themen verändern, wenn Interessen und Wünsche des Publikums andere sind als noch vor Jahren oder Jahrzehnten?

Wie die Ressort-Redaktion auf Gesellschaftswandel reagiert, können wir an der Geschichte des Ressorts Wissenschaft in der Zeitungsredaktion beobachten (Hömberg 1990; Meier 1999: 680–681; Meier 2002a: 157–160). Die erste Irritation erfuhr die klassisch organisierte Redaktion in den 50er und 60er Jahren: Wissenschaftliche Erfolge und eine technikeuphorische Gesellschaft verlangten nach regelmäßiger Berichterstattung über Wissenschaftsthemen, die von den Ressorts Politik, Wirtschaft und Kultur kaum registriert wurden. Ein neues Ressort wurde geboren: Die *Frankfurter Allgemeine Zeitung* zum Beispiel bot am 2. Dezember 1958 zum ersten Mal die Seite ›Natur und Wissenschaft‹ an; zehn Jahre später (am 22. Februar 1968) zog die *Süddeutsche Zeitung* mit der Seite ›Forschung, Wissenschaft, Technik‹ nach.

In den 70er und 80er Jahren schlug die Wissenschaftsbegeisterung in Skepsis und Angst vor Risiken um – und die Wissenschaftsseiten erhielten Ende der 80er, Anfang der 90er Jahre den Zusatz ›Umwelt‹ (Füth 1996: 355). So änderte zum Beispiel die *Süddeutsche Zeitung* 1990 den Spartentitel in ›Umwelt – Wissenschaft – Technik‹. Neuerdings heißt die Seite schlicht ›Wissen‹ – und sie erscheint täglich statt wöchentlich: wieder eine Reaktion auf den Wandel von Publikumsinteressen.

Eine tägliche Wissenschaftsseite, die von einem autonomen Ressort bearbeitet wird, ist aber eher die Ausnahme in der deutschen Zeitungslandschaft. Die Verankerung von Wissenschaftsthemen in den Redaktionen ist traditionell dreigeteilt (Meier 2002a: 280; Blöbaum und Görke 2006: 312): Etwa ein Drittel der Zeitungsredaktionen leistet sich Wissenschaftsredakteure, die ausschließlich für dieses Themengebiet arbeiten. Nur selten bilden sie ein eigenständiges Wissenschaftsressort, meist sitzen sie in anderen Ressorts (z.B. in der Kultur, der Service- oder Wochenendbeilage). Bei einem weiteren Drittel gibt es Redakteure, die Wissenschaft und Forschung neben anderen Themengebieten bearbeiten (zum Beispiel Kulturredakteure, Service-Redakteure oder Lokalredakteure). Der Rest hat keine auf Wissenschaftsthemen spezialisierte Redakteure und begnügt sich damit, Wissenschaftsmeldungen von Nachrichtenagenturen relativ beliebig ins Blatt zu heben. Dafür sind dann meist wechselnd

Politik- oder Kulturredakteure zuständig, die sich nicht als Wissenschaftsjournalisten bezeichnen würden.

Um die Vielfalt der Institutionalisierung von Wissenschaftsthemen im Zeitungsjournalismus ganz zu erfassen, müssen wir vom Ressort als organisatorischer Einheit die Sparte als inhaltliche Einheit unterscheiden: Gibt es im Zeitungsprodukt eine regelmäßige Wissenschaftsseite? Werden dort alle Wissenschaftsthemen gebündelt – oder ziehen sich zudem aktuelle Themen durchs ganze Blatt, werden auf dem Titel, auf allgemeinen Hintergrundseiten oder vermischten Seiten platziert? Wenn ja, wer bearbeitet diese Themen dann? – Die Ressortautonomie geht traditionell davon aus, dass jedes Ressort ausschließlich für seine Sparte zuständig ist. Zuarbeit für andere Seiten gibt es nicht und würde auch nur Mehrbelastung bedeuten, die kleine Ressorts nicht stemmen können, wenn sie alleine die eigenen Seiten füllen müssen.

Die Redaktionsorganisation ist also ein Strukturkontext, der bestimmt, welche Themen überhaupt in den Medien stattfinden und unter welcher Perspektive sie bearbeitet werden. Ressorts und thematische Zuständigkeiten von Journalisten sind die Wahrnehmungsstruktur des Journalismus. Eine feste Ressortierung ist einerseits sinnvoll, weil dadurch gesellschaftlich relevante Bereiche kontinuierlich und verlässlich beobachtet werden. Sie hat andererseits aber den Nachteil, dass Themen im Wahrnehmungs- und Verarbeitungsprozess gettoisiert werden.

In einer klassischen Zeitungsredaktion mit weitgehend autonomen Ressorts gibt es kein ›Dazwischen‹. Entweder ein Ereignis fällt in die Politik, die Wirtschaft, die Kultur, den Sport, die Wissenschaft – oder es fällt durchs Raster und kommt nicht vor. Hinzu kommt, dass ein Bewusstsein für das journalistische Produkt als Ganzes kaum entstehen kann: Die Ressorts kämpfen eher gegeneinander um Prestige, Platz und Ressourcen – statt sich auszuhelfen, sich gegenseitig zu befruchten und zuzuliefern oder Themen gemeinsam anzugehen. Ressortautonomie ist hochgradig unflexibel.

2. Neue Modelle der Redaktion: Newsdesk und Newsroom

Das Themengetto und die mangelnde Sicht aufs ganze Produkt sind nur ›ein‹ Problem der klassischen Redaktionsorganisation. Hinzu kommen zwei weitere Herausforderungen (Meier 2006a, 2007a):
- Sinkende Anzeigenerlöse und Auflagenrückgänge zwingen Zeitungshäuser zum Sparen. Andererseits hat sich das Leserverhalten vor allem junger Menschen dramatisch verändert. Wer die Leser nicht verlieren und neue Lesermärkte erschließen will, muss die Alleinstellungsmerkmale der Zeitung stärken – also das in der Zeitung, was kein anderes Medium so gut kann: die Geschichten hinter den schnellen, zusammenhangslosen Nachrichten und die Verknüpfung zwischen überregionalen, regionalen und lokalen Informationen.
- Um sich gegenüber den schnelleren elektronischen Medien zu profilieren, brauchen Zeitungsredaktionen Freiräume für Kreativität abseits der Routine, für eigene Schwerpunkt-Themen und Zusammenhänge sowie für Hintergrund-Recherchen. Auf der einen Seite

sollen die Redaktionen also sparen, auf der anderen wird eine stärkere Eigenproduktion gefordert, was traditionell nur mit mehr Personal umzusetzen ist.

Ein Ausweg aus diesem Dilemma ist nur möglich, wenn redaktionelle Abläufe optimiert, Strukturen flexibilisiert und Tätigkeiten professionalisiert werden (siehe z. B. Blum 2002). Redaktionen werden zum Beispiel immer mehr funktional in Editors und Reporters getrennt. Editors sind Spezialisten fürs Blattmachen, für Produktion, Organisation und Themenplanung; sie arbeiten zentral am Newsdesk. Reporters können sich um ein Informantennetzwerk kümmern, recherchieren Hintergründe und schreiben eigene Geschichten.

- Medienhäuser arbeiten zunehmend mehrmedial und bedienen mehrere Plattformen (z. B. Print im ›normalen Format‹, Print als kompaktes Format für junge Zielgruppen, Internet, mobile Kommunikation). In crossmedial organisierten Redaktionen werden diese Plattformen – beispielsweise an einem Newsdesk – zusammengeführt: Das digitalisierte redaktionelle ›Material‹ soll mehrfach verwendet, Ressourcen sollen für verschiedene Produkte eingesetzt werden. Neue Redaktionsstrukturen sind die Bedingung dafür, dass neue Ausspielkanäle schnell besetzt und redaktionell integriert werden können (siehe z. B. die Erfahrungen des MINDS-Projekts für mobile Nachrichten in Ifra 2005). Dies ist nicht unproblematisch und bringt neue Herausforderungen vor allem für den redaktionellen Workflow und die Kompetenzen der Journalisten mit sich (Stevens 2003; Singer 2004; Quinn 2005; Schantin, Juul und Meier 2007; Meier 2007c).

Impulse für crossmediales Arbeiten kommen indes weniger aus Deutschland, sondern vielmehr aus Ländern mit deregulierten Medienmärkten, in denen regionale Medienunternehmen Zeitungen, Zeitschriften und Rundfunksender zugleich betreiben dürfen: In Skandinavien und den USA – und zunehmend in Österreich und der Schweiz – gibt es bereits Regional- und Lokalredaktionen, die Print, Internet, Radio und Fernsehen gemeinsam bedienen (Ifra 2004; www.convergencemonitor.org; www.newsplex.org; Lüthi et al. 2006).

Antworten auf diese Herausforderungen werden seit einigen Jahren mit den Anglizismen Newsroom oder Newsdesk gegeben. Schätzungen gehen davon aus, dass ca. 80 Redaktionen im deutschsprachigen Raum neue Strukturen eingeführt haben – und dafür im weitesten Sinne diese Begriffe verwenden (Meier 2006a; Milz 2007). Auch bei Nachrichtenagenturen, Zeitschriften und Rundfunkanstalten wird mit ressort- und/oder medienübergreifenden Organisationsformen experimentiert.

Die im Detail unterschiedlichen Innovationen in Redaktionen lassen eigentlich keine gemeinsamen Bezeichnungen zu. Missverständlich ist zudem die vermeintliche Übernahme von Wörtern aus dem Englischen, denn mit Newsdesk und Newsroom im deutschsprachigen Raum ist etwas anderes gemeint als traditionell im angloamerikanischen Journalismus. Die Bezeichnung ›newsroom‹ bedeutet übersetzt ganz einfach ›Redaktion‹ (Meier 2005). Die Vorstellung deutscher Journalisten vom US-amerikanischen Newsroom beruht selten auf eigenen Erfahrungen oder wissenschaftlicher Literatur, sondern eher auf Kinofilmen, in denen die Journalisten in einem dicht besetzten, lauten und ungemütlichen Großraum arbeiten.

Noch am ehesten lässt sich der ›deutsche‹ Begriff Newsdesk mit dem traditionellen angloamerikanischen ›copy desk‹ vergleichen, weil an diesem ›Tisch‹ sämtliche Redaktionsprozesse zusammenlaufen. Allerdings wird dort jeder Schritt von anderen Redakteuren ausgeführt – z. B. ›sub-editor‹, ›copy editor‹, ›copy taster‹, ›page planner‹ etc. (Esser und Weßler 2002: 174 f.). Diese stark prozessorientierte und oft abgegrenzte Arbeitsweise steht seit einigen Jahren in der Kritik, was auch in den USA zu neuen Redaktionsmodellen geführt hat, die sich vom ›copy desk‹-Prinzip verabschieden und – ähnlich wie in Deutschland – themenorientierte Teams (›topic teams‹) zusammenstellen (Stepp 1995; Hansen, Neuzil und Ward 1998; Meier 2002a: 238–249).

Notwendig ist demnach eine Definition der neuen Begriffe – und zwar nicht in Anlehnung an den angloamerikanischen Journalismus, sondern auf Grundlage der neuen Modelle im deutschsprachigen Raum:

- Der Newsdesk ist eine Koordinations- und Produktionszentrale, in der alles zusammenläuft, was die Redaktion an Material zur Verfügung hat. In Zeitungsredaktionen werden dort die Seiten verschiedener Ressorts und/oder Lokalredaktionen gemeinsam koordiniert und produziert. Am Newsdesk können zudem crossmedial mehrere Plattformen abgestimmt und bedient werden. Je nach Konzept können am Newsdesk nur ein oder zwei Redakteure, aber auch bis zu einem Dutzend oder sogar noch mehr Redakteure (besser: ›editors‹ oder Editoren) sitzen.
- Der Newsroom ist nicht einfach ein traditionelles Großraumbüro, sondern unterstützt architektonisch neue redaktionelle Konzepte des ressort- und medienübergreifenden Planens und Arbeitens. Die Wände zwischen Ressorts und Medien werden eingerissen; alle Journalisten sitzen in einem gemeinsamen Redaktionsraum und sollen sich so besser absprechen und koordinieren. Mit dem Begriff Newsroom ist indes gar nicht so sehr die Architektur, sondern eher das neuartige Organisationsmodell und die neue Art, journalistisch zu denken und zu handeln, gemeint. Oft ist die Rede vom »Fall der Mauern im Kopf«.

Mitunter werden beide Konzepte verbunden: Der Newsdesk bildet dann das Zentrum eines Newsrooms. Einige Beispiele sollen die Bandbreite der neuen Redaktionsmodelle verdeutlichen:[1]

- Eine der ersten Redaktionen in Deutschland, die ein Newsdesk-Prinzip eingeführt haben, ist die *Freie Presse* in Chemnitz. Der Newsdesk – verstanden als ›Produktionstisch‹ – versammelt schon seit 1998 Redakteure aus allen Ressorts, dient als eine Art permanente Redaktionskonferenz und soll ressortübergreifendes Planen ermöglichen. Inzwischen bedient der Newsdesk alle Produkte der *Freien Presse*: von der klassischen Printausgabe bis zum Online-Angebot.
- Die *Main-Post* in Würzburg löste 2002/2003 in mehreren Schritten die Mantelressorts Politik, Wirtschaft, Franken, Bayern und ›Aus aller Welt‹ auf und ersetzte sie durch den Newsdesk ›Aktuelles‹ mit einem verantwortlichen Newsdesk-Leiter. Eine funktionale Arbeitsteilung wurde eingeführt: Am Newsdesk sitzen täglich im Schnitt fünf bis sechs

---

1 Außerdem arbeiten mit Newsdesk- oder Newsroom-Konzepten zum Beispiel: *Berner Zeitung* (Schweiz), *Braunschweiger Zeitung*, *Der Standard* Wien, *Deutsche Presse-Agentur* Hamburg, *Die Welt/Welt kompakt/Berliner Morgenpost*, *Evangelischer Pressedienst epd* Frankfurt, *Financial Times Deutschland* Hamburg, *Fränkischer Tag* Bamberg, *Hanauer Anzeiger*, *Handelsblatt* Düsseldorf, *Mittelbayerische Zeitung* Regensburg, *Neue Osnabrücker Zeitung*, *Neue Westfälische* Bielefeld, *Nordee-Zeitung* Bremerhaven, *Österreich* Wien, *Ruhr Nachrichten* Dortmund, *Saarbrücker Zeitung*, *Schwäbische Zeitung‹* Leutkirch, *Der Tagesspiegel* Berlin, *Trierischer Volksfreund*, *Wiesbadener Kurier/Wiesbadener Tagblatt*.

Editoren und drei bis vier Reporter. Seit April 2004 ist am Newsdesk ein ›Online-Beauftragter‹ die Schnittstelle zwischen Printprodukt(en) und Online-Auftritt. Nach Ansicht des leitenden Redakteurs Andreas Kemper ist der Newsdesk »Garant für journalistische Qualität in wirtschaftlich schwierigen Zeiten« (2004: 28).

- Die *Rheinische Post* in Düsseldorf hat 2006 einen Newsroom mit Doppel-Newsdesk für Print und Online eingerichtet (Milz 2006): Die Journalisten arbeiten nach wie vor getrennt für beide Plattformen, sie sollen sich aber regelmäßig absprechen und crossmedial planen. An einem Newsdesk wird das Blatt geplant und umbrochen – am anderen der Online-Auftritt aktualisiert. Außerdem sollen Thementeams aus Print- und Online-Journalisten in den einzelnen Ressorts arbeiten.
- Auch überregionale Tageszeitungen haben ganz unterschiedliche Vorstellungen von einem Newsdesk: Während bei der *Süddeutschen Zeitung* seit 2003 zwei geschäftsführende Redakteure am neuen Newsdesk im Wesentlichen die Seiten eins und zwei koordinieren, hat die *Frankfurter Rundschau* im Juli 2005 zwei große Newsdesks eingerichtet, an denen Blattmacher, Techniker und Gestalter zusammensitzen, zentral alle Nachrichten verwalten und den Einsatz der Reporter und Fotografen planen: einen Tisch für die Ressorts Nachrichten, Politik und Wirtschaft und einen für die Stadt Frankfurt und die Region.
- Im dänischen Medienhaus *Nordjyske Medier* arbeiten seit 2003 insgesamt 240 Journalisten und Fotografen für die Tageszeitung *Nordjyske Stiftstidende*, für die Online-Plattform *nordjykse.dk*, für die zwei Radioprogramme *ANR Guld FM* und *ANR Hit FM* sowie für das Fernsehprogramm *24Nordjyske*. 120 Mitarbeiter sitzen in der Zentrale in Aalborg, wo ein 1.000 Quadratmeter großer Newsroom für alle Medien – inklusive Fernseh- und Radiostudio – gebaut wurde.
Die crossmediale Redaktionsstruktur beruht auf einer Matrix-Organisation mit einem Newsdesk in der Mitte. Die ›content groups‹ (Ressorts) arbeiten grundsätzlich für alle Medien – aber nicht unbedingt jeder einzelne Journalist. Der Newsdesk heißt ›super desk‹ und gilt als ›broadcast/publish control center‹. Nicht jede Geschichte ist für alle Medien bestimmt; die Anweisung der Chefredaktion lautet: »Choose the best media to launch story – and the best flow between media. Not all stories to all media – a lot to only one« (Jespersen 2004).
- Die *Austria Presse Agentur (APA)* in Wien zog im August 2005 in ein neues Gebäude, in dem auf einer Ebene mit etwa 1.600 Quadratmetern ca. 100 Redakteure in einem großen Newsroom arbeiten. Die gesamte Architektur im Großraum soll neue Organisationsformen journalistischer Arbeit forcieren: Verbesserung der Kommunikation und der Arbeitsabläufe, vernetztes ressortübergreifendes Denken und Handeln, aktuelle Teams für komplexe Themen, Integration der Foto-, der Infografik- und der ›Multimedia‹-Abteilung (u. a. zuständig für Web-, Mobil-, Audio-Dienste).
Für die Ausspielungen der *APA*-Nachrichten sind nach wie vor die sogenannten ›Diensthabenden‹ an den Ressort-Desks zuständig. Die ›desks‹ sind nun aber kreisförmig zentral angeordnet. In der Mitte des Redaktionsgebäudes hat die *APA* einen offenen Konferenz- und Arbeitstisch gebaut, für den man die Bezeichnung ›News-Market‹ erfunden hat. Am News-Market finden alle Redaktionskonferenzen statt, und dort treffen sich aktuelle Teams für kurzfristige Projekte. Einziger fixer Arbeitsplatz am News-Market ist der des

ebenfalls neu erfundenen News-Managers: Entweder einer der beiden stellvertretenden Chefredakteure oder der Chef vom Dienst erfüllt dort Aufgaben als Koordinator, Planer, Impulsgeber, Ratgeber, Mediator und Entscheider im aktuellen Tagesgeschehen.

Empirische Studien, welche den Erfolg der neuen Modelle überprüfen, sind (noch) selten. Sie kommen zu unterschiedlichen Ergebnissen (Meier 2006a: 211–212), was vor allem daran liegt, dass die analysierten Redaktionsmodelle zwar meist in den Zielen, nicht jedoch in wichtigen organisatorischen Details übereinstimmen.

Bei einer Befragung im Jahr 2005 (Bettels 2005) gaben die Journalisten der *Main-Post* und des Medienhauses *Nordjyske Medier* mehrheitlich an, dass zwar der zeitliche Druck, aber auch die Arbeitszufriedenheit gestiegen sei, weil es zum Beispiel befriedigender ist, für mehrere Medien zu arbeiten. Zudem gaben 60 Prozent der befragten Journalisten an, dass die Qualität der journalistischen Produkte gestiegen sei: Es werde jetzt deutlich mehr recherchiert und weniger auf Agenturmaterial zurückgegriffen.

Zwei Befragungen der *APA*-Journalisten (Meier 2006b, 2007a) – vor und nach dem Einzug in den Newsroom – ergaben, dass die Redaktion schneller geworden ist und intensiver ressortübergreifend zusammenarbeitet. Sie hat ihre Qualität und die Zufriedenheit ihrer Kunden mit der redaktionellen Arbeit gesteigert. Andererseits ist das Arbeiten im Großraum für einen Teil der *APA*-Journalisten gewöhnungsbedürftig: Für etwa 20 Prozent haben sich die Arbeitsbedingungen verschlechtert, allerdings für 60 Prozent verbessert.

3. Wissenschaftsjournalisten und neue Redaktionsmodelle

Es ist interessant, dass Kritik an der klassischen Ressortautonomie zuerst von Journalismusforschern kam, die sich mit Wissenschaftsjournalismus beschäftigten. Ulrich Pätzold (1983) stellte bereits Anfang der 70er Jahre fest: »Die Wirklichkeit trägt […] keinen Ressortstempel, ganz besonders nicht die Wirklichkeit der Wissenschaften.« Er forderte »eine allseitige und gegenseitige Durchdringung« und eine »Integration der Wissenschaftsberichterstattung in die allgemeinen Redaktionen der Politik, Wirtschaft, des Feuilletons und vor allem des Lokalen«.

Ähnliche Forderungen kamen in den 80er Jahren von Wolfgang R. Langenbucher (1989: 46) und Walter Hömberg (1990: 146–147). Als Beispiele für ressortübergreifende Themen nannte Langenbucher Energie, Verkehr, Ökologie, Gentechnik, Mikroelektronik, Ausländer, Medizin. Hömberg schlug Kooperationen über Ressortgrenzen hinweg und Projektredaktionen mit Beteiligung von Wissenschaftsjournalisten vor.

Die Forderungen scheinen sich mit neuen Modellen der Redaktionsorganisation allmählich durchzusetzen (Meier und Feldmeier 2005). Im Konzept der vernetzten Redaktion und der niedrigen Ressortgrenzen gibt es meist nach wie vor die spezialisierten Wissenschaftsseiten. Werden innovative Wissenschaftsredakteure jedoch durch das Redaktionsmanagement gestützt, können sie aus ihrem Sparten-Getto ausbrechen, für die Politik, die Wirtschaft oder die Kulturseiten schreiben und mit Redakteuren anderer Ressorts zusammenarbeiten.

In einer integrativen Rolle sieht sich zum Beispiel Berndt Röttger, Ressortleiter Wissenschaft und Technik beim *Hamburger Abendblatt*. »Unser Wissenschaftsressort versteht sich

Wissenschaftsjournalisten in den Strukturen einer Redaktion

als Kompetenz-Center für Wissenschaft und bearbeitet grundsätzlich alle Wissenschaftsthemen quer durchs Blatt« (zitiert nach Meier 2002b: 16).

Bei der *Neuen Zürcher Zeitung* wurde vor ein paar Jahren ein ›Wissenschaftsdienstpult‹ eingerichtet, womit die Wissenschaft aus dem ›Mittwochsgetto‹ geholt werden und vermehrt im ersten Buch und auf der vermischten Seite auftauchen sollte – ein Modell, das sich nach Aussage des Wissenschaftsredakteurs Christian Speicher »gut bewährt« hat.

Ähnliche Erfahrungen mit dem neuen großen Newsroom hat Christian Müller gemacht, der bei der *APA* für die Wissenschaftsberichterstattung zuständig ist: »Ich erwarte, dass durch den Newsroom die wissenschafts-journalistische Hintergrundberichterstattung bei aktuellen großen Themen zunimmt. Und das ist auch spannend für uns. Das ist das Salz in der Suppe.« Allerdings seien die Wissenschaftsjournalisten der *APA* oft durch eigene Termine gebunden und könnten sich deshalb nicht sehr intensiv an aktuellen großen Themen beteiligen.

Das geht auch Wissenschaftsredakteuren kleiner Zeitungen so. Sie haben es offenbar schwer, ihre Geschichten in den anderen Ressorts unterzubringen. Oder sie sind mit der zweifachen Aufgabe, eine eigene Sparte zu pflegen und anderen zuzuliefern, zeitlich überfordert. Praktische Erfahrungen und empirische Studien zeigen, dass die Vernetzung von der Redaktionsleitung gewollt und unterstützt werden muss (siehe z. B. Meier 2002a; 2006a). Newsdesk-Modelle haben hier zum Beispiel den Vorteil, dass die Fachredakteure vom Umbruch entlastet werden und sich auf Recherche, Schreiben und Themenfindung konzentrieren können. Sie liefern dem Newsdesk zu, der die Wissenschaftsthemen dann – je nach aktueller Bedeutung – auf der Titelseite, im Vermischten oder auf Hintergrundseiten platziert oder auch eine klassische Wissenschaftsseite produziert.

Dass sich Wissenschaftsjournalisten immer öfter an innovativen Redaktionskonzepten beteiligen, in neuen Teamstrukturen arbeiten und langfristige Ziele und Strategien formulieren und umsetzen müssen, stellte auch Jan Lublinski (2004: 355–362) in seiner Dissertation zum Wissenschaftsjournalismus im Hörfunk fest. Die Formatierung von Wellen im öffentlich-rechtlichen Radio Anfang der 90er Jahre führte zu einer Krise der Wissenschaftsressorts, weil diese zumindest teilweise ihre angestammten Sendeplätze aufgeben mussten.

In der Krise fanden sich indes neue Wege und Chancen für die Berichterstattung über Themen aus den Bereichen Naturwissenschaft, Technik, Umwelt und Gesundheit. Zu den wichtigsten Trends zählt Lublinski (ebd.: 356) die Zulieferung von kleinen Rubriken, die in den Programm-Schemata verteilt sind, die Erschließung neuer Themenfelder und Darstellungsformen sowie die verstärkte Zusammenarbeit mit anderen Ressorts.

Auch die Radio-Wissenschaftsjournalisten wurden also zunehmend aus ihren Gettos vertrieben: Moderne Wissenschaftsressorts profilieren sich hausintern mit ihrem speziellen Themenfeld, müssen sich aber gezielt an den Redaktionskonzepten und den Publikationen der verschiedenen Wellen ihrer Rundfunkanstalt orientieren. Lublinski kommt sogar zu der Schlussfolgerung, dass die Zusammenarbeit mit anderen Ressorts ein Erfolgsfaktor und einer der »wesentlichen Garanten für das langfristige Überleben von Wissenschaftsredaktionen ist« (ebd.: 362).

Hintergrund ist, dass sich die Hörgewohnheiten und die Nutzung des Radios im Laufe der Zeit gewandelt haben. Radio ist nicht mehr ein Einschaltmedium für einen bestimmten

Sendeplatz, sondern Begleit- und Nebenbeimedium durch den ganzen Tag. Viele Radioprogramme haben deshalb das Schema der festen Spartensendungen (zum Beispiel für Wirtschaft, Kultur oder Wissenschaft) zu bestimmten Uhrzeiten aufgegeben, um das Programm als Ganzes für eine breite Masse ›durchhörbar‹ zu machen.

Die Herausforderung dabei ist, sich den jeweiligen Redaktionskonzepten, den Radioformaten und Zielgruppen der unterschiedlichen Wellen anzupassen. *WDR*-Redakteur Joachim Hecker (Köln): »Wir sind das Kompetenzzentrum für Wissenschaft für den gesamten *WDR*-Hörfunk.« In der Redaktionskonferenz werde an jedem Morgen nicht nur überlegt, was in der eigenen Sendung *Leonardo* gemacht werde, sondern auch, was anderen Wellen und Sendungen angeboten werden könne. »Wir müssen im Haus präsent sein« (siehe den Beitrag von Jan Lublinski in diesem Buch).

Eine Befragung von 35 leitenden Wissenschaftsjournalisten aus allen Medienbereichen im Jahr 2003 bestätigt diese Beobachtungen und Aussagen (Meier und Feldmeier 2005: 215–217): Bis auf zwei Fernsehjournalisten geben alle befragten Wissenschaftsjournalisten an, dass sie auch für andere Ressorts tätig sind; häufig ist dies zunehmend der Fall. Bei den meisten liegt der Anteil der Zuarbeit bei unter 20 Prozent der Arbeitszeit; sieben arbeiten bis zu 40 Prozent ihrer Arbeitszeit anderen Produkten zu, drei sogar bis zu 60 Prozent. Die häufigste Zuarbeit findet bei den Hörfunksendern statt – gefolgt von den Tageszeitungen.

Einige Ressortleiter weisen darauf hin, dass sich die Zusammenarbeit nicht in der Lieferung von Beiträgen erschöpfe: Es finde oft Teamarbeit statt, die aus Kooperationen, Beratungen oder Gegenlesen bestehe. Ein Zeitungs- und ein Fernsehjournalist berichten, dass Nachrichtenredakteure regelmäßig anrufen und um eine Einschätzung einer aktuellen Meldung bitten, oder sie »fragen Dinge, um sie besser zu verstehen«. Ergänzend sagen viele, die Vernetzungen und Beziehungen zu anderen Ressorts und Abteilungen hätten sich erheblich verbessert: Die Wissenschaftsjournalisten würden in der Redaktion nicht mehr als ›Exoten‹ wahrgenommen, sondern als gleichberechtigte und wichtige Partner.

Wie sich die neuen Redaktionsmodelle auf die Arbeit von freien Journalisten auswirken, lässt sich pauschal nicht sagen. Es gibt Zeitungen mit Newsdesk, die den Honorartopf für Freie kürzen, weil nun die Redakteure als Reporter viel mehr selbst zum Recherchieren und Schreiben kommen. Andere Zeitungen (mit oder ohne Newsdesk) erhöhen die Ausgaben für Freie, weil Redakteursstellen abgebaut oder outgesourct wurden.

Durch neue Redaktionsmodelle ändern sich meist die Ansprechpartner für Freie: Nicht mehr alleine das Ressort oder die Abteilung für Wissenschaft ist zuständig, sondern bei der Zeitung Redakteure am Newsdesk oder beim Radio Redakteure anderer Sendungen und Wellen. Wie angestellte Redakteure müssen sich die Freien auf unterschiedliche Produkte, Zielgruppen und Stile einlassen: Die Geschichte für die Titelseite muss anders geschrieben werden als der Text fürs Vermischte oder der Aufmacher für die klassische Wissenschaftsseite.

4. Die Redaktion der Zukunft

Ist der Trend zu vernetztem Arbeiten nur ein ›Hype‹, der bald abflacht, oder bestimmt er die Zukunft des (Wissenschafts-)Journalismus? Natürlich sind Prognosen immer schwierig, aber es lässt sich eine Reihe von Indizien dafür finden, dass ressort-, programm- und medienübergreifendes Arbeiten in der Redaktion der Zukunft selbstverständlich wird (Meier 2007b und c).

Newsdesk-Modelle haben bei Zeitungen und Nachrichtenagenturen in den vergangenen sechs Jahren enorm zugenommen. Mehr als drei Viertel der in der erwähnten Studie befragten Journalisten (Meier und Feldmeier 2005: 217) stimmen der Aussage zu, dass die Wissenschaftsressorts und -abteilungen in den Medien künftig noch stärker ressortübergreifend arbeiten und verschiedenen Sparten und Sendungen zuliefern werden.

Für Umstrukturierungen in der Redaktion gibt es jedoch kein Rezeptwissen, das für alle Medien Gültigkeit hat, sondern ein Kaleidoskop von Möglichkeiten. Die Kriterien, nach denen jede Redaktion ihre optimale Organisationsform finden muss, sind sehr komplex und hängen nicht zuletzt mit der jeweiligen Tradition und Redaktionskultur eng zusammen.

Wir sollten uns allerdings grundsätzlich von der These verabschieden, dass Redaktionen über Jahre hinweg die gleiche Struktur aufweisen. Umstrukturierungen und Flexibilisierungen werden vielmehr zur Regel. Es bleibt weiter spannend: Welche Auswirkungen dies auf den Wissenschaftsjournalismus noch haben wird, ist bislang kaum untersucht.

Literatur

Bettels, Tina. »›Newsdesk‹ und ›crossmedia‹. Eine Analyse innovativ arbeitender Zeitungsredaktionen in Europa am Beispiel der ›Main Post‹ in Deutschland und ›Nordjyske Medier‹ in Dänemark«. Diplomarbeit: Hochschule Darmstadt, Studiengang Online-Journalismus 2005.

Blöbaum, Bernd, und Alexander Görke. »Quellen und Qualität im Wissenschaftsjournalismus. Befragung und Inhaltsanalyse zur Life-Science-Berichterstattung«. *Medien-Qualitäten. Öffentliche Kommunikation zwischen ökonomischem Kalkül und Sozialverantwortung.* Hrsg. Siegfried Weischenberg, Wiebke Loosen und Michael Beuthner. Konstanz 2006. 307–328.

Blum, Joachim. »Reinventing the newsroom. Wie sich die Redaktion der ›Neuen Westfälischen‹ verändert hat«. *Innovationen im Journalismus. Forschung für die Praxis.* Hrsg. Ralf Hohfeld, Klaus Meier und Christoph Neuberger. Münster 2002. 117–127.

Esser, Frank, und Hartmut Weßler. »Journalisten als Rollenträger: redaktionelle Organisation und berufliches Selbstverständnis«. *Journalismus – Medien – Öffentlichkeit. Eine Einführung.* Hrsg. Otfried Jarren und Hartmut Weßler. Wiesbaden 2002. 165–240.

Füth, Beate. »Zwischen Weltklima und städtischem Biotop: Umweltjournalismus«. *Zeitungen '96.* Hrsg. Bundesverband Deutscher Zeitungsverleger. Bonn 1996. 352–361.

Hansen, Kathleen, A. Mark Neuzil und Jean Ward. »Newsroom Topic Teams: Journalists' Assessments of Effects on News Routines and Newspaper Quality«. *Journalism & Mass Communication Quarterly* (75) 4 1998. 803–821.

Hömberg, Walter. *Das verspätete Ressort. Die Situation des Wissenschaftsjournalismus.* Konstanz 1990.

Ifra. *Lessons in Convergence. The IfraNewsplex Initiative.* Ifra Special Report 6.30. Darmstadt 2004.

Ifra. *Das MINDS-Projekt.* Ifra Special Report 6.33. Darmstadt 2005.

Jespersen, Lars. »Changing mind to change media. The story of Nordjyske Medier – and the inner side of peoples head«. Präsentationsfolien. Aalborg 2004.

Kemper, Andreas. »Das Blatt aus einem Guss«. *Redaktion 2004. Jahrbuch für Journalisten.* Hrsg. Initiative Tageszeitung. Bonn 2004. 28–31.

Langenbucher, Wolfgang R. *Die Tageszeitung im Rhein-Ruhr-Gebiet. Redaktionelle Konzeptionen für die 90er Jahre. Eine Expertise für die Stiftung Pressehaus NRZ.* Düsseldorf, Wien und New York 1989.

Lüthi Nick, Bettina Büsser, Gerti Schön und Helen Brügger. »Der Newsroom: Die trendige Form des Konzernjournalismus«. *Klartext. Das Schweizer Medienmagazin* 3 2006. 22–29.

Lublinski, Jan. *Wissenschaftsjournalismus im Hörfunk. Redaktionsorganisation und Thematisierungsprozesse.* Konstanz 2004.

Meier, Klaus. »Redaktionelle Differenzierung im Kontext zeitgeschichtlicher Entwicklungen«. *Massenmedien und Zeitgeschichte.* Hrsg. Jürgen Wilke. Konstanz 1999. 676–687.

Meier, Klaus. *Ressort, Sparte, Team. Wahrnehmungsstrukturen und Redaktionsorganisation im Zeitungsjournalismus.* Konstanz 2002a.

Meier, Klaus. »Projekt Team«. *Journalist* (52) 4 2002b. 12–18.

Meier, Klaus. »Redaktion«. *Handbuch Journalismus und Medien.* Hrsg. Siegfried Weischenberg, Hans Kleinsteuber und Bernhard Pörksen. Konstanz 2005. 394–398.

Meier, Klaus. »Newsroom, Newsdesk, crossmediales Arbeiten. Neue Modelle der Redaktionsorganisation und ihre Auswirkungen auf die journalistische Qualität«. *Medien-Qualitäten. Öffentliche Kommunikation zwischen ökonomischem Kalkül und Sozialverantwortung.* Hrsg. Siegfried Weischenberg, Wiebke Loosen und Michael Beuthner. Konstanz 2006a. 203–222.

Meier, Klaus. »Newsroom innovations and changing mindsets. Study on journalists' assessments of effects on workflow and quality«. Vortrag auf der Tagung der European Alliance of News Agencies (EANA) am 11. Mai 2006 in Wien. Wien 2006b.

Meier, Klaus. »Innovations in Central European Newsrooms. Overview and Case Study«. *Journalism Practice* (1) 1 2007a. 4–19.

Meier, Klaus. *Journalistik.* Konstanz 2007b.

Meier, Klaus. »Cross Media: Konsequenzen für den Journalismus«. *Communicatio Socialis* (40) 4 2007c. 350–364.

Meier, Klaus, und Frank Feldmeier. »Wissenschaftsjournalismus und Wissenschafts-PR im Wandel. Eine Studie zu Berufsfeldern, Marktentwicklung und Ausbildung«. *Publizistik* (50) 2 2005. 201–224.

Milz, Annette. »Doppelpass am Newsdesk. Interview mit Sven Gösmann und Oliver Eckert«. *Medium Magazin* (21) 7 2006. 22–26.

Milz, Annette. »Vorneweg statt hinterher: Von der Redaktion zum Multimediadienstleister«. *Zeitungen 2007.* Hrsg. Bundesverband Deutscher Zeitungsverleger. Berlin 2007. 197–206.

Pätzold, Ulrich. »Die Wirklichkeit trägt keinen Ressortstempel«. *Wissenschaftsjournalismus und Journalistenausbildung – eine Bestandsaufnahme.* Hrsg. Robert Bosch Stiftung. Stuttgart 1983. 31–33.

Quinn, Stephen. »Convergence's Fundamental Question«. *Journalism Studies* (6) 1 2005. 29–38.

Schantin, Dietmar, Torben Juul und Klaus Meier (Hrsg.). *Crossmediale Redaktionen in Deutschland.* Darmstadt 2007.

Singer, Jane B. »Strange Bedfellows? The diffusion of convergence in four news organizations«. *Journalism Studies* (5) 1 2004. 3–18.

Stepp, Carl Sessions. »Reinventing the Newsroom«. *American Journalism Review* (17) 4 1995. 28–33.

Stevens, Jane E. »Moving Online Into the Newsroom«. *Online Journalism Review* 3.12.2003. www.ojr.org/ojr/workplace/1069284495.php (Download 25.7.2006).

dpa und *WDR* –
Redaktionsalltag und Redaktionsforschung

Jan Lublinski

F4, F4, F4: Immer wieder drückt Thilo Resenhoeft diese Funktionstaste auf seinem Computer in der Hamburger Zentrale der Deutschen Presse-Agentur (*dpa*). Er löst mit diesem Knopf einen einfachen Befehl aus: »Nachricht löschen«.

Den ganzen Tag über landen in einem virtuellen Eingangskörbchen der *dpa*-Wissenschaftsredaktion neue Pressemitteilungen und Hinweise. Die meisten jagt Resenhoeft e-mail-wendend ins Nachrichten-Nirwana: Eine anämische Mitteilung einer ärztlichen Fachvereinigung? Ein Gesundheitsblatt, das mit Informationen zum Mausarm-Syndrom Leser gewinnen will? Ein Umweltverband, der auf eine Veranstaltung hinweist, die längst im Wochenplan der *dpa* steht? F4. F4. F4. Weg, weg, weg.

Aber es gibt auch Fälle, in denen es etwas länger dauert: Resenhoeft hat in der Online-Ausgabe des Wissenschaftsmagazins *New Scientist* eine Meldung entdeckt, derzufolge Erstgeborene von jungen Müttern größere Chancen haben, über 100 Jahre alt zu werden. Er schickt den Text zur Prüfung und Gegenrecherche an eine Kollegin in Berlin, diese meldet sich eine Stunde später wieder, und nach einer kleinen Diskussion einigen sich die beiden darauf, dass die Ungereimtheiten dieser Meldung zu groß und ihre Kernaussage auf missverständliche Weise banal ist. F4.

»Eine unserer Hauptarbeiten besteht darin, Wissenschaftsnachrichten gegenzuchecken«, sagt Simone Humml, die Leiterin der Wissenschaftsredaktion bei *dpa*. »Wir müssen besonders darauf achten, dass bestimmte Beiträge, wie etwa Jubelmeldungen zu Krebsmedikamenten, nicht gesendet werden« (siehe Humml 2007).

Oft genug muss *dpa* aber auch über fragwürdige Themen berichten, einfach weil viele andere Medien sich mit ihnen befassen. Die *dpa*-Wissenschaftsredakteure sehen ihre Aufgabe dann darin, eine eigene Berichterstattung zu leisten, bei der es darum geht, die Quellen bestimmter Nachrichten einzuordnen. »Sekte sorgt mit Nachricht von angeblichem Klonbaby für Wirbel«, lautet dann so eine Schlagzeile. »Manchmal schreiben wir sogar Meldungen, die sagen: ›Ich bin eigentlich keine Meldung‹«, erklärt Resenhoeft (siehe Mundzeck 2006: 202).

Er bedient also noch einen zweiten, ebenso wichtigen Knopf: F11. »Nachricht senden.« Mit ihm aber geht er bedächtiger um. Er schiebt seinen rechten Zeigefinger zunächst in die Nähe der Taste, und bevor er sie niederdrückt, hält er für einen Moment inne. F11 ist der

Knopf, der es dem *dpa*-Redakteur ermöglicht, eine Nachricht über das Agentursystem auf die Schirme so gut wie aller deutschsprachigen Redaktionen gleichzeitig zu setzen. Sofort und überall, von der Lörracher Redaktion der *Badischen Zeitung* bis zum *NDR*-Studio Greifswald, kann diese Nachricht zur Kenntnis genommen, für die Themenplanung genutzt, umgeschrieben, vorgelesen, abgedruckt oder am Ende doch fallen gelassen werden. Darüber hinaus landet eine Auswahl der Meldungen über den Online-Service ›*dpa*-Infocom‹ auf zahlreichen deutschen Webseiten.

F11 zu drücken hat also etwas Endgültiges. Dieser alltägliche Akt drückt einer Nachricht den Stempel ›*dpa*-Meldung‹ auf und das ein für alle Mal. Eine ›undo‹-Taste gibt es hier nicht. Im Fall von Fehlern müssen die *dpa*-Redakteure grundsätzlich Korrekturmeldungen nachschieben, also mit neuen Nachrichten die alten korrigieren. Niemand tut so etwas gern. Und nicht selten werden Korrektur-Meldungen von den Redaktionen gar nicht mehr wahrgenommen.

Also geht Resenhoeft den Text auf seinem Monitor noch einmal durch und vergisst dabei für einen Moment die Kollegen am Nachbartisch, die sich über einen Unfall mit Gefahrgut auf der A3 unterhalten. Dann holt er tief Luft und drückt F11. – Die Nachricht ist raus.

»Danke schön«, sagt Susan Schaedlich, die Volontärin. Sie sitzt direkt neben ihm und hatte ein Interview mit dem Zukunftsforscher Dennis Meadows geführt. Resenhoeft hat es korrigiert und abgeschickt. Es gilt das Vier-Augen-Prinzip: Jeder Beitrag muss von einem Redakteur gegengelesen werden. In Susan Schaedlichs *dpa*-Account ist die Taste F11 nicht belegt. Erst wenn sie ihr Volontariat beendet hat, wird sich das ändern.

Wer als Reporter eine Redaktion besucht, der erhält, wie bei jeder anderen Vor-Ort-Recherche auch, unmittelbare Einblicke in einen Mikrokosmos. Als Beobachter, der von außen kommt, nimmt er andere Dinge wahr als die Akteure selbst, und er hat die Möglichkeit, seine Einsichten, die er mit einer gewissen Distanz gewonnen hat, in einen größeren Zusammenhang zu stellen.

In diesem Beitrag werden Beobachtungen an zwei aufeinanderfolgenden Tagen im November 2006 in den Wissenschaftsressorts bei *dpa* und im *WDR*-Hörfunk beschrieben. Die Reportagen aus diesen beiden sehr unterschiedlichen Redaktionen sollen zunächst dazu dienen, verschiedene Aspekte der Arbeit in journalistischen Organisationen zu verdeutlichen. Darüber hinaus sollen Ansätze und Ergebnisse von Kommunikationswissenschaftlern nachgezeichnet werden, die sich darum bemühen, die redaktionelle Arbeit genauer zu verstehen.

Im Fall der *WDR*-Wissenschaftsredaktion stellt der Redaktionsbesuch eine Ergänzung dar zu einer Beobachtungsstudie, die ich im Jahr 2000 unternommen hatte. Ziel des vorliegenden Beitrags ist es, Veränderungen und Entwicklungen aufzuzeigen und gleichzeitig einen holzschnittartigen Überblick zu geben über Forschungen und Trends in Sachen Wissenschaftsredaktionen.

Redaktionsforschung: Die Welt der Nachrichten in Theorie und Praxis

Ein theoretisches Modell, das im Wesentlichen aus den *dpa*-Funktionstasten F11 und F4 besteht, ist die sogenannte Gatekeepertheorie, die in den 50er Jahren entwickelt wurde. Ihr zufolge ist der Redakteur eine Art Schleusenwärter für Nachrichten, der allein und ganz nach seinem persönlichen Ermessen entscheidet, ob er eine Nachricht durchlässt oder nicht.

Später kam die Nachrichtenwerttheorie hinzu, die davon ausging, dass Ereignisse bestimmte objektivierbare Merkmale besitzen, die für den redaktionellen Auswahlprozess maßgeblich sind. Je stärker diese Merkmale ausgeprägt sind und je mehr von ihnen vorhanden sind, desto größer der Wert einer Nachricht: Dennis Meadows, zum Beispiel, ist durch sein Buch *Grenzen des Wachstums* (1972) noch immer einigermaßen bekannt (›Prominenz‹), er steht für düstere Zukunftsprognosen (›Negativismus‹), er war zu einer Vortragsreihe in Deutschland unterwegs (›Nähe‹), und so weiter (siehe z.B. Wilke und Rosenberger 1991: 21–32).

Doch mit diesen Ansätzen lässt sich nur sehr grob erfassen, was sich in den Redaktionen und modernen Newsrooms genau abspielt, wie ein Thema sich hier entwickelt, auf welche Weise es – wie bei *dpa* – an dem großen F4-Friedhof vorbeigelangt und was alles mit ihm geschieht, bevor es mit F11 neues Leben eingehaucht bekommt. Heute würde kein Kommunikationswissenschaftler mehr behaupten, dass die Welt der Nachrichten sich mit so einfachen Werkzeugen modellieren ließe.

Gleichwohl steht die Redaktionsforschung in vielen Dingen noch immer am Anfang. Die Literatur ist geprägt von einer Suche nach geeigneten Begriffen, mit denen sich die komplexen Zusammenhänge und Abläufe in den Redaktionen erfassen lassen. Gefragt sind Methoden und theoretische Konzepte, welche die Kernfragen des Redaktionsgeschäftes erfassen können: Welche regelmäßigen Verfahrensweisen entwickelt eine Redaktion, um ihre Arbeit zu organisieren und ihre Themen zu erkennen, aufzugreifen und umzusetzen? Wie teilt sie sich ihre Ressourcen ein? Welches Zielpublikum hat sie vor Augen? Wie arbeitet sie mit anderen Abteilungen ihrer journalistischen Organisation zusammen? Wie ändern sich die Verfahrensweisen und Strategien der Redaktion im Laufe der Zeit? – Alle diese Fragen befassen sich mit dem, was man als ›Redaktionskonzept‹ bezeichnen kann. Es wird durch journalistisches Handeln geprägt und verändert. Gleichzeitig ist es den beteiligten Redakteuren selbst nur teilweise bewusst (Lublinski 2004a: 92–96).

Auch wenn es darum geht, die Qualität der journalistischen Arbeit zu beurteilen oder zu kritisieren, empfiehlt es sich, die Routinen des Wissenschaftsjournalismus genauer zu untersuchen und nicht vorschnell allgemeine Mängel bei der Auswahl und Umsetzung von Wissenschaftsnachrichten festzustellen (Lehmkuhl 2006). Zu diesem Zweck setzen Redaktionsforscher, in Kombination mit anderen sozialwissenschaftlichen Methoden, die teilnehmende Beobachtung ein, das heißt, sie begleiten Redakteure für einige Zeit bei ihrer Arbeit. In seiner einfachsten Form nutzen sie dieses Instrument, um sich einen Überblick zu verschaffen und um anschließend Interviews, Fragebögen oder Inhaltsanalysen sinnvoller planen zu können.

Jürgen Wilke und Bernhard Rosenberger (1991: 198, 201) vergleichen auf diese Weise die Arbeit bei den Agenturen *dpa* und *Associated Press (AP)* und kommen zu dem Schluss »daß der oft isoliert betrachtete Vorgang der Nachrichtenauswahl in einen komplexen Prozeß der Nachrichtenproduktion eingebettet ist«. Sie weisen auf Einflussgrößen hin, die weit über Nachrichtenfaktoren oder individuelle Präferenzen von Journalisten hinausgehen: Strukturelle Vorgaben, wie zum Beispiel die Finanzlage oder Stellung einer Agentur im Nachrichtenmarkt, aber auch institutionelle Einflüsse, etwa die Binnenstruktur der Redaktion oder Mechanismen der Koordination nach innen und außen. Was die Arbeit der Agentur-Redakteure angeht, beobachten Wilke und Rosenberger eine begrenzte Spezialisierung und einen ständigen Rollenwechsel. Dieser erfordert »ein hohes Maß an Flexibilität, der wiederum die Teamarbeit und das kooperative, kollegiale Arbeitsklima dienlich sind«.

Im *dpa*-Newsroom: Teamarbeit am Wissenschaftstisch

Till Mundzeck balanciert einen Pappkarton mit fünf Cappuccinos in Wegwerfbechern durch die *dpa*-Zentrale. Er kommt gerade zurück von Luigi's Eiscafé um die Ecke. Dieser kurze Gang über den Hamburger Mittelweg ist ein wichtiges Ritual für den Wissenschaftsredakteur: Koffeinnachschub besorgen und schnell ein wenig frische Luft schnappen. Morgens früh findet Mundzeck dafür noch Zeit, nachmittags eher nicht.

Sein Weg durch den *dpa*-Newsroom zurück an seinen Platz führt ihn an verschiedenen Tischen vorbei, die wie Inseln im Meer feste Orientierungspunkte in der *dpa*-Welt bieten. Zu ihnen, zwischen ihnen und von ihnen weg fliegen die Nachrichten auf unsichtbaren Bahnen. Auf einem Monitor ist das Berliner Büro zu sehen, auf einem anderen läuft *CNN*, und über allem schwebt eine Weltkarte mit Uhren, welche die Ortszeiten für die verschiedenen Kontinente angeben, aus denen die Korrespondenten ihre Berichte senden.

Wahrgenommen werden diese Berichte über die ›Tische‹, die bei *dpa* den klassischen Ressorts der Tageszeitungen entsprechen. Der Auslandstisch und der Wirtschaftstisch sind sehr nahe beim CvD-Tisch, der Zentrale dieses Informationsnetzes. Besonders lang ist der Vermischtes-Tisch, an dem mehr als ein Dutzend Journalisten an Computern arbeiten können. Mundzeck stellt hier zwei Kaffee ab. Eine der Kolleginnen dort erzählt ihm, dass Paul McCartneys Noch-Ehefrau Heather Mills eine öffentliche Beichte abgelegt habe, in welcher der Begriff »ektopische Schwangerschaft« aufgetaucht sei. Wie man das in verständliches Deutsch übersetzen könne? – Mundzeck weiß es auch nicht gleich, aber sein Kollege Thilo Resenhoeft hat schnell ein Medizinlexikon bei der Hand.

Das Verhältnis der Wissenschaftsredakteure zu den Kollegen am Vermischtes-Tisch ist besonders eng. Die meisten Wissenschafts-Nachrichten von *dpa* werden eben auf jenen Seiten gedruckt, die etwa bei der *taz* mit »Die Wahrheit« überschrieben sind. Als sogenannter ›Fachtisch‹ ist die Wissenschaft dem Basisressort Vermischtes zugeordnet, Gleiches gilt für den Medien- und den Kulturtisch. Nachts und am Wochenende, wenn die Fachtische unbesetzt sind, übernimmt der Vermischtes-Tisch ihre Themen.

Der Wissenschaftstisch bietet vier Journalisten jeweils einen Computerarbeitsplatz, dazu eine große Schrankwand mit naturwissenschaftlichen Nachschlagewerken und, mitten auf dem Tisch, eine Schale mit Mandarinen für alle. Till Mundzeck, dessen Stelle im Jahr 2001 zusätzlich eingerichtet wurde, sitzt neben der Ressortleiterin Simone Humml. Gemeinsam sind die beiden für die aktuellen *dpa*-Wissenschaftsberichte zuständig, die im *dpa*-Basisdienst verbreitet werden. An den Arbeitsplätzen gegenüber sitzen Susan Schaedlich, die Volontärin, und Thilo Resenhoeft, der das wöchentliche ›Dossier Wissenschaft‹ betreut. Es enthält eine Sammlung von Berichten, die er gezielt für die Wissenschaftssparten der Zeitungen zusammenstellt. Themen der Grundlagenforschung, die im allgemeinen Nachrichtengeschäft untergehen würden, haben hier eine Chance, wie etwa an diesem Tag eine Publikation im Fachjournal *Nature* über erstaunlich große Unterschiede im menschlichen Erbgut.

In der tagesaktuellen Berichterstattung gilt zunächst einmal das Prinzip der regionalen Zuständigkeit, das heißt, in der Regel werden die Wissenschaftsnachrichten von den Mitarbeitern der Landesdienste oder der Korrespondentenbüros im Ausland geschrieben. Der Reporter in Mexiko-Stadt berichtet über ein neues Teleskop in der Sierra Negra, und zur Fachmesse Medica fährt ein Kollege aus dem Düsseldorfer Büro.

Die Hamburger Wissenschaftsredakteure beraten und redigieren, was mitunter auch aufwendiger sein kann: Als Thilo Resenhoeft eine Nachricht eines Frankfurter Kollegen über das Geheimnis einer hessischen Keramik aus dem Mittelalter liest, sucht er sich den Originalartikel aus dem Internetportal des Fachblattes *Nature* heraus, schreibt einige Abschnitte der Meldung um und schickt sie dem Frankfurter Kollegen noch einmal zur Prüfung zurück.

Besonders häufig arbeiten zwei Korrespondentinnen in Berlin und New York der Wissenschaftsredaktion zu: Andrea Barthélémy und Gisela Ostwald. Die beiden sind wichtige Stützen der *dpa*-Wissenschaftsberichterstattung, gleichzeitig aber sind sie auch für andere Ressorts tätig. Die Zusammenarbeit mit ihnen hat sich in den vergangenen Jahren vertieft, ohne dass sie offiziellen Charakter angenommen hätte.

Anspruchsvollere Themen übernehmen die Wissenschaftsredakteure in der Hamburger Zentrale häufig auch komplett. Obwohl grundsätzlich jeder von ihnen über alle Wissenschaftsthemen berichtet, gibt es doch Vorlieben und Spezialisierungen: Resenhoeft befasst sich seit Langem mit dem großen Themenfeld Aids, Humml fliegt immer wieder zu Klimakonferenzen, Mundzeck hat unlängst den neuen Teilchenbeschleuniger in Genf besucht. Freie Mitarbeiter beschäftigt die Redaktion auch, allerdings in begrenztem Umfang.

Am Wissenschaftstisch ist alles auf effektiven Nachrichtendurchsatz ausgerichtet. Zwei Ordner mit Telefonnummern von Interviewpartnern sind stets griffbereit. Resenhoeft arbeitet mit 15 Favoriten in seinem Firefox-Browser, die Webseiten sind wie Karteikarten unmittelbar verfügbar. *Eurekalert, New Scientist, Nature, Alphagalileo* sind darunter – die in der Branche üblichen internationalen Quellen. Über die allgemeinen Pressemitteilungen im *dpa*-Redaktionssystem hinaus schaut er auch die Übersichten deutscher Wissenschafts-Magazine wie etwa *Bild der Wissenschaft* oder *Geo* durch. »Manchmal sind da nette Geschichten dabei.« Warnmeldungen von Öko-Test übernimmt er nur, wenn ein gesetzlicher Grenzwert überschritten ist.

Selektieren, recherchieren, schreiben, redigieren. Die Arbeit der *dpa*-Wissenschaftsredaktion besteht aus journalistischen Kerntätigkeiten. Kein Layouten, kein Schnitttermin, keine lange Sitzung unterbricht ihre zügige Arbeit. Die Produkte sind einfache Text-Dateien, schnörkellos, präzise und möglichst streng neutral. ›Kurzmeldungen‹ in wenigen Sätzen, auf der Grundlage einer einzelnen Quelle; richtige ›Meldungen‹, maximal 60 Zeitungs-Zeilen lang, in denen nach Möglichkeit mehrere Stimmen vorkommen; ›*dpa*-Gespräche‹, in denen ein Interviewpartner häufig zitiert wird, und schließlich ›Namensberichte‹, auch ›Korr‹ genannt, bis zu 100 Zeilen lang, bei denen der Autor namentlich erwähnt wird. – Ungefähr zehn bis 20 Produkte dieser Art sendet der *dpa*-Wissenschaftstisch pro Tag. Nach F11 ist vor F11.

Möglich wird der erstaunlich große Berichterstattungsumfang, weil die *dpa*-Wissenschaftsredakteure nicht nebeneinander, sondern in sehr flexibler Weise miteinander arbeiten. Wissenschaftsmeldungen sind in der Regel komplizierter als die durchschnittliche *dpa*-Meldung, und da hilft es, wenn mehrere Kollegen sich austauschen können. Meist genügen wenige Worte für eine Absprache. Jeder weiß, womit die anderen gerade beschäftigt sind. Wechsel der redaktionellen Rollen sind an der Tagesordnung.

Till Mundzeck befasst sich an diesem Tag mit den Untersuchungen eines privaten Analytiklabors. Es hatte herausgefunden, dass sich in verschiedenen Flüssen Europas und der USA erstaunlich große Mengen von Kokain-Abbauprodukten befinden. Eine wissenschaftliche Publikation hat der Leiter des Instituts jedoch nicht vorzuweisen, und so versucht Mundzeck mit anderen Experten zu sprechen, um die Geschichte abzurunden. Immer wieder überlegt sich Mundzeck mögliche Schlagzeilen und einen geeigneten Dreh für das Thema. Er fragt die Kollegen am Vermischtes-Tisch um Rat in Sachen Drogenstatistiken und bittet eine Kollegin in der Dokumentationsabteilung, den aktuellen Schwarzmarktpreis für Kokain zu recherchieren.

Eine knappe Stunde, nachdem er die Meldung schließlich abgeschickt hat, taucht sie in der Online-Ausgabe des *Kölner Express* auf, als Aufmacher. »Unfassbare Wasser-Analyse«, heißt es dort, gefolgt von Mundzecks Schlagzeile, in leicht verdichteter Form: »Rhein-Anwohner schnupfen 9 Tonnen Koks im Jahr«. Darüber hinaus finden sich Mundzecks Text-Spuren am nächsten Tag in vielen Zeitungen. Die »Abdruckquote«, eine tägliche *dpa*-interne Auswertung, bescheinigt ihm, dass seine Meldung in der ganzen Bundesrepublik gerne übernommen wurde.

Während Till Mundzeck mit seiner vergleichsweise aufwendigen Recherche befasst war, hielten ihm die Kollegen den Rücken weitgehend frei. Resenhoeft übernahm kurzfristig das Redigieren der aktuellen Manuskripte für den Basisdienst. Die Volontärin wiederum entlastete Resenhoeft beim Schreiben des wöchentlichen Wissenschafts-Dossiers.

Jedes Mitglied dieser Redaktionsmannschaft passt sich dem Rhythmus der Kollegen an. In der Teamarbeit entfalten sie eine Dynamik, die ohne den gemeinsamen Tisch undenkbar wäre.

»Ressort im Getto«? Wissenschaftsjournalismus und redaktionelle Organisationsformen

Noch im Jahr 1998 wurde die Lage des Wissenschaftsjournalismus bei *dpa* im Rahmen einer Expertenbefragung als »trübes Kapitel« bezeichnet, weil damals nur ein Wissenschaftsredakteur für die aktuelle Berichterstattung zuständig war. »Erst wenn bei *dpa* eine Vielzahl von Wissenschaftsjournalisten/innen arbeiten, kann wirklich von einer grundlegenden Verbesserung des Wissenschaftsjournalismus in Deutschland gesprochen werden«, hieß es in der Evaluierung des Förderprogramms Wissenschaftsjournalismus der Robert Bosch Stiftung (Göpfert und Schanne 1998: 122).

Generell weist die kommunikationswissenschaftliche Literatur beim Thema Wissenschaftsredaktionen auf Defizite hin. Hömberg (1990) hat die Wissenschaftsredaktionen als das »verspätete Ressort« bezeichnet, andere sprechen vom »Ressort im Getto« und meinen damit kleine, überforderte, unqualifizierte und machtlose Redaktionen, die ein Außenseiterdasein in den Medienbetrieben fristen (Göpfert und Schanne 1998: 112; Lublinski 2004a: 105 ff.).

Die oben beschriebenen Beobachtungen eines Tages am *dpa*-Wissenschaftstisch zeigen jedoch, dass sich bei *dpa* einiges geändert hat, spätestens seit die zusätzliche Wissenschaftsredakteursstelle im Jahr 2001 geschaffen wurde. Auch die Darstellungen der Redakteure selbst (Humml 2006; Mundzeck 2006) weisen in diese Richtung: Die *dpa*-Wissenschaftsredaktion ist zu einem etablierten ›Fachtisch‹ neben anderen in der Hamburger Zentrale geworden. Auch die Entwicklungen in einigen anderen deutschen Medien (Wormer 2006) deuten darauf hin, dass hier die Wissenschaftsredaktionen zu unverzichtbaren Bestandteilen der Gesamtredaktionen geworden sind. Das ›verspätete Ressort‹ hat also aufgeholt.

Um den Status oder die Leistungsfähigkeit einer Wissenschaftsredaktion zu beurteilen, werden in der Literatur häufig die Anzahl der dort beschäftigten Wissenschaftsjournalisten, der Umfang ihrer Seiten und Sendeplätze oder die Qualität ihrer journalistischen Produkte als Maßstäbe genutzt. Von entscheidender Bedeutung aber ist darüber hinaus noch ein weiteres Element: die Teamarbeit! Dazu zählt zum einen die Frage, wie die Zusammenarbeit der Mitarbeiter innerhalb der Redaktion funktioniert, und zum anderen, ob und wie es einer Wissenschaftsredaktion gelingt, mit anderen Ressorts zu kooperieren.

Die alte Diskussion um die Ressortüberschreitung des Wissenschaftsjournalismus erhält eine neue Qualität, seit in vielen Verlagen, Rundfunkhäusern und Agenturen die Ressortorganisation verändert und kleine redaktionelle Einheiten oft in größeren Strukturen aufgehen oder ganz verschwinden. Unter dem Sammelbegriff ›Newsroom‹ erproben die Verlage und Rundfunkhäuser verschiedene Organisationskonzepte, mit denen Teilbereiche einer Gesamtredaktion in neuer Form zusammenarbeiten sollen. Die Wissenschaftsredaktionen müssen sich im Zuge dieser Reformen neu positionieren.

Wie innovative Newsroom-Organisationsmodelle die Teamarbeit in Agentur- und Tageszeitungsredaktionen verändern, untersucht Meier (2002; 2006a; 2007). Am Beispiel der österreichischen Nachrichtenagentur *APA* zeigt er, dass diese Strukturveränderungen zu einer Verbesserung der Arbeitszufriedenheit und auch der journalistischen Qualität beitragen können. Das Großraumbüro der *APA* ist gezielt darauf hin eingerichtet, die ressortübergreifende und crossmediale Teamarbeit zu erleichtern: Die Foto-, Infografik- und die Multimedia-Abteilungen sind in das Großraumbüro integriert, und die Ressort-Tische sind kreisförmig um einen zentralen Konferenz- und Arbeitstisch (den ›news-market‹) angeordnet. Die Wissenschaftsredakteure der *APA* treffen sich hier mit Vertretern anderer Ressorts und bilden Teams für kurzfristige Projekte.

Dagegen ist die Hamburger *dpa*-Zentrale eher konventionell organisiert: Der Online-Service der *dpa-Infocom* wird in einem anderen Gebäude erstellt. Die Wissenschaftsredaktion ist grundsätzlich an ihrem eigenen Tisch tätig, und sie hat nach wie vor die Hoheit über ihren Themenbereich. Der Austausch mit den anderen Ressorts, Landesdiensten und Auslandskorrespondenten ist zwar alltägliche Routine, aber es gibt hier keine institutionalisierte Struktur, die ein kreatives Arbeiten an Querschnittsthemen gezielt fördert.

Sowohl die *APA* als auch die *dpa* verzichten auf einen ›Newsdesk‹ als zentralen Produktionstisch. Sie senden ihre Nachrichten, weil das schneller geht, direkt von den einzelnen Ressorts aus in die abnehmenden Redaktionen. Welche Organisationsform hier für welche Anforderungen besser geeignet ist, lässt sich auf dem gegenwärtigen Stand der Forschung nicht sagen.

Redaktionelle Routinen

Systematische Vergleiche zwischen verschiedenen Redaktionsmodellen wurden in den vergangenen Jahren vor allem im Medium Hörfunk angestellt. Ein Schwerpunkt der Forschung lag hier in der detaillierten Analyse von Arbeitsprozessen. Michael Krzeminski (1987), Joerg-Michael Kastl (1994), Klaus-Dieter Altmeppen (1999) und Jan Lublinski (2004a) beschreiben das Redaktionsgeschehen auf einer theoretischen Mesoebene, das heißt oberhalb des Mikrokosmos des einzelnen Journalisten, aber unterhalb der gesellschaftlichen Makrobeschreibung des Journalismus als System, welches besonders in den 90er Jahren viel diskutiert wurde (Scholl und Weischenberg 1998: 63–86; Kohring 2005: 243–278).

In diesem Zwischenbereich kann man systemische Strukturen und das Handeln in Redaktionen als zwei Seiten einer Medaille betrachten: In den Redaktionen gibt es einerseits bestimmte Routinen, die für das Gesamtsystem Journalismus typisch sind und die bestimmte Handlungen vorgeben. Weil die Arbeit in den Redaktionen sich nicht vollständig in feste Regeln pressen lässt, müssen diese journalistischen Routinen immer wieder bestätigt und auf den Einzelfall angewendet werden. Andererseits können diese Routinen infrage gestellt und verändert werden, was wiederum durch Handlungen geschieht.

Zu den zentralen Routinen, an denen sich die redaktionelle Arbeit insgesamt orientiert, zählen die Berichterstattungsformen, wie zum Beispiel der Kommentar, die Nachrichtenminute oder das Live-Interview. Diese Routinen werden langfristig etabliert, sodass die Mitarbeiter einer Redaktion sehr genau wissen, was die Herstellung einer bestimmten Berichterstattungsform in ihrem jeweiligen Umfeld erfordert, etwa welche Länge ein bestimmter Beitrag haben muss, wie er sprachlich umgesetzt werden kann, welcher organisatorischen Vorbereitung es bedarf und so weiter.

Derartige redaktionsspezifische Festlegungen gibt es natürlich auch bei anderen redaktionellen Routinen. Beispiele hierfür sind die Art und Weise, wie Internet-Quellen ausgewertet werden, ob und wie eine Redaktion Fact-Checking betreibt oder mit welcher Sprechhaltung eine Sendung moderiert wird. Sie alle sind Bestandteil des jeweiligen Redaktionskonzeptes.

Eine entscheidende Frage ist hier, in welchem Umfang eine Redaktion solche Routinen etabliert und wie viel Freiraum sie für Entscheidungen im Einzelfall offenlässt. Feste Routinen erleichtern einer Redaktion die Arbeit und ermöglichen es ihr, ein eigenes Profil zu gewinnen. Sie können aber auch dazu führen, dass sie sich in einem allzu starren Korsett bewegt und wenig flexibel und kreativ ist.

Für die Beschreibung der redaktionellen Themenbearbeitung im Hörfunk hat sich der Begriff des ›mentalen Laufplans‹ als nützlich erwiesen: Bei der Planung einer Sendung kann sich ein verantwortlicher Redakteur oder ein Redaktionsteam im Prinzip jederzeit vergegenwärtigen, welche Plätze im Senderaster es noch zu füllen gilt, welche Beiträge zu welchen Themen möglich, in Bearbeitung oder bereits fertiggestellt sind, zu welchen Terminen die einzelnen Beiträge fertig sein müssen, wie die Beiträge formal und inhaltlich gestaltet werden, wie die Zusammenstellung der Sendung nach dem gegenwärtigen Stand aussieht und so weiter.

Es handelt sich also um einen flexiblen Plan, der durch Koordinationsprozesse bis zum Redaktionsschluss immer wieder verändert wird, bis er schließlich in einen realen Sendelaufplan mündet, der die fertige Sendung zusammenfasst. Für Außenstehende sind diese Schritte nachvollziehbar – durch Befragung der beteiligten Redakteure und durch die Beobachtung von Koordinationsvorgängen (Lublinski 2004a: 296–300).

Dieses Konzept lässt sich auch auf andere Medien übertragen: Man könnte für den Printbereich den Begriff ›mentaler Seitenplan‹ verwenden oder, im Falle des *dpa*-Wissenschaftstisches, ›mentale Tagesvorschau‹, oder besser noch ganz allgemein: ›mentaler Berichterstattungsplan‹. Dieser Begriff wäre dann, losgelöst von einem fertigen Gesamtprodukt und einem festen Redaktionsschluss, einfach nur ein mentales Formular, das alle (potenziellen) Berichte und den aktuellen Stand ihrer Planung und Bearbeitung enthält.

Von zentraler Bedeutung für die journalistische Qualitätsproduktion einer Redaktion ist die Frage, wie flexibel sie mit ihrem mentalen Berichterstattungsplan umgehen kann. Kann sie bei aktuellen Ereignissen kurzfristig reagieren und ihre bisherige Planung umkrempeln? Spielt sie zu lange mit den verschiedenen Optionen und verliert auf diese Weise wertvolle Zeit – oder legt sie sich zu früh fest und muss darum wichtige Entwicklungen unbeachtet lassen?

Aus dem Vergleich der Themenumsetzung in den von Lublinski (2004a) beobachteten Hörfunk-Redaktionen ergab sich, dass eine routinierte Flexibilität des Berichterstattungsplans die Voraussetzung für eine dynamische und kontinuierliche Berichterstattungsleistung ist. Die *DLF*-Wissenschaftsredaktion und die *WDR*-Umweltredaktion konnten beide kurzfristig auf besondere Themenkarrieren reagieren, weil sie als gut funktionierende Teams arbeiteten, die klare, jeweils eigene Routinen für die aktuelle Berichterstattung etabliert hatten. Dazu kam, dass sich beide Redaktionen langfristig um die Kontinuität ihrer aktuellen Berichterstattung bemühten und aus dieser Erfahrung wiederum schöpften, um Aktualität und Hintergrund zu kombinieren.

Ähnliche Grundmuster lassen sich auch am *dpa*-Wissenschaftstisch beobachten. Diese Redaktion hatte am Tag der Beobachtung etwa ein Dutzend Berichte in ihrem mentalen Berichterstattungsplan, den sie ständig durch Koordinationen über den Tisch hinweg aktualisierte. Ermöglicht wird diese flexible Berichterstattungsleistung durch feste Routinen: Die Redaktion beschränkt sich naturgemäß auf die Produktion von kurzen, sehr klar umrissenen Berichterstattungsformen. Auf diese Weise kann sie sich ausführlich der Quellensichtung und Themenauswahl, der Relevanzprüfung und der schnellen und flexiblen Umsetzung der Berichte widmen. Besonders wichtig ist in dieser Redaktion ein großer und schnell abrufbarer Schatz an Sachwissen, der auf kontinuierlicher Berichterstattungserfahrung beruht: Weil die Redakteure über bestimmte Themen, wie zum Beispiel Stammzellforschung oder Aids, regelmäßig berichten, können sie mit bewährten redaktionellen Routinen auf neue Entwicklungen schnell und kompetent reagieren.

Redaktionskonzepte: aktuell versus kreativ

Insgesamt lassen sich bei den Wissenschaftsredaktionen zwei Entwicklungsrichtungen der Redaktionskonzepte beobachten, die hier zusammenfassend als Idealtypen beschrieben werden sollen.

1. die ›aktuelle Wissenschaftsredaktion‹: Sie bemüht sich in erster Linie um Kontinuität, zeitliche Aktualität und Vollständigkeit in ihrer Wissenschaftsberichterstattung. Sie beobachtet das System Wissenschaft ebenso wie andere gesellschaftliche Bereiche und das Medienumfeld, um sich an der Konstruktion einer Agenda der Wissenschaftsberichterstattung zu beteiligen. Klar definierte redaktionelle Routinen tragen zum Profil dieser Redaktion bei und ermöglichen zugleich eine sehr flexible Arbeit.

Das Team kann auf neue Ereignisse umgehend und routiniert reagieren und sie mithilfe seiner kontinuierlichen Berichterstattungserfahrung einordnen. Ideen für längere und hintergründigere Berichte entstehen hier häufig auf der Grundlage der eigenen aktuellen Berichterstattung. In diese Richtung gehen Wissenschaftsressorts von *dpa*, *DLF*, aber beispielsweise auch die täglichen Seiten von *Süddeutsche Zeitung* oder *Die Welt*.

2. die ›kreative Wissenschaftsredaktion‹: Ihr geht es um eine besonders qualifizierte Auswahl, neue Zugänge, eigene Themen, hintergründige Berichte zu latent aktuellen Diskussionen. Die eindeutige Orientierung auf bestimmte Zielgruppen spielt hier eine große Rolle, ebenso eine anspruchsvollere Produktion. Die Redaktion hat »Mut zur Lücke« und verzichtet immer wieder auch auf bestimmte Themen, über die aktuelle Wissenschaftsredaktionen berichten. Selbstverständlich kann sie auch vergleichsweise schnell berichten, sie tut dies aber nur bei besonders ausgewählten Themen und Ereignissen. In solchen Fällen muss sie einen besonders großen Aufwand betreiben und sich gezielt Freiräume schaffen. In diese Richtung gehen Redaktionen wie Quarks & Co (*WDR*-Fernsehen), die Wissens-Redaktion der *Zeit* oder das Magazin *SZ Wissen*.

Selbstverständlich sind die Übergänge hier fließend: Jede ›aktuelle Wissenschaftsredaktion‹ kann auch kreativ sein und umgekehrt. Der prinzipielle Unterschied lässt sich relativ einfach mit Auswahlregeln verdeutlichen, die nach Mundzeck (2006: 207) für die *dpa* gelten: »Was ist neu, was ist wichtig, was ist interessant? Mindestens zwei dieser Kriterien sollten erfüllt sein.« – Bei der ›aktuellen Wissenschaftsredaktion‹ kommen häufiger Themen vor, die nicht besonders interessant sind, dafür aber neu und wichtig. Bei der ›kreativen Wissenschaftsredaktion‹ tauchen des Öfteren Themen auf, die nicht besonders neu, dafür aber interessant und wichtig sind.

Diese konzeptionelle Schwerpunktsetzung in den Bereichen Aktualität, Relevanz und Vermittlung (Rager 1994) manifestiert sich auch in den Wahrnehmungsstrukturen: Eine Redaktion, die in erster Linie um aktuelle, vollständige Wissenschaftsberichterstattung bemüht ist, wertet Quellen anders aus als eine Redaktion, die eher auf der Suche nach neuen Zugängen, Ideen oder Anregungen ist.

Bei der hier beschriebenen Differenz geht es allerdings keinesfalls um eine »Aufspaltung der Wissenschaftsberichterstattung in einen elitären, der Wissenschaft nahestehenden Zweig und in einen eher wissenschaftsfernen, populären Zweig« (Flöhl 1985: 44), wie sie einst vom ehemaligen Ressortleiter Wissenschaft bei der *Frankfurter Allgemeinen Zeitung* beschrieben wurde. Es geht hier um zwei verschiedene Wege zur journalistischen Qualität.

Aufschlussreich sind in diesem Zusammenhang zeitliche Analysen der Redaktionsarbeit. In den Wissenschaftsressorts von *DLF* und *WDR* sowie in der *WDR*-Umweltredaktion verbrachten die Redakteure im Jahr 2000 insgesamt etwa die Hälfte ihrer Arbeitszeit mit Koordination innerhalb der Redaktion. Die übrige Zeit nutzten sie für Dinge wie Quellensichtung, Recherche, Schreiben, Tonbearbeitung und Präsentation. Ganz ähnlich sieht die Zeiteinteilung bei Redakteuren aus, die bei großen Privatsendern im Bereich Planung und Organisation tätig sind (Altmeppen 1999: 133; Lublinski 2004a: 257–267). Die Wissenschaftsredaktionen unterscheiden sich also in den Grundmustern ihrer Arbeitsprozesse kaum von anderen Redaktionen.

Die Unterschiede zwischen den Redaktionen bestehen eher darin, wie sie ihre Koordinationsprozesse nutzen, um journalistische Qualität zu produzieren – und wie viele Routinen sie festlegen, um in anderen Bereichen Freiräume gestalten zu können. Geht man der Frage nach, mit welchen Kollegen die Redakteure sich besonders häufig austauschen und abstimmen, so werden verschiedene Kommunikationsmuster deutlich: So investierten die *DLF*-Wissenschaftsredakteure besonders viel Zeit in inhaltliche und organisatorische Koordination mit freien Mitarbeitern, welche als Reporter für die Redaktion arbeiten. Ähnlich wie bei *dpa* waren hier viele Routinen eindeutig festgelegt, und die Koordinationen dienten im Wesentlichen dazu, das Tagesgeschäft effektiv abzuwickeln (Blumenthal 2006). Diese Redaktion ist eindeutig dem Typus der ›aktuellen Wissenschaftsredaktion‹ zuzuordnen.

Die Redakteure des *WDR*-Wissenschaftsressorts hingegen kommunizierten deutlich mehr untereinander und verbrachten darüber hinaus noch etwa 240 Minuten pro Woche in Redaktionskonferenzen, während es beim *DLF* etwa 130 Minuten waren. Diese Redaktion befand sich damals im Umbruch und war noch auf der Suche nach einem neuen Redaktionskonzept. Entsprechend verwendeten die Redakteure viel Zeit darauf, sich im Einzelfall abzustimmen, verschiedene Beitragsformen zu diskutieren und allgemeinere Verfahrensweisen zu etablieren. Insofern war diese Redaktion eher der ›kreativen Wissenschaftsredaktion‹ zuzuordnen, wenn hier auch ein klares Profil fehlte.

Die *WDR*-Umweltredakteure wiederum stimmten sich in inhaltlichen Fragen in erster Linie mit Mitarbeitern anderer Ressorts ab. Sie hatten durch Programmreformen ihre eigenen Sendeplätze verloren und mussten sich komplett neu orientieren und organisieren. Sie entwickelten ihre Redaktion zu einem Fachkorrespondentenbüro: Ganz ähnlich wie ein Auslandskorrespondentenbüro über Ereignisse in einem anderen Land berichtet, informierte die *WDR*-Umweltredaktion auf allen fünf Wellen des *WDR* über die Bereiche Umwelt und Ernährung. Entsprechend waren die Redakteure häufig damit beschäftigt, die Themen ihrer Berichterstattung mit Kollegen aus anderen Redaktionen zu besprechen. Um möglichst effektiv als Reporterteam arbeiten zu können, hatten sie die Zeit, die sie mit Redaktionskonferenzen verbrachten, auf 100 Minuten pro Woche reduziert. Auch bei dieser Redaktion handelte es sich um eine ›aktuelle Wissenschaftsredaktion‹. Ihre Arbeit war jedoch weniger an der allgemeinen Agenda der Wissenschaftsberichterstattung orientiert als an den Formaten, Zeitrastern und Agenden der aktuellen politischen Magazine.

Etwas mehr als zwei Jahre später stellte der *WDR* seine Organisationsstruktur in diesem Bereich um und integrierte die Umweltredakteure in die Wissenschaftsredaktion. Sie trugen dort dazu bei, das erklärte Ziel des neuen Redaktionsleiters in die Tat umzusetzen: das neu formierte, große Ressort zu einem ›Kompetenzzentrum Wissenschaft‹ auszubauen. Es lohnt sich also, diese neu aufgestellte *WDR*-Wissenschaftsredaktion genauer zu betrachten.

Die Wissenschaftsredaktion des *WDR*-Hörfunks

Auf dem Schreibtisch von Joachim Hecker steht ein Glas Schnee, und das schon seit ein paar Tagen. Besucher dürfen ihren Zeigefinger hineinstecken und spüren ein warmes, pulvriges Kunstprodukt. »Geht ganz einfach«, erklärt der *WDR*-Redakteur: »Einen Teelöffel Superabsorber in ein Glas Wasser, umrühren, fertig.«

Während Hecker erklärt, dass Superabsorber in Windeln zum Einsatz kommt, öffnet er ein Einmachglas und bietet Gummibärchen an, und wenn man zu lange auf sein Bücherregal schaut, holt er einen Sonnenprojektor herunter, der neben einem ganzen Arsenal kleiner luftdruck- und brennstoffbetriebener Raketen steht, die wiederum flankiert werden von einer Kaleidoskopsammlung und einem Vogel aus Glas, der immer wieder von einer Flüssigkeit nippt.

Joachim Hecker ist immer auf der Suche nach neuen Ideen und Anregungen – und so werden in seinem Büro alle Sinne bedient. Sein Schwerpunkt aber ist das Hören: Als Radioreporter bastelt er an seinem Computer mit Klängen, Stimmen und Geräuschen, und er ist der Erfinder des Live-Küchenexperiments zum Mitmachen für Grundschulkinder. Am frühen Nachmittag präsentiert er im *WDR5*-Kinderprogramm *Heckers Hexenküche*: Dort füllt er Backpulver in Luftballons, erhitzt Joghurtbecher im Backofen und misst, wie viel Wasser eine Windel aufnehmen kann. All das ist hörbar, spürbar, nachvollziehbar.

Wenn die Kindersendung vorbei ist, wendet sich Joachim Hecker den Erwachsenen zu. Er gehört zu den Machern des täglichen Wissenschaftsmagazins auf *WDR5, Leonardo*. »Die Sendung ist ein wichtiger Bestandteil meiner Arbeit, aber längst nicht mehr der einzige«, erklärt Hecker. Das Gleiche können auch seine Kollegen von sich behaupten. In den vergangenen Jahren hat sich die Wissenschaftsredaktion neu orientiert und ihre Arbeitsroutinen umgestellt.

Noch im Jahr 2000 war die Redaktion so gut wie ausschließlich mit ihrer Sendung *Leonardo* befasst und versäumte es, brachliegende Themenfelder innerhalb ihrer Rundfunkanstalt zu besetzen und jenseits ihres eigenen Sendeplatzes zu bearbeiten (Lublinski 2004a: 215). Heute berichten die Wissenschaftsredakteure als Fachreporter für die sechs Wellen des *WDR*.

Besonders in den aktuellen Magazinen sind ihre Einschätzungen und Berichte gefragt. Sie haben sich mit einem erweiterten wissenschaftsjournalistischen Themenspektrum einen Namen gemacht, das von Bildung über Gesundheit bis Computer reicht. Sogar der *WDR*-Jugendsender *EinsLive* hält neuerdings die ehemaligen Schul- und Landfunker für geeignet, seine Zielgruppe zu informieren: Während im November 2006 in Nairobi die Welt-Klimakonferenz tagte, berichteten die Fachredakteure in einer siebenteiligen Reihe über wissenschaftliche und lebenspraktische Fragen des Klimaschutzes (siehe auch Ehmer 2006: 186). Die Ressortüberschreitung scheint im *WDR*-Hörfunk nun zu gelingen (Meier 2006b: 48 f.).

Jeden Morgen schickt diese mit neun Redakteursstellen größte Wissenschaftsredaktion im *ARD*-Hörfunk ein aktuelles Angebot mit Wissenschaftsthemen des Tages an alle aktuellen

Redaktionen innerhalb des *WDR*. Auf diesem Wege hat die Redaktion im Jahr 2006 mehr als 700 Kurzberichte, Kollegengespräche, Nachrichtenminuten oder Kommentare in anderen Sendungen des *WDR* untergebracht.

Darüber hinaus beraten die Wissenschaftsredakteure ihre Kollegen, etwa wenn es darum geht, Nachrichten einzuschätzen. »So können wir auch rechtfertigen, dass wir eine so große Redaktion sind – und wir sind bislang von Stellenkürzungen verschont geblieben«, erklärt Ressortleiter Peter Ehmer. Freie Mitarbeiter werden für die Fachreporteraufgaben auch eingesetzt, die Berichterstattung durch fest angestellte Redakteure hat jedoch Vorrang.

Für den Umbau seiner Redaktion zog Ehmer externe Berater hinzu, beteiligte die Redakteure an der Neugestaltung des Redaktionskonzeptes und investierte in die Fortbildung seiner Mitarbeiter in Form von gezielten Trainings, unter anderem zu der Berichterstattungsform des Kollegengesprächs und zu neuen Wegen der Dramaturgie im Radiofeature. Die Redaktion erprobt neue Wege des narrativen Journalismus, wie sie sich im Fernsehen bereits in einigen Wissenschaftsredaktionen durchgesetzt haben (Ehmer 2006: 187–195).

Insgesamt hat sich die Arbeit in der Redaktion verdichtet, ihre Mitglieder müssen nun wesentlich flexibler arbeiten und zwischen verschiedenen redaktionellen Rollen hin- und herspringen. »Dafür ist die Stimmung jetzt viel besser als früher«, meint eine Redakteurin.

Reingehört: Redaktionskonferenz beim *WDR*

Mit einer Hupe, die klingt wie eine aufgescheuchte Ente, ruft Joachim Hecker seine Kollegen zusammen. Als CvD ist er in dieser Woche mit der mittelfristigen Themen- und der Sendungsplanung befasst. Seine Aufgabe ist es, die Beiträge und Aktivitäten seiner Kollegen zu koordinieren und die Wissenschaftsredaktion auch in der wellenübergreifenden *WDR*-Schaltkonferenz zu vertreten. Im Jahr 2000 war die redaktionelle Rolle des CvD unter den Wissenschaftsredakteuren noch umstritten, inzwischen ist sie etabliert und in ihren Aufgaben und Entscheidungskompetenzen eindeutiger strukturiert.

»Das darf wirklich nicht wahr sein«, schimpft eine Redakteurin, als sie sich am Konferenztisch niederlässt. Die Kollegen von *WDR2* haben – entgegen ihrem Rat – einen Beitrag über Homöopathie im Tierstall gesendet. Inhalt des Berichts ist eine wenig belastbare Studie, die bereits zwei Jahre alt ist und über die die gleiche Reporterin schon damals berichtet hatte. Ändern kann die Fachredaktion daran nichts. Sie macht Berichterstattungs- und Beratungsangebote, Entscheidungsgewalt über fremde Sendeplätze hat sie keine.

In dieser Redaktionskonferenz an einem Donnerstag im November 2006 kommen auch einige Themen vor, welche die *dpa*-Wissenschaftsredaktion am Vortag bearbeitet hatte: Die Kokain-Meldung hatte die *Leonardo*-Moderatorin als Vorlage für eine Anekdote am Ende der Sendung genutzt. Zu neuen Aids-Statistiken aus China wird die *ARD*-Korrespondentin in Peking kontaktiert, weil das Mittagsmagazin Interesse angemeldet hatte. Über den Gewinner des Zukunftspreises des Bundespräsidenten, der am Abend bekannt gegeben wird, will der Redaktionsleiter am nächsten Tag in den Frühsendungen berichten. Eine Meldung zu einer neuen Lemurenart in Madagaskar übernimmt ein Redakteur für die langfristige Planung eines Mini-Features. Die *Nature*-Publikation zu den erstaunlich großen Unterschieden im menschlichen Erbgut, immerhin Aufmacher auf der SZ-Wissenschaftsseite und Teil des *dpa*-Dossiers, wird verworfen. »Für unsere Hörer nicht wichtig genug«, heißt es.

Leonardo und *Forschung Aktuell*

Was aber ist wichtig für die *Leonardo*-Hörer? Diese Frage beantwortet die WDR-Wissenschaftsredaktion sehr häufig auch in Kombination mit Vermittlungskriterien – etwa ob ein Thema unterhaltsam und akustisch ansprechend aufbereitet werden kann, ob eine Ausgabe der Sendung durch ein bestimmtes Thema an Vielfalt gewinnt, ob denkbar ist, dass die Hörer unmittelbar und individuell von einem Bericht angesprochen werden oder ob sie direkten Nutzen aus der Berichterstattung ziehen können. Solche Kriterien ersetzen die klassischen Nachrichtenfaktoren als Kriterien der Selektion und Realisierung nicht, sie kommen aber hinzu und haben ein großes Gewicht (Lublinski 2004a: 270–273).

Zum Vergleich: Die Wissenschaftsredaktion des *DLF* brachte an den beiden Beobachtungstagen in ihrer Sendung *Forschung Aktuell* vier Berichte mit O-Tönen und sechs Meldungen, die sich alle mit Themen befassen, die ebenfalls von *dpa* verbreitet wurden, darunter auch die erstaunlich großen Unterschiede im menschlichen Erbgut. In der *DLF*-Redaktion ist ein Nachrichtenredakteur ausschließlich dafür zuständig, eine große Zahl von Quellen für Wissenschaftsthemen systematisch auszuwerten, *dpa* ist eine davon (siehe Lublinski 2004a: 174–177). Diese Aufgabe ist von zentraler Bedeutung in dieser Redaktion, die sich sehr darum bemüht, alle wichtigen Wissenschaftsthemen schnell umzusetzen und gleichzeitig aus den aktuellen Nachrichten und Berichten für halbstündige Radiofeatures zu schöpfen (Blumenthal 2006).

In der WDR-Sendung *Leonardo* hingegen gibt es seit geraumer Zeit keinen Nachrichtenblock mehr. »Es gibt keine Wissenschaftsnachrichten, die in 30 Sekunden so darstellbar sind, dass sie verständlich werden, dass ihre Relevanz deutlich wird und dass sie richtig eingeordnet sind«, meint Peter Ehmer. Von einer Vollständigkeit der Wissenschaftsberichterstattung oder gar einer Chronistenpflicht hält er nicht viel. Oder genauer: Er bezweifelt, dass es so etwas überhaupt gibt. »Unsere Systematik liegt auf einer anderen Ebene: Bei uns sind es einzelne Personen – die Fachredakteure –, die für bestimmte Gebiete zuständig sind und auswählen, was für uns interessant ist.«

Die Meldungen, die *dpa* sendet, dienen den *WDR5*-Wissenschaftsredakteuren in erster Linie zur ergänzenden Orientierung. »Es ist oft sehr angenehm zu sehen, dass sich auch jemand anderes mit einem Thema befasst hat und es für wichtig hält«, meint die WDR-Redakteurin Monika Kunze. Auch lassen sich Wissenschaftsthemen leichter in aktuellen politischen Redaktionen »verkaufen«, wenn auch *dpa* ein Thema für wichtig befunden hat.

Welches aber sind bei der WDR-Wissenschaftsredaktion die festgelegten Routinen, die eine flexible und aktuelle Berichterstattung besonders in Zusammenarbeit mit anderen Redaktionen möglich machen? Zunächst gibt es auch hier, wie bei der *dpa* und beim *DLF*, klar festgelegte aktuelle Berichterstattungsmuster, etwa das Kollegengespräch, das eine zeitlich vergleichsweise wenig aufwendige Berichterstattung ermöglicht.

Ein weiteres handlungsentlastendes Element ist die Tatsache, dass im Wissenschaftsmagazin *Leonardo* sowohl die Service-Beiträge am Ende der Sendung als auch die 15-minütigen Mini-Features, die das Zentrum der Sendung bilden, in der Regel nicht aktuell sind, sondern sehr langfristig geplant und dann nicht mehr verändert werden. Flexibel ist der mentale Berichterstattungsplan im Wesentlichen am Anfang der Sendung mit bis zu drei aktuellen Kurzbeiträgen.

Leonardo: Hörernähe und eine bunte Mischung von Radioformen

Das Erfolgsrezept der Sendung *Leonardo* wird deutlich, wenn man auf den Tonfall achtet, in dem der Moderator Martin Winkelheide seine Zuhörer zu Beginn der Sendung begrüßt. Seine Stimme ist entspannt, warm und einladend. Hier werden keine harten News präsentiert, vielmehr ist ein perfekter Gastgeber am Mikrofon. An diesem Tag lädt er ein zu einem Ratespiel in der Reihe »Die kleine Anfrage«.

Warum gibt es bei Winterschläfern kein Wundliegen? – Diese Frage stammt von einem Hörer; er hat sie bereits vor Wochen gestellt. Winkelheide präsentiert nun gleich mehrere mögliche Antworten, in Form von akustisch ansprechenden Beiträgen. Zwei Hörerinnen sind in der Telefonleitung und versuchen sich der richtigen Erklärung zu nähern: eine Chemielaborantin und eine Frau, die »sich einfach so für Wissenschaft interessiert«. Am Ende liegen beide falsch, aber das Gespräch war anregend und die richtige Antwort auch.

Hörernähe und eine bunte Mischung von Radioformen: Das ist es, was zählt auf der Wort-Welle *WDR5*, und das ist es, womit es der *WDR*-Wissenschaftsredaktion gelungen ist, sich zu profilieren und gleichzeitig deutlich abzugrenzen von der Marke ›Forschung Aktuell‹ des Informationssenders *DLF*, die sich in erster Linie und in sehr systematischer Weise um Schnelligkeit, Kontinuität und Vollständigkeit ihrer journalistischen Wissenschaftsbeobachtung bemüht.

Insgesamt hat sich die *WDR*-Wissenschaftsredaktion in den vergangenen Jahren mit ihrer Sendung *Leonardo*, aber auch mit anderen Aktivitäten, deutlich als ›kreative Wissenschaftsredaktion‹ profiliert. Mit ihrer Arbeit als Fachkorrespondentenbüro integriert sie dabei auch Kernelemente der aktuellen Wissenschaftsredaktion und kann mit dieser Kombination auf besondere Erfolge verweisen. Allerdings misst sie bei diesen schnellen Berichten generell der Kontinuität der Wissenschaftsberichterstattung eine etwas geringere Rolle bei.

Im Idealfall gelingt es der *WDR*-Wissenschaftsredaktion in all ihren Betätigungsfeldern gleichermaßen aktiv zu sein und entstehende Synergien zu nutzen. In der Realität des Redaktionsalltags aber kann die Vielzahl der redaktionellen Rollen, in welche die Redakteure hier schlüpfen, auch zu Reibungsverlusten und Zielkonflikten führen: Wer im schnellen Wechsel als CvD, Feature-Redakteur und als Fachreporter arbeitet, kann nicht immer allen Qualitäts-Anforderungen und den verschiedenen mentalen Bearbeitungsplänen der Redaktion gleichermaßen gerecht werden, besonders wenn neue Routinen erst noch etabliert und erprobt werden müssen.

In Zukunft will der Redaktionsleiter die Neuausrichtung der Redaktion weiter fortsetzen und noch zusätzliche Betätigungsfelder erschließen. Unter anderem will er sich im Bereich Podcast hervortun. »Hier besteht im Prinzip die Möglichkeit, sehr differenzierte Angebote für einzelne Zielgruppen zu machen«, sagt Peter Ehmer. Es ist also nicht ausgeschlossen, dass sich die Arbeit der *WDR*-Wissenschaftsredakteure mittelfristig noch einmal grundlegend ändern wird.

Herausforderung Online-Journalismus.
Aktualität, Hintergrund und journalistische Kreativität

Geht man davon aus, dass der Online-Bereich ein Vorreiter des Wandels im Journalismus insgesamt ist, so sind die Innovationen in diesem neuen Medium auch für die etablierten Wissenschaftsredaktionen von großer Bedeutung. Nicht umsonst macht derzeit der Slogan »Online first« die Runde. Er sagt aus, dass der Bericht eines Reporters direkt ins Netz gestellt werden soll, noch bevor er gedruckt oder gesendet wird.

Um diese Entwicklungen genauer analysieren zu können, entwickelt Thorsten Quandt (2005) einen netzwerktheoretischen Ansatz menschlichen Handelns, der es ihm ermöglicht, über hoch standardisierte Redaktionsbeobachtungen die Arbeit in verschiedenen Online-Redaktionen mithilfe von Sequenz- und Netzwerkanalysen zu vergleichen. Dabei stellt sich unter anderem heraus, dass die Besonderheiten des Online-Journalismus gegenüber herkömmlichem Journalismus »weniger – wie oftmals prognostiziert – in den Bereichen Technologie-Beherrschung, Multimedia-Produktion und Interaktion mit den Nutzern liegen, sondern eher im zeitnahen Nachrichtentuning und dem schnellen (Um-)Organisieren von Angeboten.«

Insofern sind die Strukturen in Online-Redaktionen noch am ehesten mit dem vergleichbar, was sich in Nachrichtenagenturen beobachten lässt. Aber es gibt auch Strukturen, die spezifisch für Online-Redaktionen sind. Hier ist zum Beispiel »das Handeln in zeitlich sehr kleinen Ketten organisiert; es lassen sich kaum Tagesphasen ausmachen, in denen ein einziger Handlungstyp im Vordergrund steht« (Quandt 2005: 401).

Was bedeutet das für die Wissenschaftsberichterstattung? Aus Ressorts, die früher einmal in der Woche eine Beilage oder eine Sendung produzierten, werden Fachkorrespondentenbüros, die rund um die Uhr Berichte abliefern. Es wird dabei auf zweierlei ankommen: Einerseits müssen die Wissenschaftsredaktionen mit dieser Entwicklung Schritt halten und ihre aktuelle Berichterstattung an die neuen Rhythmen anpassen können. Gleichzeitig gilt es, Routinen zu etablieren und zu verteidigen, welche den Kern der wissenschaftsjournalistischen Arbeit bewahren: die eingehende Recherche, die kontinuierliche Beobachtung bestimmter Themenfelder, die Zeit für das Nachdenken über neue Zugänge, das Feilen am Manuskript. Dabei geht es hier nicht um ein Entweder-Oder, sondern vor allem um die Frage, wie sich in der Redaktionsarbeit Aktualität, Hintergrund und journalistische Kreativität mit sinnvollen Festlegungen verbinden lassen.

In jedem Fall ist es von großem Vorteil, wenn ein Wissenschaftsressort nicht nur anderen zuliefert, sondern auch ein eigenes Produkt besitzt: eine eigene Seite, eine Sendung, einen Podcast oder, im Fall von *dpa*, ein eigenes Dossier. Diese Wissenschaftsflächen bieten Freiräume für eigene Schwerpunkte und die flexible Entfaltung eines Ressorts.

Eine praxisnahe Redaktionsforschung könnte diese Entwicklungen in Zukunft begleiten. Die Differenz zwischen den Idealtypen der ›aktuellen‹ und der ›kreativen Wissenschaftsredaktion‹ ist dabei nur eine von vielen möglichen Unterscheidungen der Redaktionskonzepte. Es wäre zum Beispiel auch möglich zu vergleichen, wie verschiedene Redaktionsteams an besonders rechercheintensiven Themen arbeiten, auf welche Weise sie gezielt unterhaltsame Berichterstattung erarbeiten oder inwieweit sie Forschungsergebnisse in neue Kontexte stellen.

Generell aber gilt: Keine Redaktion kann sich in allen Bereichen gleichermaßen hervortun, aber jede Wissenschaftsredaktion sollte wissen, wo ihre Stärken und ihr Entwicklungspotenzial für die Zukunft liegen.

Literatur

Altmeppen, Klaus-Dieter. *Redaktionen als Koordinationszentren. Beobachtungen journalistischen Handelns.* Wiesbaden und Opladen 1999.

Blumenthal, Uli. »Wissenschaft im Hörfunk I. Wie die Wissenschaft ins Radio kommt«. *Die Wissensmacher. Profile und Arbeitsfelder von Wissenschaftsredaktionen in Deutschland.* Hrsg. Holger Wormer. Wiesbaden 2006. 162–167.

Ehmer, Peter. »Wissenschaft im Hörfunk II. Astrophysik für alle – aktuell aus dem Autoradio«. *Die Wissensmacher. Profile und Arbeitsfelder von Wissenschaftsredaktionen in Deutschland.* Hrsg. Holger Wormer. Wiesbaden 2006. 178–195.

Flöhl, Rainer. »Amerikanische Impressionen, bundesdeutsche Realitäten. Kommentar zum Beitrag von Patterson«. *Wissenschaftsjournalismus in den USA. Infrastrukturen, Ausbildungsangebote, Erfolgsgeheimnisse.* Hrsg. Robert Bosch Stiftung. Stuttgart 1985. 41–46.

Göpfert, Winfried, und Michael Schanne. *Das Förderprogramm Wissenschaftsjournalismus der Robert Bosch Stiftung GmbH. Evaluation.* Berlin und Zürich 1998.

Göpfert, Winfried, und Philipp Kunisch. »Wissenschaft per Nachrichtenagentur«. Forschungsbericht und Kurzfassung. Berlin 1999. www.wissenschaftsjournalismus.de/ kuni_fobe.pdf und /kuni_art.pdf (Download 14.3.2007).

Hömberg, Walter. *Das verspätete Ressort. Die Situation des Wissenschaftsjournalismus.* Konstanz 1990.

Humml, Simone. »Wissenschaft im Tickertakt – so arbeitet *dpa*«. *Wissenschaftsjournalismus. Ein Handbuch für Ausbildung und Praxis.* Hrsg. Winfried Göpfert. Berlin 2006. 206–213.

Humml, Simone. »Wissenschaft bei dpa«. Simone Humml im Interview. *Fakt, Fiktion, Fälschung – Trends im Wissenschaftsjournalismus.* Hrsg. Grit Kienzlen, Jan Lublinski, Volker Stollorz. Konstanz 2007. 56–59.

Kastl, Joerg-Michael. *Gesellschaftliche Komplexität und redaktionelle Routine. Zur Funktion und Sozialisation freier Mitarbeiter.* Opladen 1994.

Knoblauch, Hubert. »Arbeit als Interaktion. Informationsgesellschaft, Post-Fordismus und Kommunikationsarbeit«. *Soziale Welt* (46) 3 1996. 344–362.

Kohring, Matthias. *Die Funktion des Wissenschaftsjournalismus. Ein systemtheoretischer Entwurf.* Opladen 1997.

Kohring, Matthias. *Wissenschaftsjournalismus. Forschungsüberblick und Theorieentwurf.* Konstanz 2005.

Krzeminski, Michael. *Thematisierung im Hörfunk. Eine empirische Untersuchung der Redaktionsarbeit für die aktuelle Berichterstattung in den Hörfunkprogrammen des Westdeutschen Rundfunks*. Frankfurt am Main 1987.

Lehmkuhl, Markus. »Defizite im Wissenschaftsjournalismus«. *Wissenschaftsjournalismus. Ein Handbuch für Ausbildung und Praxis*. Hrsg. Winfried Göpfert. Berlin 2006. 14–25.

Lublinski, Jan. *Wissenschaftsjournalismus im Hörfunk. Redaktionsorganisation und Thematisierungsprozesse*. Konstanz 2004a.

Lublinski, Jan. »›Forschung Aktuell‹ statt Schulfunk. Wissenschaftsjournalismus im Radio«. *Erwachsenenbildung und die Popularisierung von Wissenschaft*. Hrsg. Stephanie Conein, Josef Schrader und Matthias Stadler. Bielefeld 2004b.

Meadows, Donella H., et al. *Die Grenzen des Wachstums*. Stuttgart 1972.

Meier, Klaus. *Ressort, Sparte, Team. Wahrnehmungsstrukturen und Redaktionsorganisation im Zeitungsjournalismus*. Konstanz 2002.

Meier, Klaus. »Newsrooms, Newsdesk, crossmediales Arbeiten. Neue Modelle der Redaktionsorganisation und ihre Auswirkung auf die journalistische Qualität«. *Öffentliche Kommunikation zwischen ökonomischem Kalkül und Sozialverantwortung*. Hrsg. Siegfried Weischenberg, Wiebke Loosen und Michael Beuthner. Konstanz 2006a. 203–222.

Meier, Klaus. »Medien und Märkte des Wissenschaftsjournalismus«. *Wissenschaftsjournalismus. Ein Handbuch für Ausbildung und Praxis*. Hrsg. Winfried Göpfert. Berlin 2006b. 37–54.

Meier, Klaus. »Innovations in Central European Newsrooms. Overview and Case Study«. *Journalism Practice* (1) 1 2007. 5–19.

Mundzeck, Till. »Wissenschaft bei einer Nachrichtenagentur: Balanceakt zwischen rasendem Reporter und rasendem Forscher«. *Die Wissensmacher. Profile und Arbeitsfelder von Wissenschaftsredaktionen in Deutschland*. Hrsg. Holger Wormer. Wiesbaden 2006. 196–209.

Quandt, Thorsten. *Journalisten im Netz. Eine Untersuchung journalistischen Handelns in Online-Redaktionen*. Wiesbaden 2005.

Rager, Günther. »Dimensionen der Qualität. Weg aus den allseitig offenen Richter-Skalen?«. *Publizistik in der Gesellschaft*. Hrsg. Günther Bentele und Kurt R. Hesse. Konstanz 1994. 189–206.

Scholl, Armin, und Siegfried Weischenberg. *Journalismus in der Gesellschaft. Theorie, Methodologie und Empirie*. Opladen und Wiesbaden 1998.

Wilke, Jürgen (Hrsg.). *Nachrichtenagenturen im Wettbewerb. Ursachen. Faktoren. Perspektiven*. Konstanz 1997.

Wilke, Jürgen, und Bernhard Rosenberger. *Die Nachrichten-Macher. Zu Strukturen und Arbeitsweisen von Nachrichtenagenturen am Beispiel von AP und dpa*. Köln, Weimar und Wien 1991.

Wormer, Holger (Hrsg.). *Die Wissensmacher. Profile und Arbeitsfelder von Wissenschaftsredaktionen in Deutschland*. Wiesbaden 2006.

Wie man einen Redakteur ärgert

Alexander Mäder

Freie Autoren interessieren sich sehr für die Geschäftsbedingungen von Redaktionen und vernachlässigen dabei oft die wahre Grundlage der Zusammenarbeit. In dieser erfundenen, aber durchaus realistischen Geschichte möchte ich zeigen, wie es bei einem Redakteur ankommt, wenn der Autor unsauber arbeitet. Denn ich glaube, dass man in allen Redaktionen eher die zuverlässigen und kooperativen Autoren beschäftigt. Mit ihnen spricht man auch lieber über Honorare und Verwertungsrechte.

* * *

Wenn mich einmal jemand fragen sollte: Ich würde gerne ein Seminar anbieten, in dem Wissenschaftsjournalisten üben, gute Einstiege zu formulieren. Denn was bekommt man nicht alles zu lesen! Diesen Satz zum Beispiel:

```
Mathematik ist vermutlich für die meisten Schüler das Gegenteil eines
Lieblingsfachs.
```

Mit Binsenweisheiten zieht man keine Leser in den Text. Doch der Autor setzt noch eins drauf:

```
Das hält oft im Erwachsenenalter an. Immer wieder brüsten sich gebil-
dete Menschen mit ihren fehlenden Mathe-Kenntnissen.
```

Innerlich kommentiere ich den Text wie ein Deutschlehrer: Erwachsene haben keine Lieblingsfächer; sie hatten höchstens mal welche, als sie zur Schule gingen. Viel Mühe hat sich der Autor nicht gegeben.

```
Doch damit könnte nach einer überraschenden Studie von US-Psychologen
jetzt Schluss sein: Sie haben bewiesen, dass mathematische Fähigkei-
ten mit sprachlichen zusammenhängen. Zumindest zeigen sich Kinder,
```

Wie man einen Redakteur ärgert

die bei traditionellen Mathe-Tests gut abschneiden, später auch in sprachlichen Dingen versiert.

Ob sich irgendwer nach Lektüre dieses Artikels dafür schämen wird, im Mathe-Unterricht nicht aufgepasst zu haben? Ich nehme einen ersten Anlauf, den Einstieg knackiger zu formulieren:

Deutsch eins, Mathe vier plus – so dürfte das Zeugnis nach Meinung von US-Psychologen eigentlich nicht aussehen. Denn wer seine Muttersprache beherrsche, verfüge meist auch über gute mathematische Fähigkeiten.

Beim Schreiben merke ich, dass nicht die sprachliche Kompetenz gute Mathe-Ergebnisse voraussagen soll, sondern umgekehrt. Der Autor schreibt ja, dass die sprachlichen Fähigkeiten der Kinder erst nach den mathematischen getestet wurden. Der Einstieg müsste also lauten:

Mathe eins, Deutsch vier plus – so dürfte das Zeugnis nach Meinung von US-Psychologen eigentlich nicht aussehen. Denn wer gut rechnen könne, beherrsche auch seine Muttersprache.

Aber passen dann die Erwachsenen noch ins Bild, die Schiller aufsagen können, aber nicht die wichtigsten Punkte einer Kurvendiskussion? Das las sich so trivial und ist doch nicht ohne! Warum muss ich mich um dieses Problem kümmern?
Da ich verunsichert bin, suche ich die Studie im Netz. Ich finde sie nicht, stoße aber auf die dazugehörige Pressemitteilung:

Math classes are something most adults are probably reluctant to recall. Even those who have excelled in the humanities often boast about their lack of mathematical aptidude. A surprising finding of U of P psychologists might make them reconsider: Children who do well on math tests later develop good linguistic abilities.

Das ist ja eine vertrauensbildende Maßnahme! Der erste Artikel für unser Blatt – und gleich so wenig Zeit, dass die Pressemitteilung für den Einstieg herhalten muss. Ob der Autor die Studie überhaupt in der Hand hatte? Wenn ich ihn frage, wird er sicher beleidigt sein. Schon in der E-Mail, in der er das Thema vorschlug, hat er es nicht für nötig gehalten, sich vorzustellen – als würde er erwarten, dass ihm sein Ruf vorauseilt.
Um die Diskussion über den Text freundlich einzuleiten, schreibe ich dem Autor eine E-Mail, in der ich mich für den Artikel bedanke und – als Verhandlungsbasis – einen neuen Einstieg vorschlage. In meine Variante flechte ich einige Punkte ein, die im Original erst später genannt werden:

Wer in der Grundschule die mathematische Bildung vernachlässigt, behindert damit womöglich die sprachliche Entwicklung des Kindes. Das geht aus einer Studie von US-Psychologen hervor, in der Schüler in der zweiten Klasse und später noch einmal in der vierten Klasse untersucht wurden. Diejenigen, die mit sieben Jahren die Grundrechenarten besonders gut beherrschten, schrieben zwei Jahre später auch die besseren Aufsätze.

Außerdem bitte ich den Autor, den Befund von einem Pädagogen einschätzen zu lassen – so wie wir es am Telefon besprochen hatten.

Überhaupt hatten wir recht lange über den Artikel geredet. Der Autor hatte gefragt, welche sprachlichen Konventionen er bei uns beachten müsse. Ich hatte ihm geantwortet, dass er sich um unsere Marotten nicht kümmern müsse – die würde ich selber umsetzen. Wichtiger sei mir ein fundierter Text. Er hatte daraufhin unsicher gefragt, wie viel pädagogische Fachkompetenz ich erwarten würde. Man müsse kein Diplom-Pädagoge sein, um über schulische Themen zu schreiben, hatte ich gesagt. Allerdings schade es nicht, sich ein wenig auszukennen, damit man bei der Recherche einigermaßen vorankommt.

Dann fragte er mich noch nach meiner Fachkompetenz. Diese Frage höre ich öfter und lege sie meist freundlich aus: Ich vermute, dass der Autor damit herausfinden möchte, ob ich mich womöglich besser auskenne als er. »Ich bin von Haus aus Philosoph – und damit für alle Themen gleichermaßen ungeeignet«, antworte ich in solchen Fällen kokett. Natürlich kann es vorkommen, dass ich über dieses oder jenes schon etwas weiß, aber meistens überschätzen Autoren das Fachwissen eines Redakteurs. Zum Schluss habe ich den Autor gebeten, mir zu sagen, wem er den Artikel noch angeboten hat. Ich hatte ihm dann aufgezählt, wen wir als Konkurrenz betrachten und wen nicht.

Der Autor hatte noch mehr auf dem Herzen. Er haderte mit meinem Vorschlag, es erst einmal mit einer kürzeren Meldung zu versuchen. Ob ich die Konsequenzen der Studie nicht sehen würde? Möglicherweise müsse man in der Grundschule das abstrakte Denken stärker üben. Statt ihm reinen Wein einzuschenken, habe ich ihn um Verständnis gebeten, dass ich neue Autoren zur Probe erst einmal mit einem kleineren Stück beauftrage. Außerdem müsse man aufgrund einer einzigen Studie nicht gleich das ganze Schulsystem auf den Kopf stellen. Diesen Eindruck hatte der Autor in seinem Exposé geweckt:

Kein Scherz! Wer gute mathemaitsche Leistungen vorweisen kann, ist auch besser im Deutsch-Unterricht. Das haben Psychologen erstmal in der renomierten Fachzeitschrift *Psychology & Education* bewiesen. Im Artikel würde ich auf die Konseqenzen dieser Entdeckung für das Schulsystem aufzeigen.

Schlampige Exposés mit Rechtschreibfehlern bekomme ich tatsächlich oft. Ich habe trotzdem zugesagt, weil ich mich darüber gefreut habe, dass ein Autor auch in Zeitschriften schaut, die nicht *Science*, *Nature*, *Lancet* oder *PNAS* heißen. Denn diese Journale verschicken Pressemitteilungen, die ich lese. Aber es gibt noch viele andere, ebenfalls renommierte Fachmagazine, in denen gute Forschung publiziert wird. Meist habe ich keine Zeit, sie auch noch nach geeigneten Themen durchzuschauen.

Wäre ich beim Telefonat ganz offen gewesen, hätte ich gesagt: »Auch wenn Sie als freier Autor an Ihren Stundenlohn denken müssen, geht es nicht ohne Vorleistung. Sie müssen selbst die Schwerpunkte des Artikels festlegen und zu einer runden Geschichte verknüpfen. Denn wenn ich Ihnen sage, was im Artikel stehen soll oder auf eine solche Festlegung verzichte, übernehme ich das Risiko einer ergebnislosen Recherche. Das kann ich mir nicht leisten.« Es ist nicht leicht, das einem Autor zu sagen, wenn er sich um einen Auftrag bemüht. Apropos Risiko: Der Redakteur sollte möglichst schnell erfahren, wenn die Recherche nicht das ergibt, was man sich erhofft hat. Das kommt im Tagesgeschäft vor. Manchmal findet man im Gespräch einen Weg, das Thema neu auszurichten. Doch selbst wenn der Artikel zu sterben droht, ist es besser, ihn früh zu begraben, als sich auf ein zähes Überarbeiten einzulassen.

Vielleicht hätte der Autor bei einem solchen Hinweis gefragt, ob ich ihm wenigstens sagen könne, wie ich mir Artikel im Allgemeinen wünsche. Ich rate in solchen Fällen immer dazu, unsere Wissenschaftsseite zu lesen. Dann bekommt man einen Eindruck davon, wie wir schreiben und welche Themen unterrepräsentiert sind. Wer für verschiedene Redaktionen schreiben möchte, muss ein gutes Gespür für die Besonderheiten des jeweiligen Mediums mitbringen. Einen Satz verbindlicher Regeln gibt es nicht.

Zurück zum Artikel: Der Autor ist von meinem neuen Einstieg nicht überzeugt. Der ursprüngliche Text habe mehr Pep, schreibt er in einer E-Mail und schlägt vor, bei seiner Variante zu bleiben. Meine Version hält er offenbar für indiskutabel. Auf meine Bitte nach einer Einschätzung hin teilt er mir mit, dass er sich sehr wohl in der Lage sehe, den Befund richtig einzuordnen. Und er macht mich darauf aufmerksam, dass ich die Sache nicht unzulässig vereinfachen dürfe. Es gehe eben nicht nur um die vier Grundrechenarten bei schriftlichen Rechnungen, sondern auch um Kopfrechnen, Geometrie und Mengenlehre. Außerdem würde ich den Schwachpunkt der Studie unterschlagen, dass die Zweitklässler nur mit einem normalen Schultest geprüft wurden – und nicht mit dem ToMA-3, der sich inzwischen als Standard etabliert hat. Daher habe er von »traditionellen Mathe-Tests« gesprochen. Bei dieser Wortwahl habe er sich schon etwas gedacht!

Ich atme tief durch und rufe an. Im Gespräch erläutere ich, dass ein Artikel für die Leser nachvollziehbar sein solle. Daher reiche es nicht, die Hintergründe zu kennen – man müsse sie auch aufschreiben. Ich schlage vor, den Einwand mit dem ToMA-3 als Zitat zu bringen. »Das habe ich von meiner Freundin«, sagt der Autor. »Die ist zwar Lehrerin und kennt sich aus, aber ich möchte sie eigentlich nicht erwähnen.« O je! Ich schlage vor, von Schularbeiten zu sprechen statt von herkömmlichen Mathe-Tests. »Das wäre irreführend«, sagt der Autor. »In Deutschland denkt man da an Rechenaufgaben mit Kästchen, aber in den USA haben sie Multiple-choice-Tests verwendet.«

Ich frage ihn gereizt, ob die Leser seinen Artikel auswendig lernen sollen. Wenn die Leser versuchen würden, den Text mit eigenen Worten wiederzugeben, würden sie zwangsläufig Fehler machen. Aus meiner Sicht wäre das ein Zeichen dafür, dass sie mit dem Text nichts anfangen können.

Ich mag Autoren nicht zum Jagen tragen, ich will ihnen auch nicht zu viel Arbeit aufhalsen. Aber bei dieser Studie, die man offenbar unterschiedlich bewerten kann, dränge ich doch darauf, einen Experten anzurufen, vielleicht sogar zwei. Es wäre auch möglich, den

Autor der Studie zu kontaktieren und ihn zu fragen, ob er aus seinen Ergebnissen Empfehlungen ableitet. Man könnte ihn bei dieser Gelegenheit fragen, ob er nicht lediglich bestätigt hat, dass gute Schüler in allen Fächern gut sind.

»Muss ich dem Wissenschaftler dann den Artikel vorlegen?« fragt der Autor noch. »Nein«, sage ich. Es sei üblich, die Zitate abzusprechen, wenn Wissenschaftler den Umgang mit den Medien nicht gewohnt sind. Und man könne den Forschern auch eine unkontroverse, technische Passage zu lesen geben, wenn man nicht genug Zeit habe, alle Fragen am Telefon zu klären. Sie würden sich normalerweise über das Angebot freuen und dann auch Fehler finden, die man nicht für möglich gehalten hätte.

Kurz nach dem Gespräch erreicht mich die E-Mail eines mir unbekannten freien Autors. Er stellt sich als Psychologe vor, der sich im Wissenschaftsjournalismus etablieren möchte und ein Praktikum bei einem Online-Dienst für Forschungsnachrichten absolviert hat. Er bietet einen Artikel zum Zusammenhang sprachlicher und mathematischer Fähigkeiten an:

```
Bei zwei Dritteln der Schüler liegt zwischen den Zensuren für Deutsch
und Mathematik mehr als eine Notenstufe (Angabe der bayerischen Schul-
behörde). Das ist verwunderlich, denn Psychologen der University of P.
haben in der aktuellen Ausgabe des Fachjournals Psychology & Education
gezeigt, dass zumindest bei Grundschülern gute mathematische Fähig-
keiten auch gute sprachliche Leistungen zur Folge haben. Da Sie gele-
gentlich pädagogische Themen auf Ihrer Wissenschaftsseite behandeln,
schlage ich Ihnen vor, der Frage nachzugehen, wieso trotzdem mathema-
tische und sprachliche Fähigkeiten in der Schule auseinanderdriften.
Ich würde dazu Prof. Lehrmeister der Pädagogischen Hochschule Berlin
ansprechen, der an der PISA-Studie beteiligt ist und vor zwei Jahren
die Stärken und Schwächen verschiedener Didaktik-Konzepte im Mathema-
tik-Unterricht untersucht hat. Die oben erwähnte Statistik eignet
sich vielleicht zur Illustration des Artikels.
```

Schade, dass dieses Angebot zu spät kommt. Trotzdem rufe ich den Autor gleich mal an. Vielleicht hat er ja noch ein zweites Thema parat.

* * *

Nachtrag: Was tun, wenn der Redakteur sich ärgert?

In dieser Geschichte habe ich mich als nachdenklich und ruhig dargestellt. Das mag im Einzelfall anders sein. Redakteure stehen gelegentlich unter Zeitdruck, arbeiten zugleich auf mehreren Baustellen und können durchaus pampig werden.

Freien Autoren empfehle ich, sich nach dem Redaktionsschluss zu erkundigen. Denn danach verwandeln sich Redakteure wieder in nette Menschen. Manchmal sind sie dann auch bereit, über die Vorzüge und Schwächen des Artikels zu reden. Kurz vor Redaktionsschluss ist hingegen fast jeder Text ein Problemfall, und der Redakteur denkt nur daran, den Schaden zu begrenzen. Wenn man zufällig in der Stadt ist, kann man übrigens versuchen, einen Besuch in der Redaktion zu vereinbaren.

In der Eile baut der Redakteur manchmal Fehler in den Text ein. Das ist ärgerlich, aber keine Absicht und nicht unbedingt ein Zeichen von Inkompetenz. Wenn man den Artikel kurz vor Druck noch zu lesen bekommt, sollte man Fehler mit brauchbaren alternativen Formulierungen korrigieren. »Sie haben offenbar den Unterschied zwischen mathematischen Fähigkeiten (Kompetenz) und mathematischen Leistungen (Performanz) nicht erkannt«, ist da keine hilfreiche Bemerkung.

Wenn es auf ein Manuskript zwei oder drei Wochen lang keine Rückmeldung gibt, darf man ruhig nachhaken. Der Redakteur wird sich unter Druck gesetzt fühlen und vielleicht gereizt reagieren, aber er darf eigentlich nichts dagegen haben, dass man sich nach dem Artikel erkundigt. Die Verzögerung hat übrigens oft nichts mit dem Text zu tun. Es ist gut möglich, dass der Redakteur den Artikel noch gar nicht gelesen hat.

Und zu guter Letzt: Wenn der erste Artikel erschienen ist – wie bietet man den zweiten an? Antwort: wie den ersten. Mit der Zeit spielt man sich dann aufeinander ein und gewinnt Vertrauen zueinander. Der Redakteur lernt die Stärken und Schwächen des Autors kennen und ruft irgendwann von sich aus an, wenn er ein geeignetes Thema hat. Vermutlich lernt umgekehrt der Autor mit der Zeit die Stärken und Schwächen des Redakteurs kennen – und nutzt dies für das Verkaufen und Schreiben seiner Artikel.

Literatur rund ums Thema Freie

Buschardt, Tom (Hrsg.). *Ratgeber freie Journalisten. Ein Handbuch.* 4. Auflage. Berlin 2003.
Evangelische Medienakademie (Hrsg.). *Marketing für Freie. Journalisten und ihre Kunden.* Frankfurt am Main 1996.
Gödde, Ralf, und Michael Lang. »Team Time«. *Journalist* (49) 2 1999. 50–52.
Gödde, Ralf, und Michael Lang. *Das Journalistenbüro. Teamkonzepte für freie Journalisten.* Konstanz 2000.
Hirschler, Michael. »Kleingedrucktes zur Scheinselbstständigkeit«. *Journalist* (50) 4 2000. 25.
Kaiser, Ulrike. »Journalismus GmbH & Co. KG«. *Journalist* (47) 7 1999. 12–15.
Richter, Hans-Jürgen. »Steuer-Strategien«. *Journalist* (49) 9 1999. 48–51.
Schulte, Sabine. »Eine Frage des Preises«. *Journalist* (48) 3 1998. 54–56.
Schwan, Daniela. »Am Ball bleiben«. *Journalist* (47) 12 1997. 84–85.

Marktplatz Wissenschaftsjournalismus

Felix Berthold, Anna-Lena Gehrmann, Sonja Hunscha, Annika Keysers

Welche wissenschaftsjournalistischen Angebote gibt es momentan auf dem Markt? Wo finde ich als Journalist eventuell neue Auftraggeber? Welche Ausbildungsangebote bestehen im Bereich Wissenschaftsjournalismus? Diese Fragen sollen im Folgenden mithilfe von Tabellen beantwortet werden, die einen Überblick über die für (künftige) Wissenschaftsjournalisten relevante Medien- und Hochschullandschaft bieten.

Wissenschaftsjournalistische Arbeiten werden in jeder Mediengattung nachgefragt. Zahlreiche Zeitungen, Zeitschriften, Radiosendungen und TV-Formate räumen der Wissenschaftsberichterstattung derzeit einen festen Platz ein. Der Umfang, die thematische Vielfalt und das Profil der gewünschten wissenschaftsjournalistischen Arbeiten schwanken dabei allerdings von Blatt zu Blatt, von Sender zu Sender: Nicht jede Zeitung führt eine täglich oder wöchentlich erscheinende Wissenschaftsseite, nicht jeder Sender bietet Platz für Wissenschafts-Features. Und auch im Online-Bereich wächst das Interesse an wissenschaftlichen Themen, finden sich Wissenschafts- bzw. Wissensrubriken auf Nachrichtensites und in Online-Magazinen. Auch hier gilt, dass sich Quantität und Profil der Wissenschaftsberichterstattung von Website zu Website unterscheiden.

Neben den klassischen journalistischen Formaten Zeitung, Zeitschrift, Hörfunk, TV und Online bieten Forschungsinstitute und Universitäten mit ihren hauseigenen Printmedien ein Arbeitsfeld für Wissenschaftsjournalisten, auf dem neben wissenschaftsjournalistischem Know-how auch Interesse an PR-Arbeit gefragt ist.

Das über die letzten Jahre gestiegene Interesse an einer kompetenten und professionellen Wissenschaftsberichterstattung spiegelt sich in der Anzahl an explizit wissenschaftsjournalistischen Ausbildungsangeboten an Universitäten und Fachhochschulen wider. Nie zuvor gab es in Deutschland eine so große und differenzierte Auswahl an wissenschaftsjournalistischen Studiengängen.

Genau darüber, über die verschiedenen Ausbildungsgänge zum Wissenschaftsjournalisten sowie das breite und vielseitige Arbeitsfeld Wissenschaftsjournalismus, sollen die folgenden Listen detaillierter Auskunft geben. Sie sollen dem am wissenschaftsjournalistischen Arbeiten interessierten bzw. dem bereits als Wissenschaftsjournalist tätigen Leser einen Überblick über und eine erste Orientierung für den wissenschaftsjournalistischen Markt ver-

Marktplatz Wissenschaftsjournalismus

schaffen und die Vielzahl an Angeboten und Möglichkeiten ordnen helfen. Für das Erstellen der Listen wurden Informationen über potenzielle Auftraggeber sowie Ausbildungsmöglichkeiten zusammengetragen, ausgewählt und in Tabellenform systematisiert. Ohne einen Anspruch auf Vollständigkeit[1] erheben zu wollen, sollen die Tabellen Hilfestellung zu folgenden Fragen bieten: Wie reichhaltig und vielfältig ist die Nachfrage? Wo finde ich potenzielle Abnehmer? Wo und wie kann ich mich als Wissenschaftsjournalist qualifizieren?

Zeitungen

Überregionale Tageszeitungen		
Name	verkaufte Auflage	Umfang der Wissenschaftsthemen
Ärzte Zeitung	19.526	Medizinthemen: Forschung, Praxis, Gesundheitspolitik, Gesundheitswirtschaft
Financial Times Deutschland	104.328	Dienstags bis freitags eine Seite »Forschen und Entwickeln«, donnerstags eine Seite »Gesundheitswirtschaft«, Themen meist ökonomisch geprägt
Frankfurter Allgemeine Zeitung	365.484	Mittwochs mehrseitiger Teil »Natur und Wissenschaft« inklusive eine Seite Geisteswissenschaft, täglich außer samstags ein bis zwei Artikel »Natur und Wissenschaft« im Feuilleton, dienstags mehrseitiger Teil »Technik und Motor«, samstags »Beruf und Chance«
Frankfurter Rundschau	150.062	Dienstags sechs Seiten »Wissen und Bildung«, vierzehntägig im Wechsel eine Seite »Sachbuch/Forum Humanwissenschaften«, Lokalausgaben: mittwochs zwei Seiten »Campus: Berichte aus Hochschulen in Hessen«, tägliche Erscheinungsweise der Wissenschaftsseiten geplant
Handelsblatt	142.043	Täglich eine Seite »Technik & Innovation«, montags bis freitags »Wissenschaft & Debatte« mit täglich wechselndem Fokus: montags »Ökonomie«, dienstags »Essay«, mittwochs »Geisteswissenschaften«, donnerstags »Naturwissenschaften«, freitags »Literatur«, freitags eine Seite »Ökonomie & Bildung«, Themen meist ökonomisch geprägt
Süddeutsche Zeitung	444.974	Dienstags bis samstags eine Seite »Wissen«, montags eine Seite »Schule und Hochschule«
Die tageszeitung	58.836	Freitags eine Seite »Wissenschaft«, mittwochs mehrere Artikel »Bildung«, Umweltthemen im täglichen Ressort »Wirtschaft/Umwelt«
Die Welt	264.273 (Mo–Fr, inklusive Welt-Kompakt)	Montags bis freitags eine Seite »Wissenschaft«, samstags mehrseitiger Teil »Wissenschaft« mit Doppelseite zu Schwerpunktthema, mehrseitiger Teil »Karriere Welt«

---

1   Die Recherchearbeit wurde im Frühjahr 2007 beendet. Die auf den ersten Blick vielleicht geringe Anzahl an wissenschaftsjournalistischen Online-Angeboten liegt darin begründet, dass hier nur die Online-Magazine und Wissenschaftsseiten aufgeführt wurden, die eigenständig arbeiten, also eine reelle zusätzliche Option auf dem Marktplatz Wissenschaftsjournalismus darstellen. Die oftmals erfolgreichen Internetauftritte der klassischen Medienvertreter – wie z.B. *SPIEGEL Online* oder *stern.de* – wurden trotz ihrer wissenschaftsjournalistischen Angebote daher ebenso wenig berücksichtigt wie Online-Seiten, deren journalistisches Profil und/oder deren Bedarf an externen wissenschaftsjournalistischen Arbeiten unklar sind.

Regionale Tageszeitungen (Auswahl nach Auflagenzahl, keine Gewähr für Vollständigkeit)		
Name	verkaufte Auflage	Umfang der Wissenschaftsthemen
Augsburger Allgemeine	345.974 (mit Allgäuer Zeitung)	Seite »Wissenschaft und Technik« erscheint unregelmäßig, ebenso die Seite »Medizin«, Lokalteil Augsburg: eine Seite »Campus« erscheint unregelmäßig
Berliner Zeitung	184.491	Dienstags bis samstags je eine Seite »Wissenschaft«, zusätzlich gibt es Serviceseiten zu folgenden Themen: »Gesundheit« (mittwochs), »Netzwelt« (samstags); zusätzlich wird über die genannten Themen häufig auf den Politikseiten, im Lokalteil (lokale Bildungspolitik), im Feuilleton (v. a. Bildungs- und Hochschulthemen) berichtet
Braunschweiger Zeitung	177.911	Donnerstags eine Hochschulseite, samstags eine Wissensseite, Gesundheitsthemen ca. alle zwei Tage auf der Verbraucherseite, aktuelle Wissenschaftsthemen auch auf anderen Seiten, 2007 (Braunschweig ist Stadt der Wissenschaft 2007) eine nahezu täglich erscheinende Serie, in der Wissenschaftler populär zu diversen Themen schreiben
Freie Presse	319.085	Keine feste Wissenschaftsseite, Wissenschaftsthemen laufend in anderen Ressorts, Bildung und Hochschulthemen laufend im Regionalteil
Hamburger Abendblatt	257.383	Täglich eine Seite »Wissen«
Hannoversche Allgemeine Zeitung	570.701 (HAZ mit allen Partnerzeitungen)	Eine Seite »Wissenschaft« pro Woche, kein fester Tag, Hochschulthemen in Politik und Lokalteil, Göttingen: eine Wissenschafts-/Hochschulseite extra
Hessische/ Niedersächsische Allgemeine	238.073	Samstags alle zwei Wochen eine Seite »Wissen«, Medizin und Bildung im Ressort Kultur
Kölner Stadtanzeiger	351.346 (Zeitungsgruppe Köln mit Kölnische Rundschau)	Samstags eine Seite »Wissenszeiten«, Medizin auch im täglichen Magazin, dienstags eine Seite »Hochschule«
Kölnische Rundschau	351.346 (Zeitungsgruppe Köln mit Kölner Stadtanzeiger)	Eine Seite »Wissenschaft« wöchentlich oder vierzehntägig im Magazin
Leipziger Volkszeitung	251.530	Samstags eine Seite »Hochschule und Wissenschaft« in der Magazin-Beilage mit Schwerpunkt Leipzig, freitags eine Seite »Forschung und Fortschritt« im Wochenendjournal, während des Semesters ca. vierzehntägig eine Seite »Campus Leipzig«, hergestellt von Journalistik-Studenten der Universität Leipzig
Mitteldeutsche Zeitung	251.612	Drei Wissenschaftsseiten pro Monat, die samstags erscheinen, für Hochschulthemen existiert eine eigene Seite, Wissenschaftspolitik wird im aktuellen Teil behandelt
Münchner Merkur	273.913	Dienstags eine Seite »Hochschulleben« mit aktueller Forschung aus lokalen Hochschulen Mittwochs eine Seite »Gesundheit und Wissen«, Wochenendjournal mit populärwissenschaftlichen Themen
Nürnberger Zeitung/ Nürnberger Nachrichten	298.350	Samstags eine gemeinsame Wissenschaftsseite im Wochenendmagazin beider Zeitungen, ca. einmal wöchentlich Hochschulseiten in beiden Zeitungen
Rhein-Zeitung	218.454	Zusammenarbeit mit GeoEpoche: zwei Sonderseiten zum Geo-Heft pro Quartal als Schiebeseiten, Lokalausgabe Mainz: mindestens jeden Mittwoch eine Hochschulseite, regelmäßige Serie »Forschung made in Mainz«, Koblenz: einmal monatlich »Campus Mittelrhein«

Marktplatz Wissenschaftsjournalismus

Regionale Tageszeitungen (Auswahl nach Auflagenzahl, keine Gewähr für Vollständigkeit)		
Name	**verkaufte Auflage**	**Umfang der Wissenschaftsthemen**
Rheinische Post	397.417	Dienstags, mittwochs, samstags eine Seite »Wissen« inklusive Medizin, donnerstags eine Seite »Hochschule«
Die Rheinpfalz	240.225	Samstags eine Seite »Natur und Technik«, dienstags eine Seite »Wissen«, einmal monatlich im Wochenendteil mit Hochschulthemen eine Seite »Studium und Karriere«
Sächsische Zeitung	288.971	Montags und donnerstags eine Seite »Wissen«, dienstags eine Seite »Hochschulszene«, gestaltet von einer Studentenredaktion der TU Dresden
Stuttgarter Nachrichten	222.558 (mit Stuttgarter Zeitung)	keine regelmäßige Wissenschaftsseite, Wissenschaftsthemen regelmäßig im Unterhaltungsressort
Stuttgarter Zeitung	222.558 (mit Stuttgarter Nachrichten)	Dienstags eine Seite »Medizin«, freitags »Wissenschaft und Technik«, zweiwöchentlich »Campus« mit Neuem aus den lokalen Hochschulen
Südwest Presse	320.403	Überregionaler Teil: zweiwöchentlich »Wissenschaft und Technik«, zweiwöchentlich »Mensch und Gesundheit«
Der Tagesspiegel	134.456 (Mo–Fr)	Montags bis freitags eine Seite »Wissen und Forschen« inklusive Bildung, Medizin, Umwelt
Volksstimme	217.427	Keine regelmäßige Wissenschaftsseite, Wissenschaftsthemen regelmäßig im Wochenendmagazin, Wissenschaftspolitik im Ressort auf der täglichen Seite »Meinung und Debatte«, aktuelle Berichterstattung über lokale Hochschulen und Forschungseinrichtungen
Westdeutsche Allgemeine Zeitung	580.000 (laut WAZ-Website)	Samstags in der Wochenend-Beilage eine Wissenschaftsseite, 14-tägig als Einlegeseite eine überregionale Hochschulseite, die umfangreichste Wissenschaftsberichterstattung findet im aktuellen Teil auf den Seiten Politik, Rhein-Ruhr oder Kultur statt, Lokalausgaben der WAZ mit einer oder mehreren Hochschulen am Ort: wöchentlich eine Hochschulseite

Wochenzeitungen (Auswahl)			
Name	**verkaufte Auflage**	**Erscheinungsweise**	**Profil/Besonderheiten**
Frankfurter Allgemeine Sonntagszeitung	318.065	Sonntag	Fünf Seiten »Wissenschaft«, darunter eine großzügig illustrierte Doppelseite, eine Dreiviertelseite »Technik«
VDI nachrichten	147.000	Freitag/Wissens- bzw. Technikthemen in allen Teilen vertreten	Zielgruppe Ingenieure, vier Ressorts: »Technik und Gesellschaft«, »Technik und Wirtschaft«, »Technik und Finanzen«, »Management und Karriere«
Die Welt am Sonntag	402.000	Sonntag	In der Regel eine Wissenschaftsseite, eine Medizinseite, eine Bildungsseite
Die Zeit	486.961	Donnerstag	Mehrseitiger Teil »Wissen« mit den Themen Naturwissenschaften, Medizin, Technik, Geisteswissenschaften; mehrseitiger Teil »Chancen« zu Bildung und Karriere

Zeitschriften

Magazine mit allgemeiner Ausrichtung (Auswahl)			
Name	verkaufteAuflage	Erscheinungsweise	Profil/Besonderheiten
Focus	714.168	Montag	Mehrseitiger Teil »Wissenschaft und Technik«
Spiegel	1.026.199	Montag	Mehrseitiger Teil »Wissenschaft und Technik«
Stern	1.007.345	Donnerstag	Einzelne Artikel aus Wissenschaft, Medizin, Gesundheit, Bildung

Special Interest (Auswahl)			
Name	verkaufte Auflage	Erscheinungsweise	Profil/Besonderheiten
Bild der Wissenschaft	108.710	monatlich	Naturwissenschaften, Archäologie, Life Sciences, Medizin, Technologie und Sozialforschung
Geo	494.331	monatlich	Reportagen mit großen Fotostrecken zu Politik, Reise, Wissenschaft, Medizin
National Geographic Deutschland	238.898	monatlich	Deutsche Ausgabe des Magazins der US-amerikanischen National Geographic Society, übersetzte Texte aus dem Original sowie zusätzliche Texte der deutschen Redaktion
Natur+Kosmos	86.069	monatlich	Zusammenhänge zwischen Mensch, Natur und Technik. Bilder aus der Tier- und Pflanzenwelt, Hintergrundberichte und Tipps zu den Themen Umwelt, Gesundheit und Ernährung
P.M.	364.506	monatlich	Wissenschaft, Technik, Geschichte, Gesellschaft
Spektrum der Wissenschaft	93.543	monatlich	Deutsche Ausgabe des Scientific American, Wissenschaftler schreiben Haupttexte selbst
Süddeutsche Zeitung Wissen	86.512	zweimonatlich	Line-Extension der Süddeutschen Zeitung
Technology Review	40.497	monatlich	Deutschsprachiger Ableger des Magazins des Massachusetts Institute of Technology (MIT), Schlüsseltechnologien
Zeit Wissen	71.568	zweimonatlich	Line-Extension der Zeit

Quelle: Verkaufte Auflage (IVW-Quartalszahlen 4/2006)

Marktplatz Wissenschaftsjournalismus

Eine Auswahl an Hochschulmagazinen und Magazinen großer Forschungseinrichtungen			
Stadt	**Universität**	**Magazin**	**Charakterisierung**
Berlin	Freie Universität	*fu*ndiert	Erscheint einmal pro Semester und berichtet über neue Forschungsergebnisse zu einem fächerübergreifenden Thema. Auswahl bisheriger Themen: Arbeit, Seuchen und Plagen, Sicherheit, Herz.
Berlin	Technische Universität	TU intern	Erscheint monatlich, neunmal im Jahr (nicht in der vorlesungsfreien Zeit). Berichtet über aktuelle Wissenschaftsthemen sowie über Hochschul- und Wissenschaftspolitik. Bietet Informationen für Studierende, Lehrende und Alumni und porträtiert aktuelle Forschungsprojekte und Wissenschaftler an der TU Berlin.
Bielefeld	Universität Bielefeld	Forschung an der Universität Bielefeld	Erscheint ein- bis zweimal im Jahr und präsentiert die verschiedenen Facetten eines fächerübergreifenden Themas, die sich aus den Forschungsinteressen der unterschiedlichen Disziplinen ergeben. Auswahl bisheriger Themen: Zukunftswissenschaft Genomforschung, Von der Nervenzelle zum Bewusstsein, Forschung im Dienst der Umwelt.
Bochum	Ruhr-Universität	RUBIN	Erscheint regulär einmal pro Semester und berichtet über aktuelle Forschungsergebnisse der unterschiedlichen Fachbereiche. Die Sonderhefte widmen sich einzelnen Fachbereichen bzw. Disziplinen wie Maschinenbau, Neurowissenschaften oder Medizin.
Dresden	TU Dresden	Wissenschaftliche Zeitschrift	Erscheint bis zu sechsmal pro Jahr und berichtet monothematisch über Forschungsprojekte und Ergebnisse an der TU Dresden. Auswahl bisheriger Themen: Risiko, Bauökologie, Licht und Farbe.
Freiburg	Albert-Ludwigs-Universität	Freiburger Uni-Magazin	Erscheint dreimal pro Semester und berichtet über Studium, Lehre und Forschung an der Albert-Ludwigs-Universität.
Göttingen	Georg-August-Universität	Wissenschaftsmagazin GEORGIA AUGUSTA	Erscheint einmal pro Jahr und berichtet über Forschungsvorhaben und Ergebnisse an der Universität. Dabei steht jeweils ein Thema schwerpunktmäßig im Vordergrund, mit dem sich verschiedene Fachbereiche auseinandersetzen.
Karlsruhe	Universität Karlsruhe (TH)	UniKaTH	Erscheint viermal im Jahr und berichtet über Forschung und Lehre an der Universität Karlsruhe und widmet sich hochschulpolitischen Themen.
Mainz	Johannes-Gutenberg-Universität Mainz	NATUR & GEIST	Erscheint einmal pro Semester und berichtet über Forschungsprojekte und Forschungsergebnisse an der Johannes-Gutenberg-Universität. Dabei widmet sich jede Ausgabe einem Fachgebiet bzw. einem wissenschaftlichen Thema.
München	Ludwig-Maximilians-Universität	EINSICHTEN	Erscheint viermal pro Jahr als Newsletter und einmal pro Jahr als Printausgabe. EINSICHTEN berichtet über aktuelle Forschungsergebnisse der unterschiedlichen Fachbereiche an der LMU.
Osnabrück	Universität Osnabrück	Universitätszeitung	Erscheint vier- bis fünfmal pro Jahr und berichtet über Forschungsergebnisse an der Universität Osnabrück sowie über Themen aus der Hochschulpolitik, der Lehre und dem studentischen Leben.
Tübingen	Eberhard Karls Universität	attempto!	Erscheint einmal pro Semester mit Berichten über Forschung, Hochschulpolitik, studentisches Leben und Universitätsgeschichte.

Forschungseinrichtung (Herausgeber)	Magazin	Charakterisierung
Deutsche Forschungsgemeinschaft	forschung	Erscheint viermal pro Jahr und berichtet über DFG-geförderte Forschungsprojekte in allgemein verständlicher Darstellung.
Bundesministerium für Ernährung, Landwirtschaft und Verbraucherschutz	ForschungsReport	Erscheint zweimal pro Jahr und präsentiert Forschungsergebnisse zum Thema Lebensmittel, Ernährung, Landwirtschaft und Verbraucherschutz.
Fraunhofer-Gesellschaft	Fraunhofer-Magazin	Erscheint viermal pro Jahr und berichtet über die Forschung an den verschiedenen Fraunhofer-Instituten.
Forschungszentrum Jülich	Forschen in Jülich	Erscheint zweimal jährlich und stellt die aktuellen interdisziplinären Forschungsthemen und -ergebnisse des Zentrums vor.
Leibniz-Gemeinschaft	Leibniz-Journal	Erscheint viermal pro Jahr und berichtet über die Forschungsarbeit der diversen Leibniz-Institute.
Max-Planck-Gesellschaft	Blick in die Forschung	Virtuelles Magazin, erscheint monatlich online und fasst die aktuellen Forschungsergebnisse und Forschungspublikationen der Max-Planck-Institute zusammen.
Max-Planck-Gesellschaft	MaxPlanck Forschung	Erscheint viermal pro Jahr und berichtet über die wissenschaftliche Arbeit an den unterschiedlichen Max-Planck-Instituten. Dabei steht in jeder Ausgabe ein Forschungsthema im Mittelpunkt. Auswahl bisheriger Themen: Mobilität, Energie, Sprache, Materialwissenschaften, Hochleistungsrechnen.

Wissenschaft im Hörfunk

Sender	Sendung	Sendeplatz	Berichterstattungsfeld	Format
Bayern 2	radioWissen	Montag–Freitag 9.00–10.00 Uhr	»radioWissen« liefert Beiträge über Natur, Umwelt, Geschichte, Sprachen, Religion und Sozialwissenschaften.	Magazin
	IQ – Wissenschaft & Forschung	Montag–Freitag 18.05–18.30 Uhr	»IQ – Wissenschaft und Forschung« berichtet aktuell aus der Welt der Forschung.	Magazin
Bayern 5 aktuell	Aus Wissenschaft & Technik	Sonntag 13.35–14.05 Uhr	»Aus Wissenschaft und Technik« berichtet wochenaktuell über wissenschaftliche Ereignisse.	Magazin
	Das Campusmagazin	Sonntag 15.05–15.35 Uhr	»Das Campusmagazin« bietet aktuelle Informationen, Hintergrundberichte, Reportagen und Kurzinterviews zu bildungspolitischen Fragen im In- und Ausland.	Magazin
	Das Computermagazin	Sonntag 15.35–16.05 Uhr	Tipps und Trends aus den Bereichen Hard- und Software. Reportagen und Interviews rund ums Netz.	Magazin
Deutsche Welle	Wissenschaft	Freitag 6.45–6.55 Uhr (UTC)	»Wissenschaft« informiert über Entdeckungen und Erfindungen in Deutschland und der Welt und ihre Bedeutung für den Alltag und unsere Umwelt.	Magazin
Deutschlandfunk	Forschung aktuell	Montag–Freitag 16.35–17.00 Uhr	Wissenschaftliche Berichte zu aktuellen Ereignissen und neuen Technologien.	Magazin
	Wissenschaft im Brennpunkt	Sonntag 16.30–17.00 Uhr	Sonntags widmet sich »Forschung aktuell« einem wissenschaftlichen Thema in Form eines halbstündigen Radio-Features.	Monothematisches Feature

Marktplatz Wissenschaftsjournalismus

Sender	Sendung	Sendeplatz	Berichterstattungsfeld	Format
Deutschland-funk (Fortsetzung)	Computer & Kommunikation	Samstag 16.30–17.00 Uhr	Jeden Samstag steht in »Forschung aktuell« die Welt der Computer- und Kommunikationstechnologie im Vordergrund.	Magazin
	PISAplus	Samstag 14.05–15.00 Uhr	Die Sendung »PISAplus« informiert über Themen und Trends rund ums lebenslange Lernen.	Call-In-Show mit Magazinbeiträgen und Studiogästen
	Studiozeit	Donnerstag 20.10–21.00 Uhr	Welche Rolle spielt Wissenschaft in unserem Alltag? Deutungen der gesellschaftlichen Strömungen unserer Zeit.	Magazin
	Umwelt und Verbraucher	Montag–Freitag 11.35–12.00 Uhr	Die Sendung »Umwelt und Verbraucher« spiegelt in erster Linie die aktuellen Ereignisse des Tages wider. Dabei spielen nicht nur die klassischen Bereiche wie Wasser, Boden und Luft eine Rolle, sondern auch Energiefragen, Entwicklungspolitik und Artenschutz sowie die Landwirtschaft in all ihren Facetten. Außerdem gibt es täglich am Ende der Sendung einen Verbrauchertipp zu einem konkreten Problem.	Magazin
Deutschlandradio Kultur	Forschung und Gesellschaft	Donnerstag 19.30–20.00 Uhr	»Forschung und Gesellschaft« behandelt vor allem aktuelle gesellschaftswissenschaftliche Trends.	Monothematisches Feature
	Zeitreisen	Mittwoch 19.30–20.00 Uhr	»Zeitreisen« berichtet monothematisch über die Entwicklung unserer Kultur und unseres Wissens zwischen gestern und heute.	Monothematisches Feature
	Radiofeuilleton: Elektronische Welten	Montag–Freitag 16.50–17.00 Uhr	»Elektronische Welten« befasst sich mit Informationssuche im World Wide Web, stellt CD-ROMs vor und beschreibt, wie neue Techniken den Alltag und die Gesellschaft verändern.	Magazin
HR 1	BesserWisser	Dienstag & Donnerstag 9.40 Uhr	»BesserWisser« stellt aktuelle Studien- und Versuchsergebnisse aus den Naturwissenschaften vor.	Monothematischer Kurzbeitrag
	Wagners Weltraum Wissen	Montag 9.45 Uhr	»Wagners Weltraum Wissen« erläutert die unterschiedlichen wissenschaftlichen Aspekte rund um die Themen Weltraum und Raumfahrt. Sowohl aktuelle Ereignisse als auch historische Momente der Raumfahrt werden vorgestellt.	Monothematischer Kurzbeitrag
	Helden des Waldes	Mittwoch 9.40 Uhr	»Helden des Waldes« berichtet über die Flora und Fauna des Waldes.	Monothematischer Kurzbeitrag
HR 2 kultur	Wissenswert: Natur & Technik	mehrmals im Monat an wechselnden Werktagen 8.30–9.00 Uhr	Beiträge zu Themen aus Natur und Technik	Monothematische Beiträge
	Funkkolleg	Samstag 9.25–9.55 Uhr	Das »Funkkolleg« besteht aus jeweils einer Hörfunkreihe mit 30 Kollegsendungen, einem Reader als Begleitbuch, ergänzenden Veranstaltungen der Volkshochschulen, Zusatzinformationen im Internet sowie – nach Ausstrahlung der Kollegsendungen – einem »Ergebnisband« mit den Sendetexten.	Monothematische Lehrreihe

Wissenschaft im Hörfunk

Sender	Sendung	Sendeplatz	Berichterstattungsfeld	Format
Inforadio RBB	WissensWerte	Montag–Freitag 9.55–10.00 Uhr; 11.55–12.00 Uhr Sonntag 9.25–9.40 Uhr; 9.45–10.00 Uhr	»WissensWerte« klärt Fragen rund um Wissenschaft und Forschung.	Monothematische Kurzbeiträge (sonntags: Interview)
NDR Info	Logo – Das Wissenschaftsmagazin	Freitag 21.05–22.00 Uhr	»Logo« bietet Berichte, Reportagen, Interviews und Porträts zu aktuellen Themen der Naturwissenschaft, Medizin, Technik und Forschung und erläutert die gesellschaftliche Bedeutung dieser Erkenntnisse.	Magazin
Radio Eins RBB	Die Profis	Samstag 9.00–12.00 Uhr	»Die Profis« erörtern wissenschaftliche Fragen des Alltags mithilfe von Expertengesprächen.	Magazin
Nordwestradio	Studio Nordwest	Sonntag 19.05–20.00 Uhr	In »Studio Nordwest« werden Forschungsfragen und -ergebnisse der Institute und Forschungseinrichtungen der Region vermittelt sowie wissenschaftliche und forschungspolitische Fragen für die Region thematisiert.	Magazin mit Features, Studiogesprächen, Podiumsrunden, Vorträgen
SWR 2	SWR 2 Wissen	Montag–Samstag 8.30–9.00 Uhr	»Wissen« präsentiert Themen der Gesellschafts- und Naturwissenschaften.	Monothematisches Feature, Reportage
	SWR 2 Aula	Sonntag 8.30–9.00 Uhr	»Aula« bietet wissenschaftliche Vorträge von renommierten Wissenschaftlern zu aktuellen Themen.	Monothematische Vortragssendung
	Welt am Draht	Alle ein bis zwei Monate, Montag 8.30–9.00 Uhr	»Welt am Draht« berichtet über Themen rund um elektronische Medien und Kommunikation.	Magazin
WDR 5	Leonardo	Montag–Freitag 16.05–17.00 Uhr	»Leonardo« erläutert Naturphänomene, wissenschaftliche Ergebnisse und klärt alltägliche Wissensfragen.	Magazin
Wilantis			Privater Radiosender für den Großraum Stuttgart, der sich ganz der Wissenschaft und wissenschaftsrelevanten Themen verschrieben hat.	Regelmäßige Wissensnachrichten, Hintergrundberichte, Reportagen, dazwischen Musik

Der übersehene Markt?
Ein Schlaglicht auf Wissenschaft, Medizin und Technik im privaten Hörfunk

Annika Zeitler, Holger Wormer

Im privat finanzierten Fernsehen sind besonders seit Ende der 90er Jahre zahlreiche Wissenschafts- (oder ›Wissens-‹)Formate neu entwickelt oder ausgebaut worden. Neben ihren oft beachtlichen Quoten verdienen sie auch unter dem Gesichtspunkt der Imagebildung eines Senders Beachtung (z. B. Albrecht 2006: 134). Vor diesem Hintergrund stellt sich die Frage, inwieweit diese Tendenz auf den privaten Hörfunk übertragbar ist.

In einer explorativen Untersuchung haben wir dazu Chefredakteure und leitende Redakteure privater Hörfunksender in Deutschland über ihre Berichterstattung von Themen aus Wissenschaft, Medizin und Technik sowie über die entsprechenden Sendepläne und Personalstrukturen befragt. Für die Stichprobe wurden im Oktober und November 2005 in jedem Bundesland die beiden jeweils reichweitenstärksten Privatsender mit einem Fragebogen angeschrieben (Basis: MA 2005 II; Bremen und Saarland je einer).[2] Von den somit 28 erfassten Hörfunkstationen gaben elf Auskunft (Rücklaufquote knapp 40 Prozent).

Der im Privatfernsehen beobachtete Ausbau von Wissensformaten findet der Stichprobe zufolge im privaten Hörfunk derzeit keine Parallele. Zwar gaben alle elf Befragten an, sich persönlich für Themen aus Wissenschaft, Medizin und Technik zu interessieren, und neun von elf der Sender berichten den Angaben zufolge »häufig« oder »gelegentlich« über diese Themen – am häufigsten demnach über Medizin und Raumfahrt/Astronomie (je neun von elf). Die detaillierte Befragung (unter Bezugnahme auf Sendepläne u. Ä.) ergab jedoch, dass nur ein Drittel angibt, tatsächlich regelmäßig (wöchentlich oder täglich) entsprechende Themen im Programm zu haben. Meist beschränkt sich die Berichterstattung dabei demnach auf Meldungen (zehn von elf). Reportagen gaben dagegen nur zwei von elf Befragten als verwendete Form an; an aufwendige Features oder eigenständige Magazinsendungen zu diesen Themen in seinem Programm kann sich den Fragebögen zufolge keiner der Befragten erinnern.

Eine geringe Bedeutung von Wissenschaft, Medizin und Technik spiegelt sich in der Personalstruktur wider: Nur in einer Redaktion gibt es einen Wissenschaftsjournalisten (unter 28 fest angestellten Redakteuren), auf diese Themen spezialisierte freie Journalisten beschäftigt keiner der Sender regelmäßig. Und keiner der Sender plant der Befragung zufolge, die Wissenschaftsberichterstattung in den nächsten ein bis zwei Jahren auszubauen.

In der (wenn auch kleinen) Stichprobe zeichnet sich also ein einheitliches Bild ab. Es besteht daher zunächst kein Grund zur Annahme, dass das Gros der Aufmerksam-

---

2 Wir danken Sven Preger für die Beratung bei der Erstellung des Fragebogens und der Vorbereitung der Befragung.

keit für Wissenschaftsthemen im privaten Hörfunk insgesamt deutlich davon abweichen sollte. Zu diskutieren wäre indes, inwieweit Wissenschaft, Medizin und Technik in weniger reichweitenstarken privaten Sendern womöglich eine größere Aufmerksamkeit zuteilwird, in deren Einzugsbereich durch Hochschulen und Forschungsinstitute ein stärkerer Regionalbezug hergestellt werden kann. Bezogen auf die Gesamtreichweite aller privaten Hörfunkstationen dürfte die Bedeutung, die man diesen Themen beimisst, jedoch (angesichts der nach Maximalreichweiten ausgewählten Stichprobe) auch dann immer noch ähnlich gering ausfallen.

Warum aber wird dem Thema ›Wissen‹ – anders als im Privatfernsehen – unter den Machern des privaten Hörfunks offenbar keine wachsende Aufmerksamkeit zuteil? Immerhin hatte Jan Lublinski (2004: 125 f.) für Anfang der 90er Jahre sogar eine Vorreiterrolle privater Hörfunksender zumindest bei service- und ratgeberorientierten Wissenschaftsthemen beschrieben. Auch in diesem Bereich liefert unsere Befragung knapp 15 Jahre später aber zumindest keine Anhaltspunkte für eine weiter wachsende Bedeutung.

Ein banaler Erklärungsversuch könnte lauten, dass sich der private Hörfunk generell eher gegen einen allzu umfangreichen Wortanteil entschieden hat. Relativ betrachtet stellt sich aber auch dann die Frage, warum nicht im verbleibenden Wortanteil ein größerer Markt (analog zum Fernsehen) für Themen aus Wissenschaft, Medizin und Technik gesehen wird. Die Entwicklung von *Radio Wilantis*, dem ersten Privatradio mit Schwerpunkt Wissen und Wissenschaft, das im Dezember 2004 gestartet war, könnte für das künftige Marktpotenzial des Wissenschaftsjournalismus im privaten Hörfunk womöglich einige interessante Erkenntnisse liefern.[3] Ambitioniertes Motto der Macher: »Content is back!«

Literatur

Albrecht, Bernhard. »Wissenschaft im Privatfernsehen. Happy Hour des Wissens – Zutaten zum Galileo-Cocktail.« *Die Wissensmacher. Profile und Arbeitsfelder von Wissenschaftsredaktionen in Deutschland.* Hrsg. Holger Wormer. Wiesbaden 2006. 130–147.
Kutzbach, Carl-Josef. »Kopfnüsse vom Klempner. Wissenschaftsthemen im Hörfunk«. *Journalist* 9 2003. 32–35.
Lublinski, Jan. *Wissenschaftsjournalismus im Hörfunk.* Konstanz 2004.
Wissenschaftspressekonferenz. *wpk-Quarterly. Magazin der Wissenschaftspressekonferenz e.V.* (Schwerpunkt Wissenschaft im Radio) 2 2004. (Auch online unter www.wissenschafts-pressekonferenz.de/cgi-bin/WebObjects/WPKCMS.woa/wa/berichtPDF?documentId=4V5A11077, Download 17.7.2007.)

---

3 Der Sender arbeitete allerdings mit einem speziellen Finanzierungsmodell – u.a. in Kooperation mit dem Brockhaus-Verlag (siehe www.wilantis.de) – und stand im Jahr 2007 vor der Einstellung.

Marktplatz Wissenschaftsjournalismus

Wissenschaft im Fernsehen

Sendeplatz	Name	Charakterisierung	Format
3sat mehrmals im Jahr 20.15–23.00 Uhr	Wissen aktuell	»Wissen aktuell« bietet einen Abend lang ausgewählte Reportagen und Dokumentationen zu einem wissenschaftlichen Thema und bietet so die Möglichkeit, sich einem Thema aus unterschiedlichen Perspektiven zu nähern. Die Wissensabende befassen sich mit so unterschiedlichen Themen wie Licht, Mobilität und technischem Fortschritt.	Mono- thematisches Abend- programm
3sat Montag–Freitag 18.30–19.00 Uhr	nano	»nano« präsentiert Erkenntnisse aus Technik, Forschung, Natur- und Geisteswissenschaft. Dabei werden auch Zuschauerfragen berücksichtigt. Die Sendung setzt sich aus kleineren wiederkehrenden Formaten wie »tipps« und »news«, »nano-Rätsel« und der Zuschauerrubrik »aha« zusammen. Regelmäßig werden Schwerpunkte gesetzt und bestimmte Themen in einer Wochenreihe täglich unter einem anderen Aspekt beleuchtet.	Magazin
3sat Sonntag 16.00–16.30 Uhr	hitec	»hitec« beschäftigt sich ausschließlich mit Forschung und Technik. Die Sendung berichtet über neue Entwicklungen aus den Forschungsinstituten und Industrieunternehmen. Das Themenspektrum ist weit gefasst: Es reicht von Verkehr, Wirtschaft und Umwelttechnik über Kriminalistik und Medizintechnik bis zur Raumfahrt und Nanotechnik.	Dokumentation/ Reportage
3sat Sonntag 16.30–17.00 Uhr	neues	»neues« ist eine Informations- und Ratgebersendung für den Computernutzer mit Grundkenntnissen. Sie berichtet über aktuelle Trends auf dem Computersektor, in der Telekommunikation und der Unterhaltungselektronik.	Magazin
3sat Sonntag 16.30–17.00 Uhr	neues spezial	In Ergänzung zum Magazin vertieft »neues spezial« Themen anhand von Dokumentationen oder Reportagen, beleuchtet Hintergründe und stellt den Zuschauern prominente Personen aus den Bereichen Informationstechnik, Unterhaltungselektronik und Telekommunikation in Porträts vor.	Magazin oder Dokumentation oder Reportage
3sat 14-tägig Donnerstag 21.00–22.00 Uhr	delta	»delta« verbindet Themen aus Wissenschaft, Kultur und Gesellschaft. In Gesprächsrunden im Studio diskutieren Menschen, die unterschiedliche Zugänge zu den Themen haben. Kurze Filme vermitteln Fachwissen und Hintergrundinformationen. Die Sendung diskutiert die Auswirkungen auf die Gesellschaft und das Selbstverständnis des Menschen.	Interdisziplinäres Magazin mit Filmbeiträgen und Gesprächen
ARD/Das Erste einmal im Monat Samstag 17.03–17.30 Uhr	Ratgeber Technik	Der »ARD-Ratgeber Technik« ist ein Verbraucher-Magazin rund um das Thema Technik.	Ratgeber- sendung
ARD/Das Erste KI.KA Sonntag 11.30–12.00 Uhr	Die Sendung mit der Maus	Wissenssendung für Kinder	Sendung für Kinder
ARD/Das Erste Samstag 8.00–8.30 Uhr KI.KA Montag–Donnerstag 19.25–19.50 Uhr	Wissen macht Ah!	Wissenssendung für Kinder	Magazin für Kinder
ARD/Das Erste Sonntag 11.03–11.30 Uhr	Kopfball	»Kopfball« ist eine interaktive Wissenssendung, in der Zuschauerfragen anhand von Experimenten und Filmbeiträgen beantwortet werden.	Magazin für Kinder

Wissenschaft im Fernsehen

Sendeplatz	Name	Charakterisierung	Format
ARD/Das Erste Sonntag 17.03–17.30 Uhr	W wie Wissen	»W wie Wissen« greift neben Wissenswertem aus dem Alltag und aktuellen Nachrichten aus der Welt des Wissens ein Schwerpunktthema auf und führt die Zuschauer in so unterschiedliche Welten wie die Ozeane, den menschlichen Körper oder den Weltraum.	Magazin
Arte Montag 22.15–ca. 23.10 Uhr	Arte Wissenschaft	Der Sendeplatz »Arte Wissenschaft« bietet Dokumentationen zur aktuellen naturwissenschaftlichen Forschung.	Dokumentation
Arte Samstag 21.35–22.30 Uhr	360° – Die Geo-Reportage	Die Reportagereihe zeigt Arbeit und Alltag besonderer Menschen. Die Hauptpersonen sind passionierte Forscher, engagierte Ärzte, Umweltschützer oder andere Menschen, die auf abenteuerliche, ungewöhnliche Weise ihr Leben meistern.	Magazin mit Reportagen
Arte Samstag 20.45–21.35 Uhr	Abenteuer Arte	»Abenteuer Arte« behandelt wissenschaftliche, künstlerische und historische Ereignisse und Entdeckungen aus verschiedenen Epochen der Menschheitsgeschichte. Mithilfe leicht verständlicher, aber aussagekräftiger Kommentare erschließen sich hier den Zuschauern weniger bekannte Zivilisationen der Erde gleichermaßen wie die Geschichte verschiedener Künste und Techniken, die Religionsgeschichte und die Geschichte von Hochkulturen.	Dokumentation
BR Donnerstag 19.30–20.00 Uhr	Faszination Wissen	»Faszination Wissen« präsentiert Aktuelles und Faszinierendes aus der Welt der Wissenschaften und der Technik.	Magazin
BR-alpha Montag–Mittwoch 18.00–18.30 Uhr	Alpha Campus	»Alpha Campus« ist eine offene Sendereihe mit Angeboten aus Lehre und Forschung deutscher und internationaler Hochschulen. Am Montag dominieren Dokumentationen zu aktuellen Forschungsthemen, der Dienstag ist den Themen Sprache und Literatur gewidmet, am Mittwoch werden Religion, Politik und Gesellschaft abgehandelt, am Donnerstag werden Themen aus der Geschichte, insbesondere der bayerischen Geschichte, behandelt und am Freitag Themen zur Hochschulentwicklung und -politik.	Offene Sendereihe
BR-alpha zweiter Mittwoch im Monat 20.15–21.00 Uhr	Alpha Forum Wissenschaft	»Alpha Forum Wissenschaft« ist ein Teil der Reihe »Alpha Forum«. In der Studioproduktion, einer moderierten Diskussionsrunde, diskutieren Experten aus Wissenschaft, Gesellschaft, Kultur und Politik über aktuelle Wissenschaftsthemen der Zeit.	Diskussionsrunde
BR-alpha Freitag 22.45–23.00 Uhr	Geist und Gehirn	Prof. Dr. Dr. Manfred Spitzer, Direktor der psychiatrischen Uniklinik in Ulm, präsentiert Erkenntnisse und Forschungsfragen der Gehirnforschung.	Vortrag im Studio
BR-alpha Mittwoch 22.45–23.00 Uhr	Alpha Centauri	Der Astrophysik-Professor Harald Lesch erläutert astronomische Erkenntnisse und Forschungsprojekte.	Vortrag im Studio
BR-alpha Donnerstag 17.15–17.30 Uhr	Meilensteine der Naturwissenschaft und Technik	Die Sendungen der Reihe »Meilensteine der Naturwissenschaft und Technik« stellen herausragende Leistungen und Erfindungen der Geowissenschaften und Bauingenieurkunst vor. Im Mittelpunkt jeder Folge stehen jeweils ein berühmter Wissenschaftler und sein Hauptwerk.	Dokumentationen
Deutsche Welle Sonntag 19.30–20.00 Uhr	Projekt Zukunft	»Projekt Zukunft« präsentiert Reportagen zu bahnbrechenden Wissenschaftsthemen. Aktuelle Entwicklungen und ihre Auswirkungen auf das alltägliche Leben werden aufgezeigt. Ein vertiefendes Studiogespräch mit ausgewiesenen Experten beleuchtet Hintergründe.	Magazin
HR Fernsehen Mittwoch 21.15–21.45 Uhr	Alles Wissen	In kurzen Reportagen werden alltägliche Wissensfragen beantwortet und über wissenschaftliche Forschung und Entdeckungen berichtet.	Magazin

Marktplatz Wissenschaftsjournalismus

Sendeplatz	Name	Charakterisierung	Format
Kabel Eins Dienstag 22.00–22.55 Uhr Samstag 18.15–19.10 Uhr	Abenteuer Leben	Das wöchentliche Wissensmagazin »Abenteuer Leben« bietet ein breites Themenspektrum aus den Bereichen Wissenschaft, Technik und Mensch.	Magazin
Kabel Eins Montag–Freitag 17.15–18.15 Uhr	Abenteuer Leben – täglich Wissen	»Abenteuer Leben – täglich Wissen« liefert Antworten auf Alltagsfragen aus den Bereichen Wissenschaft, Technik, Mensch und Natur.	Magazin
MDR Montag–Freitag 14.30–15.30 Uhr	LexiTV – Wissen für alle	»LexiTV« ist ein crossmediales Bildungsprojekt, das ein 60-minütiges Fernsehmagazin und eine multimediale Wissensdatenbank im Internet unter www.lexi-tv.de umfasst. In jeder Sendung wird ein Wissensthema vorgestellt.	Monothematisches Magazin
MDR 14-tägig Dienstag 21.15–21.45 Uhr	ECHT! Das Wissenschaftsmagazin	»ECHT!« präsentiert ein breites Spektrum an Wissenschaftsthemen.	Magazin
N24 Montag–Freitag 18.30–19.00 Uhr 21.05–22.00 Uhr 23.02–23.30 Uhr Samstag + Sonntag 23.02–23.30 Uhr	N24 Wissen	»N24 Wissen« veranschaulicht Zusammenhänge und Funktionen aus Natur, Wissenschaft und Technik.	Magazin
N24 Montag–Freitag 14.05–14.30 Uhr	Welt der Technik	Die »Welt der Technik« auf N24 zeigt in zwei bis drei Beiträgen pro Sendung Wissenswertes aus den Bereichen Informations- und Telekommunikationstechnologie, Automobiltechnologie, Gentechnik, Astronomie, Raumfahrt und Biotechnologie.	Magazin
NDR Donnerstag 18.15–18.45 Uhr	Plietsch	»Plietsch« präsentiert Reportagen und Berichte zu aktuellen Wissensthemen mit regionalem Bezug.	Magazin
NDR Samstag 13.45–14.30 Uhr	Prisma	»Prisma« präsentiert in Dokumentationen und Berichten neue Erkenntnisse aus Naturwissenschaft, Medizin, Technik und Forschung sowie umfangreiche Hintergrundinformationen.	Monothematisches Magazin
Pro7 Montag–Freitag 19.00–20.00 Uhr	Galileo	»Galileo« greift aktuelle und alltägliche Ereignisse auf und erklärt sie. In drei bis vier Beiträgen behandelt das Magazin Ereignisse aus der Woche und Phänomene unserer Zeit.	Magazin
Pro7 Sonntag 19.00–20.00 Uhr	Wunderwelt Wissen	»Wunderwelt Wissen« bietet Beiträge zu unterschiedlichen Bereichen der Wissenschaft und Forschung. Gegenstand sind dabei nicht nur Themen aus Naturwissenschaft und Technik, sondern auch historische, anthropologische und Gesellschaftsthemen.	Magazin
RTL2 Sonntag 18.00–19.00 Uhr	Welt der Wunder – Schau dich schlau!	»Welt der Wunder – Schau dich schlau!« erzählt Geschichten des Alltags. Dabei geht es darum, Wissen über die Dinge, die uns umgeben, zu vermitteln.	Magazin
RTL2 Sonntag 19.00–20.00 Uhr	Welt der Wunder	»Welt der Wunder« präsentiert drei bis fünf komplexe Themen aus den Bereichen Technik, Natur und Mensch.	Magazin
Sat1 Mittwoch ab 20.15 Uhr	clever! – Die Show, die Wissen schafft	Barbara Eligmann und ihr »wissenschaftlicher Experte« Wigald Boning gehen in der Wissenschaftsshow »clever! – Die Show, die Wissen schafft« Wissenschaftsfragen des Alltags nach.	Unterhaltungsshow mit Studiogästen

Sendeplatz	Name	Charakterisierung	Format
Sat1 Sonntag 22.45–23.35 Uhr	Planetopia	»Planetopia« führt durch die Welt des modernen Lebens, präsentiert Fakten aus Forschung und Technik und zeigt die Beweggründe hinter den Schlagzeilen.	Magazin
Super RTL Sonntag 19.15–19.45 Uhr	WOW Die Entdeckerzone	8- bis 12-jährige Kinder führen unter Anleitung wissenschaftliche Experimente durch. Dabei werden Bezugspunkte zum Alltag der minderjährigen Zuschauer sowie Möglichkeiten aufgezeigt, selbst Experimente durchzuführen.	Magazin für Kinder
SWR Donnerstag 22.00–22.30 Uhr	Odysso	In »Odysso« werden Zusammenhänge hergestellt und Erkenntnisse der Wissenschaft kritisch auf ihre Auswirkungen für Umwelt und Gesellschaft geprüft.	Magazin mit wechselnden Themen
VOX Montag–Freitag 18.00–18.30 Uhr	Wissenshunger	»Wissenshunger« erläutert Fragen rund um das Thema Ernährung und Lebensmittelproduktion.	Magazin zum Thema Ernährung
WDR Dienstag 21.00–21.45 Uhr	Quarks & Co	45 Minuten lang konzentriert sich »Quarks & Co« auf ein naturwissenschaftliches Thema, das aus verschiedenen Blickwinkeln beleuchtet wird.	Monothematisches Magazin
WDR/SWR Montag–Freitag 15.00–16.00 Uhr BR-alpha 16.15–17.15 Uhr	Planet Wissen	»Planet Wissen« bietet im Fernsehen und im Internet Informationen, Berichte und Erklärungen zu Themen aus Natur und Wissenschaft – anhand von Filmen, Gesprächen und Studioaktionen. Mit dabei ist immer ein Studiogast.	Monothematisches Bildungsmagazin mit Studiogästen
ZDF Mittwoch 22.15–22.45 Uhr	Abenteuer Wissen	»Abenteuer Wissen« berichtet anhand von alltäglichen Geschichten über Erkenntnisse der Naturwissenschaften sowie der Sozial- und Geisteswissenschaften.	Monothematisches Magazin
ZDF monatlich Mittwoch 22.15–22.45 Uhr	Joachim Bublath	Joachim Bublath erklärt aktuelle Forschungsthemen und ihre gesellschaftlichen Auswirkungen.	Magazin
ZDF Montag–Freitag 14.15–15.00 Uhr	Wunderbare Welt	»Wunderbare Welt« bietet Tier-, Natur- und Kulturdokumentationen.	Dokumentationen
ZDF Sonntag 19.30–20.15 Uhr	ZDF Expedition	Die »ZDF Expedition« zeigt Dokumentationen aus den Bereichen Archäologie, Geschichte, Naturwissenschaft, Wissenschaftsgeschichte sowie Expeditionen zu fernen Regionen und Völkern.	Dokumentationsreihe

Wissenschaft online

Es gibt kaum eine Zeitung oder Zeitschrift, kaum eine Hörfunk- oder Fernsehsendung, die in Zeiten crossmedialer Präsenz nicht im Internet vertreten wäre. Originäre Online-Angebote mit einem ausgesprochen journalistischen Anspruch sind aber immer noch selten, weil sie sich finanziell nicht tragen.

Da das Internet wie kaum ein anderes Medium für Aktualität und Information steht, haben Themen aus der Wissenschaft einen hohen Stellenwert. Laut der neuesten *ARD/ZDF-Online-Studie 2006* gaben 42 Prozent der Online-Benutzer über 14 Jahre an, sich häufig oder gelegentlich über Wissenschaft, Forschung und Bildung zu informieren (Eimeren und Frees 2006: 407).

Marktplatz Wissenschaftsjournalismus

Mesalliancen mit Finanziers (Partnern) aus dem Bereich der Wissenschafts-PR werden im Internet häufig nicht transparent kommuniziert (Stichwort Quellentransparenz). Mediengerecht aufbereitete Pressetexte von Forschungseinrichtungen oder Hochschulen werden oft direkt oder in nur leicht redigierter Form übernommen. Instrumente wie der *Informationsdienst Wissenschaft* (www.idw-online.de) machen es leicht ›contents‹ per ›copy and paste‹ zu generieren.

Dem öffentlich-rechtlichen Rundfunk ist es durch die Gebührenfinanzierung möglich, aufwendige Wissensportale zu unterhalten. Diese Sites sind vorwiegend als Ergänzungen zu den Sendung zu verstehen, bieten vertiefende Hintergrundinformationen und stellen zunehmend Inhalte zu den Sendungen in Form von Podcasts oder Video-Podcasts (Vodcast) als Downloads zur Verfügung. Anstelle einer erschöpfenden Auflistung seien exemplarisch folgende Sites hervorgehoben: www.planet-wissen.de (*WDR, SWR, BRalpha*), www.quarks.de (*WDR*), www.br-online.de/alpha (*BR*), www.3sat.de/nano, www.lexi-tv.de (*MDR*) und www.wdr5.de/sendungen/leonardo/ (*WDR5*).

Auch bei den etablierten Zeitschriften steht das Crossmedia-Publishing meist im Vordergrund. Unabhängig von Muttermedien präsentiert beispielsweise die *Verlagsgruppe Georg von Holtzbrinck* seit 2004 ihre Wissenschaftszeitung ›spektrumdirekt‹.

In folgender Tabelle werden nur originäre Online-Angebote aufgeführt.

Site	Durchschnittliche ›visits‹ und ›page impressions‹ (PIs) pro Monat (2006)	Charakterisierung
www.berlinews.de BerliNews Online-Magazin an der Schnittstelle von Wissenschaft und Wirtschaft	Visits: 82.000 PIs: 1 Million (eigene Angaben; 4. Quartal 2006)	»BerliNews« bietet seit 1997 tagesaktuelle Nachrichten aus den Natur-, Ingenieur- und Sozialwissenschaften sowie aus Forschungs- und Wissenschaftspolitik. Bei den Texten handelt es sich vorwiegend um Pressemitteilungen in Berlin ansässiger Hochschulen und Forschungseinrichtungen. Der Fokus von »BerliNews« liegt auf der Innovationskommunikation (siehe Ronzheimer 1999).
www.morgenwelt.de Morgenwelt. Magazin für Wissenschaft und Kultur	Visits: 200.000 PIs: 800.000 (eigene Angaben; Lange 2006)	Das 1996 begründete Online-Magazin »Morgenwelt« zeichnet sich durch Online-Journalismus rund um Wissenschaft, Forschung und Kultur aus. Neben tagesaktuellen News finden sich Hintergrundberichte. Zum journalistischen Selbstverständnis sagte Chefredakteur Volker Lange gegenüber der Neuen Zürcher Zeitung: »Wir wollen möglichst nüchtern und sachlich berichten; die Meinungen sollen sich unsere Leser selber machen« (Seifert 2005).
www.sciencegarden.de Magazin für junge Forschung	Visits 41.000 (eigene Angaben)	Das von Preisträgern des Deutschen Studienpreises gegründete Online-Magazin »Sciencegarden« erscheint seit Anfang 2001 monatlich. Die Inhalte richten sich an Schüler, Studierende, Doktoranden und wissenschaftliche Mitarbeiter. Zu ihrem Selbstverständnis schreiben sie: »In sciencegarden wird die Artenvielfalt gepflegt und auch die Verständlichkeit. Wir wollen zur kompetenten Vermittlung von wissenschaftlichem Wissen beitragen, jenseits von Fächergrenzen.«
www.scienceticker.info	Visits: 23.000 PIs: 48.000 400 Newsletter-Abonnenten (eigene Angaben)	»Scienceticker.info« bietet tagesaktuelle Wissenschaftsnachrichten. Die Meldungen werden von zwei freien Journalisten produziert, die auch im Auftrag von Kunden Spezialthemen recherchieren. Die Redaktion beliefert u.a. Tageszeitungen und andere Online-Portale wie »morgenwelt.de« mit Nachrichten.

Wissenschaft online

Site	Durchschnittliche ›visits‹ und ›page impressions‹ (PIs) pro Monat (2006)	Charakterisierung
www.scienzz.com	Visits: 115.000 PIs: 360.000 (eigene Angaben)	Das Online-Magazin »scienzz.com« berichtet seit 2005 tagesaktuell aus der Welt der Wissenschaft, wobei die Themen aus den Geistes-, Sozial-, Natur- und Ingenieurwissenschaften stammen. Darüber hinaus finden auch die Bereiche Wissenschafts- und Hochschulpolitik Berücksichtigung. Ausführliche Hintergrundberichte zu einzelnen Themen werden im Magazinbereich präsentiert. Der News-Ticker greift in der Regel auf Pressemitteilungen von Forschungseinrichtungen zurück, die in leicht redigierter Form präsentiert werden.
www.spektrumdirekt.de Spektrumdirekt. Die Wissenschaftszeitung im Internet	Visits (wissenschaft-online.de gesamt): 530.000 PIs (wissenschaft-online gesamt): 1,4 Millionen PIs (spektrumdirekt): 240.000 (Anfang 2005 nach Zinkens Aussage gegenüber der Neuen Zürcher Zeitung: 3.000 Abonnenten)	»Spektrumdirekt« ist 2004 aus dem Ticker (1997–2001) von Spektrum der Wissenschaften und dem Nachrichtendienst (2001–April 2004) »wissenschaft-online.de« hervorgegangen. Nach eigener Darstellung handelt es sich um »die erste deutschsprachige Wissenschaftszeitung im Internet« (an fünf Tagen in der Woche erscheinen insgesamt acht bis zwölf Artikel). Die Internetzeitung aus dem Verlag Spektrum der Wissenschaften (Verlagsgruppe Georg von Holtzbrinck) ist kostenpflichtig; eine bewusste Entscheidung, um die journalistische Unabhängigkeit zu wahren: »Wir wollen weder Marketingabteilung noch Datenbank, noch Werbeplattform sein, sondern Wissenschaftsjournalismus machen«, so Chefredakteur Richard Zinken (2004). Die Berichterstattung orientiert sich meist an Publikationen in den großen internationalen Journalen wie Natur oder Science. Bei »Spektrumdirekt« arbeiten vier Online-Redakteure.
www.telepolis.de	Visits (heise online gesamt): 21,6 Millionen PIs (heise online gesamt): 136,2 Millionen PIs (Telepolis): 11 Millionen (eigene Angabe)	Das seit 1996 bestehende reine Online-Magazin »Telepolis« (bis 1998 auch als Printausgabe) des Heise Verlags berichtet täglich u. a. über Themen aus den Wissenschaften (Weltraum, Technik, Zukunftsenergien, Bio-Technik, Intelligente Systeme, Bildung). Die Online-Redaktion beschäftigt derzeit vier Redakteure sowie zehn ständige Mitarbeiter.
www.wissenschaft-aktuell.de	Visits: ca. 3.000 Abonnenten des Gratis-Newsletters: 3.000	Die Nachrichtenagentur »Wissenschaft Aktuell« berichtet aus den Bereichen Naturwissenschaft, Geistes- und Gesellschaftswissenschaft sowie Medizin und Technik. Sieben Online-Redakteure mit einem sowohl wissenschaftlichen als auch journalistischen Hintergrund verfassen täglich Nachrichten, die sowohl für den Laien verständlich sind, als auch Fachleute ansprechen sollen. Das Angebot richtet sich aber primär an Redaktionen.
www.wissenschaft.de	Visits: 385.000 PIs: 994.000 angemeldete Nutzer: 39.200 (eigene Angaben)	»Wissenschaft.de« ist das gemeinsame Internetportal der Special Interest Titel Bild der Wissenschaft, Damals und natur+kosmos (Konradin Mediengruppe). Wissenschaft.de deckt ein breites Themenspektrum ab: Kulturwissenschaften, Medizin, Technik & Umwelt, Geo- und Naturwissenschaften sowie Weltraum. Die Berichterstattung basiert vorwiegend auf Artikeln in den einschlägigen internationalen wissenschaftlichen Fachzeitschriften. Neben News finden sich Hintergrundberichte. Das Angebot spricht hauptsächlich Akademiker an, wendet sich aber auch an Lehrer, Studenten und wissenschaftlich interessierte Laien. Die Online-Redaktion beschäftigt derzeit neun Wissenschaftsjournalisten. »Wissenschaft.de« beliefert den Deutschen Depeschendienst (ddp) mit Texten.

Literatur

Becker, Markus. »Wissenschaft im Internet I: Schnell, schneller, Internet«. *Die Wissensmacher. Profile und Arbeitsfelder von Wissenschaftsredaktionen in Deutschland*. Hrsg. Holger Wormer. Wiesbaden 2006. 211–223.

Eimeren, Birgit van, und Beate Frees. »Schnelle Zugänge, neue Anwendungen, neue Nutzer?« *Media Perspektiven* 8 2006. 402–415.

Lange, Volker. »Wer oder was ist ›Morgenwelt‹?«. Mai 2004. www.morgenwelt.de/304.1.html (Download 18.12.2006).

Lange, Volker. »Wissenschaftsjournalismus im World Wide Web. Leser sind freie Kost gewöhnt«. *Wissenschafts-Journalismus. Ein Handbuch für Ausbildung und Praxis*. Hrsg. Winfried Göpfert. Berlin 2006. 221–229. (Auch online unter www.journalistische-praxis.de/wissjour/interview_lange.php, Download 4.3.2007.)

Meier, Klaus. »Medien und Märkte des Wissenschaftsjournalismus«. *Wissenschafts-Journalismus. Ein Handbuch für Ausbildung und Praxis*. Hrsg. Winfried Göpfert. Berlin 2006. 37–54.

Meier, Klaus, und Frank Feldmeier. »Wissenschaftsjournalismus und Wissenschafts-PR im Wandel. Eine Studie zu Berufsfeldern, Marktentwicklung und Ausbildung«. *Publizistik* (50) 2 2005. 201–224.

Ronzheimer, Manfred. »BerliNews im 21. Jahrhundert. Eine andere Kommunikation über Innovationen«. *BerliNews* 31.12.1999. www.berlinews.de/archiv/765.shtml (Download 25.10.2006).

Schneider, Reto U. »News-Quellen auf dem Internet«. *Bulletin des Schweizer Klub für Wissenschaftsjournalismus* 2 2002. (Auch online unter www.science-journalism.ch/html/bulletin+116.html, Download 8.1.2007.)

sciencegarden.de. »Frequently Asked Questions«. www.sciencegarden.de/intern/faq.php (Download, 5.3.2007).

Seifert, Heribert. »Wissen kann kaum schaden. Mediale Konjunktur der Naturwissenschaft«. *Neue Zürcher Zeitung* 28.1.2005. (Auch online unter www.nzz.ch/2005/01/28/em/article CJN81.html, Download 30.10.2006.)

Zinken, Richard: »Wes Brot ich ess' … Oder: Warum wir das Geld unserer Leser wollen«. *spektrumdirekt* 8.12.2004. www.wissenschaft-online.de/abo/ticker/767740 (Download 26.10.2006).

Zinken, Richard. »Wissenschaft im Internet II: Der Reiz von Raketenstarts auf Briefmarkengröße«. *Die Wissensmacher. Profile und Arbeitsfelder von Wissenschaftsredaktionen in Deutschland*. Hrsg. Holger Wormer. Wiesbaden 2006. 225–239.

Ausbildungsangebote für Studierende

Name des Anbieters	Name des Angebots	Zugangsvoraussetzung/Zielgruppe	Inhalte	Dauer und Form	Gebühren	Absolventenzahlen
Freie Universität Berlin www.fu-berlin.de	Master-Studiengang Wissenschaftsjournalismus (voraussichtlicher Start 2009)	abgeschlossenes Hochschulstudium (BA, Diplom oder Magister)				
Technische Universität Berlin www.tu-servicegmbh.de/master	Master-Studiengang Science-Communications and Marketing	Hochschulabschluss nicht erforderlich, sofern die für die Teilnahme erforderliche Eignung im Beruf erworben wurde	Der Schwerpunkt liegt bei Wissenschafts-PR und -management, wie z. B. Kampagnenplanung, Akquise von Drittmitteln, Sponsorenakquise und -betreuung, Lobbyarbeit, Alumni-Organisation, PPPs.	4 Semester berufsbegleitendes Abendstudium, (Fernstudium in Planung)	monatlich 390 Euro	Sep. 2007: voraussichtlich 18 Absolventen; maximal 25 Studierende pro Jahrgang
Fachhochschule Bonn-Rhein-Sieg www.fh-rhein-sieg.de	Studiengang Technikjournalismus/PR	Hochschulreife oder Fachhochschulreife	Praxisnahe journalistische Ausbildung in den Bereichen Radio/TV, Print, Multimedia/Online-Medien sowie der Unternehmens-PR und Produktkommunikation. Verbindung von kommunikationswissenschaftlichen, journalistischen Inhalten und naturwissenschaftlich-technischer Sachkompetenz.	7 Semester	500 Euro pro Semester	2006: 35 Absolventen
Hochschule Bremen www.fachjournalistik.de	Internationaler Bachelor-Studiengang Fachjournalistik (speziell Technik und Politik/Wirtschaft)	Hochschulreife oder Fachhochschulreife + Vorpraktikum und Eignungstest	Der Studiengang bietet eine Integration von Medientheorie und Medienpraxis. Mit den Fachmodulen in den Gebieten Wirtschaft, Politik und Technik erarbeiten die Studierenden Grundlagenwissen sowie vertiefte Kenntnisse in diesen Sachgebieten.	7 Semester (inkl. Auslandssemester und Praxissemester)	500 Euro pro Semester ab 15. Semester	SoSe 2006: 9 Absolventen; WS 05/06: 17 Absolventen
Hochschule Bremen www.fachjournalistik.de	Master-Studiengang Science Communication	Journalisten, PR-Experten, Wissenschaftler mit abgeschlossenem Hochschulstudium und mind. einjähriger einschlägiger Berufserfahrung	Kommunikationsbarrieren abzubauen und Techniken des jeweils anderen Arbeitsfeldes vorzustellen ist Ziel des Studiengangs. Die Teilnehmer erhalten neben Fertigkeiten in der Praxis der Wissenschaftskommunikation fundiertes Wissen über das Wissenschaftssystem. Der Studiengang ist eine Mischung aus wissenschafts-, medientheoretischen und praktischen Elementen. Außerdem enthält er Lehreinheiten aus dem Bereich der Natur- und Ingenieurwissenschaften.	4 Semester berufsbegleitendes Fernstudium	2.500 Euro pro Semester	noch keine Absolventen; 11 Studierende

Marktplatz Wissenschaftsjournalismus

Name des Anbieters	Name des Angebots	Zugangsvoraus-setzung/Zielgruppe	Inhalte	Dauer und Form	Gebühren	Absolventenzahlen
Fachhochschule Darmstadt www.wj.fh-darmstadt.de	Bachelor-Studiengang Wissenschafts-journalismus	Hochschulreife oder Fachhochschulreife	Studium kombiniert Qualifikationen in verschiedenen Naturwissenschaften mit journalistischer Praxis und Hintergrund-wissen zu Journalismus und Medien.	6 Semester	500 Euro pro Semester	noch keine Absolventen; 12,5 Studierende pro Jahrgang
Universität Dortmund www.wissenschafts journalismus.org/	Bachelor-Studiengang Wissenschafts-journalismus	Hochschulreife	Das Studium besteht etwa zur Hälfte aus journalistischen und zur Hälfte aus natur- bzw. ingenieurwissenschaftlichen Inhalten.	6 Semester (plus 1 Jahr Volontariat)	500 Euro pro Semester	bis Herbst 2007 3 Absolventen; insgesamt 30 Studierende
Universität Dortmund www.wissenschafts journalismus.org/	Master-Studiengang Wissenschafts-journalismus	Hochschulabschluss im Bereich Wissenschafts-journalismus (BA, Diplom, Magister oder adäquater Abschluss) und Volontariat/künftige Führungskräfte oder Forscher im Bereich Wissenschaft und Journalismus	Seminare zur empirischen Sozialforschung, praktisches Redaktionsmanagement, Führungs-kräfteseminare sowie Wahlpflichtangebote der Journalistik und des Wissenschaftsjournalismus. Im naturwissenschaftlichen oder technischen Zweitfach sind die Veranstaltungen frei wähl-bar, sollten aber im Bezug zur Masterarbeit stehen.	2 Semester	500 Euro pro Semester	
Filmakademie Baden-Württemberg GmbH, Ludwigsburg www.filmakademie.de	Studiengang Bildung und Wissenschaft; auch als Aufbau-studiengang	Hochschulreife und mindestens ein Jahr Berufserfahrung; für den Aufbaustudiengang: Vordiplom oder Diplom eines journalistischen, kaufmännischen, technischen oder wissenschaftlichen Hochschulstudiums oder zwei Jahre Erfahrung im Bereich audiovisuelle Medien	Vermittlung von Handwerkszeug zur Produktion journalistischer TV-Formate im Themenfeld Wissen und Bildung. Theoretischer Unterricht, Exkursionen zu TV-Redaktionen, Vorträge und Workshops von Programmverantwortlichen und anderen Experten aus der Praxis.	9 Semester	500 Euro pro Semester	

Die Stunde der ›Brand extensions‹ – Zur Entwicklung des Markts der populären Wissenszeitschriften

Frank Lobigs[1]

Der Markt für populäre Wissenszeitschriften in Deutschland ist kein Markt, wie Ulf Böge, im Frühjahr 2007 pensionierter Ex-Präsident des Bundeskartellamts, ihn sich vorstellt. Denn als das Kartellamt dem *Verlag Gruner + Jahr (G + J)* im Sommer 2004 den bereits 1999 vollzogenen Lizenzerwerb für das deutsche *National Geographic* im Nachhinein noch untersagte (Bundeskartellamt 2004a)[2], befand Böge, dass der Hamburger Großverlag den Markt mit den großen Drei *Geo, P.M.* und *National Geographic* in einer nahezu monopolistischen Weise dominiere. Es bestünden deshalb kaum noch realistische ökonomische Chancen auf weitere Markteintritte durch Konkurrenten, so Böge damals. Die darauffolgende Marktentwicklung hat gezeigt: Mit dieser Einschätzung lag Böge nicht ganz richtig, sie war aber auch nicht grundverkehrt.

So wurde das erst kurz vor besagtem Kartellamtsbeschluss vom *Heinrich Bauer Verlag (Bauer)* mit großem Aufwand gestartete »Gegen-›Geo‹« (Liebig 2004) mit dem hoffnungsfrohen Titel *Horizonte* bereits kurz darauf schon wieder eingestellt; und unbestreitbar hält G + J seine angestammte marktbeherrschende Stellung heute immer noch. Andererseits jedoch haben seit Ende 2004 bereits drei *G + J*-Konkurrenten auch Wissensmagazine herausgebracht, die sich seit Jahr und Tag am Markt behaupten: *Zeit Wissen (Zeit Verlag)* und *SZ Wissen (Süddeutscher Verlag)* starteten nach einem rasanten Vorbereitungs-Wettrennen fast zeitgleich im Dezember 2004 (Sentker und Drösser 2006: 72 ff.), *Welt der Wunder (Bauer)* im September 2005.

Diese drei Titel haben manches gemeinsam, was sie vom gescheiterten ›Horizonte‹-Projekt unterscheidet, vor allem aber dies: Sie sind alle drei ›Brand extensions‹ bzw. Derivate von Medienmarken aus anderen Mediengattungen. Bei den alle zwei Monate erscheinenden *Zeit Wissen* und *SZ Wissen* kann man die Marken- und Verlagsherkunft am Namen ablesen; das monatlich erscheinende *Welt der Wunder* übernimmt den Titel eines bei *RTL2* mit gutem

---

[1] Der Autor dankt Nicola Vogel für ihre Forschungsassistenz bei der Recherche der Marktdaten. Der Datenstand des Beitrags ist überwiegend der 31.3.2007.
[2] Dieser Beschluss wurde 2005 vom OLG Düsseldorf sowie 2006 vom BGH einmütig kassiert, weil die Gerichte dem Bundeskartellamt nicht darin folgten, den Lizenzerwerb als einen Hinzukauf von Marktanteilen auf dem deutschen Markt zu bewerten. Die Begründung des Kartellamts war zwar medienökonomisch stichhaltig, juristisch hingegen wohl tatsächlich etwas eigenwillig.

Quotenerfolg laufenden TV-Wissensmagazins.[3] Wohl als Gegenschlag zu Bauers *Welt der Wunder*-Angriff auf die Domäne von *P.M.* hatte im März 2007 auch G + J mit *Wunderwelt Wissen* eine weitere ›Brand extension‹ auf den Markt geworfen, deren TV-Marken-Pendant bei *ProSieben* läuft – es blieb freilich bei einer einmaligen Sonderausgabe; der Gegenschlag verpuffte folgenlos.[4]

In diesem Beitrag soll argumentiert werden, dass es aus medienwirtschaftlicher Sicht nun keineswegs ein Zufall ist, dass sich der Markt für populäre Wissenszeitschriften in Deutschland mittels solcher Marken-Derivate erweitert hat. Um dies zu zeigen, geht der Blick zunächst zurück zur Ausgangslage Anfang 2004.

Ausgangslage Anfang 2004: schlummernde Potenziale

Folgt man der sachlich überzeugenden Marktabgrenzung durch das Bundeskartellamt (2004a: 21 ff.), so sind dem Markt für populäre Wissenszeitschriften periodisch erscheinende Magazine zuzurechnen, die jeweils über ein breiteres Spektrum an populärwissenschaftlichen Themen mittels magazintypischer Darstellungsformen und in magazintypischer Optik berichten. Monothematische Zeitschriften wie etwa *Psychologie Heute*, das *Wettermagazin* oder *Astronomie heute* sowie die vielfältigen als monothematische Zeitschriften oder als Zeitschriften mit jeweils monothematischen Heften konzipierten Line extensions der multithematischen Wissens-Magazine, wie etwa *Geo Kompakt*, *Geo special*, *Gehirn & Geist* (Ableger von *Spektrum der Wissenschaft*), *Die Zeit – Geschichte*, *P.M. History* etc., sind diesem Markt entsprechend nicht zuzuordnen (Bundeskartellamt 2004a: 21 ff.) und werden in diesem Beitrag somit auch nicht weiter berücksichtigt.[5]

Wie in abgeschwächter Form auch heute noch wurde der Markt für populäre Wissenszeitschriften 2004 von G + J-Titeln dominiert, namentlich von den folgenden großen Drei:
- *Geo* (Gründungsjahr 1976), das in hoher journalistischer und optischer Qualität über die Themenfelder Wissenschaft und Forschung, Menschenkenntnis und Psychologie, Politik, Kultur, Natur und Umweltschutz berichtet und damit in den Top-Publikumssegmenten der Allensbacher Werbeträger Analyse (AWA) »First Class« und »Wissenselite« bis heute sehr hohe Reichweiten erzielt (G + J Media, Geo Zeitschriftenprofil 2007).
- *P.M.* (1978), das in aufwendiger Magazinoptik aktuelles Wissen in den Bereichen Technik, Naturwissenschaften, Medizin, Natur und Umwelt, Geschichte, Völkerkunde, Abenteuer und Kultur vermittelt und hierbei einen redaktionellen Schwerpunkt auf Zukunftsthemen legt (siehe G + J Media P.M. Imagefolder 2006).

---

3   Ein gleichnamiges Vorgängermagazin war von März 1998 bis November 1999 von der *Deutschen Verlagsanstalt* verlegt worden, konnte aber nicht dauerhaft reüssieren (Dorn 2007: 71).

4   Für Marktbeobachter war dieser Kurzauftritt ein Déjà-vu-Erlebnis. *Wunderwelt Wissen* von G + J hatte bereits einen Vorläufer; doch dessen vom *Burda Verlag* im Juni 2005 auf den Markt gebrachte erste Ausgabe sollte ebenfalls zugleich auch seine letzte bleiben (Dorn 2007: 70).

5   Der sich im populären Wissenssegment zeigende Markterfolg enger segmentierender Line extensions eingeführter Magazintitel ist ein Phänomen, das in der vergangenen Dekade auf mehreren Segmenten des Gesamtmarktes für Publikumszeitschriften zu beobachten war. Eine überzeugende medienökonomische Analyse dieses Phänomens, die sich auch auf die Line extensions im Wissenssegment problemlos anwenden lässt, findet sich bei Hamer, Löffler und Gravier (2007).

Ausgangslage Anfang 2004: schlummernde Potenziale

 Die rasche Entwicklung der Neurowissenschaften hatte uns schon in den vergangenen Jahren bei *Spektrum der Wissenschaft* immer wieder sehr beeindruckt. Zugleich eröffneten auch neue experimentelle Verfahren neuartige Zugänge zu psychischen Prozessen aller Art. Wir konnten die Fülle exzellenter Themen gar nicht mehr in unserem Haupttitel unterbringen. Angesichts dieser enormen wissenschaftlichen Produktivität lag es nahe, einen anspruchsvollen populären Special-Interest-Titel zu *Psychologie und Hirnforschung* herauszubringen, der diese Revolution direkter begleitete. Die Medienanalyse ergab, dass bis auf das sehr populäre Magazin *Psychologie Heute* der Markt dort, wo wir hinzielten, völlig leer war – eine echte Marktlücke also. In den letzten Jahren hat sich das Magazin seine eigene Leserschaft gesucht. Während anfangs männliche Leser dominierten, sind heute mehrheitlich Frauen unsere Leser, mehrheitlich auch außerhalb der Leserschaft von *Spektrum der Wissenschaft*. Zugleich ist die journalistische Präsentation populärer geworden und das Themenspektrum stärker in Richtung Psychologie gerückt. Heute ist der Titel, zählt man die Auflagen aller sechs Auslandsausgaben hinzu (*Mente et Cervello*/Italien, *Cerveau & Psycho*/Frankreich, *Mente y cerebro*/Spanien, *viver*/Brasilien, *Umysl*/Polen, *MIND*/USA) – neben *Scientific American* selbst –, zum erfolgreichsten Titel innerhalb der *Scientific-American*-Gruppe geworden.
Dr. habil. Reinhard Breuer (Foto: Suzanne Eichel)
Chefredakteur von *Spektrum der Wissenschaft*

- *National Geographic* (1999), das mit exklusiven Reportagen und Fotostrecken aus den Bereichen Geographie, Völkerkunde, Natur und Umwelt, Geschichte und Archäologie sowie Forschung und Expeditionen ein ebenso exklusives Publikum erreicht.

In Auflagen und Reichweiten weit abgeschlagen, existierten daneben die ›kleinen Drei‹ der Konkurrenten Holtzbrinck und Konradin:
- *Spektrum der Wissenschaft* (Holtzbrinck 1978), das wissenschaftlicher und forschungsnäher, wiewohl immer noch populärwissenschaftlich, über Ergebnisse aus Forschung, Technik und Wissenschaft berichtet.
- *Bild der Wissenschaft* (Konradin 1964), das in bunter und bildreicher Optik ein ähnliches Themenfeld wie *P.M.* abdeckt.
- *Natur & Kosmos*, das in Berichten, Reportagen und bunten Fotostrecken die Welt von Flora und Fauna, Umweltthemen und Zusammenhänge zwischen Mensch, Natur und Technik aus einer eher »naturbewegten« Sicht beleuchtet.

Die Anfang 2004 vorliegende Marktstruktur auf dem Lesermarkt wird in Tabelle 1 anhand der Struktur der Auflagen-Marktanteile im vierten Quartal 2003 wiedergegeben. Es zeigt sich hierbei, dass die Aufteilung in große und kleine Titel sehr deutlich ist und dass das Kartellamt angesichts des aufsummierten Marktanteils von $G + J$ in Höhe von fast 80 Prozent durchaus seinen Grund hatte, von einer marktbeherrschenden Stellung des dem Bertelsmann-Konzern zugehörigen Verlags zu sprechen.

Die Stunde der ›Brand extensions‹

Tabelle 1: Auflagen-Marktanteilsstruktur des Markts für populäre Wissenszeitschriften im 4. Quartal 2003

Titel	Verlag	Gründungs-jahr	Ew. p. a.	Auflage in 04/2003	Marktanteil in Prozent in 04/2003
Geo	Gruner + Jahr	1976	12	471.121	32,6
P.M.	Gruner + Jahr	1978	12	407.016	28,1
National Geographic	Gruner + Jahr	1999	12	274.849	19,0
Summe Gruner + Jahr				*1.152.986*	*79,7*
Spektrum der Wissenschaft	v. Holtzbrinck	1978	12	98.225	6,8
Bild der Wissenschaft	Konradin	1964	12	100.588	6,9
Natur & Kosmos	Konradin	1999	12	95.279	6,6
Summe der Wettbewerber von Gruner + Jahr				*294.092*	*20,3*
Gesamtmarkt				*1.447.078*	*100,0*

Quelle: IVW, eigene Berechnungen

Der Markt für populäre Wissensmagazine ist dabei generell ein recht lukrativer Medienmarkt: Wie die Daten der Media-Analyse (MA) und der Allensbacher Markt- und Werbeträger-Analyse (AWA) zeigen, sprechen Wissensmagazine insgesamt ein sehr werbemarktrelevantes Publikum an: Es ist vergleichsweise einkommensstark, gebildet und jung, freilich jedoch überwiegend männlich. Sowohl die Copypreise als auch die allgemeinen Anzeigen-TKP (Tausend-Kontakt-Preis) liegen im Vergleich mit anderen Segmenten des Gesamtmarktes für Publikumszeitschriften eher im höheren Bereich. Angesichts der auch heute noch sehr hohen Auflagen der großen Drei *Geo*, *P.M.* und *National Geographic* dürfte der Markt hierbei vor allem für den Marktführer G + J sehr profitabel sein.[6]

Um nun die Anfang 2004 bestehende Ausgangslage näher zu verstehen, ist es sehr aufschlussreich, auch einen Blick auf die Entwicklung des Marktes in den Jahren zuvor zu werfen und diese mit der gleichzeitigen Entwicklung des wissenschaftsjournalistischen Angebots auf anderen Medienmärkten zu kontrastieren; es zeigt sich dann nämlich eine interessante ›Ungereimtheit‹, die aufmerksame Marktbeobachter auf schlummernde Marktpotenziale schließen lassen musste.

Während die populären Wissensmagazine in den fünf Jahren zwischen Anfang 1999 und Anfang 2004 durchweg Auflageneinbußen erlitten, die im Schnitt bei zehn Prozent lagen (Meier und Feldmeier 2005: 206 f.), war auf anderen Medienmärkten ein völlig gegenläufiger

---

[6] Wie Ulrich Kaiser (2004) in einem ökonometrischen Modell des *German Magazine Market* berechnet, sind die vor allem aus der Fixkostendegression in der Medienproduktion und -distribution (siehe allgemein etwa Schumann und Hess 2002: 69; Heinrich 2001: 96 ff.) resultierenden Größenvorteile in der Produktion von Publikumszeitschriften beträchtlich (Kaiser 2004: 22, 27). Dies heißt, dass die Stückkosten mit steigender verkaufter Auflage erheblich fallen. Die tatsächlichen objektspezifischen Kostendaten sind dabei natürlich die bestgehüteten Geheimnisse der Medienindustrie. Orientiert man sich jedoch grob an den Größenordnungen der auflageabhängigen Stückkosten, die sich aus Kaisers Modellberechnungen ergeben, so darf man getrost die Aussage wagen, dass G + J besonders mit *Geo* und *P.M.* schon seit Jahrzehnten ansehnliche Renditen erwirtschaftet.

Zeit Wissen wurde gegründet, weil wir an der Wochenzeitung gesehen haben, dass populär aufbereitete Wissenschaftsthemen auf ein sehr großes Interesse bei unseren Lesern stoßen. Die Marktaussichten zu beurteilen war schwierig, weil *Zeit Wissen* kein ›me too‹-Produkt ist, sondern eine neue Art von Wissensmagazin, das solide Information mit einer optischen Aufbereitung und einer Sprache verbindet, die sich an den modernen General-Interest-Magazinen orientieren. Aufgrund der Leserdaten der *Zeit* und der Erfahrungen der ersten zwei Jahre sind wir zuversichtlich, mittelfristig und dauerhaft eine Auflage von über 100.000 erzielen zu können. Unsere Kernzielgruppe ist die ›Wissens-Elite‹ der 30- bis 39-Jährigen.
Christoph Drösser (Foto: Suzanne Eichel)
Gründungs-Chefredakteur *Zeit Wissen*

Trend zu beobachten. So stellten große Tages- und Wochenzeitungsverlage in Copytests ein stark wachsendes Interesse ihrer Leserschaften an Wissensthemen fest und bauten ihr Wissenschaftsressort entsprechend aus (Lochbihler 2002; Breu 2004; Meier und Feldmeier 2005: 202 f., 205; Sentker und Drösser 2006: 67; Wormer 2006: 16 ff.). Auch das General-Interest-Magazin *Focus* erzielte in dieser Zeit immer wieder überraschend gute Verkaufserfolge, wenn es populär aufgemachte Wissenschaftsthemen auf seine Titelseite hob (Miketta und Kunz 2005: 54). Überdies kam es zeitgleich zu einem regelrechten Angebots- und Nachfrageboom bei den populären Wissensmagazinen im Fernsehen (Lilienthal 2002; von Bullion 2004; Meier und Feldmeier 2005: 206; Albrecht 2006: 132 ff.).

Insgesamt ist somit festzustellen, dass sich das durch popularisierte Wissenschaftsthemen ansprechbare Publikumssegment in dieser Phase zwar augenfällig stark verbreitete, dies aber zugleich auf dem Markt für populäre Wissenszeitschriften merkwürdig folgenlos blieb. Im Gegenteil: Die Auflagen fielen, und dies in etwa parallel zum längerfristigen Gesamtabwärtstrend bei allen Publikumszeitschriften (Vogel 2006: 385).

Wie die weitere Marktentwicklung gezeigt hat, schlummerten hier jedoch tatsächlich Potenziale einer Markterweiterung. Dass diese so lange unerschlossen blieben, ist hierbei ebenso der von G + J-Dominanz geprägten Marktkonstellation zuzuschreiben wie auch dem Umstand, dass die Erschließung dieser Potenziale letztlich erst durch die spätere Lancierung von Brand extensions in Gang gekommen ist.

Sowohl G + J selbst als auch die (potenziellen) Wettbewerber hatten aufgrund der strukturellen Marktkonstellation zunächst einmal gute Gründe, vor der Lancierung neuer Titel zurückzuschrecken: Für G + J bestand das realistische Risiko, dass zulasten der eigenen ›cash cows‹ gehende Selbstkannibalisierungseffekte die positiven Effekte einer Erschließung neuer Publikumspotenziale zunichtemachen könnten. Für potenzielle Konkurrenten hingegen bestand die vom Bundeskartellamt (2004a: 31 f.) quasi offiziell beglaubigte Gefahr, aufgrund der aus G + Js Marktmacht resultierenden ökonomischen Markteintrittsbarrieren nicht die für einen erfolgreichen Marktzutritt notwendigen Auflagen erreichen zu können.

Die Stunde der ›Brand extensions‹

Das Scheitern des ›Gegen-*Geo*‹ als medienwirtschaftliches Lehrbeispiel

Im Frühjahr 2004 versuchte Bauer es schließlich trotzdem, mit einer völlig neuen Marke in den Markt einzudringen. Das Scheitern des als ›Gegen-*Geo*‹ lancierten Titels *Horizonte* eignet sich hierbei als ein medienwirtschaftliches Lehrbeispiel für die gut begründbare Einsicht, dass der Frontalangriff auf marktmächtige Matadoren gerade auf Medienmärkten in aller Regel ein äußerst riskantes Unterfangen darstellt, denn eine der fundamentalsten Erkenntnisse der medienökonomischen Forschung ist wohl die, dass die auf nahezu allen klassischen Medienmärkten vorzufindenden sehr hohen Marktanteilskonzentrationen[7] vor allem darauf zurückzuführen sind, dass einmal etablierte Medienprodukte schnell durch sehr hohe Marktzutrittsbarrieren vor direktem neuen Marktanteils-Wettbewerb durch ›Me-too-Produkte‹ gut geschützt sind. Gründe für diese Schutzbarrieren sind etwa die auf mehrere Ursachen[8] zurückgehenden Größenvorteile in der Medienproduktion und die vergleichsweise sehr starke Markenloyalität und -habitualisierung[9] der Rezipienten auf Medienmärkten.

Den Markt für Publikumszeitschriften – dafür sprechen die nun schon seit Längerem fallenden Gesamtauflagenzahlen (siehe Vogel 2006: 380, 385) bei einer inzwischen ausgesprochen großen Typen- und Variantenvielfalt (siehe etwa Menhard und Treede 2004: 15 f.; Gehrs 2005: 28; Heinrich 2001: 305 f.) – kann man im Ganzen als einen »mittlerweile *ausgereiften Markt*« (Sjurts 2002a: 101, Hervorhebung im Original; siehe auch Nguyen-Khac 2007: 192 f.) betrachten. Wie Sjurts (2002a: 101, Hervorhebung im Original) in ihrer einschlägigen Studie der deutschen Medienbranche feststellt, ist der Markt hierbei von »*äußerst hohen Marktzutrittsschranken*« gekennzeichnet.[10]

Entsprechend sind die Einzelmärkte von Zeitschriften, die in einem näheren Substitutionswettbewerb auf dem Lesermarkt stehen, regelmäßig hoch konzentriert, wie eben etwa auch der Markt für populäre Wissensmagazine. Auch bei anderen Marktsegmenten des Gesamtmarktes für Publikumszeitschriften fällt dabei auf, dass jene Titel, die diese Segmente quasi (mit-)begründet haben, typischerweise bis heute prominente Marktpositionen halten konnten: Was *Geo* für den Markt der populären Wissensmagazine ist, ist ja etwa *Brigitte* bei den Frauenzeitschriften, *Der Spiegel* bei den Nachrichtenmagazinen.

---

7 Siehe für die US-amerikanischen Medienmärkte etwa Albarran 2002: 36, 65 f., 78 f., 95, 154, 167 und für Deutschland etwa Sjurts 2002: 27, 97, 187 f., 242 sowie Heinrich 2001: 283, 355.

8 Hierzu zählen besonders die Fixkostendegression in der Medienproduktion und -distribution, Unteilbarkeiten zentraler Produktionsfaktoren (Hutter 2005: 40 f.), ausgeprägte positive Feedback-Mechanismen zwischen Anzeigen- (bzw. Werbe-) und Leser- (bzw. Rezipienten-)Märkten (Dewenter und Kaiser 2005: 3 ff.; Kaiser und Wright 2004; Heinrich 2001: 240 f.), Netzeffekte in der Nachfrage sowie die oftmals sehr hohen irreversiblen Kosten (›sunk costs‹), die ein neuer Wettbewerb bei gleichzeitig hohem Verlustrisiko eingehen müsste (van Kranenburg und Hogenbirk 2006: 334 f.).

9 Siehe McDowell 2006; Siegert 2001 und speziell für Publikumszeitschriften Esch und Rempel 2007. Die hohe Bedeutung der Markenloyalität ergibt sich aus den besonderen Produkteigenschaften (journalistischer) Medienprodukte und lässt sich reputations- und marketingtheoretisch fundiert erklären (Siegert et al. 2006: 42 ff.). Siehe zur überzeugenden empirischen Evidenz von habitualisiertem Verhalten von Mediennutzern besonders Dewenter 2004 und Dewenter und Kaiser 2005: 18.

10 Diese sind darauf zurückzuführen, dass nahezu alle Ursachen für hohe Markteintrittsbarrieren auf Medienmärkten auf den Märkten für Publikumszeitschriften in sehr ausgeprägtem Maße vorzufinden sind (Dewenter und Kaiser 2005: 3 ff., 9 f., 18; Kaiser 2004: 22, 27; Kaiser und Wright 2004; Wirtz 2001: 115 ff.; Sjurts 2002a: 101; Bleis 1996: 145 ff.).

Zwar ist auf dem Markt schon seit Jahrzehnten ein besonders über die Lancierung neuer Titel geführter dynamischer Innovationswettbewerb zu beobachten (Vogel 2007: 50 f.; Dreppenstedt 2007: 38 ff.; Gehrs 2005; Kempf, von Pape und Quandt 2007: 211; Menhard und Treede 2004: 39 ff.; Sjurts 2002a: 99; Wirtz 2001: 158 ff.), doch richtet sich dieser in aller Regel nicht darauf, mittels reiner ›Me-too-Produkte‹ etablierte Marktprodukte auf dem Lesermarkt frontal anzugreifen; es geht im Gegenteil zumeist darum, durch differenzierte Produkte neue Marktsegmente zu erschließen. So kam denn auch Thorsten Bleis (1996) in der bislang einzigen statistisch aussagefähigen multifaktoriellen Untersuchung zu den Erfolgsfaktoren neuer Magazin-Titel zu dem Ergebnis, dass dem Faktor der ›Neuartigkeit‹ des jeweiligen Magazinkonzepts, neben der redaktionellen Qualität der Konzeptumsetzung (Bleis 1996: 274 f.), ein sehr großer positiver Einfluss auf den Erfolg neuer Zeitschriftentitel zuzusprechen ist (Bleis 1996: 148 ff., 199, 264, 273 f., 282, 288 ff.).

Ein Kampf von ›Me-too-Produkten‹ findet deshalb gewöhnlich nur in der Anfangsphase der Erschließung eines neuen Lesermarktsegments statt; hier geht es dann jedoch gerade um die Frage, wer sich in dem neuen Marktsegment durchsetzen wird, um dann in den entsprechenden Genuss eines ökonomischen Schutzes durch hohe Markteintrittsbarrieren zu kommen (siehe hierzu Siegert et al. 2006: 121, und die Ergebnisse einer VDZ-Studie von Trommsdorff und Drüner 2004).

Aufgrund dieses ökonomischen Marktschutzes der in einem bestimmten Marktsegment fest etablierten Zeitschriftentitel ist es aber nun eben äußerst riskant, solche Marktmatadoren mit ›Gegen-Produkten‹ anzugreifen, die im Hinblick auf den Lesermarkt tendenziell als ›Me-too-Produkte‹ konzipiert sind. Schon der Versuch ist entsprechend selten zu beobachten, was medienökonomisch eben auch kaum überraschen kann. Immer wieder angeführte Beispiele, bei denen diese Strategie angeblich aufgegangen sei, entpuppen sich bei näherem Hinsehen dann auch in aller Regel gerade als Beispiele einer erfolgreichen Produkt-Differenzierung auf dem Lesermarkt. So war etwa *Focus* ja keineswegs ein ›Gegen-*Spiegel*‹ im Sinne eines ›Me-too-Produkts‹, sondern tatsächlich vielmehr im Sinne eines ›Anti-*Spiegels*‹. Entsprechend hat *Focus* dem *Spiegel* auf dem Lesermarkt ja auch kaum geschadet.

Das Scheitern von *Bauers Horizonte* ist nun insofern als ein medienwirtschaftliches Lehrbeispiel geeignet, als der Titel nicht als ein klar differenziertes, sondern eher als ein offen imitatorisches ›Me-too-Gegen-*Geo*‹ ins Rennen geschickt worden ist. Als zentraler Differenzierungspunkt blieb entsprechend nur der geringere (Einführungs-)Copypreis, der allerdings auch, zumindest nach dem Urteil einer Rezensentin in der Medienredaktion der *Welt* (Liebig 2004), mit einer geringeren Qualität in der Umsetzung des imitatorischen Titelkonzepts einherging. Ein ›billigeres *Geo*‹ zu produzieren, wäre freilich eine marketingtechnisch fast widersinnige Differenzierungsstrategie. Entsprechend zielte *Horizonte* recht unscharf auf das ureigene ›*Geo*-Segment‹, ohne aber ein anderes Publikumssegment auch nur unscharf mit ins Visier zu nehmen. Dass ein solches ›Gegen-Geo‹ an den hohen Markteintrittsbarrieren rund um das durch *Geo* und *National Geographic* beherrschte Hochqualitäts-Segment auf dem Markt für populäre Wissensmagazine scheitern musste, entspricht somit völlig der Marktlogik.

Inzwischen hat *Bauer* freilich dennoch in dem Markt Fuß gefasst: Mit einer verkauften Auflage von fast 168.000 Exemplaren (IVW 03/2007) dürfte das in seiner redaktionellen Produktion nicht allzu aufwendige *Welt der Wunder* durchaus profitabel sein. *Bauers* Erfolg im

Die Stunde der ›Brand extensions‹

zweiten Anlauf kam freilich nicht durch ein Wunder, sondern ist Ergebnis einer völlig anderen Markteintrittsstrategie, die deutlich besser an die gesamte Marktentwicklung angepasst war.[11] In der ›Stunde der Brand extensions‹ wurde die überfällige Erweiterung des Markts der populären Wissensmagazine durch die strategisch hierfür optimal geeignete Lancierung von Marken-Derivaten herbeigeführt.

Eine Befragung unter den Lesern der *Süddeutschen Zeitung* hat ergeben, dass die Leser sich mehr Wissensthemen wünschen. Somit war die Thematik ein klarer Favorit für den Versuch, mit der Marke *SZ* eine sogenannte Line Extension zu starten – ein unabhängiger Kiosk-Titel. Parallel dazu gab es jedoch auch redaktionelle Überlegungen, die das Produkt zeitgemäß erscheinen lassen: In der technisierten, mobilen und vernetzten Welt sehen sich immer mehr Menschen – auch hoch gebildete Akademiker – von einer zunehmenden Informationsflut überrollt. Viele Fragen tauchen im Alltag auf, die einen wissenschaftlichen Kern enthalten, von der richtigen Ernährung über die Erdölknappheit bis zur grünen Gentechnik. Hinzu kommt, dass viele Leser sich zunehmend grundsätzliche Gedanken über das Menschsein machen und die Wissenschaft verstärkt den Anlass für gesellschaftsübergreifende ethische Debatten liefert, von Stammzellen bis zur Hirnforschung. Es war aus der Sicht der *Süddeutschen Zeitung* überaus sinnvoll, ein neues Magazin zu gründen, das wissenschaftliche Themen modern, erfrischend und auch optisch ansprechend aufbereitet.
Dr. Patrick Illinger
Ressortleiter Wissen bei der *Süddeutschen Zeitung* und
Redaktionsleiter von *Süddeutsche Zeitung Wissen*

Die Stunde der ›Brand extensions‹

Ein zentraler Trend im Medienmanagement ist die zunehmende Bedeutung von Cross-Media-Strategien (Sjurts 2002b; Müller-Kalthoff 2002). Cross-Media-Strategien können dabei unterschiedliche medienwirtschaftliche Zwecke verfolgen wie etwa:
- die profitable Mehrfachverwertung von Inhalten entlang entsprechend erweiterter Verwertungsketten (Hess und Schulze 2004);[12]
- die synergetische Mehrfachnutzung unteilbarer knapper Management-, Redaktions- und Produktionsressourcen (Heinrich 2001: 131);
- die wechselseitige cross-mediale Bewerbung von Medienprodukten im Rahmen von Cross-medialen Marketing-Konzepten (›cross promotion‹, Siegert 2001: 184 ff.);

---

11 Zudem dürfte *Bauer* als großer Mitgesellschafter von *RTL2* bei der Lizenznahme von *Welt der Wunder* vergleichsweise sehr günstige Konditionen erhalten haben (Dorn 2007: 74).
12 Wobei diese Mehrfachverwertung durch die Mehrfachvermarktung desselben Medieninhalts (im Sinne des ›windowing‹, Zerdick et al. 2001: 70 ff.), durch die Vermarktung qualitativ verschiedener Versionen eines Medieninhalts (im Sinne des ›versioning‹, Shapiro und Varian 1999: Kapitel 3) oder durch Einfügung eines Medieninhalts in unterschiedliche Bündel von Medieninhalten erfolgen kann.

- die Bildung attraktiver cross-medialer Werbekombinationen für den Werbemarkt sowie
- die Übertragung von Markenreputationen von einem Medienmarkt in einen anderen etwa durch die Lancierung von Brand extensions (›Markentransfers‹, Hamer, Löffler und Gravier 2007: 268; Berkler und Krause 2007: 377 ff.; Siegert 2001: 144 ff.).

Die Lancierung von Brand extensions – sprich also von Medienprodukten, die sich in ihrer Medienmarke auf die Marke eines Produkts einer anderen Mediengattung beziehen (Siegert 2001: 145) – kann im Prinzip all diesen Zwecken dienen.

In seinem aufschlussreichen Überblick über die akuten strategischen Herausforderungen in den verschiedenen Medienbranchen beschreibt Douglas A. Ferguson (2006: 312) die Lancierung von Brand extensions als derzeit zentrale strategische Option auf dem Markt für Publikumszeitschriften. Ferguson argumentiert dabei dahingehend, dass sich in dem ausgereiften und vermachteten Zeitschriftenmarkt allenfalls noch durch den Transfer von starken Medienmarken aus anderen Medienmärkten neue Titel aussichtsreich platzieren ließen; er betont für den Magazinmarkt mithin die Markentransferfunktion von Brand extensions.

Wieder lässt sich der Markt für populäre Wissensmagazine in Deutschland als hierfür ideales Lehrbeispiel heranziehen: Wie eingangs bereits festgestellt, sind alle neuen Titel, die sich seit Anfang 2004 auf dem Markt längerfristig behaupten konnten – *Zeit Wissen*, *SZ Wissen* und *Welt der Wunder* –, Brand extensions, und in allgemeiner Betrachtung erfüllen sie auch in der Tat die von Ferguson beschriebene strategische Funktion.

Allerdings lässt sich ihre gemeinsame strategische Rolle für den Wissensmagazine-Markt noch genauer charakterisieren. Abstrakt formuliert, besteht ihre spezifische Leistung für diesen Markt darin, dass sie durch die jeweiligen Markentransfers neue Publikumssegmente, deren (neues) Interesse an populären Wissensthemen in anderen Medienmärkten bereits geweckt worden ist und dort auch bereits bedient wird, zumindest partiell auch als neue Leserschaften für den Wissensmagazine-Markt gewinnen. Die bereits in den Jahren vor 2004 zu beobachtende Verbreiterung des Publikumssegments, das sich durch populäre wissenschaftsjournalistische Angebote ansprechen lässt, zeigt sich somit, wenn eben auch mit einer gewissen Verspätung, auch auf dem Markt der populärwissenschaftlichen Zeitschriften.

Die drei Marktnachzügler haben darüber hinaus noch eine weitere bedeutsame Gemeinsamkeit: Wie unten noch näher erläutert wird, kommen alle drei mit einem recht ›überschaubaren‹ redaktionellen Aufwand aus. Dies ermöglicht es ihnen, bereits mit Auflagen am Markt zurechtzukommen, die sich im Vergleich zu den Auflagen der großen *G + J*-Titel (noch) recht klein ausnehmen. Der Vorteil daran ist, dass die neuen Titel vorerst schon mit jener Nachfrage überleben konnten, die sie quasi von außen selbst neu mit in den Markt hineinbrachten, ergänzt allenfalls um zunächst (noch) sehr kleine Zuwanderungen von den bestehenden Titeln.

Es ist mithin diese Kombination aus ›mitgebrachter‹ Nachfrage und relativ geringem redaktionellem Aufwand, mit der die neuen Titel die Problematik umgehen konnten, aufgrund der hohen ökonomischen Barrieren, die die etablierten Titel vor wirksamem Substitutionswettbewerb schützen, nicht schnell genug auf eine ausreichend hohe Auflage kommen zu können. Während eine einzig auf den Substitutionswettbewerb gerichtete Strategie per se einen sehr hohen Ressourcenaufwand bei dennoch sehr hoher Gefahr eines Scheiterns gefor-

Die Stunde der ›Brand extensions‹

dert und damit eigentlich ein besser nicht einzugehendes Risiko impliziert hätte – siehe das *Horizonte*-Schicksal als abschreckendes Beispiel –, erlaubte die gewählte Markentransferstrategie Markteintrittsversuche bei recht überschaubarem Risiko und guten Erfolgsaussichten, die sich offenbar auch bestätigt haben.

Wirft man nun einen Blick darauf, wie sich die Marktanteilsstruktur auf dem Markt für populäre Wissenszeitschriften nach dem Zutritt der neuen Titel verändert hat, so zeigt sich ein Bild, das diese Deutungen der Marktentwicklung unterstützt (siehe Tabelle 2). So hat sich der Gesamtmarkt durch die Marktzutritte zunächst einmal deutlich erweitert: Entgegen dem allgemeinen Trend bei den Publikumszeitschriften, deren Gesamtauflage im selben Zeitraum um rund 1,6 Prozent fiel, stieg die verkaufte Auflage bei den Wissensmagazinen innerhalb von nur drei Jahren um erstaunliche 15,5 Prozent an. Dieser Anstieg der Gesamtauflage kann dabei einen Großteil (bis zu maximal rund 80 Prozent) der Auflage der neuen Titel erklären.

P.M. Willi wills wissen wurde Ende 2005 gelauncht, um jüngere Leser (Zielgruppe: Mädchen und Jungen von 8 bis 12 Jahren) mit spannenden Themen für die faszinierende Welt der Wissenschaft zu begeistern – und so an das *P.M.-Magazin* heranzuführen. Anders als bei ähnlichen Kinder-Magazinen stehen bei *Willi wills wissen* jedoch Spaß und Unterhaltung im Vordergrund. Ermuntert hat uns das erfolgreiche TV-Format mit Willi Weitzel, das seit Jahren mit stabilen Einschaltquoten im *Kika* und den dritten Programmen läuft. Die Sendung steht für Seriosität und Qualität, sie ist bei Eltern und Kindern gleichermaßen beliebt. Diesen Maßstab legen wir auch an das Magazin, weshalb – selten genug – Eltern das Magazin für ihre Kinder kaufen – und Kinder es notfalls sogar von ihrem Taschengeld bezahlen.
Hans-Hermann Sprado
Herausgeber des *P.M.-Magazins*

Der Auflagenzuwachs aller *G + J*-Wettbewerber liegt dabei im vierten Quartal 2006 leicht unter der Auflagensumme der neuen Wettbewerber. *G + J* verliert zwar 14 Prozentpunkte Marktanteile, jedoch nur 4,8 Prozent an Auflage. Freilich entsprechen diese in absoluter Auflagenzahl ungefähr jenem Auflagenanteil, der bei den neuen Wettbewerbern nicht durch den Zuwachs der Gesamtauflage erklärt werden könnte. Es spricht darum viel dafür, dass der größte Auflagen-Gewinner bei den neuen Wettbewerbern, der neue *Bauer*-Titel *Welt der Wunder*, einen größeren Teil seiner Auflage auch auf Kosten von *G + Js P.M.* erzielen konnte, das rund 42.000 an Auflage verlor; von der Ausrichtung der beiden Titel her wäre eine entsprechende Abwanderung von Lesern durchaus denkbar. Doch selbst wenn die 42.000 komplett an *Welt der Wunder* gegangen wären (obwohl eher wahrscheinlich ist, dass ein Teil hiervon auch an *Bild der Wissenschaft* ging), muss auch bei *Welt der Wunder* der Löwenanteil der Auflage ›von außen‹ hinzugekommen sein.

Die These, dass die neuen Titel größtenteils neue Publikumssegmente in den Markt ziehen, die bislang nur auf anderen Märkten für Wissensthemen gewonnen werden konnten, lässt sich somit bestätigen (siehe auch Dorn 2007: 75). Mit einiger Verspätung schlagen sich so die neuen Trends im Gesamtangebot des populären Wissensjournalismus auch auf dem Markt für populäre Wissenszeitschriften nieder: in Form hinzugewonnener Auflage und auch in Form von Produkten, die auf dem bislang etwas unbeweglichen Markt durchaus neuartig sind.

Woher stammen nun die hinzugewonnenen Publikumssegmente? Bei *Welt der Wunder* (Bauer 2007) sind es offensichtlich vor allem junge Männer, die durch eine innovative populäre Form der Aufbereitung von Wissensthemen angesprochen werden, welche durch die seit Mitte der 90er Jahre aufkommenden neuen TV-Wissensmagazine eingeführt wurde und seitdem von diesen gepflegt wird: Hierzu zählen neben *Welt der Wunder* (das 1996 auf *ProSieben* startete und inzwischen auf *RTL2* läuft) etwa *Wunderwelt Wissen* (*ProSieben*) und *Abenteuer Wissen* (*ZDF*).

Indem die Zeitschriften-Version von *Welt der Wunder* Themen aus »Technik, Natur, Wissenschaft, Geschichte und Forschung« mittels »opulenter Optik« und »opulenter Fotografie« sowie »kompakten«, sprich also: kurzen, und »spannenden [sprich also: sensationalistischen] Texten« in weitestmöglicher Anlehnung an die Themen-Selektion und -Aufmachung des TV-

Tabelle 2: Auflagen-Marktanteilsstruktur des Markts für populäre Wissenszeitschriften im 4. Quartal 2006 und die prozentualen Veränderungen im Vergleich zur Auflagen-Marktanteilsstruktur im 4. Quartal 2003

Titel	Verlag	Gründungsjahr	Ew. p. a.	Auflage in 04/2006	Marktanteil in Prozent	Auflagen-Veränderung zu 04/2003
GEO	Gruner+Jahr	1976	12	494.331	29,6	+4,9
P.M.	Gruner+Jahr	1978	12	364.806	21,8	−10,4
National Geographic	Gruner+Jahr	1999	12	238.898	14,3	−13,1
Summe Gruner + Jahr				*1.098.035*	*65,7*	*−4,8*
Welt der Wunder	Heinrich Bauer	2005	12	125.822	7,5	neu
Spektrum der Wissenschaft	v. Holtzbrinck	1978	12	93.543	5,6	−4,8
Bild der Wissenschaft	Konradin	1964	12	108.710	6,5	+8,0
Natur & Kosmos	Konradin	1999	12	87.197	5,2	−8,5
SZ Wissen	Süddeutscher Verlag	2004	6	86.512	5,2	neu
Zeit Wissen	Zeit Verlag	2004	6	71.568	4,3	neu
Summe der neuen Wettbewerber				*283.902*	*17,0*	*neu*
Summe der Wettbewerber von Gruner + Jahr				*573.352*	*34,3*	*+95,0*
Gesamtmarkt				*1.671.387*	*100,0*	*15,5*

Quelle: IVW, eigene Berechnungen

Pendants präsentiert[13], vermag es die »erste Crossmedia Marke des Wissens« (Bauer 2007), einen kleinen, aber ausreichend großen Teil dieses Millionenpublikums (die Reichweiten der neuartigen TV-Wissensmagazine liegen gemäß GfK-Daten je nach Format regelmäßig zwischen 1,3 und zwei Millionen) auch als Magazinleser zu gewinnen. In dem Projektprofil der neuen Zeitschrift stellt *Bauer* (2007) entsprechend auch die Neuartigkeit des Konzepts heraus; so beginnt dieses Profil mit den Sätzen: »Welt der Wunder ist die neue Generation im Segment des Wissens. Das unique Konzept bricht mit bisherigen Standards und vermittelt damit einer neuen, jungen Generation den Spaß am Wissen.«

Aufgrund seines schnellen Erfolgs ist das Konzept freilich so ›unique‹ eigentlich nicht mehr: So verdankt etwa *Bild der Wissenschaft* seinen Auflagenzuwachs in den betrachteten drei Jahren wohl vor allem der Tatsache, dass es von den ›alten‹ Titeln dem neuen Erfolgskonzept wohl noch am nächsten kam und sich langsam aber stetig noch etwas mehr in diese Richtung bewegte. *G + J* musste hingegen feststellen, dass das neue Konzept wohl auch bei einigen *P.M.*-Lesern verfing und die Auflagenzuwächse des neuen Wettbewerbers teils auch auf Kosten des etwas nüchterner gehaltenen alt etablierten Magazins gingen. In der zweiten Jahreshälfte 2006 reagierte *G + J* mit der Lancierung einer 1,5 Millionen Euro schweren Werbekampagne, um dem Abwärtstrend bei *P.M.* entgegenzuwirken; und tatsächlich konnte *P.M.* im nachfolgenden Jahr wieder etwas Boden gutmachen, doch von der 2004 noch locker übertroffenen Marke von 400.000 Exemplaren war *P.M.* auch im dritten Quartal 2007 mit einer IVW-beglaubigten Auflage von 375.600 noch deutlich entfernt.

Gemäß der alten medienwirtschaftlichen Weisheit, dass es immer noch besser ist, sich selbst zu kannibalisieren, als dies anderen zu überlassen, entschloss sich *G + J* zudem dazu, das ebenfalls monatlich erscheinende *Wunderwelt Wissen* als Marken-Derivat des gleichnamigen *ProSieben*-Wissensmagazins ab März 2007 gegen *Welt der Wunder* in Stellung zu bringen.

Auch bei *SZ Wissen* und *Zeit Wissen* kam ein beträchtlicher Teil der neuen Wissensmagazinleserinnen und -leser aus den Leserschaften der jeweiligen Mutter-Zeitungen. Ihre Auflagen waren im vierten Quartal 2006 freilich insgesamt recht niedrig, zumal besonders die Auflage von *SZ Wissen* stark durch Bordexemplare aufgebläht wurde, die keine Lesermarkt-Nachfrage repräsentieren. Schaut man lediglich auf die ›harte Auflage‹ aus Abos und freiem Verkauf, so lag diese bei *Zeit Wissen* gerade bei rund 60.800, bei *SZ Wissen* sogar nur bei rund 34.600. Es stellt sich mithin die Frage, wie die beiden Titel, die zudem nur sechsmal jährlich erscheinen, mit diesen Auflagen eigentlich überleben können.

Die Antwort liegt darin, dass beide Objekte, und wiederum besonders *SZ Wissen*, ausgesprochen überschaubare Low-Budget-Projekte sind (Sentker und Drösser 2006: 73; Wormer 2006: 19). Beide Projekte machen sich hierbei – wenn auch in unterschiedlichem Ausmaß – eine synergetische Mehrfachnutzung unteilbarer Redaktionsressourcen kostensparend zunutze: Bei beiden Projekten erfolgte etwa bereits die Konzeptentwicklung für die neuen Titel aus den Redaktionen der jeweiligen »Mutterblätter« heraus (Dorn 2007: 65). Und auch danach blieben die Zeitungs- und Magazinredaktionen jeweils eng verbunden. So arbeiteten die fünf Wissenschaftsredakteure der *Süddeutschen Zeitung* besonders in der Anfangsphase

---

[13] Beliebig herausgegriffene Headlines: »Der Geheim-Code der Mumien«, »Gibt es eine Impfung gegen Krebs?«, »Können Bakterien Gold machen?« (siehe Bauer 2007).

auch dem Magazin zu und umgekehrt die drei Magazinredakteure auch den Wissenschaftsseiten in der *Süddeutschen Zeitung* (Wormer 2006: 19, 26), die redaktionellen Ressourcen können damit jeweils deutlich intensiver genutzt werden.

Hinzu kommt, dass generell versucht wird, »eine schlanke Produktionsweise im Vergleich zu luxuriös ausgestatteten Magazinen wie Geo« (Sentker und Drösser 2006: 73 f.) zu gewährleisten. Für eine kostenrationale Produktionsweise gibt es dabei ja gerade im populären Wissenschaftsjournalismus naheliegende Ansatzpunkte:

- Weil es sich nicht um eine tagesaktuelle Produktion handelt und es nicht nur viele freie Journalisten, sondern auch viele Wissenschaftler gibt, die sich gerne ab und an als freie Mitarbeiter verdingen, kann in hohem Maße auf Zulieferungen von freien Mitarbeitern gesetzt werden. Das Angebotspotenzial ist hier als sehr groß einzuschätzen, was auf die Preise drückt. So stammen bei *Zeit Wissen* schon heute mehr als die Hälfte der Artikel von Freien, damit das Magazin hinsichtlich des Redaktionsbudgets »ein überschaubares Projekt« bleibt (Sentker und Drösser 2006: 73).
- Da populäre Wissensthemen zumeist keinen strengen Regionalbezug aufweisen und sie frei von jedem Copyright-Schutz verfügbar und ohne große Kosten recherchierbar sind, ist im Prinzip eine sehr kostengünstige Content-Produktion möglich. So ist es etwa sehr naheliegend, sich in der Selektion und Aufmachung von populären Themen an populärwissenschaftlichen Medienprodukten auf anderen (internationalen) Märkten zu orientieren und diese teilweise sogar zu kopieren.

Marktausblick

Aufgrund ihrer ›schlanken Produktionsweise‹ werden sich *SZ Wissen* und *Zeit Wissen* – mindestens aber eines der beiden Magazine – dauerhaft am Markt halten können. Bauers *Welt der Wunder* hat sich inzwischen eine solide Position im Markt gesichert. Das durch *National Geographic* und hohe Markteintrittsbarrieren gut geschützte *Geo* wird auch weiterhin unangefochtener Marktführer bleiben. Das starke Marktwachstum der letzten drei Jahre wird sich nicht fortsetzen lassen, doch wird sich der Markt wohl zumindest in den nächsten Jahren dem allgemeinen Abwärtstrend bei den Publikumszeitungen noch widersetzen können – nicht zuletzt dank des erfolgreichen Marktzutritts der neuen Titel in der »Stunde der Brand extensions«.

Literatur

Albarran, Alan B. *Media Economics. Understanding Markets, Industries and Concepts.* 2. Auflage. Ames, Iowa 2002.

Albrecht, Bernhard. »Wissenschaft im Privatfernsehen: Happy Hour des Wissens – Zutaten zum Galileo-Cocktail«. *Die Wissensmacher.* Hrsg. Holger Wormer. Wiesbaden 2006. 131–147.

Bauer-Verlag. »Welt der Wunder Objektprofil 2007«. Bauer Media KG 2007. www.bauermedia.com/wissen.0.html (Download 12.7.2007).

Berkler, Simon, und Melanie Krause. »Zeitschriftenmarken im Fernsehen – mediale Kooperationen als Herausforderung für die Markenführung«. *Perspektiven für die Publikumszeitschrift*. Hrsg. Mike Friedrichsen und Martin F. Brunner. Berlin u. a. 2007. 371–390.

Bleis, Thorsten. *Erfolgsfaktoren neuer Zeitschriften*. München 1996.

Breu, Michael. »Wissenschaft macht Schlagzeilen«. *Bulletin des Schweizer Klubs für Wissenschaftsjournalismus* 1 2004. 4 f. (Auch online unter www.science-journalism.ch/data/data_16.pdf, Download 12.6.2007.)

Bullion, Michaela von. »Galileo, Quarks & Co. Wissenschaft im Fernsehen«. *Erwachsenenbildung und die Popularisierung von Wissenschaft*. Hrsg. Stephanie Conein, Josef Schrader und Matthias Stadler. Bielefeld 2004. 90–114. (Auch online unter www.iwf.de/pub/wiss/2004_vb_galileo.pdf, Download 12.6.2007.)

Bundeskartellamt. »Entscheidung B6 26/04 (G + J / Erwerb Lizenz für dt. Ausgabe der Zeitschrift National Geographic)«. 2.8.2004a. www.bundeskartellamt.de/wDeutsch/download/pdf/Fusion/Fusion04/B6-26-04.pdf, Download 25.3.2007.

Bundeskartellamt. »Bundeskartellamt untersagt Gruner + Jahr Lizenzerwerb von ›National Geographic‹«. Pressemeldung. 9.8.2004b. www.bundeskartellamt.de/wDeutsch/archiv/PressemeldArchiv/2004/2004_08_09.php, Download 12.6.2007.

Dewenter, Ralf. *Essays on Interrelated Media Markets*. Baden-Baden 2004.

Dewenter, Ralf, und Ulrich Kaiser. »Anmerkungen zur ökonomischen Bewertung von Fusionen auf dem Printmedienmarkt«. ZEW Discussion Paper Nr. 05-92, ZEW. Mannheim 2005. (Auch online unter ftp://ftp.zew.de/pub/zew-docs/dp/dp0592.pdf.)

Dorn, Margit. »Neuerscheinungen im Markt der Publikumspresse – Wissensmagazine«. *Perspektiven für die Publikumszeitschrift*. Hrsg. Mike Friedrichsen und Martin F. Brunner. Berlin u. a. 2007. 65–76.

Dreppenstedt, Enno. »Das Publikumszeitschriftengeschäft von 1945 bis 2005 – Marktentwicklungen und Perspektiven«. *Perspektiven für die Publikumszeitschrift*. Hrsg. Mike Friedrichsen und Martin F. Brunner. Berlin u. a. 2007. 11–47.

Esch, Franz-Rudolf, und Jan Erci Rempel. »Der Wert einer Publikumszeitschriftenmarke«. *Perspektiven für die Publikumszeitschrift*. Hrsg. Mike Friedrichsen und Martin F. Brunner. Berlin u. a. 2007. 151–171.

Ferguson, Douglas A. »Industry-Specific Management Issues«. *Handbook of Media Management and Economics*. Hrsg. Alan B. Albarran, Sylvia M. Chan-Olmsted und Michael O. Wirth. Mahwah, New Jersey 2006. 297–323.

Gehrs, Oliver. »Mit Vivian nach Rio. Warum sich Zeitschriftenverlage mit Innovationen so schwer tun«. *Brand Eins* 10 2005. 28–36.

GWP. »Zeit Wissen – Basispräsentation«. GWP media marketing 2007. www.gwp.de/data/download/A2/WISSEN/Wissen_Basispraesentation.pdf, Download 12.6.2007.

Hamer, Hans H., David Löffler und Peter Gravier. »Line Extension als strategische Handlungsoption bei zunehmender Fragmentierung am Beispiel AutoBild«. *Perspektiven für die Publikumszeitschrift*. Hrsg. Mike Friedrichsen und Martin F. Brunner. Berlin u. a. 2007. 267–288.

Heinrich, Jürgen. *Medienökonomie*. Bd. 1: Mediensystem, Zeitung, Zeitschrift, Anzeigenblatt. Wiesbaden 2001.

Hess, Thomas, und Bernd Schulze. »Mehrfachnutzung von Inhalten in der Medienindustrie, Grundlagen, Varianten und Herausforderungen«. *Medien und Ökonomie*. Band 2: Problemfelder der Medienökonomie. Hrsg. Klaus-Dieter Altmeppen und Matthias Karmasin. Wiesbaden 2004. 41–62.

Hutter, Michael. *Neue Medienökonomik*. München 2005.

Kaiser, Ulrich. »An Estimated Model of the German Magazine Market«. Discussion Paper SP II 2004–07, Wissenschaftszentrum Berlin 2004. (Auch online unter http://skylla.wz-berlin.de/pdf/2004/ii04-07.pdf, Download 12.6.2007.)

Kaiser, Ulrich, und Julian Wright. »Price Structure in Two-sided Markets: Evidence from the Magazine Industry«. Discussion Paper 04-80, ZEW Zentrum für Europäische Wirtschaftsforschung 2004. ftp://ftp.zew.de/pub/zew-docs/dp/dp0480.pdf, Download 12.6.2007.

Kempf, Matthias, Thilo von Pape und Thorsten Quandt. »Medieninnovationen – Herausforderungen und Chancen für die Publikumszeitschrift« *Perspektiven für die Publikumszeitschrift*. Hrsg. Mike Friedrichsen und Martin F. Brunner. Berlin u.a. 2007. 209–235.

Kranenburg, Hans van, und Annelies Hogenbirk. »Issues in Market Structure«. *Handbook of Media Management and Economics*. Hrsg. Alan B. Albarran, Sylvia M. Chan-Olmsted und Michael O. Wirth. Mahwah, New Jersey 2006. 325–344.

Liebig, Siegrid. »Hamster, Hitler, Horizonte. Das Gegen-›Geo‹: Bauer hat ein neues Wissensmagazin gestartet«. *Welt Online* 27.4.2004. www.welt.de/print-welt/article296271/Hamster_Hitler_Horizonte.html, Download 25.3.2007.

Lilienthal, Volker. »Teletechnikum. ›Galileo‹ & Co. Technik- und Wissensmagazine im TV«. *epd medien* 56 2002. 3–8. (Auch online unter www.epd.de/medien/medien_index_3787.html, Download 12.6.2007.)

Lobigs, Frank, und Gabriele Siegert. »Applying IPR-Theory to the Analysis of Innovation Competition in Mass Media Content Markets«. *Strategic Management in the Media Industry: Reflections on Innovation*. Hrsg. Cinzia Dal Zotto und Hans van Kranenburg. London 2008.

Lochbihler, Claus. »Forschergeist«. *Insight* 5 2002. 8–11.

McDowell, Walter. »Issues in Marketing and Branding«. *Handbook of Media Management and Economics*. Hrsg. Alan B. Albarran, Sylvia M. Chan-Olmsted und Michael O. Wirth. Mahwah, New Jersey 2006. 229–250.

Meier, Klaus. »Medien und Märkte des Wissenschaftsjournalismus, Einstiegswege und Perspektiven«. *Wissenschaftsjournalismus. Ein Handbuch für Ausbildung und Praxis*. Hrsg. Winfried Göpfert. 5. Auflage. Berlin 2006. 37–62.

Meier, Klaus, und Frank Feldmeier. »Wissenschaftsjournalismus und Wissenschafts-PR im Wandel. Eine Studie zu Berufsfeldern, Marktentwicklung und Ausbildung«. *Publizistik* (50) 2 2005. 201–224.

Menhard, Edigna, und Tilo Treede. *Die Zeitschrift. Von der Idee zur Vermarktung*. Konstanz 2004.

Miketta, Gabriele, und Martin Kunz. »Titel, Timing, Emotionen – was bei Zeitschriften wirklich Auflage bringt«. *Wissenschaft erfolgreich kommunizieren*. Hrsg. Kerstin Aretin und Günther Wess. Weinheim 2005. 47–63.

Müller-Kalthoff, Björn, »Cross-Media als integrierte Management-Aufgabe«. *Cross-Media Management*. Hrsg. Björn Müller-Kalthoff. Berlin u.a. 2002. 19–40.

Nguyen-Khac, Tung Q. »Herausforderungen für Medienhäuser in crossmedialen Welten«. *Perspektiven für die Publikumszeitschrift*. Hrsg. Mike Friedrichsen und Martin F. Brunner. Berlin u.a. 2007. 189–207.

Picard, Robert G. *The Economics and Financing of Media Companies.* New York 2002.

Schumann, Matthias, und Thomas Hess. *Grundfragen der Medienwirtschaft.* 2. Auflage. Berlin u. a. 2002.

Seifert, Heribert. »Wissen kann kaum schaden. Mediale Konjunktur der Naturwissenschaft«. *Neue Zürcher Zeitung* 28.1.2005. (Auch online unter www.nzz.ch/2005/01/28/em/article CJN81.print.html, Download 12.6.2007.)

Sentker, Andreas, und Christoph Drösser. »Wissenschaft zwischen Wochenzeitung und Magazin: Zu wenig Zeit für die Zeit?«. *Die Wissensmacher.* Hrsg. Holger Wormer. Wiesbaden 2006. 63–79.

Seufert, Wolfgang. »Ökonomische Restriktionen für die Ausdifferenzierung des Medienangebotes am Beispiel des deutschen Zeitschriftenmarktes«. *Zwischen Marktversagen und Medienvielfalt. Medienmärkte im Fokus neuer medienökonomischer Anwendungen.* Hrsg. Gabriele Siegert und Frank Lobigs. Baden-Baden 2004. 85–99.

Shapiro, Carl, und Hal R. Varian. *Information Rules. A Strategic Guide to the Network Economy.* Boston, Mass. 1999.

Siegert, Gabriele. *Medien Marken Management: Relevanz, Spezifika und Implikation einer medienökonomischen Profilierungsstrategie.* München 2001.

Siegert, Gabriele, Rolf H. Weber, Frank Lobigs und Dirk Spacek. *Der Schutz innovativer publizistischer Konzepte im Medienwettbewerb.* Baden-Baden 2006.

Simon, Claus Peter. »Geo – eine internationale Marke«. Vortragspräsentation, Universität Dortmund am 2.11.2005.

Sjurts, Insa. *Strategien in der Medienbranche. Grundlagen und Fallbeispiele.* 2. Auflage. Wiesbaden 2002a.

Sjurts, Insa. »Cross-Media Strategien in der deutschen Medienbranche«. *Cross-Media Management.* Hrsg. Björn Müller-Kalthoff. Berlin u. a. 2002b. 3–18.

Trommsdorff, Volker, und Marc Drüner. *Erfolgsfaktoren von Zeitschrifteninnovationen am Publikumszeitschriftenmarkt.* Studien für den Verband Deutscher Zeitschriftenverleger e.V. (VDZ). Berlin 2004.

Vogel, Andreas. »Stagnation auf hohem Niveau«. *Media Perspektiven* 7 2006. 380–398. (Auch online unter www.ard-werbung.de/showfile.phtml/vogel.pdf?foid=17621, Download 12.6.2007.)

Vogel, Andreas. »Der Trend zur Segmentierung geht dem Ende zu – die Publikumspresse gestern, heute, morgen«. *Perspektiven für die Publikumszeitschrift.* Hrsg. Mike Friedrichsen und Martin F. Brunner. Berlin u. a. 2007. 49–64.

Wirtz, Bernd W. *Medien- und Internetmanagement.* 2. Auflage. Wiesbaden 2001.

Wormer, Holger. »Wissenschaft bei einer Tageszeitung: Fragen zur Vergiftung von Ehegatten und andere Dienstleistungen«. *Die Wissensmacher. Profile und Arbeitsfelder von Wissenschaftsredaktionen in Deutschland.* Hrsg. Holger Wormer. Wiesbaden 2006. 13–27.

Würtenberger, Peter, und Marie Oetke. »Die multimediale Erweiterung von Printmarken und daraus folgende neue Wertschöpfungssteigerungen«. *Handbuch Medien- und Multimediamanagement.* Hrsg. Bernd W. Wirtz. Wiesbaden 2003. 249–263.

Zerdick, Axel, Arnold Picot, Klaus Schrape, Alexander Atropé, Klaus Goldhammer, Dominik K. Heger, Ulrich T. Lange, Eckhart Vierkant, Esteban López-Escobar und Roger Silverstone. *Die Internet-Ökonomie. Strategien für die digitale Wirtschaft.* 3. Auflage. Berlin u. a. 2001.

Chancen der Wissenschaft im Regionalen

Ulrich Reitz

Vor einigen Jahren beschränkte sich die Wissenschaftsberichterstattung der *Westdeutschen Allgemeinen Zeitung* bis auf Ausnahmen auf die Wissen-Seite in der samstäglichen Wochenendbeilage. Diese hatte den Charakter einer bunten Reportage-Seite mit staunenswerten Neuigkeiten aus der Welt der Wissenschaft. Dieses Element hat die Seite über die Jahre mehr oder weniger beibehalten. Verstärkt wurde in der Vergangenheit jedoch Wert auf Aktualität gelegt, auf Beiträge, die aktuelle Diskussionen oder Erkenntnisse der Wissenschaft erklären und begleiten. Um die Lesernähe zu vertiefen und womöglich neue Leserschichten an die Berichterstattung heranzuführen, wurde kürzlich die Rubrik ›Wissen für Kinder‹ auf dieser Seite eingeführt.

Es wurde jedoch immer deutlicher, dass sich die Berichte über Wissenschaft nicht in das Getto einer samstäglichen Seite zwängen ließen. Immer größer wurden der Bedarf und der Anspruch, Wissenschaft auch im aktuellen Teil der Zeitung zu präsentieren und zu diskutieren. So wurde, ohne ein vorgefasstes Konzept, die Berichterstattung über Wissenschaft immer stärker ausgeweitet.

Heute finden sich immer mehr entsprechende Beiträge je nach Aktualität und Platz auf den Politik-Seiten, im Feuilleton, auf den Regional-Seiten oder sogar im Sportteil. Es vergeht heute kaum ein Tag, an dem nicht ein Thema aus dem Ressort Wissen im aktuellen Teil der *WAZ* auftaucht. Der Wissenschaftsredakteur sitzt bei den Konferenzen mit am News-Desk, wird in die Diskussion der Themen und deren Gewichtung einbezogen, schlägt Themen vor, kämpft für deren Platzierung und übernimmt nicht selten die Kommentierung.

Dabei handelt es sich durchaus um ein breites Themenspektrum. Das Ressort betreut zum einen die fünf Universitäten in der Region – Bochum, Dortmund, Duisburg-Essen, Hagen, Witten-Herdecke – sowie die zahlreichen Fachhochschulen im Ruhrgebiet. Das bedeutet die Berichterstattung über Studiengebühren, Studienreformen oder Exzellenzinitiativen ebenso wie die über Erkenntnisse aus den Laboren der betreffenden Hochschulen. Zudem beachtet es die Ergebnisse der Spitzenforschung der zahlreichen außeruniversitären Forschungsinstitute in der Region.

Überdies beobachtet das Ressort die Hochschul- und Wissenschaftspolitik des Landes Nordrhein-Westfalen sowie der Bundesregierung. Auch die Neuigkeiten aus der ›großen weiten Welt‹ der Wissenschaft muss das Ressort im Blick haben, sei es nun die Klimaforschung, die Raumfahrt oder die Stammzellforschung.

Bei der Platzierung und stärkeren Berücksichtigung der Themen im aktuellen Teil erweist sich das jüngste Relaunch der *WAZ* als äußerst vorteilhaft. Die Zeitung ist nun klar nach Büchern, also nach den Bereichen Politik, Wirtschaft, Sport usw., sortiert und hat mehr Seiten. Dies erhöht auch die Möglichkeiten für die Wissenschafts-Berichterstattung. Eine tägliche Wissenschafts-Seite sowie eine personelle Aufstockung der Wissenschafts-Redaktion, die aus einem Redakteur besteht, der der Politik-Redaktion angehört, ist indes derzeit nicht vorgesehen.

Die *WAZ* ist eine Bürgerzeitung, die sich als Dienstleister mit einer starken Bindung an das Lokale versteht. Dies muss die Berichterstattung über Wissenschaft berücksichtigen. Daher sind für uns nicht nur rein wissenschaftliche Themen interessant. Wissenschaftlicher Sachverstand oder wissenschaftliche Erkenntnisse sind für uns immer dann besonders relevant, wenn sie die Erfahrungswelt unserer Leser direkt berühren, wenn sie eine aktuelle politische Diskussion treffen (Feinstaub, demographischer Wandel, Klimaproblem) oder eine gesellschaftspolitische Debatte vertiefen (Migration, Bildung, Gewalt, religiöser Fundamentalismus).

Jede Lokalredaktion an einem Hochschulstandort erstellt seit etwa zwei Jahren eine wöchentliche Hochschulseite. Dort berichten wir über das, was diese Unis und Fachhochschulen an Studien- und Forschungsergebnissen hervorbringen, und daneben auch über das Leben auf dem Campus. Dies ist nicht nur dem gewachsenen Anspruch und Bedarf an dieser Art der Berichterstattung geschuldet, sondern dient überdies der Leserbindung, da unsere Universitäten im Ruhrgebiet einen hohen Anteil an hier lebenden Studenten aufweisen.

Der Großvater, der vielleicht noch im Bergbau gearbeitet hat, wird vielleicht mit Interesse die Berichterstattung über die Uni verfolgen, an der sein Enkel studiert. Und natürlich ist die Hochschullandschaft im Ruhrgebiet ein Ausweis des notwendigen Wandels der Region. Erfolgreiche Spitzenforschung macht stolz auf eine einstmals stolze Region, die eine radikale Strukturveränderung meistern musste.

Berichte aus Wissenschaft und Hochschulen sind daher unverzichtbar für die Profilierung einer regionalen Tageszeitung – beinahe ebenso wie die Reportage über das Schalke-Heimspiel.

Unsere Berichterstattung folgt dabei, wenn man so will, zwei Prinzipien:
- Sie soll über wissenschaftliche Erkenntnisse aufklären. Zugleich muss sie darstellen, was dies für die Region und die Menschen bedeutet. So kann selbst eine komplizierte Geschichte über einen Bochumer Proteinforscher auf die dritte Seite der *WAZ* gelangen. Warum? Weil es dabei nicht nur um Proteine und Signalübertragungswege in der Zelle geht, sondern auch um die Bekämpfung von Krebs. Überdies liegt ein regionales Argument vor: Der Wissenschaftler forscht in Bochum – was man als Beleg für Spitzenforschung in der Region nehmen kann.
- Die Wissenschaftsberichterstattung soll dem Leser einen speziellen Service bieten, einen Zusatznutzen, den nur die Zeitung bieten kann. Dies gelingt, wenn aktuelle politische oder gesellschaftliche Themen aus wissenschaftlicher Perspektive begleitet, kommentiert oder erweitert werden. Dies muss nicht auf einer ausgewiesenen Extraseite mit der Überschrift ›Wissenschaft‹ geschehen, sondern kann überall in der Zeitung passieren.

Daher ist das Themenspektrum, das vom Wissenschafts-Ressort abgedeckt wird, mit Absicht nicht streng abgesteckt. Es geht um Beiträge zur medizinischen Ethik, zum neuen Hochschulgesetz der Landesregierung, zur Verwendung von Studiengebühren oder um Schadstoffe im Gebäck ... Um Interviews mit Islam- oder Politikwissenschaftlern, um Beiträge zur sich wandelnden Rolle der Familie, um embryonale Stammzellen oder die Zukunft der Kernenergie – stets ist das Ressort gefordert und gefragt. Die ressortübergreifende Platzierung ist dabei von Vorteil, dies sorgt für Aktualität und eine ausgewogenere Gewichtung gegenüber den ›klassischen‹ Themen der Zeitung. Denn die Zeiten, als Wissenschaft nur am Samstag stattfand, sind vorbei.

V Berichterstattung, Umsetzung und Wirkung

V.1 Recherche – Basis der Berichterstattung

»Wie seriös ist Dr. Boisselier?« – Quellen und Recherchestrategien für Themen aus Wissenschaft und Medizin

Holger Wormer

Kennen Sie Brigitte Boisselier? Wahrscheinlich nicht. Und doch hat fast jeder schon von ihr gehört – am zweiten Weihnachtstag des Jahres 2002. An diesem Tag nämlich gehörte Madame Boisselier zu jenen, die der Welt samt zugehöriger Presse die Geburt eines Kindleins verkündeten, allerdings nicht eines Kindleins in der Krippe, sondern eines Kindleins aus dem Klonlabor. Und falls Sie an diesem Tag zu jenen diensthabenden Vertretern der Weltpresse gehört haben sollten, die statt mit Auspacken von Geschenken unterm Weihnachtsbaum mit dem Auswerten von Agenturmeldungen vor dem Bildschirm befasst waren, dann erinnern Sie sich womöglich besonders gut an die damals drängende Frage: »Wie seriös ist Dr. Boisselier?«[1]

Das weihnachtliche Klonkind ist nur ein Beispiel aus dem wissenschafts- und nachrichtenjournalistischen Alltag, aufgrund der Ungeheuerlichkeit der Nachricht und der Unerreichbarkeit von Informanten an Weihnachtstagen gleichwohl ein besonders drastisches. Die Frage nach der Seriosität von Nachrichten, Publikationen und Experten (›Quellen‹) aus der Wissenschaft ist indes generell zentral für die (wissenschafts-)journalistische Qualität, wobei die genaue Fragestellung je nach Art der Recherche naturgemäß variieren kann. So erfordert die schnelle Verifikation einer Klon-Nachricht aus den Agenturen womöglich andere Quellen als die wöchentliche Rubrik ›Fragen aus dem Alltag‹, in der die Leser wissen wollen, warum der Himmel blau ist oder ob Fingernägel nach dem Tod tatsächlich weiterwachsen. Folgt man solchen unterschiedlichen Recherche-Anforderungen, lassen sich zunächst etwa folgende Quellen unterscheiden (zum Teil analog zu Lehmkuhl: ›Typologie des Wissenschaftsjournalismus‹ in diesem Buch):

- Quellen für regelmäßige Wissenschaftsnachrichten
- Quellen für die Verifikation (›Gegenrecherche‹) von Wissenschaftsnachrichten
- Quellen als Themengeber jenseits der aktuellen Wissenschaftsnachrichten
- Quellen für die Recherche von Hintergründen zu allgemeinen aktuellen Nachrichten jenseits der Wissenschaft (Erdbeben, Vogelgrippe, Unfällen, z.B. »Ist die ausgelaufene Chemikalie giftig?«)
- Quellen für die Recherche von Service- und Alltagsfragen (oft in regelmäßigen Rubriken)

---

1 Eine feuilletonistische Analyse solcher Seriositätsfragen am Beispiel der besagten Frau Boisselier findet sich unter Wormer (2003).

- Quellen für besonders umfangreiche und heikle Recherchen
- Quellen für die Suche nach Protagonisten (etwa im TV-Bereich).

In der Praxis stellt sich allerdings heraus, dass vordergründig sehr unterschiedlich erscheinende Recherchefragen im wissenschaftsjournalistischen Alltag meist über ähnliche Recherchepfade gelöst werden. Das liegt neben persönlichen Vorlieben eines jeden Journalisten auch daran, dass eine einzelne ›Quelle‹ aus der Wissenschaft heute in der Regel zahlreiche Funktionen in sich vereint (z. B. Nachrichtenticker, Expertenmakler und Archiv im gleichen Online-Dienst). Womöglich besteht der wichtigste Unterschied zwischen einzelnen Recherchen sogar lediglich darin, welche Recherchetiefe, welche ›Stufe wissenschaftsjournalistischer Evidenz‹ die Recherche erreichen soll[2]: Mit wachsendem Anspruch an die Qualität und Zuverlässigkeit der Information und je nach Zeitbudget werden mal mehr und mal weniger Recherchepfade vernetzt, mal mehr und mal weniger Quellen genutzt und verglichen.

Im Grundsatz aber läuft auch eine Recherche in der Wissenschaft immer wieder auf Fragen hinaus, wie sie im übrigen Journalismus gelten: Ist eine Zahl valide, eine Person glaubwürdig, eine Publikation seriös? Welche Interessen stecken hinter einer Aussage? Warum sagt wer was wann? Gibt es noch weitere Quellen oder eine Gegenmeinung?[3] Um solche Fragen zu beantworten, bieten sich in der Regel Recherchestrategien an, wie sie für den allgemeinen Journalismus entwickelt und beschrieben wurden (»Recherche von außen nach innen«, »zwischen den Lagern pendeln« o. Ä.; siehe z. B. Haller 2004; Leif 2003 sowie weitere Publikationen des Netzwerk Recherche [www.netzwerk-recherche.de]).

Darüber hinaus aber bietet die vermeintlich besonders komplizierte Recherche im Wissenschaftsbereich jedoch sogar Vorteile: Denn die Wissenschaft selbst hat jenseits der inhaltlichen Bewertung zahlreiche formale Kriterien entwickelt, an denen sie ihre eigene Qualität (und damit die Glaubwürdigkeit von Personen, Publikationen und Nachrichten) zu messen versucht.

Das bedeutet nicht, dass sich der Journalist diesen Kriterien sklavisch unterwerfen, er sich also die »Gesetze der Wissenschaft vorschreiben« (Groth 1928: 178) lassen soll. Gleichwohl aber lassen sich diese Kriterien in der journalistischen Recherche und besonders für eine erste Bewertung von Quellen konstruktiv und effizient nutzen, wie im Folgenden dargestellt wird.

1. Wie finde ich in der täglichen Routine Nachrichten und Themen direkt aus der Wissenschaft?[4]

Wenn es nach der bloßen Masse geht, herrscht kein Mangel an Nachrichten aus der Wissenschaft. Die Zahl der Forschungseinrichtungen, die weltweit Nachrichten und Pressemitteilungen aus der Wissenschaft auf den globalen Nachrichtenmarkt pumpen, lässt sich ebenso

---

2 Zum Vorschlag einer stufenweisen Betrachtung wissenschaftsjournalistischer Evidenz vgl. z. B. Wormer (2006: 1 f.).
3 Zur besonderen Problematik der »Gegenmeinung« im Wissenschaftsjournalismus siehe allerdings Boykoff (2004).
4 Die Darstellung beschränkt sich hier auf Quellen aus der Wissenschaft selbst. Wissenschaftsjournalistische Angebote vom *New Scientist* bis hin zu Nachrichten-Tickern oder Newslettern (z. B. von *www.wissenschaft-online.de* oder *www.wissenschaft.de*) oder zu speziellen Themen (z. B. *www.heise.de* sind ggf. der Übersicht im Kapitel ›Marktplatz Wissenschaftsjournalismus‹ zu entnehmen.

wenig genau beziffern wie die Zahl von Beiträgen auf ebenfalls schier unzähligen Tagungen. Allein die Zahl der begutachteten Fachzeitschriften wurde bereits im Jahr 2004 auf weit über 11.000 weltweit geschätzt (Sense About Science 2004: 12), die jährlich mehr als eine Million wissenschaftliche Arbeiten publizieren.

Naturgemäß müssen sich die Redaktionen bei ihrer routinemäßigen Suche nach Originalnachrichten direkt aus der Wissenschaft daher auf einige wenige dieser *Fachzeitschriften* beschränken. Hier werden besonders solche Fachzeitschriften regelmäßig ausgewertet, die ein breites Spektrum verschiedener wissenschaftlicher Fachgebiete abdecken (also besonders *Science* und *Nature*[5], aber auch *PNAS*) oder die bei den Lesern favorisierte Themen wie Medizin bedienen (besonders *New England Journal of Medicine*, *The Lancet*, *Nature Medicine* oder auch *British Medical Journal* und *JAMA*).

Entgegen der irrtümlichen Annahme, dass Wissenschaftsjournalisten bei ihren bevorzugten Fachzeitschriften in der Vergangenheit besonders deren ›Impact factor‹ im Visier gehabt hätten (Pahl 1998: 243), spielt also wohl eher das möglichst breite *Themenspektrum* der Fachzeitschriften die deutlich dominierende Rolle.

Innerhalb spezieller Fachgebiete jenseits medizinischer Mainstream-Themen werden häufig ebenfalls Fachzeitschriften bevorzugt, die zumindest versuchen, das jeweilige Fach in all seinen Zweigen abzudecken (etwa *Physical Review Letters* in der Physik). Wenn eine Fachzeitschrift den Redaktionen zudem den Service anbietet, wissenschaftliche Artikel samt weiterer Informationen einige Tage vor ihrem eigentlichen Erscheinen als *Presse-Vorab-Info* (mit Sperrfrist) zur Verfügung zu stellen, steigert dies ihre Attraktivität für Redaktionen ebenfalls.

Ein Tipp für freie Journalisten: Häufig sind Redaktionen so auf diese Vorab-Informationen von Zeitschriften wie *Science* und *Nature* fixiert, dass sie die später erscheinende gedruckte Ausgabe kaum mehr auswerten. Auch hier finden sich gerade im redaktionellen Teil aber häufig Anregungen für weitere Themen und Verweise auf Originalpublikationen in anderen Fachzeitschriften, die als besonders interessant ausgewählt wurden. Zudem empfiehlt es sich für spezialisierte freie Journalisten, gezielt Fachzeitschriften auszuwerten, die für die redaktionelle Routineauswertung zu spezielle, gleichwohl aber interessante, mitunter auch exotische Themen behandeln. Ein Beispiel wäre hier *Animal Behaviour* in der Biologie oder *Environmental Science & Technology* in den Umweltwissenschaften. Auf Veröffentlichungen in diesen Fachzeitschriften werden Redaktionen sonst meist nur indirekt über Pressemitteilungen von Forschungseinrichtungen oder auf wissenschaftlichen Tagungen aufmerksam, die – und damit sind wir schon beim nächsten Punkt – nach den skizzierten Fachpublikationen zu den wichtigsten Auswertungsroutinen der Wissenschaftsredaktionen gehören.

Besondere Bedeutung auf dem Markt der *Pressemitteilungen* aus der Wissenschaft haben mittlerweile weithin bekannte, kostenlos abonnierbare Dienste wie der *Informationsdienst Wissenschaft idw* (www.idw-online.de), *Eurekalert*, sein Pendant aus den USA (www.eurekalert.org), oder Alphagalileo für Europa (www.alphagalileo.org). Weitaus weniger bekannt ist in-

---

5 Vgl. zu diesen beiden dominierenden Fachzeitschriften auch Abbott (2006) und Vogel (2006).

des, dass es sich bei den dort versandten Mitteilungen eben lediglich um eine *Sammlung von Presseinformationen* wissenschaftlicher Einrichtungen handelt, die über den generellen Ruf der herausgebenden Institution hinaus zunächst nur bedingt etwas über die konkrete wissenschaftliche Qualität einer Nachricht aussagen (Pressemitteilungen kann im Prinzip jeder schreiben!).

Einen langfristigen Überblick über *wissenschaftliche Tagungen*[6] liefert ebenfalls der *idw* in einem Tagungskalender auf seiner Homepage. Wer nach Tagungen zu speziellen Fachgebieten sucht, der kann beispielsweise die Internetseiten der betreffenden wissenschaftlichen Fachgesellschaften (siehe unten) konsultieren. Interessant und vergleichsweise wenig genutzt sind die regelmäßigen Übersichten der von der *Deutschen Forschungsgemeinschaft (DFG)* unterstützten (oft kleineren) Tagungen und Kongresse (www.dfg.de, Pressemitteilungen). Da bereits die Unterstützung durch die *DFG* an gewisse Bedingungen geknüpft ist, kann man sich von den dort aufgeführten Tagungen zudem einen gewissen wissenschaftlichen Qualitätsstandard erhoffen.

Schon diese ersten Antworten auf die – vergleichsweise simple – Frage, wie man in der täglichen oder wöchentlichen Redaktionsroutine überhaupt Originalnachrichten aus der Wissenschaft findet, führen allerdings immer wieder zu der viel komplexeren Frage, wie sich Nachrichten aus Pressemitteilungen, die eventuell zugehörigen Publikationen und Tagungen, letztlich aber immer die Qualifikation, Glaubwürdigkeit und Seriosität der dahinter stehenden Personen (›Experten‹) bewerten lassen. Wie Quellen gefunden und nach formalen Kriterien einer ersten Beurteilung unterzogen werden können, wird in den folgenden Abschnitten für verschiedene Recherchefragestellungen skizziert.

2. Suche und erste Bewertung von Experten aus der Wissenschaft

Für die Suche und Bewertung von Experten aus der Wissenschaft lassen sich drei Grundfragen unterscheiden:
- Wie finde ich (überhaupt) Experten zu einem bestimmten Thema?
- Wie bewerte ich die (wissenschaftliche) Qualität bzw. Seriosität eines bestimmten Experten oder einer bestimmten Quelle?
- Welche ›journalistischen‹ Qualitätsmerkmale sind zusätzlich als Maßstab für die Auswahl zu berücksichtigen?

---

6 In Zeiten des großen Internet und des oft kleinen Reise-Etats der Wissenschaftsredaktionen ist es schwer, pauschal zu sagen, wie groß die Bedeutung von Tagungen als Routinequelle für Originalnachrichten aus der Wissenschaft heute noch ist. Hier scheinen die individuellen Unterschiede, welche Tagung wann besucht wird, zwischen den Redaktionen deutlich größer zu sein als bei der Auswertung der Fachzeitschriften. Zudem wird häufig zwar eine Tagung als Anlass zur Berichterstattung genutzt, tatsächlich aber anhand des Programms vorab nur ein einzelnes Thema identifiziert, das man dann ›kalt‹ (also vom Schreibtisch aus) recherchiert. Ebenso decken die Pressemitteilungsdienste bereits zahlreiche Nachrichten von Tagungen ab, sodass die Bedeutung der tatsächlichen Tagungsbesuche auch inhaltsanalytisch kaum abgeschätzt werden kann.

2.1 Wie finde ich Experten zu einem speziellen Thema?

Häufig besteht der erste Schritt einer Recherche zwangsläufig darin, überhaupt erst einmal in kurzer Zeit ›irgendeinen‹ passenden Experten zu finden. Hier bieten die *Pressemitteilungs-Archive* der bereits erwähnten Dienste von *idw* & Co. wiederum einen ersten Anhaltspunkt dafür, wer sich überhaupt schon einmal öffentlich zum jeweiligen Thema geäußert hat. Seitdem auch Forschungseinrichtungen in Pressemitteilungen zur Kinder-Uni, zu Weihnachten oder einer ›Langen Nacht der Wissenschaft‹ gerne einmal skurrile Fragen aufgreifen, ist diese Routinesuche im Archiv sogar bei exotischen Themen aus der Rubrik ›Fragen des Alltags‹ durchaus erfolgversprechend. Ebenso geben zu häufigen Fragen einige interessante wissenschaftsjournalistische Archivsammlungen und Seiten für Lehrer oder von Hochschullehrern bereits erste Anhaltspunkte (siehe Linkliste).

Daneben kann es gerade in diesen speziellen Fällen sinnvoll sein, aktiv bei einem ›*Expertenmakler*‹ eine Anfrage zu stellen. Allzu simple Fragen, die sich auch mithilfe eines einfachen Lexikons herausfinden lassen, sorgen dort allerdings leicht für Verärgerung. Expertenmakler finden sich auch auf den bereits erwähnten Seiten und darüber hinaus in zahlreichen spezialisierten Angeboten aus verschiedenen Ländern, wie dem *Profnet* (www.profnet.com), dem *Media Resource Service* (www.mediaresource.org) oder dem schwedischen Dienst www.expertanswer.se.[7]

Allerdings bieten sich als Expertenmakler keineswegs nur Angebote an, die diesen Namen explizit tragen. Im Gegenteil: Gelegentlich geraten diese auch in die Kritik, etwa weil manche ›Experten‹ durchaus dafür bezahlen, als solche auf einschlägigen Maklerseiten (bis hin zum ›Who's who‹) eingetragen zu werden. Daher ist es im journalistischen Alltag sinnvoll, sich zusätzlich eine Art individuellen Expertenmakler zu erarbeiten – eine Strategie, der man den Namen ›*Expertenbillard*‹ geben könnte.

Die Grundidee des Expertenbillards ist vergleichsweise banal: Wie beim richtigen Billard geht es nicht darum, sein Ziel direkt zu treffen, sondern sich ihm über Zwischenstationen anzunähern. Ganz analog sollte man bei einer speziellen Recherchefrage keine Hemmungen haben, die Recherche bei einer Person anzustoßen, die sicherlich noch nicht der richtige Experte sein wird, aber (zum Teil über mehrere Stufen) bis zum bestmöglichen erreichbaren Ansprechpartner führen kann.

Die Möglichkeiten des ersten Rechercheanstoßes sind vielfältig: Das kann ein simpler Anruf (»Könnten Sie mir jemanden nennen, der sich damit noch besser auskennt ...?«) beim Vorstand einer ungefähr passenden wissenschaftlichen Fachgesellschaft, den Pressestellen von *DFG, Fraunhofer-Gesellschaft (FHG)* bis *Max-Planck-Gesellschaft (MPG)*, aber auch die eigenständige *Recherche in Publikationsdatenbanken* sein.

Letztere sind auch der Schlüssel dazu, die Expertensuche jenseits der einzelnen Empfehlungen von Fachkollegen oder von Expertenmaklern systematisch – eben wie beim Billard – weiterzuspielen. Dazu sind Funktionen wie ›related articles‹, die weitere Publikationen zum gesuchten Thema auflisten, besonders aber auch die Autorenzeilen jeder Publikation zentral.

---

[7] Zur Geschichte und Analyse solcher Expertensysteme (in der Frühzeit der journalistischen Nutzung des Internet in Deutschland) siehe z. B. Meier (1997).

Auf diese Weise lassen sich auch weniger bekannte Ansprechpartner aufspüren, wenn der von einer Pressestelle oder dem Fachkollegen zunächst genannte Experte beispielsweise nicht erreichbar ist. Das kann der Assistent des berühmten Ordinarius sein, der sich in speziellen Fragen womöglich sogar noch besser auskennt, weil er die Hauptarbeit einer Publikation erbracht hat.[8] Das können aber auch Experten von anderen, kooperierenden Instituten sein, die sich mithilfe der Autorenzeilen identifizieren lassen und am Tag der Recherche womöglich besser erreichbar sind. Für komplexe investigative Recherchen lassen sich Fachzeitschriften und ihre Autorenzeilen mithilfe entsprechender Publikationsdatenbanken nach Art einer ›social network analysis‹ sogar zu einem mehrdimensionalen Expertenbillard ausbauen, mit dem sich beispielsweise Zitierkartelle aufspüren lassen.

Eine der bekanntesten (und noch dazu kostenfreien!) Publikationsdatenbanken ist die *Medline* (www.pubmed.org), in der Fachbeiträge aus der Medizin und der Biomedizin verzeichnet sind. Andere Datenbanken, wie z. B. des *Chemical Abstract Service* (www.cas.org), sind ebenso wie das umfassende *Web of Science* und andere Angebote des in Teilen aus dem Institute of Scientific Information (ISI)[9] hervorgegangenen Unternehmens *Thomson Scientific* (http://scientific.thomson.com/products/) jedoch leider nur eingeschränkt kostenfrei zugänglich. Hier empfiehlt sich gegebenenfalls ein Zugang über eine Universitätsbibliothek (siehe 3.).

Doch trotz der besonderen Vorzüge und vielfältigen Möglichkeiten von Publikationsdatenbanken für die Expertensuche sind prinzipiell auch viele weitere Datenbanken hierfür geeignet – gelistet zum Beispiel auf der Seite des *Instituts für Forschungsinformation und Qualitätssicherung* (www.forschungsinfo.de, Infobereich, Forschungsdatenbanken) –, die jeweils andere Qualitätsparameter aus der Forschung auflisten. Auch aus diesem Grund ist es sinnvoll, solche formalen Parameter zu kennen.

2.2 Formale Hinweise auf »gute Experten« aus wissenschaftlicher Sicht

Beschränkt man sich auf formale Bewertungskriterien, so werden in der Wissenschaft im Wesentlichen folgende Merkmale als Anhaltspunkte für einen ›guten Experten‹ auf einem bestimmten Fachgebiet herangezogen:

- Publikationen zum jeweiligen Thema (!) in angesehenen (›Peer review‹-)Fachzeitschriften (oder begutachteten ›open access‹-Publikationen)
- Buchveröffentlichungen in wissenschaftlichen Verlagen
- Drittmittelförderung auf der Basis von Gutachterentscheidungen – hier insbesondere: Beteiligung an Sonderforschungsbereichen und anderen Projekten gefördert von der *DFG* (siehe www.gepris.dfg.de/gepris), vom *Bundesministerium für Bildung und Forschung* (*BMBF*) oder der *Europäischen Union* (*EU*) (http://cordis.europa.eu/de), aber auch von Stiftungen

---

[8] Hilfreich ist es hier auch, die – von Fach zu Fach – unterschiedlichen Hierarchie-Gewohnheiten in den Autorenzeilen einer Fachpublikation zu kennen: Während diese gelegentlich (wie in diesem Buch) noch alphabetisch sind, steht insbesondere in den ›life sciences‹ und der Medizin häufig der Doktorand oder Postdoktorand vorne, der häufig der eigentliche Experte ist, während am Schluss der oder die Chefs der Abteilung (›senior scientists‹) auftauchen. Mittelplätze lassen hingegen nicht selten auf einen eher kleinen Beitrag an der Publikation schließen.
[9] Ein Porträt des früheren ISI gibt David Adam (2002).

- Ergebnisse von Evaluationen (z. B. des Wissenschaftsrates)
- Drittmittel und Lizenzeinnahmen aus der Industrie (Vorsicht!)
- angesehene Forschungspreise
- Patente (möglichst in Anwendung!) (siehe z. B. www.dpma.de/index.htm) und Firmengründungen
- Lehrtätigkeit (siehe auch 2.3)
- ›guter Ruf‹ (Empfehlungen von Fachkollegen)
- Gutachter für Firmen, Behörden, Politik … (›anerkannter Experte‹)
- Anstellung an namhafter Forschungseinrichtung oder Hochschule
- Mitgliedschaft bzw. Funktion in Fachgesellschaften und Akademien (siehe z. B. die Liste der Arbeitsgemeinschaft wissenschaftlich-medizinischer Fachgesellschaften www.awmf-online.de)
- Vorträge bzw. Vorsitz auf anerkannten Tagungen (Kongressbände und Tagungsprogramme nutzen!)
- persönlicher Eindruck (vertrauenswürdig?)
- offener Umgang mit ›conflict of interest‹, etwa bei der Finanzierung von Forschungsarbeiten.

Wichtig: Das skizzierte Raster kann nur einer *Plausibilitätsprüfung* dienen und *ersetzt nicht die inhaltliche Auseinandersetzung* mit dem recherchierten Thema. Auch ein Wissenschaftler, auf den die meisten Punkte nicht zutreffen, muss also nicht zwangsläufig unglaubwürdig oder gar unseriös sein! Umgekehrt ist ein gesundes Misstrauen angebracht, wenn jemand – wie im Falle von Frau Boisselier – ein Klon-Baby ankündigt, ohne vorher auch nur eine einzige Arbeit auf dem Gebiet der Reproduktionsmedizin veröffentlicht zu haben, und noch dazu in entsprechenden Fachkreisen gänzlich unbekannt ist.

Die Gewichtung der einzelnen Bewertungsfaktoren ist zudem stark *vom Fachgebiet abhängig*: So haben Patente beispielsweise in den angewandten Ingenieurwissenschaften naturgemäß einen höheren Stellenwert als etwa bei Archäologen. Zudem besitzen viele der Kriterien durchaus eine gewisse Ambivalenz: Denn obwohl *Drittmittel aus der Industrie* und Patente heute in vielen Disziplinen ein wichtiges formales Kriterium zur Bewertung von wissenschaftlicher Qualität sind, so bedeuten sie auf der anderen Seite auch ein gewisses *Abhängigkeitsverhältnis*, das in der Recherche hinterfragt werden sollte. (Andererseits darf man nicht vergessen, dass zwei Drittel der Ausgaben für Forschung und Entwicklung in Deutschland aus der Industrie kommen, sodass man auch forschende *Unternehmen und Industrieverbände* selbst – trotz aller Vorsicht – nicht per se aus einer wissenschaftsjournalistischen Recherche ausklammern kann!)

Außerdem sind Begriffe wie ›Fachgesellschaft‹, ›Institut für …‹ oder ›Fachzeitschrift‹ nicht geschützt (ebenso übrigens wie der – gerne auch von Unternehmensberatungen[10] ver-

---

10 Wie Insider berichten, dient die Mehrzahl der ›Studien‹ von Unternehmensberatungen in erster Linie dazu, gewünschte Resultate und Argumente zu generieren, mit denen sich dann beispielsweise Maßnahmen einer Firmenleitung rechtfertigen lassen. Mit dem Grundsatz einer ergebnisoffenen wissenschaftlichen Forschung haben solche ›Studien‹ jenseits ihres wissenschaftlichen Anstrichs jedenfalls wenig gemeinsam.

wendete – Begriff ›Studie‹!). Kann man selbst die Bedeutung einer genannten Fachgesellschaft, einer Fachzeitschrift oder eines Forschungspreises etc. nicht einschätzen, hilft *aktives Nachfragen* – beim Wissenschaftler selbst und bei Fachkollegen (z. B. nach dem Muster: »Ist diese Fachzeitschrift auf Ihrem Gebiet denn besonders anerkannt?«). Will man die *Zahl der Publikationen* oder die *Impact-Faktoren* von bestimmten Fachzeitschriften als Bewertungsmaßstab heranziehen, so ist dies bestenfalls (!) unter bestimmten Voraussetzungen hilfreich (siehe 3.).

Eine Sonderstellung kommt Experten aus der ›*Ressortforschung*‹ zu – also Wissenschaftlern, die zum Beispiel in Behörden von Bund und Ländern arbeiten. Selbst wenn diese (schon aufgrund der dortigen Rahmenbedingungen) nicht zu den Spitzenwissenschaftlern in einem Forschungsranking gehören und der Einfluss der Politik auf Mitarbeiter von Behörden womöglich größer ist als auf Wissenschaftler an Universitäten, so haben Aussagen der ›Behördenwissenschaftler‹ andererseits den Vorteil eines *amtlichen Charakters*. Dies kann z. B. bei gesundheits-relevanten Aussagen wichtig sein – etwa einer *offiziellen Empfehlung* des *Robert-Koch-Instituts* zur Behandlung von Borreliose und anderen Infektionskrankheiten (siehe www.rki.de, Infektionskrankheiten A–Z) oder bei der Suche nach einer amtlichen Definition für physikalische Maßeinheiten durch die *Physikalisch-Technische Bundesanstalt* (www.ptb.de).

2.3 Merkmale von ›guten Experten‹ aus journalistischer Sicht

Ein nach formalen Kriterien identifizierter ›guter wissenschaftlicher Experte‹ muss aus journalistischer Sicht allerdings noch lange kein geeigneter Gesprächspartner sein. Denn hier zählen auch Eigenschaften wie:
- didaktische Fähigkeiten (Hinweise darauf sind eventuell besondere Lehrtätigkeiten wie die ›Kinder-Uni‹ oder Lehrpreise und Communicatorpreise)
- sprachliche Fähigkeiten (O-Ton-geeignet?)
- das generelle Auftreten (›persönlicher Eindruck‹)
- ein offensives (und stabiles!) Vertreten auch provokanter Thesen
- die Eignung für eine bestimmte Protagonisten-Rolle innerhalb einer Beitragsdramaturgie (Kritiker, Befürworter, Gegner, Anwalt o. Ä.)
- eine besondere (Labor- etc.) Location, die der Betreffende bietet.

Der Blick ins Zeitungs- und Sendearchiv hilft oft, die ›journalistische Qualität‹ eines Experten abzuschätzen (Tritt er häufiger in den Medien auf? Wie wirkte der Experte da?). Eine zu starke Fixierung auf medienerprobte Forscher birgt allerdings umgekehrt die Gefahr eines ›*Expertenrecyclings*‹ der immer gleichen Köpfe.

Fazit: In der Praxis gilt es immer, einen Kompromiss zwischen wissenschaftlichen und journalistischen Anforderungen zu finden. Die Ansprüche, die man als Journalist an einen Experten stellen sollte, sind dabei sowohl von der Art des Themas als auch von der Rolle abhängig, die der betreffende Wissenschaftler in einem journalistischen Beitrag einnehmen soll. So verlangt die *Recherche zu sensiblen medizinischen Themen* eine extrem kritische Auswahl, während in einem Beitrag über skurrile Erfindungen auch ein (als solcher erkennbarer) spleeniger Forscher vom Typ Bastler seine Berechtigung haben kann.

Kommt einem Wissenschaftler die Rolle eines ›*sprechenden Lexikons*‹ zu, der etwa einen physikalischen Sachverhalt auf Schulwissenniveau erklären soll, so muss man dafür ebenfalls nicht den preisgekrönten Publikations- und Drittmittelkönig vor die Kamera bekommen; der solide und redegewandte Professor von der Universität um die Ecke tut es hier auch.

3. Bewertung schriftlicher Quellen

3.1 Bewertung von Fachzeitschriften

Wissenschaftliche Veröffentlichungen in angesehenen Fachpublikationen gelten (trotz vielfacher und berechtigter Kritik) nach wie vor als *der* Maßstab für wissenschaftliche Qualität. Damit kommt ihnen – wie im ersten Abschnitt beschrieben – eine zentrale Rolle für die Auswahl von Nachrichten aus der Wissenschaft ebenso wie für die Beurteilung von Experten zu. Daher wird im Folgenden noch etwas ausführlicher skizziert, wann eine Fachzeitschrift als ›angesehen‹ gilt.

Auch hier gibt es naturgemäß keine allgemeingültige Antwort; zu groß sind bereits die Unterschiede in der Publikations-Tradition der verschiedenen Fachdisziplinen. So publizieren beispielsweise Geisteswissenschaftler in Deutschland immer noch gerne und überwiegend in deutschsprachigen Fachmedien, während es in den Biowissenschaften und der Medizin möglichst die ›internationale‹, sprich englischsprachige, Fachzeitschrift sein muss.[11]

Dennoch lässt sich wiederum eine Art *Checkliste* formulieren, mit der sich die Qualität von Fachpublikationen hinterfragen lässt.[12] Das können etwa folgende formale Kriterien sein:
- Werden die Beiträge nach einem wissenschaftlichen Gutachtersystem ausgewählt (dem erwähnten ›Peer review‹-Verfahren)?
- Wie ist der ›impact factor‹ der Zeitschrift – also das Maß dafür, wie häufig ein Beitrag in dieser Fachzeitschrift in den ersten zwei Kalenderjahren nach Erscheinen im Durchschnitt zitiert wird? (Aber Vorsicht: Da ein Beitrag aus einem kleinen Forschungszweig, etwa der Verhaltensforschung von Vögeln, in der Regel seltener zitiert wird als ein Beitrag auf einem Gebiet wie der Krebsforschung, kann ein Vergleich von Impact-Faktoren bestenfalls innerhalb eines Fachgebietes ein wenig hilfreich sein. Auch werden durch den von der bereits erwähnten Firma *Thomson Scientific* berechneten Faktor Publikationen benachteiligt, die erst nach dem Ablauf von zwei Jahren an Bedeutung gewonnen haben.

---

11 Einen interessanten Überblick über die unterschiedlichen Publikationstraditionen in verschiedenen Fachbereichen (insbesondere vor dem Hintergrund der ›open access‹-Bewegung) liefert die *DFG*-Befragung *Publikationsstrategien im Wandel?* (DFG 2005).

12 Es gibt zahlreiche, im Kern allerdings sehr ähnliche Vorschläge für solche Checklisten, wobei gleichzeitig immer auf deren Grenzen hingewiesen werden muss. Einen ausführlichen wie hilfreichen (wenngleich auch etwas optimistischen) Hintergrund zu solchen Checklisten sowie zur Publikationspraxis und dem ›Peer review‹-Verfahren bieten die Angebote auf der Seite www.senseaboutscience.org.

Eine kritische Würdigung des Impact-Faktors findet sich z. B. unter www.forschungs-info.de, IQ, Journal Impact Factor)
- Ist der Herausgeber bzw. Verlag wissenschaftlich renommiert?
- Wer sitzt im Editorial Board einer Fachzeitschrift?
- Wie ist der ›Ruf‹ einer Fachzeitschrift, wenn man mehrere Experten des Fachgebiets nach dem Ansehen derselben fragt?

Eine Übersicht über existierende Fachzeitschriften liefern beispielsweise die Angebote der Universitätsbibliotheken, die wiederum einen Zugang zu ebenfalls von *Thomson Scientific* betriebenen Diensten des *Web of Science* oder *Current contents* anbieten.

Hilfreich sind im Bereich der Medizin auch die systematischen Übersichtsarbeiten der *Cochrane Collaboration* (www.cochrane.de), in denen eine ganze Reihe von Veröffentlichungen jeweils eines Spezialgebiets verglichen und ausgewertet werden. Neben älteren Evaluationseinrichtungen wie dem *Wissenschaftsrat* (www.wissenschaftsrat.de) haben auch einige neue Institutionen wie das *Institut für Qualitätssicherung und Wirtschaftlichkeit im Gesundheitswesen* (www.iqwig.de) und das bereits erwähnte *DFG*-finanzierte *Institut für Forschungsinformation und Qualitätssicherung (IFQ;* www.forschungsinfo.de) begonnen, zusammenfassende Bewertungen von Publikationen und Forschungsergebnissen zusammenzutragen. Hilfreich sind zum Teil auch die Evaluierungseinrichtungen anderer Länder, gelistet beispielsweise unter der österreichischen ›Plattform Forschungs- und Technologieevaluierung‹ (www.fteval.at).

Viele deutschsprachige naturwissenschaftliche und besonders medizinische Fachzeitschriften eignen sich heute bestenfalls noch, um einen Überblick über ein Fachgebiet und einige dazu in Deutschland forschende Wissenschaftler zu bekommen. Am ehesten wird von den deutschen Medizinfachzeitschriften noch das *Deutsche Ärzteblatt* (www.aerzteblatt.de) mit einem gut zugänglichen Volltextarchiv wissenschaftlichen Ansprüchen gerecht. Dank seiner Finanzierung als Verbandsblatt und durch umfangreiche Stellenanzeigen ist es vergleichsweise unabhängig von Einflüssen durch die Industrie.

Fachblätter wie die *Ärzte-Zeitung, Medical Tribune* oder die *Ärztliche Praxis* sind hingegen nicht mehr als wissenschaftliche Fachzeitschriften im eigentlichen Sinne anzusehen, sodass diese möglichst nie ohne Überprüfung als Originalquelle verwendet werden sollten. Die Nähe gerade vieler medizinischer Fachblätter zu Anzeigenkunden sollte mittlerweile weithin bekannt sein.

Generell gilt: Wo Fachzeitschrift draufsteht, ist noch lange nicht gute Wissenschaft drin! Veröffentlichungen in begutachteten (also ›Peer review‹-)Fachzeitschriften bieten aber zumindest eine gewisse Sicherheit – wenngleich gerade in jüngster Zeit vermehrt die Forderung laut wird, auch diese Quellen sollten Journalisten immer von weiteren Experten gegenchecken lassen (siehe auch den Beitrag von Gerhard Fröhlich in diesem Buch).

3.2 Fachbücher und Lehrbücher

Das Buch – Symbol für den Gelehrten schlechthin? Dieses Bild ist heute zwar nicht gänzlich überholt, zählen doch Buchpublikationen in vielen Fachbereichen immer noch zum wichtigsten Forschungsoutput von Wissenschaftlern. Darüber hinaus können die Verfasser von *Lehrbüchern* besonders gute Ansprechpartner für Journalisten sein, versprechen sie doch, über ein vergleichsweise breites Überblickswissen in ihrem Fach zu verfügen.

Allerdings ist die Bewertung von wissenschaftlichen Fach- ebenso wie von Lehrbüchern nach formalen Kriterien nochmals schwieriger als bei Fachzeitschriften. Zwar gibt auch hier der angesehene Name des Verlages oder des Herausgebers den einen oder anderen Hinweis, aber leider entscheidet mittlerweile selbst bei renommierten Verlagen oft nicht mehr allein die wissenschaftliche Qualität über eine Veröffentlichung. Manche – mehr oder weniger – wissenschaftliche Werke scheinen heute allein deshalb gedruckt zu werden, weil der Forscher mit seinem Manuskript gleich einen sogenannten Druckkostenzuschuss für den Verlag bereitgehalten hat. (Wurde dieser allerdings auf der Basis einer wissenschaftlichen Begutachtung des Werkes vergeben, kann dies umgekehrt sogar als ein positives formales Indiz für Qualität gewertet werden.)

Neben der gelegentlich zweifelhaften Qualitätssicherung bei wissenschaftlichen Verlagen haben Bücher als Originalquellen naturgemäß den Nachteil, vor allem in besonders dynamischen Forschungsfeldern schnell an Aktualität einzubüßen. Gesucht werden können Buchtitel beispielsweise in der *Deutschen Nationalbibliothek* (www.dnb.d-nb.de), aber auch kommerzielle Internetbuchhändler liefern mitunter hilfreiche Treffer; z. B. bei der Suche nach Werken aus dem Antiquariat.

3.3 Open Access

Zunehmende Bedeutung für die journalistische Recherche könnten künftig die Angebote der ›Open-Access-Bewegung‹ gewinnen (siehe Fröhlich in diesem Buch). Diese sind nicht nur wegen des kostenfreien Zugangs interessant, sondern auch wegen ihres oft transparenteren Begutachtungsverfahrens. Durch solche ›open review‹-Verfahren, die auch mit einem klassischen, anonymen ›Peer review‹-Verfahren kombiniert sein können, lässt sich auch die fachinterne Kritik und Bewertung einer wissenschaftlichen Arbeit nachlesen.

Beispiele für ›open access‹-Zeitschriften sind die Zeitschriften der *Public Library of Science* (www.plos.org) und die Zeitschrift *Atmospheric Chemistry and Physics* (www.copernicus.org/EGU/acp/), die einen »innovativen zwei-stufigen Publikations-Prozess« favorisiert (siehe auch Pöschl 2004). Einen Überblick über die Publikationspraxis in Deutschland vor dem Hintergrund von ›open access‹ liefert die bereits erwähnte *DFG*-Studie (DFG 2005).

3.4 Sonstige Internetquellen

Eine Recherche ohne das allgemeine Internet ist keine Recherche, aber eine Internetrecherche allein auch nicht! Denn wer sich bei der Recherche blind auf Dr. Google et al. verlässt, findet vor allem das, was alle (auch die Zuschauer und Leser!) finden. Dennoch sind Suchmaschinen neben den in den vorherigen Abschnitten aufgeführten speziellen Seiten aus dem Wissenschaftsbetrieb natürlich eine unentbehrliche Hilfe – sofern man auch die mit einer simplen Suchmaschine gefundenen Seiten auf Seriosität und Plausibilität überprüft. Dazu gehören:

- der Gesamteindruck: Aufmachung, Sprache, Inhalt, Quellen (Vorsicht: Auch Geschäftemacher verwenden gerne eine pseudowissenschaftliche Anmutung und Sprache!);
- das Impressum, das im Idealfall eine klare Zuordnung zu einer seriösen (nicht-virtuellen!) Einrichtung oder Organisation ermöglicht. Die Endung der Web-Adresse kann hier bereits hilfreich sein (›edu‹ als Endung besonders von US-Universitäten hat gegenüber einer kommerziellen Seite mit ›com‹-Endung zunächst einen gewissen Vertrauensvorschuss). Mithilfe von Domainverwaltern (siehe z. B. www.denic.de, www.domainsearch.org, www.whois.org) lässt sich ggf. prüfen, wer hinter einer Seite steckt;
- die Verlinkung mit anderen, als seriös bekannten Seiten;
- eine erkennbare, regelmäßige Aktualisierung und Pflege der Seite (ältere Versionen einer Seite lassen sich mit der ›waybackmachine‹ (http://archive.org) nachverfolgen, was für komplexe Recherchen besonders interessant ist);
- eine offensichtlich breite Nutzung der Seite – mit Einschränkungen erkennbar an durchweg guten Platzierungen im Ranking möglichst mehrerer Suchmaschinen;
- Qualitätszertifikate.

Gerade zum *Cross-Checking* oder zu Fragen wie »Welcher Experte arbeitet mit welchen anderen Institutionen/Firmen/Kollegen etc. zusammen?« eröffnen schon die ›advanced search‹-Funktionen der konventionellen Suchmaschinen hervorragende Recherchemöglichkeiten. Hilfreich sind auch die auf die akademische Welt zugeschnittenen Ableger von Standardsuchmaschinen wie ›Google Scholar‹ (http://scholar.google.de). Besonders effektiv ist das Internet ganz allgemein, wenn man es im wörtlichen Sinne als Netz nutzt – und eine bestimmte Information, eine Person oder auch nur eine Zahl gleichzeitig von mehreren Seiten (›Netzknoten‹) aus überprüft.

In diesem Sinne sollte man Internet-Lexika wie *Wikipedia* sehen, die zwar – einem Test der Fachzeitschrift *Nature* zufolge (Giles 2005) – in einzelnen Wissenschaftsbereichen nicht unbedingt schlechter abschneiden als klassische Lexika, aber als alleinige Quelle immer problematisch sind. Und hier gilt ebenfalls: Was dort steht, findet jeder Internetnutzer auch ohne professionelle Journalisten!

Interessant kann es bei vielen Themen sein, sich bei der wissenschaftsjournalistischen Recherche gerade auch wissenschaftsferner Internetseiten zu bedienen: So sind Daten aus der Versicherungswirtschaft unter Umständen als zusätzliche Quelle hilfreich für die Abschätzung von Risiken durch den Klimawandel; NGOs wie Verbraucher- und (keineswegs immer unabhängige!) Patientenverbände tragen ihre jeweilige Sicht der Dinge im Netz ebenso zusammen wie Industrieverbände.

Vor allem aber finden sich auf den Seiten von politischen Parlamenten und Einrichtungen (z. B. www.bundestag.de/wissen/wissenschaftlichedienste/; www.unesco.org/science/ oder für die USA www.gao.gov bzw. www.gpoaccess.gov/databases.html) oft interessante Datensätze oder gute Zusammenstellungen über politisch brisante Themen und Forschungsgebiete (vom Klimawandel über Stammzellen bis zum Vaterschaftstest).

Generell empfiehlt sich auch für Recherchen über Deutschland der Blick auf Quellen aus dem Ausland. Denn zum einen garantieren dort mitunter Gesetze wie der ›Freedom of Information Act‹ (FOIA) in den USA mehr Transparenz auch von Daten aus Wissenschaft und Forschung. Und zum anderen sind ausländische Behörden gelegentlich durchaus forscher als ihre deutschen Kollegen, wenn diese bei der Recherche von Nebenwirkungen eines Arzneimittels oder Informationen zu technischen Defekten von Mobiltelefonen unter dem Druck von Lobbyisten vor der eigenen Haustür nur sparsam Informationen liefern.

Nur einige Beispiele für internationale Seiten, die hier hilfreich sein können: die Portalseite zu den Arzneimittel-Zulassungsbehörden aller EU-Länder (www.hma.eu), die amerikanische Food and Drug Administration (www.fda.gov) oder die Centers for Disease Control and Prevention (www.cdc.gov).

4. Übersicht über einige hilfreiche Links

Linklisten in Büchern mögen etwas anachronistisch erscheinen, handelt es sich bei Buchseiten doch im Unterschied zu Internetseiten um eine höchst endliche Angelegenheit. Zudem sind Linklisten auch von individuellen Vorlieben geprägt. Die folgende Linksammlung, die im Fließtext bereits erwähnte Seiten zusammenfasst und weitere ergänzt, erhebt daher den Anspruch auf Unvollständigkeit! Dennoch kann sie womöglich – jenseits von bekannten Suchmaschinen und Recherchepfaden – in Abwandlung einer alten journalistischen Tugend dazu anregen, nicht nur jeden Tag drei neue Leute, sondern vielleicht auch drei neue Internetseiten kennenzulernen.

Bevorzugt wurden in diese Liste kostenfreie Angebote und Portalseiten aufgenommen, die ihrerseits bequemen Zugang zu vielen Einrichtungen gleichzeitig ermöglichen – und so vielleicht schnellere Hilfe versprechen, falls an Weihnachten mal wieder ein Klon vom Himmel fällt und sich wieder die Frage stellt: »Wie seriös ist Dr. Boisselier?«

Portalseite für deutsche Forschungseinrichtungen:

www.forschungsportal.net
Darin finden sich Listen
- der deutschen Hochschulen
  (siehe auch www.hrk.de) und Akademien,
- großer Forschungsorganisationen
  (www.dfg.de, www.mpg.de,
  www.helmholtz.de,
  www.fhg.de, www.wgl.de etc.),
- von Einrichtungen der Ressortforschung
  (siehe auch die Seiten der entsprechenden
  Ministerien von Bund und Ländern,
  z. B. www.bmgesundheit.de,
  www.verbraucherministerium.de usw.),
- Hinweise auf Fachinformations-
  einrichtungen und Bibliotheken.

Übersichtsseiten, Newsletter und Pressemitteilungsarchive:

Deutschland:
www.idw-online.de

Europa:
www.alphagalileo.org
www.athenaweb.org (Bild- und Filmmaterial)
www.cordis.lu
http://europa.eu.int/comm/research/
www.esf.org
www.euroscience.org

Europa (Fortsetzung):
www.science-guide.eu
  (Seite für Studenten/im Aufbau)
www.universitiesuk.ac.uk (Großbritannien)
www.arces.com (Frankreich)

USA:
www.eurekalert.org
www.aaas.org
www.nsf.gov

Beispiele für Expertenmakler u. Ä. (sofern noch nicht unter »Übersichtsseiten«):

www.profnet.com
www.mediaresource.org
www.expertanswer.se

http://sciencesources.eurekalert.org
http://isihighlycited.com

Einige spezielle Suchmaschinen und Verzeichnisse:

www.scirus.com
http://scholar.google.de
http://infomine.ucr.edu
www.ojose.com
http://articlesciences.inist.fr

http://citeseer.ist.psu.edu
www.sciseek.com
www.dmoz.org/Science
http://aip.completeplanet.com

Einige wissenschaftliche Fachgesellschaften, Akademien u. Ä.:

www.awmf-online.de
www.kompetenznetze-medizin.de
www.aaas.org/spp/cstc/wwc/res.htm
www.nas.edu
www.gdch.de (Fachgruppen)

www.dpg-physik.de
www.vdi.de
www.vbio.de (www.vdbiol.de)
www.copernicus.org

Informationen und Experten zum Thema Krebs:
www.krebsinformationsdienst.de
www.europeancancerleagues.org
www.cancer.gov

Publikationsdatenbanken und Fachzeitschriftenübersichten:
http://scientific.thomson.com/products
http://scientific.thomson.com/free
www.pubmed.org
www.nlm.nih.gov/mesh
http://rzblx1.uni-regensburg.de/ezeit/fl.phtml
www.hbz-nrw.de/recherche
www.ub.uni-dortmund.de/zid

Seiten einiger gängiger Fachzeitschriften:
www.nature.com
www.science.com
www.pnas.org
http://prl.aps.org
http://prlo.aps.org (Physikalische Fachbeiträge
    erklärt für Studenten)
www.aip.org/pnu/pnsentry.htm
    (Physik-News für Journalisten)
www.wiley-vch.de/journals
    (Angewandte Chemie)
www.nejm.com
www.thelancet.com
www.jama.com
www.bmj.com
www.aerzteblatt.de

Beispiele für Open-Access-Fachzeitschriften:
www.plos.org/journals
www.copernicus.org/EGU/acp/
www.biomedcentral.com

Suche nach Büchern und Buchautoren:
http://dnb.ddb.de
http://ddb.de/links
www.buchhandel.de

Erste Hilfe zu Alltagsfragen (Beispiele für entsprechende wissenschaftsjournalistische Angebote und Seiten von Lehrern):
www.whyfiles.org
www.howstuffworks.com
www.kopfball.de
www.zeit.de/stimmts
www.lehrer-online.de
www.chemieunterricht.de

Beispiele für wissenschaftliche Museen
www.senckenberg.de
www.museum-koenig.de
www.sciencemuseum.org.uk

Einige Bundesbehörden und Gesundheitsberichterstattung des Bundes:
www.rki.de
www.pei.de
www.bfarm.de
www.bfr.bund.de
www.uba.de
www.gbe-bund.de

Einige wichtige Behörden international:
www.hma.eu
www.emea.eu.int
www.fda.gov

www.cdc.gov
www.nih.gov
www.epa.gov

Patentämter:
www.dpma.de
www.epo.org

Via Politik zu Infos aus der Wissenschaft:
www.bundestag.de
   (Wissen, Wissenschaftliche Dienste)
www.bundesrat.de (Parlamentsmaterialien)
www.eu.int

www.gpoaccess.gov/databases.html
www.gao.gov
www.cia.gov (World Factbook)
www.unesco.org/science

Wissenschaft in Entwicklungsländern:
www.scidev.net

Einige Einrichtungen, Daten und Informationen zur wissenschaftlichen Qualitätssicherung:

Allgemein:
www.wissenschaftsrat.de
www.forschungsinfo.de
www.dfg.de/ranking www.dfg.de/gepris
www.fteva.at (Linkliste!)
www.senseaboutscience.org.uk/index.php
www1.uni-hamburg.de/dfg_ombud//
http://ori.dhhs.gov

Schwerpunkt Medizin:
www.iqwig.de
www.gesundheitsinformation.de
www.ebm-netzwerk.de
www.cochrane.de
www.afgis.de
www.ich.org
www.equator-network.org
www.germanctr.de
www.controlled-trials.com
www.akdae.de
www.ahog.org

Zur Überprüfung von Internetseiten (»Wer steckt(e) dahinter?«):
www.denic.de
www.domainsearch.com

www.whois.org
http://archive.org (»wayback-Machine«)

Hilfe bei der Überprüfung exotischer oder dubioser Nachrichten:
www.hoax-info.de
www.urbanlegends.com
www.igpp.de

> **Kritische, eher journalistische Beobachter von Nachrichten aus Wissenschaft und Medizin (zum Teil mit Blog-Charakter):**
> www.arznei-telegramm.de
> www.gutepillen-schlechtepillen.de
> www.plazeboalarm.de
> www.badscience.net
> www.euroscience.net
>
> **Weitere Infos, weiterführende Links und weiteres Material zum Thema Recherche:**
> www.ire.org/scienceSC.html
> www.netzwerk-recherche.de
> www.recherche-info.de
> www.searchbistro.com
> www.recherchefibel.de
>
> **Angebote einiger wissenschaftsjournalistischer Verbände:**
> www.wpk.org (Links)
> www.teli.de
> www.eusja.org
> www.wfsj.org/resources
>
> **Und dann waren da noch:**
> Auch Interessenverbände sind oft wichtig, aber kaum einzeln aufzuzählen. Dazu gehören die verschiedenen Patientenverbände (Achtung, auch diese sind nicht immer unabhängig!), Ärztekammern, Versicherungen (z. B. Thema Risiko), Industrieverbände (z. B. www.vfa.de), Apothekerverbände, Krankenkassen, Verbraucherverbände, viele NGOs (von www.greenpeace.de bis www.wwf.org) usw.
>
> **Was fehlt?**
> Vorschläge zur kontinuierlichen Verbesserung dieser Linkliste können gerne an den Lehrstuhl Wissenschaftsjournalismus der Universität Dortmund weitergeleitet werden: holger.wormer@udo.edu

Literatur

Abbott, Alison. »Between Peer review and a Science Journalism Generator«. *Die Wissensmacher. Profile und Arbeitsfelder von Wissenschaftsredaktionen in Deutschland.* Hrsg. Holger Wormer. Wiesbaden 2006. 298–313.

Adam, David. »Citation analysis: the counting house«. *Nature* (415) 6873 2002. 726–732.

Boykoff, Maxwell T., und Jules M. Boykoff. »Balance is bias: global warming and the US prestige press«. *Global Environmental Change* (14) 2 2004. 125–136.

Deutsche Forschungsgemeinschaft (DFG) (Hrsg.). *Publikationsstrategien im Wandel? Ergebnisse einer Umfrage zum Publikations- und Rezeptionsverhalten unter besonderer Berücksichtigung von Open Access.* Weinheim 2005.

Giles, Jim. »Internet encyclopaedias go head to head«. *Nature* (238) 7070 2005. 900 f. (Auch online unter www.nature.com/news/2005/051212/pdf/438900a.pdf, Download 25.8.2007.)

Groth, Otto. *Die Zeitung. Ein System der Zeitungskunde (Journalistik).* 1. Bd. Mannheim, Berlin und Leipzig 1928.

Haller, Michael. *Recherchieren.* 6., überarb. Aufl. Konstanz 2004.

Leif, Thomas (Hrsg.). *Mehr Leidenschaft Recherche. Skandal-Geschichten und Enthüllungs-Berichte. Ein Handbuch zu Recherche und Informationsbeschaffung.* Wiesbaden 2003.

Meier, Klaus. *Experten im Netz. Maklersysteme als Recherchehilfe für Journalisten im Wissenschaftsbereich.* Konstanz 1997.

Pahl, Carola. »Die Bedeutung von Wissenschaftsjournalen für die Themenauswahl in den Wissenschaftsressorts deutscher Zeitungen am Beispiel medizinischer Themen«. *Rundfunk und Fernsehen. Zeitschrift für Medien- und Kommunikationswissenschaft* (46) 2–3 1998. 243.

Pöschl, Ulrich. »Interactive journal concept for improved scientific publishing and quality assurance«. *Learned Publishing* (17) 2 2004. 105–113.

Sense About Science (Hrsg.). *Peer review and the acceptance of new scientific ideas.* Discussion paper from a Working Party on equipping the public with an understanding of Peer review. London 2004. (Auch online unter www.senseaboutscience.org.uk/pdf/PeerReview.pdf, Download 25.8.2007.)

Vogel, Gretchen. »Journalism at a Magazine-within-a-magazine«. *Die Wissensmacher. Profile und Arbeitsfelder von Wissenschaftsredaktionen in Deutschland.* Hrsg. Holger Wormer. Wiesbaden 2006. 314–329.

Wormer, Holger. »Kein Beweis, nirgends. Wer zweimal klont, dem glaubt man nicht: Wahrscheinlichkeits- und Unwahrscheinlichkeitsbetrachtungen zu einem Medienereignis«. *Süddeutsche Zeitung* 11.1.2003. 13.

Wormer, Holger. »Selling science in a soap selling style?«. *Journal of Science Communication* (5) 3 2006. 1–2.

Google ist Silber, Zuhören ist Gold!
Wer seinen Gesprächsstil an verschiedene Typen von Wissenschaftlern anpassen kann, erfährt (und versteht) mehr als andere

Holger Wormer

»Das Interview ist die journalistische Chance, über eine Sache oder eine Person mehr zu erfahren, als jemand freiwillig sagen würde.« Der Lehrbuchsatz ist in Werken zur Journalistenausbildung bereits lange vor dem Zeitalter des allgegenwärtigen Internet nachzulesen (z. B. Schlüter 1982). In Zeiten, in denen Journalisten mit Suchmaschinen-Freaks, Bürger-Reportern und Hobby-Bloggern konkurrieren, wird er indes aktueller denn je: Das Interview ist der Mehrwert des Journalismus gegenüber dem Internet: Die Chance etwa, mit Wissenschaftlern persönlich zu sprechen, ist in der Regel Journalisten vorbehalten (Wormer 2006).

Mit Wissenschaftlern möglichst oft direkt reden zu *wollen* unterscheidet somit bereits gute (Wissenschafts-)Journalisten von jenen, die lediglich Tag für Tag bei heruntergelassener Jalousie auf den Rechner und ins Internet starren. Mit Wissenschaftlern reden zu *können* scheint dennoch nicht jedermanns Sache zu sein. Kaum etwas wird häufiger beklagt als die ›Missverständnisse‹ zwischen Journalisten und Wissenschaftlern.

Aber sind es wirklich immer Missverständnisse, oder sind es womöglich oft handwerkliche Fehler? Immerhin ist und bleibt es in erster Linie die Aufgabe des Journalisten, den Kontakt zu seinem Gesprächspartner her- und sich im Gespräch auf ihn einzustellen. Der Journalist ist definitionsgemäß der Kommunikationsprofi; wenn es der Wissenschaftler ebenfalls ist, umso besser (übrigens auch für seine Lehre und seine Studenten). Aber generell erwarten darf man das nicht – trotz aller Anstrengungen von Wissenschaftskommunikatoren und Medientrainern. Der Erfolg eines Gesprächs hängt somit in erster Linie vom Journalisten ab.

In diesem Beitrag werden einige Grundregeln der Gesprächsführung, wie sie im Prinzip für jedes journalistische Recherchegespräch oder Interview[1] gelten, mit speziellen Erfahrungen aus dem Wissenschaftsjournalismus kombiniert. Dabei hat es sich in der Praxis wie in der wissenschaftsjournalistischen Lehre als hilfreich erwiesen, zur Strukturierung bestimmte Grundtypen von Gesprächspartnern zu definieren. Vorbild sind hierbei Typisierungen, wie sie für den allgemeinen Journalismus zum Teil bereits versucht wurden (z. B. Schöfthaler 1998).

---

1 Aus Platzgründen wird in diesem Beitrag weder streng zwischen Wortlaut-Interview und Recherchegespräch noch zwischen Telefonrecherche und persönlichem Gespräch vor Ort unterschieden. Nur sofern gravierende Unterschiede vorliegen, ist dies extra vermerkt.

Wenngleich solche Typisierungen nicht unproblematisch sind, da sich weder Wissenschaftler noch andere Menschen einfach in Schemata pressen lassen, so zeigt doch die Erfahrung aus zahlreichen Weiterbildungs-Seminaren, dass fast jedem Wissenschaftsjournalisten bestimmte Grundtypen unter seinen bisherigen Gesprächspartnern einfallen, mit denen er oder sie schon einmal konfrontiert war. Die hier versuchte Typisierung, die aus Platzgründen zum Teil mehrere Grundtypen zusammenfasst, soll daher nicht zuletzt dazu anregen, Interviews und Befragungen eben nicht streng nach einem im allgemeinen Journalistenlehrbuch festgelegten Einheitsschema abzuspulen, sondern sich individuell auf den jeweiligen Gesprächspartner einzustellen.

Das bedeutet umgekehrt, dass sich der Journalist dabei auch selbst oft auf eine eigene Rolle einlassen muss – vom wissbegierigen, untergebenen Schüler über den wissenschaftlichen Kollegen bis hin zum beratenden Medienpsychologen oder Herausforderer. Was Peter Linden und Christian Bleher (2005) für die Praxis des allgemeinen Journalismus formulieren, gilt für den Wissenschaftsjournalismus gleichermaßen: »Die Rollenspiele des Journalisten sind keine Modeerscheinungen, sondern Optionen eines Profis.«

Wer also beispielsweise, wie gerade junge Wissenschaftsjournalistinnen gelegentlich berichten, vom älteren Professor wie ein kleines Schulmädchen behandelt wird, hat einerseits die Option, den Gesprächspartner auf sein unangemessenes Verhalten aufmerksam zu machen, anderseits aber auch die Option, die Rolle mitzuspielen – und auf diese Weise womöglich mehr zu erfahren, weil der Gesprächspartner sie unterschätzt und frei heraus Dinge erzählt, die er dem Typ eines knallharten Reporters wohl eher nicht erzählen würde.

1. Grundregeln für Dr. Jedermann: Zuhören (!) in möglichst angenehmer Atmosphäre

»Basis der Gesprächsführung ist eine neutral-wohlwollende Haltung [...] gegenüber jedem Gesprächspartner«: Was Bernd Gasch (1985: 152) nach dem Vorbild von Walter Toman (1968) für die psychologische Gesprächsführung formuliert, lässt sich im Grundsatz auch auf journalistische Recherchegespräche übertragen. Michael Haller (2000: 223) formuliert es beispielsweise so: »Er [d.i. der Rechercheur] spricht in betont sachlichem Ton; er bleibt freundlich und gibt sich neutral bis distanziert.«

Besonders zu Beginn eines Gesprächs wird sich ein Journalist also bemühen, eine angenehme Atmosphäre zu schaffen.[2] Gelingt das trotz mehrerer Versuche nicht oder geht es im Laufe des Gesprächs verloren, kann es hilfreich sein, die gestörte Atmosphäre zu thematisieren (z.B. durch Metakommunikation wie: »Ich habe das Gefühl, wir reden aneinander vorbei.« Oder: »Sie möchten auf diese Frage gar nicht antworten. Woran liegt das?«).

Die ›neutral-wohlwollende‹ Haltung beginnt im Übrigen bereits vor dem Gespräch. Beim persönlichen Besuch gehört schon die Auswahl des Gesprächsortes dazu: Das Kühlhaus oder

---

[2] Dies gilt im Grundsatz auch für den Beginn heikler Recherchegespräche. Auch hier sollte man den Gesprächspartner nicht gleich zu Beginn mit den heiklen Punkten konfrontieren, wenngleich es hier im weiteren Verlauf naturgemäß unvermeidlich ist, die Harmonie zu stören: Wer beispielsweise einen klinischen Mediziner fragen muss, was er zu den Vorwürfen sagt, dieser habe Patientendaten gefälscht, wird von diesem Moment an wohl nur noch bedingt mit einer neutral-wohlwollenden Haltung aufgenommen werden.

die laute Maschinenhalle eines Labors etwa sollten Fragen vorbehalten bleiben, bei denen es um Sachverhalte geht, die nur dort erklärt werden können. Die wichtigste Frage beim Laborbesuch lautet: »Was ist das hier? Was ist das dort?« Allgemeine Recherchefragen der Art: »Wie wurden Sie eigentlich Wissenschaftler?« lassen sich meist besser beim Kaffee im Büro oder beim gemütlichen Spaziergang über den Campus klären.

Für die Telefonrecherche hat Ele Schöfthaler (1998) ein angemessenes Verhalten von Journalisten so auf den Punkt gebracht: »Bevor Sie zum Telefonhörer greifen, versuchen Sie bitte, sich zumindest kurz in Ihr Gegenüber zu versetzen. Womit ist er oder sie gerade beschäftigt? Aus welcher Arbeit reißen Sie Ihr Gegenüber?« Auch zu Beginn des Gesprächs kann es dann hilfreich sein, auf die Situation des anderen einzugehen und mit entsprechenden ›Eisbrecherfragen‹ gemeinsame Anknüpfungspunkte zu suchen, die eine erste Vertrauensbasis schaffen.

Zur angenehmen Gestaltung eines Gesprächs gerade mit einem Wissenschaftler gehört aber auch eine gewisse Vorbereitung; die Abfuhr – »Lesen Sie sich erst einmal ein, bevor Sie wieder anrufen« – scheint keine Seltenheit zu sein. Umgekehrt sollte man den ebenfalls häufigen Fehler vermeiden, die neue *Nature*-Veröffentlichung von Herrn oder Frau Professor vor dem Gespräch erst zwei Tage lang durchzuarbeiten. Besonders wer bei seinem Beitrag auf keinen Fall ohne O-Ton eines Wissenschaftlers auskommt, sollte sich vor dem ausführlichen Studium der Fachzeitschriften zumindest durch einen kurzen Anruf vergewissern, dass der Gesprächspartner auch erreichbar ist und nicht zwei Stunden später zu einer zweiwöchigen Vortragsreise nach Asien oder zu einer dreimonatigen Ausgrabung in Afrika aufbricht. Im Notfall muss dann das rudimentäre Wissen über die Forschungsarbeit genügen, um wenigstens die eine oder andere zentrale Frage stellen zu können.

Neben der Gabe, eine vertrauensvolle und angenehme Gesprächs-Atmosphäre zu schaffen, ist für Wissenschaftsjournalisten eine weitere Fähigkeit unerlässlich: Auch wenn es wieder einmal langatmig, umständlich oder viel zu kompliziert wird, sollte man konzentriert zuhören können. Bei komplexen Wissenschaftsthemen ist konzentriertes Zuhören nicht zuletzt auch deswegen unerlässlich, weil wegen der hohen Informationsdichte oft schon im Gesprächsverlauf entschieden werden muss, welche Detail-Informationen sich sofort ignorieren lassen und welche Sachverhalte andererseits unbedingt durch weiteres Nachfragen geklärt werden müssen, um nicht völlig den Anschluss zu den zentralen Punkten einer Forschungsarbeit zu verlieren.

Was im Gespräch wichtig ist und was nicht, hängt naturgemäß jedoch auch vom Rechercheziel ab, wird bei einem Porträt oder einem Interview zur Person anders sein als bei einem Erklärtext. Ein Grundkonzept, ein grobes Fragegerüst und vor allem die innere Frage »Was will ich eigentlich wissen?« sind aber immer die Basis für gutes Zuhören. Umgekehrt gilt: Gerade wer gut zuhört, wird an Nebensätzen oder ungewöhnlichen Antworten auch merken, wann es sich lohnt, das ursprüngliche Konzept zu verlassen und spannende Dinge zu erkennen, die der Gesprächspartner eigentlich auch noch sagen möchte (Gasch 1985: 154 f.). Nicht vergessen sollte man in diesem Sinne auch die journalistische Jokerfrage am Schluss: »Gibt es noch etwas, was Sie gerne erwähnen möchten, wonach ich aber nicht gefragt habe?«

2. Versuch einer Typisierung

2.1 Der Fachchinese: Vokabeln lernen für Reisen in ein unbekanntes Land

Manchmal ist das Gespräch mit einem Wissenschaftler wie die Reise in ein unbekanntes Land: Der mit fremdartigen Fachbegriffen jonglierende Forscher ist einer der von Journalisten am häufigsten beklagte Grundtyp des Gesprächspartners. Und wenngleich einige Journalisten feststellen, dass sich die Kommunikationsfähigkeit in den vergangenen zehn Jahren deutlich verbessert habe (Berg 2007), liegt auch hier der erste Schritt zum besseren Verständnis vor allem in der Verantwortung des Journalisten.

Der Vergleich mit einer Auslandsreise mag dabei hilfreich sein: Wer in einem unbekannten Land ankommt und keine einzige Vokabel beherrscht, tut sich schon mit einfachsten Alltagssituationen schwer. Wer möchte, kann sich nun bitter darüber beklagen, dass niemand dort seine Sprache spricht – und derweil verhungern und verdursten. Wer vorher hingegen auch nur jene wenigen Worte gelernt hat, die üblicherweise auf einer einzigen Seite eines einfachen Reiseführers abgedruckt sind, kann mit Vokabeln wie ›ja‹ und ›nein‹, ›Wasser‹ und ›Brot‹ bereits gut sein Überleben sichern.

Versteht der Journalist durch vorheriges Lernen solcher zentralen Fachvokabeln (evtl. gleich in der Sprache des Gesprächspartners oder der Vortragssprache auf einer Tagung) zumindest die Kerninformationen, macht er bereits einen großen Sprung nach vorne. Denn das Gehirn besitzt, wie anschaulich etwa aus Kreuzworträtseln bekannt, eine bemerkenswerte Fähigkeit, ein Maximum von Informationen aus dem Kontext zu ergänzen – jedenfalls dann, wenn zunächst einmal eine gewisse Ausgangsbasis geschaffen ist (siehe auch Beispiel im Kasten).

Muss man wirklich jedes Wort, jeden Buchstaben verstehen, den ein Wissenschaftler im Recherche-Interview sagt? Wie groß das Potenzial des Gehirns ist, fehlende Buchstaben (oder generell Teilinformationen) zu ergänzen, verdeutlicht folgende Plakatwerbung der Deutschen Städtereklame, wie sie vor wenigen Jahren an zahlreichen Bahnhöfen und Litfaßsäulen zu sehen war:

k _ t k _ t   (2/3 der Basis-Information vorhanden, 1/3 aus dem Kontext zu ergänzen)
_ g f _   (50 Prozent der Information vorhanden, 50 Prozent zu ergänzen)

Wenn die Werbung dem flüchtigen Passanten so viel Ergänzungspotenzial zutraut, um hier bekannte Markennamen zu erkennen, sollte das den Journalisten zumindest ermuntern, auch an den Fremdworten seines wissenschaftlichen Gesprächspartners dranzubleiben!

Doch selbst wenn der Journalist sich die wesentlichen Kernvokabeln angeeignet hat und nun nicht mehr Gefahr läuft, ein ganzes Interview lang einem ›Mondegreen‹ aufzusitzen wie bei schwer verständlichen englischen Liedtexten, ist das noch lange kein Garant für ein gutes Gespräch oder gar zitier- bzw. sendefähige O-Töne. Denn das Gespräch mit dem Journalisten ist für viele Wissenschaftler eine Art Dozentensituation: Wie bei einem Vortrag scheint es nicht zuletzt darum zu gehen, das Publikum mit fachlicher Kompetenz und wissenschaftlichem Duktus zu beeindrucken.

Da hilft es auch nicht viel, wenn der Journalist in seiner Verzweiflung auf den »dummen Leser oder Zuschauer« verweist, für den der Sachverhalt noch einmal ganz einfach erklärt werden muss. Der Wissenschaftler hat womöglich eher im Kopf, wer denn neben den einfacher gestrickten Rezipienten noch so zuschauen könnte (etwa aus der ›scientific community‹), und bleibt sicherheitshalber in der Dozentenrolle. Ein bewährtes Mittel, den Gesprächspartner aus dieser gewohnten Rolle herauszuholen, kann etwa so aussehen:

Journalist: »Mal eine ganz andere Frage: Haben Sie eigentlich Kinder?«
Wissenschaftler: »... Äh ... ja, zwei.«
Journalist: »Und wie alt sind die?«
Wissenschaftler: »Drei und sieben.«
Journalist: »Gut. Dann stellen Sie sich folgende Situation vor: Ein gemeinsames Sonntagsfrühstück mit der Familie, die Sonne scheint auf den Tisch, frische Brötchen duften, alles ist ganz gemütlich. Und dann fragt Sie Ihre siebenjährige Tochter, wie man denn eigentlich klont. Wie würden Sie ihr das mit einfachen Worten erläutern?«

Nun gibt es natürlich keine Garantie, dass sich der Wissenschaftler auf dieses Gedankenexperiment einlässt. Womöglich ist er sogar verärgert, weil er seine Familie von beruflichen Dingen fernhalten möchte, er gar keine Kinder hat oder in Scheidung lebt. Also Vorsicht (und ggf. Vor-Recherche)! Die Erfahrung zeigt aber, dass der Versuch, einen Wissenschaftler auf ähnliche Weise aus seiner gewohnten, mit Fachsprache durchsetzten Dozentenrolle herauszulocken, nicht selten von Erfolg gekrönt ist. Der Vorteil: Fällt er nach zwei Sätzen wieder ins Fachchinesisch zurück, kann man ihn durch die fiktive Referenzsituation leichter wieder einfangen (»Das hätte Ihre Siebenjährige am Frühstückstisch aber jetzt nicht verstanden ...«).

2.2 Der arrogante Eilige: wirklich nur der Wissenschaftler?

Ist es wirklich immer der gestresste Wissenschaftler? Oder ist der ›arrogante Eilige‹, von dem viele Journalisten berichten, bei genauer Betrachtung nicht häufig auch der gestresste Journalist, der mal schnell irgendwo anruft und immer davon ausgeht, dass man sich sofort um ihn kümmert; zur Not kann man den Professor für Chirurgie ja mal wohl kurz aus dem OP holen, schließlich haben wir ja unseren Redaktionsschluss!

Man sollte sich jedenfalls bewusst machen, dass es sie tatsächlich gibt, jene Wissenschaftler, die wirklich kaum noch Zeit haben. Und der gestresste Journalist tut gut daran, mit ihnen so umzugehen, wie er es sich selber wünschen würde, wenn Leute seine knappe Zeit beanspruchen. Natürlich kann die Eile des Wissenschaftlers auch ein Vorwand sein; man darf also durchaus verständnisvoll nachfragen, warum es denn gerade so hektisch ist. Dann aber wird schnell eine Entscheidung fällig: Reicht es aus, einen späteren Termin zu vereinbaren? Oder gibt es kaum eine zweite Chance, den Gesprächspartner überhaupt nochmals zu erreichen? Und womöglich will man auch eine spontane Aussage erhalten, ohne dem Gegenüber viel Zeit zu geben, sich vorzubereiten? Immerhin kommt es inzwischen durchaus vor, dass Wissenschaftler den anrufenden Journalisten erst einmal einer groben Personenkontrolle unterziehen, bevor sie weiter mit ihm sprechen (»Ich habe mal im Internet geprüft, was Sie so geschrieben haben, und Sie scheinen die Grüne Gentechnik zum Glück ja eher positiv zu sehen, also fragen Sie einfach.«).

Wer zu dem Schluss kommt, dass ein Statement genau jenes eiligen Wissenschaftlers am anderen Ende der Leitung unentbehrlich ist, tut gut daran, die persönliche und fachliche Bedeutung des Eiligen für das spezielle Thema zu unterstreichen. Er tut gut daran zu erklären, warum es wichtig, womöglich sogar im ureigenen Interesse des Wissenschaftlers selbst ist, mit dem Journalisten zu sprechen, da man sonst womöglich nur die Aussage des Konkurrenten Y drucken kann. Nur in heiklen Fällen sollte am Schluss auch noch die letzte große Keule ausgepackt werden: »Dann kann ich nur schreiben, dass Sie für ein Statement nicht zur Verfügung standen, und das sieht dann dummerweise so aus, als hätten Sie etwas zu verbergen.«

Bleibt aus nachvollziehbaren Gründen tatsächlich keine Zeit (wer will dafür verantwortlich sein, wenn der Gesprächspartner wirklich sein Flugzeug verpasst?), so kann man sich auf den Handel einlassen, das Gespräch mit der privaten Handy-Nummer als Gegenleistung zunächst zu beenden, um den Wissenschaftler dann später, vielleicht auf dem Weg zum Flughafen, nochmals anzurufen (und im Übrigen auch in dringenden Fällen in der Zukunft, sofern man die Nummer einmal gespeichert hat). In einigen Fällen kann es hilfreich sein, sich zumindest schnell Literatur nennen zu lassen; vielleicht hat der Forscher im Magazin seiner Universität oder auf seiner Homepage mal einen ausführlichen, allgemeinverständlichen Text zum Thema verfasst, den die Sekretärin faxen kann. Auch ein Vorgehen nach dem Motto »Wenigstens zwei Fragen jetzt, alles andere dann später, wenn mehr Zeit ist« kann ein guter Kompromiss sein – der allerdings eine strenge Fragehierarchie voraussetzt: Welche Fragen muss man unbedingt loswerden? Für (berechtigten) Ärger sorgt in diesem Falle der Journalist, der ohne Begründung (z.B. »Wir brauchen das in unserer Beitragsdramaturgie unbedingt als Originalzitat, weil ...«) fragt, was man tatsächlich in jedem Lexikon nachlesen kann.

Nicht selten kommt es übrigens vor, dass der Gesprächspartner anfangs eigentlich gar keine Zeit hatte, und dann dauert das Gespräch, wenn es einmal begonnen hat, plötzlich doch eine volle Stunde.

2.3 Der verschlossene Medienkritiker: outen oder nicht?

Manche Journalisten finden in Weiterbildungsseminaren noch härtere Worte für diesen Typus von Wissenschaftler: Da ist vom ›Medienhasser‹ die Rede, der Journalisten sozusagen für eine im biologischen System niedrig angesiedelte Art hält. Das ist nicht nett, aber was nützt es: Will der gekränkte Journalist unbedingt mit diesem Experten sprechen, muss er mit dessen Haltung zurechtkommen. Und vor allem: Wer will jenem Wissenschaftler seinen Frust verdenken, der tatsächlich schon extrem schlechte Erfahrungen mit Journalisten gemacht hat?

Neben generellen Interviewstrategien, schweigsamen Gesprächspartnern ein paar Worte mehr zu entlocken (z. B. Pausen aushalten, Emotionen wecken, offene Fragen oder provokante Suggestiv-Fragen stellen, auf Andeutungen achten, worüber der Gesprächspartner gerne sprechen würde etc.), sollte es im Falle des Medienhassers ein Ziel sein, das in die journalistische Zunft verlorene Vertrauen ein Stück weit zurückzugewinnen.

Für einen wissenschaftlich besonders qualifizierten Journalisten stellt sich gerade in dieser Situation häufig die Frage, ob er oder sie sich outen soll als jemand, der selbst ›vom Fach‹ ist, also zumindest das Gleiche studiert hat. In der Tat kann das ein hilfreiches Mittel sein – sofern man sich mit dem Thema wirklich etwas auskennt. Aber Vorsicht: Die Freude oder das Vertrauen des Wissenschaftlers (»Endlich mal ein Journalist, der mich versteht ...«) kann schnell zum Fachgespräch unter Forscherkollegen mutieren, das der Journalist später mühsam für Leser oder Zuhörer aufbereiten muss. Die Vermittlungsleistung bleibt dann allein am Journalisten hängen; gute Originalzitate oder bildhafte Vergleiche sind in Fachgesprächen unter Kollegen eher selten. Bewährt hat sich in vielen Fällen ein Mittelweg: Man nutzt seine eigene Qualifikation, um Vertrauen zu gewinnen, und weist später auf die gemeinsame (!) Aufgabe hin, wie man die Sache denn jenen armen Menschen nahebringen kann, die eben nicht ›vom Fach‹ sind.

Wer als Journalist selbst nun auch nicht gerade vom Fach ist, wird versuchen, den Gesprächspartner auf andere Weise von seiner Seriosität oder der des Mediums, für das man arbeitet, zu überzeugen. Über simple Beteuerungen (»Bei uns ist alles anders!«) hinaus kann es hier sinnvoll sein, auf die Befürchtungen des Wissenschaftlers einzugehen, etwa konkret nach den schlechten Erfahrungen zu fragen, die er oder sie mit anderen Medien gemacht hat. Extrem hilfreich ist es gegebenenfalls, auf frühere Kontakte hinzuweisen (»Wir haben uns auf der Tagung in xy schon einmal kennengelernt ...«), nach anderen Wissenschaftlern (Konkurrenten?!) als weitere Gesprächspartner zu fragen oder in Ausnahmefällen und nach sorgfältiger Abwägung (!) von sich aus eine Autorisierung einzelner Zitate anzubieten. Auch ein sanfter Appell an den Bildungsauftrag des Wissenschaftlers in Zeiten von PISA- und anderen (angeblichen oder tatsächlichen) Wissensdefiziten in der Gesellschaft und den verhassten Medien. Denn: Wer ist mehr dazu aufgerufen, solche Defizite zu verringern, als jemand, der diese selbst so deutlich verspürt hat wie der skizzierte Medienhasser?

2.4 Der zerstreute Geschwätzige: ›ab-erzählen‹ lassen und Kanäle bauen

Eigentlich kann einem Journalisten nichts Besseres passieren: Statt (wie aus dem verschlossenen Medienkritiker) tropfenweise eine Information nach der anderen herauskitzeln zu müssen, sprudelt es aus anderen Gesprächspartnern nur so heraus. Hier gilt es eigentlich nur, den enormen Redefluss in die richtigen Kanäle zu leiten – und gelegentlich einzudämmen. Als nützlich erweist es sich hierzu meist, den Gesprächspartner zunächst ein wenig ›ab-erzählen‹ zu lassen, damit der größte Druck erst einmal heraus ist aus der Kommunikationsleitung. Die größte Gefahr dabei besteht darin, sich einlullen zu lassen. Es ist mitunter eine echte Herausforderung, konzentriert zu bleiben, damit man im Redeschwall des Forschers nicht gerade die eine Information verpasst, die besonders wichtig gewesen wäre.

Gerade unter Zeitdruck kann es jedoch mehr als lästig sein, wenn man sich weitschweifigen Antworten ausgesetzt sieht. Hier empfiehlt es sich, höflich aber bestimmt den (engen) Zeitrahmen in einer Redaktion klarzumachen, der dem Gesprächspartner oft nicht bekannt ist (»Ach, Sie haben um 17 Uhr schon Redaktionsschluss?«). Und nur wer konzentriert bleibt, kann kleinste Pausen im Satz vorher erahnen, um dann mit einer Frage (und vor Ort gleichzeitig mit der entsprechenden Körpersprache) dazwischenzugehen – oder mit dem dezenten Hinweis, dass man etwas nicht verstanden habe. Dass geschlossene Fragen und ggf. das Insistieren darauf den Redefluss bremsen können, gilt für Wissenschaftler ebenso wie für andere Gesprächspartner.

Auch kann es hilfreich sein, den Wissenschaftler daran zu erinnern, dass er sich selbst disziplinieren muss (etwa mit Humor: »Soll ich das wirklich alles schreiben?«), oder dem zerstreuten Professor eine klare Struktur vorzugeben – schließlich möchte er doch auch nicht, dass die Aussagen, die ihm besonders wichtig sind, angesichts beschränkter Zeilen und Sendeminuten verloren gehen. Diese strikte Zeit- und Raumbeschränkung der Medienwelt auf einige wenige Kerninformationen ist vielen Gesprächspartnern ebenso wenig klar wie die übrigen, für Journalisten selbstverständlichen redaktionellen Abläufe.

2.5 Der Verkäufer: Verschweigen fällt leichter als Lügen

»Wollen Sie nicht vielleicht lieber über unser anderes Projekt schreiben ...«: Solche und ähnliche Sätze gehören zu den Stereotypen von Forschung verkaufenden Forschern – und sie werden nicht seltener werden in Zeiten eines wachsenden Drittmitteldrucks. Sofern es die Zeit zulässt, gilt Ähnliches wie beim eng verwandten Typ des Geschwätzigen: Erst einmal ›abverkaufen‹ lassen! Wer dann plausibel begründen kann, warum das Wunschthema des Wissenschaftlers keines für den Journalisten ist (»Darüber haben wir gerade erst berichtet; heute geht es um das andere Thema, weil ...«), hat oft schnell Ruhe vor eigenartigen Alternativvorschlägen.

Schwieriger ist es schon, wenn der Wissenschaftler Aspekte des Themas, über das man tatsächlich schreiben will, über die Maßen gut verkauft. Auch hier gilt: Nicht gleich in die schillerndsten Darstellungen eines Versuchs-Ergebnisses eingreifen, sondern erst einmal in Ruhe zuhören, vielleicht sogar die Begeisterung teilen (»Das war bestimmt nicht leicht, das so gut nachzuweisen ...«) und erst im späteren Verlauf des Gesprächs kritisch nachfragen. Und auch hier kann es von Vorteil sein, als Journalist unterschätzt zu werden und das eigene Fachwissen nicht geoutet zu haben.

Wer nach einer klassischen Recherchestrategie vorgegangen ist (»von außen nach innen« oder »zwischen den Lagern pendeln«; siehe Haller 2000; Netzwerk Recherche 2003), besitzt womöglich genug Vorinformationen, um seinen Gesprächspartner im weiteren Verlauf des Gesprächs nach und nach in die korrigierende Defensive zu bringen, wenn dieser es doch ein wenig übertrieben hat mit angeblich sensationellen Forschungsresultaten.

Dabei empfiehlt es sich, nicht selber als Kontrahent oder Gegen-Experte aufzutreten, sondern die Kritik sozusagen im Spiel über Bande anzubringen (»Die Konkurrenz aber behauptet ...« oder »In einer kanadischen Studie heißt es dagegen ...«). Auch lässt sich die Frage nach finanziellen Interessen, dem Verkauf der Forschungsresultate im wörtlichen Sinne, durchaus im positiven Sinne formulieren: »Haben Sie denn schon eine Firma als Partner, die Ihre Resultate vermarkten könnte …?« oder: »So ein Resultat wird man sich doch sicher patentieren lassen, oder …?«. Dass die Antwort hier oft »ja« lautet, ist natürlich keineswegs gleich als verwerflich anzusehen: Wissenschaftler sind heute mehr als je zuvor dazu aufgefordert, ihre Forschungsresultate in eine kommerzielle Anwendung zu transferieren. Verwerflich oder zumindest verdächtig ist es aber, wenn finanzielle oder personelle Verflechtungen nicht transparent gemacht werden.

Wer keine Zeit hatte, vor dem Gespräch seine Recherche-Hausaufgaben zu machen, kann die Behauptungen und die Seriosität seines Gesprächspartners immer noch an diesem selber auf Glaubwürdigkeit überprüfen (»Aber mal unter uns: Einen Haken hat die Sache doch sicher …?«). Auch empfiehlt es sich, nach gegenteiligen Meinungen zu fragen (»Sind die Resultate eigentlich Konsens in der Community oder gibt es Kritiker?«). Hier kann man davon ausgehen, dass Wissenschaftler wie andere Menschen zwar bemüht sind, sich und ihre Arbeit in gutem Licht darzustellen und Nachteile eher zu verschweigen. Die Hemmschwelle aber, den Journalisten über mögliche Schattenseiten frech zu belügen, ist indes deutlich höher – jedenfalls dann, wenn konkret (etwa mit geschlossenen Fragen) danach gefragt wird.

2.6 Der Anruf im Sekretariat: Bitte mehr Respekt!

Es müssen wohl die härtesten Tage im Arbeitsleben von Frau Ahlemeyer gewesen sein, der Sekretärin eines gewissen Herrn Wiestler, Anfang Juni 2001 noch Stammzellforscher an der Universität Bonn. Damals sah sich die Sekretärin einem Ansturm von Journalisten ausgesetzt, die alle nur eines wollten: mit ihrem Chef über umstrittene Importe embryonaler Stammzellen sprechen.

Doch nicht nur bei einem derart extremen Medienansturm ist etwas Verständnis für die Assistenten eines Wissenschaftlers angebracht – das man als Journalist auch durchaus einmal offen ausdrücken kann.[3] Und schon bei einem einfachen Anruf gilt: Der Weg zum Wissenschaftler führt nicht selten über das Herz der Sekretärin, und es sollte (eigentlich!) selbstverständlich sein, dass der hektisch nach einem Gesprächspartner suchende Journalist auch die nicht-wissenschaftlichen Mitarbeiter des begehrten Experten nicht nur als unliebsame Hindernisse auf dem Weg zum O-Ton behandelt.

Immerhin sind diese Mitarbeiter oft in einer vertrackten Situation: Einerseits haben sie womöglich die strikte Anweisung, Anrufer abzublocken, andererseits müssen sie im Einzelfall entscheiden, wo sie eine Ausnahme machen. Und in der Tat scheint man im Sekretariat häufig überrascht zu sein, dass der Chef, der gerade für niemanden zu sprechen ist, nun ausgerechnet für einen Journalisten doch eine Ausnahme macht. Dazu aber muss der Chef über-

---

3   In diesem speziellen Fall erschien es sogar (entgegen der oft verbreiteten journalistischen Lehrmeinung) gerechtfertigt, die Situation der Sekretärin als Symbolfigur für die Extremsituation auch im fertigen Artikel zu erwähnen (Wormer 2001).

haupt erst von dem Anrufer erfahren, und dazu wiederum muss man im Vorzimmer überzeugend darlegen, dass auch der Wissenschaftler sicher ein Interesse daran hätte, mit dem Journalisten zu sprechen. Auf ein bloßes »Rufen Sie später wieder an« sollte man sich daher nie einlassen, auf das vorherige Zusenden von Fragen per E-Mail bestenfalls in Ausnahmefällen. In jedem Fall aber sollte man höflich den Namen des Gesprächspartners im Sekretariat erfragen (»Auf wen kann ich mich berufen?« oder: »Wer hat mir jetzt so freundlich weitergeholfen?«) und dort eine konkrete Spur seines Anrufs hinterlassen, etwa derart: »Können wir vielleicht zweigleisig fahren: Sie notieren sich kurz meine Nummer, und ich versuche es später auch selbst noch einmal?«

Wenn der Journalist aber trotz aller Hartnäckigkeit gar nicht am Sekretariat vorbeikommt, dann bleibt noch der altbewährte Versuch, über eine zufällig gewählte Nebenstellen-Nummer verbunden zu werden, oder die Taktik der späten Stunde: Wer nach 18 Uhr anruft, landet oft direkt bei seinem Gesprächspartner – denn dann ist die Sekretärin in der Regel längst nach Hause gegangen.

2.7 Der ›Behördenwissenschaftler‹ und die Auskunftspflicht

Während man bei verschlossenen Wissenschaftlern an Hochschulen und ähnlichen Einrichtungen in der Regel zunächst mit einer moralischen Verpflichtung auf Informationen (Bildungsauftrag etc.) argumentieren wird, kann es im Extremfall auch hilfreich sein, auf die Auskunftspflicht von Behörden und von Einrichtungen (bis hin zu Unternehmen) zu verweisen, die in staatlichem Besitz sind oder hoheitliche Aufgaben wahrnehmen. Somit unterliegen also nicht nur Bundes- und Landesämter einer gewissen Auskunftspflicht, sondern auch Hochschulen.

Der Haken: Die Wissenschaftsfreiheit (Artikel 5 Grundgesetz) berechtigt sie, Forschungsdaten geheim zu halten. Außerdem kann Auskunft nur von der Hochschulleitung bzw. ihrer Pressestelle (nicht von jedem einzelnen Wissenschaftler) verlangt werden. Hält die Pressestelle die Angelegenheit für zu kompliziert, muss sie die Auskunft auch nicht telefonisch geben – einige der Gründe dafür, warum Medienrechtler in der Auskunftspflicht generell eher »ein stumpfes Schwert« (Udo Branahl zitiert nach Kah 2004) sehen.

Einen Versuch ist es dennoch wert, in heiklen Fällen die übertriebene Schweigsamkeit eines ›Behördenwissenschaftlers‹ mit Verweis auf die (zumindest prinzipielle) Auskunftspflicht aufzuweichen. Gleiches gilt für das seit dem 1. Januar 2006 in Kraft getretene Informationsfreiheitsgesetz. Wenngleich Experten hier eher zu viele Ausnahmeregelungen beklagen (Prantl 2006), bietet es doch zumindest einige neue Ansatzpunkte, um Informationen zu erhalten.

Aber Vorsicht: Wer zu sehr mit der Gesetzeskeule droht, erreicht schnell das Gegenteil, und der Gesprächspartner sagt gar nichts mehr. Umgekehrt gilt: Verweigert ein Wissenschaftler (an einer Behörde oder an einer Hochschule) Auskünfte mit Hinweis auf Gesetze und Vorschriften – hier ist der Verweis auf einen angeblichen »Datenschutz« besonders beliebt –, so lassen Sie sich konkret die Paragraphen oder die Regelung nennen, auf die der Gesprächspartner sich bezieht. Für so manchen Auskunftsunwilligen, der sich aus Bequemlichkeit hinter pauschalen Vorschriften verschanzt hat, ist es dann womöglich mühseliger, diese konkreten Regelungen (sofern überhaupt existent) herauszukramen, als die gewünschten Informationen herauszugeben.

3. Die Sonderfälle: das Flurgespräch und die Pressekonferenz

Wenn es um Hintergründe und wirklich Exklusives geht, ist der Wein auf dem Flur eines Konferenzzentrums bekanntlich häufig wichtiger als der wissenschaftliche Vortrag im Saal. Verlage und Redaktionen, die es ihren Mitarbeitern grundsätzlich verwehren, am ›get together‹ einer Tagung oder sonstigem Rahmenprogramm teilzunehmen, werden von dort also kaum mit außergewöhnlichen Geschichten rechnen können. Voraussetzung für eine fruchtbare Nutzung der ›Umfeldkommunikation‹ auf einer Tagung ist natürlich, der Journalist ist tatsächlich gewillt, den ungezwungenen Rahmen intensiv zu Gesprächen zu nutzen und nicht nur zum Schnittchenessen. Für den nächsten Anruf bei einer Recherche kann schon der Hinweis, auf einer Tagung mit dem Wissenschaftler ein paar Worte gewechselt zu haben, ein wertvoller Türöffner sein (siehe oben).

Häufiger als die informellen Flurgespräche beklagen Journalisten indes die Pressekonferenzen auf Tagungen, auf denen »man ja gar nichts erfahren« habe. Auch hier seien zwei kritische Anmerkungen erlaubt: Selbst schlechte Pressekonferenzen lassen sich meist zumindest nutzen, um sich (auch für Themen in der ferneren Zukunft) ein Bild von potenziellen Gesprächspartnern zu machen. Und wenn man »nichts erfahren« hat, könnte das zwar an den Wissenschaftlern vor den Mikrofonen gelegen haben, zum Teil aber ebenso an den schläfrigen Journalisten im Saal – die doch eigentlich zahlenmäßig meist in der Übermacht sind!

Daher der Appell: Wer auf Pressekonferenzen möglichst viel erfahren möchte, hört auch dem zu, was Kollegen anderer Medien fragen. Und er verleiht deren Fragen durch eigenes Nachhaken womöglich mehr Nachdruck, wenn diese ausweichend beantwortet werden. Auch kann es in manchen Fällen sinnvoll sein, sich mit bekannten Kollegen anderer Medien vorher abzusprechen und Antwortausweichler in ein kleines Kreuzverhör zu nehmen (»Ich finde, Sie haben die Frage des Kollegen noch nicht beantwortet ...«). Die häufig zu beobachtende Angst von Journalisten, man könne auf der Pressekonferenz womöglich zu viel Exklusives über das eigene Recherche-Thema verraten, ist bei Licht betrachtet jedenfalls meist unbegründet. Und Aktenordner mit vertraulichen Exklusiv-Informationen darin werden auf Pressekonferenzen bekanntlich ohnehin nicht verteilt.

4. Und dann war da noch: der vorauseilende Gehorsam der Autorisierung

Die Angst von Wissenschaftlern, falsch zitiert zu werden, ist größer als etwa von Politikern – so jedenfalls lautet die landläufige Meinung. Systematische Studien dazu sind den Herausgebern dieses Buches allerdings nicht bekannt. Und wenn man bedenkt, wie so mancher Politiker mittlerweile mit Zitaten umgeht, wenn man die Klagen von Kollegen hört, dass Firmensprecher zunehmend dazu neigen, auch die Fragen des Journalisten bei der Autorisierung von Wortlautinterviews gleich noch umzuformulieren, dann darf man seine Zweifel haben, ob Wissenschaftler mit Zitaten heute tatsächlich restriktiver umgehen als andere Berufsgruppen. Die Unsitte einer an Zensur grenzenden Autorisierung in Politik und Wirtschaft nahmen am 28. November 2003 sogar gleich mehrere große Zeitungen zum Anlass, in parallelen Beiträgen über Sinn und Unsinn dieser Praxis zu berichten.[4]

Dass es indes viele Gründe gibt, warum auch Wissenschaftler Angst haben vor dem falschen Zitat in den Medien, ist unbestritten: Da ist die befürchtete Blamage vor den Fachkollegen. Oder bereits das ungute Gefühl für Menschen, die es sonst (im Wissenschaftsbetrieb) gewohnt sind, das letzte Wort über einen Text zu haben. Und nun kommt da so ein Journalist daher und will tatsächlich etwas schreiben, das der Professor am Schluss nicht abgesegnet hat!

Vielleicht ist die Frage nach den Regeln der Autorisierung bei Wissenschaftsjournalisten in Weiterbildungsseminaren aber auch deshalb eine der häufigsten Fragen überhaupt, weil Wissenschaftsjournalisten womöglich häufiger umformulieren und von Fachbegriffen durchzogene O-Töne übersetzen müssen als ihre Kollegen aus der Politikredaktion (die ihrerseits vielleicht mehr mit Worthülsen zu kämpfen haben …). Und in der Tat gilt: Je stärker Inhalte in der sinngemäßen Wiedergabe umformuliert wurden, desto mehr empfiehlt es sich, den Gesprächspartner noch einmal darübersehen zu lassen.

Wie aber sieht die Rechtslage aus? Generell gilt: Zitate müssen stimmen. Das gilt sowohl für die sinngemäße wie auch für die wörtliche Wiedergabe des Gesagten. Formuliert der Journalist die Antworten des Wissenschaftlers um, darf er sie nur dann als wörtliches Zitat verwenden, wenn der Wissenschaftler dem zugestimmt hat. Im Übrigen reicht es aus, wenn der Journalist dem Wissenschaftler klarmacht, dass er Journalist ist und mit ihm gerade ein Interview (bzw. ein Recherchegespräch) führt. Alles Weitere ist eine Frage der Vereinbarung: Gibt der Wissenschaftler seine Auskünfte nur unter der Bedingung, dass er seine Zitate (und ggf. ihren engsten Zusammenhang im Text) vor der Veröffentlichung noch einmal sehen darf, so ist der Journalist verpflichtet, sich an diese Absprache zu halten. Nicht verpflichtet ist er dagegen, generell den ganzen Text zur Autorisierung vorzulegen.

Andererseits kann es gerade für Wissenschaftsjournalisten gute Gründe geben, einem seiner Gesprächspartner den kompletten Artikel oder Beitrag zur Prüfung vorzulegen: Wer sollte etwa bei einem reinen Sach- oder lexikalischen Hintergrundtext ernsthaft etwas dagegen haben, wenn sich auf diese Weise objektive Fehler in der Berichterstattung vermeiden lassen? Anders sieht es naturgemäß bei heiklen Themen aus. Und neben dem organisatorischen und zeitlichen Aufwand spricht auch bei harmlosen Sachtexten etwas gegen einen allzu vorauseilenden Autorisierungsgehorsam: Je mehr die Journalisten ihre Gesprächspartner daran gewöhnen, dass sie alles und jedes autorisieren dürfen, umso leichter resultiert daraus ein Gewohnheitsrecht oder unnötiges Misstrauen (»Also Ihre Kollegen haben mir die Texte immer noch mal vorgelegt …«). Im Extrem kann das dazu führen, dass sich im Streitfall auch die Rechtsprechung an diesem Vorgehen orientiert, wenn dieses bereits als »allgemein üblich« angesehen wird.

---

4   Beteiligt waren *Frankfurter Allgemeine Zeitung, Süddeutsche Zeitung, Die Welt, Frankfurter Rundschau, taz, Kölner Stadtanzeiger, Berliner Zeitung, Tagesspiegel* und *Financial Times Deutschland*.

Bei den meisten deutschen Printmedien gehört es heute leider fast zum redaktionellen Automatismus, Wortlautinterviews (anders als einzelne Zitate) autorisieren zu lassen, allerdings gibt es auch Medien wie die *Financial Times Deutschland*, die dies strikt ablehnen. Wann der Gesprächspartner aber juristisch betrachtet auch ohne Absprache erwarten darf, dass ihm das Interview vor der Veröffentlichung zur Autorisierung vorgelegt wird, muss je nach Medium und Genre unterschiedlich beantwortet werden.

Wie aber kann man einem ausufernden Autorisierungswahn vorbeugen? Dazu sechs Vorschläge:

- Lassen Sie zentrale Zitate möglichst schon im Gespräch durch aktives Zuhören ›autorisieren‹, etwa indem Sie komplexe Aussagen mit eigenen Worten paraphrasieren (»Ich habe Sie also richtig verstanden, dass ...«).
- Machen Sie Ihren Gesprächspartner darauf aufmerksam, dass eine Autorisierung im – gerade von Wissenschaftlern häufig als ›gelobtes Land‹ angesehenen – angloamerikanischen Sprachraum absolut unüblich ist (Leyendecker 2003).
- Lassen Sie allenfalls die Textpassagen autorisieren, die die wörtliche oder sinngemäße Stellungnahme des jeweiligen Wissenschaftlers enthalten, nicht aber den gesamten Beitrag und schon gar keine Überschriften!
- Weisen Sie ggf. darauf hin, dass der Text noch Zitate anderer Gesprächspartner enthält, die ihrerseits noch nicht autorisiert sind. Daraus ergibt sich interessanterweise die prinzipielle Unmöglichkeit, einen kompletten Text mit Zitaten mehrerer Gesprächspartner autorisieren zu lassen, ohne dass damit gleichzeitig ein anderes (noch unautorisiertes) Zitat den Schreibtisch des Journalisten verlässt. (Womöglich leuchtet dieses auf den ersten Blick spitzfindige, aber streng logische Argument gerade einem Wissenschaftler ein.)
- Weisen Sie gegebenenfalls auf die knappe Zeit bis zum Redaktionsschluss hin, die eine Zusendung von Zitaten unmöglich macht.
- Wenn Sie einen Text oder einzelne Zitate autorisieren lassen, dann setzen Sie eine angemessene, aber doch möglichst knappe Frist für die Antwort: Da Sie dem Gesprächspartner entgegenkommen und ihm die Autorisierung ermöglichen, ist es recht und billig, wenn er sich dabei Ihrem Arbeitsrhythmus anpasst.

5. Fazit

Sei es nun für den Einstieg in das Gespräch oder eine eventuelle Autorisierung am Schluss: Je besser die eingangs erwähnte ›neutral-wohlwollende Atmosphäre‹ aufgebaut wurde, desto größer ist naturgemäß die Vertrauensbasis und somit auch der Spielraum für klare Zitate und deutliche Aussagen. Und wenngleich die hier versuchte Typisierung von Grund-Charakteren keineswegs vollständig sein kann, sollte sie doch ermuntern, sich auf jeden neuen Gesprächspartner und noch so ungewöhnlichen Charakter einzulassen. Die gute Nachricht dabei: Eigentlich sprechen fast alle Wissenschaftler gerne über ihre Arbeit – wenn auch jeder auf seine Weise!

Ich danke Professor Udo Branahl (Universität Dortmund) für die kritische Durchsicht der medienrechtlichen Aspekte dieses Beitrags.

Literatur

Berg, Lilo. »Was kommt durch den Trichter? Wissenschaft in der Tageszeitung«. Vortrag auf der Tagung Wissenschaftskommunikation im öffentlichen Raum in der Berlin-Brandenburgischen Akademie der Wissenschaften. Berlin, 13.4.2007.

Gasch, Bernd. »Psychologische Gesprächsführung nach TOMAN – Zusammenfassung, Ergänzung und didaktische Aufbereitung«. *Psychologie und komplexe Lebenswirklichkeit.* Festschrift zum 65. Geburtstag von Walter Toman. Hrsg. Walter F. Kugemann, Siegfried Preiser und Klaus A. Schneewind. Göttingen, Toronto und Zürich 1985. 145–166.

Haller, Michael. *Recherchieren.* 5., völlig überarb. Auflage. Konstanz 2000.

Kah, Volkmar. »Gebrauchsanweisung für ein stumpfes Schwert«. *DJV-Journal NRW* 4 2004. 12–13.

Leyendecker, Hans. »Nicht fummeln, Liebling! – Politik gegen Presse: Die Sache mit der ›Autorisierung‹«. *Süddeutsche Zeitung* 28.11.2003. 19. (Auch online unter www.sueddeutsche.de/wirtschaft/artikel/526/22504/, Download 29.7.2007.)

Linden, Peter, und Christian Bleher. »Journalisten-Werkstatt ›Das Interview‹«. *Medium* (20) 5 2005. Beilage.

Netzwerk Recherche (Hrsg.). *Trainingshandbuch Recherche.* Wiesbaden 2003.

Prantl, Heribert. »Die Neugier des Bürgers genügt ... vielfach dann doch nicht: Das neue Bürgerrecht auf Einblick in alle amtlichen Akten wird von zahlreichen Ausnahmebestimmungen zugedeckt«. *Süddeutsche Zeitung* 7./8.1.2006. 11. (Auch online unter www.sueddeutsche.de/deutschland/artikel/579/67512/, Download 29.7.2007.)

Schlüter, Hans-Joachim. *Abc für Volontärsausbilder.* München 1982.

Schöfthaler, Ele. »Journalisten-Werkstatt ›Recherchepraxis‹«. *Medium-Magazin* (13) 5 1998. Beilage.

Toman, Walter. *Motivation, Persönlichkeit, Umwelt.* Göttingen 1968.

Wormer, Holger. »Was man aus Kurzschlüssen lernen kann. Die Ärzte Otmar Wiestler und Oliver Brüstle sind wegen ihrer Experimente mit Stammzellen in politische Stürme geraten – und halten dagegen«. *Süddeutsche Zeitung* 11.6.2001. 3.

Wormer, Holger. »OECKL heißt jetzt Google, aber sonst ändert sich nix? Der Einstieg in den Job: Was Wissenschaftsjournalisten wissen müssen – oder auch nicht«. *Wissenschaftsjournalismus heute. Ein Blick auf 20 Jahre WPK.* Hrsg. Christiane Götz-Sobel und Wolfgang Mock. Düsseldorf 2006. 77–89.

V.2 Public Relations und Wissenschaftsjournalismus

Der Einfluss von Wissenschafts-PR auf den Wissenschaftsjournalismus

Juliana Raupp

Was in der Wissenschaft, was an den Hochschulen und Universitäten täglich erforscht und gelehrt wird, davon erfährt die breite Öffentlichkeit normalerweise recht wenig. Lediglich die Fachwelt nimmt Kenntnis vom oft mühsamen Ringen um kleine Erkenntnisfortschritte. Manchmal aber werden die Grenzen der Fachöffentlichkeit überschritten.

Prominente Forscher können sogar den Status eines ›Gurus‹ in der Öffentlichkeit einnehmen, und manche Forschungsergebnisse sind so spektakulär, dass sie auf die Titelseiten der Tageszeitungen und in die Abendnachrichten gelangen. Beispiele sind das Klonschaf Dolly, strahlende Handys, aber auch die sogenannte ›Neue Unterschicht‹, die just dann, vermittelt über eine Studie, von den Medien entdeckt wurde, als sich eine politische Diskussion über Armut und Sozialpolitik entspann – oder war es andersherum?

Häufig ist die mediale Berichterstattung über Ergebnisse aus Wissenschaft und Forschung das Resultat journalistischer Recherche in wissenschaftlichen Publikationen und auf Tagungen. In jüngerer Zeit aber ist häufig auch eine Pressestelle zwischengeschaltet, die sich aktiv darum bemüht, Kontakte zwischen Wissenschaftlern und Journalisten herzustellen. Dass mittlerweile alle größeren Universitäten, die meisten Forschungseinrichtungen sowie die forschende Industrie eigene Abteilungen für Presse- und Öffentlichkeitsarbeit unterhalten, ist eine Folge der Allgegenwärtigkeit der Wissenschaft in modernen Gesellschaften.

Immer mehr Bereiche des täglichen Lebens werden mittelbar oder unmittelbar von Ergebnissen der Wissenschaft tangiert. Gleichzeitig sieht sich die Wissenschaft einem verstärkten Rechtfertigungsdruck ausgesetzt. Beide Entwicklungen führen im Ergebnis zu einem Verlust an Autonomie des Wissenschaftssystems. Politik und Gesellschaft mischen sich ein, sie fordern von der Wissenschaft mehr Wettbewerb, moralische Verantwortung, verwertbare Ergebnisse und eine Legitimation der öffentlichen Forschungsausgaben. Für Forschungseinrichtungen ebenso wie für einzelne Wissenschaftler werden öffentliche Wahrnehmbarkeit und mediale Prominenz zu wettbewerbsrelevanten, aber auch riskanten Ressourcen.

Öffentliche Aufmerksamkeit und Prominenz hängen von den Zuschreibungen der Massenmedien ab. Die Herausbildung spezialisierter PR-Abteilungen ist somit eine Anpassungsstrategie wissenschaftlicher Organisationen an die medialen Konstitutionsmechanismen öffentlicher Reputation.

Der Einfluss von Wissenschafts-PR auf den Wissenschaftsjournalismus

Vom Elfenbeinturm auf den Markt der Eitelkeiten und Geschäfte
Wissenschaft und PR hatten eine schwierige Beziehung. Wissenschaftler publizieren selbst in eigenen Medien, aber auch direkt in den Publikationsmedien. Darum glaubten sie lange Zeit, Vermittler nicht zu brauchen. Inzwischen fühlen sie sich zur PR gezwungen, was ihre Einstellung zur PR aber nicht unbedingt verbessert hat.

Noch brisanter ist die Beziehung zwischen Wissenschaftlern und Journalisten. Beide beanspruchen für sich die ›Suche nach Wahrheit‹, unterstellen aber dem jeweils anderen, nur auf den eigenen Erfolg aus zu sein. Beide befürchten, missbraucht zu werden: Die Journalisten als Akzeptanzbeschaffer für die Wissenschaft, die Forscher als Sensationslieferanten für die Medien. Jeder hält seine Arbeitsweise für richtig und die andere für falsch: Forscher werfen den Journalisten vor, alles unseriös zu verkürzen, die Journalisten den Wissenschaftlern, alles viel zu kompliziert und unverständlich auszudrücken.

Daher muss jemand vermitteln, der die Bedingungen und Arbeitsweisen beider Seiten versteht. In der Wissenschafts-PR geht es also zunächst darum, Kommunikationsbeziehungen herzustellen und sie zu managen. Allerdings sollte man das nicht als Einbahnstraße oder einseitige Beeinflussung verstehen, sondern als wechselseitigen Austausch.

Wir setzen alle klassischen Instrumente der Presse- und Öffentlichkeitsarbeit ein, haben sie aber frühzeitig ergänzt durch multimediale Inhalte wie Foto, Filme, Audiomagazine, Podcasts und elektronische Newsletter. In der wachsenden Informationsflut kommt es mehr denn je auf die Qualität der Inhalte an, das wird im Wissenschaftsjournalismus auch künftig das entscheidende Erfolgskriterium sein.

Der größte Erfolg der *Fraunhofer-Gesellschaft* ist die MP3-Technologie – und zwar sowohl wirtschaftlich wie auch kommunikativ. In aller Welt wird MP3 mit Fraunhofer verbunden und auf diese Weise Fraunhofer als Markenzeichen für innovative Technologie bekannt.
Franz Miller
Leiter der Presse- und Öffentlichkeitsarbeit der *Fraunhofer-Gesellschaft*

Die Beziehungen zwischen Wissenschafts-PR und Wissenschaftsjournalismus sind Gegenstand des folgenden Kapitels, wobei der Schwerpunkt auf dem Zusammenspiel einerseits der Öffentlichkeitsarbeit von Universitäten als Kerninstitutionen von Wissenschaft und andererseits der medialen Berichterstattung über Forschungsergebnisse (nicht über Hochschulen im politischen Kontext) liegt. Dabei wird argumentiert, dass der Einfluss von Wissenschafts-PR – das ist besonders ihre Thematisierungsleistung – vom Grad der Medialisierung der Wissenschaft abhängt. Es wird gezeigt, dass die Medialisierung der Wissenschaft anders und in einem geringeren Umfang stattfindet als etwa die Medialisierung der Politik.

Was ist Wissenschafts-PR?

Der Leipziger Journalist Tobias Höhn kam in einer im Jahr 2005 vorgelegten Diplomarbeit zu dem Ergebnis, die Nachrichtenagentur *dpa* reiche viele der in der Agentur eingehenden PR-Mitteilungen an ihre Kunden weiter, ohne die Meldungen nachrecherchiert oder ergänzt zu haben. Dieses Forschungsergebnis ist aus Sicht der Kommunikationswissenschaft wenig überraschend.

Interessant ist die Reaktion des *dpa*-Chefredakteurs Wilm Herlyn, der die Ergebnisse der Untersuchung kommentiert. Denn der Redakteur hält den der Studie zugrunde gelegten PR-Begriff für zu weit gefasst: Pressemitteilungen von Behörden oder Ämtern würden gar nicht als PR angesehen werden. Wenn etwa das Wirtschaftsministerium etwas melde, so Herlyn, »dann ist das keine PR, das ist das Normale« (Herlyn, zitiert in Klawitter 2006: 99).

Im Journalismus wird dagegen PR meist negativ konnotiert; in Medienbeiträgen ist von ›PR-Tricks‹ oder ›PR-Gags‹ die Rede, von Manipulation und Schönfärberei. Die Dämonisierung von PR-Praktiken in den Medien kann als journalistische Gegenwehr gesehen werden, die zum Ziel hat, die journalistische Integrität und Unabhängigkeit zu schützen (Esser, Reinemann und Fan 2001: 39). Tatsächlich gelangte eine vergleichende Umfrage zum Ansehen der PR bei Journalisten und in der breiten Bevölkerung zu dem Ergebnis, dass die befragten Journalisten PR deutlich negativer sehen als die Bevölkerung (Bentele und Seidenglanz 2005: 218).

Diese vor allem in der Öffentlichkeit gezeigte Abwehrhaltung von Journalisten gegen die PR erklärt sich auch dadurch, dass im Journalismus über Jahre Ressourcen abgebaut wurden, während die Öffentlichkeitsarbeit als Wachstumsbereich galt. Vor allem der prekäre berufliche Status, in dem sich viele freie Journalisten befinden, führt dazu, dass sich viele dieser ›Freien‹ dazu gezwungen sehen, gleichzeitig für Auftraggeber aus den traditionellen Massenmedien und aus dem PR-Bereich zu arbeiten.

Diese Praxis stellt eine potenzielle Bedrohung der journalistischen Unabhängigkeit dar und verlangt dem Einzelnen, der abwechselnd beide Rollen – die des Öffentlichkeitsarbeiters und die des Journalisten – wahrnimmt, eine schwer durchzuhaltende Rollendistanz ab. Noch gravierender zeigt sich die ökonomische Verstrickung zwischen PR und Journalismus am Beispiel von Schleichwerbung und Koppelgeschäften. Die Diskussion, die das Netzwerk Recherche im vergangenen Jahr angestoßen und dokumentiert hat, belegt, in welchem Maße PR mittlerweile als Bedrohung für den Journalismus gesehen wird (Schnedler 2006).

Umso wichtiger ist es, an die funktionale Unterscheidung zwischen PR und Journalismus zu erinnern: Im Unterschied zum Journalismus ist PR immer von einem spezifischen Partikularinteresse geleitet. Übertragen auf Wissenschafts-PR bedeutet das: Wissenschafts-PR steht immer im Dienst einer wissenschaftlichen Einrichtung oder eines einzelnen Wissenschaftlers. Die Funktion von Wissenschafts-PR besteht darin, Anschlusskommunikation für Wissenschaft in der Gesellschaft zu ermöglichen. Dies geschieht durch Pressemitteilungen ebenso wie durch publikumswirksame Veranstaltungen.

Die Massenmedien sind durch ihre Multireferentialität, d.h. dadurch, dass sie ein Bindeglied zwischen verschiedenen gesellschaftlichen Teilbereichen darstellen, der primäre Anknüpfungspunkt für Wissenschafts-PR. Doch Wissenschafts-PR stößt nicht nur vonseiten des Journalismus auf manche Vorbehalte, sondern auch innerhalb des Systems Wissenschaft. Das lässt sich durch folgenden Mechanismus erklären: Wenn sich Wissenschaft in die Arena der massenmedialen Öffentlichkeit begibt, setzt sie sich nicht nur Chancen, sondern auch folgenreichen Reputationsrisiken aus.

Akteure der Wissenschafts-PR

Moderne Gesellschaften sind Organisationsgesellschaften: Organisationen sind die wichtigste Form sozialer Zusammenschlüsse. Ressourcen werden in Organisationen gebündelt, und gesellschaftliche Problemlösungen werden in Organisationen erarbeitet. Dies gilt auch für den Wissenschaftsbereich. Wissenschaftliche Arbeit und Forschung finden in Organisationen und hochgradig arbeitsteilig statt, auch wenn der einsame Wissenschaftler, der in Abgeschiedenheit forscht, zum – mittlerweile verblassenden – Mythos von Wissenschaft gehört.

Einzelne prominente Wissenschaftler haben aber eine Orientierungsfunktion innerhalb wie außerhalb des Wissenschaftssystems. In öffentlichen Diskursen treten diese ›Wissenschaftsstars‹ in der Expertenrolle auf und erwerben auf diese Weise Reputation außerhalb des Wissenschaftssystems. Damit werden wissenschaftsinterne Mechanismen des Reputationserwerbs umgangen, etwa die Präsenz in der wissenschaftlichen Fachöffentlichkeit (Tagungen und Publikationen). Dies führt notwendigerweise zu Spannungen.

Wer in der Medienöffentlichkeit als Star gilt, ist dies längst nicht immer innerhalb der ›scientific community‹ und andersherum. Peter Weingart und Petra Pansegrau (1998) haben die unterschiedlichen Reputationsmechanismen am Beispiel der in den Medien geführten Debatte um den US-amerikanischen Historiker Daniel J. Goldhagen anschaulich nachgezeichnet (siehe für weitere Einzelbeispiele auch Dahinden 2004: 163 f.).

Diese Personalisierung der Wissenschaftskommunikation durch prominente Einzelakteure ist eine Form der medialen Darstellung von Wissenschaft, die als »funktionale PR« bezeichnet werden kann, im Unterschied zur »organisierten PR«, die in speziellen Abteilungen oder von Teilorganisationen ausgeübt wird (Bentele 1998: 136). Grobe Schätzungen gehen davon aus, dass ca. 1.500 Personen in der organisierten Wissenschafts-PR tätig sind (Meier und Feldmeier 2005: 212).

Nun hat sich in den vergangenen Jahren das Berufsfeld PR ebenso wie das Berufsfeld des Journalismus gewandelt: Obwohl heutzutage mehr Medienbetriebe existieren als noch zu Beginn der 90er Jahre und es mehr Medienangebote gibt, ist die Anzahl der hauptberuflich tätigen Journalisten zurückgegangen (Weischenberg, Malik und Scholl 2006: 39). Das Berufsfeld PR ist dagegen, besonders in den 90er Jahren, gewachsen. Befürchtungen, dass das quantitative Verhältnis zwischen Journalismus und PR zugunsten der PR kippen könnte (Göpfert 2004: 188), sind jedoch im Moment noch unbegründet: Den 1.500 Fachkräften in der Wissenschafts-PR stehen schätzungsweise 3.000 Wissenschaftsjournalisten gegenüber.

Die in der Öffentlichkeitsarbeit für wissenschaftliche Einrichtungen tätigen Praktiker verfügen über ein hohes formales Bildungsniveau. Einer Befragung von 24 leitenden Pressesprechern verschiedener wissenschaftlicher Einrichtungen zufolge haben alle ein Studium abgeschlossen, 14 davon sogar eine Promotion. Mehr als drei Viertel der befragten PR-Fachkräfte verfügten über eigene Erfahrungen in Wissenschaft und Forschung (Meier und Feldmeier 2005: 212). Innerhalb des Wissenschaftssystems sozialisiert worden zu sein gilt als eine Voraussetzung dafür, Wissenschaft nach innen und nach außen kommunizieren zu können.

Der Organisationsgrad der Wissenschafts-PR ist hoch: So verfügen nicht nur einzelne wissenschaftliche Einrichtungen über PR-Abteilungen, sondern es existieren darüber hinaus verschiedene interorganisatorische Zusammenschlüsse und Initiativen der Wissenschafts-PR. Ein Beispiel hierfür ist der *Informationsdienst Wissenschaft (idw)*, der 1995 von einigen Universitäts-Pressestellen mit dem Ziel gegründet wurde, auf einer gemeinsamen Internetseite die Pressemitteilungen aus möglichst vielen Forschungseinrichtungen zu bündeln und Journalisten so einen schnelleren Zugang zu Wissenschaft und Experten zu ermöglichen.

Ein weiteres Beispiel ist die *Initiative Wissenschaft im Dialog*, die sich dem angelsächsischem Vorbild folgend dem Public Understanding of Science verschrieben hat. Die Vernetzung von Wissenschaftseinrichtungen, Wirtschaft, Politik und Medien ist das erklärte Ziel der Initiative.

Besonders öffentlichkeitswirksam ist die Ausrichtung von Wissenschaftsjahren, wobei jedes Jahr eine neue Wissenschaft ins Zentrum gestellt wird; 2006 beispielsweise die Informatik. Weiterhin existieren Programme, die nach eigenem Bekunden der Qualifizierung von Wissenschaftsjournalisten dienen, tatsächlich aber PR-Programme für die Wissenschaft sind. Dazu gehört etwa das *EICOS-Programm*, das sich seit 1991 explizit an Wissenschaftsjournalisten richtet und diese in sogenannte ›hands-on laboratories‹ einlädt.

PR für Wissenschaft ist mehr als die Weitergabe laienverständlich aufbereiteter Informationen über Forschungsergebnisse. PR für die Wissenschaft bedeutet auch, die Teilnahme der Wissenschaftler am gesellschaftlichen Diskurs zu unterstützen. Darum sollte Wissenschafts-PR Forschungsergebnisse in einen Kontext einordnen. Es gilt auch, mögliche Auswirkungen der Forschung, deren Grenzen und vor allem die Vorläufigkeit des derzeitigen Wissensstandes zu beschreiben. Dazu gehört auch, immer wieder jene Normen und Gesetzmäßigkeiten zu thematisieren, denen die Wissenschaft unterliegt. Ich setze die klassischen Instrumente der PR ein, wobei die oft knappen Budgets der Non-Profit-Organisationen, für die ich arbeite, den Möglichkeiten oft enge Grenzen setzen.
Dr. Barbara Ritzert
Wissenschafts- und Medizinjournalistin,
Geschäftsführende Gesellschafterin der Agentur *ProScience Communications*

Im Übrigen ist professionelle PR keineswegs nur aufseiten der öffentlichen Forschungseinrichtungen und Hochschulen zu finden – obwohl diese in der öffentlichen Wahrnehmung einen größeren Vertrauensvorschuss haben als forschende Wirtschaftsunternehmen. Im Gegenteil: Eine vergleichende Analyse von PR-Publikationen von öffentlichen Wissenschaftsinstituten und forschenden Wirtschaftsunternehmen im Bereich der Biotechnologie zeigte deutliche Unterschiede. So lag der Schwerpunkt der Öffentlichkeitsarbeit der öffentlichen Einrichtungen auf der Vermittlung von wissenschaftlichen Informationen, gemäß dem tradierten Modell, Expertenwissen an Laien zu vermitteln.

Forschende Wirtschaftsunternehmen dagegen thematisierten in ihrer Öffentlichkeitsarbeit auch gesellschaftliche Vorbehalte gegen Biotechnologie sowie den konkreten und allgemeinen Nutzen der Biotechnologie: Hier wurde eindeutig ein größeres Bemühen um Transparenz erkannt (Salzmann und Wörmann 2001). Dieser Befund lässt sich dadurch erklären, dass sich die forschende Industrie größerem öffentlichem Druck ausgesetzt sieht als staatliche Einrichtungen und entsprechend präventiv agiert. Durch die zunehmende Verflechtung öffentlich geförderter und privatwirtschaftlich finanzierter Forschung ist anzunehmen, dass sich auch staatliche Hochschulen und öffentliche Forschungseinrichtungen weiter professionalisieren werden.

Beziehungen zwischen Wissenschafts-PR und Wissenschaftsjournalismus

Die Publizistik- und Kommunikationswissenschaft hat über lange Jahre hauptsächlich Journalismus, besonders politischen Journalismus, und dessen Wirkungen in der Öffentlichkeit untersucht. Die dem Journalismus vorgelagerten Kommunikationsleistungen von Organisationen wurden dagegen weitgehend übersehen. Wolfgang R. Langenbucher benennt die Leerstelle: »Bei der Frage nach der aktuellen Entstehung von Öffentlichkeit überschätzen wir notorisch als Akteure die Journalisten und ignorieren – als Forschungsgegenstand – nichtjournalistische Akteure und unterschätzen ihre genuine journalistische Leistung« (Langenbucher 1997: 21).

Die blinden Flecken der Kommunikationswissenschaft entsprechen dabei der journalistischen Selbsteinschätzung. Aus Sicht des Journalismus spielt PR keine große Rolle beim Zustandekommen der Medieninhalte: Nur jeder sechste Journalist empfindet einen sehr großen oder eher großen Einfluss von Öffentlichkeitsarbeit im Allgemeinen (Weischenberg, Malik und Scholl 2006: 123).

Dieser Selbstwahrnehmung durch Journalisten widersprechen zumindest teilweise inhaltsanalytische Untersuchungen, die sich der Frage widmen, wie Medieninhalte zustande kommen. Angeregt besonders durch die Untersuchungen von Barbara Baerns (1979, 1985), gerieten ab den 80er Jahren Mitteilungen der Öffentlichkeitsarbeit als Quellen der Berichterstattung in den Blick der Kommunikationsforschung. Baerns konzipierte die Beziehung zwischen Öffentlichkeitsarbeit und Journalismus als eine (ungleiche) Machtbeziehung: Je größer der Einfluss der Öffentlichkeitsarbeit auf den Journalismus, desto weniger Einfluss kommt dem Journalismus zu und umgekehrt.

Eine inhaltsanalytische Input-Output-Untersuchung (d.h. PR-Material sowie die Medienberichterstattung werden vergleichend untersucht) zur landespolitischen Berichterstattung in Nordrhein-Westfalen im Jahr 1978 erbrachte folgendes Ergebnis: Insgesamt beruhten 62 Prozent der Berichterstattungsanlässe der gesamten Agentur- und Medienberichterstattung auf Material der Öffentlichkeitsarbeit (Baerns 1985).

Ergänzend und teilweise in Abgrenzung zur Determinationsforschung, die den Einfluss von Quellen auf die Medienberichterstattung untersucht, hat sich die Kommunikationswissenschaft zunehmend mit der Frage des wechselseitigen Verhältnisses zwischen PR und Journalismus befasst. Denn zusätzlich zu den empirischen Befunden, die eine Beeinflussung der Medienberichterstattung durch die Öffentlichkeitsarbeit konstatieren, ist es plausibel, aus einer integrierenden Perspektive von einer wechselseitigen Beeinflussung zwischen PR und Journalismus auszugehen. Folgt man diesem Gedanken, dann führt das zu der weiteren Frage, wie die Interaktions- und Wechselbeziehungen zwischen Wissenschafts-PR und Wissenschaftsjournalismus genauer zu spezifizieren sind.

Das systemtheoretisch inspirierte Intereffikationsmodell begreift das Verhältnis zwischen PR und Journalismus als das einer gegenseitigen Ermöglichung. Es differenziert nach einer zeitlichen und einer sozial-psychischen Dimension und identifiziert innerhalb dieser Dimensionen jeweils unterschiedliche Beeinflussungs- und Anpassungsleistungen (Bentele, Liebert und Seeling 1997: 242).

Eine ökonomische Perspektive zeigt, dass die Interaktionen zwischen Journalismus und PR in einer Gesellschaft, in der öffentliche Aufmerksamkeit ein knappes Gut ist, als Tauschakte von (begrenzt) rational handelnden Akteuren begriffen werden müssen, die jeweils auf Gewinnoptimierung bzw. Ressourcenschonung aus sind (Ruß-Mohl 2004).

Forschung und Innovation sind für ein Technologieunternehmen wie die *BASF* unverzichtbar, um die Zukunft erfolgreich zu gestalten. Mit innovativen Produkten und Verfahren helfen wir unseren Kunden, im globalen Wettbewerb zu bestehen. Mit unserer Forschungs- und Innovationskommunikation wollen wir einen Blick in die *BASF* ermöglichen und damit anschaulich vermitteln, welche Lösungsansätze wir für die Herausforderungen der Zukunft entwickeln. Wir berichten sowohl über zukunftsweisende Hochtechnologie als auch über hilfreiche Chemie im Alltag. Neben der Publikationsreihe ›Wissenschaft populär‹ bieten wir jedes Jahr auf der Veranstaltung ›Journalisten und Wissenschaftler im Gespräch‹ die Möglichkeit zum intensiven Austausch über ein Schwerpunktthema wie etwa Nanotechnologie, Energiemanagement oder Rohstoffwandel.
Christian Schubert
Leiter der Abteilung Corporate Communications der *BASF AG* in Ludwigshafen

Eine akteurstheoretische Perspektive (Jarren und Donges 2002; Jarren und Röttger 1999) macht auf die Rollenkonflikte aufmerksam, die zwischen PR-Akteuren und Journalismus bestehen. Bei aller Medienorientierung unterliegt PR prinzipiell der Handlungsrationalität der jeweiligen Organisation und erst in zweiter Linie der Handlungsrationalität des Mediensystems. Dennoch haben PR-treibende Organisationen und Medienorganisationen ein gemeinsames Ziel: nämlich Publizität. Um dieses Ziel zu erreichen und die strukturellen Konflikte zu neutralisieren bzw. die mit der Konfliktaustragung verbundenen Transaktionskosten gering zu halten, ist es aus Sicht der professionellen Akteure rational, Ressourcen so aufeinander abzustimmen, dass möglichst hohe Synergieeffekte erzielt werden.

Auf der Mikroebene der personalen Akteure werden deshalb im Rahmen von Produktionsgemeinschaften (Jarren und Röttger 1999) institutionelle Arrangements geschaffen (z.B. bei Pressekonferenzen, Hintergrundgesprächen), die allen Beteiligten einen möglichst hohen

Ertrag bei möglichst geringem Ressourceneinsatz versprechen. Institutionelle Arrangements schaffen so die Voraussetzung für eine gelingende Interaktion, die einen generalisierten Tausch, nämlich die Bereitstellung von Informationen gegen Publizität, zum Ziel hat.

Im Rahmen der Determinationsforschung gingen Folgestudien der weiterführenden Frage nach, inwieweit weitere Faktoren im Informationsverarbeitungsprozess beim Zustandekommen von Medieninhalten einflussreich sind. Weitere Untersuchungen berücksichtigten verschiedene intervenierende Variablen: die Rolle der Nachrichtenagenturen, den Status der PR-Quelle, die redaktionelle Linie der Zeitung, die Professionalität der Quelle usf. Auf diese Weise ergab sich in unterschiedlichen Studien, die sich methodisch mehr oder weniger eng an das Untersuchungsdesign von Baerns anlehnten, eine Spannbreite von 17 bis über 70 Prozent Einfluss der Öffentlichkeitsarbeit auf die Medienberichterstattung (für einen Überblick siehe Raupp 2005).

Vor diesem Hintergrund stellt sich die Frage, ob Wissenschaftsberichterstattung einen Sonderfall des Journalismus darstellt oder ob die Befunde zum Zusammenspiel von Journalismus und Öffentlichkeitsarbeit auch hier gültig sind. Baerns untersuchte 1987 die Beziehungen zwischen Wissenschaftsjournalismus und Wissenschafts-PR am Beispiel der Informationsbearbeitung durch Nachrichtenagenturen (Baerns 1990).

Die Wissenschaftsberichterstattung, wie sie von den Nachrichtenagenturen realisiert wurde, stützte sich dieser Untersuchung zufolge zu knapp einem Drittel auf Wissenschaftsmeldungen, deren Initiator eindeutig Öffentlichkeitsarbeit war. Häufiger aber wurden in den Agenturmeldungen offenbar populärwissenschaftliche Publikationen und Fachzeitschriften als Informationsquellen genutzt. Auffällig an dieser Untersuchung ist zudem der Befund, dass Wissenschaftsmeldungen aus dem Ausland eine höhere Beachtung fanden als die Wissenschaftsmitteilungen der Öffentlichkeitsarbeit aus dem Inland.

Die große Bedeutung, die Fachzeitschriften als Quelle des Wissenschaftsjournalismus zukommt, zeigt auch die Untersuchung von Carola Pahl (1998). Fast 40 Prozent der von ihr im Zeitraum Dezember 1995 bis Mai 1996 untersuchten Artikel zu medizinischen Themen, die in den Wissenschaftsressorts von acht Zeitungen veröffentlicht wurden, bezogen sich auf ein Wissenschaftsjournal als Quelle. Wurde in Pressemitteilungen vorab auf Themen in Fachzeitschriften hingewiesen, dann griffen die Medien diese Themen häufiger auf.

Doch die Daten lassen nicht den Schluss zu, Pressemitteilungen hätten für sich genommen einen großen Einfluss auf die Wissenschaftsberichterstattung. Vielmehr hängt das Selektionsverhalten der Journalisten von der Reputation der Quelle (mithin dem ›Impact factor‹ der benutzten Wissenschaftsjournale) ab. Weiter zeigt Pahls Untersuchung, dass nicht nur Wissenschaftsorganisationen wie etwa die Hochschulen, sondern auch Fachzeitschriften ihre Öffentlichkeitsarbeit professionalisiert haben. Vor allem einige Zeitschriften – *Nature, Science, das New England Journal of Medicine* – stellen den Wissenschaftsjournalisten ›gebrauchsfertige‹ Zusammenfassungen wichtiger Beiträge zur Verfügung.

Einen ähnlichen Wert wie Baerns (1990), nämlich ein Drittel der Wissenschaftsberichterstattung, die auf Quellen der Öffentlichkeitsarbeit beruht, ermittelten auch Bernd Blöbaum und Alexander Görke (2006; siehe auch Blöbaum, Görke und Wied 2004). Sie analysierten die Life-Science-Berichterstattung in 20 verschiedenen Printmedien. Bei 32 Prozent der wissenschaftlichen Quellennennungen – als solche kodierten die Forscher Quellen, die aus dem

Wissenschaftssystem selbst stammten – handelte es sich um Pressekonferenzen und Pressemitteilungen.

Die inhaltsanalytischen Ergebnisse zum Einfluss von standardisierten PR-Quellen, besonders von Pressemitteilungen, auf die Medienberichterstattung decken sich weitgehend mit den Ergebnissen von Befragungen von Wissenschaftsjournalisten. Michael Schenk (2001) hat 119 Journalisten, die regelmäßig über das Thema Gentechnik berichteten, zu ihrem Recherche- und Informationsverhalten befragt.

Expertengespräche stellen dieser Journalistenbefragung zufolge mit Abstand die wichtigste Informationsquelle dar: 98 Prozent der Journalisten gaben an, diese Möglichkeit stelle eine sehr wichtige oder wichtige Informationsquelle dar. Pressemitteilungen folgen auf Platz drei (63 Prozent), nach der Auswertung von Fachliteratur (70 Prozent). Die Funktion der Pressemitteilungen liegt für die befragten Journalisten vor allem in der Anregung von Themen (Schenk 2001: 275 ff.).

Dieser Befund deckt sich mit den Ergebnissen der Journalistenbefragung, die das Forscherteam um Bernd Blöbaum erzielte: Auch hier wurde Pressemitteilungen ein sehr geringer Stellenwert beigemessen. Pressekonferenzen schnitten noch schlechter ab; persönliche Kontakte wurden als wichtigste Quelle genannt (Blöbaum, Görke und Wied 2004: 51 ff.).

Die wahrgenommene Legitimation der Quelle hat einen höheren Einfluss auf die Verwendung von PR-Mitteilungen in der Medienberichterstattung als die Professionalität der PR. Das hat Youngmin Yoon (2005) in einer Mehrmethoden-Studie (sie kombinierte eine Journalistenbefragung, eine Befragung von PR-Experten und eine Medieninhaltsanalyse) zum Umgang mit Quellen bei den Themen Stammzellenforschung und Klonen nachgewiesen.

Wissenschafts-PR muss Wissenschaft erklären. Die Inhalte, die Arbeits- und Denkweisen der Wissenschaftler, die Möglichkeiten und Grenzen wissenschaftlicher Erkenntnis. Sie darf auch für Wissenschaft werben, sollte aber keine Werbe-Kampagne veranstalten. Das hat die Wissenschaft nicht nötig. Sie sollte auch nicht auf Akzeptanzbeschaffung zielen – Wissenschaft muss und kann sich innerhalb der Gesellschaft argumentativ behaupten. Wir setzen auf geduldiges Bohren dicker Bretter statt auf teure und letztlich wirkungslose Kampagnen. Wir setzen alle klassischen Instrumente der Presse- und Öffentlichkeitsarbeit ein – Pressemitteilungen, Pressereisen, Pressegespräche, Ausstellungen, Filme, Broschüren, Internetpräsentationen. Zentral ist es, ein Bewusstsein für die Bedeutung von Wissenschaft und Forschung in einer globalisierten Welt zu schaffen.
Dr. Eva-Maria Streier
Direktorin des Bereichs Presse- und Öffentlichkeitsarbeit der *Deutschen Forschungsgemeinschaft (DFG)*

Yoons Untersuchung zufolge spielte es keine Rolle, ob die PR-Quellen professionelle Medienarbeit machten – eine konstante und positive Medienberichterstattung hing ausschließlich davon ab, inwieweit die Journalisten den PR-treibenden Organisationen Legitimität – d.h. Legalität, Leistungsfähigkeit, Stabilität und Glaubwürdigkeit – zuschrieben (Yoon 2005: 781).

Dennoch oder gerade deshalb, weil die Medien Universitäten als legitime Quelle betrachten, werden Forschungsergebnisse weitgehend unkritisch und entkontextualisiert in der Berichterstattung dargestellt. Die Relativität und Vorläufigkeit des wissenschaftlichen Wissens, die innerhalb des Systems Wissenschaft konstitutive Bedingungen für Forschungsanstrengungen darstellen, werden ebenso wenig in den Medien thematisiert wie Methodenkritik vorgenommen (Schanne und Kiener 2004: 200).

Die Selektions- und Aufbereitungslogiken des Mediensystems überformen die Rationalität der Wissenschaft. Es ist nicht das Konzept des sogenannten ›precision journalism‹: Der Journalist solle sich selbst als eine Art Wissenschaftler begreifen (Meyer 1973), der sich im Journalismus und somit auch im Wissenschaftsjournalismus durchgesetzt hat. Stattdessen greift die Logik der journalistischen Verarbeitungsroutinen. Forschungsergebnisse werden so der Handlungsrationalität des Journalismus unterworfen (siehe auch Raupp 2006).

Auch einzelne Wissenschaftler, die sich auf das Spiel mit den Medien einlassen, laufen Gefahr, nur mehr eine Rolle in der medialen Inszenierung zu spielen. Bezogen auf die Goldhagen-Debatte konstatieren Weingart und Pansegrau: »Salopp gesagt haben die führenden deutschen Printmedien die Historikerzunft des Landes vorgeführt« (Weingart und Pansegrau 1998: 204).

Insgesamt muss auf der Grundlage dieser Forschungsergebnisse die Thematisierungsleistung durch Wissenschafts-PR geringer veranschlagt werden als beispielsweise die Thematisierung durch PR im Bereich der politischen Kommunikation. Fachzeitschriften als spezifische Kommunikationsform innerhalb des Wissenschaftssystems bilden auch für die Kommunikation an den Grenzstellen des Systems Wissenschaft – also im Bereich des Wissenschaftsjournalismus und auch der Wissenschafts-PR – einen wesentlichen Referenzpunkt für Anschlusskommunikation, d.h. für die Aufbereitung von Wissenschaftsthemen für die Nicht-Fachöffentlichkeit.

Zudem ist die Legitimation der Quellen ein entscheidendes Selektionskriterium für Wissenschaftsjournalisten, und diese Legitimation hängt maßgeblich von der innerwissenschaftlichen Reputation ab. Die Medialisierung des Wissenschaftssystems ist also zumindest zum gegenwärtigen Zeitpunkt weniger weit fortgeschritten als die des politischen Systems.

Medialisierung, Ökonomisierung und die Folgen für das Verhältnis von Wissenschafts-PR und Wissenschaftsjournalismus

»Jede Universität oder jedes Forschungsinstitut will sich verkaufen. Das weiß man inzwischen. Das hat halt zugenommen. Von daher ist das Vertrauen relativ gering« (Blöbaum, Görke und Wied 2004: 59). Mit diesen Worten zitieren Blöbaum et al. einen Wissenschaftsjournalisten. Das Zitat offenbart eine Machtverschiebung zwischen Wissenschaft und Journalismus.

Lange war das Verhältnis zwischen Wissenschaft und Journalismus von einer Asymmetrie geprägt. Nachdem sich die Wissenschaft im Zuge der funktionalen Differenzierung der Gesellschaft vom Zugriff politischer Machthaber inhaltlich emanzipiert hat, war sie weitgehend autonom. Ihre Funktion bestand in der Produktion, Bewertung und Vermehrung von Wissen für die Gesellschaft.

Als Folge der Institutionalisierung und Professionalisierung des Wissenschaftssystems im Verlauf des 19. und frühen 20. Jahrhunderts war ein Kommunikationsgefälle zwischen Laien und Wissenschaftlern entstanden, das sich auch im Verhältnis zwischen Journalismus und Wissenschaft widerspiegelte. Die Konstruktion und Reproduktion sozialer Kontrollmechanismen der Wissenschaft waren zunehmend in das Wissenschaftssystem selbst verlagert worden. Der Staat sicherte durch die Gewährung materieller Ressourcen nun die Unabhängigkeit der wissenschaftlichen Forschung an Universitäten und trug zur Autonomie des Wissenschaftssystems bei.

In den letzten Jahrzehnten hat ein von der Politik aktiv begleiteter Prozess der Ökonomisierung weiter Teile der Gesellschaft eingesetzt. Für das Wissenschaftssystem hat dieser Prozess zur Folge, dass zur Orientierung an innerwissenschaftlichen Logiken zunehmend die Orientierung an wissenschaftsfremden Logiken hinzukommt. Ein Wettbewerb um Ressourcen und Aufmerksamkeit setzte ein, der nicht länger ausschließlich von wissenschaftsinternen Kontrollmechanismen gesteuert wird.

Gleichzeitig kommt dem – ebenfalls – ökonomisierten Mediensystem zunehmend eine zentrale Funktion zu: Die Massenmedien erfüllen eine gesellschaftliche Beobachtungs- und Orientierungsfunktion, und sie konstruieren aktiv durch medienspezifische Selektions- und Verarbeitungsregeln eine mediale Realität. In den Medien wird verhandelt, welche Themen gesellschaftlich relevant sind und wie die Karrieren dieser Themen verlaufen. Eine Folge dieses Bedeutungsgewinns der Medien ist die Medialisierung weiter Teile der Gesellschaft.

Medialisierung – oder synonym dazu: Mediatisierung – bezeichnet, bezogen auf Politik, »(1) die wachsende Verschmelzung von Medienwirklichkeit und politischer wie sozialer Wirklichkeit, (2) die zunehmende Wahrnehmung von Politik im Wege medienvermittelter Erfahrung sowie (3) die Ausrichtung politischen Handelns und Verhaltens an den Gesetzmäßigkeiten des Mediensystems« (Sarcinelli 1998, 678 f.). Auf der Meso-Ebene bezeichnet Medialisierung das Phänomen, dass wesentliche Informationen über eine Organisation auf dem Wege massenmedial vermittelter Kommunikation verbreitet werden und sich die Organisation an die Medienlogik anpasst.

Ersetzt man ›Politik‹ und ›politisch‹ in Ulrich Sarcinellis Definition durch ›Wissenschaft‹, so zeigt sich, dass die Medialisierungsthese nicht ohne Weiteres auf das Wissenschaftssystem zu übertragen ist. Vielmehr verläuft der Prozess der Medialisierung hier indirekt: Wissenschaftsorganisationen richten sich zunehmend an ökonomischen Logiken aus. Soziales Kapital kann als Wettbewerbsvorteil im Wettstreit um materielle Ressourcen eingesetzt werden. Die Medienberichterstattung beeinflusst den Bekanntheitsgrad und das öffentliche Ansehen von Wissenschaftsorganisationen und einzelnen Wissenschaftlern, und das kann sich auf das Verhalten von Geldgebern auswirken.

Insofern stellen die Medien für Wissenschaftsorganisationen ›constraints‹ dar, die den organisationalen Handlungsspielraum beeinflussen. Folgerichtig haben sich in den Wissenschaftsorganisationen spezialisierte Abteilungen herausgebildet, die sich gezielt um die Darstellung von Forschungsthemen und Wissenschaftlern in den Medien bemühen.

Literatur

Baerns, Barbara. »Öffentlichkeitsarbeit als Determinante journalistischer Informationsleistungen. Thesen zur realistischen Beschreibung von Medieninhalten«. *Publizistik* (24) 3 1979. 301–316.

Baerns, Barbara. Öffentlichkeitsarbeit oder Journalismus? Zum Einfluss im Mediensystem. Köln 1985 (2., erweiterte Neuauflage 1991).

Baerns, Barbara. »Wissenschaftsjournalismus und Öffentlichkeitsarbeit: Zur Informationsleistung der Pressedienste und Agenturen«. *Wissenschaftsjournalismus und Öffentlichkeitsarbeit.* Tagungsbericht zum 3. Colloquium Wissenschaftsjournalismus vom 4./5. November 1988 in Berlin. Hrsg. Stephan Ruß-Mohl im Auftrag der Robert Bosch Stiftung. Berlin 1990. 37–53.

Bentele, Günter, Tobias Liebert und Stefan Seeling. »Von der Determination zur Intereffikation. Ein integriertes Modell zum Verhältnis von Public Relations und Journalismus«. *Aktuelle Entstehung von Öffentlichkeit.* Hrsg. Günter Bentele und Michael Haller. Konstanz 1997. 225–250.

Bentele, Günter. »Politische Öffentlichkeitsarbeit«. *Politikvermittlung und Demokratie in der Mediengesellschaft. Beiträge zur politischen Kommunikationskultur.* Hrsg. Ulrich Sarcinelli. Opladen und Wiesbaden 1998. 124–145.

Bentele, Günter, und René Seidenglanz. »Das Image der Image-(Re-)Konstrukteure«. *Kommunikation über Kommunikation. Theorien, Methoden, Praxis.* Hrsg. Edith Wienand, Joachim Westerbarkey und Armin Scholl. Wiesbaden 2005. 200–222.

Blöbaum, Bernd, Alexander Görke und Kristina Wied. *Quellen der Wissenschaftsberichterstattung. Inhaltsanalyse und Befragung.* Projektbericht Universität Münster 2004. (Auch online unter www.bertelsmann-stiftung.de/bst/de/media/Studie_Quellen_des_Wijo_2004.pdf, Download 11.1.2007.)

Blöbaum, Bernd, und Alexander Görke. »Quellen und Qualität im Wissenschaftsjournalismus. Befragung und Inhaltsanalyse zur Life-Science-Berichterstattung«. *Medien-Qualitäten. Öffentliche Kommunikation zwischen ökonomischem Kalkül und Sozialverantwortung.* Hrsg. Siegfried Weischenberg, Wiebke Loosen und Michael Beuthner. Konstanz 2006. 307–328.

Dahinden, Urs. »Steht die Wissenschaft unter Medialisierungsdruck?«. *Mediengesellschaft. Strukturen, Merkmale, Entwicklungsdynamiken.* Hrsg. Kurt Imhof, Roger Blum, Heinz Bonfadelli und Otfried Jarren. Wiesbaden 2004. 159–175.

Esser, Frank, Carsten Reinemann und David Fan. »Spin Doctors in the United States, Great Britain, and Germany. Metacommunication about Media Manipulation«. *Press/Politics* (6) 1 2001. 16–45.

Göpfert, Winfried. »Starke Wissenschafts-PR – armer Wissenschaftsjournalismus«. *Science-Pop. Wissenschaftsjournalismus zwischen PR und Forschungskritik.* Hrsg. Christian Müller. Graz und Wien 2004. 184–195.

Jarren, Otfried, und Patrick Donges. *Politische Kommunikation in der Mediengesellschaft. Eine Einführung.* Bd. 2: Akteure, Prozesse und Inhalte. Wiesbaden 2002.

Jarren, Otfried, und Ulrike Röttger. »Politiker, politische Öffentlichkeitsarbeiter und Journalisten als Handlungssystem. Ein Ansatz zum Verständnis politischer PR«. *Wie die Medien die Wirklichkeit steuern und wie sie selbst gesteuert werden*. Hrsg. Lothar Rolke und Volker Wolff. Opladen und Wiesbaden 1999. 199–222.

Klawitter, Nils. »Gesteuerte Flut«. *Der Spiegel* 2.10.2006. 98–99.

Langenbucher, Wolfgang. »WIR sind die KommunikatorInnen! Zu einigen Scheuklappen der Journalismusforschung«. *Aktuelle Entstehung von Öffentlichkeit*. Hrsg. Günter Bentele und Michael Haller. Konstanz 1997. 19–38.

Meier, Klaus, und Frank Feldmeier. »Wissenschaftsjournalismus und Wissenschafts-PR im Wandel. Eine Studie zu Berufsfeldern, Marktentwicklung und Ausbildung«. *Publizistik* (50) 2 2005. 201–224.

Meyer, Philip. *Precision journalism. A reporter's introduction to social science methods*. Bloomington u. a. 1973.

Pahl, Carola. »Die Bedeutung von Wissenschaftsjournalen für die Themenauswahl in den Wissenschaftsressorts deutscher Zeitungen am Beispiel medizinischer Themen«. *Rundfunk und Fernsehen* 2–3 1998. 243–253.

Raupp, Juliana. »Zwei Welten, aber ein Ziel – Das Verhältnis zwischen Journalismus und Meinungsforschung aus Sicht der Akteure«. *Öffentliche Kommunikation zwischen ökonomischem Kalkül und Sozialverantwortung*. Hrsg. Siegfried Weischenberg, Wiebke Loosen und Michael Beuthner. Konstanz 2006. 329–343.

Raupp, Juliana. »Determinationsthese«. *Handbuch Public Relations*. Hrsg. Günter Bentele, Romy Fröhlich und Peter Szyszka. Wiesbaden 2005. 192–208.

Ruß-Mohl, Stephan. »PR und Journalismus in der Aufmerksamkeits-Ökonomie«. *Quo Vadis Public Relations? Auf dem Weg zum Kommunikationsmanagement: Bestandsaufnahme und Entwicklungen*. Hrsg. Juliana Raupp und Joachim Klewes. Wiesbaden 2004. 52–65.

Salzmann, Christian, und Stefan Wörmann. *Public Understanding of Science und die Öffentlichkeitsarbeit der Wissenschaft – Der Fall Biotechnologie*. Diplomarbeit, Universität Bielefeld, Fakultät für Soziologie. 2001. www.uni-bielefeld.de/iwt/cs/diplomarbeit/download.html (Download 25.7.2006).

Sarcinelli, Ulrich. »Mediatisierung« (Lexikon-Beitrag). *Politische Kommunikation in der demokratischen Gesellschaft. Ein Handbuch*. Hrsg. Otfried Jarren, Ulrich Sarcinelli und Ulrich Saxer. Opladen, Wiesbaden 1998. 678–679.

Schanne, Michael, und Urs Kiener. »Wissenschaft und Öffentlichkeit: multiple Grenzziehungen«. *Mediengesellschaft. Strukturen, Merkmale, Entwicklungsdynamiken*. Hrsg. Kurt Imhof, Roger Blum, Heinz Bonfadelli und Otfried Jarren. Wiesbaden 2004. 195–207.

Schenk, Michael. »Gentechnik und Journalisten«. *Gentechnik in der Öffentlichkeit. Wahrnehmung und Bewertung einer umstrittenen Technologie*. Hrsg. Jürgen Hampel und Ortwin Renn. Frankfurt am Main und New York 2001. 257–291.

Schnedler, Thomas. *Getrennte Welten? Journalismus und PR in Deutschland*. o. O. 2006 (= Netzwerk Recherche nr-Werkstatt 4/2006).

Szyszka, Peter. »Öffentlichkeitsarbeit und Kompetenz: Probleme und Perspektiven in künftiger Bildungsarbeit«. *PR-Ausbildung in Deutschland. Entwicklung, Bestandsaufnahme und Perspektiven*. Hrsg. Günter Bentele und Peter Szyszka. Opladen 1995. 317–342.

Weingart, Peter, und Petra Pansegrau. »Reputation in der Wissenschaft und Prominenz in den Medien. Die Goldhagen-Debatte«. *Rundfunk und Fernsehen* 2–3 1998. 193–208.

Weischenberg, Siegfried, Maja Malik und Armin Scholl. *Die Souffleure der Mediengesellschaft. Report über die Journalisten in Deutschland.* Konstanz 2006.

Yoon, Youngmin. »Legitimacy, Public Relations, and Media Access: Proposing and Testing a Media Access Model«. *Communication Research* (32) 6 2005. 762–793.

Wissenschafts-PR poliert Images, Bürgern und Journalisten dient sie nicht – eine Polemik

Christoph Koch

Bereits kürzere journalistische Dienstfahrten haben eine unangenehme Nachwirkung – daheim am Schreibtisch hat sich das E-Mail-Postfach schon nach vier Tagen mit hundert Einsendungen gefüllt. Wären sie Privat-Post, landeten sie flugs im Spam-Ordner. Hier, im offiziellen Kontext, handelt es sich um Medizin- und Wissenschafts-PR, Schrotschüsse selbstdarstellerischer Verlautbarungen, Massensendungen, überwiegend von Agenturen verteilt, die ihren Kunden hohe Wirksamkeit beim Sich-Einklinken in den Massendiskurs versprochen haben.

Ein Beispiel: Mitte Februar trifft die E-Mail einer Agentur in den Wissenschafts-Redaktionen ein, die auf vermeintlich aufregende Erkenntnisse über ein von der blutdrucksenkenden Medikamentenklasse der Diuretika ausgehendes erhöhtes Diabetes-Risiko hinweisen soll. Zitiert wird eine Arbeit, die in einem durchaus renommierten Journal erschienen ist (wenn auch nicht ganz frisch). Dazu gibt es Expertenkontakt-Daten, geziert von ansehnlichen akademischen Meriten. Mit deren Hilfe kann sich der Journalist, der auf dieses Manöver hereinfällt, das beruhigende Gefühl verschaffen, eigenhändig etwas recherchiert zu haben – indem er den zuvor von der Agentur gedrillten Gelehrten anruft.

Entstehen auf diese Weise für unsere Leser interessante, relevante Presse-Produkte? Im Gegenteil – die entstünden, wenn nun der Argwohn des Kollegen geweckt wäre. Er wird sich nun daranmachen, den Hintergrund der Angelegenheit auszuleuchten. Der sieht, in groben Zügen, so aus: Rund zwei Wochen nach Versand der PR-Mail wird das Kölner *Institut für Qualität und Wirtschaftlichkeit im Gesundheitswesen (IQWiG)* seinen Vorbericht über die Bewertung der Diuretika insgesamt veröffentlichen.

Wer mit der wissenschaftlichen Literatur der vergangenen Jahre vertraut ist, darf schon jetzt vermuten: Die Diuretika werden darin positiv bewertet werden. Es gibt kaum Zweifel daran, dass ihr Kosten-Nutzen-Verhältnis sehr gut ist und sie sich als Therapie der ersten Wahl bestens eignen. Das stellt diese seit 40 Jahren bewährten und daher längst patentfreien Arzneimittel in Opposition zu neueren Präparatgruppen, die von ihren Herstellern in den vergangenen Jahren mit bombastischem Marketing-Aufwand in die Arztpraxen gedrückt wurden.

In diesem Spiel geht es um Milliarden. Und diese Milliarden werden aus Zwangsbeiträgen der Sozialversicherten in die Portfolios der Aktionäre pharmazeutischer Unternehmen

Wissenschafts-PR poliert Images, Bürgern und Journalisten dient sie nicht

transferiert. Zur gleichen Zeit jedoch werden hunderttausende Patienten nachweislich unterversorgt, denn jeder Euro kann nur einmal ausgegeben werden.

Stellen wir Journalisten uns dieser Einsicht, dann wird klar, dass wir uns kaum zu Transmissionsriemen der einschlägigen PR machen lassen können, ohne den Leser zu hintergehen. Das gilt selbst dann, wenn diese vermeintlich allerbeste Absichten verfolgen – die Förderung entscheidend wichtiger Forschung, die bessere Allokation von Mitteln, die Rettung des Planeten. So wollte wohl Hanns Joachim Friedrichs verstanden werden, als er Folgendes zur ersten journalistischen Tugend erklärte: »Distanz halten, sich nicht gemein machen mit einer Sache, auch nicht mit einer guten.« Dabei ist es ganz gleich, ob die Sache die von *Greenpeace* ist, von der *CDU*, von *Novartis* oder der *DFG*.

Dennoch – ohne jede Frage ist die Versuchung für Wissenschafts-Macher kaum widerstehlich, steuernd in die Massenkommunikation einzugreifen, sich dabei zu ›professionalisieren‹, ihr ›Image‹ und ›Standing‹ mit allen zeitgemäßen Politur-Prozeduren auf Vordermann bringen zu lassen. Machen es nicht die Amerikaner vor? Muss nicht der Steuerzahler motiviert werden, Universitäten und forschende Institutionen großzügig zu bedenken?

Doch ist es nicht so, dass sich die Wissenschaft, will sie sich des PR-Instrumentariums bedienen, in denselben trüben Wassern fischen muss wie die beispielhaft genannte pharmazeutische Industrie? Möchte sie politisch-massenkommunikativ steuern, muss sie sich in komplexe Drei- und Vierecks-Beziehungen verwickeln. Wird hüben letztlich der Arzt als Verordner über eine wild schwappende Eimerkette – Unternehmen – PR-Agentur – Journalist – Leser/Patient – Arzt – zu beeinflussen versucht, ist es drüben die politische Entscheidungsebene: per Forschungsinstitution – PR-Agentur – Journalist – Leser/Wähler – politischer Entscheider.

Wie es um den Wirkungsgrad solcher Über-Bande-Spiele auch bestellt sein mag: Denen in der Mitte der Kette, den Lesern und ihren Informationslieferanten, nützen sie mit Sicherheit nicht. Auftrag einer freien Presse ist nicht, leere Seiten irgendwie zu füllen und Forscher mit Gloriolen zu behängen und mit ausreichenden Mitteln zu versorgen. Nein, unsere Raison d'être besteht noch immer darin, aufzuklären, kompetent zu machen und den Leser zum eigenständigen Urteilen zu ermächtigen. Auf diesem Feld aber gibt es in Deutschland noch auf lange Sicht wesentlich höhere Prioritäten, als das Wissen zu vermitteln, wie der Präsident der *DFG* heißt, und aktuelle Forschungsprojekte um ihrer ungeheuren Nutzwertigkeit willen zu preisen.

Die wahren Probleme, die Wissenschaftskommunikation sowohl institutionell als auch unabhängig zu lösen hätte, heißen: Zahlenblindheit, epidemisches Unverständnis für den wissenschaftlichen Denkstil schlechthin, Kultur der Ignoranz in naturkundlichen Dingen. Es ist ein Gemeinplatz, aber wahr: Noch immer können Sie auf jeder Cocktailparty damit angeben, in Chemie immer geschlafen und Mathematik niemals im Ansatz verstanden zu haben.

Gegen dieses Grundübel wird es nicht helfen, 25 *idw*-Meldungen täglich abzusetzen, es wird nicht helfen, die institutionelle Seite der Wissenschaft als zweckforschenden Nutzbringer immer stärker zu unterstreichen und auf den Applaus von Millionen Einfaltspinseln zu hoffen: Nicht gesteuerte Kommunikation, sondern eine Kultur der Offenheit ist hier gefordert. Das beinhaltet den Mut, Reportern auch einmal lästig lange direkten Einblick in die Arbeitsgruppen zu gewähren, sie erleben zu lassen, was sie ohnehin wissen: dass der wissenschaftliche Prozess überwiegend aus Transpiration, aber eben auch aus einer Menge Inspiration besteht.

Der Wunsch von Direktoren und Professoren, dabei einen ›Kommunikationsprofi‹ im eigenen Sold als Aufpasser hinterdreintrotten zu lassen, damit der Journalist korrekt kommuniziert und die eigenen Leute immer wissen, dass sie tunlichst einen konfirmandenhaft guten Eindruck zu erwecken haben, dieser Wunsch ist verständlich. Guten Wissenschaftsjournalismus aber kann er nicht fördern – und nicht selten geht die ›Professionalisierung‹ auch nach hinten los –, denn letztlich ist eine überpolierte Fassade der zuverlässigste Schlüsselreiz, um den Jagdtrieb des investigativen Journalisten zu befeuern.

Journalisten, Bürger und Wissenschaftler: Wissenschafts-PR bringt sie an einen Tisch – eine Gegenpolemik

Jürgen Mlynek

Nur wenige Journalisten halten Pressestellen für überflüssig. Die meisten schätzen, dass sie dort schnelle Auskunft, Bilder oder Ansprechpartner bekommen. Dass Pressestellen der Universitäten und Forschungseinrichtungen von Journalisten als Ärgernis empfunden werden, ist selten. Auch wenn unsere Pressestellen sicher noch weiter an der Qualität ihrer Dienstleistung arbeiten müssen, tragen sie zu einer informierten Gesellschaft bei. Und das ist wichtig, denn es gibt eine ganze Reihe Fragen, die alle Bürger betreffen und die gesellschaftlich diskutiert werden müssen, und zwar mit einem gewissen Verständnis für die Fakten. Welche Maßnahmen sollen wir zum Beispiel treffen, um dem Klimawandel zu begegnen? Wofür wollen wir Gentechnik einsetzen, nur für die Therapie von Krankheiten oder auch in der Landwirtschaft? Führt die Stammzellforschung dazu, dass Diktatoren sich eine Armee von Soldaten klonen können? Aber auch bodennäher: Was leisten RFID-Chips und wie könnte sich ihre flächendeckende Einführung auswirken?

Selbstverständlich müssen Journalisten die nötige Distanz bewahren. Schließlich sind sie nicht das ›Sprachrohr‹ der Wissenschaftler, sondern vertreten eher die mündigen Bürger, für die sie schreiben. Pressestellen von Wissenschaftseinrichtungen verdienen dennoch ein gewisses Vertrauen, denn sie haben völlig andere Aufgaben als PR-Agenturen oder Spin-Doktoren: Meinungsmache, Reklame für Produkte oder reine Imagepflege sind Nebenschauplätze. Vielmehr verstehen sich die Mitarbeiter der Pressestellen als Türöffner, als geduldige Vermittler, als Brückenbauer in die komplexe und schwierige Welt der Wissenschaft.

Dabei haben sich einige Dienstleistungen herausgebildet, die Wissenschaftsjournalisten die Arbeit erleichtern. Ein wohl allseits bekanntes Beispiel ist der *Informationsdienst Wissenschaft (idw)*, der ausdrücklich nicht von PR-Agenturen oder der Wirtschaft, sondern nur von Universitäten und öffentlich finanzierten Forschungseinrichtungen beschickt werden kann. Dort findet man leicht Experten, die unterschiedliche Standpunkte vertreten, zum Beispiel zu den oben genannten RFID-Chips. Und wer die *idw*-Meldungen nicht mehr lesen mag: Sie lassen sich genauso leicht wieder abbestellen wie abonnieren, ein Klick genügt.

Bis vor wenigen Jahren waren unsere Pressestellen vor allem von Mitarbeitern besetzt, die aus der Forschung in die Öffentlichkeitsarbeit gewandert waren. Sie hatten zwar eine hohe Fachkompetenz und kannten die internen Abläufe, hatten aber oft wenig Verständnis für die

Bedürfnisse der Medien, für den Zeitdruck und die völlig anderen Kriterien bei der Themenfindung. Doch in den letzten Jahren haben Universitäten und Forschungseinrichtungen ihre Presse- und Öffentlichkeitsarbeit professionalisiert und Mitarbeiter gefunden, die sowohl eine wissenschaftliche Ausbildung haben als auch journalistische Erfahrung.

Damit ist die Pressearbeit auch besser geworden. Pressemitteilungen werden nicht mehr vor allem ›für den Professor‹ geschrieben, sondern stärker auf die Bedürfnisse von Redaktionen und Journalisten zugeschnitten, sodass sie häufiger als früher auch abgedruckt werden oder zumindest den Anstoß für eine Geschichte liefern. Ich würde das nicht als Niedergang des ›kritischen‹ Journalismus interpretieren, sondern als Angebot an Journalisten, mit dem sie verfahren können, wie sie es für richtig halten.

Die Presseinformationen sind sachlich richtig und können leicht – und durchaus auch vom Lokalredakteur – kritisch nachrecherchiert und ausgebaut werden. Ohne diese Dienstleistung würde Wissenschaft weitaus seltener vorkommen, denn die Redaktionen, die ihre Journalisten tatsächlich tagelang in die Labore und auf Konferenzen schicken, um ganz auf eigene Faust Themen zu entdecken, lassen sich an einer Hand abzählen.

Pressestellen haben aber auch eine zweite sehr wichtige Aufgabe: Sie sorgen für mehr direkten Kontakt zwischen Wissenschaft und Bürgern. Sie organisieren Veranstaltungen für Schüler, Anwohner, Vereine oder auch Senioren, die sich vor Ort ein Bild machen und Wissenschaftler selbst befragen können. Diese Veranstaltungen reichen von Vortragsreihen und Besucherführungen durch die Labore bis zu den beliebten Tagen der offenen Tür oder der ›Langen Nacht der Wissenschaft‹. Natürlich wollen wir damit Wissenschaft auch für die Bürger transparent machen und ihnen zeigen, welche Forschung sie mit ihren Steuern finanzieren. Außerdem wollen wir junge Leute für die wissenschaftlichen und technischen Berufe gewinnen.

Pressestellen wirken aber nicht nur nach außen, sondern auch nach innen: Sie müssen vielen Wissenschaftlern erst erklären, dass Journalisten sich nicht als Übersetzer ihrer Fachartikel verstehen und dass sie ihre Themen nach anderen Kriterien wählen als Wissenschaftler selbst. Das klingt banal, ist es aber nicht, denn manche Wissenschaftler bohren wirklich tiefe Löcher, und das verträgt sich nicht in jedem Fall mit einem breiten Überblick oder gar Verständnis für fremde Welten wie die der Medien.

Das führt zu einem dritten Punkt. Nicht jeder Wissenschaftler, jede Wissenschaftlerin ist willens oder in der Lage, selbst sehr viel Zeit aufzuwenden, um allgemein verständlich einen Einblick in die aktuelle Forschung zu geben. Wer es tut, wie etwa einige Klimaforscher, wird oft von Kollegen für die groben Vereinfachungen kritisiert, die damit einhergehen. Hier leisten die Mitarbeiter der Presse- und Öffentlichkeitsarbeit einfach Hilfestellung: Sie sind die Ansprechpartner, wenn es um Grundlagen geht, sie suchen Bilder heraus, ermöglichen Besichtigungen und entlasten die Wissenschaftler, die sich dann auf Auskünfte zu ihrer eigentlichen Arbeit beschränken können. Manche Pressestellen bieten auch ein Medientraining an, damit junge Wissenschaftlerinnen und Wissenschaftler lernen, sich verständlicher auszudrücken.

Diese Hilfen haben den Kontakt zwischen Journalisten und Wissenschaftlern verbessert und damit auch die Qualität des Wissenschaftsjournalismus. Mir ist jedoch kein Fall bekannt, weder aus Universitäten noch aus Forschungseinrichtungen, in dem Mitarbeiter der Presse-

Journalisten, Bürger und Wissenschaftler: Wissenschafts-PR bringt sie an einen Tisch

stellen einen Wissenschaftler vorher zu bestimmten Äußerungen ›abgerichtet‹ hätten. Das eigenständige Denkvermögen, auf das alle Wissenschaftler sehr viel Wert legen, sollte man hier nicht unterschätzen.

Auch zu Fragen, die über ihr Fachgebiet hinausgehen, wie beispielsweise der Forschungspolitik, äußern sie sich ganz nach eigenem Ermessen. Eher kommt es vor, dass Journalisten Wissenschaftler als ›Sprechpuppen‹ missbrauchen, indem sie beispielsweise Äußerungen aus dem Zusammenhang reißen und so in ihren Text einbauen, dass insgesamt ein falscher Eindruck entsteht – ein Vorgang, der das Verhältnis dann wirklich trübt.

Wissenschaft ist ein besonderes Ressort, das in den letzten Jahren erfreulich aufgeblüht ist. Die Menschen wollen wissen, wie sich die Welt verändert und warum. Dabei geht es, anders als in Politik oder Wirtschaft, erst in zweiter Linie um Interessen, um Macht oder Geld. Zuallererst geht es darum, die Wirklichkeit zu erkennen, zu beschreiben und zu erklären. Wissenschaft braucht aber Öffentlichkeit; in einer Demokratie müssen informierte Bürger darüber entscheiden können, welche Maßnahmen für die Zukunft sinnvoll sind. Unsere Pressestellen leisten dazu einen Beitrag.

PR-Arbeiter und Journalist: Geht beides?[1]

Klaus Koch, Volker Stollorz

Das Berufsbild von Wissenschaftsjournalisten ist in Bewegung. Es ist nur noch nicht ganz klar, wohin. Auf der einen Seite erweitern Verlage und Sender ihr Angebot an Wissens- und Wissenschaftsberichterstattung. Und damit steigt theoretisch auch der Bedarf an der Arbeit von Journalisten. Die Universitäten antworten mit spezialisierten Studiengängen für Journalisten, die zum einen handwerkliche Grundlagen legen wollen, zum anderen eine (sozial-)wissenschaftliche Ausbildung bieten. Hinzu kommen Fortbildungs- und Qualitätsinitiativen für Wissenschaftsjournalisten.

Doch diesen positiven Entwicklungen stehen knappe Verlags- und Senderbudgets gegenüber. Bis 2002 wurden Redaktionen eher verkleinert. Die neuen Magazine und Sendungen sind oft finanziell knapp ausgestattete Experimente, die schnell wieder beendet werden können. Angestellte Redakteure stehen oft vor der Situation, dass Zeit zur intensiven Recherche fehlt. Und auch freie Autoren konkurrieren um stagnierende oder de facto sinkende Budgets, was unmittelbar dazu führt, dass der Zeitaufwand für Recherche nicht angemessen bezahlt wird.

Die spürbare Folge ist, dass viele freie Journalisten in die Situation geraten, für ihre journalistische Arbeit nicht oder nicht mehr so bezahlt zu werden, dass es reicht, den Lebensunterhalt zu bestreiten. Das ist an sich eine traurige Situation.

Sie hat aber auch Auswirkungen auf die professionelle Rolle der Journalisten. Denn Geldmangel schafft die Motivation und vielleicht sogar Notwendigkeit, sich andere Verdienstmöglichkeiten zu suchen. Davon profitieren vor allem professionelle Public-Relations-Agenturen. Sie haben einen hohen Bedarf an gut ausgebildeten Journalisten, die genau das tun sollen, was sie können, also zum Beispiel für Kunden wie Pharmafirmen Texte zu schreiben und Diskussionen zu moderieren. Und die Agenturen bezahlen angemessen dafür, oft sogar gut. PR-Firmen übernehmen oft auch Reisekosten für den Besuch von Wissenschaftskongressen, für die die Redaktionen nicht mehr zahlen wollen.

---

[1] Bei dem Beitrag handelt es sich um einen leicht modifizierten Wiederabdruck von Koch und Stollorz 2006.

PR-Arbeiter und Journalist: Geht beides?

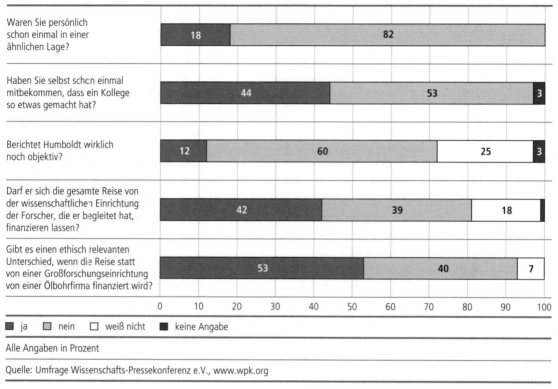

Abbildung 1: Der Forschungsreisende. Der Wissenschaftsjournalist Humboldt fährt für sechs Wochen mit einer kleinen Forschergruppe nach Grönland, um dort im ewigen Eis über Klimaforschung zu berichten – er gehört voll zur Gemeinschaft, duzt sich mit allen und spricht von »Wir fahren jetzt los«. Nach der Reise schreibt er einen Bericht, der vor der Veröffentlichung von allen Teilnehmern gegengelesen und korrigiert wird.

Alle Angaben in Prozent

Quelle: Umfrage Wissenschafts-Pressekonferenz e.V., www.wpk.org

Doch diejenigen, die sowohl PR machen als auch als Journalist arbeiten, finden sich in einem Konflikt zwischen zwei diametral entgegengesetzten Rollen. (Wissenschafts-)Journalismus hat die Pflicht, verantwortlich, angemessen und unabhängig über Themen der Wissenschaftswelt zu berichten. Journalismus ist der breiten Öffentlichkeit verpflichtet, sie soll möglichst wahrheitsgetreu und nicht einseitig informiert werden.

PR-Arbeit ist hingegen abhängig und ausschließlich den Eigeninteressen des Auftraggebers verpflichtet: Seine spezielle Perspektive und seine Argumente sollen so in die Öffentlichkeit transportiert werden, dass der Auftraggeber davon profitiert. Einseitig zu sein ist Teil des Auftrags: Das bedeutet fast zwangsläufig eine verzerrte Perspektive.

Interessenkonflikte sind programmiert

Journalisten, die auch PR-Aufträge übernehmen, können schnell in bedeutsame Interessenkonflikte geraten, sobald sich die PR-Arbeit inhaltlich mit einer journalistischen Recherche überschneidet. Konkreter: Kann man einem Journalisten noch vertrauen, der auch für die Firma oder Forschungsorganisation arbeitet, über die er berichten soll? Und wie sollen Journalisten und Redaktionen mit solchen Interessenkonflikten umgehen?

Angesichts verwischender Grenzen will die *Wissenschafts-Pressekonferenz (wpk)* dazu beitragen, dass die Konflikte und ihre Konsequenzen für den Journalismus offen angesprochen werden. Die *wpk* ist eines von mehreren deutschen Sammelbecken für Wissenschaftsjournalisten. Mitglieder der *wpk* sind etwa 200 hauptberufliche Journalisten, die regelmäßig zu The-

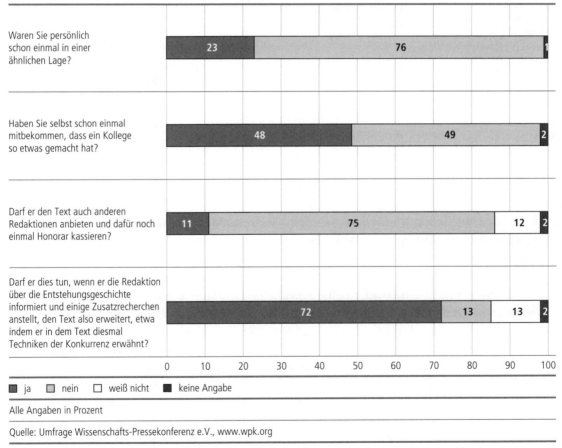

Abbildung 2: Zweitverwertung einer Reportage. Die Firma Hightech lädt den Wissenschaftsjournalisten Bleibtreu für drei Tage in ihre Forschungslabors ein. Er soll für das Firmenmagazin ›Innovation‹ eine Reportage über eine brandaktuelle Technologie schreiben und erhält dafür 500 Euro Tagessatz. Er schreibt eine spannende Reportage und erwägt später, den Text mit oder ohne Zusatzrecherche einer großen deutschen Tageszeitung anzubieten.

Alle Angaben in Prozent

Quelle: Umfrage Wissenschafts-Pressekonferenz e.V., www.wpk.org

PR-Arbeiter und Journalist: Geht beides?

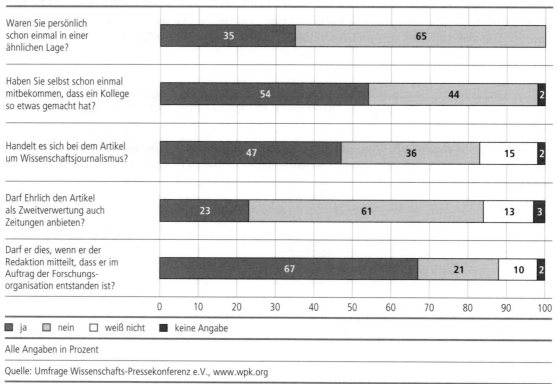

Abbildung 3: Wo beginnt Forschungs-PR? Der Kollege Ehrlich besucht im Auftrag einer großen deutschen Forschungsförderungs-Institution die weltbekannte Verhaltensforscherin Nerv, die bei der Organisation angestellt ist. Er soll ihre neuen Forschungen über das Leben der Nacktmulle für das Forschungsmagazin der Organisation journalistisch aufbereiten. Ehrlich liest einige Fachliteratur und besucht das Labor von Nerv, spricht aber sonst mit keinem weiteren Nacktmullenforscher. Er kann bei diesem harmlosen Thema keine Gefahr für seine journalistische Unabhängigkeit erkennen.

Alle Angaben in Prozent

Quelle: Umfrage Wissenschafts-Pressekonferenz e.V., www.wpk.org

men aus den Bereichen Naturwissenschaften, Technik, Medizin, Ökologie, Geistes- und Sozialwissenschaften, Forschungspolitik oder Bildungspolitik publizieren. Für viele Mitglieder stellen sich die oben angesprochenen Fragen deshalb fast täglich. Als ersten Schritt hat die *wpk* deshalb ihre Mitglieder befragt, was sie über solche Konflikte denken.

Umgesetzt wurde die Idee durch eine schriftliche Umfrage. Die Idee war, eine Anzahl von realitätsnahen Grenzfällen zu beschreiben, in denen sich der Konflikt zwischen PR-Arbeit und Journalismus manifestieren kann. Alle diese Grenzsituationen haben gemeinsam, dass sich eine Person entscheiden muss, ob sie den Interessen eines PR-Auftraggebers (und eigenen finanziellen Interessen) oder journalistischen Prinzipien den Vorzug gibt. Ein typischer Fall wäre zum Beispiel, dass ein Journalist Pressemitteilungen für ein Unternehmen schreibt. Später kommt dem Wissenschaftsjournalisten die Idee, dasselbe Thema auch einer Zeitung als Artikel anzubieten. Darf er das? Muss er seinen Redakteur zumindest über seine PR-Arbeit in Kenntnis setzen?

Entlang solcher Fragen haben wir insgesamt 15 fiktive Fälle konstruiert, die wir aber an reale Beispiele angelehnt haben. Die Mitglieder der *wpk* sollten beantworten, welches Verhalten sie in den Situationen für angemessen halten. Ergänzt haben wir die Umfrage durch Fragen zu beruflichen Details.

Alltagsbegegnungen

Die Umfrage wurde im Herbst 2004 per Post mit frankiertem Rückumschlag an die damals 171 Mitglieder der *wpk* geschickt (2007: 200). Zu unserer eigenen Überraschung schickten 99 Mitglieder den acht Seiten langen Fragebogen ausgefüllt an die Geschäftsstelle zurück. Die Antwortquote von 58,5 Prozent auf Umfragen dieser Art interpretieren wir als solides Indiz, dass die Problematik sowohl bei Wissenschaftsredakteuren als auch bei Freiberuflern einen Nerv trifft.

Die Abbildungen 1 bis 6 geben einige der Fälle und die Verteilung der Antworten der *wpk*-Mitglieder wieder. Von den 99 Beantwortern arbeiteten 64 als freiberufliche Wissenschaftsjournalisten. Auf die Frage, welchen Anteil ihres Einkommens sie mit PR-Arbeit verdienen, gaben 57 Prozent an, überhaupt keine PR-Aufträge zu haben. Weitere 20 Prozent der Mit-

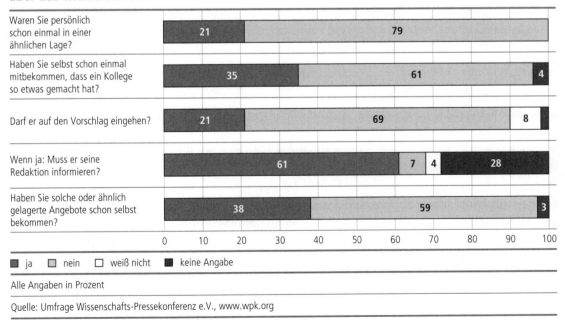

Abbildung 4: Aufwandsentschädigung. Der freie Journalist Fleißig wird am Telefon von der Agentur Freunde auf die Pressekonferenz der Pharmafirma Prodrug eingeladen. Das Thema ist interessant, aber er kann absehen, dass sich der Reise- und Zeitaufwand für die zu erwartenden 100 Euro Honorar nicht lohnt. Die Agentur macht ihm daraufhin den Vorschlag, ihm 500 Euro Aufwandsentschädigung für seine Bemühungen zu zahlen, damit er etwas über das Thema schreibt.

PR-Arbeiter und Journalist: Geht beides?

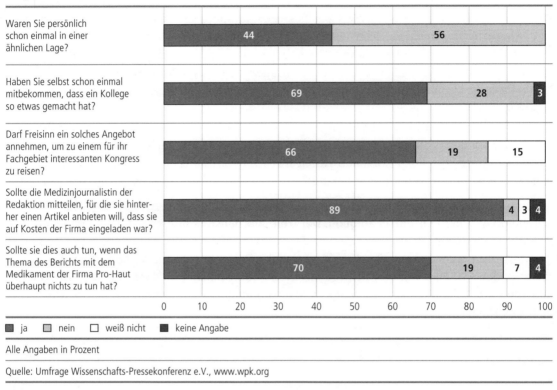

Abbildung 5: Reise ins Kongressparadies. Die Medizinjournalistin Freisinn wird von dem Pharmahersteller Pro-Haut auf den begehrten Weltkongress der Dermatologen ins ferne Sydney eingeladen. Sie fliegt Businessclass, übernachtet fünf Nächte auf Kosten der Firma im Fünf-Sterne-Hotel. Sie darf sich auf dem Kongress völlig frei bewegen, soll lediglich an einer Firmenveranstaltung über das neue Antimykotikum teilnehmen, bei der es zudem ein üppiges Abendessen gibt. Der Redaktion, für die die Medizinjournalistin sonst arbeitet, ist schon der Flug ins ferne Australien zu teuer.

Alle Angaben in Prozent

Quelle: Umfrage Wissenschafts-Pressekonferenz e.V., www.wpk.org

glieder gaben ein PR-bedingtes Einkommen von weniger als 10 Prozent an. Lediglich 14 Prozent gaben an, dass sie zwischen 10 und 50 Prozent ihres Einkommens mit PR-Arbeit bestreiten.

Auch wenn PR-Arbeit für die Teilnehmer der Umfrage bei Weitem nicht die Haupteinnahmequelle ist, sind Berührungen mit Konfliktsituationen häufig. Bei der Beantwortung der 15 Grenzfälle gab mindestens jeder Fünfte der Befragten, bei einigen auch fast jeder Zweite, an, der Situation schon einmal selbst ausgesetzt gewesen zu sein. Und zumindest drei von vier *wpk*-Mitgliedern haben von einem Kollegen »gehört«, der die (vom jeweiligen Befragten subjektiv definierten) Grenzen zwischen Journalismus und PR verletzt habe. Angesichts dieser Angaben überrascht es nicht, dass fast zwei Drittel der *wpk*-Mitglieder Bedenken bei der Vermischung von PR-Arbeit und Wissenschaftsjournalismus in einer Person haben.

Auf dem Weg zu Verhaltensregeln

Aus den Antworten lassen sich einige allgemeine Verhaltensregeln ableiten, bei denen es unter den Befragten ein hohes Maß an Übereinstimmung gab. Dazu gehört die klare Forderung nach Transparenz. Es scheint den breiten Konsens zu geben, dass Journalisten potenzielle Konfliktsituationen, denen sie nicht ausweichen können oder wollen, zumindest offenlegen sollen. Freiberufler sollten ihre Redakteure informieren, Zeitungen und Sender sogar ihr Publikum – etwa in der Art, wie medizinische Fachzeitschriften bereits seit einigen Jahren mit potenziellen Interessenkonflikten umgehen. Diese Zeitschriften befragen ihre Autoren beispielsweise danach, wer ihre Forschungsarbeiten finanziert hat, ob sie mit einer betroffenen Firma einen Beratervertrag unterhalten oder anderweitig Honorare bezogen haben. Diese Angaben werden dann mit dem Artikel veröffentlicht.

Zumindest der Redaktion gegenüber fordern die *wpk*-Mitglieder solch eine Transparenz auch von Journalisten. Wenn ein Journalist zum Beispiel eine Podiumsdiskussion moderiert und dafür von einer Pharmafirma bezahlt wird, sind drei von vier *wpk*-Mitgliedern der Ansicht, dass der Journalist die zuständigen Redakteure über diese Tatsache informieren muss, falls er einer Zeitung ein Interview mit einem Experten des Podiums anbieten will. Ebenso sollte ein Journalist nach den Ergebnissen der Umfrage seine Redaktion offen darüber aufklären, wenn ein Artikelangebot an eine Zeitung eine Zweitverwertung einer Recherche ist, für die ihn zum Beispiel ein Firmenmagazin bereits bezahlt hat.

Weniger eindeutig fallen die Mehrheiten in der Frage aus, wie man damit umgehen soll, wenn Firmen oder öffentliche Institutionen Reisekosten für Journalisten übernehmen (siehe Abbildung 1). Interessanterweise beurteilen die *wpk*-Mitglieder den Sachverhalt unterschiedlich, je nachdem ob die Reise von einer öffentlichen Institution oder von einer privaten Firma – in unserem Beispiel einem Ölkonzern – übernommen wird. Das Vertrauen in den Sponsor der Reise scheint also auch die Wahrnehmung von potenziellen Interessenkonflikten zu beeinflussen.

Bei näherer Betrachtung ist diese Einstellung durchaus problematisch. Auch bei öffentlichen Institutionen besteht zumindest die Pflicht, mögliche Interessenkonflikte explizit zu hinterfragen. Jeder Sponsor, auch eine öffentliche Institution, hat zuerst das Interesse, seine eigene Existenz zu rechtfertigen und aufrechtzuerhalten. Und je stärker eine Institution mit anderen in Konkurrenz steht um begrenzte Finanzmittel, also zum Beispiel um Spenden oder Förderbudgets, umso fragwürdiger wird ein unüberprüfter Freispruch von Interessenkonflikten.

Insgesamt zeigt unsere Umfrage, dass die meisten *wpk*-Mitglieder bereits Grenzen gezogen haben, die Journalismus von PR-Arbeit getrennt halten sollen. Aber in der Praxis fällt es nicht leicht, diesen Vorgaben zu folgen. Vor diesem Hintergrund dient die Diskussion kritischer Beispiele auch dazu, die Wahrnehmung für potenzielle Interessenkonflikte zu schärfen. Unsere Daten sind ein Hinweis, dass es innerhalb der *wpk* Bedarf gibt, diese Fragen offen zu diskutieren. Über 85 Prozent der Beteiligten stimmten dafür, einen Workshop abzuhalten, der praxistaugliche Verhaltensregeln (›code of conduct‹) für Wissenschaftsjournalisten entwickeln soll.

Die Probleme sind zudem keineswegs auf Deutschland beschränkt. Der *Schweizer Klub für Wissenschaftsjournalismus* hat die Umfrage für seine Mitglieder adaptiert. Die Antworten

Abbildung 6: Gute Zusammenarbeit – Wenn Verlage auf Inserenten zugehen. Der Verlag Lust-Media macht der Firma Ohrgold ein Angebot: Wenn die Firma statt der üblichen Anzeigenpreise 20 Prozent mehr zahle, könne man ihr anbieten, im Umfeld ihrer Anzeigen auch redaktionell erstellte Texte passend zum Thema Ohrgesundheit abzudrucken. Man habe ohnehin vor, das Thema aufzugreifen. Und da man seinen Lesern einen Service bieten wolle, werde die Berichterstattung freundlich sein.

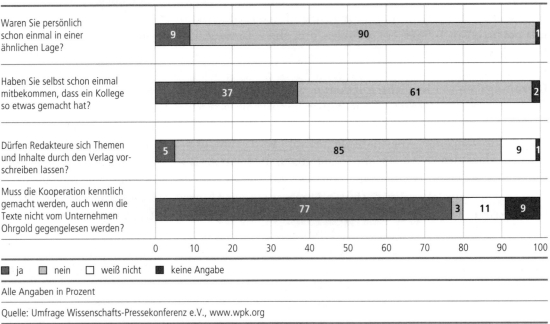

fielen durchaus ähnlich aus: Die Schweizer Journalisten forderten wie ihre deutschen Kollegen Transparenz als Mindestkriterium im Umgang mit einer Doppelrolle. Redaktionen sollten über mögliche Interessenkonflikte informiert werden, und auch die Leser sollten davon erfahren. Das wäre freilich ein spannendes Experiment: Wie bewerten Leser eine Zeitung, die offen einräumt, dass sie ihren Journalisten zum Beispiel eine Recherchereise nicht selbst bezahlt hat? Man sollte die Umfrage einfach einmal bei Lesern wiederholen. Unsere Prognose wäre: Leser wollen unabhängige Journalisten, also keine, die sich mit den Interessenkonflikten der *wpk*-Umfrage auseinandersetzen müssen.

Wer Interesse an dem kompletten Fragebogen hat, soll sich bitte an die Autoren wenden: wpk@wpk.org.

Wir danken Volker Weinl, *wpk*, für die Erstellung der Grafiken und Hildegard Christ, Institut für medizinische Statistik, Informatik und Epidemiologie der Universität Köln für Hilfe bei der statistischen Auswertung.

Literatur

Koch, Klaus, und Volker Stollorz. »PR-Arbeiter und Journalist: Geht beides?«. *Wissenschaftsjournalismus heute. Ein Blick auf 20 Jahre WPK.* Hrsg. Christiane Götz-Sobel und Wolfgang Mock. Düsseldorf 2006. 103–110. (Auch online unter www.wissenschafts-pressekonferenz.de/cgi-bin/WebObjects/WPKCMS.woa/wa/bericht?documentId=S6ED11689, Download 1.4.2007. Hier steht auch das vollständige Ergebnis der Umfrage zum Download zur Verfügung.)

Schneider, Reto. »PR vs. Journalismus. Die Auswertung der Umfrage«. *Schweizer Klub für Wissenschaftsjournalismus Bulletin* 3. 2005. 3 f. (Auch online unter www.science-journalism.ch/data/data_33.pdf, Download 30.3.2007.)

Schneider, Reto. »PR-Umfrage – Frühling 2005«. Schweizer Klub für Wissenschaftsjournalismus. www.science-journalism.ch/html/bulletin+235.html, Download 1.4.2007. (Hier steht auch das vollständige Ergebnis der Schweizer Umfrage zum Download zur Verfügung.)

V.3 Sprache und Verständlichkeit

Chancen und Risiken von Metaphern am Beispiel der Naturwissenschaften

Wolf-Andreas Liebert

1. Was sind Metaphern?

Metaphern sind Übertragungen von Ausdrücken und Vorstellungen eines Bedeutungsbereichs in einen anderen. In neueren Metapherntheorien (Fauconnier und Turner 2002) spricht man auch von Überblendungen, so wie wenn man eine Folie auf die andere legt und diese gemeinsam auf eine Wand projiziert.

In den einzelnen Sprachen gibt es relativ feste Netze von solchen Metaphernbereichen. Im Deutschen und vielen anderen Sprachen ist Wasser ein Herkunfts- oder Bildspendebereich, mit dem wir den Ziel- oder Bildempfängerbereich Geld verstehen. Dies zeigt sich etwa an der Metapher ›Geldquelle‹, die analog fortgeführt werden kann: Wenn es eine Geldquelle gibt, so muss sie wie ihr Vorbild im Wasserbereich auch sprudeln oder versiegen können.

Es können jedoch nicht alle Elemente von dem einen in den anderen Bereich übertragen werden. Bei den Eigennamen geht dies beispielsweise nur in besonderen Fällen. Für einen Ausdruck wie ›Geld-Donau‹ müssten wir schon einen ganz besonderen Kontext konstruieren, damit er sinnvoll geäußert werden kann.

Mit einer Metapher stellen wir immer bestimmte Aspekte des Zielbereichs in den Vordergrund, während andere in den Hintergrund treten oder völlig ausgeblendet werden. Konkret bedeutet das: Mit der Wassermetapher können nicht alle, sondern nur bestimmte Aspekte des Geldes erfasst werden.

Ehemals neue Metaphern können sich im Lauf der Zeit verfestigen und gewöhnlich werden: Man denke an die berühmten ›dunklen Kanäle‹, in denen das Geld so gern ›versickert‹, oder an die ›eingefrorenen Konten‹. Da Metaphern nach dem Prinzip der Analogie funktionieren, stellt ein Herkunftsbereich aber immer auch ein Reservoir zur Bildung neuer Metaphern dar. Wenn man dies weiß und einige grammatische Muster der Metaphernbildung kennt, dann ist es ganz leicht, beliebig viele neue Metaphern zu bilden. Von diesen grammatischen Mustern sollen nun einige wenige aufgeführt werden, um das Prinzip zu verdeutlichen:

Tabelle 1: Auswahl grammatischer Muster der Metaphernbildung

	bekannte Beispiele	grammatisches Muster	mögliche Neubildungen
Verbmetapher	Geld fließt, versickert	Ausdruck aus dem Zielbereich + Verb aus dem Herkunftsbereich	Geld tröpfelt, pladdert
Rechtsattributmetapher	der Abfluss des Kapitals (ins Ausland), Ebbe in der Kasse	Substantiv aus dem Herkunftsbereich + Substantiv im Genitiv (Genitivmetapher) oder Präpositionalausdruck mit Substantiv aus dem Zielbereich	ein Ozean hinterzogener Steuern, Dürre in der Kasse
Kompositum-Metapher	Geldquelle, Geldregen, Geldhahn	Substantiv aus dem Zielbereich + Substantiv aus dem Herkunftsbereich	Geldschwimmbad
Adjektivmetapher	die sprudelnden Steuereinnahmen	(ggf.) Artikel + Adjektiv aus dem Herkunftsbereich + Substantiv aus dem Zielbereich	verdunstendes Einkommen

Letztlich ist das Erfinden von Metaphern aber immer ein kreativer und intellektuell anspruchsvoller Gebrauch von Sprache. Es ergeht einem dabei ein bisschen wie mit der Digitalkamera: Man muss einfach viele Bilder machen, damit dann das eine dabei ist, das wirklich ›zündet‹.

2. Metaphern in der Naturwissenschaft

Metaphern in den Naturwissenschaften basieren auf einem mechanistischen Denkmuster (Pepper 1966: 186 ff.). Sie werden über den jeweiligen disziplinären Rahmen hinaus auch in Nachbardisziplinen gebraucht und sind in den Massenmedien präsent. Mit den Metaphern aus den Naturwissenschaften wird implizit eine bestimmte Weise von Weltdeutung übernommen.

Der mechanistischen Welthypothese ordnet Stephen Pepper die Basismetapher der Maschine zu, d.h. die Betrachtung des Weltgeschehens, als ob es eine Art Maschine sei. Dabei ist der Maschinenbegriff sehr weit gefasst und nicht auf eine bestimmte Art von Maschine festgelegt. Auch der Begriff des Mechanizismus ist weit gefasst.[1]

Im mechanistischen Verständnis wird das Weltgeschehen von physikalisch-chemischen Gesetzmäßigkeiten bestimmt (Stegmüller 1979: 619 ff.). Aus der Hypothese über die Determiniertheit der Welt ergibt sich zwangsläufig ein Wissenschaftsverständnis, wonach Forschung darauf aus ist, die physikalisch-chemischen Gesetze zu entdecken, die das Weltgeschehen bestimmen.

Wenn wir nun konkret die Metaphern verschiedener Naturwissenschaftssprachen betrachten, so finden wir dennoch auf den ersten Blick Metaphern, die mit der mechanistischen Welthypothese unvereinbar zu sein scheinen. Die Schrift-Metapher in der Genetik und Molekularbiologie (DNS als Text, Basen als Buchstaben etc.) ist ein gutes Beispiel dafür. Sie ist

---

[1] Andere Deutungen der Welt gibt es in der Quantenphysik, besonders in der sogenannten Kopenhagener Deutung, in der eine nicht deterministische Weltsicht vertreten wird.

indeterministisch, weil sie offene, unwägbare Elemente enthält: Wer schrieb den Text der DNS? Wer liest ihn? Schreibhandlungen sind ja gerade nicht eindeutig, da das Schreiben den Schreibprozess selbst verändert. Auch beim Lesen eines Textes kommen mehrere Leser häufig zu unterschiedlichen Deutungen. Dies hieße, dass diese Metaphorik über das deterministische Verständnis hinausgehen würde.

Der Philosoph Hans Blumenberg (1986), der die Einführung der Schrift-Metapher für das menschliche Erbgut durch Erwin Schrödinger (1944) untersucht hat, glaubt deshalb, dass hier ein Paradigmenwechsel stattgefunden habe und das mechanistische Denken überwunden worden sei. Wenn man sich allerdings allein die Metaphern Schrödingers, die Blumenberg selbst untersucht, genauer ansieht, dann sieht die Lage anders aus.

Schrödinger hat über die Text-Metapher hinaus eine Fülle weiterer Metaphern für die Genetik gebildet. Besonders hat er der Schrift-Metapher die Metapher vom Uhrwerk entgegengesetzt, um die Steuerungsleistung der Gene zu betonen und den »Text der DNS« als Anweisungstext oder Bauplan interpretiert (Blumenberg 1986: 372 ff.).

Dass Schrödinger selbst die Uhrwerk-Metapher heranzieht und Texte als Steuerungstexte konzeptualisiert, macht deutlich, dass sich die wissenschaftliche Erforschung der Genetik für ihn im Rahmen der mechanistischen Welthypothese abspielen muss. Im Verlauf der Wissenschaftsgeschichte hat sich mehr und mehr gezeigt, wie Molekularbiologen die Text-Metapher und die Maschinen-Metapher konsistent im mechanistischen Denkmuster verstehen können, nämlich als computergesteuerte Fertigungsanlage (Liebert 1995: 164 ff.).

Das deterministische Grundmuster mit der Grundmetapher der Maschine ist charakteristisch für die Naturwissenschaften und hat damit auch Konsequenzen für die Wissenschaftskommunikation.

3. Wissenschaftskommunikation mit Metaphern

3.1 Verständlichkeit und Rezipientenangemessenheit

Metaphern in der Naturwissenschaft funktionieren ähnlich problemlos wie im Alltag, nur dass Metaphern, die sich bewähren, in der Regel schnell Teil der jeweiligen Fachsprache werden; sie werden terminologisiert. Probleme entstehen erst dann, wenn man versucht, Wissenschaft für Nichtfachleute zu vermitteln.

Dies soll folgendes Beispiel zeigen: Bei manchen gentechnischen Verfahren sollen Korrekturgene in die Zelle eingebracht werden, und zwar indem man diese Gene in Viren-RNA integriert, die dann bei der ›Infektion‹ der Zelle ihre Information in die Zell-DNS überträgt.

Will man als Wissenschaftskommunikator diesen Prozess veranschaulichen und sucht nach Bildern, so ist man zunächst damit konfrontiert, dass die Wissenschaft in ihrer jeweiligen Domäne bereits eine bestimmte Metaphorik anbietet. Im Bereich der Molekularbiologie sind es u.a. die Bereiche Schreiben, automatische Fertigung, Transport und Kommunikation.

Nun ist die fachliche Metaphorik zwar auf der Wortebene zum größten Teil terminologisiert, auf der gedanklichen Ebene bietet sie dagegen einen gewissen Spielraum für Ausdrucksmöglichkeiten, da die naturwissenschaftliche Bildlichkeit in der Regel unbestimmt

Chancen und Risiken von Metaphern am Beispiel der Naturwissenschaften

und wenig konkret ist. Ein Ausdruck wie ›Transportvorgänge‹ ist eben sehr allgemein und nicht auf eine spezifische, konkrete Transportvorstellung festgelegt. Soll man als Wissenschaftskommunikator nun diesen Metaphernbereich übernehmen? Soll man ganz eigene Metaphern erfinden?

Das Übernehmen bietet sich an, da man sich auf den ersten Blick ja auf die Metaphern stützt, die in der betreffenden Wissenschaft selbst verwendet werden. Ein weiterer Vorteil scheint zu sein, dass viele Metaphern der Fachsprache eine Verbindung zur Alltagssprache aufweisen (Schreiben, Transport etc.).

Und tatsächlich finden sich in den Massenmedien neben Ausdrücken wie ›Gen-Taxi‹ häufig Metaphern wie ›schneiden‹, ›Programm‹, ›Text‹ u.a., die sich also an die fachlichen Metaphern anschließen (Liebert 1995). Metaphern werden von Wissenschaftskommunikatoren häufig als Brücke gesehen. Betrachtet man dagegen konkrete Beispiele von Wissenschaftskommunikation, dann erscheinen Metaphern eher als ›falsche Freunde‹ denn als tragfähige Brücken:

»Journalist: [...] Die Mediziner versuchen das genetische Material mit der sogenannten Antisense-Technik unschädlich zu machen. Dabei schleusen sie in die infizierte Zelle eine Kopie ein, die genau das Negativ des ursprünglichen Textes darstellt. Legt man eine solche Negativkopie auf den Originaltext, so löschen sich beide gegenseitig aus. Daß man dabei nur die Erbinformation des Virus erwischt, liegt daran, daß man einen rund zwanzig Buchstaben langen Begriff verwendet, der nur in einem Wortschatz vorkommt« (»Gentherapie vor dem Durchbruch«. Radiobeitrag des *Bayerischen Rundfunks (BR2)* am 4. Mai 1995, zitiert nach Liebert 1997: 200–202).[2]

In diesem Radiobeitrag wird die Schriftmetaphorik aufgegriffen und ausgebaut, ohne dass die Bezugspunkte klar beschrieben werden. Und dies obwohl aufgrund der Kommunikationssituation klar ist, dass die Leser/Hörer nicht über den für das Verstehen notwendigen Kontext verfügen. Was ist etwa in der Zelle das ›Einschleusen‹, die ›Kopie‹, die ›genau das Negativ des ursprünglichen Textes darstellt‹, der ›Originaltext‹, das ›Auslöschen‹, der ›Begriff‹ und der ›Wortschatz‹?

Der Textbegriff in der Molekularbiologie ist nicht mit unserem alltäglichen Textbegriff verträglich. Wenden wir unseren alltäglicher Textbegriff auf die DNS an, werden wir sogar in die Irre geführt. Somit ist die molekularbiologische Text-Metapher keine Brücke zum Verstehen, sondern zunächst selbst ein problematischer und (höchst) erklärungsbedürftiger Begriff.

»Die wissenschaftliche Metapher kann nur dem Fachwissenschaftler wirklich einleuchten, der das abstrakte Modell kennt, für das da ein anschaulicher Vergleich aufgeboten wird; für den Laien bleibt er ein bloßer verbaler Oberflächenreiz« (Zimmer 2002). Für den Wissenschaftsjournalisten bedeutet dies aber: Wann immer er Metaphern aus den Wissenschaften übernimmt, sollte er sich die Frage stellen, welchen kommunikativen Widerstand die Alltagssprache dem Verständnis entgegensetzt bzw. welche Ambiguitäten durch den Transfer eines Ausdrucks der Wissenschaftssprache in die Alltagssprache auftreten. Wissenschaftliche Me-

---

2 Orthografisch bearbeiteter Manuskripttext.

taphern bedürfen stets der Kontextualisierung, damit sie über den ›bloßen verbalen Oberflächenreiz‹ hinaus zu wirkungsvollen Vehikeln im Verstehensprozess werden können.

Die Verwendung einer wissenschaftlichen Metapher ist dann dem Rezipienten angemessen, wenn der wissenschaftliche Kontext, der Zielbereich der Metapher in der Weise dargestellt wird, dass die für die Metapher relevanten Aspekte des Zielbereichs für den Rezipienten nachvollziehbar sind. Eine solche Metapher ist zugleich verständlich. In welchem Maße Kontextinformationen gegeben werden müssen, ist natürlich vom unterstellten Wissen des Rezipienten abhängig.

3.2 Sachangemessenheit

Erstaunlich ist, dass die Textmetapher in Lehrbüchern bedenkenlos als Herkunftsbereich für Wissenschaftsjournalisten empfohlen wird. Ein ähnlich sicheres Feld scheint die Immunologie zu sein. Für den Bereich des menschlichen Immunsystems werden etwa die Bereiche »Abwehr, Kampf und Verteidigung« empfohlen und mit einem Beispiel voller Kriegsmetaphern illustriert (Göpfert und Ruß-Mohl 1996: 117 f.):

»Vergleiche zu Abwehr, Kampf und Verteidigung sind naheliegend, wenn beispielsweise das menschliche Immunsystem beschrieben werden soll: (Bsp. A.d.V.) Einige Keime sind geradezu darauf spezialisiert, die Festung Mensch zu stürmen und zu plündern. Ihre Trecks erinnern frappierend an menschliche Kriegslisten: Der Erreger der Tuberkulose etwa legt sich eine Rüstung zu, bevor er in den Körper eindringt. An seiner säurefesten Hülle prallen sämtliche Attacken des Immunsystems ab. Viren überlisten die Abwehr nach Art des trojanischen Pferdes: Sie lassen sich, in Zellen versteckt, von ihren gekaperten Wirten vervielfachen, bis diese buchstäblich platzen ...«

Diese Empfehlung basiert auf einer weitverbreiteten Perspektivierung des Immunsystems mit Militärmetaphern: Wenn man Lehrbücher, aber auch Kinderbücher betrachtet, so könnte man leicht zu der Auffassung kommen, es herrsche im Körper andauernd Krieg. Gegen Bakterien, Viren, Würmer, Parasiten, Fremdes (siehe Liebert 1996).

Am Beispiel der Metaphorik über Aids möchte ich nun zeigen, dass eine Übernahme dieser Metaphern nur scheinbar sicher ist. In *Aids und seine Metaphern* untersuchte Susan Sontag (1989) den öffentlichen Sprachgebrauch zum Thema Aids, ähnlich wie sie dies schon in *Krankheit als Metapher* (1987) durchgeführt hatte. Die Diskussion im Anschluss an Sontag ging davon aus, dass nicht nur die öffentliche Diskussion, sondern auch die wissenschaftliche Theoriebildung von einer ausgeprägten Kriegsmetaphorik geprägt ist. Für Sontag (1989) beginnt sogar das moderne medizinische Denken mit einer Ausdifferenzierung der Kriegmetaphorik:

»Das moderne medizinische Denken könnte man dort beginnen lassen, wo diese grobe Kriegsmetaphorik differenziert wird. [...] Die Krankheit gilt als eine Invasion körperfremder Organismen, auf die der Körper mit eigenen, militärischen Operationen reagiert: Er mobilisiert seine immunologischen ›Abwehrkräfte‹, und die Medizin ist – in der Sprache der meisten Chemotherapien – ›aggressiv‹« (Sontag 1989: 11).

Auch Francisco Varela (1991) geht davon aus, dass die medizinische Immunologie von der Kriegsmetaphorik bestimmt wird. Er geht allerdings einen bedeutenden Schritt weiter, indem er über einen Metaphernwechsel vom Herkunftsbereich ›Krieg‹ zum Herkunftsbereich ›Kognition‹ einen Paradigmenwechsel erreichen will: »Der Diskurs der Immunologie wird von Militär-Metaphern beherrscht. Ich möchte ein grundlegend anderes Bildfeld und eine neue Begrifflichkeit für die Erforschung des Immunsystems vorschlagen, und das wird ein Konzept sein, das den Schwerpunkt auf die kognitiven Leistungen von Immun-Ereignissen legt« (Varela 1991: 727).

Das Immunsystem mit einer Kriegsmaschine gleichzusetzen ist bereits so zum Klischee geworden, dass Varela dies eigens thematisiert: »Zu sagen, dass das Immunsystem grundsätzlich mit Verteidigung zu tun hat, ist ebenso irreführend, wie zu sagen, dass Verteidigung und Vermeidung die Hauptaufgabe des Gehirns ist« (Varela 1991: 740).

Wie Sontag (1989) analysiert auch Moser (1992) die Metaphern für Aids in erster Linie aus populärwissenschaftlichen und gesundheitspolitischen Texten der Tages- und Wochenpresse. Daraus werden z.T. weitreichende Rückschlüsse auf die Vorstellungswelt der betroffenen Wissenschaft angedeutet. So fragt sich Moser: »Soll man daraus den Schluss ziehen, dass schon die Vorstellungswelt der spezialisierten Forscher selbst von solchen militärischen Szenarios bewohnt ist […]. Oder war der Autor des Magazin-Artikels der Meinung, dass das militärische Register seinem Lesepublikum am leichtesten zugänglich sei?« (Moser 1992: 22).

Ergebnisse von Fachtextanalysen aus dem Bereich Molekularbiologie/Virologie zeigen, dass die Kriegs-Metaphorik eine untergeordnete Rolle spielt und eher Bereiche wie Transport, Produktion und Kommunikation von Bedeutung sind – immer im Rahmen eines computergesteuerten Systems. Lediglich in Fachtexten, die epidemiologisch ausgerichtet sind, finden sich abstrakte Begriffe wie ›Eindringen‹, die sich als Kriegs-Metapher deuten lassen oder eher gentechnisch ausgerichtet sind.

Aids ist ein Forschungsfeld, an dem ganz unterschiedliche Disziplinen arbeiten. Es ist also davon auszugehen, dass jede Disziplin, sei es die Zellbiologie, die Molekularbiologie oder die Immunologie, ihre eigenen Metaphernmodelle mit in die Forschungsdiskussion einbringt. Wenn man epidemiologische oder immunologische Texte, die eher medizinisch ausgerichtet sind, untersucht, wird man deshalb mit größerer Wahrscheinlichkeit auf Kriegsmetaphorik stoßen, als wenn man Texte der Virologie untersucht, die mit gentechnischen Methoden arbeiten.

Für jede Disziplin sind andere Metaphernnetze anzusetzen, die nur z.T. identisch und untereinander dicht verwoben sind. Damit wird die Annahme eines einfachen, statischen Systems von Metaphernmodellen in der Wissenschaft infrage gestellt.

4. Metaphern und Emotionen als Mittel der Aufmerksamkeitsbindung

Metaphern können an verschiedenen Stellen in einem Artikel zur Emotionalisierung eines Themas eingesetzt werden. Die prominenteste Stelle ist allerdings die Überschrift, die hier näher dargestellt werden soll.

Als Beispiel möchte ich einige emotionsgeladene Überschriften aus *Bild der Wissenschaft* betrachten, die im Verlauf der Ozonloch-Debatte gedruckt wurden. Betrachtet man allein die

Überschriften zum Thema Ozon in den ersten acht Jahren der Berichterstattung (1986–1994), so finden wir folgende Metaphern: »Drama«, »Sterbehilfe«, »Abgrund«, »Damoklesschwert«, »(Der) Ozonschild bricht«, »Teufelskreis«, »Das Ozonloch erreicht bewohnte Regionen«, »Ozonloch bedroht Lurchi«. Metaphern werden hier als Mittel zum Zweck der emotionalisierten Gefahreneinschätzung eingesetzt.

Häufig wird im Verlauf der Ozonloch-Debatte eine Kampf- und/oder Militär-Metaphorik gewählt, wenn etwa von FCKW oder Chloratomen als »Ozonkillern« geredet wird (Linsmeier 1993; *Bild der Wissenschaft* 1993 (»Dünnhäutige«) und 1994 (»Natürliche Ozonkiller«); Fischer (1992)). Oder wenn Linsmeier (1993) von der Entstehung der Chlorkonzentration in der Stratosphäre über der Antarktis sagt, es werde »gewissermaßen eine Bombe geschärft« und gleich darauf: »Wie auf einen Zündfunken hin, geht dann die Bombe hoch« (siehe auch den Ausdruck »Chlorbombe«, Linsmeier 1993: 97). Diese Metapher wird von *Bild der Wissenschaft* (1993) aufgegriffen und expandiert: »Inwieweit die Aerosol-Wolke aus dem Ausbruch des Pinatubo-Vulkans den aggressiven Ozonkiller Chlor neu bewaffnet, ist unter den Wissenschaftlern noch umstritten.«

Die Kriegs-Metaphorik leistet hier nur einen sehr geringen Beitrag zur Sachverhaltsdarstellung, im Vordergrund stehen das Heraufbeschwören einer Gefahr und eine Dämonisierung des Chlors.

5. Wie macht man gute Metaphern?

Nachdem nun einige Probleme bei der Übernahme wissenschaftlicher Metaphern benannt wurden, stellt sich die Frage, was dies für das Schreiben von Texten in der Wissenschaftskommunikation bedeutet. Wie macht man nun eigentlich gute Metaphern? Aus meiner Sicht muss eine gute Metapher mindestens vier Eigenschaften aufweisen:
1. Rezipientenangemessenheit bzw. Verständlichkeit
2. Sachangemessenheit
3. Aufmerksamkeitsfesselung
4. ethische Reflektiertheit.

Dabei stehen die Rezipientenangemessenheit und die Sachangemessenheit in einem Spannungsverhältnis (Biere 1989). Gleiches gilt für die Aufmerksamkeitsfesselung und die ethische Reflektiertheit.

5.1 Rezipienten- und Sachangemessenheit

Eine Metapher in der Wissenschaftskommunikation ist dann der Sache angemessen, wenn sie von den betreffenden Wissenschaftlern als adäquat betrachtet wird. Eine Metapher ist dann verständlich, wenn die Rezipienten in der Lage sind, die Metapher auf Anfrage so zu erklären, dass die Darlegung von den betreffenden Wissenschaftlern als für den Vermittlungskontext adäquat eingeschätzt wird.

Chancen und Risiken von Metaphern am Beispiel der Naturwissenschaften

Ob nun bestehende Metaphern aufgegriffen oder neue Metaphern erfunden werden: Nach Abschluss des Textes sollten in jedem Fall sowohl die Sach- als auch die Adressatenangemessenheit (Verständlichkeit) geprüft werden. Folgende Tests sind dabei hilfreich:
- Sachangemessenheit: Konsultation mindestens eines Wissenschaftlers, ob die verwendete Metaphorik angemessen ist.
- Verständlichkeit: Textlektüre eines fachlichen Laien; der Proband sollte ausdrücklich aufgefordert werden, die Metaphern zu erklären. Es ist wichtig, die nichtfachlichen Testleser *die Metapher* und nicht den zu erklärenden Sachverhalt erläutern zu lassen.

Es sollte also nicht gefragt werden: »Wie kann man die DNS erklären?« Die Antwort könnte einfach von der Metapher Gebrauch machen, z. B.: »Die DNS ist ein Text«, »Die DNS besteht aus vier Buchstaben« etc. Es gibt Untersuchungen aus der Arzt-Patienten-Kommunikation, die zeigen, dass Patienten die vom Arzt geäußerten Metaphern zwar reproduzieren können (z. B.: »Das Herz ist ein Pumpe«), bei Nachfragen aber die Metaphern nicht sachgemäß erklären, weil sie ihr Alltagsverständnis einer Pumpe anlegen. Es ist daher entscheidend, nach der Erklärung der Metapher zu fragen, z. B.: »Warum kann man die DNS als eine Art Text betrachten?«

Diese Erklärungen sollten wiederum mindestens einem Wissenschaftler des betreffenden Fachs vorgelegt werden. Danach kann die im Text angelegte Metaphorik – wenn nötig – entsprechend modifiziert werden. Sollte der Autor selbst Wissenschaftler aus der Domäne sein, über die er schreibt, dann kann die Sachangemessenheit natürlich auch vom Autor selbst beurteilt werden. Auch in diesem Fall sollte jedoch der oben genannte Verständlichkeitstest auf Rezipientenangemessenheit durchgeführt werden.

Für einen empirisch-wissenschaftlichen Test müsste man eine wohlüberlegt zusammengesetzte Gruppe befragen. Für die Praxis genügt es jedoch häufig, wenige Personen heranzuziehen. In jedem Fall sollte zumindest *eine* Person befragt werden. Diese Person kann auch aus der Redaktion oder dem privaten Umfeld stammen. Auch der kleinste Rezipiententest erbringt meist erstaunliche Ergebnisse.

Schreibt der Autor über eine Wissenschaft, in der er nicht ausgebildet ist, kann der Laientest entsprechend modifiziert werden: Der Autor reflektiert seine eigenen, spontan verwendeten Metaphern und versucht, sie wie oben beschrieben zu erklären. Diese Erklärungen legt er dann einem Wissenschaftler vor oder klärt sie im Gespräch mit ihm ab.

5.2 Aufmerksamkeitsbindung und ethische Reflektiertheit

Auch die Fesselung der Aufmerksamkeit und die ethische Reflektiertheit stehen in einem Spannungsverhältnis. Einerseits zwingen ökonomische Aspekte wie die Auflagenzahl Journalisten immer mehr dazu, journalistische Mittel in den Dienst der Aufmerksamkeitsbindung zu stellen. Andererseits sollte man aber keine Dramatisierung vornehmen, Heilsversprechen propagieren und/oder Klischees übernehmen, die nur aus einer bestimmten Interessenlage heraus formuliert wurden.

5.2.1 Aufmerksamkeitsbindung

Welche Metaphern letztlich ›einschlagen‹ und sich durchsetzen, lässt sich im Voraus nicht sagen, da hierbei ästhetische und soziohistorisch-situative Momente eine Rolle spielen. Wenn man mit Metaphern die Aufmerksamkeit fesseln will, dann kann dies beispielsweise mit einem Bild emotionaler Intensität, einer Sinnfrage menschlichen Daseins oder einer überraschenden und neuen Überblendung geschehen. In jedem Fall muss die Metapher als Bild eine orientierende Funktion besitzen, mit der ein unstrukturiertes Feld auf einmal eingeschätzt werden kann.

Den formalen Mechanismus zur Bildung von neuen Metaphern haben wir oben kennengelernt. Wenn nun ästhetische und soziohistorisch-situative Faktoren die entscheidende Rolle spielen, dann kann potenziellen Schöpfern von Metaphern lediglich geraten werden, sich auf ihr ästhetisches Empfinden zu konzentrieren und sich für alle Einflüsse zu öffnen, die in der jeweiligen historisch-gesellschaftlichen Gegenwart wirksam sind.

Dazu zählen auch die bereits benannten Metaphern in der Naturwissenschaft, selbst wenn sie bereits zum Klischee geworden sind. Diese stellen aber nur eine Quelle unter vielen in der Schreibsituation wirksamen dar. Selbst der unbedeutendste Alltagsgegenstand, der sich beim Schreiben des Artikels im Raum befindet, könnte die entscheidende Quelle zur Bildung einer neuen Metapher sein, die über die bekannten Klischeemetaphern in der Naturwissenschaft hinausreicht oder diese zumindest so modifiziert, dass sie neue Kraft erhalten.

5.2.2 Ethische Reflektiertheit

Damit eine Metapher ethisch reflektiert ist, sollte man zumindest über die folgenden Punkte nachgedacht haben:
- Übernehme ich mit der Metapher ein Heilsversprechen aus der Wissenschaft? Wenn ja, ist dies gerechtfertigt?
- Verstärke ich mit der Metapher eine latente katastrophische Angst?
- Übernehme ich mit der Metapher eine in der Wissenschaft angelegte Sakralisierung? (Wissenschaftler als Gott, der das ›Buch des Lebens‹ neu schreibt.)
- Liegt eine emotionalisierte Metapher vor? Wenn ja, ist die Emotionalisierung angemessen?
- Stellt eine oder mehrere meiner Metaphern eine Dramatisierung dar?
- Tragen meine Metaphern zur Verfestigung von Normen oder Klischees bei?

6. Schluss

Die Vermittlung naturwissenschaftlicher Erkenntnisse an eine Laienöffentlichkeit ist ein komplexes Unterfangen, dessen Komplexität u.a. daher rührt, dass wir nicht – wie bei der Metapher üblich – zwei semantische Bereiche aus der alltäglichen Lebenswelt vorliegen haben, deren Struktur für die Beteiligten hinreichend evident ist. Wir haben hier vielmehr den Fall, dass der zu vermittelnde Bereich nicht nur hinsichtlich einiger Begriffe oder Sachverhalte, sondern in seiner Gesamtheit fremd und unbekannt ist.

Damit können Metaphern nicht mehr selbstverständlich eingesetzt werden, sondern müssen in der Regel zusätzlich kontextualisiert werden. Darüber hinaus muss gefordert werden, dass besonders die Bedeutung terminologisierter Metaphern wie ›Text‹, ›transkribieren‹ oder ›schneiden‹ klar und deutlich von ihrer alltäglichen Bedeutung abgegrenzt wird.

Wenn Wissenschaftsjournalisten also eine auch noch so konsistente Metaphorik entwickeln, so ist es entscheidend, dass die Bezugsgrößen, auf die sich die Metaphern beziehen, eindeutig und klar sind.

Die Verständigungsprobleme zwischen Wissenschaft und Öffentlichkeit rühren u.a. daher, dass in beiden Sphären in gewisser Weise unterschiedliche Sprachen gesprochen werden. Wenn sich ein Genetiker die DNS als Text vorstellt, weiß er um den Als-ob-Charakter dieser Vorstellung und dass durch diese Metapher nur bestimmte Aspekte dieses Moleküls mehr oder weniger passend dargestellt werden können.

Da sich Wissenschaftler dabei aber Ausdrücken bedienen, die auch in der alltäglichen Sprache vorkommen, kann es leicht passieren, dass bei einem unbedachten Transfer von fachlich motivierten und kontextualisierten Metaphern in öffentliche Diskurse das Wissen um das ›als ob‹ verloren geht und/oder Fehlinterpretationen durch eine nicht hinreichende Aufklärung über den Kontext auftreten. – Man kann sich den Gebrauch von Metaphern wie ein Spiel vorstellen, bei dem man bewusst so tut, als ob x ein y wäre (Liebert 2005). Da jedes Spiel Regeln folgt, kann sich aber nur derjenige an einem Spiel beteiligen, der die Regeln kennt.

Wenn Wissenschaftsjournalisten und andere Vermittler die mechanistische Metaphorik der Naturwissenschaften aufgreifen und in vielen Fällen sogar fortspinnen, so stellt sich die Frage, ob es sich bei dieser Vermittlung von Wissenschaft überhaupt um dasselbe Als-ob-Spiel handelt, das in der betreffenden Wissenschaft gespielt wird.

Für den Fall, dass es gelingt, einen gemeinsamen wissenschaftlichen Wissenskontext aufzubauen, kann dies bejaht werden. In diesem Fall können wir davon sprechen, dass es möglich ist, dass sie sich an dem mechanistischen Als-ob-Spiel der Naturwissenschaft beteiligen. Wenn dies – wie in den meisten Fällen – nicht gelingt, dann können wir nicht von einem gemeinsamen Spiel sprechen, sondern lediglich davon, dass sie so tun, als würden sie das mechanistische Als-ob-Spiel der Naturwissenschaften spielen.

Dies heißt natürlich nicht, dass es im subjektiven Bewusstsein der Vermittler und Rezipienten nicht durchaus so sein kann, dass diese glauben, am mechanistischen Spiel der zu vermittelnden Wissenschaft tatsächlich beteiligt zu sein, oder sogar, dass sie glauben, dass in einer Zelle tatsächlich Programmtexte kopiert werden und Gentechniker eine Negativkopie mit einer Genfähre in die Zelle schleusen.

Eine zentrale Forderung lautet deshalb, Metaphern als Metaphern durch die vorhin beschriebenen Mittel transparent zu halten und sich selbst und anderen den Als-ob-Charakter des naturwissenschaftlichen Sprachspiels zu vergegenwärtigen.

Schließlich sollten wir uns offen für andere Als-ob-Spiele halten. Die Begrenztheit der Naturwissenschaft auf das mechanistische Sprachspiel macht sicherlich ihre Stärke aus, sie kann jedoch gerade wegen ihrer Begrenztheit nicht beanspruchen, als Paradigma für jegliche Wissenschaften und Lebensbereiche allein zu gelten.[3]

Literatur

Biere, Bernd Ulrich. *Verständlich-Machen. Hermeneutische Tradition – Historische Praxis – Sprachtheoretische Begründung*. Tübingen 1989.

Blumenberg, Hans. *Die Lesbarkeit der Welt*. Frankfurt 1986.

»Dünnhäutig«. *Bild der Wissenschaft* 12 1993. 97.

Fauconnier, Gilles, und Marc Turner. *The Way we think*. New York 2002.

Fischer, Axel. »Damoklesschwert. Die Ozonschicht über Europa schwindet – die Forscher sind ratlos«. *Bild der Wissenschaft* 5 1992. 16–20.

Göpfert, Winfried, und Stephan Ruß-Mohl. *Wissenschaftsjournalismus*. München 1996.

Liebert, Wolf-Andreas. »Metaphernbereiche der virologischen Aidsforschung«. *Lexicology* (1) 1 1995. 142–182.

Liebert, Wolf-Andreas. »Die transdiskursive Vorstellungswelt zum Aids-Virus. Heterogenität und Einheit von Textsorten im Übergang von Fachlichkeit und Nicht-Fachlichkeit«. *Fachliche Textsorten*. Hrsg. Hartwig Kalverkämper und Klaus-Dieter Baumann. Tübingen 1996. 789–811.

Liebert, Wolf-Andreas. »Interaktion und Kognition. Die Herausbildung metaphorischer Denkmodelle in Gesprächen zwischen Wissenschaftlern und Wissenschaftsjournalisten«. *Metaphern, Medien, Wissenschaft. Zur Vermittlung der AIDS-Forschung in Presse und Rundfunk*. Hrsg. Wolf-Andreas Liebert und Bernd Ulrich Biere. Opladen 1997. 180–209.

Liebert, Wolf-Andreas. *Wissenstransformationen. Handlungssemantische Analysen von Wissenschafts- und Vermittlungstexten*. Berlin und New York 2002.

Liebert, Wolf-Andreas. »Metaphern als Handlungsmuster der Welterzeugung. Das verborgene Metaphern-Spiel der Naturwissenschaften«. *Eine Rose ist eine Rose ... Zur Rolle und Funktion von Metaphern in Wissenschaft und Therapie*. Hrsg. Hans Rudi Fischer. Weilerswist 2005. 207–233.

Linsmeier, Klaus-Dieter. »Expertenstreit um das Ozonloch«. *Bild der Wissenschaft* 8 1993. 96–99.

Moser, Walter. »Der Varela-Effekt der Biologie auf den gesellschaftlichen Körper«. *kultuR-Revolution* 27 1992. 18–25.

»Natürliche Ozonkiller«. *Bild der Wissenschaft* 4 1994. 11.

Pepper, Stephen C. *World Hypotheses: A Study in Evidence*. Berkeley 1966.

Schrödinger, Erwin. *Was ist Leben? Die lebende Zelle mit den Augen des Physikers betrachtet*. München 1944.

Sontag, Susan. *Aids und seine Metaphern*. München 1989.

Stegmüller, Wolfgang. *Hauptströmungen der Gegenwartsphilosophie II*. 6. Auflage. Stuttgart 1979.

---

[3] Ich danke dem Herausgeber Markus Lehmkuhl und dem Korrektor Felix Berthold für kompetente und fürsorgliche Begleitung der Verfassung dieses Textes.

Varela, Francisco J. »Der Körper denkt. Das Immunsystem und der Prozeß der Körper-Individuierung«. *Paradoxien, Dissonanzen, Zusammenbrüche. Situationen offener Epistemologie.* Hrsg. Hans Ulrich Gumbrecht und K. Ludwig Pfeiffer. Frankfurt am Main 1991. 727–743.

Zimmer, Dieter E. »Die Welt ist eine Katze. Hans Magnus Enzensberger versöhnt Poesie und Wissenschaft«. *Die Zeit* 15 2002. (Auch online unter www.zeit.de/archiv/2002/15/200215_l-enzensberger.xml, Download 14.2.2007.)

Kommune des Vergessens[1] oder: Recherche mit Rücksicht

Katja Thimm

In einer Berliner Wohnung verbringen sechs Menschen gemeinsam ihren Lebensabend, ohne einander zu kennen. Wie 1,5 Millionen andere in Deutschland leiden sie unter Demenz. Die verwirrten Alten in WGs zu betreuen ist eine Alternative zur gefürchteten Abschiebung ins Heim.

Reportagen über den Alltag kranker, behinderter oder alter Menschen zählen zu den möglichen Formen im Wissenschaftsjournalismus. Ihnen gemeinsam ist in der Regel ihr übergeordnetes Thema: Sie behandeln grundsätzliche Fragen menschlichen Lebens – so unterschiedlich die Umstände in Krankenhäusern, Wohngruppen, Hospizen oder Altersheimen auch sind. Meist steht das beschriebene Einzelschicksal stellvertretend für ein Schicksal, das jeden Menschen treffen kann – oder zumindest einen, den er gut kennt.

Allerdings sind diese Geschichten in Zeitungen und Zeitschriften seltener zu finden als etwa Medizinreportagen über neue Operationstechniken (der Journalist steht mit im OP), neue Therapie-Methoden (der Journalist besucht eine Reha-Klinik) oder gar klassische Berichte, in denen Theorien und die im Experiment gewonnene Erkenntnis eingeordnet, erklärt und auf ihre Stichhaltigkeit überprüft werden. Solche Aufklärung über neue Verfahren, neue Ergebnisse und neue Ideen ist eine herausragende Aufgabe von Wissenschaftsjournalismus. Der Alltag eines Kranken hat auf den ersten Blick wenig Neues oder gar Spektakuläres und damit Berichtenswertes zu bieten. Hinzu kommt die Scheu der Gesunden, sich den oft quälenden Gedanken auszusetzen: Wie erginge es mir in einer vergleichbaren Situation? Wer würde sich um mich kümmern? Könnte ich mich darauf verlassen, dass dann alles zu meinem Wohle geschehe?

Insofern streifen Reportagen über kranke und über alte Menschen auch grundsätzliche Fragen unserer Gesellschaft: Wie gehen wir mit ihnen um? Wie behandeln wir die wachsende Anzahl von Männern und Frauen, die ihre Interessen alleine nicht mehr wahrnehmen können, weil sie zu Greisen werden? Wie verhalten wir uns denjenigen gegenüber, von deren

---

1 Thimm, Katja. »Pflege: Kommune des Vergessens.« *Der Spiegel* 37 8.9.2003. (Auch online unter www.spiegel.de/spiegel/0,1518,264610,00.html, Download 13.2.2007.) Abdruck mit freundlicher Genehmigung des Magazins *Der Spiegel*.

Innenleben wir wenig wissen, weil sie – wie demente oder schwerst hirngeschädigte Patienten – nicht mehr für sich selbst sprechen können?

Hier liegt eine Herausforderung auch für den Journalisten: Er trifft bei der Recherche auf Menschen, die er nicht oder nur unzureichend befragen kann. Eines seiner mächtigsten Instrumente, die Nachfrage, hilft ihm nicht weiter wie gewohnt.

Ihre Welt ist Schwerin. Ihr Kleid, das sie immer wieder über dem Bauch glatt streicht, ist die Aue; die lärmende Potsdamer Straße, auf der sie manchmal spazieren geht, der See. Ihr Zimmer ist ein Badesteg und die Currywurstbude um die Ecke das Tanzlokal ihrer Jugend.
»Wir Schweriner schwofen und schwimmen gern«, erklärt Frau Benda und summt gedankenverloren die Melodie vom lustigen Zigeunerleben. Zwei Brustzüge im Trockenen, dann wiegt die alte Dame den stabilen Körper von einem Bein aufs andere. »Darf ich vorstellen?«, unterbricht sie sich und neigt den Kopf zwei gerahmten Stickereien zu – ein »M« und ein »E« in tadellosen Kreuzstichen. »Das sind die Männer der Familie. Lauter gut aussehende Burschen.«
Herr Brandt lebt in Ostpreußen. Sein Vater war dort Volksschullehrer, und die Mutter buk sonntags immer Streuselkuchen. »Weil dann der Opa kam«, erzählt der alte Mann. Sorgsam sticht er seine Gabel in ein Stück Schokoladentorte. Er wird sie gleich wieder vergessen haben. Doch an die Weihnachtsplätzchen in Pankow erinnert er sich, an die großen Augen seines Sohnes bei der Bescherung. Seine Frau wohnt noch immer in der ehelichen Wohnung. An manchen Tagen bittet sie ihn für ein paar Stunden zum Kaffee. »Mein Frauchen, mein Frauchen«, ruft Herr Brandt nach solchen Besuchen.
»Schluss jetzt«, schreit Frau Benda dann. Seine Unruhe geht ihr zuweilen auf die Nerven. »Kann der nicht still sitzen?«, knurrt sie in die Runde. Niemand antwortet. Frau Kruttschnitt kämpft mit ihrem Heinz. Stumm grübelt sie im Rollstuhl und schimpft dann los, schleudert dem abwesenden Ehemann finstere Laute hin. »Äh, äh«, äfft Frau Zuber sie nach, ohne den Blick von der Fernsehshow zu wenden, »äh, äh«. Im großen Sessel dämmert mit versunkenem Gesicht Frau Rudnow, aus dem Nachbarzimmer ertönt ein Stimmchen. »Halleluja, halleluja.« Frau Meissner hält Zwiesprache mit ihrem Gott.

Um die WG-Bewohner im Einstieg vorzustellen, werden ihre Erinnerungsfragmente, ihre ungewöhnlichen Wahrnehmungen und ihr für Gesunde kaum nachvollziehbares Verhalten beschrieben. Sie charakterisieren so beispielhaft das Schicksal aller Demenz-Patienten. Diese Technik der Personalisierung erlaubt es, das typische Bild der Krankheit am Einzelfall zu verdeutlichen: Das nach innen gerichtete Erleben in einer eigenen Welt, in der andere Regeln gelten, als der Leser sie kennt.

Die dazu parallel geschilderten banalen Alltagshandlungen wie Kuchenessen, Tanzen oder Fernsehen hingegen kann der Leser aus eigenem Erleben nachvollziehen: Sie helfen ihm, ein Bild von der seltsam verschobenen Wirklichkeit der WG-Bewohner zu entwerfen. Im besten Fall gelingt es in einer Reportage, die Sinne des Lesers so zu reizen, dass er selbst beginnt zu riechen, hören, schmecken, sehen und fühlen.

»Und mit solchen Menschen muss man nun zusammenleben.« Frau Benda klingt entrüstet. Sie hat einen seltenen wachen Moment erwischt. Für eine Sekunde verlässt sie Schwerin und kommt an in der großzügigen Berliner Gründerzeitetage, die alle miteinander gemietet haben. Die sechs Herrschaften, 73 der Jüngste, 95 die Älteste, leben in einer WG. Jeder hat seinen eigenen Raum. Gemeinsam teilen sie Wohnzimmer, Küche, zwei Bäder und die Diagnose: Demenz.

Zum Recherchieren verbrachten Autorin und Fotografin eine Woche in der WG. Zwar war es nicht möglich, sich in der Wohnung einzuquartieren (Platzmangel), doch die WG war zu jeder Tages- und Nachtzeit zugänglich. Diese ›teilnehmende Beobachtung‹, ursprünglich eine Methode der Ethnologie, ist Bestandteil jeder Recherche für eine Reportage. In diesem Fall allerdings war sie die einzige Möglichkeit, mit den Hauptpersonen Kontakt aufzunehmen: beim Essen am Tisch, beim Ballspielen im Hof, beim Zubettbringen. Wie ungeeignet das klassische Interview (Frage, Antwort) war, zeigte sich bereits in der ersten Minute. Auf Begrüßung und Vorstellung entgegnete Frau Benda strahlend: »Herzlichen Glückwunsch, mein Kind! Kommen Sie, lassen Sie uns schwimmen gehen.«

Die WG-Bewohner schienen Notizbuch und Kameraausrüstung zu ignorieren; sie behandelten die Journalisten eher wie weitere Pfleger. Die gesetzlichen Vertreter der Bewohner (Angehörige oder amtliche Betreuer), deren Einverständnis für Geschichten dieser Art immer notwendig ist, reagierten – ähnlich wie bei vergleichbaren anderen Recherchen – unterschiedlich: Begeisterung, verhaltene Zustimmung, Vorbehalte. Nach mehreren einzeln geführten Vorgesprächen, auch sie in der Regel eine Notwendigkeit, gaben alle ihr Einverständnis zu der Recherche.

Allerdings stimmten zwei Vertreter gegen eine Veröffentlichung von Fotos. Dies gilt es wegen des juristischen Anspruchs auf das Recht am eigenen Bild ohnehin zu akzeptieren, aber auch, weil Journalisten nicht absichtlich gegen die Schamgrenzen ihrer Hauptpersonen verstoßen sollten. In Geschichten über Patienten gilt dies allemal. Sie können sich nicht wehren – und ihnen ist nichts vorzuwerfen. Anders als in investigativen Artikeln, in denen jedes Detail notwendig sein kann, um die in der Regel die Macht missbrauchenden Hauptpersonen vorzuführen und zu überführen, haben in Reportagen über den Alltag eines Kranken die Vorbehalte des Patienten und seiner Angehörigen hohes Gewicht. Kaum eine Geschichte erfordert es zum Beispiel, den Leser im Detail mitriechen zu lassen, was Inkontinenz bedeutet.

Herrn Brandt, 73, haben zwei Schlaganfälle die frühere Persönlichkeit geraubt. Bei den anderen schleicht sich das Ich einfach davon. Monat für Monat rückt es ein bisschen weiter aus dem Bewusstsein – bis sich die Alten verloren haben. Sie finden sich nicht mehr zurecht in der Welt. Ihre Familien können oder wollen sie nicht Tag und Nacht geleiten. Frau Zabels Stiefsöhne haben die Obhut an eine Amtsbetreuerin abgegeben. Die Frau von Herrn Brandt benötigt selbst die Hilfe einer Diakonieschwester. Und Marion Benda hat resigniert, als ihre Mutter beinahe die Wohnung in Brand gesetzt hatte. Die alte Dame wollte »das rote Licht ausschalten« – und legte ein Wolltuch über die Höhensonne.

Die meisten Details über die Krankheitsverläufe stammen aus Interviews mit den Angehörigen bzw. den Amtsbetreuern; andere Informationen aus den Interviews mit dem behandelnden Arzt und den betreuenden Pflegern und Pflegerinnen.

Kommune des Vergessens oder: Recherche mit Rücksicht

Bei einem ersten Kontakt zu Angehörigen können oft Ärzte oder Mitglieder von Selbsthilfegruppen helfen, wenngleich ihr Bemühen nicht immer unabhängig von eigenen Interessen ist. Wie bei jeder Recherche erhält der Journalist nie objektive Informationen. Jede Äußerung transportiert, so unvoreingenommen sie klingen mag, Einschätzungen, Haltungen und ein Weltbild.

Die Regel, jede Information mit kritischem Blick und Abstand einzuordnen und sich nicht vereinnahmen zu lassen, ist bei Recherchen mit Kranken umso zwingender, wenn sie nicht mehr selbst Auskunft geben können: Alles, was der Journalist über seine Hauptpersonen erfährt, entspringt seiner Beobachtung oder den Einschätzungen anderer über die Hauptpersonen seiner Geschichte (in diesem Fall Pfleger, Ärzte, Angehörige, Betreuer). Und alle Befragten haben ein anderes Verhältnis zu den Patienten und blicken auf sie mit einem anderen Interesse – ohne dass die Patienten in der Lage wären, ein eigenes Bild von ihrer Persönlichkeit zu entwerfen.

Jeder Zehnte im Land, der älter ist als 75, gilt als »schwer bis mittelschwer dement«: 1,5 Millionen Menschen, mehr, als in München wohnen. Das Risiko nimmt mit jedem Lebensjahr zu, und die Alten werden immer älter. Deshalb werden in 27 Jahren 2,5 Millionen an der Krankheit leiden; in 50 Jahren sollen es mehr sein, als heute in Berlin leben. Bislang hat alle Forschung nur ein paar Wirkstoffe hervorgebracht, die das Vergessen um wenige Monate hinauszögern können. Niemand ist davor gefeit, dass er langsam von sich selbst verlassen wird.

Erster Wechsel vom Einzelfall hin zu allgemeineren Informationen: Dem Leser soll spätestens hier klar werden, dass auch ihn dieses Thema angeht. Er kann sich kaum distanzieren. Die allgemeingültige demographische Hochrechnung verdeutlicht: Die Einzelschicksale in der Berliner Wohngemeinschaft stehen nur beispielhaft für eine Lebenssituation, in der sich jeder wiederfinden kann. Wie immer, wenn hohe Zahlen das Vorstellungsvermögen strapazieren, bieten sich anschauliche Vergleiche an: Die Städte München und Berlin sind als Größeneinheit fassbarer als die Zahlen 1,5 bzw. 2,5 Millionen.

Wohin mit ihnen allen? Marion Benda hat ihrer Mutter nach einer hitzigen Debatte über Sinn und Zweck von Elektroschaltern mit dem Heim gedroht. Ernst gemeint hat sie es nicht. »Ich wusste ja, dass sie mehr Fürsorge braucht als ein kleines Kind.« Eintönige Flure, in denen sich Demente verlaufen; Pfleger, die in weißen Kitteln von Zimmer zu Zimmer hasten und Psychopharmaka austeilen. »Solche Bilder haben mich umgetrieben«, sagt auch Ulrich Brandt. »Das wollte ich meinem Vater ersparen.«
Es herrscht Not in den Altenheimen. 20.000 Pfleger fehlen – und die dort arbeiten, haben im vergangenen Jahr neun Millionen Überstunden angehäuft. An manchen Tagen reicht die Zeit trotzdem nicht, jeden Bewohner gründlich zu waschen. Die wachsende Zahl verwirrter Menschen überfordere das Personal, heißt es in einer Studie, die das Deutsche Institut für angewandte Pflegeforschung gerade veröffentlicht hat. »Vermögende vollenden ihr Leben in Seniorenresidenzen«, erklärt der Hamburger Psychiater und Pflegeexperte Klaus Dörner nüchtern. »Die anderen Heime verkommen zu Orten, in denen sich das Unerträgliche konzentriert.« Dort wohnen die meisten – etwa 600.000 Menschen.

Zweiter Wechsel vom Speziellen zum Allgemeinen: Das Vorgehen ist typisch für die Reportage, die ja den Anspruch hat, anhand eines besonderen Falls eine Geschichte zu erzählen, die von übergeordnetem Interesse ist. Überwiegen im ersten Abschnitt noch Gefühle und Erfahrungen (die Tochter verzweifelt, weil ihre Mutter nicht mehr alleine klarkommt; der Sohn sorgt sich um das Schicksal seines Vaters), beherrschen den darauffolgenden Absatz Fakten und das Zitat eines Experten.

Der Kontrast zwischen der speziellen (WG in der Paulstraße) und der allgemeinen Ebene (die Bedingungen in vielen Altenheimen) unterstreicht zudem den herausgehobenen Charakter der Wohnform und wertet dadurch das Thema ›Alzheimer-WG‹ auf.

In der Berliner Paulstraße kümmern sich die Mitarbeiter einer Sozialstation Tag und Nacht um die Alten. Seit fast drei Jahren führen sie ihnen den Haushalt und pflegen Leib und Seele. Sie kaufen Brot, Butter und Windeln, kochen Gulasch und Kaltschale, rechnen mit den Stromwerken ab, feiern Geburtstage. Sie putzen den Alten den Po, führen sie zum Eisessen aus, fegen ihre Zimmer, halten ihre Hände und achten darauf, dass sie auch wirklich ausreichend trinken. Und wenn es die 89-jährige Frau Meissner verlangt, spricht der an Gott zweifelnde Student, der abends die Nachtwache antritt, auch ein Gebet mit ihr.

Die Beispiele sind, wie alle folgenden Details über den WG-Alltag, das Ergebnis ›teilnehmender Beobachtung‹, zu der auch eine Vielzahl kleiner Unterhaltungen am Rande mit den Pflegern gehören. Wie in jeder Reportage sind die Details nicht zufällig gewählt, sondern sollen die der Sachinformation entsprechenden Bilder im Kopf des Lesers entstehen lassen: In diesem Fall sollen sie möglichst anschaulich illustrieren, was zu einer 24-Stunden-Betreuung alles gehören kann.

Für jeden Einzelnen wäre dieses Programm unbezahlbar. Doch die Angehörigen haben sich auf das eherne WG-Prinzip besonnen: zusammenschmeißen. Statt für jeden Bewohner einen eigenen Pflegedienst zu suchen, haben sie nur eine Sozialstation mit der Pflege aller betraut. »So geht das Geld nicht drauf für teure An- und Abfahrtswege«, sagt Klaus Pawletko, der Geschäftsführer des kleinen Nachbarschaftsvereins »Freunde alter Menschen«. Es bleibt so viel übrig, dass die Sozialstation rund um die Uhr Mitarbeiter in die Paulstraße schicken kann – tagsüber arbeiten sie dort meist zu dritt.

Seit neun Jahren betreibt Pawletko den Zusammenschluss solcher Wohngemeinschaften. Sein Verein trägt sich durch Spenden, sie reichen kaum aus. »Oldies« nennt Pawletko die vergesslichen Damen und Herren liebevoll. Er habe als Heimberater für die Senatsverwaltung »zu viele klassische Karrieren« erlebt, meint er. »Die Dementen werden auffällig, landen im Heim, wollen weg, stürzen und sind innerhalb von drei Monaten bettlägrige Pflegefälle.« In einer überschaubaren Wohnung passiere das kaum. »Und die Alten bewahren sich bei aller Verwirrtheit ein bisschen Normalität.«

Diese das WG-Konzept grundlegend erläuternden Informationen stammen bereits aus dem Vorgespräch mit Klaus Pawletko. Das kommentierende Zitat im folgenden Absatz stammt aus einem Interview mit dem Vereinsvorsitzenden gegen Ende der Recherche: Anders als im Vorgespräch kann er nun mit den Rechercheeindrücken konfrontiert werden.

Kommune des Vergessens oder: Recherche mit Rücksicht

Die Pflegerinnen tragen Sommerkleider und die Bewohner keine vollgekleckerten Lätzchen. Wer früher Anzüge mochte, muss nicht von ihnen lassen. »Vielleicht bieten die alten Gewohnheiten ja doch einen Halt«, sagt Pawletko. Frau Benda macht sich gern schick. An diesem Tag trägt die 83-Jährige über grauem Flanell einen wehenden rosa Seidenschal. »Ich bin eine Elfriede Johanna Maria Auguste«, erklärt sie und streckt Herrn Brandt die Hand hin. »Das war ich mal.« Der Mann schaut sie aus blaugrünen Augen an. Ganz klein wirken sie hinter den dicken Brillengläsern. Er lächelt. Dann stolpert er wieder los durch das Wohnzimmer, vorbei an der Schrankwand, die Frau Benda mit in die Gemeinschaft gebracht hat, mitsamt dem fünfbändigen Werk »Zimmerpflanzen von A bis Z«. Der Fernseher stammt von Frau Rudnow; die eckige Wanduhr aus Messing kommt von Frau Zuber. Auch die naiven Malereien mit Szenen vom Dorf hingen früher in ihrem Kreuzberger Zuhause. Aber daran erinnert sich Frau Zuber nicht mehr.

Die scheinbar selbstverständliche Information, welchem Bewohner welche Möbel ursprünglich gehörten, konnte nur eine Pflegerin geben: Sie hatte als Einzige miterlebt, wie einer der sechs Bewohner nach dem anderen in die WG eingezogen war.

Es ist ein seltsames Zusammenleben. Ständig vergessen die Bewohner sich selbst und einander, und doch hat sich jeder an die anderen gewöhnt. Zu gern rollt Frau Zuber ihre Gehhilfe in das sonnendurchflutete Zimmer von Herrn Brandt, wuchtet sich auf sein blaues Stoffsofa, legt ihre 80 Jahre alten Beine hoch und starrt auf das Porträt des Königsberger Volksschullehrers. Im Regal gegenüber zeugen Bücher von einer vergessenen Leidenschaft: »Ich war in Timbuktu«, »Heinrich Schliemanns Entdeckungen in der griechischen Welt«, »Aufzeichnungen eines Persienreisenden«. Der Sohn hat sie dort aufgereiht, weil der Vater immer von der weiten Welt träumte. Doch Herr Brandt kam nie weiter als in die Buchläden der DDR.

So erzählt es der Sohn in einem mehrstündigen Interview in seiner eigenen Wohnung. Obwohl er den Vater regelmäßig in der WG besuchte, fiel es ihm – wie vielen Angehörigen alter verwirrter Menschen – nicht leicht, sich dessen verändertem Wesen auszusetzen.

Zum Frühstück bringt Frau Benda ein Foto ihrer Enkelin mit. »Na, denn man tau«, schwatzt sie los und mustert ihren Teller: zwei Scheiben Graubrot, eine Scheibe Toast, Salami, Honig, Marmelade. Am Kopfende müht sich Herr Brandt mit dem Messer. Geduldig ermuntert ihn die Altenpflegerin Sabine Schilling. Erst als die Butter vollständig auf seinem Hemd zu landen droht, greift sie ein. »Wir versuchen, die Selbstständigkeit so lange wie möglich zu fördern«, sagt sie. »Dazu gehören auch unappetitliche Übungen.«
Frau Benda schüttelt den Kopf. »Da kann man ja gar nicht hingucken«, erklärt sie mit der Würde einer Dame von Welt. Akkurat platziert sie die Salami auf dem Brot und pflückt sie sogleich Scheibe für Scheibe wieder herunter. Sie greift nach ihrem Foto. »Hast du auch ein bisschen Appetit?«, fragt sie die papierene Tischgenossin. Dann belegt sie das Kinderporträt mit der Wurst. Wer das blonde Mädchen denn sei, fragt die Altenpflegerin freundlich. »Das fällt mir gleich wieder ein.« Frau Benda klingt energisch. »Vergessen, nein vergessen habe ich es nicht.«

Frau Benda hat schreckliche Angst davor, etwas zu vergessen. Es ist, als hätte sie noch eine Ahnung von der Zeit, in der alles begann. Zwei Jahre lang tat sie so, als wäre alles in bester Ordnung. Dabei fühlte sie sich ausgeliefert wie noch nie in ihrem Leben. Nach dem Einkaufen fand sie nicht zurück nach Hause; auf Merkzetteln hinterließ sie Notizen, die sie später nicht mehr entziffern konnte, sie verlegte Geldscheine zwischen Buchseiten und suchte zum Nachmittagskaffee nach Keksen, die sie am nächsten Morgen in der Kommode zwischen ihrer Unterwäsche wiederfand. »Eben ein klassischer Alzheimer«, sagt ihre Tochter verzweifelt sachlich.

Das Interview mit der Tochter fand im Hof statt; die alte Frau Benda saß zeitweilig dabei, erkannte ihre Tochter aber nicht. Die Krankheit ihrer Mutter derart vor Augen, beschrieb die Tochter ausgiebig und ungeschönt alle Phasen der Krankheit – mitsamt ihrer eigenen Verzweiflung über die Veränderung der Mutter. Bei aller Empathie, die ein Reporter in solchen Momenten braucht, muss er professionelle Distanz wahren.
  Jeder, gleich ob Angehöriger, Pfleger oder Betreuer, erzählt die Geschichte eines Kranken oder Alten aus der eigenen Perspektive. So auch die Tochter von Frau Benda: Ihre Berichte über ihre alzheimerkranke Mutter sind geprägt von dem besonderen, über Jahrzehnte gewachsenen Verhältnis zwischen beiden – womöglich hätte eines ihrer Geschwister ein ganz anderes Bild der Mutter gezeichnet.

Rätselhafte Amyloid-Beta42-Moleküle bringen im Gehirn der alten Dame die Erinnerung zu Fall. Nach allem, was Neurologen wissen, tötet das Eiweiß die Nervenzellen und sucht sich sogenannte Tau-Proteine als Verbündete: Sie bilden in den abgestorbenen Zellen klebrige Knäuel aus Eiweiß-Fäden, um die sich dicke Plaque-Schichten legen.
Warum sich der Stoff ausgerechnet in den Gehirnen von Frau Benda, Frau Kruttschnitt oder Frau Zabel ausbreitet und andere unbehelligt lässt? Dirk Rehbein zuckt die Achseln. Der Neurologe ist zur Visite in die Paulstraße gekommen. »Wir haben es mit ziemlich unbekannten Tätern zu tun«, sagt er. »Das macht auch die Suche nach einem Impfstoff so schwierig.«

Hier wird der Stand der Alzheimer- und Demenzforschung nur angerissen und der komplexe neurologische Vorgang mit einfachen Bildern übersetzt (›Verbündete‹, ›klebrige Knäuel‹). Zwangsläufig wird wissenschaftliche Erkenntnis durch diese Technik plakativ verkürzt, doch solche Zusammenfassungen stehen, solange sie nicht sachlich falsch sind, im Dienst einer besseren Verständlichkeit. Sie sind zulässig und in den meisten Fällen notwendig, weil so Informationen auch für ein Laienpublikum nachvollziehbar werden.
  Der gleiche Effekt lässt sich häufig mit zusammenfassenden, pointierten Zitaten erreichen: Wenn der Arzt alltagssprachlich von ›unbekannten Tätern‹ und der ›schwierigen Suche nach einem Impfstoff‹ spricht, verweist er auf hoch komplizierte Forschung in wissenschaftlichen Labors, die auch mit seinem Berufsalltag wenig zu tun haben. In dieser Reportage, deren Thema der Alltag Demenzkranker ist, scheint es zulässig, auf einen möglichen Fortschritt in der Medizin und auf die Entwicklung neuer Therapien nicht weiter einzugehen. Das Wort wird dem behandelnden Arzt erteilt, der mit den Gegebenheiten in der Paulstraße umgehen muss. Läge der Schwerpunkt der Geschichte auf der Behandlung Demenz-

kranker, müssten an dieser Stelle auf jeden Fall Wissenschaftler zu Wort kommen, die den neuesten Stand der Forschung referieren könnten.

Die Behandlung fällt ihm nicht immer leicht. Demente können kaum Auskunft geben über Schmerzen, Hunger und Durst – all das haben sie längst vergessen, wenn der Arzt sie untersucht.

Die Herausforderungen des Arztes bei der medizinischen Untersuchung der WG-Bewohner verdeutlichen ein allgemeingültiges Problem bei der ärztlichen Betreuung verwirrter, vergesslicher oder dementer alter Menschen.

Also lässt Rehbein sich erst einmal am Wohnzimmertisch nieder und spricht lange mit der Altenpflegerin. »Schreit Frau Kruttschnitt viel, wandert Herr Brandt noch so unruhig herum, schläft Frau Rudnow inzwischen durch?«
Rehbein behandelt vier der sechs Bewohner. Ausführliche Krankenakten liegen ihm nur von zwei Patienten vor. Das Problem ist ihm vertraut. »Wenn jemand keine Familie mehr hat, die sich kümmert, gehen viele Unterlagen in Krankenhäusern oder Heimen unter«, sagt er. »Irgendwann verschwindet die Biografie dieser Menschen in der Bürokratie.«
Auch die Pfleger kennen oft nicht mehr als Namen, Geburtstag und den letzten Wohnsitz. Manchmal finden sie die Telefonnummer einer ehemaligen Nachbarin und rufen einfach an. »Wir sind ja froh«, erzählt Monika Dannewitz, während sie die Wäsche sortiert, »dass jetzt Fotoalben aus Frau Zubers Beständen aufgetaucht sind.« Sie liegen im Wohnzimmer neben dem Lieblingssessel der Alten: Frau Zuber als strahlender Partygast in rotem Rüschenkleid und schwarzen Perlonstrümpfen; als Gratulantin neben ausladenden Tischen und Tortenplatten; beim Toast auf eine Verwandte namens Lotti. »Geburtstage 1988/89/90« steht in krakeliger Schrift auf dem roten Kunstleder. Ein Anhaltspunkt.
Im Flur ertönt das Windspiel, wie immer, wenn jemand die Wohnungstür öffnet. »Kann mal einer gucken gehen«, ruft Pflegerin Dannewitz über den Flur. Doch diesmal ist es nicht Frau Benda, die zum Schwimmen in die Aue laufen will. Der Enkel von Frau Meissner kommt herein. Wie alle Angehörigen besitzt er einen Schlüssel – damit die Pfleger in der WG nicht heimlich das Regiment übernehmen. »Na, Herr Brandt, alles klar? Frau Kruttschnitt, Frau Zuber.« Freundlich grüßt er in die Runde. »Wie geht es meiner Oma?« fragt er. »Was hat Doktor Rehbein gesagt?« Getreulich kramt Monika Dannewitz einen Zettel mit Notizen hervor und berichtet.

Erst nach und nach zeichnete sich bei der Recherche ab, dass die WG auf einem fragilen Zusammenspiel unterschiedlichster Interessen und Bedürfnisse aufbaut: Angehörige, Pfleger, Betreuer und der Arzt begegnen einander freundlich und kooperativ, doch sind sie eine Zweckgemeinschaft mit allen Begleiterscheinungen – die Pfleger untereinander sind nicht immer einer Meinung, ebenso wenig wie die Angehörigen sich immer einig sind. In unfriedlichen Momenten argwöhnt auch mal ein Angehöriger, die Pfleger und Pflegerinnen kümmerten sich nicht genug um die Bewohner, während die Pfleger und Pflegerinnen den Angehörigen im Stillen vorhalten, sie kämen nur ab und an zu Besuch und mischten sich in alles ein. So einleuchtend dem Journalisten jeder dieser Standpunkte erscheinen kann: Wiederum gilt es, Distanz zu wahren und die unterschiedlichen Stimmungen, Einstellungen und Urteile zu einem Gesamtbild zusammenzufügen.

Am kommenden Tag schaut Marion Benda nach der Arbeit noch in der Paulstraße vorbei. Sie findet die Mutter in ihrem Zimmer vor dem Spiegel. Dort steht sie gern – umgeben von der Kommode, dem Sessel, den Engelchen aus Bleikristall und der Stehlampe. Die Tochter hat alles so aufgebaut wie zu Hause. Selbst die Tapete hat sie im gleichen altrosa Farbton gestrichen. Sachte fährt Frau Benda mit der Handfläche über das Glas. »Ach die Herren«, sagt sie zu ihrem Spiegelbild. »Verdammte Kiste. Das Leben kann so verschieden sein. Es geschieht immer alles anders, als man denkt.« Dann erblickt sie die Tochter. »Ein Tänzchen gefällig?« Sie streckt dem Besuch die Hände hin. »Lustig ist das Zigeunerleben«, singt sie, »fa-ria, faria ho. Nun zieren Sie sich doch nicht.«
Ihr Kind tut ihr den Gefallen, nimmt die Mutter in den Arm und tanzt. Dann zieht die 49-jährige Frau ein Taschentuch. Verstohlen tupft sie ihre Tränen. Immer sei die Mutter lebenstüchtig gewesen, erzählt sie, sechs Kinder habe sie allein großgezogen – und trotzdem gearbeitet, zum Schluss als Einkäuferin der Schmuckabteilung beim Kaufhof. »Sie war eine Dame.« Es klingt wie ein Schwur. »Und mit einem Mal hockt sie sich sonntags in meinen Garten und uriniert.«
Eine persönliche Schmähung – jedenfalls empfand es die Tochter damals so. Dabei hatte sie so viel gelesen, dass sie den typischen Krankheitsverlauf wie aus dem Lehrbuch aufsagen konnte: Erst vergisst der Mensch Kleinigkeiten, dann verändert sich die Handschrift. Wochentage und Uhrzeiten verschwimmen, einst vertraute Gesichter wirken fremd – und schließlich erkennt der Demente niemanden mehr, erinnert sich nicht an die vorangegangene Minute und kann seinen Körper nicht mehr kontrollieren. Sieben Jahre dauert der Verlust des Ichs im Durchschnitt. Das Gehirn schrumpft in dieser Zeit um 20 Prozent.
Im wahren Leben half Marion Benda alle Theorie nicht weiter. Sie zankte und zeterte, verlangte Rücksichtnahme und Entgegenkommen – und musste sich schließlich damit abfinden, dass sie ein völlig falsches Bild von der Mutter hatte: das alte. »Es war wie eine Trennung«, sagt sie. »Der geliebte Mensch verlässt einen.«
Noch immer glättet die Tochter, wo sie kann. Sie hängt die Kleidung so in den Schrank, dass Röcke und Blusen bei jedem Griff farblich aufeinander abgestimmt sind. Isst die Mutter zu viel, verordnet die Tochter weniger Kost. »Man kann ihr nicht alles durchgehen lassen«, meint sie. »Sie muss auch mal gezwungen werden. Sie könnte zum Beispiel ein bisschen mehr im Haushalt helfen.« Manchmal werkelt Frau Benda in der Küche am Spülbecken herum. Dann hält sie die Teller ins Wasser, schwimmt mit ihnen im Schweriner See. »Angehörige akzeptieren nur schwer, dass der Prozess nicht aufzuhalten ist«, sagt die Pflegerin Schilling mitleidig. »Wir können hier niemanden wiederherstellen.«

Die kurzen schnörkellosen Sätze stehen im Kontrast zur Intensität der beschriebenen Gefühle. Die lakonische Erzählhaltung bietet sich immer dann besonders an, wenn eine beobachtete Szene aus sich selbst heraus dramatisch, tragisch, traurig oder auch komisch oder kitschig wirkt. Sind die Sprache zurückgenommen und die Wortwahl unprätentiös, rücken das Erleben und das Innenleben der Hauptfiguren in den Mittelpunkt und können für sich wirken: Die beobachtete Wirklichkeit ist in aller Regel eindrücklicher als verspielte Erzählerkommentare.

Zusätzliche Spannung kann durch Gegensätze entstehen (früher war die Mutter Einkäuferin der Schmuckabteilung, heute uriniert sie im Garten). Die nüchterne Bestandsaufnahme trägt dazu bei, die Fallhöhe zu steigern, ebenso die scheinbar skurrilen Einzelheiten (beim Abwaschen wird das Spülbecken zum Schweriner See, und die Teller gehen schwimmen). Tatsächlich verbirgt sich hinter dem vermeintlich Bizarren die Tragik: der Verlust der Persönlichkeit, des ›Ichs‹ und die damit einhergehende Entfremdung zwischen Mutter und Tochter.

Wie bei vielen Beschreibungen enger Beziehungen kann der Text an dieser Stelle Nähe zu den Lesern herstellen. Nahezu jeder kennt Eltern-Kind-Beziehungen aus eigenem Erleben – viel Platz für Identifikation, zumal in diesem Fall ein Lebensthema erwachsener Töchter und Söhne angerissen wird: die Umkehrung der Rollen in der Familie. Kinder haben mit einem Mal gebrechliche Eltern, um die sie sich kümmern müssen. Und doch bleiben sie in Bezug auf ihre Eltern immer ›das Kind‹. Sprachlich entsprechen dem Rollenkonflikt die für eine 49-jährige Frau ungewöhnlichen Titel ›ihr Kind‹ oder ›die Tochter‹.

Irgendwann, das weiß die Tochter, wird ihre Mutter so reglos daliegen wie die 95-jährige Frau Rudnow: hilflos wie ein Säugling, in einem bequemen Sessel mit verstellbarer Fußlehne, die Zehen von weichen Pantoffeln gewärmt, mitten im Wohnzimmer, im Zentrum eines Geschehens, das sie nicht mehr wahrnimmt.

»Vielleicht kriegt sie ja doch noch etwas mit«, sagt Pflegerin Dannewitz und flößt der alten Frau vorsichtig Tee ein. »Vielleicht merkt sie, dass sie nicht abgeschoben in irgendeinem Kämmerchen liegt.« Sanft streichelt sie die welke Wange. Auch Frau Benda wird wohl in diesem Wohnzimmer sterben. Die WG soll allen bis ans Ende Heimat sein.

»Marie, Marie, ich bin verliebt in sie«, singen die Comedian Harmonists schwungvoll, der Zivi hat die Platte aufgelegt, und Monika Dannewitz begibt sich in die Küche. Zigarettenpause. Anschließend zückt sie einen Stift. Die Altenpflegerin muss jeden Handgriff notieren – denn es gibt kein Menschenbedürfnis, dem sich nicht eine Ziffer und ein Preis zuordnen ließe. Für 11,66 Euro ist zum Beispiel »Leistungskomplex 1« zu haben: die »erweiterte kleine Körperpflege«, inklusive »Hilfe beim Aufsuchen oder Verlassen des Bettes, An- und Auskleiden, Teilwaschen, Kämmen, Mund- und Zahnpflege«. »Leistungskomplex 8«, das »An- und Auskleiden im Zusammenhang mit dem Verlassen oder Wiederaufsuchen der Wohnung, inklusive Treppensteigen«, macht 2,72 Euro; »Leistungskomplex 7«, einmal »Darm- und Blasenentleerung«, einschließlich Säubern, kostet 7,77 Euro. Auch was der Mensch am Nötigsten braucht, muss er als Alter teuer bezahlen: Zuwendung. »Leistungskomplex 33« heißt sie in der Pflegebürokratie – »Gespräche führen und Unterhaltungen fördern« – und wird mit 11,66 Euro vergütet.

Ohne weiteren Kommentar vermittelt allein die Auflistung der Preise und Leistungen: Bei der Alterspflege haben Kostendeckung und Bürokratie im Zweifel mehr Gewicht als die Bedürfnisse des Menschen. Grundsätzlich hat die Diskussion um die Kostenexplosion im Gesundheitswesen das Spektrum des Wissenschaftsjournalismus, insbesondere des Medizinjournalismus, erweitert. Es reicht nicht länger aus, sich bei der Berichterstattung auf Therapieansätze und Forschungsergebnisse zu beschränken. Vielmehr rückt als zentrale Frage in den Mittelpunkt, wie medizinische Leistungen finanzierbar sind und in Zukunft sein werden.

Dannewitz schnaubt. »Wir müssten eigentlich jeden Spaziergang abrechnen«, sagt sie, »aber das zahlt ja kein Mensch.« Jetzt schon geht es zuweilen zu wie auf einem türkischen Basar, wenn die Sozialstation die Verträge mit Familien oder Betreuern aushandelt. »Nee, viermal in der Woche muss meine Mutter nicht duschen«, erklären manche Kinder mit Blick auf die Tabelle. »Einmal baden pro Woche ist Pflicht«, kommentiert Dannewitz trocken. »Öfter baden ist Luxus.«
Rund 3.000 Euro zahlt jeder Bewohner im Monat für Zimmer, Verpflegung und Betreuung. 921 Euro davon trägt die Pflegeversicherung in der Pflegestufe 2; für den Rest müssen die Alten, solange Rente und Ersparnisse reichen, selbst aufkommen. Das Leben in der Wohngemeinschaft kostet mehr als in einem durchschnittlichen Berliner Altenheim. Allerdings, davon ist der erfahrene Neurologe Rehbein überzeugt, lassen sich langfristig durch humanere Pflege eine Menge teure Psychopharmaka einsparen.
Dannewitz schenkt Kaffee in einen Becher. »Ich wüsste ja zu gern«, sagt die 49-Jährige und schluckt bedächtig, »ob noch genügend Geld da ist, wenn wir dran sind. Es hat ja auch was mit Würde zu tun, wie man alt wird.« Vielleicht scheitert die Würde an den Kosten. Schon 2030 werden mehr Menschen im Ruhestand sein als erwerbstätig. Die Pflegeversicherung, erst acht Jahre alt, kommt bereits jetzt mit dem Geld nicht mehr hin. Allein in diesem Jahr fehlen den Kassen mehrere hundert Millionen Euro.

Ein erneuter Aufriss ins Allgemeine: Diesmal kommt der Pflegerin die Rolle zu, stellvertretend für viele Menschen die Angst vor der Ungewissheit des Alterns zu formulieren.

Mutter und Tochter Benda haben sich in den Innenhof verzogen, den die Bewohner als Terrasse nutzen. Duftend rankt der Blauregen an einer Pergola, durch die hoch gewachsenen Baumkronen sprenkelt Sonnenlicht. Frau Benda betrachtet ihre Hände und tippt auf die Altersflecken. »Hässlich«, sagt sie voller Inbrunst. »Das kommt davon, wenn man alt wird. Ich versuche immer, sie wegzuwaschen.« Erleichtert lächelt die Tochter über das ganz normale Problem einer Dame. »Guck mal, Herr Brandt winkt dir«, sagt sie, doch da ist der Moment der Verständigung auch schon wieder vorüber. »Herzlichen Glückwunsch«, entgegnet die Mutter freundlich. »Den kenne ich aber nicht.«
Inzwischen sind die anderen im Hof eingetrudelt. Selbst Frau Rudnow liegt in eine Decke gepackt im Gartenstuhl, und die 86-jährige Frau Kruttschnitt hat die fünf Stufen von der Wohnung sogar ohne Rollstuhl überwunden. Zehn Minuten hat sie an den Händen der Pflegerin gebraucht – eine kleine Ewigkeit. Eine willkommene Abwechslung. »Man muss die Ödnis eines langen Tages ja irgendwie füllen«, sagt Pawletko. Ein Alzheimer-Kranker setzt sich nicht in die Ecke und liest ein gutes Buch.
»Kekse gefällig«, ruft Monika Dannewitz aus dem Küchenfenster und reicht Getränke und Gebäck in den Hof. Dann kreist ein Stoffball – und die Pfleger haben zu tun wie Balljungen beim Tennis-Turnier. »Es klappt heute nicht so gut mit der Aufmerksamkeit«, sagt der Zivildienstleistende Julian Meyer kurzatmig. Am Fenster gestikuliert die Altenpflegerin mit dem drahtlosen Telefon. »Ihr Sohn«, sagt sie und gibt an Herrn Brandt weiter. Er strahlt. »Mein gro-

Kommune des Vergessens oder: Recherche mit Rücksicht

ßer Bengel.« Den Bengel, er ist 40, rührt der Stolz. »Jetzt erst«, meint er wehmütig, »kann mein Vater Gefühle zeigen.«

Das Zitat des Sohnes kann vielen Söhnen und Töchtern, deren Eltern zur Kriegskindergeneration gehören, als Anknüpfungspunkt dienen, weil sie ähnliche Erfahrungen gemacht haben. Sie sind aufgewachsen in Familien, in denen Gefühlsäußerungen und Sentimentalität selten bis tabu waren, weil ihre Eltern, geprägt vom nationalsozialistischen Ideal »zäh wie Leder, hart wie Kruppstahl«, weder über ihre traumatischen Kriegserfahrungen gesprochen haben noch als Eltern selbstverständlich Zuneigung und Zärtlichkeit gezeigt haben. Viele erleben ihre Eltern, besonders ihre Väter, erst in dem Moment als zugänglich, wenn diese, alt und gebrechlich, die eigene Vergänglichkeit erfahren.

Die Sonne wandert, die Ersten frösteln. Frau Kruttschnitt stöhnt. Julian nimmt ihre Hand. »Kommen Sie, wir gehen rein«, sagt er. Langsam wendet sie ihm den weißen Schopf zu und tippt, die Augen geschlossen, auf ihre Wange. Verlegen drückt der Zivi einen Kuss darauf. Er grinst schief. »Sie ist gierig nach so was«, erklärt er. »Es ist ihr Draht zur Welt.«
Tochter Benda verabschiedet sich. Ihre Mutter zieht sich zurück, um die nächsten Gäste zu empfangen. Ausgelassen kichert sie mit den unsichtbaren Geladenen, dann fragt sie vorwurfsvoll: »Haben Sie die Kleinen denn gar nicht mitgebracht?« Vor vielen Jahren hat Frau Benda vier ihrer Kinder monatelang vermisst. Sie galten während des Krieges als verschollen.
Im Bad läuten zwei Pflegehelferinnen die Nacht für Frau Rudnow ein. Haken an Haken reihen sich dort an die Wand, jeder mit einem Namen und seiner Bestimmung beschriftet: »oben«, »unten«. Behutsam stützen die Frauen den dünnen weißen Körper; waschen ihn vorsichtig, cremen ihn ein. Anschließend möchte die alte Dame Zähne putzen. Zwei kleine Kreise mit der Bürste, dann schließt sie den Mund. Frau Rudnow hat ihren Tag vollendet.
Herr Brandt läuft noch ein bisschen in der Wohnung umher. Frau Zuber schaut auf die Nachrichtenbilder im Fernsehen, und Frau Benda, die ihre Gäste erst einmal verabschiedet hat, sitzt mit schlenkernden Beinen auf der Bettkante. Sie hat ihren leichten Morgenmantel über das Kostüm gezogen und einen Hauch von Vanilleduft aufgelegt. »Riecht doch gut«, sagt sie keck und schlägt die Rheumalind-Decke zurück. Ein dick beschmiertes Butterbrot lagert da. Frau Benda hat es schon beim Frühstück abgezweigt – falls die Kinderchen doch noch kommen.

Die Geschichte schließt mit dem Ende eines Tages – ein eher konventioneller und naheliegender Schluss für die Schilderung des Alltags. Der scheinbare abendliche Frieden, der beinahe normal wirkt, wird gebrochen durch ein kleines Detail: das Butterbrot unter der Bettdecke. In der rührend sinnlosen Geste offenbart sich zusammenfassend noch einmal das Wesen der Krankheit – und damit das Thema der Geschichte. So soll der Leser, ein symbolisches Detail in Erinnerung, aus der Geschichte entlassen werden.

Der Artikel wäre ohne ›teilnehmende Beobachtung‹ wohl ein anderer geworden, da sich viele Einzelheiten nur aus dem unmittelbaren Miterleben mitteilten. Reizvoll wäre im Nachhinein sicherlich gewesen, mit dem Abstand von einigen Monaten in die WG zurückzukehren: Was ist anders? Ist die Krankheit bei den Bewohnern fortgeschritten? Hat sich das Verhältnis zwischen Pflegern, Angehörigen und Bewohnern verändert?

Als der Artikel erschienen war, meldeten sich, neben Pflegefachkräften und Politikern, zahlreiche ›erwachsene Kinder‹: Männer und Frauen, die bei ihren alten Eltern ähnliche Persönlichkeitsveränderungen miterleben. Während die Pflegeexperten vor allem darauf hinwiesen, dass die Lebens- und Arbeitsbedingungen in herkömmlichen Altenheimen von denen in der WG meilenweit entfernt seien (Verfügbarkeit von Zeit, Intensität der Pflege und Betreuung), berichteten die ›erwachsenen Kinder‹ überwiegend von der nerven- und gefühlsaufreibenden Anstrengung, ihren dementen Eltern ein Altern in Würde zu ermöglichen.

Was sind gute Bilder im TV?

Thomas Hallet

Erstes Bild: die Umrisse einer Hand auf einer Felswand.
Bild zwei: die Skizze eines männlichen Körpers, gefangen in einem Kreis.
Drittes Bild: farbige Schlieren und Lichtpunkte auf dunklem Grund.
Drei Bilder, die einerseits nichts anderes sind als ein Ensemble bunter Pixel im Rechteckformat. Andererseits sind sie besonders eindrucksvoll, denn jedes ist eine Tür zu einer gewaltigen Vorstellungs- und Gedankenwelt: Die menschliche Hand, vor über 35.000 Jahren geschaffen in den Höhlen von Chauvet, erzählt von der Frühgeschichte der Menschheit, vom Willen des Homo sapiens, durch Bilder Wirklichkeit abzubilden, und von seiner Entdeckung, dass ein Bild besondere Botschaften übermitteln kann.

Mit der Zeichnung des Mannes, bekannt als der vitruvianische Mensch, stellt Leonardo da Vinci die Körperproportionen dar. Und das Schlierenbild, aufgenommen vom Weltraumteleskop Hubble im Jahr 2006, zeigt ein großartiges kosmisches Ereignis: die Kollision zweier Galaxien im Sternbild Corvus.

Ein Bild sagt mehr als viele Worte, wie in diesen Beispielen. Doch diese Kraft der Bilder ist im Fernsehen nur selten zu spüren. Häufig wird die Wirkung eines Bildes einfach unterschätzt. Dann wird es mit zu viel Text befrachtet, der die Möglichkeit übersieht, dass das Visuelle in besonderem Maße Vorstellungsvermögen und Imagination stimulieren kann.

Auch das Wissenschaftsfernsehen zeigt zu viele triviale Geschichten. Keines der vielen Motive, die im Fernsehen vorkommen sollen, gibt vor, wie es am attraktivsten oder überzeugendsten dargestellt werden sollte. Das ist eine Chance für den Autor und sein Team, aber auch eine große Herausforderung. Viele Fernsehbilder sind leider überfrachtet, beliebig und mehrdeutig: Unser Sehsystem bleibt gar nicht erst an ihnen »hängen« oder sucht sich das heraus, was es besonders interessant findet. Oft ist das nicht identisch mit dem, worauf es dem Autor oder Kameramann ankommt.

Mit guten Bildern kann man aber die Wahrnehmung steuern, indem man durch Farbe, Licht und Struktur das Wesentliche in den Vordergrund hebt. Oder indem man ein Objekt aus der Nähe zeigt. Oder es in Bewegung bringt. Ein gutes Bild ist immer eine ziemlich starke Behauptung: »Ja, was du hier siehst, ist neu. Du kennst es noch nicht. Es lohnt sich, liebes Gehirn, wenn du dich damit beschäftigst.«

Was sind gute Bilder im TV?

Wir Menschen sind Augenwesen. Was wir sehen, halten wir am ehesten für wirklich. Das ist die Macht der Bilder. Dabei ist ein Bild – neurologisch gesehen – zunächst nur ein Schnappschuss unseres visuellen Systems, eine durch die Augen vermittelte Momentaufnahme unserer Umwelt. Im Auge wirken Photonen auf die Sehzellen ein. Die Nervenzellen geben diese Signale weiter ans Gehirn – und das macht daraus ein Bild. Es versucht, aus einer ziemlich großen Datenmenge schnell etwas Sinnvolles herauszulesen. Das Gehirn ist darauf ausgelegt, Kontraste wahrzunehmen: »Da siehst du etwas, das anders ist als das, was du schon kennst.« Gedruckte Fotos und TV-Bilder sollen genau das bewirken. Gute Bilder sind so beschaffen, dass das Gehirn ihnen nicht entkommen kann. Und sie zeigen genau das, worauf es ankommt.

Ein gutes Bild lässt unsere Aufmerksamkeit einrasten und bringt das Gehirn dazu, aus dem Sinneseindruck eine bewusste Wahrnehmung zu machen: »Im Vergleich zu allen Schnappschüssen, die ich heute und gestern und früher aufgenommen habe, sticht dieses Bild heraus«, sagt sich dann das Gehirn. Unter allen Bildern, die das Gehirn Tag für Tag auswerten muss, ist das gute Bild ein nicht-triviales Bild: Es behauptet, dass das, was das Gehirn jetzt gerade sieht, wichtig oder schön oder grässlich oder irritierend ist; dass auf jeden Fall eine längere Betrachtung lohnt. Und es fängt an, das Bild auszufüllen mit Zusammenhängen und Bedeutungen. Gute Bilder können also mehr, als unsere Aufmerksamkeit zu wecken – sie haben die Kraft, unser Vorstellungsvermögen anzuregen.

Immer mehr Bilder im Wissenschaftsfernsehen sind deshalb gut inszeniert: Sie wirken geheimnisvoll und rätselhaft durch eine besondere Lichtstimmung, durch besondere Blickwinkel, durch Großaufnahmen und Unschärfen. Doch eine solche Inszenierung macht noch kein gutes Bild. Oft verursacht sie sogar eine Enttäuschung: Wenn nämlich ein Bild durch starke visuelle Reize Bedeutsames behauptet, aber zu wenig Inhalt hat, dann ärgern wir uns, denn unsere Aufmerksamkeit wird nicht belohnt. Gute Bilder brauchen also kraftvolle Geschichten; sonst sind sie nur Effekt.

Erstaunlich ist: Tag für Tag werden wir überflutet von vielen Bildern – Bildern aus dem Fernsehen und aus dem Internet, die uns zu jeder beliebigen Zeit zu den entlegensten Schauplätzen bringen und uns alles Mögliche zeigen. Und doch hat das Bild noch nichts von seiner Faszination verloren. Wir suchen immer wieder gerne das besondere, das auffällige, das überzeugende Bild. Ein Bild, das für unsere Vorstellungswelt bedeutsam ist und in unserem Kopf aufbewahrt werden sollte. Wie das Bild der frühmenschlichen Hand in den Höhlen von Chauvet, die Körperskizze von Leonardo da Vinci oder Hubbles Schnappschuss von der tödlichen Begegnung zweier Galaxien.

Wissenschaft im Hörfunk: Auf gute O-Töne kommt es an!

Grit Kienzlen

Die Zeit läuft. Zwanzig Minuten hat der Forscher, um vor Fachpublikum seine neuesten Ergebnisse zu präsentieren. Da verweigert der Computer seinen Dienst. Das erste Lichtbild erscheint nicht. Mit Floskeln und peinlich berührtem Lächeln versucht der Forscher, die Zeit zu überbrücken. Wann kommt nur das erste Lichtbild? Ohne Bilder kann man schließlich keine Wissenschaft erklären!

Mit diesem Problem wird auch der Radioreporter im Labor regelmäßig konfrontiert. Denn tatsächlich lassen sich viele komplexe Sachverhalte, die in einer Grafik auf einen Blick klar werden, nur mühsam in Worte fassen. Visuelle Themen, etwa aus dem Bereich Biometrie, kann kein noch so guter Radiobeitrag so plakativ umsetzen wie das Fernsehen.

Dennoch hat der Hörfunk seine Stärken. Die entfalten sich besonders dann, wenn über wissenschaftliche Ereignisse kritisch berichtet wird und O-Töne eine wichtige Rolle spielen. O-Töne von Forschern, die ihre Hypothesen verteidigen; O-Töne von Menschen, die über die Folgen technischer Entwicklungen nachdenken; von Patienten, die auf neue Therapien hoffen, die wieder andere Menschen für ethisch verwerflich halten.

Ein Radioreporter taucht in der Regel allein und mit wenig technischem Equipment bei seinem Gesprächspartner auf. Er muss ihn nicht in Szene setzen und nicht ins rechte Licht rücken, keine inszenierten Schnittbilder mit ins Studio bringen. Dadurch hat er die Chance, ein authentisches Gespräch zu führen, in dem er Einschätzungen, Meinungen, Gefühle und Erinnerungen des Gesprächspartners einfängt. Gute O-Töne sind solche, die genau diese Elemente enthalten, in denen Begeisterung, Ärger, Abfälligkeit oder Ironie des Gesprächspartners mitschwingen. Sie helfen, das Thema einzuordnen, und liefern die Hintergrundgeschichte dazu.

Je mehr sich der Wissenschaftsjournalismus davon entfernt, ›Sendung mit der Maus für Erwachsene‹ sein zu wollen, und je mehr er seine Rolle darin sieht, auf gesellschaftliche, politische oder philosophische Entwicklungen hinzuweisen, die wissenschaftliche Entdeckungen und technische Erfindungen mit sich bringen, desto leichter kann er auf Bilder verzichten, desto wichtiger werden dagegen Menschen mit ihren Erfahrungen und Meinungen.

Bleiben wir beim Beispiel Biometrie. Ein biometrisches Verfahren, etwa der Iris-Scan, ist in Fernseh- oder Zeitschriften-Bildern leicht erklärt. Der Radiojournalist muss sich anders behelfen. Er kann mit dem Stilmittel der Reportage beschreiben, wie er seine eigene Iris vermessen lässt und was dabei genau passiert. Oder er bittet einen Entwickler des Iris-Scanners um die Vorführung des Gerätes.

In jedem Falle tut der Radiojournalist gut daran, sich bei der Erklärung der Technologie auf das Wesentliche zu beschränken. Was muss der Hörer wirklich von der Technologie verstehen, um ihre Bedeutung einschätzen zu können? Was muss er wissen, um sich eine differenzierte Meinung bilden zu können? Diese Fragen sollte ein Radiojournalist immer im Hinterkopf behalten.

Linearität in den Beschreibungen ist dabei unerlässlich. Der sprachliche Ablauf muss mit dem technischen Ablauf eines Verfahrens übereinstimmen. Wenn Schritt drei nach Schritt eins erklärt wird und dann Schritt zwei, ist selbst der gutwilligste Hörer überfordert. Metaphern und Sprachbilder können gerade bei naturwissenschaftlichen Sachverhalten helfen, die Vorstellungskraft der Hörer anzuregen. »Gutes Radio ist Kino im Kopf« lautet eine alte Radioweisheit. Dabei müssen die Sprachbilder natürlich stimmen, beim Hörer sollen schließlich die ›richtigen‹ Assoziationen geweckt werden.

Erklärungen und Beschreibungen gehören in den Autorentext eines Radiobeitrages. Fürs Kino im Kopf ist der Autor zuständig, weil O-Töne von Forschern dies nur selten leisten. Das liegt einerseits daran, dass vielen Wissenschaftlern die Distanz zu ihrem Thema fehlt. Andererseits kann ein Autor zu Hause vor dem Computer auch länger an Formulierungen feilen als sein Interviewpartner, der ja frei und spontan geantwortet hat.

Hat er die Technik erklärt, kann sich der Radiojournalist den wirklich spannenden Aspekten des Themas widmen: Was würde eine Speicherung von Iris-Daten auf Pässen für den Datenschutz bedeuten? Wer sollte Zugriff auf die Daten haben? Trägt der Iris-Scan wirklich zur Sicherheit von Pässen bei? Vermindert er gar die Terrorgefahr? Zur Klärung dieser Frage braucht der Journalist keine starken (Sprach-)Bilder mehr, dafür aber gute O-Töne.

Diese O-Töne könnten von Wissenschaftlern stammen, die die Missbrauchsgefahr einer Technik einschätzen oder die neu gewonnene Fälschungssicherheit loben. Zu Wort kommen könnten aber ebenso Datenschützer, Vertreter von Bürgerinitiativen, die ihre Freiheit gefährdet sehen; Leute vom Verfassungsschutz, die Terroristen beobachten usw.

Fast alle Wissenschaftsthemen haben diese politische, gesellschaftliche oder philosophische Dimension, die sich in guten O-Tönen einfangen lässt. Ob es sich um Grundlagenforschung handelt, die mit der Suche nach dem Ursprung des Lebens oder des Universums Kernfragen der menschlichen Existenz berührt; ob ethische Fragen aufgeworfen werden wie in der Stammzellenforschung und Reproduktionsmedizin oder ob es um die konkrete Bedrohung des menschlichen Lebens durch Krankheiten oder den Klimawandel geht.

»Verstorbene Patienten sind eine Goldgrube.«
Wider den schlechten Stil
freier Wissenschaftsjournalisten

Lilo Berg

Prolog

Liebe freie Wissenschaftsjournalisten! Ohne Eure Themenvorschläge, Eure Geschichten aus der Welt der Forschung wären unsere Seiten öd und ziemlich leer. Gäbe es Euch nicht, müssten wir Zeitungsredakteure jeden Tag Hunderte von Zeilen selbst schreiben. Das geht nicht, und deshalb brauchen wir Euch und Eure Ideen. Wir sind die Generalisten, Ihr seid die Spezialisten: Einige von Euch können das 101. Element im Periodensystem auf Anhieb benennen, andere kennen die Erdzeitalter samt typischer Lebensformen aus dem Effeff. Ihr seid Physiker, Biologen, Mediziner, Chemiker oder Geowissenschaftler, und manche von Euch könnten mit ihrem Fachwissen immer noch im Labor und auf Kongressen bestehen. Zum Glück seid Ihr Journalisten geworden – so kann nun ein größeres Publikum von Euren Kenntnissen profitieren.

Das ist aber nur ein Teil der Wahrheit, liebe Freie. Es gibt auch die dunkle Seite unserer Beziehung, über die sonst wenig geredet wird – im Tagesgeschäft bleibt kaum Zeit dafür. Da sitzen wir dann, wir journalistischen Änderungsschneider, arbeiten Eure Texte um, fragen Euch, wenn wir nicht weiterkommen, und nähen die Antworten mit Zierstich ein. Wenn alles fertig ist, legen wir Euch das Werk vor und hoffen, dass es passt. Unser Grummeln hört Ihr meistens nicht.

Warum wir murren, werde ich in diesem Beitrag erläutern. Bitte seht mir nach, wenn ich dabei gelegentlich etwas polemisch werde und an manchen Stellen vielleicht grob verallgemeinere. Ich nenne auch Beispiele aus Euren Texten, abschreckende Beispiele – aber weil sie nie so erschienen sind, bleiben die Sätze unser Geheimnis. Betrachtet es sportlich: Wir Redakteure haben viele Stunden über Euren Manuskripten geschwitzt, haben sie durchgewalkt, umgebogen, gestopft, geflickt – und am Ende kam dabei meist was Ordentliches heraus.

Im Gegenzug darf auch mal gelästert werden. Aber es geht hier nicht um Revanche, sondern darum, wie wir besser zusammenarbeiten können. Deshalb ist die zweite Hälfte dieses Stücks konstruktiver – mit Anregungen und Beispielen. Über allem steht, und dessen seid gewiss, liebe Freie: »Wir Redakteure brauchen Euch!«

Zuerst wird gelästert

Der Redakteur bewertet und wählt passende Nachrichten aus, heißt es in Wikipedia. Mit dem Satz bin ich einverstanden, mit dem nächsten nicht ganz: »Von freien Journalisten eingereichte Artikel prüft er auf sachliche Richtigkeit, bessert Stil-, Rechtschreib- und Grammatikfehler aus, kürzt oder längt sie und bringt sie ins beim betreffenden Medium übliche Format« (Wikipedia 2007). Bessert aus! Wir sehen ihn vor uns, den Herrn Redakteur, wie er mit ein paar lustigen Textflicken in der Hand vor seiner so gut wie fertigen Seite sitzt, hier ein Komma einfügt, dort eins wegstreicht, oh, da fehlt noch ein i-Tüpfelchen, und am Schluss häkeln wir schnell noch ein Zeilchen dran – schon passt der Text wie angegossen. Aber ist der Text auch gut? Nein? Dann muss er umgeschrieben werden. Umschreiben ist mehr als Ausbessern und kostet meist richtig Zeit.

Die aber hat der Redakteur nicht, zumindest nicht bei einer Tageszeitung. Denn er ist eine arme gejagte Seele: vier bis fünf Redaktionskonferenzen pro Tag, dazwischen Agenturen und Internetquellen sichten, Bilder beschaffen, Layout gestalten, Themen suchen, recherchieren und selber schreiben. Leser XY will dringend eine Antwort auf seinen Brief, auf der Schwelle steht der Praktikant mit seinem Erstlingswerk, und die Kollegin aus der Politik braucht in einer Stunde 80 Zeilen über Offshore-Windparks. Dabei ist die eigene Seite noch leer.

Das Redaktionsleben ist eine wilde Sause, und es wird von Jahr zu Jahr wilder, weil immer weniger Redakteure immer mehr Arbeit bewältigen sollen. Betroffen sind alle Ressorts, auch die vielerorts neu hinzugekommenen Wissenschaftsredaktionen.

Eigentlich ist das die große Stunde der freien Autoren. Denn je weniger Zeit der Redakteur fürs Recherchieren und Schreiben hat, desto mehr ist er auf Texte von außen angewiesen. Spektakuläre Themenvorschläge, mustergültig recherchierte und glänzend formulierte Beiträge, die pünktlich in besprochener Länge ankommen – davon träumt der Redakteur.

Hin und wieder geht der Traum in Erfüllung. Dann kommt der perfekte Text, und der Redakteur ist glücklich.

Zufrieden wäre er aber auch mit einem ordentlich geschriebenen Stück, in dem ein Thema von mehreren Seiten beleuchtet wird und das ungefähr den bestellten Umfang hat. Bei kleinen Schnitzern wird nicht gemeckert, sie werden liebevoll ausgebessert. Wenn ein Artikel über Viagra mit der Ankündigung endet, dass »weitere Erektionsmittel bereits vor der Tür stehen«, rufen wir »Hereinspaziert!« und kassieren den Satz noch auf der Schwelle. Ein Autor beklagt, dass sich »innerhalb einer Woche alle Hoffnung wie eine Seifenblase zerschlagen hat«, ein anderer lässt die »Alarmglocken leuchten« und will den Leser vor übertriebenen Hoffnungen hinsichtlich einer neuen Operationsmethode schützen – zu diesem Zweck steigt er »auf die Euphoriebremse«. Egal, Honorar gibt's trotzdem.

In einem Artikel über neue Obduktionsvorschriften sind »verstorbene Patienten eine Goldgrube an Daten«, und zum Schluss fallen »die Toten durch die Maschen des Gesetzes«. Oha. Wir stellen uns unter die Maschen, fangen auf, was durchfällt, und wenn nötig bestatten wir es auf dem Verlagsfriedhof.

Redakteure halten einiges aus. Sie sind nicht kleinlich. Ein Bild kann mal schief sein, ein Satz aus den Fugen geraten – so etwas passiert auch in unseren eigenen Texten. Man sieht es und bessert es aus, kein Problem. Aber es gibt Formulierungen, die haben mit Schusseligkeit nichts zu tun: Sie sind völlig daneben und kündigen garantiert weitere Scheußlichkeiten an.

Ich denke da an einen Beitrag, in dem es um die Humorforschung ging und um die Frage, warum fast alle Kontaktanzeigenschreiber einen humorvollen Partner suchen: »Denn weil auch die sattesten Lacher langfristig kein Brot streichen, erscheint unklar, warum nicht handfestere Werte wie die berufliche Stellung das Ranking dominieren.« Lustig, was?

Eine Autorin will, dass Frauen und Männer in der Medizin gleich behandelt werden. Sie schreibt: »Es ist an der Zeit, dass Frauen Gleichberechtigung einfordern: beim Herzinfarkt.« Die Autorin meint es gut. Aber ihren Text beginnt sie mit einem Rohrkrepierer.

Die Beispiele sind übrigens aus der Klops-Kiste meines Ressorts. Darin sammeln wir seit zehn Jahren alles, was uns beim Redigieren erheitert. In der Kiste befindet sich auch folgender Satz aus einem Text über ein Solarenergieprojekt im Süden der Republik: »Und da den Freiburgern die Sonne offenbar so kräftig heimleuchtet, widmet man sich dort mehr als andernorts der Ausnutzung der Sonnenenergie, was allerdings auch historische Gründe hat.« Danke, mehr wollten wir gar nicht wissen.

Wenn ich solche Sätze in einem Text entdecke – meist stehen sie gleich am Anfang und garantiert folgen weitere von dem Kaliber –, reagiert der Körper mit Schmerz. Der Rücken tut weh, der Nacken, die Schultern. Ein psychosomatischer Hilferuf, denn der Körper weiß, dass ihm jetzt langes Sitzen und Grübeln bevorsteht.

Am liebsten würde ich sofort mit dem Redigieren aufhören. Wer so schreibt, der kann's nicht besser – und deshalb wäre es gut, die Zusammenarbeit fürs Erste einzustellen. Aber abzusagen ist selten möglich. Man hat den Text bestellt, muss ihn also auch bezahlen. Oder das Thema soll morgen im Blatt sein. Oder der Autor ist ein seltener Spezialist für genau dieses Gebiet.

Expertenwissen ist das Pfund, mit dem der freie Wissenschaftsjournalist wuchert. Weil er spezielles Know-how hat und die Redaktion oft nicht, kann er es sich leisten, Redakteure mit schrecklichen Texten zu bewerfen. Der Freie ist Experte für Astrophysik, Raumfahrt, Elektrotechnik, Molekularbiologie oder Hirnforschung, er hat das Fach studiert und schreibt seit Jahren darüber, ist mit den Schlüsselfiguren seiner Disziplin ebenso vertraut wie mit den aktuellen Debatten und Gerüchten. Was dieser Autor liefert, ist sachlich meistens richtig. Es ist nur leider oft so geschrieben, dass man es nicht lesen mag.

Damit sind gar nicht mal unbedingt die unverständlichen Texte gemeint, die vor Fachjargon nur so strotzen. Da hat sich der Autor vielleicht nur in der Haustür geirrt. In einem unverlangt eingesandten Manuskript über neue Arzneimittelwirkstoffe heißt es zum Beispiel: »In einem noch frühen Entwicklungsstadium befindet sich der Hemmstoff des Enzyms XY, der sowohl zur Behandlung der Parkinson-Symptomatik als auch zur Therapie kognitiver Störungen bei Schizophrenie-Patienten zum Einsatz kommen könnte. Zurzeit durchläuft der Hemmstoff eine präklinische Lead Optimisation.« Keine Ahnung, ob die *Ärzte Zeitung* so ein Stück nehmen würde – für eine Tageszeitung ist es aber ganz bestimmt nichts. Wir haben es hier wahrscheinlich mit einem Autoren zu tun, der seine Werke über die ganze Republik streut – E-Mails sind billig, da kommt es auf ein paar Irrläufer nicht an.

Mir geht es um die Texte, die ein Fachautor eigens für die Zeitung verfasst hat und die inhaltlich in Ordnung, aber journalistisch mangelhaft sind. Bei solchen Texten muss man praktisch jeden Satz umschreiben, nicht nur den langweiligen Einstieg à la: »Luftverschmutzung schadet der Gesundheit« (Wieder was gelernt!) oder »Zeit ist heutzutage ein kostbares Gut« (Meine auch!) oder gedankenloses Zeug wie zum Beispiel »Regenwasserversickerung ist das Stichwort – nicht irgendwo, sondern dort, wo der Regen fällt«.

Nein, bei den Texten, die ich meine, ist oft der ganze Aufbau schief: Hier stehen zu viele Details, da sind die Angaben ungenau, und wo ist überhaupt der aktuelle Anlass? Ellenlange Berichte, in denen nur die Vorteile einer neuen Methode dargestellt sind, nicht aber die Nachteile, die Nebenwirkungen, die Zweifel.

Um so ein Stück druckreif zu bekommen, geht, alle Schritte zusammengerechnet, leicht ein Tag drauf. Da werden Aspekte vorgezogen, Absätze gestrichen, Fragen werden eingefügt und an den Autor geschickt, manches recherchiert man selbst und arbeitet das Ergebnis gleich in den Text ein. Zum Schluss hat sich eigentlich alles verändert – bis auf den Namen des Autors, und den lässt man zähneknirschend an seinem Platz. Dann noch schnell das Werk dem Urheber vorlegen – ist ja im Wesentlichen alles so geblieben, sagt er – und ein paar Stunden später ist das Stück gedruckt. Das ist der Grund, warum ich auf Arbeitsproben, die in anderen Blättern erschienen sind, nichts mehr gebe.

»Ah, der Autor XY: Der hat mich zwei Jahre meines Lebens gekostet«, hörte ich einmal einen renommierten deutschen Wissenschaftsredakteur sagen. Das ist schon viele Jahre her, ich war neu in dem Beruf, und damals erschien mir der Kommentar übertrieben, sogar anmaßend. Heute kann ich den Kollegen gut verstehen. Ich kenne den betreffenden Autor jetzt selbst und habe so manche Stunde mit seinen Erzeugnissen verbracht. Sein Name taucht oft in den Zeitungen auf, und immer sind die Beiträge interessant und gut lesbar. Wie viele Redakteursjahre mag das insgesamt gekostet haben? Und ob der Autor es ahnt?

Mit der Höhe des Honorars hat das nicht immer zu tun. Manchen Autoren könnte man das Zehnfache zahlen – ihre Manuskripte wären trotzdem nicht wirklich besser. Am Ende bekommen sie oft das gleiche Zeilengeld wie manche Edelfeder, die mehr verdient hätte – viel mehr, als die Zeitungen zahlen.

Schlechte Texte gibt es auch schon mal bei den Kollegen aus der Politik oder von der Seite drei. Sie bearbeiten ihn, wenn sie ihn unbedingt brauchen: Vielleicht kommt er ja von dem einzigen deutschsprachigen Journalisten auf Papua-Neuguinea, wo gerade eine deutsche Reisegruppe entführt wurde. In solchen Situationen ist man froh über jede Nachricht aus der Region. Zur Not wird eben so lange daran herumgeschnitzt, gefeilt und poliert, bis ein brauchbarer Beitrag herauskommt. Eine dauerhafte Zusammenarbeit mit dem freien Kollegen vor Ort aber wird sich nicht entwickeln – warum auch? Schließlich passiert es selten, dass Deutsche auf Papua-Neuguinea entführt werden.

Die Wissenschaft jedoch ist voller Papua-Neuguineas. Nicht nur, weil sie so viele Fachgebiete umfasst, die ein kleines Ressort personell nicht alle abbilden kann. Sondern auch, weil es über Ereignisse an entfernten Orten zu berichten gilt, wo eben nur ein bestimmter Fachautor sitzt. Weil es erfahrungsgemäß nicht viel bringt, einen fachkenntnisfreien Universaljournalisten zur Physikertagung in Gießen oder zum Chirurgenkongress in München zu schicken, schreibt darüber dann der Festkörperphysiker oder die Medizinstudentin, die vielleicht einmal in den Journalismus will. Beide bringen viel Fachwissen mit, und sie können, wenn es sein muss, schwierigste englischsprachige Fachliteratur korrekt eindeutschen – aber journalistisch sind sie oft ziemlich unbedarft.

Das ist der große Unterschied zu den Autoren, mit denen die anderen Zeitungsressorts es in der Regel zu tun haben: Dort schreiben oft Leute, die auf Journalistenschulen waren oder Volontariate absolviert haben. Viele freie Wissenschaftsjournalisten aber haben nach dem Studium ein paar Jahre in der Forschung gearbeitet, bevor sie sich für den Journalismus entschieden. Dann sind sie um die Dreißig, es muss Geld verdient werden, und als Ausbildung sollen ein oder zwei Redaktionspraktika genügen. Der Rest wird im Learning-by-Doing-Verfahren nachgeholt – per Fernpraktikum auf Kosten der Redaktionen.

Anders als die meist kleinen Wissenschaftsressorts sind die großen Redaktionen einer Zeitung, etwa die Politik, auf Freie nicht so sehr angewiesen: Sie bedienen sich ihrer angestellten Redakteure und Reporter sowie der Nachrichtenagenturen, um die Seiten zu füllen. Die schreiben zwar auch mal Sätze wie diese: »Die hohen Opferzahlen gehen darauf zurück, dass die Krankheit bei einem hohen Prozentsatz der Erkrankten einen tödlichen Verlauf genommen hat«, oder: »Dass Pflegekräfte und Ärzte ihre Patienten töten, ist kein Einzelfall«, oder: »Unsere Biografie wird uns nicht in die Wiege gelegt«. Nicht selten wird so etwas gedruckt (und landet hoffentlich im ›Hohlspiegel‹).

Sprachliche Nachlässigkeit kann man in allen journalistischen Sparten beobachten. In einem Bereich aber lassen die Wissenschaftsautoren ihre Kollegen aus anderen Gebieten hinter sich: Sie sind oft erstaunlich schlecht über aktuelle politische und zeitgeschichtliche Entwicklungen informiert. In Zeiten, da alle Welt über erneuerbare Energien oder ein Transplantationsgesetz spricht, kommen Texte an, die thematisch zwar ideal zur aktuellen Diskussion passen, in denen diese aber mit keinem Wort erwähnt wird. Stattdessen stellt der Autor eine neue Studie über Windräder im Mittelgebirge bis in die letzte Verästelung dar – er bleibt völlig im fachwissenschaftlichen Diskurs gefangen, ohne auch nur einen klitzekleinen Blick auf die Welt da draußen zu werfen.

Die Medizinautorin, in deren Beitrag über eine Neuerung in der Transplantationsmedizin es auch um die mangelnde Organspendebereitschaft der Deutschen geht, ist damit eigentlich schon sehr nah an der Politik: Aber nein, die Chance, ihre Geschichte in der aktuellen Diskussion zu verankern, nutzt sie nicht. Warum? Fehlt ihr der Mut, oder verfolgt sie das aktuelle Geschehen nicht?

Und jetzt das Konstruktive

Dann denke ich an die freien Autorinnen, die sich abends, nachdem sie ihre Kinder ins Bett gebracht haben, noch hinsetzen, um aus einem englischsprachigen Fachartikel über das Cytomegalievirus einen kleinen Text zu destillieren. Er liegt am nächsten Vormittag pünktlich in meinem elektronischen Briefkasten und kann nach ein paar Polituren gedruckt werden – was will ich mehr?

Woher soll diese Autorin die Muße zum Zeitunglesen hernehmen? Sie braucht mindestens zwei Stunden, bis sie die zehn Seiten im *New England Journal of Medicine* durchgearbeitet und einen 60-Zeiler daraus gemacht hat. Dann ist es Mitternacht und Zeit zu schlafen, denn am nächsten Morgen sind drei Kinder schulfertig zu machen. Vielleicht findet unsere Freie vormittags noch Zeit, um bei einem Infektionsbiologen der örtlichen Universität anzurufen und sein Statement zu der neuen Publikation in den Text einzuarbeiten.

Ich staune oft, was unsere freien Autoren unter solchen Belastungen überhaupt zustande bringen. Sie müssen ihre Texte allein verfassen, zu Hause und ohne Kollegen, mit denen sie den Aufbau besprechen können und die das Werk vor dem Abliefern kritisch kommentieren. Ihnen fehlen die Anregungen, die wir Redakteure täglich frei Haus bekommen: in Redaktionskonferenzen, bei einem Gespräch auf dem Flur.

Nein, hochmütig sollten wir Wissenschaftsredakteure wirklich nicht sein. Bis vor wenigen Jahren noch haben viele von uns in Nischen gearbeitet, in denen die Tagesaktualität so gut wie keine Rolle spielte. Auf unseren wöchentlich ein- oder zweimal erscheinenden Seiten standen interessante Geschichten aus der großen, bunten Welt der Forschung. Wenn die Geschichte über die Bedeutung von Primatenversuchen ein paar Tage nach der Attacke auf einen Hirnforscher erschien, war das nicht weiter schlimm. Und wenn eine Topstory aus *Science* am Freitag nicht im Blatt war, kriegten das die Kollegen aus den anderen Ressorts nicht mit.

Das hat sich völlig geändert. Die Agenturen sind voll von Wissenschaftsmeldungen, und wichtige Neuigkeiten aus den bedeutenden Journals laufen aktuell über den Ticker. Wer die Geschichte über die neueste Wendung im Klonskandal morgen nicht im Blatt hat, sieht alt aus. In den meisten Zeitungen wird täglich über Wissenschaftsthemen berichtet – wenn nicht auf einer eigenen Seite, dann im Politikteil oder im Vermischten. Je selbstverständlicher Wissenschaft in der Zeitung dazugehört, desto stärker ist der Aktualitätsdruck und desto politischer wird die Berichterstattung.

Die meisten Wissenschaftsredakteure mussten erst lernen, damit umzugehen. Dabei ist zweierlei passiert: Wir haben unser Sichtfeld erweitert und sind schneller geworden. Früher galt unser Hauptaugenmerk dem Wissenschaftsbetrieb, heute beziehen wir aktuelle Geschehnisse, politische Debatten und gesellschaftliche Strömungen viel stärker ein. Früher brauchten wir für 200 Zeilen zwei Tage, heute fangen wir um 13 Uhr mit dem Schreiben an und müssen um 16 Uhr fertig sein.

Auch freie Wissenschaftsjournalisten können sich diesen Trends nicht verschließen. Zwar wird es auch in Zukunft einen Markt für die ausgeruhte Geschichte über die String-Theorie ohne jeden Alltagsbezug geben. Gefragt sein werden aber vor allem die sprachlich überzeugenden Stücke aus der aktuellen Forschung mit Bezug zur öffentlichen Diskussion. Wer solche Geschichten schreiben kann, ist nicht nur bei den Wissenschaftsredaktionen gefragt, sondern wird Abnehmer in praktisch allen Ressorts finden.

Einige Freie können alles, was der Markt verlangt. Die meisten aber müssen professioneller werden. Wer sich ernsthaft als Wissenschaftsjournalist etablieren möchte, sollte das alltägliche Redaktionschaos selbst erlebt haben. Gelegenheit dazu bieten Volontariate und Praktika, die an anderer Stelle im Buch beschrieben werden. Die Praxiserfahrung hilft dem künftigen Autor, typische Fehler von Freien zu vermeiden:

- Er wird zur Themenabsprache nicht mehr nachmittags in der Hauptproduktionszeit anrufen, sondern zu günstigeren Zeiten, die er sich gleich beim ersten Kontakt nennen lässt. Allerdings wird er nachmittags erreichbar bleiben. Wenn sein Beitrag ins aktuelle Blatt

genommen wird und es Rückfragen gibt, darf sein Handy nicht im Umkleideraum eines Sportvereins vor sich hin klingeln ...
- Bevor er einer Redaktion Themenvorschläge macht, wird er deren Produkt eine Weile studieren: Welche Themen haben überhaupt eine Chance? Gibt es Standardlängen für die Texte? Wie sind die Stücke aufgebaut? Wie ist der Redaktionsstil: Trocken-sachlich? Unterhaltsam? Didaktisch? Gibt die Redaktion Hinweise auf Originalliteratur und wenn ja wie? Der Autor wird im Online-Archiv der Zeitung prüfen, wann das letzte Mal über das von ihm angepeilte Thema berichtet wurde und was er im Hinblick darauf an Neuem zu bieten hat. Falls möglich, wird er versuchen, aktuelle öffentliche Debatten als (zusätzlichen) Aufhänger für sein Thema zu nutzen.
- Themenvorschläge wird er den Vorlieben der Redaktion anpassen. Ich freue mich zum Beispiel über Angebote per E-Mail, langatmige Beschreibungen am Telefon mag ich nicht. Nicht nur, weil Lesen schneller geht als Telefonieren, sondern auch, weil eine E-Mail die Abstimmung im Ressort erleichtert: Sie kann schnell herumgeschickt und von den Kollegen quasi nebenbei bearbeitet werden. Seine Angebote wird der Ex-Praktikant so präzise und elegant formulieren, dass der Redakteur Lust auf das ganze Stück bekommt, denn er weiß: Themenmails sind die Visitenkarte des Autors.
- Wenn er den Auftrag bekommt, wird er keine 360 Zeilen schicken, wenn 200 vereinbart waren – derart massive Kürzungen machen zu viel Arbeit.
- Er wird sich bemühen, den Text so abzufassen, wie es in dieser Redaktion Usus ist. Wenn dort also der erste Satz in einer Meldung das Hauptergebnis einer Studie enthält, wird er nicht bei Adam und Eva anfangen, um so allmählich den Boden zu bereiten für die Kernaussage – im letzten Satz. Und er wird einen klar strukturierten und sprachlich einwandfreien Text liefern. Rechtschreibfehler machen keinen guten Eindruck.

Auf einer Wissenschaftsseite einen Artikel mit funkelnden Formulierungen zu lesen ist ein Genuss. Manchen Autoren gelingt so ein Stück, oft aber gehen die Versuche schief. Den meisten Redakteuren ist ein ordentlich geschriebener Artikel lieber als die vermeintlich glänzende Geschichte mit dem missratenen Einstieg, den schrägen Bildern und unpassenden Zitaten. Vermeiden lässt sich so etwas oft mit einfachen Tricks: Sich-selbst-Vorlesen hilft, noch besser ist es, die fertige Geschichte oder auch nur die eine originelle Formulierung dem Kollegen oder dem Partner vorzutragen. Dabei werden nicht nur sachliche Ungereimtheiten offenbar, auch sprachliche Schnitzer fallen auf. Und manchmal kommt man beim lauten Lesen auf ausgesprochen gute Formulierungen und bessere Überleitungen zwischen Absätzen.

Die meiste Arbeit haben wir Redakteure mit Einstiegen, Zitaten, Metaphern und Ausstiegen. Deshalb hier einige Tipps:
- Der Einstieg ist die Visitenkarte des Beitrags. Er sollte den Leser neugierig machen, überraschend, vielversprechend, unterhaltsam oder gar betörend sein. Wenn ein Text mit dem Satz beginnt »Prostatakrebs wird heutzutage immer schneller entdeckt«, gähnt der Leser und blättert weiter. Besser ist es, mit einem Beispiel anzufangen oder eine überraschende Beobachtung mitzuteilen, einen Widerspruch darzustellen.

Ich schreibe oft meinen Artikel fertig und formuliere dann, wenn im Kopf ein Gesamtbild entstanden ist, den ersten Absatz neu. Dort oder spätestens im zweiten Absatz sollte der

aktuelle Aufhänger erwähnt werden – also zum Beispiel der Urologenkongress, bei dem es auch um die Prostata ging.
- In einem Bericht über einen neuen Studiengang an einer Hochschule wird eine Studierende folgendermaßen zitiert: »Wir werden zu Vermittlern der Probleme ausgebildet, die in vielen Bereichen arbeiten können.« Jetzt könnte man sagen: Gesagt ist gesagt und wird auch so zitiert. Ich sehe das anders. Geht es um einen Profi der öffentlichen Darstellung, kann man einen Satz dieses Kalibers vielleicht stehen lassen, nicht aber bei einer Studentin, die so nett war, dem Journalisten ihre Einschätzung anzuvertrauen. Sie formuliert ungelenk, aber das müssen ja nicht alle Leser wissen. Deshalb streichen wir solche Sätze oder schreiben sie um. Diesen Satz haben wir eliminiert, weil er wenig aussagt. Zitate sollen dem Text einen Schub geben – eine Meinung enthalten, auf einen Widerspruch hinweisen etc.
- Viele Texte brechen einfach ab. Viel schöner ist es, wenn der Autor seinen Leser am Ende mit einem kleinen Bonbon fürs Durchhalten belohnt: einer neuen Einsicht, einer eleganten Volte zurück zum Textanfang, einem präzisen Fazit. Der Leser sollte nicht enttäuscht zurückgelassen werden, weil der ganze Text in den letzten fünf Zeilen durch einen neuen Aspekt infrage gestellt wird. Wie beim Einstieg lohnt es sich, nach Fertigstellung des Beitrags mit etwas Abstand den Schluss zu prüfen – und dann vielleicht beide Textteile so umzugestalten, dass sie wie Schlüssel und Schloss zusammenpassen.

Das Redaktionsschloss steht Euch offen, liebe freie Wissenschaftsjournalisten. Ihr braucht nur das richtige Schlüsselchen. Ihr habt es in der Hand.

Literatur

»Redaktion«. *Wikipedia.* Bearbeitungsstand: 20.3.2007. http://de.wikipedia.org/wiki/Redaktion (Download 29.3.2007).

V.4 Wirkung und Rückwirkung

Risiken in den Medien und ihre Effekte auf Wissenserwerb und Risikobewertungen

Markus Lehmkuhl

Die Ausgangslage

In den *Metamorphosen* erzählt Ovid die Geschichte des Kreterkönigs Midas, der Silenos seiner Weisheit wegen fing. Der Gott Dionysos vermisste seinen alten Lehrer und Gefährten Silenos und gewährte Midas einen Wunsch, damit er ihn wieder freigebe. Besessen vom Streben nach Reichtum wünschte sich Midas, dass alles zu Gold werden möge, was er berühre. Die Folgen waren bedrohlich:

»Und wie die Diener dem Frohen die Tafel bereiten,
Reich mit Speisen besetzt und versehen mit köstlichen Broten,
Ob nun jener dabei mit der Rechten die Gabe der Ceres,
Hatte berührt – es erstarrten zu Gold die Geschenke der Ceres.
Ob er mit gierigem Zahn die Speisen wollte zermalmen,
kaum berührte sie der Zahn, deckt goldene Kruste die Speise.
Mischt er die Gabe des Gottes, der Zauber gewährte, mit Wasser,
Hättest Du flüssiges Gold durch die Kehle ihm fließen gesehen.
Reich und elend zugleich und betäubt von dem seltsamen Unglück,
Will er dem Reichtum entfliehen und haßt, was er eben begehrte.
Nichts stillt mehr seinen Hunger, von Durst brennt trocken die Kehle,
Überall quält ihn das leidige Gold, das er selbst sich gewählt hat.«
             (Ovid: *Metamorphosen*; zitiert nach Görke 1999: 15)

Der Gott, der die Moderne immer wieder mit der Gnade eines Wunsches beschenkt und die Gesellschaft fortwährend unter Entscheidungsdruck setzt, ist der technische Fortschritt. Mit den Worten Ulrich Becks sind Risiken das »pauschale Produkt einer fortschreitenden Fortschrittsmaschinerie und werden systematisch mit deren Weiterentwicklung verschärft« (Beck 1986: 26).

Risiken gibt es zwar seit Menschengedenken, die ›Fortschrittsmaschinerie‹ aber hat dafür gesorgt, dass sich diese Risiken in ihrer Qualität grundsätzlich verändert haben. Moderne

Risiken in den Medien und ihre Effekte auf Wissenserwerb und Risikobewertungen

Risiken sind in der Regel sinnlich nicht mehr erfahrbar, sie bleiben unseren Sinnen verborgen. Allein das abstrakte Wissen um sie hebt sie in unser Bewusstsein, und so eröffnet sich ein weites Feld für soziale Deutungs- und Definitionsprozesse (ebd.: 30).

Angesichts dieses Merkmals moderner Risiken sollten die Massenmedien die Gesellschaft alarmieren, denn sie sind es, die aufklären müssen über Vorsorgemöglichkeiten oder Folgerisiken (Ruhrmann 1996: 13 f.) Ohne Massenmedien hätte die moderne Gesellschaft keine Chance, sich ihrer Gefährdungslage überhaupt bewusst zu werden. Es sind Medienkonstruktionen, also ausschließlich oder vorrangig durch Massenmedien vermittelte Wirklichkeiten, die, bezogen auf moderne Risiken, zum Ausgangs- und Bezugspunkt individueller und/oder kollektiver Sinnstiftung werden.

Wer die durch Massenmedien angeregte Sinnstiftung auf knappem Raum beschreiben will, kann das allenfalls exemplarisch tun, sofern er es nicht bei der pauschalen Feststellung belassen möchte, sie verlaufe äußerst komplex und sei von sehr vielen Randbedingungen abhängig, die sich mithilfe wissenschaftlicher Forschung immer nur partiell erfassen ließen (Miller und Gregory 2000: 176 ff.). Die Wirkung von Massenmedien wird sich wegen der Komplexität des Gegenstandsbereichs vermutlich niemals wissenschaftlich erschöpfend beschreiben lassen.

Es gibt sehr verschiedene Medienwirklichkeiten, deren Wirkung auf einzelne Rezipienten, Gruppen von Rezipienten oder auch auf bestimmte gesellschaftliche Systeme wie die Politik untersucht werden kann. Die in den Medien dargestellten Wirklichkeiten wirken auf die Gedanken und Gefühle der Rezipienten, auf ihre Vorstellungen über die Realität, nehmen Einfluss auf ihre Sozialisation etc. Die Wirkungsforschung ist dementsprechend durch einen Pluralismus an Methoden und Theorien gekennzeichnet, deren Reichweite und Abstraktionsgrad sehr verschieden sind.

Ich möchte mich dem Gegenstand exemplarisch nähern. Ausgehend von einer einzelnen Studie, werden für den Wissenschaftsjournalismus besonders interessant erscheinende Effekte von Publikumsmedien unter Realbedingungen untersucht, und zwar: a) Effekte auf den ›Informations- oder Wissenserwerb‹ (das wird hier nicht weiter unterschieden) und b) Effekte auf die ›Bewertung von Risiken‹. Die Untersuchung wird auf vier Ebenen eingeschränkt: Im Blickpunkt stehen Effekte auf Informationserwerb und Risikobewertung (Ebene 1) einzelner Rezipienten (Ebene 2) unter Realbedingungen (Ebene 3), die in Zusammenhang mit massenmedial vermittelten Risikowirklichkeiten (Ebene 4) zu diskutieren sein werden.

Ausgangspunkt ist eine einzelne Studie, die einerseits dazu dient, Erkenntnisse konkret zu veranschaulichen und andererseits den bisherigen Kenntnisstand thesenartig zu erweitern. Der entscheidende Vorzug der gewählten Studie besteht darin, dass ein vergleichsweise großer Ausschnitt der Komplexität des medialen Wirkungsprozesses in den Blick genommen worden ist (Lehmkuhl 2006a).

Es wurde untersucht, was sich in einem relativ abgeschiedenen Dorf mit 900 Einwohnern ereignete, nachdem der erste deutsche BSE-Fall flächendeckend publiziert worden war. 70 Prozent der Einwohner über 16 Jahre wurden dazu im März 2001 befragt, zu einem Zeitpunkt also, als das Thema BSE die Berichterstattung nicht mehr dominierte. – Als die Befragung stattfand, diskutierten die Dorfbewohner bereits ausgiebig über das neue Thema Maul- und Klauenseuche.

Alle Befragten außer einem hatten über BSE in ihrem je eigenen sozialen Umfeld gesprochen. Das unterstreicht zunächst, wie massiv der ›Thematisierungseffekt‹ der Medien war. Außerdem wird deutlich, dass Menschen mediale Botschaften in ihr Leben integrieren und ihnen aktiv Bedeutungen zuweisen. Mediale Botschaften werden so zu einem Teil ihrer sozialen Umwelt, der Sinn zugeschrieben wird (Kepplinger und Martin 1986). Deshalb ist es für die Erforschung von Medieneffekten wichtig, möglichst viel über die soziale Umwelt von Menschen in Erfahrung zu bringen, denn in sie ist die individuelle Sinnstiftung stets eingebettet.

Eines der Kernelemente der Studie und der Grund für die Beschränkung des Untersuchungsgebietes war die umfassende Erhebung des sozialen Umfeldes der Bewohner. Auf einer Art sozialer Landkarte sollte jeder Bewohner dieses Ortes verzeichnet werden.

Das soziale Umfeld von Rezipienten

Medienangebote treffen auf Rezipienten, die in der Regel nicht isoliert von anderen leben, sondern über mehr oder weniger enge Beziehungen mit anderen vernetzt sind. Die Deutschen scheinen mehrheitlich in relativ fest gefügten Gemeinschaften zusammenzuleben. Sie pflegen regelmäßig Kontakte zu meistens fünf bis zwölf anderen Menschen, die sie schon seit Längerem kennen und die in ihrer unmittelbaren Umgebung beheimatet sind. Kontakte zu Menschen aus Orten, die mehr als 50 Kilometer vom eigenen Wohnort entfernt liegen, sind hingegen eher selten. Dies gilt ebenfalls für Kontakte zu Menschen, die nicht wenigstens einen ähnlichen Bildungshintergrund haben (Petermann 2002; Schenk 1995). Generalisierend kann man davon ausgehen, dass diese Netzwerke bezogen etwa auf Bildung oder politische Prädispositionen relativ homogen sind (Beck 1991; Schmitt-Beck 1994; Schenk 1995; Schmitt-Beck 2000; Schenk 2002). Schon der Volksmund weiß: »Gleich und gleich gesellt sich gern.«

Dies soll im Folgenden anhand der oben erwähnten sozialen Landkarte des niedersächsischen Ortes veranschaulicht werden (Lehmkuhl 2006a). Landkarten geben in der Regel Auskunft darüber, wo sich ein Ort relativ zu anderen Orten befindet und welche Verkehrsverbindungen zwischen den einzelnen Orten bestehen. Die soziale Landkarte dieses Ortes gibt an, wo ein Bewohner sich relativ zu anderen Bewohnern befindet und über welche Beziehungen er mit den anderen Bewohnern verknüpft ist. Wie eine solche soziale Landkarte beschaffen ist, soll der folgende Ausschnitt exemplarisch veranschaulichen (Abbildung 1). Es wurde ein ›Ballungsgebiet‹ von sieben jungen Männern des Ortes dargestellt. Sie sind über sehr starke oder eher mittlere bis schwache Beziehungen miteinander verbunden.

Mit diesem Ballungsraum sind mehrere weitere Personen verknüpft. In der Grafik ist eine ausgewiesen. Es handelt sich ebenfalls um einen jungen Mann (P), der an der Peripherie dieses Ballungsraums angesiedelt und über mehrere kleine ›Straßen‹ mit ihm verbunden ist.

Man kann sich die soziale Landkarte dieses Ortes vorstellen wie eine Ansammlung zahlreicher solch größerer Ballungsräume (Cliquen), die mit kleineren Ballungsräumen (Familien) und mit einsam daliegenden Ortschaften mehr oder weniger stark verbunden sind.

Der so entstandene soziale Raum lässt sich nun hinsichtlich verschiedener Parameter genauer beschreiben. Bildung ist einer dieser Parameter, der die soziale Geographie dieses

Risiken in den Medien und ihre Effekte auf Wissenserwerb und Risikobewertungen

Abbildung 1: Netzwerk junger Männer

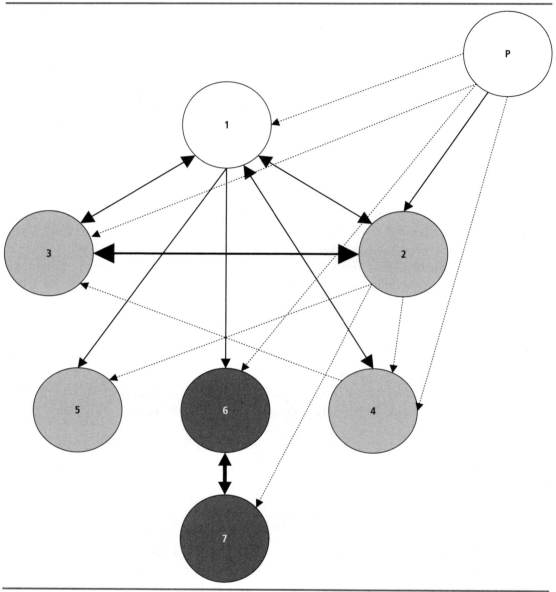

Quelle: Lehmkuhl 2006a

Ortes maßgeblich beeinflusst. Es gibt zwei Gruppen von Dorfbewohnern, die untereinander über ausnehmend schlechte direkte ›Verkehrsverbindungen‹ verfügen: Dorfbewohner mit Hauptschulabschluss und solche mit mindestens Fachabitur. Es handelt sich um praktisch getrennte soziale Sphären. Bildung ist das Merkmal mit der größten sozialen Segregationskraft. Lediglich fünf Prozent der Hauptschulabsolventen und der Abiturienten dieses Ortes unterhalten direkte Beziehungen untereinander.

Das moderne Risikothema BSE

BSE ist ein relativ typisches Beispiel für ein modernes Risikothema. Es ist der Klasse der sogenannten ›Pythia-Risiken‹ zuzuordnen (benannt nach der Priesterin, die den Ratsuchenden in Delphi die rätselhaften Antworten des Orakels verkündete). Diesen Risiken ist unter anderem eigen, dass weder Eintrittswahrscheinlichkeit noch Schadenspotenzial (im Falle von BSE also die Zahl der von einer Infektion Bedrohten) hinreichend verlässlich abgeschätzt werden können. Auch die Gentechnologie zählt zu dieser Gruppe von Risiken (Leonarz 2007: 37 f.).

Als Ursache von BSE gilt heute gemeinhin die Absenkung der Temperatur und des Drucks bei der Erzeugung von Tiermehl Anfang der 80er Jahre und die Verfütterung des so hergestellten Tiermehls an Wiederkäuer in Großbritannien. Die Lockerung der Verarbeitungsrichtlinien stand im Zusammenhang mit dem Machtwechsel in Großbritannien 1979. Die neu gewählte konservative Regierung unter Margaret Thatcher verfügte ganz im Sinne des neuen wirtschaftsliberalen Kurses in der ›Proposed Protein Processing Order‹, dass angesichts des ökonomischen Klimas die Industrie bei der Herstellung von Tiermehl selbst entscheiden solle, wie am besten ein hochwertiges Produkt herzustellen sei (Miller 1999: 1243).

Acht Jahre nach dieser (heute weiß man, falschen) Entscheidung erschien der erste Artikel (Wells et al. 1987) mit einer Beschreibung der neuen Rinderkrankheit BSE (Bovine Spongiforme Enzephalopathie), deren Folgen mehrere Experten-Kommissionen beschäftigten.

Die erste dieser Kommissionen befasste sich 1988 auf der Grundlage äußerst lückenhafter wissenschaftlicher Kenntnisse besonders mit dem Übertragungsrisiko auf den Menschen, das als äußerst niedrig eingestuft wurde. Sollte – so wurde hinzugefügt – diese Einschätzung nicht zutreffen, seien die Konsequenzen allerdings äußerst ernst. Letztgültige Sicherheit über das Risiko dieser Rinderkrankheit für den Menschen könne man angesichts der langen Inkubationszeit von Enzephalopathien bestenfalls in zehn Jahren haben (Kitzinger und Reilly 1997: 338 f.). Die Hauptbotschaft des britischen Landwirtschaftsministeriums war nach Prüfung dieses Berichts: Britisches Rindfleisch ist sicher.

Die Risikoeinschätzungen änderten sich dramatisch, als 1996 zehn Fälle einer neuen Variante der Creutzfeldt-Jakob-Krankheit bekannt wurden. Die Betroffenen waren jung im Vergleich zu der Gruppe, die gewöhnlich von dieser Krankheit betroffen wird. Im Übrigen glichen die klinischen Symptome jenen der Rinderseuche. Außerdem waren die gleichen Hirnregionen von den Schädigungen betroffen. Durch diese neuen Erkenntnisse änderte sich die Risikoqualität der Rinderseuche dramatisch. Plötzlich sahen sich nicht mehr nur Farmer einer Gefährdungslage gegenüber, sondern sämtliche Konsumenten von Rindfleisch bzw. Rindfleischprodukten.

In Deutschland wiegte man die Verbraucher bis Ende 2000 in dem Glauben, deutsches Rindfleisch sei sicher, weil deutsche Bestände BSE-frei seien, obwohl man bis dato gar nicht flächendeckend getestet hatte, ob diese Behauptung zutrifft. Mit Einführung der flächendeckenden Tests änderte sich das. Kaum hatte man mit der systematischen Suche nach dem Erreger begonnen, wurde man fündig. Bei einer in Deutschland geborenen Kuh wurde der Erreger nachgewiesen.

Der erste originär deutsche BSE-Fall hatte eine intensive Berichterstattung in sämtlichen Publikumsmedien zur Folge. Das Thema avancierte über mehrere Wochen zu dem beherrschenden Thema. Bis in den Februar und März hinein blieb BSE ein Thema in den Medien, allerdings beschränkte sich die mediale Wahrnehmung zu diesem Zeitpunkt im Wesentlichen auf neue BSE-Fälle, die in kurzen Meldungen bekannt gegeben wurden. Bis Mitte März 2001 war die Zahl der positiv getesteten Rinder auf über 50 angewachsen.

In der Folge der BSE-Krise brach der Rindfleischmarkt zusammen. Die deutsche Bevölkerung entschied sich massenhaft, auf Rindfleisch und Rindfleischprodukte zu verzichten. Der Rindfleischverbrauch der Deutschen sank kurzfristig um knapp 60 Prozent. Aufs Jahr gerechnet, verminderte sich der Rindfleischverbrauch 2001 gegenüber 2000 um 30 Prozent (ZMP 2006). Dies war kein nachhaltiger Verzicht. Schon Mitte 2001 hatte sich der Markt erkennbar wieder erholt, ohne freilich das Niveau vor dem deutschen BSE-Fall zu erreichen.

Der massenhafte Verzicht auf Rindfleisch ist fraglos ein Medieneffekt. Ohne die intensive Berichterstattung in praktisch allen Medien ist nicht erklärbar, warum so viele Deutsche ganz plötzlich BSE als Bedrohung wahrnahmen und ihr auswichen. Dass viele Deutsche innerhalb kurzer Zeit relativ viel über BSE zu wissen glaubten (Zwick und Renn 2002), ist ebenfalls ein Medieneffekt. Woher sonst sollte jemand um die genauen Abläufe in Großschlachtereien wissen, woher sonst sollte jemand wissen, dass BSE-Tests erst ab einer bestimmten Inkubationszeit überhaupt ansprechen und deshalb Tests an sehr jungen Tieren zwecklos sind, woher sonst, dass die Verfütterung von Tiermehl als Verursacher der Erkrankung gilt?

Es hieße jedoch, ein sehr undifferenziertes Bild von Medieneffekten zu entwerfen, wollte man es bei derlei oberflächlichen Beschreibungen belassen. Die Forschung ist bestrebt, viel genauer auszuleuchten, worin die Effekte bestehen und wie sie sich erklären lassen. Zwei Thesen möchte ich im Folgenden nachgehen, die durch Forschungsbefunde illustriert werden sollen:

- Menschen sind über Ereignisse und Hintergründe von Ereignissen nicht vorrangig deshalb informiert, weil sie in der Zeitung stehen oder vom Fernsehen verbreitet werden. Berichterstattung ist zwar eine notwendige Bedingung dafür, aber allein nicht hinreichend, um Wissenserwerb zu erklären.
- Menschen bewerten ein Risiko wie das, das von BSE ausgeht, weil die massive Berichterstattung an herausgehobener Stelle ihnen ein Risiko als gesellschaftliches Problem präsentiert. Massive Berichterstattung ist deshalb im Falle von Risikothemen wie BSE eine notwendige Bedingung dafür, dass es überhaupt zu Bewertungen dieses Risikos kommt. Damit ist noch lange nichts über den Medieneinfluss gesagt, wie solche Bewertungen genau ausfallen.

Im Weiteren werde ich unter Perspektivierung der Medieneffekte zwei Konstrukte näher betrachten: Wissen und Risikobewertungen. Ausgehend vom gesicherten wissenschaftlichen Kenntnisstand, greife ich zur Veranschaulichung und Präzisierung wiederum auf die Einzelstudie zurück.

Wissen

Ein Medieneffekt hat in der Vergangenheit besonderes Forschungsinteresse auf sich gezogen: Wenn Medien in größerem Umfang über ein Thema berichten, dann sorgt das im Zeitverlauf dafür, dass die Kenntnisstände u. a. abhängig vom formalen Bildungsstand auseinanderstreben: Man hat diesen Effekt die ›Wissenskluft‹ getauft (Tichenor et al. 1970).

Dieser Effekt ist besonders stark bei jenen Wissensbereichen ausgeprägt, die üblicherweise von Wissenschaftsjournalisten bedient werden. Der Nutzen der Informationsangebote von Medien hängt bei dezidiert wissenschaftsjournalistischen Inhalten besonders stark von der Bildung der Rezipienten ab (Bonfadelli 1999; 1994).

Dieser Effekt ist relativ einfach zu erklären. Höhere Bildung ist gekoppelt an bessere Lese- und Verstehensfähigkeiten, und höher Gebildete verfügen zudem über eine höhere Effizienz bei der Informationsverarbeitung. Weiterhin verfügen sie dank ihrer Schulbildung oder eines überhaupt stärker entwickelten Informationsbedürfnisses in der Regel über ein größeres Vorwissen. Außerdem ist Bildung assoziiert mit der bevorzugten Nutzung von informationsreichen Printmedien, was im Verein mit den oben genannten Faktoren zu einem effizienteren Wissenserwerb führt (Tichenor et al. 1970).

Man darf sich also durchaus wundern, warum dieser Effekt vergleichsweise große Aufmerksamkeit auf sich gezogen hat. Seine Relevanz verdankt er dem Umstand, dass er einen in den 70er Jahren offensichtlich verbreiteten Irrtum als solchen bloßstellte (Schenk 2002: 570 ff.; Horstmann 1991: 10 ff.; Bonfadelli 1994: 17 ff.; Wirth 1997: 23 ff.). Irrtümlich ging man davon aus, dass von der Nutzung der Massenmedien alle Bevölkerungssegmente in gleicher Weise profitierten. Massenmedien sorgten für informierte und deshalb mündige Bürger, die verantwortlich über die Geschicke des demokratisch verfassten Gemeinwesens entscheiden.

Im Ergebnis stellte der Effekt damit der idealistischen Vorstellung der informationellen Chancengleichheit die Vorstellung der Ungleichheit gegenüber, die durch die Berichterstattung in den Massenmedien eher verstärkt als vermindert werde. Das praktische Potenzial der Wissenskluft-Forschung wurde denn auch gesehen »in ihrem gesellschaftskritischen Ansatz, in der Infragestellung des Aufklärungsanspruchs der Medien und in der pessimistischen Beurteilung der Informationsgesellschaft« (Schenk 2002: 570). Damit ist die Rede von der sich verstärkenden Wissenskluft nach einem älteren Urteil von Ulrich Saxer eine beunruhigende Perspektive.

Motiviert wird diese Unruhe durch eine Orientierung an dem demokratischen Ideal, wonach Exekutive und Legislative fortwährend dem eigentlichen Souverän gegenüber rechenschaftspflichtig sind, also dem Volk. Dieser Rechenschaftspflicht kommen die genannten Instanzen dadurch nach, dass sie größtmögliche Transparenz ihrer Handlungen und Entscheidungen herstellen, weil sonst nicht gewährleistet werden kann, dass alle Bürger einer Demokratie im Sinne einer Kontrollinstanz an gesellschaftlichen Meinungsbildungs- und Entscheidungsprozessen teilzuhaben vermögen. Partizipationsideal und Transparenzideal setzen einen gut informierten Bürger voraus. Ohne umfassende Informationen vermag er Rationalität oder Irrationalität politischer Entscheidungen nicht zu durchschauen, er vermag seine Kontrollfunktion damit nicht zu erfüllen.

Risiken in den Medien und ihre Effekte auf Wissenserwerb und Risikobewertungen

Erkennt man den Informationsanspruch des Bürgers als grundsätzlich wichtig für ein Gemeinwesen an, ergibt sich aus dem von Tichenor et al. genannten Zusammenhang ein sozialwissenschaftlicher Klärungsbedarf, der vor allem darauf gerichtet ist, Bedingungen und Konstellationen zu erforschen, die für den gefundenen Zusammenhang ursächlich verantwortlich gemacht werden können. Dies in der Absicht, vermittelnde Faktoren zu identifizieren, die das Entstehen von Wissensklüften bei gesellschaftlich relevanten Themen verstärken bzw. mildern.

Mit anderen Worten: Wissenschaftlich interessant ist nicht der Nachweis, ›dass‹ bildungsabhängige Wissensklüfte entstehen. Interessant ist vielmehr einerseits die Frage, welche Faktoren ›außer‹ der Bildung zu der Ausbildung solcher Klüfte beitragen, und andererseits die Frage, welche Faktoren ›im Verein‹ mit der Bildung relevant sind. – Einer dieser Faktoren ist bisher benannt worden: die Funktion des Wissens für den Einzelnen. Damit kommen wir zurück auf das Dorf in Niedersachsen.

Der Dorfbevölkerung wurden 14 Fragen gestellt. Die Auswahl dieser Fragen orientierte sich daran, über welche Aspekte des Themas BSE Journalisten vorrangig berichtet haben. Das waren politische, verbraucherschutzrelevante und wissenschaftliche Aspekte. Man kann diese Aspekte bezogen auf Rezipienten unterteilen in Informationen, die relevant sind für die persönliche Verbraucherentscheidung, und solche, die das nicht in gleicher Weise sind; die Frage etwa, welcher Erreger die Erkrankung mutmaßlich verursacht (Prion), ist für die individuelle Verbraucherentscheidung sicherlich weniger relevant als die Frage, welche Art von Rindfleischprodukt als besonders riskant gilt (Separatorenfleisch).

Eine solche Unterscheidung dient dem Zweck, einer auf bestimmte funktionale Bereiche beschränkten Wissensaneignung von Rezipienten Rechnung zu tragen. Die Ergebnisse weisen aus, dass die Medienberichterstattung über BSE besonders starke Informationseffekte in jenem Bereich erzielte, der die individuellen Verbraucherentscheidungen am ehesten berührte. Im Durchschnitt beantwortet die Dorfbevölkerung annähernd 75 Prozent der sechs Verbraucherschutzfragen richtig, während lediglich 37 Prozent der acht Fragen ohne engen Bezug zur Verbraucherentscheidung richtig beantwortet werden.

Siebzig Prozent wissen zum Beispiel, dass Separatorenfleisch als besonders gefährlich gilt. 75 Prozent der Dorfbevölkerung weiß auch nach ungefähr zwei Monaten intensiver Berichterstattung nicht, dass der Erreger von BSE wahrscheinlich ein Prion ist und dass es sich bei einem Prion um ein Eiweiß handelt, nicht etwa um ein Virus oder ein Bakterium.

Das ist ein sehr überraschendes Ergebnis, selbst dann, wenn man in Rechnung stellt, dass über die für die Verbraucher eher nicht relevanten Fragen nicht im selben Umfang berichtet wurde. Der Informationseffekt beim Wissen ohne engen Verbraucherbezug ist sehr niedrig. Da in der Regel drei Antwortvorgaben gemacht wurden, kann man nur dann von einem Informationseffekt ausgehen, wenn durchschnittlich mehr als 33 Prozent der Fragen richtig beantwortet werden. Denn bei drei Antwortvorgaben wird man durch reines Raten im Durchschnitt 33 Prozent der Fragen richtig beantworten.

Dass sich die Wissenskluft abhängig von der Funktion des Wissens für den Einzelnen generell unterschiedlich auswirkt (Bonfadelli 1999; 1994), wird auch durch die Befunde aus dem Dorf bestätigt. Streng genommen kann man einen solchen Effekt zwar nur nachweisen, wenn man im Zeitverlauf mehrmals, mindestens zweimal, hintereinander den Kenntnisstand der Bevölkerung abfragt. Wenn man im konkreten Studienbeispiel aber davon ausgeht, dass der Wissensstand über BSE vor dem Einsetzen der Berichterstattung Ende November 2000 bei allen Dorfbewohnern annähernd gleich war, nämlich bei null, dann kann man diesen Effekt auch in diesem Dorf nachweisen. Die besser Gebildeten profitieren dabei überdurchschnittlich von den Informationsangeboten der Massenmedien. Dieser Effekt ist besonders stark bei Wissensbereichen, die üblicherweise von Wissenschaftsjournalisten bedient werden.

Neben der formalen Bildung lassen sich weitere wichtige Faktoren nennen, die üblicherweise den Informationseffekt durch Massenmedien moderieren. Wissenseffekte von Medien hängen auch davon ab, wie motiviert ein Einzelner ist, sich Informationen über ein bestimmtes Thema zu verschaffen. Motivation soll in diesem Kontext als ein Sammelbegriff für ›situationale‹ Faktoren gelten, die Personen dazu veranlassen, sich verfügbaren Informationen intensiver zuzuwenden (Wirth 1997: 163).

In die Wissenskluft-Perspektive wurden motivationale Faktoren unter anderem von James Ettema und F. Gerald Kline (1977: 188) eingeführt. Die Autoren formulierten eine Alternativhypothese zu Tichenor et al., in der sie unter anderem den formalen Bildungsabschluss von Rezipienten durch den Faktor ›Motivation‹ ersetzten (Ettema und Kline 1977: 188). Im Ergebnis nahmen sie der Wissenskluft-Perspektive damit ihr gesellschaftskritisches Potenzial: Wissensklüfte sind nicht mehr Resultat eines sozialstrukturell determinierten transsituationalen Unvermögens breiter Bevölkerungsschichten, sich die notwendigen Informationen für die demokratische Teilhabe anzueignen (Defizithypothese), sondern lediglich Resultat je nach Thema und Situation unterschiedlich gelagerter Motivationen (Differenzhypothese).

Die empirisch gefundenen, mit der Bildung assoziierten Wissensklüfte sind aus dieser Perspektive heraus ein Ausdruck dafür, dass sich unter anderem gemessen am formalen Bildungsstand unterprivilegierte Menschen eben nicht für politische und/oder wissenschaftliche Themen (Interessengebiete der Mittelschicht und vorzugsweise in Studien abgefragt) interessieren und Kenntnisse über diese Bereiche für sie nicht funktional sind (Winterhoff-Spurk 1986: 161).

Die Differenzhypothese von Ettema und Kline konnte durch mehrere Untersuchungen allenfalls teilweise gestützt werden. Der Bildungseinfluss verschwand nie völlig, sondern wurde durch unterschiedliche Motivationen gemildert oder ergänzt. Sowohl der formale Bildungsstand als auch die Motivation haben also Erklärungskraft für die Unterschiede bei der Informationsaneignung durch Massenmedien (Wirth 1997: 47; Schenk 2002: 593).

Die außerordentliche Komplexität von Wirkungsprozessen zeigt sich, wenn man die beiden Individualmerkmale ›Bildung‹ und ›Motivation‹ um das ›soziale Umfeld‹ der Rezipienten ergänzt. Effekte von Medien unter Realbedingungen lassen sich nicht umfassend verstehen, wenn man sich etwa den Informationserwerb bei sehr dominanten Themen wie BSE als einen ›a-sozialen‹ Prozess vorstellt. Informationserwerb aus den Medien ist auch – vielleicht sogar in allererster Linie – als ein sozialer Prozess zu verstehen.

Es ist wiederholt gezeigt worden, dass die Mediennutzung wechselseitig mit den alltäglichen Gesprächen verknüpft ist (Martin und Kepplinger 1986; McDevitt und Chaffee 2000; Früh und Schönbach 1991). Man verfolgt eher beiläufig die Nachrichten, ein Familienmitglied schneidet ein Thema der Nachrichten beim Abendessen kurz an, am folgenden Tag kommt auch ein Kollege darauf zu sprechen, am Abend gibt es einen Beitrag dazu in den Fernsehnachrichten, den man dann schon etwas genauer verfolgt, und so fort. Solche sozialen Interaktionen moderieren Einflüsse von Bildung und Motivation (Schenk 2002: 601).

Dies soll mit Blick auf die Einzelstudie veranschaulicht werden. Die Menschen in dem niedersächsischen Dorf sind in soziale Netzwerke von unterschiedlicher Reichweite eingebunden. Die soziale Reichweite eines persönlichen Netzwerkes ist umso größer, je mehr Menschen aus unterschiedlichen Regionen mit unterschiedlichem Alter und Bildungshintergrund in ihm vertreten sind.

Unterschiede in der Reichweite der sozialen Netzwerke erklären einen relativ großen Teil der Unterschiede beim Wissen über BSE. Von den Informationsleistungen der Massenmedien profitieren besonders diejenigen Dorfbewohner mit einer großen Zahl von vielfältigen Kontakten. Die Einbindung des Einzelnen in ein reichhaltiges soziales Umfeld verstärkt also den Informationseffekt der Medien. Der Einfluss der formalen Bildung auf den Informationserwerb vermindert sich mit der Reichweite sozialer Netzwerke. Mit anderen Worten: Formal schlechter gebildete Rezipienten können den Bildungsnachteil teilweise dadurch kompensieren, dass sie viele Kontakte unterhalten.

Der Einfluss von unterschiedlichen Motivationen, operationalisiert durch die Frage nach dem individuellen Themeninteresse, wird demgegenüber durch die Reichweite persönlicher Netzwerke vollständig kompensiert. Ob jemand das Thema für wichtig oder unwichtig hielt, nahm keinen Einfluss mehr auf den Informationseffekt der Medien, wenn man die Reichweite des sozialen Netzwerkes einbezog.

Dies ist erklärbar durch die besondere Situation zur Jahreswende 2000/2001 und illustriert, wie dominant dieses Thema war. BSE war überall: in der Familie, in den Cliquen, am Arbeitsplatz. Augenscheinlich konnte man sich BSE nicht entziehen, selbst wenn man dieses Thema persönlich für irrelevant hielt. Genau dieser Umstand erklärt, warum Unterschiede bei der Themengewichtung in diesem Falle nicht auf die Informationseffekte der Medien zurückwirken.

Solche sozialen Prozesse verstärken die Informationseffekte der Medien und schwächen sie zugleich, wenn man sämtliche Themen in den Blick nimmt. Denn die Aufmerksamkeitssteigerung zugunsten des einen geht auf Kosten eines anderen Themas. Gespräche und Diskussionen verstärken die Selektivität, und dieser Effekt ist bei sehr dominanten Themen wie BSE so stark, dass die individuelle Themenbedeutung keine Rolle mehr für den Informationserwerb spielt.

Der Verstärkungseffekt des sozialen Umfeldes bezieht sich auf beide Bereiche des Wissens, die hier unterschieden worden sind. Sowohl beim Wissen mit engerem Bezug zur Verbraucherentscheidung als auch beim Wissen ohne diesen Bezug zeigt sich, dass die Reichweite des sozialen Netzwerkes Informationseffekte bei diesem Thema verstärkt. Dafür gibt es zwei mögliche Erklärungen:
- Das Gespräch über ein Thema kann dazu beitragen, dass von den Medien aufgenommene Informationen sich im Gedächtnis konsolidieren, sodass sie dann – etwa in Umfragen – erinnert werden können. Dabei kommt es prinzipiell nicht darauf an, mit wem man eigentlich spricht, entscheidend ist vielmehr, ›dass‹ man über ein Thema spricht (Voltmer et al. 1994).

- Rezipienten erfahren im Gespräch mit anderen Menschen Sachverhalte, die sie vorher noch nicht wussten, d.h. Medieninformationen verbreiten sich in gewissem Umfang auch indirekt. Außerdem orientieren sich Menschen in sozialen Gruppen gegenseitig durch die Wahl bzw. die Fokussierung bestimmter Themenaspekte; jede Konversation ist deshalb von der impliziten Frage mitgeprägt, was überhaupt wissenswert oder relevant ist und was nicht. Und genau hier ergeben sich Unterschiede, die auch von der Art des Wissens abhängig sind.

Das Wissen, das in engem Zusammenhang mit den wissenschaftsjournalistischen Aspekten des Themas BSE steht, verbreitete sich in messbarem Umfang nicht vermittelt durch Gespräche. Auch eine Koorientierung über Aspekte, die besonders wichtig scheinen, fand, bezogen auf diese Wissensinhalte, nicht statt. Der positive Zusammenhang zwischen der sozialen Reichweite der Netzwerke und dem Informationserwerb ist also dadurch zu erklären, dass überhaupt über das Thema gesprochen wurde.

Das ist beim Verbraucherwissen anders. Hier kommt es auch darauf an, mit wem man gesprochen hat. Denn hier lassen sich indirekte Informationseffekte oder eine gegenseitige Koorientierung darüber, was zu wissen lohnenswert erscheint, nachweisen.

Dies ist möglich, indem man die unabhängig voneinander erhobenen Wissensstände von Rezipienten in sozialen Netzwerken miteinander vergleicht. Auf einen indirekten Informationseffekt der Medien oder eine wechselseitige Koorientierung über Inhalte kann man dann schließen, wenn die Wissensstände der Einzelnen in der Gruppe deutlich ähnlicher sind, als das zufällig zu erwarten wäre. Genau das ist beim Verbraucherwissen der Fall; der Effekt ist sogar ziemlich stark. Beim Wissen ohne direkten persönlichen Bezug jedoch nicht.

Wir wissen noch nicht besonders viel über derart differenzierte Effekte des sozialen Umfeldes auf den Wissenserwerb durch Medien, repräsentative Erhebungen liegen dazu nicht vor, weil solche Untersuchungen schwierig und vor allem teuer sind. Die Folgerungen stehen also unter einem besonderen Vorbehalt.

Die Ergebnisse deuten darauf hin, dass die Verbreitung von Wissen über wissenschaftsjournalistische Aspekte von Themen nicht durch Koorientierung oder Informationstransfer in Gruppen unterstützt wird, jedenfalls dann nicht, wenn man nicht spezialisierte Rezipientengruppen in den Blick nimmt. Denkbar ist so etwas durchaus. Man sollte dies nur nicht in der Gesamtheit der Bevölkerung erwarten. Stattdessen muss man auf spezielle Rezipientengruppen schauen: etwa Ärzte oder Betroffene und deren soziale Netzwerke.

Risikobewertungen

Regelmäßig geraten Medien bei der Berichterstattung über Risiken in den Verdacht, unbegründete Ängste zu schüren. Häufig steht das im Zusammenhang mit dem Vorwurf, die Berichterstattung sei sensationalistisch, verzerrt und einseitig negativ. Mit solchen Attributen wird man der Risikoberichterstattung aber nicht gerecht, wie zahlreiche Analysen belegen, die herausstellten, dass Medien nicht regelhaft Bedrohungslagen übertreiben oder gar aufblasen (Dunwoody und Peters 1992; Schanne 1998; Bader 1998).

Risiken in den Medien und ihre Effekte auf Wissenserwerb und Risikobewertungen

Allerdings rücken sie eine bestimmte Gefährdungslage in den Blickpunkt, und allein dieser Umstand sorgt dafür, dass sich Verunsicherung in der Bevölkerung breitmacht. Dies wird etwa bei Analysen deutlich, die einen Zusammenhang zwischen dem bloßen Ausmaß der Berichterstattung (ganz unabhängig von einer Tendenz) und dem Ausmaß der Beunruhigung oder Furcht herstellen, die in der Bevölkerung anzutreffen ist (Wiegmann et al. 1990; Altheide 2002).

Ein Effekt der Risikoberichterstattung besteht also ganz allgemein in der Verunsicherung der Rezipientenschaft: Die Bevölkerung wird durch Publikumsmedien alarmiert. Massenmedien transformieren Risiken periodisch in gesellschaftliche Probleme und machen sie so zu einem Bezugspunkt für individuelle Risikobewertungen (Lehmkuhl 2006b).

Damit ist nichts über den Medieneinfluss auf konkrete Risikobewertungen gesagt. Besonders prominent ist die Einschätzung, Medien beeinflussten über die Information der Rezipienten direkt deren Risikobewertungen. Im Zusammenhang mit der Bewertung von Technologien und deren Akzeptanz ist zuweilen immer noch die Ansicht zu hören, der Grad der Informiertheit beeinflusse die Akzeptanz von Technologien wie etwa der Gentechnologie. Technologiekritik wurde verstanden als Ergebnis eines Informationsdefizits, mit dem die Forderung an die Adresse der Publikumsmedien verknüpft wurde, mehr über neue Technologien zu informieren.

Bei der Wahrnehmung und Einschätzung von Technologien und deren Risiken gibt es im Allgemeinen sicher keinen linearen Zusammenhang zwischen Wissen und Bewertung. Es ist wiederholt gezeigt worden, dass der Grad der Informiertheit nicht linear mit der positiven Bewertung von Technologien korreliert (Bonfadelli 2000: 276). Der Zusammenhang ist in der Regel weitaus komplexer.

Einzelne Untersuchungen haben herausgestellt, dass es einen Zusammenhang zwischen der Informiertheit von Rezipienten und der Festigkeit von Bewertungen zu geben scheint. Gut informierte Rezipienten finden sich gehäuft bei den vehementen Befürwortern und den vehementen Gegnern neuer Technologien. Schlecht Informierte neigen hingegen eher dazu, keine gefestigte Meinung zu entwickeln (Durant et al. 1998: 217 ff.). Dies ist an die Bedingung gekoppelt, dass es sich um kontrovers diskutierte Themen handelt.

In dem untersuchten Dorf findet sich genau so ein Muster: Ein linearer Zusammenhang zwischen dem Informationserwerb und den konkreten Risikobewertungen findet sich nicht. Informationserwerb und Risikobewertung sind lediglich gekoppelt, bezogen auf die Wahrscheinlichkeit, dass überhaupt feste Meinungen unabhängig von ihrer Tendenz entwickelt werden. So gaben vergleichsweise schlecht Informierte überdurchschnittlich häufig an, sich keine feste Meinung über BSE gebildet zu haben (Lehmkuhl 2006a: 151).

Die Risikoforschung unterscheidet mehrere Dimensionen der Risikobewertung, auf die Medien mutmaßlich unterschiedlich starke Effekte ausüben. Unterschieden wird zwischen der kognitiven und der emotionalen Dimension von Risikobewertungen. Eine kognitive Risikoabschätzung ist zum Beispiel die Einschätzung der Wahrscheinlichkeit, sich mit HIV oder mit dem Erreger der neuen Variante der Creutzfeldt-Jakob-Krankheit zu infizieren. Eine emotionale Risikoabschätzung ist das Ausmaß der Beunruhigung, das die Bekanntwerdung eines Risikos auslöst.

Diese beiden Dimensionen der Risikobewertung sind unabhängig voneinander. Das heißt, das Ausmaß der Angst lässt sich in repräsentativen Bevölkerungsumfragen in der Regel nicht in Beziehung zu Wahrscheinlichkeitseinschätzungen eines Befragten setzen. Jemand, der sich fürchtet, kann die Wahrscheinlichkeit, betroffen zu werden, durchaus als sehr gering einschätzen und umgekehrt.

Innerhalb der kognitiven Dimension lässt sich zusätzlich zwischen der gesellschaftlichen und der persönlichen Risikoabschätzung differenzieren. Wie jemand die gesellschaftliche Bedrohungslage einer Risikoquelle einschätzt, ist nämlich unabhängig von seiner Einschätzung, persönlich von einem befürchteten Nachteil betroffen zu werden.

Diese Unterschiede sind besonders gut am Beispiel von Kriminalitätsrisiken untersucht worden, aber auch beim Thema BSE zeigte sich ein deutlicher Unterschied zwischen gesellschaftlicher und persönlicher Risikobewertung. Eine große Mehrheit der Deutschen hielt BSE für eine gesellschaftlich starke Bedrohung. Eine ebenfalls deutliche Mehrheit glaubte hingegen, persönlich nicht betroffen zu sein (Zwick und Renn 2002).

Diese Multidimensionalität von Risikowahrnehmungen hat die Forschung angeregt, Medieneffekte gesondert nach der jeweiligen Dimension der Risikobewertung zu untersuchen. Geleitet wurde sie dabei von der Hypothese, dass die gesellschaftlichen Risikoabschätzungen in stärkerem Maße von den Medien beeinflusst werden als die persönlichen und die kognitiven insgesamt stärker als die emotionalen. Bei persönlichen Risikoabschätzungen spiele das soziale Umfeld und der eigene Erfahrungshintergrund die entscheidende Rolle. Gleiches gelte für die emotionale Dimension von Risikobewertungen. Diese Hypothese der differenziellen Medieneffekte hat, wie eigentlich prinzipiell immer bei Studien über Medieneffekte, sowohl Stützung als auch Schwächung erfahren.

Unabhängig von der Unsicherheit der Befunde drängt sich allerdings bei solchen Forschungsansätzen die Frage auf, ob es überhaupt möglich ist, zwischen Medieneffekten und Gesprächseffekten zu unterscheiden, wenn doch der Gebrauch von Massenmedien und das Gespräch wechselseitig miteinander verknüpft sind. Diese Verknüpfung mag nicht bei jedem Risikothema in gleichem Maße relevant sein, auf jeden Fall ist sie bei solchen Risikothemen relevant, die auf ein massives Medieninteresse stoßen. Es ist bei solchen Konstellationen nicht mehr möglich, Mediengebrauch und Gespräch hinsichtlich ihres Einflusses zu differenzieren. Es kommt dem Versuch gleich zu entscheiden, was zuerst da war, das Huhn oder das Ei.

Die Suche nach den differenziellen Medieneffekten ist von dem sogenannten psychometrischen Paradigma beeinflusst, das Merkmale von Risiken dimensioniert hat, die Einfluss auf die Risikobewertungen von Rezipienten ausüben. Im Falle von BSE ist relativ gut untersucht worden, welche Merkmale des Risikos die massive Reaktion der deutschen Bevölkerung beeinflusst haben (Zwick und Renn 2002).

Es handelte sich um ein in Deutschland bislang nicht vorhandenes und insofern neues Risiko, das die Menschen als aufgezwungen wahrgenommen haben. Zudem stellte sich das Risiko als nicht beeinflussbares dar; im Unterschied etwa zum Autofahren, bei dem man das eigene Risiko durch die Art der Fahrweise beeinflussen kann. Außerdem handelte es sich in der Wahrnehmung der Deutschen um ein Risiko, dessen Eintreten – wie unwahrscheinlich auch immer ein solcher Fall tatsächlich sein mag – mit dem totalen Kontrollverlust einherginge und mit dem anschließenden sicheren Tod endete. Kurz: Die Folgen einer Infektion sind schrecklich. Darüber hinaus sahen die Deutschen ein deutliches Missverhältnis zwischen dem Risiko und dem Nutzen: Dem Risiko BSE stand in der Wahrnehmung der Deutschen kein konkreter Nutzen gegenüber; deshalb waren sie nicht bereit, dieses Risiko zu akzeptieren.

Nimmt man diese Erklärung als Grundlage, dann wird klar, dass vor allem die durch die Medienberichterstattung erst offenbar werdenden Merkmale eines Risikos die Risikobewertungen maßgeblich steuern. Davon zu unterscheiden sind Ansätze, die diese Merkmale nicht als Erklärung der Risikobewertung gelten lassen, sie betrachten die Merkmale lediglich als Beschreibungen solcher Bewertungen. Die Kritik lautet: Wer versucht, die Risikobewertungen mit den aufgelisteten Merkmalen zu erklären, der fächert lediglich das detailliert auf, was eigentlich erklärt werden soll (Wildavsky 1993).

Deshalb gibt es einen alternativen Erklärungsansatz, der Risikobewertungen mit den Werten der Lebenskultur in Zusammenhang bringt, der sich Menschen verhaftet fühlen. Diese Lebenskultur kann geprägt sein von Innovationsfreude, von konservativen Werten oder anderem. Wovor sich Menschen fürchten, hängt diesem Ansatz zufolge mehr damit zusammen, ob die Problematisierung etwa einer Technologie als Risikoquelle bestimmten Werten der Lebenskultur widerspricht oder diese bestätigt.

In einer Kultur, in der möglichst umfassende Mobilität werthaltig besetzt ist, wird man die Risiken des Autofahrens anders bewerten als in einer Kultur, in der Mobilität keine Rolle spielt. Man wird die Risiken mehr fürchten, weniger leicht akzeptieren und bemüht sein, ihnen auszuweichen. Dieser Erklärungsansatz soll wieder am Beispiel des niedersächsischen Dorfes detaillierter verfolgt werden.

In dem untersuchten Dorf entschieden sich nach dem Start der Berichterstattung etwas weniger als die Hälfte der Einwohner dafür, Rindfleisch wenigstens vorübergehend nicht mehr zu essen. Die andere Hälfte entschied sich dafür, nichts zu ändern. Um einen detaillierten Einblick in die Verhaltensentscheidungen zu bekommen, wurde ein Index erstellt, der das Risikoverhalten Einzelner abstufen sollte. Kategorien für die Unterscheidung, die in diesen Index einfließen, sind die ›Zeit‹ (»Dauern die im Gefolge des BSE-Falles gefällten Verhaltensentscheidungen zum Zeitpunkt der Befragung noch an?«) und die vermutete ›Tragweite der Entscheidung‹, verstanden als Maß dafür, wie stark sich alltägliche Gewohnheiten durch die getroffene Entscheidung verändert haben. Es macht einen Unterschied, ob sich jemand wegen BSE dazu entschließt, Vegetarier zu werden, oder ob jemand Rindfleisch durch andere Fleischsorten ersetzt. Wenn man diesen Index zugrunde legt, ergibt sich folgende Verteilung (siehe Tabelle 1).

Wie bei vielen anderen Untersuchungen auch, die entweder keinen oder nur einen geringen direkten Medieneffekt feststellen konnten, verhält es sich auch hier: Die abgeschätzte Menge der empfangenen Risikobotschaften über BSE aus den Medien liefert keine Erklärung für die gefällte Risikoentscheidung.

Die Risikobewertungen im Dorf hängen stattdessen stark ab von der Identifikation des Einzelnen mit dem Kulturraum Dorf. Je enger die Bezogenheit auf das Dorf ist, messbar durch die Zahl der örtlichen Vereine, in denen jemand Mitglied ist, und je ausgeprägter der Anteil der Dorfbewohner an persönlichen Netzwerken ist, desto unwahrscheinlicher wird es, dass jemand wegen BSE seine Konsumgewohnheiten umstellt.

Es mag für Städter schwer nachzuvollziehen sein, aber in ländlich geprägten Räumen ist die konventionelle Landwirtschaft werthaltiger Teil einer dörflich geprägten Lebenskultur. In

Tabelle 1: Konsumverhalten nach dem ersten BSE-Fall

Konsumverhalten	absolut	Prozent
totale Veränderung	5	1,3
starke Veränderung	43	10,8
mittlere Veränderung	81	20,3
geringe Veränderung	53	13,3
keine Veränderung	217	54,4
gesamt	399	100,0

Quelle: Eigene Darstellung

der Wahrnehmung eines Teils der Bevölkerung kam die mediale Transformation der konventionellen Landwirtschaft in eine problematische Risikoquelle einer Entwertung eines Teils von dem gleich, das die soziale Identität eines Dorfbewohners konstituiert. Das Ergebnis war die Aktivierung von kollektivem Widerstand in den sozialen Netzwerken.

Jene, die die Gefährdung durch BSE relativierten, bewegten sich hinsichtlich der Risikobewertung in einem deutlich homogeneren sozialen Milieu, als das zufällig zu erwarten gewesen wäre. Dies lässt sich auf den gegenseitigen Einfluss der Mitglieder dieser Netzwerke zurückführen.

Jene, die die Gefährdung nicht relativierten, bewegten sich demgegenüber nicht in einem bezüglich der Risikobewertung homogenen Milieu, d.h. für deren Risikobewertung ergeben sich keine Hinweise auf die Wirksamkeit von sozialem Einfluss. Die vor dem Hintergrund der medialen Berichterstattung risikoreichere Entscheidung, weiterhin Rindfleisch zu essen, bedurfte der interpersonalen Unterstützung mehr als die sichere Entscheidung, das Risiko einfach zu umgehen (Lehmkuhl 2008).

Wir stehen vor einem Medieneffekt. Der besteht darin, dass durch die massive Medienberichterstattung ein gesellschaftliches Klima der Unsicherheit entstand, das die Aktivierung von sozialer Unterstützung im persönlichen Umfeld überhaupt erst notwendig machte, um eine relativierende Risikobewertung fällen zu können. Weil die massive Berichterstattung ein solches Klima erzeugte, bedurfte die individuelle Relativierung der Bedrohung, anders als die Nicht-Relativierung der Unterstützung durch Familie, Freunde, Nachbarn und/oder Kollegen.

Diese Relativierung drückt sich nicht allein in der Entscheidung aus, weiterhin Rindfleisch zu essen. Sie drückt sich auch aus in der stark verminderten Einschätzung, wie wichtig das Thema eigentlich ist. Sie drückt sich aber auch aus – und das unterstreicht nochmals die Rolle, die den Medien bei dieser Risikobewertung zugemessen wird – im kritischen Blick auf die Überbringer der Risikobotschaften, die Massenmedien selbst. Die wurden, wiederum kollektiv, als Übertreiber und Sensationalisierer wahrgenommen, nicht als unabhängige Berichterstatter.

Es ist noch zu wenig bekannt über solche dynamischen Prozesse der Risikobewertung, die durch Medien angestoßen und beeinflusst werden, um generalisierende Aussagen zu machen. Um solche Effekte zu untersuchen, bedarf es sehr aufwendiger Forschungsanlagen. Bei der Einordnung der zuletzt genannten Dynamik muss man darauf hinweisen, dass es sich um

Risiken in den Medien und ihre Effekte auf Wissenserwerb und Risikobewertungen

Prozesse in sehr ländlich geprägten Milieus handelt, die deshalb nicht verallgemeinerbar sind. Einige Hypothesen können allerdings auf der Basis dieser Befunde formuliert werden, die weiterer Forschung würdig erscheinen.

Medien verunsichern Rezipienten, wenn sie über Risiken berichten, und zwar auch dann, wenn sie das – wie es die Regel zu sein scheint – in durchaus ausgewogener Weise tun. Sie verunsichern, weil sie ein Risiko durch die Berichterstattung in eine gesellschaftliche Gefährdungslage transformieren. Dadurch induzieren sie einerseits Vermeidungsverhalten, andererseits aktivieren sie sozialen Widerstand, und zwar in solchen Fällen, in denen die Risikoquelle wertgeladen ist. Sie sorgen durch ihre Berichterstattung dafür, dass von Gruppenmitgliedern geteilte Werthaltungen aktiviert werden, bezogen auf einen durch die Medien gerahmten Ereigniszusammenhang.

Zusammenfassung

Es wurden einige Effekte des Wissenschaftsjournalismus aufgegriffen und anhand einer einzelnen Studie eingehend diskutiert. Hierbei standen Informationseffekte und solche Effekte im Vordergrund, die Einfluss auf die Bewertung von Risiken haben.

Der tatsächliche ›Informationseffekt‹ dezidiert wissenschaftsjournalistischer Inhalte ist demnach eher pessimistisch zu bewerten; ein Befund, der angesichts normativer Konzepte wie einer ›scientific citizenship‹, das im Umkreis von Initiativen wie ›Public Understanding of Science‹ seit den 90er Jahren nicht ohne Emphase diskutiert wurde und wird, mithin nachdenklich bis skeptisch stimmen sollte (siehe Felt 2003 zum Begriff ›scientific citizenship‹).

Angesichts der geringen Zahl wissenschaftlicher Themen, die zu echten Topthemen avancieren, und angesichts der relativ geringen Konsonanz (ein und dasselbe Thema wird von vielen Massenmedien gleichzeitig behandelt) der Berichterstattung im Wissenschaftsjournalismus sind breite und nachhaltige gesellschaftliche Informationseffekte eher unwahrscheinlich; sieht man von Informationseffekten auf mehr oder weniger spezielle Gruppen einmal ab (wie z. B. Höhergebildete, der Wissenschaft nahestehende Personen oder speziell Betroffene).

Als ein zentraler Faktor, der Informationseffekte des Wissenschaftsjournalismus mediatisiert, hat neben der formalen Bildung und der Motivation das soziale Umfeld zu gelten. Das soziale Umfeld von Rezipienten trägt nämlich wesentlich dazu bei, dass Medien Informationseffekte erzielen können. Gespräche wirken als Selektionsverstärker, und sie bestimmen mit, welche Inhalte aus der Vielzahl der täglichen Angebote überhaupt signifikante Effekte erzielen. Gespräche wirken gleichsam wie der Lichtkegel einer Taschenlampe, der einen kleinen Ausschnitt der verfügbaren Menge an Informationen beleuchtet. Es ist darüber noch nicht genügend bekannt, um verallgemeinerbare Aussagen zu machen: Die hier zur Veranschaulichung und Präzisierung genutzte Studie legt aber nahe, dass diese Fokussierung bei den wissenschaftsjournalistischen Aspekten von Risikothemen nicht stattfindet.

Die Effekte auf Meinungsinhalte, wie sie sich in Risikobewertungen ausdrücken, sind nicht als eine direkte Übernahme von Meinungen aus den Medien zu verstehen. Stattdessen sorgen Medien durch die Problematisierung von Risikoquellen offenbar dafür, dass sich Gruppen geteilter Werthaltungen überhaupt erst gewahr werden oder versichern bzw. dass sich solche Werthaltungen in der Auseinandersetzung mit medial verbreiteten Themen erst ausbilden. Diese Aktivierung geteilter Wertüberzeugungen bleibt in der präsentierten Einzelstudie auf jene beschränkt, die gegen die mediale Transformation opponieren. Im Einzelfall bleibt sie beschränkt auf die Aktivierung von Widerstand gegen eine dominierende Problematisierung.

Literatur

Altheide, David. *Creating Fear. News and the Construction of Crisis*. New York 2002.

Bader, Renate. »Media Coverage of Risk – Overviews and Appraisals of the Research Literature: The German Perspektive«. *Risikoberichterstattung und Wissenschaftsjournalismus*. Hrsg. Winfried Göpfert und Renate Bader. Stuttgart 1998. 23–42.

Beck, Paul E. »Voter's Intermediation Environments in the 1988 Presidential Contest«. *Public Opinion Quarterly* (55) 1991. 371–394.

Beck, Ulrich. *Risikogesellschaft. Auf dem Weg in eine andere Moderne*. Frankfurt am Main 1986.

Bonfadelli, Heinz. *Die Wissenskluftperspektive. Massenmedien und gesellschaftliche Informationen*. Konstanz 1994.

Bonfadelli, Heinz. *Medienwirkungsforschung I. Grundlagen und theoretische Perspektiven*. Konstanz 1999.

Bonfadelli, Heinz. *Medienwirkungsforschung II. Anwendungen in Politik, Wirtschaft und Kultur*. Konstanz 2000.

Dunwoody, Sharon, und Hans Peter Peters. »Mass media coverage of technological and environmental risks: a survey of research in the United States and Germany«. *Public Understanding of Science* (1) 2 1992. 199–230.

Durant, John, Martin W. Bauer und George Gaskell. *Biotechnology in the Public Sphere. A European Sourcebook*. London 1998.

Ettema, James, und Gerald Kline. »Deficits, differences and ceilings: Contingent conditions for understanding the konwledge gap«. *Communication Research* (4) 1977. 179–202.

Felt, Ulrike. »Scientific Citizenship. Schlaglichter einer Diskussion«. *Gegenworte* 11 2003. (Auch online unter www.gegenworte.org/heft-11/felt-probe.html, Download 13.8.2007.)

Früh, Werner, und Klaus Schönbach. »Der dynamisch-transaktionale Ansatz. Ein neues Paradigma der Medienwirkungen«. *Medienwirkungen: Das Dynamisch-Transaktionale Modell. Theorie und empirische Forschung*. Hrsg. Werner Früh. Opladen 1991. 23–39.

Görke, Alexander. *Risikojournalismus und Risikogesellschaft. Sondierung und Theorieentwurf*. Opladen und Wiesbaden 1999.

Horstmann, Reinhold. *Medieneinflüsse auf politisches Wissen. Zur Tragfähigkeit der Wissenskluft-hypothese*. München 1991.

Kepplinger, Hans Mathias, und Verena Martin. »Die Funktionen der Massenmedien in der Alltagskommunikation«. *Publizistik* (31) 1–2 1986. 118–128.

Kitzinger, Jenny, und Jacquie Reilly. »The Rise and Fall of Risk Reporting. Media Coverage of Human Genetics Research, False Memory Syndrome and Mad Cow Disease«. *European Journal of Communication* (12) 3 1997. 319–350.

Lehmkuhl, Markus. »Congruency within rural social networks as an indicator of interpersonal influence of risk judgements: the great stir caused by BSE«. *Public Understanding of Science* (17) 1 2008 (im Druck).

Lehmkuhl, Markus. *Massenmedien und interpersonale Kommunikation. Eine explorative Studie am Beispiel BSE*. Konstanz 2006a.

Lehmkuhl, Markus. »Merkmale der Berichterstattung über Risiken«. *Wissenschaft & Umwelt INTERDISZIPLINÄR* 10 2006b. 115–126.

Leonarz, Martina. *Gentechnik im Fernsehen. Eine Framinganalyse*. Konstanz 2007.

McDevitt, Michael, und Steven Chaffee. »Closing Gaps in Political Communication and Knowledge. Effects of a School Intervention«. *Communication Research* (27) 3 2000. 259–292.

Miller, David. »Risk, science and policy: definitional struggles, information management, the media and BSE«. *Social Science & Medicine* (49) 9 1999. 1239–1255.

Miller, Steve, und Jane Gregory. *Science in Public*. London 2000.

Petermann, Sören. *Persönliche Netzwerke in Stadt und Land. Siedlungsstruktur und soziale Unterstützungsnetzwerke im Raum Halle/Saale*. Wiesbaden 2002.

Ruhrmann, Georg. *Öffentlichkeit, Medien und Wissenschaft. Was leistet Risikokommunikation?* Bonn 1996.

Schanne, Michael. »Media Coverage of Risk: A Meta Analysis of 52 Content Analyses«. *Risikoberichterstattung und Wissenschaftsjournalismus*. Hrsg. Winfried Göpfert und Renate Bader. Stuttgart 1998. 53–69.

Schenk, Michael. *Soziale Netzwerke und Massenmedien. Untersuchungen zum Einfluß der persönlichen Kommunikation*. Tübingen 1995.

Schenk, Michael. *Medienwirkungsforschung*. 2. Aufl. Tübingen 2002.

Schmitt-Beck, Rüdiger. »Intermediation Environments of West German and East-German Voters: Interpersonal Communication and Mass Communication during the First All-German Election Campaign«. *European Journal of Communication* (9) 4 1994. 381–419.

Schmitt-Beck, Rüdiger. *Politische Kommunikation und Wählerverhalten. Ein internationaler Vergleich*. Wiesbaden 2000.

Tichenor, Phillip J., George A. Donohue und Clarice N. Olien. »Mass Media Flow and Differential Growth in Knowledge«. *Public Opinion Quarterly* (34) 2 1970. 159–170.

Voltmer, Katrin, Eva Schabedoth und Peter R. Schrott. *Individuelle Teilnahme an politischer Kommunikation im Prozeß der deutschen Vereinigung. Zur Struktur von interpersonaler und massenmedialer Kommunikation*. Veröffentlichungsreihe der Abteilung Institutionen und sozialer Wandel des Forschungsschwerpunkts Sozialer Wandel, Institutionen und Vermittlungsprozesse des Wissenschaftszentrums Berlin für Sozialforschung. Berlin 1994.

Wells, Gerald A. H., et al. »A novel progressive spongiform encephalopathy in cattle«. *Veterinary Record* (121) 18 1987. 419 f.

Wiegmann, Oene, Jan M. Gutteling, Henk Boer und Reinder J. Houwen. »Newspaper Coverage of Hazards and the Reactions of Readers«. *Journalism Quarterly* (67) 1990. 846–863.

Wildavsky, Aaron. »Vergleichende Untersuchung zur Risikowahrnehmung. Ein Anfang«. *Risiko ist ein Konstrukt. Wahrnehmungen zur Risikowahrnehmung*. Hrsg. Bayerische Rückversicherung Aktiengesellschaft. München 1993. 191–211.

Winterhoff-Spurk, Peter. *Fernsehen. Psychologische Befunde zur Medienwirkung.* Bern, Stuttgart und Toronto 1986.

Wirth, Werner. *Von der Information zum Wissen. Die Rolle der Rezeption für die Entstehung von Wissensunterschieden.* Opladen 1997.

ZMP. *Agrarmärkte in Zahlen.* Brüssel 2006.

Zwick, Michael M., und Ortwin Renn. *Wahrnehmung und Bewertung von Risiken. »Ergebnisse des Risikosurveys Baden-Württemberg 2001«. Gemeinsamer Arbeitsbericht der Akademie für Technikfolgenabschätzung und der Universität Stuttgart, Lehrstuhl Technik- und Umweltsoziologie.* Stuttgart 2002.

Hoffen auf Heilung –
Der Krebsinformationsdienst und die Medien

Birgit Hiller

»Heißt das, meine Chemo war umsonst?« Die Anruferin beim *Krebsinformationsdienst KID des Deutschen Krebsforschungszentrums* ist verzweifelt. Seit einigen Monaten weiß sie, dass ihre Brustkrebserkrankung nur noch aufzuhalten, aber nicht mehr zu heilen ist – eine Nachsorgeuntersuchung hat Metastasen gezeigt. Die Chemotherapie mit Taxol®, einem Zytostatikum aus der Gruppe der Taxane, sollte ihr Linderung verschaffen. Nun aber hat sie im Wirtschaftsteil der *Welt* lesen müssen, der Pharmakonzern *Bayer* stelle die weitere Forschung mit Taxane wegen mangelnder Erfolge ein (»Bayer stoppt Forschung für Krebsmittel Taxane« 7.9.2004).

Die Mitarbeiterin bei *KID* kann die Brustkrebspatientin beruhigen, ihr ist diese Sorge nicht fremd: Die Vermittlung von Hintergrundinformationen an Menschen, die durch Meldungen in den Medien verunsichert sind, gehört zum Alltag beim *Krebsinformationsdienst*. Oft ist es der Wunsch nach Rückversicherung, der Krebspatienten zum Hörer greifen lässt, also die Fragen »Stimmt das wirklich?« und »Betrifft mich das persönlich?« Das Gespräch mit *KID* soll dazu beitragen, die Relevanz einer Nachricht für die individuelle Situation zu erkennen.

So verläuft auch das Informationsgespräch mit der Anruferin, die den *Welt*-Artikel gelesen hat: Hinter dem Markennamen ihres Medikaments Taxol® steht die Substanz Docetaxel; der Stellenwert dieses Taxans in der Brustkrebstherapie ist seit Längerem gut belegt. Bei Taxane handelt es sich dagegen um eine Prüfsubstanz, eine noch nicht zugelassene Neuentwicklung, chemisch ähnlich, aber mit anderem Wirkungsspektrum. *Bayer* hatte sich – vergeblich – erhofft, daraus ein Zytostatikum entwickeln zu können, das nicht per Infusion gegeben werden musste, sondern seine Wirkung auch als Tablette entfaltete.

1. »Das Thema Krebs geht immer«

Über 420.000 Menschen erkranken jährlich an Krebs, so die *Gesellschaft der Epidemiologischen Krebsregister in Deutschland* (GEKID 2006). Nach wie vor gibt es Tumorarten, bei denen sich die deutlichen Fortschritte in der molekularbiologischen Krebsforschung kaum niederschlagen; dazu gehören etwa der Krebs der Bauchspeicheldrüse, Speiseröhrenkrebs und Lungenkrebs mit einer vergleichsweise schlechten Prognose. Insgesamt haben sich seit den 70er Jahren die Heilungschancen Krebskranker jedoch deutlich verbessert: Knapp 60 Prozent aller von Krebs betroffenen Frauen und etwa die Hälfte der männlichen Patienten überleben ihre Erkrankung dauerhaft, so die Auswertungen der Krebsregister.

Trotzdem ist das Thema Krebs auch heute noch extrem mit Angst besetzt, ganz anders als dies etwa bei Herz-Kreislauf-Erkrankungen der Fall ist. Noch in den 60er Jahren bezeichnete der Heidelberger Krebsforscher Karl-Heinrich Bauer Krebs als die einzige Krankheit, bei der es keine natürliche Heilung gibt (Bauer 1963: 835).

So ist es nicht verwunderlich, dass das Thema Krebs im Vergleich zu anderen Inhalten des Wissenschaftsjournalismus eine Sonderrolle einnimmt. *Die Krankheit des Jahrhunderts* – so betitelte Joachim Pietzsch vor rund 17 Jahren seine Analyse der Berichterstattung über onkologische Themen in Printmedien (Pietzsch 1991).

2. Krebsaufklärung – eine Aufgabe der Medien?

Mehrere Untersuchungen belegen, dass noch bis Ende der 90er Jahre der überwiegende Teil der für jedermann verfügbaren Informationen über Gesundheitsthemen allgemein wie auch über Krebs aus den Medien stammte. Diese Tatsache wurde schon früh in Deutschland wie in anderen Ländern zu gezielten Kampagnen genutzt: in den 80er Jahren beispielsweise mit der Kampagne ›Bleib gesund‹, die die *Hessische Arbeitsgemeinschaft für Gesundheitserziehung* im Hessischen Fernsehen anbot (Waller 1995).

Der Psychologe Rainer Hornung konnte in den 80er Jahren zeigen, dass zwei Drittel der von ihm befragten Schweizer den umfangreichsten Teil ihres Wissens über Krebs aus Fernsehen, Radio und Printmedien bezogen, obwohl die Mehrzahl am liebsten mit einem Arzt über ihre Fragen gesprochen hätte (Hornung 1986). Diese Feststellung bestätigte sich in vielen weiteren Untersuchungen, die sich mit der Informationssuche von Verbrauchern und Patienten befassten: Ärzte wären die bevorzugte Informationsquelle, wenn es um die Vorbeugung, Früherkennung oder Behandlung von Krebs geht. Das Gespräch mit ihnen tritt in der Realität aber im Vergleich zum Einfluss anderer Informationsquellen, darunter auch der Medien, durchaus in den Hintergrund (als Beispiele: Metsch et al. 1998; Hesse et al. 2005).

Ist Krebsaufklärung aber eigentlich eine Aufgabe der Medien? In den sie betreffenden Gesetzen, etwa den Rundfunkbestimmungen der Länder, gibt es keinerlei Verpflichtung, die über die zur reinen Berichterstattung hinausginge (Stamatiadis 1993). In den Vor-Internet-Zeiten boten die Medien auf jeden Fall eines, was der klassische Arzt-Patienten-Kontakt nicht leisten konnte, nämlich den raschen und jederzeit verfügbaren Zugang zu Information. Diese konnte noch dazu zu Hause, vom Fernsehsessel aus, zu einem frei gewählten Zeitpunkt konsumiert werden.

Die Antwort des Deutschen Krebsforschungszentrums bestand 1986 in der Gründung des telefonischen *Krebsinformationsdienstes (KID)*. Ziel dieser Einrichtung war die Vermittlung eines Zugangs zu aktuellen und wissenschaftlich fundierten Kenntnissen über Krebs für jedermann, unabhängig von Wohnort, Bildungsstand oder sozialem Hintergrund.

Für damalige Verhältnisse neu in Deutschland war das Konzept, Wissen nicht ›top down‹ zu vermitteln, sondern nach Vorbild des *National Cancer Institutes* der USA einen ›bottom up‹-Ansatz zu wählen: Nicht der Experte entscheidet, was der Bürger über Krebs wissen soll, sondern allein die Fragen des Anrufers im Telefondienst des *KID* bestimmen die Gesprächsinhalte.

Dieses Konzept hat sich bis heute bewährt: *KID* vermittelt nicht nur Sachinformation per Broschüre oder im Internet, sondern hilft im Dialog am Telefon oder per E-Mail dabei, diese vor dem Hintergrund der persönlichen Situation individuell zu gewichten und zu bewerten. Damit geht *KID* weit über die reine Berichterstattung zu Krebsthemen hinaus.

2.1 Betroffenheit als Motiv für die Suche nach Informationen

Die Auseinandersetzung mit dem Thema Krebs sowie die Entwicklung persönlicher Vorstellungen vom Wesen dieser Erkrankung und ihrer Ursachen hängen stark vom Grad der persönlichen Betroffenheit ab (Verres 1988). Selbst die Inanspruchnahme von Untersuchungen durch Gesunde kann durch eine Erkrankung im persönlichen Umfeld deutlich gefördert werden. Dies bestätigen Studien, mit denen eigentlich die familiäre Häufung von Krebserkrankungen erforscht werden sollte. Sowohl der scheinbar deutliche Anstieg von Prostatakrebserkrankungen in den letzten 20 Jahren wie auch die Einschätzung möglicher vererbter Risikofaktoren werden durch die Tatsache verzerrt, dass Angehörige Betroffener besonders häufig zur Frühdiagnostik gehen (Hemminki et al. 2005).

Persönliche Betroffenheit ist darüber hinaus Motor der Kommunikation und Informationssuche – dies bestätigt sich auch bei den Menschen, die sich an den *Krebsinformationsdienst* wenden. Der Anteil der Anrufer, die sich aufgrund einer eigenen Krebserkrankung oder der eines Angehörigen oder Freundes an den *Krebsinformationsdienst* wenden, liegt seit Jahren konstant bei etwas über 80 Prozent. Anfragen von Gesunden zu Risikofaktoren, Krebsprävention oder Früherkennung spielen eine deutlich geringere Rolle. Diese Gruppe ist allerdings unter den Internetnutzern und den E-Mail-Schreibern in wachsendem Umfang vertreten.

Obwohl sich hier – durch die Ausweitung der Zielgruppen, die der *Krebsinformationsdienst* erreicht – seit einigen Jahren eine Verschiebung abzeichnet, führen Fragen zur Krebsbehandlung im engeren Sinn die Statistik der Gesprächsinhalte an: Sie machten noch bis 2003 mehr als die Hälfte der Einzelfragen aus (Gaisser und Stamatiadis-Smidt 2004). Der Wunsch nach Bewertung einer Information, nach der Rückversicherung, dass sie zutreffend und aktuell war, wurde 2005 als Hauptmotiv für die Anfrage an den *KID* erfasst.

Die Anfragen an den *Krebsinformationsdienst* lassen so auch erkennen, dass Patienten, ihre Angehörigen und Freunde eine aufmerksame Zielgruppe für Medienberichte über Krebs und besonders seine Behandlung sind.

2.2 »Wir können Ihnen helfen – wenn Sie eine Maus sind«

Ein einziger Artikel in einer Boulevardzeitung oder eine Sendung über Krebs im Fernsehen können über Wochen die Anfragen an den *Krebsinformationsdienst* bestimmen. Die größte Resonanz erzielen Berichte über neu entwickelte Therapieverfahren. Wie viele Anrufer sich beim *KID* melden, hängt natürlich von der Reichweite des jeweiligen Mediums ab. Doch auch die journalistische Qualität eines Beitrags spielt eine große Rolle.

Ende der 90er Jahre weckte beispielsweise die sogenannte Antiangiogenese in der Krebsforschung große Hoffnungen. Mit körpereigenen oder auch synthetisch hergestellten Substanzen sollte, so das theoretische Konzept, die Entwicklung von Blutgefäßen in Tumoren gestoppt und so ihr weiteres Wachstum unterbunden werden. Artikel mit Titeln wie ›Dem Tumor den Saft abdrehen‹ oder ›Krebs aushungern‹ hatten seit etwa 1996 immer wieder einzelne Anrufer beschäftigt. Doch noch war das Verfahren über das tierexperimentelle Stadium nicht hinausgekommen und für Patienten nicht verfügbar.

Zu Beginn des Jahres 1998 griff auch die *ARD* in den *Tagesthemen* das Prinzip auf und sendete ein Interview mit dem Leiter der US-Firma *EntreMed*, in dem dieser die Ergebnisse der bis zu diesem Zeitpunkt vorliegenden Forschung vorstellte. Obwohl er vom baldigen Beginn erster Studien mit Patienten in den USA ausging, warnte der Experte auf Nachfrage des Moderators Ulrich Wickert ausdrücklich vor verfrühten Hoffnungen: »We can cure you, if you are a mouse«, so lautete seine Bewertung, »wir können Ihnen helfen, wenn Sie eine Maus sind.«

Am folgenden Tag gab es zwar Erkundigungen beim *Krebsinformationsdienst* nach der Möglichkeit, Patienten mit Antiangiogenese zu helfen. Den wenigen Anrufern war jedoch deutlich bewusst, dass das Verfahren damals noch nicht ausgereift war, und so drehten sich die Gespräche eher darum, wie lange es wohl noch bis zur Praxistauglichkeit dauern würde.

Als dagegen im August 1998 der Leiter einer Freiburger Krebsklinik in der *Heute*-Sendung des *ZDF* ankündigte, man werde in den folgenden Tagen mit der Antiangiogenese-Behandlung von Patienten beginnen, meldeten sich die ersten Anrufer bereits beim *KID*, noch bevor die Nachrichten mit dem Wetterbericht geendet hatten. Am nächsten Tag war diese Studie in 68 von 96 geführten Telefonaten das Thema, auch in den folgenden beiden Wochen bestimmte sie knapp ein Drittel der Anfragen.

Die Gespräche zeugten von der enormen Hoffnung vieler Betroffener. Die Mitarbeiterinnen im Telefondienst des *KID* hatten mit ausgesprochen verzweifelten und nicht selten sogar aggressiven Anrufern zu tun, die bereits stundenlang vergeblich versucht hatten, die längst zusammengebrochene Hotline der Klinik zu erreichen.

Diese Zuschauer der *Heute*-Sendung mussten dann vom *KID* eine weitere Enttäuschung erfahren: Nach den aus Freiburg vorliegenden Informationen handelte es sich um eine sogenannte Phase-I-Studie, die früheste aller Stufen der klinischen Prüfung. Nicht einmal drei Dutzend Behandlungsplätze standen zur Verfügung. Eine Vielzahl weiterer Bedingungen schränkte die Aufnahmemöglichkeiten für die Studie in Freiburg zusätzlich ein, und die meisten Kandidaten hatten sowieso zum Zeitpunkt der Sendung bereits festgestanden.

Erst als in den folgenden Wochen weitere Medien über das angekündigte Projekt berichteten und nun mehrheitlich deutlich auf seinen hoch experimentellen Charakter hinwiesen, ließ das Interesse allmählich nach.

Die Auswirkungen solcher ›Renner‹ wie die Antiangiogenese sind angesichts der Diversifikation der Medienlandschaft durch private Sender und der wachsenden Rolle des Internet seltener geworden. Doch es gibt sie noch: Im Jahr 2005 nannten Anruferinnen beim *Krebsinformationsdienst* beispielsweise die Brustkrebserkrankung der australischen Sängerin Kylie Minogue als Anlass für ihre Fragen an den *KID*, auch wenn der ›Kylie-Effekt‹ in Deutschland bei Weitem nicht so ausgeprägt war wie in Australien oder Großbritannien.

Dort stürmten Frauen jeden Alters aufgrund der intensivierten Berichte über Brustkrebs die Praxen und Kliniken; zeitweilig verdoppelten sich die Anfragen nach Terminen zur Früherkennung – ein in beiden Ländern durchaus willkommener Effekt, da ein nicht geringer Teil dieser Frauen zuvor noch nie an entsprechenden Programmen teilgenommen hatte (Chapman et al. 2005; Twine, Barthelmes und Gateley 2006).

3. Themen, Sparten, Qualität – was bestimmt die Reaktion?

Die bereits aufgeführten Beispiele zeigen, dass keineswegs die regelmäßigen Wissenschaftsseiten überregionaler Tageszeitungen, produziert vom Team einer gut ausgebildeten Wissenschaftsredaktion, die Liste der Medienberichte anführen, die zu Anfragen an den *Krebsinformationsdienst* führen. Auch die echten Wissenschaftsmagazine der Printmedien, des Hörfunks oder des Fernsehens gehören nicht unbedingt dazu.

Man könnte dies als durchaus positives Signal sehen, auch wenn es kaum gelingen wird, hier tatsächlich eine Ursache-Wirkungs-Beziehung zu knüpfen. Sauber recherchierte Beiträge, versehen mit Angaben zu Originalquellen und ergänzt durch sorgfältig ausbalancierte Kommentare von Wissenschaftlern oder Ärzten dazu, was sich Patienten aktuell tatsächlich erhoffen dürfen und was nicht, bedürfen selten einer weiteren Erläuterung durch den *Krebsinformationsdienst*.

Auch die Frage nach der Zielgruppe ließe sich hier diskutieren: Zwar erreicht der *Krebsinformationsdienst*, wie Umfragen im Rahmen der Qualitätssicherung zeigten, sogar überdurchschnittlich häufig Menschen mit höherem Bildungsniveau. In welchem Umfang aber darunter auch die Leser und Zuschauer von Wissenschaftsmagazinen oder die der großen überregionalen Tageszeitungen mit eigener Wissenschaftsredaktion sind, entzieht sich den Möglichkeiten der Analyse.

Berichte in Boulevardzeitungen, mit plakativer Schlagzeile, aber einem meist knapp gehaltenen Anteil an Sachinformation im engeren Sinn, führen häufiger zu Nachfragen beim *KID*, wenn auch die Resonanz auf solche Artikel meist kurzlebig bleibt. Wirklich ›sichere‹ Auslöser für die Nachfrage beim *Krebsinformationsdienst* sind lediglich die Nachrichtensendungen von *ARD* und *ZDF*, vor allem dann, wenn sie zur Primetime ausgestrahlt werden, oder die Titelgeschichten von Printmagazinen mit hoher Auflage.

Falls sich diese Zuspitzung auf wenige Medien mit großer Reichweite für manchen Wissenschaftsjournalisten eher enttäuschend anhört: Alles in allem dürfte es keine journalistische Form und keine Mediensparte geben, die nicht schon Anlass für Leser, Hörer oder Zuschauer war, sich mit Nachfragen an den *Krebsinformationsdienst* zu wenden. Die Zahl von Nachfragen orientiert sich nach den Erfahrungen des Dienstes eher an Auflage und Reichweite des Mediums als an der Gestaltung des Inhalts oder der Intention der jeweiligen Autoren, tatsächlich Krebsinformation für die Zielgruppe ›Patienten und Angehörige‹ zu vermitteln.

Selbst Spielfilme, in denen das Thema Krebs vorkommt – oder Medienberichte über deren Produktion –, führen zu Anfragen an den *KID*: Auch die hundertste Fernsehwiederholung des Spielfilms *Die letzten Tage von Eden*, in dem Sean Connery als verschrobener Wissenschaftler ein Krebsheilmittel aus Urwaldpflanzen entwickelt, wird nach Erfahrung der *KID*-Mitarbeiter wohl noch am nächsten Tag in einem Anruf oder einer Mail thematisiert werden (*Medicine Man – die letzten Tage von Eden*, USA 1991).

3.1 Alternativ – attraktiv?

Besonders deutlich wird die Rolle der Medien als ›trigger‹ für Anfragen am Beispiel der alternativen Verfahren. In Umfragen geben Ärzte ebenso wie ihre Patienten an, von unkonventionellen Methoden zuerst aus den Medien erfahren zu haben (als Beispiel: Bourgeault 1996). Auch beim *Krebsinformationsdienst* lässt sich meist eine einzelne Sendung oder ein Artikel in einer auflagenstarken Zeitung oder Zeitschrift als Auslöser für Anfragen nach vermeintlich ›sanften‹ Methoden oder dem charismatischen Heiler feststellen, der ›endlich‹ den ›Durchbruch‹ in der Krebsbehandlung geschafft haben soll.

Keineswegs handelt es sich dabei um Wissenschaftsnachrichten: Eine gängige Quelle sind beispielsweise Talkshows, in denen angeblich geheilte Patienten vorgestellt werden, oder Zeitschriftenartikel, in denen eine Methode durch Prominente propagiert wird.

Die Rolle, welche die Medien wissentlich oder unwissentlich bei der Bekanntmachung selbst äußerst umstrittener oder sogar eindeutig krimineller Anbieter unkonventioneller Krebstherapien gelegentlich spielen, wurde ihnen schon vielfach vorgehalten. Von den Kritikern gern vergessen bleiben dabei die positiven Beispiele, in denen gerade die Medien als Erste Scharlatane anprangerten und mit sorgfältigen Recherchen sogar die Behörden zu juristischen Schritten motivieren konnten.

Eins der Beispiele aus jüngerer Zeit ist die Dokumentation *Der Fall Dominik* (2005). Die für ihren Beitrag mit dem Europäischen Journalistenpreis des *Verbands Deutscher Medizinjournalisten* (www.journalistenvereinigung.de) ausgezeichnete *SWR*-Autorin Beate Klein hatte fast ein Jahr die Leidensgeschichte eines krebskranken Jungen mit der Kamera begleitet, den der selbst ernannte Vitaminexperte Matthias Rath zum Mittelpunkt seiner höchst fragwürdigen Werbekampagne gemacht hatte.

Ein weiteres Beispiel zeigt die Möglichkeiten der sonst viel gescholtenen Boulevard-Zeitungen auf. Der *Bild-Zeitung* gelang es im Juli 2006, durch ihre kritische Berichterstattung eine von Yvonne Wussow betriebene kostenpflichtige Informations-Hotline zu stoppen. Die inzwischen selbst an Krebs verstorbene Ex-Ehefrau des Schauspielers Klaus-Jürgen Wussow hatte am Telefon eine nicht genauer definierte Krebsberatung zu alternativen Therapieverfahren angeboten.

3.2 Ins Netz statt zum Arzt?

Doch die Verbreitung des Internet hat selbst Tages- bzw. Boulevardzeitungen mit hoher Auflage oder die Nachrichten der öffentlich-rechtlichen Fernsehsender ihren Spitzenplatz als Informationsquelle zum Thema Krebs gekostet. Heute nennen Krebspatienten, die sich an den *KID* wenden, weit häufiger Internetseiten, zu denen sie Hintergrundinformationen und eine Stellungnahme wünschen.

1998 hatten gerade einmal acht Prozent der deutschen Haushalte Zugang zum Internet, 2005 lag der Anteil bei rund 62 Prozent, so das *Statistische Bundesamt* (Statistisches Bundesamt 2006). Statt zum Arzt geht eine wachsende Anzahl von Menschen ins Netz, wenn es um Gesundheitsinformationen geht. In den USA sprechen Experten des *Nationalen Krebsforschungsinstituts* deshalb sogar von ›tektonischen Verschiebungen‹ bei der Informationssuche von Verbrauchern und Patienten, wenn sie das Ausmaß dieses Wandels erläutern wollen (Hesse et al. 2005).

Eine schwere und chronische Erkrankung ist inzwischen vor allem für Menschen fortgeschrittenen Alters sogar der Anlass, sich erstmals mit dem Medium Internet zu befassen, das bestätigen auch die Umfragen des *Krebsinformationsdienstes* zur Nutzung der eigenen Seite sowie bei Patientenveranstaltungen durchgeführte Schulungen zum ›sicheren Surfen‹.

Das Internet hat jedoch noch weitere Veränderungen bewirkt: Zunehmend zeigt sich in den Fragen an den Dienst eine Verwischung der früheren Trennung zwischen Originalquellen, Pressemitteilungen und den Medienberichten, die daraus entstehen. Längst sind nicht mehr nur das *Deutsche Ärzteblatt* oder die *Ärzte Zeitung* frei im Internet zugänglich. Eine wachsende Anzahl von Fachjournalen liefert online zumindest Kurzfassungen von Originalpublikationen aus der Grundlagenforschung. Die steigende Zahl von ›open access‹-Publikationen wird diesen Trend zum Internet noch verstärken.

Die Forschungseinrichtungen selbst haben in Deutschland mit der Veröffentlichung ihrer Pressemitteilungen im Internet und der Weitergabe über den *Informationsdienst Wissenschaft* (idw, www.idw-online.de) dazu beigetragen, dass auch vergleichsweise unspektakuläre Neuigkeiten aus der Wissenschaft direkt bei der interessierten Bevölkerung ankommen anstatt über die Vermittlung der Medien.

Selbst ausdrücklich nicht für Patienten und Angehörige gedachte medizinische Seiten wie etwa www.leitlinien.net wurden bereits Ende der 90er Jahre zum weit überwiegenden Teil von ihnen und nicht von der eigentlichen Zielgruppe der Fachleute genutzt (Gerlach et al. 1998). ›Profipatienten‹ mit viel Erfahrung in der Internetnutzung treten in Krebsselbsthilfegruppen oder virtuellen Netzgemeinschaften Betroffener als Vermittler der genannten Informationsquellen und ihrer Inhalte auf. Beispiele dafür finden sich in der Onkologie unter www.hirntumorhilfe.de, www.frauenselbsthilfe.de und www.krebs-kompass.de, vor allem in den Foren und ›Pinnwänden‹ dieser Seiten, in denen Betroffene durchaus auch den Nutzen der jeweiligen Informationen diskutieren.

3.3 Qualität gesichert, Information gekippt?

Was macht die Qualität gesundheitsbezogener Informationen aus? Merkwürdigerweise wird auch diese Frage derzeit überwiegend anhand des Internet diskutiert. Bereits Ende der 90er Jahre hatten Experten in Europa, den USA und Kanada Kriterien entwickelt. Mehrere Institutionen boten Gütesiegel an, andere später auch Zertifizierungen. In der Europäischen Kommission teilten sich die Generaldirektionen ›Informationsgesellschaft‹ sowie ›Gesundheit und Verbraucherschutz‹ die Verantwortung für das Programm *eEurope/eHealth*. Mit der nationalen Umsetzung der entsprechenden Erkenntnisse wurde vom damaligen *Bundesministerium für Gesundheit und Soziale Sicherung* das *Aktionsforum Gesundheitsinformationssystem (afgis)* betraut (Hiller 2004).

Die Erarbeitung von Vorgaben war dabei von Anfang an auf EU-Ebene wie auch in den USA oder Kanada von der Diskussion um das Fehlen entsprechender Kriterien für die Qualität der Printmedien begleitet, die man hätte heranziehen können (Basch et al. 2004; Europäische Kommission 2001, 2003).

Die besonderen Rahmenbedingungen des Journalismus in der Vermittlung von gesundheitsbezogenen Informationen über das Netz wurden dagegen eher selten thematisiert. Dies ist insofern ungewöhnlich, weil zumindest in Deutschland nicht wenige Wissenschafts- und Medizinjournalisten aktiv an der Kriterienentwicklung für das Internet beteiligt waren. Eine Diskussion um die möglicherweise ungünstige Verquickung der Interessen von Akteuren im Gesundheitswesen und denen von Journalisten hat nicht in nachvollziehbarer Form stattgefunden. Auch über das Gegenteil, nämlich mögliche Interessenkonflikte aufgrund unterschiedlicher Aufgaben in der Informationsvermittlung, gibt es keine dokumentierte Diskussion aus den vergangenen Jahren.

Dies mag zum Teil am Fehlen einer einheitlichen, allgemein akzeptierten und verbindlichen Definition dessen liegen, was genau als Gesundheitsinformation zu verstehen ist: Beschränkt sie sich nur auf die aktiv auf Verbraucher und Patienten zielende Botschaft, also zum Beispiel eine Broschüre über Brustkrebs? Sind ihre Vermittler ausschließlich Mitarbeiter und Einrichtungen des Gesundheitswesens? Oder gehört zur Gesundheitsinformation auch der Beitrag in einer Illustrierten, der über die 100 besten Krebsärzte berichtet?

Projekte wie die *ARD*-Themenwoche ›Krebs‹ vom April 2006 verwischen endgültig die Grenzen zwischen der institutionalisierten Gesundheitsaufklärung und der Information durch die Medien, nicht zuletzt deshalb, weil die gesendeten Beiträge in Radio und Fernsehen durch einen Online-Auftritt begleitet werden, der auch über den Ausstrahlungszeitraum hinaus Informationen vorhält, die überwiegend auf Patienten zielen (www.leben.ard.de).

Zum anderen gab und gibt es in der Entwicklung von Gütekriterien für gesundheitsbezogene Informationen immer wieder Ansätze, die fast der Zensur um der Qualität der Inhalte willen und zum vermeintlichen Schutz vor Patienten gleichkamen – ein Weg, der für den Journalismus – ob im Internet oder in anderen Medien – auf keinen Fall infrage kommen kann (Hiller 2004): Undenkbar, dass im Wirtschaftsteil einer Zeitung nicht über den Aktienkurs eines Start-up-Unternehmens berichtet werden darf, nur weil ein Krebspatient falsche Hoffnungen auf das noch nicht einmal an Mäusen getestete Medikament in der Pipeline setzen könnte. Auch das Hochglanzmagazin wird es sich nicht erlauben können, das Interview mit dem berühmten Hollywood-Star zu kippen, nur weil dieser seine Krebserkrankung angeblich ausschließlich mit Sauerkraut bekämpft hat und ausgiebig darüber reden möchte.

Ob bei diesen beiden von vielen denkbaren Beispielen überhaupt die Möglichkeit bestünde, den einen oder anderen erläuternden oder relativierenden Satz einzufügen, ist in der Praxis kaum eine Frage des Qualitätsbewusstseins, sondern wird durch Kompetenz und Selbstverständnis des Autors, den Zeitdruck der Redaktion, die Vorgaben zu Form und Länge des Beitrags im jeweiligen Medium und die Laune des Chefredakteurs bestimmt. Auch in Zukunft werden Journalisten jedoch keine ›Beipackzettel‹ zu ihren Beiträgen verfassen müssen, in denen jede noch so unwahrscheinlichste Auswirkung des Konsums von Zeitungen, Zeitschriften, von Radio- oder Fernsehsendungen geschildert und vor Missbrauch gewarnt wird.

Sich Gedanken darüber zu machen, dass unter den Lesern, Hörern oder Zuschauern so gut wie immer auch direkt Betroffene sind, muss nicht gleich bedeuten, nur noch über persönliche Schicksale zu berichten und so vielleicht auch den objektiven Blick zu verlieren. Es genügt oft schon, ein bisschen dazu zu recherchieren, was denn nun wirklich hinter der News steht, die man gerade vor sich hat, und wie ihr Stellenwert zum aktuellen Zeitpunkt einzuschätzen ist. Meist reichen wenige Worte, um die kürzeste Nachricht, den trockensten Finanzbericht oder die unterhaltsamste Talkshow weitgehend frei von Risiken und Nebenwirkungen zu machen.

Literatur

Basch, Ethan M., et al. »Use of information resources by patients with cancer and their companions«. *Cancer* (100) 11 2004. 2476–2483.

Bauer, Karl-Heinrich. *Das Krebsproblem*. 2. Auflage. Berlin, Göttingen und Heidelberg 1963.

»Bayer stoppt Forschung für Krebsmittel Taxane«. *Die Welt* 7.9.2004. (Auch online unter www.welt.de/data/2004/09/07/329133.html, Download 7.2.2007.)

Bourgeault, Ivy Linn. »Physicians' attitudes towards patients' use of alternative cancer therapies«. *Canadian Medical Association Journal* (155) 12 1996. 1679–1685.

Chapman, Simon, Kim McLeod, Melanie Wakefield und Simon Holding. »Impact of news of celebrity illness on breast cancer screening: Kylie Minogues breast cancer diagnosis«. *The Medical Journal of Australia* (183) 5 2005. 247–250.

Coulter, Angela, Vikki Entwistle und David Gilbert. »Sharing decisions with patients: Is the information good enough?«. *British Medical Journal* (318) 7179 1999. 318–322.

Europäische Kommission, eEurope und eHealth. »Quality Criteria for Health related Websites«. Protokolle und interne Berichte für die Teilnehmer, Brüssel 2001, 2003. (Frei zugängliche Internetseite mit einer gekürzten Fassung der Berichte unter http://europa.eu.int/information_society/eeurope/ehealth/quality/workshop_report/index_en.htm, Download 18.6.2006.)

Gaisser, Andrea, und Hilke Stamatiadis-Smidt. »Die Bedeutung von Information für Krebspatienten und Erfahrungen aus der Arbeit des Krebsinformationsdienstes in Heidelberg«. *Bundesgesundheitsblatt* 47 (10) 2004. 957–968.

Gerlach, Ferdinand W., Martin Beyer, Joachim Szecsenyi und Gisela C. Fischer. »Leitlinien in Klinik und Praxis«. *Deutsches Ärzteblatt* (95) 17 1998. A-1014–1021.

Gesellschaft Epidemiologischer Krebsregister in Deutschland e.V. (GEKID) in Zusammenarbeit mit dem Robert Koch-Institut (Hrsg.). *Krebs in Deutschland. Häufigkeit und Trends.* 5. Auflage. Saarbrücken 2006. (Online-Datenbanken der Dachdokumentation Krebs zur Krebsinzidenz und zur Krebsmortalität sind abrufbar beim Robert Koch-Institut unter www.rki.de, Stichwort Gesundheitsberichterstattung und Epidemiologie.)

Hemminki, Kari, Rajesh Rawal und Justo Lorenzo Bermejo. »Prostate Cancer Screening, Changing Age-specific Incidence Trends and Implications on Familial Risk«. *International Journal of Cancer* (113) 2 2005. 312–315.

Hesse, Bradford W., David E. Nelson, Gary L. Kreps, Robert T. Croyle, Neeraj K. Arora, Barbara K. Rimer und Kasisomayajula Viswanath. »Trust and sources of health information: the impact of the Internet and its implications for health care providers: findings from the first Health Information National Trends Survey«. *Archives of Internal Medicine* (165) 22 2005. 2618–2624.

Hiller, Birgit. »Gesundheit im Netz: Qualitätssicherung und Qualitätsmanagement«. *Gemeinsame Entscheidungsfindung in der Krebstherapie.* Hrsg. Hans-Helmut Bartsch und Joachim Weis. Freiburg 2004. 18–28.

Hornung, Rainer. *Krebs: Wissen, Einstellungen und präventives Verhalten der Bevölkerung. Psychosoziale Determinanten der Inanspruchnahme von Krebsfrüherkennungsuntersuchungen. Das Rauchen und seine psychische Bewältigung.* Stuttgart, Bern und Toronto 1986.

Metsch, Lisa R., Clyde B. McCoy, H. Virginia McCoy, Margaret Pereyra, Edward Trapido und Christine Miles. »The Role of the Physician as an Information Source on Mammography«. *Cancer Practice* (6) 4 1998. 229–236.

Pietzsch, Joachim. *Lesestoff Krebs. Die Darstellung der ›Krankheit des Jahrhunderts‹ in ausgewählten Printmedien.* Bochum 1991.

Stamatiadis, Hilke. »Krebsaufklärung – eine Aufgabe der Medien? Probleme und Wege der Gesundheitserziehung – ein Exkurs«. *einblick. Zeitschrift des Deutschen Krebsforschungszentrums* 2 1993. 2–5.

Statistisches Bundesamt. »IKT-Anteil am Bruttoinlandsprodukt mittlerweile bei 6,8 %«. Pressemitteilung. 21.2.2006. www.destatis.de/presse/deutsch/pm2006/p0710024.htm (Download 17.2.2007).

Twine, Chris, Lydia Barthelmes und Chris A. Gateley: »Kylie Minogue's breast cancer: Effects on referrals to a rapid access breast clinic in the UK«. *Breast* (15) 5 2006. 667–669.

Verres, Rolf. »Subjective theories on etiology and treatment of cancer«. *Recent Results in Cancer Research* 111 1988. 179–184.

Waller, Heiko. *Gesundheitswissenschaft. Eine Einführung in Grundlagen und Praxis.* Stuttgart, Berlin und Köln 1995.

V.5 Mediennutzung und Medienbewertung

Zwischen Lust und Lernen – Wissens- und Wissenschaftssendungen: Ergebnisse, Möglichkeiten und Grenzen von Medienforschung

Ursula Dehm

Der Boom von im weitesten Sinne Wissens- und Wissenschaftsformaten hält an. Wissen und Wissenschaft sind in den modernen Gesellschaften die Grundlage sozialen und wirtschaftlichen Handelns. Eine Fülle von unterschiedlichen TV-Formaten mit Wissens- und Wissenschaftsthemen ist entstanden, die sich erfolgreich neben Fiktionalem, Politik/Wirtschaft-Formaten, Boulevard und Trash behaupten. Wissenschaftsthemen haben zunehmend auch in Formate Eingang gefunden, die keine klassischen Wissenschaftsformate sind.

Eine formale Eingrenzung von Wissenschaftssendungen wird demnach dem Phänomen nicht gerecht. Die Bandbreite ist groß und reicht von Shows wie z.B. *Clever, die Show, die Wissenschafft* (*Sat.1*), über *Galileo* (*ProSieben*), *nano* (*3sat*), *Abenteuer Wissen* (*ZDF*), *W wie Wissen* (*ARD*) bis hin zu *Quarks & Co* (*WDR*); Formaten mit den Zutaten Quiz, Prominente, Humor; moderierten vs. nicht moderierten Formaten; Formaten, die Vorwissen erfordern, und stark alltagsbezogenen Formaten. Im weitesten Sinne können sicher auch Natur- und Tierformate hinzugezählt werden.

Das Interesse des Publikums ist vorhanden, die Akzeptanz, die Nutzung der Formate ist messbar, schaffen sie doch Orientierung im Sinne von Begreifen und Verstehen, geben damit Sicherheit in einer zunehmend unübersichtlichen, für den Einzelnen nur mehr schwer verständlichen, globalisierten Welt. Nicht zuletzt haben vermutlich auch PISA-Ergebnisse und die neu entflammte Diskussion über den Bildungsstandort Deutschland dazu beigetragen, den Wunsch nach Wissen und Verstehen in breiten Publikumsschichten zu verstärken.

Für die öffentlich-rechtlichen Sender gilt: Wissens- und Wissenschaftsformate erfüllen den Programmauftrag, zu Information, Unterhaltung und Bildung beizutragen. Im Folgenden werden u.a. Studien vorgestellt, die zeigen, dass mit Wissens- und Wissenschaftsformaten auch aus Zuschauersicht der Unterhaltungs-, der Informations- und der Bildungsauftrag erfüllt werden (Dehm 2006). Medienforschung verfügt jedoch über viele weitere Möglichkeiten, mit unterschiedlichen Methoden Wissens- und Wissenschaftsformate zu begleiten und zu beforschen.

Die Medienforschungsabteilungen der Fernsehsender, zuständig nicht nur für Einschaltquotenmessungen, sondern auch für Begleitforschung zu einzelnen Sendungen, Genres und medienspezifischen Themen, stellen eine Vielzahl von Methoden und Ergebnissen zur Verfügung, die als Hintergrundinformationen, als konkret praktische Hilfestellung bei der Planung, Konzeption, Ausgestaltung von Wissenschaftsformaten und letztlich als Controlling dienen können. Diese Möglichkeiten, aber auch die Grenzen von Medienforschung werden im Folgenden aufgezeigt. Hierbei soll die Praxis der Medienforschung im Vordergrund stehen, d.h. die Medienforschung der Fernsehsender, beispielhaft des *ZDF*.

Messung der Nutzung von Wissenschaftssendungen

Die *GfK-Fernsehforschung (Gesellschaft für Konsumforschung)* erhebt im Auftrag der *Arbeitsgemeinschaft für Fernsehforschung (AGF)*, der die großen Fernsehsender angehören, seit 1988 das Fernsehverhalten der Deutschen. In einer bevölkerungsrepräsentativ ausgewählten Stichprobe von 5.640 Haushalten wird mithilfe eines an die Fernsehgeräte angeschlossenen Messgerätes das Fernsehverhalten jedes Haushaltsmitglieds sekundengenau gemessen. Automatisiert werden die Messwerte über die Telefonleitung an die *GfK* übermittelt und täglich ausgewertet.

Die Daten zeigen detailliert, wer wann welche Formate nutzt. Mithilfe von Sonderanalysen kann zudem festgestellt werden, wer wie lange ein Format gesehen hat, von welchem Sender, welcher Sendung er gekommen ist und wohin er abwandert. Des Weiteren kann die Treue der Zuschauer festgestellt werden: Wer gehört zum Stammpublikum, wer ist Gelegenheitsseher?

Den gläsernen Zuschauer gibt es nicht, aber einen, den man gut kennenlernen kann: Soziodemographische Daten der Personen in den Messhaushalten, wie z.B. Alter, Geschlecht, Bildung und Einkommen, bevorzugte Freizeitaktivitäten oder andere Mediennutzungen wie Zeitungen/Zeitschriften, Hörfunk und Internet, liegen vor – das Zielpublikum lässt sich differenziert bestimmen und analysieren.

Erfolg im Sinne von Nutzung lässt sich nun zwar detailliert messen, diese Nutzungsdaten geben jedoch keine Auskunft über die Gründe der Nutzung oder das Gefallen der Sendung. Sie sind zunächst ein erster Schritt, die Akzeptanz zu messen, denn niemand will Sendungen produzieren, die nicht gesehen werden. Um mehr zu erfahren über die Zuschauer, besonders auch als Planungsgrundlage, bedarf es weiterer, anderer Forschung. Im Folgenden wird ein Einblick in ergänzende Studien der Medienforschung, speziell der *ZDF*-Medienforschung gegeben. Die Medienforschungsabteilungen aller Fernsehsender arbeiten mit ähnlichen Instrumenten.

Erlebnisweisen von Fernsehen und Wissens-/Wissenschaftssendungen

Um die Komplexität der Rezeption von Wissens-/Wissenschaftssendungen zu verstehen, ist es nicht ausreichend, alleine auf Nutzungsdaten zurückzugreifen. Wichtig ist, das Publikum zu verstehen, notwendig ist es zu wissen, was die Zuschauer aus ihrer Sicht beim Fernsehen, bei Wissens- und Wissenschaftssendungen erleben, was sie von ihnen erwarten. Denn je nach Ausrichtung des Formats – die Bandbreite bei Wissens-/Wissenschaftsformaten ist groß – erwarten und erleben die Zuschauer anderes.

Eine Möglichkeit, sich den Zuschauererwartungen und -erlebnisweisen zu nähern, sind die TV-Erlebnisfaktoren. Die Grundidee dieses Forschungsansatzes, den die *ZDF*-Medienforschung zusammen mit dem Marktforschungsinstitut *forsa* entwickelt hat, ist: Die Fernsehzuschauer erleben Fernsehen/Fernsehsendungen ganzheitlich, d.h., sie ›unterhalten‹ sich nicht nur, oder sie ›informieren‹ sich nicht nur. Diese und andere Erlebnisweisen treten gleichzeitig auf und müssen zusammen analysiert werden, will man die Zuschauer ›verstehen‹ (Dehm und Storll 2003).

Das Fernseherleben jedes Einzelnen ist mitverantwortlich für die Auswahl der Sendungen, die er sich anschaut. Ausgewählt wird das, was zum aktuellen Zeitpunkt am besten garantiert, die Erwartungen an Fernsehsendungen zu erfüllen. Diese Erwartungen variieren je nach Zuschauer und seinen Eigenschaften und können von Fernsehsendungen in unterschiedlicher Stärke erfüllt werden.

Die Forschungsergebnisse zeigen fünf zentrale Dimensionen des ganzheitlichen positiven Fernseherlebens: Emotionalität, Orientierung, Zeitvertreib, Ausgleich und soziales Erleben. Gemessen werden diese fünf TV-Erlebnisfaktoren mit einer Reihe von Aussagen, die in Vorbereitungsstudien validiert wurden (siehe die Diagramme in den Abbildungen 2 bis 6, in denen die Einzelaussagen dargestellt sind). Diese TV-Erlebnisfaktoren spielen unabhängig davon eine Rolle, ob es sich aus Zuschauersicht um unterhaltende oder informierende Programmangebote handelt. Die Dichotomie Unterhaltung versus Information ist eine künstliche, bezeichnet formale Kategorien, die organisatorischen Wert haben, aber nicht das Fernseherleben des Publikums widerspiegeln (Dehm und Storll 2005).

Um die Zuschauer zu verstehen, ist es jedoch notwendig, mehr darüber zu wissen, warum sie fernsehen, warum sie einzelne Sendungen schauen und was sie dabei erleben und fühlen. Grundlegend für dieses Verständnis ist es, diese Zuschauersicht, dieses ›Zuschauererleben‹ zu kennen und eben nicht von der Sichtweise der Kommunikatoren (Redakteure, Journalisten, Entscheider) auszugehen. Denn das Erleben der Zuschauer beim Fernsehen und bei einzelnen Formaten zu kennen und zu analysieren erlaubt Aussagen zu ihrem subjektiven Erleben, nicht jedoch über die Qualität des Formats aus journalistischer oder Kritikersicht – es ist die Sichtweise des Publikums.

Diese Sichtweisen des Publikums wurden mit einer Reihe von Aussagen untersucht, die von den Befragten hinsichtlich ihre Stärke beim eigenen positiven Fernseherleben bewertet werden konnten (siehe Tabelle 1). Mithilfe weiterer statistischer Verfahren[1] konnten diese Aussagen fünf Dimensionen zugeordnet werden, die wie folgt benannt wurden:

---

1 Die einzelnen Aussagen wurden mithilfe einer Faktorenanalyse (Hauptkomponentenanalyse mit VARIMAX-Rotation) einzelnen Dimensionen zugeordnet. Die Faktorenanalyse fasst diejenigen Aussagen zusammen, die miteinander am höchsten korrelieren, d.h. von den Befragten gemeinsam genannt werden.

Zwischen Lust und Lernen – Wissens- und Wissenschaftssendungen

Tabelle 1: TV-Erlebnisfaktoren (n = 2.193)

»Denken Sie bitte an Fernsehsendungen, die Ihnen insgesamt gut gefallen«

	Durchschnitt:
Emotionalität	**57**
macht mir Spaß	63
ich kann mich dabei entspannen	62
eine schöne Abwechslung nach der Tageshetze	60
ich kann dabei lachen	55
bin gespannt dabei	46
	Durchschnitt:
Orientierung	**50**
ich bekomme neue Informationen	75
ich kann etwas lernen	58
gibt mir Anregungen und Stoff zum Nachdenken	51
bringen viele Dinge, über die ich mich mit andern unterhalten kann	46
ist mir eine wertvolle Hilfe, wenn ich mir eine eigene Meinung bilden will	39
ich verstehe die Sorgen und Probleme anderer Menschen besser	32
	Durchschnitt:
Zeitvertreib	**31**
ist Gewohnheit für mich	34
so kann ich die Zeit verbringen	28
so kann ich die Zeit sinnvoll nutzen	19
	Durchschnitt:
Ausgleich	**27**
lenkt mich von den Alltagssorgen ab	37
beruhigt mich, wenn ich Ärger habe	25
	Durchschnitt:
Soziales Erleben	**14**
ich kann am Leben anderer teilnehmen	20
manche Personen in den Fernsehsendungen sind wie gute Freunde für mich	13
hilft mir, mich im Alltag zurechtzufinden	12
ich habe das Gefühl dazuzugehören	10

Alle Angaben in Prozent

Quelle: forsa-Omninet/ZDF-Medienforschung 2003

Die Forschungsergebnisse zeigen: In erster Linie ist Fernsehen ein emotionales Medium, das nahezu gleichermaßen – aus Zuschauersicht – der Orientierung dient, ergänzt durch die Erlebnisweisen des Zeitvertreibs, des Ausgleichs und des sozialen Erlebens. Die einzelnen Erlebnisweisen bestehen aus unterschiedlichen Aspekten, die – wie gezeigt wird – je nach untersuchter Sendung bzw. auch abhängig von Befragteneigenschaften (z. B. Alter, Geschlecht, Bildung) in unterschiedlicher Stärke vorliegen.

Diese Erlebnisweisen zeigen die Erwartungen der Zuschauer und können je nach Publikumssegment durch die Vielfalt des Programm-Angebots erfüllt werden – von qualitativ hochwertigen oder minderwertigen, von Trash-, Thriller- oder ›-tainment‹-Formaten, von Dokumentationen, Spielfilmen, Serien, Talks, Shows oder Nachrichten und Magazinen.

In einer Folgestudie (Dehm und Storll 2005) wurde mithilfe dieser Fernseherlebnisweisen, der TV-Erlebnisfaktoren, das Fernseherleben der Zuschauer am Beispiel von 46 Einzelformaten verschiedener Genres und Sender untersucht. Darunter waren fünf Formate, die im weitesten Sinne Wissens-, Wissenschafts- bzw. Natur-Sendungen sind: *Abenteuer Forschung (ZDF)*, *Welt der Wunder (RTL2)*, *Galileo (ProSieben)*, *Abenteuer Wildnis (ARD)* und *Wunderbare Welt (ZDF)*.[2] Befragt wurden zufällig ausgewählte Nutzer der Formate, denen die jeweilige Sendung sehr gut/gut gefällt und die sie weiterhin ansehen wollen – demnach Zuschauer, die eine positive Bindung an die Formate haben.

›Emotionales Erleben‹ und ›Orientierungserleben‹ spielen bei Wissens- und Wissenschaftsformaten wie beim Erleben von Fernsehen generell die wichtigste Rolle – aber: Das ›Orientierungserleben‹ ist stärker ausgeprägt (siehe Abbildung 1) als das emotionale Erleben. Dennoch unterscheiden sich die einzelnen Formate. So ist bei moderierten Formaten, die Experimente zeigen, wie z. B. *Abenteuer Forschung*, das ›emotionale Erleben‹ anders akzentuiert als bei Erzählformaten mit dokumentarischem Charakter wie z. B. *Abenteuer Wildnis* (siehe Abbildung 2): Der erlebte Spaß (»macht mir Spaß«), die Abwechslung (»ist eine schöne Abwechslung nach der Tageshetze«) und die Entspannung (»ich kann dabei entspannen«) spielen bei *Abenteuer Wildnis* eine deutlich größere Rolle. Bei *Abenteuer Forschung* hingegen wird häufiger Spannung (»ich bin gespannt dabei«) erlebt.

Generell stärker ausgeprägt ist das ›Orientierungserleben‹ bei moderierten Formaten, in denen experimentiert wird, als bei Erzählformaten (siehe Abbildung 3). Besonders deutlich zeigt sich dies beim erhaltenen Gesprächsstoff (»bringen viele Dinge, über die ich mich mit anderen unterhalten kann«) oder bei den »Anregungen und Stoff zum Nachdenken«, die man erhält. Bei Erzählformaten ist zudem das ›Ausgleichserleben‹ (»lenkt mich von den Alltagssorgen ab«, »beruhigt mich, wenn ich Ärger habe«) häufiger und stärker als bei experimentellen Formaten (siehe Abbildung 4).

›Zeitvertreib‹, z. B. im Sinne von die Zeit »sinnvoll nutzen« zu können, steht hingegen bei experimentellen Formaten stärker im Vordergrund des Erlebens (siehe Abbildung 5). Moderierte Formate wie z. B. *Galileo* begünstigen ›soziales Erleben‹ (siehe Abbildung 6): Im Gegensatz zu *Wunderbare Welt* z. B. wird hier eine Bindung durch die Moderation erreicht (»manche

---

2 Die Ergebnisse zu *Galileo* und *Wunderbare Welt* sind veröffentlicht (Dehm, Storll und Beeske 2005). Die Ergebnisse zu *Abenteuer Forschung*, *W wie Wissen* und *Welt der Wunder* stammen aus der gleichen Studie, wurden jedoch bisher nicht veröffentlicht.

Zwischen Lust und Lernen – Wissens- und Wissenschaftssendungen

Abbildung 1: TV-Erlebnisfaktoren – Erlebnisweisen von Wissens-/Wissenschaftsformaten

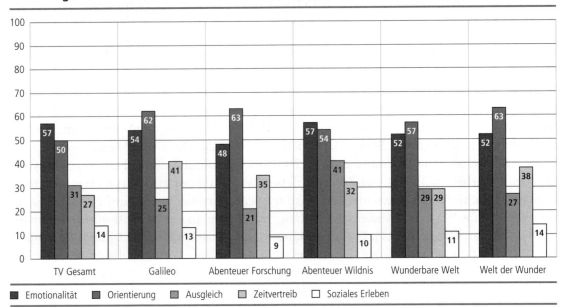

Alle Angaben in Prozent

Quelle: forsa/ZDF-Medienforschung 2003/2004/TV-Erlebnisfaktoren: n = 2.193; Formate: 120–170 Befragte; repräsentative Zufallsauswahl

Abbildung 2: Emotionalität – Einzelitems

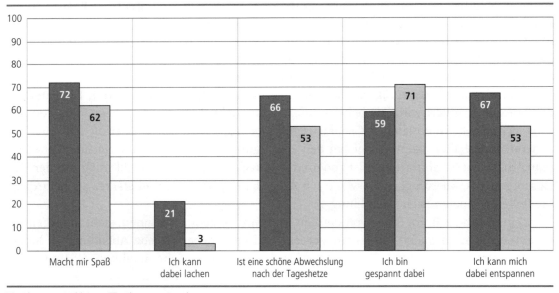

Alle Angaben in Prozent

Quelle: forsa/ZDF-Medienforschung 2003/2004/Formate: 120–170 Befragte; repräsentative Zufallsauswahl

Abbildung 3: Orientierung – Einzelitems

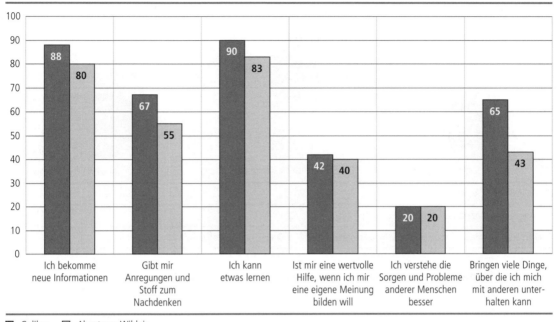

Alle Angaben in Prozent

Quelle: forsa/ZDF-Medienforschung 2003/2004/Formate: 120–170 Befragte; repräsentative Zufallsauswahl

Abbildung 4: Ausgleich – Einzelitems

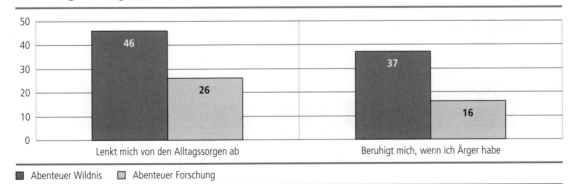

Alle Angaben in Prozent

Quelle: forsa/ZDF-Medienforschung 2003/2004/Formate: 120–170 Befragte; repräsentative Zufallsauswahl

Zwischen Lust und Lernen – Wissens- und Wissenschaftssendungen

Abbildung 5: Zeitvertreib – Einzelitems

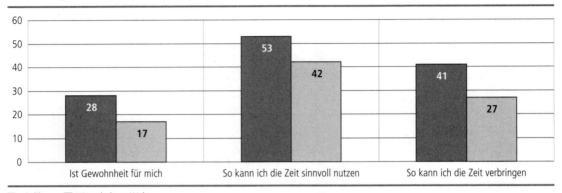

Alle Angaben in Prozent

Quelle: forsa/ZDF-Medienforschung 2003/2004/Formate: 120–170 Befragte; repräsentative Zufallsauswahl

Personen in der Sendung sind wie gute Freunde für mich«). Diese Formate helfen stärker, »sich im Alltag zurechtzufinden«.

Besonders deutlich wird die Erlebnisweise von Wissens-/Wissenschaftsformaten, wenn man sie mit Extremen vergleicht (siehe Abbildung 7). *Galileo*, eines der erfolgreichsten Wissensformate, dient – ähnlich wie die *Tagesschau* als klassisches ›Informationsformat‹ – der Orientierung der Zuschauer. Gleichzeitig ist jedoch auch das emotionale Erleben von *Galileo* und *Gute Zeiten, Schlechte Zeiten* ähnlich stark (Dehm, Storll und Beeske 2005).

Deutliche Unterschiede zeigen sich in der Akzentuierung einzelner Aspekte des Orientierungs- und des emotionalen Erlebens (siehe Abbildungen 8 und 9). *Galileo* und *Tagesschau* liefern aus Zuschauersicht gleichermaßen »neue Informationen«, »Anregungen und Stoff zum Nachdenken« oder Gesprächsstoff. Während jedoch die *Tagesschau* deutlich häufiger als *Galileo* eine »wertvolle Hilfe« zur Meinungsbildung ist, »lernt« man bei *Galileo* deutlich mehr als bei der *Tagesschau*.

Abbildung 6: Soziales Erleben – Einzelitems

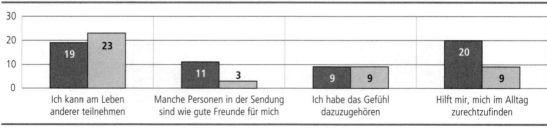

Alle Angaben in Prozent

Quelle: forsa/ZDF-Medienforschung 2003/2004/Formate: 120–170 Befragte; repräsentative Zufallsauswahl

Erlebnisweisen von Fernsehen und Wissens-/Wissenschaftssendungen

Abbildung 7: TV-Erlebnisfaktoren – *Galileo* im Vergleich mit *Tagesschau* und *GZSZ*

Alle Angaben in Prozent

Quelle: forsa/ZDF-Medienforschung 2003/2004/TV-Erlebnisfaktoren: n = 2.193; Formate: 120–170 Befragte; repräsentative Zufallsauswahl

Abbildung 8: Emotionalität – Einzelitems – *Galileo* im Vergleich

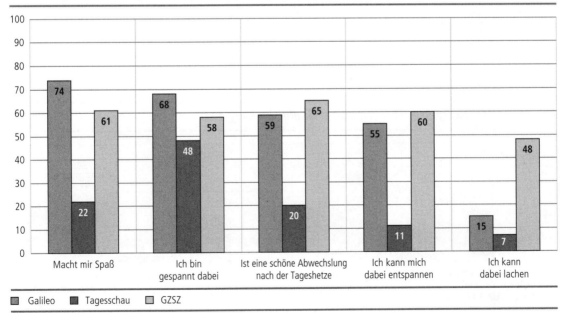

Alle Angaben in Prozent

Quelle: forsa/ZDF-Medienforschung 2003/2004/Formate: 120–170 Befragte; repräsentative Zufallsauswahl

Zwischen Lust und Lernen – Wissens- und Wissenschaftssendungen

Abbildung 9: Orientierung – Einzelitems – *Galileo* im Vergleich

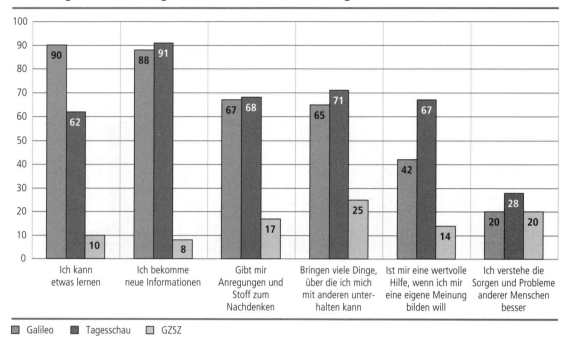

Alle Angaben in Prozent

Quelle: forsa/ZDF-Medienforschung 2003/2004/Formate: 120–170 Befragte; repräsentative Zufallsauswahl

Abbildung 10: Ausgleich – Einzelitems – *Galileo* im Vergleich

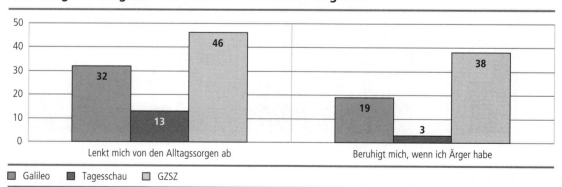

Alle Angaben in Prozent

Quelle: forsa/ZDF-Medienforschung 2003/2004/Formate: 120–170 Befragte; repräsentative Zufallsauswahl

Erlebnisweisen von Fernsehen und Wissens-/Wissenschaftssendungen

Abbildung 11: Zeitvertreib – Einzelitems – *Galileo* im Vergleich

	So kann ich die Zeit sinnvoll nutzen	So kann ich die Zeit verbringen	Ist Gewohnheit für mich
Galileo	53	41	28
Tagesschau	42	21	52
GZSZ	25	46	55

Alle Angaben in Prozent

Quelle: forsa/ZDF-Medienforschung 2003/2004/Formate: 120–170 Befragte; repräsentative Zufallsauswahl

Es zeigt sich, dass ›Orientierungserleben‹ – wie alle anderen TV-Erlebnisweisen – bei unterschiedlichen Fernsehsendungen ähnlich stark vorhanden sein kann, aber eine unterschiedliche Akzentuierung erfährt. Ähnliches gilt für das ›emotionale Erleben‹: Insgesamt gleichermaßen bei *Galileo* und *Gute Zeiten, Schlechte Zeiten* empfonden, kann man jedoch bei *Gute Zeiten, Schlechte Zeiten* »lachen«, während bei *Galileo* deutlich stärker der erlebte »Spaß« oder die »Spannung« im Vordergrund stehen.

Erwartungsgemäß ist das ›Ausgleichserleben‹ bei der *Tagesschau* am schwächsten ausgeprägt und bei *Gute Zeiten, Schlechte Zeiten* am stärksten – *Galileo* nimmt hier eine mittlere Position ein (siehe Abbildung 10). ›Zeitvertreibserleben‹ liegt bei allen drei Formaten zwar ähnlich stark ausgeprägt vor, aber wiederum mit deutlich unterschiedlicher Akzentuierung (siehe Abbildung 11): *Galileo* heißt »sinnvoll« Zeit verbringen, *Tagesschau* und *Gute Zeiten, Schlechte Zeiten* sind hingegen stärker »Gewohnheit«.

Abbildung 12: Soziales Erleben – Einzelitems – *Galileo* im Vergleich

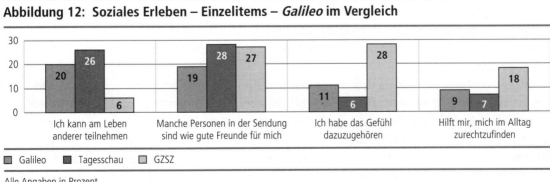

	Ich kann am Leben anderer teilnehmen	Manche Personen in der Sendung sind wie gute Freunde für mich	Ich habe das Gefühl dazuzugehören	Hilft mir, mich im Alltag zurechtzufinden
Galileo	20	19	11	9
Tagesschau	26	28	6	7
GZSZ	6	27	28	18

Alle Angaben in Prozent

Quelle: forsa/ZDF-Medienforschung 2003/2004/Formate: 120–170 Befragte; repräsentative Zufallsauswahl

Erwartungsgemäß am stärksten ist das ›soziale Erleben‹ bei *Gute Zeiten, Schlechte Zeiten* und am schwächsten bei *Galileo*, eine mittlere Position nimmt die *Tagesschau* ein (siehe Abbildung 12). »Manche Personen in der Sendung sind wie gute Freunde für mich« und »ich habe das Gefühl dazuzugehören«, das erleben die Zuschauer am stärksten bei *Gute Zeiten, Schlechte Zeiten*. Am »Leben anderer teilnehmen« kann man aus Zuschauersicht bei *Tagesschau* und *Galileo* ähnlich stark, weniger jedoch bei *Gute Zeiten, Schlechte Zeiten*, und die *Tagesschau* hilft am häufigsten, »sich im Alltag zurechtzufinden«.

Diese Ergebnisse zeigen, dass nicht – wie häufig aus Kommunikatorensicht angenommen – nur diejenigen Sendungen von den Zuschauern ›emotional‹ erlebt werden, die wie z.B. *Gute Zeiten, Schlechte Zeiten* fiktional Emotionen darstellen. Auch andere Sendungen, die z.B. wissenschaftliche Inhalte haben, werden von den Zuschauern emotional erlebt.

Gleichermaßen gilt, dass nicht nur klassische Informationssendungen, wie z.B. die *Tagesschau*, den Zuschauern ›Orientierung‹ bieten; d.h., die Zuschauer erleben nicht zwangsläufig das, was der Absender, die ›Macher‹, die Journalisten und Redakteure beabsichtigen. Die Zuschauer haben ihre eigenen Erlebnisweisen, die es zu kennen gilt, um Akzeptanz mit Fernsehsendungen zu erreichen.

Die TV-Erlebnisfaktoren sind nur ein Verfahren, um die Erlebnisweisen der Zuschauer kennenzulernen. Für spezifische Format-Gestaltungsfragen bieten sich auch eine ganze Reihe anderer methodischer Herangehensweisen an, die von allen Medienforschungsabteilungen der Fernsehsender eingesetzt werden. Im Folgenden werden einige Beispiele aus nicht veröffentlichten Studien der *ZDF*-Medienforschung vorgestellt.

Qualitative, nicht repräsentative Forschung

Unter qualitativer Forschung werden alle Arten von nicht repräsentativer Forschung, wie z.B. psychologisches Tiefeninterview oder Gruppendiskussionen, verstanden. Ziel ist es, herauszufinden, welche Dimensionen für die Zuschauer wichtig sind, nicht diese zu quantifizieren (Morrison 1998: 207ff.). Für Wissens-/Wissenschaftssendungen heißt das, mithilfe dieser Verfahren können Hinweise zu Detailfragen, wie z.B. Machart, Moderation, Themenauswahl, Studiogestaltung, sowie zum generellen Stellenwert eines Formats für die Zuschauer, gewonnen werden. Die *ZDF*-Medienforschung hat eine Vielzahl von qualitativen Studien zu Wissens-/Wissenschaftsformaten durchgeführt, um bestehende Formate zu optimieren bzw. künftige Formate zu planen.

Einige wichtige Essentials dieser Studien betreffen u.a. die herausragende Rolle, die – bei moderierten Formaten – die Person des Moderators/der Moderatorin spielt. Der Moderator ist der Mittler zwischen Forschungsergebnissen und dem Publikum. Dabei zeigt sich, dass die Authentizität des Moderators und seine positive und dynamische Ausstrahlung eine entscheidende Rolle spielen. Man möchte einen glaubwürdig wirkenden, engagierten Moderator sehen, der dem Zuschauer gegenüber positiv und ruhig auftritt, selbst Interesse an den vorgestellten Ergebnissen hat und damit ›involvement‹ beim Publikum auslöst. Er darf auf keinen Fall besserwisserisch oder distanziert wirken. Da die Zuschauer in ihm die Schnittstelle zwischen sich selbst und dem Experiment sehen, muss ihm der Spagat zwischen wissenwollendem Publikum und dargestellten Inhalten gelingen.

Der Moderator muss immer das Ziel verfolgen, den Zuschauer zu Hause in das Format zu involvieren, Nähe aufzubauen, Neugier und Begeisterung zu vermitteln und mit ihm zu ›entdecken‹ – und gleichzeitig Kompetenz und Souveränität zu vermitteln. Damit trägt er u.a. entscheidend zu einer dauerhaften Zuschauerbindung bei. Dies gilt z.B. für klassische moderierte Wissensformate mit einem einzigen Moderator. Anders kann dies aussehen, wenn in moderierten Wissenschaftsformaten die Rollen verteilt sind, z.B. einer die Rolle des ›Dummen‹, Wissenwollenden übernimmt, der andere die Rolle des Erklärenden, des Wissenden.

Für Formate mit Experimenten ist zudem von grundlegender Bedeutung, dass für den Zuschauer einfache, nachvollziehbare, abwechslungsreiche, überraschende oder witzige Versuche geboten werden. Sie bedeuten für den Zuschauer einen hohen Nutzwert, nicht unbedingt im rein praktischen Sinne, sondern im Sinne von Faszination; d.h., die Themen und Versuche sollten alltagsbezogen und nicht zu ›wissenschaftlich‹ sein (zumindest wenn sie für ein breites Publikum gedacht sind), sonst verlieren sie an Relevanz für den Zuschauer – gleichzeitig müssen sie Glaubwürdigkeit und Seriosität vermitteln.

Diese Relevanz muss nicht zwingend durch einen möglichen Alltagsbezug hergestellt werden, sondern Relevanz kann eben auch heißen, den Zuschauer emotional, z.B. durch beeindruckende Animationen fernab vom direkten Alltagsbezug, zu erreichen – dies liegt in der Verantwortung der Macher. Dabei unterscheiden die Zuschauer durchaus zwischen ›informativer Unterhaltung‹ und ›unterhaltender Information‹. Die Entscheidung für das eine oder andere Konzept ist abhängig von der Zielsetzung des Formats, den anvisierten Zielgruppen, dem Sendeplatz und auch vom Sender und dessen Image.

Mithilfe qualitativer Verfahren lassen sich des Weiteren Studiogestaltung, optimale Länge, ›time slot‹-Eignung u.v.a.m. detailliert erforschen. Die Ergebnisse qualitativer Forschung haben jedoch ihre Grenzen. Sie zeigen, welche Aspekte der untersuchten Formate für Zuschauer relevant sein können. Sie können jedoch nicht voraussagen, ob und inwieweit diese Aspekte quantitativ, also bei vielen, eine Rolle spielen. Qualitative Studien dienen zur Vorbereitung quantitativer, repräsentativer Studien, geben Auskunft darüber, ›was‹ eine Rolle spielen kann, aber sagen noch nicht, wie groß diese Rolle ist. Hierzu sind quantitative, repräsentative Studien erforderlich.

Weitere qualitative Verfahren, die sich anbieten, um z.B. Pilot-Sendungen zu testen, sind Real-Time-Response-Verfahren. Hier wird den Befragten im Studio eines Forschungsinstituts der Pilot gezeigt. Die Befragten können während des Sehens auf einem Zusatzgerät mit einem stufenlosen Regler ihr jeweiliges Interesse, ihr Gefallen oder die erlebte Spannung während des Sendungsverlaufs angeben. In den dann folgenden Gruppendiskussionen werden Begründungen für besonders auffällige Reaktionen der Testteilnehmer, erkennbar als Höhe- oder Tiefpunkte in der Real-Time-Response-Reaktionskurve (die für die Testleiter als Kurve im TV-Bild sichtbar ist), erfragt. ›Hänger‹ im Format wie auch Highlights können identifiziert werden – und zwar nicht aus der Erinnerung der Befragten, sondern sie werden direkt beim Sehen, während des Rezeptionsvorgangs, gemessen.

Verschiedene Marktforschungsinstitute bieten dieses Verfahren an, inzwischen kann es sogar online in DSL-Haushalten durchgeführt werden. Dieses Verfahren wird u.a. bei For-

Zwischen Lust und Lernen – Wissens- und Wissenschaftssendungen

maten mit Spielhandlung eingesetzt und kann dort zeigen, welche Handlungsstränge sich als zu langweilig erweisen oder bei welchen Rollen, Schauspielern die Aufmerksamkeitskurve sinkt oder steigt.

Ebenso ist der Einsatz in Wissenschaftssendungen möglich. Hier kann die Spannungskurve bei Experimenten, während der Moderation etc. beobachtet werden und Aufschlüsse über erlebte Längen oder Highlights etc. geben. Wichtig hierbei ist, dass Spannungshöhepunkte und Spannungsabfälle sich abwechseln müssen. Nach erlebter Spannung muss eine Erholungsphase folgen, die jedoch auch wieder in eine neue Spannungsphase münden sollte. Erfahrungsgemäß fällt die Spannungskurve z. B. bei Moderationsteilen ab. Wichtig sind die Stärke und die Dauer des Abfalls und ob die Kurve z. B. bei nachfolgendem Experiment oder Filmbeitrag wieder ansteigt.

Die hier vorgestellten Verfahren zeigen die Bandbreite der Möglichkeiten empirischer Studien im qualitativen Bereich. Im konkreten Fall muss entsprechend den spezifischen Fragestellungen entschieden werden, welches Verfahren das geeignete ist. Aus Kostengründen ist es nicht möglich, alle diese Verfahren jeweils einzusetzen.

Quantitative, repräsentative Forschung

Repräsentative Forschung ermöglicht, die zuvor in qualitativen Studien ermittelten relevanten Aspekte eines Formats zahlenmäßig zu verorten, zu quantifizieren. Wie andere Medienforschungsabteilungen von Fernsehsendern führt auch die *ZDF*-Medienforschung viele verschiedene Repräsentativbefragungen durch. Diese Befragungen können zielgerichtet auf einzelne Sendungen, u.a. auch Wissenschaftssendungen, konzipiert werden, oder im Rahmen von größeren Studien werden Aspekte einzelner Sendungen miteinbezogen.

Im Rahmen ihres Programmqualitätscontrolling hat die *ZDF*-Medienforschung seit 1999 rund 500 *ZDF*- und Konkurrenzformate in repräsentativen Stichproben untersucht (Dehm und Kayser 2005) – darunter auch etliche Wissens- und Wissenschaftsformate. Die genaue Kenntnis dessen, was beim Publikum ›ankommt‹, gibt Hinweise für Programmplanung und auch die Arbeit am Format. Gefragt wird bei allen untersuchten Formaten nach einem festen Frage-Schema, das allerdings jeweils genrespezifisch angepasst ist.

So können über die Zeit hinweg die Entwicklung von Formaten verfolgt und Vergleiche zwischen Formaten gezogen werden. Fragenschwerpunkte sind: Bekanntheit des Formats, Nutzung, weitere Sehabsicht, ›likes‹/›dislikes‹ (offene Fragen), Bewertung, Eigenschaftsprofil und Fragen zu Bewertung und Eigenschaften von Moderatoren und Schauspielern. *ZDF*-Markenformate werden jährlich, teilweise auch mehrfach jährlich untersucht, um die Entwicklung der Qualitätsurteile des Publikums im Zeitverlauf zu analysieren (Was ist besser geworden? Was hat sich verschlechtert?).

Diese Auswertungsmöglichkeit stellt ein Frühwarnsystem dar, um evtl. bereits vor Quotenverlusten Hinweise auf Formatprobleme zu erhalten. Die langjährige Kontinuität dieser Studien mit gleichbleibenden Fragen hat den Vorteil, dass sogenannte Benchmarks entstanden sind; d.h., jede neu untersuchte Sendung kann an den Durchschnittswerten der bisherigen Ergebnisse gemessen werden. So können z. B. die weitere Sehabsicht für eine Sendung, ihre Bewertung oder die Profileigenschaften einer Sendung wie »spannend«, »aktuell«, »gibt mir nützliche Hinweise für den Alltag« mit anderen Sendungen verglichen werden, speziell Sendungen des untersuchten Genres, wie z. B. Wissenschaftssendungen.

Abgesehen von diesen Benchmarks, die über die Jahre hinweg auch genrespezifisch ermittelt werden konnten, bietet das Datenmaterial auch die Möglichkeit, durch spezielle statistische Verfahren die Bedeutung einzelner Formateigenschaften für die Bewertung oder die weitere Sehabsicht zu identifizieren. So hat sich in Bezug auf Wissens-/Wissenschaftsformate gezeigt, dass besonders der persönliche Nutzen (»bringt mir persönlich etwas«) – neben der empfundenen Kompetenz, der emotionalen Ansprache und der wahrgenommenen Qualität der Moderation – ausschlaggebend für eine gute Bewertung und die weitere Sehabsicht ist.

An dieser Stelle findet dann die quantitative Überprüfung der Ergebnisse der vorbereitenden qualitativen Studien statt. Zeigten z. B. qualitative Studien, dass der Alltagsbezug von Wissenschaftssendungen oder die Verständlichkeit wichtige Aspekte eines Wissenschaftsformats sind, so kann hier quantitativ überprüft werden, für wie viele Zuschauer tatsächlich diese für sie wichtigen Qualitätseigenschaften vom Format auch eingelöst werden. Ähnliches gilt für die Moderation, die Eigenschaften des konkreten Moderators oder die Studioanmutung.

Des Weiteren werden – wie bei anderen Sendern auch – regelmäßige repräsentative Moderatoren-Studien durchgeführt, die, unabhängig von konkreten Sendungen, Auskunft über Bekanntheit, Beliebtheit und Eigenschaften der Moderatoren aus Publikumssicht geben. Ferner untersuchen die Fernsehsender auch ihr ›Image‹ im Vergleich zum Image der Konkurrenzsender. U. a. wird hier analysiert, welcher Sender die besten Wissenschaftssendungen, Nachrichtensendungen oder Serien anbietet. Darüber hinaus wird auch das Eigenschaftsprofil der Sender erfragt: Welcher Sender wird als ›modern‹, ›freundlich‹ oder ›informativ‹ erlebt? Diese Grundlagenstudien geben Hinweise auf die Senderpositionierung aus Zuschauersicht und die Rolle, die einzelne Sendungen dabei spielen.

Erfolg von Fernsehsendungen

Die entscheidende Frage ist: Wann ist eine Sendung erfolgreich? Von vielen gesehen zu werden, eine hohe Quote zu erreichen, ist nur ›ein‹ Erfolgskriterium. Für öffentlich-rechtliche Sender gilt zudem, dass Sendungen für alle gemacht werden, d. h. auch zielgruppenspezifische Sendungen, die ›nur‹ in der anvisierten Zielgruppe erfolgreich sein sollen. So können Kultursendungen oder politische Magazine quotenmäßig nicht mit einem Blockbuster verglichen werden.

Wichtig ist, den Spagat zwischen Quote und Qualität erfolgreich zu bestehen. Nicht jede Sendung, die von vielen gesehen wird, ist auch qualitativ hochwertig. Qualität muss unter zwei Gesichtspunkten beurteilt werden: die Sichtweise der Macher, des Senders, nach den für ihn geltenden Qualitätskriterien, z. B. der Wahrhaftigkeit und der Objektivität. Die andere Sichtweise ist die im Publikum wahrgenommene Qualität. Letztere kann durch empirische Forschung ermittelt werden.

Zwischen Lust und Lernen – Wissens- und Wissenschaftssendungen

Die vorgestellten Untersuchungsmethoden empirischer Medienforschung sind jedoch noch keine Erfolgsgaranten für bestehende oder geplante Wissens-/Wissenschaftsformate. Der Erfolg von Formaten hängt von vielen verschiedenen Einflussgrößen ab, die sich nicht alle abschließend von Medienforschung beantworten lassen. Medienforschung kann hier Hilfestellung geben, jedoch keine Rezepte für garantiertes Gelingen liefern. Der Erfolg von Wissens-/Wissenschaftsformaten hängt – ebenso wie der Erfolg aller TV-Formate – ab von:
- den Machern, der Machart, der Gesamtgestaltung des Formats,
- der Programmplanung (unter Berücksichtigung von anvisiertem Zielpublikum, Senderimage, ›time slot‹-Platzierung, Konkurrenzprogramm),
- geeigneten Marketingmaßnamen und letzlich auch
- den zur Verfügung stehenden finanziellen Ressourcen.

Eine wichtige Rolle spielt auch, wie sich die Zusammenarbeit zwischen Medienforschung und Machern gestaltet, ob und wann sie stattfindet und wie die Ergebnisse umgesetzt werden. Medienforschung hat hier die Aufgabe, ihre Ergebnisse so zu vermitteln, dass sie für Entscheider, Planer und Macher verwertbar sind. Intensive Kommunikation vor den Studien und das Eingehen der Forscher auf die spezifischen Fragestellungen der Macher sind erforderlich.

Es ist eine Binsenweisheit, jedoch grundlegend: Welche Ideen Redakteure haben, welche Realisierungsmöglichkeiten – gerade auch finanzielle – bei der Ausgestaltung (Technik, Studio, Animation u.v.a.m.) zur Verfügung stehen, welche Themen ausgewählt werden und – falls vorhanden – welche Qualität die Moderation hat, sind die Basics. Medienforschung kann testen, kann überprüfen und beraten, aber keine Sendung ›machen‹. Diese unterschiedlichen Rollen müssen akzeptiert sein, damit Forschung hilfreich für die Praxis ist – ein nicht immer einfaches Spannungsfeld.

Wann, in welchem Produktionsstadium geforscht wird, ist zudem entscheidend. Von der ersten Idee an kann mit ›storyboard‹-Tests schon festgestellt werden, was funktionieren kann und was nicht, auch wenn dies letztlich keine Garantie für Erfolg, sprich hohe Quoten, ist, sondern nur Hilfsmittel sein kann. Themen, die interessieren, können erfragt werden, das Moderatoren-Casting kann begleitet werden, das Studio, der Pilot getestet werden – letztlich das Endprodukt auf seinen Markterfolg hin überprüft werden bzw. ein Controlling des Formats im Vergleich mit den entsprechenden Konkurrenzsendungen durchgeführt werden.

Kein Fernsehsender kann für ein Format all diese Studien bezahlen. Nach Prüfung, welche Erkenntnisse der Medienforschung bereits vorliegen und genutzt werden können, muss dann gemeinsam von Redaktion und Medienforschung entschieden werden, in welchem Produktionsstadium welche finanzierbare Forschung eingesetzt werden soll.

Dabei ist unbestritten, dass auch nicht be- und erforschte Formate erfolgreich sein können – wenn sie den ›Nerv‹ des Publikums treffen. D.h. wenn Bauchgefühl und Fachkenntnis der Macher mit den Sehbedürfnissen und -gewohnheiten der Zuschauer übereinstimmen. Dass dies der Fall sein kann, ist unbestritten, aber nicht zwangsläufig der Fall und erfordert dann Forschung – besonders bei starker Konkurrenz. Viele Formate haben jedoch auch deshalb Erfolg, weil in enger Zusammenarbeit zwischen Machern, Entscheidern und Forschern am Format ›gearbeitet‹ wurde.

Die Beantwortung einer grundlegenden Frage von Wissens-/Wissenschaftsformaten hingegen kann nicht von der Medienforschung geleistet werden: der Frage nach der Korrektheit der vermittelten Inhalte. Medienforschung kann zwar die Verständlichkeit der Darstellung wissenschaftlicher Ergebnisse und Experimente testen, nicht jedoch ihren Wahrheitsgehalt. Dies liegt in der Verantwortung der Macher. Ihrer Kompetenz obliegt es, dafür Sorge zu tragen, dass wissenschaftliche Akkuratheit nicht der vereinfachten oder faszinierenden Darstellungsweise zum Opfer fällt.

Fazit

Die Zuschauer von Wissens-/Wissenschaftssendungen erleben ›ihre‹ Sendungen intensiv: In erster Linie sind sie emotional stark involviert, und sie erfahren Orientierung. Forschung kann in jedem Stadium der Konzeption, Planung und Realisierung von Wissens- und Wissenschaftsformaten Hilfestellungen bieten: Sendungsidee, Studio, Animationen, Spannungsaufbau, Themenauswahl, Moderation, Sendezeitpunkt – diese und noch mehr Detailfragen, letztendlich der Sendungserfolg können beforscht werden. Drei Voraussetzungen braucht diese Forschung: Geld, Zeit und offene Zusammenarbeit von Machern, Entscheidern und Forschern.

Nicht beantwortet indessen ist damit jedoch eine der grundlegenden Fragen gesellschaftlicher Verantwortung von Wissens- und Wissenschaftsformaten: Schaffen sie tatsächlich Wissen? Wenn ja, mit welchem Ziel? Vermitteln sie Wissen, das nicht nur kurzfristig das Gefühl von »ich weiß mehr« entstehen lässt? Glauben die Nutzer, sie wissen mehr, oder wissen sie tatsächlich mehr? Ist die erlebte Orientierung nachhaltig? Dringt sie – wie auch immer – in das Leben der Nutzer ein? Wird Neugierde geweckt, die über die Nutzung des Formats hinaus Folgen hat? Und auch: Welche Bedeutung hat das emotionale Erleben der Formate für das Leben der Zuschauer? Sind sie ausgeglichener – wenn ja – für was, mit welchem Ziel?

Dies zu erforschen wäre eine Herausforderung für die angewandte Medienforschung, aber auch für die universitäre Kommunikationsforschung. Grundvoraussetzung hierfür sind zunächst Forschungsgelder. Eine forschungstechnische Herausforderung hingegen ist es, diese Fragen durch ein adäquates empirisches Forschungsdesign valide zu beantworten. Die ungleich größte Herausforderung jedoch ist es, dies überhaupt zu tun: Medienforschung würde damit über ihre Rolle als Dienstleister hinauswachsen und sich zusammen mit Machern und Programmverantwortlichen einer normativen Frage stellen.

Gerade die universitäre Kommunikationsforschung könnte hier mit ihrer stärker auf Grundlagenforschung konzentrierten Arbeit hilfreich sein und die notwendige Verknüpfung von praktisch orientierter Medienforschung der Programmveranstalter und universitärer Forschung verstärken.

Literatur

Dehm, Ursula. »Zwischen Lust und Lernen – was Zuschauer bei Wissenssendungen erleben.« Vortrag auf der WissensWerte 2006, 15. November 2006, Bremen. Präsentation online unter www.bertelsmann-stiftung.de/bst/de/media/Wissenswerte2006_UD_O_DV.pdf (Download 21.2.2007).

Dehm, Ursula, und Susanne Kayser. »Das Publikum: Wie gut gefallen Fernsehsendungen. Der ZDF-Programmcheck als Instrument des Qualitätscontrollings«. *ZDF-Jahrbuch* 2005. www.zdf-jahrbuch.de/2005/grundlagen/kayser_dehm.html (Download 21.2.2007).

Dehm, Ursula, und Dieter Storll: »TV-Erlebnisfaktoren. Ein ganzheitlicher Forschungsansatz zur Rezeption unterhaltender und informierender Fernsehangebote«. *Media Perspektiven* 9 2003. 425–433. (Auch online unter www.ard-werbung.de/showfile.phtml/dehm.pdf?foid=8751, Download 21.2.2007.)

Dehm, Ursula, und Dieter Storll. »Die Zuschauer verstehen: Abschied von der Informations-Unterhaltungsdichotomie«. *TV diskurs* (9) 32 2005. 42–45.

Dehm, Ursula, Dieter Storll und Sigrid Beeske. »Die Erlebnisqualität von Fernsehsendungen. Eine Anwendung der TV-Erlebnisfaktoren«. *Media Perspektiven* 2 2005. 50–60. (Auch online unter www.ard-werbung.de/showfile.phtml/02-2005_dehm_korrigiert.pdf?foid=13976, Download 21.2.2007.)

Morrison, David E. *The Search for a Method. Focus Groups and the Development of Mass Communication Research.* Luton 1998.

Die systematische Überforderung des Rezipienten und das Wissenschaftsfernsehen der Zukunft

Interview mit Ranga Yogeshwar am 15. November 2006
Holger Hettwer, Franco Zotta

Frage: Es gibt wissenschaftliche Untersuchungen, die nahelegen, dass das Fernsehen bei Zuschauern nur die Illusion von Wissen erzeugt – sie glauben, etwas verstanden zu haben, können aber bei genauerer Überprüfung das Gesehene oft nicht angemessen wiedergeben.
Inwieweit betrachten Sie das Fernsehen als ein Medium, das Wissen in einem gehaltvollen Sinn vermitteln kann? Ist es ein bildendes, aufklärerisches Medium?
Ranga Yogeshwar: Fernsehen ist ein extrem junges, sich rasant veränderndes Medium, das entwicklungsgeschichtlich noch nicht einmal die Pubertät erreicht hat. Wir vergessen das zuweilen, aber es ist nicht lang her, da ging das Fernsehen am frühen Abend auf Sendung und um Mitternacht ins Bett.

Die meisten Zuschauer sind in einer Zeit groß geworden, in der es nur drei Fernsehprogramme gab, in der die visuelle Reizung durch Werbung ebenso unbekannt war wie die Fernbedienung und das Privatfernsehen. Damals gab es Schulfernsehen auf der Basis eines erklärten Bildungsauftrages.

Die extremen Veränderungen des Mediums halten weiter an, und unsere Beziehung zum Fernsehen ist dabei, sich dramatisch zu ändern. Ein Vergleich mit dem Telefon kann das verdeutlichen: Das Telefon war ursprünglich ein Informationsmedium. Der Apparat stand in normalen Wohnungen im kühlen Flur, und Telefonzellen hatten sogar die Aufschrift: »Fasse dich kurz!« Wenn man sich anschaut, wie Telefone heutzutage genutzt werden, dann würde kein Marketingmensch einer Telekommunikationsgesellschaft noch sagen: »Fasse dich kurz!«

Die systematische Überforderung des Rezipienten und das Wissenschaftsfernsehen der Zukunft

Durch Flatrates ist die Kommunikation dauerhaft geworden, das Telefon ist auf dem Weg vom puren Informations- zum umfassenden Unterhaltungsmedium. Entsprechend ist auch die Beziehung von uns Menschen zum Telefon eine andere geworden. Parallel dazu entwickelt sich auch das Fernsehen.

War der Fernseher damals, nach Einzug der Zentralheizung, der Ersatz für den brennenden Kamin und Treffpunkt der Familie, stehen heute in vielen Haushalten mehrere TV-Geräte, um unterschiedlichste Sehgewohnheiten und Bedürfnisse individuell befriedigen zu können, mit entsprechenden Folgen für das ›community feeling‹.

Fernsehen geht heute auch nicht mehr zu Bett. Stattdessen kann man morgens um drei Kochsendungen sehen, obwohl einem nicht danach zumute ist, und selbst Shoppingkanäle, die rund um die Uhr nur Werbung senden, haben ein Publikum. Und irgendwo dazwischen gibt es auch jene, die das Fernsehen als Medium zur Wissensvermehrung nutzen.

Wie wirken sich die beschriebenen technischen Veränderungen und neuen Nutzungsbedürfnisse auf das Fernsehen als Wissen vermittelndes, Bildung ermöglichendes Medium aus?
Technik hat einen unmittelbaren Einfluss auf die Rezeptionskultur. Der ehemalige Intendant des *WDR*, Friedrich Nowottny, sagte mir einmal ganz stolz: »Ich habe früher mal eine Wirtschaftssendung gemacht, die hatte 50 Prozent Marktanteil.« In der damaligen Zeit gab es keine Alternativen. Man konnte eine Fernsehsendung wie einen Vortrag konzipieren und sicher sein, dass die meisten Leute sitzen bleiben. Es war möglich, eine lange Exposition zu gestalten. Man konnte dem Zuschauer zumuten, auch einmal die Durststrecke einer ausführlichen Erklärung oder eines Erkenntnisprozesses mitzugehen, bevor er den nächsten sinnlichen Stimulus bekam.

In der heutigen Zeit wird die Klebrigkeit des Mediums immer kürzer, was auch die Rezeptionsforschung belegt. Wenn es nicht gelingt, den Zuschauer in sehr kurzer Zeit durch einen Stimulus zu halten, wird er einfach wegschalten, und aufgrund der Tatsache, dass es viel mehr Sender und alternative Medienangebote gibt, verliert man den Zuschauer rascher, als man ihn zurückgewinnt.

Das führt dazu, dass wir uns als Fernsehmacher vor sehr widersprüchliche Aufgaben gestellt sehen. Auf der einen Seite verlangt erfolgreiche Wissensvermittlung, dass man sich langfristig auf etwas einlassen muss, dass man bereit ist, auch mal durch das trockene Tal des Verstehens zu wandern, bis man zu einer neuen Einsicht gelangt. Dem widerspricht aber das Medium. Denn in dem Moment, wo der Zuschauer durch dieses Tal gehen soll, will er uns nicht mehr begleiten.

Ich möchte dies an einem kleinen Gedankenexperiment verdeutlichen. Stellen wir uns eine Schule vor, in der die Schüler eine Fernbedienung haben, mit der sie bei Nichtgefallen den Lehrer abschalten können. Eine solche Schule würde nicht sehr lange funktionieren. Eine analoge Situation erleben wir heute beim Fernsehen: Die mittlere Sehdauer verkürzt sich. Wir stellen fest, dass ein Großteil der Zuschauer eine Sendung nicht mehr vollständig anschaut. Viele Fernsehmacher sind deshalb dankbar, wenn überhaupt noch 20 Minuten einer 40-minütigen Sendung rezipiert werden.

Das führt dazu, dass Wissensvermittlung, die auf aufeinander aufbauenden Prozessen basiert, bei denen ich zunächst eine Grundlage schaffen muss, von der aus ich dann sukzessive fortschreite, angesichts einer solchen Sehgewohnheit kaum eine Chance hat. Man kann sagen, das Mediennutzungsverhalten bedingt eine stimulusreiche, aber eben keine erkenntniszentrierte Erzählweise. Das führt zu dem eingangs von Ihnen erwähnten Effekt: Die Zuschauer glauben zu verstehen, aber sie verstehen oft nicht.

Eine paradoxe These: Das Fernsehen könnte im Sinne eines aufklärerischen Anspruchs eigentlich ein hervorragendes Massenmedium sein, aber würde es gemäß den Erfordernissen von Bildungsprozessen gestaltet, wäre es ein Medium, wo keiner zuguckt.
Es ist so widersprüchlich, dass im Falle einer Wissenssendung wahrscheinlich die beste Ausnutzung darin besteht, dass viele Lehrer diese Sendung im Unterricht nutzen. Plötzlich haben wir nicht mehr die Situation der allabendlichen Couch, auf der ich sehr schnell umschalte, sondern die Schüler werden geradezu gezwungen, eine Sequenz von A bis Z zu schauen, und plötzlich stellt sich bei ihnen das Gefühl ein, den einen oder anderen Prozess tatsächlich verstanden zu haben.

Der zweite Punkt ist, dass dieses Medium immer noch im Begriff ist, sich im Kontext der anderen Medien zu etablieren und dabei eine bestimmte Rolle zu übernehmen. Fernsehen konkurriert hinsichtlich des Zeitbudgets mit anderen Beschäftigungen wie beispielsweise Lesen oder Radio hören. Dabei schält sich zunehmend heraus, dass die eigentliche Stärke des Fernsehens die Unterhaltung ist. Mit Fernsehen vertreiben wir uns die Zeit. Wir finden also ein ›setting‹ vor, bei dem viele Menschen den Fernseher nicht einschalten, weil sie etwas von der Welt verstehen wollen, sondern das Motiv des Einschaltens ist zu relaxen.

Durch die immer stärker werdende Fragmentierung des Mediums, durch die wachsende Zahl der Kanäle sowie den stärker werdenden Druck, mit alternativen Medien und Freizeitangeboten zu konkurrieren, dem auch gerade Wissensformate ausgesetzt sind, werden wir immer mehr zu Vortragenden auf einer lauten Kirmes. Wissensformate konkurrieren in ihrem Unterhaltungswert mit dem leidenschaftlichen Fußballspiel oder dem Krimi im Nachbarkanal. Auf einer Kirmes, wo Schießbuden und Tombolastände nebenan stehen, eine gute Vorlesung zu halten ist äußerst schwer.

Hinzu kommt, dass das Medium Fernsehen eine passive Struktur aufweist, ja es ist viel passiver als jedes andere Medium, weil es nicht einmal Fantasie fordert. Wenn ich ein Buch lese, ist es trivial: Ich habe nur Buchstaben, alles andere ist Fantasie, entsteht in meinem Kopf. Beim Fernsehen hingegen bekomme ich alles fertig präsentiert und das in einer zum Teil durch die Gesetze der Werbung angetriebenen Dynamik, sodass ich am Ende des Tages, vor dem Fernsehgerät sitzend, meine Gehirnaktivität relaxend geradezu nach unten fahre.

Ein erfolgreicher Rezeptionsprozess im Kontext von Wissen und Wissen verstehen setzt aber voraus, dass die Gehirnaktivität nach oben geht. Ich nutze nun ein Medium, bei dem genau das Gegenteil der Fall ist. Das Medium selbst unterminiert also gewissermaßen meine Absicht, Wissen zu vermitteln.

Das Fernsehen kommt, wie Sie eingangs erwähnt haben, entwicklungsgeschichtlich langsam zu sich selbst. Es blickt in den Spiegel und stellt erstaunt fest: »Ich bin ein Unterhaltungsmedium und kaum mehr als das.« Wenn diese Selbsterkenntnis stimmt, ist es dann nicht unsinnig, im TV einen Inhalt

Die systematische Überforderung des Rezipienten und das Wissenschaftsfernsehen der Zukunft

anders als mit den Mitteln der Unterhaltung aufzubereiten, um Massen zu erreichen? Im Fernsehen ambitionierte Wissenschaftssendungen zu machen ist dann womöglich ehrenwert, aber verlorene Liebesmüh.

Das hängt davon ab, ob man den Transformationsprozess dieses Mediums mit dieser Selbsterkenntnis im Wesentlichen für abgeschlossen hält, was ich nicht glaube. Wenn ich die Entwicklung des Fernsehens im Detail betrachte, dann stehen wir noch nicht am Ende, sondern befinden uns mittendrin.

In seinen Anfängen war das Wissenschaftsfernsehen tatsächlich kaum mehr als die Visualisierung eines Vortrags, weil das junge Medium noch keine Erfahrung mit sich selbst hatte und sich deshalb dramaturgisch am Ideal des universitären Vortrags orientiert hat. Heute weist das Medium eine Eigendynamik auf, die einer so gearteten Wissensvermittlung gerade abträglich ist.

Ich bin überzeugt, dass wir in zehn Jahren ein tief greifendes Rearrangement der Medienlandschaft vorfinden werden: Das Internet wird sehr viel intensiver als Distributionsweg genutzt werden, und wir werden im Grunde genommen nur noch wenige kollektive Großprozesse erleben, die wir dann gemeinsam irgendwo teilen: die Fußball-WM oder »Wetten, dass …?«.

Abseits solcher Kollektivereignisse müssen wir uns allerdings fragen, inwieweit das Fernsehen Gefahr läuft, sich als eigenständiges Medium dadurch zu zerstören, dass es die stetige Ausdifferenzierung seiner Angebote so weit treibt, dass kein Kern mehr zu erkennen ist.

In dem Moment, wo ich nicht nur mehr die Auswahl zwischen 30 oder 300 Sendern habe, die synchron laufen, sondern wo ich durch das Internet zusätzlich ›on demand‹ unabhängig von der Zeitebene auswählen kann, eröffnen sich zugleich auch spannende Möglichkeiten für das Fernsehen der Zukunft. Denn ein wichtiges Motiv aufseiten der Zuschauer wäre dann, etwas Spezielles wissen zu wollen, und man würde jederzeit gezielt eine Sendung aufrufen können, die meinen Ansprüchen genügt.

Das Fernsehen ist momentan immer noch ein Wundertütenpaket. Wenn ich Glück habe, läuft gerade irgendeine Dokumentation, wenn ich Dokumentationen anschauen möchte, aber das ist nicht immer der Fall. Unter Umständen wird die Differenzierung des Mediums über den digitalen Weg dazu führen, dass eine Nische innerhalb dieser bildbasierten Medien entsteht, die vielleicht sogar besser zur Wissensvermittlung geeignet ist als das Fernsehen, was wir heute kennen. Aber werden diese Spartenkanäle noch finanzierbar sein? Wird man noch in der Lage sein, mit denselben opulenten Bildern und Prozessen zu hantieren wie heute?

Wissenschaftsfernsehen ist Minderheitenfernsehen?

Wenn man nach Pompeji geht, dann sieht man ein schönes Theater, in dem etwa 300 Personen Platz fanden. Etwa 700 Meter davon entfernt gibt es ein mächtiges Amphitheater, in dem Blut floss. Dort fanden vor bis zu 20.000 Zuschauern die spektakulären Kämpfe der Gladiatoren statt. Wir sollten uns also nicht mehr der Illusion hingeben zu meinen, es sei früher anders gewesen – Wissensvermittlung war immer etwas für Minderheiten. Der Hauptattraktor war früher ebenso wie heute das Blut.

Der Unterschied ist nur, dass das Fernsehen sehr viel Geld kostet und nur dann überleben kann, wenn die Masse auch zuschaltet, im Gegensatz zum vergleichsweise preiswerten Printmedium. Die Fachsendung wird unter Umständen verlieren, weil sie in der Genese zu teuer ist und im Vergleich zum Rest zu wenige Zuschauer findet. Das Theater in Pompeji hätte schließen müssen, wenn es nur noch 20 Zuschauer angezogen hätte; das ist ein bisschen die Situation, die wir heute haben.

Welche Auswirkungen hat das Phänomen des Zappings auf den Erfolg von Wissensvermittlung im Fernsehen?
Das Zapping ist unter informationstheoretischen Gesichtspunkten ein überaus spannender Prozess: Junge Menschen sind in der Lage, zeitgleich Informationsflüsse zu verfolgen, die auf verschiedenen Kanälen ablaufen. Sie schauen so gleichzeitig nicht eine, sondern drei Sendungen.

Der Linearität des Mediums gemäß findet Wissensvermittlung im Fernsehen durch ein sukzessives Fortschreiten von einem Erklärungsstück zum nächsten statt. Die Zapping-Kultur clustert hingegen Wissen; ich habe dann kein linear strukturiertes Wissen mehr. Das kann zur Folge haben, dass wir die Wissensvermittlung dem Rezeptionsverhalten junger Menschen anpassen müssen, dass wir sie so aufbauen müssen, wie junge Menschen sich heute zum Beispiel mit technischen Geräten auseinandersetzen.

Obwohl junge Leute heute eine Betriebsanleitung nicht mehr von A bis Z lesen, sondern probieren und ein Trial-and-Error-Spiel daraus machen, wissen sie am Ende, wie es geht. Ich sehe das nicht als Götterdämmerung, sondern als einen Wandel in der Art unseres Zugriffs auf Informationen. Ob es dem Fernsehen gelingen wird, auf die – auch durch das Internet induzierten – neuen Rezeptionsgewohnheiten adäquat zu reagieren, und wie Wissen zukünftig so verpackt werden kann, dass sich in der Konkurrenz vieler Häppchen ein Gesamtbild ergibt, wird sich zeigen. Die alte Linearität des Wissens wird sich jedoch auflösen.

Würde dann eine einheitliche Dramaturgie obsolet werden?
Es gibt Mikro- und Makro-Dramaturgien. Wenn man heutzutage mit jungen Menschen spricht und ihnen ein Stück von Orson Welles zeigt, dann stellt man fest, dass sie absolut nicht mehr bereit sind, sich mit der Langatmigkeit dieser Dramaturgie zu synchronisieren. Heute läuft das anders ab, aber ich glaube dennoch, dass es eine Dramaturgie gibt, die über lange Strecken führt, auch wenn sie anders gestaltet werden muss als zu Welles' Zeiten.

Das ist wie bei einem Fußballspiel: Es dauert seine zweimal 45 Minuten, aber im Kern ist es aus einem Mosaik kleiner dramaturgischer Einzelerlebnisse zusammengesetzt. Die Frage ist, schafft man es – so wie bei einem Fußballspiel –, aus diesen kleinen Erlebnissen, die mitunter auch noch mal genauer reflektiert oder in Zeitlupe kommentiert werden, trotzdem ein Gesamtbild zu schaffen? Unter Umständen funktioniert das. Das könnte zur Folge haben, dass wir ein Häppchenfernsehen haben, das, statt dass wir eine Sendung 45 Minuten am Stück sehen, uns Teilbereiche daraus zeigt. Möglicherweise können diese Teilbereiche in dem Mosaik am Ende dieselbe Wirkung haben wie eine 45-Minuten-am-Stück-Sendung.

Ließe sich das, was Sie da so visionär beschreiben, unter dem Begriff Collage fassen?
Es ist Collage, aber diese Darstellungsweise wird wohl auch dadurch evoziert, dass unsere Wahrnehmung von Welt in gewisser Weise selbst den Charakter einer Collage annimmt. Zu

Die systematische Überforderung des Rezipienten und das Wissenschaftsfernsehen der Zukunft

Beginn des 19. Jahrhunderts gab es kaum optische Impulse, die Städte waren ziemlich farblos, und Information hatte einen besonderen Wert und wurde komplett rezipiert. Heute werden die Städte von Werbetafeln, Reklamen und visuellen Eindrücken überschwemmt, sodass die Rezeptionskultur eher dahin führt, sich aus der überbordenden Vielfalt sein eigenes Bild zusammenzufügen.

Das kann sich auch auf Wissenssendungen beziehen. Unter Umständen weiß ein Zuschauer nicht mehr eindeutig zuzuordnen, woher er sein Wissen hat, sondern es ist ein Mix mit unbekannter Herkunft. So ähnlich wie der junge Mensch, der heute eben nicht mehr die Betriebsanleitung lernt; am Ende kann er den Computer oder das Mobiltelefon bedienen; woher dieses praktische Wissen stammt, kann er jedoch nicht mehr eruieren.

Der Medientheoretiker Walter Benjamin war der Meinung, man könne das 19. Jahrhundert nur begreifen, wenn man wie in einer Collage aus allen Teilbereichen der Gesellschaft, von der Wirtschaft bis zur Kunst, Zitate sammelt und so in der Gesamtschau all dieser Zitate das 19. Jahrhundert nachträglich erneut erzeugt. Die Idee dahinter war aber, dass wir noch eine Vorstellung vom Ganzen haben, dass noch so etwas wie eine konsistente Theorie des Jahrhunderts denkbar ist.
Sie beschreiben nun eine Collage, der dieses verbindende Moment weitgehend fehlt: Der Zuschauer sammelt Informationsbausteine, möglicherweise entsteht daraus sogar Wissen, aber es bleibt ein Wissen ohne Kontext. Ich kann Geräte bedienen, aber ich verstehe sie nicht mehr. Und ich muss sie auch nicht verstehen, denn im Grunde geht es nicht um Wissen in Kontextbezügen, sondern um funktionales Wissen in dem Sinne, dass ich mich damit zwar in meiner Welt behaupten kann, den Grundlagen dieser Welt aber zunehmend ratlos gegenüberstehe.

Erinnere ich mich an das Auto meiner Studentenzeit, dann gab es noch eine Kultur des Schraubens, eine Kultur des Selber-Reparierens, eine Kultur des Vergaser-Einstellens. Heutige Autos zeigen eine glatte Oberfläche und, wenn man Glück hat, irgendwo ein ›plug-in‹ für einen Diagnostik-Computer. Die Erwartungshaltung, ein technisches Gerät so zu verstehen, dass wir es selbst reparieren können, haben wir heute nicht mehr.

Heißt das, dass heutige junge Menschen schlechtere Autofahrer sind? Nein. Heißt das, dass junge Menschen heute weniger über Technik wüssten? Nein. Die Art der Anwendung von Technik ist hingegen eine völlig andere geworden. Junge Menschen überlegen sehr wohl, was man mit Computern machen kann oder wohin Entwicklungen führen. Wir erleben ja keinen Erkenntnisstillstand, sondern beobachten im Gegenteil eine enorme Dynamik. Es hat sich zunächst nur die alte Kategorie des direkten Reproduzierens von Wissen aufgelöst, was sich auch an Wissenssendungen zeigt.

Die ersten Wissenssendungen, die ich bei Berufsanfang gesehen habe, waren bessere Kochrezepturen für wissenschaftlich-technische Assistenten. In den Beiträgen wurde genau erklärt, wie viele Minuten die DNA bei welcher Temperatur wie zentrifugiert werden muss, um zu einem gewünschten Ergebnis zu gelangen. Mittlerweile haben wir verstanden, dass wir das nicht mehr brauchen, was aber nicht unbedingt bedeutet, dass wir schlechter verstehen.

Wir haben vielmehr die Ebenen gewechselt und wandern heute eher auf zwei Verstehensebenen. Auf der basalen Ebene suchen wir nach wie vor zu begreifen, was die fundamentalen Prinzipien sind, nach denen die Welt funktioniert. Das ist die elitäre Welt der Experten. Auf der praktischen Ebene spielt hingegen die sinnvolle Anwendbarkeit des Wissens aus der Perspektive des Rezipienten eine viel größere Rolle.

Das technische Wissen ist in einer Welt, die zunehmend komplexer wird, nicht mehr das, was im Vordergrund steht, weil für den Einzelnen eine universelle technische Kompetenz absolut unerreichbar geworden ist. Dass ich mich auf der ›work bench‹ in der Biochemie vielleicht auskennen kann, aber spätestens beim Gang in das nächste Labor bei der Konfigurierung eines Computer-Netzwerks scheitere, führt dazu, dass wir einen Rückzug aus der Spezialisierung hin in eine andere Welt haben.

Wissen bedeutet heute eben nicht mehr jenes reproduzierbare, eng an die Wissenschaft gekoppelte Wissen, sondern mutiert zunehmend zu einem Mosaik an Impressionen, die ein Bild ergeben. Aber dieses Bild beantwortet nicht die Frage und kann sie nicht mehr beantworten, wie tue ich das oder wie kommt man dahin, sondern ist viel stärker von emotionalen Faktoren genährt, von Gesamteinschätzungen, von Clustern, die oft nicht mehr in ihrer Schichtigkeit benannt werden, die aber trotzdem zu einer Meinungsbildung bzw. zu einem Wissen in Anführungszeichen führen.

Die erfolgreichsten Sendungen sind aber trotzdem diejenigen, die fragen, wie die Wurst in die Pelle kommt.
Das ist eine Spezialkategorie. Diese Spezialkategorie bezeichne ich als Klarheit in der komplexen Welt. Solche Sendungen wollen dem Zuschauer zumindest das Gefühl vermitteln, die Welt besser zu verstehen. Sie reagieren auf das Bedürfnis nach Orientierung in einer Welt, in der ich zum Beispiel nicht mehr weiß, was ich esse oder woher meine Lebensmittel stammen. Wenn wir aber ehrlich sind, ist es gar nicht unser Ziel, wirklich die Welt besser zu verstehen, sondern die meisten Menschen wollen einfach besser in dieser Welt zurechtkommen.

Muss ich verstehen, wie die Wurst in die Pelle kommt, damit ich die Wurst kaufe oder damit sie mir schmeckt? Vielleicht ist ein ganz anderes Wissen wichtiger. Ich glaube auch, dass die meisten Ärzte nicht wissen, wie die Injektionsnadeln in die Verpackungen kommen. Sind sie deshalb schlechtere Ärzte? Ihre Fragestellung ist einfach eine andere, und ich glaube, so ähnlich verhält es sich auch bei uns Zuschauern oder Bürgern. Es ist der Job von Spezialisten, Würste in die Pelle zu setzen oder Motoren unter die Haube zu bauen; ›we take it for granted‹, wir müssen es nicht mehr nachstellen.

Ich frage mich die ganze Zeit, wieso die Leute 90 Minuten ein Fußballspiel sehen.
Das Spannende beim Fußballspiel ist nicht nur, warum die Leute 90 Minuten ein Fußballspiel verfolgen, sondern auch, warum sie die zweieinhalb Stunden vorher und nachher vor dem Fernseher sitzen bleiben. Ich glaube, es ist eine tiefe gesellschaftliche Sehnsucht einer fragmentierten Gesellschaft, manchmal Cluster der Gemeinschaftlichkeit zu erleben.

Im WM-Sommer sahen wir das sehr schön an den ›public viewing‹-Events zur Fußball-Weltmeisterschaft, die einen enormen Zulauf hatten; die Menschen versammelten sich trotz miserabler Bild- und Tonqualität auf großen Plätzen vor Leinwänden, um die Spiele kollektiv zu erleben. Es gab einfach ein Fluidum von Gemeinsamkeit, das durch diese Menschen ging, und ich glaube, das sind Gegenreaktionen zu der Segmentierung durch das Internet.

Die systematische Überforderung des Rezipienten und das Wissenschaftsfernsehen der Zukunft

Je mehr unser Alltag segmentiert, desto stärker wird das Bedürfnis nach gemeinsamen Kollektivereignissen. Im Zeitalter des differenzierten Bürgers werden zunehmend willkürlich gesetzte Ereignisse kollektiv zelebriert. Das hat nichts mehr mit Rezeption im engeren Sinne zu tun, sondern ist Ausdruck eines gesellschaftlichen Bedürfnisses.

Können auch Wissenschaftsthemen zum Anlass kollektiver Aufmerksamkeit werden?
Das gilt interessanterweise auch für Wissenschaftsthemen; von Zeit zu Zeit ist es machbar. Die erste Mondlandung wäre ein prägnantes Beispiel. In solchen Momenten kann auch Wissenschaft gleichsam zum Katalysator eines Gemeinschaftsgefühls werden. Eine Sonnenfinsternis ist ein anderes schönes Beispiel dafür. Da funktioniert das. Aber es liegt nicht in der Natur der Wissenschaft, es zu tun.

Das Interview führten Holger Hettwer und Franco Zotta.

VI Wissenschaftsjournalismus international

Science Journalists Face Different Situations but Cooperate Worldwide

Jean-Marc Fleury

Within journalism, science journalists can be seen as a special breed (Marcotte and Sauvageau 2006). To some seasoned observers of journalism, the science journalists seem more driven by their passion for science and for educating the public than by a legitimate journalistic empathy to answer the public's needs and demands. This commitment to share the fruits of science with the public would classify them more as educators than true reporters.

According to Philippe Marcotte and Florian Sauvageau, another singularity of science journalists would be their propensity "at grouping and mingling together" (ibd.), to the extent that they created a *World Federation of Science Journalists (WFSJ)*, which is itself a grouping of associations of science journalists.

Any science journalist that has participated in this 'grouping and mingling' would recognize in the above assessment echoes of a familiar debate: some colleagues definitively and openly see themselves as educators, while others go as far as refusing to identify themselves as science journalists and insist that they are journalists, period.

This debate about the science journalist as an educator is a good entry point to describe the differences in how science journalism is practiced in different regions of the world.

Many developing country science journalists have no qualms about it; they are proud educators. They rise to the challenge as outlined by an Indonesian pediatrician "to learn about a field, process the information and present it to different publics in ways that will be understandable, practical and convincing" (Dr. Nafsiah Mboi quoted by Amor 1987: 18). In the younger countries of Africa, Asia and Latin America, there is still a strong tradition to expect science journalists to stimulate scientific vocations, educate the public and contribute to build modern nations.

This 'nation-building' role given to science journalism in the developing world has been most welcomed and encouraged by international organizations like *UNESCO*. It has also found many allies amongst the science journalists of the so-called developed world. Support for the role of the science journalist as educator can be seen as the main reason that initiated the process that lead to the creation of the *World Federation of Science Journalists*, in 2002, in Brazil.

Science Journalists Face Different Situations but Cooperate Worldwide

Science Journalists Worldwide

The International Federation of Journalists, the world's largest organisation of journalists, was first established in 1926. In the realm of specialized journalism, the *Society of Environmental Journalists* was founded in 1990. But science journalism has been late at organizing itself on an international scale.

Individual science journalists and science communicators have been loosely linked for nearly 40 years through the *International Science Writers Association (ISWA)*. For even longer, numerous associations have grouped science journalists at the national and regional levels. For example, the *Journalists' Association for Technological-Scientific Publishing (TELI)*, in Germany, was created in 1929, while the U.S. *National Association of Science Writers (NASW)* was founded five years later. But these associations have only recently formally joined in a single world federation.

The crucial steps leading towards the creation of an international federation of associations of science journalists were taken during five international meetings of science journalists, held from November 1992, in Tokyo, to October 2004, in Montréal.

First steps in Tokyo in 1992

The first of these conferences was the brainchild of Arthur Bourne, an English science writer who was then President of the *European Union of Science Journalists' Association (EUSJA)*. His proposal found fertile ground at *UNESCO*—and in Japan.

In the early 90s, Japan was enjoying an economic boom. Holding the *First World Conference of Science Journalists (WCSJ)* was an opportunity to showcase its science and technology. Japanese science writing, as a form of journalism rather than a mechanism to educate and popularize science, was emerging as a distinct discipline. Its proponents, particularly Kenji Makino, a science journalist and professor of sociology at the Science University of Tokyo, saw the World Conference as an opportunity to lessen the role of the science journalist as educator while strengthening its role as a reporter and analyst.

One direct result of the Conference was the establishment of the *Japanese Association of Science and Technology Journalists (JASTJ)*, in July 1994. "JASTJ is rightly the fruit of WCSJ 1992", says Ms. Mariko Takahashi, science editor at the newspaper *Asahi Shimbun*.

The First World Conference of Science Journalists was seen as an opportunity for *UNESCO* to encourage science journalism worldwide so it could play its educating and modern nation-building role while offering science journalists from Africa, America, Asia, Europe, and Latin America, an opportunity to meet face to face, in many cases, for the first time. The financial backing came through the *National Federation of UNESCO Associations* in Japan and a host of private corporations. *EUSJA, ISWA*, and the *Ibero-American Association of Science Journalism (AIAPC)* served as co-organizers.

According to Fabiola de Oliveira, professor of Science Journalism at Universidade do Vale do Paraíba (Brazil), who participated in the *First World Conference of Science Journalists* and organized the third, the journalists and science publishers who attended the Tokyo conference were also concerned about the science and technology information gap between the developed and developing countries. They recommended that all science journalists assist their colleagues throughout the world and that science journalist organizations provide assistance to new developing associations.

In the 'Tokyo Declaration' issued at the end of the Conference, the 165 science delegates from 31 countries asked *UNESCO* to "encourage the establishment of new associations of science journalists", "initiate linkages between existing science journalists associations", and "sponsor further conferences".

István Palugyai, science journalist at *Népszabadság* newspaper (Budapest), planted the idea of an international body in the minds of delegates. In the end, largely at his insistence, the 'Tokyo Declaration' recommends that *UNESCO* and its partners support linkages that would lead to the establishment of "a truly global network".

Budapest 1999: the idea of a world federation

The concept of a world federation was explicitly described for the first time in Budapest, in November 1999, during the *Second World Conference of Science Journalists*.

Again, *UNESCO* was given a central role and asked to support "the establishment of a world federation of science journalists and national and international science journalists' associations" ('Budapest Declaration'). For some key actors behind the creation of *WFSJ*, the *UNESCO* umbrella was necessary and welcome, but they also felt they needed wider support. They were faced with a real dilemma. They knew they needed solid support from a wider variety of Western associations, particularly from the United States and Britain. The 'educators' needed to bring on board more 'reporters'.

The science journalists from Europe and the developing world who strongly wanted to create the World Federation again found a strong ally with Japan. Japanese science journalists, led by Kenji Makino, organized the *International Conference of Science and Technology Journalists (ICSTJ)*, 24–26 October 2001. Answering a demand from the Japanese government to showcase national S&T—the *National Museum of Emerging Science and Innovation (Kagaku-Miraikan)* had opened in July—, Kenji Makino could highlight his *Japanese Association of Science and Technology Journalists* but he now also wanted to provide a platform for the creation of the *World Federation of Science Journalists*.

The proceedings of *ICSTJ* reflect the tension between those in favour and those questioning the usefulness of *WFSJ* (JASTJ 2001). While there is specific mention of *WFSJ*, it is only to say that "During the conference, it was proposed that preparations get underway for the establishment of the *World Federation of Science Journalists (WFSJ)*" (Greeting by Makino and Kazuki Okimura quoted by JASTJ 2001).

As a result of these informal meetings, a first draft of the *WFSJ* constitution was written by Werner Hadorn of Switzerland, then President of *EUSJA*. Most of the signatories signed reluctantly, concerned that they were officially representing anyone other than themselves. Finally, it was decided that the *World Federation of Science Journalists* would become a reality at the *Third World Conference of Science Journalists*, in Brazil, in the autumn of 2002.

Science Journalists Face Different Situations but Cooperate Worldwide

The *World Federation of Science Journalists*

For the *WFSJ* proponents, the time between Tokyo and Brazil continued to be a 'risky period'. The idea of the Federation had strong support within the developing world, largely because of the expected modern nation-building potential role of science journalism. *WFSJ* advocates from the South could rely on the support of Werner Hadorn, as president of *EUSJA*. But opinion in the *EUSJA* membership itself was split. As President of *ISWA*, James C. Cornell also admits that he originally saw *WFSJ* as the 'usurper'. Now, he sees *WFSJ* more as the logical 'successor' to *ISWA*.[1]

In São José dos Campos (Brazil), at the *Third World Conference of Science Journalists*, 24–27 November 2002, a new and expanded draft of a constitution for the eventual *World Federation of Science Journalists* was agreed upon by the delegates. According to its constitution, *WFSJ* intends to "support the professional training of science journalists, especially young journalists in the developing world. One major goal is to assist the formation of science journalists' associations in countries where there are none and energise existing organizations" (WFSJ 2002).

After 10 years of discussions the *WFSJ* founders elected the first *WFSJ* executive board on 27th November 2002 in São José dos Campos.

Finally, at the *Fourth World Conference of Science Journalists*, held in October 2004, in Montréal, Canada, the international body of science journalists in attendance, including WFSJ's most sceptical critics, enthusiastically embraced the creation of the WFSJ. The Federation currently includes some 36 member associations, from all continents.

Different state of science journalism

As much as the initial drive for the creation of the *World Federation of Science Journalists* came from the 'educators', the different perspectives can now be said to be well represented within the Federation.

For Kenji Makino, these perspectives represent stages in the evolution of the profession, from educators and spokespersons of the scientific community and governments to independent investigators who question scientists and governments and are exclusively guided by the interests of the public. "Although these roles (reporting S&T to the public, educating the public and reviewing S&T for the public) are currently being carried out, my view is that in the future the editorial criticism of reviewing S&T will become even more important" (Makino quoted by Japanese Organizing Commitee 1992: 52).

Tragically, it is in developing countries, where there are pressing development problems and strong arguments for the media to educate, that salaries for science journalists remain very low, where there are fewer science journalists, and the space and airtime allocated to them remains miniscule. In some instances, like in South Africa and the Gambia, science journalists might have to compete with a Health Minister who promotes herbal tea instead of

---

1 Personal communication.

ARV drugs. In Nigeria, where there are several science journalists, their articles and reports compete with a flood of coverage on the latest pseudo-traditional miracle cures. Sometimes, the urge to believe the local miracle maker is so strong that the science journalist who fights for the truth might have to fight for his safety, as can attest Diran Onifade, a reporter with the Nigerian Televison Authority and President of the *African Federation of Science Journalists*.[2]

In countries where Islam is strong, there is a fascination about extracting all science and technology from the Qur'an. Articles or programs describing 'scientific miracles' from Islam's holy book are so popular that they have created a unique special brand of science journalism. According to Nadia El-Awady, president of the *Arab Association of Science Journalist*, mainstream science is, "for the most part, hidden on inside pages, and coverage of scientific issues on prime-time television remains rare". In Egypt, for example, "science journalists must work with very limited budgets" resulting in "coverage usually based on short news stories or 'clips', orginating from material that is largely translated from Western sources", complains Ms. El-Awady (2003).

In Asia, Sri Lankan science writer Nalaka Gunawardene, describes an evolving situation for science journalism. The new, largely market-driven radio and TV stations tend to favour infotainment, newspapers and magazines try to mimic the television networks, and when science coverage does occur, it "tends to be very one-dimensional, very superficial" (Gunawardene quoted by WFSJ 2004: 57).

In China, political censorship and a closed management system limit effective science communication, according to Jia Hepeng, freelance science writer and founder of the independent *China Science Reporting Network* launched successfully in November 2007. At least, the crises with SARS and HIV/AIDS have persuaded top authorities in China to value scientific openness, even if the transition is causing short-term pain for some individuals and institutions (ibd.: 58).

Lisbeth Fog, science journalist and professor of science journalism in Colombia, says that "in most countries of Latin America, science journalists write their articles mainly for three reasons: to inform, to educate, and to entertain". In a survey of newspapers from six Latin American countries, Fog concluded that "the coverage of global science issues is good enough to keep people aware of what is happening in the worldwide scientific community" (Fog 2002), but she lamented the relatively poor coverage of local science. In most media, she observed that the good science reporting that exists depends more on the commitment of one individual than the support from the editors.

A mentors network for science journalists

The World Federation of Science Journalists hosts a diversity of opinion regarding science journalism. It recognizes national and regional differences in journalism practice, but wants to implement universal professional and ethical standards. This can lead to some interesting

---

2 Diran Onifade received threats after questioning a popular but inefficient AIDS cure. Personal communication.

dilemmas. For example, even an apparently benign and supposedly universal concept like 'narrative science journalism' (officially endorsed by *WFSJ*), for example, can be denounced as Western imperialism by some Eastern European science journalists or questioned as foreign by some African journalists.

But there is strong unanimity to help colleagues. *WFSJ*'s first major project, a mentoring program, puts 16 mentors from Africa, Europe, North America and the Middle East at the service of 60 African and Middle Eastern journalists. The mentoring program answers many of the wishes and recommendations made by the handful of science journalists who participated in these international conferences held since 1992 in Budapest, Montréal, São José dos Campos, and Tokyo.

The respective merits of the science journalists as 'educator' or 'reporter' will most probably continue to be debated for a long time and, who knows, might evolve in one particular direction, but there is no doubt that grouping, mingling and helping each other will continue in the worldwide community of science journalism.

Literature

Amor, Adlai. A Pinch of Salt and Eight of Sugar, the Media and Diarrhea in Asia. In *The unreported stories: mass media and science in the developing world,* edited by James C. Cornell. Proceedings of a symposium, May 29, 1986. International Science Writers Association. Cambridge, Mass. 1987.

Budapest Declaration of the Second World Conference of Science Journalists. Budapest. July 4, 1999. www.wfsj.org/conferences/page.php?id=43 (accessed February 22, 2007).

El-Awady, Nadia. Science in Egypt's media: High Hopes Regardless. February 19, 2003. www.islamonline.net/English/Science/2004/02/article05.shtml (accessed February 20, 2007).

Fog, Lisbeth. Science journalism in some Latin American countries: What's the deal? Transcript of paper presented at Workshop Science and the Media. Tobago, West Indies, February, 2002. www.scidev.net/ms/tobago/index.cfm?pageid=143 (accessed February 20, 2007).

Japanese Association of Science and Technology Journalists (JASTJ)(eds.). *Seeking Trends in Science and Technology Journalism for the 21st Century. Report of the International Conference of Science and Technology Journalists.* Tokyo, October 24–26, 2001. Tokyo 2001. (Also available online at http://ppd.jsf.or.jp/finished/icstj/eng/index.html, accessed February 22, 2007.)

Japanese Organizing Committee of the First World Conference of Science Journalists (eds.). *Proceedings of the First World Conference of Science Journalists.* Tokyo, November 10–13, 1992. Tokyo 1992.

Marcotte, Philippe, and Florian Sauvageau. Les journalistes scientifiques: des éducateurs? Enquête auprès des membres de l'Association des communicateurs scientifiques du Québec. *Les Cahiers du journalisme* 15, 2006. 174–195.

Tokyo Declaration. In *Proceedings of the First World Conference of Science Journalists,* November 10–13, 1992, edited by Japanese Organizing Committee of the First World Conference of Science Journalists. Tokyo 1992. (Also available online at www.wfsj.org/conferences/page.php?id=42, accessed February 20, 2007.)

World Federation of Science Journalists (WFSJ). Constitution. November 24, 2002. www.wfsj.org/about/page.php?id=27 (accessed February 20, 2007).

World Federation of Science Journalists (WFSJ). *Proceedings of the Fourth World Conference of Science Journalists. Reporting the future: Journalism meets emerging science.* Montréal, Québec, Canada, October 4–8, 2004. www.wfsj.org/conferences/page.php?id=41 (accessed February 20, 2007).

Wissenschaftsjournalismus in Europa

István Palugyai

Europa hat sich im Jahr 2000 in Lissabon das Ziel gesetzt, bis 2010 zum dynamischsten Wirtschaftsraum der Welt zu werden. Um dieses Ziel zu erreichen, ist es nicht nur unabdingbar, dass die Länder der Europäischen Union immer mehr Mittel für die Wissenschaft bereitstellen. Auch dem Verhältnis zwischen Wissenschaft und Gesellschaft kommt eine überragende Bedeutung zu.

In den USA ist schon früh erkannt worden, wie wichtig es ist, Öffentlichkeit und Politik über wissenschaftliche Erkenntnisse und Entwicklungen zu informieren. Im Vergleich dazu gibt es in Westeuropa einen erheblichen Rückstand, der im östlichen Teil des Kontinents sogar noch größer ist. Wegen dieser größeren Anstrengungen ist das öffentliche Erscheinungsbild der Wissenschaft in den USA positiver als in Europa – eine Situation, die eng mit dem Zustand des Wissenschaftsjournalismus korrespondiert (siehe Science communication in Europe 2003).

Im Europa der 25 Länder und der Schweiz ist das öffentliche Erscheinungsbild der Wissenschaft ziemlich gemischt und spiegelt stark die früheren politisch-gesellschaftlichen Differenzen zwischen den alten und neuen EU-Mitgliedern wider. Aber auch zwischen den alten Mitgliedstaaten sind die Unterschiede groß. Eine der größten Herausforderungen für die nächsten Jahre ist die Verringerung der verschiedenen Kommunikationsniveaus im westlichen und östlichen Teil Europas.

Drei Hauptfaktoren sind bestimmend für die Differenzen, die sich in Bezug auf die Lage des Wissenschaftsjournalismus zeigen: die Größe des Marktes, der wissenschaftsbezogene Informationen aufnimmt, der Entwicklungsstand der Wissenschaft und die Innovationsdynamik des jeweiligen Landes sowie die lokalen Medientraditionen.

Die Größe des Marktes kann wiederum aus zwei Hauptfaktoren abgeleitet werden, aus der Wirtschaftskraft des gegebenen Landes und der in ihm gebrauchten Sprache. Demnach lassen sich drei Hauptgruppen unterscheiden: die ›Länder der großen Sprachen‹, die der ›kleinen Sprachen‹ sowie die der ›kleinen Länder, die große Sprachen benutzen‹. In die erste und am stärksten privilegierte Gruppe gehören Großbritannien, Frankreich, Deutschland, Spanien und Italien. In die zweite Gruppe gehören Länder wie Schweden, Dänemark, die Niederlande, Griechenland oder auch Malta. Die Nationalsprachen dieser Länder haben vergleichsweise wenige Sprecher, was sich auf die Lage des Wissenschaftsjournalismus grundsätzlich negativ auswirkt, durch günstige andere Faktoren zuweilen jedoch auch ins Positive gewendet werden kann.

Die dritte Gruppe schließlich bilden Länder wie Österreich, die Schweiz, Belgien oder Irland. Für diese Länder ist kennzeichnend, dass sie häufig Zeitschriften und Fernsehprogramme aus Ländern ›größerer Sprachen‹ übernehmen, weil es weit weniger Möglichkeiten gibt, inländische Resultate wissenschaftlicher Forschung zu publizieren. Eigene Medien, die wissenschaftsjournalistisch ausgerichtet sind, gibt es in diesen Ländern nur wenige, und sie können häufig nur durch Subventionen am Leben gehalten werden.

Eine hoch entwickelte Wissenschaft und eine große Innovationsdynamik wirken sich vorteilhaft auf die Möglichkeiten des Wissenschaftsjournalismus aus, ebenso wie überdurchschnittliche Zuwendungen für diese Bereiche. Diese Situation ist etwa in Deutschland, Großbritannien und Frankreich gegeben, aber auch in ›Ländern kleinerer Sprachen‹ wie den Niederlanden, den skandinavischen Ländern oder in Irland. Es ist kein Zufall, dass hervorragende und findige wissenschaftsbezogene Fernsehprogramme gerade in Großbritannien, Frankreich und den Beneluxstaaten hergestellt werden, aber auch in den skandinavischen Ländern, in denen innerhalb der EU das meiste Geld für Wissenschaft aufgewendet wird und wo die in Eigenproduktion hergestellten, oft in der Hauptsendezeit ausgestrahlten öffentlich-rechtlichen Wissenschaftsmagazine sehr erfolgreich und populär sind (Palugyai 2004).

In Deutschland sieht man sowohl im staatlichen als auch im Privatfernsehen populäre, fachlich anspruchsvolle und sehenswerte wissenschaftliche Magazine. Anderswo aber, wo das Prestige von Wissenschaft und Innovation weniger entwickelt ist – wie in Portugal oder in Griechenland (als einzigem Land unter den alten Unionsmitgliedern, wo es keine Organisation für Wissenschaftsjournalisten gibt) –, bekommt auch die Wissenschaft kaum Platz in der Presse.

Der dritte Hauptfaktor ist die Tradition des Wissenschaftsjournalismus, die in Großbritannien, Frankreich und Deutschland am bedeutendsten ist, wo zudem große nationale Medienmärkte den Wissenschaftsjournalismus begünstigen. Es ist bezeichnend, dass die älteste wissenschaftsjournalistische Organisation der Welt, die *TELI* (*Technisch-Literarische Gesellschaft*), 1929 in Deutschland gegründet wurde. Hier erscheinen in den seriösen überregionalen Tageszeitungen, zum Teil auch in den Regionalzeitungen, wöchentlich oder sogar täglich Wissenschaftsseiten. Regelmäßig finden sich wissenschaftsbezogene Artikel auch in italienischen und spanischen Zeitungen. Doch ist das Bild stark durch nationale Eigenheiten getönt. Nach Einschätzung von Paola de Paoli (Präsidentin der *Unione Giornalisti Italiani Scientifici, UGIS*) wird z.B. in Italien der Wissenschaft in überregionalen Tageszeitungen zusehends weniger Platz eingeräumt, während sie in den regionalen und besonders in den wirtschaftsbezogenen Tageszeitungen mehr Aufmerksamkeit findet. Mit dem Einstieg junger Kollegen, die Wissenschaftskommunikation studiert haben, ist hier neuerdings eine Journalistengeneration vertreten, die sich vielfach durch neue Betrachtungsweisen auszeichnet.

In Irland hingegen beschäftigen die Verleger nach Einschätzung der Wissenschaftsjournalistin Anna Nolan angesichts des beschränkten Marktes nur wenige Wissenschaftsjournalisten in Vollzeitstellen – obwohl ausgezeichnete Universitätsabsolventen verfügbar sind. Nur eine Tageszeitung produziert hier regelmäßig eine Wissenschaftsseite. Das erste irische wissenschaftlich belehrende Magazin erscheint erst seit Kurzem.

Wissenschaftsjournalismus in Europa

In den neuen Mitgliedstaaten der EU ist zwar das gesellschaftliche Prestige der Wissenschaft höher als in den alten. Ihre Repräsentanz in der Presse ist jedoch in der Wendezeit eingebrochen und regeneriert sich parallel mit der wirtschaftlichen Entwicklung nur langsam; sie wird noch eine Weile hinter den westlichen Maßstäben zurückbleiben. In den Tageszeitungen gibt es oft noch keine Wissenschaftsressorts, und auch woanders werden nur wenige Wissenschaftsjournalisten beschäftigt. Die Publikationsmöglichkeiten für Journalisten sind gering, und auch die finanzielle Anerkennung von Wissenschaftsjournalisten bleibt meistens aus.

Die Definition, die ich Studenten des Wissenschaftsjournalismus üblicherweise gebe, sieht so aus: Der Wissenschaftsjournalist wird gewöhnlich als Übersetzer dargestellt, dessen Aufgabe es ist, das in den Gebrauch aller (der Laienöffentlichkeit) zu übertragen, was in der Sprache der anderen (der Gelehrten) erdacht worden ist. In Wirklichkeit leistet er jedoch viel mehr als eine bloße Übersetzungsarbeit: Er ermöglicht es uns, informiert zu bleiben über die vielfältigen Weltbilder, die man aus verschiedenen Sichtweisen konstruieren kann.
Eric Heilmann
Direktor des Masterprogramms Wissenschaftskommunikation, Universität Louis Pasteur, Straßburg

In den mittelosteuropäischen Ländern lassen kapitalkräftige westliche Unternehmen mehr und mehr populärwissenschaftliche Magazine (*National Geographic, Geo, P.M.-Magazin*) – mit geringerem inländischem Inhalt – erscheinen. Das populärwissenschaftliche Fernsehangebot besteht größtenteils aus synchronisierten wissenschaftlichen Dokumentarfilmen westlicher Sender (*National Geographic, Discovery Channel* usw.), die boulevardeske, auf Sensation und Katastrophe zugespitzte Töne anschlagen, während inländische wissenschaftsbezogene Fernsehformate nur mit kleinem Budget und nur gelegentlich hergestellt werden.

Eine Erklärung für diese Situation ist darin zu suchen, dass die Lehre der Wissenschaftskommunikation an mittel- und osteuropäischen Hochschulen weitgehend fehlt. Nur in Ungarn gibt es einen Kurs an einer Hochschule, dessen Organisation von der örtlichen wissenschaftsjournalistischen Gesellschaft übernommen worden ist.

Das Fehlen von Wissenschaftsressorts einerseits und das Fehlen von spezialisierten Ausbildungsmöglichkeiten andererseits bedingen, dass in den Führungsetagen von Medienorganisationen kaum realisiert wird, dass der Wissenschaftsjournalismus innerhalb der Journalistik genauso wie der Wirtschafts-, Kultur- oder auch Sportjournalismus ein eigenes Berufsfeld ist. Bezeichnend dafür ist, dass für Fußballübertragungen ausschließlich Sportjournalisten eingesetzt werden, wissenschaftliche Themen lässt man dagegen häufig von Journalisten behandeln, die über keinerlei Kenntnis des Berichterstattungsgegenstandes verfügen, obwohl physikalische oder biologische Themen wahrscheinlich schwieriger zu verstehen und zu kommunizieren sind als ein Fußballspiel.

Es kommt nicht von ungefähr, dass laut einer Eurobarometer-Erhebung aus dem Jahre 2002 46 Prozent der Befragten in den damaligen Kandidatenstaaten der Meinung waren, dass die fachliche Befähigung und Informiertheit der Journalisten, die über Wissenschaft berichten, nicht zufriedenstellend ist (European Commission 2002).

Die Akzeptanz der journalistischen Spezialisierung auf das Berichterstattungsfeld Wissenschaft ist nicht nur im östlichen Teil Europas ein Problem, auch anderswo in Europa gilt die Einstellung eines Wissenschaftsjournalisten immer noch als ein Luxus, während Journalisten für Kultur, Wirtschaft oder Außenpolitik für jede Tageszeitungsredaktion als unverzichtbar gelten. Besonders selten gibt es Wissenschaftsjournalisten bei Regionalblättern, was auch deshalb betrüblich ist, weil deren Bedeutung in ganz Europa wächst. Weitergehender noch gilt dies für Boulevardblätter und das Privatfernsehen, die gewaltigen Einfluss haben und in bestimmten Schichten ausschließlich gekauft und gesehen werden. Diese Blätter und Sender beschäftigen kaum Wissenschaftsjournalisten. Ihre Informationsvermittlung beschränkt sich weitgehend auf die Befriedigung des Bedürfnisses nach Sensationen.

Ein anderes Problem sind die Aufgaben der Wissenschaftsjournalisten innerhalb der Redaktion. Vor knapp einem Jahrzehnt war es auch bei den großen westeuropäischen Tageszeitungen noch üblich, dass die Wissenschaftsjournalisten nur auf wissenschaftsbezogenen Seiten publiziert haben. Vorrangig bemühten sie sich darum, die neuen Forschungsergebnisse, die in Fachzeitschriften (wie *Nature, Science*) veröffentlicht wurden, laienverständlich zu vermitteln. Die wissenschaftsbezogenen Informationen, die in den Tagesnachrichten vorkommen (Aids, Gentechnologie, Klimawechsel, Erdbeben, Raumfahrt), ließen die Redakteure nicht von ihnen schreiben.

Diese Praxis wurzelte in der Haltung, dass Wissenschaftsjournalisten keine wirklich journalistischen Fähigkeiten aufzuweisen hätten und Nachrichten, Ergebnisse und Ereignisse des Forschungslebens lediglich kritiklos vermittelten. Glücklicherweise wandelt sich dieses Bild vor allem im westlichen Teil Europas zunehmend. Hier brechen Wissenschaftsjournalisten vermehrt aus den ›Gettos‹ der wissenschaftlichen Seiten aus.

In meiner eigenen Redaktion, der von *Népszabadság* (Volksfreiheit), der größten und maßgebenden ungarischen Tageszeitung, werden auch für die Nachrichtenseite Berichte zu Themen wie Klonen, genmanipulierten Lebensmitteln, Vogelgrippe oder alternativen Energiequellen von Mitarbeitern des Wissenschaftsressorts verfasst. Wenn eine Übersicht über solche Themen vorbereitet wird, wird diese von den Wissenschaftsjournalisten in Zusammenarbeit mit Kollegen anderer Ressorts erstellt.

Wichtig für die Anerkennung des Wissenschaftsjournalismus als Beruf ist aus meiner Sicht auch, ob sich im betreffenden Land eine wissenschaftsjournalistische Organisation erfolgreich betätigt. Vom Gedanken ausgehend, dass Wissenschaftsjournalismus – seine Themen und Quellen betrachtend – mindestens so international ist wie die Wissenschaft selbst, haben 1971 wissenschaftsjournalistische Organisationen von sieben westeuropäischen Ländern (Österreich, Belgien, Frankreich, den Niederlanden, Großbritannien, Deutschland und Italien) die *Europäische Union der Wissenschaftsjournalistenverbände (European Union of Science Journalists' Associations, EUSJA)* gegründet, die seitdem 2.500 Journalisten zusammenfasst und sich zu einem Dachverband mit 24 Mitgliedern ausgeweitet hat.

Ziel von *EUSJA* ist es, die Kommunikation zwischen Wissenschaft und Gesellschaft in Europa zu fördern und die Verbindungen zwischen den Wissenschaftsjournalistenverbänden und ihren Mitgliedern auszubauen und zu verstärken. Mitglieder sind die in den einzelnen

Ländern tätigen Journalistenverbände. Dabei ist dank der im Jahre 2006 eingeführten Änderungen auch eine Mitgliedschaft mehrerer Organisationen pro Land möglich. Das ist nicht nur dadurch motiviert, dass in einzelnen Ländern (z. B. in Deutschland) mehrere Wissenschaftsjournalistenverbände aktiv sind, bzw. dadurch, dass auch regionale Organisationen Mitglied werden möchten (Katalonien). Es ist auch dadurch motiviert, dass die in ihren Namen zwar einigermaßen unterschiedlichen Journalistenorganisationen einzelner Länder, die sich speziell der Medizin, der Technik oder dem Umweltschutz verschrieben haben, inhaltlich sehr ähnlich sind.

In der ersten Periode der Geschichte von *EUSJA* hatte der Verband nur westeuropäische Mitglieder. Ab 1990, nach der politischen Wende in Osteuropa, traten wissenschaftsjournalistische Verbände aus dem ehemaligen Ostblock bei, die größtenteils frisch gegründet oder selbstständig geworden waren. Diese sind indes weder hinsichtlich ihrer Organisiertheit noch ihrer Mitgliederzahl noch ihrer Finanzkraft so stark wie mancher westeuropäische Verband. Ungeheuer wichtig ist aber, dass sie mit westlichen Kollegen im Rahmen der *EUSJA* organisatorische und auch persönliche Kontakte geknüpft haben.

Zu den klassischen Formen der Kontaktaufnahme innerhalb der *EUSJA* zählen die Bildungsreisen, die von einer Mitgliedsorganisation im eigenen Land veranstaltet werden, wobei die aus dem Ausland eingeladenen Kollegen wissenschaftliche Institutionen und Universitäten besuchen.

In den letzten Jahren wurden von *EUSJA* auch einschlägige Fachkonferenzen und Seminare organisiert. So stellte der Verband wiederholte Male auf Einladung der Europäischen Kommission auf *EU*-Veranstaltungen Stände auf bzw. beteiligte sich zuletzt als Teilnehmer bei der Gestaltung eines großen europäischen Projektes, des ersten europäischen wissenschaftlichen Festivals *WONDERS*.

Dabei wurde deutlich, dass auch einige westliche Organisationen im Hinblick auf ihre Organisiertheit und Aktivität labile Gebilde sind. Mancherorts hatten sich wissenschaftsjournalistische Verbände zwischenzeitlich aufgelöst und haben sich erst jüngst wieder reorganisiert (Portugal, Norwegen, Belgien). Anderswo hingegen – wie z. B. bei dem größten europäischen, dem britischen Verband – finden regelmäßig Wettbewerbe statt, befassen sich Veranstaltungen mit Problemen freier Journalisten, und es wird eine eigene Zeitung herausgegeben (*The Science Reporter*). Ein solcher Organisationsgrad der berufsständischen Vereinigung verstärkt und unterstützt die Ausbildung eines eigenen beruflichen Selbstverständnisses.

Es gibt Länder, in denen die meisten Wissenschaftsjournalisten Mitglied in einem nationalen Verband sind, anderswo bleibt aber ein großer Teil der Wissenschaftsjournalisten den Organisationen fern – besonders Redakteure, die bei hochstehenden Zeitungen und Medien arbeiten. Allgemein wird befürchtet, dass neben dem täglichen Kampf um die Existenz nur wenigen die Zeit bleibt für den Aufbau einer Fachgemeinschaft, für Diskussionen mit Mitarbeitern anderer Redaktionen und für berufliche Fortbildungen.

Ein Langzeittrend ist jedoch, trotz aller Unterschiede und der in einigen europäischen Ländern spürbaren Schwierigkeiten, dass der Bedarf an wissenschaftlichen Informationen und so auch an Wissenschaftsjournalismus wächst. Dieser steigende Bedarf macht aber in jedem Land einheitliche Standards, entsprechende Ausbildung des Nachwuchses und moderne wissenschaftsjournalistische Denkansätze erforderlich.

Literatur

European Commission (Hrsg.). »Candidate countries Eurobarometer on Science and Technology« 3 2002. http://ec.europa.eu/public_opinion/archives/cceb/2002/2002.3_science_technology.pdf (Download 12.1.2007).

Palugyai, István. »Challenges of covering science in Europe 25«. 4. World Conference of Science Journalists, Montreal, Oktober 2004.

»Science communication in Europe«. *European Science Foundation Policy Briefing* 20 2003. www.esf.org/publication/153/ESPB20.pdf (Download 12.1.2007).

Wissenschaftsjournalismus in den USA: Eindrücke eines Korrespondenten

Jörg Blech

Was sind die Unterschiede zwischen den USA und Deutschland, wenn über Wissenschaft berichtet wird? Der Versuch einer Antwort wird subjektiv ausfallen, und er kommt aus der Feder eines deutschen Journalisten, der im Sommer 2005 in den Großraum Boston (Massachusetts) gezogen ist: Ich schreibe diese Zeilen in einem Eckbüro am Davis Square, der nördlich des Charles River in Somerville gelegen ist.

Das alternative Magazin *Utne Reader* zählte den Davis Square zu den »fünfzehn angesagtesten Orten« der USA, und in der Tat ist immer etwas los. Sechs Straßen laufen hier zusammen, und der Platz ist voll von Geschäften, Restaurants, Coffee-Shops und Kneipen. Alteingesessene (zumeist Italian Americans), Einwanderer, Hippies, Künstler, Studenten, Bettler leben hier ebenso wie immer mehr junge Berufstätige, welche die Mieten nach oben treiben. Die Harvard University, das Massachusetts Institute of Technology (MIT) und die Tufts University sind schnell zu erreichen.

Wenn die Vereinigten Staaten die größte Wissenschaftsnation der Welt sind, dann ist der Großraum Boston ihre Kapitale. Das ganze Jahr hindurch finden Hunderte von öffentlichen Lesungen und Fachvorträgen statt. Cambridge hat dank der akademischen Institutionen eine gebildete, liberale und schräge Einwohnerschaft. Ein Besucher aus Hamburg traf es auf den Punkt, als er das Treiben so kommentierte: »Wenn du hier einen abgerissenen Menschen siehst, kannst du nie sicher sein, ob es ein Obdachloser ist oder ein Professor.«

Cambridge und Boston wirken wie Magnete auf die schlauen Köpfe dieser Welt. Ständig reisen welche an: Jared Diamond von der University of California hält eine Vorlesung an der Harvard University; James Watson, Nobelpreisträger und Mit-Entdecker der DNA-Struktur, spricht am MIT. Da darf Joschka Fischer, ehemals Außenminister und im Herbst 2006 für ein Jahr Gastprofessor der Princeton University, nicht fehlen und kommt zum Vortrag an der John F. Kennedy School of Government in Cambridge.

Der einzigartige ›brain hub‹ Boston lockt Journalisten aus den ganzen USA an. Wenn der Verein *New England Science Writer* zu einer Veranstaltung lädt, erscheinen vierzig bis fünfzig Journalisten – immer eine gute Gelegenheit zu erfahren, was die Kollegen umtreibt.

Ähnliche Quellen, fremde Kulturen

Auf den ersten Blick fallen die Ähnlichkeiten auf: Journalisten, die über Wissenschaft, Technik und Medizin berichten, bedienen sich in den USA wie in Deutschland oftmals derselben Quellen. Fachblätter wie *Nature, Science, The Lancet* oder *The New England Journal of Medicine* werden auf beiden Seiten des Atlantiks ausgewertet und dirigieren – zumindest in den Nachrichten, den Online-Diensten und den Tageszeitungen – die Berichterstattung.

Die Antwort auf die Frage, was in den USA die Topthemen der Wissenschaftsjournalisten sind, fällt banal aus: in aller Regel das, was der Lauf der Welt vorgibt, die interessanten, relevanten und neuen Geschichten. Wenn koreanische Klonfälscher ertappt werden, wenn ein Seebeben Menschen ertränkt, dann steht das auf der ersten Seite, in den USA wie im Rest der Welt.

Gleichwohl setzen US-Redaktionen (man denke etwa an den *New Yorker*, das Magazin der *New York Times*, aber auch *Scientific American*) eigene Themen – wie deutschsprachige Medien auch. Ein systematischer Unterschied in puncto Themenfindung ist mir zwischen amerikanischen und deutschen Journalisten jedenfalls nicht aufgefallen.

Doch trotz der vielen Ähnlichkeiten ticken sie manchmal völlig anders. Klar geworden ist mir das im Januar 2006 auf einem Symposium zur Transplantationsmedizin in Tucson (Arizona). Die Stars des Treffens waren die französischen Ärzte Jean-Michel Dubernand und Bernard Devauchelle, die zwei Monate zuvor in Amiens die erste partielle Gesichtstransplantation der Welt gewagt hatten. Sie setzten einer 38 Jahre alten Frau einen dreieckigen Gewebelappen (Nase, Wangen und Mund einer toten Spenderin) ins Antlitz und nähten ihn fest. Das Transplantat entsprach in Größe und Hautfarbe jener Gesichtspartie, die der Empfängerin von ihrem Hund abgebissen worden war.

Nun sind die Franzosen ins entlegene Tucson gereist, um das Ergebnis der sensationellen Operation erstmals zu präsentieren: in einem Fachvortrag vor ärztlichen Kollegen und auf einer Pressekonferenz. Die etwa 50 anwesenden Journalisten sind von Agenturen, Zeitungen und TV-Stationen aus verschiedenen US-Staaten. Ich bin der einzige Journalist aus Europa und verstehe die Franzosen so: Die Operation sei alles in allem ein großer Erfolg gewesen. Die Patientin sei zufrieden mit dem Eingriff, und es gehe ihr gut. Der neue Mund funktioniere sogar so gut, erklärte Dubernand, dass seine Patientin damit wieder »Zigaretten raucht«. Ein Raunen geht durch den voll besetzten Raum, Dubernand zuckt mit den Schultern: »Das ist Europa.«

Am Morgen darauf kaufe ich am Flughafen von Tucson den *Arizona Daily Star*, der auf der ersten Seite wie folgt berichtet: »Die Patientin der ersten Gesichtsverpflanzung der Welt benutzt ihre neuen Lippen, um Zigaretten zu rauchen – was das französische Chirurgenteam, das die bahnbrechende Operation im November durchgeführt hatte, alarmiert. Die Giftstoffe im Zigarettenqualm könnten die Blutzirkulation beeinträchtigen, die für die anfällige, frisch verpflanzte Gesichtshaut von einer hirntoten Spenderin wichtig ist, sagten ihre Doktoren« (McClain 2006).[1] War ich auf einer anderen Pressekonferenz als der Kollege vom *Arizona Daily Star*? Habe ich Dubernands Ausführungen völlig missverstanden?

---

1 »The world's first face-transplant patient is using her new lips to smoke cigarettes, alarming the French surgical team that performed the pioneering surgery in November. The toxins in the cigarette smoke could impair blood circulation vital to the fragile, newly transplanted facial skin, taken from a brain-dead donor, her doctors said Wednesday« (McClain 2006).

Wissenschaftsjournalismus in den USA: Eindrücke eines Korrespondenten

Der Zufall will es, dass ich den Professor gleich fragen kann: Wir haben dieselbe Maschine nach Phoenix gebucht. Am Gate liest Dubernand den Artikel in aller Ruhe, schüttelt den Kopf und sagt dann mit beißendem Sarkasmus: »Meine Patientin raucht! Wenn ich nachher aus dem Flugzeug springe, wissen Sie warum!«

Dann klingelt sein Handy. Dubernand hört zu, schaut verdattert und fängt an, wild gestikulierend auf Französisch zu reden. Zehn Minuten geht das so, dann ist das Gespräch beendet. Der Anrufer, erklärt Dubernand kopfschüttelnd, war ein aufgeregter Journalist aus Frankreich. Er hat die Meldungen aus Tucson (von amerikanischen Agenturen für ihre Dienste in Europa übersetzt) gelesen und daraus geschlossen, die Gesichtsverpflanzung sei ein Fehlschlag gewesen – was der liebe Professor dazu zu sagen habe?

Das gleiche Spiel in Deutschland. Als ich vom Flughafen in meiner Redaktion anrufe und berichte, die Franzosen seien von den anderen Ärzten zum Verlauf der Gesichtsverpflanzung beglückwünscht worden, will man mir zunächst kaum glauben. Die Meldungen in den Tageszeitungen hätten doch einen ganz anderen Tenor. Als ich Dubernand erzähle, wie seine Ausführungen in Deutschland verbreitet wurden, schaut er ratlos – was nur ist da schiefgegangen auf der Pressekonferenz in Tucson?

Offensichtlich waren da kulturelle Unterschiede am Werk. Rauchen ist in den Vereinigten Staaten verfemt. Die Vorstellung einer rauchenden Patientin machte viele der anwesenden US-Journalisten taub für die Aussagen der französischen Ärzte. Deren Aussagen verdrehten sie ins Gegenteil. Die Einschätzung des Rauchens ist ein Beispiel für einen kulturellen Unterschied, der den Wissenschaftsjournalismus berührt. Ihm können weitere zur Seite gestellt werden: die in den USA große Furcht vor Bakterien, das Vertrauen in die Gentechnik oder etwa das Verständnis der Evolutionslehre (dazu später mehr).

Noch ein weiteres kulturelles Phänomen mag beigetragen haben, dass die Worte der Transplanteure verdreht wurden. Sie sprachen mit starkem Akzent und hatten Zähne, die auf Rotwein- und Zigarettenkonsum schließen ließen – was so gar nicht zum amerikanischen Ideal des Doktors passt. Entsprechend wurden die Transplantationspioniere in der Pressekonferenz mit hochgezogenen Augenbrauen betrachtet.

Es ist fraglos nicht so, dass derlei kulturelle Verzerrungen auf die USA begrenzt wären und in Deutschland nicht vorkämen. Es ist nach meinem Eindruck so, dass die Neigung in den USA, die Welt aus eigener Warte zu sehen, besonders ausgeprägt ist. Die amerikanische Kulturdominanz gilt nicht nur für Popmusik, Kinofilme, Fastfood, Literatur, sondern sie lässt sich genauso in der Wissenschaft ablesen, zum Beispiel beim Publizieren von Forschungsergebnissen.

Deutsche Wissenschaftler hätten es – bei gleicher Leistung – schwerer als US-Kollegen, Artikel in amerikanischen Fachzeitschriften unterzubringen, sagt etwa Herbert Schmitz vom *Bernhard-Nocht-Institut für Tropenmedizin* in Hamburg. In ihrer Not suchen sich viele ausländische Gruppen gezielt einen Co-Autor in den Vereinigten Staaten – damit dieser den Artikel in einem angesehenen US-Journal platziert.

Ein freilich trauriges Beispiel für so einen Helfer ist der Arzt Gerald Schatten von der University of Pittsburgh. Er hatte zweifellos einen nicht unwesentlichen Anteil daran, dass die Fachzeitschrift *Science* einen Artikel publizierte, demzufolge er mit dem Koreaner Woo Suk Hwang und anderen Forschern Embryonen des Menschen geklont hat. Die Pointe ist bekannt: Die Story erwies sich als erfunden.

Auch von amerikanischen Wissenschaftsjournalisten werden Ergebnisse von Forschern, die im Ausland leben, weniger wahr- und ernst genommen. Ein Beispiel: Der Harvard-Psychologe Marc Hauser sagt in seinem Buch *Moral Minds* (2006), Menschen verfügten über einen angeborenen Moralsinn. US-amerikanische Medien haben ihn daraufhin als Begründer dieser Idee dargestellt. Dabei ist sie ein alter Hut. Bereits in einer 1999 veröffentlichten Abhandlung hat der Berliner Rechtsphilosoph Matthias Mahlmann eine angeborene »Universalgrammatik der Moral« postuliert und seither zum Thema immer wieder auf Deutsch und Englisch publiziert. Dennoch fehlen Hinweise auf Mahlmanns Arbeiten in Artikeln des *Boston Globe*, der *New York Times* und auch im redaktionellen Teil von *Science*, die sich mit dem Thema Moralsinn beschäftigen. Diese Zeitungsartikel bestätigen auf fatale Weise die Erwartungshaltung, alles Neue komme aus Amerika.

Die Macht der Editors und die Meinungs(un)freiheit der Reporter

In vielen Gesprächen haben mir amerikanische Reporter ihr Leid geklagt, wie ein Artikel in ihren Blättern angelegt sein muss, wenn er ein kontroverses Thema berührt. Die mächtigen ›editors‹ (sie redigieren die Texte, sind aber nicht mit Ressortleitern im deutschen System zu vergleichen) wachen demnach auf eine mitunter übertriebene Art und Weise darüber, dass beide Seiten ausgewogen dargestellt werden: am besten mit gleich vielen Absätzen und Zitaten.

Dahinter steckt eine Tradition, wie man sie in amerikanischen Qualitätsmedien oft beobachten kann. Die Recherche wird akribisch betrieben; man sucht exklusiven Zugang zu Quellen und wetteifert darum, eigene Zitate zu bekommen – was natürlich großartig ist.

Doch seltsam: Bewertung und Einordnung des aufwendig recherchierten Materials werden mitunter vernachlässigt. Und schon die striktere Trennung von Nachrichten und Meinung in den Redaktionen der Qualitätszeitungen verbietet es – fachlich noch so qualifizierten – Reportern, eine Meinung im Blatt zu äußern. Die mangelnde Bewertung der Nachrichten und der Wunsch nach Ausgewogenheit können hanebüchen sein, wenn es um naturwissenschaftliche Themen geht. In Chemie, Biologie, Physik oder Geographie hat ja die Mehrheit nicht zwangsläufig recht, sondern es gelten die Naturgesetze und Fakten; da mögen noch so viele behaupten, die Erde sei eine Scheibe. Es kann also durchaus legitim sein, das recherchierte Material zu bewerten – und groben Unfug als solchen erkennbar zu machen.

Dem Schriftsteller und Professor für Journalismus Ian Buruma vom Bard College in New York zufolge wird dieser journalistischen Tugend in den USA zu wenig Bedeutung beigemessen: »Ein guter Reporter einer amerikanischen Zeitung muss Quellen haben, die Respekt einflößend klingen, und Zitate, die beide Seiten einer Geschichte zeigen. Sein eigenes Fachwissen ist beinahe belanglos.«

Dieses – im amerikanischen Journalismus wohl sehr ausgeprägte – Prinzip sieht Ian Buruma in einem Beitrag für die *New York Times* sogar als einen der wichtigen Gründe dafür an, dass die USA 2003 in den Krieg gegen den Irak gezogen sind. Trotz bester Recherchemöglichkeiten seien die Wissenschafts- und Technikexperten vieler US-Medien nicht in der Lage gewesen, darzulegen, ob und inwiefern der Irak in technisch-wissenschaftlicher Hinsicht überhaupt die Mittel gehabt hätte, biologische, chemische und atomare Massenvernichtungswaffen herzustellen.

Buruma zufolge haperte es damals nicht an der Recherche, sondern es fehlte an der Bewertung des eigenen Materials und der Behauptungen der US-Regierung. Am Ende war die öffentliche Meinung für den Krieg, um irakische Massenvernichtungswaffen zu zerstören, die es, wie sich später herausstellte, gar nicht gab.

Ein letztes und weniger dramatisches Beispiel für eine mangelnde Bewertung wissenschaftlich nachprüfbarer Dinge ist das ›Intelligent Design‹, also die Behauptung, die Mechanismen der Evolution hätten die Lebewesen auf Erden gar nicht hervorgebracht. Das sei naturwissenschaftlich bewiesen: Bestimmte biochemische Prozesse seien so komplex, dass ein intelligenter Designer, ein Gott, sie erschaffen haben müsse.

Während das Intelligent Design in deutschen Redaktionen als Unfug gilt, räumen viele US-Medien den Evolutionsgegnern und ihren Thesen erstaunlich viel Platz ein – was womöglich nicht allein mit dem generell großen Einfluss religiöser Gruppen dort zu erklären ist: Schließlich gilt es ja auch, die andere Seite zu hören, ein Abklopfen der Behauptungen auf naturwissenschaftliche Plausibilität kommt zu kurz – oder findet gar nicht statt. Symptomatisch ist vielleicht, dass die Redaktion der sonst so renommierten *New York Times* im Juli 2005 den Artikel eines Erzbischofs abdruckte, der darin die Evolutionstheorie in Zweifel zog und fälschlicherweise behauptete, in der modernen Naturwissenschaft fänden sich überwältigende Hinweise auf Design und damit einen Designer in der Natur.

Wo journalistische Bewertung weitgehend ausblieb, fand wenigstens der eine oder andere Vertreter der amerikanischen Justiz klare Worte. In einem Gerichtsverfahren in Dover (Pennsylvania) ging es im Dezember 2005 darum, ob Intelligent Design in der Biologiestunde öffentlicher Schulen gelehrt werden dürfe oder nicht. Wochenlang nahm John E. Jones III, Richter am Bundesgericht in Harrisburg, die Verfechter beider Seiten ins Kreuzverhör und verkündete dann sein Urteil: Die Argumente für das Intelligent Design seien eine »atemberaubende Hirnverbranntheit« (zitiert nach Scully 2005).

Literatur

Buruma, Ian. »Theater of war«. *The New York Times* 17.9.2006.
Hauser, Marc D. *Moral minds: how nature designed our universal sense of right and wrong*. New York 2006.
Mahlmann, Matthias. *Rationalismus in der praktischen Theorie: Normentheorie und praktische Kompetenz*. Studien zur Rechtsphilosophie und Rechtstheorie 22. Baden-Baden 1999.
McClain, Carla. »Face-transplant patient is smoking. Surgeons worry cigarettes may undo their work«. *Arizona Daily Star* 19.1.2006. (Auch online unter www.azstarnet.com/altsn/snredesign/relatedarticles/112041, Download 14.3.2007.)
Scully, Sean. »›Breathtaking inanity‹: how intelligent design flunked its test case«. *Time* 20.12.2005. (Auch online unter www.time.com/time/health/article/0,8599,1142625,00.html, Download 14.3.2007.)

VII Zukunft und Ausblick

Wie viel Wissenschaft braucht der Wissenschaftsjournalismus? Wandlungen und Perspektiven eines Berufszweigs

Michael Haller

Es war 1984, als Walter Hömberg Deutschlands Chefredakteure und Programmdirektoren befragte, wie sie in ihren Medien mit aktuellen Themen aus Wissenschaft und Technik umgehen. Aus der Quintessenz der Antworten formte Hömberg den paradigmatischen Titel seiner Publikation *Das verspätete Ressort. Die Situation des Wissenschaftsjournalismus* (1989). Das Themenfeld Wissenschaft war damals von den Redaktionen der überregionalen Blätter nicht nur erkannt, sondern auch über feste Rubriken und Seiten in die redaktionellen Routinen der Nachrichtenaufbereitung (wie kontinuierliche Auswertung fachwissenschaftlicher Publikationen und Pressemitteilungen der Institute u. a. m.) übernommen worden.

Rückblickend wissen wir: Es war gleichwohl ein auf die großen Zeitungen begrenzter, insgesamt zaghafter Start. Denn erst ein Jahrzehnt später bauten die Nachrichtenagenturen (besonders *dpa*) dieses neue Berichterstattungsfeld auf und erzielten respektable Abdruckquoten (Göpfert und Kunisch 1999). Nun ging die Tagespresse dazu über, den Wissenschaftsthemen einen festen Platz in ihrem Stoffangebot einzuräumen. Es dauerte aber nochmals fast zehn Jahre, ehe die tägliche Wissenschaftsseite ins Zeitungsrepertoire aufgenommen wurde (bei der *Süddeutschen Zeitung* erst im September 2003; siehe Wormer 2006: 21 f.).

Inzwischen haben laut einer Studie aus dem Jahr 2005 rund zwei Drittel der Tageszeitungen eine ständige Rubrik für Wissenschaftsthemen.[1] »Niemals zuvor gab es so viele Wissensformate in Rundfunk und Fernsehen, Wissensseiten und Sonderbeilagen der Tagespresse, Special-Interest-Magazine und Wissenschaftszeitschriften«, schreiben die Verantwortlichen des Studiengangs Wissenschaftsjournalismus der Hochschule Darmstadt. »Zugleich spielen Wissenschaftsthemen in allen Ressorts, Sendungen und Programmen eine immer wichtigere Rolle, weil sie auf gesellschaftlich zentrale Lebensprozesse einwirken, den Alltag der Menschen betreffen, Emotionen wecken und andere gesellschaftliche Bereiche wie Politik, Wirtschaft, Kultur, Religion und Sport beeinflussen« (Hochschule Darmstadt 2007a).

---

[1] *Observer Argus Media* erfasste für den Zeitraum vom 1.6. bis 31.8.2005 in 1.004 Zeitungen »das regelmäßige Angebot an Themenseiten/-rubriken zu Wissenschaft, Forschung, Technik und Innovation« und kam zu dem Befund: »Fast zwei Drittel (63 Prozent) aller deutschen Zeitungen machen – mehr oder weniger regelmäßig – Platz für spezielle Rubriken zu Wissenschaft, Technik und Innovation« (Observer Argus Media o. J.: 1).

Wieviel Wissenschaft braucht der Wissenschaftsjournalismus?

Nun endlich, so möchte man konstatieren, hat sich der zum Themenfeld zugehörige Berufszweig als Fach- oder Ressortjournalismus ähnlich etabliert wie ein halbes Jahrhundert zuvor der Sport- und Wirtschaftsjournalismus. Hat er wirklich?

Im Jahre 1995 wurde an der FU Berlin eine Studie zum Berufsstand des Wissenschaftsjournalismus erstellt. Sie kam zu dem Befund, dass von den Anfang der 90er Jahre geschätzten rund 54.000 in Deutschland tätigen Journalistinnen und Journalisten (Weischenberg 1993) rund drei Prozent (1.700 Personen) als Wissenschaftsjournalisten tätig sind (Stamm 1995). Diese Erhebung ist nicht fortgeschrieben oder erneuert worden, es gibt darum nur grobe Schätzungen; nach der im Rahmen des Projekts ›Zukunft des Journalismus‹ an der Universität Leipzig vorgenommenen Einschätzung hat sich seither die Zahl um knapp ein Viertel auf 2.100 bis 2.300 Personen vergrößert, andere Schätzungen gehen von etwas höheren Zahlen aus (siehe den Beitrag von Bernd Blöbaum in diesem Buch).

Bei einer angenommenen mittleren Verweildauer im Beruf von 16 Jahren bewegt sich die alljährliche Fluktuation je nach zugrunde gelegter Zahl zwischen 130 und 180 Beschäftigungsverhältnissen. Rechnet man den expandierenden Bereich der PR und Unternehmenskommunikation hinzu und spricht statt von Wissenschaftsjournalisten von journalistisch Ausgebildeten, die hauptberuflich mit dem Themenfeld Wissenschaft befasst sind, dann wird sich die Zahl dieser Berufsgruppe auf rund 4.000 und der Erneuerungsbedarf entsprechend deutlich vergrößern – in quantitativer Hinsicht genug, um sich als ›Beruf‹ zu verstehen.

Für die Herausbildung und Festigung eines Berufsstandes gelten seit jeher in der Berufssoziologie folgende Kriterien als maßgebliche Indikatoren für ›Professionalisierung‹ (Parsons 1951; König 1965; Millerson 1964; Daheim 1967):
- Selbstorganisation (vornehmlich Vereins- bzw. Verbandsbildung),
- Beschreibung eines möglichst konsistenten Berufsbildes,
- Standardisierung spezifischer Handwerksregeln sowie
- Ausformung des Ausbildungsziels mit den Wegen dorthin.

Wenn wir diesen Kriterienkatalog an den Wissenschaftsjournalismus anlegen, kommen wir zu einem gemischten Befund.

Berufsbild mit Brechungen

Betrachten wir als Erstes den Organisationsgrad: Da existiert nun schon seit mehr als 20 Jahren die *Wissenschafts-Pressekonferenz (WPK)*, die über sich selbst dies sagt: »Die *WPK* ist der größte Berufsverband der Wissenschaftsjournalisten in Deutschland. Wir fördern den Wissenschaftsjournalismus mit eigenen Veranstaltungen und streben einen unabhängigen und kritischen Dialog der Öffentlichkeit mit Naturwissenschaft, Technik und Medizin an. Daneben ist die *WPK* ein Netzwerk für Aktive im Wissenschaftsjournalismus« (WPK o. J.).

Mitglied könne werden, »wer als hauptberuflich berichterstattender Wissenschaftsjournalist oder -publizist arbeitet. Bewerber müssen nachweisen, dass sie regelmäßig über Themen aus den Bereichen Naturwissenschaften, Technik, Medizin, Geisteswissenschaften, Forschungs-

oder Bildungspolitik berichten« (ebd.). Dies sind Zugangsbedingungen, wie sie für ein konsistentes Berufsbild durchaus kennzeichnend sind.

Doch der Verein zählte im Januar 2007 nur rund 200 Mitglieder. Bezogen auf die mutmaßlich 2.000 bis 3.000 hauptberuflich Tätigen, repräsentiert der Verein weniger als zehn Prozent (zum Vergleich: Das 2001 gegründete *Netzwerk Recherche* zählte drei Jahre nach seiner Gründung weit über 500 Mitglieder). Er erfüllt vor allem Repräsentationspflichten, die dem Zusammenhalt dienen. Arbeiten am Berufsbild oder der Aus- und Weiterbildung sind – abgesehen von einem Quarterly – nicht zu erkennen. Ein auf seiner Website eingerichtetes Diskussionsforum wurde von den Mitgliedern bis Redaktionsschluss dieses Beitrags nicht genutzt (www.wissenschafts-pressekonferenz.de).

Wie der Journalismus im Internet mittel- oder gar langfristig aussehen wird, lässt sich heute kaum absehen – und genau das macht den Reiz des Mediums aus. Sicher ist, dass das Internet künftig neben seiner technologiebedingten inhaltlichen Tiefe Bewegtbilder in TV-Qualität zeigen wird. Zugleich steigt in Deutschland das Interesse der Medien an der Wissenschaft. Forscher werden sich deshalb stärker auf die Geschwindigkeit und die Multimedialität des Internet einstellen müssen, mit allen Vor- und Nachteilen. Die Öffentlichkeitsarbeit dürfte damit ebenfalls vor Veränderungen stehen. Pressesprecher werden schneller, umfassender und professioneller auf Anfragen reagieren müssen.
Markus Becker
Ressortleiter Wissenschaft bei *Spiegel Online*

Es gibt noch weitere wissenschaftsjournalistisch ausgerichtete Vereine, die sich allerdings speziellen Themenfeldern aus den Naturwissenschaften und der Technik verpflichtet sehen. International gut vernetzt, doch mit rund 130 Journalisten als Mitgliedern (Januar 2007) noch kleiner, ist die ›Journalistenvereinigung für technisch-wissenschaftliche Publizistik‹, die sich *TELI (Technisch-Literarische Gesellschaft)* nennt und über eine respektable Vereinsgeschichte verfügt. Über diese schreibt *TELI*: »Wissenschaft und Technik sind wichtige Grundpfeiler unserer Gesellschaft. ›Technischer Analphabetismus‹ führt daher leicht zur politischen Unmündigkeit. Deshalb gründete eine Gruppe von 32 engagierten Journalisten aus Redaktionen und Pressestellen (Letztere nannte man damals ›Literarische Abteilungen‹) am 11. Januar 1929 in Berlin die *Technisch-Literarische Gesellschaft e.V.* Sie ist damit die weltweit älteste Organisation von Technik- und Wissenschaftsjournalisten« (TELI 2007a).

Die *TELI* bekennt sich in ihrem Leitbild auch offen zu ihrem Anliegen: »Wissenschaft und Technik sind die Grundlagen unserer Gesellschaft. Medien und Wissenschaftsjournalisten werden ihrer Rolle als Vermittler oft nicht gerecht, auch wenn der Wissenschaftsjournalismus heute Bestandteil fast jeder Berichterstattung ist. Der Grund: Wissenschaftsjournalisten artikulieren sich in Deutschland zu wenig politisch. Deshalb nimmt die Öffentlichkeit sie zu wenig wahr. Die *TELI* sorgt für ein sachgerechtes Bild von Forschung, Wissenschaft und Technik« (TELI 2007b).

Dass dies auch Lobbyarbeit einschließt, macht folgende Absichtserklärung deutlich: Die *TELI* verfolge »das Ziel, dem breiten Publikum den Technologiefortschritt zu vermitteln – allgemein verständlich, aber immer sachlich, korrekt und frei von Ideologien« (ebd. – nicht reflektiert wird die Frage, ob das Ziel, »Technikfortschritt zu vermitteln«, selbst einen ideologischen Kern besitzt). Die Aufnahmekriterien sind ›weich‹. So geht aus § 3 der Satzung hervor, dass man nicht Journalist sein müsse, um Mitglied werden zu können. Entsprechend weitläufig sind die Berufstätigkeiten vieler Mitglieder. Der Verein betreibt keine Berufsbild-Profilierung, sondern fördert vor allem das Technikverständnis und den Kontakt zu Technikvertretern. Sieben der zehn Veranstaltungen im Jahr 2006 waren Informationsveranstaltungen zur Förderung aktueller Techniktrends.

Über eine spezifische Organisationsstruktur verfügen auch die Medizinjournalisten, die wegen des von Pharmainteressen durchsetzten Themenfeldes Krankheit/Gesundheit schon manchen Verführungen durch die PR-Branche wie auch Anfeindungen der für Unabhängigkeit eintretenden Journalisten ausgesetzt waren (Göpfert 2003; Lange-Ernst 2003).

Ganz im Sinne einer expliziten Berufsbildstärkung hat sich der 1999 gegründete *Verband Deutscher Medizinjournalisten (VDMJ)* im März 2006 einer Satzung verschrieben, die auch Fragen der Berufsethik, der Berufsrolle und des Handwerks zu definieren sucht – und sich dabei wesentlich am Pressekodex mit den zugehörigen Richtlinien des *Deutschen Presserats* orientiert.[2] Eher irritierend wirkt der abstrakt-generalistische, den Fokus »Medizin« verschweigende Name seiner Website: www.journalistenvereinigung.de.

Im Frühjahr 2006, als Reaktion auf die Kritik an PR-infizierten Mitgliedern, verabschiedete der *VDMJ* »Kriterien und Aussagen nach dem Selbstverständnis« für den beruflichen Alltag, die als ›Standards für Medizinjournalisten‹ gelten. Der Kerngedanke: Medizinische Themen erforderten »wegen ihrer Wirkungen auf betroffene, kranke, gefährdete oder wenig informierte Leser, Hörer und Zuschauer eine besondere Verantwortung für die Medienschaffenden« (VDMJ 2006). Die Mitglieder werden angehalten, »keine unnötigen Ängste, aber auch keine falschen Hoffnungen« auszulösen. Sie sollten auch als strittig wiedergeben, was in der Wissenschaft ungeklärt oder kontrovers gesehen wird. Hingewiesen wird auf das Einmaleins der Recherche (»Ist die Quelle der Information bekannt? Wird die Information von mindestens einer weiteren unabhängigen Quelle bestätigt?« u. a. m.), aber auch auf die Wissensprobleme, die Journalisten im Umgang mit diesem komplexen Fachgebiet haben: »Auch auf Medizin spezialisierte Journalisten können die inhaltliche Tragweite und mögliche Folgenlast medizinischer Berichterstattung nicht immer hinreichend erfassen oder abschätzen; zugleich sind politische oder wirtschaftliche Konsequenzen medizinischer Ereignisse und Nachrichten oft nicht journalistisch erfassbar« (ebd.). Der Verband empfiehlt darum die »interdisziplinäre Zusammenarbeit« sowie die berufliche Fortbildung.

Für eine bedeutsame Schärfung des Berufsprofils sorgt der in der Branche heikle Punkt »Freie Berichterstattung und PR«: Es bestehe »eine besondere Verantwortung für die Inhalte«; diese erfordere »Transparenz bei beruflichen Aufgaben, die subjektiv offensichtlich und objektiv nachprüfbar werbemäßigen Charakter haben. Wenn ein Sponsoring stattfindet,

---

2 Dem *VDMJ* gehören an: *Arbeitskreis Medizinpublizisten/Klub der Wissenschaftsjournalisten e.V., Kollegium der Medizinjournalisten* sowie die *Vereinigung der Deutschen Medizinischen Fach- und Standespresse e.V.*

ist der Sponsor zu nennen« (ebd.). Dabei solle das Prinzip gelten: »Sie lassen sich in Wahrheitsgehalt und Ausgewogenheit ihrer Beiträge nicht vom Honorar oder vom Auftraggeber beeinflussen.« In jedem Fall müsse klar erkennbar sein, »welche Interessen hinter einem Text stehen«. Deshalb seien »Ross und Reiter, d.h. Auftraggeber oder Sponsor« zu nennen. Auch der Begriff »Schleichwerbung« wird definiert und betont, dass gemäß beruflicher Praxis »im Zweifel (zwischen) der freien Berichterstattung oder PR zu trennen ist« (ebd.).

Im Übrigen, so stellen die Standards fest, orientiere sich der Verband »ausdrücklich« an den publizistischen Grundsätzen (Pressekodex) und den Richtlinien für die publizistische Arbeit des *Deutschen Presserats* – an Regelungen also, die das gesamte Tätigkeitsfeld des Journalismus in Abgrenzung zu anderen Medienberufen auch in ethisch-moralischer wie handwerklicher Hinsicht definitorisch kennzeichnen.

Unter dem Dach dieses Bundesverbands erfüllen die Mitgliedervereine selbst gestellte Aufgaben, die das Berufsverständnis wie auch die handwerklich-ethischen ›Standards‹ auf der Alltagsebene einlösen sollen. So zum Beispiel der *Arbeitskreis Medizinpublizisten/Klub der Wissenschaftsjournalisten e.V. (AKMed)* mit Sitz in Stuttgart. Seiner Selbstdarstellung nach verfolgt er den »Zweck, die Begegnung, das Verständnis und den Informationsaustausch zwischen Medizin, Wissenschaft, Politik und Öffentlichkeit zu fördern« (AKMed 2006). Gleichzeitig sollen seine Aktivitäten »zu einer verantwortungsbewussten, sachgerechten, unabhängigen Berichterstattung aus dem gesamten Bereich der Medizin, der Naturwissenschaften und der Technik in allen publizistischen Medien beitragen« (ebd.).

Mit dabei sind rund 80 ordentliche Mitglieder. Aufgenommen wird, »wer als Publizist in den öffentlichen Medien oder der unabhängigen Fachpresse regelmäßig über Themen aus Wissenschaft, Medizin oder Gesundheitswesen berichtet oder zu dessen Berichtsfeldern die genannten Themen in nennenswertem Umfang gehören. Eine Tätigkeit im Bereich der PR steht der Mitgliedschaft dann nicht entgegen, wenn die Regeln des Arbeitskreises, besonders über die Trennung von PR und Journalismus, eingehalten werden« (ebd.; zugleich Zitat aus der Broschüre des AKMed: *Standards für Medizin- und Wissenschaftsjournalisten*) – eine Formulierung, die sich auf das journalistische Leitbild, aus interessenneutraler Position berichten zu sollen, bezieht.

Neben diesen Fachdisziplinen kümmert sich auch der (in der Form einer Aktiengesellschaft organisierte) *Deutsche Fachjournalisten-Verband (DFJV)* um das weite Gebiet der Wissenschaften. Er sieht sich als Repräsentant von 13 verschiedenen journalistischen ›Fachrichtungen‹, darunter auch des Wissenschaftsjournalismus.[3]

---

3 Im Frühjahr 2007 nahm der *DFJV* unter seinem neuen Präsidenten Siegfried Quandt auf dem Wege des Selbstzitats eine Definitionsänderung vor: »Prof. Dr. Siegfried Quandt, Urheber des Gießener Modells für Fachjournalismus, erklärt, Fachjournalismus versuche ›eine vernünftige mittlere Position einzunehmen: und zwar zwischen einem weitläufigen Allround-Journalismus, dem es an hinlänglichem Sachwissen mangelt, und einem engspurigen Wissenschafts-Journalismus, der Anhängsel einer akademischen Disziplin ist und sich mit weitergehenden Themen oder Publikumserwartungen schwertut.‹ Und an anderer Stelle ein weiteres Selbstzitat: »Nach Ansicht von Prof. Quandt handelt es sich beim Wissenschaftsjournalismus um eine Art Allround-Journalismus für alle Wissenschaften. In ihrem Selbstverständnis konzentrieren sich Wissenschaftsjournalisten vornehmlich auf die Naturwissenschaften (Biologie, Chemie, Physik) und ihre Anwendungsgebiete wie Technik und Medizin. Das Problem: ›Eine solche leibnizhafte Universalität ist heute wissenschaftlich und journalistisch illusionär.‹ Wissenschaftsjournalismus ist daher eher ein Oberbegriff für eine Teilmenge von Fächern« (DFJV 2007c).

Wieviel Wissenschaft braucht der Wissenschaftsjournalismus?

Sein Selbstverständnis umschreibt er so: »Fachjournalismus ist Journalismus, der sich auf ein Ressort, Thema oder einen Gegenstand konzentriert« (DFJV 2007c). Er sieht sich als ein »Berufsverband für Journalisten, die sich auf ein Ressort, Fach oder Gegenstand spezialisiert haben. Dabei versteht er sich als moderner Dienstleister für seine Mitglieder, deren Interessen er gleichzeitig nach außen vertritt« (DFJV 2007a). Gleich auf der Homepage steht: »Der DFJV arbeitet mit über 250 Unternehmen zusammen, die Mitgliedern Presserabatte oder Nachlässe durch Rahmenverträge einräumen. Für den günstigen Einkauf von Dienstleistungen unterhält der DFJV eine Beschaffungsplattform« (ebd.). Und an anderer Stelle seiner Website heißt es ähnlich unverblümt: »Der DFJV versteht sich [...] als Berufsverband, der für seine Mitglieder im ursprünglichen Wortsinne ›Dienst leistet‹. Der DFJV, als eingetragener Verein 1997 gegründet, wurde Ende 2006 in eine Dienstleistungs-AG umgewandelt« (DFJV 2007b).

Tatsächlich geht es hier weniger um die Herausbildung von Berufsbildern und handwerklichen Standards als um Promotion und Service im Dienste der Mitglieder. Auch wird medienpolitisch die Fahne der Pressefreiheit geschwungen (»Eine Strafe für Meinungsäußerungen, jede Zensur oder Einschränkung der Informationsfreiheit sind unzulässig« [DFJV 2007d]), nicht aber die Flagge der Unabhängigkeit auch gegenüber PR, was sich vermutlich auch daraus erklärt, dass viele im Niemandsland zwischen PR und Journalismus sich tummelnde Verbands- und Kundenzeitschriften (bzw. deren Blattmacher) als »Mitglieder« auch die zahlenden Kunden der *DFJV*-Aktiengesellschaft sind.

Fassen wir diese kurze Tour d'horizon zusammen: Zwar gilt allgemein, dass das Berufsbild des Journalismus insgesamt wegen seines offenen Berufszugangs nur in Bezug auf seine Kernkompetenzen konsistent und in der Abgrenzung zu verwandten Tätigkeiten unterbestimmt ist (Donsbach 2003: 78 f.). Es wäre demnach logisch, dass mit wachsender Spezialisierung bzw. Fachlichkeit das jeweils eingegrenzte Berufsbild an Konsistenz gewinnen würde. Dies trifft jedoch auf den Wissenschaftsjournalismus nicht zu. Bis heute existiert kein klares, den Kern der Profession definierendes Berufsbild, vielmehr rivalisieren bzw. kollaborieren drei unterschiedliche, wenn auch nicht überall klar abzugrenzende Selbstverständnisse:

1. Da gibt es erstens das historisch älteste, mit der Etablierung des Wissenschaftsressorts verbundene Berufsverständnis jener Wissenschaftsjournalisten, die sich selbst als Wissenschaftler oder doch zumindest als wissenschaftlich kompetente Fachleute begreifen und die als Zusatzqualifikation journalistisches Know-how erworben haben, um Wissenschaftsthemen allgemein verständlich und interessant vermitteln zu können. Sie stammen überwiegend aus den Naturwissenschaften und Technikbereichen; als Technikbegeisterte liegt ihnen auch die Popularisierung der Technik besonders am Herzen. Ihr Berufsverständnis ähnelt insofern demjenigen vieler Sportjournalisten, als beide engen Kontakt zu den Objekten ihrer Berichterstattung halten und das allgemeine Journalismus-Gebot, Distanz zu halten, eher für kontraproduktiv halten. Ich erinnere mich noch gut an dieses Rollenselbstverständnis während der 80er Jahre in den Äußerungen der Mitarbeiter der Wissenschaftsressorts der *Frankfurter Allgemeinen Zeitung*, der *Zeit*, der ersten *ARD*-Wissenschaftsmagazine und später auch der *Süddeutschen Zeitung*. Auch wenn es im Abklingen begriffen ist, sehen sich noch viele Wissenschaftsressorts – die Wissenschaftsmagazine ohnehin – vor allem diesem Verständnis verpflichtet.

2. Ein deutlich anderes Selbstverständnis repräsentiert zweitens die weitverbreitete, vom Fachjournalistenverband vertretene Sicht, dass ›Wissenschaft‹ eine Fachkompetenz und insofern eine unter vielen Fachrichtungen bedeute; demzufolge sei der Wissenschaftsjournalist ›nur‹ eine Variante des Fachjournalisten. Dementsprechend stellt der Fachjournalistenverband den Wissenschaftsjournalisten in eine Reihe mit beispielsweise Gerichtsreportern, Kultur-, Medien-, Medizin- oder Politikjournalisten (siehe DFJV April 2007). Dieser Auffassung liegt die Vorstellung zugrunde, das journalistische Handwerk bestehe a) aus fachlich ›spezialisierten‹ Vermittlungskompetenzen sowie b) aus Zugangswissen über das fragliche Fachgebiet (›Who is who?‹ Was ist angesagt? usw.) sowie c) aus Media- und Marketingkenntnissen über die zu bedienenden Zielgruppen. Man trifft dieses Verständnis vor allem in der Welt der Fach- und Kundenzeitschriften, aber auch bei Pressestellenvertretern der Wissenschaftsinstitute und Hochschulen an.
3. In deutlicher Abgrenzung dazu gibt es drittens die vor allem im Humanbereich tätigen Journalisten, die sich in erster Linie als informationskritische Vermittler zwischen der Welt der Fachwissenschaft (Medizin, Pharma, Chemie und Biologie, Ökologie, Sozialwissenschaft) und der Bevölkerung verstehen und sich mit dem Problem eines für beide Seiten adäquaten Wissenstransfers befassen. Auch sie gehen von einem breit gefassten Handwerksverständnis aus, fügen dem aber – sozusagen als Wahrzeichen des Wissenschaftsjournalisten – hohes Sach- und Methodenwissen bei. Ihnen ist darum wichtig, dass trotz der Fachlichkeit die innere Unabhängigkeit oder auch kritische Distanz zum Wissenschaftsbetrieb gewahrt und die für den Journalistenberuf in toto geltenden Standards gewährleistet bleiben. Diese Denkweise löst nach und nach die zuvor als erste genannte ab; man trifft sie heute vor allem in vielen Nachrichtenmedien (Tageszeitungen, Nachrichtenmagazinen) und verschiedenen Magazinen des öffentlich-rechtlichen Rundfunks an.

Die Tripel-Kompetenz des Wissenschaftsjournalismus

Diese doch recht unterschiedlichen Ausprägungen korrespondieren nur begrenzt mit der Art und Weise, wie derzeit wissenschaftsbasierte Themen in den Medien zur Sprache kommen. Zwar dominiert noch immer das Ressortdenken, demzufolge Wissenschaft ein journalistisch zu vermittelndes Gebiet sei wie Kultur, Touristik oder Finanzen; diesem Bild folgte ja auch Hömbergs damalige Studie – und diesem Bild folgen die eingangs zitierten Erhebungen über Umfang und Häufigkeit von Wissenschaftsthemen in den Zeitungen. Demgegenüber nutzt eine wachsende Zahl an Redaktionen Wissenschaft – sei es als Wissensfundus, sei es als Expertenpool – vermehrt auch als Helfer beim Thematisieren und Recherchieren aktueller Alltagsthemen.

Tatsächlich wäre es unzureichend, wenn sich Wissenschaftsjournalisten lediglich mit dem Transfer aktueller Fachinformationen an ein Laienpublikum beschäftigten. Denn die Welt der Wissenschaft stellt für den Journalismus nicht nur Wissen bereit; sie ist des Weiteren als Expertensystem auch eine zunehmend wichtige Dienstleistung. Mehr noch: Sie ist mit ihrem Anspruch auf ›Wissenschaftlichkeit‹ darüber hinaus auch eine reflexive Methode mit dem Ziel, Wissenschaftsaussagen zu überprüfen und die Gültigkeit bzw. Reichweite solcher Aussagen zu klären. Mit anderen Worten: Wenn wir Journalismus als Funktionssystem begreifen, dann vollzieht sich Wissenschaft in drei verschiedenen journalistischen Kontexten (Bereichen), die wir nachfolgend Typen nennen:

Tabelle 1: Wissenschaft im Journalismus – eine Typologie

Typ	1 Wissenschaft als Gegenstand (Thema)	2 Wissenschaft als Dienstleistung	3 Wissenschaft als Methode
Gegenstand (Inhalt)	Vorgänge (Neuigkeiten) im Wissenschaftsbereich	Experten- und/oder Fachwissen	Wissenschaftliches Denken und wissenschaftliche Verfahren
Funktion (Nutzwert)	Information über Forschungsergebnisse, Forschungsbetrieb und Personen	Erklärungshilfen für Sachverhalte	Deutung von Zusammenhängen; auch: wissenschaftskritische Prüfverfahren und Datenanalysen
Vermittlung (Darstellung)	Vor allem nachrichtliche Formen sowie Reportage, Interview, Porträt	Vor allem Recherchemittel (Expertenbefragung)	Vor allem analytische Formen (Report, Analyse, Kommentar)

Quelle: Haller 2000: 17

Dieses Konzept der dreifachen, von mir ›Tripel-Kompetenz‹ genannten Qualifikation nimmt in den Medien wie auch in der Aus- und Weiterbildung an Geltung stetig zu. Denn die für die Mediengesellschaft charakteristische Dynamik der Wissensvermehrung – wie auch die kritische Reflexion dieser Vermehrung – ist auf alle drei Typen des Wissenschaftsjournalismus bezogen. Sie bewirkt eine Funktionserweiterung, die von verschiedenen Medien umgesetzt, doch von den um Identität bemühten Berufsorganisationen erst in Ansätzen erkannt wird. Hier folgen einige Stichworte zu diesem Erweiterungstrend.

›Wissenschaft als Gegenstand und Thema‹. Dieser traditionelle Typ war bislang als Ressort auf die Informationsfunktion des Journalismus zugeschnitten, indem auf rubrizierten Seiten oder in Sendeformen über allgemein interessante Vorgänge und Erkenntnisse aus dem Wissenschaftsbetrieb berichtet wurde. Inzwischen aber werden die Grenzen des Ressorts ›Wissen‹ überschritten; Themen aus der Wissenschaft finden ihren Platz auch am Newsdesk und im Newsroom. Eine wachsende Zahl Zeitungen bringen Nachrichten über Forschungsergebnisse aus Medizin, Biologie und Ökologie auch auf General-Interest-Seiten (Politik, Aus aller Welt, Die Letzte usw.) wie auch im Fachkontext anderer Ressorts (Wirtschaft, Feuilleton). Eine Studie am Lehrstuhl Wissenschaftsjournalismus der Universität Dortmund zur *Süddeutschen Zeitung* ergab: »Rund ein Drittel aller Beiträge aus dem Bereich Wissenschaft finden sich dabei außerhalb der Wissenschaftsseiten« (Wormer 2006: 20). Und eine Benchmark-Studie des *Leipziger Instituts IPJ* zum Wandel der redaktionellen Organisation zeigte, dass Tageszeitungen zunehmend Fachwissen aus der Wissenschaft in wissenschaftsexterne Themenzusammenhänge stellen, so, wie sie sich aus der Sicht des Publikums und dessen Alltagsperspektive ergeben.

Dieser Transfer ist nicht immer einfach, denn er führt auch zu Dissonanzen mit dem Wissenschaftsbetrieb: Viele Fachleute wehren sich dagegen, dass ihre Aussagen in scheinbar verfälschenden, tatsächlich aber sinnstiftenden Kontexten der Lebenswelt auftauchen (in Bezug auf die Klimaforschung: Peters 2007: 76 ff.). Redaktionelle Entscheidungsfragen wie die folgenden illustrieren, dass die journalistischen Maßstäbe mit den Kriterien des Wissenschaftsbetriebs oft genug kollidieren:

- Der Neuigkeitswert ist wichtiger oder die Beschreibung wissenschaftlicher Prämissen (von denen die Reichweite der Befunde abhängt).
- Die praktischen Konsequenzen einer wissenschaftlichen Aussage sind relevanter als deren wissenschaftsinterner Erkenntniswert.
- Die Bezugnahme auf Alltagserfahrungen hat mehr Gewicht als die Rekonstruktion des Forschungsprozesses.
- Der Einfluss ökonomischer Interessen wie auch zeitgeistiger Trends auf die Forschungsrichtung ist oftmals wichtiger als der Neuigkeitswert des Forschungsergebnisses.

In Zukunft werden Wissenschaftsthemen – zumindest im gesamten Hörfunk des WDR – noch näher an das große Publikum gebracht. Wissenschaft findet nicht nur in Spezialsendungen statt, sondern täglich und aktuell in ›allen‹ Programmformaten für ›alle‹ Zielgruppen: für Jugendliche, für Ältere, für Nichtwissende und für stark Interessierte. Im Zentrum der Berichterstattung stehen die Alltagsfragen der Menschen. Zu den aktuellen politischen, wirtschaftlichen und gesellschaftlichen Herausforderungen werden die Lösungsvorschläge der Wissenschaft abgefragt. Nicht News aus der Forschung stehen im Mittelpunkt, sondern die kompetente Einordnung der Dinge. Neben den noch lange Zeit weiterbestehenden Formaten in Hörfunk und Fernsehen wird das Internet stark ausgebaut – mit zeitsouverän zu nutzenden, themenorientierten Angeboten als Podcast und Web-Channel, die die bisher getrennten Arbeitsfelder Hörfunk, Fernsehen und Internet zusammenwachsen lassen.
Peter Ehmer
Leiter der Redaktionsgruppe Wissenschaft, Umwelt, Technik, WDR 5

Die mit solchen Fragen verbundenen Handlungsnormen machen augenfällig, dass der von den Journalisten zu leistende Transfer kein Verbiegen oder Verfälschen wissenschaftlicher Aussagen zum Ziel hat, vielmehr eine heikle, dabei wichtige Über- und Umsetzungsarbeit bedeutet. Immerhin erkennt ein wachsender Anteil unter den Wissenschaftlern inzwischen den Nutzen, der darin liegt, dass ihr Wissen auf den Orientierungsbedarf des Publikums zugeschnitten wird – eine Transferleistung, die in der Tat vor allem journalistische (und nicht wissenschaftliche) Kompetenz erfordert (siehe auch den Beitrag von Hans Peter Peters in diesem Buch).

›Wissenschaft als Dienstleistung‹: Dieser noch vor wenigen Jahren wenig beachtete Typ gewinnt rasant an Bedeutung: Viele aktuelle Themen aus der Lebenswelt, auch konkrete Problemstellungen, lassen sich nicht mehr allein nach dem Muster »Klär' die Fakten und hol' dir ein paar Expertenmeinungen« recherchieren, weil das Thema zu komplex ist und nur unter Einbezug (und Abgleich) des fachlichen Wissenschaftswissens abgeklärt werden kann, derweil die simplen Wissensfragen von den Lesern gleich selbst ›gegoogelt‹ werden können.

Wieviel Wissenschaft braucht der Wissenschaftsjournalismus?

Beispiele: »Mutter und Kind besitzen verschiedene Immunsysteme. Trotzdem tragen sie lebenslang Gewebe des andern mit sich herum. Wie lässt sich das erklären?« lautet der Vorspann eines ganzseitigen Reports in der *Frankfurter Allgemeinen Sonntagszeitung* (*FAS* Nr. 13/2007). Zwei Seiten zuvor beginnt ein zweiseitiger, anschaulich geschriebener Report »Je später der Flieger, desto saurer die Kunden« (Polatschek 2007), der die Ursachen der »systembedingten« Unpünktlichkeit unserer im aktuellen Mobilitätsboom überlasteten Verkehrssysteme auf der Funktions-, der Struktur- und der Managementebene schildert und dafür eine Fülle von Expertenwissen verarbeitet.

Eine Woche zuvor (Nr. 12/2007) konnten die *FAS*-Leser im Finanz- und Wirtschaftsteil unter der Überschrift »Das Risiko meldet sich mit Wucht zurück« lesen, ob es den Anlageberatern gelingen kann, das Börsenrisiko zu minimieren – ein mit Wissenschaftswissen gesättigter Text, der das Phänomen »Risiko« im Kontext der wiedererwachten Lust am Spekulieren diskutiert – Dachzeile: »Die Zukunft ist unsicher, aber nicht unvorhersehbar. Die Wissenschaft arbeitet eifrig daran, das Ungewisse kalkulierbar zu machen. Das nimmt Anlegern die Angst und erleichtert Firmen zu investieren« (Bernau 2007). Tatsächlich ist derzeit die *FAS* ein Musterbeispiel für das Leistungsvermögen dieses zunehmend wichtigen Typs Wissenschaftsjournalismus, der aus Sicht ihres Verantwortlichen Jörg Albrecht auch einen hohen Unterhaltungswert haben darf oder soll (2006: 58 f.).

Strittig ist demgegenüber, ob – und wenn ja: mit welcher Wertigkeit – auch Nutzwert ein wissenschaftsjournalistisches Ziel sein könne. Kurz nach seiner Gründung 1993 machte das Wochenmagazin *Focus* mit seinen Rankings (»Die 500 besten Ärzte«) Furore und stieß auch auf heftige Ablehnung, weil diese vom Wissenschaftsressort erarbeiteten Ranglisten für viele Rezipienten wie auch Medienrechtler als unseriös galten (Kunz 2006: 85 ff.).

Zwar liegt auch heute noch vieles im Argen, weil viele Wissenschaftler mit der Rolle, als »öffentlicher Experte« (Peters 2002) auch Dienstleister zu sein, ihre Probleme haben. So zeigen noch immer viele Wissenschaftler gewisse Hemmungen, diese Rolle des helfenden Experten sachdienlich und frei von Renommiergehabe zu erbringen. Und Probleme gibt es, weil noch immer vielen Wissenschaftsjournalisten weder die Rolle noch das Handwerk des kritisch nachfragenden Themen-Rechercheurs geläufig ist.

Und dennoch hat sich viel verbessert, nicht zuletzt auch in Bezug auf die Infrastrukturen. Der von den Hochschulen eingerichtete *Informationsdienst Wissenschaft (idw)* mit seinem Expertenvermittlungssystem; die vergleichsweise rasche Auffindbarkeit von Expertenwissen über das Internet; die Professionalisierung der Wissenschafts-PR in den Forschungsinstituten wie auch Workshops mit Wissenschaftlern: Solche Neuerungen haben auf beiden Seiten einen nachhaltigen Lernprozess in Gang gesetzt.

Die Einsicht wächst, dass in der Massenkommunikation ganz andere Aufmerksamkeitsfilter maßgebend sind als in der Welt der Wissenschaft. Hin und wieder kann man beobachten, dass sogar Naturwissenschaftler Gefallen daran finden, ihr Fachwissen unter dem Blickwinkel der Alltagswelt auszubreiten: Vermeintlich Nebensächliches gewinnt plötzlich an Bedeutung, während umgekehrt das wissenschaftlich Bedeutsame nebensächlich sein kann.

›Wissenschaft als Methode‹: Bei diesem dritten Typ geht es um das wissenschaftliche Denken selbst, zuvorderst um Methodenkenntnisse. Schließlich gehört ›Wissenschaftlichkeit‹ im Sinne der analytischen, auf Rationalität und Rekonstruierbarkeit gerichteten Kompetenz zu den großen Kulturleistungen, die – komplementär zur Verwissenschaftlichung der Lebenswelt – endlich auch im Journalismus an Bedeutung gewinnen.

Tatsächlich erfordern komplexe Themen – etwa über den Zusammenhang zwischen Energie und Umweltbelastung oder zwischen Arbeitslosigkeit und Kriminalität, dass der Journalist über analytisches Methodenwissen verfügt, um Problemfragen mit Forschungsdaten sinnstiftend verbinden zu können. Die in den 90er Jahren des vorigen Jahrhunderts populär gewordenen und in der Praxis erprobten Verfahren des ›Computer Assisted Reporting (CAR)‹ öffnen hier viele interessante Felder der wissenschaftsbasierten Themenrecherche, die früher nur wenigen journalistischen Spezialisten offenstanden.

Hier steht der Wissenschaftsjournalismus noch am Anfang. Gute Kenntnisse in Statistik zum Beispiel verhindern die naive Übernahme oft unsinniger Behauptungen, vor allem aus dem Medizin-/Pharmabereich. Aber auch Methodenkenntnisse über die Anlage und Durchführung von Tests, Experimenten und Erhebungen schützen vor der Verbreitung unzutreffender Befunde und Theorien. Und noch immer werden in vielen Redaktionen aktuell präsentierte Wissenschaftleraussagen wie eine amtliche Polizei- oder Feuerwehrmeldung behandelt: nehmen und publizieren. Es fiele nicht schwer, Listen wissenschaftlicher Quatschmeldungen zusammenzustellen, die von den Medien 1:1 verbreitet wurden. Sie zeigen, dass selbst Wissenschaftsjournalisten im engeren Sinne oft genug gutgläubig – um nicht zu sagen: autoritätsgläubig – Aussagen aus der Fachwelt übernehmen, ohne zu prüfen, wie sie zustande kamen und unter welchen Bedingungen sie gültig sein könnten.

Ein anschauliches Beispiel lieferte das Thema »Ist der Mobilfunk gesundheitsschädigend?« in den Jahren 2006/2007: In den Wissenschaftsressorts auch der meinungsführenden Informationsmedien (*FAZ, Der Spiegel, Süddeutsche, Focus, Stern*) wurden immer wieder Studien und Expertenmeinungen zitiert, die jede Gesundheitsschädigung in Abrede stellten, ohne zu überprüfen, wer die Auftraggeber dieser Studien waren. Am 31. Januar 2007 veröffentlichte die *Süddeutsche Zeitung* entgegen ihrer bisherigen Einschätzung die Befunde einer skandinavischen Studie unter der Überschrift »Handys können Krebs auslösen«. In seinem Kommentar schrieb der *SZ*-Wissenschaftsjournalist Christopher Schrader, die Studie liefere keinen Beweis, aber einen »begründeten Verdacht« (Schrader 2007).

In den folgenden Tagen wurde die *SZ* auf den Webseiten von *Stern Online* und *Spiegel Online* mit Spott und Häme überschüttet, weil doch die Forscher selbst das Fazit gezogen hätten, dass es keine Anhaltspunkte gäbe (Koch 2007; Le Ker und Schmitt 2007). Allerdings hatte Schrader den Fall sowohl wissenschaftsmethodologisch und zugleich wissenschaftsbetriebskritisch analysiert und weitere Studien durchgesehen. Seine Folgerung: Erstens war auch diese Studie von der Mobilfunkindustrie gesponsert; zweitens weisen die Daten tatsächlich auf Risiken hin. Die Forscher haben im Hinblick auf ihre Geldgeber in ihrer Bewertung möglicherweise ihre eigenen Befunde heruntergespielt.

Wieviel Wissenschaft braucht der Wissenschaftsjournalismus?

Die Ausbildung: garnieren oder integrieren?

Angesichts dieser Trends ist zu fragen, auf welches Berufsbild und welche Kompetenzen die Aus- und Weiterbildung zum Wissenschaftsjournalismus vorbereitet: Werden die Berufswege den neuen Anforderungen gerecht? Werden die Tätigkeitsfelder ›jenseits‹ des Journalismus (besonders PR) integriert oder separiert?

Eine kursorische Durchsicht der verschiedenen Ausbildungsgänge und Curricula ergibt ein Bild, das in weiten Teilen die einleitend beschriebenen disparaten Selbstverständnisse eher bestätigt denn überwindet.

Journalismus als ›zweites Standbein‹: Noch immer – so bestätigen verschiedene Erhebungen zum Thema »Bestandsaufnahme des Journalismus heute« – verläuft der übliche Weg in den Journalismus über die drei Stationen: naturwissenschaftliche Ausbildung → Volontariat zum generalistischen Journalisten (meist Tageszeitung oder Nachrichtenredaktionen im Rundfunk) → ein paar Jahre später Wechsel ins Fachressort Wissen/Wissenschaft. Unserer Schätzung zufolge sind drei von vier Wissenschaftsjournalisten diesen Weg gegangen.[4]

Im Sinne einer Ausnahmelösung holten sich einige wenige ihr journalistisches Wissen an einem der Aufbaustudiengänge (meist vier-semestrig) an der Universität Berlin, Mainz, Bamberg oder Hohenheim; doch diese Studiengänge wurden im Zuge des Bologna-Prozesses eingestellt.

Parallel zu diesen Zugängen gibt es noch immer den Nebenweg des naturwissenschaftlich ausgebildeten Seiteneinsteigers, der sich journalistische Routinen über Schulungen, Kurse und Praktika oder auf dem Do-it-yourself-Wege beigebracht hat und in aller Regel in einer Pressestelle oder einer Fachzeitschrift tätig ist. Wegen des gestiegenen Bedarfs an derart journalistisch zusatzgebildeten (oder doch zumindest trainierten) Wissenschaftlern wird dieser Berufszugang noch über längere Zeit aktuell bleiben.

›Journalismus als Garnitur‹: In der Tradition des naturwissenschaftlich zentrierten Berufsbildes haben vor allem Fachhochschulen die Idee kultiviert, Bachelor-Studiengänge des Technikbereichs mit medialen Vermittlungskompetenzen zu garnieren und diese – mitunter irreführend – ›Journalismus‹ zu nennen.

Beispielhaft für diesen Typ Ausbildung ist der BA-Studiengang ›Technikjournalismus‹ an der Fachhochschule Bonn-Rhein-Sieg. Als Studienziel nennt die Hochschule auf ihrer Website eine »praxisnahe journalistische Ausbildung in den Bereichen Radio/TV, Print, Multimedia/Online-Medien sowie der Unternehmens-PR und Produktkommunikation. Darüber hinaus erwerben die Studierenden die für den Umgang mit Wort, Schrift und Bild unerlässlichen Sozial-, Handlungs-, Methoden- und Problemlösungskompetenzen, um den spezifischen Berufsanforderungen mit der notwendigen fachlichen und kommunikativen Souveränität beggnen zu können« (FH Bonn-Rhein-Sieg 2007a). Tatsächlich erhalten die Studierenden einerseits in sechs verschiedenen Technikwissenschaftsfeldern Schnupperkurse, andererseits erwerben sie generalistische Vermittlungskompetenzen in den ersten zwei Semestern und

---

4   Basis: Sekundäranalysen der Erhebungen *Journalismus in Deutschland* (JiD) 1993 und 2005 und der Online-Erhebung *Zukunft des Journalismus* 2005 (Leipzig); Abgleich mit Auskünften von Wissenschaft-Ressortleitern im Rahmen des Diplomstudiengangs Journalistik an der Universität Leipzig.

von da an vertieft nur für Radio, Fernsehen und Public Relations, d. h., ausdrücklich werden PR und Journalismus in eins gesetzt (FH Bonn-Rhein-Sieg 2007b).

Derart gebaute Studiengänge bewegen sich im Niemandsland zwischen Generalisten und Spezialisten – und bestätigen das Berufsbild jener Organisationen, die – wie am Beispiel von *TELI* beschrieben – das Hauptziel verfolgen, Naturwissenschaft zu popularisieren. Eine weitverbreitete Spielart dieses Typs stellte auch das Nebenfachstudium dar: Man studiert an einer Universität im Hauptfach eine beliebige Fachdisziplin und belegt – im Sinne einer Zusatzqualifikation – Journalistik als Nebenfach, in der Hoffnung, auf diesem abgekürzten Weg zum ›journalistischen Wissenschaftler‹ mutieren zu können – eine Variante, die dem überkommenen Master-Studiengang geschuldet und seit 2003 im Zuge des Bologna-Prozesses (zum Glück) in Auflösung begriffen ist. Für beide Spielarten gilt, dass sie in der Medienpraxis als unzureichend eingestuft werden; die Absolventen müssen, wenn sie in einem journalistischen Medium unterkommen wollen, in der Regel zuerst ein 24-monatiges Volontariat absolvieren.

Verschiedenenorts existiert auch die umgekehrte Attribuierung: Wissenschaft als Garnitur des Journalismus. Dies gilt für manchen Fachjournalismus-Studiengang an verschiedenen Fachhochschulen (wie etwa FH Gelsenkirchen) und für den Bachelor-Studiengang an der Universität Gießen. Dort werden die auf Medienmacher-Know-how ausgerichteten Studiengangsmodule um ein paar Lehreinheiten ergänzt, die in ein Fachgebiet einführen sollen. Dass damit eine journalistische Fachqualifikation für den Bereich Wissenschaft erworben wird, ist nicht auszumachen.

›Wissenschaftsjournalismus als Beruf‹: In die oben beschriebene Richtung der geforderten Tripel-Kompetenz weisen – soweit ich sehe – bislang zwei unter medienwissenschaftlicher Perspektive konzipierte Bachelor-Studiengänge, die beide explizit als Antwort auf die erweiterten Anforderungen an Wissenschaftsjournalisten verstanden werden.

Der eine wurde 2005 von der Fachhochschule Darmstadt auf der Basis einer vorgängig durchgeführten Berufsfeld-Studie als interdisziplinäres Studium (sechs Semester; nur 18 Studienplätze) installiert, indem die Fachbereiche Sozial- und Kulturwissenschaften, Online-Journalismus, Biotechnologie und der Fachbereich Mathematik und Naturwissenschaften kooperieren: »Neben fachspezifischen Veranstaltungen aus dem Bereich Journalismus (Textwerkstätten, Medienethik, Medienökonomie etc.) und den Naturwissenschaften (Humanbiologie, Biochemie, Atomphysik etc.) legt der Studiengang einen Schwerpunkt auf praxis- und projektorientiertes Arbeiten. Über die Kooperationen der verschiedenen Fachbereiche hinaus wurden deshalb Kontakte mit mehr als 20 verschiedenen Medienunternehmen, Redaktionen, PR-Abteilungen und Verlagen geknüpft« (Hochschule Darmstadt 2007a).

Zum Konzept heißt es weiter: »Der Studiengang verknüpft journalistische Kompetenzen (Praxis und Theorie der Journalistik) und ein gesellschaftswissenschaftliches Basiswissen (Sozial- und Kulturwissenschaften) mit einer breiten naturwissenschaftlichen Grundausbildung in den Schwerpunkten Chemie, Biotechnologie und Physik« (Hochschule Darmstadt 2007b).

In den ersten zwei Semestern sollen die Studierenden Basisqualifikationen in Chemie, Mikrobiologie und Physik erwerben sowie einführende Veranstaltungen in Wissenschaftsjournalistik, journalistisches Schreiben und Public Relations besuchen. In den folgenden zwei Semestern liegt der Schwerpunkt auf interdisziplinären Projekten, Praktika und Laboren sowie auf der fachwissenschaftlichen Vertiefung in Biochemie, Humanbiologie und Atomphysik.

Im dritten Jahr wird »Hintergrund- und Reflexionswissen u. a. in Medienrecht, Medienökonomie, Redaktionsmanagement und/oder Public Relations (Wahlpflichtfächer) vermittelt. Begleitend dazu findet eine abschließende Vertiefung in den Naturwissenschaften sowie in Medien und Bioethik statt. Ein interdisziplinäres Projekt und eine Abschlussarbeit dienen als direkte wissenschaftsjournalistische Berufsqualifizierung« (Hochschule Darmstadt 2007c).

Ob die Absolventen dieses Studiengangs von den journalistischen Medien als ausgebildete Wissenschaftsjournalisten anerkannt werden, steht indessen offen. Denn zum einen wirft auch hier die enge Verkoppelung von PR und Journalismus Fragen nach dem journalistischen Berufsverständnis auf; und zum andern dürften die auf zwölf Wochen Praktika beschränkten Praxisanteile unzureichend sein. Es steht zu erwarten, dass zumindest die Print-Medienhäuser den Absolventen zuerst ein Volontariat abverlangen, ehe sie ihnen Aussicht auf eine Beschäftigung als Redakteur/in machen.

Das zweite Modell, ebenfalls einen Bachelor-Studiengang Wissenschaftsjournalismus, allerdings über acht Semester, hat die Universität Dortmund bereits zum Wintersemester 2003/04 eingerichtet. Das Studium besteht »aus zwei Komponenten, die von Anfang an gleichwertig und gleichzeitig studiert werden: Journalismus einerseits und Naturwissenschaften, Technik, Medizin oder Statistik auf der anderen Seite« (Universität Dortmund o. J.).

In den Printmedien wird die Bedeutung des Wissenschaftsjournalismus weiter wachsen. Zum einen haben praktisch alle großen Zukunftsthemen eine starke Wissenschaftskomponente, zum anderen kommen Wissenschaftsseiten bei den Lesern einfach sehr gut an. Die Zahl der Zeitungen, die täglich Wissenschaft bietet, wird daher weiter steigen. Der Trend zum digitalen Konsum journalistischer Inhalte erfordert ein Denken über klassische Mediengrenzen hinweg. Print-, Online-, Audio- und Video-Formate werden künftig von einer Redaktion produziert. Wichtigste Veränderung für Öffentlichkeitsarbeiter: Die klassische Pressekonferenz wird weiter an Bedeutung verlieren. Aufwand und Nutzen stehen bei ihr meist in keinem sinnvollen Verhältnis.
Dr. Norbert Lossau
Ressortleiter Wissenschaft, *Die Welt* und *Berliner Morgenpost*

Der Studiengang stützt sich auf die reichen Erfahrungen, die am dortigen Institut für Journalistik mit der Integration von Praxisanteilen (Lehrredaktion und ein integriertes Volontariat bei Zeitungen, Zeitschriften, Fernsehen oder Hörfunk) gesammelt wurden. Zum Studienaufbau schreibt die Universität: »Der journalistische Teil des Studiengangs Wissenschaftsjournalismus enthält alle Aspekte der klassischen Journalistenausbildung: Medienrecht, Ethik und Ökonomie sowie Recherche, Stilkunde und Interviewtraining. Gleichzeitig können die Studierenden ihr Zweitfach wählen: Naturwissenschaften (Physik oder Biowissenschaften/Medizin), Ingenieurwissenschaften (Maschinenbau bzw. Elektrotechnik) oder Datenanalyse/Statistik. Die Inhalte des Zweitfachs werden möglichst oft mit den Inhalten der journalistischen Veranstaltungen verknüpft« (ebd.).

Studienziel soll den Dortmundern zufolge sein, »Journalisten auszubilden, die einerseits Alltagsfragen aus Naturwissenschaft und Technik anschaulich und lebendig vermitteln, andererseits aber Nachrichten auch kritisch hinterfragen können. Denn nicht jede Meldung aus der Medizin ist gleich ein ›Durchbruch‹ für Patienten, nicht jede neue Technik bringt nur Vorteile. Und die Heilung von Krankheiten dauert oft länger, als es das schnelllebige Mediengeschäft glauben machen will. Gerade für die Vermittlung glaubwürdiger Information aber steht die Tradition der Dortmunder Journalistenausbildung bereits seit drei Jahrzehnten« (ebd.).

Im Unterschied zum Darmstädter Konzept verfolgt dieser Studiengang ein genuin journalistisches Berufsbild; auch setzt er die Dortmunder Tradition des integrierten Volontariats (zwölf Monate) fort. Zwar ist er deshalb um ein Jahr länger, doch gelten seine Absolventen (im Sinne des Manteltarifvertrags) als ausgebildete Redakteurinnen und Redakteure und werden nach Studienabschluss keine innerbetriebliche Ausbildungsphase mehr zu absolvieren brauchen.

Master-Studiengänge als Perspektive

Es ist damit zu rechnen, dass in den kommenden Jahren – mit der Installation des neuen BA-MA-Systems an den Universitäten – neue berufsbezogene Master-Studiengänge aufgebaut werden. Ihre Besonderheit besteht darin, dass sie nicht konsekutiv auf einem BA-Studiengang aufbauen, sondern allen Hochschulabsolventen offenstehen: Naturwissenschaftlern, Ökonomen, Juristen, Medizinern und Sozialwissenschaftlern. Ihr Konzept ist so angelegt, dass zusätzlich zu der im BA-Studiengang erworbenen Fachkompetenz nun im MA-Studiengang die journalistischen Kompetenzen hinreichend profund erlernt werden – mit der Möglichkeit der Spezialisierung, zum Beispiel in Richtung Wissenschaftsjournalismus.

Dieses Konzept erinnert an die alten Aufbaustudiengänge, deren erfolgreichster der ›Wissenschaftsjournalismus‹ an der Berliner FU war. Der Unterschied: Die neuen Master-Studiengänge sind untereinander kompatibel und führen zu einer allgemein anerkannten akademischen Graduierung.[5] Dieses Konzept bietet die Möglichkeit, die im vorausgegangenen Fachstudium erworbenen Kompetenzen für die Ausbildung zum Wissenschaftsjournalisten zu nutzen. Ob dies tatsächlich funktioniert oder ob ein eigenständiger Schwerpunkt ›Wissenschaftsjournalismus‹ geschaffen werden müsste (wie es andere Universitäten, etwa die FU Berlin, planen), muss sich zeigen.

---

5   Nach diesem neuen MA-Konzept wurde auch an der Universität Leipzig ein berufsbezogener Master-Studiengang Journalistik installiert, der sechs Semester umfasst, davon zwei Semester für das integrierte Volontariat. Rund vierzig Medienredaktionen werden mit dem Studiengang kooperieren und für die Praxisintegration sorgen.

Erweiterte Kompetenzen

Wir sprachen einleitend von den vier Kriterien, an denen sich ablesen lasse, ob und wie sich das Berufsbild ›Wissenschaftsjournalismus‹ festigt: die berufliche Organisation (Verbandsbildung), die Ausformung eines konsistenten Berufsbildes, die Formalisierung oder gar Definition von Handwerksregeln und von Ausbildungszielen unter Einschluss der Ausbildungswege, die dorthin führen.

Unser Fazit lautet: Ein konsistentes Berufsbild wird es in absehbarer Zeit nicht geben. Dies ist keineswegs bedrohlich, denn der Wissenschaftsjournalismus wird weniger denn je Ressortjournalismus sein, vielmehr zu einer Querschnittskompetenz auswachsen. Diese erfordert ein umfassendes Know-how des journalistischen Handwerks, vor allem der Hintergrund- und Kontextrecherche sowie der ›erzählerischen‹ Vermittlungsformen (wie Featuretechniken, Reportage- und Porträtformen).

Dieses Know-how wird für die künftigen Wissenschaftsjournalisten arbeitsplatzentscheidend sein – sei es als freie Autoren, sei es in den Medienredaktionen, sei es in den Institutionen und Unternehmen. Der Nebenbei-Erwerb von ›Garnituren‹ wäre hierfür unzureichend. Zwar werden Zusatzkompetenzen nach den zwei Mustern ›Fachwissen plus Journalismus‹ und ›Journalismus plus Fachwissen‹ für manches Ressort, zumal für Kunden- und Verbandsmagazine, wie auch für die Unternehmenskommunikation vollauf genügen. Doch zunehmend bedeutsam wird die vollwertige, integrierte Kompetenz aus Wissenschaft und Journalismus – und in diesem Zusammenhang auch die bislang ungeliebte Wissenschaftlichkeit.

Die Akademisierung des Journalismus – mehr als 70 Prozent der Journalisten haben ein Hochschulstudium hinter sich (Weischenberg, Malik und Scholl 2006: 65 ff.) – kommt diesem Bedarf zwar entgegen. Doch sind derzeit sehr viele Hochschulabsolventen akademisch verbildet; sie verfügen über kein fundiertes Methodenwissen und nur ein unzureichendes Reflexionsvermögen, was Wissenschaftlichkeit betrifft. Was tun?

Der Informationsjournalismus jedenfalls hat kein Problem, seinen mit rund 140 bis 180 Berufstätigen pro Jahr geringen Bedarf an Wissenschaftsjournalisten über eigene Aus- und Weiterbildungsroutinen zu generieren; auf die hochschulgebundenen Ausbildungswege ist er – im Unterschied zur sich ausdehnenden PR-Welt – nicht angewiesen. Umgekehrt wäre es für die Qualitätssicherung im supplementären Journalismus (insbesondere Magazine) ein großer Gewinn, wenn sich die akademischen Ausbildungseinrichtungen viel weitergehender auf die oben beschriebenen veränderten Anforderungen der Medienpraxis einstellen und diese auch einlösen wollten.

Die mit neuen Schulungskonzepten und Studiengängen sich öffnenden Möglichkeiten gelten darum nicht der Akademisierung oder Verwissenschaftlichung des Journalismus, vielmehr umgekehrt der kritischen, auf die Lebenswelt der Rezipienten gerichteten Nutzanwendung von Wissenschaftlichkeit – nicht nur als Wissen, sondern auch im kritischen Umgang mit dem Wissenschaftssystem, das dieses Wissen produziert. Und in dieser Hinsicht stehen wir erst am Anfang der Ausbildung hin zum ›tripelkompetenten‹ Wissenschaftsjournalisten.

Literatur

Albrecht, Jörg. 2006. »Wissenschaft wöchentlich: Von Sonntagsforschern und anderen Lesern«. *Die Wissensmacher.* Hrsg. Holger Wormer. Wiesbaden 2006. 45–61.

Arbeitskreis Medizinpublizisten/Klub der Wissenschaftsjournalisten e.V. (AKMed). »Unsere Satzung«. Stuttgart 2006. www.medizinpublizisten.de/medpub/wirueberuns/satzung.php (Download 4.4.2007).

Arbeitskreis Medizinpublizisten/Klub der Wissenschaftsjournalisten e.V. (AKMed). Standards für Medizin- und Wissenschaftsjournalisten. Stuttgart o.J. (Auch online unter www.medi zinpublizisten.de/medpub/_download/Standards.pdf, Download 4.4.2007.)

Bernau, Patrick. »Das Risiko meldet sich mit Wucht zurück«. *Frankfurter Allgemeine Sonntagszeitung* 12. 25.3.2007.

Daheim, Hansjürgen. *Der Beruf in der modernen Gesellschaft.* Köln und Berlin 1967.

Deutscher Fachjournalistenverband (DFJV). »Initiator«. 2007a. www.dfjs.org/schule/initiator.html (Download 4.4.2007).

Deutscher Fachjournalistenverband (DFJV). »Branche«. 2007b. www.dfjv.de/ueber-uns/unsere-branche.html (Download 30.1.2007).

Deutscher Fachjournalistenverband (DFJV). »Fachjournalismus«. 2007c. www.dfjv.de/ueber-uns/fachjournalismus.html (Download 4.4.2007).

Deutscher Fachjournalistenverband (DFJV). »Presse- und Medienfreiheit«. 2007d. www.dfjv.de/ueber-uns/medienpolitik/presse-und-medienfreiheit.html (Download 4.4.2007).

Donsbach, Wolfgang. »Stichwort Journalist«. *Publizistik, Massenkommunikation* (Fischer-Lexikon). Hrsg. Elisabeth Noelle-Neumann, Winfried Schulz und Jürgen Wilke. Frankfurt 2003. 78–125.

Fachhochschule Bonn-Rhein-Sieg. »[Technikjournalismus:] Ziel des Studiums«. 2007a. http://fb03.fh-bonn-rhein-sieg.de/Ziel-page-3878.html (Download 4.4.2007).

Fachhochschule Bonn-Rhein-Sieg. »[Technikjournalismus:] Ablauf des Studiums«. 2007b. http://fb03.fh-bonn-rhein-sieg.de/Ablauf-page-3879.html (Download 4.4.2007).

Göpfert, Winfried. »Medizinjournalismus: Am Tropf der Industrie«. *Message, Internationale Zeitschrift für Journalismus* 4/2003. 54–59.

Göpfert, Winfried, und Philipp Kunisch. »Wissenschaft per Nachrichtenagentur« (Forschungsbericht). FU Berlin. 1999. (Auch online unter www.wissenschaftsjournalismus.de, Download 4.4.2007.)

Haller, Michael. »Wie wissenschaftlich ist der Wissenschaftsjournalismus?«. *Publizistik* (32) 3 1987. 305–319.

Haller, Michael. »Defizite im Wissenschaftsjournalismus«. *Wissenschaftsjournalismus. Ein Handbuch für Ausbildung und Praxis.* Hrsg. Winfried Göpfert und Stefan Ruß-Mohl. 4. Auflage. München 2000. 13–20.

Hochschule Darmstadt. »Wissenschaftsjournalismus – Der neue Bachelor-Studiengang«. Darmstadt 2007a. www.wj.h-da.de (Download 4.4.2007).

Hochschule Darmstadt. »Konzept«. Darmstadt 2007b. www.wj.h-da.de (Download 4.4.2007).

Hochschule Darmstadt. »Lernziele und Inhalte«. Darmstadt 2007c. www.wj.h-da.de (Download 4.4.2007).

Hömberg, Walter. *Das verspätete Ressort. Die Situation des Wissenschaftsjournalismus*. Konstanz 1989.
Koch, Christoph. »Handy-Krebs? Nur bei der ›Süddeutschen‹«. *stern.de*. 31.1.2007. www.stern.de/wissenschaft/mensch/581591.html?q=handy%20sz (Download 4.4.2007).
König, René. *Der Beruf als Indiz sozialer Integration*. Köln 1965.
Kunz, Martin. »Wissenschaft im Magazin: Über den Nutzen des Neuen«. *Die Wissensmacher*. Hrsg. Holger Wormer. Wiesbaden 2006. 82–98.
Lange-Ernst, Maria-E. »Kann sein, dass man Geld von beiden Seiten bekommt«. Interview mit der Medizinjournalistin Maria-E. Lange-Ernst. *Message. Internationale Zeitschrift für Journalismus* 4 2003. 56–57.
Le Ker, Heike, und Stefan Schmitt. »Handys sorgen nicht für Krebs, aber für Schlagzeilen«. Spiegel Online. 31.1.2007. www.spiegel.de/wissenschaft/mensch/0,1518,463441,00.html (Download 4.4.2007).
Millerson, Geoffrey. *The Qualifying Associations*. London 1964.
Observer Argus Media. »Rubriken/Sonderseiten für Wissenschaft, Technik und Innovation in der deutschen Tagespresse«. o. J. http://de.cision.com/share/pdf/studie_forschungsseiten.pdf (Download 4.4.2007).
Observer Argus Media. »Wissenschaft und Technik in der Tagespresse«. *PR report* Oktober 2005. 14.
Parsons, Talcott. *The Social System*. Glencoe, Illinois 1951.
Peters, Hans Peter. »Wissenschaftler als ›öffentliche Experten‹. Akteure im Wissenstransfer«. *Wissenschaft im Dialog. Die Zeitschrift für Erwachsenenbildung* 2 2002. 25–28. (Auch online unter www.diezeitschrift.de/22002/positionen2.htm, Download 26.4.2007.)
Peters, Hans Peter. »Heißes Thema Erderwärmung«. *Message. Internationale Zeitschrift für Journalismus* 2 2007. 76–81.
Polatschek, Klemens. »Je später der Flieger, desto saurer die Kunden«. *Frankfurter Allgemeine Sonntagszeitung* 13. 1.4.2007.
Scholl, Armin, und Siegfried Weischenberg. *Journalismus in der Gesellschaft*. Wiesbaden 1998.
Schrader, Christoph. »Handys können Krebs auslösen«. *Süddeutsche Zeitung* 31.1.2007. (Auch online unter www.sueddeutsche.de/gesundheit/artikel/58/99958/, Download 4.4.2007.)
Stamm, Ursula. »Recherchemethoden von Wissenschaftsjournalisten und -journalistinnen«. Magisterarbeit, FU Berlin 1995. (Forschungsbericht auch online unter www.kommwiss.fu-berlin.de/fileadmin/user_upload/wissjour/stamm_fobe1.pdf, Download 4.4.2007.)
Technisch-Literarische Gesellschaft (TELI). »Zur Geschichte der TELI«. Berlin 2007a. Stand: 20.2.2007. www.teli.de/geschichte/geschichte.html (Download 4.4.2007).
Technisch-Literarische Gesellschaft (TELI). »Ziele und Aufgaben der TELI«. Berlin 2007b. www.teli.de/html/ziele.html (Download 4.4.2007).
Universität Dortmund. »Lehrstuhl Wissenschaftsjournalismus«. www.wissenschaftsjournalismus.org (Download 4.4.2007).
Verband Deutscher Medizin Journalisten (VDMJ). »Standards für Medizinjournalisten«. Stuttgart 9.3.2006. www.journalistenvereinigung.de/Files/VDMJ-Standards.pdf (Download 4.4.2007).
Weischenberg, Siegfried. *Journalistik*. Bd. 1. Opladen 1993.

Weischenberg, Siegfried, Maja Malik und Armin Scholl. *Die Souffleure der Mediengesellschaft.* Konstanz 2006.

Wissenschaftliche Pressekonferenz (WPK). »Wissenschafts-Pressekonferenz e.V. – Verband der Wissenschaftsjournalisten in Deutschland«. Bonn o.J. www.wissenschafts-pressekonferenz.de (Download 4.4.2007).

Wormer, Holger. »Wissenschaft bei einer Tageszeitung: Fragen zur Vergiftung von Ehegatten und andere Dienstleistungen«. *Die Wissensmacher. Profile und Arbeitsfelder von Wissenschaftsredaktionen in Deutschland.* Hrsg. Holger Wormer. Wiesbaden 2006. 12–27.

Narrative Style in Science Journalism

Deborah Blum

The central question for a science journalist who wants to write about basic research for the general public is not whether the story can be written—the question is whether anyone will actually read it.

Let's say that you want to write about the 'neutral theory' of molecular genetics, as I once (in a moment of apparent career insanity) chose to do. If I had chosen a traditional news lead for my story, it would have read something like this: "A California scientist recently published a challenge to a long-standing theory of genetic evolution at the molecular level, setting off a new debate about miniscule changes in protein structure." It's a good, clean lead and it would have definitely have caught the attention of those already interested in the subject.

The story I actually wrote, though, started like this:

"When geneticists came up with the term 'neutral' theory to explain some of the finer details of evolution they made a mistake. They should have called it 'open hostility' theory. Or maybe even 'total warfare theory'.

Over this one idea—an elegant explanation of how things differ at the molecular level—researchers have started shouting at each other during cocktail parties. Scientists have boycotted conferences because members of the opposition were also speaking.

And John Gillespie, a population geneticist at the University of California, Davis, has been given an unusual nickname. Just last month, Gillespie published a book that contains a tough, sophisticated attack on the theory. An eminent Japanese scholar who takes the opposite view now refers to Gillespie as 'the evil scientist from America'" (Blum 1992).

In other words, I turned my article into a narrative story with an element of suspense built in—if the reader wants to find out about the 'evil' scientist, she must continue deeper into the story. My editors definitely felt that way about it—they ran it on the front page of *The Sacramento Bee* (California) rather than tucking it away inside.

Narrative writing belongs to a style of journalism that I particularly like for two reasons. First, it's seductive. It speaks to readers who are not naturally drawn to science topics but can be caught by the narrative itself. And second, it's subversive. It seeks to educate readers by weaving information into a story, so that they learn about science without feeling—or even realizing—that they are receiving instruction at all.

The narrative style of journalism—sometimes referred to as literary journalism or as creative non-fiction—has gained a devoted following in recent years. Conferences dedicated to its techniques are held on a regular basis, such as Harvard University's Nieman Program on Narrative Journalism (held annually in Boston). Leading magazines publish it preferentially; there are even those who believe that all science journalism should favor this approach—seductive, subversive and, they argue, ultimately successful.

Do I think such enthusiasts go too far? Yes. There are many stories—such as explaining research results, covering a conference, a public health crisis—that need to be told far more straightforwardly. And the lure of good story telling does not replace the need for incisive analytical writing or for determined investigative reporting.

So what qualifies a science story as one with potenzial for narrative writing? My neutral theory story makes a good example—it's fundamentally a discussion of scientific theory, rarely attractive to newspaper readers—or editors. But it got strong play and a strong reader response. It worked because it contained these essential literary elements: dramatic tension, interesting characters, and last—but to me, not least—a revealing look at the entirely human nature of the scientific process.

In other words, a narrative story needs a good plot, a sense of theatre—the same literary elements that date back to the Greek dramatists and beyond. The compelling narrative also needs a writer with a sure sense voice and style, something that every writer works to refine. And even the most talented writer can benefit from knowing some of basic tools of narrative writing. Journalism, in all forms, tends to be architectural, relying on certain defined structures; the inverted pyramid in news-writing being a classic example. The standard structure for literary journalism looks like this:

Story
Information
Story
Information
Story
And continuing this until the tale reaches its conclusion.

The idea is that you bring (or seduce) the reader into the article with an anecdotal lead, a story. You then slide seamlessly into some of the important facts; roughly as much information as you think the reader can handle before losing interest. Then you segue into another story or into a continuation of the initial tale. Thus you weave back and forth between facts and story, concluding as you started, on a story. A classic device is to start the article with an anecdote that doesn't quite finish (adding an element of suspense), continue adding to that tale throughout, and conclude the anecdote in the final section.

This format is introduced in most creative non-journalism programs. Lee Gutkind, editor of the journal, 'Creative Non-Fiction', proposes it as a platform on which all good stories can be built. At the October 2005 meeting of the *National Association of Science Writers* (U.S.), Gutkind proposed that a very able writer can take this approach to another level, telling a story which has the facts woven into it so beautifully that there is no sense of moving back and forth at all, only a story that progresses forward to its ending.

Here then is Robert Lee Hotz, of the *Los Angeles Times*, telling the story of a rock:

"It was a nice work, as rocks go—a substantial chip of rose-colored quartz gleaming with flecks of crystal—but not the sort that might grace a starlet's ring finger.

Even so, curators at the *American Museum of Natural History* in New York had given it the kind of showroom treatment Tiffany's might lavish on its rarest diamond solitaire: a special exhibit case, dramatic spot lighting, and even a name designed to stir the imaginations of onlookers.

The rock was a 350,000-year-old hand ax. The Spanish archeologist who discovered it called it Excalibur. And they claimed it was the earliest known evidence of the dawn of the modern human mind" (Hotz 2003a).

Notice how deftly Hotz weaves his facts through story—the type of rock goes into the beautiful description, the display is part of the fine jewelry analogy. Each piece of information moves the story forward to the next stage of its telling. The Pulitzer-prize winning journalist, Tom Hall, of *The Portland Oregonian*, calls this "facts in service of story". A good narrative writer deliberately presents his facts in a way that keeps the story in motion, each piece of information advancing the tale.

To create a story that maintains such fluid motion, the journalist should have a sense of the structure in advance of writing. A good literary story-teller knows both the start and the end of his article before writing it, so that he can decide the order, which quotes to use, how one section will lead into another until the whole piece moves fluidly to the end. The acclaimed nature writer John McPhee used a method of writing all his major points and best quotes on index cards and then tacking the cards onto a wall. He would then arrange them in the order in which he wanted them to fall during the story. If a story works as it should—carrying the reader without pause from start to finish—we call that a perfect story arc.

What are some other useful tools and tips for literary journalists?

- David Everett, who teaches narrative writing at Johns Hopkins University, emphasizes that this style of writing also depends on a strong, individualistic voice from the writer. "Style is the writer's personality on the page," he says. For journalists who want to refine their ability along these lines, he recommends studying writers with distinctive voices. In science writing, he recommends the poet, Diane Ackerman, who writes with a distinctly lyrical tone or the late paleontologist, Stephen Jay Gould, who maintained a rather Victorian voice. Everett suggests rewriting a story in the voice of such stylists to observe how it changes.
- "Tape yourself" is another Everett suggestion, meaning read your story out loud and record it so that you can listen to the way you use words and rhythm. One prize-winning science writer of my acquaintance routinely does this and then listens to her story while she exercises. Good writers tend to vary story rhythm according to the mood they want to set: longer sentences to set a relaxed tone, shorter, sharper sentences to introduce tension. If you don't want to record yourself, at least read your work aloud so that you can hear the music of the language (or lack of it) and where it could be improved.
- Center your story; it needs a heart, a focusing point. When I wrote a series of articles on primate research for *The Sacramento Bee*, my focusing point was "Animal research is really about us". Not fuzzy little animals but about the people who use those animals in research

and the ethical decisions they make to do so. Every story in the series focused on a scientist and the moral decisions necessary to do the work. That series, *The Monkey Wars*, won a Pulitzer Prize in 1992. Use that internal focus to drive the flow of your stories. And try to keep mostly on point. As the nature writer McKay Jenkins, who teaches journalism at the University of Delaware, points out, readers can only tolerate so many side-trips off the main road of the story before they began to feel lost.

- Show don't tell. A good narrative writer is a visual writer. You want to make the reader see the scenery or know the person you are writing about that. It can't be done by telling the reader what a person is like or a wilderness looks like. You have to 'show' them. When Jenkins is writing about mountains, he doesn't say, "The hills come alive in spring." He shows it: "Waterfalls poured over cliffs lining the eastern edge of camp, along the trail leading to Kokomo Pass. The air suddenly took on a hint of sage and buzzed with the dry rattle of grasshoppers." To create such a vivid image means gathering an abundance of specific facts; there's nothing compelling about a vague description. The writer Richard Preston, author of *The Hot Zone*, once explained to a group of science writers that he always took a camera to every location and interview for a story. Then he plastered the photos around his computer screen so that when he needed to describe a face or a room precisely, all the details were in front of him.
- Remember that words are like paint. Just as the artist wants just the right color in just the right place, the writer wants the exact word used at the pitch-perfect moment. In writing about Alaska, McPhee once described a resident and his "chorus of sled dogs." Notice how the word "chorus" serves multiple purposes—it tells you that the man owns a large number of dogs; it tells you that the animals are howling; it makes a musical image out of a single brief description. As one of my own writing instructors insisted, it's always worth it to hold out for the WORD rather than any word.

All of this addresses the narrative journalism in terms of beautiful story telling, elegant writing, compelling style. As I said earlier, it's not the way to report every science story and, indeed, unless done well it can be annoying: over-written and even overwrought. Narrative journalism is also perceived by critics as representing lightweight science writing, what we often rather contemptuously call 'gee-whiz' reporting.

It is, obviously, well suited to the stories that seek to reveal some fascinating aspect of science. But I would argue that it can also be used to tell stories of substance, even reveal the results of an investigation. Lee Hotz, of the *Los Angeles Times*, also used this technique in a series which investigated that catastrophic failure of the space shuttle Columbia. The first story, which ran on December 21, 2003, started like this:

"James Hallock discovered just how little it takes to bring down a space shuttle.

He did it by playing with pencils.

As a member of the Columbia Accident Investigation Board, the pear-shaped, bewhiskered expert on flight safety had a New Englander's flinty skepticism and a physicist's distaste for untested accident theories.

On this day, Hallock, 62, scowled at specifications for the reinforced carbon panels that shielded the leading edge of Columbia's wings from the heat of reentry.

If one of the $800,000 panels had cracked, it might have been the flaw that on Feb. 1 caused the $1.8-billion spacecraft and its crew of seven astronauts to plummet in a shower of molten debris across six states.

Hallock brooded over a simple question: What would it take to break one?" (Hotz 2003b)

Obviously, the initial disaster reporting, the disintegration of the shuttle in January 2003, killing the seven astronauts aboard, would be done very differently. But as an analysis, an attempt to understand what happened, the narrative approach raises the story above an accounting of technological failures and space agency errors. It gets to the heart of the real story—that science is always a human enterprise, characterized by brilliance, yes, but also by passion and ego, dedication and mistakes. As science journalists, we both serve and educate our readers making them away of all these facets and narrative writing, done well, is one of our most effective tools in doing so.

Literature

Blum, Deborah. "Scientists in Open War over 'Neutral Theory' of Genetics". *The Sacramento Bee* March 16, 1992.

Blum, Deborah. *The Monkey Wars*. New York 1994.

Hotz, Lee. "Stone Ax Hints at First Stirring of Compassion. Prehistoric rock found among human remains is said to testify to the origins of burial rites". *Los Angeles Times* February 22, 2003a.

Hotz, Lee. "Decoding Columbia: A detective story. In an inquest fraught with questions of guilt and shame, scientists unravel the mystery of a shuttle's demise. First in a series of six". *Los Angeles Times* December 21, 2003b. (Also available online at www.latimes.com/news/nationworld/nation/la-sci-shuttle21dec21-1,1,6100851.story?, accessed February 26, 2007.)

»Ich schau das mal eben im Netz nach!«
Wie das Internet den Wissenschaftsjournalismus verändert

Annette Leßmöllmann[1]

Einleitung

Noch bis vor knapp zwei Jahren war das Internet ein ungeliebtes Stiefkind manch eines Verlages, die Online-Abteilung etwas, das man unterhalten musste, weil alle es taten – aber keiner wusste so recht, wofür. Doch innerhalb weniger Monate wandelte sich die Rolle der Onliner in einigen Häusern plötzlich. Turi (2006b: 21) spricht sogar von »Shooting Stars«, auf denen die Hoffnungen des Verlagswesens ruhen, das sich mit sinkenden Verkaufszahlen und einer generellen Printabstinenz konfrontiert sieht.

Vorbereitet hatte dies das ›Web 2.0‹ (zugeschrieben wird dieser Begriff Tim O'Reilly, siehe O'Reilly 2005), entstanden aus einer kreativen Freude am Experimentieren in weitgehend kommerzfreiem Raum und unterstützt von ›social software‹, die User sehr leicht gemeinsam Wissensinhalte erstellen half, etwa in der Online-Enzyklopädie *Wikipedia*, der kollektiven Fotosammlung *Flickr* oder dem globalen Videocliparchiv *YouTube*. Web 2.0 machte außerdem jeden zum potenziellen Publizisten durch die neue Möglichkeit der Weblogs.

Jetzt springen einige große Verlagshäuser auf und wittern Geschäftsmodelle, etwa *Focus Online* durch eine stärkere Einbindung des Lesers in den redaktionellen Prozess (Turi 2006a, 2006b). Wir erleben eine zweite Veränderungswelle, die vom Internet ausgeht und den Journalismus erfasst (Möller 2006). Die erste rollte ab Anfang der 90er Jahre und veränderte die Recherche- und Publikationsmöglichkeiten von Wissenschaftsjournalisten durch informative Forscherwebsites, den schnellen Recherchekontakt per E-Mail, Wissenschaftsticker und publizistische Plattformen wie *Sciencegarden* oder *Wissenschaft Aktuell*, Online-Wissenschaftskanälen großer Verlage wie *Spiegel Online* oder *spektrumdirekt* (Becker 2006; Zinken 2006) und schuf unter anderem das veränderliche Berufsbild des Online-Journalisten (Lorenz-Meyer 2007).

---

[1] Ich verdanke viele Anregungen den Gesprächen mit meinen Kollegen Klaus Meier, Lorenz Lorenz-Meyer und Thomas Pleil (Hochschule Darmstadt) sowie mit Jochen Wegner (*Focus Online*), Christoph Drösser (*Zeit Wissen/Die Zeit*), Carsten Könneker und Richard Zinken (*Spektrum der Wissenschaft*), Hanno Charisius (u. a. *Süddeutsche Zeitung*) und Volker Stollorz (u. a. *Frankfurter Allgemeine Sonntagszeitung*; Berater). Fehler und Lücken sind selbstverständlich nur mir anzulasten.

Jetzt könnte eine neue Partizipation des Publikums seine Arbeit wieder modifizieren. Dank wesentlich erweiterter technischer Möglichkeiten, Texte, Bilder, Videos und Podcasts (also Audiobeiträge) in großen Mengen ins Netz zu stellen, sind der Publikationslust aller – nicht nur der Journalisten – kaum noch Grenzen gesetzt.

Inwiefern werden diese neuen Trends den Wissenschaftsjournalismus verändern? Dieser Frage soll im Folgenden nachgegangen werden. Mutmaßliche Veränderungen betreffen dabei besonders den Wissenschaftsjournalisten, der – ob als Autor oder als Redakteur – heute häufig überlegen muss, welche Rolle Weblogs und Podcasts in seinem beruflichen Leben spielen sollen, der neue mediale Nischen sucht oder sich gegenüber einer Publikationsexplosion im Netz – etwa durch freie Angebote wie *Wikipedia* – profilieren will.

Sie betreffen aber auch das Publikum, sein womöglich verändertes Lese- und Nutzungsverhalten, aber auch seine eigene publizistische Aktivität. Darauf wiederum reagieren Verlage, die versuchen, auf dieses neue Verhalten zu antworten. Und nicht zuletzt verändert sich auch die Welt des Wissenschaftlers, der selbst auf verschiedene Art und Weise publizistisch im Netz aktiv werden kann.

1. Das Internet demokratisiert den Zugang zum Wissen

Die ›open access‹-Bewegung setzt sich dafür ein, dass alle freien Zugang zu wissenschaftlichen Veröffentlichungen haben. Damit haben sie sich in Kampfstellung gegen die wissenschaftlichen Verlage begeben, die diese Ergebnisse über (teilweise recht teure) Monografien und wissenschaftliche Journale vertreiben.

In Zeiten öffentlicher Geldknappheit bestellen inzwischen viele Universitäts- und Institutsbibliotheken auch Standardliteratur ab, was die Wissenschaftler von einschlägigen Informationsquellen und vom fachinternen kontinuierlichen Kommunikationsprozess ausschließt (Sietmann 2006). In der Berliner Erklärung von 2003 fordern deshalb die namhaftesten Wissenschaftsorganisationen – wie etwa die *Max-Planck-Gesellschaft* – offenen Zugang nicht nur zu wissenschaftlicher Literatur, sondern zum gesamten kulturellen Erbe, etwa in Archiven und Museen (Berlin Declaration 2003).

Ziel sind Barrierefreiheit und uneingeschränkter Zugang und Nutzung aller möglichen Quellen, um weiterhin eine offene Wissenschaft zu ermöglichen oder um Wissenschaft überhaupt zu ermöglichen, denn eine uninformierte oder an der Informationsbeschaffung gehemmte Wissenschaft ist keine Wissenschaft. Zugangsschnittstelle des ›open access‹ ist wiederum das Internet. Ohne dieses wäre diese Bewegung nicht möglich gewesen. Schon seit den 90er Jahren experimentieren Wissenschaftler mit E-Papers als Publikationsform. Manches Ergebnis, wie etwa in der Mathematik der Beweis der sogenannten Poincaré-Vermutung (Leßmöllmann 2003), wurde zuerst als Internetpublikation auf einem Preprintserver veröffentlicht und eingehend von der Community geprüft. Andere Internetpublikationen sind von vornherein ›Peer reviewed‹, andere nicht; es gibt hier also verschiedene Varianten.

Für freie Wissenschaftsjournalisten wäre ›open access‹ einerseits Eldorado, denn es fiele die Barriere weg, die den Zugang zur Primärquelle versperrt. Denn heute ist es so: Journalist stößt auf eine interessante Geschichte, die aber leider nicht in den Leitmagazinen *Nature* und

Science veröffentlicht wurde (zu diesen haben viele freie Journalisten Zugang). Auf der Verlagswebsite wird das Papier natürlich angeboten, allerdings zu einem stolzen Preis.

Der nächste Schritt ist die Website des Wissenschaftlers. Hier kommt es nun zu einer paradoxen Situation: Wahrt er die Urheberrechte des Verlags, in dessen Zeitschrift sein aktuelles Papier erschienen ist, dann wird er es nicht im praktischen PDF-Format auf seine Website stellen. Wahrt er dagegen die Verlagsrechte nicht, tut er dem Journalisten einen Gefallen. Anekdotisch gesprochen: Wenn der Zeitdruck regiert, dann gewinnt womöglich der Forscher, der auf seiner Website ›open access‹ betreibt. Im schlimmsten Fall schreibt der Journalist über die Forschung, ohne das Papier gelesen zu haben, weil er einfach nicht herankam – das ist dann der ›closed access‹-GAU.

›Open access‹ könnte aber auch der Untergang des Journalisten sein. Denn dann findet er im Netz alles, was das Herz begehrt: Preprints, Artikel mit ›Peer review‹, Artikel ohne ›Peer review‹, Zeitschriften mit hohem wissenschaftlichem Ansehen und entsprechendem ›Impact-factor‹, Zeitschriften mit weniger hohem Ansehen usf. Wohl ihm, wenn er in diesem Angebot nicht versinkt: Dazu muss er die Publikationspraxis im jeweiligen Fach kennen und selbstständig Qualitätsentscheidungen treffen. Das heißt: Größere Freiheit bedeutet auch mehr Verantwortung, mehr eigene Einordnungskompetenz.

Wissenschaftsjournalisten müssen jetzt schon dafür Sorge tragen, dass sie nicht in der Materialfülle untergehen. Wenn ›open access‹ reüssiert, dann wird die Anforderung noch höher. Denn die Tatsache, dass sich alles im Netz finden lässt, darf nicht dazu führen, dass Kenntnisse, die noch aus der Papierwelt stammen, verloren gehen. Dass also ein Paper von *Nature* mehr zählt als eines von *Journal of Applied Ichthyology;* dass ein Artikel, der anonym ›Peer reviewed‹ wurde, eine bessere, weil sicherere Quelle darstellt als Graue Literatur, auch als ein Buch etwa, das zwar lektoriert wird, aber nicht ›Peer reviewed‹ – das sind Dinge, die Wissenschaftsjournalisten auch in der Netzwelt nicht vernachlässigen dürfen.

2. Wenn das Publikum mitmacht: Leserwissen und ›crowdsourcing‹

Seit *Focus Online* die Kommentarfunktion für Leser eingeführt hat, quittieren die Leser jede Ungenauigkeit in der Darstellung eines naturwissenschaftlichen Sachverhalts mit Kritik. Der Redakteur ist dem informierten Publikum direkt ausgesetzt: Die Leserbriefe erscheinen direkt unter seinem namentlich gekennzeichneten Artikel. *Focus-Online*-Chef Jochen Wegner, früher stellvertretender Ressortleiter Wissenschaft bei *Focus*, spricht von der neuen »Demut«: Wer unter diesen Bedingungen arbeite, der begreife schnell, dass es da draußen immer jemanden geben wird, der sich besser auskennt als er, und er begreift überhaupt sehr schnell, wie kundig der Leser ist. Die Attitüde manches Wissenschaftsjournalisten, aus der Position des Wissenden den Leser zu belehren, löse sich so ganz schnell in Luft auf.

Nun sind Leserbriefe keine Erfindung des Internet. Magazine und Zeitungen geben ihren Lesern traditionell Raum, sich zu äußern. Das Magazin *Spektrum der Wissenschaft* etwa hält seine Autoren an, in der Leserbrief-Rubrik gegebenenfalls auf alle Einwände einzeln und mit Nennung ihres Namens zu antworten. Zum anderen kennt etwa der IT-Ticker *heise.de* den ungefilterten Leserkommentar direkt unter dem redaktionellen Beitrag schon lange.

Sollte sich diese Einbindung des Lesers in den Online-Medien aber stärker verbreiten, müssten sich Wissenschaftsjournalisten generell daran gewöhnen, dass kritische Leserbriefe, nicht oder nur wenig redaktionell gefiltert, direkt unter ihrem Text stehen. Dadurch sind sie der Kontrolle durch ein durchaus qualifiziertes Publikum viel direkter ausgesetzt, als wenn ein Leserbrief nach Monaten abgedruckt wird. Das kann dem Bemühen um noch bessere Recherche und noch strengeres ›fact checking‹ nur guttun. Kurz gesagt: Es könnte den Wissenschaftsjournalismus stärken.

Vielleicht wird er auch dadurch gestärkt, dass Redaktionen direkt auf den Wissensschatz zurückgreifen, der in den Köpfen ihrer Leser schlummert: Durch ›crowdsourcing‹ wird die Kompetenz des Publikums direkt angezapft. Der Begriff wurde durch das Magazin *Wired* geprägt und basiert auf Outsourcing: Hierbei werden Fachleute außerhalb des Unternehmens beauftragt. Beim ›crowdsourcing‹ werden Laien animiert, unentgeltlich für ein Unternehmen zu arbeiten (Howe 2006; hier wird auch der Begriff des ›crowdsourcings‹ eingeführt).

Im September 2006 brachte *Nature* einen Artikel über den Fund des bis dato ältesten Hominidenskeletts in Äthiopien. *Scientific American* konnte die Nachricht in der aktuellen Ausgabe nicht mehr drucken, weswegen sich die Leiterin der Online-Redaktion, Kate Wong, entschloss, sie auf den Internetseiten zu veröffentlichen (Wong 2006a). Neu war, dass sie ihre Leser in einer Randspalte ausdrücklich aufforderte, in einem Weblog ihr Wissen beizusteuern. Sie stellte ihnen in Aussicht, dass geeignete Beiträge in den Artikel, der später in der Printausgabe erscheinen sollte, integriert würden (Hucklenbroich 2007).

Tatsächlich berichtete sie später dem Online-Magazin *Columbia Journalism Review Daily* (Brainard 2006), dass sie von den Lesern wertvolle Anregungen erhielt: Die Nachfragen und Kommentare hinterließen deutliche Spuren im Printartikel, der im Dezember 2006 erschien (Wong 2006b). Andere Open-Source-Experimente von etablierten Medienhäusern seien nicht so erfolgreich verlaufen, berichtet Curtis Brainard, aber in diesem Fall halfen sie nach eigenen Aussagen der Macher, einen Artikel zu schreiben, der die Interessen des Publikums besser bediente.

So hatten die Leser der Online-Ausgabe gefordert, dass genauer erklärt würde, wie Alter und Geschlecht des Hominiden anhand der Skelettfunde identifiziert wurden. Autorin Wong war sich beim Schreiben des Online-Artikels nicht sicher gewesen, ob diese Details wirklich von Interesse seien; nun entschloss sie sich, diese in den Printartikel aufzunehmen. Zudem monierten die Online-Leser, dass Wong von »Lucy's Baby« sprach. Damit hatte sie einen Namen verwendet, der sich kurz nach der Entdeckung eingebürgert hatte: Denn das Skelett der etwa dreijährigen Hominidin gehörte zu der gleichen Gattung wie die berühmte Lucy, die ›Australopithecus afarensis‹-Frau, deren Gebeine 1974 in Äthiopien aufgefunden worden waren. Allerdings ist »Lucy's Baby« rund hunderttausend Jahre älter als Lucy, weswegen die Leser an der zwar griffigen, aber unsachlichen Namensgebung Anstoß nahmen. Wong ging daher in ihrem Printartikel darauf ein.

Wenn der Leser mitspielt, dann könnte ›crowdsourcing‹ den Journalismus und damit auch den Wissenschaftsjournalismus stärken. Jay Rosen (2007) geht sogar so weit zu sagen: Es hilft, Geschichten zu schreiben, die sonst nicht geschrieben würden, weil die Redakteure und Autoren gar nicht auf die Idee kämen.

3. Hier schreibt der Wissenschaftler selbst

Das Internet hat neue Veröffentlichungskanäle entstehen lassen. Astrophysiker stellen Filme mit ihren Beobachtungen ins Netz, Forscher veröffentlichen ihr gesamtes empirisches Material, das in eine Standardpublikation nicht mehr hineinpasst. Das Netz bietet also multimediale Möglichkeiten, um auch einzelne Wissensbausteine zu veröffentlichen: Das dient der Kommunikation und dem Erkenntnisgewinn innerhalb der Forschung genauso wie über die Grenzen hinweg, Richtung Journalismus.

Eine Konsequenz der neuen Publikationsformen ist, dass die Netzwelt mit nur wenig strukturierten und nicht gegengelesenen Informationsbrocken gefüllt wird. Damit steht Wissenschaftsjournalisten eine möglicherweise nützliche, zusätzliche Quelle zur Verfügung, die allerdings vor Verwendung mit kritischem Blick auf Relevanz und Wahrheitsgehalt zu prüfen ist. Auch hier bedeutet mehr Freiheit – mehr Verantwortung.

Außerdem könnte die Vielfalt und Strukturlosigkeit des Angebots Wissenschaftsjournalisten dazu herausfordern, sich davon abzusetzen, indem sie ihren Lesern deutlich machen, warum diese mit journalistischen Produkten besser bedient sind. Wissenschaftsjournalisten könnten sich auf ihre Alleinstellungsmerkmale besinnen, indem sie etwa deutlich machen: Wir sind es, die dem Leser die Arbeit abnehmen, die wirklich relevanten wissenschaftlichen Ergebnisse herauszuschälen.

Sie müssen das im Zweifel selbst deutlich machen, denn ihre traditionelle ›gatekeeper‹-Rolle haben Journalisten, also auch die Wissenschaftsjournalisten, verloren: Das Publikum kann sich am Torhüter vorbeimogeln und sich trotzdem gut informieren (Neuberger 2005).

Eine solche Attacke auf die Torhüterfunktion sind auch die Weblogs, die nicht unbedingt journalistisch sein müssen, aber sehr informativ sein können (zum schwierigen Verhältnis zwischen Blogs und Journalismus siehe Neuberger, Nuernbergk und Rischke 2007). So etwa Wissenschaftsblogs: Eine ganze Wissenschaftsblog-›Zeitung‹ hat etwa das US-Wissenschaftsmagazin *Seed* unter www.scienceblogs.com zusammengestellt, wo es verschiedene unabhängige Weblogs unter seiner Marke gebündelt hat: Nach Ressorts geordnet, finden sich hier Forscher und Autoren, die für verschiedene Disziplinen neue Ergebnisse vorstellen oder kommentieren, und auch, um akademische Streitgespräche zu führen. In Deutschland halten sich Wissenschaftler als Blogger (noch?) zurück (Becker 2006). Ausnahme sind etwa die über die Plattform *Hard Blogging Scientists* (www.hardbloggingscientists.de) vernetzten Forscher.

Welche Rolle spielen Wissenschaftlerblogs für Wissenschaftsjournalisten? Gar keine, könnte man meinen: Sie sind subjektiv, unredigiert und nicht ›Peer reviewed‹, stellen also keine zuverlässige Quelle dar.

Doch mit dieser Haltung schneiden sich Journalisten womöglich eine gute Inspirationsquelle ab: Blogs sind zwar keine Primärquellen, könnten aber dennoch ein guter Ausgangspunkt für die Themenfindung sein. So verfolgen sie aktuelle Debatten, sodass Autoren daran ablesen können, wer mit welchen Positionen vertreten ist und welche Themen eine Community überhaupt bewegen. Dem Fachfremden geben sie so Hinweise auf mögliche Interviewpartner und auch auf relevante Fragen. Außerdem hilft der dort stattfindende Meinungsaustausch, wissenschaftlichen Ergebnissen den richtigen Stellenwert zuzuordnen und angebliche Hypes zu entlarven.

Das Netz erweitert den Scheinwerfer der Aufmerksamkeit des Wissenschaftsjournalisten – oder es hilft ihm, bei richtiger Benutzung, diesen auf die relevanten Dinge zu richten. So wertet etwa der *Knight Science Journalism Tracker* (http://ksjtracker.mit.edu) US-Medien in Sachen Wissenschaft aus und kratzt am Profil des Auslandskorrespondenten, da sich immer mehr Journalisten die Auslandsberichterstattung selbst ins Haus holen.

Wichtig ist der Zusatz »bei richtiger Benutzung«. Ein Kennzeichen von Blogs ist, dass jeder eines schreiben kann: Wissenschaftler, Journalisten, interessierte Laien, aber auch Unternehmen. Wissenschaftsjournalisten müssen also auch hier wieder akribisch Quellenkritik betreiben, um nicht etwa einem PR-Blog aufzusitzen, das unerkannt Produktwerbung macht.

Folge der neuen Publikationsformen im Netz ist eine Entstandardisierung: Die orientierenden Standards fehlen; in der ›Blogosphäre‹ gibt es keine seit Langem etablierten Landmarken wie *Nature* oder auch einer Publikumszeitschrift wie *Geo*, bei denen der Journalist sich auf die Orientierung an bestimmten Qualitätsmaßstäben einigermaßen verlassen kann.

Gleichzeitig sollten Journalisten die Standardisierung, die sich im Netz entwickelt, auch nicht unterschätzen. Manche Blogger erschaffen sich eigene Qualitätsstandards: etwa *www.gesundheit.blogger.de*, der sich explizit von PR-Blogging abgrenzt (Strappato 2006). Auch die Blog-Bündelung unter der Marke *Seed* bietet für die beteiligten Weblogs wenn auch keine Qualitätsgarantie, so doch eine gewisse Orientierung.

Weblogs als Quellen fordern erhöhte Sorgfalt und klares Qualitätsmanagement von Wissenschaftsjournalisten. Aber es könnte sich für ihre Arbeit lohnen, sie nicht zu ignorieren.

4. Neue Publikationsformen für Wissenschaftsjournalisten: Weblogs

Weblogs öffnen neue Publikationsmöglichkeiten auch für Journalisten. Für Redakteure bieten sie die Möglichkeit, Themen aufzugreifen, die sie sonst nicht aufgreifen könnten, weil sie gerade nicht ins Blatt passen. Sie können auch die Textform selbst wählen, da sie niemand redigiert.

Außerdem können sie ihre Steckenpferde reiten: Ein pointiertes Beispiel mag das Sexblog von *Zeit-Wissen*-Redakteurin Sigrid Neudecker sein (http://blog.zeit.de/sex/). Aber auch bei den anderen Blogs aus dem Umfeld der *Zeit-Wissen*-Redaktion lässt sich das ablesen, und ähnlich ist es bei den Blogs des Magazins *Technology Review* aus dem *Heise-Verlag*. Dies hat zu einer erfrischenden und aktuellen Parallelberichterstattung im Netz geführt, die direkt etwa auf eine Meldung oder eine wissenschaftliche Veröffentlichung reagiert. Dadurch bekommen gute Weblogs eine Kommentar- und Einordnungsfunktion, also Funktionen, die aus der Welt des Journalismus stammen.

Gleichzeitig werden bei Blogs journalistische Kriterien systematisch torpediert: Oft vermischen sich Bericht und Kommentar (bis hin zu Glosse oder Satire). Das lässt Meinung, Zuspitzung und Einordnung zu, aber natürlich auch Mindermeinungen oder pure Idiosynkrasie. Die im letzten Abschnitt genannte Entstandardisierung wirkt also zwar belebend, bringt es aber auch immer mit sich, dass es nun der Leser ist, der die Qualität selbst prüfen muss: Journalistische Standards darf er hier nicht von vornherein erwarten.

Aber auch bei den bloggenden Journalisten kommt es andererseits zu einer Standardisierung. Sie können sich eine eigene Marke schaffen, indem sie den Benutzer selbst von der Qualität überzeugen. In der ›Blogosphäre‹ setzen sich solche Marken viel schneller durch als in der Printwelt, bemerkte die profilierte Bloggerin und Journalistin Ariana Huffington (www.huffingtonpost.com) anlässlich der Konferenz *Digital Life Design 2007*.

Als Beispiel aus dem deutschen Wissenschaftsjournalismus mag Thomas Wanhoffs *Wunderbare Welt der Wissenschaft* (http://wissenschaft.wanhoff.de) gelten. Journalisten sind also nicht mehr nur darauf angewiesen, sich für ihre Selbstvermarktung eine gute Marke zu ›leihen‹, indem sie etwa häufig für Qualitätsblätter schreiben. Sie können sich auch ihre eigene aufbauen; ob ihre Weblogs journalistischen Kriterien genügen, liegt dabei allerdings nur in ihrer Hand.

Daraus folgt, dass der Leser sich in der neuen Netzwelt viel stärker selbst orientieren muss. Das Wissen, wo guter Journalismus oder zumindest gute Blogs zu finden sind, wird ihm nicht mehr durch jahrzehntelang etablierte, verlässliche Marken abgenommen. Auch hier zeigt sich also: Die neue Freiheit bringt auch für den Leser eine neue Verantwortung.

5. Neue Produktionsformen: Crossmedia

Aber die Verlagshäuser wie etwa *Gruner + Jahr* stehen parat, um den »antiautoritären Reflex des Web 2.0« (Kundrun 2007: 90) zu domestizieren und daraus eine »strukturierte Nutzungsgewohnheit« werden zu lassen, sprich, sie wieder unter das Dach ihrer Marken zu ziehen – auch, um dem Leser wieder Orientierung zu bieten. Da der Markt extrem veränderlich ist, werde ich hier keine einzelnen Geschäftsmodelle vorstellen, sondern nur Schlaglichter werfen.

Als eine Zähmung des Wildwuchses mag die Bündelung vieler Wissenschaftsblogs unter dem Dach scienceblog.com des Wissenschaftsmagazins *Seed* gelten, das oben schon erwähnt wurde. *Seed* war damit in den USA Vorreiter und stärkt damit womöglich seine Printmarke. Das Wissenschaftsblatt *Scientific American* setzt inzwischen auf Podcasts und außerdem eine eigene Online-Wissenschaftsredaktion, die wissenschaftliche Themen ›weicher‹, also populärer als im Mutterheft an den Mann bringen soll, um sich neue Zielgruppen zu erschließen. Dort werden bekanntere Autoren aus dem Heft auch bloggen.

Für Redakteure wie auch für freie Journalisten bedeutet das vielfach, dass sie sich in ihrer Produktionsweise umstellen müssen: Printredakteure sitzen vor Mikrophonen, um zu podcasten; Printreporter bekommen eine Kamera in die Hand gedrückt, um vor Ort noch einen Film fürs Web zu drehen. Auch von Wissenschaftsjournalisten wird also jetzt verlangt, ein Thema für verschiedene Kanäle aufzubereiten: Keine Printredakteure, sondern »Themenredakteure« fordert etwa der Verlagsleiter Carsten Könneker von *Spektrum der Wissenschaft*, und stößt dabei ins gleiche Horn wie etwa Wolfram Weimer bereits 2001 (Weimer 2001: 245): »Jeder Zeitungsredakteur ist Online-Redakteur und umgekehrt.«

Dass es allerdings utopisch ist, von Redakteuren doppelte Arbeit zu verlangen, wendet etwa Meier (2002: 202) ein; außerdem sei es für viele Mitarbeiter schwierig, den unterschiedlichen Workflow aufgrund der Erscheinungsrhythmen der zwei Medien zu koordinieren (ebd.: 203); eine Lösung könnte in einer völligen, crossmedialen Umstrukturierung der Redaktionen liegen, wie sie einige Redaktionen derzeit vornehmen (siehe den Beitrag von Klaus Meier in diesem Buch).

Vielleicht liegt die crossmediale Lösung auch in einer geschickten Arbeitsteilung, bei der für die verschiedenen Kanäle unterschiedliche inhaltliche Schwerpunkte gesetzt werden. Für einen erfolgreichen TV-Wissenschaftsjournalismus der Zukunft fordert etwa der Publizist Bernd Gäbler (2006) die crossmediale Verknüpfung, also den Medienverbund »von TV und Online, Sende- und Speichermedium, Zappelbild und Text«. Während das Fernsehen den Zuschauer in Bilderreizen schwelgen ließe, könne das Internet Hintergrundwissen liefern und noch einmal in Ruhe alles erklären: Wissenschaft brauche Text, so schön eine gefilmte Wissenschaftsreportage auch sei.

Ausblick

Wer heute seinen Rechner anschaltet und eine Recherche im Internet startet, verhält sich ein wenig wie auf Gene Roddenberrys Raumschiff Enterprise. Er sagt: »Computer! Alle Forschungsergebnisse über X auf den Schirm!« Und der Computer liefert alles über X.

Der große Unterschied zwischen der Recherche im Internet auf der heutigen Erde und auf dem Raumschiff ist, dass der Computer der Enterprise auf magische Weise immer nur die relevanten Wissensinhalte ausspuckt – wohingegen Wissbegierige im heutigen Internet erst einmal im Material versinken. Der interessierte Laie ebenso wie der recherchierende Journalist müssen, jeder für seine Bedürfnisse und mit entsprechenden Werkzeugen, zunächst eine Schneise durch das schlagen, was ihnen geboten wird.

Zudem spuckt das Internet beileibe nicht »alles über X« aus – es liefert nur das internetbekannte, das über das Internet zugängliche Wissen über X. Gerade die leicht zu bedienenden Werkzeuge wie *Google* oder *Wikipedia* vermitteln aber vielen Nutzern heute womöglich das Gefühl, mit ihnen *das* Wissen erfasst zu haben (Schetsche 2005; Wegner 2005).

Wissenschaftsjournalisten sind in dieser Situation ganz besonders aufgefordert, über die Grenzen des Internet nicht die Grenzen ihrer Wissenswelt definieren zu lassen. Außerdem müssen sie heute intensive Quellenkritik üben: Sie müssen wissen, welche Weblogs wirklich relevante wissenschaftliche Debatten führen und welche nur der Eitelkeit ihrer Produzenten dienen. Sie müssen das gut gemachte Medizinportal unterscheiden von einem, das durch eine Pharmafirma gesponsert wird und deswegen seine Unabhängigkeit verliert. Sie müssen ein gutes wissenschaftliches Papier unterscheiden können von einem, das sich erst bei näherem Hinsehen als eine Art Abfallprodukt erweist, das der Forscher in renommierten Zeitschriften nicht mehr unterbringen konnte – zu finden sind gute wie schlechte Arbeiten gleichberechtigt nebeneinander etwa auf der Forscherwebsite; die Kenntnis über Publikationsqualität muss der Wissenschaftsjournalist aber mitbringen. Die neuen Koordinaten fordern sie demnach noch mehr als bisher auf, ihrer Aufgabe gerecht zu werden: sauber zu recherchieren, jeder Quelle mit angemessener Skepsis zu begegnen, klar darzustellen und vor allem gut einzuordnen.

Möglicherweise wird es in Zukunft eine Kluft geben zwischen Journalisten (auch Wissenschaftsjournalisten), die neue Quellen wie etwa Weblogs nutzen, und anderen, die es nicht tun. Vielleicht werden Journalisten, die Blogs nutzen, bessere Geschichten schreiben oder produzieren als andere, weil sie z. B. interessantere wissenschaftliche Debatten aufgreifen. Vielleicht schreiben sie aber auch gerade deswegen keine besseren Geschichten, weil sie sich zu sehr darauf verlassen, was die Netzwelt bietet – anstatt in der Offline-Welt verankert zu bleiben und dort das Ohr an die Debatten zu halten. Dies wird die Zukunft zeigen.

Auf alle Fälle sind Wissenschaftsjournalisten aufgefordert, eine Position zu dem zu beziehen, was im Netz passiert. So schreiben oder schrieben etwa an den deutschen Seiten von *Wikipedia* im Januar 2007 38.959 Menschen mit (Wikipedia 2007). Von ihnen wird Wissen in Massen und umsonst zur Verfügung gestellt; die Autoren verzichten sogar darauf, ihre Autorschaft durch Nennung ihres Namens öffentlich zu machen. Damit ist ein prominentes Wissensreservoir entstanden (*Google*-Ergebnisse listen inzwischen häufig eine *Wikipedia*-Seite als erstes Ergebnis), das an gängigen Publikationskanälen vorbei veröffentlicht wird – auch an wissenschaftsjournalistischen Kanälen vorbei.

Was bedeutet das für die Zunft? Zum einen könnte sie sich davon absetzen, indem sie auf die schiere enzyklopädische Hintergrundinformation ganz verzichtet und sich auf das konzentriert, was sie vielleicht wirklich besser kann: gute Geschichten zu schreiben bzw. zu produzieren. Zum anderen kann sie, wenn sie enzyklopädische Hintergrundinformation anbietet, damit trommeln, dass hier im Gegensatz zu *Wikipedia* der Autor mit seinem Namen für die Richtigkeit einsteht und dass die Redaktion rigides ›fact checking‹ betreibt – wieso dies nicht als Alleinstellungsmerkmal wissenschaftsjournalistischer Produkte viel deutlicher machen, als es derzeit geschieht?

Google und *Wikipedia* machen Wissen allgegenwärtig. Um dieses Wissen nicht so mächtig scheinen zu lassen, als habe der allwissende Computer auf Raumschiff Enterprise gesprochen, ist der Wissenschaftsjournalist gefragt: Er kann die wahren Wissensschätze heben, und er ist jetzt noch viel stärker als Rechercheur, Aufbereiter, Themen-Zuspitzer, als Geschichten-Erzähler und In-Zusammenhang-Bringer gefragt.

Literatur

Becker, Markus. »Wissenschaft im Internet I: Schnell, schneller, Internet«. *Die Wissensmacher. Profile und Arbeitsfelder von Wissenschaftsredaktionen in Deutschland.* Hrsg. Holger Wormer. Wiesbaden 2006. 210–223.

»Berlin Declaration on Open Access to Knowledge in the Sciences and Humanities«. Conference on Open Access to Knowledge in the Sciences and Humanities. 20.–22.10.2003, Berlin. http://oa.mpg.de/openaccess-berlin/berlindeclaration.html (Download 29.3.2007).

Brainard, Curtis. »›Scientific American's‹ experiment in Wiki-reporting«. *CJR Daily* 4.12.2006. (Auch online unter www.cjrdaily.org/behind_the_news/scientific_americans_experimen.php, Download 15.1.2007.)

Gäbler, Bernd. »Thesenreferat«. WissensWerte 2006. 15.–16.11.2006, Bremen. (Auch online unter www.bertelsmann-stiftung.de/bst/de/media/wissenswerte151106.pdf, Download 29.11.2006.)

Howe, Jeff. »The Rise of Crowdsourcing«. *Wired* 14 2006. www.wired.com/wired/archive/14.06/crowds.html (Download 29.3.2007).

Hucklenbroich, Christina. »Der Leser schreibt mit«. *Frankfurter Allgemeine Sonntagszeitung* 24.1.2007. 54. (Auch online unter www.faz.net/s/Rub475F682E3FC24868A8A5276D4FB916D7/Doc~EC490756050A347B5A4EFC957731BE48C~ATpl~Ecommon~Scontent.html, Download 29.3.2007.)

Kundrun, Bernd. »Der Weg ins Web 3.0«. *Cicero* 3 2007. 90–91.

Leßmöllmann, Annette. »Mathe mit Lasso. Hat ein Russe die Poincarésche Vermutung bewiesen? Ihm winkt eine Million Dollar«. *Die Zeit* 24.4.2003. (Auch online unter www.zeit.de/2003/18/N-Poincar_8e, Download 29.3.2007.)

Lorenz-Meyer, Lorenz. »Online-Journalismus: Herausforderungen des Berufsfeldes und der Ausbildung«. *Journalistik Journal* (erscheint 2007). (Manuskript online unter www.scarlatti.de/?p=180, Download 13.2.2007.)

Meier, Klaus. »Redaktions- und Content Management«. *Internet-Journalismus*. Hrsg. Klaus Meier. Konstanz 2002. 187–212.

Möller, Erik. *Die heimliche Medienrevolution. Wie Weblogs, Wikis und freie Software die Welt verändern*. Heidelberg 2006.

Neuberger, Christoph, Christian Nuernbergk und Melanie Rischke. »Weblogs und Journalismus: Konkurrenz, Ergänzung oder Integration?«. *Media Perspektiven* 2 2007. 96–113.

Neuberger, Christoph. »Das Ende des Gatekeeper-Zeitalters«. *Die Google-Gesellschaft. Wissen im 21. Jahrhundert*. Hrsg. Kai Lehmann und Michael Schetsche. Bielefeld 2005. 205–212.

O'Reilly, Tim. »What Is Web 2.0. Design Patterns and Business Models for the Next Generation of Software«. 30.9.2005. www.oreillynet.com/pub/a/oreilly/tim/news/2005/09/30/what-is-web-20.html (Download 28.3.2007).

Rosen, Jay. »Citizen Journalism wants you!«. *Wired* 14.3.2007. www.wired.com/news/culture/0,72970-1.html (Download 15.3.2007).

Schetsche, Michael. »Die ergoogelte Wirklichkeit.« *Die Google-Gesellschaft. Wissen im 21. Jahrhundert*. Hrsg. Kai Lehmann und Michael Schetsche. Bielefeld 2005. 113–120.

Sietmann, Richard. »Über die Ketten der Wissensgesellschaft. Der Kulturkampf über den Zugang zu wissenschaftlichen Veröffentlichungen verschärft sich«. *c't* 12 2006. 190. (Auch online unter www.heise.de/ct/06/12/190/, Download 3.12.2006.)

Strappato. »Verhaltenskodex«. 31.12.2006. http://gesundheit.blogger.de/stories/648724/ (Download 29.3.2007).

Turi, Peter. »Der Frontalangriff«. *Medium Magazin* 11 2006a. 18–20.

Turi, Peter. »Nächste Ausfahrt Community«. *Medium Magazin* 11 2006b. 21–22.

Wegner, Jochen. »Die Googelisierung der Medien«. *Die Google-Gesellschaft. Wissen im 21. Jahrhundert*. Hrsg. Kai Lehmann und Michael Schetsche. Bielefeld 2005.

Weimer, Wolfram. *Neues Redaktionsmanagement – der vernetzte Journalismus. Zeitungen 2001*. Hrsg. Bundesverband Deutscher Zeitungsverleger. Berlin 2001. 240–247.

Wikipedia. »Statistik«. http://stats.wikimedia.org/DE/TablesWikipediaDE.htm (Download 30.3.2007).

Wong, Kate. »Special Report: Lucy's Baby. An extraordinary new human fossil comes to light«. *Scientificamerican.com* 20.9.2006a. www.sciam.com/article.cfm?articleID=00076C1D-62D1-1511-A2D183414B7F0000&pageNumber=1&catID=4 (Download 29.3.2007).

Wong, Kate. »Lucy's Baby«. *Scientific American* 12 2006b. 78–85.

Zinken, Richard. »Wissenschaft im Internet II: Der Reiz von Raketenstarts auf Briefmarkengröße«. *Die Wissensmacher. Profile und Arbeitsfelder von Wissenschaftsredaktionen in Deutschland.* Hrsg. Holger Wormer. Wiesbaden 2006. 224–239.

Ist der Platz zwischen allen Stühlen der richtige Ort? Essay über die Frage, was Wissenschaftsjournalismus heute soll

Volker Stollorz

> *»Sie wurden vor die Wahl gestellt, Könige oder Kuriere zu sein.*
> *Nach Art der Kinder wollten sie alle Kuriere sein,*
> *deshalb gibt es lauter Kuriere.*
> *Und so jagen sie, weil es keine Könige gibt,*
> *durcheinander und rufen einander selbst*
> *ihre sinnlos gewordenen Meldungen zu.*
> *Gerne würden sie ihrem elenden Leben ein Ende machen,*
> *aber sie wagen es nicht wegen des Diensteides.«*
> Franz Kafka, 1914

Als dem Russen Grigorij Perelman im Sommer 2006 die renommierte Fieldsmedaille zugesprochen wurde, eine Art Nobelpreis für Mathematik, stand seine Disziplin kurz im Rampenlicht der öffentlichen Arena. Nicht aufgrund eines echten Journalisteninteresses an seinen arkanen Formeln, sondern weil Perelman als perfekte Projektionsfläche taugte. Ein Schrat mit Bart hatte im Alleingang eine lange gesuchte Beweisführung entdeckt, deren Richtigkeit angeblich nur wenige Mathematiker dieser Welt wirklich beurteilen konnten. Und nun drohte Perelman den höchstdotierten Preis seiner Zunft einfach auszuschlagen.

Reporter eilten nach Madrid zum Kongress der Internationalen Mathematik-Union. Doch dann das: In der strengen Zunft der Formeln, diktierte der Präsident bei einer Preisverleihung ohne Preisträger den versammelten Reportern in ihre Schreibblöcke, gelte »die Vermarktung nichts, das echte Verdienst hingegen alles«. Was die Sache selbst angehe, gäbe es für die Leser außer Formelbergen wenig zu erklären, für Wissenschaftsjournalisten nichts zu übersetzen. Der Tenor: Die Fachsprache heutiger Mathematiker sei hermetisch. Mathematik für die Massen – das sei eher eine Geschichte von Missverständnissen. Und ansonsten allenfalls Stoff für Hollywoodfilme, in denen verrückte Männer an der Welt leiden, Klavier spielen und dabei rätselhafte Formeln gebären.

Aus der Sicht der Wissenschaft gibt es auch über die Stammzellforschung jede Menge journalistische Missverständnisse. Hier aber aus anderen Gründen. Die Wissenschaft der kuschelnden Kugeln ist zwar kompliziert, aber im Prinzip allgemein verständlich erklärbar.

Viele kennen inzwischen das Bild eines wenige Tage alten Embryos auf einer Nadelspitze, dem wir alle einmal zu Beginn unseres Lebens ähnelten. Das Problem ist hier weniger der Zugang zu hermetischem Wissen, sondern die Bewertung der nur durch umstrittene Forschung gewinnbaren Erkenntnisse. Weil bei der Embryonenforschung bereits jede Grundlagenforschung an einem ethisch aufgeladenen Objekt erfolgen muss, greifen die Medien fast jede Meldung aus den derzeit wenigen Stammzelllabors begierig auf. Das sichert Aufmerksamkeit und befeuert politische Kontroversen etwa über die Frage: Darf man frühe menschliche Embryonen für die Forschung töten, um irgendwann einmal geborene Menschen heilen zu lernen? Da glaubt, anders als bei Perelmans Beweis, jeder als Bürger sofort mitdiskutieren zu können.

Das Problem aber ist hier, dass Wissen allein diesen ethischen Konflikt nicht auflösen kann. Es hilft nur ein normativer Rekurs auf die Frage: »Wer ist ein Mensch?« Bei der Beantwortung dieser Frage muss Wissenschaftsjournalismus transdisziplinär die vielfältigen Sinnschichten freilegen, um so eine fundierte Meinungsbildung überhaupt erst zu ermöglichen. Jegliche Form von Wissen beruht bei der Stammzellforschung letztlich nicht allein auf biologischen Fakten, sondern auf der interpretatorischen Auslegung derselben.

Hermetik und Hermeneutik, Undurchschaubarkeit und Vieldeutigkeit. Das sind zwei Pole, zwischen denen sich Wissenschaftsjournalismus heute zu bewegen hat. Wer als Praktiker zu klären versucht, was Wissenschaftsjournalismus jenseits der Vermittlung von neuen Fakten aus der Wissenschaft an die Öffentlichkeit eigentlich sein soll, gerät aufgrund seiner vielfältigen Spielarten und Formen sofort in definitorische Seenot.

Da gibt es Wissen für Kinder in Wissenschaftsmagazinen (›Science for Kids‹), es stehen Geschichten in Hochglanzmagazinen von Forschungsorganisationen, in denen journalistische Lohnschreiber über Ergebnisse aus der Institutswissenschaft berichten. Es gibt im Fernsehen Wissenschaftsshows, Ratgeber für Technik und Gesundheit, von dem Magazin *National Geographic* mitfinanzierte Forschungsgrabungen von Frühmenschen. *Big Brother* im Laborcontainer hat zwar bisher (noch) niemand als Quotenbringer entdeckt. Aber immer mehr Wissenssendungen im Fernsehen versuchen die komplizierte Welt um uns herum vor allem unterhaltsam und eben ›clever‹ zu erklären – neben *W wie Wissen* immer fest die Einschaltquoten im Blick. Wie funktioniert eigentlich meine Kaffeemaschine? Warum stinkt Knoblauch? Und wieso verblasst die leuchtend gelbe Farbe von Vincent van Goghs *Sonnenblumen* immer stärker? Mit Wissen kann man inzwischen sogar in einer Quizshow Fernsehmillionär werden, aber handelt es sich bei dieser Volksbildung um Wissensjournalismus?

Die Wissenschaft reagiert auf diese scheinbar unersättliche Neugier des Publikums mit exotischen Live-Schaltungen etwa von Weltraumspaziergängen, Public Relations für die teure Technik inklusive. ›Science Center‹ und Schülerlabore sprießen überall aus dem Boden, um so eine behauptete Wissenschaftsskepsis in der Bevölkerung abzubauen. Im Bereich der Pharmaindustrie vermehren sich Imagemagazine, in denen Redakteure die Wunder neuer Therapien für Ärzte erläutern, meist ohne dabei von denen der Konkurrenz berichten zu dürfen.

Wissenschaft in einem solchen Dialog ist eine Art Dauerwerbesendung für Wissenschaft. Erklärt wird, was den eigenen Interessen dient und dem vermuteten Publikum gefällt. Solche Wissensformate nähren beim Publikum die Illusion, bei der niveauvollen Unterhaltung auch noch was lernen zu können.

Ist der Platz zwischen allen Stühlen der richtige Ort?

Bei genauerem Hinsehen gibt es natürlich auch noch jene, hier wertend ›echte‹ Wissenschaftsjournalisten genannten Menschen, die bei Agenturen, Zeitungen, im Radio, im Fernsehen oder in Internetredaktionen regelmäßig Nachrichten und Geschichten aus der Welt der Wissenschaft fabrizieren, Fakten und Theorien darstellen, Wissen einordnen und kommentieren und den Stellenwert der Wissenschaft in der Gesellschaft zelebrieren, zementieren oder – gelegentlich – journalistisch infrage stellen.

Traditionell arbeitet diese Gruppe der professionellen Wissenschaftsjournalisten in eigenen organisatorischen Einheiten, den sogenannten Wissenschaftsredaktionen. Dort versammelt sich meist eine besondere Fachkompetenz, es gibt einige Wissenschaftszeitschriften zu lesen, das Personal hat oft eine Hochschulausbildung und macht es sich zur Aufgabe, regelmäßig das System Wissenschaft zu beobachten, oft in speziellen Rubriken oder auf eigenen Sendeplätzen. Lange führten solche Wissenschaftsredaktionen eine Nischenexistenz. Seit jedoch Themen der Wissenschaft in den Massenmedien eine bisher ungekannte Aufmerksamkeit zuteilwird und neues Wissen immer mehr politische, ökonomische und kulturelle Dimensionen beinhaltet, stellt sich die Frage, wie Wissenschaftsjournalismus definiert werden kann, wenn er zunehmend auch außerhalb der Redaktionsroutinen genuiner Wissenschaftsredaktionen stattfindet. Hat ein Lokalredakteur, der regelmäßig über Umweltthemen schreibt, als Wissenschaftsjournalist zu gelten? Oder der Parlamentsbeobachter, der sich mit den Beratungen zum Stammzellgesetz beschäftigt? Gibt es bei dieser praktizierten Vielfalt eine konsensfähige Antwort auf die Frage, was Wissenschaftsjournalismus eigentlich ist oder sein sollte?

Es gibt Wissenschaftsjournalisten, die ihren Beruf ganz praktisch definieren: Wissenschaftsjournalismus ist danach jeder Journalismus über Nachrichten aus der Welt der Wissenschaft. Der verstorbene US-Journalist Victor Cohn, früher Wissenschaftsjournalist der *Washington Post*, hat einmal pointiert formuliert, dass »Wissenschaftler für Journalisten das sind, was Laborratten für die Forscher darstellen« (zitiert nach Weiss 2005. Übersetzung V.S.). Objekte der Begierde, an die man Fragen stellt und aus denen man Geschichten für jeweils verschiedene Publika extrahiert.

Wenn also Wissenschaftsjournalisten heute vor allem Journalisten sein sollen, dann hilft es, kurz zu rekapitulieren, was eigentlich mit dem Begriff Journalist gemeint ist. Stellen wir uns dazu einen ambitionierten Redakteur bei einem Hochglanzmagazin mit schönen Reportagen aus der Welt der Arzneimittel vor, in dem Wissenschaftsjournalisten als Autoren schreiben. Das Magazin und damit der Arbeitsplatz des Redakteurs werden von einem großen Pharmakonzern finanziert. Arbeitet der Redakteur als Journalist, sofern er Texte über Medizinforschung bestellt, recherchiert und redigiert? Oder nehmen wir einen Themenscout, der für eine Talkshow im Fernsehen Gäste aus der Wissenschaft besorgt, die Spannendes zum Thema Vogelgrippe zu sagen haben. Agiert dieser Rechercheur wie ein Journalist? Handelt es sich bei der Talkshow über die Gefahren durch neue Seuchen um Wissenschaftsjournalismus?

Ein eher neues Phänomen sind Blogger, die über Meldungen aus der Wissenschaft räsonieren, teilweise auf hohem intellektuellem Niveau. Als ich einmal einen Forschungsbericht über einen interessanten genetischen Defekt bei der Entwicklung der Hirngröße des Menschen schreiben sollte, landete ich bei meiner Recherche auf einem Blog, in dem der Fachartikel, über den ich schreiben wollte, schon dutzende Male kommentiert und kritisiert worden war! Der Blog erwies sich als faszinierende Lektüre, aber handelt es sich beim ›science blogging‹ im Internet um Wissenschaftsjournalismus?

Der springende Punkt ist hier: Der Leser kann die Frage je nach persönlicher Präferenz mit ja, nein oder vielleicht beantworten. Das hängt allein davon ab, wie eng oder weit er die Begriffe Journalismus und Journalist definiert. Der Redakteur beim Firmenmagazin mag sich selbst Journalist nennen, aber der Zeitungsredakteur einer Tageszeitung wird ihn als PR-Menschen bezeichnen. Er diene der Firma, nicht der Öffentlichkeit, würde der Zeitungsredakteur sagen; der Redakteur des Firmenmagazins würde vielleicht antworten, er diene eben beiden: seiner Firma und der Öffentlichkeit. Im Übrigen schrieben Journalisten in den Zeitungen zu viel Unsinn über Medikamente, was Patienten verunsichere und gefährde. Sein Magazin berichte da seriöser und helfe Kranken, die richtigen Entscheidungen zu treffen.

Vermutlich würden die meisten Kollegen der Aussage zustimmen, dass ein Wissenschaftsjournalist rund um die Welt der Wissenschaft recherchieren, berichten und kommentieren soll, ebenso wie es andere Journalisten in Politik, Kultur, Wirtschaft oder Außenpolitik tun – und das auf eine kritische, wahrheitssuchende und allgemein verständliche Weise. Während manche um der Wissenschaft selbst willen über Wissenschaft schreiben, bevorzuge ich persönlich Themen, die eine hohe und unmittelbare Relevanz für die Gesellschaft haben. Eine profunde Recherche, die zahlreiche verschiedene Quellen nutzt und Fakten einem »double-check« unterzieht, ist selbstverständlich ein essenzieller Bestandteil für jede Art von Journalismus, einschließlich des Wissenschaftsjournalismus. Leider gefährden die umfangreichen Arbeitsbelastungen diese hehren Prinzipien in hohem Maße.
Kim De Rijck, Wissenschaftsjournalistin
De Standaard, Belgien

Bei den Bloggern scheint es so, dass sich einige als Journalisten verstehen, andere wiederum nicht und weitere in der multimedial vernetzten Welt einfach alle Definitionsversuche für absurd erklären und von einer ›redaktionellen Gesellschaft‹ träumen, in der jeder Bürger zum bloggenden Journalisten wird und seinem persönlichen Scoop nachjagt. In der Sache kann man vielleicht anmerken, dass ein Blogger seinen Beitrag meist sofort publiziert und vor allem deshalb in der Regel keine weiteren Quellen wie zum Beispiel Experten kontaktiert, weil diese schon zur Audienz gehören, die auf seinen Beitrag reagieren soll. Das Checken der Story wird beim Blogging zum Prozess, der im Dialog mit den Nutzern erfolgt und nicht mehr, bevor der Artikel oder das Podcast veröffentlicht ist. Das zumindest unterscheidet Blogging vom traditionellen Journalismus, bei dem für den Nutzer unsichtbare Redaktionsroutinen als eine Art internes ›Peer review‹ dienen. Ob man den Trend zum Bloggen als Journalismus, schlechten Journalismus oder keinen Journalismus bezeichnet, hängt letztlich vor allem davon ab, für wie wichtig man das Checken einer Story vor ihrer Veröffentlichung hält.

Ist der Platz zwischen allen Stühlen der richtige Ort?

Wer solche Abgrenzungsversuche für akademische Spiegelfechtereien hält, der sei daran erinnert, dass jede Definition des Journalismus praktische Folgen hat. Wer etwa als Journalist akkreditiert ist, der hat besondere Zugangsrechte. Sollten künftig auch Blogger kostenlos akkreditiert werden bei Wissenschaftskongressen? Dürfen Redakteure von PR-Magazinen als Journalist getarnt im Presseraum mit ›echten‹ Wissenschaftsjournalisten in Kontakt treten, um ihre Kundeninteressen zu vertreten?

Beim jährlichen Kongress der *American Society of Clinical Oncology (ASCO)* etwa ist genau das seit einigen Jahren strikt verboten, um den messbar zunehmenden Einfluss der Pharmaindustrie auf die Berichterstattung einzudämmen. Die Firmen haben sich daher inzwischen auf die Strategie verlegt, Journalisten zu aufwendigen ›Satelliten-Symposien‹ in teure Hotels am jeweiligen Kongressort einzuladen. Diese finden nun manchmal zufällig genau dann statt, wenn Wissenschaftler auf dem offiziellen Kongress relevante Daten zu Produkten der Konkurrenz präsentieren. Ein weiteres Dilemma der Definitionen: In den USA können sich Journalisten auf die Verfassung berufen, wenn von ihnen die Herausgabe vertraulicher Quellen und Informanten verlangt wird. 2005 wollte die Computerfirma Apple einen Blogger zwingen, seine vertraulichen Informationsquellen zu nennen (van Eijk 2005: 4). Dürfen sich diese Blogger nun juristisch wie Journalisten auch auf die Pressefreiheit berufen? Das alles sind auch theoretisch knifflige Fragen, die praxisrelevant sind.

Angesichts dieser bunten Vielfalt sehe ich im Grunde drei Wege, um Journalismus praxisrelevant zu definieren. Der eine hat sich gerade als Sackgasse erwiesen. Journalismus ist in den Augen relevanter Akteure und Organisationen jeweils etwas Verschiedenes. Zum Zweiten bietet sich ein normativer Ansatz an, der fragt: Was sollte (Wissenschafts-)Journalismus sein? Auf solche Fragen kann man nach Antworten suchen in Pressegesetzen oder im Pressecodex. Dort stößt man dann auf eine Art »Occupational Ideology« (Deuze 2005: 442), die sich in aller Kürze so zusammenfassen lässt: Seriöser Journalismus ist und bleibt der Suche nach der Wahrheit verpflichtet. Er formatiert nicht nur beliebige Informationen in die Form von Nachrichten, sondern hört alle Seiten, recherchiert Gegenmeinungen, wertet bei einer Geschichte alle verfügbaren Quellen aus und würdigt kritisch die Fakten. Journalisten agieren im öffentlichen Auftrag, sollten sich um Objektivität bemühen und redaktionell unabhängig arbeiten. Dabei stehen sie oft unter einem enormen Zeitdruck, der Fehler nur dann legitimiert, wenn diese später korrigiert werden.

Das klingt alles lobenswert, leider ist das Dilemma normativer Definitionsversuche jedoch, dass sie in der kommerziellen Wirklichkeit heutiger Massenmedien selten faktisch handlungsleitend sind. Soziologen beschreiben und Nutzer bemerken seit Langem den Trend, dass massenmediale Produkte standardisierter, trivialer und sensationsgieriger werden. Legt man die eben erwähnten strengen Maßstäbe an, dürften sich selbst in einer durchschnittlichen Tageszeitung nur vereinzelt genuin journalistische Produkte finden.

Tageszeitungen bestehen keinesfalls nur aus Journalismus, sondern leben als Wirtschaftsunternehmen wesentlich davon, neben Nachrichten, Kommentaren und netten Geschichten die Leser auch mit Werbung und Unterhaltung zu beglücken. Deshalb vermelden sie jede Menge Neuigkeiten, deren Neuheit und Wahrheitsgehalt oft zumindest zweifelhaft erscheinen und sich weniger auf unabhängige Recherche, sondern eher auf das Agenda-Building ungenannter Akteure zurückführen lassen.

Auch auf Nutzerseite kann die Rezeption von Medien zu einer bloßen Form des Konsumierens, einer Quelle für Aufregung, Unterhaltung und Vergnügen werden. Massenmedien haben sich auch als Themenvorrat für Alltagskommunikation bewährt, in dem Gerüchte oft anschlussfähiger sind als klassische Nachrichten. Nicht wenige halten Unterhaltung inzwischen für ein legitimes journalistisches Ideal. »Du sollst nicht langweilen« lautet eines der obersten Gebote heutiger Journalisten. Und jeder weiß: Die reine Wahrheit ist oft langweiliger als die Gerüchteküche, Fiktionen sind aufregender als Fakten.

Diese Publikumsorientierung des Journalismus bleibt nicht ohne Folgen. Arbeiten zur Ökonomie der Recherche im Journalismus konnten nachweisen, wie Journalisten etwa im Bereich der Risikokommunikation bei Themen wie Börse oder BSE in der Praxis – weil Zeit und Ressourcen stets knapp sind – zu einer Art Herdenverhalten neigen, wie es generell an Finanzmärkten zu beobachten ist. »Statt über die realen Verhältnisse und Entwicklungen aufzuklären«, klagt etwa Medienforscher Stefan Ruß-Mohl in einer originellen Analyse des Journalisten als »Homo Economicus«, würden sie – oft ohne es zu wollen – leicht »victims of groupthink« und damit Opfer »kollektiver Befangenheit« (Höhne und Ruß-Mohl 2004: 96). Es könne »rational sein, konform mit der Herde mitzutrampeln« (ebd.). Gemäß diesem Modell der Rational Choice ist es für den einzelnen Journalisten oftmals sinnvoll, ein eingeführtes Thema, eine plausible und weithin anerkannte Geschichte wider besseres Wissen einfach weiterzuerzählen – solange das Publikum daran interessiert ist. Einen alternativen Standpunkt einzunehmen und zur Gegenrecherche anzusetzen wäre dagegen mit mehr Aufwand und mit höheren ökonomischen Risiken behaftet. »Wer sich gegen die Herde stellt, riskiert, zertrampelt zu werden«, resümiert Ruß-Mohl (ebd.); meistens wird er schlicht ignoriert. Es sei für Journalisten zumindest riskant, die Erwartungen der Chefs, Kollegen und auch vieler Medienkonsumenten zu enttäuschen. Letztere könnten dazu verleitet werden, ein anderes Medienprodukt zu konsumieren, das ihren Erwartungen eher entspräche. Ruß-Mohls ernüchterndes Fazit: »Ökonomisch ausgedrückt, haben Medien in harter Konkurrenz einen großen Anreiz, um des eigenen Vorteils willen ihre Berichterstattung leicht konsumierbar darzubieten, die Recherche einseitig auszurichten und widersprechende Fakten wegzulassen« (ebd.).

Schon diese wenigen Andeutungen mögen hier genügen, um zu veranschaulichen, welch prekäre Bedeutung Normen auch im Wissenschaftsjournalismus spielen dürften. Vorerst, so scheint es, bleibt daher als Theorieangebot mit Bodenhaftung nur der funktionale Ansatz, der im Grunde versucht, Journalismus zu definieren über Ähnlichkeiten und Unterschiede zu verwandten Disziplinen, etwa den Systemen der Wissenschaft, der Politik, der Juristerei oder der Literatur. In dieser Hinsicht trifft eine Definition des niederländischen investigativen Journalisten Dick van Eijk den Kern der Sache. Er definiert Journalismus in dem lesenswerten Buch *Investigative Journalism in Europe* als »truth-seeking storytelling, primarily serving citizens, without a legal foundation« (van Eijk 2005: 8). Diese knappe Definition versucht den Journalismus von verwandten Disziplinen zu unterscheiden, die sich ebenfalls als Geschichtenerzähler für ein Publikum verstehen.

Nehmen wir die erste Journalistentugend, die altmodisch klingende Suche nach der Wahrheit einer Geschichte. Der Literat ist sicher nicht der faktischen Wahrheit seiner Geschichte verpflichtet, auch Politik oder PR setzen ihre Storys eher strategisch für ihre jeweiligen Zwecke ein. Wie aber steht es mit dem System Wissenschaft, das ja nach Wahrheit oder zumindest nach sicherem, möglichst widerspruchsfreiem Wissen streben sollte? Neben den Faktoren Zeit und Geld, die im Journalismus meist extrem knappe Ressourcen darstellen, ist ein wesentlicher Unterschied zwischen Wissenschaft und (Wissenschafts-)Journalismus, dass Erstere sich in ihren Kommunikationen nicht in erster Linie an Bürger richtet, sondern an die Peers der jeweiligen Fachdisziplin. Wissenschaft hat bei ihrer Suche nach wahrem Wissen zunächst kein Publikum außer der Wissenschaft selbst. Wer wirklich neues Wissen schaffen will, darf sich um breite Akzeptanz seiner Ideen möglichst nicht scheren. Die wissenschaftlichen Disziplinen knüpfen daher den Zugang derer, die ihre Beobachtungen beobachten und ernsthaft kritisieren sollen, an strenge Voraussetzungen – etwa Reputation oder neue Experimente zur Widerlegung zuvor aufgestellter Hypothesen.

Der Wissenschaftsjournalist dagegen beobachtet Wissenschaft zumindest idealtypischerweise so, dass er sein Publikum, also im Grunde alle Bürger einer Gesellschaft, in die Lage zu versetzen versucht, überhaupt Erwartungen in Bezug auf die Wissenschaft ausbilden zu können. Was nutzt einer individuellen Frau mit 50 Jahren die von Fachgesellschaften empfohlene regelmäßige Röntgenuntersuchung der Brust, wenn sie nicht über mögliche Nachteile informiert wird? Die journalistische Wahrheitssuche betet die Erkenntnisse der Medizin nicht einfach nach, sondern konfrontiert sie mit den Erwartungen des Publikums. Dem Wissenschaftsjournalisten geht es nicht allein um die Darstellung solider Erkenntnisse oder um Bildung und Erziehung, sondern um die kollektive Erzeugung von Irritation in der gesellschaftlichen Kommunikation.

Beispiel Brustkrebs: Ist es wirklich sinnvoll, viele Frauen unnötig zu beunruhigen und mitunter schädlichen Untersuchungen auszusetzen, um das Leben einiger weniger zu retten? Wie weit darf ärztliche Aufklärung gehen, die allen Angst macht? Wie weit sollten wir gehen auf dem Weg in eine Vorsorgemedizin, die Gesunde in potenziell Kranke verwandelt und dabei zugleich eine lukrative Vorsorgeindustrie etabliert? Oder: Die neue Entdeckung, dass man durch das Zerstören von Embryonen Krebs heilen kann, könnte wahr sein und dem Forscher womöglich einen Nobelpreis einbringen, die Öffentlichkeit aber zugleich in einer Weise erregen, dass weitere Forschungen an Embryonen unterbleiben müssen – oder künftig eigens gefördert werden. In solchen Fällen agieren Wissenschaftsjournalisten als Geburtshelfer für Kontroversen, die dann kommunikativ bearbeitet werden können.

Eine solche funktionalistische Betrachtung führt nun zur Frage, ob es im Wissenschaftsjournalismus überhaupt um ein wie immer konstruiertes Abbild einer Realität der Wissenschaft geht, die dann in einer Art Belehrung über die Wirklichkeit der Wissenschaft einem Publikum vorgesetzt wird. Einer der neueren, originellen Theoretiker des Wissenschaftsjournalismus, der sich von Niklas Luhmanns Theorie sozialer Systeme als Kommunikationssysteme hat inspirieren lassen, widerspricht der Theorie eines bloßen Informationstransfers aus der Wissenschaft in die Öffentlichkeit vehement. Laut Matthias Kohring ermöglicht der Wissenschaftsjournalismus »der Gesellschaft, Erwartungen gegenüber der Wissenschaft auszubilden – und zwar unabhängig von deren Selbstdarstellung« (Kohring 2004: 14). Journalistische Beobachtung und Selbstbeobachtung der Wissenschaft dürften danach sogar nicht in eins fallen, weil eben damit die spezifischen Selektionskriterien des Wissenschaftsjournalismus außer Kraft gesetzt würden. Wenn die Perspektive des Wissenschaftssystems zum Maßstab für die journalistische Beobachtung von Wissenschaft werde, schaffe sich der Journalismus im Grunde selbst ab. »Wissenspopularisierung verhindert unabhängige Beobachtungen über die Wissenschaft«, schreibt Kohring (2004: 12) klar und deutlich.

Wie soll dann aber der Wissenschaftsjournalismus die Wissenschaft beobachten, wenn nicht als Missionar mit Wissen im Gepäck? Er beobachtet sie stets im Hinblick auf solche Systemereignisse, die auch für andere Sozialsysteme (z. B. Politik, Wirtschaft, Recht) von Relevanz sein könnten, und liefert so Orientierungshilfen für gesellschaftliches Handeln (Mehrsystemereignisse).

Beispiel Vogelgrippe. Das Thema erregte eine Weile die Wissenschaftsjournalisten, nicht weil eine Pandemie eine größere Bedrohung wäre als Aids oder Malaria und daher Wissen über Vogelgrippe popularisiert werden musste. Sondern weil die Wissenschaft erstmals neue Impfstoffe bereitstellen könnte, deren zeitnahe Herstellung aber von Politik und Wirtschaft ungewohnter Anstrengungen bedarf. Denn im Grunde existiert bisher kein Markt für Impfstoffe in jenen Ländern, von denen die größte globale Bedrohung ausgehen würde. Weil und insofern sicheres/unsicheres Wissen aus der Wissenschaft für die Gesellschaft in dieser Hinsicht relevant ist, erregt es als Thema die Aufmerksamkeit der Wissenschaftsjournalisten. Erfüllte der Wissenschaftsjournalismus diese Alarmfunktion nicht – etwa um Akzeptanz für kontroverse Themen zu schaffen oder den Standort Deutschland in der Stammzellforschung zu verteidigen –, geriete er als Journalismus sofort unter Korruptionsverdacht.

Mit genau diesem latenten Vorwurf muss übrigens der Reisejournalismus leben, seit er sich die Reisen zu Touristenparadiesen, über die er schreibt, von den Reiseveranstaltern bezahlen lässt. Er wird von vielen nur noch als raffinierte Form der Werbung und nicht mehr als Journalismus wahrgenommen.

Auch beim Wissenschaftsjournalismus ist es offenkundig die Distanz zum Berichtsgegenstand, von der die Vertrauenswürdigkeit für das Publikum abhängt. Das Publikum des Journalismus – das hier allerdings idealtypisch als die Gesellschaft und nicht als Kunde neuer Wissensdienstleistungen vorgestellt wird – würde sich in dieser systemtheoretischen Perspektive abwenden, wenn sich der Wissenschaftsjournalismus nicht als professioneller Beobachter der Wechselbeziehungen zwischen Wissenschaft und Gesellschaft erweisen würde, argumentiert Kohring. Denn wenn Wissenschaftsjournalisten nur im Modus der Popularisierung über Wissenschaften berichten würden, könnte sich die Gesellschaft nicht rechtzeitig auf Irritationen einstellen und entsprechende Erwartungen gegenüber der Wissenschaft ausbilden. Sie würde stets aufs Neue durch Irritationen überrascht werden – im Guten wie im Bösen.

Wenn Wissenschaftler Wissenschaftsjournalisten also Realitätsverzerrung oder bizarre Selektivität ihrer Themen vorwerfen, kann das im Grunde als Indiz dafür gelten, dass der Wissenschaftsjournalismus seine gesellschaftliche Funktion erfüllt. Die Wahrheit einer journalistischen Geschichte deckt sich demnach nicht immer mit der wissenschaftlichen Wahrheit. Eine solche funktionalistische Sicht mag nun zumindest Journalisten beglücken, beinhaltet sie doch eine Art Freibrief für jede Art von Beobachtungen über die Welt der Wissenschaft, sofern sie zu Irritationen in der Gesellschaft führen können. Bedeutet diese Emanzipation von der Mission in Sachen Wissenschaft nun aber im Umkehrschluss, dass alle Beobachtungen der Wissenschaft durch Wissenschaftsjournalisten erlaubt sind, also im Extremfall auch wissenschaftlich blödsinnige oder schlicht falsche Betrachtungen aus der

Sicht der Gesellschaft legitim sein können? Soll man als Wissenschaftsjournalist die Gefahren von BSE maßlos dramatisieren, wenn die Wissenschaft (noch) keine Antwort weiß, um das politische System dennoch zum Handeln zu zwingen? Darf man den Kölner Dom in einer Titelgeschichte wider besseres Wissen unter Wasser setzen, um die Aufmerksamkeit für die kommende Klimakatastrophe zu erhöhen? Allgemein gefragt: Führen Medienhypes in kontroversen Wissenschaftsfragen mitunter zu politisch klugen Entscheidungen oder sind sie gesellschaftspolitisch eher dysfunktional (Vasterman 2005)?

Ich denke, ein Wissenschaftsjournalist sollte im Unterschied zu anderen Journalisten stärker auf sicheres Wissen setzen, statt auf kollektive Angst als Mittel der Aufmerksamkeitserzeugung. Und genau bei dieser Unterscheidung sehe ich derzeit erneut die Gefahr einer Entdifferenzierung journalistischer Rollen. Denn das goldene Zeitalter des Wissenschaftsjournalismus geht, kaum begonnen, schon wieder zu Ende. Science wird zunehmend zum Pop. Selbst der britische Premier Tony Blair forderte, die Gesellschaft müsse Wissenschaftler heute feiern wie berühmte Sportler, Schauspieler und Wirtschaftsführer. Wissenschaftler seien »auch Stars«, entzündeten die britische Gesellschaft »durch das brillante Licht der Wissenschaften« (Blair 2006: 2).

In Zeiten sinkenden Vertrauens in Massenmedien und im Wettbewerb um das Publikumsinteresse ist der alte Streit um die Frage, wem Wissenschafts-Storys eigentlich gehören, erneut heftig entbrannt: Wissenschaftlern, ihren Werbern, Journalisten oder dem Publikum. Wissenschaftler, chronisch unzufrieden mit den Übersetzungsbemühungen der Wissenschaftsjournalisten, agieren vermehrt wieder selbst als Geschichtenerzähler, schreiben populäre Wissenschaftsbestseller und Artikel in Massenmedien, um so ihre eigenen Vorstellungen von einem ›scientific citizenship‹ unters Volk zu bringen.

Public-Understanding-of-Science-Programme umgehen zunehmend die klassischen Massenmedien, suchen über Kinderuniversitäten, Tage der Forschung oder Schülerlabore in direkten Kontakt mit dem Publikum zu treten. Journalismus stört hier offenbar eher. In dem Maße, in dem Prominenz zum für Medien unwiderstehlichen Markenzeichen wird, erleben ›visible scientists‹ wie etwa der Genomentzifferer Craig Venter nicht nur als Autoren Konjunktur. Oft dominieren Genforscher als O-Ton-Geber fast völlig die Berichterstattung zu kontroversen Wissenschaftsthemen wie dem Humangenomprojekt, obwohl es sich dabei um einen komplexen sozialen Prozess handelt, an dem buchstäblich tausende Forscher beteiligt sind und dessen Folgen letztlich alle in der Gesellschaft direkt betreffen (Gerhards und Schäfer 2006).

Eine weitere Front potenzieller Beeinflussung der öffentlichen Meinung haben Wissenschaftsorganisationen durch eine Professionalisierung ihrer PR-Arbeit eröffnet. Weltweit versenden Universitäten, Forschungsinstitute und weitere Akteure im Wissenschaftssystem heute täglich hunderte News-Storys, die inzwischen oft derart gute Journalismussimulationen darstellen, dass ressourcenarme Redaktionen und Internetmultiplikatoren diese oft einfach ungeprüft oder vom Tenor her kaum verändert als Nachrichten veröffentlichen. Gut recherchierte Wissenschaftsgeschichten über große Themen und Trends finden sich heute selbst in perfekt gemachten PR-Magazinen von Pharmafirmen oder großen Forschungsinstitutionen, deren Redakteure für sich selbst ein ›unbiased reporting‹ über Wissenschaftsthemen beanspruchen, auch wenn diese Magazine zugleich als Imageträger punkten sollen.

Selbst die wissenschaftlichen Fachzeitschriften platzieren durch gezielte Vorabinformationen mit niedrigschwelligem Zugang zu den Forschern ihre wöchentlichen Geschichten immer effektiver, nicht weil diese alle wirklich für die Öffentlichkeit relevant oder auch nur interessant wären, sondern weil sie mundgerecht vorbereitet und direkt auf ein nachrichtenhungriges Journalistenpublikum zugeschnitten sind.

Hier spielt die Wissenschaft einen Vorteil aus, den kein anderes Funktionssystem der Gesellschaft ausspielen kann: Neues Wissen wird in der Forschung quasi jeden Tag generiert, weil Neuheit nicht nur im Journalismus, sondern auch in der Wissenschaft einen hohen Wert darstellt, neben Wahrheit und Reputation. Nimmt man ein beinahe grenzenloses Vertrauen der Menschen in Wissenschaft hinzu, versteht man, warum die Wissenschaft – stärker als etwa Politik oder Wirtschaft – einen steten Strom wirklich origineller Nachrichten generiert, aus dem das Mediensystem leicht frische Themen selektieren kann. Das Internet verstärkt diese Effekte zusätzlich dahingehend, dass die Intensität und die weltweite Verfügbarkeit des ›newsflows‹ dramatisch ansteigen. Für immer mehr Wissenschaftsjournalisten ist es in dieser Situation arbeitsökonomisch und selbst inhaltlich oft sinnvoller, ihre Geschichten samt O-Tönen aus den weltweit verfügbaren Google-News-Trackern von Zeitungsberichten zu montieren, anstatt selbst zum Telefon zu greifen, vor Ort zu recherchieren oder eigene Quellen aufzutun.

Der internationale Medienkannibalismus macht die Geschichten im Schnitt oft sogar faktenreicher und besser, weil sonst etwa Regionaljournalisten unter Zeitdruck vor Ort mit weniger informierten Quellen ›große Themen‹ nachrecherchieren und dann mitunter sogar Informationen veröffentlichen, die in der internationalen Presse längst widerlegt sind.

Ein brisantes Beispiel für diesen Trend war der koreanische Klonskandal, bei dem südkoreanische Internetmedien mehr oder weniger exklusiv die kritische Berichterstattung vorantrieben, die der Rest der Welt einschließlich der Nachrichtenagenturen dann mehr oder weniger abgeschrieben hat. Korrespondenten deutscher Zeitungen etwa berichteten stets nur über das, was die koreanischen Medien längst im Internet veröffentlicht hatten. Wissenschaftsjournalisten aus Europa waren in Südkorea während des Skandals kaum zu finden, koreanische Journalisten wiederum standen in den USA Schlange, um das Labor eines US-Kooperationspartners von Hwang Woo Suk zu belagern.

Der Trend des internationalen Medienkannibalismus fördert einen Herdentrieb, bei dem einmal gesetzte Themen und Tendenzen einer Story in ähnlichem Gewand immer wiederkehren und abweichende Stimmen schlicht in der Menge bestätigender Berichte untergehen. Hängen bleibt am Ende nur die Botschaft, dass Fortschritt in der Wissenschaft ohne Tabubrüche eben nicht möglich ist und am Ende eh gemacht wird, was durch Forschung möglich wird.

Es ist der chronische Hunger auf Neuigkeiten, der Massenmedien für Einwirkungen interessierter Kreise zunehmend empfänglicher macht. Wer die Operationsweise der Medien kennt, kann sie heute leichter in Form raffinierter Public Relations instrumentalisieren, indem er Themenkarrieren als Anlässe der Berichterstattung zu managen versteht. In seiner empirischen Studie *News Coverage of Genetic Cloning* konnte Jon Hyde vom St. Michael's College in Colchester zeigen, dass selbst über die kontroverse Klonforschung in den ersten Jahren nach Dolly überraschenderweise überwiegend positiv berichtet wurde (Hyde 2006).

Ist der Platz zwischen allen Stühlen der richtige Ort?

Zumindest in den untersuchten US-Printmedien machten Forscher und Firmen mit handfesten Interessen in Sachen Klonen in der Stichprobe über 80 Prozent aller O-Ton-Quellen aus und bestimmten so eindeutig die Art und Weise, wie über Klonforschung berichtet wurde. Es stellt sich also die Frage, inwieweit der Wissenschaftsjournalismus dem Agenda-Setting handfester Interessen im Sinne der gesellschaftlichen Beobachtung von Wissenschaft überhaupt noch etwas entgegenzusetzen hat. Eine weitere zentrale Beobachtung der Studie war der Trend, »zukunftsorientierte Spekulationen« von Wissenschaftlern in journalistische Wissenschaftsberichte aufzunehmen, um so Akzeptanz für ethisch umstrittene Forschungen zu erzeugen. »Wenn der Journalismus beginnt, Spekulationen über mögliche Zukünfte und nicht mehr nur Fakten über Geschehnisse, die gerade passiert sind, zu berichten«, schreibt Hyde hellsichtig, dann stelle sich die Frage, »wie solche Spekulationen am sinnvollsten von Journalisten zu präsentieren sind?« (Hyde 2006: 250; Übersetzung V.S.). Wie weit dürfen Fakten und Fiktionen zu einem Amalgam verschmelzen, ohne dass in der Gesellschaft falsche Erwartungen in Bezug auf die Macht der Wissenschaft erzeugt werden?

> Der Wissenschaftsjournalismus entwickelte sich um 1950 zu einem klar abgegrenzten Fachgebiet innerhalb der britischen Zeitungen und Rundfunkstationen. In den ersten 20 Jahren machten sich die Wissenschaftsjournalisten einen allzu enthusiastischen Hurra-Stil zu eigen – fasziniert von neuen Entwicklungen in Luft- und Raumfahrt, Kernenergie und Medizin. Seit den 70er Jahren sind wir skeptischer, hinterfragen den Nutzen von Wissenschaft und Technik und die Motive ihrer Protagonisten – allerdings weiterhin in einer eher bejahenden Haltung. Um glaubwürdig zu bleiben, müssen wir kritisch sein, und Wissenschaftsthemen müssen – gerade angesichts des Platzmangels in Print- und Rundfunkmedien – sowohl unterhaltenden als auch belehrenden Charakter haben, um Redakteure anzusprechen.
> Clive Cookson, Science Editor
> *Financial Times*, London

Neben der anschwellenden Flut von Nachrichten aus dem Wissenschaftssystem bedroht den Wissenschaftsjournalismus als unabhängigen Beobachter inzwischen auch seine zunehmende Publikumsorientierung. Zumindest, sofern sich diese nicht dem journalistischen Ideal einer Aufklärung der Öffentlichkeit verpflichtet sieht, sondern sich als mutmaßliches Konsumenteninteresse anhand von Einschaltquoten oder Klickraten bemisst. Weil bei solchen Rankings investigativer Wissenschaftsjournalismus traditionell eher schlechter abschneidet, wirkt eine direkt über Quoten rückgekoppelte Publikumsorientierung wie ein zusätzlicher Negativfilter, der gut recherchierte, kritische Geschichten über den Wissenschaftsapparat jenseits beliebter, aber falscher Klischees (z. B. ›die bösen Pharmafirmen mit ihren Profitinteressen missachten Patienteninteressen‹) unwahrscheinlicher macht. Im Extremfall kann das dazu führen, dass wichtige Entwicklungen in der Wissenschaft öffentlich nicht mehr sichtbar werden, weil Wissen ›light‹ beim Publikum als Lebensorientierung mehr angesagt ist.

Als Folge solcher Entwicklungen gerät der Wissenschaftsjournalismus als unabhängiger Beobachter derzeit von drei Seiten unter Druck. Aus der Wissenschaft, vom Publikum her und zusätzlich von den ihn tragenden Medienunternehmen, die aus ökonomischen Gründen möglichst billige Geschichten mit hoher User-Quote einkaufen wollen, um so Auflage und Bedeutung ihrer Produkte in Einklang zu bringen. Professionelle Wissenschaftsjournalisten, die sich als wahrheitsuchende ›storyteller‹ verstünden, drohten künftig zu einer »vom Aussterben bedrohten Spezies« zu werden, erklärte James Cornell, Vorsitzender der *International Science Writers Association*, im November 2006 auf der *Atlantic Transfer Conference on Science Journalism* in New York. Auch wem dieses Szenario zu düster erscheint, wird anerkennen, dass der Wissenschaftsjournalismus – zumindest in seiner kritischen Ausprägung – just in dem Moment bedroht ist, in dem er professionell betrieben werden kann.

Echte journalistische Aufklärung war, ist und bleibt aufwendig, teuer, braucht Zeit und gute Kontakte und bleibt auch dann manchmal schwierig zu verstehen, wenn sie journalistisch und stilistisch sehr gut aufbereitet wird. Heute mangelt es nicht länger am Handwerk der Wissenschaftsjournalisten, sondern bei aktuellen Wissenschaftsthemen handelt es sich eben oft um neue, komplexe und unvertraute Stoffe, mit denen Leser, Hörer oder Zuschauer im Alltag zunächst oft keinerlei Erwartungen verbinden. Die gilt es erst zu wecken. Der Erfolg beim Publikum kann schon deshalb nicht der entscheidende Maßstab relevanter Wissenschaftsberichterstattung sein.

Wie aber sollten sich Wissenschaftsjournalisten dann schwer verdaulichen Geschichten nähern, um ihrer Funktion als Vertrauens/Misstrauens-Vermittler im Auftrag einer diffusen Öffentlichkeit folgen zu können? Zunächst einmal ist festzuhalten, dass künftig kein Mangel mehr an Informationen aus der Wissenschaft herrschen wird. Mediennutzer werden schon heute mit Wichtigem und Unwichtigem überflutet. Die genuin journalistische Leistung, die Vorauswahl und die Bearbeitung des Rohstoffes Information, wird künftig erneut zum entscheidenden Qualitätskriterium werden, für das Nutzer vermehrt Geld bezahlen werden. Manche nennen das die Orientierungsfunktion der Medien. Man kann auch bescheidener von der Qualität wissenschaftsjournalistischer Leistungen sprechen.

Bevor ich hier einige grundsätzliche Anzeichen von Qualität im Wissenschaftsjournalismus aufzähle, sei noch erwähnt, dass Qualität aufwendiger Strukturen bedarf, die sie wahrscheinlicher machen. Wenn etwa die Nachrichtenagentur *dpa* mehr Wissenschaftsjournalisten beschäftigte, dürfte sich die Qualität der Berichterstattung über Wissenschaft in den Regionalzeitungen sofort messbar verbessern. Wenn die Wissenschaftsredaktionen endlich personell denen des Feuilletons angeglichen und die Honorare für freie Wissenschaftsjournalisten nicht seit beinahe zwei Jahrzehnten bei immer höheren Ansprüchen immer weiter sinken würden, dann sollten mehr gut recherchierte Geschichten ihren Weg zum Publikum finden.

Eine bloße Vermehrung der Wissensformate führt dagegen nicht zu mehr Wissen über das Wissenschaftssystem, sondern eher zu Abnutzungserscheinungen, was die Aura wirklichen Wissens angeht. Das alles dürfte Konsens sein. Daher nun zu einigen Ideen für einen modernen Wissenschaftsjournalismus, der sich als unabhängiger Beobachter der Wissenschaft versteht und Vertrauen verdient:

- Wissenschaftsjournalisten sollten durch ihre Geschichten der Öffentlichkeit Chancen eröffnen, Stärke, Reichweite und Grenzen der wissenschaftlichen Methode insgesamt zu verstehen. Weit wichtiger als das Vermelden von wissenschaftlichem Wissen ist es, die dahinterliegenden wissenschaftlichen Methoden und ihre Aussagekraft zu durchleuchten. Es ist hilfreich, wenn Wissenschaftsjournalisten Hypothesen formulieren, sie durch Recherche testen, wobei sie versuchen sollten, ihre selbst formulierten Thesen zu widerlegen. Warum? Die wissenschaftliche Methode ist die beste Immunisierung gegenüber Ideologien, zumindest sofern sie sich nicht selbst zur Ideologie aufschwingt. Ist das der Fall, sollte das der Wissenschaftsjournalismus enttarnen, etwa pseudowissenschaftliches Gerede vom Ende des freien Willens mit den verwickelten Fakten konfrontieren. Je schwerwiegender eine wissenschaftliche Schlussfolgerung, desto größer sollte der geforderte Evidenzgrad zur Stützung der Hypothese sein. Auch heißt es manchmal klarzustellen, wo allein Wissenschaft sicheres Wissen generiert und dabei nicht selten andere Wissensquellen marginalisiert. So kann man heute zwar glauben, aber nicht mehr begründet wissen, dass die Erde eine Scheibe ist. Allein etwas zu glauben wissen, ist nicht wissenschaftlich wissen.

- Wissenschaftsjournalisten sollten ihrem Publikum als Aufklärungstrupp im Dschungel der Forschung dienen, als eine Art Frühwarnsystem. Dumme Fragen stellen, Wissen aus der Perspektive gesellschaftlicher Erwartungen hinterfragen. Sie sollten als eine Art Immunsystem der Gesellschaft agieren, ihre ständige Selbstbeobachtung vorantreiben und dabei die kollektive Aufmerksamkeit auf relevante Chancen und Risiken hin orientieren, die bisher im Kräftespiel politischer, ökonomischer und kultureller Debatten (noch) keine Rolle spielen. Wissenschaftsjournalisten schlagen Alarm, wenn sich durch neues Wissen Fremdes in den Alltag der Menschen und in die Gesellschaft einschleicht. Unruhe, Konflikte, Unerwartetes in der Wissenschaft erregen Wissenschaftsjournalisten, deren Aufregung dann die Aufmerksamkeit vieler erregen kann. Ergebnisse der Wissenschaft, die etwa als unproblematische Erfindungen quasi von alleine in die Gesellschaft hinein diffundieren, sollten laut dieser These weniger Aufmerksamkeit erhalten als solche, bei denen es komplexer gesellschaftlicher Aushandlungsprozesse bedarf, um über Akzeptanz/Ablehnung etwa einer Technologie zu entscheiden. Um die zu Beginn oft verborgenen Bezüge wissenschaftlichen Wissens zu anderen Gesellschaftsbereichen aufzuspüren, bedarf es künftig innerhalb des Wissenschaftsjournalismus einer Öffnung hin zu den Kompetenzen anderer Journalismussparten. Der wachsende Einfluss etwa der Biotechnologie auf die Medikamentenentwicklung der Zukunft lässt sich vermutlich erst im Kompetenz-Team von Politik-, Wirtschafts- und Wissenschaftsjournalisten wirklich sachgerecht erhellen.

- In der Risikokommunikation hilft es, wenn Wissenschaftsjournalisten über das Entstehen einer ›uncertainty industry‹ aufklären, die Unwissen oder Unsicherheiten in der wissenschaftlichen Bewertung komplexer Sachverhalte (wie etwa beim Klimawandel oder den Pandemierisiken durch Vogelgrippeviren) für politische Zwecke instrumentalisiert und damit das Vertrauen in Wissenschaft und auch den Wissenschaftsjournalismus untergräbt. Wissenschaftsjournalisten wissen aus Erfahrung, dass auch scheinbar stahlharte wissenschaftliche Fakten manchmal wie Kühe sind: Schaut man sie erst genauer an, laufen sie im Allgemeinen davon. Andererseits entsteht aus politischen, ökonomischen oder sozialen Gründen oft eine Tendenz der allgemeinen journalistischen Berichterstattung hin zu extremen Positionen, bei der im Grunde unbestrittene Fakten zerrieben werden in einer Flut widersprechender Expertendeutungen. Gegen solche Debattierclubs beliebiger Experten sollten Wissenschaftsjournalisten daran festhalten, auf der Basis sicheren Wissens und mit dem Hinweis auf die Grenzen des Wissens die Debatte zu orientieren. Die Wahrheit ist nicht immer demokratisch korrekt und ausgewogen. Entweder erwärmt sich das Klima – verursacht durch den Menschen –, oder es erwärmt sich nicht.

- Auf Feldern, wo Wissenschaft bisher keine gesicherten Erkenntnisse zur Verfügung stellen kann – also zum Beispiel bei Fragen rund um die Natur des menschlichen Bewusstseins –, sollten Wissenschaftsjournalisten nicht selbst zu Agitatoren bestimmter Weltanschauungen werden, sondern den Argumentationsraum verschiedener Theorierichtungen reflektieren, markieren und Bereiche des Nicht-Wissens deutlich als solche kennzeichnen. Anders liegt der Fall, wenn Wissenschaft aufgrund von Unwissen nicht in der Lage ist, für wichtige Politikentscheidungen relevantes Wissen zu liefern. In der Frühphase der BSE-Epidemie lernte die Gesellschaft handlungsfähig zu bleiben, obwohl Wissenschaftler nur ›nicht sicheres Wissen‹ liefern konnten. Hier gilt es künftig auch im Wissenschaftsjournalismus an einer Warnkultur zu arbeiten, bei der frühe Warnungen möglich sind, aber Evidenzstufen wissenschaftlichen Wissens in der Berichterstattung mitkommuniziert werden. Eine Vermutung ist kein strenger Beweis, ein potenzielles Risiko kann sich als unbedeutend erweisen. Wird das kommuniziert, können öffentliche Panikreaktionen und selbst generierte Medienhypes eher vermieden oder zumindest korrigiert werden, bevor Politiker in einen dysfunktionalen Aktionismus gezwungen werden, der Ressourcen verschwendet.

- Bei der Aufdeckung von Fälschungsskandalen innerhalb der Wissenschaft spielen Wissenschaftsjournalisten inzwischen eine entscheidende Rolle. Einerseits tauchen immer wieder Betrugsfälle in der Wissenschaft auf. Andererseits haben hier die Medien zum Teil die Aufgabe der öffentlichen Kontrolle betrügerischen Verhaltens in der Wissenschaft übernommen. Für den Soziologen Peter Weingart agieren Massenmedien zunehmend als quasimoralische Instanz, die als Korrektiv einer auf Vertrauen angewiesenen Kommunikationskultur innerhalb der Wissenschaft Kontrolle ausübt (Weingart 2001). Berichte über fälschende Forscher, die im Scheinwerferlicht der Medien an einer Art öffentlichem Pranger stehen, haben demnach vor allem eine generalisierende Funktion: Nachahmer innerhalb der Wissenschaft abzuschrecken. Keine andere Institution ist derart auf die Ehrlichkeit ihrer Mitglieder angewiesen wie die Wissenschaft. Jeder Fall wissenschaftlichen Fehlverhaltens nagt an der Glaubwürdigkeit des Systems Wissenschaft. Aus der Sicht von Wissenschaftsjournalisten ist daher die oft schleppende Aufklärung der eigentliche Skandal, weil sie das Vertrauen des Publikums untergräbt. Hier sollten Wissenschaftsjournalisten als Kritiker agieren und als Geburtshelfer unangenehmer Wahrheiten, auch wenn die Suche nach der Lüge in der Wissenschaft etwas ist, was Journalisten bei Wissenschaftlern weniger Achtung einbringen dürfte, weil sie um das Ansehen der Wissenschaft in der Öffentlichkeit fürchten. Der koreanische Klonskandal wurde zuerst von einem mutigen koreanischen Fernsehjournalisten aufgedeckt, der sich dabei nicht nur einer Mauer des Schweigens im Wissenschaftssystem gegenübersah, sondern zeitweise sogar von einem nationalistisch eingestellten Publikum derart heftig attackiert wurde, dass die Programmmacher nicht nur seine Sendung einstellten, sondern ihn selbst beurlaubten. Erst als die traurige Wahrheit

über die Fälschungen die Weltpresse erreichte und vom Wissenschaftssystem nachvollzogen wurde, rehabilitierte man den mutigen Rechercheur (Wieselberg 2006).
- Wissenschaftsjournalisten sollten die Grenzen von Wissenschaft in der Kommunikation beachten. Weil ihre Geschichten von Stoffen handeln, die auf eine meist weitgehend unvorbereitete Öffentlichkeit stoßen, bei denen einmal eingeführte Termini ideologischen Charakter entwickeln können, gilt es sorgsam mit der Sprache der Wissenschaft und deren Einfluss auf die Alltagskommunikation umzugehen. Die Freisetzung gentechnischer Begriffe etwa richtet dann Schaden an, wenn sich Menschen nach der Lektüre von Geschichten über Gene nur noch als Marionetten derselben verstehen können (Samerski 2002). Auch wenn sich zwei Liebende aufgrund immer neuer angeblicher Wissenschaftsreportagen über Liebeshormone nur noch als von ihrer Biochemie gesteuerte Überlebensmaschinen wahrnehmen, hat aufgeklärter Wissenschaftsjournalismus versagt, selbst wenn er sich dabei auf aktuelle Ergebnisse aus Fachzeitschriften mit hohem Impact factor beruft. Denn die Suche nach der Wahrheit ist nicht mit der Wahrheit gleichzusetzen.
- Wissenschaftsjournalisten sollten nach Qualität streben und tun dies am ehesten dann, wenn sie sich als Vertrauensvermittler verstehen. Vertrauenswürdigkeit könnte zum Markenzeichen gerade von Wissenschaftsjournalisten werden, weil man in Bezug auf Wissen fragen kann, ob es wirklich wichtiger ist, etwas sofort zu wissen, als es genauer zu wissen. Leser – die hier stellvertretend für alle Mediennutzer stehen – können Wissenschaftsjournalisten vertrauen, wenn diese die relevanten Themen selektieren. Leser sollten Wissenschaftsjournalisten vertrauen, wenn diese die wichtigen Fakten aus der Flut des Neuen auswählen. Leser können Wissenschaftsjournalisten vertrauen, wenn deren Beiträge ›richtige Beschreibungen‹ liefern und glaubwürdig sind. Leser sollten eher den Wissenschaftsjournalisten vertrauen, deren Bewertungen der Vorgänge in der Wissenschaft in Bezug auf deren Bedeutung für die Gesellschaft stimmig sind. Eine solche Theorie des Vertrauens in Journalismus, wie sie von dem Kommunikationswissenschaftler Matthias Kohring entwickelt wurde, bietet womöglich Ansätze, wie Massenmedien messen könnten, inwieweit Nutzer ihrer Berichterstattung vertrauen (Kohring 2005). Qualität würde so erstmals zu einer sichtbaren Größe, die womöglich zumindest für Qualitätsmedien im Wettbewerb Marktanteile sichert.

Diese Liste der Aufgaben des Wissenschaftsjournalismus soll keinesfalls als Bibel verstanden werden. Klar werden sollte vor allem der Gedanke, dass praxistaugliche Journalismusdefinitionen ohne Normen nicht auskommen. Aufklärung sollte das alte Ideal und zugleich neue Leitbild von Journalisten sein. Bezogen auf den Wissenschaftsjournalismus bedeutet das: Nicht allein die Wissenschaft darf die Gesellschaft aufklären, sondern der Journalismus muss die Gesellschaft durch Kommunikation auch ›über‹ die Wissenschaften aufklären, ihre Rolle, ihre Reichweite und Grenzen, ihre Risiken und Nebenwirkungen.

Wenn man sich die Gesellschaft als ein komplexes Schachspiel mit Regeln und Schachfiguren vorstellt, dann ist die Wissenschaft eine Kraft, die ständig neue Spielfiguren mit überraschenden Eigenschaften auf das Spielfeld zu setzen versucht. Der Wissenschaftsjournalist ist ein Mensch, der versucht, frühzeitig die veränderten Spielregeln zu erhellen und durch das Verständnis der Eigenschaften der neuen Figuren ihre Wirkung auf das Gesellschaftsspiel zu erahnen. So wie der Religionsjournalist heute nicht mehr ausschwärmt, um neue Gläubige zu missionieren, so sollte auch der Wissenschaftsjournalist nicht als Missionar des Wissens in die Gesellschaft hineinwirken. Eher als eine Art Ethnologe, der eine fremde Kultur studiert, um darüber in seiner eigenen zu berichten (Thompson 1995).

Mir fällt als künftige Rolle des Wissenschaftsjournalisten kein besseres Bild ein als das eines Liebhabers der Wissenschaft. Ihn interessieren weniger die sicher oft überraschenden Resultate der Wissenschaften, sondern das Wo und Wie ihrer Entstehung. Wenn man die Wissenschaft nach dem Nobelpreisträger François Jacob in eine Tag- und eine Nachtwissenschaft unterscheidet, dann interessiert sich Volksbildung im Sinne der *Sendung mit der Maus* vor allem für die Tagwissenschaft, also die sicheren Ergebnisse der Forschung, die in Lehrbüchern als Tatsachen und gut gesicherte Theorien stehen (Jacob 1988). Das Geschäft des Wissenschaftsjournalisten dagegen ist im Grunde die im Entstehen begriffene Nachtwissenschaft, die Jacob in seinem Buch *Die innere Statue* als »blindes Irren« beschreibt: »Sie zögert, stolpert, stößt an, kommt ins Schwitzen, schreckt auf. An allem zweifelnd, sucht sie sich, befragt sich, setzt unaufhörlich neu an« (Jacob 1988: 367). In einer Art »Werkstätte des Möglichen« (ebd.) werde der künftige Baustoff der Wissenschaft ausgearbeitet. Es ist diese Fragilität der Nachtwissenschaft, die auch den Liebhaber der Wissenschaft fasziniert, weil hier sichtbar wird, wieso Wissenschaft Teil der Kultur ist, ein fragiler, vermischter, maskierter, gebrochener, vermittelter, aufregender, zivilisatorischer Prozess. Ein kreatives, menschengemachtes, wertvolles Chaos, das ständig nach neuen Ordnungen ringt und stets revidierbar bleibt. Hier setzt der Wissenschaftsjournalist als Liebhaber der Forschung an. Er sieht sich in seiner Rolle nicht (mehr) als Forscher, so wie ein Kunstliebhaber kein Künstler (mehr) ist. Er kritisiert, wo die Wissenschaft vom Pfad der Suche nach der Wahrheit abzukommen droht, er bleibt vorsichtig, seine Haltung ist gelegentlich die einer ungläubigen Verzauberung, die sich zu anderen Zeiten auch schon mal in ein Erschrecken über die Wucht wissenschaftlichen Wissens verwandeln kann (Kernspaltung, Klonforschung). So wie sich ein Liebhaber kein Bildnis seiner Geliebten macht, sondern sie täglich in neuem Gewand zu sehen bereit ist, so sollte auch der Wissenschaftsjournalist mehr als jeder andere Journalist vor allem eines bleiben: neugierig.

Danksagung: Franco Zotta hat mich zu diesem Essay im Geiste journalistischer Aufklärung ermuntert. Simone Rödder hat mit ihrem Blick durch Niklas Luhmanns Brille die Sicht des journalistischen Praktikers geschärft. Wertvolle Hinweise verdanke ich ferner Stefan Klein und Jan Lublinski.

Literatur

Blair, Tony. »Britain's path to the future – lit by the brilliant light of science«. 3.11.2006 www.number10.gov.uk/output/Page10342.asp (Download 2.12.2006).

Deuze, Mark. »What is journalism? – Professional identity and ideology of journalists reconsidered«. *Journalism* (6) 4 2005. 442–464. (Auch online: unter http://jou.sagepub.com/cgi/content/abstract/6/4/442, Download 11.11.2006.)

Eijk, Dick van. »Introduction«. *Investigative Journalism in Europe.* Hrsg. Dick van Eijk. Amsterdam 2005. 1–30. (Auch online unter www.vvoj.nl/publicaties/europa/rapport_ijeu02.html, Download 9.2.2007.)

Gerhards, Jürgen, und Mike Steffen Schäfer. *Die Herstellung einer öffentlichen Hegemonie: Humangenomforschung in der deutschen und der US-amerikanischen Presse.* Wiesbaden 2006.

Höhne, Andrea, und Stephan Ruß-Mohl. »Zur Ökonomik von Wirtschaftsjournalismus und Corporate Communication – Finanzberichterstattung und Risiko-Kommunikation als Beispiele«. *Zeitschrift Medienwissenschaft Schweiz. Sonderheft: Probleme der Wirtschaftskommunikation* 2 2004. 90–101.

Hyde, Jon. »News Coverage of Genetic Cloning – When Science Journalism Becomes Future-Oriented Speculation«. *Journal of Communication Inquiry* (30) 3 2006. 229–250.

Jacob, François. *Die Innere Statue – Autobiographie des Genbiologen und Nobelpreisträgers.* Zürich 1988.

Kohring, Matthias. »Die Wissenschaft des Wissenschaftsjournalismus – Eine Forschungskritik und ein Alternativvorschlag.« *Science Pop – Wo steht der Wissenschaftsjournalismus zu Beginn des 21. Jahrhunderts?* Wien 2004.

Kohring, Matthias. *Vertrauen in Journalismus – Theorie und Empirie.* Konstanz 2005.

Samerski, Silja. *Die verrechnete Hoffnung – Von der selbstbestimmten Entscheidung durch genetische Beratung.* Münster 2002.

Thompson, John B. *The Media and Modernity – a social theory of the media.* Stanford, California, 1995.

Vasterman, Peter L.M. »Media-Hype – Self-Reinforcing News Waves, Journalistic Standards and the Construction of Social Problems«. *European Journal of Communication* (20) 2005. 508–530.

Weingart, Peter. *Die Stunde der Wahrheit? Zum Verhältnis der Wissenschaft zu Politik, Wirtschaft und Medien in der Wissensgesellschaft.* Weilerswist 2001.

Weiss, Rick. »Victor Cohn Prize For Excellence in Medical Reporting. Acceptance speech«. 24.10.2005. www.casw.org/cohnspeech.htm (Download 1.12.2006).

Wieselberg, Lukas. »Hwang: Der Krimi hinter dem Forschungsbetrug«. 10.1.2006. http://science.orf.at/science/news/143038 (Download 7.10.2006).

Die Autorinnen und Autoren

Dr. rer. nat. Gerd Antes
Direktor des *Deutschen Cochrane Zentrums*
Gerd Antes, Jahrgang 1949, studierte an der TU Braunschweig und der Universität Bremen (Diplom in Mathematik). Es schloss sich eine Postgraduiertentätigkeit am Institut für Statistik an der Universität Edinburgh an. Als Biometriker war er in der Abteilung für Biometrie der *Schering AG* in Berlin tätig. An Gymnasien in Berlin und Bremen unterrichtete er die Fächer Mathematik und Physik (2. Staatsexamen für das Lehramt Mathematik und Physik). Gerd Antes promovierte an der Universität Bremen.

Tätigkeiten als Wissenschaftler: Universität Bremen, Institut für Mathematik (Statistik); Institut für Medizinische Biometrie und Medizinische Informatik, Universität Freiburg; Klinische Pharmakologie der Klinik für Tumorbiologie Freiburg.

Seit 1997 Direktor des *Deutschen Cochrane Zentrums*. Mitglied der Steering Group der *Cochrane Collaboration* (bis 2004); Gründungs- und Vorstandsmitglied (2001–2003 Sprecher) des *Deutschen Netzwerks Evidenz-basierte Medizin DNEbM e.V.*; Chair der Advisory Group von *Current Controlled Trials* (London). Diverse Tätigkeiten im Themenfeld der evidenzbasierten Medizin (z.B. Aufbau eines deutschen Registers für klinische Studien; Wissenstransfer in die medizinische Praxis).

Lilo Berg
Leiterin des Ressorts Wissenschaft der *Berliner Zeitung*
Lilo Berg, Jahrgang 1955, ist Leiterin des Ressorts Wissenschaft bei der *Berliner Zeitung*. Darüber hinaus ist sie seit 1999 Lehrbeauftragte für das Fachgebiet Wissenschaftsjournalismus an der Universität Leipzig. Sie studierte Psychologie, Germanistik und Geschichte an den Universitäten Bonn, Mainz und an der Freien Universität Berlin. Von 1984 an war sie als Redakteurin in einem Münchner Verlag für technische Fachzeitschriften tätig. Danach war sie bis 1995 Redakteurin in der Wissenschaftsredaktion der *Süddeutschen Zeitung*. 1996 übernahm sie die Leitung des Ressorts Wissenschaft und Technik bei der *Woche*. Sie ist Autorin des Buches *Brustkrebs – Wissen*

gegen Angst (1995; Neuausgabe 2007) und Herausgeberin von: *When I'm sixty-four – Alter und Altern in Deutschland* (1994).

Felix Berthold
Freier Lektor und Journalist

Felix Berthold, Jahrgang 1976, studierte an der Johannes Gutenberg-Universität Mainz Deutsche Philologie, Philosophie und Chemie. Als Praktikant der *Bertelsmann Stiftung* war er an der Entstehung der vorliegenden Publikation beteiligt und betreute später als freier Lektor die Einrichtung der Manuskripte. Derzeit promoviert er in Mainz und ist daneben als freier Lektor und Journalist tätig.

Jörg Blech
Auslandskorrespondent des Magazins *Der Spiegel* in Boston (USA)

Jörg Blech, Jahrgang 1966, ist *Spiegel*-Redakteur und sorgte mit seinem Aufdeckungsbuch über Machenschaften der Pharmaindustrie (*Die Krankheitserfinder – wie wir zu Patienten gemacht werden*, 2003) für Furore. Er studierte von 1987 bis 1992 Biologie in Köln mit Aufenthalten an der University of Sussex (UK) und auf Vancouver Island (Kanada). Nach dem Diplom mit Hauptfach Biochemie hat er die Henri-Nannen-Journalistenschule in Hamburg besucht und absolvierte Praktika beim *Berliner Kurier*, der Redaktion der *Deutschen Presse-Agentur* in Washington D.C., der *Abendzeitung* in München, dem *Stern* und der Wochenzeitung *Die Zeit*. Nach Abschluss der Journalistenschule wurde er Redakteur des *Stern* und hospitierte bei *Business Day* in Bangkok und bei *L'Express* in Paris. Von Januar 1996 an war Jörg Blech Redakteur der *Zeit* und wechselte Ende 1999 zum *Spiegel*. 2005 ging er als dessen Wissenschaftskorrespondent in die USA und hat das *Spiegel*-Büro in Boston aufgebaut. Neben *Die Krankheitserfinder* liegen von Jörg Blech die Bestseller *Leben auf dem Menschen* (2000) und *Heillose Medizin* (2005) vor. Im Herbst 2007 ist ein weiterer Titel bei S. Fischer erschienen: *Bewegung – Die Kraft, die Krankheiten besiegt und das Leben verlängert*.

Prof. Dr. Bernd Blöbaum
Professor für Kommunikationswissenschaft an der Universität Münster

Bernd Blöbaum ist seit 2001 Professor für Kommunikationswissenschaft mit dem Schwerpunkt Medientheorie und Medienpraxis an der Westfälischen Wilhelms-Universität Münster. Nach dem Studium der Sozialwissenschaften, Publizistik und Politologie in Bochum und Berlin (1976–1982) absolvierte er ein Volontariat und war Redakteur bei einer Tageszeitung. Seit 1987 war er als wissenschaftlicher Mitarbeiter am Institut für Journalistik der Universität Dortmund tätig, wo er 1994 promovierte und 1998 habilitiert wurde. Anschließend übernahm er Lehrstuhlvertretungen an den Universitäten Hamburg und Bamberg.

Deborah Blum
Science writer and professor of journalism at the University of Wisconsin-Madison (USA)

Deborah Blum is a Pulitzer Prizewinning science writer and has been a professor of journalism at the University of Wisconsin-Madison since 1997. Her latest book is, *Ghost Hunters: William James and Scientific Search for Life after Death* (2006). She is co-editor of a Field Guide for Science Writers. She worked for a series of newspapers before becoming a science reporter for *The Sacramento Bee*, where she won the Pulitzer in 1992. She continued with the *Bee* until moving to Madison. She has written for *The New York Times, The Washington Post* and *The Los Angeles Times* amongst others. She serves on the board of the *Council for Advance of Science Writing*, on the program committee of the *World Federation of Science Journalists* and on the Board of Life Sciences of the *National Research Council*. She is a past-president of the *National Association of Science Writers* and a current board member of the *World Federation of Science Journalists*.

Prof. Dr. Andreas Daum
Professor für Neuere Geschichte an der University at Buffalo, New York

Andreas Daum lehrt Neuere Geschichte an der University at Buffalo, New York. Die Geschichte der Populärwissenschaft und der transatlantischen Beziehungen sowie Leben und Werk Alexander von Humboldts stehen im Zentrum seiner Forschungen, die sich den Beziehungen zwischen Politik, Wissen und Kultur seit dem 18. Jahrhundert widmen. Zu seinen Veröffentlichungen gehören die Bücher: *Wissenschaftspopularisierung im 19. Jahrhundert: Bürgerliche Kultur, naturwissenschaftliche Bildung und die deutsche Öffentlichkeit, 1848–1914* (München 1998, 2. Auflage 2002) und *Kennedy in Berlin* (New York 2008, deutsche Ausgabe 2003) sowie die Sammelbände *America, the Vietnam War and the World: Comparative and International Perspectives* (New York 2003) und *Berlin – Washington, 1800–2000: Capital Cities, Cultural Representation, and National Identities* (New York 2005).

Dr. Ursula Dehm
Medienforscherin beim ZDF

Ursula Dehm ist Mitarbeiterin der ZDF-Medienforschung in Mainz. Programmqualitätscontrolling und Marketingforschung sind Schwerpunkte ihrer Arbeit. Dabei entwickelt und erprobt sie auch neue Methoden der Publikumsforschung und beteiligt sich an der medienwissenschaftlichen Grundlagenforschung. Nach dem Studium der Soziologie, Publizistik und Politikwissenschaften an der Johannes Gutenberg-Universität in Mainz von 1970 bis 1975 war sie zunächst am Institut für Publizistik der Universität Mainz an diversen Forschungsprojekten beteiligt, bevor sie 1979 als wissenschaftliche Mitarbeiterin an das Institut für Publizistik der Freien Universität Berlin ging. Dort wurde sie 1983 mit einer Arbeit zum Thema *Fernsehunterhaltung. Zeitvertreib, Flucht oder Zwang?* promoviert. Ihr Weg führte sie danach zurück in die Gutenberg-Stadt, wo sie zunächst für vier Jahre Mitarbeiterin der ZDF-Medienforschung war. In dieser Zeit setzte sie sich vor allem mit neuen Medien und Kabelpilotprojekten auseinander. Nach einer Familienpause forschte sie an der Universität Mainz zu dem Thema ›Wissenschaftliche Karrieren – ein Vergleich zwischen Frauen und Männern‹ (1992–1994). Seit 1995 betreibt sie wieder Medienforschung für das *ZDF* und nimmt daneben Lehraufträge an der FU Berlin, der Universität des Saarlandes und der Universität Mainz wahr.

Jean-Marc Fleury
Executive Director of the *World Federation of Science Journalists*

Jean-Marc Fleury is the Executive Director of the *World Federation of Science Journalists*. He also holds the Bell Globemedia Chair in Science Journalism at Université Laval, in Québec City. He was previously Director of Communications at the *International Development Research Centre (IDRC)* in Ottawa (Canada). He worked as a science journalist at *Le Soleil* newspaper in Québec City and the monthly magazine *Québec Science*. He has won several prizes for his articles. His degree is in Physics Engineering.

Andrea Frank
Leiterin der Programme des *Stifterverbandes für die Deutsche Wissenschaft* in den Bereichen Forschung und Wissenschaftsdialog

Andrea Frank leitet seit Februar 2006 die Programme des *Stifterverbandes für die Deutsche Wissenschaft* in den Bereichen Forschung und Wissenschaftsdialog. Nach dem Studium der Regionalwissenschaften Nordamerika, Politischen Wissenschaften, Soziologie und Deutsch als Fremdsprache in Bonn und in den USA unterrichtete sie als Lektorin der *Robert Bosch Stiftung* an der Universität Pécs, Ungarn (1999–2000). Von 2000 bis 2006 war sie bei der *Hochschulrektorenkonferenz (HRK)* tätig. Sie betreute Hochschulaufbau und -entwicklungsprojekte in Südosteuropa (2000–2001), vertrat die internationale Abteilung der *HRK* in Berlin (2001–2003), leitete das Referat ›Studium und Lehre‹ sowie die Studienreformprojekte ›Service-Stelle‹ und ›Kompetenzzentrum‹ Bologna bei der *HRK* (2004–2006).

Prof. Dr. phil. Gerhard Fröhlich
A. Univ.-Professor am Institut für Philosophie und Wissenschaftstheorie der Johannes-Kepler-Universität Linz

Gerhard Fröhlich ist a. Univ.-Professor am Institut für Philosophie und Wissenschaftstheorie der Johannes-Kepler-Universität Linz. Er studierte Soziologie, Philosophie und Politikwissenschaften an den Universitäten Wien, Hannover und Bielefeld. Er promovierte mit einer Arbeit über Störungen der Wissenschaftskommunikation an der Universität Wien. Als wissenschaftlicher Mitarbeiter und Lehrbeauftragter war er an den Universitäten Hannover und Erlangen-Nürnberg tätig. Anschließend ging er als Universitätsassistent an das Institut für Philosophie und Wissenschaftstheorie der Johannes Kepler Universität Linz, wo er später Assistenzprofessor wurde und zur Kulturtheorie und Wissenschaftsforschung habilitierte. Daneben nimmt er Lehraufträge an anderen Universitäten wahr: an der Wirtschaftsuniversität Wien, der Universität Graz (Medizinische Fakultät) und der Donau-Universität Krems. (Foto: Hermann Wakolbinger)

Seine Schwerpunkte in Forschung und Lehre sind: normative Wissenschaftstheorie, Wissenschaftsethik und theoretisch-empirische Wissenschaftsforschung, wissenschaftliches Fehlverhalten, Funktionen und Störungen der Wissenschaftskommunikation (Informationsvorenthaltung), kritische Untersuchung der Evaluationsverfahren (›Peer review‹, ›Impact factors‹).

Anna-Lena Gehrmann
Wissenschaftliche Mitarbeiterin des IPT, Aachen
Anna-Lena Gehrmann, Jahrgang 1981, ist Diplom-Physikerin und absolvierte mehrfach Praktika in den Bereichen Wissenschaftsjournalismus und Öffentlichkeitsarbeit. Zur ihren Stationen zählte hierbei auch das ›Qualifizierungsprogramm Wissenschaftsjournalismus‹. Seit 2006 ist sie als wissenschaftliche Mitarbeiterin in der Abteilung Technologiemanagement des *Fraunhofer-Instituts für Produktionstechnologie IPT* in Aachen tätig.

Prof. Dr. Michael Haller
Professor für Allgemeine und Spezielle Journalistik an der Universität Leipzig
Michael Haller ist seit 1993 Professor für Allgemeine und Spezielle Journalistik an der Universität Leipzig. Nach dem Studium der Philosophie, Sozial- und Politikwissenschaften in Freiburg und Basel promovierte er mit einer Arbeit zur Theorie der Politik. Nach einem Praktikum bei der *Badischen Zeitung* arbeitete Haller als leitender Redakteur bei der *Basler Zeitung* und als Autor bei der *Weltwoche* in Zürich, dann 13 Jahre als Redakteur und Reporter beim *Spiegel* in Hamburg und zuletzt als Ressortleiter bei der Wochenzeitung *Die Zeit*. Bis zu seinem Ruf an die Universität Leipzig war er Mitglied der Geschäftsleitung der *Gesellschaft für Medienentwicklung* mit Sitz in Hamburg, München und Zürich und entwickelte neue Zeitschriftentitel. Zu seinen Schwerpunkten in Lehre und Forschung gehören der Bereich des Printjournalismus (besonders Tageszeitungen), das Normensystem der Medienethik sowie die Entwicklung von praxisrelevanten Konzepten zur Qualitätssicherung und für das Qualitätsmanagement im Journalismus.

Thomas Hallet
Leiter der Programmgruppe Wissenschaft des *WDR*-Fernsehens
Thomas Hallet, Jahrgang 1959, ist seit März 2005 Leiter der Programmgruppe Wissenschaft des *WDR*-Fernsehens. Das Medium Fernsehen war eigentlich nicht sein Ziel, denn seine Neigung zum Journalismus entdeckte Thomas Hallet über das Schreiben: zunächst bei der Schülerzeitung, später an der Universität Bonn (Studium der Agrarwissenschaften) für Hochschulzeitschriften. Zu Wissenschaftsthemen kam er über ein Stipendium der *Robert Bosch Stiftung*, die ihm Praktika u.a. bei der Wochenzeitung *Die Zeit* und beim *WDR* ermöglichte. Nach einer zweijährigen Tätigkeit als freier Wissenschaftsjournalist in Hamburg kam er 1991 zum *WDR* und war viele Jahre Redakteur der Wissenschaftsreihe *Quarks & Co*.

Als Leiter der Programmgruppe ist er nun auch zuständig für die Sendungen *nano* (*3sat*) sowie *Kopfball* und *W wie Wissen* (*ARD*).

Die Autorinnen und Autoren

Holger Hettwer M.A.
Projektmanager, *Bertelsmann Stiftung*

Holger Hettwer, Jahrgang 1968, leitet seit 2002 gemeinsam mit Franco Zotta das ›Qualifizierungsprogramm Wissenschaftsjournalismus‹. Nach dem Studium der Germanistik, Publizistik und Politologie in Münster absolvierte er ein Volontariat bei *Hellweg Radio* in Soest, arbeitete als Radio-Redakteur und als freier Mitarbeiter für eine TV-Produktionsfirma und das *WDR*-Fernsehen; anschließend war er als Texter/Konzeptioner bei einer Marketingagentur tätig. Seit Januar 2001 ist Holger Hettwer bei der *Bertelsmann Stiftung*, wo er sich zunächst mit der Entwicklung des Internet-Portals ›Internet-ABC‹ befasste – einer werbefreien Plattform, die sowohl Kindern als auch Eltern und Pädagogen Informationen über den sicheren Umgang mit dem Internet zur Verfügung stellt.

Dr. Birgit Hiller
Mitarbeiterin beim *Krebsinformationsdienst KID* **des** *Deutschen Krebsforschungszentrums*

Birgit Hiller ist Mitarbeiterin beim *Krebsinformationsdienst KID* des *Deutschen Krebsforschungszentrums*. Nach dem Studium der Biologie in Heidelberg war sie in der Universitätsfrauenklinik Heidelberg und der 1. Frauenklinik der Ludwig-Maximilians-Universität München beschäftigt. Danach absolvierte sie eine Ausbildung zur Wissenschaftsjournalistin und arbeitete in München u.a. für den *Wort & Bild Verlag*, die *Süddeutsche Zeitung* und die *Münchener Medizinische Wochenschrift*. 1990 erhielt sie ein Stipendium der *Robert Bosch Stiftung* im Bereich Wissenschaftsjournalismus. Im gleichen Jahr wechselte sie zum *Krebsinformationsdienst KID* des *Deutschen Krebsforschungszentrums* nach Heidelberg, wo sie heute die Redaktion von www.krebsinformationsdienst.de betreut, dem Internet-Angebot von *KID*. 2002 wurde sie an der Universität Heidelberg promoviert, mit einer Arbeit über den Informationsbedarf zu alternativen und unbewiesenen Methoden in der Onkologie.

Prof. Dr. Stefan Hornbostel
Leiter des *Instituts für Forschungsinformation und Qualitätssicherung (iFQ)* **in Bonn und Professor am Institut für Sozialwissenschaften der Humboldt-Universität zu Berlin**

Stefan Hornbostel, Jahrgang 1955, studierte Sozialwissenschaft an der Georg-August-Universität Göttingen und promovierte an der Freien Universität Berlin. Er war als wissenschaftlicher Mitarbeiter an den Universitäten Kassel, Köln und Jena sowie als Referent am *Centrum für Hochschulentwicklung (CHE)* tätig. Nach einer Professur am Institut für Soziologie der Universität Dortmund leitet er seit 2005 das *Institut für Forschungsinformation und Qualitätssicherung (iFQ)* in Bonn und ist Professor am Institut für Sozialwissenschaften der Humboldt-Universität zu Berlin.

Die Autorinnen und Autoren

Sonja Hunscha
Studentin der Medienwissenschaften, Universität Bielefeld
Sonja Hunscha, Jahrgang 1976, studierte zunächst Medieninformatik und Gestaltung (B.Sc.) und zuletzt Medienwissenschaften an der Universität Bielefeld. Neben ihrem Studium war sie unter anderem als Praktikantin im ›Qualifizierungsprogramm Wissenschaftsjournalismus‹ tätig.

Annika Keysers
Freie Mitarbeiterin der *New York Academy of Science*
Annika Keysers, Jahrgang 1981, unterstützte das Team des ›Qualifizierungsprogramms Wissenschaftsjournalismus‹ von Februar bis August 2007 als Praktikantin und freie Mitarbeiterin. Sie studierte Philosophie, Kunstgeschichte und Wissenschafts- und Technikgeschichte an der Humboldt-Universität zu Berlin sowie an der Technischen Universität Berlin. Seit Dezember 2007 ist sie für die New York Academy of Sciences in New York City tätig.

Grit Kienzlen
Wissenschaftsredakteurin und Moderatorin beim
DeutschlandRadio/Deutschlandfunk
Grit Kienzlen, Jahrgang 1972, ist Wissenschaftsredakteurin und Moderatorin beim *DeutschlandRadio/Deutschlandfunk*. Ihr Biologiestudium in Tübingen und Seattle schloss sie 1998 ab. Parallel dazu arbeitete sie für Radio und Print. Nach einem Volontariat beim *DeutschlandRadio* in Berlin und Köln begann sie 2000 als freie Wissenschaftsjournalistin von New York aus zu arbeiten. Seit 2003 ist Köln ihr Lebens- und Arbeitsmittelpunkt. In der *Wissenschafts-Pressekonferenz e.V.* beschäftigt sie sich seither auch mit Entwicklungen im Wissenschaftsjournalismus. Sie erhielt mehrere Preise für ihre Radiofeatures, unter anderem den ›Georg von Holtzbrinck Preis für Wissenschaftsjournalismus‹.

Christoph Koch
Ressortleiter Wissenschaft beim *Stern*
Christoph Koch, Jahrgang 1967, studierte Humanbiologie (Theoretische Medizin), Geschichtswissenschaft und Informatik in Marburg als Stipendiat der *Studienstiftung des deutschen Volkes*. Nach dem Diplom 1993 war er bis 1995 als wissenschaftlicher Angestellter am Klinikum der Philipps-Universität Marburg tätig: ›Simulationsprogrammierung vorklinischer Tierexperimente‹ (Programm erschienen im Georg Thieme Verlag). Im Dezember 1995 ging er zu *Gruner+Jahr*, wo er zunächst im Rahmen der Portierung des BusinessChannel (*Capital, Börse online, impulse*) von BTX ins WWW beschäftigt war. Anschließend besuchte er in den Jahren 1996–1998 die Henri-Nannen-Schule (20. Lehrgang). Danach war er bis 1999 Redakteur im *Stern*-Ressort Wissenschaft, Medizin und Computer, und dann bis 2000 Redakteur im Ressort Wissenschaft und Technik bei *Die Woche*. Seit 2001 ist Christoph Koch im *Stern*-Ressort Wissenschaft und Medizin als Redakteur tätig und dort seit August 2002 geschäftsführender Ressortleiter. Seit Anfang 2003 leitet er gleichberechtigt mit Dagmar Gassen das Ressort Wissenschaft und Medizin.

Die Autorinnen und Autoren

Dr. Klaus Koch
Wissenschaftlicher Mitarbeiter am Institut für Qualität und Wirtschaftlichkeit (IQWIG)

Klaus Koch, Jahrgang 1963, ist wissenschaftlicher Mitarbeiter beim Institut für Qualität und Wirtschaftlichkeit (IQWIG). Sein Biologiestudium in Köln schloss er am Universitätsklinikum mit einer Diplomarbeit über Genveränderungen im Krebsgewebe ab. Anschließend forschte er von 1989 bis 1990 an der Klinik für Innere Medizin. Von 1990 bis Ende 2005 arbeitete er als freier Wissenschafts- und Medizinjournalist unter anderem für die *Süddeutsche Zeitung*, das *Deutsche Ärzteblatt* und den *Züricher Tages-Anzeiger*. Als Stipendiat der *Robert Bosch Stiftung* hatte er Gelegenheit zu mehrmonatigen wissenschaftsjournalistischen Hospitanzen bei *Die Welt* und beim *Südwestfunk* in der Fernsehredaktion.

Dr. Markus Lehmkuhl
Wissenschaftlicher Mitarbeiter am Institut für Publizistik- und Kommunikationswissenschaft der Freien Universität Berlin

Markus Lehmkuhl, Jahrgang 1968, ist wissenschaftlicher Mitarbeiter am Institut für Publizistik- und Kommunikationswissenschaften der Freien Universität Berlin (Arbeitsstelle Wissenschaftskommunikation) und Mitglied des *European Network of Science Communication Teachers (ENSCOT)*. Nach dem Studium der Journalistik und Biologie in Dortmund absolvierte er 1996 ein Volontariat beim *Westdeutschen Rundfunk* und war zwischen 1997 und 2000 als freier Mitarbeiter u. a. für den *Deutschlandfunk* und den *Westdeutschen Rundfunk* tätig. Anschließend arbeitete er als fest angestellter Reporter für die *Hildesheimer Allgemeine Zeitung*. Am Forschungszentrum in Jülich promovierte er 2005 bei Prof. Dr. Hans Peter Peters zur Risikowahrnehmung von Rezipienten am Beispiel von BSE (*Massenmedien und interpersonale Kommunikation: eine explorative Studie am Beispiel BSE*, 2006).

Prof. Dr. Annette Leßmöllmann
Professorin für Journalistik mit Schwerpunkt Wissenschaftsjournalismus an der Hochschule Darmstadt

Annette Leßmöllmann produzierte nach dem Abitur Experimentalvideos in Madrid, studierte danach Sprachwissenschaft, Philosophie und Geschichte in Wien und Berlin. Parallel arbeitete sie für Zeitungen und fürs Fernsehen, wurde dann wissenschaftliche Mitarbeiterin am Institut für Informatik der Universität Hamburg und schrieb ihre Dissertation im interdisziplinären Graduiertenkolleg *Kognitionswissenschaft*. Seit 1999 arbeitet sie als freie Wissenschaftsjournalistin u.a. für *Die Zeit*, *Frankfurter Allgemeine Sonntagszeitung*, *Technology Review* und für den *NDR*-Hörfunk und nimmt außerdem Lehraufträge an verschiedenen Hochschulen wahr. Ab 2004 Redakteurin für Gehirn & Geist (*Spektrum der Wissenschaft*), seit August 2006 Professorin für Journalistik mit Schwerpunkt Wissenschaftsjournalismus an der Hochschule Darmstadt.

Hans Leyendecker
Leitender politischer Redakteur der *Süddeutschen Zeitung*
Hans Leyendecker wurde am 12. Mai 1949 in Brühl/Rheinland geboren. Seit 1997 ist er als leitender politischer Redakteur für die *Süddeutsche Zeitung* tätig. Zuvor hat er 18 Jahre lang in unterschiedlichen Funktionen für das Nachrichtenmagazin *Der Spiegel* gearbeitet.
Leyendecker zählt zu den prominentesten investigativen Rechercheuren von Skandalen im Graubereich von Politik, Wirtschaft und Korruption. Er hat zahlreiche Bücher veröffentlicht, zuletzt *Die große Gier. Korruption, Kartelle, Lustreisen. Warum unsere Wirtschaft eine neue Moral braucht* (2007). Leyendecker gehörte 2001 zu den Gründungsmitgliedern der Journalisten-Initiative *Netzwerk Recherche*.

Prof. Dr. Wolf-Andreas Liebert
Professor für germanistische Linguistik am Institut für Germanistik der Universität Koblenz-Landau, Campus Koblenz
Wolf-Andreas Liebert, Jahrgang 1959, studierte Germanistik und Politische Wissenschaft an der Universität Heidelberg, wo er auch 1991 promovierte. Nach Tätigkeiten am Institut für Deutsche Sprache in Mannheim wechselte er 1995 an die Universität Trier, wo er sich 2001 habilitierte. Seit 2002 ist Wolf-Andreas Liebert Professor für germanistische Linguistik am Institut für Germanistik der Universität Koblenz-Landau, Campus Koblenz, und seit 2004 Vizepräsident für Forschung der Universität Koblenz-Landau. Seine wissenschaftlichen Arbeitsschwerpunkte sind Diskurslinguistik, Metaphernforschung, Wissenschaftskommunikation, Organisationslinguistik und Erforschung kollaborativer Kommunikation mit neuen Medien.

Prof. Dr. Frank Lobigs
Professor für Journalistik mit dem Schwerpunkt Ökonomie am Institut für Journalistik der Universität Dortmund
Frank Lobigs, Diplom-Journalist und Diplom-Volkswirt; Studium an der Universität Dortmund; 1994–2000 Volontariat, freie Mitarbeit und redaktionelle Tätigkeit bei verschiedenen Medien; 2000–2002 wissenschaftlicher Mitarbeiter am Alfred-Weber-Institut der Universität Heidelberg; 2002–2006 wissenschaftlicher Assistent und Oberassistent am Institut für Publizistikwissenschaft und Medienforschung der Universität Zürich (IPMZ); seit 2007 Professor für Journalistik mit dem Schwerpunkt Ökonomie am Institut für Journalistik der Universität Dortmund; Themenschwerpunkte in Lehre und Forschung: Medienökonomie und -management, Wirtschaftsjournalistik.

Dr. Jan Lublinski
Freier Wissenschaftsjournalist
Jan Lublinski, Jahrgang 1968, ist freier Wissenschaftsjournalist in Bonn. Er hat Physik studiert, beim *Sender Freies Berlin* volontiert und über Wissenschaftsredaktionen promoviert. Er arbeitet für den *ARD*-Hörfunk, *Bild der Wissenschaft* und *Geo*. Bei der *Deutschen Welle* trainiert er Journalisten aus dem

In- und Ausland und moderierte von 2000 bis 2005 das Magazin *Mensch, Umwelt, Technik*. Für das ›Qualifizierungsprogramm Wissenschaftsjournalismus‹ ist er als Berater und Trainer tätig. Seit 2006 gehört er zum Projektteam eines Mentoring-Programms für Wissenschaftsjournalisten in Afrika und im Nahen Osten. Für den *Weltverband der Wissenschaftsjournalisten (WFSJ)* und *SciDev.Net* entwickelt er einen ›Online Course in Science Journalism‹.

Dr. Alexander Mäder
Leiter des Wissenschaftsressorts der *Stuttgarter Zeitung*

Alexander Mäder, Jahrgang 1972, leitet seit Anfang 2007 das Wissenschaftsressort der *Stuttgarter Zeitung*. Er studierte Philosophie mit den Nebenfächern Psychologie und Physik in Heidelberg und promovierte 2002 am Bielefelder Institut für Wissenschafts- und Technikforschung. Danach absolvierte er ein Volontariat in der Wissenschaftsredaktion der *Berliner Zeitung*, für die er anschließend als Redakteur tätig war.

Prof. Dr. Klaus Meier
Professor für Journalistik an der Hochschule Darmstadt

Klaus Meier, Jahrgang 1968, ist seit 2001 Professor für Journalistik an der Hochschule Darmstadt. Er baute die Studiengänge Online-Journalismus und Wissenschaftsjournalismus mit auf und leitete sie zeitweise. Er studierte Journalistik, Kommunikationswissenschaft, Politikwissenschaft und Philosophie an der Katholischen Universität Eichstätt-Ingolstadt, wo er auch promovierte und als wissenschaftlicher Mitarbeiter tätig war. Er arbeitete als Journalist für mehrere Medien – u.a. als Volontär und Redakteur für die Regionalzeitung *Frankenpost*. Als Trainer und Berater ist er seit 1999 in mehr als 40 Workshops und Projekten für Journalisten und Redaktionen u.a. in Deutschland, Österreich, der Schweiz, Singapur und Bangkok tätig. Lehraufträge an den Universitäten Bamberg und Zürich. Forschungsgebiete: Redaktionsmanagement, Online-Journalismus, Wissenschaftsjournalismus, Journalistenausbildung und Innovationen im Journalismus.

Dr. Volker Meyer-Guckel
Stellvertretender Generalsekretär des *Stifterverbandes für die Deutsche Wissenschaft*

Volker Meyer-Guckel ist seit 2005 stellvertretender Generalsekretär des *Stifterverbandes für die Deutsche Wissenschaft*. Nach dem Studium der Anglistik, Philosophie und Chemie in Kiel, Belfast und New York unterrichtete er Amerikanische Kulturwissenschaft an der Universität Kiel, wo er 1992 promovierte. 1993 wechselte er in die *Studienstiftung des deutschen Volkes*, wo er ab 1995 Leiter der Presse- und Öffentlichkeitsarbeit war. Von 1997 bis 1999 arbeitete er als Redenschreiber im Stab des Bundespräsidenten Roman Herzog zu den Themenschwerpunkten Wissenschaft, Bildung und Zivilgesellschaft. Von 1999 bis 2005 leitete er die Programme des *Stifterverbandes für die Deutsche Wissenschaft* in den Bereichen ›Hochschulentwicklung‹ und ›Strukturinnovation in der Wissenschaft‹.

Die Autorinnen und Autoren

Prof. Dr. Jürgen Mlynek
Präsident der *Helmholtz-Gemeinschaft Deutscher Forschungszentren*
Jürgen Mlynek, Jahrgang 1951, ist seit 2005 Präsident der *Helmholtz-Gemeinschaft Deutscher Forschungszentren*. Er studierte Physik an der Technischen Universität Hannover und an der Ecole Polytechnique in Paris. Von 1990 bis 2000 arbeitete er als Professor für Experimentalphysik an der Universität Konstanz. 1992 erhielt er den Gottfried-Wilhelm-Leibniz-Preis der *Deutschen Forschungsgemeinschaft*. Von 1996 bis 2001 war er Vizepräsident der *Deutschen Forschungsgemeinschaft*. Von 2000 bis 2005 übernahm er die Präsidentschaft der Humboldt-Universität zu Berlin. Seit 2000 ist er ordentliches Mitglied der *Berlin-Brandenburgischen Akademie der Wissenschaften*.

Meike Olbrecht, M. A.
Wissenschaftliche Mitarbeiterin
am *Institut für Forschungsinformation und Qualitätssicherung (iFQ)*
Meike Siekermann, Jahrgang 1977, studierte Medienwissenschaft, Soziologie und Politikwissenschaft an der Friedrich-Schiller-Universität Jena. Nach dem Studium arbeitete sie als Referentin beim *Centrum für Hochschulentwicklung (CHE)*. Seit Oktober 2005 ist sie am *Institut für Forschungsinformation und Qualitätssicherung (iFQ)* als wissenschaftliche Mitarbeiterin beschäftigt.

Sonja Pagenkemper
Sekretärin, Bertelsmann Stiftung
Sonja Pagenkemper arbeitet als Sekretärin im Projekt ›Qualifizierungsprogramm Wissenschaftsjournalismus‹. Nach der Ausbildung zur Industriekauffrau war sie mehrere Jahre lang in der Exportabteilung eines mittelständischen Unternehmens tätig. Zusätzlich nahm sie an einer Fortbildung zur Fremdsprachenkorrespondentin teil. Seit 2002 ist sie bei der *Bertelsmann Stiftung* tätig. Intern bildete sie sich zur Office Managerin fort.

István Palugyai
Senior science editor for the daily *Népszabadság*
István Palugyai is the senior science editor for the daily *Népszabadság* since 1991. He received his Master of Science in biology and chemistry from the University of Eotovos Lorand in 1977 and has worked as a science journalist since 1979. First as a science reporter and later editor for the daily *Magyar Hírlap*, then as a TV moderator, editor and producer of popular science programs. In addition to being the president of the *Club of Hungarian Science Journalists (CHSJ)* since 2001, he is the president of the *European Union of Science Journalists' Associations (EUSJA)* and vice-president of the *World Federation of Science Journalists (WFSJ)* since 2004.

Die Autorinnen und Autoren

Prof. Dr. Hans Peter Peters
Sozialwissenschaftler in der Programmgruppe Mensch-Umwelt-Technik
des *Forschungszentrums Jülich*

Hans Peter Peters, Jahrgang 1955, ist Sozialwissenschaftler in der Programmgruppe Mensch-Umwelt-Technik des *Forschungszentrums Jülich* und Honorarprofessor für Wissenschaftsjournalismus am Institut für Publizistik- und Kommunikationswissenschaft der Freien Universität Berlin. Nach einem Redaktionsvolontariat studierte er Physik und Sozialwissenschaften in Köln und Bochum. Er befasst sich mit der öffentlichen Meinungsbildung über Wissenschaft, Technik und Umwelt unter den Bedingungen der Mediengesellschaft, vor allem mit der Schnittstelle Wissenschaft–Journalismus und der Rezeption wissenschaftsbezogener Medienberichterstattung. Er ist Mitglied des Scientific Committee des internationalen Netzwerks *Public Communication of Science and Technology (PCST)* und gehört dem Editorial Advisory Board der Zeitschrift *Science Communication* an.

Prof. Dr. Uwe Pörksen
Emeritierter Professor für Deutsche Sprache und Ältere Literatur
am Deutschen Seminar der Universität Freiburg

Uwe Pörksen, Jahrgang 1935, war Professor für Deutsche Sprache und Ältere Literatur am Deutschen Seminar der Universität Freiburg. Er studierte Deutsch, Geschichte und Philosophie in Freiburg, Göttingen und Kiel und schloss sein Studium 1960 mit dem Staatsexamen ab. Danach arbeitete er zwei Jahre lang als Referendar an Schulen in Schleswig-Holstein. Zwischen 1965 und 1972 war er als wissenschaftlicher Assistent zunächst in Kiel und später in Freiburg tätig. In Kiel promovierte er 1968 mit einer Arbeit zum *Erzähler im mittelhochdeutschen Epos*. Nach seiner Habilitation im Jahre 1975 war er zwischen 1981 und 1982 Fellow des *Wissenschaftskollegs* zu Berlin. Pörksen ist Autor der viel beachteten Bücher *Plastikwörter* (1988) und *Weltmarkt der Bilder* (1997). Er ist Mitglied der *Akademie der Wissenschaften und der Literatur in Mainz*, der *Deutschen Akademie für Sprache und Dichtung* in Darmstadt und der *Deutschen Akademie der Naturforscher Leopoldina*, Halle.

Jens Radü
Wissenschaftsjournalist

Jens Radü studierte in Dortmund und Kaunas (Litauen) Journalistik und Politikwissenschaften. Nach dem Volontariat beim *Westdeutschen Rundfunk* arbeitete er dort u.a. als Redakteur in der Hörfunk-Programmgruppe Wissenschaft, Umwelt, Technik. Seit Februar 2006 ist er Redakteur bei *Spiegel Online* in Hamburg.

Prof. Dr. Juliana Raupp
Professorin am Institut für Publizistik- und Kommunikationswissenschaft an der Freien Universität Berlin

Juliana Raupp ist seit 2006 Professorin für Publizistik- und Kommunikationswissenschaft mit dem Schwerpunkt Organisationskommunikation an der Freien Universität Berlin. Nach dem Studium der Kommunikationswissenschaft und der Politischen Wissenschaft an der Universität von Amsterdam war sie mehrere Jahre in der Öffentlichkeitsarbeit, vor allem im Kulturbereich, in Amsterdam und Berlin tätig. Im Jahr 2000 Promotion an der FU Berlin zum Thema Kunstöffentlichkeit. Tätigkeiten in der beruflichen Weiterbildung, als freie Kommunikationsberaterin und als Wissenschaftliche Mitarbeiterin. Lehraufträge an den Universitäten Zürich, Fribourg und Paris XII. Von 2004 bis 2006 Leitung und Bearbeitung eines von der *DFG* geförderten Projekts zur Politischen Meinungsforschung. Schwerpunkte in Lehre und Forschung: Interne und Externe Organisationskommunikation, Öffentlichkeit und öffentliche Meinung sowie Politische PR.

Ulrich Reitz
Chefredakteur der *Westdeutschen Allgemeinen Zeitung*

Ulrich Reitz, Jahrgang 1960, ist seit Juli 2005 Chefredakteur der *Westdeutschen Allgemeinen Zeitung (WAZ)*. Nach dem Studium der Politischen Wissenschaften und der Germanistik volontierte er 1985 bei der Tageszeitung *Die Welt* in Hamburg. Dort war er anschließend als Redakteur im Nachrichten-Ressort tätig und wechselte 1987 als Politischer Korrespondent in die Parlamentsredaktion. Seit Ende 1989 leitete er das Ressort Innenpolitik in der Bonner Zentralredaktion der *Welt*. Bevor er 1997 Chefredakteur der *Rheinischen Post* in Düsseldorf wurde, war Ulrich Reitz von 1992 an erster Leiter der Parlamentsredaktion des Magazins *Focus* in Bonn. 1996 veröffentlichte er eine Biographie über Wolfgang Schäuble.

Dr. Wiebke Rögener
Freie Wissenschaftsjournalistin und wissenschaftliche Mitarbeiterin am Lehrstuhl für Wissenschaftsjournalismus der Universität Dortmund

Wiebke Rögener, geboren 1956, studierte an der Universität Hamburg Biologie. Auf die Promotion an der Universitätsklinik Köln folgten rund zehn Jahre wissenschaftlicher Arbeit in der Immun- und Neurobiologie in Swansea (UK), Bremen und Lübeck. Ab 1995 arbeitete sie als freie Wissenschaftsjournalistin. Seither schreibt sie zu Themen aus Naturwissenschaft, Umwelt, Gesundheit und Forschungspolitik. Ihre Texte erscheinen vor allem in der *Süddeutschen Zeitung* und der *Financial Times Deutschland*. Seit Dezember 2006 ist sie zusätzlich als wissenschaftliche Mitarbeiterin am Lehrstuhl für Wissenschaftsjournalismus der Universität Dortmund tätig.

Die Autorinnen und Autoren

Berndt Röttger
Ressortleiter Wissenschaft und Technik beim *Hamburger Abendblatt*

Berndt Röttger, Jahrgang 1963, leitet das Ressort Wissenschaft und Technik beim *Hamburger Abendblatt*. Bereits während der Schulzeit begann er als freier Mitarbeiter für Lokalzeitungen zu schreiben. Seit 1983 arbeitete er als Journalist für Zeitungen, Zeitschriften, Radio und Fernsehen. Nach dem Volontariat bei der *Recklinghäuser Zeitung* war er dort als Politik-Redakteur tätig. 1989 wechselte er zum *Hamburger Abendblatt*; sechs Jahre lang war er leitender Redakteur in der Hamburger-Redaktion. Ende 1995 übernahm er die Leitung des Ressorts Wissenschaft und Technik und ist seit 2001 zudem für das Ressort ›Aus aller Welt‹ verantwortlich. Zusätzlich ist er seit Oktober 2007 als Leitender Redakteur Mitglied der Chefredaktion des *Hamburger Abendblattes*. Die ›Wissen-Seiten‹ des *Hamburger Abendblattes* wurden in den vergangenen Jahren mehrfach mit dem European Newspaper Award ausgezeichnet.

Volker Stollorz
Freier Wissenschaftsjournalist

Volker Stollorz, Jahrgang 1964, ist freier Wissenschaftsjournalist in Köln. Er ist Diplom-Biologe, studierte Biologie und Philosophie an der Universität Köln, bevor er 1990 als Wissenschaftsjournalist mit Schwerpunkt Biomedizin zu schreiben begann. Als Stipendiat der *Robert Bosch Stiftung* lernte er sein Handwerk bei der *Zeit* und beim *Züricher Tages-Anzeiger*, war dann zwischen 1993 und 1998 Medizinredakteur im Ressort Wissenschaft und Gesellschaft der Hamburger Wochenzeitung *Die Woche*. Nach fünf Jahren kehrte er nach Köln zurück und arbeitet dort seither als freier Wissenschaftsjournalist für Zeitungen, überregionale Magazine sowie für das *WDR*-Fernsehen. 2001 war er im Gründungsteam der Wissenschaftsredaktion der *Frankfurter Allgemeinen Sonntagszeitung*. Als fester Mitarbeiter schreibt er dort seither regelmäßig über Themen aus dem Bereich Biowissenschaften und Medizin. 2003 erschien sein erstes Buch mit dem Titel *Bioethik*, eine kurze Einführung in die Stammzell-Ethik. Er ist Mitglied der *Wissenschafts-Pressekonferenz* und hat für seine Arbeiten 2004 unter anderem den renommierten ›Georg von Holtzbrinck Preis für Wissenschaftsjournalismus‹ erhalten. Im Jahr 2006 nahm er eine Auszeit vom Wissenschaftsjournalismus, um an der Uniklinik Köln eine Stiftung gründen zu helfen.

Katja Thimm
Redakteurin im Ressort Wissenschaft und Technik beim *Spiegel*

Katja Thimm, Jahrgang 1969, ist seit 2000 Redakteurin beim *Spiegel*. Sie studierte Politikwissenschaft, Romanistik und Öffentliches Recht in Bonn, Paris und Hamburg, volontierte beim *Norddeutschen Rundfunk* in Hamburg und besuchte anschließend die *Henri-Nannen-Journalistenschule*. Vor ihrer Anstellung beim *Spiegel* arbeitete sie als Redakteurin im Auslandsressort des *Stern* und in der Kulturredaktion des *NDR-Fernsehens*.

Die Autorinnen und Autoren

Prof. Dr. Peter Weingart
Professor für Soziologie am Institut für Wissenschafts- und Technikforschung (IWT) an der Universität Bielefeld

Peter Weingart, Jahrgang 1941, ist seit 1973 Professor für Soziologie an der Universität Bielefeld. Er studierte Soziologie und Ökonomie in Freiburg, an der Freien Universität Berlin und in Princeton. Von 1989 bis 1994 war er Geschäftsführender Direktor des Zentrums für interdisziplinäre Forschung (ZiF). Seit 1993 ist er Vorstand des Instituts für Wissenschafts- und Technikforschung (IWT) an der Universität Bielefeld. Er ist Mitglied der *Berlin-Brandenburgischen Akademie der Wissenschaften*.

Prof. Holger Wormer
Professor für Wissenschaftsjournalismus an der Universität Dortmund

Holger Wormer, geboren 1969, lehrt als ordentlicher Professor Wissenschaftsjournalismus an der Universität Dortmund. Zuvor studierte er Chemie und Philosophie in Heidelberg, Ulm und Lyon. Beginnend in einer Lokalredaktion der *Rheinischen Post*, sammelte er Erfahrungen im Journalismus und Wissenschaftsjournalismus u.a. bei *P.M.*, dem *Südwestfunk* Fernsehen, der *Deutschen Presse-Agentur* und der *Süddeutschen Zeitung*. Bei der *Süddeutschen* arbeitete er bis zu seinem Ruf an die Universität Dortmund von Anfang 1996 bis Ende 2004 als Wissenschafts- und Medizinredakteur.

Ranga Yogeshwar
Wissenschaftsjournalist und Moderator von *Quarks & Co.*

Ranga Yogeshwar moderiert seit vielen Jahren das Wissenschaftsmagazin *Quarks & Co.* im *WDR*. Er studierte an der RWTH in Aachen Physik. Mehrere Auslandsaufenthalte schlossen sich an. Ranga Yogeshwar ist seit 1983 als Wissenschaftsjournalist tätig. Zum *WDR* Fernsehen kam er 1987, wo er als Wissenschaftsredakteur u.a. die Sendungen *Wissenschaftsshow, Kopfball, Quarks & Co.* und *Lilipuz* (Hörfunk) moderierte. Ab 1995 war er stellvertretender Leiter der Programmgruppe Wissenschaft, deren Leitung ihm 2001 übertragen wurde. Im März 2005 gab er die Leitung der Programmgruppe Wissenschaft ab, um eine Elternzeit zu nehmen. Die Sendung *Quarks & Co.* moderiert er weiterhin, und seit Anfang 2006 führt er in der *ARD* durch das Wissensmagazin *W wie Wissen*. Ranga Yogeshwar wurde 1959 in Luxemburg geboren und verbrachte seine Kindheit in Indien.

Annika Zeitler
Studentin der Journalistik, Universität Dortmund

Annika Zeitler studiert seit 2004 Journalistik mit den Nebenfächern Sozialwissenschaften (Politik, Geschichte, Soziologie) und Biologie an der Universität Dortmund und macht auch Projekte und Seminare am Lehrstuhl für Wissenschaftsjournalismus. Sie volontierte 2006/2007 beim *Westdeutschen Rundfunk* – u.a. Stationen bei *Leonardo* (*WDR5*) und der Fernseh-Redaktion *Planet Wissen*, seitdem freie Mitarbeiterin; 2006 Praktikum an der Louis-Pasteur-Universität in Straßburg und Mitarbeit am Universitäts-Magazin *ULP Sciences;* 2004 Praktikum bei *Galileo* (*Pro Sieben*), Berufsausbildung als Kauffrau für audiovisuelle Medien.

Die Autorinnen und Autoren

Dr. Franco Zotta
Projektmanager, *Bertelsmann Stiftung*
Franco Zotta, geboren 1966, leitet seit 2002 gemeinsam mit Holger Hettwer das ›Qualifizierungsprogramm Wissenschaftsjournalismus‹. Nach der Promotion im Fach Philosophie an der Universität Münster volontierte er in der Kulturredaktion der *tageszeitung (taz)* in Bremen, für die er anschließend auch als Redakteur tätig war. Seit 2001 arbeitet er für die *Bertelsmann Stiftung* und schreibt ab und an noch als freier Autor für Zeitungen (*Frankfurter Rundschau, Zeit, taz*) und Zeitschriften (*Widerspruch*).